뿌리 깊은

한국사

샘이 깊은

이야기

3

고려

일러두기

- 본문은 큰 주제별로 모아 장으로 묶었으며 각 장은 꼭지마다 해설을 하고 이어서 원사료를 밝힌 '자료샘'과 '출전', '찾아읽기'를 배치했다.
- 본문에 나오는 인명과 지명 등은 원칙적으로 한글 맞춤법 표기법에 따랐다. 필요한 경우, 독자의 이해를 돕기 위해 익숙하지 않은 인명, 지명, 단체명 등은 원어를 병기했다. 주요 개념이나 한글만으로는 뜻을 짐작하기 힘든 용어의 경우에도 한자나 원어를 병기했다. 몽골어의 경우, '다루가치' 등 익숙한 단어는 원어 그대로 표기했으나 인명 등은 한자 그대로 표기했다. 예) 다루가치(達魯花赤), 톨루게(禿魯花), 탈타아(脫朵兒) 등.
- 단행본이나 전집은 『 』, 논문, 기관지, 문학작품명 등은 「 」로 표기했다.
- 한자와 외래어는 병기를 원칙으로 하되, 음과 뜻이 다를 경우에는 [ ]로 묶었다.

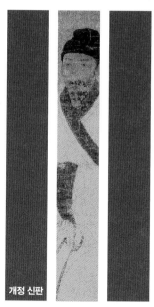

뿌리 깊은
한국사
샘이 깊은
이야기

개정 신판

쟁점과 사료로 풀어쓴
새로운 한국사

❸ 고려

이병희 지음

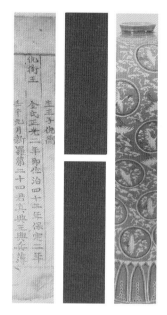

가람
기획

개정 신판 간행사

『뿌리 깊은 한국사 샘이 깊은 이야기』(이하『뿌샘』) 초판이 나온 지 어느덧 11년이 흘렀다. 그동안 많은 독자들로부터 '뿌샘'이라는 애칭으로 많은 사랑을 받았으니 그저 고마울 따름이다. 그러나 저자들이 이 책들을 활용하고 검토하는 과정에서 더러는 서술상의 오류가 없지 않으며 보완할 여지가 적지 않음을 발견하였다. 특히 일부 항목에서는 새로운 연구 성과들이 나와 많은 이들의 관심을 끌었다. 이에 저자들 사이에서 개정·증보의 필요성이 제기되었으며 곧이어 작업 구상에 들어갔다.

한편, 2007 개정 교육과정 이래 전면적인 역사과 교육과정의 개편이 2009년, 2010년, 2011년 세 차례에 걸쳐 이루어진 사실도 『뿌샘』 개정·증보의 필요성을 더욱 느끼게 하였다. 올바로 된 국사의 이해 체계를 『뿌샘』이 견지해주어야 하지 않겠는가 하는 의무감에서다.

기실 빈번한 역사과 교육과정의 개정은 그만큼 우리의 국사 이해 체계가 흔들리고 있음을 말해주는 단면이었다. 개정은 몇몇 단원과 내용을 부분 조정하는 데 그치지 않고 역사 과목 수를 줄임은 물론 과목명을 바꾸고 그 내용의 체제를 전면 개정하는 형태로 진행되었다. 그리고 이는 교사와 학생은 말할 나위도 없고 학부형과 일반 국민들의 우려를 자아내면서 가뜩이나 위축된 역사 교육의 위상을 더욱 추락시켜 존립의 근거마저 상실케 하였다. 이러한 현실에서 『뿌샘』의 저자들은, 학생과 교사는 물론 일반인들에게도 체계적이고 과학적인 국사 이해 체계를 반듯하게 보여줄 필요가 있음을 절감하였던 것이다.

사람이 제 구실을 하며 올바로 살아가기 위해 꼭 필요한 요소를 하나만 지적해보라고 한다면 그것은 그가 지금까지 살아온 내력來歷을 거짓이나 꾸밈없이 제대로 기억하는 일이라 할 것이다. 기억상실증에 걸려 부모와 형제, 스승과 친구를 알지 못하고 자기가 누군지 어떤 일을 하던 사람인지도 알지 못한 채 살고 있다면 설령 그 삶이 유복하더라도 그것을 그의 정당한 삶이라고는 말할 수 없는 노릇이다.

지금까지 살아온 내력을 잘 기억하는 것은 곧 나를 나일 수 있게 하는 필수불가결한 요소다. 그리고 그 기억은 거짓 없는 사실에 기초한 것이어야만 한다. 지금까지 잘 살아왔다고 해도 진짜라고 믿었던 집안의 족보가 조작되었다면 자기의 뿌리를 의심하고 방황하게 될 것은 당연한 일일 터이다.

지금까지 살아온 내력을 우리는 '역사歷史'라고 부른다. 그러므로 우리는 우리 역사를 자신의 존망을 걸고 똑바로 알아야만 한다. 역사란 그저 단순한 호기심에서 알아도 그만, 몰라도 그만인 것이 아니다. 자기 역사를 모르고서는 사람이 제 구실을 할 수가 없고 자기 역사를 잘못 알아서는 남의 삶을 사는 것이 되기에, 정신을 차리고 온갖 힘을 다하여 이를 알아야 하는 것이다. 같은 이치로, 우리가 한국 사람으로서 이 시대를 올바로 살아가려면 우리 역사 곧 국사를 바르게 알지 않으면 안 된다. 국사는 우리 민족이 지금까지 살아온 내력에 대한 기억이기 때문이다.

따라서 이번 개정 신판에서는 원시에서 현대에 이르는 우리 역사의 전개를 일관하는 안목에서 체계적으로 알고 이해하는 데 무엇보다 주력하였다. 그러다 보니 그에 관한 연구 성과가 미약하여 이해 체계를 세우는 데 적잖이 애를 먹고, 결국 국사 전반에 대한 큰 이해 체계 위에서 맥락을 잡아 과감하게 서술한 부분도 없지 않다. 국사학계에 어떤 부분의 연구가 소략한지 제시함으로써 연구를 촉발하겠다는 뜻도 있었으니 널리 이해 바란다.

개정 신판에서는 초판의 문제점을 보완하는 한편 그동안에 축적된 연구 성과를 가능한 한 충실하게 반영하도록 애썼다. 10여 년 사이에 새로운 견해가 많이 제출되어 국사의 이해가 더욱 풍부해졌고, 그러다 보니 학계의 연구 경향에 큰 변화가 초래된 분야도 없지 않았다. 이를 가급적 고루고루 두루두루 소개하려 노력하였으니 역사 교육 현장에서 중등학생을 가르치는 교사는 물론 국사를 배우고 연구하는 학생들과 국사학의 동향에 관심을 가진 일반 시민에게도 도움이 되리라 생각한다.

또한 독자의 이해를 돕기 위해서 인용 자료의 원문을 첨부 소개하였다. 국사에 대한 독자의 지적 욕구와 이해력이 높아져 원문을 직접 해득하고 스스로 새로운 견해를 제시하는 수준에 이른 현실을 반영하기 위해서다. 다만 근·현대사의 경우, 한문 이외에 여러 외국어 원문이 소개되어야 하므로 여기서는 원문을 제시하지 않았다. 아울러 이번 시리즈에서는 일부 책의 저자가 바뀌고 체제가 개편되었음을 알려둔다. 모쪼록 『뿌샘』 시리즈를 통해 국사에 대한 관심과 연구의 열의가 더 높아지고 뜨거워지길 기대한다.

끝으로 『뿌샘』 시리즈에 변함 없는 관심을 가지고 개정 신판 편집 작업에 노고를 아끼지 않은 가람기획 편집진에 감사드린다.

2013년 10월
지은이 일동

초판 간행사

인간 만사에서 사물의 내면을 깊이 알고자 할 때, 자기 처지를 살필 때, 맞닥뜨린 문제나 난국을 풀려고 할 때 인간은 내력·계통·배경을 진지하게 되새긴다. 이것이 바로 역사를 알고자 하는 자세이고 정신이다.

역사는 과거의 실록으로, 현재의 본보기이자 미래의 지표이다. 역사는 인간을 주체로 많은 사건·제도·문물·산업·사상·연대들이 얽히고설키어 시간 전개와 공간 변화에 따라 단계성과 계기성, 필연성이 일관된 맥락에서 자리 잡고 거대한 체계를 갖춘다. 선행·인덕·의리·지조·풍류·호연·징악 등의 보편적 가치도 이 가운데서 구체적으로 나타난다. 그러므로 역사는 늘 새로운 생명력을 갖는다. 개인·가족·집단·국가나 민족·세계는 이를 통해 자기 주체를 발견하고 처지를 인식하고 존재가 나아갈 길을 가늠할 수 있다. 역사의 의미와 가치가 이러하여 인간 문명의 시원부터 역사를 늘 중시하고, 끊임없이 새롭게 서술하며 후세에 가르쳐왔다.

그러나 역사는 특정 공식이나 방법이 있어 손쉽게 설명하고 이해할 수 있는 분야가 아니다. 중등학생을 비롯하여 대학생과 일반인들이 역사를 공부하자면, 정신 능력이나 교육 정도에 따라 저마다 양의 많고 적음과 질의 높고 낮음은 있겠으나, 우선 역사를 구성하는 인물 · 정치 · 경제 · 제도 · 전쟁 · 문물 · 생산 · 사상 · 예술 · 연도 등 기초 사실을 익히 알지 않으면 안 된다. 그러려면 먼저, 이미 정리된 역사서에 나오는 사실들을 학습할 수밖에 없다. 이는 역사서를 거듭 반복해 읽으면서 사실들에 친숙해지고 마침내 역사 맥락에서 이해하는 숙지 훈련을 꾸준히 하는 일이다. 사실이 없으면 역사는 없다. 역사 학습에서 사실에 대한 기억과 숙지 과정이 없다면 소양 있는 역사 이해는 힘들다.

역사와 역사 학습의 속성이 이와 같아서 중등학생이나 일반인들은 역사에 커다란 의미를 부여하고 이야기는 즐겨 하지만, 정작 자신이 노력을 기울여야 할라치면 외면하거나 귀찮아하기 십상이다. 심한 경우 중등학교 역사 교사의 교육 방식에 흠이 있다고 탓하거나 역사 교육 자체가 필요 없다고 주장하기까지 한다. 이러한 경향은 우리나라 근 · 현대화가 우리 전통과 역사를 무시하거나 그 가치를 부인하는 방향으로 펼쳐진 추세와 맞물려, 갈수록 서양 역사만이 역사다운 듯한 인상을 갖도록 하고, 서양 제도나 문물을 배우는 것이 제 자신을 아는 것보다 급한 일인 양 착각하도록 만든다. 국민을 양성하기 위해 마련한 『국사』 교과가 정상적으로 교육되지 못하는 이유가 여기 있다.

이런 상황에서 우리 역사를 상식적이고 교육적으로 이해하려는 이들이 겪어야 하는, 어쩔 수 없이 반복하여 연습하고 기계적으로 암기하는 고단한 과정을 누그러뜨리면서 역사 감각과 판단을 훌륭하게 길러 나아가는 방안을 찾을 필요가 있다. 그것은 결국 우리 스스로 국사를 탐구하는 역사가가 되어, 각 사실에 관한 문헌 사료나 기타 관련 자료에서 내용을 익히고, 의미를 궁리하고, 안목과 감성을 계발하는 길일 터이다. 학습자가 직접 자료에 다가가 사실에 대해 한층 생생한 관심과 흥미를 가지며, 스스로 분석하고 해석하여 사유의 폭을 넓힘으로써만 역사 이해를 정당하게 할 수 있는 까닭이다.

『뿌리 깊은 한국사 샘이 깊은 이야기』는 이러한 목적과 필요에서 집필한 것이다. 우리나라 역사를 공부하고 이해하는 데 필요한 기초 사실들을 선택하여 사실에 관한 기본 사료를 열거하고, 관련 사실과 연계하여 해설하여 학습에 참고할 수 있는 공구로 만들었다.

『뿌리 깊은 한국사 샘이 깊은 이야기』의 큰 짜임새는 이렇다.

첫째, 시기 구분과 항목 선정 기준은 우리 사학계의 일반적인 통설을 바탕으로 하였다.

곧 우리나라 역사를 고조선·삼국·통일신라·발해·고려·조선 전기·조선 후기·근대(대원군 이후)·현대(3·1운동부터 해방 후까지)로 나누었다. 이렇게 시대 구분을 한 뒤 사건·제도·생활·생산·사상 등 큰 주제로 관련 사실을 가려 뽑았다. 각 항목은 국사 이해를 위해 꼭 필요한 기초 사실과 관련 사실들로 엮어 국사 학습을 할 때 늘 새롭게 되뇌고 맛볼 수 있도록 하였다. 다만 우리 역사를 체계적으로 이해하는 데 꼭 필요한 부분은 새로운 견해도 과감하게 펼치고 소개하였다.

둘째, 각 항목 자료는 당대 사료史料를 위주로 하였다.

일반적으로 사료는 대부분 한자로 기록한 것이다. 하여 읽는 이의 편의를 고려하여 번역하였다. 사료 번역은 직역을 원칙으로 하였으나 어쩔 수 없는 곳은 의역했다. 해당 사료마다 출전을 달아 사료를 폭넓게 이해하고자 하는 이들이 확인하고 이용할 수 있도록 배려했다. 아울러 항목마다 도판·회화·지도·도표 등 보조 자료를 시각적으로 곁들인 뒤 간단한 설명을 붙여 항목에 대한 이해를 넓히려 했다. 보조 자료는 모두 저작권을 해결하여 싣는 것을 원칙으로 했다.

셋째, 각 항목 얼개는 해설·자료샘·찾아읽기로 이루어졌다.

각 항목 서술은 해당 항목에 대한 기본 지식을 얻기 위한 해설을 한 다음, 해설과 관련한 기본 사료를 번역하여 제시하고(자료샘), 사료 내용 가운데 설명이 필요한 부분은 자세하게 주를 붙였다. 그런 뒤 해설과 자료샘의 이해를 높이고자 각 항목 관련 연구 논문과 단행본을 발행 연도순으로 정리하였다(찾아읽기). 특히 현대 이후와 해방 후 당대사는 되도록 자료 제시를 넉넉히 하고 해설은 사실 진술에 충실하도록 하였다.

넷째, 부록으로 자료샘 출전, 역대 국왕 계보도, 찾아보기, 연표를 정리하였다. 자료샘에 나온 출전은 가나다순으로 정리하고, 간략한 해제를 덧붙였다(개정 신판에서는 출전 해제를 해당 꼭지에 배치했다─지은이). 또 나라별로 국왕 계보도를 제시하여 한눈에 잘 알아볼 수 있도록 하였으며, 본문에 나오는 주요 역사 사건, 인물 등 사료를 중심으로 찾아보기를 달았다. 연표는 크게 한국사와 세계사로 나누어 정리하고 각 해마다 일어난 주요 역사를 비교하여 알아볼 수 있게 하였다. 부록은 스스로 공부할 수 있게 길잡이하는 몫을 할 것이다.

『뿌리 깊은 한국사 샘이 깊은 이야기』는 오랜 수고의 산물이다. 1993년부터 자료를 모으고 사료를 번역하는 등 바탕 작업을 하여 이제야 빛을 보았다. 이 원고의 각 항목 서술은 사실 자체는 물론 국사의 맥락과 체계에 대한 이해 능력을 차차 기를 수 있도록 모든 시기와 항목에 걸쳐 단계성과 계기성이라는 잣대로 진행하였다. 선정 항목의 적절성에 대한 논란이나 빠진 항목에 대해 이의를 제기하는 이도 있을 것이다. 또 연구가 미약한 항목은 해설도 미흡할 것이다. 이는 지은이의 몫이며 시간을 두고 차근차근 해결해갈 것이다.

『뿌리 깊은 한국사 샘이 깊은 이야기』지은이

「고려편」개정 신판 머리말

이 책은『뿌리 깊은 한국사 샘이 깊은 이야기-고려』(솔, 2002)의 개정판이다. 초판을 간행한 이후 많은 이들이 분에 넘치는 관심을 가져주었다. 고려 시기를 개괄적으로 정리한 훌륭한 저서가 적지 않음에도 이 책이 주목을 끌었던 이유는 무엇보다 주제별 구성이라는 점, 관련 사료가 주제별로 정리되어 있는 점 때문일 것이다. 간행한 이후 내용상의 미흡한 점이 보이고, 간혹 서술상의 오류가 발견되기도 했다. 무엇보다 여러 주제가 누락되어 있고 원문 사료가 수록되지 않은 점이 아쉬움으로 다가왔다. 그리고 초판 이후 10여 년간 축적된 풍부한 연구 성과는 새로운 내용을 추가할 필요성을 더욱 갖게 했다. 이러한 부족하고 아쉬운 점을 보완하고자 개정 작업을 진행하게 되었다.

이번 개정판에서는 적지 않은 부분을 보완하다 보니 전체 분량이 과다해지는 아쉬움을 남기게 되었다. 개정하는 과정에서 중점을 둔 몇 가지 사항은 다음과 같다.

첫째, 항목을 종전보다 크게 늘렸다. 종전에는 40주제로 구성되어 있었으나 11개 항목의 주제를 추가하여 모두 51주제로 구성하였다. 고려의 종언, 수공업, 사원 경제, 개경·강도와 서경, 벽란도, 외왕내제 의식 등은 새로운 연구 성과를 반영해 편목을 구성한 사례다.

둘째, 기존 서술 내용도 부분적인 보완을 시도하였다. 새로운 연구가 많이 이루어진 분야는 가급적 그 성과를 반영하기 위해 노력하였다. 정치 제도, 군사 제도, 원 간섭기 정치 상황 등은 최신의 성과를 수용한 대표적인 주제다.

셋째, 관련 사료를 보완했다. 기존 사료를 기본으로 하면서 순서를 조정하고 새로운 사료를 추가하였다. 약간의 사료가 보완된 경우도 있지만 주제에 따라서는 여러 자료가 추가되기도 하였다. 강의를 통해 보완해온 자료가 작업을 진행하는 데 도움이 되었다.

넷째, 사료의 원문을 제시하였다. 종전에는 원문 사료가 없어 번역문을 충실히 이해하는 데 어려움이 있었으나 이번에는 원문을 제공함으로써 그것을 해소하고자 하였다. 번역문에서 이해되지 않거나 모호한 내용은 원사료를 통해 해결할 수 있을 것으로 보인다.

다섯째, 참고문헌을 대폭 추가했다. 10여 년이 지나는 동안 적지 않은 연구 성과가 있었는데, 그 목록을 충실하게 제시고자 노력하였다. 관련 주제를 천착하고자 하는 입문자에게 안내 역할을 할 수 있을 것이다.

수정 보완 작업을 하면서 인터넷을 통해 제공되는 원문과 번역문의 도움을 받았음을 언급하지 않을 수 없다. 특히 큰 도움을 받은 자료는 『고려사』·『고려사절요』·『고려도경』·『고려묘지명집성』·『동국이상국집』·『목은집』·『신증동국여지승람』이다. 활용한 자료에 대해 일일이 출처를 표기하지 못한 점은 깊은 양해를 구한다. 번역문의 경우 선학의 작업을 토대로 원문과 대조하는 작업을 하면서 부분적으로 수정을 가하기도 했다. 최신 논문도 각종 정보 사이트에서 제공하는 PDF 파일, 원문 파일의 도움을 받았다. 개정판 작업을 하면서 10여 년 사이에 정보를 얻는 방식이 크게 변하였음을 실감하였다.

이 책은 무엇보다 역사를 자료에 기초해 이해하려고 한 점이 장점이 아닌가 생각한다. 사료는 여러 편의 논문보다 오히려 당시의 시대상을 구체적이고 생생하게 이해하는 데 도움을 주는 경우가 많다. 사료에는 시대 배경, 당시인의 감성, 그 시대의 언어 등이 풍성하게 담겨 있기 때문이다. 또한 사료는 풍부한 사고의 여지를 제공함으로써 과거에 대한 상상의 나래를 펼칠 수 있도록 한다.

역사학은 다른 학문과 달리 이러한 사료를 기초로 해서 연구하는 점이 중요한 특징이다. 사료를 수집해 읽고 발췌하고 내용을 음미하고, 그 결과 새로운 역사상을 창출하게 된다. 그 과정에서 풍부하고 복잡한 사고를 하며, 증거를 중시하는 태도를 갖게 된다. 역사학도의 고유한 사고방식과 학문 자세는 이렇게 해서 형성되는 것이다.

고려 시기의 역사는 우리 역사에서 큰 의미를 갖는다. 내부의 갈등을 수습하면서 성립하였고, 다양한 문화가 공존하며, 사회가 역동적으로 운영되고, 복잡한 국제 관계에 유연하게 대처하였다. 그 결과 주체성과 적극성을 보이며 다양성·개방성을 띠고 있다. 고려 사회의 이러한 역사 경험은 현재 우리가 처해 있는 상황에 대처하는 데 많은 시사를 준다고 연구자들은 말하고 있다.

이 책이 나오는 과정에서 많은 이들의 도움을 받았다. 학부생과 석사생은 자료 보완의 도움을 주었으며, 초고를 검토하고 교정 보는 과정에서도 많은 수고를 했다. 오자·탈자, 어색한 표현을 줄이는 데 이들의 도움이 매우 컸다. 수고를 아끼지 않은 학생들에게 깊은 고마움을 표한다. 그리고 가람기획 위정훈 편집장은 축적된 편집의 노하우를 유감없이 발휘해 난삽한 원고를 깔끔한 형태의 책으로 만들어 주었다. 여러 차례 교정이 이어지는 속에서 번거로움을 마다하지 않았다.

이 책은 개인의 연구를 담은 책이 아니고 많은 연구자들의 도움을 받아 만들어진 것이기 때문에 발간되는 순간부터 수정·보완의 필요성을 갖게 한다. 이 일을 피하지 않는 것은 필자에게 주어지는 숙제가 아닐까 한다.

2014년 2월
이병희

고려는 신라 말에 성장한 지방 세력을 바탕으로 성립하였다. 따라서 신라보다는 확대된 사회 계층이 정치에 참여할 수 있었다. 다른 한편 발해가 망한 뒤 발해 유민을 적극적으로 받아들였다. 고려의 인적·문화적 구성에서 발해인과 발해 문화를 중요한 요소로 흡수한 것이다. 그리하여 고려 사회는 후기 신라보다 폭넓은 토대 위에서 발전할 수 있었다.

관료들은 음서와 과거를 통해 정치계에 발을 들여놓았다. 과거와 음서, 양자는 원리상 충돌하지만 현실에서는 서로 보완하면서 제 몫을 하였다. 특히 과거를 통해서는 지방 사회에 기반을 둔 신진 인사들이 활발하게 진출하여 관료 사회에 생동감을 불어넣었다. 고려는 귀족이라도 관료 귀족의 성격이 강했다. 관료들은 국가에 봉사하였거나 봉사한 대가로 토지의 수조권을 나누어 받았는데, 이를 통해 국왕을 정점으로 집권적 관료 체제를 확립할 수 있었다. 정치 운영 면에서 국왕을 정점으로 하면서도 재상의 권한이 막강하였다. 중서문하성 재신宰臣과 중추원 추신樞臣은 최고 관료로 국가 중대사를 합의 결정하였다. 재신과 추신의 이념과 이해관계를 반영하는 정치가 이루어진 것이다.

지방 사회에 대해서는 제민적齊民的 군현 체제를 지향해 전국을 군현으로 나누어 짰다. 군현이 될 수 없는 곳은 향·부곡·소로 편제하였다. 지방관은 군현 가운데 일부에만 파견했기에 국가가 지방관을 통해 직접 파악하는 군현은 아주 적었다. 그만큼 지방 사회에 대한 통제와 장악이 약했다. 도제道制가 발달하지 않은 것, 경京·목牧·도호부 등 위상이 높은 고을이 계수관으로 기능한 것도 눈에 띈다.

지방관을 파견하지 않는 곳이 많아 그만큼 향촌 사회의 자율성은 컸다. 토성土姓을 가진 향리들이 향촌 사회 주도층으로 활약하였다. 향리층은 부세를 징수하는 일을 맡았고, 각종 불사佛事에 민을 동원하였으며, 향도를 주도하기도 하였다. 고려 때는 꽤 많은 군현과 그보다 훨씬 많은 향·부곡·소가 있어 행정 단위별로 개체성과 독자성이 강하였다. 이 점은 이 시기 촌락이 발달하는 모습과도 관련이 있다. 당시 촌락은 농사를 짓기에 편리한 곳에 집촌集村의 형태로 발전하였으며, 촌락과 촌락 사이에는 늪지나 산, 하천이 가로막아 격절성隔絕性이 컸다.

고려는 초부터 말까지 끊임없는 전쟁에 휩싸였다. 초기에는 거란족의 침입을 물리쳤으며 12세기 초에는 여진족과 전쟁을 치렀다. 13세기에는 몽고와의 오랜 전쟁으로 엄청난 희생을 치렀다. 14세기 중반부터는 왜구와 홍건적의 침입을 막아내야 했다. 이렇듯 연이은 전쟁은 동북아 국가 간 균형이 깨진 데서 오는 불가피한 상황이었지만 고려 사회에 깊은 영향을 주었다. 먼저 대외 문제의 처리에서 국내 정치 세력 사이에 갈등이 일어나 국내 정치를 소용돌이치게 하였다. 또 전쟁을 치르는 과정에서 무신·군인들이 크게 일어났고 이들에 대한 대우와 처리 문제로 고심할 수밖에 없었다. 사회 내부에서는 늘 전쟁에 대비해야 했고, 이 때문에 고려 사회는 상무적 분위기를 강하게 띠게 되었다. 그러나 외국 병력을 끌어들여 국내 문제를 처리하지 않았고 외침이 있을 때 다른 나라의 도움을 구하지도 않았으며 외세로 인해 나라를 잃지도 않았다.

고려 사회 계층은 양인과 천인으로 나눌 수 있다. 천인은 국가에 속하여 국가의 민으로 대우받지 못해 군역이나 요역·공부 부과 대상에서 빠졌다. 양인은 국가의 민으로서 국가에 대해 직역이나 각종 부세를 부담하였다. 양인은 부류가 다양한데, 일반 백성 외에 향리·서리·남반·문무 관료까지 아우른다. 향리·서리·남반은 문무 양반으로 올라갈 수 있었고 실제로 이런 일이 빈번하게 일어났다. 반면 농민이 관인으로 상승하기는 꽤 어려웠다. 그런 면에서 향리·서리·남반부터는 지배층으로 분류할 수 있다. 향·부곡·소에 거주하는 민은 몇 가지 제한을 받아 위치가 낮았지만 노비보다는 지위가 높아 양인 최하층으로 볼 수 있다.

고려 시기 가족은 소가족 형태이다. 혼인은 같은 계층끼리 하였으며, 남자가 결혼을 한 뒤 잠시 처가에서 생활하는 솔서제率壻制 풍습도 보인다. 과부의 재가도 허용하는 것이 일반적이었다. 노비와 토지는 기본적으로 자녀 사이에 똑같이 상속하는 것이 원칙이었다. 친족은 부계를 기본으로 하면서 모계나 처계도 중시하였다.

12세기 이래 농민이 동요하거나 떠돌아다니는 일이 빈번하였다. 무신란 이후에는 기층민들이 체제에 대해 적극적인 항쟁을 벌였다. 우리 역사상 민란이 활발했던 시기에 속한다. 기층민의 항쟁은 광범위한 지역에서 일어났고, 참여 계층이나 주도 계층도 다양하였다. 전개 모습도 꽤 차이가 났다. 이는 고려 시기 각 지방이나 계층이 처한 사정이 달랐기 때문이다. 그렇기에 전국적으로 혹은 넓은 구역에서 통일적인 운동을 전개하기가 어려웠다.

토지는 기본 생산 수단이었다. 사회의 경제 기반, 재정 기초, 농민 지배 등이 모두 토지를 중심으로 구축되었다. 토지의 중요성 탓에 건국 초기부터 영역을 확대하는 데 힘을 기울였다. 이에 서북으로, 동북으로 북진 정책을 내세우면서 영토를 넓히려고 노력하였다. 그 과정에서 거란의 요遼, 여진의 금金과 충돌하는 것은 불가피하였다.

고려 시기에는 토지의 사적 소유 관계가 발달하였다. 토지의 사적 소유권은 누구에게나 인정되어 귀족이나 관료·농민·노비도 토지를 소유할 수 있었다. 농민들 가운데 비교적 큰 규모의 토지를 소유한 부농도 있었지만, 대부분은 작은 토지를 소유하였으며 전혀 토지를 소유하지 못한 농민도 많았다. 귀족이나 관료가 소유한 대토지는 지주전호제나 직영제로 경영하였다. 토지의 사적 소유를 전제로, 봉건 국가와 지배층이 봉건적인 신분 직역 관계를 중심으로 수조권을 수수授收하였으며, 수조권자와 일반 토지를 소유한 민 사이에 전주전객 관계가 성립하였다. 그리하여 지주전호제와 전주전객제가 조화를 이루기도 하고 대립하기도 하면서 운영되었다. 수조권을 내용으로 하는 전주전객제가 발달하면서 전객 농민의 잉여 축적이 어려워 민인들 상호간의 교역 발달이 억제되었다.

이 시기에는 대외 교역이 활기를 띠었다. 육로를 이용한 요나라나 금나라와의 교역도 활발하였지만, 바닷길을 이용한 송나라와의 교역도 번성하였다. 국제 교역은 대개 고가품·귀중품이 중심을 이루었으며, 민인들이 소비하는 물품은 아니었다. 결국 활발한 대외 교역은 지배층 중심의 교역에 그쳤다. 반면 민인들은 지배층의 상업 활동을 위해 잉여물을 빼앗겼으며, 때문에 농민층 중심의 상업이 발달하기 어려웠다.

고려 불교는 유교와 공존하면서 조화를 이루었다. 현실의 정치 운영이나 사회 윤리는 유교에 뿌리를 두었지만 개인의 인생관이나 사후관은 불교가 중요한 자리를 차지하였다. 불교의 영향력은 종교 신앙에만 한정되지 않았다. 사원은 경제 활동의 주체였으며 세속 사회의 정치 움직임에 민감하게 반응하였다. 승려들은 외침이 있을 때는 직접 전투에 나서 큰 공을 세웠으며 정치적 변란이 있을 때는 하나의 세력으로 개입하였고 각종 민란이 일어났을 때도 깊이 간여하였다. 또한 사원은 향촌 사회와 깊은 관련을 맺고 있었다. 그러나 사원이 일정한 지역 단위의 교구제敎區制로 운영되는 것이 아니었으므로, 특정 사원과 특정 촌락이 독점적이고 배타적인 관계를 맺는 일은 드물었다.

470여 년을 유지한 고려는 몇 시기로 나눌 수 있다. 일반적으로 1170년 무신란을 기준으로 전기와 후기로 나눈다. 다시 성종 대를 전후하여 전기와 후기로 나누고, 후기는 무신 정권 몰락을 분기점으로 두 시기로 나눈다. 최근에는 12세기부터 무신 정권이 몰락하는 때를 하나의 시기로 보아 '고려 중기'를 설정해야 한다는 견해가 있다. 시기 구분 문제는 사회의 여러 측면을 종합적으로 파악한 것이어야 할 것이다.

고려 사회는 전 기간에 걸쳐 역동적인 모습을 보이고 있다. 대외 문제에서도 그러했고, 국내 문제에서도 그러했다. 갈등과 긴장이 이어지면서도, 늘 맞닥뜨린 문제를 수습하고 해결하기 위해 노력하였다. 내외의 조건 속에서 문제를 수습·해결하는 과정에서 고려가 무너지고 조선이 세워질 수 있었다.

2002년 5월
이병희

Ⅳ. 사상 문화 영역

I.

정치 영역

1 호족의 지원을 받아 통일하다
고려와 호족 종합

나말여초 각 지방에서 호족들이 할거했는데, 고려는 이런 호족을 종합하여 이룬 국가다. 신라 · 후백제 · 고려 어느 나라가 다시 통일하는가는 호족들을 얼마나 잘 종합할 수 있는가에 달려 있었다. 초반에 왕건은 군사적으로 열세였지만 호족들의 호응과 지원을 얻어 후삼국을 통일할 수 있었다.

후삼국 통일

왕건은 선대부터 호족이라는 기반 위에 서해의 해상 세력 및 혈구진穴口鎭 · 패강진 浿江鎭 등의 군진 세력과 연결되어 있었다. 그는 태봉 궁예의 부장部將으로 나주 등 서남해 지방에서 큰 공을 세웠고, 그 덕분에 시중侍中의 자리까지 올랐다. 918년 궁예가 쿠데타로 축출되고 왕건은 홍유 · 배현경 · 신숭겸 · 복지겸 등의 추대로 왕위에 올라 고려를 개창했다.

왕건은 신라에 극심한 적대 의식을 가졌던 궁예와 달리 신라에 우호적인 자세를 보였다. 후백제의 견훤과도 초기에는 호의적인 관계를 유지했다. 920년 견훤이 신라의 합천, 초계를 공격하자 신라가 고려에 구원을 요청해 왔다. 이에 왕건이 원군을 보내 신라를 도와줌으로써 후백제와 사이가 벌어지기 시작했다. 본격적인 대결은 925년 조물군 전투에서 있었는데, 이때 양측은 승패를 결정짓지 못한 채 화친을 맺고 인질을 교환했다. 인질로 고려에 온 후백제의 진호가 병으로 죽자, 견훤은 그가 살해당했다고 의심하여 왕건 측 인질인 왕신을 죽이고 고려의 영역이었던 공주를 공격함으로써 화친은 깨지고 말았다. 927년에 견훤이 신라에 침입하여 친고려적인 경애왕을 살해할 때 왕건은 이를 구원하러 가다가 대구 부근의 공산 전투에서 견훤에게 참패를 당했다.

이후 왕건은 상당한 수세에 몰렸으나 930년 고창(안동) 전투에서 승리를 거두면서 상황은 반전되었다.[자료1] 이후 왕건이 934년 운주運州 전투에서 승리를 거두자 웅진 이북 지역이 고려의 세력권에 들어옴으로써 후백제는 크게 위축되었다. 935년 3월 후백제에서 정변이 일어나 신검이 권력을 잡았다. 견훤은 금산사에 유폐되었다가 그해 6월 나주를 통해 고려에 귀부했다. 935년 11월에 경순왕이 고려에 항복해 왔으며, 고려군은 내분으로 분열된 후백제를 936년 9월 일리천一利川 싸움에서 격파하고 신검군을 쫓아 황산군(연산)까지 진격했다. 왕건은 당시 후백제 왕이었던 신검의 항복을 받아내 마침내 통일을 달성했다.

왕건은 이런 과정을 거쳐 후삼국을 통일했는데, 신라와는 유화 정책을 펼치고 협조 관계를 유지해 신라 계통 인사들의 지원을 받아냈고 후백제와는 여러 차례 전쟁을 벌였다. 또한 당시 전국 각 지방에 산재해 있던 호족들의 지원과 귀부를 받아내기 위해 견훤과 치열하게 경쟁했다.[자료2] 왕건이 호족들을 효율적으로 종합해나간 것이 통일의 밑거름이 되었다.

완사천. 전라남도 나주시 송월동에 있는 샘이며, 전남기념물 제 93호다. 왕건이 궁예의 장군으로서 후백제 견훤과 나주에서 싸울 때 목이 타서 샘(완사천)가에서 빨래하던 처녀에게 물을 청하자 처녀는 바가지에 물을 떠 버들잎을 띄워서 공손히 바쳤다. 왕건은 이 처녀를 아내로 맞이하였는데 곧 장화왕후 오씨였다. 장화왕후에게서 태어난 아들 무武가 제2대 왕 혜종이 되었다.

왕건의 중폐비사

왕건이 즉위한 지 닷새째 되던 날 혁명 내부 세력 가운데 왕위를 넘보고 왕권에 도전한 사건이 일어났다. 그 뒤로도 궁예의 정치적 지지 기반이었던 청주 지역 호족 세력들이 왕건에 저항했으며 일찍이 궁예의 세력 기반이 되었던 명주 지역 대호족인 순식이 비협조적인 태도를 보이는 등 많은 호족들이 동요했다. 이에 왕건은 자신을 낮추고 상대를 높이는 겸양의 덕을 발휘하여 호족들을 포섭했다. '중폐비사重幣卑辭'라는 저자세 외교로써 친화의 뜻을 표하고 귀부하여 오는 자들을 각별하게 대우하였다.[자료3]

태조의 이런 포섭 정책은 성과를 거두어 많은 호족들이 귀부했다.[자료4] 안동 전투 이후 영안·하곡·송생 등 30여 군현이 고려에 투항했으며 신라 동쪽의 110여 성이 항복하는 등 신라 영역의 많은 호족들이 왕건을 지지했다. 호족들은 몸소 귀부하기도 하고 자식이나 사신을 보내기도 했다. 왕건은 귀부한 이들에게 벼슬을 내리고 왕실과의 혼인을 주선하기도 했으며 원한다면 개경으로 이주도 허용했다. 또한 호족들에게는 자신의 근거지에 대한 지배를 어느 정도 인정했다.

호족들은 스스로 군사를 모아 자기 고을을 지키는 상황이었다. 시시각각 변하는 정세 속에서 자신들의 세력 기반을 유지하기 위해, 또는 자신들의 정치적 신념과 이해관계에 따라, 또는 지리적 여건에 따라 고려나 후백제 또는 신라에 가담했다. 왕건으로서는 이들 호족을 자신의 편으로 끌어들이는 것이 세력 확대 및 통일의 관건이었다.

혼인 정책과 공신 책봉

호족의 지원과 호응을 얻기 위해 왕건이 기울인 노력은 실로 대단했다. 확고한 지지 세력을 만들기 위해 유력한 호족의 딸과 혼인을 하기도 했다. 『고려사』후비后妃 열전에 따르면 왕건은 6명의 왕후와 23명의 부인을 맞이했는데, 대체로 정략결혼인 듯하다.[자료5] 왕위에 오르기 전에 부인은 신혜왕후神惠王后 유씨와 장화왕후莊和王后 오씨 등 2명뿐이었는데, 918년 왕위에 오른 후 적극적인 혼인 정책을 추진하여 많은 부인을 맞이했다. 부인들의 출신지는 황해도와 경기도가 12명이고 다음이 경상도였으며, 그밖에 충청도·강원도·전라도 지역에 고루 퍼져 있었다.[자료6] 또한 왕건은 자신의 두 딸을 경순왕에게 시집보냈다. 이런 혼인 정책을 통해 각 지방의 대호족과 굳게 결합했다. 태조는 29명의 부인에게서 25명의 왕자와 9명의 왕녀를 얻었다. 왕건이 유력한 호

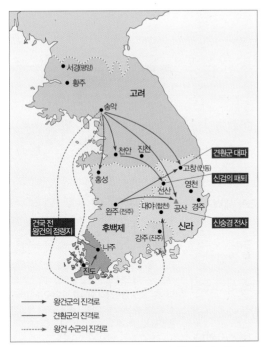

왕건의 군사 활동 지역. 왕건은 궁예의 아래에 있을 때는 수군을 이끌고 주로 서남해 지방을 공략했다. 918년 정권을 잡은 뒤에는 견훤과 경쟁했다. 신라의 경애왕을 살해하고 돌아가던 견훤과 공산에서 격돌했으나 왕건은 대패하여 신숭겸이 전사하고 자신은 겨우 목숨을 건졌다. 이후 수세에 몰리다가 고창(안동) 전투에서 승리함으로써 전세를 역전시켰으며, 이어 선산에서 후백제의 신검군을 격파하여 후삼국을 통일할 수 있었다.

족의 딸을 부인으로 맞이한 것은, 이들과의 결합을 굳건히 하려는 것이 1차 목적이었지만 한편으로는 자손을 많이 두어 고려 왕실의 번성을 꾀하려는 면도 있었다.

때로는 유력한 호족들에게 왕실과 같은 왕성王姓을 하사하여 의제가족적擬制家族的인 관계를 맺기도 했다. 예를 들어 명주(강릉) 장군 김순식은 왕순식이 되었다.[자료7] 또한 광해주(光海州, 춘천) 사람으로 궁예에게 협력하여 동궁기실東宮記室의 벼슬까지 지냈으나 궁예의 실정을 보고 숨어 살다가 태조가 즉위하자 찾아온 박유朴儒에게도 왕성을 하사했다. 이런 사성賜姓 정책도 호족과의 결합을 굳게 하는 데 일조했다.

태조 때 시행되었던 공신 책봉도 호족을 종합하는 데 아주 중요한 역할을 했다. 왕건은 왕위에 오른 직후 2,000여 명을 공신으로 책봉했고(개국공신) 통일 후인 940년에는 1,200명 정도를 삼한공신三韓功臣에 책봉했다.[자료8·9] 이들은 공신으로 책봉받아 그 지방에서 유력자의 지위를 유지할 수 있었고 자손에게도 계속 여러 가지 혜택이 따랐다. 이들이 울타리가 됨으로써 고려의 안정에 이바지할 수 있었다. 이 공신들을 중심으로 토성土姓을 분정分定하여 그 지역의 실질적인 지배자임을 공인해주었다.[자료10]

향리의 자제를 뽑아 경성京城에 볼모로 삼아 출신지의 일을 자문케 하는 기인제其人制, 중앙 관인으로 진출한 이에게 그 출신지에 대한 일정한 권한을 인정해주는 사심관제事審官制도 국초에는 호족들의 권위를 뒷받침하는 측면이 강했다. 기인제와 사심관제 역시 호족을 종합하는 데 큰 도움을 주었다.

승려를 우대하고 발해인을 받아들이다

왕건은 각 지방의 호족들과 연결되어 있던 승려들을 끌어들이는 데에도 힘썼다. 이미 고려가 건국되기 전에 사무외사四無畏士인 형미迴微 · 여엄麗嚴 · 경유慶猷 · 이엄利嚴과 행적行寂 · 충담忠湛이 왕건과 연결되었고, 탄문坦文 · 찬유璨幽 · 현휘玄暉 · 긍양兢讓 · 경보慶甫 · 개청開淸 등이 고려 건국 이후에 왕건과 결합했다. 이는 승려들을 통해 각 지역 호족과의 결속을 강화하는 한편 호족의 세력권에 있는 백성을 교화하고 민심을 수습하기 위해서였다.

태조 왕건(877~943)의 초상화. 왕건은 후삼국 분열 시기에 호족의 지원을 끌어들이고 신라의 마지막 왕인 경순왕의 귀부를 받으며, 후백제의 신검군을 황산에서 격파함으로써 936년 통일의 위업을 달성하였다.

왕건은 즉위 직후 고구려의 수도였던 평양을 새롭게 건설했다. 황폐해진 평양을 복구하고 대도호부로 삼았으며 사촌 동생인 왕식렴을 보내 지키게 했다. 그리고 황해도 여러 고을 사람들을 이곳에 옮겨와 살게 했으며, 얼마 되지 않아 평양을 서경으로 승격시켰다. 태조 5년에는 개경과 비슷한 관부와 관리를 설치했으며 태조 13년에는 학교를 설치하여 인재를 양성했다. 서경을 일찍부터 경영한 것은 고구려의 계승을 표방함과 동시에 북방 개척의 의지를 나타낸 것이었다.

그리고 926년 발해가 멸망하자 왕족과 관료 등 고구려 계통의 지배 계급 상당수가 남하하여 고려로 귀순했는데 태조는 이들을 받아들여 우대했다.[자료11 · 12] 이로써 발해의 주민과 문화가 고려에 크게 유입되었다.

고려는 이처럼 호족을 종합하면서 성립한 국가였다. 그들의 기반을 대부분 인정한 위에서, 또 그들의 사회 경제적 위치를 유지시켜 주는 선상에서 고려의 체제가 수립되었다. 그들의 기반을 해체하는 조치는 거의 취하지 않았다. 왕건은 경주 중심의 신라 지배층에서 벗어나 호족의 사상이나 정서를 적극 반영해 국가를 경영하고자 했다.

자료1

주1 재암성載巖城 : 오늘날 경상북
도 청송.

주2 고창군古昌郡 : 오늘날 경상북
도 안동.

재암성載巖城주1 장군 선필이 고려에 투항했다. 태조가 그를 후하게 예우하고 상부라
고 불렀다. 예전에 태조가 신라와 우호 관계를 맺으려 할 때 선필이 안내를 해주었는
데, 이때에 이르러 그가 항복해오자 태조가 그의 공로와 연로함을 참작하여 은총을
베풀고 표창했다. 태조는 고창군古昌郡주2 병산 아래에서 견훤과 싸워 크게 이겼는데,
죽이거나 사로잡은 자가 매우 많았다. 영안·하곡·직명·송생 등 30여 군현이 차례
로 태조에게 투항했다. … 가을 9월, 동해 주변에 있는 주와 군의 부락이 모두 태조에
게 투항했다.

原文 載巖城將軍善弼降 高麗太祖厚禮待之 稱爲尙父 初太祖將通好新羅 善弼引導之
至是降也 念其有功且老 故寵褒之 太祖與甄萱戰古昌郡瓶山之下 大捷 殺虜甚衆 其永安河
曲直明松生等三十餘郡縣 相次降於太祖 … 秋九月 國東沿海州郡部落 盡降於太祖

_ 「삼국사기三國史記」권12, 신라본기新羅本紀12, 경순왕 4년 정월

자료2

(공직이 아들) 직달에게 말하기를, "지금 이 나라를 보니 사치하고 무도하여 내가 비
록 긴밀하고 가깝지만 다시 이곳에 오지 않겠다. 듣건대 왕공[王公, 왕건]은 문文으로 족
히 백성을 안정시키고 무武로 능히 포暴를 금하므로 사방에서 그의 위엄을 무서워하
지 않는 자가 없으며 그의 덕을 따르지 않는 자가 없다 하니 나는 그에게 귀부하고자
한다. 너의 뜻은 어떠하냐?" 직달이 말하기를, "볼모로 여기에 온 이래 그들의 풍속을
보니 부강함만 믿고 서로 다투어 교만하고 내세우기만 힘쓰니 어찌 나라를 유지할 수
있겠습니까? 지금 아버님께서 명주明主에게 귀순하여 폐읍弊邑을 보전하고 편안하게
하고자 하시니 마땅치 않습니까? 저는 마땅히 아우와 여동생과 함께 틈을 타서 돌아
가겠습니다. 만약 돌아가지 못한다 하더라도 아버님의 현명하신 조처에 의해 자손에
게 경사가 흐르게 되면 저는 비록 죽어도 한이 없으니 아버님은 염려하지 마십시오."
라고 했다.

原文 謂直達曰 今見此國 奢侈無道 吾雖密邇 不願復來 聞高麗王公 文足以安民 武足以禁
暴 故四方無不畏威懷德 予欲歸附 汝意何如 直達曰 自入質以來 觀其風俗 唯恃富强 競務驕矜
安能爲國 今大人欲歸明主 保安弊邑 不亦宜乎 直達當與弟妹 俟隙而歸矣 縱不得歸 賴 大人之
明 餘慶流於子孫 則直達雖死無恨 願大人勿以爲慮

_ 「고려사高麗史」권92, 열전列傳5, 공직龔直

자료 3

군신에게 유시해 말하기를, "각처의 도적들이 내가 처음 왕위에 올랐다는 것을 듣고 혹 변방에서 변란을 일으킬 것이 염려된다. '단사單使'^{주3}를 각지로 파견하여 폐백을 후히 하고 언사를 낮추어서 '혜화惠和'의 뜻을 보이게 하라."고 했다.

原文 諭群臣曰 朕慮 諸道寇賊聞朕初卽位 或構邊患 分遣單使 重幣卑辭 以示惠和之意

___『고려사』권1, 세가世家1, 태조 원년 8월

자료 4

상주尙州 적의 우두머리 아자개阿字盖가 사절을 보내 귀순해 오니 왕이 의례를 갖추어 맞이하라고 명했다.

原文 尙州賊帥阿字盖 遣使來附 王命備儀迎之

___『고려사』권1, 세가1, 태조 원년 9월

자료 5

신성왕태후 김씨는 신라인 잡간匝干^{주4} 억렴億廉의 딸이다. 신라왕 김부金傅^{주5}가 사신을 보내 항복하기를 청하니 태조가 후한 예로 대접하고 돌아가 왕에게 고하라 하여 이르기를, "지금 왕이 나라를 과인에게 주니 그 줌이 크도다. 바라건대 종실과 결혼하여 사위와 장인의 우호를 길이 하고자 하노라." 하니 김부가 회보하기를, "우리 백부 억렴에게 딸이 있어 덕과 용모가 모두 아름답습니다. 이 딸이 아니면 내정을 고루 갖출 수 없을 것입니다." 하므로 태조가 드디어 이를 취하여 안종安宗^{주6}을 낳았다.

原文 神成王太后金氏 新羅人匝干億廉之女 新羅王金傅遣使請降 太祖待以厚禮 使歸告曰 今王以國與寡人 其爲賜大矣 願結昏宗室 以永甥舅之好 傅報曰 我伯父億廉有女 德容雙美 非是無以備內政 太祖遂取之 生安宗

___『고려사』권88, 열전1, 후비后妃1, 신성왕태후 김씨

자료6 왕건의 혼인도

태조 왕건은 호족을 종합하기 위해 전국 각 지방의 호족의 딸과 혼인 관계를 맺었다. 왕위에 오르기 전에는 신혜왕후 유씨와 장화왕후 오씨, 두 명의 부인을 두었으나 왕위에 오른 이후 많은 호족의 딸과 혼인하였다. 혼인 관계로 맺어진 호족의 근거 지역을 보면, 전라·경상·강원·충청·황해·경기도 등 전국을 아우르고 있다.

지도의 지명:
- 신정왕태후(황보皇甫) 황주
- 동주(서흥)
- 신주(신천) 평산
- 대서원부인(김金) 소서원부인(김金)
- 동양원부인(유庾) 성무부인(박朴)
- 월경원부인(박朴) 몽량원부인(박朴)
- 예화부인(왕王)
- 정목부인(왕王) 대명주원부인(왕王)
- 정주(풍덕)
- 신주원부인(강康)
- 춘주(춘천) 명주(강릉)
- 신혜왕후(류柳) 정덕왕후(류柳)
- 광주
- 광주원부인(왕王) 소광주원부인(왕王)
- 충주
- 신명순성왕태후(유劉)
- 의성부원부인(홍洪)
- 흥복원부인(홍洪) 홍주(홍성)
- 의성부(의성)
- 해량원부인(?) 해평(선산)
- 협주(합천) 경주
- 진주
- 신성왕태후(김金) 헌목대부인(평平) 천안부원부인(임林)
- 나주 승주(순천) 후태랑원부인(이李)
- 장화왕후(오吳)
- 숙목부인(?)
- 동산원부인(박朴)

*( )는 성씨

주7 명주溟州 : 오늘날 강원도 강릉 지방.

주8 대광大匡 : 고려 초의 관계官階, 관인들의 지위와 신분을 나타내는 국가의 공적 질서 체계)로 2품이며, 3번째 등급에 해당한다.

주9 원보元甫 : 고려 초의 관계로 4품이며, 8번째 등급에 해당한다.

주10 대승大丞 : 고려 초의 관계로 3품이며, 5번째 등급에 해당한다.

주11 신검 : 견훤의 첫째 아들로 견훤을 금산사에 유폐시키고 왕위에 올랐으며 936년 왕건군에게 패함으로써 후백제는 종말을 고했다.

자료7

왕순식은 명주[주7] 사람으로 본주 장군이 되어 … 그의 아들 장명長命을 왕건에게 보내어 600인을 거느리고 숙위케 했으며, 후에 자제와 더불어 무리를 거느리고 와서 조회하니 태조가 왕씨王氏 성을 하사하고 대광[주8] 벼슬을 내렸다. 그의 아들 장명에게는 이름 염廉을 하사하고 원보元甫[주9] 벼슬을 주었으며 소장小長 관경官景에게도 왕씨 성을 하사하고 대승大丞[주10] 벼슬을 주었다. 태조가 신검[주11]을 토벌할 때 순식은 명주로부터 그의 병사들을 거느리고 참전해서 신검을 격파했다.

原文 王順式溟州人 爲本州將軍 … 又遣子長命 以卒六百 入宿衛 後與子弟 率其衆來朝 賜姓王 拜大匡 長命賜名廉 拜元甫 小將官景 亦賜姓王 授大丞 太祖討神劍 順式 自溟州 率其兵會戰破之

__ 「고려사」권92, 열전5, 왕순식

자료 8

조詔하기를, "인신人臣으로서 천시天時를 도우는 기략을 운용하고 세상을 뒤덮은 높은 공훈을 세운 자에게 모토茅土[주12]를 나누어주고 후한 질녹秩祿과 높은 관급으로 포상함은 백대百代의 상전常典이요 천대千代의 굉규宏規이다. 짐은 미천한 데서 태어나서 재조才操와 식견이 범용凡庸하고 하열下劣하나 군망에 힘입어 왕위에 올랐으나 포악한 군주를 폐하던 때에 충신의 절개를 다한 자에게는 포상을 시행해 훈로를 권장할 것이다. 홍유·배현경·신숭겸·복지겸으로 제1등을 삼아 금은기金銀器와 금수기피욕錦繡綺被褥[주13]·능리綾羅[주14]·포백을 차등 있게 주고, 견권·능식·권신·염상·김락·연주·마난을 제2등으로 하여 금은기와 금수기피욕·능백綾帛을 차등 있게 주며, 제3등인 2,000여 인에게는 능백과 곡미를 차등 있게 주라. 짐이 공들과 함께 생민生民을 구하고자 했으나 끝내 신절臣節을 지키지 못하고 이것으로 공을 삼게 되니 어찌 덕을 부끄러워함이 없겠는가. 그러나 공이 있는데 포상하지 않으면 장래를 권장할 수 없으므로 오늘 상을 주는 것이니 공들은 분명히 짐의 뜻을 알아야 한다."고 했다.

原文 詔曰 人臣運佐時之奇略 樹蓋世之高勳者 錫之以分茅胙土 褒之以峻秩崇班 是百代之常典 千古之宏規也 朕出自側微 才識庸下 誠資群望 克踐洪基 當其廢暴主之時 竭忠臣之節者 宜行賞賚 以獎勳勞 其以洪儒裴玄慶申崇謙卜智謙 爲第一等 給金銀器錦繡綺被褥綾羅布帛有差 堅權能寔權愼廉湘金樂連珠麻煖 爲第二等 給金銀器錦繡綺被褥綾帛有差 其第三等二千餘人 各給綾帛穀米有差 朕與公等欲救生民 未能終守臣節 以此爲功 豈無慚德 然而有功不賞 無以勸將來 故有今日之賞 公等明知朕意

_『고려사』권1, 세가1, 태조 원년 8월

주12 모토茅土 : 옛날에 천자가 제후를 봉할 때 그 방향의 빛깔 흙을 백모白茅에 싸서 하사한 것, 봉역封域을 일컫는다.

주13 금수기피욕錦繡綺被褥 : 비단으로 만든 침구.

주14 능리綾羅 : 비단의 일종.

자료 9

유사有司[주15]가 태조공신[주16] 대광大匡 천명千明 등 3,200인을 추증追贈[주17]하여 직위의 차례를 정하기를 청하니 왕이 따랐다.

原文 有司請 追贈太祖功臣大匡千明等三千二百人 次第職 從之

_『고려사』권7, 세가17, 문종 8년 12월

주15 유사有司 : 일을 담당한 관리.

주16 태조공신 : 태조 때 책봉된 공신에는 개국공신과 삼한공신이 있는데, 태조공신은 이 두 공신을 모두 일컫는다.

주17 추증追贈 : 이미 죽은 사람들에게 관위를 높여주는 것.

자료 10

신라 말에 이르러 골화현의 금강성장군 황보능장皇甫能長이 고려 태조가 발흥하는 것

주18 좌승佐丞 : 고려 초의 관계로 3품이며, 6번째 등급에 해당한다.

주19 영천永川 : 경북 소재. 영주永州라고도 하였다.

주20 토성土姓 : 고려 태조 23년(940)에 전국 군현의 토호들에게 분정한 성씨.

주21 속말말갈粟末靺鞨 : 말갈 가운데 예맥濊貊系 내지 부여·고구려·옥저계의 말갈을 가리키는 듯하다.

주22 홀한성忽汗城 : 상경용천부가 홀한하忽汗河에 자리 잡고 있어 홀한성으로도 일컬어졌다.

주23 대광현大光顯 : 발해 왕국의 마지막 왕 대인선大諲譔의 세자를 자칭하고 발해가 멸망하자 장군 신덕申德 등과 더불어 수만의 무리를 이끌고 고려로 망명했다. 고려에서는 왕계라는 이름을 내렸다. 오늘날 태씨太氏는 대부분 그를 시조로 하고 있다.

을 보고 천명과 인심이 돌아갈 바를 알았다. 드디어 무리를 들어 돕고 순종하니 태조가 기뻐하여 좌승佐丞^{주18}을 제수하고 능장의 출신지인 골화 등 4현을 합쳐서 영천永川^{주19}이라 했다. 이것이 토성土姓^{주20} 황보씨皇甫氏가 시작된 연유다.

原文 當新羅之季 骨火縣金剛城將軍皇甫能長 見高麗太祖勃興 知天命人心之所歸 遂擧衆助順 太祖嘉賞 授以左丞 乃合能長所起之地骨火等四縣 爲永川 此土姓皇甫所由始也

__『경상도지리지慶尙道地理志』안동도安東道 영천군永川郡

자료 11

거란이 발해를 멸망시켰다. 발해는 본래 속말말갈粟末靺鞨^{주21}인데, 당나라 무후 때 고구려 사람 대조영이 달아나 요동을 지키니 당나라 예종이 발해군왕渤海郡王으로 봉했다. 그 뒤에 스스로 발해국이라 일컬으며 부여·숙신 등 10여 나라를 아울러 다 차지하고 문자·예악禮樂과 관부官府의 제도가 있었다. 5경京·15부府·62주州를 두었으니 땅이 사방 5,000여 리이며 인구는 수십만이었다. 우리 국경과 인접하여 있었는데, 거란과는 대대로 원수지간이었다. 거란주契丹主가 군사를 크게 일으켜 발해를 쳐서 홀한성忽汗城^{주22}을 포위하여 발해를 멸망시키고 동단국東丹國이라 고쳐 불렀다. 발해국의 세자 대광현大光顯^{주23}과 장군 신덕申德, 예부경禮部卿 대화균大和鈞, 균로사정均老司政 대원균大元鈞, 공부경工部卿 대복예大福譽, 좌우위장군左右衛將軍 대심리大審理, 소장小將 모두간冒豆干, 검교檢校 개국남開國男 박어朴漁, 공부경工部卿 오흥吳興 등이 남은 사람을 거느리고 전후로 도망해온 자가 수만 호였다. 왕은 이들을 매우 후하게 대접하며 대광현에게는 왕계王繼라는 성명을 내려주고 종실의 적籍에 붙였으며, 그 선대의 제사를 받들게 하고 요좌僚佐들에게는 모두 작爵을 내려주었다.

原文 契丹滅渤海 渤海 本粟末靺鞨也 唐武后時 高句麗人大祚榮 走保遼東 睿宗 封爲渤海郡王 因自稱渤海國 幷有扶餘肅愼等十餘國 有文字 禮樂 官府制度 五京 十五府 六十二州 地方五千餘里 衆數十萬 隣于我境 而與契丹 世讎 契丹主大擧攻渤海 圍忽汗城 滅之 改爲東丹國 其世子大光顯 及將軍申德 禮部卿大和鈞 均老司政大元鈞 工部卿大福譽 左右衛將軍大審理 小將冒豆干 檢校開國男朴漁 工部卿吳興等 率其餘衆 前後來奔者 數萬戶 王待之甚厚 賜光顯姓名王繼 附之宗籍 使奉其祀 僚佐皆賜爵

__『고려사절요高麗史節要』권1, 태조 8년 12월

자료12 고려 초기 발해인의 내투 사례

순번	시기	내용
1	태조 8년(925) 9월 6일	발해장군 신덕 등 500인 내투来投.
2	태조 8년 9월 10일	발해 예부경 대화균 · 균로, 사정 대원균, 공부경 대폭모, 좌우위장군 대심리 등이 민 100호를 이끌고 내부来附.
3	태조 8년 12월 29일	발해 좌수위소장 모두간, 검교 개국남 박어 등이 민 1천 호를 이끌고 내부.
4	태조 10년(927) 3월 3일	발해 공부경 오흥 등 50인, 승려 재웅 등 60인이 내투.
5	태조 11년(928) 3월 2일	발해인 김신 등 60호가 내투.
6	태조 11년 7월 8일	발해인 대유범이 민을 거느리고 내부.
7	태조 11년 9월 26일	발해인 은계종 등이 내부.
8	태조 12년(929) 6월 23일	발해인 홍견 등이 배 20척으로 사람과 물건을 싣고 내부.
9	태조 12년 9월 10일	발해 정근 등 300여 인이 내투.
10	태조 17년(934) 7월	발해국 세자 대광현이 무리 수 만을 거느리고 내투, 왕계라는 성명을 하사함, 원보元甫를 수여하고 백주白州를 지키게 함.
11	태조 17년 12월	발해 진림 등 160인이 내부.
12	태조 21년(938)	발해인 박승이 3천여 호와 함께 내부.
13	경종 4년(979)	발해인 수만이 내투.

박옥걸, 『고려 시대의 귀화인 연구』, 국학자료원, 1996, 96~97쪽.

출전

『경상도지리지慶尙道地理志』 세종 때 『팔도지리지』를 펴내기에 앞서 각 도에 명령을 내려 도별로 지리지를 펴내게 하였는데, 그 가운데 유일하게 남은 지리지다. 편찬 연도는 세종 7년(1425)이다. 조선 초기 경상도 지방의 사회 경제를 이해하는 데 매우 중요한 자료다.

『고려사高麗史』 고려 시대 역사를 기록한 기전체 사서. 조선 건국 3개월 뒤 정도전 · 정총이 왕명으로 『고려국사』 편찬에 착수하여 태조 4년(1395)에 편년체 사서를 완성했지만 이 책은 전하지 않는다. 『고려국사』 개찬 작업은 태종 때 착수하였다가 완성하지 못하고, 세종 때 개찬이 이루어져 『수교고려사讎校高麗史』 『고려사대전高麗史大全』을 펴냈다. 다시 세종 31년(1449) 개찬 작업에 착수하여 김종서 · 정인지 등이 『고려사』를 2년 뒤인 문종 원년(1451)에 마무리했다. 「세가」 46권, 「열전」 50권, 「지」 39권, 「연표」 2권, 「목록」 2권 모두 139권으로 이루어졌다.

찾아읽기

김광수, 「고려 태조의 삼한공신」, 『사학지史學志』 7, 1973.
박한설, 「고려 태조의 후삼국통일정책」, 『사학지』 14, 1980.
김두진, 「왕건의 승려 결합과 그 의도」, 『한국학논총』 4, 1981.

홍승기, 「후삼국의 분열과 왕건에 의한 통일」, 『한국사 시민강좌』 5, 1989.

김갑동, 『나말여초의 호족과 사회변동연구』, 고려대학교 민족문화연구소, 1990.

민현구, 「한국사에 있어서 고려의 후삼국 통일」, 『역사상의 분열과 재통일』 상, 1992.

박한설, 「고려의 건국과 호족」, 『한국사』 12, 1993.

신호철, 「후삼국시대 호족연합정치」, 『한국 사상의 정치형태』, 1993.

박옥걸, 『고려 시대의 귀화인 연구』, 국학자료원, 1996.

정청주, 『신라말 고려초 호족연구』, 일조각, 1996.

홍승기 엮음, 『고려 태조의 국가경영』, 서울대학교 출판부, 1996.

윤경진, 「나말여초 성주의 존재 양태와 고려의 대성주 정책」, 『역사와 현실』 40, 2001.

구산우, 「고려 태조대의 귀부 호족에 대한 정책과 향촌사회」, 『지역과 역사』 11, 2002.

신호철, 『후삼국시대 호족 연구』, 개신, 2002.

정청주, 「신라말·고려초 순천지역의 호족」, 『전남사학』 18, 2002.

황선영, 「경순왕의 귀부와 고려초기 신라계세력의 기반」, 『한국중세사연구』 14, 2003.

류영철, 『고려의 후삼국 통일과정 연구』, 경인문화사, 2005.

최규성, 『고려 태조 왕건 연구』, 주류성, 2005.

김기섭, 「고려 태조대 군현 개편의 과정과 그 의미」, 『한국중세사연구』 20, 2006.

김명진, 「태조 왕건의 천안부 설치와 그 운영」, 『한국중세사연구』 22, 2007.

윤용혁, 「나말여초 홍주의 등장과 운주성주 긍준」, 『한국중세사연구』 22, 2007.

이효형, 『발해 유민사 연구』, 혜안, 2007.

김갑동, 「고려의 후삼국 통일과 유금필」, 『군사』 69, 2008.

김명진, 「태조 왕건의 일리천전투와 제번경기(諸蕃勁騎)」, 『한국중세사연구』 25, 2008.

문안식, 『후백제 전쟁사 연구』, 혜안, 2008.

정요근, 「후삼국시기 고려의 남방진출로 분석」, 『한국문화』 44, 2008.

김창겸, 「고려 태조대 성관 사여와 그 의미」, 『역사민속학』 30, 2009.

정선용, 「고려태조의 대신라동맹 체결과 그 운영」, 『한국고대사탐구』 3, 2009.

김갑동, 『고려의 후삼국 통일과 후백제』, 서경문화사, 2010.

이재범, 『고려 건국기 사회동향 연구』, 경인문화사, 2010.

김대중, 「왕건의 후삼국 통일과 나주의 전략적 위상」, 『전쟁과 유물』 3, 전쟁기념관, 2011.

신성재, 「일리천 전투와 고려태조 왕건의 전략전술」, 『한국고대사연구』 61, 2011.

신호철, 「고려 건국기 서남해 지방세력의 동향」, 『역사와 담론』 58, 2011.

이정기, 「고려 태조대 북방 개척과 진두 파견」, 『군사』 79, 2011.

이정란, 「태조비 천안부원부인과 천안부」, 『충청학과 충청문화』 12, 충청남도역사문화연구원, 2011.

김명진, 「고려 태조 왕건의 아산만 일대 공략과정 검토」, 『지역과 역사』 30, 2012.

김보광, 「고려 태조의 정치관과 국정 운영」, 『한국인물사연구』 17, 2012.

신성재, 「고려와 후백제의 공산전투」, 『한국중세사연구』 34, 2012.

2 중앙 관제를 확립하다
3성과 도병마사

고려의 중앙 정치 제도는 국초에는 태봉의 제도를 따랐으며, 성종 때에 고려적인 관제를 갖추어 갔다. 이 관제에는 중국의 당과 송의 제도를 참작한 것도 있고 고려의 독자적인 것도 있었다. 고려의 관제에 대한 내용은 『고려사』 백관지百官志에 소상하게 실려 있다.

태조 대의 정치 기구

태조 왕건이 왕위에 오른 직후 태봉의 제도를 그대로 승계했다.[자료1] 건국 후 엿새 만에 단행된 인사에서 12개의 관부가 확인된다. 광평성廣評省, 내봉성內奉省, 순군부徇軍部, 병부兵部, 창부倉部, 의형대義刑臺, 도항사都航司, 물장성物藏省, 내천부內泉部, 진각성珍閣省, 백서성白書省, 내군內軍 등이 그것이다. 광평성·내봉성 등은 정무 기구, 순군부·병부·내군은 군사 기구, 창부·물장성·내천부·진각성 등은 재정 기구인 듯하다. 태조 때는 12개 관부 이외에도 원봉성·내의성·예부·예빈성 등이 있었다.

이런 관제는 성종 초까지 이어졌다. 광평성은 정책 결정의 최고 정무 기관이었으며, 내봉성은 행정 집행 기관이었고, 내의성은 국왕 측근의 고문 기관으로 국왕의 조칙詔勅을 작성하는 역할을 담당했다. 순군부와 병부는 같은 군사 기관이지만, 전자는 병마권의 행사 기관으로 전병典兵하는 권한을 가진 반면 후자는 단순히 군사 행정 기구의 역할을 담당했다. 그런데 건국 초기에는 개국공신 계열이나 왕비족 등 호족 출신의 중신들이 공식적인 관부 밖에서 관계官階만 지닌 채 실권을 장악했다.

3성 6부

성종 때에 이르러 왕권이 강화되고 왕조의 기반이 확립됨에 따라 그에 적합한 새로운 정치 기구를 조직하였다. 이에 새로 성립된 것이 3성省 6부제部制였다. 3성이란 조칙을 작성하는 중서성中書省과 이를 심의하는 문하성門下省, 그리고 이를 집행 실천하는 상서성尙書省을 말한다. 그러나 고려에서는 이런 3성으로 명확히 분화되지 않고, 중서성과 문하성이 중서문하성이라는 하나의 관부로 병합되었으며 그 장관인 문하시중이 수상이 되었다. 상서성은 중앙 기구인 도성都省이 무력화되고 다만 상서6부가 국무를 분담하게 되었다. 즉 중서문하성에서 결정된 사항을 상서6부에서 시행하는 상하 관계를 이루었다. 중서성과 문하성이 단일 기구로 중서문하성을 구성했음은, 고려의 관제가 당제를 채용해 3성을 수용하면서도 독자적인 성격을 지니고 있었음을 의미한다.

중서문하성의 구성원은 2품 이상의 재신과 3품 이하의 낭사로 구분되었다. 재신은 문하시중 · 평장사平章事 · 참지정사參知政事 · 정당문학政堂文學 · 지문하성사知門下省事를 가리키는데, 이들은 국정 일반을 관장했으며 또한 구체적으로 특정 국무를 한 가지씩 나누어 관장케 했으니, 그것이 상서6부의 판사判事 겸직이었다. 재신이 6부 판사를 겸하여 실무에 관여한 것이다. 예를 들면, 재신 중에서 수상의 위치에 있던 문하시중은 판이부사判吏部事를 겸하여 인사권을 포함한 상서이부尙書吏部의 업무도 장악했다. 그러나 이런 견해와 다른 주장도 있다. 즉 중서문하성 재신 가운데 중서령과 문하시중 · 평장사는 본직本職이었고 나머지 참지정사 · 정당문학 · 지문하성사는 모두 겸직兼職이었으며, 이들 재신이 모두 상서6부의 판사를 겸직했다고 볼 수 없다는 견해이다. 그리고 6부의 판사가 임명되지 않는 수가 많았다는 것이다.

중서문하성의 낭사는 3품 이하 6품 이상의 참상관을 가리키는데 이들은 국왕의 잘

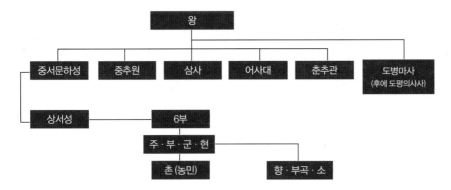

고려의 중앙 정치 기구는 국왕을 정점으로 하여 중서문하성과 중추원, 삼사, 어사대, 춘추관이 있었으며, 실제 행정은 상서성에 딸린 6부에서 담당했다. 중서문하성과 중추원의 고위 관리들은 도병마사라는 회의 기구에 모여 국방 문제 등 국가의 중요 시책을 의논했다.

못에 대한 간언과 부당한 결정 사항에 대한 반박을 직능으로 했으며, 서경[署經, 관직을 제수할 때 그 관리의 고신을 심사 동의하는 제도]의 권한을 가졌다. [자료2]

중서문하성 중심의 정치 체제는 무인 집권기 이후 커다란 변화를 겪었다. 무인 집권기에는 무인의 집정 기구가 권력을 독점함으로써 중서문하성의 기능이 약화되었다. 원의 지배 아래에 들면서 중서문하성은 더욱 축소되어 충렬왕 원년(1275)에 관제가 격하되었을 때 상서도성과 병합돼 첨의부僉議府로 개편되었으며, 충렬왕 19년(1293)에는 도첨의사사都僉議使司로 다소 승격되었다. 공민왕 5년(1356)에는 중서문하성으로 회복되었다가 11년 도첨의부로 환원되었고 18년에 문하부로 개칭되었다. 이 시기에는 도평의사사가 도당都堂이라 일컬을 만큼 일원적인 최고 기관으로서 백료서무를 관장했으므로 중서문하성[첨의부]은 형식상으로만 존재했다.

상서성은 중서문하성이 최고 정무 기관의 위치에 있었으므로 그 지위는 상대적으로 격하되었다. [자료3] 상서성은 중앙 본부라 할 수 있는 상서도성과 이에 소속한 상서6부 그리고 6부에 예속된 속사屬司로 구성되었다. 상서도성은 정무를 보는 권력 기구라기보다는 국가의 여러 행사를 주관하고 그 공문을 발송하는 등 일반 사무를 취급하는 무력한 기구였다. 이에 대하여 6부의 기능은 오히려 강대했다. 이 · 병 · 호 · 형 · 예 · 공의 6부는 국가의 실질적인 행정 사무를 관장했기 때문에 강력한 권한을 가졌다. 이부는 문선文選 · 훈봉勳封의 일을 맡았으며 병부는 무선武選 · 군무軍務 · 의위儀衞 · 우

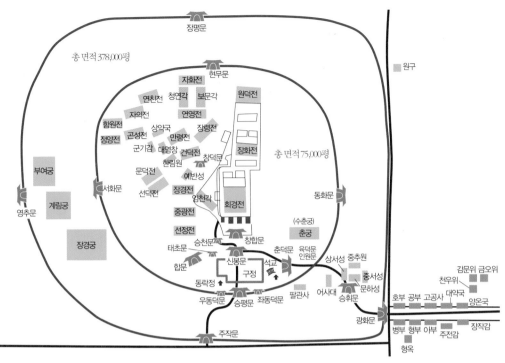

개경 궁궐과 관청 배치. 개경의 궁궐에는 회경전을 중심으로 장화전 · 원덕전이 있으며, 그 부근에 여러 왕실 관련 건물이 있다. 행정을 담당하는 중서성 · 문하성 · 상서성 · 추밀원 · 어사대 등은 왕궁과 다소 떨어져 있다. 그리고 6부와 감문위 · 금오위 · 천우위 등은 황성 밖에 위치하고 있다.

역郵驛의 일을, 호부는 호구戶口 · 공부貢賦 · 전량錢糧의 일을, 예부는 예의禮儀 · 제향祭享 · 조회朝會 · 교빙交聘 · 학교 · 과거科擧의 일을, 형부는 법률 · 사송詞訟 · 상얼詳讞의 일을, 공부는 산택山澤 · 공장工匠 · 영조營造의 일을 각각 분담했다. 6부는 직무상 국왕과 직결되는 관제였으며 또한 중앙의 백사와 더불어 지방의 주현과 연결되었다.

고려 후기에 상서성은 지위가 크게 약화되었다. 상서도성은 첨의부가 설치되면서 폐지되었으며, 상서6부는 전리사典理司, 이부 · 예부 · 군부사軍簿司, 병부 · 판도사版圖司, 호부 · 전법사典法司, 형부의 4사로 축소되었다.

지금까지 중서문하성, 상서성의 이른바 2성제설이 대체로 받아들여지고 있었는데, 요즘은 중서성, 문하성, 상서성으로 보아야 한다는 3성제설을 주장하는 견해도 있다. 3성제설에 따르면, 고려 초의 광평성, 내의성, 내봉성은 성종 때의 문하성, 내사성, 어사도성과 관련을 가지며, 이것이 문종 15년에 당제를 바탕으로 송제를 참작하여 중서성, 문하성, 상서성으로 정비되었다는 것이다. 종래 중서성과 문하성의 합칭으로 여겼던 중서문하성은 3성의 재신들이 모여 국정을 의결했던 정사당政事堂으로 이해하고 있다.

중추원과 도병마사

중추원과 삼사는 송제宋制에 따라 설치되었다. 중추원은 왕명 출납과 숙위宿衛·군기軍機의 일을 담당했는데, 상층부에 추밀樞密이 있고 하부에 승선承宣이 있었다. 중추원의 추밀은 '칠추七樞'라 하여 판중추원사·중추원사·지원사·동지원사·중추원부사·첨서원사·직학사를 가리켰다. 고려 전기에는 이 가운데 중추원사, 지원사, 동지원사, 중추원부사가 재상 역할을 했으며, 후기에 첨서원사와 직학사도 재상직이 된 것으로 보인다. 이들은 재신과 더불어 국정 운영의 핵심이었다. 승선은 왕명을 출납하는 일을 맡았다.[자료4] 충렬왕 초에 추밀원은 밀직사로 바뀌면서 군정軍政을 관장하기 시작했다.

삼사는 각종 세역의 징수·운반·저장, 예산의 수립과 집행, 그에 따른 세입과 세출의 회계 업무를 담당했다. 반면 호부는 호구와 토지 등 세원을 파악하여 각종 세역을 책정하는 일을 했다.

도병마사는 식목도감과 함께 고려의 독자적인 정치 기구였다. 도병마사와 식목도감은 재신과 추밀이 모여 국가 내외의 중대사를 회의 결정하는 기구였는데, 도병마사는 변경·군사·대외 문제를 논의한 데 비해[자료5] 식목도감은 대내적인 법제와 격식 문제를 결정했다. 도병마사는 재추로 임명된 판사判事·사使와 부사副使·판관判官 등 12인과 녹사錄事 8인, 그리고 이속吏屬 25인으로 구성되었는데, 정식 회의원은 역시 판사와 사였던 것으로 보인다.

도병마사는 무인 집권기에 별로 역할을 하지 못하다가 고종 후년에 다시 기능하기 시작하는데, 이전과는 달리 국방 군사 관계에 한정되지 않고 중요 국사 전반에 걸쳐 합좌하는 '도당都堂'이 되었다. 충렬왕 5년(1279)에 도평의사사로 승격되면서 구성

개경에 남아 있는 회경전 터. 회경전은 조선 시대의 경복궁에 해당하는 정전正殿이었으며, 인종 이후에 선경전으로 고쳐 불렀다.

과 기능이 크게 확대되었다.[자료6] 삼사도 재추와 함께 재상으로 도당의 구성원이 됨으로써 합좌하는 재추의 수가 증가했다.[자료7] 도평의사사는 단순한 회의 기관이 아니라 행정 기능도 갖게 되면서 직접 행정 사무를 맡은 6색장 또는 6방녹사, 그리고 이를 통할하는 사무처인 경력사經歷司를 두었다. 결국 도평의사사는 국가 중대사를 논의할 뿐만 아니라 여기서 결정된 사항을 시행하는 집행 기구가 되었던 것이다. 도병마사의 구성과 기능이 확대됨에 따라 식목도감은 약화되어 무력한 기구로 전락하고 말았다.[자료6]

도병마사의 기능과 권한은 시기에 따라 일정하지 않았다. 원 간섭기에는 국왕 측근 세력 등 권력층의 견제와 정동행성·만호부 등의 간섭으로 도병마사가 크게 제약되었다. 공민왕 이후 도평의사사의 위상은 한층 높아졌으며 공양왕 때는 활동이 극대화되는데 이는 이성계 일파의 정치적 목적이 반영된 것이었다.

고려의 중앙 관제는 당제를 수용한 3성 6부, 송제를 따른 중추원과 삼사, 그리고 고려의 독자적인 도병마사·식목도감으로 구성되었다. 당과 송의 제도를 따랐지만 구성과 실제 운영에는 큰 차이가 있었다. 국왕이 국정 운영의 중심에 있는 최고 권력자였지만 국왕의 권력 구현은 재상이나 신료들의 도움 없이는 불가능했다. 재신과 추신은 합좌기관인 도병마사와 식목도감에 참여하고, 또 중요한 관직을 겸함으로써 강력한 권한을 행사할 수 있었다.

자료1

고려 태조는 개국 초기에 신라와 태봉의 제도를 참작하여 관직을 설치하고 직무를 나누어서 모든 사무를 처리했다. 그러나 그 관호官號는 혹 방언이 섞이기도 했는데 초창기라 고칠 겨를이 없었기 때문이다.

原文 高麗太祖開國之初 叅用新羅泰封之制 設官分職 以諧庶務 然其官號 或雜方言 盖草創未暇革也

_ 「고려사」권76, 지志30, 백관百官1, 서문

자료2

문하부門下府. 나라의 온갖 사무를 관장한다. 문하부의 낭사郎舍는 간쟁諫諍과 봉박封駁을 담당한다. 국초에 내의성이라 칭했는데 성종 원년(982)에 내사문하성으로 고쳤으며, 문종 15년(1061)에 중서문하성으로 고쳤다.

충렬왕 원년(1275)에 상서성을 합하여 첨의부로 했으며, 5년에는 원元이 첨의부에 정4품의 도장을 보내주었다. 7년에 원이 등급을 종3품으로 승격시켰다. 19년에 원이 도첨의사사로 고치고, 또 종2품으로 승격시켰다. 공민왕 5년(1356)에 다시 중서문하성이라 칭하고 별도로 상서성을 세웠으며, 11년에 다시 도첨의부로 고쳤고 18년에 문하부로 고쳤다.

原文 門下府 掌百揆庶務 其郎舍掌諫諍封駁 國初稱內議省 成宗元年 改內史門下省 文宗十五年 改中書門下省 忠烈王元年 倂尙書省爲僉議府 五年 元賜僉議府正四品印 七年 元陞秩爲從三品 十九年 元改爲都僉議使司 又陞從二品 恭愍王五年 復稱中書門下省 別立尙書省 十一年 復改都僉議府 十八年 改門下府

_ 「고려사」권76, 지30, 백관1, 문하부門下府

자료3

상서성尙書省. 태조가 태봉의 제도를 그대로 따라 광평성을 두어 백관을 거느리게 했는데, 시중·시랑·낭중·원외랑이 있었다. 성종 원년(982)에 광평성을 어사도성으로 고쳤으며 14년에 상서도성으로 고쳤다.

문종이 상서령尙書令은 1인 종1품으로, 좌우복야左右僕射는 각 1인 정2품으로, 지성사知省事는 1인 종2품으로, 좌우승左右丞은 각 1인 종3품으로, 좌우사랑중左右司郎中은 각

1인 정5품으로, 좌우사원외랑左右司員外郞은 각 1인 정6품으로, 도사都事 2인은 종7품으로, 연속掾屬주1은 주사主事 4인, 영사令史 6인, 서령사書令史 6인, 기관記官 20인, 산사算士 1인, 직성直省 2인으로 정했다.

충렬왕 원년(1275)에 중서문하성에 병합하여 첨의부로 했고 아울러 원리員吏를 혁파했다. 24년에 충선왕이 좌우복야를 첨의부에 두었으며, 또한 좌우사랑중·원외랑·도사 각 2인을 두고 도첨의부都僉議府의 별청에 모여 일을 보게 했다가 곧 혁파했다.

공민왕 5년(1356)에 삼사三司를 혁파하고 다시 상서성을 두었으며 아울러 문종의 구제舊制를 복구했으나 다만 지성시知省事는 두지 않았으며, 도사都事는 승격하여 정7품으로 했다. 11년에 상서성을 혁파하고 다시 삼사를 복구했다.

原文 尙書省 太祖仍泰封之制 置廣評省 摠領百官 有侍中侍郞郞中員外郞 成宗元年 改廣評省爲御事都省 十四年 改尙書都省 文宗 定尙書令一人 秩從一品 左右僕射 各一人 正二品 知省事一人 從二品 左右丞 各一人 從三品 左右司郞中 各一人 正五品 左右司員外郞 各一人 正六品 都事二人 從七品 掾屬 主事四人 令史六人 書令史六人 記官二十人 筭士一人 直省二人 忠烈王元年 倂于中書門下爲僉議府 并罷員吏 二十四年 忠宣 設左右僕射於僉議府 又置左右司郞中員外郞都事各二人 會都僉議府別廳 治事 尋並罷之 恭愍王五年 革三司 復置尙書省 並復文宗舊制 唯不置知省事 陞都事 正七品 十一年 罷尙書省 復置三司

_ 『고려사』권76, 지30, 백관1, 상서성尙書省

자료4

주2 지신사知申事 : 중추원 소속의
정3품 관원.

주3 승선承宣 : 중추원 소속의 지
주사知奏事·좌우승선左右承宣·
좌우부승선左右副承宣 등이다. 중
추원의 추밀 아래 관원으로 왕명을
출납하는 일을 맡아보았다.

국제國制에 지신사知申事주2 1인, 승선承宣주3 4인은 관위가 모두 3품에 불과하나 날을 교대로 입직하여 보평청報平廳에서 예를 집행하고 왕명을 출납하되 한 마디 말이라도 감히 함부로 할 수 없으니, 이를 용후龍喉 또는 내상內相이라고도 말하는 것이다.

原文 國制 知申事一人 承宣四人 位皆不過三品 更日入直 執禮報平 出納王命 雖片言 不敢自發 是謂龍喉 又謂內相

_ 『고려사』권43, 세가43, 공민왕 20년 7월

자료5

도병마사가 아뢰기를, "장군 정신용·임영함 및 군사軍士 12,500여 인이 모두 변공邊功이 있으므로 증급增級하여 상주기를 청합니다." 하니, 이를 따랐다.

原文 都兵馬使奏 將軍鄭神勇林英含及軍士一萬二千五百餘人 皆有邊功 請增級以賞 從之

_ 『고려사』권4, 세가4, 현종 6년 7월

자료6

도평의사사都評議使司. 국초에 도병마사라 칭했다. 문종 대에 관제를 정하여, 판사判事는 시중侍中 · 평장사平章事 · 참지정사參知政事 · 정당문학政堂文學 · 지문하성사知門下省事로 임명하고, 사使는 6추밀六樞密 및 직사職事 3품 이상으로 임명하고, 부사副使 6인은 정4품 이상의 경卿 · 감監 · 시랑侍郎으로 임명하고, 판관判官 6인은 소경少卿 이하로 임명하고, 녹사錄事 8인은 갑과甲科 권무權務로 했다. 이속吏屬에는 기사記事 12인, 기관記官 8인, 서자書者 4인, 산사算士 1인이 있었다.

충렬왕 5년(1279)에 도병마사를 도평의사사로 고쳤으며, 무릇 큰일이 있으면 사使 이상이 회의했기 때문에 합좌合坐의 이름이 있게 되었다. 원을 섬긴 이래로 일이 갑작스러운 것이 많아 첨의僉議와 밀직密直이 매양 합좌했다.

공민왕 원년(1352)에 오군五軍[주4]의 녹사錄事로 하여금 도평의사사의 서류를 관장하게했다.

신창[辛昌, 창왕] 때 도평의사사의 6색장六色長을 이吏 · 예禮 · 호戶 · 형刑 · 병兵 · 공工의 6방녹사六房錄事로 고쳤고 또 지인知印 20명이 있었던 것을 나누어서 10명을 지인으로, 10명은 선차宣差로 했는데 선차는 지방에 심부름을 가는 임무를 맡았다. 또 개성開城 · 후덕厚德 · 자혜부慈惠府의 판사判事와 윤尹도 모두 도평의사사의 관직을 겸하게했다.

공양왕 2년(1390)에 경력사經歷司를 더 설치하여 여기서 6방六房을 통솔하게 했다. 경력經歷 1명은 품계를 3품 내지 4품으로 했고, 도사都事 1명은 5품 내지 6품으로 하고 모두 문신으로써 임명했다. 또 각 년의 공거와 잡업으로 벼슬살이 하지 않는 자들을 여기에 소속시켜 전리典吏로 하고 그 품계는 7품 내지 8품으로 하여 서사書寫를 맡아보게 했다. 또 문하부 · 삼사 · 밀직사의 정원正員을 도평의사사의 판사사 · 동판사사 · 겸사사로 임명하고 그 밖의 상의商議[주5]들과 개성부開城府, 예문관藝文官[주6]의 인원들은 이런 관직을 겸할 수 없게 했다. 4년에 각 사司의 수품受稟[주7]하는 공사公事는 모두 도당都堂에 직접 보고하고 6조六曹에 예속시키지 않게 했다.

주4 오군五軍 : 고려 시기 전투 동원 즉 출정을 위한 군대 편성 체제. 원수 부원수 및 도지병마사가 사령부를 구성하고, 그 아래 중 · 좌 · 우 · 전 · 후군을 두었다.

주5 상의商議 : 첨의부 밀직사에 소속되어 있고, 서열은 재추보다 낮으나 같은 재상으로 국정을 더불어 논의하고 문서에 서명을 하며, 도당의 회의원이 되었다.

주6 예문관藝文官 : 문한文翰 기구의 하나로 사명詞命을 제찬制撰하는 일이 본무였다. 태조 때는 원봉성元鳳省이라 했으며, 현종 때는 한림원翰林院이라 했는데 고려 후기에 예문관으로 이름이 바뀌었다.

주7 수품受稟 : 국왕에게 아뢴다는 뜻이다.

原文 都評議使司 國初稱都兵馬使 文宗 定官制 判事 以侍中平章事叅知政事政堂文學知門下省事爲之 使 以六樞密及職事三品以上爲之 副使六人 正四品以上卿監侍郎爲之 判官六人 少卿以下爲之 錄事八人 甲科權務 吏屬 有記事十二人 記官八人 書者四人 筭士一人 忠烈王五年 改爲兵馬使爲都評議使司 凡有大事 使以上會議 故有合坐之名 事元以來 事多倉卒 僉議密直 每爲合坐 恭愍王元年 令五軍錄事 管勾都評議使司案牘 辛昌時 都評議司六色掌 改爲吏禮戶刑兵工六房錄事 又知印二十員 分十人爲知印 十人爲宣差 宣差任使外 又以開城厚德慈惠府判事及尹 皆兼都評議司 恭讓王二年 加置經歷司 以統六房 經歷一人 三四品 都事一人 五六品 皆以文臣爲之 又以各年貢擧雜業不仕者 屬爲典吏 階七八品 以任書寫 又以門下府三司密直司正員爲判司事同判司事兼司事 其餘商議及開城府藝文館員 不許兼之 四年 各司受稟公事 皆令直報都堂 勿隸六曹

_ 『고려사』권77, 지31, 백관2, 제사도감각색諸司都監各色

자료7

간관이 상언하기를, "… 관직을 설치하고 직사를 나누는 것은 정해진 제도가 있다. 지금 양부兩府의 수주8가 많아 60에 이른다."고 했다.

주8 양부兩府의 수 : 첨의부(僉議府, 재부宰府)와 밀직사(密直司, 추부樞府)에 속한 재신宰臣과 추신樞臣의 수를 가리킨다.

原文 諫官上言 … 設官分職 自有定制 今兩府之額 多至六十

_ 『고려사절요』권31, 신우辛禑 5년 정월

출전

『고려사』

『고려사절요』: 조선 문종 2년(1452) 2월에 완성했으며 35권으로 된 편년체 사서이다. 완성한 『고려사』를 문종 원년 8월에 문종에게 올리면서 그 자리에서 편년체 『고려사』를 펴내자고 건의하여, 다음해 2월에 『고려사절요』를 완성하였다. 『고려사절요』는 『고려사』 요약이 아니라 다른 사서인 『수교고려사』를 고쳐 펴낸 듯싶다. 그러므로 『고려사절요』에는 『고려사』에 없는 기사가 실렸거나, 『고려사』와 달리 표현되거나 그보다 자세히 서술한 부분이 있다.

찾아읽기

변태섭, 『고려정치제도사연구』, 일조각, 1971.
이태진, 「고려재부의 성립」, 『역사학보歷史學報』56, 1972.
변태섭, 「고려초기의 정치제도」, 『한우근정년기념사학논총』, 지식산업사, 1981.
변태섭, 「중앙의 정치기구」, 『한국사』13, 국사편찬위원회, 1993.
박용운, 『고려시대 관계관직연구』, 고려대학교 출판부, 1997.

박재우, 「고려전기 재추 운영원리와 권력구조」, 『역사와 현실』26, 1997.

김광철, 「고려후기 도평의사사 연구」, 『한국중세사연구』5, 1998.

박용운, 『고려시대 중서문하성재신 연구』, 일지사, 2000.

박용운, 『고려시대 상서성 연구』, 경인문화사, 2000.

김창현, 「고려후기 별청재추와 내재추」, 『한국중세사회의 제문제』, 2001.

남인국, 「고려 충렬왕대 재추의 성분」, 『한국중세사회의 제문제』, 2001.

박용운, 『고려시대 중추원 연구』, 고려대학교 민족문화연구원, 2001.

박용운, 「고려시대의 재신과 추밀과 6부상서의 관계를 통해 본 권력구조」, 『진단학보』91, 2001.

최정환, 「고려전기 중서문하성 중서령직의 운영실태」, 『한국중세사회의 제문제』, 2001.

최정환, 『고려 정치제도와 녹봉제 연구』, 신서원, 2002.

김갑동, 『고려전기 정치사』, 일지사, 2005.

권영국, 「고려전기의 호부와 삼사-당·송 제도의 비교」, 『역사학보』88, 2005.

박재우, 『고려 국정운영의 체계와 왕권』, 신구문화사, 2005.

최정환, 「고려초기의 정치 제도와 3성 6부의 성립 및 변천」, 『역사학보』192, 2006.

김인호, 「고려시대 정치사의 시각과 방법론 연구」, 『역사와 현실』66, 2007.

박용운, 「고려시기의 겸직과 중복직에 대한 논의와 권력구조」, 『한국사연구』136, 2007.

박재우, 「고려전기 6부 판사의 운영과 권력관계」, 『사학연구』87, 2007.

이정훈, 『고려전기 정치 제도연구』, 혜안, 2007.

김대식, 「고려 정치제도사의 재검토」, 『역사와 현실』68, 2008.

김대식, 「고려초기 중앙관제의 성립과 변화」, 『역사와 현실』68, 2008.

신수정, 「고려초기 재상관부의 성립과 변화」, 『역사와 현실』68, 2008.

최정환, 「고려전기 3성 6부제에 대한 재고찰」, 『한국중세사연구』24, 2008.

최정환, 「고려 재상제도와 정사당」, 『한국중세사연구』25, 2008.

류주희, 「고려전기 중추원의 설치와 그 성격」, 『역사와 현실』73, 2009.

박용운, 『〈고려사〉 백관지 역주』, 신서원, 2009.

신수정, 「고려전기 내사문하성 체제 하의 재신」, 『역사와 현실』73, 2009.

김대식, 『고려전기 중앙관제의 성립』, 경인문화사, 2010.

권영국, 「고려전기 상서6부의 판사·지사제」, 『역사와 현실』76, 2010.

류주희, 「고려전기 상서6부의 겸직 운영」, 『역사와 현실』76, 2010.

박재우, 「고려전기 대간의 운영 방식」, 『역사와 현실』86, 2012.

박재우, 「고려전기 대간의 조직과 기능」, 『한국사학보』49, 2012.

이정훈, 「원 간섭기 첨의부의 위상과 역할」, 『역사와 현실』88, 2013.

3 지방 행정 제도를 정비하다

5도 양계와 주현 · 속현

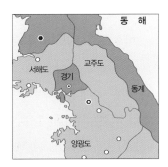

국경의 북방 지대에는 양계를 설치하고 이하 지역은 5도로 편제했다. 양계와 도 이하에는 군현을 필두로 여러 칭호를 갖는 독자적인 행정 구획이 있었는데, 통상 지방관이 파견된 곳은 주현主縣, 주읍主邑, 지방관이 파견되지 않은 곳은 속현屬縣, 속읍屬邑이라 했다.

12목, 지방 행정 제도를 정비하다

고려에서 지방 행정 제도는 신라 말 이래의 사회 변동을 수렴하면서 마련되었다. 국초 태조 대에는 군현의 신설, 격格의 승강昇降, 개명改名, 내속來屬, 잉속仍屬 등 지방 제도에 많은 개편이 있었다. 그러나 군사 특별 지역 외에 외관 파견을 통한 중앙의 지방 통제는 거의 이루어지지 않았다. 다만 조부租賦의 수취와 운송을 위해 임시로 파견되는 금유今有 · 조장租藏 · 전운사轉運使가 있었다. 금유와 조장은 조부의 징수와 보관을 담당했고, 전운사는 조부를 개경으로 운반하는 일을 맡았다.

고려 조정에서 지방에 외관을 파견하여 본격적으로 통제하기 시작한 것은 성종 2년(983)에 12목牧을 설치하면서였다. 12목은 양주 · 광주 · 충주 · 청주 · 공주 · 진주 · 상주 · 전주 · 나주 · 승주 · 해주 · 황주였다. 모두 유서 깊은 고을이고 강력한 지방 세력이 자리 잡고 있으며, 인구가 많고 농지가 풍부했다. 같은 해에 호장戶長 · 부호장副戶長 등의 이직吏職이 마련되어 지방 향리의 직제를 일원적으로 편제했으며, 주 · 부 · 군 · 현 각 행정 단위에는 공수전公須田이 지급되었다. 거란과 1차 전쟁을 치른 뒤 성종 14년(995)에는 군사 기능을 강화하는 방향으로 지방 제도를 개편했다. 개주開州가 개성부開城府로 개정되고, 10도道가 신설되며, 종래의 12주목州牧은 12군軍으로 개편되면서 지방관도 절도사節度使로 바뀌고 도단련사都團練使, 7곳], 단련사團練使, 11곳], 자사刺史, 15곳]가 설치되고, 도호부사都護府使는 5곳, 방어사防禦使는 21곳으로 늘어났다.

이후 목종 8년(1105)에 12절도사, 4도호부사와 동서북계의 방어진사防禦鎭使 · 현령縣令 · 진장鎭將은 그대로 두었으나 나머지 도단련사 · 단련사 · 자사는 모두 폐지되었다. 현종 3년에 절도사마저 혁파되고 대신에 5도호都護, 75도안무사제道安撫使制가 성립했다. 현종 9년(1018)에 안무사가 없어지고 4도호, 8목, 56지주군사, 28진장, 20현령이 설치되면서, 고려의 지방 행정 제도는 일단락되었다. 이후에도 다소 변동이 있지만, 골격에는 큰 변동이 없다. [자료1]

5도 양계

이런 과정을 거쳐 확립된 지방 행정 제도의 상위에는 도제道制가 있었다. 도제는 성종 14년에 10도를 제정한 것에서 비롯한다. 그러나 이때의 10도는 단순히 당唐의 10도제를 형식상 채택했을 뿐 행정 단위로서의 의미는 없었다. 10도제는 이후 별다른 실효를 거두지 못한 채 점차 소멸했다.

흔히 말하는 5도는 양광도 · 경상도 · 전라도 · 서해도 · 교주도를 가리키는데, 윤곽이 드러나는 것은 예종 무렵부터다. 도의 장관은 안찰사按察使였는데, 충렬왕 2년(1276)에 안렴사按嗟使로 개칭되고, 잠시 뒤 제찰사提察使로 바뀌었다가 다시 안렴사로 환원되었지만, 제도로서는 고려 말까지 지속되었다. 안찰사는 도내의 주현州縣을 돌아다니면서 수령의 현명함을 따지는 일을 비롯해 민생의 질고疾苦를 묻는 일 및 형벌과 감옥을 관장했고 조부租賦 수납, 군사 기능 등을 맡아 보았다. 이처럼 5도안찰사는

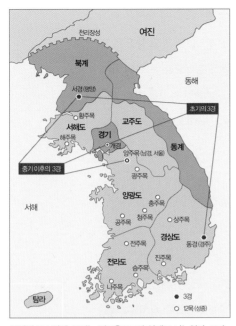

고려의 5도 양계. 고려는 전국을 5도와 양계로 나누었다. 5도는 양광도·서해도·교주도·전라도·경상도였으며 안찰사를 파견하였고, 양계는 북계와 동계로 병마사를 파견하였다. 삼경은 초기에는 수도인 개경과 서경(평양), 동경(경주)이었으나 문종대에 남경(서울)이 설치되면서 경주의 중요성이 하락하였다. 12목은 성종 때에 지방관이 파견된 대표적인 고을이었다.

중앙과 주현을 연결하는 중앙 행정 기구로서 상당한 역할을 수행했다. 그러나 안찰사는 전임관專任官으로서의 외직外職이 아니라 사명지임使命之任이어서 경직京職을 가진 채 파견되었고 임기는 봄가을로 바뀌어 6개월이었으며 사무 기구도 갖고 있지 않았다. 안찰사로 임명되는 사람이 대부분 5~6품의 미관微官이었기에 도의 장관으로는 일정한 한계가 있었다. 이런 제약 내지 한계는 고려 말에 해소되었다. 창왕 때 안렴사는 도관찰출척사都觀察黜陟使로 개칭되고 그들의 관질官秩도 양부대신兩府大臣으로 승격되었으며, 공양왕 때엔 도의 전임관이 되고 임기도 1년으로 연장되었으며 예하의 사무 기구로 경력사經歷司까지 설치되었다.[자료2]

5도와 달리 양계[兩界, 북계·동계]는 변경 지대로서 군사적 중요성 때문에, 그곳의 장관인 병마사兵馬使는 성종 8년(989) 무렵에 기록이 보이고, 현종 때는 병마사가 외직으로 기능하고 있다. 이는 5도안찰사제 성립보다 크게 앞서는 것이다. 그리고 안찰사와 병마사는 병렬적인 위치이긴 했지만 병마사의 지위가 좀 더 높았다. 양계 병마사는 판병마사(병마판사)를 중심으로 병마사, 지병마사 등의 조직을 가졌고 수령을 규찰하고 관할 지역을 순시하며 형옥을 담당하고 조세를 징수했다. 또한 양계에는 분도제가 실시되어 병마사와 주진을 잇는 중간 기구로서 조세를 관리 감독하고 민사 문제를 관장한 감창사, 군사 기능을 담당한 분도 장군과 감찰 기관인 분대가 있었다. 양계의 지배 조직은 몽골 침입 후 커다란 변동을 겪으며 고려 말에 부활하기는 하지만 특수 행정 구역의 성격을 잃고 도제화道制化하여 갔다.

5도 양계 이외에 경기가 설정되어 있었다. 경기제는 성종 14년(995)에 확정된 개성부를 중심으로 적현 6개, 기현 7개 등 13개 군현을 관할한 경기 체제가 모체였다. 적현과 기현은 모두 개성부윤이 통치하도록 했다. 현종 9년(1018) 경중 5부를 하나로 묶어 중앙이 직할하고, 개성현령 아래 3개 속현을 편제하고 장단현령 아래 7개 속현을 편제함으로써 이원 체제로 운영했다. 이후 경기제는 몽골과의 전쟁, 강화 천도 등으로 크게 변동되어 충렬왕 34년(1308) 지방 행정 조직에서 중앙 행정 조직으로 변화해 개성부윤이 직접 관할했다.[자료3] 공양왕 2년(1390)에 과전법 시행을 위해 경기를 좌도 25개 현과 우도 19개 현으로 크게 확대함으로써 지방 행정 구역으로서의 좌도와 우도를 확립했으며, 왕경王京의 행정을 맡는 개성부와 분리되었다.

주현 · 속현 · 계수관

5도 양계는 중간 행정 기구로서의 기능을 맡고 있어 중앙과 지방 간의 일반적인 행정 사무는, 중앙에서 지방의 영군[領郡, 주군主郡] · 영현[領縣, 주현主縣]으로 직첩直牒되었다. 즉 중앙관사中央官司는 공첩公貼을 직접 영군 · 영현으로 발송하고, 또 지방의 수령들 역시 일반 행정 사항은 해당 중앙 관사에 직접 보고했다.[자료4·5] 지방관이 파견되지 않은 다수의 속현은 지방관이 파견된 주현을 통해 간접적으로 중앙과 연결되었다.

군현 수가 330여 개였던 조선에 비해 고려는 500여 개나 되었으며, 조선은 모든 군현에 지방관이 파견되었으나 고려는 140여 개 군현에만 지방관이 파견되었다. 지방관이 파견되지 못한 속현은 주현에 행정적으로 예속되어 있었다. 1개의 주현에 평균 3개 속현이 예속되어 하나의 지방 행정 단위를 이루었다. 이외에도 향 · 부곡 · 소 · 처 · 장 등 900여 개의 특수 행정 단위가 주현에 소속되었다. 구체적인 예를 들면, 상주목은 속군 7개, 속현 17개 등 모두 24개 군현과 25개 부곡 집단이 소속된 광대한 영역의 행정 단위였으며, 공주는 4개의 속군, 8개의 속현, 6개의 부곡, 7개의 소, 1개의 처가 소속되어 하나의 행정 단위를 이루었다.

실제로 속현과 부곡 등이 예속되어 복합적이고 계서적인 형태를 띤 지방 행정 단위는 전체 130여 개 주현 가운데 60여 개뿐이었다. 이런 행정 단위는 개경 이남의 5도 지역에 주로 존재했다. 속현이나 부곡이 소속되지 않은 나머지 70여 개 주현은 주로 양계 지역에 있었다.

중앙에서 파견된 관원으로 수령 외에 속관이 있었다. 넓은 영역과 강고한 지방 세력을 수령 혼자 힘으로 다스릴 수 없어 속관을 파견한 것이다. 속관에는 판관 · 사록참군사 · 장서기 · 법조 · 문사 · 의사가 있었다. 속관은 경 단위에는 모두 파견되었으나, 목 · 도호부 단위에는 장서기가 파견되지 않고 사록참군사가 그 직책을 겸했고, 군 단위에는 판관과 법조만 파견되었으며 현에는 속관이 파견되지 않았다.

속군 · 속현은 주군 · 주현의 지시를 받는 하위의 위치에 있었고 그런 만큼 중앙 관인을 배출하기 어려웠다. 속군 · 속현민의 처지도 열악했기 때문에 민인民人이 떠돌아 다니는 일이 많았다. 예종 이후로 속군현에 최하급 외관인 감무監務를 파견하기 시작했다. 당시 크게 문제가 되고 있던 민인의 유망을 막고 안집安集시키기 위함이었는데, 왕조는 이를 통해 중앙집권화의 진전을 도모할 수 있었다. [자료6 · 7 · 8 · 11]

남방의 5도제五道制는 예종 내지 인종 때 이후에야 성립하므로 그 이전에는 중앙과 지방의 군현을 잇는 중간 기구가 따로 있었다. 이것이 계수관界首官이다. 계수관은 3 · 4품을 장 · 차관으로 하는 경京 · 도호부都護府 · 목牧의 수령 내지 그들이 관할하는 행정 구획을 가리켰다. 이들 계수관은 경사스러운 일이 있을 때 국왕에게 표表를 올려 축하하는 일과 향공鄕貢을 선발해 개경으로 보내는 일 및 외방의 죄수를 심문하고 조사하는 일 등 특정 부문에 한하여 중간 기구로서 기능했는데, 예종 · 인종 이후 5도안찰사제가 성립되면서부터 역할이 약화되어갔다. 계수관은 대체로 대읍으로서 지방 통치 · 교통 · 경제 활동 · 교육 문화의 중심지였다.

이처럼 고려의 지방 행정 제도는 건국 후 상당한 시간이 지난 뒤에 기본 골격이 짜였다. 중간 행정 기구가 있기는 했지만, 제한된 범위에서만 작용했을 뿐이고 대부분의 일반 행정 사무는 지방관이 파견된 주현과 직접 연결되어 처리했다. 그리고 지방관이 파견되지 않은 다수의 속군과 속현이 있었는데, 이곳은 주현의 지배와 지시를 받는 처지에 있어 사회 경제적으로 일정한 차별을 받았다. 그러나 다양한 등급으로 구획된 지방 행정 제도는 점차 균등하게 운영 방식이 바뀌어갔다. 그것은 도제가 강화되는 것이고, 지방관이 파견되지 않는 군현을 축소시켜 가는 것이었다. [자료9 · 10] 고려 말 조선 초 토지나 인구가 적은 영세한 속현이나 부곡 지역을 주현에 폐합시켜 군현의 수를 줄여 나가는 군현 병합책을 시행했다.

자료 1

삼한이 통일되었으나 처음이라 아직 행정 구역을 정리할 여가가 없었다가 태조 23년 (940)에야 비로소 전국의 주부군현州府郡縣의 명칭을 고쳤고, 성종이 다시 주부군현과 관關, 역驛, 강江, 포浦의 명칭을 고쳐 마침내 전국을 10도로 나누고 12주에 각각 절도사를 두었다. … 그 관하의 주州, 군郡 총수는 580여 개였다. 우리나라 지리가 이 시기에 가장 발전했다. 현종 초에 절도사를 폐지하고 전국에 5도호都護와 75도안무사를 두었다. 얼마 후에 안무사를 없애고 4도호와 8목을 두었다. 이후로 전국을 5도·양계로 정하여 양광·경상·전라·교주·서해와 동계·북계라 했다. 모두 경京이 4개, 목牧이 8개, 부府가 15개, 군郡이 129개, 현縣이 335개, 진鎭이 29개이다.

> **原文** 三韓之地 歸于一統 然東方初定 未遑經理 至二十三年 始改諸州府郡縣名 成宗 又改州府郡縣及關驛江浦之號 遂分境內爲十道 就十二州 各置節度使 … 其所管州郡 共五百八十餘 東國地理之盛 極於此矣 顯宗初 廢節度使 置五都護七十五道安撫使 尋罷安撫使 置四都護八牧 自是以後 定爲五道兩界 曰楊廣 曰慶尙 曰全羅 曰交州 曰西海 曰東界 曰北界 惣京四 牧八 府十五 郡一百二十九 縣三百三十五 鎭二十九

　_ 『고려사』권56, 지10, 지리1, 서문

자료 2

전조의 감사監司는 또는 안찰按察이라 칭하기도 하고 안렴按嗹이라 칭하기도 했는데, 모두 시종侍從[주1] 낭관郎官으로 이를 삼았다. 그 관질官秩은 낮으나 권한은 무거워, 스스로 능히 격앙하여 할 만함이 있게 했다. 이 역시 한漢의 부자사部刺史, 송宋의 전운사轉運使의 남긴 뜻이었다. 말기에 이르자 법이 오래되어 폐단이 생기므로 때의 손익에 따라 안렴을 고쳐서 도관찰사로 삼았다.

> **原文** 前朝之監司 或稱按察 或稱按廉 皆以侍從郎官爲之 其秩卑權重 能自激昂而有爲 亦漢部刺史 宋轉運使之遺意也 及其末也 法久弊生 因時損益 改按廉爲都觀察使

　_ 『삼봉집三峯集』권6, 경제문감經濟文鑑 하下, 감사監司

주1 시종侍從 : 국왕의 측근에서 일을 맡아보는 관원. 곧 언관이나 승선 등을 가리킨다.

자료 3

왕경 개성부는 본래 고구려 부소갑扶蘇岬이다. … 충렬왕 34년에 개성부윤 이하 관원을 두어 서울 성 안을 맡아보게 하고, 별도로 개성현을 두어 성 밖을 맡아보게 했다.

原文 王京開城府 本高句麗扶蘇岬 … 忠烈王三十四年 設府尹以下官 掌都城內 別置開城縣 掌城外

_ 『고려사』권56, 지10, 지리1, 왕경개성부王京開城府

자료 4

주2 제주부원諸州府員 : 여러 주州와 부府의 관원이라는 뜻인데, 여기서는 지방관 전체를 가리킨다.

주3 봉행육조奉行六條 : 받들어 행해야 하는 6가지 조목.

주4 흑수장리黑綬長吏 : 향리를 가리킨다.

제주부원諸州府員[주2]의 봉행육조奉行六條[주3]를 새로 정했다.

① 백성의 괴로움을 살필 것.

② 흑수장리黑綬長吏[주4]의 능부能否를 살필 것.

③ 도적·간활姦猾을 살필 것.

④ 백성 가운데 법금法禁을 범한 자를 살필 것.

⑤ 백성의 효제孝悌·염결嗛潔을 살필 것.

⑥ 향리들의 전곡錢穀 산실散失을 살필 것.

原文 新定諸州府員奉行六條 一察民庶疾苦 二察黑綬長吏能否 三察盜賊姦猾 四察民犯禁 五察民孝弟廉潔 六察吏錢穀散失

_ 『고려사』권75, 지29, 선거選擧3, 전주銓注, 범선용수령凡選用守令, 현종 9년 2월

자료 5

주5 수한충상水旱蟲霜 : 홍수와 가뭄, 벌레와 서리.

주6 촌전村典 : 촌락에 거주하는 주민 가운데서 촌락 내의 행정을 담당한 촌장村長, 촌정村正을 의미하는 듯하다.

주7 호부戶部 : 6부의 하나로 호구戶口·공부貢賦·전량錢糧 등의 업무를 담당하던 기관.

주8 삼사三司 : 호부가 파악한 토지와 호구라는 국가 재정원을 바탕으로 하여 부세를 거두는 일 즉 재정 운영을 주관했다.

판判하기를, "모든 주현은 수한충상水旱蟲霜[주5]으로 말미암아 화곡禾穀이 부실한 농지는 촌전村典[주6]이 수령에게 보고하고, 수령은 몸소 답험하여 호부戶部[주7]에 아뢰고, 호부는 삼사三司[주8]에 보내게 하라. 삼사에서는 문서를 보내 그 허실을 검사한 후에, 그 계界의 안찰사로 하여금 별원別員을 보내어 심검審檢하게 하여 과연 재상災傷이 있으면 조세를 경감하도록 하라."고 했다.

原文 判 凡州縣水旱虫霜 禾穀不實田疇 村典告守令 守令親驗 申戶部 戶部送三司 三司移牒 撿覈虛實 後又令其界按察使差別員 審檢 果災傷 租稅蠲減

_ 『고려사』권78, 지32, 식화食貨1, 전제田制, 답험손실踏驗損失, 문종 4년 11월

자료6 속현 수의 추이

시기 \ 도	경기	충청	경상	전라	강원	황해	평안	함경	합계
현종 9년 (『고려사지리지』)	48	59	114	87	28	16	5	7	364
공양왕 3년 (『고려사지리지』)	15	18	47	51	20	3	0	7	161
세종 14년 (『세종실록지리지』)	12	15	49	0	19	0	1	14	110
중종 25년 (『신증동국여지승람』)	5	7	44	2	12	0	0	2	72

이수건, 『조선시대 지방행정사』, 민음사, 1989, 62쪽.

자료7

조詔하기를, "지난번에 서해도의 유주儒州,[주9] 안악安岳,[주10] 장연長淵[주11] 등의 현縣 인물들이 유망流亡했기 때문에 비로소 감무관을 파견하여 이들로 하여금 안무安撫케 하여 유민들을 불러 모음으로써 산업이 날로 성하게 되었다. 이제 우봉牛峯,[주12] 토산兎山[주13] 등 24현의 인물들이 점차 유망하므로 유주 등의 예에 따라 감무를 파견하여 초무招撫케 하라."고 했다.

原文 詔曰 頃以西海道儒州安岳長淵等縣 人物流亡 始差監務官 使之安撫 遂致流民漸還 産業日盛 今牛峰兎山等二十四縣 人物 亦漸流亡 宜準儒州例 置監務 招撫

— 『고려사절요』권7, 예종 원년 4월

주9 유주儒州 : 오늘날 황해도 신천군 문화면.

주10 안악安岳 : 황해도 북부에 위치했는데, 오늘날 남북으로 나뉘어 북쪽은 온천군으로 신설되었고 남쪽은 신천군에서 많은 땅을 받아들여 안악군이 되었다.

주11 장연長淵 : 황해도 서부에 위치했는데, 오늘날 남북으로 크게 나뉘어 북쪽은 장연군, 남쪽은 용연군을 이루고 있다. 남동쪽 일부 땅은 태탄군이 되었다.

주12 우봉牛峯 : 오늘날 황해도 금천군 현내면 우봉리.

주13 토산兎山 : 오늘날 황해도 금천군 토산면.

자료8 감무의 파견

시기 \ 도	경기	충청	경상	전라	강원	황해	평안	함경	합계
예종 원년	7	4		4	3	9			27
예종 3년(후치감무)	5	21	8	3		3	1		41
인종 21년	1		2	1	2	1			7
명종 2~6년	12	14	16	14	2				58
명종 이후~우왕 대		1	2	1			1		5
공양왕 대	5	3	21	3	2	2			36
태조~태종 대	3	6	2	3	1	2	1		18
합계	33	49	51	29	10	17	3		192

이수건, 『한국중세사회사연구』, 일조각, 1984, 369쪽.

자료 9

전조[前朝, 고려]가 한창일 때 3유수, 8목, 4도호부를 두고 그 군현은 각기 부근 큰 읍에 나누어 예속시킴으로써 정령을 행할 수 있었고 백성은 그 번하지[煩苛之弊]를 입지 않았습니다. 그런데 쇠퇴한 말기에 이르러 권간[權奸]이 정권을 농락하여 법령이 폐이[廢弛]해짐으로써, 주군[州郡]은 또는 집정하는 재상이, 또는 환시[宦寺]주14로서 중국에 들어가 입시[入侍]하였다가 사명[使命]을 받들고 환향[還鄕]한 자가, 또는 국사나 왕사가 된 승려가 반드시 말하기를, '모읍[某邑]은 나의 소생지지[所生之地]'라 하면서 세력을 업고서 간청하니 부곡[部曲]으로서 감무로 승격되기도 하고 군현으로서 주로 승격되기도 했기 때문에 이로 말미암아 군현의 호가 날로 지나치게 높아져 토지의 넓고 좁음이나 인구의 많고 적음으로써 그 이름을 칭하지 않게 되었습니다. 또한 주부군현도 각각 정해진 이름이 있는데 또는 주를 부라 칭하고 현을 주라 칭하니 명칭이 뒤섞였습니다. … 무릇 소읍[小邑]으로서 가호[加號]하게 되면 그 폐가 하나가 아닙니다. 토지가 적은 곳은 땅을 더 늘려 주기를 청하고 인민이 적은 곳은 민수를 늘려 주기를 청하며 품녹아봉[稟祿衙俸]주15도 늘어나게 됩니다. 토지나 인민이 서로 침삭[侵削]됨으로써 서로 원망하게 되고 소송이 그치지 않습니다. 바라건대 전하는 여러 도의 주부[州府]의 제도를 명확히 하고 연혁을 살펴 주부군현 명호의 등급을 아뢰온 바대로 해주십시오.

原文 前朝盛時 置三留守八牧四都護府 其郡縣 各以其地之附近 分隷巨邑 足以行其政令 民不見其煩苛之弊 及其衰季 權奸擅政 法令廢弛 凡州若郡 或有一相執政 或宦寺入侍天庭 奉使還鄕 或有僧爲王師國師 必曰 某邑 予所生之地 乘勢干請 或以部曲而陞爲監務 或以郡縣而陞爲州 由是 郡縣之號 日就超昇 土地廣狹 人民多少 不稱其名 且州府郡縣 各有定名 或以州而稱府 或以縣而稱州 名器混淆 … 夫以小邑而加號 其弊非一 土地之狹者 則請益其地 人民之少者 則請益其民 廩祿衙俸 亦皆增益 土地人民 相見侵削 互相咨怨 訴訟不已 願殿下明諸道州府之制 量宜沿革 州府郡縣 名號等級 一如狀後所申

_ 『태종실록太宗實錄』권6, 태종 3년 윤11월 임술

자료 10

전조[前朝, 고려]는 전국에 주·부·군·현을 설치하고 또 임내와 향·소·부곡을 두었다. 1주의 임내가 많은 경우 10여 현이나 되었고 임내 가운데 큰 것은 주읍 호수[主邑戶數]보다 많은 데도 한두 명의 호장[戶長]주16이 주관하니 백성을 소요시키고 폐단을 일

주14 환시[宦寺] : 평민이나 천예[賤隷] 가운데 우연한 사고로 불구가 된 사람으로 충당되었으며 내전의 잡무에만 종사하도록 되어 있었다.

주15 품녹아봉[稟祿衙俸] : 지방관의 녹봉이나 지방 관청의 비용을 마련하기 위한 공해전을 뜻한다.

주16 호장[戶長] : 향리 가운데 최고의 위치에 있는 향리.

으킴을 이루 말할 수 없다. 근래 병합할 만한 군현은 병합하고 관원을 둘 수 있는 곳에는 두었으나 모두 고쳐지지 않았다. 지난날 전라감사 윤향이 계문啓聞하여 도내의 임내리任內吏[주17]를 모두 소속 주읍에 합속시킨 결과 간사하고 교활함의 폐가 없어졌다. 그때 전라도 예에 따라 각 도에 명령을 내려 이러한 예처럼 시행토록 지시했으나 타도 감사는 이를 제대로 시행하지 못하여 끝내는 임내리가 종전과 다름없는 작폐를 하게 했다.

주17 임내리任內吏 : 임내의 향리라는 뜻인데, 임내는 지방관이 파견되지 않아 지방관이 파견된 주현에 소속된 행정 구역, 즉 속현·향·부곡·소를 가리킨다.

原文 前朝設州府郡縣 又置任內鄕所部曲 一州任內 多至十餘縣 大者或過於本官戶數 一二戶長主之 其擾民作弊 何可勝言 近年以來 州縣可幷者幷之 可置員吏者置之 然未盡革 往者全羅監司尹向啓聞 凡其道內任內之吏 皆合於仰官 奸猾之弊息矣 其時因此下令 各道皆依此例施行 他道監司不能體此 卒莫之行 使任內之吏作弊如舊

__ 「태종실록」권28, 태종 14년 7월 을해

자료 11

우리 고향 비옥[比屋, 비안현比安縣][주18]은 오랫동안 상주의 속현이었다. 상주로부터 60여 리 떨어져 있어 (비안현의) 현리縣吏는 닷새에 한 번 주州에 가서 명령을 들으면서 분주하나 오히려 미치지 못할까 두려워했다. 가끔 급한 일이 있어 (상주의) 주리州吏가 비안현에 오면 현리縣吏를 욕보이고 현민縣民에게 해독 끼치는 일이 이루 말할 수 없다. 전조[前朝, 고려] 말에 일이 많고 겨를이 없어 현들의 형세가 날로 위축되었다. 아조[我朝, 조선]에 이르러 이런 까닭을 모두 알게 되어 여러 속현과 주 사이가 멀리 떨어진 곳은 모두 감현관[監縣官, 감무監務]을 한 사람씩 두어 스스로 다스리게 하였다. 우리 고향 비안에도 관원이 두어지니 그 후에 이吏와 민이 점차 나아졌다.

주18 비옥比屋 : 오늘날 경상북도 의성군 비안면.

原文 吾鄕比屋舊爲尙州屬縣 去州六十餘里 縣吏 五日一詣州 聽命奔走 猶恐不及 往往有緩急 州吏到縣 則施辱縣吏 流毒縣民 有不可勝言者矣 前朝之季 事多倉卒 縣之勢 日蹙矣 至我國朝 具知其故 諸屬縣與州相阻者 皆置監縣官一人 使自爲治 吾鄕例得官 然後吏民 稍至蘇息

__ 「신증동국여지승람新增東國輿地勝覽」권25, 비안현比安縣 누정樓亭

출전

「삼봉집三峯集」: 정도전(1342~1398)의 문집. 14권 7책으로 구성되었다. 정도전은 조선 왕조를 개창하는 데 가장 큰 공을 세운 사람이다. 조선 개국 이후 국가의 중요 직책을 역임하여 권한이 국왕을 능가할 정도였는데, 태조 7년(1398)

제1차 왕자의 난으로 제거당했다. 『삼봉집』이 처음 출간된 때는 우왕 말년인 듯하며, 조선 태조 6년 아들 정진鄭津이 『삼봉집』 두 권을 개간改刊하였는데, 시문詩文을 중심으로 하는 이 판본은 전하지 않는다. 그 뒤 정도전의 증손 정문 형鄭文炯이 앞서 펴낸 책을 크게 수정 보완하였는데 일부만 현전한다. 정조 15년(1791) 왕명으로 『삼봉집』을 펴내도 록 했는데, 앞서 펴낸 정문형의 본을 토대로 교정을 보았고 빠진 것을 보완하였다. 편차를 다시 분류하여 모두 14권 7 책으로 만들었다.

『신증동국여지승람新增東國輿地勝覽』 : 조선 전기의 대표적인 지리서. 조선 초기에는 국가 체제를 정비해야 했으 므로 지리지에 대한 관심이 크게 고조되었다. 그래서 세종 7년(1425) 도별로 지리지를 편찬하게 하였으며, 세종 14년 에는 전체적인 통일성을 갖춘 전국 지리지를 완성하여 『세종실록지리지世宗實錄地理志』로 수록하였다. 세조도 새 로운 지리지를 편찬하기 시작하여 성종 8년(1477)에 『팔도지리지八道地理志』를 완성했다. 『동국여지승람』은 성종이 『팔도지리지』에 문인들의 시문을 첨입添入하라는 명을 내리면서 편찬하였다. 성종의 명을 받은 노사신·서거정 등 이 성종 12년에 『동국여지승람』 50권을 완성하였는데, 곧 체제와 내용을 수정할 필요가 생겨 성종이 김종직·성현 등에게 『대명일통지大明一統志』의 체제에 따라 개편하도록 지시하여 성종 17년에 55권을 완성하였다. 그 후 『동국 여지승람』은 연산군 때 교정을 하고, 중종 23년에 이행·홍언필 등이 증보하여 중종 26년(1531)에 완성되었다. 중종 연간의 증보는 김종직 등이 만든 체제 자체를 변경하지 않고, 내용 일부를 증보하는 데 그쳤다. 『신증동국여지승람』 은 지방 단위로 역사와 문화를 정리하였으며, 맨 앞에 '팔도총도八道總圖'를 넣었고 도별로 지도를 실었다. 각 군현 의 자연 지리와 인문 지리에 대한 풍부한 내용을 제시하여 지방사 연구에 중요한 자료다.

찾아읽기

변태섭, 「고려전기의 외관제」, 『한국사연구』2, 1968.

하현강, 『고려 지방제도의 연구』, 한국연구원, 1977.

김윤곤, 「여대의 안찰사제도 성립과 그 배경」, 『교남사학嶠南史學』1, 1984.

이혜옥, 「고려시대의 수령 제도」, 『이대사원梨大史苑』21, 1985.

이희권, 「고려의 군현 제도와 지방통치 제도」, 『고려사의 제문제』, 삼영사, 1986.

변태섭, 「고려초기의 지방 제도」, 『한국사연구』57, 1987.

박종기, 「고려 태조 23년 군현 개편에 관한 연구」, 『한국사론』19, 서울대학교 국사학과, 1988.

변태섭, 「고려시대 지방 제도의 구조」, 『국사관논총』1, 1989.

김갑동, 『나말여초의 호족과 사회변동연구』, 고려대학교 민족문화연구소, 1990.

김일우, 「고려초기 군현의 주속관계형성과 지방통치」, 『민족문화』12, 1990.

이인재, 「고려 중·후기 지방제 개혁과 감무」, 『외대사학』3, 1990.

박종기, 「고려시대 외관·속관제연구」, 『진단학보』72, 1992.

김일우, 「고려 태조대 지방지배질서의 형성과 국가지배」, 『사학연구』52, 1996.

박은경, 『고려시대 향촌사회연구』, 일조각, 1996.

최정환, 「고려 지방제도의 정비와 도제」, 『경북사학』19, 1996.

김일우, 『고려초기 국가의 지방지배체계연구』, 일지사, 1998.

박종기, 「고려시대 계수관의 범위와 성격」, 『한국학논집』21, 1998.

최정환, 「고려시대 5도 양계의 성립」, 『경북사학』21, 1998.

황선영, 「고려초기 지방통치의 재검토」, 『한국중세사연구』7, 1999.

권진철, 「고려 태조대의 주와 내속제에 관한 재고」, 『강원사학』15·16합집, 2000.

윤경진, 「고려 군현제의 운영원리와 주현—속현 영속관계의 성격」, 『한국중세사연구』10, 2001.

윤경진, 「고려 성종 14년의 군현제 개편에 대한 연구」, 『한국문화』27, 서울대학교 한국문화연구소, 2001.

구산우, 「고려시기 계수관의 지방행정 기능과 위상」, 『역사와 현실』43, 2002.

김동수, 「고려시대 계수관의 범위에 대한 재론」, 『전남사학』19, 2002.

김아네스, 「고려초기의 도호부와 도독부」, 『역사학보』173, 2002.

박종기, 『지배와 자율의 공간 - 고려의 지방사회』, 푸른역사, 2002.

이진한, 「고려시대 수령직의 제수자격」, 『사총』55, 2002.

구산우, 『고려전기 향촌지배체제연구』, 혜안, 2003.

김호동, 「계양도호부사 이규보의 활동을 통해 본 고려 군현통치의 실상」, 『한국중세사연구』14, 2003.

박종진, 「고려시기 안찰사의 기능과 위상」, 『동방학지』122, 2003.

신안식, 「고려시대 경기의 위상과 역할」, 『인문과학연구논총』25, 명지대학교, 2003.

윤경진, 「고려전기 계수관의 설정원리와 구성변화」, 『진단학보』96, 2003.

이진한, 「고려시대 수령의 경직 겸대」, 『진단학보』96, 2003.

강은경, 「고려전기 경기의 형성과 대경기제」, 『한국중세사연구』17, 2004.

윤경진, 「고려전기 계수관의 운영체계와 기능」, 『동방학지』126, 2004.

박종진, 「고려시기 계수관의 기능과 위상」, 『역사와 현실』56, 2005.

윤경진, 「고려전기 도의 다원적 편성과 5도의 성립」, 『동방학지』135, 2006.

윤경진, 「고려초기 10도제의 시행과 운영체계」, 『진단학보』101, 2006.

박은경, 「고려전기 군현제의 읍호와 읍격」, 『백산학보』, 2007.

박종진, 「고려시기 '주현 속현 단위' 설정 배경에 대한 시론」, 『한국중세사연구』25, 2008.

이정기, 「고려시기 양계 병마사의 성립과 기능」, 『한국중세사연구』24, 2008.

윤경진, 「고려전기 경기의 편성과 운영」, 『역사문화연구』33, 한국외국어대학교, 2009.

윤경진, 『고려사 지리지의 분석과 보정』, 여유당, 2012.

윤경진, 「고려 안찰사의 연원과 '5도 안찰사'의 성립」, 『한국문화』61, 2013.

4 지방 세력을 견제하다
사심관과 기인

고려는 지방에 할거하고 있는 호족 세력을 종합하여 성립했다. 집권적 봉건 국가를 운영하기 위해서는 무엇보다도 할거적인 지방 세력을 견제 내지 통제하는 것이 필수적이었다. 고려 왕조에서 지방 토호 세력인 향리층을 통제하고 지방 사회를 효율적으로 관리하기 위해 마련한 제도가 사심관제와 기인제였다.

향리의 위상

향리의 전신은 신라 말의 호족이었는데, 고려 건국 후 이들 가운데 일부는 중앙의 관인으로 진출했지만 대부분은 각 지방에 남아 지방 행정을 담당하였다.[자료1] 향리들의 직제는 성종 2년(983)에 지방에 중앙관이 파견되는 것과 짝하여 더 체계화되고 보편화되었다.[자료2] 그리고 현종 9년(1018)에는 정丁의 다과에 따라 향리의 숫자를 정했는데, 1,000정 이상의 큰 군현에는 84인이나 되었으며, 100정 이하의 작은 군현도 30인 정도였다. 향리 가운데 상층부를 구성한 것은 호장·부호장층이었는데, 그 수 역시 군현의 규모에 따라 달라서 호장은 5~12인, 부호장은 3~8인이었다.

향리는 지방민으로부터 조세·공납·역역力役·군역을 징수했으며, 주현군 가운데 일품군一品軍 장교의 직을 맡기도 했고 간단한 소송 문제도 처리했다. 향리가 맡은 직역職役은 자식들이 세습했다. 향리는 관인은 아니었지만 국가 권력의 말단을 장악하여 일반 백성과 직접 접촉하는 위치에 있었기 때문에 역할이 매우 컸다. 지방관이 파견되지 않는 속군·속현에서는 향리가 사실상 수령 역할을 했다.

고려는 향리의 지원으로 유지할 수 있었으므로 이들의 이탈은 집권적인 사회를 유지해 가는 데 최대의 위협이 될 수 있었다. 그들은 지방 사회의 토호로서 상당한 사회 경제 기반을 가지며 지방민들을 동원할 능력도 있었다. 이들의 세력화를 막기 위해, 고려는 지방관이 수행하여야 할 중요 업무인 봉행6조奉行六條 가운데 향리직에 대한 감찰 조목을 두고 있었으며, 지방관이 지방의 호장을 직접 천거하여 임명장을 받을 수 있도록 조치했다. 향리 승진 규정을 9단계로 마련한 것도 향리들의 세력화를 방지하기 위한 제도적 장치였다.

사심관의 임무

사심관은 중앙 관인으로 하여금 출신 지역에 대한 일정한 권한을 행사하도록 설정된 것이다. 사심관은 태조 18년(935)에 신라의 마지막 왕 김부가 항복해 오자 그를 신라의 옛 서울인 경주의 사심으로 삼아 부호장 이하의 관직 등에 관한 사무를 관장케 한데서 비롯되었다.[자료3] 그 뒤 다른 공신들도 각각 출신 지방의 사심으로 삼게 되면서 널리 시행되었다. 태조가 사심관제를 시행한 것은 재경 세력을 이용하여 호족 세력을 무마하고 통제하기 위해서였다. 국초에 지방의 통치력이 지방까지 미칠 수 없던 상황에서 개경에 거주하는 호족들에게 출신 지역을 관장케 함으로써 간접적으로 지방을 통제할 수 있었다.

지방관제가 정비되면서 사심관제도 정비되어 성종 15년(996)에는 사심관 정원이 500정丁 이상의 주는 4명, 300정 이상의 주는 3명, 그 이하의 주는 2명으로 정했다.[자료4] 그리고 제정 당시 사심관은 본관의 주현에만 임명하도록 되어 있었지만, 제도가 전국적으로 시행되면서 본관으로만 한정시키는 데는 어려움이 생겼다. 때문에 사심관의 임명 범위가 확대되어 부계父系뿐만 아니라 모계母系와 처계妻系 등 일정한 인연이 있는

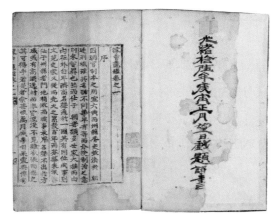

19세기 향리의 내력을 다룬 역사서 『연조귀감』. 경상도 상주의 향리 이진흥(1731~1777)과 그의 증손 이명구의 노력으로 1848년에 간행되었다. 향리의 생성 과정과 고려·조선조 향리의 전기를 수록하였으며, 조선조에 들어와 점차 당시 양반들로부터 차별적인 대우를 받고 있음이 부당하다고 논하였다.

지역에 임명되었다.[자료5]

사심관은 지방 세력을 통제하는 것이 주된 목적이었으므로 권력의 집중을 막고 견제의 원리가 지켜지도록 운영했다. 작은 지방이더라도 사심관을 최저 2명 임명하도록 한 것은 권력이 1인에게 집중되는 것을 막기 위해서였다. 또 사심관이 부호장 이하의 관직에만 관여케 하고 호장을 제외시킨 것은 지방 사회를 사심관과 호장이 독점하지 못하도록 하기 위해서였다. 그리고 아버지나 친형제가 호장으로 있는 사람은 사심관으로 임명하지 못하게 한 것, 향리의 자손이 향역鄕役을 면제받았더라도 처妻의 친당親黨이 아직 향역을 지고 있는 자는 사심관이 될 수 없도록 한 것은, 사심관과 향리의 결합을 막고 통제의 실효를 거두기 위해서였다.

고려 후기가 되면 사심관의 위치에도 일정한 변화가 생겼다. 사심관의 기능은 지방민을 맡아 관리하고 유품流品의 가장家狀을 심사하며, 부역을 공평하게 하고 풍속을 바로잡는 등의 직무를 맡았던 것으로 확인된다. 사심관의 권한이 강대해졌음을 엿볼 수 있는데, 이들은 불법적으로 공전公田을 널리 차지하는가 하면 서울로 올라온 향리에게 사사로운 형벌을 가하는 등의 폐단을 일으켰다.[자료6] 이 때문에 충렬왕 9년(1283)에는 사심관제를 임시로 폐지했으며, 그 뒤 30여 년이 지난 충숙왕 5년(1318)에는 완전히 폐지했다. 이것은 지방 세력을 견제하는 사심관을 필요로 하지 않게 되었다는 뜻이다. 지방 세력의 약화, 지방관의 위치 강화와 짝하는 현상이다.

기인제의 시행과 변질

기인제란 지방 향리의 자제를 뽑아서 중앙에 올리게 함으로써 그들을 간접적으로 규제하는 제도였다.[자료7] 이는 후삼국 시기에 고려나 후백제가 충성의 표시로 각 지역 호족들의 자녀를 인질로 삼은 데서 기원했다. 초기에는 지방 호족의 입장에서도 자제를 중앙으로 보냄으로써 다른 호족보다 우월한 위치를 인정받을 수 있고 관할 지역에 대한 지배권을 보장받을 수 있었다. 때문에 기인제는 시행된 처음 얼마동안은 왕권과 호족 쌍방간의 호혜적互惠的 바탕 위에서 운영되었다.

지방관제가 정비되고 중앙 행정력이 지방으로 확대되면서 향리의 자제는 인질의 성격을 강하게 띠어 지방 향리 세력의 발호를 억제하는 의미를 갖게 되었다. 중앙에 선상된 기인은 처음에는 특별한 신역身役을 진 것 같지 않았으나, 문종 때에 이르면 신역을 지고 있는 것이 확실해진다.

기인은 출신 지역 과거 응시자에 대한 신원 조사를 맡아 보았으며, 사심관 선발의 자문에 응하기도 했고, 당번을 나누어 왕실을 시위하는 일을 맡기도 했다. 이런 역의 대가로 기인전其人田을 지급받고 동정직同正職을 받았다.[자료8]

고려 후기에 이르러 향리의 정치 사회적 지위 하락과 더불어 기인역 또한 고역苦役으로 바뀌었다. 고종 43년(1256)에 조부租賦의 감소에 따른 경비 보충을 위해 한지閑地를 경작할 때 동원되었으며[자료9] 충선왕 때는 궁실의 수리 축조와 관부의 사령역을 맡

삼태사묘 바깥 전경. 삼태사묘는 고려 개국공신인 김선평金宣平·권행權幸·장길張吉 삼태사의 위패를 봉안하고 있다. 중종 35년(1540) 안동부사 김광철이 현 위치에 묘를 건립하였으며, 경상도 관찰사 권철이 제전祭田을 설치하고 노복을 주었다. 또한 명종 11년(1556) 안동부사로 부임한 권소는 제전과 곡물을 더해주고 권씨 성을 가진 수석 호장戶長에게 맡겨 이식을 취하여 매년 제사를 받들게 하였다.

은 것이 확인된다. 그리하여 충숙왕 5년(1318)에는 기인의 역사役使가 노예보다 심하여 고통을 견디지 못하고 도망치는 일이 끊이지 않았다.[자료6]

고려 시기 지방의 토호 세력인 향리를 억제 견제하기 위해 사심관제와 기인제를 두어 운영했다. 이런 제도가 있었다는 것 자체가 고려 시기 지방 세력의 할거성이 컸음을 반증한다. 그러나 지방관제의 변화, 향리의 위치 변동에 짝하여 사심관제·기인제가 존폐 논의를 거치다가 사심관제는 고려 말에 완전히 혁파되고, 기인제는 그런대로 유지되어 조선 광해군 때에 사라졌다.

자료1

나말에는 제읍諸邑의 토인土人^{주1}이 능히 치읍자治邑者^{주2}를 호령했다. 여조麗祖가 통합한 후에 이로 인해 직호職號를 내리고 그 (고을) 일을 맡아보게 하니 치민자治民者를 호장戶 長이라 칭했다. 그리고 그 자제는 서울에 (머물게 하여) 인질로 삼고는 왕관王官^{주3}을 보 내 감독하게 했는데, 성종 때에 이르러 왕관王官인 감읍자監邑者로 하여금 호장을 통제 케 하고, 드디어 강등하여 향리로 만들었다.

原文 羅末 土人能號令治邑者 麗祖統合後 仍賜職號 使治其事 治民者 稱戶長 又質其子弟 於京師 遣王官 監之 至成宗時 令王官監邑者挈眷戶長 遂降爲鄕吏

_ 「연조귀감掾曹龜鑑」권2, 관감록觀感錄, 김남수金南秀

주1 제읍諸邑의 토인土人 : 신라 말 각 지방에 할거하고 있던 지방 토착 세력, 즉 호족을 가리킨다.

주2 치읍자治邑者 : 중앙에서 보낸 지방관.

주3 왕관王官 : 고려 국가가 성립 한 후 외방에 보낸 지방관.

자료2 성종 2년(983) 향리 관직명 개정

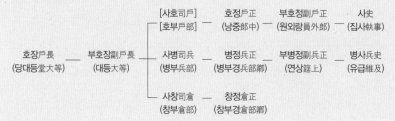

*( )안은 개정 이전 명칭, [ ]안은 추정하여 넣은 명칭임.

자료3

신라왕 김부金傅^{주4}가 내항來降해 오니 신라국을 없애고 경주라 했다. 김부로 하여금 본주本州의 사심事審이 되어 부호장 이하직副戶長以下職 등의 일을 맡게 했다. 이에 모 든 공신이 이를 본받아 각기 본주의 사심이 되었다. 사심관은 여기서 비롯되었다.

原文 新羅王金傅來降 除新羅國爲慶州 使傅爲本州事審 知副戶長以下官職等事 於是 諸功 臣亦効之 各爲其本州事審 事審官始此

_ 「고려사」권75, 지29, 선거3, 사심관, 태조 18년

주4 김부金傅 : 신라의 마지막 왕 인 경순왕.

자료4

결정하기를, 사심관은 500정丁 이상의 주에는 4명을 두고, 300정 이상의 주에는 3명을

두며, 그 이하는 2명을 두도록 했다.

原文 定 凡事審官 五百丁以上州 四員 三百丁以上州 三員 以下州 二員

_ 『고려사』권75, 지29, 선거3, 전주銓注, 사심관, 성종 15년

자료5 인종 12년(1134)에 마련된 사심관의 임명 범위 규정

	재추宰樞	상장군 이하 3품 이상	4품 이하 참상參上 이상	참외원參外員
내향內鄕	○	○	○	○
외향外鄕	○	○	○	○
처향妻鄕	○	×	×	×
조처향祖妻鄕	○	○	○	×
증조처향曾祖妻鄕	○	○	×	×
	5향내鄕內 3향鄕 겸차兼差	4향내鄕內 2향鄕 겸차兼差	3향내鄕內 1향차鄕差	2향내鄕內 1향차鄕差

자료6

주5 종주宗主 : 원래는 제후의 위에 서서 패권을 잡은 맹주라는 의미인데, 여기서는 민인들 위에 군림하면서 주관한다는 뜻으로 이해된다.

주6 녹전祿轉 : 군현의 조세 가운데 중앙으로 운반하여 관리의 녹봉곡으로 충당하는 세목稅目을 의미한다. 여기서는 단순히 곡미를 의미하는 것으로 보인다.

주7 제역소除役所 : 궁사 및 그에 소속한 민호가 부역을 면제받는 곳.

하교하기를, "하나. 사심관을 둔 것은 원래 민인을 종주宗主주5하고 관품을 구별하며 부역을 공평하게 하고 풍속을 바로잡기 위한 것인데 지금은 그렇지 못하다. 공전을 널리 차지하고 민호를 많이 숨긴다. 약간의 부역이 있으면 으레 녹전祿轉주6을 거두는데 이렇게 되면 서울로 올라온 향리를 사사집에서 장형杖刑을 결정하고 동銅을 징수하며 녹전을 도로 받는 등 위복危福을 마음대로 만들고 있다. 향촌에 해를 주고 국가에 도움이 없어 이미 다 혁파했으니, 그들이 숨기고 있는 토지와 민호를 찾아내어 종전대로 하라. …

하나. 기인을 노복보다도 더 심하게 사역하므로 그들이 고생을 견디지 못하여 도망하는 자가 잇달아 생기는데 해당 기관에서는 날짜를 따져 그 대가를 징수하니, 주州 군郡들에서는 그 폐단을 감당하지 못한다. 이것을 사심관이나 제역소除役所주7의 음호蔭戶로써 대신해야 할 것이며 전부 도망간 주군에 대해서는 면제할 것이다."라고 했다.

原文 下敎 一 事審官之設 本爲宗主人民 甄別流品 均平賦役 表正風俗 今則不然 廣占公田 多匿民戶 小有差役 例收祿轉 則吏之上京者 敢於私門 決杖徵銅 還取祿轉 擅作威福 有害於鄕

無益於國 已盡革罷 其所匿田戶 推刷復舊 …

一 其人 役使甚於奴隸 不堪其苦 逋亡相繼 所隸之司 計日徵直 州郡不勝其弊 可以事審官及除

役所蔭戶 代之 全亡州郡 其除之

_ 『고려사』권84, 지38, 형법1, 직제職制, 충숙왕 5년 5월

자료 7

국초에 향리의 자제를 뽑아 경성에 볼모로 삼고 또한 출신지의 일에 대하여 고문顧問

하게 했는데 이를 기인이라 말한다.

原文 國初 選鄕吏子弟 爲質於京 且備顧問其鄕之事 謂之其人

_ 『고려사』권75, 지29, 선거3, 전주銓注, 기인其人

자료 8

기인은 1,000정丁[주8] 이상의 고을이면 족정足丁[주9]으로 나이 40세 이하 30세 이상의 사람

을 뽑아 올려보내게 하며 1,000정 이하의 고을이면 반정半丁과 족정足丁을 논하지 말

고 병창정兵倉正이하 부병창정副兵倉正 이상으로 부강정직한 사람을 뽑아 올려보내게

한다. 족정은 15년을 기한으로 하고 반정은 10년을 한정하여 입역케 하며, 반정이 7년

에 이르고 족정이 10년이 되면 동정직同正職[주10]을 허락해 주고 입역한 기한이 끝나면

관직을 더 준다.

原文 凡其人 千丁以上州 則足丁年四十以下 三十以上者 許選上 以下州 則半足丁勿論 兵

倉正以下 副兵倉正以上 富强正直者 選上 其足丁 限十五年 半丁 限十年立役 半丁至七年 足丁

至十年 許同正職 役滿加職

_ 『고려사』권75, 지29, 선거3, 전주, 기인, 문종 31년

자료 9

제制하기를, "여러 도에서 병란을 겪고 피폐해져 조세와 부세가 줄어들었으니 주현들

의 기인으로 하여금 한지閑地를 경작케 하여 그 조세를 받아 경비를 보충하도록 할 것

이다."라고 했다.

原文 制 諸道被兵凋殘 租賦耗少 其令州縣其人 耕閑地 收租 補經費

_ 『고려사』권79, 지33, 식화食貨2, 농상農桑, 고종 43년 2월

주8 정丁 : 국가에 조세·공물·역
역 등 각종의 국역을 부담하는 양
인 남자로 이해하는 것이 보통이
나, 일정한 토지 면적 또는 부세 부
담의 단위를 지칭할 가능성도 배제
할 수 없다.

주9 족정足丁 : 족정은 인정을 대
상으로 한 것, 토지를 대상으로 한
것, 호를 대상으로 한 것 등으로 견
해가 다양하다. 양전의 단위로 그
액에 찰 경우는 족정, 차지 못할 경
우는 반족정으로 이해하는 것이 가
장 유력한 견해다.

주10 동정직同正職 : 실제 직사職
事가 없는 산직散職으로 상층부에
는 검교직檢校職이 있었고, 하층부
에는 동정직이 있었다.

■ 출전

『고려사』

『연조귀감掾曹龜鑑』: 향리 가문의 역사서. 상주의 향리 가문인 경주 이씨 이진흥李震興이 편찬하고 증손자 이명구 李明九가 펴냈다. 『연조귀감』은 5대에 걸쳐 이루어졌으며 18세기 후반에 이루어진 것을 이후 계속 교열 추가 작업을 하여 헌종 14년(1848)에 목활자로 찍어내었다. 모두 3권 1책으로 간행되었는데, 「경국전經國典」, 「이직명목해吏職名目解」, 「불복신벌정록不服臣罰定錄」, 「사족강리록士族降吏錄」, 「제소諸疏」, 「복호헌의復戶獻議」, 「연조기담掾曹奇談」(이상 권1) 「관감록觀感錄」(권2 · 3) 「부록附錄」, 「추부追附」(권3) 등의 항목으로 구성되었다. 그 가운데 「소장」과 「헌의」는 향리들에 대한 처우 개선을 요구하는 문서들을 모아놓았고, 「연조기담」은 향리에 대한 기담들을 편집했으며, 「관감록」은 고려 · 조선 시대 향리 열전이다. 「관감록」은 향리 중에서도 많은 재상과 명신이 나왔으므로 양반 사대부와 차별 대우를 받아야 할 이유가 없음을 역사적으로 설명하고 있다.

■ 찾아읽기

하타다 다카시旗田巍, 「고려 사심관에 관하여高麗事審官に就いて」, 『조선중세사회사의 연구朝鮮中世社會史の研究』, 호세대학출판국法政大學出版局, 1972.

김성준, 「기인의 성격에 대한 고찰」, 『한국중세정치법제사연구』, 일조각, 1985.

이순근, 「고려시대 사심관의 기능과 성격」, 『고려사의 제문제』, 삼영사, 1986.

홍승기, 「고려후기 사심관 제도의 변천과 향리의 중앙진출」, 『동아연구』17, 1989.

한우근, 『기인제 연구』, 일지사, 1992.

박은경, 「고려시대 사심관의 성격」, 『인하사학』3, 1995.

권진철, 「고려 태조대의 사심제」, 『강원사학』13 · 14합집, 1998.

박은경, 「고려의 사심관과 조선초의 유향소에 대하여」, 『역사학보』168, 2000.

홍승기, 「고려전기의 사심과 향리」, 『역사학보』166, 2000.

박경자, 『고려시대 향리 연구』, 국학자료원, 2001.

강은경, 『고려시대 호장층 연구』, 혜안, 2002.

5 군사 제도의 형성과 변천

경군과 주현군

고려가 중앙 집권적인 통치 체제를 갖추게 되면서 군사 제도도 새롭게 정비했다. 중앙에는 2군 6위의 경군이, 지방에는 주현군 이 편성되어 고려 전기 군사 제도의 근간을 형성했다. 고려 시기 에는 잦은 전란이 있어 그에 대비한 군사 편제에 각별한 관심을 기울이지 않을 수 없었다.

2군 6위의 조직과 그 성격

고려의 중앙군은 보통 경군京軍이라고 불리며, 이 경군이 완비된 것이 2군 6위이다. 고려 초 태조가 오랜 전쟁 끝에 통일을 이루고 평화가 찾아오자 전시 체제 하에 있던 중앙군 체제는 필연적으로 바뀌어야 했다. 종래 중앙군의 주력 부대를 기병에서 보병 으로 바꾸거나 중앙군 임무를 재조정하는 것이 그것이었다.

군사 업무는 군정 업무와 군령 업무로 구분된다. 군정 업무는 군대의 편성과 조직, 보충과 동원, 병역, 인사, 복무, 병기 등을 주요 내용으로 하는 행정 업무이고, 군령 업 무는 군대의 동원 및 지휘 통솔과 관련되는 업무다. 두 업무는 건국 초에는 병부와 순 군부가 분담했다. 병부는 군정 업무를 담당했으며, 중앙의 행정 기구가 재편된 이후에 도 여전히 병부가 관장했다. 군령 업무는 순군부에서 관장하다가 성종 이후에는 중추원에서 담당한 듯하다.

6위가 형성된 것은 성종 14년(995) 무렵이며 2군이 형성된 것은 이보다 늦은 현종 무렵이었다. 2군 6위는 각각 정·부 지휘관으로 상장군上將軍과 대장군大將軍이 있었으며, 이들 2군 6위 8개 부대의 정·부 지휘관으로 구성된 군사최고 합좌기관合坐機關을 중방重房이라 했다.

2군은 국왕의 친위대인 응양군鷹揚軍·용호군龍虎軍으로, 이를 근장近仗이라고도 불러 6위보다 위에 두었다.[자료1·2] 용호군보다 응양군이 우위優位에 있어 응양군의 최고 지휘관인 상장군을 특별히 무반武班의 장長이라는 뜻으로 '반주班主'라 불렀다.

2군의 병력은 응양군 1령領, 용호군 2령이었는데 1령당 1,000명이므로 모두 3,000명으로 구성되었다. 친위 부대로서 2개의 부대 조직을 별도로 유지한 이유는 명확하지 않다.

한편 6위는 42령 42,000명으로 구성되었는데 친위 부대라기보다 전투 부대 성격이 강했다. 좌우위左右衛는 13령[보승 10, 정용 3], 신호위神虎衛는 7령[보승 5, 정용 2], 흥위위興威衛는 12령[보승 7, 정용 5], 금오위金吾衛는 7령[정용 6, 역령 1], 천우위千牛衛는 2령[상령 1, 해령 1], 감문위監門衛는 1령이었다. 6위 가운데 핵심이 되는 것은 좌우·신호·흥위의 3위로서 이들은 사실상 개경의 경비뿐만 아니라 국경 방어 임무까지 맡았으며, 이 3위衛에 소속된 군사 수가 전체의 4분의 3을 차지할 정도로 경군의 주력 부대였다. 금오위는 경찰 기능을, 천우위는 의장儀仗을, 감문위는 궁성 안팎의 성문 수비를 맡았다.

2군 6위를 구성하는 1,000명 단위의 영領 가운데 보승은 보병步兵, 정용은 기병騎兵을 일컫는 것으로 이해되는데, 전자와 후자가 각각 22령, 16령으로 양자의 합이 38령이 되어 이들이 부대의 중심이었다. 그리고 역령·상령·해령 등은 특수 부대로 보인다.

2군 6위와 별개로 금군禁軍이 존재했다는 견해도 있다. 금군은 2군과 완전히 계통을 달리하는 국왕 시위의 임무를 맡은 측근 친위 부대였으며 금군 가운데 견룡군은 숙종 때 국왕의 시위를 강화하기 위해 설치된 부대라는 주장이다. 그리고 금군에는 상급 군관이 보이지 않아 개별 부대들의 실질적 지휘 계통인 지유指諭 및 행수行首를 중심으로 금군이 운영되었다는 것이다.

2군 6위 소속 군인의 구성

2군 6위 소속의 군인 구성에 대해서는 오래전부터 여러 견해가 있었다. 대표적인 견해는 부병제설府兵制說과 군반씨족제설軍班氏族制說인데, 현재에는 두 가지 견해를 절충한 이원적 구성설이 설득력을 가지고 있다.

부병제설에 따르면 2군 6위의 중앙군은 자영농민층에서 선발되어 번상 입역하는 농민군들로 편성되었다는 것이다. 전시과 제도상의 군인전은 해당 군인들의 본래의 소유지[민전]에 대한 조세 면제를 의미한다고 보았다.[자료3]

군반씨족설은 2군 6위의 중앙군은 군반씨족이라 불리는 개경에 사는 전문적이고 세습적인 군인들로 편성되었다는 견해다. 그리고 전시과 제도에서 군인전은 이들에게 주어진 수조지收租地로 보아야 한다는 것이다.[자료4]

요즘은 두 견해를 절충하는 견해가 나오고 있다. 2군 6위의 중앙군은 개경에 거주하는 전업적 군인과 지방에서 번상 입역하는 농민군이라는 2종류의 군인층으로 편성되었다는 주장이다. 전시과 제도상 군인전을 받은 군인은 중앙군 가운데 일부 특수 군인층으로 보았다. 이에 반해 농민군은 군역을 국가적 부역으로 짊어지기 때문에 군인전을 지급받지 못한다고 보았다.

경군의 이원적 구성을 주장하는 견해 안에도 의견의 차이가 있다. 하나는 경군 가운데 특수한 임무를 수행하는 역령·상령·해령 및 감문위군이 군반씨족으로 구성되었고, 나머지 대다수의 군인은 부병제의 원리에 따라 지방에서 군역을 수행하기 위해 올라온 농민군이었다는 것이다. 이와 달리 2군은 군반씨족에서 충원되며, 6위는 번상하는 농민으로 구성되었다고 보기도 한다. 즉 주현군州縣軍의 보승·정용이 3년마다 번상하여 6위의 보승·정용이 되어서 상경시위上京侍衛의 임

철제 금은입사 사인참사검. 고려 시대에 만들어진 검이다. 마魔를 물리치기 위해 만들어진 주술형 검인 참사검斬邪劍 중 하나로, 십이간지 중 호랑이를 상징하는 인년寅年, 인월寅月, 인일寅日, 인시寅時에 제작되었다. 국립중앙박물관이 소장하고 있다.

무를 맡았으며 6위의 보승·정용에서 다시 주진군의 보승·정용으로 번상했다는 것이다.

부병제 문제를 새로 해석해 절충안을 발전시킨 견해도 있다. 2군 6위를 부병과 농민병 구성이라고 보는 것이다. 2군 6위 45령領의 군대는 상장군·대장군·장군 등 지휘관을 제외하면 3,457명의 부병과 45,000명의 농민병으로 구성되어 있다는 것이다. 부병은 중낭장(정5품)·낭장(6품)·별장(정7품)·산원(정8품)·교위(정9품)·대정(품외) 등 무관으로 이루어져 개경에 상주하면서 군무에 종사했으며, 이에 반해 농민병은 각 지방의 농민들로 전부田賦의 의무를 수행하는 형식으로 편성되어 번차에 따라 개경에 번상했다고 보았다. 농민병은 상번 시에는 중앙군에 소속되지만, 하번 시에는 주현군州縣軍에 편입되는 존재로 이해했다. 부병은 경군京軍·내군內軍이라 불리었으며, 상비병으로서 국가와 정권의 존립을 보장하는 무력 기반이었다. 또한 부병은 2군 6위에 소속되어 농민군을 지휘 통제하면서 국왕의 호위와 개경의 경비 방위 등을 담당했고, 각종 역역力役과 국경 수비 임무에도 동원되었는데, 이들은 직역의 대가로 과전과 녹봉을 지급받았다는 것이다. ^[자료5·6]

주현군과 주진군

서울에 2군 6위의 경군이 있었던 반면에 지방에는 주현군州縣軍이 편성되었다. 하지만, 주현군의 경우 행정 지역이 남방 5도가 아닌 북방의 양계일 경우에는 성격이 조금 달랐으며, 명칭 또한 주현군과 구분되는 주진군州鎭軍으로 호칭되었다.

먼저, 5도道·경기의 주현군의 경우, 전체 숫자는 보승군 8,601명, 정용군 19,754명, 일품군 19,882명으로 총 48,237명이었다. 보승군과 정용군은 주현군의 핵심으로 치안·방수防戍·군사 훈련을 담당했으며^[자료7] 이들이 교대로 양계에 나가 국경을 수비했다. 일품군一品軍은 노동 부대로서 공역工役에 동원되었다. 주현군은 일정한 군영에 주둔하지 않은 예비적인 존재였지만 외관이 있는 행정 구역에 배치되어 중앙 정부의 직접적인 통제를 받았다.

5도와 경기에 주현군이 편성된 반면, 북방의 국경 지대인 동계와 북계에는 상비적 방수군防戍軍인 주진군이 편성되어 있었다.[자료8] 이 지역은 군사적 중요성 때문에 대부분 방어주防禦州와 진鎭으로 편성되었다. 전국에 약 30만의 지방군이 있었는데 대부분 양계에 배치되어 있었다는 점에서 당시 양계가 군사적으로 얼마나 중요한 위치를 차지했는지를 알 수 있다.

이들 주진군은 초군招軍, 좌군左軍, 우군右軍 등으로 구성되고 중랑장, 낭장 등의 장교가 지휘했는데, 최고 지휘관을 도령都領이라 불렀으며 해당 지역의 토호 출신을 임명했다. 초군과 좌·우군에는 마대馬隊와 노대弩隊가 포함되어 있었으며 초군이 경군京軍의 기병騎兵 명칭인 정용精勇이라 불리고 있어 정예부대였음을 알 수 있다.

주진군은 대체로 양계의 토착인을 중심으로 편성되었으며, 일부는 5도에서 교대로 방수하러 간 군인들로 이루어졌는데[자료9] 주州·진鎭의 성내에 주둔하면서 항상 전투 태세를 갖춘 상비적 전투 부대였다. 외적 침입 시 적의 대부대와 결전을 벌이는 방식보다는 주州나 진鎭의 성城을 거점으로 하여 문을 굳게 닫고 지키는 전술을 사용했다.

2군 6위제의 동요

2군 6위로 대표되는 중앙군제는 무인 정권 하에서 크게 흔들렸다. 무인 집정들이 사병을 확보해 자신의 호위 세력으로 양성하면서 상대적으로 공병公兵의 비중은 축소되어 갔다.

2군 6위의 동요는 별무반이 편성된 사실에서도 확인할 수 있다. 2군 6위가 제 기능을 발휘하지 못하자[자료10] 숙종 때 여진 정벌을 위해 별무반이라는 특수 부대를 편성하기에 이른 것이다. 2군 6위가 운영되지 못한 배경에는 그들에 대한 경제적 뒷받침이 제대로 이루어지지 못한 사정이 있었다.

무인 집권 이후 무인 집정들이 국가의 중앙군제를 무너뜨리면서 자신의 사적인 무력 기반을 강화했으므로 2군 6위 체제가 크게 흔들렸다. 2군 6위제는 몽골의 침입으로 또 한 번 큰 타격을 받았다. 전쟁을 위해 무차별적인 징병이 있었고 군인전이 거의 지급되지 못했으며 징병 대상 인원도 다수 희생되었다. 2군 6위에 충원해야 할 대상을 파악하는 것도 어려웠고 관리도 부실해져 상비군으로서의 위상을 거의 상실했다.

원 간섭기에는 원나라 군제의 영향을 받아 만호부萬戶府가 설치되었다. 개경의 순군만호부 및 외방의 4만호부가 그것이었다. 만호부는 하급 단위의 천호소千戶所, 백호소百戶所를 지휘했다. 만호부의 책임자인 만호는 군사의 징발권도 행사했다. 만호 임명권은 원의 황제가 갖고 있어 군권에 대한 원나라의 간섭과 통제가 심했음을 알 수 있다. 공민왕 5년(1356)에 외방의 만호부가 폐지되면서[자료11] 도순문사都巡問使가 각 도의 군사 책임자가 되었으며, 우왕 원년(1375)부터는 각 도의 원수가 도순문사를 겸했고 일반 군현의 수령도 병마 직함을 띠었다. 왜구의 침입으로 남도 전 지역이 전장화함으로써 남도의 방위 체제가 도 중심으로 전환되어 갔으며, 육수군陸守軍으로서 진수군鎭戍軍, 수군水軍으로서 기선군騎船軍이 정비·강화되었고 정규군의 군사력을 보충하기 위한 예비군 성격의 연호군烟戶軍이 조직되었다. 실전에서는 무장들이 자신의 영향력 하에 있는 병사를 이끌고 전투에 임하는 수가 많았다.

한편 양계 지역에는 공민왕 때 익군翼軍을 설치했다. 동서북면 지역에는 남도로부터 진수군鎭戍軍의 번상입진番上入鎭이 중단되었고 토착민으로 조직된 익군제翼軍制 중심의 독자적인 방위 체제가 갖추어졌다. 익군을 관할하는 각 익의 천호는 토착 유력자가 담당했고 중앙에서 파견된 만호가 휘하 장교를 지휘했으며, 적이 침입하면 도통사나 원수의 지휘를 받아 전투를 수행했다.

자료1

응양, 용호 2군의 상장군,[주1] 대장군[주2]은 근장近仗 상장군, 근장 대장군이라고 불렀으며, 장군[주3]은 친종親從 장군이라고 불렀고, 중낭장[주4] 이하도 역시 근장이란 이름을 붙여서 불렀다.

> **原文** 鷹揚龍虎二軍 上大將軍 稱近仗上大將軍 將軍 稱親從將軍 中郎將以下 亦稱近仗

_ 『고려사』권77, 지31, 백관百官2, 서반西班

자료2

6위의 직원을 비치했다. 뒤에 응양·용호 2군을 두어 6위의 위에 있게 했다.

> **原文** 備置六衛職員 後置鷹揚龍虎二軍 在六衛之上

_ 『고려사』권77, 지31, 백관2, 서반, 목종 5년

자료3

… 나머지 군사는 모두 토지를 받고 농업에 종사했는데, 적의 침략이 있으면 병기를 들고 나가 적과 싸우고 일을 맡게 되면 노동을 하고, 일이 끝나면 농토로 복귀하는데, 전고前古의 향민鄕民 제도[주5]와 부합한다. …

> **原文** 餘軍皆給田受業 有警則執兵赴敵 任事則執役服勞 事已則復歸田畝 偶合前古鄕民之制

_ 『고려도경高麗圖經』권11, 장위杖衛

자료4

판하기를, "무릇 여러 주현의 의창[주6]의 법은 도전정都田丁[주7]의 수에 의거하여 수렴하는데 1과공전一科公田[주8]은 1결에 조租 3두로 하고 … 3과공전[주9]과 군軍·기인호정其人戶丁[주10]은 조 1두로 하는 것이 이미 이루어진 법규가 있다."고 했다.

> **原文** 判 凡諸州縣義倉之法 用都田丁數 收斂 一科公田一結租 三斗 … 三科及軍其人戶丁租 一斗 已有成規

_ 『고려사』권80, 지34, 식화3, 상평의창常平義倉, 현종 14년 윤9월

주1 상장군 : 중앙 군인 2군과 6위의 최고 지휘관으로 정3품 관직.

주2 대장군 : 중앙 군인 2군과 6위의 부지휘관으로 종3품 관직.

주3 장군 : 2군 6위에 소속된 장군으로 령의 지휘관이며, 정4품 관직.

주4 중낭장 : 2군 6위에 소속된 장교로 정5품 관직.

주5 향민鄕民의 제도 : 중국 고대의 지방 제도. 주제周制는 5가家를 비比, 5비를 여閭, 5여를 족族, 5족을 당黨, 5당을 주州, 5주를 향鄕이라 하여, 향은 12,500가였다.

주6 의창 : 춘궁기에 식량과 종자를 분급함으로써 빈민을 구휼하고 농업의 재생산 조건을 유지하는 기능을 했다. 의창은 개경을 비롯하여 지방의 주·부·군·현·진에 설치되었으며, 의창곡은 도전정都田丁에 의해 차등 징수되는 의창조에 의해서 충당되었다.

주7 도전정都田丁 : 전적田籍·전안田案으로 불린 토지대장으로 보기도 하고, 군현별로 모든 전정의 수조권 귀속처를 기록한 장부로 보기도 한다.

주8 1과공전一科公田 : 국가 소유지나 왕실 소유지 등의 공유지公有地가 대표적인 1과공전이다. 장처전莊處田을 1과공전의 범주에 포함시키는 경우도 있다.

주9 3과공전 : 사유지의 일종인 민전 가운데 수조권이 국가에 귀속된 토지.

주10 군軍·기인호정其人戶丁 : 군인호정과 기인호정. 군인호정은 군역의 대가로 특정 군인에 지급된 토지이며, 기인호정은 기인역의 대가로 기인에 지급된 토지.

주11 경술庚戌년 전쟁 : 현종 원년
(1010) 거란의 2차 침입을 맞아 싸
운 전쟁.

주12 중추원사中樞院使 : 중추원
소속의 종2품 관직.

주13 영업전永業田 : 전시과에 의
해 지급되는 분급수조지. 전시과를
받는 모든 계층, 즉 양반·군인·
향리·서리·한인 및 향직 보유자
의 일부가 수전 대상이었다.

주14 제명除名 : 관리의 명부에서
이름을 삭제하여 관인으로서의 특
전을 박탈하는 형벌.

자료 5

경술庚戌년 전쟁주11 이후 군인 수를 늘림에 따라 일반 관리의 봉급 지출이 부족해졌다. 이에 황보유의가 중추원사中樞院使주12 장연우와 건의하여 경군에게 주었던 영업전永業田주13을 빼앗아 그 수입을 녹봉에 충당했으므로 무관들이 자못 불평하였다. 또 상장군上將軍 최질이 변방에서 공을 세워 여러 번 무관직에 임명되었으나 문관이 되지 못해 언제나 불만이었다. 상장군 김훈, 박성, 이협, 이상, 이섬, 석방현, 최가정, 공문, 임맹 등과 공모하고 영업전을 빼앗긴 것을 구실로 여러 사람의 분노를 격발시켜 여러 위衛의 군인들을 꾀니 군대가 아우성을 치면서 대궐로 달려가 황보유의와 장연우를 결박한 후 죽도록 매질하고 왕의 거처로 가서 왕에게 직접 하소연하기를, "황보유의 등이 우리의 영업전을 강탈한 것은 자신의 이익을 꾀한 것이지 공가公家의 이익을 위한 것이 아닙니다. 이는 발가락을 잘라 신발에 맞추는 격이니 그러면 몸체는 어찌 되겠습니까? 지금 군대들이 분하고 억울함을 참지 못하여 기세가 험악하니 나라를 해롭게 하는 무리를 제거하여 여러 사람의 마음을 풀어주기를 바랍니다!" 하니 왕이 대중의 의사를 무시하기 어려워 황보유의와 장연우를 제명除名주14시키고 귀양 보냈다.

原文 自庚戌用兵以來 增置軍額 由是 百官祿俸不足 兪義與中樞院使張延祐 建議奪京軍永業田 以充祿俸 武官頗懷不平 上將軍崔質 又以邊功累拜武職 而不得爲文官 居常怏怏 遂與上將軍金訓朴成李恊李翔李暹石邦賢崔可貞恭文林猛等 以奪田激衆怒 誘諸衛軍士 鼓譟闌入禁中 縛兪義及延祐 捶撻垂死 詣閤中 面訴云 兪義等占奪我輩田 實謀自利 殊非公家之利 若截趾適屨 奈四體何 諸軍洶洶 不勝憤怨 請除國蠹 用快群情 王重違衆志 除兪義延祐名 流配

_ 『고려사』권94, 열전7, 황보유의

자료 6

제制하기를, "각 위衛의 군인으로서 집이 가난하고 명전名田이 부족한 사람이 매우 많다. 지금 변경 방어가 안정되지 못했는데 그들을 구휼하지 않을 수 없으니 호부에 지시하여 공전公田주15을 더해주게 하라."고 했다.

原文 制 諸衛軍人 家貧而名田不足者 頗衆 今邊境征戍未息 不可不恤 其令戶部 分公田加給

_ 『고려사』권81, 지35, 병兵1, 병제兵制, 오군五軍, 정종靖宗 2년 7월

자료 7

이달에 도적이 서해도西海道[주16]에서 일어남에, 호부원외랑戶部員外郞[주17] 박소를 보내어 주현병을 발동하여 토벌했다.

原文 是月 盜起西海道 遣戶部員外郞朴紹 發州縣兵 討之

_ 『고려사』권19, 세가19, 명종 7년 2월

주16 서해도西海道 : 황해도 지역을 중심으로 한다. 성종 14년 10도를 만들 때 황주黃州·해주 등을 소속시켜 관내도關內道라 했고 뒤에 서해도라 고쳤다. 대도호부 1개, 목 1개, 군 6개, 현 16개, 진 1개가 소속되었다.

주17 호부원외랑戶部員外郞 : 호부 소속의 정6품 관직.

자료 8

(최승로 '시무 28조' 중 제 1조) 우리나라가 삼한三韓을 통일한 이래 47년이 지났는데 병사들이 아직까지 편안한 잠을 자지 못하고 군량을 많이 소비함을 면치 못하는 것은 서북 지방이 오랑캐와 접경되어 경비할 곳이 많기 때문입니다. 성상께서는 이것을 염두에 두시기 바랍니다. 대체로 마헐탄馬歇灘을 국경으로 삼자는 것은 태조의 뜻이요, 압록강 가의 석성石城을 국경으로 삼자는 것은 중국에서 정한 바입니다. 앞으로 두 곳을 전하께서 판단하시어 요해要害로운 곳을 선택하여 국토의 경계로 결정하시기를 바랍니다. 그리고 토인土人 중에서 활을 쏘고 말 달릴 줄 아는 사람들을 선발하여 경비에 종사시키고 또 그들 중에서 2~3명의 편장偏將을 선출하여 통솔시키면 경군들은 교대 경비하는 고생을 면할 수 있으며 사료와 군량을 시급하게 운반하는 비용을 절약할 수 있습니다.

原文 我國家 統三以來 四十七年 士卒未得安枕 糧餉未免糜費者 以西北隣於戎狄 而防戍之所多也 願聖上以此爲念 夫以馬歇灘爲界 太祖之志也 鴨江邊石城爲界 大朝之所定也 乞將此兩處斷於宸衷 擇要害 以定疆域 選土人能射御者 充其防戍 又選其中二三偏將 以統領之 則京軍免更戍之勞 芻粟省飛挽之費矣

_ 『고려사』권93, 열전6, 최승로

자료 9

나라에는 사전私田[주18]이 없다. 백성에게는 인구를 헤아려 농업에 종사하도록 토지가 주어진다. 16세 이상이면 군역에 충당되는데, 6군六軍 3위三衛가 항상 관부官府에 머무른다. 3년에 한 번씩 뽑혀 서북西北[주19]에서 수자리하고 반년 만에 교체된다.

原文 國無私田 民計口授業 十六以上則充軍 六軍三衛常留官府 三歲以選戍西北 半歲而更

_ 『송사宋史』권487, 외국열전246, 고려

주18 사전私田 : 사전은 개인의 소유지라는 뜻으로 사용되고, 개인이 국가로부터 분급받은 수조지라는 의미로도 사용되는데, 여기서는 후자의 의미로 사용된 듯하다.

주19 서북西北 : 북계를 가리키며, 오늘날 평안도 일대.

자료 10

제制하기를, "요사이 모든 위위衛에서 도망하는 군인이 매우 많다고 한다. 이것은 일을 바르게 처리하지 못한 데 원인이 있다. 부강한 자는 세력가에 의탁해 면제되고 빈약한 자만 힘든 일을 부담하는데 먹고 입을 것이 부족하고 조금도 쉬지 못한다. 또 여러 번 은혜를 베푸는 조서를 내려 힘든 일을 덜어주라 했으나 관리들이 공사를 그치지 않으니 근년 이래로 군민軍民이 원망하여 짐이 애휼하지 않는다고 생각한다. … "고 했다.

原文 制曰 近聞 諸衛軍人亡命者 甚多 是由 執事不公 富强者 托勢以免 貧窮者 獨受其勞 衣食 乏絶 而略無休息 雖每降恩詔減省 而有司營作不已 近年以來 軍民頗興怨咨 以爲朕不之恤也 …

_ 『고려사』권81, 지志35, 병지兵志1, 병제兵制, 오군五軍, 문종 25년 6월

자료 11

정당문학政堂文學주20 이인복을 원에 파견했다. … 상서하기를, " … 세조 황제가 일본을 원정할 때 설치한 만호萬戶는 중군·좌군·우군뿐이었습니다. 그 후 증치한 순군巡軍·합포合浦·전라全羅·탐라耽羅·서경西京 등 만호부는 모두 거느리는 군대도 없이 방종되게 금부金符를 차고 선명[宣命, 어명御命]을 과시하며 백성들을 유인하여 망령되어 호계戶計라 칭하면서 주현으로 하여금 감히 차발差發하지 못하게 하니 몹시 불편합니다. 만약 당신이 허락한다면 세조 황제의 구제舊制에 의거하여 일본을 진수하는 3만호를 제외하고 그 나머지 증치한 5만호부와 도진무사都鎮撫司주21는 모두 혁파하기 바랍니다. …"라고 했다.

原文 遣政堂文學李仁復如元 … 上書曰 … 世皇東征日本時 所置萬戶 中軍右軍左軍耳 其後 增置巡軍合浦全羅耽羅西京等萬戶府 並無所領軍 徒佩金符 以夸稱宣命 召誘平民 妄稱戶計 勒令 州縣 不敢差發 深爲未便 如蒙欽依世祖皇帝舊制 除三萬戶鎭守日本外 其餘增置五萬戶府 及都 鎭撫司 乞皆革罷 …

_ 『고려사』권39, 세가世家39, 공민왕 5년 10월

출전

『고려사』

『고려도경高麗圖經』: 송나라 사신 서긍(徐兢, 1091~1153)이 인종 원년(1123)에 고려에 사신으로 왔다가 견문한 것을

그림을 곁들여 엮어낸 사행 보고서. 모두 40권으로 29류로 나뉘며 그 아래 300여 목으로 세분된다. 29류 제하題下에는 내용을 해설하는 서문 형식의 글이 있고, 세목細目에 가서 분제分題를 제시하고 설명을 달았다. 300여 종에 달하는 세목에는 대체로 그림이 있었던 듯하나 그림은 전하지 않는다. 고려 풍습과 사회상, 생활 모습을 이해하는 데 큰 도움을 주는 자료다.

『송사宋史』 : 중국 송나라 역사를 기록한 사서. 원대에 아로도阿魯圖 · 탁극탁托克托 등이 칙명을 받아 펴냈다. 『본기』 47권, 『지』 162권, 『표』 32권, 『열전』 255권으로 모두 496권이다. 원대인 1343년에 시작하여 1345년에 완성하였다. 『24사史』 가운데 권수가 가장 많은데도 짧은 시일 안에 완성할 수 있었던 것은 송대에 펴낸 『제조국사諸朝國史』, 『실록實錄』 등을 참고했기 때문이다. 편찬자의 주관이 별로 들어가 있지 않으며, 남송 말에 관련된 부분은 다른 기본 사료가 적어 사료적 가치가 매우 높다.

■ 찾아읽기

강진철, 「고려초기의 군인전」, 『숙명여자대학교논문집』3, 1963.

이기백, 『고려병제사연구』 일조각, 1968.

육군본부 엮음, 『고려군제사』 1983.

마종락, 「고려시대의 군인과 군인전」, 『백산학보』36, 1990.

오종록, 「고려후기 군사지휘체계」, 『국사관논총』24, 1991.

정용범, 「고려전기 선군제의 운영과 변질」, 『부대사학』17, 1991.

송인주, 「원압제하 고려왕조의 군사조직과 그 성격」, 『역사교육논집』16, 1992.

오영선, 「고려전기 군인층의 구성과 위숙군의 성격」, 『한국사론』28, 서울대학교 국사학과, 1992.

이혜옥, 「고려전기의 군역제」, 『국사관논총』46, 1993.

정경현, 「고려전기의 보승군과 정용군」, 『한국사연구』68, 1993.

권영국, 「고려말 중앙군제의 변화」, 『사학연구』48, 1994.

권영국, 「고려말 지방군제의 변화」, 『한국중세사연구』1, 1994.

권영국, 「원간섭기 고려 군제의 변화」, 『14세기 고려의 정치와 사회』, 민음사, 1994.

이인철, 「고려전기의 군인전」, 『군사』30, 1995.

이재범, 「고려전기의 군사 제도」, 『한국군사사연구』1, 1998.

이진한, 「고려시대 무반직의 지위와 구성」, 『군사』37, 1998.

김종수, 「고려 · 조선초기의 부병」, 『역사교육』69, 1999.

권영국, 「고려전기 군역제의 성격과 운영」, 『국사관논총』87, 1999.

이재범, 「고려전기의 지방군제」, 『한국군사사연구』2, 국방군사연구소, 1999.

김낙진, 「고려시대 견룡군의 설치와 임무」, 『역사학보』165, 2000.

김종수, 「고려시기 부병제의 운영과 그 원칙」, 『역사교육』73, 2000.

윤훈표, 『여말선초군제개혁연구』 혜안, 2000.

권영국, 「고려전기 주현군의 충원과 지휘」, 『사학연구』64, 2001.

홍원기, 『고려전기 군제연구』, 혜안, 2001.

권영국, 「고려전기 중앙군의 성격」, 『한국 전근대사의 중요 쟁점』, 역사비평사, 2002.

김낙진, 「고려초기의 내군과 금군」, 『역사학보』 176, 2002.

홍영의, 「고려말 군제개편안의 기본방향과 성격」, 『군사』 45, 2002.

김낙진, 「고려시대 금군의 조직과 성격」, 『국사관논총』 106, 2005.

이창섭, 「고려전기 수군의 운영」, 『사총』 60, 2005.

권영국, 「고려초 순군부의 설치와 기능의 변화」, 『한국사연구』 135, 2006.

권영국, 「고려초기 병부의 기능과 지위」, 『사학연구』 88, 2007.

송인주, 「고려시대 친위군 연구」, 일조각, 2007.

권영국, 「고려전기 군정·군령기구의 정비」, 『역사와 현실』 73, 2009.

구산우, 「고려 일품군 삼품군에 관한 새로운 자료의 소개와 분석」, 『역사와 경계』 78, 2011.

김보광, 「고려시대 견룡의 운영과 무반관직」, 『역사교육』 117, 2011.

권영국, 「고려초기 장군직의 기능과 성격」, 『숭실사학』 27, 2011.

이기백·김용선, 『고려사 병지 역주』, 일조각, 2011.

임용한, 「고려·조선전기의 부병제」, 『역사문화연구』 40, 한국외국어대, 2011.

최종석, 「고려전기 보승·정용군의 성격과 지방군 구성에 대한 재검토」, 『역사와 담론』 58, 2011.

김종수, 「고려 태조대 6위 설치와 군제 운영」, 『군사』 88, 2013.

6 벼슬길에 오르는 두 가지 방법

과거제와 음서

고려 시기 관료 진출의 주요 통로는 과거와 음서였다. 과거 제도는 시험을 통하여 인재를 선발하는 것이므로 능력에 따른 등용이었다. 반면 음서 제도는 부조父祖의 음덕으로 관직 진출이 가능했기에 세습적인 원리에 기반한다.

과거제의 시행과 절차

과거제가 고려에 처음 도입되어 시행된 것은 광종 9년(958)이었다. 후주後周 출신 쌍기雙冀의 건의에 따라 실시되었는데, 이는 당시 훈신 세력을 억제하고 신진 세력을 등용하고자 하는 정치적 의도가 크게 작용했다. 과거제는 개인에게는 신분 상승의 통로 역할을 했으며 국가적으로는 새로운 지배 계층을 충원하는 기능을 수행했다.

이후 과거 제도는 제도 정비 과정을 거치면서 관인을 배출하는 가장 중요한 통로로 자리 잡았다. 과거 제도가 실시된 처음에는 고시 절차가 비교적 단순하여 국학생이나 지방 출신의 향공鄕貢[자료1]을 막론하고 예비고시 없이 곧바로 본고시에 응시했다. 이후 예비고시라 할 수 있는 국자감시國子監試가 실시되어 중앙의 국자감 학생이나 지방의 향공 등이 모두 거쳐야 했다.[자료2] 국자감시에 합격한 진사進士들은 본고시인 예부시[禮部試, 동당시東堂試]를 거쳐야 급제할 수 있었다. 그리고 예부시 급제자를 대상으로 국왕이 친히 시험하는 복시覆試가 있었는데, 이것은 간헐적으로 시행되었으며 급락及 落과는 관계없이 급제 순위를 결정할 뿐이었다.

이렇게 제도적으로 정비를 본 고려의 과거 제도는 원 간섭기에 그 위상이 동요하고 국자감시의 치폐가 이어졌다. 공민왕 18년(1369)에 원의 제도를 따라 향시鄕試 · 회시 會試 · 전시殿試 제도를 채용하는 큰 변화가 있었다. 이리하여 과거 지망생은 제1단계인 향시를 각자의 본관지 해당 도에 가서 응시해야 했으며, 이어 향시 합격자들은 중앙의 예부에서 주관하는 회시에 응시해야 했다. 회시 합격자는 다시 전시를 치러야 했다. 전시가 강화됨으로써 과거 시험에서 국왕의 영향력이 한층 커졌다. 이런 과거삼층제 科擧三層制는 우왕 2년(1376)에 폐지되었다가 창왕 즉위년(1388)에 부활했다.

과거 시험 과목과 급제자의 진출

과거는 제술업 · 명경업 · 잡업으로 구분되었는데 가장 중시된 것은 유교적 · 문학 적 능력과 소양을 기준으로 선발하는 제술업이었다. 제술업은 예경禮經 · 육경의六經 義 · 사서의四書疑 등의 경학과 시 · 부 · 송 등의 문예, 그리고 시무책 · 책문 · 대책 등 의 시무 등을 시험보았다. 암기력과 문장력, 창의력, 현실 정치에 대한 해결 능력을 두루 갖추어야 제술업에 합격할 수 있었다. 명경과는 『주역周易』 · 『상서尙書』 · 『모시毛 詩』 · 『예기禮記』 · 『춘추春秋』 등 5경을 고시 과목으로 했는데, 이에 합격하기 위해서는 경전에 대한 이해와 암기가 가장 중요했다. 잡과는 전문 분야에 따라 율업[律業, 명법업明 法業] · 산업[算業, 명산업明算業] · 서업[書業, 명서업明書業] · 의업醫業 · 주금업呪噤業 · 복업卜 業 · 지리업地理業 · 하론업何論業 · 삼례업三禮業 · 삼전업三傳業 · 정요업政要業 등 11종류 로 나누어 치렀는데, 각 분야에 대한 전문 소양이 합격의 관건이었다.

과거의 대표격인 제술업과 명경업에는 향리층 가운데서도 일정한 선 이상의 자손 만 응시가 가능했고, 일반 양인과 향 · 부곡인들은 응시할 수 없었다. [자료3] 시험에 앞 서 응시자가 평소에 지은 시詩 · 부賦를 담은 행권行卷과 집안 구성원의 신상을 기록한 가장家狀을 주관 부서인 예부禮部의 공원貢院에 제출하여야 했다. 이는 응시자의 능력이나 집안 배경이 급제 여부나 급제 이후 초직을 받는 데에 꽤 영향을 주었다는 뜻이다. 잡과雜科의 경우는 양인 이상에게 개방되어 있었다고 여겨지지만, 실제로 그들이 사회·경제적 상황을 극복하고 잡과에 응시, 급제하기는 쉽지 않았을 것이다.

제술과는 대략 2년에 한번 시행되었으며 통상 을과 3인, 병과 7인, 동진사 23인 등 모두 33인을 뽑았다. 고려 시기 제술과 급제자는 모두 6,300여 명 정도로 추산된다. 제술과 급제자는 초사직初仕職으로 중앙의 권무 내지는 8·9품에 해당하는 일반직을 제수받기도 했지만 주로

경기도 파주시 진동면 서곡리에 있는 벽화에 그려진 그림으로, 관료를 그린 것으로 추정된다. 그림은 음곽선으로 윤곽을 먼저 잡은 다음, 그 위에 묵선墨線으로 그렸다. 얼굴의 세부와 손에 쥔 홀笏, 소매의 주름 등은 묵선으로 그렸고, 얼굴의 코·입술·관모 등은 묵선으로 그린 다음 붉은 채색을 하였다. 벽화가 그려진 무덤은 공민왕 때 축조된 것으로 추정되며, 무덤의 주인은 고려 후기의 문신인 권준으로 확인되었다.

권무 내지 9품에 해당하는 문한 학관직과 각급 지방 행정 단위의 7·8품직을 보임받았다. 중기 이후에는 급제 후 상당한 기간 동안 대기했다가 초사직을 받는 예가 많아졌다. 명경과 급제자는 제술과에 비해 동정직을 제수받는 비율이 높았을 것 같다. 잡과 급제자들은 대개 하급 관료나 이속직에 취임하는 것이 일반적이었다. 그러나 사로仕路에 진출한 잡과 급제자가 참상직參上職까지 진출하거나 3품 이상에 오르기도 했다. 고위직에 오르는 일은 의학醫學, 복학卜學, 지리학地理學 관원이나 역관譯官의 경우에 두드러졌다.

본고시인 예부시의 책임자는 지공거知貢擧와 동지공거同知貢擧였다. 이들은 제술과의 경우 문제를 출제하고 시험을 감독하며 채점과 과차科次를 정했다. 급제한 문생은 급제가 지공거[좌주座主]의 은혜라고 보아 양자는 특별한 관계를 맺었다. 과거를 통한 좌주와 문생은 공고한 유대를 맺고 학문의 전통을 이어갈 뿐만 아니라 정치 사회적으로 많은 영향을 미쳤다.[자료4] 함께 급제한 사람 역시 동년으로서 엘리트 의식과 동류 의식을 갖고 밀접한 관계를 유지했다. 좌주·문생 및 동년은 상호간에 각종 교유 모임

을 갖고 시문을 주고받으면서 일생 동안 반복적이고 지속적인 관계를 유지했다. 과거를 통한 인간관계망은 고려 사회에서 연줄로서의 영향력이 매우 컸다.

음서제의 운영

음서는 조상의 음덕으로 자손이 관리가 될 수 있는 제도다. 음서제는 목종 때 최초로 시행한 기록이 보이며[자료5] 성종 때 이후 정비되었다. 음서는 규정에 따르면 문무 5품 이상 관리의 자손에 대한 일반적인 음서, 공신 자손에 대한 음서, 그리고 조종의 묘예苗裔에 대한 음서 등 3가지로 나누고 있다. 이 가운데 공신 자손이나 조종의 묘예에 대한 음서는, 그 음서의 성격상 특수한 경우, 즉 국왕의 즉위나 복위, 왕태후와 태자 책봉, 기타 국가적 경사가 있을 때 부정기적으로 시행되었을 것이다.[자료6~8]

문제는 문무 5품 이상 관리의 자손을 대상으로 하여 시행된 음서 즉 문음門蔭이다. 문음은 앞의 두 종류 음서와는 달리 연중 어느 달이나 제수된 것으로 나타나 어느 때나 시행될 수 있는 항례적인 제도였다. 음서의 수혜자는 아들, 수양자, 손자, 사위, 외손자, 조카, 외조카, 동생 등 3촌 이내의 내외 후손 및 방계 친족을 망라했다. 이들은 관인의 집안에서 태어나 어려서부터 관인이 되기 위한 소양을 교육받아 관인으로서의 자질을 갖출 수 있었다.

음서를 통해 관직에 나아갈 수 있는 연령은 18세 이상으로 규정되어 있었지만, 이 규정은 거의 지켜지지 않아 최저 5세에 음직을 받기도 했다. 처음부터 음서를 통해 관리가 되는 경우도 있었지만, 과거에 여러 차례 응시한 뒤에 음직에 나아가는 경우도 상당수 있었다.[자료9]

음직으로 처음 제수된 관직은 실직이 아닌 산직散職인 동정직同正職이었으며, 관품은 정8품과 정9품의 품관 동정직과 이속동정직이었다. 부음父蔭을 받는 경우에는 주로 품관직을 받았지만, 부음 이외의 음서를 받을 때에는 대체로 이속직을 받는 것으로 나타나고 있다.[자료10] 음서로 받는 관직은 음서의 혜택을 주는 조상의 관직이 높을수록, 또 혈연적으로 가까울수록 더 높았다. 그러나 음서 출신은 한림원과 같은 문한관서에 임명되지 못하는 한계가 있었다.

관리들은 5품 이상의 직위를 가짐으로써 자손에게 음서 혜택을 줄 수 있었지만 2품 이상 고위 관리가 된 이후에 탁음자托蔭者가 되는 현상이 두드러지며, 사망한 뒤에 탁음자가 된 관리도 상당수 보인다. 결국 음서는 자격을 갖추었다고 하여 모두가 강제적이고 의무적으로 택해야 하는 입사로가 아니라 탁음자 또는 수음자가 필요할 때 비교적 자유롭게 선택할 수 있는 입사로였다고 추정된다.

공신의 자손은 동일 탁음자에 의해 여러 차례에 걸쳐 음서를 받을 수 있었지만, 문음의 경우는 통상 한 사람에게만 음직을 수여할 수 있었다. 그러나 재음再蔭 삼음三蔭의 사례도 나타나고 있어, 여러 명이 음서를 받는 것도 드물지 않았던 것 같다.

음서는 일정한 자격만 갖추면 누구나 혜택을 받을 수 있어 문벌 귀족 계층에게 유리한 입사로가 된 것은 틀림없다. 그리고 음서를 통해 조기에 관리로 진출할 수 있었으며, 그들은 한품의 제한 없이 누구나 고위 관리로 승진할 수 있었다. 음서를 통해 현직 관리가 되면 과거의 최종 고시인 예부시에 곧바로 응시할 수 있었다. 실제로 음서 출신의 인물 가운데 41.9%나 되는 인물들이 과거에 다시 급제했다. 당시 사람들이 과거 급제를 선호했으며[자료11·12] 관리 생활을 하는 데도 유리했음을 알 수 있다.

과거와 음서, 두 제도는 원리상 충돌하는 것이었지만 서로 보완하면서 고려의 관인을 배출하는 통로가 되었다. 그러나 역시 당시 관인에게 가장 중요하고 선호되던 것은 과거였다. 관인이 되고자 하는 자는 누구나 과거에 급제하고자 했다. 과거를 통해 새로운 관인이 끊임없이 공급됨으로써 고려 관료 사회는 정체되지 않고 활기를 유지했고, 그것이 왕조를 오래 지속시키는 하나의 원동력이 되었다.

자료1

주1 정丁 : 국가에 조세·공물·역역 등 각종의 국역을 부담하는 양인 남자로 이해하는 것이 보통이나, 족정을 의미할 가능성도 배제할 수 없다.

주2 세공歲貢 : 여기서는 해마다 뽑아 올리는 향공을 가리킨다.

주3 계수관 : 일반 군현보다 상급의 경京·도호부都護府·목牧의 수령 내지 그들이 관할하는 행정 구획.

주4 궤机 : 문제라고 추정되나 정확한 것은 알 수 없다.

판判하기를, "각 주현은 1,000정丁주1 이상일 경우 3인을 세공歲貢주2하고, 500정 이상은 2인, (그) 이하는 1인으로 하되, 계수관주3으로 하여금 시선試選케 하는데 제술업은 5언6운시五言六韻詩 1수首로 시험하고 명경업은 오경五經 각 1궤机주4씩을 시험하여 예에 의거해 서울로 보낸다. 그러면 국자감에서 다시 시험을 보아 입격자入格者는 과거를 보게 하고 나머지는 모두 뜻에 따라 본처本處로 돌아가 학습하게 하되, 만약 계수관이 합당하지 못한 사람을 공거했을 때에는 국자감이 고핵考覈하여 죄를 주도록 한다."고 했다.

原文 判 諸州縣千丁以上 歲貢三人 五百丁以上 二人 以下 一人 令界首官試選 製述業 則試以五言六韻詩一首 明經則試五經各一机 依例送京 國子監更試 入格者 許赴擧 餘並任還本處學習 如界首官貢非其人 國子監考覈科罪

__ 『고려사』권73, 지27, 선거1, 과목1, 현종 15년 12월

자료2

주5 오역五逆 : 불가佛家의 말로, 지옥에 갈 원인이 되는 5가지 악행. 곧 아버지를 죽이는 것, 어머니를 죽이는 것, 아라한阿羅漢을 죽이는 것, 중의 화합을 깨뜨리는 것, 불신佛身을 상하게 하는 것 등이다.

주6 악공樂工 : 음악에 관한 일을 맡은 천인 출신의 사람.

주7 잡류雜類 : 각 관아의 말단 이속吏屬. 이들은 일정한 사로仕路를 갖고 있었는데, 이것이 잡로雜路다.

주8 9재九齋 : 최충이 송악산 아래 자하동에 세운 학당.

주9 신돈辛旽 : 공민왕 14년(1365)부터의 개혁에 주도적으로 참여한 인물. 최영 등 무장 세력을 비롯한 많은 권문세족을 물리쳤으며, 전민변정도감을 설치하여 사회 경제적 개혁을 단행하여 상당한 호응을 얻었으나 반역 혐의로 수원에 유배되었다가 공민왕 20년에 처형당했다.

국자감 시험. 이는 진사 시험인데 덕종이 처음 실시하고 부賦와 6운시韻詩 및 10운시를 시험쳤으며 그 후에는 이를 성균시 또는 남성시南省試라고도 했다. 문종 25년(1071)에는 6운시와 10운시만 시험쳤으며 의종 2년(1148)에는 부와 10운시만 시험쳤다.

原文 國子監試 卽進士試 德宗始置 試以賦及六韻十韻詩 厥後或稱成均試 或稱南省試 文宗二十五年 只試六韻十韻詩 毅宗二年 試以賦及十韻詩

__ 『고려사』권74, 지28, 선거2, 국자감시

자료3

판判하기를, "오역五逆주5 오천五賤 불충不忠 불효不孝 향鄕 부곡部曲 악공樂工주6 잡류雜類주7의 자손은 과거에 나가는 것을 허락하지 않는다."고 했다.

原文 判 五逆五賤不忠不孝鄕部曲樂工雜類子孫 勿許赴擧

__ 『고려사』권73, 지27, 선거1, 과목1, 정종靖宗 11년 4월

자료4

9재九齋주8에 행차하여 이첨 등 7인에게 급제及第를 사여했다. 처음에 왕이 신돈주9을 총

애함에 … (신돈이) 왕에게 이르기를, "유자儒者의 좌주座主^{주10}와 문생門生^{주11}이 중외에 포열布列하여 서로 간알干謁하여 하고자 하는 바를 마음대로 한다. 이제현^{주12}과 같은 이는 문생의 문하에 문생을 보니 마침내 나라에 가득한 도적이 되었으니 유자가 해됨이 이와 같도다. … "했다.

原文 幸九齋 賜李詹等七人及第 初 王之寵辛旽也 … 乃謂王曰 儒者 稱座主門生 布列中外 互相干謁 恣其所欲 如李齊賢 門生門下見門生 遂爲滿國之盜 儒者之有害如此 …

__ 『고려사절요』권28, 공민왕 17년 4월

자료5

목종이 즉위하여 교하기를, "문무 5품 이상 (관리의) 자에게는 음직을 수여하라."고 했다.

原文 穆宗卽位 教 文武五品以上子 授蔭職

__ 『고려사』권75, 지29, 선거3, 전주, 음서蔭敍

자료6

숙종이 즉위하여 조詔하기를, "태조의 묘예苗裔로 군적軍籍에 있는 자는 면제해주고 무직자無職者는 입사入仕를 허한다."고 했다.

原文 肅宗卽位 詔 太祖苗裔在軍籍者免 無職者 許入仕

__ 『고려사』권75, 지29, 선거3, 전주, 범서조종묘예凡敍祖宗苗裔

자료7

(문종 6년 10월) 제制하기를, "배현경裴玄慶 등 6공신[六功臣, 배현경·신숭겸·복지겸·홍유·김락·김철]은 우리 태조를 도와 처음 건국 사업을 시작했다 해서 그 공덕을 종과 솥에 새겼으니 그 후손은 증손·현손에 이르기까지 남녀 중과 벼슬 없는 자에게는 첫 벼슬을 주며 벼슬 있는 자에게는 등급을 높여준다."고 했다. 37년 윤6월에 판判하기를, "삼한공신三韓功臣^{주13}의 음덕을 계승한 자라면 비록 공신 직첩을 잃었을지라도 그가 확실히 공신의 자손이면 첫 벼슬을 허락한다."고 했다.

原文 制 裴玄慶等 六功臣 佐我太祖 肇開大業 功德勒于鍾鼎 其後嗣至于曾玄男女僧尼無官者 授初職 有官者 增級 三十七年 閏六月 判 三韓功臣 承蔭者 其功臣職牒 雖或遺失 的是

주10 좌주座主 : 과거를 주관한 지공거.

주11 문생門生 : 과거에 급제한 이.

주12 이제현 : 고려 말 성리학을 수용 전파하는 데 중요한 몫을 담당한 성리학자. 원의 만권당에서 한족漢族 출신의 일류 문사들과 교류했으며 성리학을 고려에 본격적으로 알리는 데 크게 이바지했다. 그의 문하에서 이곡, 이색이 나온다.

주13 삼한공신三韓功臣 : 고려 태조 때 후삼국 통일에 공이 있는 사람에게 준 공신호. 제정된 시기는 936∼940년 사이로 보이며, 수는 대략 3,200명 정도로 추산된다. 이 공신에 책봉된 사람들은 후삼국 통일 전쟁에 직접 참여한 태조의 막료뿐만 아니라, 태조에게 협력한 각 지방의 대소 호족까지 포함되어 있었을 것이다. 이들에게는 직첩職牒이 내려지고 이를 전승하게 함으로써 그 후손들은 문음門蔭의 특전을 수시로 받게 되었다.

功臣子孫 許初入仕

_ 『고려사』권75, 지29, 선거3, 범서공신자손凡敍功臣子孫

주14 하공진(河拱辰, ?~1011) : 현종 원년 거란 침입 시 거란군과의 교섭을 맡아 그들을 철수시키는 데 공을 세웠다. 이후 거란에 볼모로 잡혀 거란 왕의 신임을 받았으나 탈출을 시도했으나 실패했다. 거란 왕이 온갖 악형과 회유로 신하가 될 것을 요구했으나 완강히 거절해 죽음을 당했다.

주15 사마시司馬試 : 예비 시험인 국자감시.

주16 치사致仕 : 벼슬에서 물러남.

주17 직자直子 : 낳아서 기른 자식.

주18 군기주부동정軍器主簿同正 : 군기주부의 동정직이다. 군기주부는 군기감 소속의 정8품 관직.

주19 수양자收養子 : 남의 자식을 맡아 자신의 자식으로 만든 아들.

주20 양온령良醞令동정 : 양온령의 동정직. 양온령은 양온서 소속의 정8품 관직.

주21 영사令史동정 : 영사의 동정직. 영사는 중서문하성 · 상서도성 · 삼사 · 중추원 · 상서6부 · 비서성 · 전중성 · 예빈성 등에 속한 이속吏屬의 하나.

주22 양온승良醞丞동정 : 양온승의 동정직. 양온승은 양온서 소속의 정9품 관직.

주23 좌우복야 :좌복야와 우복야를 가리키며, 정2품 관직.

주24 육상서 : 상서 6부의 각 부 장관으로 정3품 관직.

주25 주사主事동정 : 주사의 동정직.

자료8

숙종이 즉위하여 조詔하기를, "태조 시대의 공신 및 삼한 공신의 친손, 외손으로서 관직이 없는 자에게는 1호 1명의 벼슬을 허락하고 현종 시대의 공신 하공진河拱辰주14과 장군 송국화宋國華와 경술년(현종 1년, 1010)에 거란에 가서 억류된 사신과 부사副使에게는 그들의 자손 1명에게 벼슬을 준다."고 했다.

原文 肅宗卽位 詔 太祖代 及三韓功臣內外孫 無職者 戶許一人入仕 顯廟功臣河拱辰 將軍宋國華 及庚戌年如契丹見留使副 許其子孫一人 入仕

_ 『고려사』권75, 지29, 선거3, 범서공신자손

자료9

(윤승해는) 어려서 열심히 공부했다. 18세에 사마시司馬試주15에 일등으로 합격했으나 과거에 두 번이나 응시하여도 합격하지 못하자 문음門蔭으로 관리가 되었다.

原文 少力學 年十八 中司馬試一科 再擧春官不捷 以門蔭從仕

_ 『동국이상국집전집東國李相國全集』권35, 윤공 묘지명

자료10

판判하기를, "치사致仕주16 및 현임재신見任宰臣 직자直子주17는 군기주부동정軍器主簿同正주18, 동 수양자收養子주19와 내외손內外孫 · 생甥 · 질姪은 양온령良醞令동정주20으로, 전대재신前代宰臣 직자는 양온령동정, 동 내외손은 영사令史동정주21으로, 추밀원 직자는 양온령동정, 동 수양자와 내외손 · 생 · 질은 양온승良醞丞동정주22으로, 좌우복야주23와 육상서주24 이하 문무 정3품 직자는 양온령동정, 동 수양자와 내외손 · 생 · 질은 주사主事동정주25으로, 종3품 직자는 양온령동정, 동 수양자와 내외손 · 생 · 질은 영사동정으로, 정 · 종4품 직자는 양온승동정으로, 정 · 종5품 직자는 주사동정으로 한다." 했다.

原文 判 致仕見任宰臣直子 軍器注簿同正 收養子及內外孫甥姪 良醞令同正 前代宰臣直子 良醞令同正 內外孫 令史同正 樞密院直子 良醞令同正 收養子及內外孫甥姪 良醞丞同正 左右

僕射六尙書以下 文武正三品直子 良醞令同正 收養子及內外孫甥姪 主事同正 從三品直子 良醞

令同正 收養子及內外孫甥姪 令史同正 正從四品直子 良醞丞同正 正從五品直子 主事同正

_「고려사」권75, 지29, 선거3, 전주, 음서, 인종 12년 6월

자료 11

(최정崔精은) 무자년(예종 3년)에 외고조부인 삼한공신 대상大相^{주26} 김칠의 음덕으로

처음 서리胥吏가 되고 또 현과賢科^{주27}에 합격하여 용강현위龍崗縣尉^{주28} 연해감선사沿海

監船使로 출보出補되었다.

原文 歲在戊子 以外高祖父三韓功臣大相金柒蔭 始爲胥史 又中賢科 出補龍崗縣尉沿海監

船使

_「한국금석문추보韓國金石文追補」, 최정묘지명崔精墓誌銘

주26 대상大相 : 향직으로 4품에
해당한다.

주27 현과賢科 : 과거의 본고시. 즉
예부시로 보인다.

주28 용강현龍崗縣 : 평안남도 남
서부에 위치하고 있다.

자료 12

"삼가 생각건대 신[최종번崔宗蕃]은 … 일찍이 과거에 뜻을 두었으나 논리정연하게 글

쓰는 능력이 없고 문서를 다루는 데도 익숙지 못했습니다. 우연히 문음門蔭으로 인연

하여 '이吏'의 이름을 얻게 되었으나 유학儒學으로 말미암지 않고 입신한다면 장차 무

슨 면목으로 벼슬하겠습니까. 더구나 조상들은 모두 이 길을 따라 자취를 드러냈는데

자손으로서 다른 길로 출신할 수 있겠습니까."

原文 伏念臣 … 早有志於科名 無礫鼠之能 素未便於刀筆 偶緣門蔭 一被吏名 若不由儒學

而立身 亦將何面目而從仕 況祖先皆從此途而顯迹 在子孫可將他路以干時

_「동국이상국집전집」권29, 최종번걸부동당표崔宗蕃乞赴東堂表

출전

「고려사」

「고려사절요」

「동국이상국집東國李相國集」 : 이규보(李奎報, 1168~1241)의 문집. 전집全集 41권, 후집 12권으로 모두 53권이다. 이

규보의 아들 함涵이 고종 28년(1241)에 펴냈으며, 그 뒤 대장경을 판각한 뒤(1251) 고종의 칙명을 받들어 이익배李益

培가 고쳐 펴냈다. 조선에서도 임란 전과 후에도 몇 번 펴냈는데, 오늘날 완전히 전하는 판본은 영정英正 시대 복각

본인 듯하다.

「한국금석문추보韓國金石文追補」 : 이난영이 1968년에 간행한 금석문 자료집이다. 「조선금석총람」 발간 이후에 발

굴한 금석문 자료를 모았으며, 시대는 고려까지로 한정했다.

찾아읽기

남인국, 「고려 문음 제도의 몇가지 문제」, 『역사교육논집』6, 1984.

유호석, 「고려시대의 국자감시에 대한 재검토」, 『역사학보』103, 1984.

김의규 엮음, 『고려사회의 귀족제설과 관료제론』, 지식산업사, 1985.

최혜숙, 「고려시대 지공거에 대한 연구」, 『최영희화갑기념 한국사학논총』, 탐구당, 1987.

박용운, 『고려시대 음서제와 과거제 연구』, 일지사, 1990.

이중효, 「고려시대의 국자감시」, 『전남사학』4, 1990.

김용선, 『고려음서제도연구』, 일조각, 1991.

유호석, 「무인 집권기 과거제의 운영과 천거제」, 『전북사학』4, 1991.

김용선, 「음서제」, 『한국사』13, 1993.

박용운, 「과거제」, 『한국사』13, 1993.

이성무, 『한국의 과거제도』, 집문당, 1994.

송춘영, 『고려시대잡학교육연구』, 형설출판사, 1998.

정구선, 「고려시대의 천거제」, 『국사관논총』98, 2002.

이미숙, 「고려시대 율·서·산관 – 직제와 사회적 지위를 중심으로」, 『상명사학』8·9합집, 2003.

허흥식, 『고려의 과거제도』, 일조각, 2005.

이진한, 「중앙정치제와 관리 등용 방식」, 『고려시대사의 길잡이』, 일지사, 2007.

채웅석, 「고려시대 과거를 통한 인간관계망 형성과 확장」, 『사회적 네트워크』, 태학사, 2009.

박용운, 「고려시기 과거에서의 행권行卷과 가장家狀」, 『한국사연구』148, 2010.

이강한, 「고려 충숙왕대 과거제 정비의 내용과 의미」, 『대동문화연구』71, 2010.

박용운, 『고려사 선거지 역주』, 경인문화사, 2012.

7 지배층의 갈등, 고려를 흔들다
이자겸의 난과 묘청의 난

12세기에 들어서자 고려 사회는 여러 방면에서 동요하는 모습이 나타났다. 지방에서는 군현제 아래 속현과 향·부곡·소의 민이 유망하는 일이 많았으며, 중앙에서는 지배 계층 사이에 정치 권력을 둘러싼 갈등이 폭발하여 이자겸의 난과 묘청의 난이 발발했다.

문벌 귀족 가문의 형성

고려 사회가 안정되면서 최고급 지배층인 문벌 귀족이 형성되기 시작했다. 그들은 여러 대에 걸쳐 중앙 관직에 진출했고 경제적으로 윤택했으며 서로 혼인망을 통해 촘촘히 연결되었다. 경원 이씨[인주 이씨]·경주 김씨·파평 윤씨·철원 최씨·해주 최씨·남평 문씨·강릉 김씨·평산 박씨 등은 대표적인 문벌 귀족 가문이었다. 이들 귀족 가문은 서로 깊은 유대를 맺고 있기 때문에 정치 사건으로 일시 타격을 입더라도 쉽게 회복할 수 있었다.

문벌 귀족 가운데 인주 이씨는 문종부터 인종까지 80여 년 동안 5명의 왕에게 9명의 왕비를 들여 외척으로서 당대 최고 가문으로 득세했다. [자료1] 나아가 왕위 계승에도 영향력을 행사하여 정치 권력을 독점하려 함으로써 왕실 및 다른 귀족들과 충돌이 잦았다. 예를 들어 계림공 희[숙종]와 갈등을 빚었던 인주 이씨 가문의 이자의는 숙종 세력에 의해 제거되었다.

문벌 귀족 가문이 득세하면서 국왕의 권위가 흔들리자 예종은 왕권을 강화하려고 노력하였다. 사학을 누르고 관학을 부흥시키기 위해 국학에 7종의 전문 강좌인 7재齋를 설치했으며, 양현고養賢庫를 세워 학비를 보조했고 청연각淸燕閣을 세워 경서經書를 강론하게 했다. 그리고 신진 세력을 대거 등용함으로써 왕권을 어느 정도 안정시켜 인주 이씨를 비롯한 문벌 귀족 세력이 상대적으로 약해졌다. 그러나 예종이 이자겸의 딸을 왕비로 맞이한 데서 알 수 있듯이 인주 이씨 가문의 세력은 만만치 않았다.

이자겸의 난

인종이 즉위하면서 인주 이씨의 세력은 크게 신장되었다. 인주 이씨는 인종의 외척 가문으로서 인종을 옹립하는 데 큰 공을 세웠다.[자료2] 인종이 즉위한 해(1122) 12월에 이자겸 일당은 예종 때 등용한 인사들을 제거했다. 예종의 동생인 대방공帶方公 보備를 위시하여 한안인韓安仁 · 문공미文公美 · 이영李永 · 정극영鄭克永 등 50여 명을 살해 또는 유배했다. 이들은 대개 지방 토착 세력으로서 예종 때 등용된 정계의 신진 인사들이었다. 특히 한안인은 간관직을 바탕으로 이자겸 세력의 부패상을 공격함으로써 서로 대립했다.

이자겸은 이후 인종 정권에서 최고의 권좌에 올라 권력을 휘둘렀다. 국왕은 이자겸을 각별히 대우하여 숭덕부崇德府를 설치했고 전지田地와 의대衣帶를 내려주었다. 문벌 귀족 가문 가운데 이처럼 이자겸의 인주 이씨 가문이 독주하자 다른 문벌 귀족들이 이를 견제하려고 했다.[자료3] 한편 여진은 예종 10년(1115)에 금을 건국하고 인종 3년(1125)에 요를 멸망시켰으며 그해에 고려에 대해 군신 관계로 사대할 것을 요구했는데, 당시 문벌 귀족 출신의 고위 관인들은 분개했지만 결국 받아들였다.

이런 상황에서 인종 4년 왕권 수호를 표방하는 하급 관료와 무장의 주도로 이자겸 일당을 제거하려는 시도가 일어났다. 내시지후內侍祗候 김찬金粲, 내시녹사內侍錄事 안보린安甫麟, 동지추밀원사同知樞密院事 지녹연知祿延 등의 사주를 받은 상장군 최탁崔卓 · 오탁吳卓 등이 군사를 이끌고 궁궐에 들어가 이자겸의 세력인 병부상서 척준신拓俊臣, 내시 척순拓純, 지후祗候 김정분金鼎芬, 녹사錄事 전기상田其上 · 최영崔英 등의 무리를 죽였다. 이에 이자겸 일파인 척준경과 이자겸의 아들인 현화사승玄化寺僧 의장義莊이 무장하여 이들을 공격하고 궁궐에 불을 지르기까지 했다. 이리하여 이자겸 일당을 제거하려는 기도는 실패로 돌아가고 참여했던 인물들은 죽음을 당하거나 먼 지방으로 유배되었으며, 그들의 가족이나 재물은 모두 몰수되었다. 이때 왕은 해를 당할까 두려워 글을 지어 이자겸에게 선위禪位할 것을 청하기까지 했다.[자료4]

이후 이자겸의 지위는 크게 높아져갔다. 왕의 의중을 헤아린 내의군기소감內醫軍器少監 최사전崔思全이 척준경을 이자겸으로부터 떼어놓는 데 성공하여 이자겸을 사로잡아 유배 보냈다. 다음해인 인종 5년 3월에는 척준경마저 암타도로 유배 보내어[자료5] 인주이씨 세력은 몰락했다.

이자겸의 난을 거친 뒤 중앙 정계에서 새로운 변화가 없이 여전히 문벌 귀족이 권력을 독점하고 있었다. 특히 김부일金富佾 · 김부식으로 대표되는 경주 김씨가 실권을 장악하고 있었다. 새로운 인물, 하급 지배층 출신이 활발하게 진출하기는 여전히 쉽지 않았다.

묘청의 난

이자겸의 난 후 인종 5년 3월 '유신지교維新之敎'란 표현으로 15조의 조서를 서경에서 반포하여 국왕의 권위를 새롭게 회복하고 정치를 쇄신하고자 했다. 여기에 묘청을 중심으로 하는 서경파 세력이 적극 지원했다. 서경 천도를 주장한 인물 가운데는 서경과 무관한 과거 합격자 출신의 중앙 관리, 무신, 승려가 많았다.

이자겸의 난으로 민심이 흉흉해진 상황에서 서경 출신의 승려인 묘청 등이 서경으로 천도하면 국가의 중흥을 이룰 수 있다는 풍수도참설風水圖讖說을 유포하여 서경 천도를 성사시키고 이를 계기로 정권을 장악하려 했다. 묘청 등은 개경은 지덕地德이 다

고려 현종 때 상서좌복야尙書左僕射를 지낸 인주이씨의 시조 이허겸李許謙의 묘 앞에 세운 재실(원인재). 이허겸은 이자연의 조부이고 이자겸의 고조부이다.

했고 서경은 지덕이 왕성하므로 이곳으로 천도하면 천하를 아우를 수 있을 것이라고 주장했다. 또한 여진족이 세운 금나라와 사대 관계를 맺은 사실을 비판하고 금을 정벌할 것과 칭제건원[稱帝建元, 국왕을 황제라 부르고 독자적인 연호를 사용할 것]을 주장했다. 묘청의 서경천도론에 대해 당시 문벌 귀족에 제어당하는 인종은 처음에는 호의를 보여 서경에 궁궐을 세우도록 했으며 직접 행차하기도 했다. 그리고 개경 내에서도 묘청 등의 견해에 동조하는 세력이 확대되어 갔다. 근신近臣인 홍이서洪彝叙·이중부李仲孚, 대신大臣인 문공인文公仁·임경청林景淸 등이 동조했다. 국자감 학생 일부도 지지하는 상소를 올렸다.

본래 서경은 고구려의 수도로 태조 때부터 중시하였으며 개경과 유사한 기구를 설치해 운영했다. 북진 정책의 보루이고 고구려 계승을 표방하는 상징적인 지역이었다. 역대 국왕이 자주 행차했으며 때로는 천도하려는 시도가 있었다.

서경 천도는 개경을 중심으로 자신의 기반을 마련하고 있던 문벌 귀족들의 반대에 부딪치고 국왕도 점차 천도에 대해 소극적으로 변해감으로써 결국 실행되지 못했다. 이에 묘청은 인종 13년(1135) 정월 분사시랑分司侍郎 조광趙匡, 병부상서兵部尙書 유감柳旵, 사재소경司宰少卿 조창언趙昌言 등과 함께 나라 이름을 대위大爲, 연호年號를 천개天開라 하고 스스로를 천견충의군天遣忠義軍이라 칭하며 서경에서 반란을 일으켰다. 묘청의 난에는 서북 지방 농민들도 다수 가담했다. 이들은 신속하게 황해도 북쪽의 절령[자비령]을 차단하여 반역 사실이 중앙에 알려지기 전에 군대를 정비하여 바로 개경으로 진격하려 했다. 김부식 등은 이들을 토벌하러 가기에 앞서 천도파에 가담했던 인사로 개경에 있던 정지상鄭知常 · 김안金安 · 백수한白壽翰 · 최봉심崔逢深 · 음중인陰中寅 · 이순무李純武 · 오원수吳元帥 등을 처형했다.

묘청은 반란 직후 조광趙匡에 의해 제거되었으며 이후 항쟁은 조광이 주도했는데, 결국 이들은 김부식이 이끄는 정부군의 공격으로 1년 만에 진압되었다.[자료3 · 6] 묘청의 난은 왕권 자체에 대한 도전보다는 중앙의 문벌 귀족을 타도하는 것이 주 목적이었던 것 같다. 묘청의 난이 실패로 돌아가자 서경에서 운영하던 독립된 정부 형태의 분사 제도가 크게 변모하였으며 서경의 정치 · 경제적 위상도 현저하게 하락했다. 서경의 격하는 서경의 민인이 개경의 중앙 정부에 큰 불만을 품게 만들었다.

이자겸의 난이나 묘청의 난은 모두 소수 문벌 귀족들의 독주와 왕권 약화를 배경으로 일어난 것이었다. 다만 전자에서는 특정 문벌 귀족과 국왕의 대립, 또한 문벌 귀족 간의 대립이 강하게 표출되었으며, 후자는 개경의 문벌 귀족과 서경 출신 관료의 대립에서 발생했다. 특히 후자에는 서경 출신 관료만이 아니라 지역의 농민과 승려도 참여하고 있음이 주목된다. 이런 난을 겪으면서도 문벌 귀족 중심의 사회 체제에 대한 적극적인 개혁은 없었다. 지배층의 분열과 갈등은 결국 문벌 귀족 사회를 부정하는 무신란을 맞게 된다.

자료1 인주 이씨 가계도

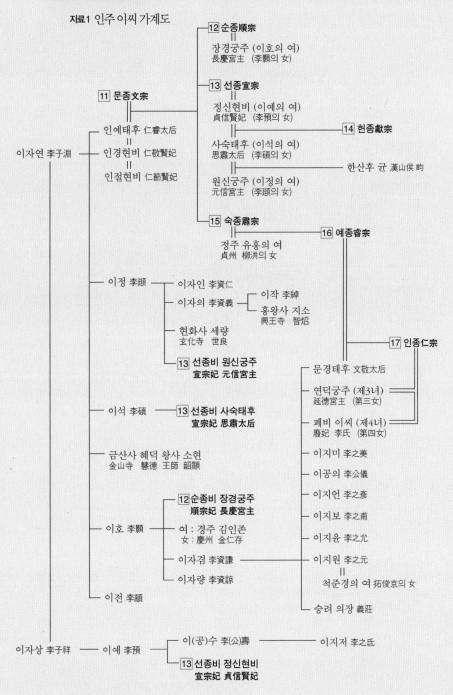

박용운, 『고려시대사(수정·증보판)』, 일지사, 2008, 79쪽.

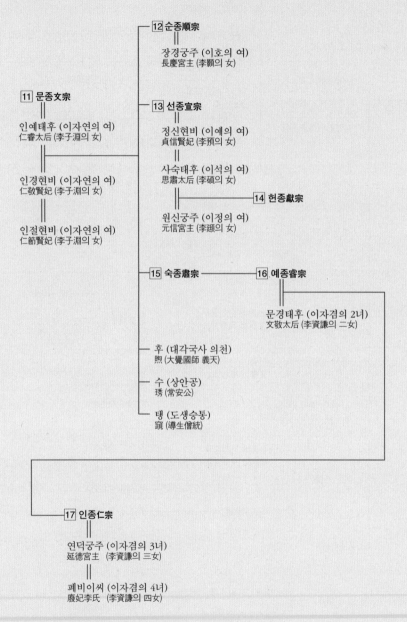

김상기, 『고려시대사』, 서울대학교 출판부, 1985, 286쪽.

주1 분황焚黃 : 관직이 추증될 때 그 자손이 추증되는 이의 무덤 앞에 나아가 알리는 의식. 알린 뒤에 임명장을 불사른다.

주2 교방敎坊 : 춤과 노래를 가르치는 기관.

주3 평장사 : 문하부의 정2품 관직.

주4 시랑 : 상서6부의 정4품 관직.

주5 어사대부 : 어사대의 정3품 관직.

주6 호부상서 : 호부의 정3품 관직인데, 타관他官이 겸직한다.

주7 한림학사승지 : 한림원 소속의 정3품 관직.

주8 수사공 : 삼공(三公, 태위太尉, 사공司空, 사도司徒)의 하나인 사공에 수守를 넣어 계를 낮춘 것

주9 이부상서 : 이부의 정3품 관직으로 타관이 겸직한다.

주10 지어사대사 : 어사대 소속의 관원으로, 문종 때 규정에 따르면 종4품.

주11 양부 : 중서문하성과 추밀원.

왕이 이자겸의 죽은 조부와 부친에게 벼슬을 추증할 때, 박승중이 이자겸에게 아첨하기 위하여 분황焚黃주1하는 날에 교방敎坊주2의 악대를 보내주자고 제의하니 김부식이 주장하기를, "종묘에서 음악을 연주하는 것은 생시와 같이 하기 위한 것이다. 만약 분묘에 대할 때는 흰옷을 입고 행사하며 울기까지 하는데 어찌 음악을 사용하겠는가?"라고 했다. 박승중은 또 이자겸의 생일을 인수절仁壽節이라고 부르자고 제의했는데 김부식은 반대하기를, "생일을 절節이라고 부른 실례는 예로부터 없었는데 당나라 현종 때부터 처음으로 황제의 생일을 천추절千秋節이라고 불렀으나 신하의 생일을 절이라고 불렀다는 말을 듣지 못했다."고 하니, 평장사주3 김약온이 "시랑주4 김부식의 말이 옳다."고 했다.

김부식은 인종 4년(1126)에 어사대부주5로 임명되고 호부상서주6 한림학사승지주7를 거쳐 평장사로 승진하였으며 수사공주8을 더하였다. 인종 12년에 왕이 묘청의 말을 듣고 서경으로 가서 재난을 피하고자 하니 김부식이 아뢰기를, "금년 여름에 서경 대화궁에 30여 개소나 번개가 떨어졌으니 그곳이 길한 땅이라면 하늘이 반드시 이렇게 할 리가 없을 터인데 그런 곳으로 재난을 피하러 간다는 것은 잘못이 아닙니까? 하물며 서경 지방은 추수가 아직 끝나지 않았는데 만일 거둥하신다면 반드시 농작물을 짓밟을 것이니 이것은 백성을 사랑하고 물건을 아끼는 뜻이 아닙니다."라고 했다. 그리고 또 간관諫官들과 함께 상소하여 강력히 간언했더니 왕이 대답하기를, "그대의 말이 지당하므로 내가 서경으로 가는 것은 그만두겠다."고 했다.

인종 13년(1135) 정월에 묘청이 조광, 유감 등과 함께 서경을 근거해 반역하니 왕이 김부식을 원수로 삼아 중군을 통솔하게 하고 김정순, 정정숙, 노영거, 임영, 윤언이, 이진, 고당유, 유영 등으로 그를 보좌하게 하고 이부상서주9 김부의로 좌군左軍을 통솔하게 하고, 김단, 이유, 이유개, 윤언민으로 그를 보좌하게 하고 지어사대사주10 이주연으로 우군을 거느리게 하고 진숙, 양우충, 진경보, 왕수에게 그를 보좌하게 했다. 서경 사람들은 왕의 명령을 위조하여 양계兩界 지방에서 병졸을 급하게 징발하였으므로 왕이 진숙, 이주연, 진경보, 왕수 등에게 우군에서 2,000명을 떼어서 통솔하고 동쪽 길로 떠나가면서 여러 성에 들러 선무하는 한편 적의 도당을 수색하도록 했으며 김부의에게는 좌군을 인솔하고 먼저 서경으로 가라고 명했다. 왕이 양부주11 대신을

불러 장차 출병할 것을 문의하니 김부식이 여러 대신들과 의논하기를, "서경의 반란에 정지상, 김안, 백수한 등이 공모했으므로 우선 이 자들을 제거하지 않으면 서경을 평정할 수 없다."고 하니 여러 대신들도 깊이 찬동했다. 그래서 정지상 등 세 사람을 부르니 이들이 왔다. 김정순에게 비밀히 지시하여 용사勇士들을 시켜 세 사람을 끌어내 궁문 밖에서 사형에 처한 후에 왕에게 보고했다.

原文 王追封資謙祖考 昇中欲媚資謙 請焚黃日賜教坊樂 富軾以爲 宗廟用樂 象平生 若墳墓則以素服從事 至於涕泣 豈可用樂 昇中 又欲號資謙生日 爲仁壽節 富軾言 生日稱節 自古所無 唐玄宗時 始稱皇帝生日 爲千秋節 未聞 人臣有稱節者 平章事金若溫曰 侍郎議善 四年 拜御史大夫 歷戶部尙書 翰林學士承旨 進平章事 加守司空 十二年 王以妙淸言 欲幸西京 避災 富軾奏曰 今夏 雷震西京大華宮三十餘所 若是吉地 天必不如此 避災於此 不亦左乎 況今西成未收 車駕若出 必蹂禾稼 非仁民愛物之意 又與諫官上疏極言 王曰 所言至當 朕不西行 仁宗十三年正月 妙淸與趙匡柳旵等 據西京反 王以富軾爲元帥 將中軍 金正純旌淑盧令琚林英尹彦頤李瑱 高唐愈劉英 佐之 吏部尙書金富儀 將左軍 金旦李愈李有開尹彦旼 佐之 知御史臺事李周衍 將右軍 陳淑梁祐忠陳景甫王洙 佐之 西人矯詔 徵兵兩界急 王遣淑周衍景甫王洙 分將右軍二千人 自東路往諭諸城 仍搜賊黨 命富儀率左軍 先趣西京 王召問兩府大臣 將出師 富軾與諸相議曰 西都之反 鄭知常金安白壽翰等 與謀 不去是人 西都不可得平 諸相深然之 召知常等三人至 密諭正純使勇士曳出三人 斬於宮門外 乃奏之

_ 『고려사』권98, 열전11, 김부식

자료 4

이자겸은 중서령中書令주12 이자연의 손자이며 경원백慶源伯 이호의 아들이다. 문음주13으로 관직에 나아가 합문지후閤門祗侯주14가 되었다. 여동생이 순종의 비가 되었는데 순종이 돌아가자 궁노宮奴와 통정한 일이 있었다. 이자겸이 이에 연좌되어 관직에서 물러났으나 예종이 이자겸의 둘째 딸을 비로 삼았으므로 이로 말미암아 갑자기 귀해져서 참지정사參知政事주15 상서좌복야尙書左僕射주16 주국柱國 진개부의동삼사進開府儀同三司 수사도守司徒주17 중서시랑中書侍郎주18 동중서문하평장사同中書門下平章事에 이르렀고 얼마 안 있어 수태위守太尉주19가 더해졌으며 익성공신翼聖功臣의 칭호를 받았다. 그리고 그 어미 김씨를 통의국대부인에 봉하고, 처 최씨를 조선국대부인에 봉하니 한 날에 그 집에 조칙이 세 번 내렸다. …

왕이 돌아가매 태자가 어려 여러 동생들이 자못 왕위를 노리게 되자 이자겸이 태자를

주12 중서령中書令 : 중서문하성의 최고 관직으로 종1품 관직.

주13 문음門蔭 : 부조父祖의 가음家蔭·음덕蔭德에 의거하여 그 자손을 관리로 서용敍用하는 제도.

주14 합문지후閤門祗侯 : 합문 소속의 정7품 관직.

주15 참지정사參知政事 : 중서문하성의 종2품 관직.

주16 상서좌복야尙書左僕射 : 상서도성의 정2품 관직.

주17 수사도守司徒 : 삼공의 하나인 사도(정1품)에 '수守'를 넣어 계階를 낮춘 것이다.

주18 중서시랑中書侍郎 : 중서시랑평장사. 중서문하성의 차관직으로 정2품직.

주19 수태위守太尉 : 삼공의 하나인 태위에 '수守'를 넣어 계階를 낮춘 것이다.

주20 수태사守太師 : 삼사(三司) : 태사太師, 태부太傅, 태보太保)의 하나인 태사에 수守를 넣어 계를 낮춘 것이다.

주21 중서령中書令 : 중서문하성의 최고 관직으로 종1품 관직. 종친에게 제수되거나 영예직, 치사직, 추증직으로 일반 신하에게 제수된다.

주22 대제待制 : 보문각의 정5품 관직

주23 추밀원사樞密院使 : 추밀원 소속의 관원.

주24 서경유수사西京留守事 : 서경의 장관으로 3품 이상.

주25 부주부府注簿 : 이자겸에게 설치한 숭덕부崇德府의 주부. 주부는 전교시·전의시·종부시·위위시·사복시·예빈시 등에 두어진 정6품에서 정8품까지의 관직.

주26 경산부京山府 : 오늘날 경상북도 성주군.

주27 동지추밀同知樞密 : 추밀원 소속의 정3품 관직.

주28 상장군上將軍 : 중앙군인 2군과 6위의 최고지휘관으로 정3품 서반직.

주29 대장군大將軍 : 중앙군인 2군과 6위의 부지휘관으로 종3품 서반직.

주30 장군將軍 : 2군 6위에 소속된 정4품 서반직.

받들어 즉위케 하니 이가 인종이다. 인종은 이자겸을 협모안사공신恊謀安社功臣 수태사守太師주20 중서령中書令주21 소성후邵城侯에 배배拜하고 식읍 5,000호, 식실봉 700호를 주었으며 조서를 내려 그 예를 달리하고자 했다. 이에 여러 군신들이 청하는 서표書表에는 신臣이라 칭하지 말고, 연회에서는 백관과 더불어 뜰에서 하례치 말도록 청했으나 대제待制주22 김부식이 불가하다고 하여 이에 따랐다. … 왕이 추밀원사樞密院使주23 박승중을 보내어 이자겸에게 조유詔諭하기를, "임금이 신하에게 이름을 부르지 않는 까닭은 대개 공덕을 표명하고 친현親賢을 우례優禮함이다. … 앞으로는 내리는 조서詔書에 이름을 칭하지 않고 경卿이라고도 칭하지 않을 것이니 이것이 비록 이수異數이기는 하나 역시 구장舊章에 따름이다. 속히 상복을 벗고 조정으로 오라."고 했으며 의대衣帶·안마鞍馬·금은·폐백幣帛을 매우 많이 하사했다. 이에 이자겸은 표를 올려 사례하고 상제喪制를 끝마치게 해달라고 청했다. 왕은 또 사신을 보내 양절익명공신亮節翼命功臣 중서령中書令 영문하상서도성사領門下尙書都省事 판이병부判吏兵部 서경유수사西京留守事주24 조선국공朝鮮國公으로 책봉하고 식읍 8,000호와 식실봉 2,000호를 내렸으며, 부호府號를 숭덕崇德이라 하여 요속僚屬을 두게 하고 궁실은 의친懿親이라 부르게 했다. …

이자겸이 다른 성씨가 비妃가 되어 권총權寵이 나누어질까 두려워하여 셋째 딸을 왕비로 맞이해 줄 것을 억지로 청하자 왕은 부득이 따랐으며 … 뒤에 또 넷째 딸을 왕에게 바쳤다. … 이자겸이 사사로이 그의 부주부府注簿주25인 소세청을 송에 보내어 표를 올리고 토산물을 진상했는데 스스로 지군국사知軍國事라 칭했다. 이자겸은 권귀와 총애가 날로 융성해져서 자기에게 붙지 않는 자는 여러 계책을 써서 중상했다. 그리하여 왕의 동생인 대방공帶方公 왕보王俌를 경산부京山府주26로 귀양 보내고 평장사平章事 한안인을 해도海島로 유배했다가 죽였으며 최홍재·문공미·이영·정극영 등 50여 인을 유배시켰다. … 또 지군국사知軍國事가 되고자 하여 왕이 자기 집에 와서 책서策書를 수여해줄 것을 요청하고 강제로 날짜까지 정하게 했다. 이 일은 비록 이루어지지 못했지만 왕은 그를 자못 미워하게 되었다.

내시 김찬·안보린이 항상 왕의 좌우에서 시종했으므로 왕의 뜻을 헤아려 알고 동지추밀同知樞密주27 지녹연과 더불어 이자겸을 잡아 먼 땅으로 유배시키고자 하여 상장군上將軍주28 최탁·오탁, 대장군大將軍주29 권수, 장군將軍주30 고석 등을 불러 이를 도모했다. … 척준경이 말하기를, "일이 급하게 되었으니 가만히 앉아서 기다릴 수 없다." 하고 시랑侍郎 최식, 지후祗候^{주31} 이후진, 녹사錄事^{주32} 윤한 등과 함께 수십 인을 거느리고 주작문에 이르렀으나 안으로 들어갈 수가 없었다. 윤한을 시켜 성을 넘어 들어가 자물쇠를 부수고 빗장을 열게 하고 들어가 신봉문 밖에 이르니 고함치고 떠드는 소리가 대지를 진동시켰다. 지녹연과 오탁 등은 외병外兵이 크게 모였다 하고 낙담하여 능히 나가지 못했다. 이자겸이 사람을 시켜 최탁, 오탁, 권수, 고석의 집에 불을 지르고 처자와 노복들을 잡아 가두었다. 해뜰 무렵 척준경은 (아우) 척준신 무리의 시체를 보고 자기도 죽음을 면치 못할까봐 이지보, 최식, 이후진, 윤한, 김정황, 조순거, 문중경 등과 함께 군졸을 불러 모아 군기고의 병장기를 주고 나아가 승평문을 포위했으며 의장義莊^{주33}은 현화사玄化寺^{주34}로부터 중 300여 인을 거느리고 궁성 밖에 이르렀다. 궁 안에 있던 이들은 감히 밖으로 나서지 못하고 다만 활과 화살을 지니고 자성문 위를 나누어 지킬 뿐이었다.

왕이 친히 신봉문에 나가 황색 우산을 펴니 척준경의 군졸들이 바라보고 늘어서 절하며 기뻐 만세를 불렀다. 왕이 "너희들은 어찌해서 병기를 가지고 왔는가."하고 묻게 하니, "도적이 궁중에 들어와 있다 하기에 사직을 지키러 왔습니다."라고 대답했다. 왕은 "그런 일이 없으며 짐도 역시 아무 탈이 없으니 너희들은 갑옷을 벗고 해산하라."하고 내탕內帑^{주35}의 은폐銀幣를 군졸들에게 하사하게 한 다음, 시어사侍御史^{주36} 이중과 기거사인起居舍人^{주37} 호종단으로 하여금 군졸들이 갑옷을 벗고 병기를 버리도록 종용하게 했다. 이에 척준경이 화가 나서 칼을 빼어들고 이중 등을 쫓아버린 후 군졸들에게 다시 갑옷을 입고 병기를 들게 하고 큰소리를 치니 흐르는 화살이 왕의 앞까지 날아들어 방패로 가렸다. …

밤에 왕이 걸어서 산호정山呼亭에 이르니 시종은 모두 흩어지고 근신 임경청 등 10여 인만 남아 있을 뿐이었다. 왕이 피해를 입을까 두려워하여 글을 지어 이자겸에게 선위禪位할 것을 청했다. 이자겸은 양부兩府의 의논이 두려워 감히 발언하지 못하고 있는데 이수가 좌중에서 큰소리로, "왕이 비록 조서를 내렸으나 이공이 어찌 감히 그렇게 할 수 있는가."라 하니 이자겸이 결국 뜻을 꺾어 울면서 조서를 돌려주고, "신에게 반역할 마음은 없으니 오직 성상께서 그것을 밝게 헤아려 주소서."라고 했다.

原文 李資謙 中書令子淵之孫 慶源伯顥之子 以門蔭進爲閤門祗候 女弟爲順宗妃 順宗薨 與

주31 지후祗候 : 합문 소속의 정7품 관직.

주32 녹사錄事 : 중서문하성의 종7품직인 문하녹사를 가리킨다.

주33 의장義莊 : 이자겸의 아들로 현화사 주지를 지냈다.

주34 현화사玄化寺 : 현종 때 창건한 사원으로 유가종 소속.

주35 내탕內帑 : 궁중에서 금포류金布類를 보관하는 창고.

주36 시어사侍御史 : 어사대의 종5품 관직.

주37 기거사인起居舍人 : 문하부 소속의 정5품 관직.

宮奴通 資謙坐免官 睿宗 納資謙第二女爲妃 由是 驟貴 至叅知政事 尙書左僕射 柱國 進開府儀
同三司 守司徒 中書侍郎 同中書門下平章事 尋加守大尉 賜翼聖功臣號 封其母金氏 通義國大
夫人 妻崔氏 朝鮮國大夫人 同日降三勅于其第 … 王薨 太子幼 諸弟頻覦覬 資謙奉太子卽位 是
爲仁宗 拜資謙 協謀安社功臣 守太師 中書令 邵城侯 食邑五千戶 食實封七百戶 下詔欲異其禮
數 群臣請書表不稱臣 宴會不與百官庭賀 待制金富軾 以爲不可 從之 … 王遣樞密院使朴昇中
詔諭資謙曰 君之於臣 不名者 盖所以表明功德 優禮親賢 … 自今 所降書詔 不稱名 不稱卿 此雖
異數 亦率舊章 仍趣釋服赴朝 賜衣帶鞍馬金銀幣帛甚多 資謙上表陳謝 請終制 王又遣使 冊爲
亮節翼命功臣 中書令 領門下尙書都省事 判吏兵部 西京留守事 朝鮮國公 食邑八千戶 食實封
二千戶 府號崇德 置僚屬 宮曰懿親 … 資謙 恐他姓爲妃 權寵有所分 强請納第三女于王 王不得
已從之 … 後又納其第四女 … 資謙私遣 其府注簿蘇世淸 入宋 上表進土物 自稱知軍國事 資謙
權寵日盛 有不附己者 百計中傷 竄王弟帶方公俌于京山府 流平章事韓安仁于海島 殺之 又流崔
弘宰文公美李永克永鄭克永等 五十餘人 … 又欲知軍國事 請王幸其第授策 勒定時日 事雖未就 王
頗惡之 內侍金粲安甫鱗 常侍左右 揣知王意 乃與同知樞密智祿延 欲捕資謙 流遠地 召上將軍
崔卓吳卓 大將軍權秀 將軍高碩等 圖之 … 俊京曰 事急矣 不可坐待 乃與侍郎崔湜 祗候李候進
錄事尹翰等 率數十人 至朱雀門 不得入 使翰踰城 折鑰開關 入至神鳳門外 呼諜聲殷地 祿延卓
等 謂外兵大集 膽落 皆不能出 資謙使人 火崔卓吳卓秀碩等家 囚其妻子奴僕 平明 俊京見俊臣
輩屍 恐不免 與之甫湜候進翰金鼎黃曹舜擧文仲經等 召聚軍卒 授軍器庫兵仗 進圍昇平門 義
莊 自玄化寺 率僧三百餘人 至宮城外 在宮內者 無敢出 但持弓矢 分守子城門上 王御神鳳門 張
黃繖 俊京軍卒 望見羅拜 權呼萬歲 王使問 汝輩 何爲操兵而至 對曰 聞有賊入禁中 欲衛社耳 王
曰 無之 朕亦無恙 汝等可釋甲散去 遂縱下內帑銀幣 賜軍卒 令侍御史李仲 起居舍人胡宗旦 宣
諭軍士 解甲投兵 俊京怒 拔劒 逐仲等 令軍卒 復攘甲執兵 大呼 或有流矢 及御前 以楯蔽之 …
夜王步至山呼亭 侍從皆散 惟近臣林景淸等十餘人在 王恐被害 作書請禪位於資謙 資謙畏兩府
議 未敢發言 壽颺言於座曰 上雖有詔 李公豈敢如是 資謙意遂沮 涕泣 還書曰 臣無二心 惟聖鑑
諒之

_ 『고려사』권127, 열전40, 이자겸

자료 5

(척준경은) 문하시랑평장사로 전임되고 4년 2월에 이자겸과 함께 군사를 일으켜 대궐
을 침범했다. 왕이 그에게 왕실에 충성하라는 유지를 주었으며 또 때마침 이자겸과의
사이에 틈이 생겼다. 5월에 이자겸을 잡아서 귀양 보냈다. 그 사연은 이자겸의 열전에
기술되어 있다. 그 공으로 문하시중을 주었으나 척준경은 차례를 뛰어넘는다는 이유
로 사퇴했다. 그래서 추충정국협모동덕위사공신推忠靖國協謀同德衛社功臣 칭호를 주고
삼중대광 개부의동삼사 검교태사 수태보 문하시랑 동중서문하평장사 판호부사 겸

서경유수사三重大匡開府儀同三司檢校太師守太保門下侍郞同中書門下平章事判戶部事兼西京留守
使 벼슬과 상주국上柱國이란 훈위를 주었으며 그의 처 황씨黃氏를 제안군대부인齊安郡
大夫人으로 삼고 의복, 금은 기명, 포백, 안마鞍馬와 노비 10명과 밭 30결을 주었고 화상
을 벽상에 그렸다. 그 다음해 좌정언 정지상은 척준경이 이자겸을 제거한 후 공을 믿
고 발호하며 또한 왕도 척준경을 꺼리고 있는 것을 알고 상소하여 이르기를, "병오년
(1126) 봄 2월에 척준경은 최식 등과 함께 대궐을 침범했습니다. 이때 왕이 신봉문루
로 나가서 타이르니 군사들이 모두 갑옷을 벗고 환호했습니다. 그런데 홀로 척준경만
이 명령을 받들지 않고 군사를 위협하여 전진시켰으며 심지어는 왕이 받친 양산 곁으
로 지나가는 화살이 있었습니다. 또 군사를 데리고 액문掖門으로 돌입하여 궁궐에 방
화했으며 그 다음날 임금이 남궁南宮으로 옮길 때는 왕의 좌우에서 시종하는 자를 모
두 잡아 죽였습니다. 옛날부터 난신亂臣 중에서도 이 같은 자는 드물며 진실로 천하의
대악인大惡人입니다. 그리고 5월의 일은 일시의 공이며 2월의 일은 만대의 죄악입니
다. 폐하가 비록 인자한 마음씨를 가지고 있으나 어찌 일시의 공으로 만대의 죄를 덮
어줄 수 있겠습니까? 척준경을 해당 관리에 넘겨서 치죄하십시오!"라고 했다. 왕은
척준경을 암타도巖墮島[주38]로 귀양 보냈다가 다음해에 곡주[주39]로 옮기게 했다.

原文 轉門下侍郞平章事 四年 二月 與李資謙 擧兵犯闕 王諭以効力王室 會俊京與資謙有隙
五月 執資謙 流之 語在資謙傳 以功拜門下侍中 俊京辭 以越次不受 乃拜推忠靖國協謀同德衛
社功臣 三重大匡 開府儀同三司 檢校太師 守太保 門下侍郞 同中書門下平章事 判戶部事 兼西
京留守使 上柱國 妻黃氏 爲齊安郡大夫人 賜衣服金銀器布帛鞍馬奴婢一十口田三十結 圖形壁
上 明年 左正言鄭知常 以俊京旣去資謙 恃功跋扈 且知王忌俊京 遂上疏曰 丙午 春二月 俊京 與
崔湜等 犯闕 上御神鳳門樓 諭旨軍士 皆免甲懽呼 獨俊京不奉詔 脅軍前進 至有飛矢 過黃屋者
又引軍突入掖門 焚宮禁 翼日 移御南宮 凡侍左右者 皆執而殺之 自古 亂臣罕有若此 誠天下之
大惡也 五月之事 一時之功也 二月之事 萬世之罪也 陛下 雖有不忍人之心 豈以一時之功 掩萬
世之罪乎 請下吏罪之 乃流巖墮島 又明年 量移谷州
_ 『고려사』권127, 열전40, 척준경

자료 6

묘청은 서경의 중인데 나중에 이름을 정심淨心으로 고쳤다. 인종 6년(1128)에 일관日
官[주40]인 백수한이 검교소감檢校少監[주41]으로서 서경을 분사分司[주42]하자 묘청을 스승으
로 삼고 두 사람이 음양비술陰陽秘術을 칭탁함으로써 뭇사람을 미혹케 했다. 정지상도

주38 암타도巖墮島 : 오늘날 전라
남도 신안군 암태도.

주39 곡주谷州 : 오늘날 황해도 곡
산군.

주40 일관日官 : 관상감의 한 벼슬
로 택일을 주로 담당했다.

주41 검교소감檢校少監 : 소감의
검교직. 소감은 군기감·비서성·
사재감·사진감·사천대·소부
감·장작감·전중성·태의감에 소
속된 관직으로 4품에서 5품까지다.

주42 분사分司 : 서경에는 개경과
유사한 기구와 체제를 갖추고 있는
데 이를 분사 제도라 한다. 여기서
는 서경의 관원으로 임명된 것을
말한다.

주43 상경上京 : 여기서는 개경을
가리킨다.

주44 내시랑중內侍郎中 : 내시는
궁궐 안을 지키며 왕을 시중드는
일을 맡은 관원이며, 낭중은 상서6
부의 정5품 관직.

주45 승지承旨 : 추밀원의 정3
품 관직, 좌승지·우승지·좌부승
지·우부승지 등이 있었다.

주46 대화세大華勢 : 보통의 명당
보다 훌륭하고 뛰어난 대명당大明
堂·대길지大吉地를 뜻하는 말.

주47 재추 : 중서문하성과 상서성
의 재신 및 추밀원의 추신. 재추는
고려의 재상으로 국가의 중대사를
의논 처리했다.

주48 검교태사치사檢校太師致仕
: 치사한 검교태사. 검교태사는 태
사의 검교직. 태사는 삼사의 하나
이며, 검교직은 산직(散職, 직사職
事가 없는 허직虛職) 가운데 상층
부에 설치되었다.

역시 서경 사람으로 깊이 그 말을 믿고 말하기를, "상경上京주43은 기업基業이 이미 쇠하여 궁궐이 다 불타 남은 것이 없으나 서경은 왕기王氣가 있으니 옮겨서 상경으로 삼는 것이 좋을 것이다."라 하고, 근신近臣 내시랑중內侍郎中주44 김안과 더불어 꾀하기를, "우리들이 만약 주상을 모시고 서경에 옮기어 상경을 삼으면 마땅히 중흥공신이 될 것이니 홀로 일신의 부귀뿐만 아니라 자손의 무궁한 복도 될 것이다."라 하여 드디어 입에 올려 서로 기렸다. 근신近臣 홍이서·이중부 및 대신大臣 문공인·임경청도 따라서 화동하여 마침내 왕께 아뢰기를, "묘청은 성인이요 백수한도 그 다음가는 사람입니다. 국가의 일을 일일이 자문하여 행하고 그 진청陳請하는 바를 들어주지 아니함이 없으면 정사가 이루어지고 일이 성취되어 국가를 보전할 수 있을 것입니다."라 했다. 이에 두루 여러 관원에게 서명하기를 청하자, 평장사平章事 김부식, 참지정사參知政事 임원개, 승지承旨주45 이지저만이 서명하지 않고 글을 올려 아뢰니 왕이 비록 의심은 했으나 여러 사람들이 역설하므로 믿지 않을 수 없었다. 이에 묘청 등이 상언上言하기를, "신 등이 서경의 임원역林原驛 땅을 보니 이는 음양가가 말하는 대화세大華勢주46입니다. 만약 궁궐을 세워 이에 이어移御하시면 천하를 합병할 수 있을 것이요, 금나라가 폐백을 가지고 스스로 항복할 것이며 36국이 다 신첩臣妾이 될 것입니다." 했다. 왕이 드디어 서경에 행차하여 따라온 재추주47에게 명하여 묘청, 백수한과 함께 임원역 땅의 지형을 살피고, 김안에게 명하여 궁궐을 짓게 해서 독역督役이 매우 급하니, 때는 바야흐로 차고 얼어서 백성들이 심히 원망하고 탄식했다. …

서경의 부로父老인 검교태사치사檢校太師致仕주48 이제정 등 50인이 묘청·정지상의 뜻에 맞추어 표를 올려 존호尊號를 칭할 것과 건원建元할 것을 청했다. 정지상 등이 왕을 설득하여 말하기를, "대동강에 상서로운 기운이 있으니 이는 신용神龍이 침을 토해 내는 것으로서 천년에 한 번 만나기 어려운 일입니다. 청컨대 위로는 천심天心에 응하고 아래로는 백성들의 바람에 따르시어 금나라를 제압하소서." 했다. 왕이 어찌하면 좋은가 물으니 이지저가 대답하기를, "금나라는 강적이니 가벼이 하지 못할 것입니다. …" 하니 왕이 그만두었다. … 임원개가 상서하기를, "묘청·백수한 등은 간사한 꾀를 부려 괴탄한 말로써 민중의 마음을 현혹시키고 있으며, 한두 대신과 근시하는 사람들도 그 말을 깊이 믿어 위로는 왕의 귀를 어지럽히고 있으니 신은 장차 불칙한 변이 일어날까 두렵습니다. 묘청 등을 저잣거리에서 목을 베어 재앙의 싹을 잘라버리십시오." 했으나 왕은 대답하지 않았다. … 우정언右正言[주49] 황주첨이 묘청·정지상의 뜻에 아부하여 또 칭제건원할 것을 주청했으나 듣지 않았다.

13년(1135) 묘청이 분사시랑分司侍郎[주50] 조광, 병부상서兵部尚書[주51] 유감, 사재소경司宰少卿[주52] 조창언·안중영 등과 서경을 거점으로 난을 일으켰다. 이들은 왕의 명령이라 속이고 (서경) 부유수副留守[주53] 최재, 감군사監軍事[주54] 이총림, 어사御史[주55] 안지종 등을 잡아 가두고, 가짜 승선承宣[주56] 김신을 보내어 서북면병마사[주57] 이중과 그의 막료 및 여러 성의 수령을 체포해서 서경의 소금 창고에 가두었으며, 무릇 개경인으로서 서경에 있던 자들은 귀천과 승속僧俗을 가리지 않고 모조리 잡아 가두었다. 그리고 병사를 보내어 절령岊嶺 길을 끊고, 사람을 보내어 여러 성의 군병을 윽박질러 징발했으며, 근도近道에서 기르는 말도 약탈하여 모두 서경으로 들여갔다. 이들은 국호를 대위大爲라 하고, 건원하여 연호를 천개天開라 하며, 군대를 천견충의군天遣忠義軍이라 했다. …

原文 妙淸 西京僧 後改淨心 仁宗 六年 日者白壽翰 以檢校少監分司西京 謂妙淸爲師 二人 托陰陽秘術 以惑衆 鄭知常 亦西京人 深信其說 以爲上京基業已衰 宮闕燒盡 無餘 西京有王氣 宜移御 爲上京 乃與近臣內侍郎中金安謀曰 吾等 若奉主上 移御西都爲上京 當爲中興功臣 非 獨富貴一身 亦爲子孫無窮之福 遂騰口交譽 近臣洪彝敍李仲孚 及大臣文公仁林景淸從而和之 遂奏 妙淸聖人也 白壽翰 亦其次也 國家之事 ──咨問而後行 其所陳請 無不容受 則政成事遂 而國家可保也 乃歷請諸官署名 平章事金富軾 叅知政事任元敱 承宣李之氐 獨不署 書奏 王雖 持疑 以衆口力言 不得不信 於是 妙淸等上言 臣等觀西京林原驛地 是陰陽家所謂大華勢 若立 宮闕 御之 則可幷天下 金國執贄 自降 三十六國 皆爲臣妾 王遂幸西京 命從行宰樞 與妙淸壽翰 相林原驛地 命金安營宮闕 督役甚急 時方寒沍 民甚怨咨 … 西京父老 檢校太師致仕李齊挺等 五十人 希妙淸知常旨 上表請稱尊號 建元 知常等 因說王曰 大同江有瑞氣 此神龍吐涎 千載罕 逢 請上應天心 下順人望 以厭金國 王以問 之氐對曰 金國强敵 不可輕也 … 王乃止 … 元敱上 書曰 妙淸白壽翰等 肆其姦謀 以怪誕之說 誑惑衆心 一二大臣 及近侍之人 深信其言 上惑天聽 臣恐將有不測之患 請戮妙淸等於市 以絕禍萌 不報 … 右正言黃周瞻阿妙淸知常意 又奏請稱 帝建元 不報 十三年 妙淸 與分司侍郎趙匡 兵部尚書柳旵 司宰少卿趙昌言安仲榮等 據西京反 矯制執副留守崔梓 監軍事李寵林 御史安至宗等 囚之 又遣僞承宣金信 執西北面兵馬使李仲 幷 諸僚佐 及列城守臣 皆囚西京鹽庫 凡上京人在西都者 無貴賤僧俗 皆拘之 遣兵斷岊嶺道 又遣 人劫發諸城兵 掠近道牧馬 皆入城 國號大爲 建元天開 號其軍曰 天遣忠義 …

_ 「고려사」권127, 열전40, 묘청

주49 우정언右正言 : 중서문하성의 종6품 관직

주50 분사시랑分司侍郎 : 서경에 두었던 관원으로 행정 실무를 담당했다. 개경의 시랑은 상서6부의 정4품 관직

주51 병부상서兵部尚書 : 병부를 관장하는 최고의 관직.

주52 사재소경司宰少卿 : 사재시司宰寺 소속의 종4품 관직.

주53 (서경) 부유수副留守 : 서경의 두 번째 지위에 있는 관원으로 1인이며 4품 이상이었다.

주54 감군사監軍事 : 서경에 파견된 관원으로 군사 관계의 일을 담당했던 듯하다.

주55 어사御史 : 서경에 파견된 관원으로 언론을 담당했던 것으로 보인다.

주56 승선承宣 : 중추원 소속의 관원으로 추밀樞密 아래에 있으면서 왕명을 출납하는 일을 맡아보았다.

주57 서북면병마사 : 북계의 병마사.

출전

『고려사』

『고려사절요』

찾아읽기

이병도, 『고려시대의 연구』, 을유문화사, 1948.

김상기, 『동방사논총』, 서울대학교 출판부, 1974.

김남규, 「고려 인종대의 서경천도운동과 서경반란에 대한 일고찰」, 『경대사론』1, 1985.

박성봉, 「고려 인종조의 양난과 귀족사회의 추이」, 『고려사의 제문제』, 삼영사, 1986.

노명호, 「한안인 일파와 이자겸 일파의 족당세력」, 『한국사론』17, 1987.

강옥엽, 「고려중기 서경세력의 정치적 성향」, 『백산학보』36, 1989.

오영선, 「인종대 정치세력의 변동과 정책의 성격」, 『역사와 현실』9, 1993.

채웅석, 「12세기 전반기 정치사의 새로운 이해」, 『역사와 현실』9, 1993.

이정신, 「고려의 대외관계와 묘청의 난」, 『사총』45, 1996.

강옥엽, 「묘청난의 연구동향과 새로운 모색」, 『백산학보』49, 1997.

강옥엽, 「인종대 서경천도론의 대두와 서경세력의 역할」, 『사학연구』55·56합집, 1998.

백남혁, 「묘청의 서경천도운동의 연구」, 『한성사학』10, 1998.

강옥엽, 「고려 인종대 서경민의 항쟁과 서경세력의 분화」, 『사학연구』58·59합집, 1999.

남인국, 『고려중기 정치세력연구』, 신서원, 1999.

강민정, 「정지상의 정치활동과 사상」, 『이대사원』33·34합집, 2001.

김당택, 「고려 인종조의 서경천도·칭제건원·금국정벌론과 김부식의〈삼국사기〉편찬」, 『역사학보』170, 2001.

김당택, 「고려 문종~인종조 인주 이씨의 정치적 역할」, 『한국중세사회의 제문제』, 2001.

김병인, 「고려 예종·인종 대 정치세력 비교연구」, 『전남사학』17, 2001.

채웅석, 「12세기초 고려의 개혁추진과 정치적 갈등」, 『한국사연구』112, 2001.

추명엽, 「11세기후반~12세기초 여진정벌문제와 정국동향」, 『한국사론』45, 서울대학교 국사학과, 2001.

박용운, 『고려사회와 문벌 귀족가문』, 경인문화사, 2003.

김정권, 「고려 인종 5년 조서詔書에 보이는 '유신지교維新之敎'」, 『호서사학』38, 2004.

민현구, 「묘청란의 원인」, 『고려정치사론』, 고려대학교 출판부, 2004.

이중효, 「고려 인종조 국학생들의 정치적 활동」, 『역사학보』182, 2004.

신수정, 「고려시대 경원이씨 가문의 정치적 변화에서의 혼인망」, 『한국사학보』21, 2005.

김정권, 「고려 인종대 '유신지정維新之政'의 추구와 정국동향」, 『한국사연구』133, 2006.

김정권, 『묘청란』, 충남대학교 출판부, 2007.

김창현, 「고려중기 예종·인종의 통치와 관료집단의 성격」, 『한국인물사연구』8, 2007.

채웅석, 「고려 인종대 '유신' 정국과 정치갈등」, 『한국사연구』161, 2013.

8 무신들이 난을 일으키다

무신란

12세기 전반 이자겸의 난과 묘청의 난을 겪은 뒤에도 문벌 귀족이 정치 사회적 지위를 독점하는 정치 형태는 지속되었다. 기층 민들의 동요는 유망에서 더 나아가 저항과 도전으로 표출되었다. 의종 24년(1170)에 일어난 무신란은 이런 정세를 배경으로 발생한 것이다.

무신란의 배경

무신란은 일차로 문신과 무신의 갈등이 폭발한 것이다. 고려 시대에 무신은 문신과 더불어 지배층을 형성하고 있었다. 문신은 문직文職을, 무신은 무직武職을 따라 승진하도록 되어 있었다. 그러나 현실에서 무신은 문신에 비해 여러모로 차별 대우를 받았다. 무신은 정3품 상장군까지만 승진할 수 있었고 그 이상 승진하면 문신직을 받도록 되어 있었으나 그것은 거의 불가능했으므로 결국 무신은 2품 이상의 재상이 될 수 없었다. 군사 행정을 담당하는 병부의 판사判事나 상서尚書는 모두 문신이 차지했으며 외적外敵에 대한 출정군出征軍 편성 시 지휘부의 원수元帥 · 부원수副元帥 등도 문신이 맡았다. 군사적인 성격을 강하게 띠고 있는 양계의 병마사 역시 문신 차지였으며 노상상견례路上相見禮에서 무신의 최고인 정3품 상장군이 문신의 종3품과 동등하게 대우를 받는

주로 손을 써서 상대를 공격하거나 수련하는 전통 무예의 하나인 수박희를 하는 모습. 고구려 시대 고분 벽화에 수박희를 행하는 모습이 그려져 있는 것으로 보아 삼국 시대에 이미 행해졌음을 알 수 있다. 고려 시대에는 매우 중요한 무예로 여겨져 무인들은 이를 익혀야 했다.

등 사회적 대우에서도 차별이 있었다.

정치 · 사회 · 경제적으로 차별 대우를 받은 무신들은 의종의 실정을 겪으면서 불만이 높아갔다. 의종은 실추된 왕실의 권위를 회복하고자 했으며, 한때 무신들을 우대하고 군사 분야를 중시해 문무의 균형을 꾀하는 개혁적인 정치를 펴보려고 했으나 문신 지배층의 틈바구니에서 제대로 정치력을 발휘하지 못했다. 결국 무를 중시하는 정책을 포기함으로써 문무의 대립을 조정할 수 없었다. 의종과 문신들은 유람하고 연회를 열어 시와 술을 주고받으며 풍류를 즐겼지만 무신과 군졸은 호위해야 했으며[자료1 · 2] 군졸은 여기에 더하여 유람 시설 건설에 수시로 동원되었다. 이에 문신 · 무신의 갈등이 매우 심각한 지경에 이르렀다. 무신들이 난을 일으킬 기미는 감지되고 있었다. [자료3 · 4] 더구나 간관諫官의 기능이 약화되면서 정치 · 사회적 부정부패가 만연했으며 백성들의 고통은 커져갔다.

무신란 발생의 또 하나의 배경으로 군인들의 불만을 들 수 있다. 군인들은 유사시에는 전쟁에 동원되었으며 평소에는 각종 공역에 동원되었다. [자료5] 그리고 군인전도 제대로 지급받지 못하여 불평불만이 쌓여 갔다. 이 때문에 군인들은 쿠데타에 적극 협조했다.

무신란의 발발

무신란은 의종 24년(1170) 8월 국왕의 보현원普賢院 행차를 계기로
발발했다. 정중부·이의방李義方·이고李高가 주모했으며 순검군을
모아 국왕을 따르던 문관과 대소 신료·숙관宿官을 몰살했다. 그리고
개경으로 가서 "무릇 문관을 쓴 자는 서리胥吏라도 씨를 남기지 말고
모조리 죽여라."고 외치면서 많은 문신을 살육했다.[자료6] 국왕을 거제
도로, 태자를 진도로 내쫓았으며 대신 왕제王弟인 익양공翼陽公 호晧를
왕으로 삼았으니 그가 명종이다[경인庚寅의 난亂].[자료7]

무신란에 모든 무인이 참여한 것은 아니었다. 우학유于學儒·송유
인宋有仁은 무신란에 냉담한 반응을 보인 인물로서 가담하지 않았다.
이들은 좋은 가문 출신으로 문신들과도 긴밀한 관계를 유지했다. 가
담한 무인들의 태도 역시 모두 같지는 않았다. 실질적인 주도 세력은
이의방·이고·채원蔡元이었으며 정중부는 난에 대한 모의가 무르익
은 이후에 참여하기 시작했다. 정중부는 우두머리로 추대된 이후 정
변을 구체적으로 계획하고 지휘했는데 이의방과 이고는 그의 지휘에
따라 행동했다. 신분이 낮은 무인인 조원정曹元正·정방우鄭邦佑·이
의민李義旼은 행동대원으로 적극 참여했다.

무신들은 정치 권력을 장악하고 정치 운영을 전담했다. 개경에서 문신들이 대거 제
거되었지만 무신이 쉽사리 정권을 장악할 수는 없었다. 문신과 연결된 세력이 사회에
널리 포진하고 있어 반무신란反武臣亂이 발발한 것이다.

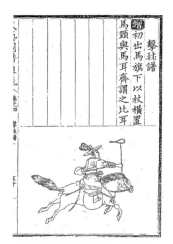

격구. 무신들이 무예를 익히는 방법으로 하
던 놀이다. 타구打毬 또는 포구抛毬라고도
한다. 오늘날의 골프 또는 하키와 같이 막대
기로 공을 치는 경기다. 격구擊毬에는 말을
타고 하는 기마 격구와 궁중이나 넓은 마당
에서 하는 보행 격구가 있다. 무신이 한 기마
격구는 구장에서 말을 타고 막대기로 공을
쳐서 구문 밖으로 내보내는 놀이다.

반무신란의 전개

무신란이 일어난 3년 뒤 명종 3년(1173) 동북면 병마사인 김보당金甫當이 무신 토벌
과 왕의 복위를 기도하여 군사를 일으켰다. 영광 김씨 가문 출신인 김보당은 정중부와

이의방을 타도하고 전 왕을 다시 세우려고 했으며, 동북면 지병마사知兵馬使 한언국韓彦國도 군사를 일으켜 이에 응했다. 그리고 장순석張純錫 등으로 하여금 거제도에 있는 국왕을 데려다가 계림鷄林으로 나와 살게 했다. 김보당의 난은 다음 달 안북도호부에서 그를 붙잡아 보냄으로써 진압되었다.[자료8] 김보당의 난은 거사한 지 한 달도 못 되어 주동 세력이 와해되고 두 달을 넘기지 못한 채 완전히 실패로 돌아갔다. 김보당이나 한언국과 친인척으로 연결된 이들이 이 난에 다수 참여했으며, 이들과 좌주와 문생으로 맺어진 인물들도 포진했다. 김보당의 난 후에, 의종 24년에 화를 면했던 많은 문신이 또 다시 크게 해를 입게 되었다[계사癸巳의 난亂].

반무신란은 불교계에서도 일어났다. 승려들 가운데는 문신 가문 출신이 많았으며, 따라서 무신란으로 그들의 부형父兄이 죽음을 당한 예가 적지 않았다. 승려들은 하나의 사회 세력으로서 외침이 있을 때 활약한 경우가 많았다. 거란의 침입을 물리치는 데 큰 활약을 했으며 윤관이 여진 정벌을 위한 항마군을 편성하는 데에 참여했다. 또 이자겸의 난이 일어났을 때, 이자겸의 아들인 의장義莊이 승병을 이끌고 출동한 적이 있었다.

명종 4년(1174) 정월에 귀법사歸法寺 승려 100여 명이 이의방을 죽이려고 개경으로 진출하여 이의방의 군대와 충돌했다. 또한 중광사重光寺 등 4개 사원의 승려 2,000여 명이 무기를 들고 이의방을 공격했다. 이의방은 보복으로 중광사·홍호사弘護寺·귀법사·용흥사龍興寺·묘지사妙智寺·복흥사福興寺를 파괴했다. 이 사건은 개경 부근의 사원에서 승려를 동원하여 무신 세력을 무너뜨리려는 시도였지만 엄청난 희생을 치르고 실패로 돌아가고 말았다.[자료9]

비슷한 시기에 서경유수 조위총趙位寵이 정중부·이의방 등의 토벌을 목표로 군사를 일으켰다. 김보당의 난과는 다소 성격이 다르지만 무인 정권에 대한 저항이라는 점에서는 같았다. 무인 정권에 상당한 위협을 주었지만 역시 실패로 돌아갔다.[자료10]

무인들은 이런 반발을 물리치고 정권을 장악하여 100년간 세력을 유지했다. 무신란을 계기로 문벌 귀족 체제는 종말을 고했으며 그들과 연결된 불교 세력도 상당한 타격을 받았다. 그래서 무신란을 고려 전기와 후기로 나누는 분수령으로 보기도 한다.

자료1

왕이 보현원普賢院으로 옮겨 행차했는데 날이 춥고 비가 심하게 내려서 호위하던 군졸 가운데 얼어죽은 자가 9명이었다.

原文 移御普賢院 天寒雨甚 衛卒凍死者 九人

— 『고려사』권18, 세가18, 의종 19년 3월

자료2

장차 인지재仁智齋로 옮겨 행차할 때에, 법천사 주지 각예覺倪가 예종 궁인의 아들이었는데, 술과 안주를 갖추어 달령원獺嶺院에서 왕의 수레를 맞이하였다. 왕이 풍월을 읊으며 여러 학사學士와 더불어 부르고 화답하기를 그치지 않아 대장군 정중부 이하 여러 장수가 피로하여 격분하고 한탄하며 이때부터 비로소 반역할 마음을 갖게 되었다. 왕이 술에 만취하여 곧장 귀법사로 들어가니 날은 이미 저물었는데 시종들이 왕의 간 곳을 몰랐다. (왕이) 밤중에 비로소 돌아왔다.

原文 將移御仁智齋 法泉寺住持覺倪 睿宗宮人之子 備酒饌 迎駕於獺嶺院 王吟賞風月 與諸學士 唱和不已 大將軍鄭仲夫以下諸將 疲困憤惋 始有不軌之心 王被酒 徑入歸法寺 日已暮 侍從失王所之 夜半乃還

— 『고려사절요』권11, 의종 18년 3월

자료3

유자량이 나이 16세에 유학 자제들과 계契를 만들었는데 무인 오광척과 문장필을 가입시키려 했으나 계원이 반대함에 유자량이 말하기를, "교유하는 데에는 문무가 함께 겸비되는 것이 좋다. 만약 무인의 가입을 거절하면 뒷날 반드시 후회할 것이다." 하니 무리들이 따랐다. 얼마 후 정중부가 난을 일으키자 문신 계원이 오광척과 문장필에 의뢰하여 도움을 꾀해 모두 화를 면했다.

原文 資諒 年十六 與儒家子弟 約爲契 欲倂引武人吳光陟文章弼 衆皆不肯 資諒曰 交遊中文武俱備 可矣 若拒之 後必有悔 衆從之 未幾 鄭仲夫作亂 同契者 賴光陟章弼 營救皆免

— 『고려사』권99, 열전12, 유응규부劉應圭附 자량資諒

나의 아버지[우방재于邦宰]가 나우학유于學儒에게 항상 훈계하되, "우리들 무관이 문관에게 억울함을 당한 지 오래다. 어찌 분하지 않겠는가. 그러나 문관을 없애는 것은 썩은 나무를 꺾는 것과 같이 쉬우나 만약 문관이 해를 보면 화가 발꿈치를 돌릴 사이도 없을 만큼 속히 우리들에게 미칠 것이니 너는 삼가라."고 했다.

> 原文 吾父常戒予曰 武官見屈於文官 久矣 能無憤乎 去之易如拉朽 然文官見害 禍及吾輩 亦不旋踵 汝宜愼之

__ 『고려사』권100, 열전13, 우학유

자료5

주1 나한재羅漢齋 : 불교에서 소승불교의 최고 성자인 아라한阿羅漢을 신앙의 대상으로 하여 구복求福 및 내우외환을 없애기 위해서 기원하는 의식의 하나. 고려 시대에는 기우祈雨와 구복, 외침의 극복 등을 기원하기 위해 왕실 주도 아래 이 의식이 자주 개최되었다.

신유일에 왕이 미행微行으로 금신굴에 가서 나한재羅漢齋주1를 베풀고 현화사로 돌아와서 이공승, 허홍재, 각예 등과 더불어 중미정 남지南池에 배를 띄우고 술을 취하도록 마시면서 마음껏 유쾌하게 놀았다. 이에 앞서 청녕재 남쪽 산록에 '정丁'자 정각을 지어 중미정이라는 현판을 붙였으며 그 남쪽 시냇물을 토석土石으로 막아 물을 저장하고 못가에 모정茅亭을 세웠는데 물오리가 놀고 갈대가 선 것이 강호江湖 경치와 흡사했다. 거기에 배를 띄우고 소동小僮을 시켜 뱃노래를 부르게 함으로써 유흥을 마냥 돋우었다. 처음 정각을 지을 때에 역사에 동원된 사람들은 모두 자기 식량을 가지고 와서 일을 했는데 그중 한 사람은 몹시 가난하여 식량을 갖출 길이 없었으므로 역사에 일하는 사람들이 함께 밥을 한 술씩 모아 먹였다. 하루는 그의 처가 먹을 것을 갖추어 가지고 와 남편에게 식사하라고 하면서 친한 사람을 불러서 같이 먹으라고 했다. 남편이 말하기를, "집이 가난한데 어떻게 식량을 마련하였는가? 남의 남자와 친해서 얻었는가? 그렇지 않으면 남의 물건을 도적질했는가?"라고 했다. 그 처가 말하기를, "내 얼굴이 못났으니 누가 나와 친하려 하겠소? 내 성격이 옹졸하니 어찌 남의 물건을 도적질할 수 있겠소? 다만 나의 머리를 잘라서 판 돈으로 식량을 샀을 뿐이라오." 라고 하면서 자기 머리를 남편에게 보였다. 남편은 목이 메어 음식을 먹지 못했고 이 말을 들은 사람들도 슬퍼했다.

> 原文 辛酉 王微行 至金身窟 設羅漢齋 還玄化寺 與李公升許洪材覺倪等 泛舟 衆美亭南池 酣飮極歡 先是 淸寧齋南麓 搆丁字閣 扁曰衆美亭 亭之南澗 築土石貯水 岸上作茅亭 鳧鴈蘆葦 宛如江湖之狀 泛舟其中 令小僮 棹歌漁唱 以恣遊觀之樂 初作亭 役卒私齎糧 一卒貧甚 不能自

給 役徒共分飯一匙 食之 一日 其妻具食來餉 且曰 宜召所親 共之 卒曰 家貧 何以備辦 將私於人而得之乎 豈竊人所有乎 妻曰 貌醜誰與私 性拙安能盜 但剪髮買來耳 因示其首 卒嗚咽 不能食 聞者悲之

_ 『고려사』권18, 세가18, 의종 21년 3월

자료 6

(정중부가) 길에서 사람을 시켜 외치기를, "문관의 관을 쓴 놈은 비록 서리라도 모조리 죽이고 씨도 남겨 두지 말라!" 라고 했다. 그러자 사졸들이 봉기하여 판이부사주2로 벼슬에서 물러난 한포칭, 판이부사 허홍재, 동지추밀원사 서순, 지추밀원사 최온, 상서우승주3 김돈시, 국자감대사성 이지심, 비서감 김광중, 이부시랑주4 윤돈신, 위위소경 조문귀, 대부소경 최윤서, 시랑 조문진, 내시소경 진현광, 시어사주5 박윤공, 병부낭중주6 강처약, 도성낭중都省郎中 강처균, 봉어奉御주7 전치유, 지후주8 배진, 배연 등 50여 명을 찾아내어 죽였다.

原文 使人呼於道曰 凡戴文冠者 雖胥吏殺 無遺種 卒伍蜂起 搜殺判吏部事致仕崔襃偁 判吏部事許洪材 同知樞密院事徐醇 知樞密院事崔溫 尙書右丞金敦時 國子監大司成李知深 秘書監金光中 吏部侍郎尹敦信 尉衛少卿趙文貴 大府少卿崔允諝 侍郎趙文振 內侍少卿陳玄光 侍御史朴允恭 兵部郎中康處約 都省郎中康處均 奉御田致儒 祗侯裴縉裴衍等 五十餘人

_ 『고려사』권128, 열전41, 반역2, 정중부

자료 7

(8월) 정축에 왕이 장차 보현원에 행차코자 하여 오문五門 앞에 이르러 따르는 신하를 불러 술을 주었다. 술이 한창이 되자 좌우를 돌아보고 말하기를, "장하도다. 이곳이여, 가히 병법을 연습할 만한 곳이다."라 하고 무신에게 명하여 오병수박희五兵手搏戲주9를 하도록 했다. 어두워져 어가가 보현원 가까이 왔을 때 이고가 이의방과 더불어 앞서가서 거짓 왕명을 꾸며 순검군주10을 집합시키고는 왕이 보현원 문에 들어서고 신하들이 곧 뒤로 물러나려고 할 무렵에 이고 등은 (왕의 심복이었던) 임종식 · 이복기 · 한뢰 등을 죽이니 호종했던 문관, 대소 신료, 환관 등이 모두 해를 당했다. 또 서울에 있는 문신 50여 인을 죽였다. 정중부 등이 왕을 환궁시켰다.

9월 무인戊寅 초하루 포시晡時주11에 왕이 강안전에 들어갔다. 정중부 등이 왕을 따라간

주2 판이부사判吏部事 : 이부의 우두머리인 판사.

주3 상서우승尙書右丞 : 상서도성의 종3품 관직.

주4 이부시랑吏部侍郎 : 이부의 정5품 관직.

주5 시어사侍御史 : 어사대 · 감찰사의 종5품 관직.

주6 병부낭중兵部郎中 : 병부의 정5품 관직.

주7 봉어奉御 : 상승국 · 상식국 · 상약국 · 상의국 등에 둔 정6품 관직.

주8 지후祗侯 : 각 아문의 정7품 관직.

주9 오병수박희五兵手搏戲 : 5명이 행하는 태권도와 유사한 놀이.

주10 순검군巡檢軍 : 2군 6위 가운데 금오위金吾衛와 관련 있는 군인인 듯하다

주11 포시晡時 : 오후 3시에서 5시 사이.

주12 내탕內帑 : 궁중에서 금포류
金布類를 보관하는 창고.

주13 군기감軍器監 : 병기兵器의
영조營造를 관장한 기구. 문종 때
정해진 관제에 의하면, 판사 1인(종
3품), 감 1인(정4품), 소감 1인(종5
품), 승 2인(정7품), 주부 4인(정8품)
의 관원이 있었다.

주14 익양공翼陽公 호晧 : 의종의
동생으로 훗날 명종이 되었다.

주15 계림雞林 : 오늘날의 경주.

내시 10여 인과 환관 10여 인을 색출하여 죽였다. 왕이 수문전에 자리 잡고 술 마시기를 태연히 하며, 악공에게 음악을 연주케 하고는 밤중이 되어서야 자리에 들었다. 이고·채원蔡元이 왕을 죽이고자 했으나 양숙梁淑이 말렸다. 순검군이 창문과 벽을 뚫고 내탕內帑주12의 보물을 훔쳤다. 정중부가 왕을 핍박하여 군기감軍器監주13으로 옮기고 태자는 영은관迎恩館으로 옮겼다. 기묘일己卯日에 왕은 홀로 거제현으로 옮기고 태자는 진도현에 보냈다. 이날 정중부·이의방·이고 등은 군사를 거느리고 왕제王弟 익양공翼陽公 호晧주14를 맞이하여 즉위시켰다.

명종 3년 8월에 김보당이 사람을 보내어 왕을 받들어 계림주15에 나와 살게 하더니 10월 경신庚申에 이의민이 왕을 곤원사坤元寺 북연北淵 가에서 살해했다. 나이 47세요, 재위 25년이었다.

原文 丁丑 王將幸普賢院 至五門前 召侍臣行酒 酒酣 顧左右曰 壯哉 此地 可以練肄兵法 命武臣爲五兵手搏戲 至昏 駕近普賢院 李高與李義方先行 矯旨集巡檢軍 王纔入院門 群臣將退 高等殺林宗植李復基韓賴 凡扈從文官 及大小臣僚宦寺皆遇害 又殺在京文臣五十餘人 鄭仲夫等 以王還宮 九月 戊寅朔 晡時 王入康安殿 仲夫等 又索隨駕內侍十餘人 宦官十人 殺之 王坐修文殿 飲酒自若 使伶官奏樂 夜半乃寢 李高蔡元欲弒王 梁淑止之 巡檢軍穿破窓壁 竊內帑珍寶 仲夫逼王 遷于軍器監 太子于迎恩館 己卯 王單騎遜于巨濟縣 放太子于珍島縣 是日 仲夫義方高等 領兵 迎王弟翼陽公晧 卽位 明宗 三年 八月 金甫當遣人 奉王出居雞林 十月 庚申 李義旼弒王于坤元寺北淵上 壽四十七 在位二十五年

_『고려사』권19, 세가19, 의종 24년

주16 동북면 병마사 : 동계의 병마
사. 병마사는 양계兩界 지역의 군
정과 민정을 총괄하는 장관.

주17 동계東界 : 고려 때의 지방 행
정 구역명으로 오늘날 강원도 북부
와 함경도 지방.

주18 지병마사知兵馬事 : 양계에
는 병마사 1인(3품), 지병마사 1인
(3품), 병마부사 2인(4품), 병마판관
兵馬判官 3인(5, 6품) 등을 두었다
는 『고려사』의 기록으로 보아 지병
마사는 병마사 바로 밑에서 그를
보좌했던 관직.

주19 안북도호부 : 영주寧州, 곧 오
늘날 평안북도 의주군에 있던 지
명.

자료8

(8월) 동북면병마사주16 간의대부 김보당이 동계東界주17에서 군사를 일으켜 정중부·이의방을 치고 전 왕(의종)을 복위시키고자 하는데 동북면 지병마사주18 한언국도 군사를 일으켜 이에 호응하고 장순석 등을 거제에 보내 전 왕을 받들고 계림에 나와 살게 했으나, 9월 정유丁酉에 한언국은 잡혀 죽고 계묘에 안북도호부주19에서 김보당을 잡아 보내니 이의방이 이를 저자에서 죽이고 무릇 문신은 모두 살해했다.

原文 東北面兵馬使諫議大夫金甫當 起兵於東界 欲討鄭仲夫李義方 復立前王 東北面知兵馬事韓彦國 擧兵應之 使張純錫等 至巨濟 奉前王 出居雞林 九月 丁酉 捕殺韓彦國 癸卯 安北都護府執送甫當等 李義方 殺之於市 凡文臣一切誅戮

_『고려사』권19, 세가19, 명종 3년

귀법사주20의 중 100여 명이 성의 북문을 침범하여 들어와 선유승록宣諭僧錄주21 언선彦
宣을 죽였다. 이의방이 군사 1,000여 명을 거느리고 가서 수십 명의 중을 쳐죽이니 나
머지는 다 흩어져 가버렸으며 병졸들도 죽은 자와 부상한 자가 많았다. 중광사·홍호
사·귀법사·홍화사 등 여러 절의 중 2,000여 명이 성의 동문에 집결하므로 문을 닫
아버리니 성 밖의 민가를 불태워서 숭인문을 연소시키고 들어와 이의방 형제를 죽이
고자 했다. 이의방이 이것을 알고 부병府兵주22을 징집하여 쫓아버리고 중 100여 명을
참살했는데 부병도 역시 죽은 자가 많았다. 이에 부병을 시켜서 성문을 나누어 지키
게 하여 중의 출입을 금하고 부병을 보내어 중광사·홍호사·귀법사·용흥사·묘지
사·복흥사 등의 절을 파괴하니 이준의가 말렸다. 이의방이 성내어 말하기를, "만약
네 말을 좇는다면 일은 이루지 못할 것이다."하고, 절을 불태우고 재물과 기명器皿을
빼앗아 돌아가니 중의 무리들이 중도에 기다리고 있다가 마주쳐서 도로 빼앗아갔으
며 부병이 매우 많이 죽었다.

原文 歸法寺僧百餘人 犯城北門 殺宣諭僧錄彦宣 李義方 率兵千餘 擊殺數十僧 餘皆散去
兵卒 亦多死傷者 重光弘護歸法弘化諸寺 僧二千餘人 集城東門 門閉 乃燒城外人家 欲延燒崇
仁門 入殺義方兄弟 義方知之 徵集府兵逐之 斬僧百餘 府兵亦多死者 乃令府兵 分守城門 禁僧
出入 遣府兵 破重光弘護歸法龍興妙智福興等寺 李俊儀止之 義方怒曰 若從爾言 事不成矣 逐
焚其寺 取貨財器皿以歸 僧徒要擊於路 還奪之 府兵死者甚衆

_ 『고려사절요』권12, 명종 4년 정월

(9월) 서경유수西京留守주23 조위총이 병을 일으켜 정중부·이의방을 치고자 도모하고
격문으로 동북 양계의 여러 성을 소집했다. 동 10월 기미己未에 중서시랑평장사주24 윤
인첨을 보내 3군을 거느리고 조위총을 치게 했다. 병인일에 윤인첨이 절령岊嶺에 이
르렀으나 병兵이 패하여 돌아왔다. … 11월 … 경술庚戌에 다시 윤인첨을 다시 원수로
명하여 3군을 거느리고 서경을 공격케 했다. 12월 을묘에 조詔하기를, "짐이 덕이 부
족하고 지혜가 적은 몸으로 그릇되게 조종祖宗의 오래 쌓은 기반을 이어받아 삼한三韓
에 군림한 지 이제 5년이 되었으나 능히 위로 하늘의 뜻에 보답치 못하고 아래로 민심
을 어루만지지 못하여 재변이 그치지 않으니 두려움에 편하기 어렵도다. 너그럽게 용

주20 귀법사歸法寺 : 광종 때 개경
부근에 세워진 사원으로 화엄종 소
속.

주21 선유승록宣諭僧錄 : 선유의
일을 맡은 승록사의 관원인 듯하
다.

주22 부병府兵 : 개경에 있던 2군
6위의 군사를 가리키는 듯하다.

주23 서경유수西京留守 : 서경에
파견된 장관으로 3품 이상으로 임
명되었다.

주24 중서시랑평장사中書侍郎平
章事 : 중서문하성의 차관직으로
정2품.

주25 경인庚寅 · 계사癸巳 : 경인의 난(정중부의 난)과 계사의 난(김보당의 난)을 가리킨다.

서하는 은택을 중외에 입히고자 생각하니 가히 참斬과 교絞 이죄二罪 이하는 형을 면제하고 부처付處할 것이며 경인庚寅 · 계사癸巳주25에 이미 유배된 자는 모두 사면하여 상경토록 하고 … 서경 정벌군에게는 쌀 한 섬씩을 내릴 것이다." 했다.

原文 西京留守趙位寵 起兵 謀討鄭仲夫李義方 檄召東北兩界諸城 冬十月 己未 遣中書侍郎 平章事尹鱗瞻 率三軍 以擊位寵 丙寅 鱗瞻至岊嶺 兵敗而還 … 十一月 … 庚戌 復命尹鱗瞻 爲 元帥 率三軍 攻西京 十二月 乙卯 詔曰 朕德薄智微 謬承祖宗 積累之基 臨莅三韓 于今五載 不 能上答天意 下撫民心 災變未息 恐懼難安 思欲寬宥恩澤 廣被中外 可赦斬絞二罪以下 除刑付 處 庚寅癸巳 配流者 皆移免上京 … 賜征西軍卒米人一石 …

_ 『고려사』 권19, 세가19, 명종 4년

출전

『고려사』

『고려사절요』

찾아읽기

변태섭, 『고려정치제도사연구』 일조각, 1971.

변태섭, 「무신란과 최씨정권의 성립」 『한국사』7, 국사편찬위원회, 1973.

김당택, 『고려 무신정권연구』 새문사, 1987.

민병하, 『고려 무신정권연구』 성균관대학교 출판부, 1990.

국사편찬위원회, 『한국사18 – 고려무신 정권』, 1993.

홍승기 엮음, 『고려 무인정권연구』 서강대학교 출판부, 1995.

김의규, 「고려 무신란의 원인론에 대한 검토」 『인문과학연구』4, 동덕여대, 1998.

황병성, 『고려 무인정권기 연구』 신서원, 1998.

황병성, 「의종대의 정치 추이와 문관들의 동향」 『경희사학』22, 1998.

김당택, 『고려의 무인정권』 국학자료원, 1999.

남인국, 『고려중기 정치세력연구』 신서원, 1999.

박옥걸, 「무신란과 정중부정권」 『백산학보』54, 2000.

김용선, 「김보당과 한언국의 난」 『한국중세사회의 제문제』, 2001.

이홍종, 「고려의 문벌귀족과 무신정권」 『전농사론』7, 2001.

하태규, 「고려 무신집권기 전라도 지방의 사족과 민의 동향」 『전북사학』24, 2001.

김대중, 「최충헌 정권의 군사적 기반」 『군사』47, 2002.

김대중, 「최충헌 정권의 성립배경」 『진단학보』93, 2002.

김창현, 「정중부 정권의 성립과 운영」, 『한국중세사연구』15, 2003.

김호동, 「고려 무신정권시대 문인지식층의 현실대응」, 경인문화사, 2003.

백남혁, 「무신난의 원인과 성공요인」, 『상명사학』8 · 9합집, 2003.

김창현, 「고려 의종의 이어移御와 그에 담긴 관념」, 『역사와 현실』53, 2004.

신수정, 「이의민의 출세배경과 그 과정」, 『사학연구』74, 2004.

황병성, 『고려 무인정권기 문사 연구』, 경인문화사, 2008.

김창현, 「고려 의종의 정치와 관료집단」, 『한국인물사연구』11, 2009.

장일규, 「고려 명종 옹립의 정치세력에 대한 제문제」, 『대구사학』103, 2011.

9 무인, 국정을 운영하다

무인 집권과 정방

무신란으로 정권을 장악한 무인들은 기존의 정치 사회 질서를 대부분 온존시키면서 정권을 운영했다. 그러면서도 새로운 정치 기구를 마련하거나 사병을 육성하기도 했는데 정방은 이 시기에 새로 만들어진 정치 기구의 하나였다.

무인 집정의 교체

1170년에서 1270년까지 100년간 지속된 무인 정권은 초기의 성립기, 최씨 가문에 의해 유지된 확립기, 최씨 정권의 몰락 이후의 붕괴기 등 세 시기로 나누어 전개 과정을 이해할 수 있다. 무신들의 쿠데타 성공 직후에는 정변 주체들 사이에 치열한 권력 싸움이 전개되어 이고·이의방 등이 차례로 제거되었고 이어서 정중부가 집권했는데, 정중부는 경대승에 의해 제거되었고 경대승이 병으로 죽자 이의민이 권좌에 올랐다. 정중부는 무신란 이전에 이미 무반 고위직에 올라 있었던 인물이었으며, 경대승은 무신란에 참여하지 않았으며 무신란 자체를 부정하는 입장을 보였다. 이의민은 사비寺婢의 아들로 태어나 무신난이 일어났을 때 행동대원으로 많은 이들을 살상했다. 이들 무인 집정자들의 성향은 이처럼 일정하지 않고 그들 사이에 갈등이 심했으며[자료1] 무인 집권에 대항하는 난도 발발하여 무인 정권은 불안정했다. 그러나 최충헌이 이의민을 몰아내고 정권을 장악한 뒤, 무인 정권은 정치적으로 안정되는 모습을 보였다. 최충헌은 비교적 좋은 가문 출신이었으며 무신란에 참여한 인물이 아니었다.

　최충헌은 집권한 뒤 봉사십조封事+條를 올려 당시 정치 · 사회 · 경제의 여러 가지 문제를 지적하고 개혁할 것을 주장했는데[자료2] 이것은 정변의 정당성을 인정받으려는 행위였다. 그는 정권에 장애가 되는 무인들을 가차 없이 몰아냈으며, 함께 정변을 일으킨 동생 최충수마저 제거했다. 그리고 반대하는 사원 세력을 제압하고, 농민 · 천민의 항쟁을 가혹하게 진압했으며 필요할 때는 국왕도 교체했다.[자료3] 또한 최충헌은 권력을 차지한 뒤 정안 임씨, 왕실과 혼인했으며 그 자손들도 명망가와 혼인시킴으로써 지위를 안정시키고 권력의 정당성을 다지고자 했다. 최충헌 이후 무인 집정의 자리는 최우, 최항, 최의에게 차례로 계승되었다.[자료4] 최우 때부터 몽골의 침입을 받아 무인 정권이 위기에 처하기도 했지만 강화도로 천도함으로써 정권 연장을 꾀했다. 고종 45년(1258)에 최의가 정변에 의해 주살되자 새로운 집정자로 김준이 등장했으며 그 후 김준이 임연에게 살해당함으로써 권좌는 임연으로 이동했고, 임연이 병으로 죽자 다시 그의 아들 임유무로 옮겨갔다. 결국 원종 11년(1270) 원의 압력 속에 임유무가 제거되고 왕정이 회복되어 개경으로 환도함으로써 무인 정권은 종말을 고했다.

문무반제 운영의 혼란

　무인 정권기에 모든 권력은 무인들이 행사하여 중앙 및 지방의 일체 정치 기구는 무인들이 장악했다. 무신들이 국가 기관을 자의로 운영하면서 여러 제도들이 종전과 달라졌는데 문반과 무반의 구별이 약화된 것이 하나의 예다.

　원래 무신은 무직武職을 따라 승진하게 되어 있었지만, 무신란 이후 무신이 문직을 겸하는 것이 일반화되었다. 명종이 즉위한 직후에 인사 이동에서 무신 정중부와 양숙梁淑이 참지정사參知政事가 되었으며, 이소응李紹膺은 좌산기상시左散騎常侍가 되었다. 정중부는 이후 중서시랑평장사를 거쳐 문하평장사가 되었으며, 마침내 수상인 문하시

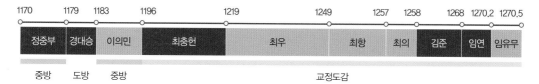

무인 정권 집정 연대표. 무인 정권은 100년 간 지속되었는데, 초기에는 집정이 정중부에서 경대승, 다시 이의민으로 자주 교체되었으나 최충헌이 집권한 이후에는 그의 자손들이 집정 지위를 세습했다. 최의가 제거된 뒤에는 집정의 자리를 김준·임연·임유무가 차례로 차지했다. 그리고 초기에는 무인들이 중방을 통해 권력을 행사했지만, 최충헌 이후에는 새로 만든 교정도감이 대신했다.

중門下侍中 자리까지 올랐다. 이렇게 무신이 문직을 갖는 일은 일반화되었는데, 심지어 내시內侍·다방茶房 등의 근시직近侍職까지도 무신이 겸했다.[자료5] 그리고 지방관의 외직外職도 무신이 보임되는 일이 많아[자료6] 지방 사회에서 행정 운영을 문란시키고 부세제를 악용하는 사태가 자주 일어났다.

반대로 문신 가운데서도 무신직을 겸하는 자가 나왔다. 무신란 전에는 우위에 있는 문신 관리가 열위劣位에 있는 무신 관직을 가질 리 없었으나, 무신란 이후에는 그러한 일이 잦아 무신란 때 화를 면한 문신 문극겸文克謙이 용호군상장군龍虎軍上將軍이 되었으며, 이후 다시 재상이 되었는데 상장군을 겸했다. 그리고 윤관尹瓘의 손孫이자 윤언이尹彦頤의 아들인 윤인첨尹鱗瞻은 과거에 합격한 문신이었는데, 명종 때 국자감대사성大司成의 유관직儒官職을 맡았으며 그 뒤 재상까지 올랐고 마침내 무신직인 상장군을 겸하고 중방重房에까지 참여했다. 이런 현상은 문반·무반제 운영의 혼란이며 무신의 지위 향상을 뜻하는 것이기도 했다.

고려 시기 중앙 정치 운영에서 언론은 관료 사회가 상호 견제하여 원활히 운영될 수 있도록 하였으나 무인 집권기에는 언론의 활동이 거의 마비되었다. 대간 세력은 위축되어 비리를 적발하여 조사하려 해도 무인 집정의 반대에 부딪치면 활동을 중단할 수밖에 없었다.[자료7] 또 대간에게는 서경권署經權이 있었으나 최고 권력자와 충돌할 경우 전혀 힘을 쓸 수가 없었다.[자료8] 이처럼 언론이 제 기능을 발휘하지 못해 관료제가 원활하게 운영될 수 없었다.

무인들의 치부 행위

무신들은 사회 경제 개혁에는 소홀했다. 무신들이 오랜 준비와 향후의 구체적인 사회 개혁을 준비하고 정변을 일으킨 것이 아니었기 때문에 개혁을 기대하기란 무리였다. 12세기 초 이래 농민의 유리로 표현되듯이 향촌 사회의 문제가 심각했고, 이자겸·묘청난에서 알 수 있듯이 지배 체제에 상당한 동요가 있었다. 그러나 무인 집권 초기 명종 때에는 무인들이 서로 치열한 권력 싸움을 벌였을 뿐, 정치나 사회 문제를 수습하려는 적극적인 노력이 없었다. 최충헌이 등장하면서 봉사십조를 통해 사회·경제·정치 등의 여러 문제를 지적하고 해결책을 제시했다. 그러나 실제 개혁 의지가 없었으므로 그가 제시한 해결책이 실행에 옮겨진 바가 없었다.

반면에 그들은 부의 축적에 열을 올렸다. 집권한 무신들은 앞을 다투어 문신들이 소유했던 전지田地와 노비를 차지했고 재물을 빼앗았다. 최고의 무인 집정자들도 마찬가지였다. 최고 집정자들은 자기 세력을 부양하기 위해 상당한 재력이 필요했고 실제로 상당한 전지와 노비를 소유했다. [자료9·10] 최씨의 농장이 전라도와 경상도에 널려 있었으며 김준의 농장도 광범위한 지역에 분포되어 있었다. 지방관으로 파견된 무인들도 농민에 대한 착취에 몰두하여 많은 반발을 불러왔고 이것은 농민과 소민所民의 저항을 일으키는 하나의 원인이 되었다.

새로운 문신의 등용

무인들은 집권 초기에는 문신들에게 적대적이었다. 많은 문신을 처단했으며 살아남은 문신들의 권한을 축소하고 그들을 의심했다. 그러나 현실 정치는 무인들끼리 이끌어나갈 수 없었으므로 문신들의 도움이 불가피했다. 무인 정권은 점차 안정되면서 문신을 적극적으로 이용했다. 그리하여 무인 집권기에는 이전 시기보다 과거제가 더욱 활발하게 운영되어 많은 인사들이 등용되었다. 이때 새로 등장한 문신들은 과거의 문벌 귀족과 연결되기보다는 지방의 토착 세력에 기반을 두는 경향이 강했다. 따라서 신진 세력이 크게 약진했다고 할 수 있다. 그러나 이들은 행정 실무를 담당했을 뿐, 활동은 제한적일 수밖에 없었다. 그러나 최우 때에 가면 문신을 우대하고 이들을 정치 운영에 적극 활용하여 많은 문신들이 중앙 정계에서 활동할 수 있는 공간이 확보되었다. 그렇지만 역시 최고의 권좌는 무인들이 차지하고 있어 권한과 활동이 제한적일 수밖에 없었다.

『동국이상국집』. 이규보의 시문집이며 53권 13책이다. 아들 涵涵이 고종 28년 (1241)에 전집全集 41권을, 이듬해에 후집 後集 12권을 편집하여 간행하였으며, 고종 38년에 고종의 명령으로 손자 익배益培가 분사대장도감分司大藏都監에서 증보판을 간행했다. 조선 시대에도 여러 번 간행된 듯하다.

정방 · 교정도감과 사병

무인들은 기존 정치 기구를 그대로 이어받아 운영했다. 초기에는 상장군과 대장군 등 고위 장군들의 회의 기관이었던 중방이 가장 중요한 정책을 결정했다. 이후 필요에 따라 새로운 정치 기구를 만들기도 했다. 정방政房이 그중 하나인데, 인사행정 실무를 담당했으며 최우 때 설치되었다. 원래 문반의 인사 행정은 이부吏部에서, 무반의 인사 행정은 병부兵部에서 담당하는 것이 원칙이었으나 최충헌 때부터 교정도감敎定都監이 인사 행정에 깊이 관여했다. 최우는 이것을 한층 강화하고 제도화하여 정방을 설치한 것이다. 정방은 정색승선政色承宣 · 정색소경政色少卿 · 정색서제政色書題 등 정식 관직에 준하는 인원으로 채워져 있었고, 또 직접 정안에 따라 전주를 관장하여 국왕의 결재를 받은 것으로 보아 공식 기구의 일면도 가지고 있었다. 인사 행정을 정방에서 전담케 함으로써 관인 및 그 후보군들에 대한 사적 충성을 유도해 나갔다. 최우 때에 많은 문인이 배출되었는데, 이규보李奎報 · 금의琴儀 · 김창金敞 · 박훤朴暄 등이 유명했다. [자료11 · 12]

최씨 정권 몰락 이후 정방은 완전히 국가 기관이 되었다. 무인 집권기에 새로 만들어진 정치 기구는 무인 정권의 종말과 더불어 사라졌지만 정방은 그 후에도 존속했다. [자료12] 정방은 대개 왕권이 강할 때는 폐지되었다가 반대로 신권臣權이 강할 때는 부활하는 양상을 보였다. 지인방知印房 또는 차자방箚子房 등의 이름으로 불리다가 창왕 때 상서사尙書司로 개편되었다.

정방 이외에 새로 창출된 기구로 교정도감·서방書房을 들 수 있다. 교정도감은 최충헌이 설치했는데, 인사·재무에 관한 권한은 물론 비위를 규찰하는 검찰권까지도 장악했다. 역대 권신들은 교정도감의 장관인 교정별감이라는 관직에 취임해 막대한 권력을 행사했다. 무인 집정에게는 부府의 설치를 허용해, 최충헌은 진강부를, 최우는 진양부를, 김준은 해양부를 각각 열었다. 교정도감도 무인 집권자의 '부'에 소속했을 가능성이 높아 보인다. 서방은 최우 때에 설치된 것으로, 문객들의 조직이었다. 이들은 세 번으로 나누어 집정자를 숙위했다.

무인 집정들은 자신의 권력을 보장받고, 신변을 호위할 필요에서 공병과는 구별되는 사병을 육성했다. 사병은 처음에는 노비 등의 가속을 무장시켜 조직한 것이었으며, 그 지휘관은 사적인 충성 관계로 묶인 집정자들의 문객이 담당했다. 도방都房은 조직화된 사병 집단이었으며 경대승이 신변 호위를 위해 만든 데서 비롯되었다. 이 도방은 최충헌 때에 와서 최씨의 가장 중요한 권력 장치로서 재건되었다. 최우 때는 도방을 확대 개편하고 마별초와 야별초 등의 군사 조직을 추가했다. 마별초는 기병으로 구성된 특수 부대였으며, 사적인 군사 기반의 강화라는 의미 이외에 의장대로서의 역할을 수행함으로써 집정자 최씨의 권위를 과시하는 정치적 기능이 컸던 것으로 보인다.

쿠데타로 성립한 무인 정권은 하급 지배층의 불만을 전제로 성립하여 종전의 문벌 귀족 중심의 체제를 타파한 데에는 큰 의미를 가진다. 정치 운영이 종전의 문신 중심에서 무인 중심으로 바뀌었으며, 기존의 정치 기구를 이어받는 한편 새로운 필요에서 정방·교정도감·서방을 두었고, 또한 사병으로서 도방 등이 만들어졌다. 무인 중심으로 정권이 운영되었지만, 과거제는 오히려 활발하게 운영되어 지방에 기반을 둔 신진 세력들이 대거 중앙 정계에 진출하는 모습을 보였다.

자료샘

자료1

주1 중방重房 : 상장군·대장군 등 최고 무신들이 합좌습坐하는 기관.

주2 장군방將軍房 : 2군 6위의 장군(정4품)들이 합좌하는 기관.

주3 낭장방郎將房 : 무반인 낭장(정6품)들이 합좌하는 기관.

요즈음 중방주1에서 일을 결정하면 장군방將軍房주2에서는 이를 막아버리고, 장군방에서 의견을 내면 낭장방郎將房주3에서 이를 막아버린다. 서로 모순되기 때문에 정령이 발표되어도 백성들이 따르지 아니하니 하물며 형벌은 인군人君의 권한이거늘 신하들이 이를 마음대로 한다.

原文 今 重房制事 將軍房沮之 將軍出議 郎將房沮之 互相矛盾 政令之發 民不適從 況刑殺 人主之柄 而臣下擅之

__ 『고려사』권101, 열전14, 송저宋詝

자료2

주4 봉사封事 : 상소문을 말한다.

최충헌이 동생 최충수와 함께 봉사封事주4를 올리기를, "엎드려 보건대 적신賊臣 이의민은 성품이 사납고 잔인하여 윗사람을 업신여기고 아랫사람을 능멸하여 임금의 자리를 흔들고자 했습니다. 화난의 불길이 성하여 백성이 편히 살 수 없으므로 신 등이 폐하의 위엄과 정신에 힘입어 일거에 소탕하여 제거했습니다. 원컨대 폐하께서는 옛 정치를 개혁하고 새로운 정치를 도모하셔서 태조의 바른 법을 한결같이 따라 이를 행하여 빛나게 중흥하소서. 삼가 10가지 일을 조목별로 아룁니다. …

3. 선왕이 토전土田을 제정할 때 공전을 제외하고는 신하와 백성에게 각각 차등 있게 주었는데, 관직에 있는 자가 탐욕스러워 공전·사전을 빼앗아서 함께 가지고 있습니다. 한 집의 기름진 토지가 주州에 차고 군郡에 넘치므로 나라의 세금이 삭감되고 군사가 모자라게 되었습니다. 오직 폐하께서는 해당 관서에 명령하여 공문서를 모아 조사하여 빼앗긴 모든 것을 본 주인에게 돌려주게 하십시오.

4. 모든 세금은 다 백성에게서 나오는 것인데 백성이 가난하고 피폐하면 돌아보건대 어느 곳에서 거둬들이겠습니까? 간혹 이속吏屬이 불량하여 자신의 이익만을 좇아 움직이면서 백성들에게 손해를 입히고, 권세가의 노비가 전조田租를 서로 다투어 징수하므로 백성이 모두 고통으로 근심합니다. 오직 폐하께서는 어질고 능한 자를 가려서 외관직에 임명하여 권세가가 백성의 재산을 파탄시키지 못하게 하십시오.

5. 국가가 관리를 파견하여 양계를 다스리고 5도를 살피는 것은 이속의 간악한 행위를 억누르고 백성들의 폐해를 덜어주고자 할 목적입니다. 그러나 여러 도에 파견된

안찰사들이 마땅히 살펴야 할 일은 살피지 않고 오로지 재물을 긁어들이고 있으며, 왕께 올린다는 구실[供進]로 역마를 수고롭혀 이를 운반했다가 혹 사사로운 비용에 충당하는 일이 있습니다. 오직 폐하께서는 여러 도의 안찰사^{주5}에게 공진供進을 금지시키고 백성의 어려움을 살피는 것만을 직책으로 삼게 하십시오. …

주5 안찰사 : 남방의 5도에 파견된 관원인데 초기에는 그 기능이 미약했으나 점차 도의 장관으로서의 위치를 갖게 되었다.

7. 요즘 지방의 이속이 탐욕을 부리는 자가 많아 염치의 도가 없어졌는데도 여러 도의 안찰사가 내버려두며 묻지 않고, 간혹 어질고 청백한 자가 있어도 역시 이를 알지 못한다고 합니다. 그 악을 방자히 하게 하고 청렴함이 무익하게 되었으니 어찌 악을 경계하고 청렴함을 권장할 수 있겠습니까? 오직 폐하께서는 양계 도통사^{주6}와 5도 안찰사에게 명령하여 이속의 능력이 어떤지를 문서로 아뢰게 하시고, 능력 있는 자는 발탁하고 그렇지 않은 자는 징계하십시오.

주6 도통사 : 양계의 지방 장관인 병마사를 가리키는 듯하다.

8. 지금 조정의 신하들은 모두 절약하고 검소하지 않습니다. 그들은 집을 수리하고 옷과 완구를 정리하여 진귀한 보물로 몸을 장식하고 그것을 자랑하니, 풍속이 부패하고 문란해져서 망할 날이 멀지 않았습니다. 오직 폐하께서는 모든 신하에게 훈계해 사치를 금하고 검소함을 숭상하게 하십시오. …

10. 어사대의 신하는 언론을 맡기 때문에 임금이 혹 못 미치는 것이 있으면 곧 과감하게 간하여 도끼로 죽이는 형벌이나 큰 솥에 삶아 죽이는 형벌을 받더라도 마음에 기쁘게 여겨야 합니다. 지금은 모두 머뭇거리며 아래 위를 살펴 구차하게 영합할 것만을 생각합니다. 오직 폐하께서는 적임자를 선택하시어 조정에서 직언하게 하시고, 경우에 따라서는 끝까지 쟁론케 하십시오."라고 하니 왕이 기꺼이 받아들였다.

原文 忠獻與忠粹 上封事曰 伏見賊臣義旼 性鷙忍 慢上陵下 謀搖神器 禍焰熾然 民不聊生 臣等賴陛下威靈 一擧蕩滅 願陛下革舊圖新 一遵太祖正法 光啓中興 謹條十事以奏 … 先王制土田 除公田外 其賜臣民 各有差 在位者貪鄙 奪公私田 兼有之 一家膏沃 彌州跨郡 使邦賦削 而軍士缺 惟陛下勅有司 會驗公文 凡所見奪 悉以還本 公私租賦 皆由民出 民苟困竭 顧安所取足 吏或不良 惟利之從 動輒侵損 又勢家奴皁 爭徵田租 民皆嗷然愁痛 惟陛下擇良能 以補外寄 毋令勢家破民産 國家分遣使 統兩界察五道 欲吏姦抑民瘝沮而已 今諸道使等 應察不察 但誅求以供進爲名 勞郵以輸 或充私費 惟陛下禁諸道使供進 專以覈問爲職 … 比聞 郡國吏 多逞貪 廉恥道息 諸道使置不問焉 設有仁而清者 亦不之知 使其惡肆而清無益 奈戒勤何 惟陛下勅兩界都統五道按察使 按吏能否 具以狀聞 能者 擢之 否者懲之 今之廷臣 並不節儉 修第宅 理服玩 飾以珍寶而夸異之 風俗傷敗 亡無日矣 惟陛下 具訓于百僚 禁華侈尙儉 … 省臺之臣 主言事 故上或不逮 則有敢諫 雖干鈇逆鼎 所甘心焉 今皆嫱婀低昂 以苟合爲心 惟陛下擇其人而後 使直言

在庭 臨事 或折書奏 王嘉納之

_ 『고려사』권129, 열전42, 최충헌

주7 허기虛器 : 빈 껍데기, 즉 왕권이 무력함을 일컫는다.

주8 목우인木偶人 : 나무 허수아비.

주9 경卿 : 대상시·위위시·대복시·예빈성·사농시·대부시·사재시 등의 종3품 관직.

주10 감監 : 군기감·비서성·사천대·소부감·장작감·전중성·태의감에 둔 종3품 또는 정4품 관직.

주11 경인庚寅 이래로 : 경인년과 계사년 이후라는 뜻. 경인년(1170)에는 정중부의 난이, 계사년(1173)에는 김보당의 난이 일어났다.

주12 대성臺省 : 간쟁과 봉박을 맡는 중서문하성의 낭사郎舍와 어사대.

주13 교위校尉 : 50명으로 조직된 오伍라는 단위 부대의 장이며 정9품의 무관직.

주14 대정隊正 : 25명으로 구성된 대隊라는 단위 부대의 장으로 교위 바로 아래에 위치한 무관직.

주15 복두幞頭 : 과거에 급제한 사람이 홍패를 받을 때 쓰는 관. 모양이 사모 비슷한데, 턱이 지지 않고 위가 평평하며 네모져 있다.

주16 서반西班 : 무반.

주17 산직散職 : 품계만 있고 실무가 없는 관직.

자료 3

사신史臣이 찬贊하기를, "신종神宗은 최충헌이 세운 바로, 살피고 죽이고 폐하고 설치하는 일이 모두 최충헌 손에서 나오니, 다만 허기虛器주7를 안고 신민의 위에 선 것이 마치 목우인木偶人주8과 같을 따름이었다. 애석하도다." 했다.

原文 史臣贊曰 神宗爲崔忠獻所立 生殺廢置 皆出其手 徒擁虛器 立于臣民之上 如木偶人耳 惜哉

_ 『고려사』권21, 세가21, 신종

자료 4

최이가 죽으니 지이부사 상장군 주숙周肅이 야별초와 내외內外 도방都房을 영솔하고 정권을 다시 왕에게로 돌릴 생각을 가지고 머뭇거리고 있을 때 전전殿前 이공주, 최양백, 김준 등 70여 명이 최항에게로 넘어갔으므로 주숙도 최항에게 붙고 말았다.

原文 怡死 知吏部事上將軍周肅 領夜別抄 及內外都房 欲復政于王 猶豫未決 殿前李公柱崔 良伯金俊等 七十餘人 歸于沆 肅亦附焉

_ 『고려사』권129, 열전42, 최충헌부 항沆

자료 5

국가가 관직을 나누어 설치했는데, 오직 경卿주9·감監주10을 제외하고는 무신은 문관을 겸할 수 없게 되어 있었다. 그런데 경인庚寅 이래로주11 우리[무신]들이 대성臺省주12에 자리했고 조정의 반열에 포열布列했으며, 교위校尉주13 대정隊正주14이 복두幞頭주15를 착용하는 것이 허용되고 서반西班주16의 산직散職주17이 외관에 임명되니 진실로 선왕의 제도가 아니다.

原文 國家設官分職 唯卿監外 武臣不兼文官 自庚寅以後 吾儕得處臺省 布列朝班 校尉隊正 許着幞頭 西班散職 差任外官 固非先王之制

_ 『고려사』권100, 열전13, 홍중방洪仲方

자료 6

제制하여, "3경京[주18] 4도호都護[주19] 8목牧[주20]으로부터 군 · 현 · 관주21 · 역의 관직에 이르기까지 무인을 함께 등용하라."고 했다.

原文 制 自三京四都護八牧 以至郡縣館驛之任 竝用武人

_ 「고려사절요」권12, 명종 3년 10월

자료 7

정중부의 가노가 금령禁令을 범했으므로 중승中丞[주22] 송저와 어사御史[주23] 진광인이 결박해 죄를 물으니 정중부가 노하여 송저 등을 살해하려 했는데 그의 아들 정균이 간諫하여 그치었다. … 국왕은 정중부가 불쾌하고 분하게 여김을 염려해서 송저를 파직시키고 진광인을 공부원외랑으로 좌천시켰다.

原文 鄭仲夫家奴 犯禁 中丞宋詝 御史晉光仁 縛之 仲夫怒 欲殺詝等 其子筠 諫止之 … 王慮仲夫未快憤 罷詝職 左遷光仁工部員外郎

_ 「고려사절요」권12, 명종 8년 7월

자료 8

역어譯語 내전숭반內殿崇班[주24]인 우광유를 권지각문지후權知閣門祗候[주25]로 삼으니 성랑省郎[주26]이 의논하기를, "우광유는 남반南班[주27]인데 참직參職[주28]을 배수拜授함은 잘못된 일이다."면서 고신告身[주29]에 서명하지 않았다. 최충헌이 성랑에게 이르기를, "우광유는 지난번에 북조北朝[주30]의 책사册使[주31]와 전대專對한 재능이 있어서 특별히 참직을 제수하는 것인데 어찌하여 상제常制를 고집하는가."하니, 성랑省郎이 즉시 서경했다.

原文 以譯語內殿崇班 于光儒 權知閣門祗候 省郎議 光儒 以南班拜參職 非也 遂不署告身 忠獻謂省郎曰 光儒 頃者 與北朝册使 有專對之能 特授參職 何堅執常制耶 省郎卽署之

_ 「고려사절요」권14, 희종 2년 7월

자료 9

처음에 의종이 사사로이 3개의 저택을 지었는데 관북택館北宅, 천동택泉洞宅, 곽정동택藿井洞宅이었다. 재물을 여기로 긁어들였는데 거만巨萬으로 계산되었다. 이에 (정권을 잡자) 정중부 · 이의방과 이고가 이것을 모두 나누어 가졌다.

주18 3경京 : 동경(경주), 서경(평양), 남경(서울)을 가리킨다.

주19 4도호都護 : 안동도호부, 안남도호부, 안서도호부, 안북도호부.

주20 8목牧 : 광주廣州, 충주, 청주, 진주, 상주, 나주, 황주와 전주.

주21 관館 : 중요한 교통로에 배치되어 공무 여행자의 숙식을 제공하는 기관.

주22 중승中丞 : 어사대의 종4품 관직.

주23 어사御史 : 어사대. 어사대는 시정을 논하고 풍속을 교정하며 규찰 · 탄핵의 소임을 맡고 있는 부서.

주24 내전숭반內殿崇班 : 궁중의 일을 맡아보는 액정국의 종7품 관직(남반).

주25 권지각문지후權知閣門祗候 : 각문 소속의 종7품 관직으로 추정된다.

주26 성랑省郎 : 중서문하성의 정3품 이하 관원으로 간쟁과 봉박을 맡았다.

주27 남반南班 : 궁중의 내료직內僚職으로 전중殿中의 당직이나 국왕의 호종 및 왕명 전달 등을 맡아보았는데, 중간 계층으로 분류된다.

주28 참직參職 : 3품 이하로부터 6품 이상의 관직.

주29 고신告身 : 직첩. 임명장.

주30 북조北朝 : 여기서는 여진족의 금나라를 가리킨다.

주31 책사册使 : 금나라에서 고려의 국왕을 책봉하러 온 사신.

原文 初 毅宗構三私第 曰館北宅 曰泉洞宅 曰藿井洞宅 聚斂財貨 以巨萬計 至是 仲夫義方 高 皆分占焉

_『고려사』권128, 열전41, 정중부

자료 10

주32 시중侍中 : 문하성의 장관으로 종1품 관직

정중부는 본래 성품이 욕심 많고 비루하여 거리낌 없이 고리대를 했다. 시중侍中[주32]이 되자 전원田園을 여러 곳에 가졌고 그의 집안 하인들과 문객들이 권세를 빙자하여 방자하게 굴었으므로 내외의 사람들이 고통스러워했다.

原文 仲夫 性本貪鄙 殖貨無厭 及爲侍中 廣殖田園 家僮門客 依勢橫恣 中外苦之

_『고려사』권128, 열전41, 정중부

자료 11

주33 필자적必者赤 : 몽골어로 문사文士를 뜻하는 말.

주34 중서성中書省 : 당唐의 3성제省制에서 조칙詔勅을 작성하는 역할을 담당했다. 고려에서는 중서성과 문하성이 합쳐져 문하시중을 수반으로 한 중서문하성으로 일원화되었다.

주35 문하성門下省 : 고려의 최고 정무 기관으로 중서성과 통합되어 중서문하성이 되었다.

주36 승선承宣 : 왕명의 출납을 담당하는 관원. 현종 14년(1023)에 중추원의 관원으로 좌우승선을 삼는 동시에 그 밑에 좌우부승선을 둔 것이 시초로, 문종 때의 품계로는 정3품 관직이었다.

주37 필낭筆橐 : 붓주머니, 전하여 필경구筆耕具를 말한다.

최우가 사저에 정방政房을 두고 백관百官의 전주銓注를 다루었는데, 문사文士를 뽑아 이에 속하게 하고 이름을 필자적必者赤[주33]이라 했다. 이전 제도에 이부吏部는 문전文銓을 관장하고 병부兵部는 무선武選을 관장하여 그 연월年月의 차례를 정하고 노일勞逸을 구분하고 공과功過를 기록하고 재능이 있고 없음을 논하여 서면에 기록하니 이를 정안政案이라 했다. 중서성[주34]에서 벼슬 올릴 것과 내릴 것을 의논하여 이를 상주上奏하면 문하성[주35]에서 제칙制勅을 받아 이를 행했다. 최충헌이 권세를 멋대로 하면서부터 부府를 두고 요좌僚佐와 사사로이 정안政案을 취하여 주의注擬하고 제수하니, 그 당여黨與에게 수여하여 승선承宣[주36]이 된 자를 정색승선政色承宣이라 하고, 요좌僚佐로서 이를 맡은 자를 삼품三品은 정색상서政色尙書라 하고 사품四品 이하는 정색소경政色少卿이라 했으며, 필낭筆橐[주37]을 가지고 그 아래서 종사하는 자를 정색서제政色書題라 했는데, 모이는 곳을 정방이라 했다.

原文 崔瑀置政房於私第 擬百官銓注 選文士 屬之 號曰必者赤 舊制 吏部掌文銓 兵部掌武選 第其年月 分其勞逸 標其功過 論其才否 具載於書 謂之政案 中書擬升黜以奏之 門下承制勅以行之 自崔忠獻 擅權置府 與僚佐 私取政案 注擬除授 授其黨與爲承宣 謂之政色承宣 僚佐之任此者三品 謂之政色尙書 四品以下 謂之政色少卿 持筆橐從事於其下者 謂之政色書題 其會所 謂之政房

_『고려사』권75, 지29, 선거選擧3, 전주銓注, 고종 12년

평장사 금의, 수상 김창, 상서 박훤과 같은 명사들도 모두 정방을 통해서 진출했으니, 그 시대에는 이것을 영광스럽게 여기고 부끄러워해야 할 것인 줄을 몰랐다. 문정공 유경이 김인준과 함께 최의를 죽이고 정권을 왕실에 돌려보낸 다음에도 정방은 혁파되지 않았다. 왕실의 중요한 직책을 권세가에서 사사롭게 부르던 대로 계속해 사용한 것은 탄식할 만한 일이다.

原文 若琴平章儀 金首相敞 朴尙書暄 諸名士 皆由是以進 當世榮之 莫知其爲可羞也 柳文正公璥 與金仁俊 旣誅誼 歸政王室 其政房因而不革 以王室之重任 襲權門之私稱 可歎也

— 『역옹패설櫟翁稗說』 전집前集1

출전

『고려사』

『고려사절요』

『역옹패설櫟翁稗說』 : 고려 말 익재 이제현(李齊賢, 1287~1367)이 56세 때 한가로움을 달래고자 쓴 4권으로 된 일종의 수필집. 내용은 주로 역사 · 경전 · 왕가의 세계世系 · 인물 · 해학 · 시평 등 여러 부문에 걸쳐 있으며, 사료로 매우 중요하다. 『역옹패설』은 전집前集 · 후집後集 각 2권으로 구성된다.

찾아읽기

변태섭, 『고려정치제도사연구』, 일조각, 1971.

남인국, 「최씨정권하 문신지위의 변화」, 『대구사학』 22, 1983.

강지언, 「고려 고종조 과거급제자의 정치적 성격」, 『백산학보』 33 1986.

김당택, 『고려 무신정권연구』, 새문사, 1987.

나만수, 「고려 무인집권기의 국왕과 문반」, 『진단학보』 63, 1987.

민병하, 『고려 무신정권연구』, 성균관대학교 출판부, 1990.

국사편찬위원회, 『한국사』 18 – 고려무신정권, 1993.

채웅석, 「명종대 권력구조와 정치운영」, 『역사와 현실』 17, 1995.

홍승기 엮음, 『고려무인정권연구』, 서강대학교 출판부, 1995.

전경숙, 「고려 최씨집권기의 도방」, 『한국학연구』 7, 1997.

황병성, 『고려 무인정권기 연구』, 신서원, 1998.

김당택, 『고려의 무인정권』, 국학자료원, 1999.

박옥걸, 「무신란과 정중부정권」, 『백산학보』 54, 2000.

서각수, 「고려 무인정권기 교정도감에 대한 고찰」, 『전농사론典農史論』7, 2001.

하태규, 「고려 무신집권기 전라도 지방의 사족과 민의 동향」, 『전북사학』24, 2001.

김대중, 「최충헌 정권의 성립배경」, 『진단학보』93, 2002.

김대중, 「최충헌 정권의 군사적 기반」, 『군사軍史』47, 2002.

김호동, 「고려 무신정권시대 문인지식층의 현실대응」, 경인문화사, 2003.

강재광, 「최씨가 가노家奴 출신 정치인의 역할과 무오정변의 성격」, 『한국사연구』127, 2004.

신수정, 「이의민의 출세배경과 그 과정」, 『사학연구』74, 2004.

신수정, 「고려 무신정권기 최충헌 가문의 혼인」, 『인문과학연구』26, 2008.

황병성, 「고려 무인정권기 문사 연구」, 경인문화사, 2008.

강재광, 「최의 정권의 대몽강화론 수용과 최씨정권의 붕괴」, 『한국중세사연구』28, 2010.

김병인·이바른, 「고려 명종대 감무 파견의 정치적 성격」, 『한국중세사연구』29, 2010.

서각수, 「고려 최씨 무인정권과 국왕」, 『숭실사학』29, 2012.

10 원이 내정에 간섭하다
원의 간섭과 부원 세력

수십 년간 대몽 항쟁을 겪은 뒤, 고려 정부는 강화에서 개경으로 환도했으며 원의 간섭을 받게 되었다. 원은 고려 자체를 멸망시키지 않고 국왕을 온존시키고서 여러 간섭과 통제를 가하여 왔다. 원의 내정 간섭으로 고려의 위치는 크게 하락했으며 인적·물적 부담을 지게 되었다. 그리고 원과 연결된 새로운 세력이 득세하여 고려의 정치 운영을 복잡하게 만들었다.

원의 간섭과 고려 국왕의 위상

세계 대국을 건설한 원은 새로이 편입된 지역을 지배하는 데 여러 방법을 활용했다. 정복된 땅과 백성을 몽골의 왕족에게 주어서 그로 하여금 통치케 하는 간접 통치 방식을 택하는 경우가 그 하나였다. 이때 정복된 민족의 토착적인 기존 지배 기구는 그대로 유지시키고 그 상부에 몽골족의 지배권을 덮어씌우는 방법이었다. 차가타이 한국, 오고타이 한국 등에서 활용한 방법이 그것이었다. 완전히 몽골 제국의 영역으로 편입해서 몽골족이 직접 행정을 맡는 직접 통치 방식도 있는데, 예컨대 여진족의 금나라가 그러했다. 또 다른 경우는 복속국을 독립국으로 두고 지배 체제도 인정하면서 몽골이 파견한 다루가치達魯花赤 등으로 하여금 강한 통제를 가하게 하는 유형이었다. 고려의 경우는 세 번째 유형에 속한다. 원은 여러 방식으로 고려의 내정에 간섭했으며

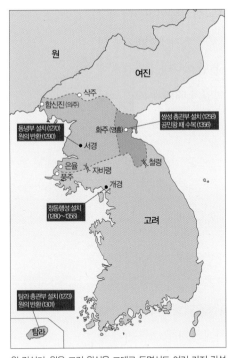

원 간섭기. 원은 고려 왕실을 그대로 두면서도 여러 가지 간섭을 하였다. 삼별초를 진압한 뒤 제주도에 탐라총관부를 설치하였고, 일본 정벌을 위해 설치한 정동행성을 내정을 간섭하는 기구로 만들었다. 그리고 고려의 국토를 빼앗아 서북 지방에 동녕부를, 동북 지방에 쌍성총관부를 설치했다. 원의 간섭으로 정치기구가 바뀌었고, 왕명도 '충忠' 자를 새로 붙였다. 금·은·인삼·잣·매 등을 요구하여 고려의 경제를 어렵게 했다.

자신들이 필요로 하는 것을 수탈해 갔다.

고려와 원의 관계는 고려가 국가로 유지되었고 양국 간에 책봉과 조공이 존재했으므로 역대 중국 왕조가 주변 국가와 맺은 책봉·조공 관계의 형식을 띠었다. 고려 태자가 쿠빌라이의 진영에 있는 동안 고종이 죽자 몽골에서 태자를 왕으로 세워 귀국시킨 것, 이어 몽골이 원종을 국왕에 책봉한 것, 이후 역대 국왕을 책봉한 것, 원에 대해 조공이 이루어진 것, 그리고 원의 연호를 사용한 것은 그러한 표현이었다. 그러므로 고려를 원 내지의 일부로 보는 것이나 원의 부마에게 주어진 투하령投下領으로 보는 주장은 타당하지 않다. 책봉·조공 관계 위에 왕실의 혼인이 이루어지고 또 내정 간섭이 더해진 것으로 보는 것이 타당하다. 원은 복속 지역에 대해 물자 공출, 세량의 납부, 군사 협력, 호구 조사, 지배층 자제의 입질入質, 다루가치의 주재 등 이른바 6사를 요구해 왔다.

원의 간섭은 국왕의 위상 변동에 잘 나타난다. 원은 필요할 때마다 고려의 왕을 교체하여 국왕의 위치는 크게 떨어졌다. 원은 자국 내에서 새로운 황제가 즉위하거나 집권 세력의 변동이 있을 때 고려를 효과적으로 통제하기 위하여 왕위를 교체했다. 원 성종이 즉위한 후 충렬왕에서 충선왕으로 교체한 것, 영종 즉위 후 충숙왕을 원도元都에 억류시킨 것, 문종 때 권신들 사이의 권력 투쟁에 따라 충숙왕과 충혜왕이 복위되거나 폐위당한 것 등이 단적인 예다.

원은 또한 고려의 국왕을 부마로 삼아 예우와 통제를 병행했다. 고려와 원 사이에 강화가 성립된 후 얼마 안 되어 세자로 있던 충렬왕은 원 세조의 딸인 제국대장공주齊國大長公主와 혼인했다.[자료1·2] 충렬왕 이후 공민왕에 이르기까지 8명의 원공주가 고려 왕의 후비가 되었다. 고려왕이 원나라 공주와 결혼하는 경우 제1비는 혼인의 선후 관계에 상관없이 원나라 공주였으며, 거기서 낳은 왕자가 후계자가 되었다. 다른 한편으로 고려와 원의 통혼은 고려에 대한 원의 간접 지배를 강화하는 의미를 가졌으며 양국 사회를 통합하는 기능을 하기도 했고 또 고려의 독립성과 정체성 유지에 이바지한 면도 있었다. 이 시기에 고려 국왕은 빈번하게 원에 입조했을 뿐만 아니라 장기간 원에 체류하기도 했다. 고려의 정치가 원에 의해 좌우되는 일이 많았기 때문에, 고려 국왕이 자신의 정치적 지위를 유리하게 만들기 위해서 그렇게 할 필요가 있었다.

정동행성 설치와 관제의 격하

원은 행정 기구를 통해서도 고려에 간섭했다. 정동행성征東行省이 바로 그것이었다. 원나라는 외지外地의 통치나 대규모 군사 행동 등을 위해 여러 가지 성격의 행성[行省, 행중서성行中書省]을 설치했는데, 정동행성은 정동征東 즉 일본 원정을 단행하기 위해 충렬왕 6년(1280)에 둔 것이었다. 제2차 일본 원정의 실패 후 몇 차례의 치폐置廢를 거쳐 충렬왕 11년에 다시 세운 이후 일본 원정을 포기하였음에도 불구하고 정동행성은 공민왕 때까지 존속했다.

정동행성에는 승상(丞相, 종1품), 평장정사(平章政事, 종1품), 우승(右丞, 정2품)과 좌승(左丞, 정2품), 참지정사(參知政事, 종2품) 및 낭중(郞中, 종5품), 원외랑(員外郞, 종6품), 도사(都事, 종7품) 등의 직제가 마련되어 있었다. 장에 해당하는 좌승상左丞相에는 항상 고려왕이 임명되었고, 하위직인 낭중·원외랑·도사 역시 거의 모두 고려인으로 채워져 있었다. 통상 원의 관인으로 충당해야 할 평장정사와 우승상右丞相 및 참지정사는 비워두고 임명하지 않는 것이 보통이었다.

정동행성은 독자적인 관서 건물이 있었다. 그곳에서 원의 사신을 영접하고 조서詔書를 봉승奉承하기도 했으며 자체적으로 원에 하성절사賀聖節使와 하정사賀正使를 파견하기도 했다. 이처럼 정동행성은 명의상·의례儀禮 상의 기구로서의 성격을 강하게 띠었다. 원은 간섭할 문제가 생기면 정동행성이라는 간접 기구를 통하지 않고 사신이 직접 와서 처리하는 일이 종종 있었다. 결국 정동행성은 고려의 내정에 대한 원의 감독 기관으로 보기는 어려우며[자료3] 원과 고려 사이의 연락 기관으로서의 기능을 주로 맡았다고 여겨진다.

원의 부마국이 되면서 고려의 용어나 관제官制가 격하되었다. 충렬왕 원년(1275)에 국왕의 묘호廟號에는 조祖나 종宗 대신에 '왕王'자를 붙이도록 했고, 짐朕은 고孤로, 폐하陛下는 전하殿下로, 태자太子는 세자世子로, 선지宣旨는 왕지王旨로, 사赦는 유宥로 바뀌었다. 관제상으로는 중서문하성과 상서성을 합쳐 첨의부僉議府로 만들고 그 장관인 첨의중찬(僉議中贊, 종1품)을 수상으로 삼았으며, 중추원[추밀원]은 밀직사密直司로 명칭을 고쳤다. 아울러 6부도 변경하여 이부와 예부는 합쳐서 전리사典理司로, 병부는 군부사軍簿司로, 호부는 판도사版圖司로, 형부는 전법사典法司로 바꾸고, 공부는 폐지했다. [자료4]

고려의 인적 · 물적 부담

원의 간섭으로 인한 고려의 인적 · 물적 피해는 엄청났다. 원은 다수의 공녀貢女를 요구했다. 공녀의 대부분은 원의 궁중에서 급사給事나 시녀侍女의 일에 종사했는데, 일부는 특별한 지위에 올라 호사를 누리기도 했다.

또한 원은 내시[환자宦者]의 진공을 요구하기도 했다. 고려는 여러 차례에 걸친 내시의 요구에 응했는데, 원에 들어간 내시들은 그곳에서 황제 · 황후 등을 섬기게 된 것을 기화로 요직에 앉아 권세를 부리는 경우가 많았다. 그러나 공녀나 내시의 요구는 고려 사회에 심대한 피해를 주었고 사회적 반향도 컸다.

원과의 관계에서 고려는 상당한 재정 부담도 져야 했다. 원에 대한 공물과 국신國贐의 부담이 컸으며, 국왕이나 사신이 원에 갈 때 드는 경비가 막대했다. 특히 국왕이 원에서 생활하거나 왕래하는 일이 매우 잦았는데 그때마다 엄청난 물자가 필요했다. 예를 들어 충렬왕은 34년 동안 왕위에 있으면서 11차례나 원을 오갔고, 충렬왕 10년(1284)에 원에 갈 때는 무려 1,200명이 넘는 사람이 따라갔는데 그 비용을 모두 국고에서 충당했다. 이는 국가 재정을 압박하는 요인이 되었고 그 부담이 일반민에게 지워져 이들이 국가에 납부하는 부세의 양이 더욱 많아졌다.

그리고 원은 각종 명목을 붙여 경제적 수탈을 강행했다. 금 · 은 · 저포[苧布, 모시

베 · 자기와 곰가죽 · 호랑이 가죽 · 해동청[海東靑, 매] 및 인삼과 잣을 비롯한 물품들을 마구 징색徵索하여 갔다.

부원 세력의 등장

원과 고려의 빈번한 교류로 인해 원과 결탁한 새로운 층이 대두했으니, 부원附元 세력이 그들이다. 물론 원과 긴밀한 관계를 맺은 이들을 모두 부원 세력으로 볼 수 없고, 그 가운데 고려의 정통성을 해친 자들로 국한해야 할 것이다. 부원 세력은 고려를 배반하고 원에 투항하거나 고려의 국익과 자주성을 손상하고 국가에 대한 참소와 입성 책동을 하였으며, 또 아울러 원元을 배경으로 고려 국왕에 대한 참소와 반역 및 국가 기강을 문란케 하고 전민의 탈점 등 사회적 물의를 일으킨 자로 규정할 수 있다. 이들은 대체로 '세조구제世祖舊制'를 부정하는 입장을 보였다. 부원 세력은 원을 배경으로 국내의 왕위 계승 문제나 정치 운영에 막강한 영향력을 행사했다.[자료5 · 6]

원과 연결된 세력은 여러 계기로 형성되었는데, 우선 몽골어를 익힌 역인譯人으로 권문이 된 세력은 조인규趙仁規에서 비롯되는 평양 조씨가 있다.[자료7] 그는 평민 출신의 역관으로 30여 회에 걸쳐 원에 내왕하면서 여러 차례 공을 세웠고 재상 자리까지 올랐으며 그의 딸이 충선왕의 비가 되었다. 조인규는 고려에 위해危害를 입힌 인물은 아니었다. 같은 통역관이지만 정치 지향이 다른 인물로 유청신이 있다.[자료8] 유청신 역시 통역 실력을 인정받아 재상 자리까지 올랐으나 심왕에게 붙어 충숙왕을 폐위하려 했으며 일이 성사되지 않자 고려를 원의 직할지로 만들기 위한 활동을 하기도 했다.

매를 사육하여 바치는 응방을 통해 진출한 윤수尹秀의 칠원漆原 윤씨가 있다.[자료9] 매는 중요한 사냥 도구였고, 매를 활용한 수렵은 큰 즐거움이어서 매 사육을 맡은 응방은 중요한 기구였다. 응방은 매 사육에서 벗어나 물자를 수탈하는 역할도 했다. 그 밖에 원나라 공주를 따라온 겁령구[怯怜口, 사속인] 출신도 있었고, 원에 환관으로 들어가서 세력을 얻는 것을 배경으로 등장하는 부류[고용보 · 박불화]도 있었으며, 원에 입조하는 국왕을 수행하여 친종행이親從行李의 공신이 됨으로써 입신한 경우도 있었다.

종묘에 있었던 공민왕과 노국공주의 영정. 조선을 건국한 이성계는 조선 건국을 정당화시킬 목적으로 고려 공민왕 내외의 영정을 그려 조선의 종묘에 봉안하였다.

기철의 경우는 누이동생이 원에서 순제의 제2황후가 됨으로써 국내에서 정치적 지위를 확고히 했으며 그 세력은 국왕을 능가할 정도였다. 제2황후가 된 기황후는 자정원을 바탕으로 원 황실 내에서 세력을 확대하고 고려 출신 환관들을 시켜 원의 조정까지 영향력을 행사했다. 기황후를 배경으로 기철 등의 기씨 세력은 고려에서 세력을 확대해 갔다.

부원 세력 가운데 일부는 고려를 없애고 새로운 행성을 두어 고려를 통치하자는 입성 책동立省策動을 벌였다. 입성 책동은 1308년 충선왕이 복위한 뒤에 처음 일어났고, 뒤이어 1323년(충숙왕 10), 1330년(충숙왕 17), 1343년(충혜왕 4) 등 모두 네 차례에 걸쳐 발생했다. 이런 입성 책동은 고려의 국왕을 비롯한 여러 정치 세력의 적극적인 반대로 실현되지 않았다. 원으로서도 고려 국왕을 통한 간접적인 방식을 포기하고 입성을 통해 고려를 직접 통치할 특별한 이유가 없었다.

부원 세력은 원의 지배 구조에 종사하거나 이용되어 원에 대한 종속을 심화시켰고, 전민田民의 탈점 등 각종 사회 문제를 일으켰다. 또한 부원 세력의 존재는 국왕의 지위 약화를 가져왔으며 국내의 개혁 정치를 추진하는 데 걸림돌이 되었다. 그들은 곧 개혁의 대상이었기에 원의 묵인이나 지원 하에 격렬하게 저항했다. 부원 세력을 제거하려는 시도가 몇 차례 있었지만 그들의 대대적인 반격과 원의 존재로 인해 성공을 거두지 못했다. 부원 세력은 공민왕 때 반원 정치가 적극적으로 추진되면서 결국 제거되었다.

자료1

왕이 정동성征東省에서 사무를 보았다. 이 달에 원나라에서 행성을 증설하려 하므로 왕이 진정서를 보내어 이르기를, "우리나라가 여러 대를 내려오면서 귀국에 충근한 지 무릇 80여 년이 되는데 해마다 빠짐없이 예물을 보냈으며 나는 일찍이 세자로 있을 때에 숙위로 입시했다가 황제실과 혼인하게 되어 이내 황제와 장인, 사위의 관계를 맺게까지 되었으니 실로 지극한 은혜에 감격하고 있습니다. 그러니 우리나라로 하여금 조상 때의 관례를 바꾸지 않게 하며 영원히 제후로서의 직책을 다할 수 있게 하는 것이 소망하는 바입니다."라고 했다.

原文 王視事于征東省 是月 以增置行省 上表陳情曰 小邦累世勤王之功 凡八十餘年 歲修職貢 臣嘗以世子入侍 得連婚帝室 遂爲甥舅 實感至恩 使小國不替祖風 永修侯職 是所望也

— 『고려사』권31, 세가31, 충렬왕 25년 10월

자료2

사신史臣이 찬하기를, "원종이 세자가 되었을 때 권신들이 정권을 독점하고 의롭지 못한 일을 멋대로 하였으며, 원나라의 징벌과 문죄를 두려워하면서도 그에게 복종할 것을 즐기지 않았으므로 몽골 군사들이 몇 해를 계속 국경에서 우리나라를 위압하니 안팎이 소연했다. 그러나 왕이 부왕의 명령을 받들고 친히 원나라 조정을 예방하여 권신이 발호하려는 뜻을 꺾어 넘기고 드디어 권신주1으로 하여금 등창이 나서 죽게 했다, 또 아리패가는 헌종의 맏아들로서 상도上都에 군사를 포치하여 길을 막았으며 세조 황제는 당시 번왕藩王으로서, 양梁, 초楚의 지방에 있었는데 원종은 능히 천명과 민심의 오가는 것을 알고 가까운 데를 버리고 먼 데로 가니 세조 황제가 이를 가상히 여겼으며 공주까지 왕의 아들에게 시집보내었다. 이로부터 대대로 구생舅甥주2의 좋은 관계를 맺어 동방의 민들로 하여금 백 년간 태평의 낙을 누릴 수 있게 했으니 이것은 또한 찬양할 만한 일이다."라고 했다.

原文 史臣贊曰 元宗之爲世子也 權臣專權 恣行不義 畏上國討罪 不樂內附 蒙古之兵 連年壓境 中外騷然 王承父王之命 親朝上國 摧伏權臣跋扈之志 遂使疽背而死 又阿里孛哥 以憲宗嫡子阻兵上都 世皇以藩王在梁楚之郊 而乃能識天命民心之去就 舍近之遠 世皇嘉之 至以公主歸于王子 自是 世結舅甥之好 使東方之民 享百年昇平之樂 亦可尙也 …

— 『고려사』권27, 세가27, 원종 15년 6월

주1 권신 : 임연을 가리킨다.

주2 구생舅甥 : 장인과 사위. 세조의 딸인 제국대장공주가 원종의 아들인 충렬왕에게 시집옴으로써 그런 관계가 형성되었다.

주3 정당문학 : 중서문하성의 종2품 관직.

자료 3

정당문학주3 이인복을 원나라에 파견했다. … 또 글을 올려 이르기를, "근래에 역적 기철 등이 무력을 써서 국가를 위태롭게 하려고 책동했을 때에 오로지 성덕聖德에 힘입어 화근을 막을 수 있었습니다. 그런데 불난 집에서는 불끄기 바빠서 무기를 가지고 난을 일으키려던 자를 먼저 보고할 겨를이 없었으며 요행히 죽음을 면했으니 황공하기를 말로 다하기 어렵습니다. 그래서 하늘 아래와 땅 위에 몸 둘 곳이 없더니 귀국이 특히 용서해 주었으니 이 몸이 가루가 된들 어찌 다 갚을 수 있겠습니까? 이왕 천지와 부모의 재생의 은혜를 입은 이상 우리나라의 어려운 문제를 서술하여 당신에게 드리려 합니다.

전에 세조 황제가 동쪽을 정벌했을 때에 국왕을 행성의 승상으로 임명하고 관리들은 국왕의 추천에 따르게 하고 상조常調를 납입하지 않음은 다른 행성과 비교할 바가 아닙니다. 그 후에 계속하여 귀국은 도진무사주4·이문소주5·유학제거사주6·의학제거사주7 등 기관을 설치했으며 또 근래에 와서는 행성 관리가 모두 부녀나 환관에게 청탁하여 조정의 명령을 외람되게 받고 위복을 마음대로 행사하고 있습니다. 우리나라의 감찰사와 전법사가 소송을 심의하여 비리를 바로잡아도 행성 관리들이 근거 없는 말들을 듣고 해당 관청의 판결 문건을 압수하여 옳고 그름을 바꾸어 놓으니 이에 대해 누구도 맞서지 못합니다. 그러므로 사람들이 그들을 승냥이나 범처럼 미워하고 있습니다. 더군다나 이번에 행성 관리들 중에서 역적과 공모한 자가 있었습니다. 그러므로 지금부터는 행성 좌우사의 관리는 고려 국왕인 제가 추천하게 하여 종래의 폐단을 반복치 않게 하시고, 이문소와 같은 기관을 철폐하기 바랍니다. …"라고 했다.

주4 도진무사 : 정동행성의 속사의 하나로 원수元帥의 전략을 제정諸將에게 연락하는 동시에 훈련·파병·순리巡邏 등을 장악했다.

주5 이문소 : 정동행성의 속사의 하나로 형명刑名과 결옥決獄을 담당했다.

주6 유학제거사 : 정동행성 속사의 하나로 학교·제사祭祀·교양教養 등 학교 사무를 담당했다.

주7 의학제거사 : 정동행성의 속사의 하나였으나 유명무실했다.

原文 遣政堂文學李仁復如元 … 又上書曰 近者 逆臣奇轍等 謀動戈兵 欲危社稷 專憑聖德 得遏禍萌 然而失火之家 迫于救焚 倉皇無以先告 弄兵之子 幸而脫死 惶恐 難於自言 跼天蹐地 無所措躬 伏蒙特降赦恩 麋身粉骨 奚足以報 既荷天地父母再造之恩 敢陳國病 冀達天聰 切惟 世皇征東 令國王爲丞相 行省官吏委國王保擧 不入常調 非他行省比 其後 續立都鎭撫司 理問所 儒學提擧司 醫學提擧司 比來 省官皆托婦寺 濫受朝命 擅作威福 小邦有監察司典法司掌刑聽訟 糾正非理 而省官聽人妄訴 拘取諸司所斷文券 以是爲非 莫敢誰何 人疾之如狼虎 況今省官有與逆賊謀者 願自今 其左右司官 令臣保擧 勿蹈前弊 其理問所等官司 一切革去

_ 『고려사』권39, 세가39, 공민왕 5년 10월

자료 4

원나라에서 악탈연岳脫衍, 강수형康守衡을 파견했으므로 왕이 선의문 밖에 나가서 맞이했다. 그들이 가지고 온 조서에 이르기를, "당신의 나라에서는 왕씨들이 동성간에 결혼하는데 이것은 무슨 도리인가? 이미 우리와 더불어 한 집안이 되었으니 우리와 통혼을 해야 한다. 만일 그렇게 하지 않는다면 어찌 일가로 된 의리라고 하겠는가? 그리고 또 우리 태조 황제가 13개국을 정복할 때에 그 나라 왕들이 앞을 다투어 아름다운 여인들과 좋은 말과 희귀한 보배들을 바쳤다는 것은 당신도 들은 바 있을 것이다. 왕이 아직 왕이 되기 전에는 태자라고 하지 않고 세자라고 부르며, 국왕의 명령을 그전에는 성지라고 했던 것을 이제 와서는 신지라고 한다고 하며, 관직 칭호로서 우리나라와 같은 것도 역시 그와 마찬가지로 고쳤다고 한다. 또 들건대 왕과 공주가 하루에 쌀 2되를 먹는다고 하니 이것은 재상이 많고 또 그들이 정권을 장악하고 있기 때문이다. 무릇 이런 것들은 모두 당신에게 알리려는 것뿐이고 당신더러 자녀들을 바치라거나 관직명을 고치라거나 재상의 수를 감소시키라는 것은 아니다. 흑적이 와서 당신의 국가 사업에 관하여 말한 것이 한두 가지가 아니었지만 모두 다 허락하지 않았으니 그렇다는 것을 알아둘 것이다."라고 했다.

原文 元遣岳脫衍康守衡來 王出迎于宣義門外 詔曰 爾國諸王氏 娶同姓 此何理也 旣與我爲一家 自宜與之通婚 不然 豈爲一家之義哉 且我太祖皇帝 征十三國 其王爭獻美女良馬珍寶 爾所聞也 王之未爲王也 不稱太子而稱世子 國王之命 舊稱聖旨 今稱宣旨 官號之同於朝廷者 亦其比也 又聞王與公主 日食米二升 此則宰相多 而自專故耳 凡此皆欲令爾知之 非苟使爾貢子女 革官名減宰相也 黑的來言 爾國事非一 並不聽許 爾其知之

_ 「고려사」권28, 세가28, 충렬왕 원년 10월

자료 5

이숙의 아명은 복수福壽요 평장군平章郡 사람이며 모친은 태백산의 무당이었다. 이숙은 충렬왕의 총애를 받아 벽상삼한정광평장군壁上三韓正匡平章君으로 봉해졌고 그 후 선발되어 원나라로 가서 태감이 되었다. 왕이 원나라 조정에 아뢸 일이나 청원할 일이 있을 때 이숙의 공로가 있었으므로 왕도 그를 대단히 후대했다. 일찍이 어향사御香使로 본국에 왔을 때 그의 애기愛妓의 자식 정승계를 내승별감주8으로 임용할 것을 청했으므로 왕이 승낙은 하여 두고도 아직 쓰지는 않았다. 그러던 차에 이숙이 금강산

주8 내승별감 : 왕이 말타는 것을 거들어주는 관원

으로 가게 되자 왕이 연회를 차려 놓고 그를 초청했다. 그러나 이숙은 노하여 오지 않았는데 왕이 다시 그의 요청을 승낙하니 그제야 연회에 참가했다. 그 후 왕유소와 함께 충선왕을 폐위시키고 서흥후瑞興侯 전琠을 왕으로 맞아들이려는 음모를 했다.

原文 李淑 小字福壽 平章郡人 母太白山巫女 淑有寵於忠烈 封壁上三韓正匡平章君 選入元 爲太監 王有所奏請 淑有功 王待甚厚 嘗奉御香來 請以愛妓子鄭承桂爲內乘別監 王旣許 猶不用 以淑將往金剛山.O 設宴邀之 淑怒不至 王更許之 乃至 後與王惟紹 謀廢忠宣王 立瑞興侯琠

_「고려사」권122, 열전35, 이숙李淑

자료6

원나라의 정치가 점차 문란해지면서 고자들이 권세를 쓰게 되니 이들 중 어떤 자는 벼슬이 대사도大司徒[주9]에 이르렀으며 또 어떤 자는 먼 곳에 있으면서 평장정사平章政事[주10]로 임명되었다. 그 다음도 모두 원사院使,[주11] 사경司卿으로 되었고 그 인아척당姻哑戚黨과 제질第姪이 모두 조명朝命을 받았다. 그리하여 그 자들의 저택과 수레, 그리고 의복은 외람되게도 모두 재상의 격식으로 차렸다. 그 자들의 부귀영화는 한남漢南의 환자들도 미치지 못하는 바였다. 고려 국가에서 매번 원나라 조정에 아뢰거나 청할 일이 있으면 그들의 힘에 의뢰했으므로 충렬왕 때에 이미 군으로 봉한 자가 있었고 또 충선왕이 오랫동안 원나라에 체류하면서 천자와 황후, 그리고 황태자의 거처하는 궁전에 자주 출입했으므로 그 자들과 친해졌으며 또 그 자들의 청請도 많았다. 왕은 그 중 원나라 황제에게 가장 총애를 받는 자들을 골라서 군을 봉하고 작爵을 주었으며 그 나머지도 모두 검교[주12] 첨의 밀직의 벼슬을 주었다. 이로 말미암아 옛 제도가 완전히 파괴되었으며 딱지도 떨어지지 않은 고자 놈들도 우리나라를 멸시했다. 예를 들어서 백안독고사伯顔禿古思, 방신우, 이대순, 우산절, 이삼진, 고용보 등은 모두 주인을 짖으며 (원나라 황제에게) 참소하여 화를 만들었다. 말만 해도 가슴 아픈 일이다.

原文 元政漸紊 閹人用事 此輩 或官至大司徒者 遙授平章政事者 其次 皆爲院使司卿 姻婭弟姪 並受朝命 第宅車服 僭擬卿相 富貴光榮 漢南閹人 所不及 國家每有奏請 必賴其力 故忠烈之世 已有封君者 忠宣久留于元 數出入三宮 此輩因與相狎 多有請謁 王擇其尤近倖者 皆封君賜爵 餘皆拜檢校僉議密直 由是 舊典盡壞 而熏腐未燥者 亦輕視本國 如伯顔禿古思 方臣祐 李大順 禹山節 李三眞 高龍普等 皆反吠其主 讒譖構禍 言之 可謂痛心

_「고려사」권122, 열전35, 환자총론宦者總論

주9 대사도大司徒 : 원의 대신大臣인 태사太師를 가리키는 듯하다.

주10 평장정사平章政事 : 정동행성을 구성하는 관직의 하나.

주11 원사院使 : 중추원의 종2품 관직.

주12 검교 : 직사가 없는 산직의 상층부를 구성했다.

조인규는 용모와 행동거지가 아름다웠고 말과 웃음은 적었으며 전기를 많이 읽었다. 처음에 고려 사람들이 몽골어를 배우기는 했는데 말을 할 줄 아는 자가 없었으므로 우리나라 사신이 원나라 서울에 가면 반드시 대녕총관 강수형이 인도해 들어가 황제께 보고하게 되었다. 한번은 조인규가 금칠로 그림을 그린 도자기를 황제께 바친 일이 있었는데, 원나라 세조가 "금으로 그림을 그리는 것은 도자기를 견고해지라고 하는 거냐?" 하고 물었다. 조인규가 "다만 채식을 하려는 것뿐입니다."고 답했다. 또 묻기를 "그 금을 다시 쓸 수 있느냐."고 하니, "도자기란 것은 쉽게 깨지는 것이므로 금도 역시 그에 따라 훼손되고 맙니다. 어찌 다시 쓸 수가 있겠습니까?"라고 대답했다. 세조가 그의 대답이 잘 되었다고 칭찬하며 "지금부터는 도자기에 금으로 그림을 그리지 말고 바치지도 말라." 또 "고려 사람이 몽골어를 이렇게 잘 하는데, 하필 강수형에게 통역하게 할 필요가 있겠는가?"라고 했다.

그 후 원나라 사신 한 사람이 우리나라와 감정을 품고 있다가 우리의 고유한 풍속을 바꾸려고 황제에게 제소했는데, 일이 어떻게 될지 예측할 수가 없었다. 조인규가 혼자 들어가 황제를 뵙고 명확하게 시비를 가려 말했기 때문에 그 일이 이루어지지 않았다. 서·북 두 변방이 고려에 되돌아오게 되었으니 이 역시 조인규가 홀로 황제에게 사정을 잘 말한 공로이다. 왕이 매번 황제에게 아뢰거나 청할 일이 있으면 반드시 조인규를 보내었다. 그가 사신으로 원나라에 간 것이 30회나 되었는데 그가 근면하고 노력한 바가 상당히 많았다. 그러나 그는 미천한 신분으로 몸을 일으켜 짧은 시일 내에 국가의 중요한 관직을 얻었고 사람됨이 겉으로는 단정, 장중하여 화색이 있어 보이기 때문에 왕의 총애를 받아 항상 왕의 침소까지 출입했으며, 많은 전민들을 모아 부자가 되었다. 게다가 국구가 되어 그 권세가 한때 가장 유력했으며 아들, 사위들이 모두 장군, 재상의 지위에 올라 있어 누구도 감히 그에게 비길 만한 자가 없었다.

原文 仁規 美風儀 寡言笑 涉獵傳記 初國人 雖學蒙古語 未有善敷對者 我使如京 必令大寧摠管康守衡 引入奏 仁規嘗獻畫金磁器 世祖問曰 畫金 欲其固耶 對曰 但施彩耳 曰其金 可復用耶 對曰 磁器易破 金亦隨毀 寧可復用 世祖善其對 命自今磁器毋畫金 勿進獻 又曰 高麗人 解國語如此 何必使守衡譯之 有王人 與我國蓄憾 欲改土風 愬帝 事叵測 仁規單騎 入覲敷奏 明辨事 遂寢 西北二鄙 復歸于我 亦仁規專對之功 王每有奏請 必遣仁規 凡奉使者 三十 頗著勤勞 然起於微賤 驟秉鈞軸 爲人外似端莊恬正 以故得幸 常出入王臥內 多聚田民 致富 加以國舅 權傾

一時 子壻皆列將相 人無敢比者

_ 『고려사』권105, 열전18, 조인규

자료 8

주13 고이부곡高伊部曲 : 오늘날
전라남도 고흥의 전신.

유청신의 첫 이름은 비庇며 장흥부長興府 고이부곡高伊部曲주13 사람이고 그의 선대도
모두 부곡 아전이었다. 우리나라 제도로는 부곡 아전은 공로가 있어도 5품을 넘지 못
했다. 그런데 유청신은 어려서부터 사람이 트이고 담기가 있었으며 몽골어를 익혀서
누차 원나라로 왕의 사명을 받들고 왕래하면서 응대를 능숙하게 했다. 이로 말미암아
충렬왕의 총애와 신임을 받아서 낭장이 되었다.

原文 柳淸臣 初名庇 長興府高伊部曲人 其先皆爲部曲吏 國制 部曲吏 雖有功 不得過五品
淸臣幼開悟 有膽氣 習蒙語 屢奉使于元 善應對 由是 爲忠烈寵任 補郎將

_ 『고려사』권125, 열전38, 유청신

자료 9

주14 칠원현漆原縣 : 오늘날 경상
남도 함안군 칠원면.

주15 강도江都 : 강화도.

주16 동지추밀 : 추밀원 소속의 정
3품 관직.

주17 대정隊正 : 25명으로 구성된
대隊라는 단위 부대의 장.

주18 추밀부사 : 추밀원 소속의 정
3품 관직.

윤수는 칠원현漆原縣주14사람이다. 그의 아비 양삼은 무뢰한으로 강도江都주15에서 기시
형棄市刑을 당했는 바, 이로 인하여 그곳을 양삼기養三岐라고 한다. 윤수는 원종 때 친
종장군親從將軍으로 임명되었다. 그때 동지추밀주16 조오가 밤에 윤수를 불러다가 임
연을 죽일 것을 모의했던 바 윤수가 승낙했으나 조오가 단행치 않고 지연하니 윤수는
두려워서 그 모의를 임연에게 알려주었으므로 임연은 조오를 죽였다. 전에 윤수의 장
인 대정隊正주17 송의宋義가 사신을 따라서 몽골에 갔다가 몽골이 장차 우리나라를 침
공하려는 것을 알고 도망쳐 돌아와서 조정에 고했으므로 강화로 국도를 옮길 수 있었
다. 그는 이 공으로 여러 관직을 거쳐 추밀부사주18가 되어서 치사했다. 그런데 이때에
와서 옛 서울에 다시 옮겨가니 송의는 몽골이 지난 일을 추궁할 것을 두려워했으며
윤수 역시 조오를 죽인 연유를 추궁할까 두려워했다. 두 사람은 모의한 후 가족을 데
리고 두련가頭輦哥에게 투신했다가 배반하고 몽골로 들어갔다. 충렬왕이 몽골에 있을
때 뚤루게[禿魯花, 볼모]였는데 윤수는 매와 사냥개로써 총애를 얻게 되었으며 즉위하
자 윤수는 심양으로부터 가족을 데리고 귀국하여 응방을 관리하면서 권세를 믿고 제
멋대로 악한 짓을 했으므로 사람들이 그를 금수로 여겼다.

原文 尹秀 漆原縣人 父養三 爲無賴行 棄市江都 因號其地爲養三歧 秀 元宗朝 拜親從將軍

時同知樞密趙璈 夜召秀 謀誅林衍 秀諾 璈遷延不發 秀懼 以其謀告衍 衍殺璈 初秀舅隊正宋義
隨使如蒙古 知蒙古將加兵于我 逃還以告 得遷都江華 以功累遷樞密副使 致仕 至是 復都舊京
義懼 蒙古詰前事 秀亦懼追理殺璈之故 二人相與謀 挈家投頭輦哥 叛入蒙古 忠烈之在蒙古 爲
禿魯花也 秀以鷹犬得幸 及卽位 秀自瀋陽挈家還 管鷹坊 恃勢縱惡 人以禽獸目之

— 『고려사』권124, 열전37, 윤수

■ 출전

『고려사』

■ 찾아읽기

고병익, 『동아교섭사의 연구』, 서울대학교 출판부, 1970.

민현구, 「조인규와 그의 가문」, 『진단학보』42.43, 1976.

박홍배, 「고려 응방의 폐정 – 충렬왕대를 중심으로」, 『경주사학』3, 1986.

주채혁, 「몽골 · 고려사 연구의 재검토 – 몽골 · 고려사의 성격 문제」, 『국사관논총』8, 1989.

김혜원, 「여 · 원 왕실통혼의 성립과 목적」, 『이대사원』24 · 25합집, 1989.

송인주, 「원압제하 고려왕조의 군사조직과 그 성격」, 『역사교육논집』16, 1992.

김혜원, 「원간섭기 입성론과 그 성격」, 『14세기 고려의 정치와 사회』, 민음사, 1994.

박종기, 「14세기의 고려사회 – 원 간섭기의 이해 문제」, 『14세기 고려의 정치와 사회』, 민음사, 1994.

장동익, 『고려후기 외교사연구』, 일조각, 1994.

이익주, 「고려 · 원관계의 구조에 대한 연구 – 소위 '세조구제'의 분석을 중심으로」, 『한국사론』36, 서울대학교 국사학
　　　과, 1996.

김당택, 『원간섭하의 고려정치사』, 일조각, 1998.

김혜원, 「충숙왕 8년의 심왕옹립운동과 그 성격」, 『이대사원』31, 1998.

김형수, 「충선왕의 복위와 복위교서의 성격」, 『대구사학』56, 1998.

모리히라 마사히코森平雅彦, 「부마고려국왕의 성립 : 원조에서 고려왕의 지위에 관한 예비적 고찰駙馬高麗国王の
　　　成立 : 元朝における高麗王の地位についての予備的考察」, 『동양학보東洋學報』79–4, 1998.

모리히라 마사히코森平雅彦, 「고려왕위 하의 기초적 고찰 : 대원大元 울루스ulus의 일분권력으로서의 고려왕가高
　　　麗王位下の基礎的考察 –大元ウルスの一分權勢力としての高麗王家」, 『조선사연구회논문집朝鮮史研究
　　　會論文集』36, 1998.

김형수, 「충숙왕 초기 통제파와 국속파의 대립」, 『경상사학』15 · 16합집, 2000.

변은숙, 「고려 충렬왕대 정치세력의 형성배경」, 『명지사론』11 · 12합집, 2000.

이익주, 「14세기 전반 고려 · 원 관계와 정치세력 동향 – 충숙왕대의 심왕옹립운동을 중심으로」, 『한국중세사연구』9,
　　　2000.

이인재, 「고려후기 응방의 설치와 운영」, 『한국사의 구조와 전개 – 하현강교수정년기념논총』, 혜안, 2000.

김형수, 「원간섭기의 국속론과 통제론」, 『한국중세사회의 제문제』, 2001.

이범직, 「원간섭기 입성론과 유청신」, 『역사교육』 81, 2002.

백인호, 『고려후기 부원 세력연구』, 세종출판사, 2003.

이명미, 「고려 원 왕실통혼의 정치적 의미」, 『한국사론』 49, 서울대학교 국사학과, 2003.

민현구, 『고려정치사론』, 고려대학교 출판부, 2004.

정구선, 「고려말 기황후 일족의 득세와 몰락」, 『동국사학』 40, 2004.

권순형, 「원 공주 출신 왕비의 정치권력 연구 – 충렬왕비 제국대장공주를 중심으로」, 『사학연구』 77, 2005.

홍영의, 『고려말 정치사 연구』, 혜안, 2005.

김호동, 『몽골제국과 고려』, 서울대학교 출판부, 2007.

이강한, 「정동행성관 활리길사의 고려 제도 개편 시도」, 『한국사연구』 139, 2007.

이익주, 「고려–몽골 관계사 연구 시각의 검토 : 고려–몽골 관계사에 대한 공시적, 통시적 접근」, 『한국중세사연구』 27, 2007.

이익주, 「원의 '부마국'으로서의 고려국가의 성격」, 『한국사시민강좌』 40, 2007.

정요근, 「고려 역로망 운영에 대한 원元의 개입과 그 의미」, 『역사와 현실』 64, 2007.

김창현, 「원간섭기 몽골어의 유행과 통역관」, 『내일을 여는 역사』 32, 2008.

김현라, 「고려 충렬왕비 제국대장공주의 위상과 역할」, 『지역과 역사』 23, 2008.

모리히라 마사히코森平雅彦, 「사원기 고려에서의 재래 왕조체제의 보전문제事元期高麗における在來王朝體制の保全問題」, 『북동아시아연구北東アジア研究』 별책호, 2008.

이명미, 「왕의 장인이 된 원간섭기 몽골의 통역관, 조인규」, 『내일을 여는 역사』 32, 2008.

이강한, 「1270~80년대 고려내 응방 운영 및 대외무역」, 『한국사연구』 146, 2009.

이강한, 「'친원'과 '반원'을 넘어서 – 13~14세기 사에 대한 새로운 이해」, 『역사와 현실』 78, 2010.

동북아역사재단, 『13~14세기 고려–몽골관계 탐구』, 동북아역사재단, 2011.

윤은숙, 「여 · 몽 관계의 성격과 동아시아의 국제관계 – 중국 학계의 '책봉과 조공' 관계 연구의 한계와 문제점을 중심으로」, 『동북아역사논총』 35, 2012.

이개석, 『고려 – 대원 관계 연구』, 지식산업사, 2013.

이명미, 「몽골 복속기 권력구조의 성립 – 원종대 고려–몽골 관계와 권력구조의 변화」, 『한국사연구』 162, 2013.

이명미, 「몽골 복속기 고려국왕 위상의 한 측면 – 충렬~충선왕대 중조重祚를 중심으로」, 『동국사학』 54, 2013.

이명미, 「충숙왕대 국왕위國王位 관련 논의와 국왕 위상」, 『한국중세사연구』 36, 2013.

11 원의 간섭에서 벗어나려는 노력
반원 정책과 전민변정

원 간섭 하에서 국왕의 위치를 확립하고 사회·정치 개혁을 시도하고자 할 때, 늘상 원이 압박을 가해왔다. 원은 직접 고려의 국정에 간여했으며 부원 세력은 개혁의 걸림돌이 되었다. 국내의 사회 경제 문제는 원의 경제적 침탈로 심화되었는데, 정부에서는 전민변정 차원에서 수습하려고 했다.

원의 간섭과 국내 정치

원의 간섭은 국내 정치 상황을 복잡하게 만들었다. 국왕의 지위를 불안하게 했으며 부원 세력을 양성시켜 왕위에 도전하거나 국내 정치를 파행으로 운영되게 했다. 또 내적인 사회 모순을 증폭시켰다. 토지 탈점, 수취 체제의 문란, 국가의 재정난, 민의 궁핍화는 원의 간섭기에 더욱 심각해졌다. 그것은 원의 수탈, 부원 세력의 침탈로 인해 더욱 극심했다. 역대 국왕은 이런 문제를 해결하기 위한 여러 대책을 수립해 시행하려고 했으나 그때마다 부원 세력의 책동과 원 간섭으로 성공을 거둘 수 없었다.

원종에 이어 왕위에 오른 충렬왕은 자신이 원의 부마인 점을 활용해 왕권의 안정을 꾀했다. 그는 당시 고려에 파견되어 있던 원의 관리와 부원 세력을 견제했으며 원종 때 정권에서 소외되어 있던 문무 관료들과의 관계를 개선함으로써 왕권을 확립했다.

나아가 원의 직접적인 간섭을 축소하고자 했다. 그러나 이런 노력이 반원적인 방향으로 전개되지는 않았다. 실제로 충렬왕은 원에 충성하는 번왕으로서 적극적인 친원 정책을 추진했고 이로써 독자적인 왕권을 행사할 수 있었다.

원의 통치력이 강력한 한, 고려는 원을 철저히 배제하는 반원 정책을 추진할 수 없었고 이를 적극적으로 추진할 만한 정치 세력도 형성되지 않았다. 이런 상태에서 충렬 · 충선왕과 충숙 · 충혜왕이 왕위에 번갈아 올랐으며[자료1] 국왕과 심왕이 왕위를 다투기도 했다.

원의 지원 하에 왕위에 오르고 왕위를 지킬 수 있는 상황에서 역대 국왕은 취약한 국내 기반을 확충하기 위해 측근 세력을 육성하고 이를 통해 정치를 운영했다. 원 간섭기에 고려의 국왕은 즉위하기 전에 원에서 숙위해야 했으므로 국내의 정치 세력과 거의 접촉할 수 없었다. 왕위에 오른 뒤에는 원에서 자신과 함께 생활했던 시종 신료들을 이용해 권력을 장악했고 이것이 측근 정치로 나타났다. 왕위가 교체될 때마다 새로 즉위한 국왕은 새로운 측근 세력을 육성했고 이에 따라 전왕의 측근 세력은 대거 숙청되는 사태가 일어났다.

원의 후원 하에 왕위에 오른 역대 왕들이, 자신의 정치 기반을 원에서 함께 활동한 측근 세력에 두고 있는 상황에서 적극적인 반원 정책을 추진하기란 불가능했다. 충선왕 · 충숙왕 · 충목왕 때 이른바 개혁 정치를 추진했지만 원의 영향이 엄연한 실정에서 그것이 소기의 목적을 달성하는 것은 불가능했다. 반원이 전제되지 않는 개혁 정치는 성공할 수 없는 것이었다. 권력의 기반을 원의 지원에 두고 있었던 고려의 국왕이나 측근 세력은 당연히 친원적인 성향을 가질 수밖에 없었다. 국왕 · 측근 세력과 타협하면서 정치적 · 사회적 지위를 유지했던 권문세족도 기본적으로 친원적일 수밖에 없었다. 측근 정치의 폐단에 대해 비판적이던 신진 관료들도 반원적인 모습을 보이지는 않았다. 원이 쇠퇴하는 14세기 중엽에야 비로소 원 간섭에 대한 근본적인 부정이 가능했다.

반원 정책의 추진

반원 정책이 어려웠던 사정은 충목왕 때 개혁 정치가 잘 보여준다. 충목왕 3년 (1347)에 정치도감整治都監을 설치하여 전 왕의 측근 세력을 배제하고 개혁 정치를 추진했다. 충목왕은 이 정치도감을 통해 부원 세력을 제거하려 했으나 부원 세력의 대대적인 반격으로 개혁은 실패로 돌아갔다. 그럼에도 충목왕 때 추진된 개혁안은 개혁 주체의 도덕성과 제도 운영의 공공성을 강조하는 성리학적 개혁론이었기 때문에 충렬왕·충선왕 때 개혁론과 큰 차이가 있었다.

반원 정책은 공민왕 때 적극 펼쳐졌으며 개혁 정치도 실행에 옮겨져 성과를 거둘수 있었다. 공민왕이 즉위할 무렵 원은 쇠퇴의 길을 걷고 있었다. 몽골족의 통치력이 약화되면서 한족漢族이 각지에서 봉기하여 원을 위협했다. 공민왕은 형인 충혜왕이 즉위한 다음 12살의 나이에 질자質子가 되어 원에 들어가 숙위의 명목으로 10년간 머물렀다. 이런 사정으로 대륙의 정세를 잘 파악하고 있던 공민왕은 즉위한 후 얼마 안 되어 몽골식 풍속인 변발을 풀고 호복胡服을 벗음으로써 원의 간섭을 근본적으로 부정하는 반원 노선을 시사했다.[자료2] 그는 식견 있는 유학자儒學者 집단 외에 연저수종공신燕邸隨從功臣과 외척 세력을 기반으로 가지고 있어서 개혁 정치를 적극 펼칠 수 있었다. 적극적인 반원 정책은 공민왕 5년(1356)에 단행되었다. 기철을 비롯한 권겸·노책 등 부원 세력을 처형했으며 부원 세력이 장악하고 있던 정동행성 이문소를 폐지했다.[자료3·4] 뒤이어 고종 45년(1258) 이후 원의 직할지였던 쌍성총관부를 공격하여 탈환했다.[자료5] 이에 대해 원은 사신을 보내 항의했을 뿐 직접 개입하지 못했다. 부원 세력은 제거되었으며 원의 간섭은 배제되었다. 이런 반원 정책은 공민왕을 정점으로 하여 국왕 측근 세력에 의해 추진되었다.

그러나 공민왕 8년(1359) 12월과 공민왕 10년(1361) 10월, 두 차례에 걸친 홍건적의 침입과 왜구의 잦은 침범으로 지금까지 견지해 왔던 반원 노선을 유보하지 않으면 안 되었다. 원과의 적대 관계로 이중·삼중의 적을 상대할 수 없는 상황이었다. 그래서 공민왕은 사신을 보내어 원에 우호적인 자세를 보이고 정동행성도 복구시켰다. 반원 정책의 일시 후퇴였다.

공민왕릉. 개성직할시 개풍군 해선리에 있으며, 일명 현릉이라고도 한다. 왕비 노국대장공주의 무덤인 정릉正陵과 나란히 있는 쌍무덤으로, 서쪽의 것이 현릉이다. 봉분은 지름이 13미터, 높이 6.5미터이며, 둘레돌은 화강석을 사용하였고 면석面石에는 12지신상이 돋을새김되었다. 석호石虎, 석양石羊, 장명등長明燈, 문인석과 무인석이 서 있다. 공민왕릉의 능제는 고려 말기의 능 형식을 대표하는 것으로서 조선 시대로 이어졌다.

홍건적과 왜구를 격퇴하는 과정에서 무장 세력들이 크게 대두했다. 공민왕은 14년 (1365) 5월 신돈辛旽을 등용한 후 무장 세력을 물리치고 내정 개혁을 하며 왕권을 강화했다.[자료6] 이색을 중심으로 하는 신흥 유신들이 이 신돈 정권에 참여하면서 정치적으로 성장했다. 신돈은 공민왕 20년(1371) 반역을 꾀했다는 혐의로 수원에 유배되었다.[자료7] 그 무렵 공민왕 17년 명이 건국된 뒤 명과의 관계가 급진전되었다. 공민왕은 재위 18년과 19년에 부원 세력의 마지막 거점이던 원의 동녕부를 공격했다.

신돈의 개혁을 계기로 정치 세력을 형성한 신흥 유신은 외교 정책을 둘러싸고 권문세족과 격렬하게 대립했다. 이들은 친명책親明策을 주장한 반면 권문세족은 친원親元 정책을 주장했다. 그러나 명과의 외교 관계가 성립한 직후부터 명은 고려에 과중한 공물을 요구하는 등 외교적 압력을 가해 왔고, 따라서 명과의 외교를 주도했던 신흥 유신의 정치적 입장은 약화되었다. 공민왕의 사후 이인임 등 권문세족이 우왕을 옹립하고 왕권을 장악함으로써 신흥 유신에 대해 우위를 차지하게 되면서 다시 친원 정책이 취해지기 시작했다.

토지 문제와 전민변정 사업

원 간섭기의 경제 문제는 토지 문제로 귀착되는데 이는 사전私田 문제로 집약되었다. 사전에 대한 국가의 관리가 무너지면서 사전私田은 세전世傳되어 가산화家産化했다. 이에 따라 토지 겸병이 성행했다. 그리고 몽골과의 오랜 전쟁 후 농지 개간을 장려하고 지배층을 대우할 필요에서 사패전賜牌田을 분급했는데, 이를 빙자한 토지 겸병이 만연했다. 이와 아울러 전객 농민에 대한 수취가 가중되면서 농민의 불만이 높아갔다. [자료8·9] 당시의 정부는 이런 사태에 대해 법적 차원에서 처리하였는데, 전민변정 사업이 그것이었다. 전민변정田民辨正은 부당하게 탈점된 토지는 본래의 주인에게 되돌려주고 농장에 은닉되었던 탈점민은 공민公民으로 만들어 부세를 부과하는 것이었다.

전민변정 사업은 이미 원종 10년(1269) 2월에 시행되었다. [자료10] 김준과 임연이 탈점한 전민을 변정하는 것이 주된 임무였다. 전민변정 사업으로 표현되는 개혁 정치는 충렬왕 24년(충선왕 즉위년)에도 실시되었다. 즉위한 충선왕은 개혁 교서에서 권력층의 토지 점탈·유민 은닉·조세 불납, 지방관의 탐학 등의 폐단을 지적하고 불법적 토지 점탈에 대한 철저한 조사와 본래 주인으로의 환수를 지시했다. [자료11·12] 충선왕의 이런 개혁 정치는 5월에 충선왕이 원에 의해 강제 퇴위당함으로써 지속되지 못했다.

충선왕은 복위 후에도 개혁 정치를 추진하여 민생 안정책으로 적체된 부세의 징수 유예, 불법적 토지 점탈의 금지 등의 방안을 제시했다. 충선왕은 충렬왕과 달리 원의 관습과 제도를 적극 참조하고 원용하여 개혁하려 하였다. 충선왕은 전민변정에 그치지 않고 재정 세입 증대에도 노력했다. 창고제를 개혁하고 각염제를 시행하며 상거래를 보호한 것이 그것이었다.

충숙왕 때의 개혁 정치는 5년(1318)과 12년 두 차례에 있었다. 충숙왕 5년의 개혁 교서에서 지방관과 공물징수관의 비행, 권력층의 납세 거부·전민 탈점, 고리대·향리의 피역으로 인한 민의 부담 증가 등 현실적 폐단이 지적되었으며, 그 대책으로 비행의 금지·처벌, 정액 이상의 사전 환수, 농장투탁민의 추쇄, 기인역其人役의 면제 등의 방안이 제시되었다. 그러나 충숙왕이 장기간 원에 억류당함으로써 성과를 거둘 수 없었다. 억류에서 풀려나 왕위를 회복한 12년 10월에도 개혁 교서를 반포했는데, 이때도 권력층의 토지 점탈과 인구 은닉 등이 거론되었다.

　　충목왕 때 전민변정 사업은 3년(1347) 2월 원 순제順帝의 지시에 의해 정치도감整治都監이 설치되면서 추진되었다. 정치도감은 왕후王煦와 김영돈金永旽 · 안축安軸 · 김광철金光轍 등을 판사로, 그리고 정연鄭珚 등 33인을 속관屬官으로 임명하고서 발족되었다. 정치관은 대부분 과거를 통해 입사했으며, 판사는 대개 유력한 가문 출신인 반면 속관에 임명된 이들은 대개 한미한 가문 출신이었다. 그리고 정치관은 좌주와 문생 또는 동년 등으로 연결되어 결속력이 강했다. 정치도감에서는 토지 탈점, 고리대 · 압량위천 등 농장의 폐단, 수조권의 중첩 현상 등을 바로잡고자 했다. 각도에 정치관을 파견하여 존무안렴사를 겸하게 하고 양전을 시행했으며, 토지 탈점자를 찾아 처벌했다. 기황후의 족제族弟 기삼만이 취조 중 사망하자 정동행성 이문소의 개입으로 정치도감의 개혁 활동은 중단되었다. 결국 부원 세력의 반발로 정치도감은 폐지되고 개혁은 실패로 끝났다.[자료13 · 14 · 15]

　　공민왕 때에는 여러 차례 교서를 반포하여 개혁을 추진했는데 역시 핵심은 전민변정에 있었다. 원년의 개혁 교서에서는 전민사송田民詞訟의 결단과 겸병 금지를 통해 토지 점탈을 방지하고 국가 재정을 확충하고자 했다. 이때 인승단 · 김영후와 같은 충목왕 때 권신들의 탈점 행위를 조사했으며, 충혜왕의 사고私庫였던 의성창과 덕천창을 장악하려고 했다. 5년(1356)에도 부원 세력을 제거하는 조치와 아울러 권세가가 겸병한 서북면 토지를 조사 몰수하여 군수에 충당하는 조치가 있었다. 전민변정은 공민왕 14년 신돈이 등장하면서부터 활발했다. 전민변정도감을 설치하고 스스로 판사가 된 신돈은 탈점한 전민을 경중京中은 15일, 외방外方은 40일을 기한으로 하여 자진 신고토록 하는 강력한 조치를 단행했다. 이 당시에는 종묘 · 학교 · 창고 · 사사 · 녹전 · 군수전과 국인의 세업전世業田이 탈점된 상태였는데, 신돈의 이런 조치는 크게 환영받았다.[자료6] 그러나 신돈의 제거로 전민변정 사업은 충분한 성과를 거두지 못했다. 공민왕 때는 전민의 변정만이 아니라 세역원稅役源 재편성을 통해 세입의 근원을 새로이 창출하고, 염철鹽鐵 전매제를 활성화시켜 단기적 정부 수입을 늘리며, 토지 및 호구 조사 등을 통해 세제 개편도 시도했다. 이후 우왕 때도 전민변정 사업이 부분적으로 추진된 적이 있었다.[자료10]

당시의 토지와 농민 문제에 대해 정부는 이처럼 전민변정 등 불법적인 탈점이나 은 닉을 시정하는 방향에서 대처해 나갔다. 그러나 개혁을 추진할 만한 세력이 형성되지 못했으며, 반면에 개혁의 대상이 된 부류들이 원의 세력을 배경으로 방해하거나 저지하여 개혁이 성과를 거두지 못했다. 잦은 전민변정의 추진은 그만큼 그것이 성과를 거두지 못했음을 의미하는 것이라 할 수 있다. 그런 가운데 당시 토지의 점유를 둘러싼 분쟁은 갈수록 치열해졌고 농민의 불만·저항은 고조되어 갔다. 이런 사정에 대처하기 위해서는 이제 전민변정에 그치지 않고 사전私田 제도 자체를 개혁하지 않으면 안 되었다.

자료1

(2월) 초하루 임오일에 원나라에서 세자 왕정王禎을 책봉하여 왕으로 임명하고 객성부사客省副使 칠십견七十堅을 보내 국새를 가져갔다. 가을 윤7월 갑신일에 왕이 원나라로 갔다.

原文 壬午朔 元策世子禎爲王 遣客省副使七十堅 來取國璽 秋閏七月 甲申 王如元

___ 『고려사』권35, 세가35, 충숙왕 17년

자료2

주1 감찰대부監察大夫 : 감찰사監察司 소속의 정3품 관직

감찰대부監察大夫^{주1} 이연종이 왕이 머리를 땋고 호복을 입고 있다는 말을 듣고 대궐에 나아가 간하기를, "머리를 땋고 호복을 입는 것은 선왕의 제도가 아니오니, 원컨대 전하께서도 그런 것을 본뜨지 마소서." 했더니, 왕이 기뻐하여 곧 땋은 머리를 풀고 이연종에게 옷과 요를 주었다.

原文 監察大夫李衍宗 聞王辮髮胡服 詣闕諫曰 辮髮胡服 非先王之制也 願殿下勿效 王悅 卽解辮 賜衍宗 衣及褥

___ 『고려사절요』권26, 공민왕 원년 정월

자료3

정동행중서성[정동행성] 이문소를 철폐했다.

原文 罷征東行中書省理問所

___ 『고려사』권39, 세가39, 공민왕 5년 5월

자료4

원나라의 지정 연호를 폐지했다. 왕이 교지를 내리기를, "널리 생각해 보건대 우리 태조께서 창업하시고 여러 조상들이 서로 계승하여 모두 선대의 업적을 이어서 의관 제도와 예악이 찬란하여 볼만했도다. 요사이 나라의 풍속이 바뀌어 오직 권세만을 추구하게 되었다. 기철 등이 군주를 떨게 하는 위세를 기회로 삼아 나라 다스리는 법을 뒤흔들어서 관리를 선발하고 자리를 이동시키는 것을 다 자기의 기분에 따라 했으며, 법령은 제 마음대로 신축伸縮했다. 남이 토지를 가지고 있으면 이를 멋대로 차지하고, 타인이 노비를 가지고 있으면 빼앗아 차지했으니 이것이 과인의 덕 없는 소치인

가, 아니면 정치의 기강이 서지 않아서 통제할 방법이 없어서인가? 그렇지 않으면 난세와 치세가 순환하여 반드시 극에 이르면 변하는 것처럼 하늘의 도리가 그러한 것일까? 깊이 그 까닭을 생각하며 늘 근심하게 되었다.

다행히 요사이 조상의 신령에 힘입어 기철 등이 죄를 짓고 처형되었고, 석기釋器는 서자일 뿐 아니라 종의 자식인데도 (충혜왕의 서얼이란) 명분에 기대어 부당하게도 반역을 꾀했다. 손수경과 같은 무리도 법전에 정한 형벌에 따라 처형했도다. 이제부터 정신을 가다듬어 통치하기를 도모하고 법령을 정비하여 기강을 정돈하며, 우리 조상들의 법을 회복시켜 기필코 온 나라와 함께 혁신하여 백성에게 실제적인 덕을 펴고 큰 명을 하늘에서 이어받고자 하노라. 2죄[교살형, 참수형] 이하는 전부 면제해 주고, 기철·노책·손수경 등에게 잘못 속아 죄에 관계된 자도 역시 관대하게 용서할 것이다. 태조와 역대의 선왕에게 존칭하는 칭호를 더 올리고, 그 제사에 힘써 극진히 정결하게 하고 능을 지키는 능지기는 요역을 면제해 줄 것이다. 사직·산천의 제사로 '사전祀典'에 등록되어 있는 곳은 또한 덕스러운 칭호를 더해주고, 여러 음사淫祀는 모두 철거할 것이다.

역적의 종으로 주인의 세력에 의지하여 토지를 빼앗아 차지했거나 평민을 사역시켰거나, 양가의 자녀를 많이 모아서 떼를 지어 악행을 한 자들은 존무사주2·안렴사가 그 괴수를 처벌하고 그들의 가옥을 철거하여 죄를 헤아려서 벌줄 것이다. 양가의 자녀는 그들의 부모에게로 돌려보내고 재산은 몰수하여 국용을 넉넉하게 하고 그들이 차지한 민호들은 그대로 편안히 일에 종사하게 하여 공공의 역 부담에 종사시키게 하라. 조운이 통하지 않는 곳은 모든 수송을 육로로 하고, 마땅히 해당 관서가 땅의 원근을 측량하여 원院주3과 관館주4을 세우고 거기에 속한 토지를 원래대로 복구하라. 또 정동행성과 반역자들이 점유했던 사람들은 그 곁에 집을 짓게 하여 머무르는 데 편하게 하라.

아! 난을 다스려 정의에 돌렸으니 응당 관대한 은혜를 베풀 것이며, 어진 자에게 일을 맡기고 유능한 자를 부려서 거의 융성한 태평의 다스림을 이룩하리라.”고 했다.

原文 停至正年號 教曰 洪惟我太祖創業 列聖相承 咸能繼述 衣冠禮樂 燦然可觀 比來 國俗一變 惟勢是求 奇轍等 憑震主之威 撓爲邦之法 選調 隨其喜怒 政令由之伸縮 人有土田 則攘之 人有人民 則奪之 斯豈寡人無德之所致歟 抑紀綱不立 無術以御之歟 無乃理亂 循環必極而變

주2 존무사 : 고려 후기에 각 도에 파견한 관리인데, 안무사按撫使와 마찬가지로 백성의 고통과 수령에 대한 평가를 담당했다.

주3 원院 : 숙박·접대 시설로, 사람이 많이 통행하는 대로에 인접해 설치되어 여행자·상인들에게 편리를 제공했다. 원을 세우는 주체는 국가, 사원, 개인 등 다양했다.

주4 관館 : 중요한 교통로에 배치되어 공무 여행자의 숙식을 제공하는 기관.

天道之然耶 深惟玆故 每用惕然 日者幸賴祖宗之靈 轍等伏辜 釋者非止庶孽 又係私婢所出 而倚望謀逆 若孫守卿等 亦置典刑 自今伊始 勵精圖治 修明法令 整頓紀綱 復我祖宗之法 期與一國更始 敷實德於民 續大命于天 二罪以下 一切除之 其轍頔守卿等 詿誤連累者 亦從原免 太祖及歷代先王 加上尊號 修其祀事 務盡精潔 守陵人戶 復其徭役 社稷山川諸祠在祀典者 亦加德號 其諸淫祀 一皆撤去 賊臣之奴 倚其主勢 占奪土田 役使平民 多聚良家子女 成群逞惡 存撫按廉究治渠魁 撤毁屋舍 量罪 罪之 良家子女 歸其父母 籍沒家産 以贍國用 所占民戶 仍令安業 以從公役 漕運不通 凡所轉輸 皆從陸路 宜令有司 量地遠近 營立院館 復其土田 又以行省及逆賊所占人民 廬其旁以便止宿 於戱 撥亂反正 宜施寬大之恩 任賢使能 庶致隆平之治

_ 『고려사』권39, 세가39, 공민왕 5년 6월

주5 동북면병마사 : 동북면에 파견된 병마사. 동북면은 공험진公險鎭 이남에서 삼척 이북까지의 지역으로 오늘날 함경도 일대. 삭방도朔方道·동계東界라고도 했다.

주6 쌍성 : 고종 45년(1258) 조휘·탁청 등이 병마사 등을 살해하고 철령 이북의 땅을 가지고 몽골에 투항하자 몽골은 화주(和州, 영흥永興)에 쌍성총관부를 설치하고 등주登州 이북 정주定州 이남 지역을 관할했다. 몽골은 이 지역에 다루가치를 파견하여 지배했는데 충렬왕 24년(1298) 일부 지역을 돌려받고 공민왕 5년(1356)에 나머지 화주 이북 지역을 수복했다.

주7 천호 : 1,000인을 거느리는 군 지휘관. 원의 제도를 본떠 만들어지기 시작했다.

주8 사사寺社 : 일반적으로 통칭하여 불교 사찰을 가리킨다. 사寺는 사찰을 의미하며, 사社는 결사·모임 등을 가리키는 말이다.

주9 녹전祿轉 : 군현의 조세田租 가운데 중앙으로 운반하여 관리의 녹봉곡으로 충당하는 세목을 의미했다. 이런 것이 단순하게 지방에서 거둔 조세 중 중앙으로 옮길 것이라는 뜻으로 전용되어 전미轉米·전미세轉米稅 등으로도 사용되었다.

자료 5

동북면병마사주5 유인우柳仁雨가 쌍성주6을 함락시켰다. 총관摠管 조소생趙小生과 천호주7 탁도경卓都卿은 도주하고 화和, 등登, 정定, 장長, 예預, 고高, 문文, 의宜 등 각 주州와 선덕宣德, 원흥元興, 영인寧仁, 요덕耀德, 정변靜邊 등 여러 진 및 함주咸州 이북을 수복했다. 고종 무오년(1258)에 원나라에 빼앗겼던 것을 지금 모두 수복한 것이다.

原文 東北面兵馬使柳仁雨 陷雙城 摠管趙小生 千戶卓都卿 遁走 收復和登定長預高文宜州及宣德元興寧仁耀德靜邊等鎭 咸州以北 自高宗戊午沒于元 今皆復之

_ 『고려사』권39, 세가39, 공민왕 5년 7월

자료 6

신돈이 전민변정도감을 둘 것을 청원하고 스스로 판사가 되어 각 처에 알리는 포고문을 붙였다. "근래에 기강이 크게 무너져서 탐오함이 풍속으로 되어 종묘·학교·창고·사사寺社주8·녹전祿轉주9·군수軍須의 토지와 나라 사람들이 대대로 가져온 전민田民을 부유하고 세력 있는 집들이 거의 다 탈점하였다. 그들은 앞서 주인에게 돌리라고 판결한 것도 그대로 가지고 있으며, 또는 양인을 노예로 삼고 있다. 각 지방의 향리, 역리驛吏, 관의 노비, 백성으로 역역을 도피한 자들을 모두 숨겨 크게 농장을 만들었다. 이로 인해 이들은 백성을 병들게 하고 나라를 여위게 하여, 하늘이 감응하여 홍수와 가뭄을 내리고 질병이 그치지 않는다. 이제 도감을 두어 이를 가려 정비하고, 서울은 15일, 여러 도는 40일을 기한하여 그 잘못을 알고 스스로 고치는 자는 묻지 않을 것이며, 기한을 지나 일이 발각되는 자는 규찰하여 다스릴 것이다. 그러나 망령되이 고소하는 자는 도리어 죄를 줄 것이다." 명령이 나오자 권세 있는 권호權豪가의 다수가 빼앗은 전민을 그 주인에게 돌려주므로 안팎이 기뻐했다.

原文 盹請置田民辨整都監 自爲判事 榜諭中外曰 比來紀綱大壞 貪墨成風 宗廟學校倉庫寺社祿轉軍須田 及國人世業田民 豪强之家 奪占幾盡 或已決仍執 或認民爲隷 州縣驛吏官奴百姓之逃役者 悉皆漏隱 大置農莊 病民瘠國 感召水旱 癘疫不息 今設都監 俾之推整 京中限十五日 諸道四十日 其知非自改者 勿問 過限事覺者 糾治 妄訴者 反坐 令出 權豪多以所奪田民 還其主 中外忻然

_ 『고려사』 권132, 열전45, 신돈

자료7

병진일에 선부 의랑選部議郎^{주10} 이인李靷이 익명서匿名書를 올려 신돈의 모역謀逆에 대하여 고발했으므로 그 도당인 기현奇顯, 최사원崔思遠, 정구한鄭龜漢, 진윤검陣允儉, 기중수奇仲脩 등을 국문하고 처단했다. 기미일에 신돈을 수원으로 귀양 보냈다. 신유일에 신돈이 죽음을 당했다.

原文 丙辰 選部議郎李靷上匿名書 告辛旽謀逆 鞫其黨奇顯崔思遠鄭龜漢陳允儉奇仲脩等 誅之 己未 流辛旽于水原 辛酉 辛旽伏誅

_ 『고려사』 권43, 세가43, 공민왕 20년 7월

주10 선부의랑 : 선부는 원 간섭기에 이부와 예부, 병부가 통합되어 만들어진 관서. 관원으로는 전서典書 1인, 의랑 3인, 직랑直郎 3인, 산랑散郎 3인, 주부注簿 2인을 두었다.

자료8

공민왕 원년 상중에 있는 신하 이색이 아룁니다. " … 신이 듣건대, 토지의 경계를 바르게 하고 정지井地를 고르게 함은 다스리는 자가 먼저 힘써야 할 일이라 합니다. 널리 생각건대, 우리 조정이 만드신 제도와 지키신 규범이 일마다 이르지 않은 곳이 없었으나, 400년 말류의 폐해가 어찌 다 없을 수 있겠습니까. 그러나 그중에도 토지 제도가 더욱 심하여 경계가 바르지 않아서 호강한 자들이 토지를 겸병하니 까치가 지은 집에 비둘기가 사는 것이 모두 이것입니다. 해당 관사가 비록 공문주필로 토지를 지닌 시기를 전후를 가리어 그 주인으로 정하나, 갑이 유력하면 을이 문득 무리하게 되며, 하물며 공문주필 또한 진짜와 가짜가 섞인 것이 많습니다. 그러나 이 토지를 받는 집들은 모두 왕의 신하이며, 국가에 복무한 끝에 보수로 받는 것입니다. 저 집이 그것을 상실하여도 이 집이 그것을 취득하여, 마치 이것은 초나라 사람이 잃은 활을 초나

Left margin footnotes:

주11 사패전 : 몽고 간섭기에 개간을 장려하기 위해 지급한 토지. 이 사패전은 수득자受得者가 개간하여 자신의 소유지로 만들었으며, 또한 국가가 지급한 것이기에 면조免租의 혜택을 가지고 있어, 말하자면 소유권과 수조권이 중첩된 토지였다. 이 토지는 국왕의 측근이나 부원 세력 등 특권층에게 지급되었는데, 타인의 토지를 탈점하는 수단으로 사용되는 경우가 많았다.

주12 행성 : 정동행성. 정동행성은 일본 원정을 위한 사령부로서 원에 의해 고려에 설치된 관서이다. 정동행성은 기능상 원과 고려의 공적인 연락기관으로서 부원 세력의 사私적 기관이 되어 자신들의 이익을 옹호하는 역할을 했다. 그러나 정동행성의 최고위인 승상직은 고려 왕들이 관례적으로 임명되었으므로, 실질적으로 고려의 내정에 깊게 관여할 수 없었다.

주13 이문소 : 정동행성의 속사의 하나로 형명刑名과 결옥決獄을 담당했다.

주14 순군巡軍 : 도적을 잡고 난잡한 행위를 단속하는 일을 맡은 관청. 도만호 · 상만호 · 만호 · 부만호 · 진무 · 천호 · 제강 등의 관원이 있다.

주15 홀적(忽赤, 홀치) : 고려 후기 왕실의 숙위를 담당하던 군사. 몽골의 숙위 제도의 영향을 받은 관제.

주16 내승 : 왕이 타는 수레와 말을 맡아보는 관청.

주17 응방 : 사냥하는 데 이용하는 매를 기르는 일을 맡은 관청.

주18 정승 : 문하부의 시중. 시중이 충렬왕 34년(1308)에 정승으로 이름이 바뀌었다.

Main body:

라 사람이 줍는다는 격으로 그것도 괜찮습니다. 그러나 백성이 하늘처럼 여기는 것은 토지인데 몇 무畝의 땅에서 한 해 내내 부지런히 일해도 부모와 처자를 부양하기에도 넉넉하지 못합니다. 그런데 조세를 거두는 자가 오면 그 토지의 주인이 한 집이면 다행이지만, 혹 서너 집이 되거나 일고여덟 집이 되는 경우도 있습니다. 그런데 그들은 권력과 세도가 비슷하여 누구도 양보하려 하지 않습니다. 그러므로 백성은 조租를 물다가 부족하면 남에게 꾸어 보태니 무엇으로 부모를 공양하며 무엇으로 처자를 양육하겠습니까. 백성의 곤궁함은 이로 말미암은 것입니다. …"

原文 恭愍元年 縗服中上書曰 … 臣聞 經界之正 井地之均 治人之先務也 洪惟我祖宗創垂之制 持守之規 無所不至 四百餘年 末流之弊 豈盡無有 而田制尤甚 經界不正 豪强兼幷 鵲之巢而鳩之居者 皆是也 有司 雖以公文朱筆先後定其賓主 甲若有力 乙便無理 而況公文朱筆 又多魚目混珍者乎 然此受田之家 皆王之臣 陳力之餘 所以代耕 彼雖失之 此乃得之 是猶楚人失弓 楚人得弓 猶之可也 至於民之所天者 唯在於田 數畝之田 終歲勤動 父母妻子之養 猶且未贍 而收租者 已至 若其田之主一 則幸矣 或有三四家者 或有七八家者 苟力焉而相牟 勢焉而相敵 孰肯讓哉 以是 供其租而不足 則又稱貸而益之 於何而養其父母 於何而育其妻子 民之窮困 職此之由 …

— 『고려사』권115, 열전28, 이색

자료9

… (국가가 토지지목으로) 근세에 와서 공신들에게 준 녹권에 대한 사패전주11과 사찰에 기증한 땅과, 행성,주12 이문소,주13 순군,주14 홀적,주15 내승,주16 응방주17에 대해 지급한 땅이 있고, 권세 있는 부호한 집이 겸병하고 간악한 자들이 숨김으로써 백성들에게 해가 되게 하고 나라를 병들게 하는 일이 분분하게 일어나고 있어서, 국가의 창고에 들어오는 것이 전에 강화도에서 방어하던 그런 위급한 때에 비해서, 그 양이 10분의 2, 3도 안 된다. 앞으로 3년 내지 5년 동안 홍수나 가뭄 피해가 있다면 무엇으로 그 위기를 극복하며 천백 군졸을 먹일 비용을 무엇으로 감당하겠는가. 지난해에 전임 정승주18인 왕탈환과 좌정승인 김나해가 중국 조정에 갔을 때 천자가 명령하기를, "돌아가서 토지 문제를 정리하라." 하여서 두 정승이 돌아와서는 도감을 두니 이를 정리도감이라 했다. 이에 소송하고 다투는 이가 많았다. 그래서 그들을 체포하여 가두고 엄격하게 심문하기를 매우 신속하게 하니, 힘 있고 간교한 무리들이 두려워하기는 했지만 비방과 원망은 막을 수 없었다. 기삼만 한 사람의 죽음으로 이미 중국 조정의 힐문

을 받아 정세가 다시 진작되기 어려웠다. 전번에 이른바 백성을 해치고 나라를 병들게 하는 자들이 더욱 방자하여 기탄할 것이 없지 않겠는가. …

原文 近世來 功臣祿券賜牌之田 佛寺判定施納之田 行省理問所巡軍忽赤內乘鷹坊受賜之田 權豪之兼幷 姦猾之匿挾 所以毒於民而病於國者 紛然而作 倉廩之入 比之江都攻守危急之時 什不能二三焉 萬分一有三五年水旱之災 何以周其急 千百軍餼饗之費 何以共其用乎 去歲前政丞王脫歡 左政丞金邦海 入朝上國 天子有命 使之歸而整理之 二政丞旣歸 置都監 號以整理 於是 辭頌忿諍 多於麻粟 逮繫訊鞫 疾於風雨 豪猾頗亦知懼 而謗讟不可遏止 一奇三萬之死而已致朝廷之詰 而勢若不復振焉 向所謂毒民病國者 豈不益肆而無所憚哉

— 『익재난고』 권9하, 책문策問

자료 10

전민변정도감. 원종 10년에 설치했는데 사使, 부사가 있었다. 충렬왕 14년에 또 설치했고 27년에도 설치했다. 공민왕 원년에 다시 설치했다. 신우 7년에 또 한 번 설치했고 14년에는 임견미가 빼앗아 차지한 전민田民을 조사, 규명하기 위하여 설치했다.

原文 田民辨正都監 元宗十年 置 有使副使 忠烈王十四年 又置 二十七年 又置 恭愍王元年 又置 辛禑七年 又置 十四年 又以考覈林堅味占奪田民 置之

— 『고려사』 권77, 지31, 백관百官2

자료 11

1. 백성에게 일정한 마음이 없는 것은 일정한 산업이 없기 때문이다. 부역을 꺼려서 서로 떠돌아다니게 되고, 세력 있는 자들은 이들을 불러 모아 농장을 경영한다. 안렴사[주19]와 소재의 관리는 이들을 색출하여 본래대로 돌려보내고 모두 기록해서 아뢰도록 하라. …

1. 사원과 초재를 지내는 여러 곳에서 양반의 전답을 빼앗고는 사패를 강제로 받아서 자기 농장이라 하니 지금부터는 해당 관청에서 끝까지 조사하여 본래의 땅 주인에게 돌려주라.

原文 ― 民無恒心 因無恒産 憚於賦役 彼此流移 凡有勢力 招集以爲農場 按廉使與所在官 推刷還本 具錄以聞 … ― 寺院及齊醮諸處所 據執兩班田地 冒受賜牌 以爲農場 今後有司 窮治各還其主

— 『고려사』 권84, 지38, 형법刑法1, 직제職制, 충렬왕 24년 충선왕 즉위 교서

주19 안렴사 : 안찰사按察使 · 제찰사提察使 등으로도 불렸는데, 도제道制의 성립이 중기 이후이므로 안렴사가 도의 장관으로 임무를 수행한 것도 중기 이후로 보인다.

자료 12

1. 근래에 양민을 윽박질러 천민으로 삼는 자가 많다. 해당 관청은 노비 문서가 없는 자와 거짓으로 꾸민 자를 조사하여 벌주라.

原文 一 近來壓良爲賤者 甚多 其令有司 劾其無文契 及詐僞者 罪之

_『고려사』권85, 지39, 형법2, 노비奴婢, 충렬왕 24년 충선왕 즉위 교서

자료 13

정치도감을 설치하고, 왕후, 김영돈 및 안축, 김광철을 판사에 임명하고, 속관을 파견하여 여러 도의 토지를 측량하게 했다.

原文 置整治都監 以王煦 金永旽 及安軸 金光轍 爲判事 分遣屬官 量諸道田

_『고려사절요』권25, 충목왕 3년 2월

자료 14

주20 녹사錄事 : 중앙의 여러 관서에 설치된 하위 관직인데, 여기서는 정치도감에 속한 관직인 듯하다.

정치도감을 설치하고 왕후와 김영돈, 찬성사 안축, 판밀직 김광철을 판사로 삼고 정연, 김규 등을 속관屬官으로 삼았으며 속관들을 각 도에 갈라 보내 토지를 측량케 하되 모두 안렴사를 겸임시켰다. 김규가 양광도를 담당했는데 이천현利川縣 향리가 이전에 공전公田을 정승 채하중蔡河中, 이문 윤계종尹繼宗에게 뇌물로 준 사실이 있어 김규가 향리의 귀를 베어 도내에 조리돌리고 공문으로 도감에 보고했더니 녹사주20 안길상安吉祥이 윤계종의 지난날의 은혜를 생각해 고하지 않았다. 왕후와 김영돈이 노하여 그의 뺨을 갈기고 죄를 성토한 후 내쫓았다. 원나라에서 사람을 보내 왕후와 김영돈에게 의복과 술 및 화폐를 주어 정치 사업을 적극 추진하라고 고무했다. 왕후 등이 기황후 족제인 기삼만이 세력에 기대어 타인의 토지를 탈취하고 불법을 자행하여 장을 치고 순군옥에 가두었는데 죽었다.

原文 置整治都監 以煦及永旽贊成事安軸判密直金光轍爲判事 鄭珚金玒等 爲屬官 分遣屬官 量諸道田 皆兼按廉 玒爲楊廣道 利川縣吏 嘗以公田賂政丞蔡河中理問尹繼宗 玒截吏耳 徇于道內 牒報都監 錄事安吉祥 懷繼宗舊恩 不以告 煦永旽怒 批其頰 鳴鼓黜之 元遣使賜煦永旽衣酒及鈔 敦勸整治 煦等 以奇皇后族弟奇三萬倚勢 奪人田 恣行不法 杖之 下巡軍獄死

_『고려사』권110, 열전23, 왕후王煦

기주奇輔가 포악해서 전국이 고통을 당했는데 충목왕이 왕위에 올라 정치도감을 설치하니 기주는 자기 죄를 알고 망명했으나 양광도 안렴사 김규가 잡아 보내서 도감이 곤장을 쳤다. 기철의 족제 기삼만이 또 세를 믿고 불법 행위를 마음대로 했고 남의 전토를 강탈했으므로 정치도감이 곤장을 치고 순군에 투옥했더니 20일 남짓해서 죽었다. 그의 처가 행성 이문소에 고소해서 도감관 서호徐浩 등이 투옥되었는데 판도감사判都監事 정승 김영돈이 왕에게 "전하는 어찌 정치관을 가두십니까?"라고 하니 왕이 말하기를, "기삼만이 남의 전토를 5결 강탈했다는데 그것이 무슨 죽일 죄가 되는가!"라고 했으므로 김영돈이 말하기를, "기삼만이 세를 믿고 그 행악이 쌓이고 쌓였는데 어찌 전토 5결을 강탈한 것뿐이겠습니까!"라고 했다. 원나라에서 기삼만이 죽었다는 소문을 듣고 공부낭중아로와 형부낭중 왕호유 등을 보내와서 국문했다.

原文 輔肆暴 中外苦之 忠穆立 置整治都監 輔知其罪亡命 楊廣道按廉金玾捕送 都監杖之 轍族弟三萬 亦倚勢恣行不法 奪人土田 整治都監杖下巡軍 逾兩旬死 其妻訴行省理問所 囚都監官徐浩等 判都監事政丞金永旽白王曰 殿下何囚整治官 王曰 三萬奪人田五結 何至於死 永旽曰 三萬恃勢稔惡 奚止奪五結田 元聞三萬死 遣工部郎中阿魯 刑部郎中王胡劉等 來鞫之

_ 「고려사」권131, 열전44, 반역5, 기철奇轍

출전

「고려사」

「고려사절요」

「익재난고益齋亂藁」: 10권 4책으로 된 이제현의 시문집詩文集. 공민왕 12년(1363) 익재 이제현의 작고 4년 전에 그의 자손에 의하여 간행되었다.

찾아읽기

이기남, 「충선왕의 개혁과 사림원의 설치」, 「역사학보」52, 1971.

민현구, 「정치도감의 성격」, 「동방학지」23·24합집, 1980.

강순길, 「충숙왕대의 찰리변위도감에 대하여」, 「호남문화연구」15, 1985.

이경식, 「조선전기土地제도연구」, 일조각, 1986.

이익주, 「고려 충렬왕대의 정치상황과 정치세력의 성격」, 「한국사론」18, 서울대학교 국사학과, 1988.

민현구, 「고려 공민왕의 반원적 개혁정치에 대한 일고찰」, 「진단학보」68, 1989.

김광철, 「고려 충숙왕 12년의 개혁안과 그 성격」, 「고고역사학지」5 · 6합집, 1990.

김광철, 「충렬왕대 측근세력의 분화와 그 정치적 귀결」, 「고고역사학지」9, 1993.

민현구, 「고려 공민왕대 반원적 개혁정치의 전개과정」, 「허선도선생정년기념한국사학논총」, 1993.

박재우, 「고려 충선왕대 정치운영과 정치세력 동향」, 「한국사론」29, 서울대학교 국사학과, 1993.

한국역사연구회, 「14세기 고려의 정치와 사회」, 민음사, 1993.

장동익, 「고려후기외교사연구」, 일조각, 1994.

김당택, 「원간섭기말의 반원적 분위기와 고려 정치사의 전개」, 「역사학보」146, 1995.

이익주, 「공민왕대 개혁의 추이와 신흥유신의 성장」, 「역사와 현실」15, 1995.

김형수, 「13세기 후반 고려의 노비변정과 성격」, 「경북사학」19, 1996.

박경안, 「고려후기토지제도연구」, 혜안, 1997.

이영진, 「충숙왕대의 개혁안과 그 성격」, 「북악사론」4, 1997.

김당택, 「원간섭하의 고려정치사」, 일조각, 1998.

김형수, 「충선왕의 복위와 복위교서의 성격」, 「대구사학」56, 1998.

변은숙, 「고려 충렬왕대 정치세력의 형성배경」, 「명지사론」11 · 12합집, 2000.

이익주, 「14세기 전반 고려 · 원 관계와 정치세력 동향 – 충숙왕대의 심왕옹립운동을 중심으로」, 「한국중세사연구」9, 2000.

박종기, 「원간섭기 사회현실과 개혁론의 전개」, 「역사와 현실」49, 2003.

변은숙, 「고려 충목왕대 정치세력의 성격 – 정치도감의 정치관을 중심으로」, 「중앙사론」19, 2004.

이정란, 「정치도감 활동에서 드러난 가家 속의 개인과 그의 행동방식」, 「한국사학보」21, 2005.

신은제, 「원종 · 충렬왕대 전민변정사업의 성격」, 「한국중세사연구」21, 2006.

김형수, 「공민왕 초기 정국동향과 유자들의 현실인식」, 「한국사상의 재조명」, 한국국학진흥원, 2007.

이강한, 「고려 충선왕의 국정 및 '구제' 복원」, 「진단학보」105, 2008.

이강한, 「고려 충선왕의 정치개혁과 원의 영향」, 「한국문화」43, 2008.

이강한, 「정치도감 운영의 제양상에 대한 재검토」, 「역사와 현실」67, 2008.

민현구, 「고려 공민왕대 중엽의 정치적 변동」, 「진단학보」107, 2009.

이강한, 「공민왕대 관제개편의 내용 및 의미」, 「역사학보」201, 2009.

이강한, 「공민왕 5년(1356) '반원개혁'의 재검토」, 「대동문화연구」65, 2009.

이강한, 「고려 충숙왕의 전민변정 및 상인등용」, 「역사와 현실」72, 2009.

신은제, 「공민왕 즉위초 정국의 동향과 전민변정」, 「한국중세사연구」29, 2010.

최종석, 「1356(공민왕 5)~1369(공민왕 18) 고려 · 몽골(원) 관계의 성격 – '원간섭기'와의 연속성을 중심으로」, 「역사교육」116, 2010.

이경식, 「한국 중세 토지 제도사 – 고려」, 서울대학교 출판문화원, 2011.

이경식, 「고려 시기 토지제도연구」, 지식산업사, 2012.

12 고려, 역사 속으로 저물다
위화도 회군과 고려의 종언

고려 말 소수의 권세가를 제외하면 정치 세력 사이에 정도의 차이가 있기는 했지만 사회 경제 개혁이 이루어져야 한다는 점에 대해서는 의견이 일치했다. 외침을 물리치는 과정에서 대두한 무장 세력은 정치 변동에 중요한 변수였다. 원이 약화되고 명이 등장한 것도 국내 정치 세력의 향배에 큰 영향을 주었다.

우왕의 등장과 파행 정치

공민왕의 개혁 정치는 공민왕 20년(1371) 신돈이 실각하자 크게 후퇴했다. 정계에서 축출되었던 권문세족과 무장 세력이 재집권한 데 반해 공민왕 16년 성균관의 중영을 계기로 활발하게 등장했던 신흥 유신의 정치적 입지는 약화되었다. 공민왕은 자제위의 설치와 도당의 위상 강화, 폐행의 등용을 통하여 왕권을 강화했으며 무장 세력 역시 도당의 위상 변화를 계기로 정국 주도권을 장악하면서 이인임과 최영 등이 새롭게 부상했다.

최영을 비롯한 주요 장수들이 제주 정벌에 나가서 아직 귀환하지 않은 시점에서 공민왕이 시해당하는 사건이 일어났고, 이때 이인임은 혼자 궁궐로 들어가 궁왕 시해의 진상을 파악하여 범인들을 잡아 하옥한 뒤 이를 통해 확보한 권위를 가지고 공론을 주도하여 10세의 우왕을 다음 왕으로 추대함으로써 권력의 핵심에 자리했다.

실권을 장악한 이인임은 정치 개혁보다는 권력 유지를 위하여 혈연을 매개로 하는 파행적인 족당 정치를 운영함으로써 고려 사회의 정치, 경제 모순을 심화시켜 갔다. 우왕 초 이인임이 원에 대한 사대를 재개하려는 데 반발했다가 많은 신흥 유신들이 지방으로 유배당했다. 이후 신흥 유신들은 각자가 처한 상황에 따라 다양한 행태를 보였다. 일부는 혼인 관계를 통해 이인임의 족당 세력에 편입됨으로써 권력에 접근하기도 했다. 그러나 대부분의 신흥 유신들은 이인임 정권에 대해 부정적이었다. 이들은 정몽주·이숭인·권근·조준 같은 인물을 제외하고는 우왕 때 지속적이고 활발한 정치 활동을 하지 못했다.

우왕 때는 주로 권문세족과 전란을 통해 성장한 무장 세력들이 권력의 상층부를 구성했다. 이인임 세력과 무장 세력의 대부분은 재추직에 올라 도당의 구성원으로 참여했기 때문에 이 시기 도당의 위상은 종전보다 높아졌다.[자료1]

우왕 때 정치 상황은 독점과 부패로 특징지을 수 있다. 어린 국왕이 뒷전에 물러나 있는 가운데 정치 권력은 이인임과 임견미林堅味·염흥방廉興邦 등 몇 사람이 차지했고 이들은 권력을 앞세워 관리들에 대한 인사를 함부로 하고 다른 사람의 토지를 마구 빼앗아 사욕을 채웠다.[자료2] 이밖에도 왜구의 침략이 극성을 부려 혼란을 더했다. 우왕은 멋대로 음탕한 짓을 했고 또한 잔학하고 횡포했다고 역사서는 평가하고 있다. 그리고 명은 고압적인 자세를 견지하며 말을 비롯한 수많은 공물을 요구했고 고려는 그것을 부담하지 않을 수 없었다.

우왕 14년(1388) 최영은 동북면의 군사를 기반으로 활동하고 있던 신흥 무장 이성계의 협조 아래 비리를 일삼던 이인임·임견미·염흥방 일파를 대거 숙청함으로써 정국의 최고 실권자로 자리하게 되었다. 이때 이성계가 크게 부상했으며 신흥 유신들의 입지가 상대적으로 강화되었다.

위화도 회군과 창왕 즉위

우왕 14년 명에서 철령위를 설치해 철령 이북의 땅을 요동도사遼東都司의 관할 아래 두겠다고 통고해 오자 고려에서는 크게 반발하고 요동 정벌을 단행했다. 요동 정벌에 대해 이성계는 작은 나라가 큰 나라를 거스르는 일은 옳지 않으며, 여름철에 군사를 동원하는 것이 부적당하고, 요동을 공격하는 틈을 타고 왜구가 창궐할 것이며, 무덥고 비가 많이 오는 시기이므로 활의 아교가 녹아 풀어지고 병사들이 전염병에 걸릴 염려가 있다는 4불가론四不可論을 들어 반대했다.[자료3]

그럼에도 우왕과 문하시중 최영崔瑩이 강력하게 주장해 요동 정벌이 실행되었다. 그해 4월에 우왕이 최영을 팔도도통사八道都統使로 임명하고, 조민수曺敏修를 좌군도통사로 삼고, 이성계를 우군도통사로 삼아 좌우군을 편성했다. 우왕과 최영은 평양에 머물면서 전쟁을 독려하고 이성계와 조민수는 좌·우군을 이끌고 평양을 출발해 다음 달에 위화도에 진을 쳤다.

그런데 그 사이에 도망치는 군사가 속출했고, 마침 큰비를 만나 압록강을 건너기 어렵게 되자 이성계는 이런 실정을 보고하면서 요동 정벌을 포기할 것을 우왕에게 요청했다. 그러나 우왕과 최영이 이를 받아들이지 않고 계속해서 요동 정벌을 독촉하자 결국 이성계는 조민수와 상의한 뒤 회군을 단행했다.

개경으로 돌아온 이성계 등은 최영의 군대와 일전을 벌인 끝에 최영을 고봉현高峰縣으로 유배하고 우왕을 폐위해 강화도로 방출했다. 이로써 이성계 등은 정치적 실권을 장악했다. 회군에 성공한 뒤 조민수는 이색의 협조를 얻어 창왕을 옹립했다. 이성계와 조준·윤소종·조인옥 등은 회군 당시부터 왕씨의 회복을 바라고 있었지만 이색의 정치적 역량으로 성취할 수 없었다.

국왕의 명령을 거역하고 회군을 단행한 이성계의 행위는 모반에 해당하는 것인데 이런 행위를 한 뒤 권력을 잡지 못하면 처형되는 것은 당연했다. 이성계가 실권을 놓지 않고 나아가 자신의 세력을 부식하는 것은 당연한 귀결이었다. 그것이 종전의 무인 정권처럼 집정의 지위에 있을 것인지 아니면 새로운 왕조를 개창할 것인지는 향후의 추이를 고려할 수밖에 없었을 것이다.

우왕 14년 6월 위화도 회군과 최영 제거, 그리고 창왕 즉위는 신흥 유신들이 비로소 재등장할 수 있는 계기가 되었다. 회군 자체가 신흥유신들의 대명對明 사대론을 구현한 측면이 있었다. 창왕 즉위 이후 정도전은 성균관 대사성, 조준은 사헌부 대사헌, 이행은 좌사의대부, 허응은 우상시, 윤소종은 우사의, 조인옥은 전법판서 등으로 나타나는 데서 알 수 있듯이 이들은 간관과 전법사를 장악했다.

신흥 유신은 정권을 장악한 뒤 개혁을 적극 주창했다. 가장 먼저 개혁을 촉발하고 또 가장 핵심에서 개혁을 이끌어간 것은 조준의 전제 개혁론이었다. 창왕 즉위 직후인 7월에 대사헌 조준은 글을 올려 전제 개혁의 필요성을 역설했다.[자료4] 곧이어 이행·황순상·조인옥 등이 차례로 전제 개혁을 주장하는 글을 올렸다. 그리하여 전제 개혁 문제가 최대의 쟁점으로 부각되었으며 이를 둘러싼 논쟁 과정에서 신흥 유신 내부의 입장 차이가 극명하게 드러났다.

조준을 필두로 전제 개혁 상소가 연이어 올라간 뒤 가장 먼저 조민수가 토지 탈점 혐의로 파직 유배되었다. 그리고 얼마 뒤 이성계가 병권을 장악했다. 성석린·장하·최유경·김사형·조운흘을 각 도에 관찰사로 파견함으로써 지방관에 대한 통제를 강화했으며, 이들로 하여금 양전을 실시하도록 함으로써 전제 개혁의 토대를 마련했다.

간관들은 이색 및 그의 측근인 이숭인과 권근을 공격했다. 이숭인과 권근은 유배되었고 이색은 이에 불만을 표시하고 장단으로 퇴거했다. 이때 마침 최영의 조카인 김저金佇가 우왕 복위를 꾀했다가 발각되어 관련자들이 처벌당하는 사건이 일어났고, 이를 계기로 이성계 등이 '폐가입진廢假立眞'을 명분으로 창왕을 몰아내고 1389년 11월 공양왕을 옹립했다. 다음달에 창왕은 우왕과 함께 죽음을 당했다.

공양왕 때 정치 추이와 고려의 종언

공양왕 옹립 이후 조선이 건국될 때까지 4년 동안 제도 개혁을 둘러싸고 개혁파 신흥 유신과 반개혁 세력 사이에 치열한 정쟁이 전개되었다. 그 과정에서 윤이·이초 사건이 발생했다. 공양왕 2년(1390) 윤이와 이초가 이성계가 옹립한 공양왕은 종실이 아

삼척에 있는 공양왕릉. 공양왕(재위 1389~1392)은 신종의 7대손이며 정원부원군 왕균의 아들이다. 고려 마지막 왕으로 이성계 세력에 의해 폐위된 뒤 원주에 추방되어 공양군으로 강등되었다가 2년 뒤 삼척에서 살해되었다. 공양왕릉은 경기도 고양시 덕양구 원당동에도 있는데, 문화재청에서는 고양시에 있는 것을 공식 인정하고 있다.

니라 이성계의 인친姻親이라는 것과, 이성계 등이 장차 명을 치려 한다는 것, 그리고 이색 등 고려의 재상들이 이에 반대했다가 유배되거나 살해되리라는 것 등을 명나라에 고소한 사건이었다. 이 사실이 알려지자 고려에서는 대규모 옥사가 일어나 이색을 비롯하여 연루된 사람들이 유배되거나 국문을 당하고 옥사했다. 이 사건을 계기로 이색·이숭인·권근·이림을 비롯한 구세력이 대거 방출되었다.

정몽주는 개혁의 방향에 동의했고 공양왕 옹립까지도 이성계에 협력했으나 윤이·이초 사건을 처리하는 과정에서 이색과 권근 등을 두둔하고 나섰다. 이 무렵부터 정몽주는 반이성계파의 중심 인물로 떠올랐다.

윤이·이초 옥사를 마무리한 직후 공양왕 2년 7월 서운관에서 천도를 제기했고, 신흥 유신들이 반대했음에도 불구하고 9월에 천도를 강행했다. 국왕의 위상을 제고하고 정치적으로 구세력과의 연계를 염두에 둔 조치였다. 11월 정몽주는 수문하시중에 올라 판상서사사를 겸함으로써 관리 인사에 관여하게 되고 이를 통해 자기 세력을 확대해 갈 수 있었다. 공양왕 3년(1391) 정월 우현보·이색·권근·우인열·장하·이숭인·하륜 등에 대한 사면 조치가 내려졌다.

공양왕 3년 5월 이성계측의 개혁파 유신들은 척불론을 제기함으로써 반대 세력을 공격했다. 대사성 김자수의 척불 상소를 시작으로 성균박사 김초가 폐불론을 제기했고, 이에 전전의부정 김전과 전 호조판서 정사척이 반론을 제기하자 이번에는 성균생원 박초 등이 척불론을 지지하면서 공양왕의 숭불을 비난함으로써 이념 논쟁이 전개되었다. 척불론은 공양왕과 구세력, 그리고 이색과 정몽주 등 반대 세력 모두를 압박하는 것이었다. 6월 이색과 우현보가 다시 유배되었다.

공양왕 4년 4월 이성계가 말에서 떨어져 위독한 틈을 타서 대간들이 이성계파의 핵심 인물인 조준·정도전·남은·윤소종·남재와 오사충을 탄핵하여 유배 보내는 데 성공했다. 이런 상황에서 비상 수단을 강구 해 이방원 등이 정몽주 등을 격살해 정권을 장악하고 반대파를 제거했다.[자료5] 이어서 7월에 공양왕을 몰아내고 조선 왕조를 개창함으로써 고려는 종언을 고했다.

자료1

당시 이인임, 지윤, 임견미가 정방政房주1의 제조提調주2가 되어 정권을 장악하고 당파를 부식하니 온 나라가 그들에게 아부했으며 전주銓注할 때는 사람의 뇌물 다소와 자기에게 문안을 오는 근태 성적으로 올리고 내리는 것을 결정했으며 간혹 벼슬자리가 부족하면 무제한하게 첨설添設했고 어떤 때는 임명서를 수십 일씩 보류하고 뇌물이 들어오기를 기다렸다. 하루 사이에 재추宰樞 59명을 임명하기도 했으며 대간臺諫, 장수將帥, 수령守令은 모두 그들의 친구이며 심지어 시정市井의 공장工匠까지도 연줄을 타면 다 벼슬을 받았다. 그때 사람들이 이것을 '연호정[烟戸政, 매년 신분에 따라서 호적을 분류 정리하는 사업]'이라고 불렀는데 홍산鴻山 전투주3의 공을 상줄 때는 종군도 하지 않고 벼슬을 받은 자가 대단히 많았다.

原文 時 仁任齔堅味 提調政房 穎權植黨 擧國趍附 銓注之際 視人賄賂多少 伺候勤怠 以爲升黜 官或不足 則添設無限 或累旬不下批 以待貨賄之來 一日除官 宰樞至五十九 臺諫將帥守令 皆其親舊 至於市井工匠 無不夤緣除拜 時人謂之烟戸政 其論賞鴻山戰功 不從軍 得官者甚衆

— 「고려사」 권126, 열전39, 간신2, 이인임

자료2

당시 임견미, 이인임, 염흥방이 그 흉악한 종들을 풀어놓아 좋은 토지를 가진 사람들에게 수정목으로 곤장질하여 강탈했는데 그 임자가 공가문권公家文券을 가지고 있어도 감히 시비를 가리지 못했다. 그때 사람들이 이것을 '수정목 공문'이라 했는데 신우[우왕]가 듣고 그것을 증오했다. …

염흥방의 가노 이광이 전前 밀직부사 조반의 백주 땅을 강탈했으므로 조반이 염흥방에게 애걸했더니 염흥방은 그 땅을 돌려주었으나 이광이 또 그 땅을 강탈하고 조반을 능욕했다. 그래도 조반은 이광을 찾아가서 반환을 간청했으나 이광이 거만을 부리고 더욱 포학하게 굴었으므로 조반도 분노를 참지 못해 수십 명의 기병을 인솔하고 포위한 후 이광을 죽이고 그 집을 불질렀다. 그리고 염흥방에게 사유를 말하려고 말을 달려 서울로 들어왔다.

한편 염흥방은 이광을 죽인 소식을 듣고 크게 노하여 조반이 반역을 도모한다고 무고하고 순군에 명령해서 조반의 모친과 처를 잡아두고 또 400여 명의 기병을 백주로 파

주1 정방政房 : 최우가 인사 행정을 관장하기 위해 고종 12년(1225)에 자신의 사제에 설치했다. 국왕은 정방의 주의注擬를 승인하는 형식만 취할 뿐 모든 인사 행정이 정방에서 이루어졌다. 정방은 최씨 집권 때는 물론 최씨가 몰락한 후에도 오랫동안 존속되어 고려 말에는 지인방知印房·차자방箚子房으로 개칭되다가, 창왕 때에는 상서사尙瑞司로 바뀌었다.

주2 제조提調 : 여기서는 정방의 우두머리를 의미하는 듯하다.

주3 홍산鴻山 전투 : 우왕 2년(1376) 7월 최영이 홍산(오늘날 충남 부여)에서 왜구를 크게 무찌른 싸움으로, 나세羅世·최무선 등의 진포싸움, 이성계의 황산대첩, 정지鄭地의 남해대첩과 더불어 왜구 토벌에서 가장 빛나는 전적 가운데 하나다. 홍산 전투에서 공을 세운 최영에게는 철원부원군鐵原府院君이 내려지고 다른 장수들에게도 벼슬이 제수되었다.

주4 이임보(李林甫, ?~752) : 중국 당나라 현종 때의 재상으로 아첨을 일삼고 유능한 관리들을 배척했다. 사람 됨됨이가 겉과 속이 달라 친한 듯 보이지만 깊은 음모와 중상모략을 일삼아 '구밀복검口蜜腹劍'이라 불렸다. 조정에 있는 19년 동안 권력을 장악해 멋대로 정책을 시행해 사람들이 눈을 흘기며 꺼렸다. 당나라를 쇠퇴의 길로 이끈 인물이다.

견하여 조반을 체포케 했다. 그런데 기병이 벽란도까지 갔을 때 백주 사람이 말하기를, "조반은 5명의 기병을 데리고 서울로 달려갔다."라고 했다. …

임견미는 성정이 시기심이 강하고 음흉했으며 말재간이 있었는데 세간에서 그를 이임보李林甫주4에게 견주었다. 이인임이 장기간에 걸쳐 국권을 절취해서 파당의 뿌리를 깊이 박고 임견미를 심복으로 삼았었다. 그런데 임견미는 문관文官을 증오해서 추방한 자가 심히 많았다. 염흥방도 추방당한 사람 가운데 하나였으나 후에 임견미는 염흥방이 세가世家 대족大族이므로 그 집에 혼인할 것을 청했으며 또 염흥방도 전일의 귀양을 체험했으므로 몸을 보전할 생각으로 이인임과 임견미의 말이면 다 복종했고 이때 와서는 염흥방의 이부형, 이성림을 시중으로 삼았다. 그리하여 권세 잡은 간신들과 그 친당親黨들이 조정의 양부兩府에 나란히 배치되어 있었으며 중앙과 지방의 요직은 모두 사적 관계가 있는 자들이 점령했다. 이렇게 정권을 독차지하고 전횡하면서 벼슬을 팔아먹었으며 타인의 토지를 강탈하여 온 산과 들을 모두 차지했고 타인의 노비를 강탈하여 그 수가 천백이었다. 그리하여 심지어는 능침전, 궁고전宮庫田, 주현州縣, 진津, 역 등에 소속된 땅에 이르기까지 강탈하지 않은 바가 없었고 또 주인을 배반한 종들과 부역을 도피한 포민逋民들이 마치 연못과 숲에 모이듯이 그 집으로 모여들었으나 안렴사와 수령들이 감히 징발하지 못했다. 이로 말미암아 백성들은 흩어지고 도적은 극성을 부렸으며 공사公私의 재물이 고갈되었으므로 온 나라가 이를 갈았다. 이때 최영과 태조 이성계가 그의 소행을 통분히 여기고 동심 협력하여 신우를 인도해서 그들을 제거하니 국내의 모든 사람들이 크게 기뻐하여 길에서 춤추고 노래했다.

原文 時 堅味仁任興邦 縱其惡奴 有良田者 率以水精木 杖而奪之 其主 雖有公家文券 莫敢與辨 時人謂之 水精木公文 耦聞而惡之 … 興邦家奴李光 奪前密直副使趙胖白州之田 胖乞哀於興邦 興邦歸其田 光復奪其田 凌辱胖 胖詣光哀請 光傲胖 盆縱虐 胖不勝憤 以數十騎圍而斬之 火其家 欲白興邦 馳入京 興邦聞斬光 大怒 誣胖謀叛 令巡軍 執胖母妻 遣四百餘騎 至白州 捕胖 騎至碧瀾渡 州人云 胖率五騎 已馳入京 … 堅味性 猜忌陰兇 有口才 世比之李林甫 仁任久竊國柄 支黨根據 堅味爲其腹心 疾惡文臣 放逐甚衆 興邦 亦在逐中 後堅味 以興邦世家大族 請與昏姻 興邦亦懲前日流貶 欲保其身 惟仁任堅味言是從 於是 以興邦異父兄成林爲侍中 權奸親黨 布列兩府 中外要職 無非私人 專權自恣 賣官鬻爵 奪人土田 籠山絡野 奪人奴婢 千百爲群 以至陵寢宮庫州縣津驛之田 靡不據占 背主之隷 逃賦之民 聚如淵藪 廉使守令 莫敢徵發 由是 民散寇熾 公私匱竭 中外切齒 瑩及太祖 慎其所爲 同心恊力 導耦除之 國人大悅 道路歌舞

_ 「고려사」 권126, 열전39, 간신2, 임견미

(3월) 대명大明 후군도독부後軍都督府에서 요동백호百戶 왕득명을 보내와서 철령위鐵嶺衛[주5] 설치를 통고했다. 신우가 병을 핑계대고 백관에게 명하여 교외에서 맞이하게 했다. 판삼사사 이색이 백관을 거느리고 왕득명에게 나아가서, 돌아가 황제께 잘 아뢰어 주기를 요청했다. 왕득명이 말하기를, "천자의 처분에 달려 있는 것이지 내 마음대로 할 수 없다."고 했다. 최영이 노하여 신우에게 아뢰고 요동 군사로서 방문榜文을 가지고 양계兩界에 이른 자를 죽이니, 죽은 자가 모두 21명이나 되었다. 이사경 등 5명만을 그 지방에 머물러 두고 단속하게 했다. … 여름 4월 1일 을사일에 신우가 봉주鳳州에 머물면서 최영과 우리 태조[이성계]를 불러 이르기를, "요양遼陽을 치려 하니 경 등은 힘을 다하여야 한다." 했다. 태조[이성계]가 이뢰기를, "지금 군사를 내는 데에 4가지 불가한 것이 있으니, 작은 나라로서 큰 나라를 거스르는 것이 첫 번째 불가한 것이요, 여름에 군사를 출동시키는 것이 두 번째 불가한 것이요, 온 나라가 멀리 정벌을 하면 왜적이 빈틈을 타서 침입할 것이니 세 번째 불가한 것이요, 때가 무덥고 비가 오는 시기라서 활에 아교가 녹아 풀어지는 것과 대군이 전염병에 걸릴 것이 네 번째 불가한 것입니다." 하니, 신우가 자못 그럴 듯하게 여겼다.

태조가 물러나와 최영에게 말하기를, "내일 마땅히 이 일을 다시 아뢰어 주십시오."라고 하니 최영이 "그리하겠다." 했다. 밤에 최영이 다시 들어가 아뢰기를, "원컨대 다른 말을 받아들이지 마소서." 했다. 다음날 신우가 태조를 불러 이르기를, "이미 군사를 일으켰으니 중지할 수는 없다." 하자, 태조가 아뢰기를, "반드시 큰 계책을 성취하려거든 대가를 서경西京에 머물러두고 가을을 기다려 군사를 내면 곡식이 들에 널려 있어 대군의 양식을 충족할 수 있으니, 북을 울리며 전진할 수 있습니다. 지금은 출병할 때가 아니니 비록 요동 한 성을 함락시킨다 하더라도 한창 비가 와서 군사가 전진할 수 없으며 도리어 군사의 사기가 떨어지고 양식이 떨어져 화만 초래할 뿐입니다." 했다.

原文 大明後軍都督府 遣遼東百戶王得明 來告立鐵嶺衛 禑稱疾 命百官郊迎 判三司事李穡 領百官詣得明 乞歸敷奏 得明曰 在天子處分 非我得擅 崔瑩怒白禑 令殺遼東軍持榜文至兩界者 死者二十一人 只留李思敬等五人 令所在羈管 … 夏四月 乙巳朔 禑次鳳州 召瑩及我太祖曰 欲攻遼陽 卿等盡力 太祖曰 今者出師 有四不可 以小逆大 一不可 夏月發兵 二不可 擧國遠征 倭乘其虛 三不可 時方暑雨 弓弩膠解 大軍疾疫 四不可 禑頗然之 太祖 退謂瑩曰 明日 宜以此言復

주5 철령위鐵嶺衛 : 우왕 13년 (1387) 12월에 명나라는 철령 이북의 땅이 원나라에 속했던 것이므로 요동에 귀속시켜야 한다는 이유를 내세워 철령위의 설치를 결정했다. 이런 사실은 당시 명나라에 사신으로 가 있던 설장수偰長壽를 통해 이듬해 2월 전달되었다. 이에 고려 조정은 유사시를 대비해 전국적으로 성을 수축하고, 서북면에 무장들을 증파해 수비를 굳건히 했다. 또한 밀직제학密直提學 박의중朴宜中을 사신으로 파견해 철령 이북의 공험진公嶮鎭까지도 원래 고려의 영토였음을 주장하면서 철령위의 설치를 철회하도록 요구했으나 쉽게 받아들여지지 않았다. 이에 고려에서는 요동 정벌을 단행했으나 이성계가 위화도에서 회군함으로써 중단되었다. 이후 명나라는 더 이상 철령위 설치를 거론하지 않았다.

啓 瑩日諾 夜 瑩復入啓 願毋納他言 明日 禑召太祖曰 業已興師 不可中止 太祖曰 必欲成大計
駐駕西京 待秋出師 禾穀被野 大軍食足 可以鼓行而進矣 今出師非時 雖拔遼東一城 雨水方降
軍不得前 却師老粮匱 祗速禍耳

_ 『고려사절요』 권35, 신우辛禑 14년

자료 4

조준은 일찍이 왕씨의 대가 끊어진 것을 통분히 여겨 윤소종, 허금, 조인옥, 유원정,
정지, 백군녕 등과 동무로 맺고 비밀리 맹세하여 왕씨를 부흥시킬 뜻을 갖고 있었다.
우리 태조[이성계]는 조준의 기국器局이 비범함을 보고 그와 함께 일을 의논한 다음 크
게 만족하여 그를 대하기를 마치 옛 친구처럼 했으며 회군한 후에는 그를 천거하여
지밀직사사 겸 대사헌으로 임명했고 일의 대소 할 것 없이 모두 다 그와 의논했다. 조
준도 나라를 다스리고 백성을 구제하는 것을 자기의 사명으로 자임하면서 아는 것은
다 말하게 되었다.

그전부터 토지 제도가 대단히 문란해져 토지를 겸병하는 자들은 남의 토지를 강점하
여 그 해독이 날로 심해졌으므로 백성들의 원망이 자자했다. 우리 태조는 조준, 정도
전과 함께 사전私田 개혁에 대하여 의논했으며 조준은 동료들과 함께 신창[창왕]에게
글을 올려 이에 대하여 역설했다. 그 글은 식화지食貨志에 실려 있다. 구가세족들은
모두 비난 중상했으나 조준은 더욱더 자기 주장을 견지했다. 그리하여 도당都堂주6에
서 그 이해를 토의하게 되었을 때 시중 이색은 오랜 법제를 경솔하게 고칠 것이 아니
라는 의견을 가지고 자기 주장을 고집하면서 듣지 않았으며 이림, 우현보, 변안열, 권
근, 유백유 등은 이색의 주장에 따랐다. 정도전, 윤소종은 조준의 주장에 가담했고 정
몽주는 이 중간에서 일정한 입장을 가지지 않았다. 또한 백관으로 하여금 의논케 했
는데 의논에 참가한 사람 53명 가운데 개혁을 원하는 자가 십중팔구였으며 원치 않는
자는 모두 다 거족의 자제들이었다. 태조는 끝내 조준의 주장을 채용하여 전제를 개
혁했다. 그 후 얼마 안 되어 대대로 부귀를 누리는 명문 거족들이 유언비어를 퍼뜨리
면서 전제를 종전대로 회복하려고 했으므로 조준은 또 글을 올려 논의했다. 또 간관
인 오사충, 이서, 이준 등이 역시 회복시킬 것이 아니라는 의견을 가지고 글을 올려
강경히 주장했으므로 신창은 그들의 의견을 좇았다.

原文 浚 嘗慎王氏絶嗣 與尹紹宗許錦趙仁沃柳爰廷鄭地白君寧 結爲友 密誓有興復之志 我

주6 도당都堂 : 도당은 고려 전기
변경의 군사 문제를 논의하던 회
의 기관인 도병마사都兵馬使가 고
종 말년 그 구성과 기능이 확대됨
에 따라 나타나기 시작한 명칭이
다. 충렬왕 5년(1279) 도병마사가
도평의사사로 개편되면서 도당이
라는 용어의 사용이 본격화되었다.
이때의 도당은 정사를 의논하는 재
추宰樞의 합의 기관인 동시에 백관
을 총령하고 서사庶事를 관장하는
최고 정무 기관으로 기능이 확대되
었다.

太祖 見浚器宇不凡 與論事大悅 待之如舊識 及回軍 擧爲知密直司事 兼大司憲 事無大小 悉咨
之 浚亦以經濟爲己任 知無不言 先是 田制大壞 兼幷之家 奪占土田 毒痛日深 民皆怨咨 我太祖
與浚鄭道傳 議革私田 浚與同列 上疏辛昌 極論之語 在食貨志 舊家世族 交相謗毀 執之愈固 都
堂議利害 侍中李穡 以爲不可輕改舊法 持其議 不從 李琳禹玄寶邊安烈及權近柳伯濡 附穡議
道傳紹宗 附浚議 鄭夢周依違兩閒 又令百官議 議者五十三人 欲革者 十八九 其不欲者 皆巨室
子弟也 太祖卒用浚議 革之 未幾 世臣巨室 動浮言 欲復之 浚又上疏 論之 諫官吳思忠李舒李稰
等亦以爲不可復 上書固爭 從之

_ 「고려사」 권118, 열전31, 조준

자료 5

간관 김진양·이확·이래·이감·권홍·유기 등이 삼사좌사 조준, 전 정당문학 정
도전, 전 밀직부사 남은, 전 판서 윤소종, 전 판사 남재, 청주목사 조박 등을 논핵하기
를, "정도전은 미천한 신분으로 몸을 일으켜 당사堂司에 자리를 차지했으므로, 미천
한 근본을 덮고자 본주本主를 제거하려고 하는데, 홀로 일을 할 수 없으므로 참소로
죄를 얽어 만들어 많은 사람을 연좌시켰습니다. 또 조준은 한두 사람의 재상 사이에
서 우연히 원수와 틈을 일으켜 정도전과 함께 마음을 같이하여 서로 변란을 선동하
고, 권세를 희롱하여 여러 사람을 꾀고 협박하니, 이에 벼슬을 잃을까 걱정하는 염치
없는 무리와 그 뜻에 영합하여 일을 일으키려는 무리들이 호응하여 일어났습니다. 그
중에 남은·남재 등은 난을 선동하는 보좌가 되고, 윤소종·조박 등은 말을 꾸며 내
는 앞잡이가 되어, 서로 부르고 화답하여 죄의 그물을 널리 펼쳐서 형벌을 해서는 안
되는 사람에게 형벌을 쓰고, 본래 죄가 없는 일에서 죄를 구하니, 여러 사람의 마음이
두려워하여 모두 원망하며 탄식하고 있습니다. … "라고 하였다.
우리 태조가 해주로부터 벽란도에 이르러 유숙하려 하니, 태종太宗이 달려가서 고하
기를, "정몽주가 반드시 우리 집안을 해칠 것입니다." 했으나 태조는 답하지 않았다.
또, "이곳에 유숙해서는 안 됩니다." 하니 태조는 허락하지 않다가 굳이 청한 뒤에야
병든 몸을 억지로 참고 드디어 사람이 어깨에 매는 가마를 타고 밤에 사저로 돌아왔
다. 성헌省憲에서 번갈아 글을 올려 또 조준·정도전 등을 목 베기를 청했다. 이때 정
몽주가 우리 태조의 위엄과 덕이 날로 성하여 조정과 민간에서 마음을 그리로 돌리는
것을 꺼렸는데, 조준·정도전·남은 등이 비로소 태조를 추대하려는 마음이 있는 것

을 알고는 태조의 병이 위독한 것을 이용하여 도모하고자 했다. 대간을 사주하여 조준·정도전·남은과 평소에 태조에게 마음을 돌린 자 대여섯 명을 탄핵하여 이를 죽이고 태조에게까지 미치게 하려 했다.

태종이 태조에게 아뢰기를, "형세가 이미 위급합니다. 장차 어찌하려 하십니까." 하니, 태조는 말하기를, "죽고 사는 것은 천명에 있으니, 마땅히 천명을 따라서 받아들일 뿐이다." 했다. 태종은 태조의 아우 이화의 사위 이제 등과 함께 휘하의 군사에게 의논하기를, "이씨가 왕실에 충성한 것은 나라 사람들이 아는 바인데, 이제 정몽주에게 무함되어 악평을 받게 되었으니, 뒷세상에서 누가 능히 이를 분별하겠는가." 하면서 정몽주를 제거할 것을 도모했다. 태조의 형 이원계의 사위인 변중량이 그 계획을 정몽주에게 누설하니, 정몽주가 태조의 사저에 나아가서 사태를 살피고자 했는데, 태조는 그를 대하기를 전과 같이 했다. 태종이 "때를 놓쳐서는 안 된다." 하고 정몽주가 돌아감에 미쳐서 곧 조영규 등 네댓 명을 보내 길에서 기다리고 있다가 살해했다. 태종이 또 이화 등과 의논하여 공정왕(恭靖王, 정종定宗)을 보내어 아뢰기를, "만약 정몽주의 당을 신문하지 않으면 신 등을 죄주기를 청합니다." 하니, 왕이 마지못해 대간을 순군옥에 가두고, 또 이르기를, "외방으로 귀양 보냄이 옳을 것이며, 국문할 필요는 없다." 하다가, 조금 후에 판삼사사 배극렴과 문하평리 김주에게 명하여 순군 제조관 김사형 등과 함께 국문하게 했다. 좌상시 김진양이 말하기를, "정몽주·이색·우현보가 이숭인·이종학·조호를 보내어 신 등에게 말하기를, '이판문하(李判門下, 이성계가 공을 믿고 권력을 마음대로 하는데 지금 말에서 떨어져 병이 위독하니, 마땅히 먼저 그를 보좌하는 조준 등을 제거한 후에야 도모할 수 있다' 했습니다." 했다. 이에 이숭인·이종학·조호를 순군옥에 가두었다. 조금 후에 김진양과 우상시 이확, 우간의 이래, 좌헌납 이감, 우헌납 권홍, 집의 정희, 장령 김무·서견, 지평 이작·이신과 이숭인·이종학을 먼 지방으로 귀양 보냈다.

原文 諫官金震陽李擴李來李敢權弘柳沂等 論三司左使趙浚 前政堂文學鄭道傳 前密直副使南誾 前判書尹紹宗 前判事南在 淸州牧使趙璞等 曰 鄭道傳 起身賤地 竊位堂司 欲掩賤根 謀去本主 無由獨擧 織成蓁蓁之罪 連坐衆多之人 又有趙浚 亦於一二卿相間 偶起嫌釁 與道傳同心 相扇變亂 賣弄權勢 誘脅諸人 於是 患失乾沒之輩 希旨生事之徒 響應而作 其中 南誾南在等 爲扇亂之羽翼 尹紹宗趙璞等 爲造言之喉舌 唱和而起 廣張罪網 施刑於不可刑之人 求罪於本無罪之地 衆心危懼 咸怨咨嗟… 我太祖 自海州 至碧瀾渡 將宿焉 太宗馳至 告曰 鄭夢周必陷我家

太祖不答 又告不可留宿於此 太祖不許 强請然後力疾 遂以肩輿 夜還于邸 省憲交章 又請誅浚
道傳等 時 夢周 忌我太祖威德日盛 中外歸心 知浚道傳南誾等 始有推戴之意 欲乘太祖病篤圖
之 嗾臺諫 劫浚道傳南誾及所素歸心者五六人 將殺之 以及太祖 太宗 白太祖曰 勢已急矣 將若
何 太祖曰 死生有命 但當順受而已 太宗與太祖弟和壻李濟等 議於麾下士曰 李氏之忠於王室
國人所知 今爲夢周所陷 加以惡名 後世誰能辨之 乃謀去夢周 太祖兄元桂之壻卜仲良 泄其謀
於夢周 夢周詣太祖邸 欲觀變 太祖待之如初 太宗曰 時不可失 及夢周還 乃遣趙英珪等四五人
要於歸路 殺之 太宗 又與和等 議遣恭靖王 啓曰 若不問夢周之黨 請罪臣等 王不得已 下臺諫于
巡軍獄 且曰 流之於外 可矣 不必鞫問 旣而 命判三司事裴克廉 門下評理金湊 同巡軍提調官金
士衡等鞫之 左常侍金震陽曰 夢周李穡禹玄寶 遣李崇仁李種學趙瑚 謂臣等曰 李判門下 恃功專
擅 今墜馬病篤 宜先翦羽翼趙浚等 然後可圖也 於是 囚崇仁種學瑚于巡軍獄 旣而 流震陽及右
常侍李擴 右諫議李來 左獻納李敢 右獻納權弘 及執義鄭熙 掌令金畝 徐甄 持平李作 李申 及崇
仁 種學于遠地

— 「고려사절요」 권35, 공양왕 4년 4월

출전

「고려사」

「고려사절요」

찾아읽기

이상백, 「이조건국의 연구」, 을유문화사, 1949.

박천식, 「고려 우왕대의 정치세력의 성격과 그 추이」, 「전북사학」4, 1980.

한영우, 「정도전사상의 연구」, 서울대학교 출판부, 1983.

김정의, 「위화도회군에 관한 고찰」, 「군사」16, 1988.

조계찬, 「조선건국과 윤이·이초사건」, 「이병도박사구순기념한국사학논총」, 1989.

윤두수, 「창왕비왕설의 연구」, 「고고역사학지」5·6합집, 1990.

이형우, 「정몽주의 정치활동에 대한 일고찰—공양왕대를 중심으로」, 「사학연구」41, 1990.

정두희, 「고려말 신흥무신세력의 성장과 첨설직의 설치」, 「이재룡박사환력기념 한국사학논총」, 1990.

이경식, 「고려말의 사전 구폐책과 과전법」, 「동방학지」42, 1991.

정치헌, 「여말선초 과거문신세력의 정치동향」, 「한국학보」64, 1991.

류창규, 「고려말 조준과 정도전의 개혁 방안」, 「국사관논총」46, 1993.

류창규, 「고려말 최영 세력의 형성과 요동공략」, 「역사학보」143, 1994.

강지언, 「이인임 집권기 정치세력과 정국동향」, 「이화사학연구」22, 1995.

김순자, 「고려말 대중국관계의 변화와 신흥유신의 사대론」, 「역사와 현실」15, 1995.

박재우, 「고려 공양왕대의 관제개혁과 권력구조」, 『진단학보』 81, 1996.

류경아, 「고려말 정몽주 동조세력의 형성과 활동」, 『이화사학연구』 25·26합집, 1996.

류경아, 「정몽주의 정치활동」, 『백산학보』 46, 1996.

이형우, 「우왕 초기의 정치상황과 지윤 – 우왕 3년 3월 이전을 중심으로」, 『한국사연구』 94, 1996.

김당택, 「고려 우왕 원년(1375) 원과의 외교관계 재개를 둘러싼 정치세력간의 갈등」, 『진단학보』 83, 1997.

도현철, 「고려말기 사대부의 분기와 정치, 경제기반」, 『경기사학』 1, 1997.

이형우, 「우왕의 왕권강화 노력과 그 좌절 – 우왕 6년 이전을 중심으로」, 『역사와 현실』 23, 1997.

김당택, 「고려 우왕대 이성계와 정몽주·정도전의 정치적 결합」, 『역사학보』 158, 1998.

김당택, 「고려 창왕 원년(1389)의 김저사건」, 『전남사학』 12, 1998.

김창현, 「고려말 조선초기 정치체제 개편의 방향과 그 의미」, 『사총』 47, 1998.

도현철, 「고려말기 사대부의 대외관」, 『진단학보』 86, 1998.

이익주, 「고려말 신흥유신의 성장과 조선건국」, 『역사와 현실』 29, 1998.

김인호, 「고려후기 사대부의 경세론 연구」, 혜안, 1999.

도현철, 「고려말 사대부의 정치사상연구」, 일조각, 1999.

이형우, 「고려말 신진사류의 정치적 역할」, 『한국사학보』 12, 2002.

이형우, 「고려 우왕의 외척과 측근」, 『민족문화연구』 37, 2002.

김당택, 「도당을 통해 본 고려 우왕대의 정치적 상황」, 『역사학보』 180, 2003.

김창현, 「고려 공민왕~우왕 때 정치·사회의 변동」, 『호서사학』 34, 2003.

이정주, 「공양왕대의 정국동향과 척불운동의 성격」, 『한국사연구』 120, 2003.

이형우, 「고려 우왕대의 천도론과 정치세력」, 『한국학보』 113, 2003.

최봉준, 「고려 우왕대 사대부의 성장과 분기」, 『학림』 24, 2003.

홍영의, 「고려말 창왕대 '개혁파' 신흥유신의 결집과 분기 과정」, 『한국중세사연구』 16, 2004.

김당택, 「이성계의 위화도회군과 제도개혁」, 『전남사학』 24, 2005.

연세대학교 국학연구원 엮음, 『중세사회의 변화와 조선 건국』, 혜안, 2005.

홍영의, 「고려말 정치사연구」, 혜안, 2005.

김영수, 「건국의 정치 – 여말선초 혁명과 문명 전환」, 이학사, 2006.

이형우, 「우왕의 정치에 대한 일고찰 – 출생배경과 폐위, 죽음을 중심으로」, 『한국인물사연구』 16, 2011.

II.

경제 영역

1 지배층에게 토지를 나누어주다

전시과

중세 사회에서 토지는 기본 생산 수단이다. 사회의 경제 기반, 재정 기초, 그리고 농민 지배 등은 모두 토지를 중심으로 구축되어 있다. 그 토지의 소유 관계 · 지배 관계는 사회 신분 관계를 잘 반영하고 있다. 고려 전기 토지 제도의 기본은 전시과에 집약되어 있다. 전시과는 양반을 비롯한 봉건 지배층에 대한 토지 분급을 규정한 제도이다.[자료1]

전시과 제도의 변천

고려는 후삼국의 통합 과정에서, 또 통합 이후 농민 · 토지 문제를 해결하는 것이 중요한 과제였다. 토지의 사적인 소유는 예전부터 인정되고 있었으므로 소유 토지의 조정은 곤란한 일이었다. 그렇기 때문에 고려는 부세제 개편과 새로운 토지분급제 시행이라는 차원에서 농민과 토지 문제를 수습하게 되었다.

고려가 새로운 고려 왕조 체제를 조직해 가기 위해서는 관료제를 재정비하고 새로이 토지를 분급하는 것이 절박하고 중대한 과제였다. 전시과田柴科의 법제는 고려 건국 이후 수십 년이 지난 후에야 마련되었다. 전시과 제도 출현 이전 태조 때는 녹읍祿邑을 지급했다. 녹읍은 신라 이래 내려온 제도였다. 왕건은 귀부歸附한 호족들에 녹읍을 지급했는데, 그 녹읍은 호족의 연고지에 설정되지 않았다. 이 녹읍은 일부 호족에 대한

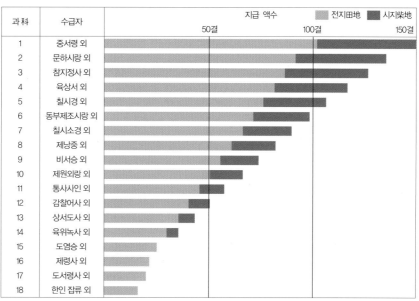

과科	수급자	지급 액수		

문종 때 개정된 경정전시과. 문종 30년에 실시한 경정전시과는 전체 관료를 18과로 나누어 수조지를 분급했다. 최고 1과 150결에서, 최하 18과 17결로 과에 따라 차등 있게 지급하였다. 14과까지는 전지와 시지를 함께 지급했지만, 15과 이하에는 시지를 지급하지 않았다. 이전의 전시과에 비해 무과에 대한 차별 대우가 사라졌으며 군인에 대한 대우도 나아졌다.

경제적 지원에 불과했을 뿐, 전체 호족을 대상으로 한 것은 아니었다.

왕건은 후삼국을 통일한 이후 태조 23년(940) 역분전役分田을 설치했다. 역분전은 고려의 통일 과정에 공이 있는 조신朝臣과 군사軍士에게 지급했는데 관계官階를 고려하지 않고 사람 성품과 행실의 착하고 악함이나 공로의 크고 작음을 기준으로 했다. [자료 2] 그것은 논공행상의 요소를 가지면서도 관료의 측면을 고려하여 지급한 것이었다. 당시 통합 과정에서의 공로 대소와 관계官階가 부합하지 않는 현실에서 그렇게 지급할 수밖에 없었다.

전시과 제도가 처음 제정된 것은 경종 원년(976) 11월이었다. [자료3·4] 역분전이 제정된 지 36년 후였다. 국초 이래의 정치 변동을 거치면서 공신적 호족세가豪族世家와 과거 출신 관료가 반열班列로 서열화된 것을 전제로 했다. 시정전시과始定田柴科에서는 전시의 분급 대상자를 자紫·단丹·비緋·록綠의 4색공복제四色公服制에 따라 4계층으로 구분했으며 수급자는 복색별로 여러 등급으로 나뉘어 토지를 받았다. 1급 공복인 자삼은 문무잡업의 분화 없이 18품으로 구분해 최고 전지田地 110결, 시지柴地 110결을 받앉고, 최하인 18품은 전지 32결, 시지 25결을 받도록 했다. 이하 단·비·록의 세 공복에서는 문반과 잡업을 모두 각각 복색별로 편성했으며 무반은 단삼만으로 품을 편성했다. 그해에 과등科等에 들지 못한 자에게는 모두 15결을 지급했다.[자료5] 아직 문반·무반의 양반제兩班制가 확립되지 않은 단계에서 토지를 지급했기에, 여러 계통으로 나누어 토지를 지급한 것이 특징이다.

경종 때의 시정전시과는 목종 원년(998) 12월에 개정되었다. 성종 때 관료제가 정비됨에 따라 전시 지급의 구분이 일원화되었다. 1~18과로 나뉘었으며 1과는 전지 100결, 시지 70결이 지급되었고, 이하 체감하여 18과는 전지 20결만 지급되고 시지는 설정되지 않았다. 그리고 과외자科外者에게는 17결이 지급되었다.[자료6] 전시의 지급액은 전체적으로 종전보다 줄어들었다. 시정전시과에 비해 규정 내용이 간편하고 체계화되어 전체 관료를 한 체계 안에 망라하여 토지를 분급했다. 이것은 고려 관료제의 발달과 관련이 있을 것이다. 문반과 무반 사이의 토지 지급액에 차이가 있었는데, 문반이 두드러지게 우위였다. 예컨대 무반 정3품 상장군은 5과에 위치했는데, 문반 정3품의 육상서六尙書는 4과에 속했다. 5과에 속한 문반은 종3품의 비서감秘書監이었다. 그리고 군인층이 토지 지급자 대상에 들어와 마군馬軍은 17과로 23결을, 보군步軍은 18과로 20결을 받은 점이 주목할 만하다. 서리직胥吏職에도 토지가 지급되어 주사主事·녹사錄事·별가別駕는 16과였으며, 영사令史·서사書史·감사監事·서령사書令史·승지承旨는 17과였다.

목종 때 전시과는 덕종德宗 3년(1034) 4월에 또다시 개정되었다.[자료7] 이때에는 한인閑人이 토지 분급 대상에 포함되어 있어 주목되는데, 세부 규정이 전하지 않아 자세한 내용은 알 수 없다.

이후 문종 30년(1076)에 또 다시 개정되어 경정전시과更定田柴科라 부른다. 과등科等은 종전처럼 18과로 하되 과외科外는 없앴으며 각 관직을 관품의 순차에 따라 배치했지만 중요한 관직은 원래의 과등보다 상위 과등에 배치하기도 했다. 1과에는 중서령中書令·상서령尙書令·문하시중門下侍中이 속하며 전지 100결과 시지 50결을 받았으며, 18과에는 한인閑人·잡류雜類가 속하며 전지 17결만 받고 시지는 지급받지 못했다.[자료8]

경정전시과는 목종 때 개정전시과에 비해 여러모로 달라졌는데 가장 주목되는 점은 분급되는 전시의 규모가 감소했다는 것이다. 1과의 경우 목종 때 170결[전지 100결, 시지 70결]에서 150결로, 2과는 160결에서 135결로, 10과는 85결에서 65결로, 18과는 20결에서 17결로 줄었다. 무신에 대한 대우가 크게 향상되어 상장군의 경우 목종 때 5과에서 3과로 올랐고, 대장군의 경우는 6과에서 4과로 올랐으며 다른 무신도 모두 과가 상승했다. 이는 오랫동안 거란과 전쟁을 하면서 무신의 지위가 상승했기 때문이었다. 문무 양반은 모두 16과까지 배치했으며 지급 총액은 시지를 제외하고 전지만 보면 10만 결 정도로 추정된다.

문종 때 전시과가 경정된 이후 새로운 개정은 이루어지지 않았다. 이것은 관료 사회의 변화에 대처해 국가가 전지를 제대로 분급하지 못함을 뜻하는 것으로 보인다. 이런 추세 속에서 국가가 분급 전지에 대해 관리 내지 통제하는 권한이 약화되어갔다. 그리하여 이 계열의 토지는 후기에 이르면 국가의 관리·통제를 벗어나 사사로이 전수되어 가산화家産化하기에 이른다.

분급 토지의 성격과 경영

전시과 규정에 따라 지급된 토지는 수조지收租地였다. 당시에는 사적인 토지 소유가 전제되어 있었기 때문에, 국가가 분급하는 것은 수조권·수조지였다.[자료9] 이 수조지는 자신의 토지 위에 설치될 수도 있었지만, 대개의 경우 타인의 민전 위에 설정되는 것이 원칙이었다.

전시과 토지는 전주를 양반으로, 전객을 납조자로 설정하고서 운영되는 것으로 중세의 신분적 상하 관계를 전제로 했다. 또 신료층의 가계家系 존양存養을 위한 수록授祿의 성격을 띠었다. 받은 자는 반대급부로 국가에 대해 직역職役을 통한 충신忠信을 제공해야 했다. 수조권을 분급받은 전주는 직역의 승계에 따라 국가의 허락을 받아 후손에 물려줄 수 있었다. 그리하여 전시과에 의거해 분급한 토지는 영업전永業田·세업전世業田이라 불렀다. 반면 과전의 몰수는 신료 자격의 박탈을 뜻했으며 이는 세가世家·세신世臣의 위치를 부정하는 것이었다.

어제비장전변상. 『어제비장전』 제6권(1977년 무렵에 발견)에 삽입된 위의 판화는 초조대장경에서 인출된 것으로 추정된다. 5점의 변상도 가운데 위의 그림은 제3도로서 전·중·원경으로 전체 화면을 구성하고 있는 산수 속에 인물들을 적절히 배치한 일종의 산수 인물화다. 산과 구름, 내川와 나무의 배치가 매우 자연스러워 판화라는 느낌이 거의 들지 않으며, 인물의 형태나 몸짓도 상당히 세련된 격조 높은 그림이다.

토지를 몇 결 또는 몇십 결 등 일정 결수로 묶어서 파악하는 작정제作丁制가 시행되었으며 고을마다 양안과는 별도로 작정장적作丁帳籍 곧 전정장적을 작성하여 정丁마다 전주의 성명을 달았다. 이를 통해 각 정의 수수授受·전체傳遞·환수還收·가급加給 등 여러 변동 사항을 정리하고 파악했다. 과전 분급의 단위인 정은 통상 전정田丁이라 했는데, 이 전정이 다른 사람에게 다시 넘겨져 전수되면 주필朱筆로 이 사실을 적어 전수의 순차와 내력을 알 수 있었다. 분급 전정의 점유 분쟁, 말하자면 사전 쟁송이 발생했을 때는 개개 전주들에게 전정의 수수 시에 발급한 공문[公文, 문계文契, 전권田券]과 함께 이 전정장적이 기본 근거 자료가 되었다. 분급 전정이 과전 제도 하에서 천자문만으로 표시하고 있던 것과는 달리 소수자所受者의 토지로 명의가 되었다는 것은 소유지·소유권에 대하여 수조지·수조권의 지배성과 점유성이 강력했다는 뜻이다.

수조권을 분급받은 전주는 전객佃客 농민으로부터 전조를 직접 거둬들였다. 전주는 직접 조사하여 풍흉豊凶을 정할 수 있었고 소유한 말[斗]과 휘[斛]를 가지고 직접 수조했다. 실제 답험踏驗과 수조는 노비나 가신家臣 등이 담당하고 해당 고을의 수령이나 향리가 협조했다. 이 과정에서 전주가 전객 농민을 경제적으로 지배, 수탈할 수 있었다. 수조권을 받은 전주가 전객 농민에게서 수취할 수 있는 것은 소출의 10분의 1이었다.

납조와 수조 과정에 드는 경비는 전객 농민의 부담이었다. 전객 농민은 전조를 운반하는 데 따른 경비를 부담했으며 답험과 수조를 위해 온 인마人馬에 대한 접대도 부담했다. 조선漕船 삯과 부가세인 모미耗米도 부담한 듯하다. 그러므로 전객 농민의 부담은 소출의 10분의 1에 그치지 않고 곡초穀草 · 운반비 등을 모두 포함하면 실제로는 5분의 1 내지 6분의 1에 이르렀다.

전시과에 따라 지급된 전지는 기내구분전畿內口分田과 외방사전外方私田으로 구분되었다. 기내구분전은 전체 지급액의 7분의 1 내지 8분의 1에 이르렀는데, 국가가 외방에서 전조田租를 수송하기 어렵기 때문에 개경 부근의 땅을 공전公田으로 확보할 필요에서 설정한 것이었다. 양반 전주들은 외방사전에서 곡물 대신 포布나 기타 잡물로 바꾸어 징수하거나 무역해서 운송의 편리함을 꾀했다. 또한 전객 농민을 제멋대로 지배할 수 있었다. 양반 전주의 양식은 기내구분전으로 해결할 수 있었다. 기내구분전은 후대의 수신전守信田과 휼양전恤養田 형식으로 전수되었을 것이다.

사전은 대부분 외방에 설정되어 있었으므로 전주가 땔나무 · 숯 · 꼴을 해결하기가 어려웠다. 이에 시지柴地를 분급하였으며 시지는 개경에서 하루이틀 안에 오갈 수 있는 지점에 설정하였다. 시지는 원칙상 초채지樵菜地로 설정되었으나, 후대에 개간되어 전주의 소유지로 바뀌는 경우도 있었을 것이다.

고려 후기에 국가가 전시과 계열의 토지를 제대로 관리 운영하지 못하면서 그것이 사유지처럼 멋대로 자손에게 전해져 가산화家産化했다. 흔히 말하는 고려 후기의 농장農莊은 이 사전의 가산화를 바탕으로 크게 발달했다.

자료1

고려의 전제田制는 대개 당나라 제도를 모방하여 개간된 토지의 넓이를 총괄해서 그 기름지고 메마른 것을 나누어 문무백관에서부터 부병府兵,[주1] 한인閑人[주2]에게까지 과科[주3]에 따라 (전지를) 주지 않음이 없었고, 또 그 과에 따라 초채지樵採地[주4]를 주었는데, 이를 전시과라고 한다. 죽은 다음에는 모두 나라에 다시 바쳐야 했다. 그러나 부병만은 나이 20세가 차면 비로소 받고 60세가 되면 반환하는데, 자손이나 친척이 있으면 전정田丁[주5]을 물려받게 하고 없으면 감문위監門衛[주6]에 적을 두었다가 70세 이후에는 구분전口分田[주7]을 지급하고 나머지 땅을 환수했으며, 죽은 다음에 후계자가 없는 자와 전사한 자의 아내에게 모두 구분전을 지급했다.

原文 高麗田制 大抵倣唐制 括墾田數 分膏塉 自文武百官 至府兵閑人 莫不科授 又隨科給樵採地 謂之田柴科 身沒 並納之於公 唯府兵年滿二十 始受 六十而還 有子孫親戚 則遞田丁 無者籍監門衛 七十後 給口分田 收餘田 無後身死者及戰亡者妻 亦皆給口分田

_ 「고려사」권78, 지32, 식화1, 전제田制 서序

자료2

처음으로 역분전 제도를 설정했다. 3한을 통합할 때 조정의 관료들과 군사들에게 그 관계官階의 높고 낮음은 논하지 않고 그 사람의 성품과 행동이 착하고 악함과 공로가 크고 작은가를 참작하여 차등 있게 주었다.

原文 初定役分田 統合時朝臣軍士 勿論官階 視人性行善惡 功勞大小 給之有差

_ 「고려사」권78, 지32, 식화1, 전제, 전시과田柴科, 태조 23년

자료3

3국 말기에는 경계가 정확하지 못했고 부렴賦斂도 표준이 없었다. 고려 태조가 왕이 되자 맨 먼저 토지 제도를 바로잡고 백성들에게 거둬들이는 한도를 정했으며 농사와 양잠을 장려하기에 힘썼으니 정치의 근본이 무엇인가를 알았다고 말할 수 있다.

광종은 주현들에서 납부하여야 할 공부貢賦를 제정했고 경종은 전시과 제도를 세웠으며 성종, 현종이 왕위를 계승하자 법제는 더욱 상세해졌다. 문종은 몸소 절약과 검소에 힘쓰고 필요 없는 관원들을 축소하고 여러 비용을 줄였으므로 대창의 양곡이 오래 쌓여 있었기 때문에 붉게 썩었으며 집집마다 사람마다 생활이 유족했다. 그러므로

주1 부병府兵 : 당제唐制에서 부병은 지방 절충부折衝府에 소속된 군인을 말하며, 이들이 교대로 중앙에 번상했다. 당의 부병제는 균전제에 입각하여 농민들에게 토지를 균급해주고 그 균전 농민들을 대상으로 하여 조용조를 수취하거나 군역을 부담하게 했다. 이런 부병제가 고려에서 시행되었다는 데에는 대체로 부정적이다.

주2 한인閑人 : 관인 신분의 소유자 내지 계승자이면서 벼슬을 못하고 있는 자.

주3 과科 : 땅을 나누어주는 등급.

주4 초채지樵採地 : 땔감을 얻는 땅, 곧 시지柴地. 시지는 단순히 땔감과 꼴을 채취하는 데 머물지 않고 전주가 개간하는 경우도 있었을 것으로 보인다.

주5 전정田丁 : 토지를 수결 또는 수십 결 등 일정 결수로 묶어서 파악하는 것을 작정제作丁制라 하는데, 작정에 의해 파악한 토지가 전정이다.

주6 감문위監門衛 : 고려의 6위衛의 하나로, 궁성 안팎의 문을 지키는 일을 맡았다.

주7 구분전口分田 : 구분전에는 양반 구분전과 휼양 구분전, 잡 구분전이 있다. 자료에 나오는 구분전은 휼양 구분전.

인구가 번성하고 나라가 부유하게 사는 좋은 정치가 이때에 이르러 가장 융성했다.

原文 三國末 經界不正 賦斂無藝 高麗太祖卽位 首正田制 取民有度 而惓惓於農桑 可謂知
所本矣 光宗定州縣貢賦 景宗立田柴科 成顯繼世 法制愈詳 文宗躬勤節儉 省冗官 節費用 大倉
之粟 紅腐相因 家給人足 富庶之治 於斯爲盛

— 『고려사』권78, 지32, 식화1, 서序

주8 정전 제도井田制度 : 고대 중국에서 시행했다는 토지 제도. 정사각형 모양 900무畝의 경지를 100무씩 우물 정井 자 모양으로 9등분하여 여덟 농가에 분배하는 한편 중앙의 100무는 공전으로 삼고, 이 공전을 여덟 농가가 공동으로 경작하여 그 수확을 조세로 납부하는 제도.

자료4

이제현의 찬贊에, "등문공滕文公이 정전 제도井田制度주8를 맹자에게 물으니, 맹자가 말하기를, '어진 정치는 반드시 경계經界로부터 시작되니, 경계가 바르지 않으면 정지井地가 고르지 못하고 곡록穀祿이 공평하지 못하게 된다. 이 때문에 폭군과 오리汚吏는 반드시 그 경계를 소홀히 한다. 경계가 바르게 되면 전지를 분배하고 녹봉을 제정하는 일은 가만히 앉아서 정할 수 있을 것이다' 라고 했다. 삼한의 땅은 사방에서 배와 수레가 모여드는 곳이 아니므로 물산의 풍부함과 화식貨殖의 이익이 없고 백성의 생계로써 바라는 바는 다만 토지의 생산력에 있을 뿐이다. 그런데 압록강 이남 지방은 모두 산이므로 비옥하며 해마다 농사짓는 땅이 거의 없다. 만약 경계 바로잡기를 소홀히 한다면 그 이해利害는 중국보다 훨씬 더할 것이다. 태조가 신라의 쇠란衰亂과 태봉泰封의 사치·포학한 뒤를 이어 모든 일이 초창기이므로 날마다 바빠서 여가가 없어 다만 구분전口分田의 법만을 만들었다. 4대를 지나 경종이 전시田柴의 과科를 마련했으니, 비록 소략한 데가 있으나 역시 옛날 세록世祿의 뜻이다. 9분의 1을 조助로 하고, 10분의 1을 부賦로 하는 것과 군자와 소인을 넉넉히 살게 하는 점에 이르러서는 논할 겨를이 없었던 것이다. 후세에 여러 번 이를 정리하고자 했으나 마침내 구차스럽게 되고 말았다. 대개 그 시초에 경계를 긴급한 일로 삼지 않았으니, 근원을 혼탁하게 하고서 하류의 맑음을 구한들 어찌 될 수 있으랴. 애석하다. 그 당시의 군신이 맹자의 말로써 법제를 강구하여 임금으로 하여금 힘써 행하게 하지 못했다."라고 했다.

原文 李齊賢贊曰 滕文公 問井地於孟子 孟子曰 仁政 必自經界始 經界不正 井地不均 穀祿
不平 是故 暴君汚吏 必慢其經界 經界旣正 分田制祿 可坐而定也 三韓之地 非四方舟車之會 無
物産之饒 貨殖之利 民生所仰 只在地力 而鴨綠以南 大抵皆山 肥膏不易之田 絶無而僅有也 經
界之正若慢 則其利害 比之中國 相萬也 太祖繼新羅衰亂 泰封奢暴之後 萬事草創 日不暇給 止
爲口分之法 歷四世景宗 作田柴之科 雖有疎略 亦古者世祿之意也 至於九一而助 什一而賦 與

夫所以優君子小人者 則不暇論也 後世屢欲理之 終於苟而已矣 蓋其初 不以經界爲急 撓其源
而求流之淸 何可得也 惜乎 當時群臣 未有以孟子之言 講求法制 啓迪而力行之也

— 『고려사절요』권2, 경종 6년 7월

자료 5

비로소 직관職官,[주9] 산관散官[주10]의 각 품品 전시과를 제정했는데 관품의 높고 낮은 것
은 논하지 않고 인품만 가지고 전시과 등급을 결정했다. 자삼紫衫 이상은 18품으로 나
눈다. … 문반文班 단삼丹衫 이상은 10품으로 나눈다. … 비삼緋衫은 8품으로 나눈다.
… 녹삼綠衫 이상은 10품으로 나눈다 … 전중殿中,[주11] 사천司天,[주12] 연수延壽,[주13] 상선원尙
膳院[주14] 등 잡업雜業의 단삼 이상은 10품으로 나눈다. … 비삼 이상은 8품으로 한다. …
녹삼 이상은 10품으로 나눈다. … 무반武班의 단삼丹衫 이상은 5품으로 나눈다. … 이
하 잡직 관리[雜吏][주15]들에게도 각각 인품에 따라서 차이를 두고 나누어주었다. 그리고
이 해 전시과 등급에 미처 들지 못한 자는 모두 전 15결을 준다.

原文 始定職散官各品田柴科 勿論官品高低 但以人品定之 紫衫以上作十八品 … 文班丹衫
以上作十品 … 緋衫作八品 … 綠衫以上作十品 … 殿中司天延壽尙膳院等雜業 丹衫以上作十
品 … 緋衫以上作八品 … 綠衫以上作十品 … 武班丹衫以上作五品 … 以下雜吏 各以人品支給
不同 其未及此年科等者 一切給田十五結

— 『고려사』권78, 지32, 식화1, 전제, 전시과, 경종 원년 11월

자료 6

(3월) 군현의 안일 호장安逸戶長[주16]에게는 원래 직전職田의 절반을 주기로 했다. 12월에
문무 양반 및 군인들의 전시과를 개정했다. 제1과 전지 100결, 시지 70결[내사령內史令,[주]
17 시중侍中[주18]] … 제18과 전지 20결[산전전부승지散殿前副承旨,[주19] 대상사의大常司儀[주20]…] 이
한限에 들지 못한 자에게는 모두 전지 17결을 주기로 했고 이것을 항구적으로 지켜야
할 법식으로 정했다.

原文 賜郡縣安逸戶長職田之半 十二月 改定文武兩班及軍人田柴科 第一科 田一百結 柴
七十結 [內史令侍中] … 第十八科 田二十結[散殿前副承旨大常司儀 …] 不及此限者 皆給田
十七結 以爲常式

— 『고려사』권78, 지32, 식화1, 전제, 전시과, 목종 원년

주9 직관職官 : 실직을 가지고 있
는 관원.

주10 산관散官 : 실직을 가지고 있
지 않은 관원.

주11 전중殿中 : 왕실의 족보를 맡
아보는 관청.

주12 사천司天 : 사천대司天臺로
천문에 관한 일을 맡은 관청.

주13 연수延壽 : 자세히는 알 수
없으나 후기의 봉의서奉醫署의 전
신인 듯하다.

주14 상선원尙膳院 : 상식국의 별
칭일 것이다.

주15 잡직관리雜吏 : 잡종의 서리
胥吏·인리人吏.

주16 안일 호장安逸戶長 : 나이 70
세 이상의 호장에게 준 칭호.

주17 내사령內史令 : 내사문하성
의 장관으로 문종 때 규정에 따르
면 종1품 관직

주18 시중侍中 : 문하성의 장관으
로 종1품 관직

주19 산전전부승지散殿前副承旨 :
산직 전전부승지. 전전부승지는 액
정국 소속의 관원.

주20 대상사의大常司儀 : 전의시
典儀寺의 전신인 대상부大常府 소
속의 관직.

자료7

양반 및 군인 · 한인 전시과를 개정했다.

原文 改定兩班及軍閑人田柴科

_ 『고려사』권78, 지32, 식화1, 전제, 전시과, 덕종 3년 4월

자료8

양반 전시과를 다시 개정했다. 제1과 전지 100결 시지 50결 …

주21 일일정一日程 : 하루에 오갈 수 있는 거리.

시지 일일정一日程주21 개성 · 정주 · 백주 · 염주 · 행주 · 강음 · 토산 · 임강 · 신은 · 마전 · 적성 · 파평 · 창화 · 견주 · 사천 · 봉성 · 임진 · 장단 · 교하 · 동성 · 고봉 · 송림 · 통진 · 덕수

주22 이일정二日程 : 이틀에 오갈 수 있는 거리.

이일정二日程주22 안주 · 동주 · 봉주 · 수주 · 포주 · 양주 · 동주 · 수안 · 토산 · 당성 · 인주 · 김포 · 양골 · 동음 · 황평 · 승지 · 황선 · 도척 · 아등갑 · 안협 · 수안 · 공암

原文 更定兩班田柴科 第一科 田一百結 柴五十結 …

柴地 一日程 開城貞州白州鹽州幸州江陰免山臨江新恩麻田積城坡平化見州沙川峯城臨津長湍交河童城高峯松林通津德水

二日程 安州洞州鳳州樹州抱州楊州東州逐安土山唐城仁州金浦梁骨洞陰荒坪僧旨黃先道尺阿等坤安俠守安孔岩

_ 『고려사』권78, 지32, 식화1, 전제, 전시과, 문종 30년

자료9

권수평權守平은 안동 사람이다. 그의 내력이 희미하여 족보는 알 수 없다. 그는 용모가 풍후하고 아름다웠으며 성품이 순후하고 소박하여 옛사람의 풍모를 소유한 사람이었다. 일찍이 대정주23 벼슬로 생활이 빈궁했다. 그때 낭중주24으로 있던 복장한卜章漢이란 사람이 죄가 아님에도 귀양을 갔는데 권수평이 그의 토지를 대신 받아 소출을 먹은 것이 여러 해였다. 그 후 복장한이 사면을 받아 석방되어 돌아왔다. 권수평은 평소 그를 알지 못했으며 또 그 땅의 조세도 이미 강에 운송한 때였다. 그러나 권수평이 조租의 장부를 가지고 복장한을 찾아가서 주니 복장한이 말하기를, "내가 귀양갔으니 그대가 비록 내 토지의 소출을 먹지 않았더라도 필경 다른 사람이 그렇게 했을 것

주23 대정 : 2군 6위에 소속한 종9품의 무관.

주24 낭중 : 상서 6부 소속의 정5품 관직.

이다. 그런데 그대가 나의 처지를 가엾이 여기고 그 토지를 반환해주니 그만해도 충분한데 무슨 조租까지 받겠느냐?" 했다. 그러나 권수평은 또 말하기를, "다른 사람이 재난을 당한 틈을 타서 그 토지의 소출을 먹는 것도 잘못이라고 생각하는데 본인이 돌아온 이때에 차마 그 소출을 먹을 수 있겠는가?"라 하고 드디어 장부를 내던졌다. 복장한도 받지 않고 문을 닫고 안으로 들어가 버렸으므로 마침내는 권수평이 장부에 돌을 매어 그 집안으로 던지고 갔다. 늙은이들이 탄식하면서, "토지를 서로 쟁탈하는 것이 풍습이 된 이 세상에서 뜻밖에 이런 사람을 얻어 보았다."라고 했다.

原文 權守平 安東人 跡微 不知其族譜 姿豊美 性淳厚質直 有古人風 嘗爲隊正貧居 有郞中 卜章漢 以非罪見竄 守平遞食其田 有年 及章漢遇赦還 守平素不相識 且其田租已漕于江 守平 袖租簿 就與之 章漢曰 當吾竄謫 君雖不食 豈無他人 君今哀我 還其田足矣 何用租爲 守平曰 乘 人之災 食其田 猶恐不義 今旣還 尙忍食耶 遂投其簿 章漢不受 閉門而入 守平竟以簿繫石 擲之 而去 父老歎曰 今爭奪成風 不圖獲見若人

_ 「고려사」권102, 열전15, 권수평

출전

「고려사」

「고려사절요」

찾아읽기

강진철, 「고려토지제도사연구」, 고려대학교 출판부, 1980.

전기웅, 「고려 경종대의 정치구조와 시정전시과의 성립기반」, 「진단학보」59, 1985.

이경식, 「조선전기토지제도연구」, 일조각, 1986.

김기섭, 「고려전기 농민의 토지소유와 전시과의 성격」, 「한국사론」17, 서울대학교 국사학과, 1987.

김기섭, 「고려말 사전구폐론자의 전시과 인식과 그 한계」, 「역사학보」127, 1990.

하태규, 「고려시대 민전의 성격과 국가의 파악방식」, 「전북사학」19 · 20합집, 1997.

황선영, 「고려초기 역분전의 성립」, 「한국중세사연구」4, 1997.

권두규, 「고려시대 족정과 반정의 규모」, 「한국중세사연구」5, 1998.

이영훈, 「고려전호고」, 「역사학보」161, 1999.

이정호, 「고려전기 수전水田과 한전旱田 지목地目의 차이와 생산력」, 「한국사학보」8, 2000.

신은제, 「고려시대 민전 용례의 재검토」, 「한국중세사연구」10, 2001.

하마나카 노보루浜中昇, 「고려에서의 공 · 사와 공전 · 사전高麗における公 · 私と公田 · 私田」, 「조선학보朝鮮學報」186, 2003.

위은숙, 「고려 시대 토지개념에 대한 재검토」, 『한국사연구』124, 2004.

이상국, 「고려 시대 양반전 분급의 일양상」, 『한국사연구』128, 2005.

이종봉, 「고려 시대의 농업기술과 수전농업」, 『부대사학釜大史學』28·29합집, 2005.

이상국, 「고려 시대 토지소유 관계 시론」, 『역사와 현실』62, 2006.

이경식, 『고려전기의 전시과』, 서울대학교 출판부, 2007.

이정호, 『고려 시대의 농업생산과 권농 정책』, 경인문화사, 2009.

신은제, 『고려시대 전장田莊의 구조와 경영』, 경인문화사, 2010.

윤한택, 『고려 양반과 양반전 연구』, 경인문화사, 2011.

이경식, 『한국 중세 토지 제도사 – 고려』, 서울대학교 출판문화원, 2011.

이경식, 『고려 시기 토지제도연구』, 지식산업사, 2012.

김기섭, 「고려·당·일본의 국가적 토지분급제 운영에 관한 비교사적 검토」, 『역사와 세계』43, 2013.

2 농업은 경제의 중심
토지 소유와 농업 생산

고려 사회에서 농업은 가장 중요한 산업이었다. 백성의 대다수가 농업에 종사해 생계를 유지했으며, 농업 생산물이 국가 운영을 위한 토대가 되었다.[자료1] 국가의 권농 정책은 당시 농업이 차지하고 있는 중요성을 잘 보여준다. 그리고 토지의 소유 및 경영 관계는 당시의 계급이나 신분을 반영하고 있다.

토지의 사적 소유

고려 시기에 토지의 사적 소유가 확립되어 있었다. 그것은 오랜 전통으로 내려오는 관습이었다. 토지는 모든 사회 구성원이 신분이나 남녀의 제약 없이 자유롭게 소유하고 처분할 수 있었다. 토지는 개간, 매득, 상속, 증여, 저당, 탈점 등의 여러 방법으로 취득할 수 있었다. 이 가운데 원초적으로 토지를 자기 것으로 하는 방법은 한광지閑曠地를 개간하거나 대가를 주고 사들이는 것이었다. 한광지는 향촌의 장부에 기재한 뒤 관에 증빙 문서를 신청 발급받음으로써 소유를 증명받았다.

사적인 토지 소유의 주체는 개인에 한정되지 않고 국가 및 각급 행정 · 군사상의 통치 기구도 토지를 소유했다. 적전籍田, 학전學田, 둔전屯田[자료2], 역전驛田이 대표적인데 이것은 소유지로서의 공전[公田, 공유지]이었다.

토지의 사적 소유가 인정되었으므로 그것을 자유롭게 처분할 수도 있었다. 자손·친족 간의 분할·상속, 타인에 대한 증여, 차대에 따른 저당 등에 대해 제약이 없었다. 그리고 자신의 토지는 타인의 탈취에서 법적으로 완벽하게 보호받았다.[자료3] 국가라 해도 개인의 토지를 임의로 수용하거나 탈점할 수 없었다.

토지대장인 양안量案에는 토지 소유자의 성명과 토지 면적이 상세히 적혔고, 필지와 구획되는 이웃 경계를 동·서·남·북의 사표四標로 표시했다. 토지의 취득 및 증여, 매매, 상속 등 처분에는 사실 관계를 밝히는 문권文券이 작성·교환되었다.

토지 소유자는 자신의 의지대로 농업 생산을 할 수 있었다. 토지 소유자는 자신의 토지를 직접 가족 노동력을 활용해 경작할 수 있었으며, 점유하고 이용하는 권한을 노비·병작인並作人·용작인傭作人에게 일정 기간 양여할 수도 있었다. 타인 소유의 농토를 빌려 경작하고 수확의 일부를 지대地代로서 전주에게 납부하고 생계를 꾸려가는 일은 흔했다.[자료4·5] 이런 농민은 차경 농민, 전호 농민이었다. 전호층은 대부분 평민·천인 가운데 빈농이나 무전 농민이었다.

토지 소유를 중심으로 보면 무전자, 소소유자, 중소소유자, 대소유자로 나눌 수 있으며, 경영을 본다면 차경借耕, 자작自作, 자작 겸 차경, 지주 경영 등이 병존했다. 상위 신분, 상급 지배층으로 갈수록 대소유자, 중소소유자이고 지주층이었다. 한편 신분이 낮을수록 소소유자나 무전자가 많았다.

토지의 사적 소유는 오래 전부터 내려오던 관습이고 전통이었지만 무조건 절대 소유는 아니었다. 토지가 원칙상 농지로서 경작되고 있어야만 했다. 경작 여부와 관련하여 권한 행사는 다소 간섭을 받기도 했다. 토지는 기경전起耕田이고 그래야 했으므로 소경전所耕田으로 파악되었다. 소유자가 사망·도망·유이해 버린 채 세월이 지난 무주진전無主陳田은 한전·한지와 같이 간주되어 관아의 허락을 얻어 누구든지 개간·경작할 수 있었고 소유권이 공인되었다.

소유권은 수조권에 의해서도 제약을 받았다. 소유자는 엄연히 전주田主·주主·본주本主이며 국가도 이를 승인하고 보장하고 있으면서도 수조권·수조지와의 관계에서는 전호佃戶·전객佃客으로 지칭되었다. 수조권은 타인의 소유지 및 생산물에 대한 정치적·권력적 사실 지배라는 점에서 일종의 점유였다. 수조지가 분급되는 토지 제도 하에서 소경전의 소유권은 불완전했고 따라서 그 소유주의 존재 역시 그만큼 인격적으로 불안했다. 수조자와 소유자는 전주와 전호[전객]의 지배 예속 관계로 엮였으며, 현실에서는 전주는 상급 신분, 전호는 하급 신분으로 관계했다.

농업 기술

고려 시기에 농지의 상경은 보편적인 경지 이용 방식이었다. 고려 전기에 농지는 상경연작[常耕連作, 불역不易]과 세역체경[歲易遞耕, 휴한休閑]이 모두 있었고, 전자는 평전平田, 후자는 산전山田으로 구분되고 또 양자는 서로 견주어 전품田品의 등급이 책정되었다. 평전은 상경하는 수전水田·한전旱田으로 구분되고 전품은 상·중·하의 3등으로 나뉘었으며, 산전은 불역전不易田·일역전一易田·재역전再易田의 3등으로 구별되었다.[자료6] 평전 상등전은 수·한재에 상관없이 비옥한 토지였으며 이에 비해 평전 하등전은 척박하기는 하지만 세역하는 토지는 아니었다. 그리고 산전은 평전 1결을 기준으로 삼아 불역전은 1결, 일역전은 2결, 재역전은 3결로 산정했다. 산전山田을 경리하는 기준의 평전은 하등下等의 상경전常耕田이었다.

산전은 구릉지와 산지 개발이 활발했기에 널리 보급되어 있었다. 서긍은 『고려도경』에서 산전이 많이 개발되어 사다리와 계단 같았다고 했다.[자료7] 당시 서긍이 머물렀던 개경과 주변 산지가 대부분 농경지로 개간되어 경작되고 있었음을 알 수 있다.

많은 품종의 농작물이 재배·보급되고 확대되었다. 벼를 위시하여 기장·피·조·보리·밀·콩·팥·참깨 등이 주요 작물이었고 메밀과 귀리가 뒤를 이었다. 곡물별 품종도 다양했다. 벼는 찰기의 다소에 따라 메벼·찰벼, 생육 기간의 장단에 따라 조루·만종晚種이 있었고, 품명으로는 경조京租·선명도蟬鳴稻가 보인다. 벼는 국가와 사회의 운영상 중요 곡물로 자리 잡았다.[자료8] 미곡은 녹봉곡·포상곡·군수곡으로 이용되는 등 국가 운영에 필수적인 요소였다.

콩과 팥 역시 검정콩, 너즐콩, 물두[稗豆, 원두], 동배[稴豆], 붉은 팥, 녹두 등의 품종명이 전한다. 이 밖에 각종 푸성귀와 과일, 그리고 직조 작물, 약용 작물이 재배되었다

「미륵하생경변상도」 하단에 그려진 농민의 모습. 불화는 불교에 관한 내용을 담고 있는 그림이지만, 때로 당시 사람들의 생활상을 전하기도 한다. 이 불화에는 농민들이 곡식을 베고 옮기는 것이 그려져 있어 당시 농민의 생활 모습을 추측할 수 있다.

수전水田은 대개 1년 1작이었고, 벼와 보리의 이모작도 일부 지역에서 시행되고 있었던 듯하다. 벼농사는 수도水稻가 중심이었으며 경종법은 수파水播와 건파乾播 모두 있었고 육도陸稻가 따로 있었다. 파종은 직파直播가 중심이었으며 모내기는 일부 지방에만 보급된다.

반면 한전은 그루갈이에 의해 보리에 조·콩·팥·피·참깨를, 또는 기장·콩·팥·메밀에 보리를 각기 앞뒤로 이어서 경종하는 1년 2작이었으며, 지역에 따라서는 벼─보리─콩 순서의 2년 3작도 있었다. 고려의 전조 징수 정책은 쌀을 중심으로 또 1년 1작을 바탕으로 운영하는 것이 원칙이었으며, 한전에 대해서는 수확물의 가치를 쌀의 절반으로 쳐서 징수했다.

농기구 가운데 특히 주목되는 것은 소갈이 쟁기[牛犁]와 김매기 호미[鋤]다. 쟁기는 볏이 없는 쟁기[無鐴犁]와 볏이 있는 쟁기[有鐴犁]가 모두 있었고 지역 풍토 및 농지 조건, 토양 성분에 따라 적절히 사용했다. 호미는 자루의 길이에 따라 단병서短柄鋤와 장병서長柄鋤로 구분되어 기후 풍토 및 농지 여건에 적응해 사용되었다.

시비는 일찍부터 있어오는 초분[草糞, 풀거름]을 널리 사용하고 화분火糞·인수분人獸糞도 이용하며, 가축의 배설물을 섞어 만든 구비분[廐肥糞, 두엄]도 활용했다. 아울러 눈 녹은 물[雪汁]이나 마소 등 가축의 외양간 오줌에 씨앗을 담가 지종漬種하는 분종법糞種法, 콩과 작물[녹두, 콩]을 통한 녹비법綠肥法 등도 있었다.

농사를 권장하다

고려는 민인의 농업 생산을 증대시키고 조세원을 확충하고자 하는 목적에서 권농 정책을 적극 추진했다. 국가와 사회의 산업 기반이 농업과 농민이므로 권농은 매우 절실했다.

고려는 중앙에 권농을 전담하는 사농시司農寺를 설치하고[자료9] 외방에는 고을의 행정 기구를 집행 기관으로 삼아 권농 조직을 편성했다. 사농시는 권농 사항을 주관하는 기관으로 적전籍田을 관장하고, 그 관원을 권농사勸農使 등 사신으로 파견하여 각 지방의 권농을 규찰하고 독려하며 부세 징수도 독책했다. 권농을 실제 수행하는 곳은 군현 등 지방 고을이었다. 수령은 권농을 가장 중요한 임무로 부여받아 군현 내의 농업 생산을 독려했다.[자료10] 권농관으로서 수령의 업무가 중시되어 권농사勸農使 직함을 겸하기도 했다. 봉명사신奉命使臣인 권농사를 별도로 파견하기도 했는데 그는 군현의 권농을 파악·지원하고 수령의 근면을 점검했다. 수령의 권농 이행에 대한 감독은 안찰사·병마사 등도 담당했다. 향촌 사회에서 권농 행정은 수령의 책임 하에 향촌 자치 기구를 활용하여 이루어졌다.

권농의 중심은 세 방향에 두어졌다. 첫째, 농시農時를 잃지 않도록 하는 일이었다. 농지를 갈고 김을 매어 북돋고 수확하기까지 농작업의 모든 과정이 순조롭게 진행되도록 하여야 했다. 농사철에 수령이 민인을 노역시키거나 농사 외의 송사訟事를 위시한 잡무에 종사함을 배격하여 관민이 농사에 진력해야 했다.[자료11·12] 영농이 때맞추어 이루어지도록 경종耕種에 사용할 종자, 농우와 농구를 보조하는 일도 중요했다.[자료13·14]

둘째, 둑·방천防川·보洑 등의 수축·증설을 통한 수리水利의 개발 보존이었다. 적절한 관개와 배수는 농사의 풍흉을 좌우하는 중요한 사항이었다. 고려 중기에는 둑의 보수와 신설이 활발히 전개되는 한편 하거河渠, 방천제防川堤, 방조제防潮堤 등 새로운 형태의 수리 시설이 건설되었다. 이런 수리 시설의 수축 과정에서 지방관이 중요한 역할을 했다.[자료15~17] 이런 수리 시설 확충은 내륙 저습지低濕地와 연해지沿海地 지역으로의 농경지 확대라는 현상과 맞물려 전개되었다.

고려 시대에 사용했던 철제 농기구로 옆의 사진은 낫이다. 낫은 곡물을 수확할 때 사용하는 농기구다.

셋째, 의료 작물인 뽕나무 재배가 중요했으며 기타 칠漆 · 닥[楮차] 및 밤 · 잣 · 배 · 대추 등 과수목을 심는 일도 중시했다.[자료18] 이런 나무를 심도록 적극 권장하는 일도 중요한 사항이었다.

고려에서는 전시과를 통해 왕실 · 양반 · 군인 · 향리 및 군사 · 행정의 국가 기관 등 지배층 및 그 기구에 수조지를 차등 있게 분급하고 있었으므로 권농은 이 토지 분급 제가 무리 없이 운영되도록 뒷받침해야 했다. 권농은 모든 토지와 농민을 대상으로 한 것이었지만 실제 신분에 따라 차등 있게 이루어졌다. 예컨대 종곡種穀의 분급, 농우農牛 · 농기구의 지원의 경우, 국왕 · 왕실 내지 군사 · 행정 기구, 양반 · 군인 · 향리 등의 토지에 우선하거나 집중하여 이루어졌다.

자료1

이제현이 찬贊하기를, " … 삼한의 땅은 사방에서 배와 수레가 모여드는 곳이 아니므로 물산의 풍부함과 화식貨殖의 이익이 없고 백성의 생계로써 바라는 바는 다만 토지의 생산력에 있을 뿐이다. 그런데 압록강 이남 지방은 모두 산이므로 비옥하며 해마다 농사짓는 토지가 거의 없다. 경계를 바로잡는 것을 소홀히 한다면 그 이해利害는 중국에 비하여 훨씬 더할 것이다. … "라고 했다.

原文 李齊賢贊曰 … 三韓之地 非四方舟車之會 無物產之饒 貨殖之利 民生所仰 只在地力 而鴨綠以南 大抵皆山 肥膏不易之田 絶無而僅有也 經界之正若慢 則其利害 比之中國 相萬也 …

_ 「고려사절요」권2, 경종 6년 7월

자료2

(공민왕) 5년 6월에 교敎하기를, "첫째로 전라도 임피臨陂^{주1} 둔전은 근래에 권세가가 사급한 것이라 칭하면서 거의 다 빼앗았으니 마땅히 도평의사^{주2}에 지시하여 둔전관을 별도로 두고 권세 있는 집들이 빼앗아 가진 것을 죄다 복구할 것이다. 또 해안에 제방을 쌓고 물을 막으면 좋은 땅이 될 만한 것이 더러 있으니 마땅히 해당 관리를 시켜 토지를 살피고 왜적을 방어하는 군졸을 시켜 농부農夫를 삼을 것이다. 그리고 권세가에 사급한 토지 중에서 평평하고 비옥하여 둔전으로 할 만한 것은 역적의 가족과 행성行省^{주3}에서 차지한 사람들을 이용하여 대隊를 나누어 땅을 주고 농사짓는 책임을 맡길 것이다. 각도의 옛날 둔전하던 곳은 모두 임피 둔전의 예대로 할 것이다. … "라고 했다. …

(공민왕) 20년 12월에 교敎하기를, "둔전을 설정한 것은 군대의 수요에 유익한 것이다. 바라건대 도평의사로 하여금 각도의 방어사와 대소 관원들에게 공문을 띄워 유리한 땅을 고르고 군인들을 시켜서 농사짓게 함으로써 군량을 배와 수레로 나르는 비용을 덜게 할 것이다."라고 했다.

原文 五年 六月 敎曰 一全羅道臨坡屯田 近來權勢之家 稱爲賜給 奪占殆盡 仰都評議使 別置屯田官 諸家占奪 一皆復舊 沿海之地 築堤捍水 可作良田者 往往而有 宜令有司相地 用防倭之卒 爲之農夫 諸家賜給田 平衍膏腴 可屯田者 以賊家及行省所占人物 分隊給地 以責其事 各道 凡古屯田處 皆用臨坡屯田之例 … 二十年 十二月 敎曰 屯田之法 有盆軍需 仰都評議使 行移

주1 임피臨陂 : 전북 군산 지역의 옛 지명. 본래 백제의 시산군인데, 신라 경덕왕 16년(757) 임피군으로 고치고 옥구·회미·함열을 관할하게 했다. 고려 시대에는 현으로 강등하고 현령관을 두어 회미·옥구·만경·부윤을 다스리게 했다.

주2 도평의사 : 도평의사사. 고려 전기의 도병마사가 충렬왕 5년(1279)에 도평의사사로 개칭되었는데, 재추들이 모여 국가의 중대사를 의논했다.

주3 행성行省 : 원 간섭기에 설치된 정동행성. 정동행성은 충렬왕 6년(1280) 원나라에 의해 일본 원정을 위한 전방사령부로서 고려에 설치되었다. 원정이 끝난 이후에는 일본 원정이라는 목적이 사라지고 점차 형식상의 기구로서 주로 의례적인 기능만을 수행했는데, 장長인 승상丞相은 고려 국왕이 맡고 고위 관직은 없이 하급 관료만 있는 형식적인 기구였다.

各道防禦 大小員官 相其地利 役以軍人耕種 以省漕輓之費

— 『고려사』권82, 지36, 병兵2, 둔전屯田

자료3

주4 한전閑田 : 농사를 짓지 않고
놀리는 땅.

지旨를 내리기를, "제왕諸王, 재추 및 호종扈從 신하들과 여러 궁원宮院, 사사寺社들이 한전閑田주4을 차지할 것을 희망했고 국가에서도 역시 농사일을 힘쓰고 식량 생산을 중시하는 뜻으로 그들에게 사패賜牌했다. 그러나 사패를 빙자하여 주인이 있고 전적田籍에 기록되어 있는 땅까지 모두 빼앗아가니 그 폐단이 적지 않다. 그러므로 사람을 골라 보내 철저하게 진상을 조사하라. 무릇 사패로 기록된 땅 가운데서 경작하는 것이거나 묵고 있는 것임을 막론하고 본래의 주인이 있는 땅이라면 모두 돌려주도록 할 것이다. 그리고 본래 한전이었더라도 백성들이 이미 개간을 했으면 이것 역시 빼앗는 것을 금한다."고 했다.

原文 下旨 諸王宰樞 及扈從臣僚 諸宮院寺社 望占閑田 國家亦以務農重穀之意 賜牌 然憑藉賜牌 雖有主付籍之田 並皆奪之 其弊不貲 擇人差遣 窮推辨覈 凡賜牌付田 起陳勿論 苟有本主 皆令還給 且本雖閑田 百姓已曾開墾 則並禁奪占

— 『고려사』권78, 지32, 식화1, 전제田制 경리經理, 충렬왕 11년 3월

자료4

토지 제도가 무너지면서 호강자豪强者가 남의 토지를 겸병하여 부자는 밭두둑이 잇닿아 있다. 가난한 사람은 송곳 꽂을 땅도 없게 되어서 부자의 토지를 차경借耕하여 일년 내내 부지런하고 고생하여도 식량은 오히려 부족했다. 부자는 편안히 앉아서 손수 농사를 짓지 않고 용전인傭佃人을 부려서 그 소출의 태반을 먹었다. 국가에서는 팔짱을 끼고 구경만 하고 그 이득을 얻지 못하니, 백성은 더욱 곤궁해지고 나라는 더욱 가난해졌다. …

백성이 경작하는 경우에는 스스로 개간하고 점유하는 것을 허락하여 관에서 간섭하지 아니했다. 그러므로 노동력이 많은 사람은 개간하는 땅이 넓고 세력이 강한 사람은 점유하는 땅이 많았다. 그러나 힘이 약한 사람은 또 세력이 강하고 힘이 센 사람을 따라가서 그의 토지를 빌어 경작하여 소출의 반을 나누었으니, 이것은 경작하는 사람은 하나인데 먹는 사람은 둘이 되는 셈이다. 그리하여 부자는 더욱 부유해지고 가난

한 사람은 더욱 가난해져서 마침내는 스스로 살아갈 길이 없어서 떠나서 떠돌아다니거나, 직업을 바꾸어 말업[末業, 상공업]에 종사하기도 했으며, 심한 경우에는 도적이 되기도 했다. 아! 그 폐단을 어찌 다 말할 수 있으랴?

原文 自田制之壞 豪強得以兼幷 而富者田連阡陌 貧者無立錐之地 借耕富人之田 終歲勤苦 而食反不足 富者安坐不耕 役使傭佃之人 而食其太半之入 公家拱手環視 而莫得其利 民益苦 而國益貧 … 民之所耕 則聽其自墾自占 而官不之治 力多者墾之廣 勢強者占之多 而無力而弱 者 又從强有力者 借之耕 分其所出之半 是耕之者一 而食之者二 富者益富 而貧者益貧 至無以 自存 去而爲游手 轉而爲末業 甚而爲盜賊 嗚呼 其弊有不勝言者

— 「삼봉집三峰集」 권13, 조선경국전朝鮮經國典 상上, 부전賦典 경리經理

자료 5

판判하기를, "진전陳田[주5]을 일구어 경작한 사람은 토지가 사전일 때는 첫해에는 수확을 경작자에게 모두 주고 2년째부터 전주와 절반씩 나누게 한다. 공전[公田, 국유지]일 때는 3년간은 경작자에게 다 주고 4년째부터 법에 따라 조租를 징수한다."라고 했다.

原文 判 陳田墾耕人 私田 則初年所收全給 二年 始與田主 分半 公田限三年 全給 四年 始依 法收租

— 「고려사」 권78, 지志2, 식화1, 전제 조세租稅, 광종 24년 12월

주5 진전陳田 : 전안田案에는 경지로 되어 있으나 오랫동안 경작하지 않은 토지.

자료 6

판判하기를, "무릇 전품田品은 불역不易의 땅을 상上으로 삼고 일역一易의 땅을 중中으로 삼고 재역再易의 땅은 하下로 삼는다. 산전山田 가운데 불역전不易田 1결은 평전平田 1결에 해당하고 일역전一易田은 2결이 평전 1결에 해당하고 재역전은 3결이 평전 1결에 해당하는 것으로 한다."라고 했다.

原文 判 凡田品 不易之地爲上 一易之地爲中 再易之地爲下 其不易山田一結 准平田一結 一易田二結 准平田一結 再易田三結 准平田一結

— 「고려사」 권78, 지志2, 식화1, 전제 경리, 문종 8년 3월

자료 7

나라의 강토가 동해에 닿아 있고 큰 산과 깊은 골이 많아 험준하고 평지가 적기 때문에 농토가 산간에 많이 있는데, 지형의 높고 낮음에 따랐으므로 갈고 일구기가 매우

힘들며 멀리서 바라보면 사다리나 계단 같다. … 그 땅에 황량[黃粱, 메죄]·흑서[黑黍, 검은 기장]·한속[寒粟, 죄]·참깨·보리·밀 등이 있고, 그 쌀은 멥쌀이 있으나 찹쌀은 없고 쌀알이 특히 크고 맛이 달다. 소 쟁기나 농구는 중국과 크게 다르지 않으므로 생략하고 싣지 않는다.

原文 國封地瀕東海 多大山深谷 崎嶇崒 而少平地 故治田 多於山間 因其高下 耕墾甚力 遠望如梯磴然 … 其地宜黃粱黑黍寒粟胡麻二麥 其米有秔而無稬 粒特大而味甘 牛工農具 大同小異 略而不載

_ 「고려도경高麗圖經」권23, 잡속雜俗2, 종예種蓺

자료 8

고려의 풍속은 질박하고 너그럽기만 할 뿐 생계를 꾸려나가는 데에는 어리숙하기 그지없다. 그리고 농사를 짓는 집에서는 한결같이 하늘만 쳐다보고 있으므로 장마나 가뭄이 들기만 하면 번번이 농사를 망칠 수밖에 없다. 여기에 또 자신들의 생활은 매우 빈약하기만 해서 귀천과 노유老幼를 막론하고 채소나 건어물 또는 육포 따위가 고작이요, 미곡만 중시하고 기장 같은 곡식은 경시하며, 삼베나 모시만 많이 생산하고 명주나 무명은 적게 생산한다. …

原文 高麗俗拙宜仁 薄於理生產 農之家一仰於天 故水旱輒爲菑 自奉甚約 無問貴賤老幼 不過蔬菜鱐脯而已 重秔稻而輕黍稷 麻枲多而絲絮少

_ 「목은문고牧隱文藁」권9, 농상집요후서農桑輯要後序

자료 9

주6 자성粢盛 : 제사에 올리는 정결한 곡식을 가리키는데 보통 기장이나 쌀을 의미한다.

전농시典農寺. 자성粢盛주6을 공급하는 일을 맡아 본다.

목종 때에 사농경司農卿이 있었는데 후에 폐지되었다.

충선왕이 전농사典農司를 설치했는데 전농사의 관리들로서 지방에 사신으로 가는 자는 모두 무농염철사務農鹽鐵使라고 했다. 얼마 있다가 (전농사를) 저적창儲積倉으로 고쳤다.

공민왕 5년에 다시 사농시司農寺를 설치했는데 판사判事는 정3품, 경卿은 종3품, 소경少卿은 종4품, 승丞은 종5품, 주부는 종6품, 직장直長은 종7품이었다. 11년에 전농시로 개칭했고 또 경은 정正으로, 소경은 부정副正으로 고쳤으며 직장은 없앴다. 18년에 다시 사농시라고 부르고 또 정과 부정은 각각 경과 소경으로 고쳤으며 다시 직장을 두었다. 19년에는 적전관령籍田官令 1명을 두어 본 시[사농세에 소속시켰다. 21년에 다시 전농시로 고치고 동시에 정, 부정의 관직명도 복구했다.

原文 典農寺 掌供粢盛 穆宗時 有司農卿 後廢之 忠宣王 置典農司 其司員吏 出使者 皆稱務農鹽鐵使 尋改爲儲積倉 恭愍王五年 復置司農寺 判事 秩正三品 卿 從三品 少卿 從四品 丞 從五品 注簿 從六品 直長 從七品 十一年 改典農寺 改卿爲正 少卿爲副正 革直長 十八年 復稱司農寺 又改正副正爲卿少卿 復置直長 十九年 置籍田官令一人 肄本寺 二十一年 復稱典農寺 仍復爲正副正

_ 『고려사』권76, 지30, 백관1, 전농사

자료 10

교敎하기를, "수령의 성적을 따지는 법은 전야田野의 개간, 호구의 증가, 부역의 공평, 소송의 간명, 도적이 없어진 것 등 다섯 가지로써 성적의 우열을 규정케 할 것이며 교체할 때는 반드시 신관이 오기를 기다려서 인계한 다음 그곳을 떠나서 왕에게 복명할 것이다."라고 했다.

原文 敎 守令考績之法 以田野闢 戶口增 賦役均 詞訟簡 盜賊息 五事爲殿最 其遞任者 必待新官 交付去任 朝黍

_ 『고려사』권75, 지29, 선거3, 전주銓注 범선용수령凡選用守令, 신우 원년 2월

자료 11

교敎하기를, "나라는 백성을 근본으로 삼는 것이요, 백성은 먹을 것을 가장 소중히 여기는 것이다. 만백성의 인심을 얻으려면 오직 3농三農주의 시기를 빼앗지 않는 것뿐이다. 아! 12목牧 및 여러 주, 진의 지방 관리들은 지금부터 가을에 이르기까지 여러 가지 잡무를 보는 것을 중지하고 오로지 농사를 장려하는 일에만 종사하도록 할 것이다. 나는 사신을 보내 논과 밭을 묵히고 개간한 정도와 수령들이 부지런하고 게으른 정형을 검열 조사케 하여 이것으로 표상과 처벌을 결정할 것이다."라고 했다.

주7 3농三農 : 봄에 논밭 갈고 여름에 김매고 가을에 추수하는 세 가지 농사.

原文 敎曰 國以民爲本 民以食爲天 若欲懷萬姓之心 惟不奪三農之務 咨爾十二牧 諸州鎭使 自今至秋 並宜停罷雜務 專事勸農 予將遣使檢驗 以田野之荒闢 牧守之勤怠 爲之褒貶焉

_ 『고려사』권79, 지33, 식화2, 농상農桑, 성종 5년 5월

자료 12

판判하기를, "입춘 이후로는 여러 도의 지방관들은 소송 관계 일을 중지하고 오로지 농사에만 힘쓰도록 하며 백성들을 동요케 하지 말 것이다. 만일 위반하는 자가 있으면 안찰사가 그 죄를 규명하여 다스리도록 하라."고 했다.

原文 判 立春後 諸道外官 並停獄訟 專務農事 勿擾百姓 如有違者 按察使糾理

_ 『고려사』권79, 지33, 식화2, 농상, 정종靖宗 3년 정월

주8 병란 : 현종 원년에 있었던 거란의 2차 침입.

자료 13

교敎하기를, "서북주진이 병란주8을 겪은 이래로 민의 자량資糧이 부족하다. 지금 농사철을 당해 개간해 심을 것이 없으니 본도 관리로 하여금 양식과 종자를 지급해 실업하지 않도록 하라."고 했다.

原文 敎曰 西北州鎭 自經兵亂 民乏資粮 今當農作之時 無以墾植 其令本道官吏 給糧與種 毋使失業

_ 『고려사』권79, 지33, 식화2, 농상, 현종 3년 2월

주9 흥화진興化鎭 : 평안북도 의주군 위원면 지역에 설치되었던 고려 시대의 성보城堡.

자료 14

도병마사가 아뢰기를, "흥화진興化鎭주9이 외적의 침입을 겪은 이후 그곳 백성들의 소와 가축이 모두 없어졌으니 관청의 소를 빌려주어 그들의 농사를 돕도록 하십시오."라고 했더니 왕이 이를 따랐다.

原文 都兵馬使奏 興化鎭 自經寇亂 民戶並無牛畜 乞借官牛 以助農耕 從之

_ 『고려사』권79, 지33, 식화2, 농상, 현종 9년 2월

주10 수주樹州 : 경기도 부평 지역의 옛 지명.

자료 15

액정내알자掖庭內謁者로 옮겼다가 ○ 숭명부주부崇明府注簿로 옮기고, 오래 되지 않아 시합문지후 수주주10지사試閤門祗候 樹州知事가 되었다. 이때 주의 백성들에게 기근이 들었는데, 공이 힘을 덜 들게 해 사역시키니 백성이 공에게 감복했다. 밭으로 개간되지 않은 곳은 마름풀을 베고 씨를 뿌리니 그 곡식이 해를 이어 크게 넉넉해져서 공부貢賦에 충당할 수 있게 되었다. 또 주의 동쪽 교외는 땅이 습기가 많고 강물이 때로 터져 농사의 그해 공을 잃게 하기도 했다. 공이 이에 2,500여 보步 가량의 땅을 파서 물의

흐름을 고르게 하니 백성이 해를 입지 않았다.

原文 遷掖庭內謁者○ 遷崇明府注簿 不久 授試閣門祗候 知樹州 時州民飢荒 公省力役使
民服公 田不闢者 斬菱苑 播厥穀 連歲大攘 以充賦貢 又州之東郊 厥土泉濕 江水或決 農失歲功
公乃掘地二千五百許步 以等水行 民不受其害矣

_ 『고려묘지명집성高麗墓誌銘集成』 장문위묘지명張文緯墓誌銘(1134)

자료 16

의종 천덕天德 4년(의종 6년, 1152)에 홍주洪州[주11]의 수령으로 나갔다. 이에 앞서 이 홍
주의 속현屬縣의 여러 ○ 산골짜기에서 도적이 벌떼 같이 일어나 ○ 해를 심하게 입혔
다. 공이 부임하자 군교軍校에게 힘써 경계하여 모두 잡거나 쫓아버리니, 경내의 백성
들이 땅을 편안히 여기고 업을 즐거워하게 되었고 밖으로부터의 근심도 없어졌다. ○
○ 도랑의 물을 끌어들여 밭에 물을 댄 것이 5·6천 경頃이나 되었으므로 백성들의 식
량이 풍족해지고 곡식 창고가 찼으며 부고府庫도 가득해져 온 경내가 탄복했다.

주11 홍주洪州 : 오늘날 충남 홍성
지방.

原文 毅廟天德四年 出守洪州 先是 此州屬縣 諸○谷間 盜賊蜂起 爲害○甚 公下車 筋戒軍
校 盡捕逐之 境內之民 安土樂業 無外顧之憂 於○○ 渠引水 漑田五六千頃 以足民食 倉廩實 府
庫充 合境歎息

_ 『고려묘지명집성』 이문저묘지명李文著墓誌銘(1180)

자료 17

영광군 수령으로 나가서는 너그러우면서도 엄하고 엄하면서도 너그럽게 다스리면
서, 군내에 호戶로 만들고자 유망민을 권유하여 이끌어오니 거의 1,000명이나 되어 인
민들이 되살아났다. 제언堤堰을 막고 쌓아 전토를 기름지게 했으며 나무를 베어 ○○
공관을 새로 만들었다. 물건을 만드는 도구와 음식을 담는 그릇에 이르기까지 갖추어
지지 않은 것이 없었다.

原文 其補靈光倅 寬以濟猛 猛以濟寬 造戶郡內 勸引流亡 幾至一千 人民復蘇 防築堤堰 田
壤肥沃 伐木○○ 創新公舘 至於鋪設之具 飮食之器 無不備嘉

_ 『고려묘지명집성』 오원경묘지명吳元卿墓誌銘(1181)

자료 18

제制를 내리기를, "때를 맞추어 농사를 장려하고 힘써 둑을 보수하고 저수하며 관개

하여 논밭을 묵이지 않음으로써 백성들의 식량을 충족시킬 것이다. 또 뽕나무 모를 철을 따라 심고 옻나무, 닥나무, 밤나무, 잣나무, 배나무, 대추나무, 과일 나무에 이르기까지 모두 때를 맞추어 심어서 이익을 많이 거두도록 할 것이다."라고 했다.

原文 下制 以時勸農 務修堤堰 貯水流潤 無令荒耗 以給民食 亦以桑苗隨節栽植 至於漆楮栗栢梨棗菓木 各當其時 栽以興利

___ 「고려사」권79, 지33, 식화2, 농상, 명종 18년 3월

출전

「고려도경」

「고려사」

「고려사절요」

「목은문고」

「삼봉집」

「고려묘지명집성高麗墓誌銘集成」: 김용선이 고려 시기 묘지명을 총망라하여 자료집으로 간행한 것이다. 이 책에 실린 자료에 대한 역주 작업도 함께 수행했다.

찾아읽기

김용섭, 「고려 시기의 양전제」, 「동방학지」16, 1975.

이태진, 「14·5세기 농업기술의 발달과 신흥사족」, 「동양학」9, 1979.

강진철, 「고려토지제도사연구」, 고려대학교 출판부, 1980.

이태진, 「고려말 조선초의 사회변화」, 「진단학보」55, 1983.

위은숙, 「나말여초 농업생산력 발전과 그 주도세력」, 「부대사학」9, 1985.

이경식, 「조선전기 토지제도연구」, 일조각, 1986.

하마나카 노보루浜中昇, 「조선고대의 경제와 사회朝鮮古代の經濟と社會」, 호세대학출판국, 1986.

김기섭, 「고려전기 농민의 토지소유와 전시과의 성격」, 「한국사론」17, 서울대학교 국사학과, 1987.

위은숙, 「12세기 농업기술의 발전」, 「부대사학」12, 1988.

이평래, 「고려전기의 경지이용에 관한 재검토」, 「사학지」22, 단국대학교, 1989.

이승한, 「고려시대 농업사 연구현황」, 「전남사학」4, 1990.

위은숙, 「고려시대 농업기술과 생산력 연구」, 「국사관논총」17, 1990.

이평래, 「고려 후기 수리시설의 확충과 수전개발」, 「역사와 현실」5, 1991.

배영동, 「호미의 변천과 농경문화」, 「민족문화」6, 한성대학교 민족문화연구소, 1993.

이현혜, 「한국 농업기술 발전의 제시기」, 「한국사 시대구분론」, 소화, 1995.

하태규, 「고려시대 민전의 성격과 국가의 파악방식」, 『전북사학』19 · 20합집, 1997.

권두규, 「고려시대 족정足丁과 반정半丁의 규모」, 『한국중세사연구』5, 1998.

위은숙, 『고려 후기 농업경제연구』, 혜안, 1998.

권영국, 「고려 시대 농업생산력 연구사 검토」, 『사학연구』58 · 59합집, 1999.

이영훈, 「고려전호고高麗佃戶考」, 『역사학보』161, 1999.

이종봉, 「고려후기 결부제의 변화와 성격」, 『한국중세사연구』6, 1999.

위은숙, 「〈원조정본농상집요〉의 농업관과 간행주체의 성격」, 『한국중세사연구』8, 2000.

신은제, 「고려시대 민전 용례의 재검토」, 『한국중세사연구』10, 2001.

이종봉, 『한국중세도량형제연구』, 혜안, 2001.

하마나카 노보루浜中昇, 「고려에서의 공 · 사와 공전 · 사전高麗における公 · 私と公田 · 私田」, 『조선학보』186,
　　　2003.

이인철, 「한국 고 · 중세 농업에서 토지생산성과 노동생산성」, 『한국사연구』124, 2004.

이진한, 「고려시대 토지제도의 변화와 향리」, 『동방학지』125, 2004.

위은숙, 「고려시대 토지개념에 대한 재검토」, 『한국사연구』124, 2004.

이종봉, 「고려시대의 농업기술과 수전농업」, 『부대사학』28 · 29합집, 2005.

정은정, 「고려중기 경기지역의 공한지 개발」, 『지역과 역사』16, 2005.

이상국, 「고려시대 토지소유 관계 시론」, 『역사와 현실』62, 2006.

이경식, 『고려전기의 전시과』, 서울대학교 출판부, 2007.

이정호, 『고려 시대의 농업생산과 권농 정책』, 경인문화사, 2009.

신은제, 『고려시대 전장田莊의 구조와 경영』, 경인문화사, 2010.

윤한택, 『고려 양반과 양반전 연구』, 경인문화사, 2011.

이경식, 『한국 중세 토지제도사 - 고려』, 서울대학교 출판문화원, 2011.

이경식, 『고려 시기 토지제도연구』, 지식산업사, 2012.

3 물화의 교역이 활기를 띠다

국내의 상업 활동

고려 시기 국내 상업은 개경이나 서경 등에서 활기를 띠었고 지방에서는 관아 근처에 정기시가 개설되었으며 사원에서 열린 행사는 교역의 계기를 제공했다. 그러나 수조권을 분급하는 경제 체제에서 농민의 잉여 축적이 제한당했으므로 농민층 중심의 교역은 크게 발달하지 못했다.

개경의 상업

개경에는 다양한 물산이 조세와 공물의 형태로 모여들었으며 왕실이나 지배층이 소유한 외방 소재 농장農莊의 생산물이 운송되었다. 또한 개경은 송상 등 주변국 상인들이 왕래하면서 각종 물품을 교역하는 곳이었다. 개경에 소재하는 시장은 왕실과 관인층을 비롯한 도성 거주민이 필요로 하는 물품을 조달했으며, 국가 수요물을 공급하고 국고 잉여물을 처분하는 기능도 담당했다.

고려는 국초부터 상업을 보호 육성했다. 개경에는 시전市廛을 설치하여 관부와 양반 등이 이용하도록 했으며 서경·동경 등 큰 도시에도 관영 상점을 두었다. 개경의 시전은 태조 2년(919) 처음 설치되어 상인에게 대여했는데, 여기서는 관부나 지배층·사원과 연결된 상인들이 상업 활동을 했다. 시전은 개경의 궁성 동문인 광화문에서 남대가南大街를 따라 십자가十字街에 이르는 중심 도로변에 자리했다. 시전은 장랑과 같은 상설 시설을 갖고 있었는데, 이는 점포 성격의 건물이었다. [자료1·2]

시전의 행랑은 국초에 조성되었으나 현종 때 거란의 침입으로 불탔으며 문종 때를 전후해 대거 재건되었다. 고려 말을 기준으로 보면 개경에는 최소한 1,200여 칸 이상의 시전 행랑에서 2,400~3,600명 이상의 시전 상인이 영업했던 것으로 추정된다.

고려 정부는 시전 운영에 적극 간여해 각 시전의 고유 판매 물종을 지정했으며 활동하는 상인을 시전 장부를 만들어 관리했다. [자료3] 시전 상인은 임대료와 인두세 형식의 상세商稅를 부담했으며 국가 수요물을 조달하는 책무를 맡았다. 긴급한 군역에 징발되거나 중요 건설 공사에 동원되는 등 잡역도 부담했다.

시전 이외에 국가에서 공적인 시설로서 운영하는 주점酒店·다점茶店·식미점食味店 등 관영 상점이 있었다. 이들은 화폐의 민간 통용을 위한 시설로 활용되기도 했다. 그 밖에도 개경의 성내 곳곳에서 장시 형태의 시장이 열려 다양한 계층의 개경 거주민과 영세 소상인들이 교역에 참여했는데 이 가운데 규모가 가장 큰 것은 시전 구역의 가로상街路上에서 열렸다. 개경의 교환 시장을 관장하고 상행위를 감독하기 위해 경시서京市署를 설치했다. 경시서는 시전을 파악하고 관리했으며 도량형을 감독하기도 했다. 물가를 조절하고 불법 상행위를 단속하는 일도 중요한 임무였다. [자료4·5]

서경에도 시전과 비슷한 상가가 존재했다. 숙종 7년(1102)에는 서경의 습속이 상업에 힘쓰지 않아 그 이득을 얻지 못한다는 이유로 화천별감貨泉別監을 파견하여 시장을 감독하고 상업을 장려하게 했다. [자료6]

수도 개경은 재화가 집중되고, 대토지를 소유하고 수조지를 보유한 지배층이 몰려 있는 곳으로서 그들이 방출하고 소비하는 물품을 매매하면서 상업의 중심지가 되었다. 따라서 이곳에는 갖가지 물품이 모이기 때문에 무엇이든 구하기 쉽다고 했다.

지방의 상업

지방의 상업은 장시場市를 중심으로 발전했다. 장시는 생산자 농민과 장인이 자기

생산물을 조세 몫을 제외하고 자유롭게 처분할 수 있기 때문에 성립할 수 있었다. 장시는 비상설 시장으로서 한낮[日中]에 개설되었는데, 이는 장시 이용자들이 장이 서는 곳에서 하루에 오갈 수 있는 거리에 살고 있음을 알려준다. 아침에 나와서 장을 보고 저녁까지는 돌아갈 수 있도록 하루 왕복 거리 안에서 생활하고 있는 이들이 모여 교역했다. 이 시는 상설 점포가 필요하지 않았다. 여기에는 상하·남녀노소·관리·공기公技 등이 참여했다.

장시는 농민이나 수공업자가 교역하기에 편리한 교통의 요지가 아니라 행정 도시에 개설되는 군현시郡縣市의 성격을 지녔다.[자료7] 이 시의 거래에 통용되는 교역 매개물은 쌀과 포였다. 농민의 교역은 필수물의 거래였고 규모도 적었을 것이므로 쌀과 포가 중요한 교역 매개물일 수밖에 없었다. 장시에서는 행상이 활동하여 타 지역과의 물자 교류가 이루어졌다. 행상은 장시와 장시를 연결해 지역 사회 안에서 구할 수 없는 물품을 유통시켰다. 이 장시는 송나라 때 강남 지역에서 발달한 허墟라고 부르는 시장과 비교될 정도였다.

장시로 표현되는 지방 상업이 크게 번창하지 않았던 것은, 당시 경제 제도가 전주—전객제를 기초로 운영되고 있었기 때문이었다. 전주—전객제의 토지 지배 관계는 농민의 잉여를 전조田租나 억매억매抑賣抑買의 형태로 수탈하여 장시에 적극 참여할 수 있는 여지를 축소시켰다.[자료8] 궁원·사원·세가勢家·양반 등이 수조권자로서 각지의 농장을 거점으로 물품을 강제 매매함으로써 농민의 잉여물을 흡수했다. 이처럼 농민 잉여 생산물의 대부분이 억매억매를 통해 교역되는 상태에서 직접 생산자 사이의 교역은 한낮에 유무를 교환하는 선에 머물 수밖에 없었다.

고려 후기 상업의 발달

시전과 관영 상점, 그리고 장시 형태의 가로시街路市로 구성된 개경 상업은 무신 집권기와 원 간섭기를 거치면서 한층 성장했다. 개경의 시전은 규모가 확대되었으며[자료9·10] 업종이 전문화하여 단일 상품을 파는 업종별 시전이 생겨났다. 비시전계非市廛系

의 민간 상설 점포도 늘어갔으니 금강산의 장안사가 개경에서 운영했던 30여 칸의 점포가 그런 예였다.

이런 현상은 수도 인구의 증가로 상품 수요가 늘고 관아의 물품 구입량이 증가했기에 생겨난 것이다. 관아의 물품 구입량 증가는 관청 수공업의 후퇴와 소의 해체, 대납代納에 의한 공물 수취와 밀접한 관련이 있었다. 국가의 재정 운영에서 경시에 대한 의존도가 높아지자 시전에서 강제로 물건을 조달하는 일이 잦아지면서 시전 침탈이 빈번했다.[자료11·12] 원과의 교역이 활발해지면서 수입한 견직물과 사치품이 경시에서 처분되는 일이 증가한 것도 경시의 확대에 일조했다. 경시의 확대와 발달에 대응해 이를 관장하는 경시서의 관격을 높이고 관원을 늘렸다.

이 시기의 상업 발전은 피지배층보다는 왕실·권세가·사원 등으로 구성되는 지배층 교환 경제 영역에서 두드러졌다. 경시에 대한 투자와 이익 독점을 위해 왕실·권세가·사원 등은 시전에 점포를 차리기도 하고 집적한 물품을 이곳에서 처분해 이익을 확대하기도 했다. 특권 세력이 지방에서 조성한 대규모 농장에서 확보한 물산도 경시에서 처분했다.

품관층의 지방 이주와 부호층의 성장에 힘입어 지방의 상업 또한 진전되었다. 지방 상인으로는 행상의 활동이 두드러졌다. 조운로는 상선의 상업로로 이용되었는데, 선상船商은 도자기·어염·미곡 등을 판매하는 규모가 큰 전업 상인으로 전국의 상권을 연결했다. 임진강을 오르내리며 장사하는 상선들은 수로를 이용한 상업이 활발했음을 알려준다.[자료13] 육상에서는 여행객의 편의를 위해 조성된 원院이 발달했는데, 이 원은 상인의 숙박소에 머물지 않고 점차 발전하여 그 자체가 상업 중심지가 되기도 했다. 한강 가에 있는 광주廣州의 사평원은 많은 배가 오가는 중요한 교역처로 보인다.[자료14]

후기에 새로운 상인층으로서 부세 대납 상인이 출현했다. 이들은 자신의 자본으로 공물을 대납하고 지방에 내려가 배로 수취하여 막대한 이득을 얻었다.[자료15] 대납제代納制가 성행한 배경에는 민간 생산의 잉여가 어느 정도 축적되고 이를 매개로 하는 유통망의 발달이 있었다.

또한 이 시기에 국가는 직접 생산과 유통 과정을 장악하는 전매제를 실시하여 상업 활동에 적극 참여했다. 국가는 권력 기관과 권세가, 사원이 사유한 염분鹽盆을 국가에

행상의 모습. 행상에는 여러 지방을 돌아다니며 물품을 파는 상인도 있고, 소규모로 가까운 거리를 돌아다니면서 호매呼賣 행위를 하는 상인도 있다. 고려 시대에도 이런 행상이 있어 백성 사이를 오가며 필요한 물품을 공급했을 것이다.

귀속시켜 민부에게 관리하게 함으로써 생산을 장악하고 염호가 생산한 소금을 관이 직접 판매함으로써 유통을 장악하여, 생산과 유통에서 발생하는 이익을 독점해 재정난을 극복하려는 것이었다. 이런 소금 전매제는 충선왕 원년(1309)에 실시되었다.

고려 말에는 대상인의 활약이 두드러졌다. 특히 왕실이나 권세가와 연결된 대상인이 크게 성장했다. 충숙왕 때의 손기孫琦 · 이인길李仁吉 · 이노개李奴介, 충혜왕 때의 임신林信 · 남궁신南宮信 · 임회林檜 · 윤장尹莊 등은 대표적인 인물이었다. 충혜왕은 직접 보흥고에서 포布를 내어 시전에 어용 상점을 차리고 교역의 이익을 추구했으며 은천 옹주로 대표되는 상인 세력과 결탁해 신궁을 거점으로 적극적인 상업 활동을 전개했다. 결탁한 상인들에게는 무반직을 제수하여 그들의 상업 활동을 적극 권장했다. 이런 상업 활동을 통해 고갈된 왕실 재정을 보충할 수 있었다.

고려 말 개혁파 유신들은 상업 활동에 비판적이었다. 상인은 땀흘려 일하지 않는 사치하고 부유한 존재로 보았으며 따라서 국가가 통제 단속해야 할 대상으로 인식했다. 성리학의 상업관으로서 억말론抑末論의 제기였다. 민생 안정과 국가 재정의 충실을 위해 농업 발전을 추구하는 반면, 이를 저해하는 상업 발달과 민인의 축말풍조逐末風潮를 통제하자는 것이 개혁파 유신들의 견해였다. 억말책은 국내외 교역을 독점하고 지배하고 있던 특권 세력의 경제 기반에 심대한 타격을 주는 것이었다.

고려 전全 시기에 걸쳐 상업은 국가 경제를 구성하는 주요 영역의 하나로 간주하고, 부진할 경우 국가가 보호하고 진흥시켜야 할 대상으로 여겼다. 이런 인식은 당시 지배 이념이자 종교였던 불교가 상업 활동에 호의적이고 사원이 상업에 적극적으로 참여했던 것과도 연관이 있었다. 그러나 성리학이 수용되고 확산 · 정착되면서 상업 정책은 방향을 달리하게 되었다.

자료1

경시사京市司주1에서 흥국사 다리까지와, 광화문에서 봉선고奉先庫주2까지 긴 행랑 수백 칸을 만들었는데, 이것은 민들의 주거가 좁고 누추하며 들쭉날쭉 가지런하지 못하여 그것으로 가려서 사람들에게 누추함을 훤히 들여다보이지 않게 하기 위한 것이다.

原文 自京市司 至興國寺橋 由廣化門 以迄奉先庫 爲長廊 數百間 以其民居隘陋 參差不齊 用以遮蔽 不欲使人洞見其醜

_ 『고려도경』권3, 성읍, 국성國城

주1 경시사京市司 : 경시서를 가리키는 듯하다.

주2 봉선고奉先庫 : 선왕先王과 선후先后의 제사에 사용하기 위하여 미곡을 비축해 두던 창고.

자료2

왕성에는 본래 방시가 없고, 광화문에서 관부 및 객관에 이르기까지, 모두 긴 행랑을 만들어 백성들의 주거를 가렸다. 때로 행랑 사이에다 그 방坊의 문을 표시하기를, '영통永通'·'광덕廣德'·'흥선興善'·'통상通商'·'존신存信'·'자양資養'·'효의孝義'·'행손行遜'이라 했는데, 그 안에는 실제로 시장 거리나 민가는 없고 절벽에 초목만 무성하며 황폐한 빈터로 정리되지 않은 땅까지 있으니, 밖에서 보기만 좋게 한 것뿐이다.

原文 王城本無坊市 惟自廣化門 至府及館 皆爲長廊 以蔽民居 時於廊間 榜其坊門 曰永通 曰廣德 曰興善 曰通商 曰存信 曰資養 曰孝義 曰行遜 其中實無街衢市井 至有斷崖絶壁 秦菶繁蕪 荒墟不治之地 特外示觀美耳

_ 『고려도경』권3, 성읍, 방시坊市

자료3

경시京市의 장인과 상인은 등록하고 그에게 붙어살면서 숨기고 등록하지 않은 자는 주인과 객 모두의 죄를 논한다.

原文 籍京市工商 其寓居隱漏不付籍者 主客論罪

_ 『고려사』권85, 지39, 형법2, 금령, 공양왕 2년 4월

자료4

개성의 물가가 등귀했는데 장사하는 자들이 조그마한 이익을 가지고 서로 다투므로 최영이 이를 미워하여 무릇 시장에서 거래하는 물건은 모두 경시서로 하여금 그 물건의 값을 평가하고 세를 바쳤다는 도장을 찍게 하고 난 뒤에 비로소 매매하게 했고 도

장을 찍지 않은 물건을 매매하는 자는 잔등의 힘줄을 갈고리로 꿰어서 죽이겠다고 했다. 그리하여 경시서에다가 큰 갈고리를 걸어 두고 보였더니 장사하는 자들이 벌벌 떨었다. 그러나 이 일은 마침내 실행되지 못했다.

原文 京城物價踊貴 商賈爭利錐刀 崔瑩疾之 凡市物 令京市署評定物價 識以稅印 始許買賣 無印識者 將鉤脊筋 殺之 於是 懸大鉤於署 以示之 市人震慄 事竟不行

_ 『고려사』 권79, 지33, 식화2, 시고市估, 신우 7년 8월

자료 5

주3 권참權參 : 임시로 참질參秩에 들어가게 하는 것.

경시서京市署. 시전을 구검[勾檢, 관리·검열]하는 일을 맡는다. 목종 때에 경시서령京市署令이 있었다. 문종이 영은 1명 정7품으로, 승은 2명 정8품으로 정했다. 충렬왕 24년에 충선왕이 영의 품계를 올리어 권참權參주3으로 했고 34년에는 충선왕이 승의 정원을 3명으로 늘렸다. 공민왕 5년에 승의 품계를 종8품으로 낮추었다. 이속은 문종이 사史 3명, 기관 2명을 두었다.

原文 京市署 掌勾檢市廛 穆宗朝 有京市署令 文宗定 令一人 秩正七品 丞二人 正八品 忠烈王二十四年 忠宣 陞令權叅 三十四年 忠宣 增丞爲三人 恭愍王五年 降丞從八品 吏屬 文宗 置史三人 記官二人

_ 『고려사』 권77, 지31, 백관2, 경시서

자료 6

주4 4민四民 : 사농공상士農工商을 가리킨다.

주5 유수관留守官 : 서경인 평양과 남경인 양주에 두었던 외관으로 3품 이상이 임명되었다.

제制 하기를, "사민四民주4은 각각 자기 직업에 오로지 종사함으로써 참으로 국가의 근본이 되는 것이다. 그런데 지금 들으니 서경에서는 민간 풍습이 상업에 힘을 쓰지 않기 때문에 백성들이 이익을 얻지 못한다고 하니 유수관留守官주5은 화천별감 2명을 아뢰고 임명하도록 하여 날마다 시장과 상점들을 감독하게 하여 상인들로 하여금 모두 매매의 이익을 얻도록 하라."고 했다.

原文 制曰 四民各專其業 實爲邦本 今聞 西京習俗 不事商業 民失其利 留守官 其奏差貨泉別監二員 日監市肆 使商賈 咸得懋遷之利

_ 『고려사』 권79, 지33, 식화2, 시고, 숙종 7년 9월

자료 7

대개 그 풍속이 거사[居肆, 점포]는 없고 오직 한낮에 시장을 벌여, 남녀, 노소, 관리, 공

기工技들이 각기 자기가 가진 것으로써 교역하고, 천화泉貨를 사용하는 법은 없다. 오직 저포, 은병으로 가치를 표준하여 교역하고 일용의 세미한 것으로 필疋이나 냥兩에 미치지 못하는 것은 쌀로 저울눈[錙銖]을 계산하여 값을 치른다. 그러나 백성들은 오랫동안 그런 풍속에 익숙하여 스스로 편하게 여긴다. 중간에 조정에서 전보錢寶를 내려주었는데, 지금은 모두 부고에 저장해두고 때로 내다 관속들에게 관람시킨다.

原文 蓋其俗無居肆 惟以日中爲虛 男女老幼官吏工技 各以其所有 用以交易 無泉貨之法 惟紵布銀鉼 以准其直 至日用微物 不及疋兩者 則以米計錙銖而償之 然民久安其俗 自以爲便也 中間朝廷賜予錢寶 今皆藏之府庫 時出以示 官屬傳玩焉

_「고려도경」권3, 성읍, 무역

자료8

대사헌주6 조준 등이 상서하여 말하기를, " … (사전주私田主가) 전호의 집에 들어가서는 사람은 술과 음식을 물리도록 먹고 말은 곡식을 물리도록 먹으며, 햅쌀을 먼저 받습니다. 운송비로 면마綿麻를 받으며, 작은 밤과 보통 밤, 대추, 말린 고기 등을 거두는데 억매抑賣하는 데까지 이르면 거둬들인 것이 조세의 10배나 되니, 조세를 미처 다 바치기도 전에 재산은 없어지고 맙니다. 토지를 조사할 때는 토지 결수의 많고 적음을 마음대로 매겨서 1결의 토지를 3, 4결이라고 하고 대두大斗로써 수조하여 1석을 거둘 것을 2석으로 하여 그 수량을 채웁니다. 조정이 민에게 수취함은 단지 10분의 1뿐인데 지금 사가私家에서 취민取民함은 십, 천에 이릅니다. … "고 했다.

原文 大司憲趙浚等上書曰 … 及其入佃戶 則人厭酒食 馬厭穀粟 新米先納 縣麻脚錢 榛栗棗脩 至於抑賣之歛 十倍其租 租未納而産已空矣 及其履畝之際 則負結高下 隨其意出 以一結之田 爲三四結 以大斗而收租 一石之收 以二石而充其數 祖宗之取民 止於什一而已 今私家之取民 至於十千 …

_「고려사」권78, 지32, 식화1, 전제田制, 녹과전祿科田, 신우 14년 7월

주6 대사헌 : 사헌부의 우두머리 관원으로, 처음은 정2품이었는데 충선왕 3년(1311)에 정3품으로 내렸다.

자료9

대시장大市場을 고쳐 조영하기 시작했다. 좌우 긴 행랑이 광화문으로부터 십자가까지 모두 1,008영楹이요 또 광화문 안에 대창大倉, 남랑南廊, 영휴문迎休門 등 73영을 지었다. 서울 안 5부의 방리坊里의 양반들에게서 집집마다 쌀과 걸곡을 거두어 공역 노임

勞費에 충당케 하였다. 양반 방리의 역이 이때부터 시작되었다.

> **原文** 改營大市 左右長廊 自廣化門 至十字街 凡一千八楹 又於廣化門內 構大倉南廊迎休門
> 等七十三楹 凡五部坊里 兩班戶斂米粟 就賃供役 兩班坊里之役 始此
>
> _ 『고려사』권21, 세가21, 희종 4년 7월

자료 10

전 왕[충선왕]이 좌승지 김지겸을 보내 왕에게 건의하기를, "조성도감관造成都監官 환이
桓頤로 하여금 병선군을 영솔하고 내영윤內盈尹 강순康順, 호군 이주李珠와 더불어 역
사를 감독하여 시가市街의 양쪽에 긴 행랑 200칸을 짓게 하십시오."라고 하니 왕이 그
의견에 따랐다.

> **原文** 前王遣左承旨金之兼來啓 令造成都監官桓頤 領兵船軍 與內盈尹康順 護軍李珠 董役
> 營造市街兩旁 長廊二百間 從之
>
> _ 『고려사』권32, 세가32, 충렬왕 33년 6월

자료 11

중찬中贊 홍자번이 백성들을 편하게 할 조항을 다음과 같이 올렸다. " … 하나, 대부시
大府寺[주7]·영송고迎送庫[주8]·국신고國贐庫[주9] 등에서 필요한 물건이 있으면 서울 시장에
서 사들이는데 비록 값을 주고 산다고는 하나 사실은 억지로 빼앗는 것과 같으니 참
으로 이것을 금해야 하겠습니다. … "

> **原文** 中贊洪子藩條上便民事 … 一 大府迎送國贐等庫 凡有所須之物 即於京市求之 雖云和
> 買 實爲强奪 誠宜禁之
>
> _ 『고려사』권84, 지38, 형법1, 직제, 충렬왕 22년 5월

주7 대부시大府寺 : 고려 문종 때
설치한 관청으로 재화의 저장과 상
세의 징수를 관장했다.

주8 영송고迎送庫 : 사신 접대에
필요한 경비를 조달하던 기구.

주9 국신고國贐庫 : 고려 후기 국
왕을 비롯한 고려관리들이 원나라
에 갈 때 드는 비용과 물자를 조달
하고 관리하는 관청의 창고.

자료 12

충선왕이 명령을 내려 이르기를, "첫째 시장과 저자의 상인들은 이곳에 있고 저곳에
없는 물건들을 서로 교환함으로써 살아가는 밑천으로 삼는데 지난날 맞고 보내는[迎
送] 일과 나라 선물[國贐]과 연회 등 여러 기관의 관원들이 빈 문서만을 주고 여러 가지
물품들을 가져다 쓰고는 그 값을 돌려주지 않았고, 심지어는 공공연히 약탈하는 수도
있었기 때문에 원망하는 소리가 적지 않으니 마땅히 각 관사들에 명령하여 문계[文契,

차용 증세들을 조사, 대조해 보고 물품의 수량대로 돌려주도록 해야 한다. 앞으로는 모두 그 값을 주고 사게 하여 소동을 일으키지 말라. … ”라고 했다.

原文 忠宣王下敎 一市肆商賈 貿遷有無資生 在前迎送國贐宴禮諸色官 虛給文契 取用百物 不還其直 甚者 公然攬奪 怨讟不少 宜令各司 檢考文契 如數歸還 今後盡行雇買 不得騷擾
___ 『고려사』권79, 지33, 식화2, 차대借貸, 충렬왕 34년 11월

자료 13

푸른 병풍 가로 걸친 장단의 석벽 위에 / 비단을 펼친 듯 환하게 철쭉이 피었도다 / 장사꾼 배를 잠시 빌려 흐름 따라 내려가니 / 한 시절의 정경 모두 이름 붙이기 어렵도다

原文 長湍石壁翠屛橫 / 躑躅花開錦繡明 / 暫借商船順流下 / 一時情景儘難名
___ 『목은시고牧隱詩藁』권35, 장단음長湍吟

자료 14

여윈 말은 더디 가는데 길은 머니 / 안장 풀고 여기서 묵어가리라 / 달리는 말 길에 가득하여 분주함이 싫더니 / 외로운 학이 숲에서 울자 그윽하여 좋았네 / 무지개처럼 뻗친 다리는 만 길이나 솟았고 / 뱃머리 나란히 하고 천 척 배 늘어서 있네

原文 瘦馬行遲路阻脩 / 卸鞍聊復此淹留 / 征騑滿道初嫌鬧 / 獨鶴號林始愛幽 / 萬丈飛橋 虹繚尾 / 千艘列舸鷁騈頭
___ 『동국이상국집전집』권10, 제사평원루題沙平院樓

자료 15

왕이 유지宥旨를 내리기를, “여러 관청에서 외군外郡의 공부로 아직 운반되지 못한 것을 먼저 개성에 있는 그 고을 사람에게서 징수하니 서울에 사는 자는 그 대가를 꾸었다 하여 고을 백성들에게서 2배나 받고 있다. 또 2~3년 또는 4~5년이나 앞당겨서 공부를 내게 하니 그 폐단이 이보다 더 심할 수 없다. 앞으로는 무릇 공부는 수령[주10] 안렴사[주11]가 제 기한 내에 보내어 납부하도록 하며 감찰사는 엄격한 조사를 진행하여 백성들의 손해를 없애도록 한다.”라고 했다.

原文 下宥旨 諸官司外郡貢賦 未輸者 先徵郡人住京者 住京者 稱貸而倍收於民 又先二三年 或四五年 徵其貢賦 弊莫甚焉 今後 凡貢賦 守令按廉及期送納 監察嚴加體察 以除民害
___ 『고려사』권78, 지32, 식화1, 공부貢賦, 공민왕 원년 2월

주10 수령 : 고려 시기 주부군현 단위로 파견된 지방관(외관)의 장을 총칭하는 말이다.

주11 안렴사 : 안찰사를 가리키는데 고려 시기는 도가 행정기관의 기능이 약했으므로 안렴사는 도의 장관이라기보다는 감찰관 성격을 띠고 있었다.

■ 출전

『고려도경』

『고려사』

『동국이상국집전집』

『목은시고』

■ 찾아읽기

김동철, 「고려말의 유통구조와 상인」, 『부대사학』.9, 1985.

전수병, 「고려시대의 상업정책」, 『동양문화연구』.1, 대전대학교, 1986.

이경식, 「16세기 장시의 성립과 그 기반」, 『한국사연구』.57, 1987.

채웅석, 「고려전기 화폐유통의 기반」, 『한국문화』.9, 서울대학교, 1988.

홍희유, 『조선상업사(고대중세)』, 과학백과사전종합출판사, 1989.

김삼현, 「고려후기 장시에 관한 연구」, 『명지사론』.4, 1992.

서성호, 「고려 무신집권기 상공업의 전개」, 『국사관논총』.37, 1992.

기타무라 히데토北村秀人, 「고려시대 경시의 기능에 관하여高麗時代の京市の機能について」, 『조선사연구회논문
        집朝鮮史研究會論文集』.31, 1993.

김동철, 「상업과 화폐」, 『한국사』.14, 1993.

이정신, 「고려시대의 상업 － 상인의 존재형태를 중심으로」, 『국사관논총』.59, 1994.

기타무라 히데토北村秀人, 「고려시대의 지방교역관견高麗時代の地方交易管見」, 『인문연구人文研究: 오사카시립
        대학문학부기요大阪市立大學文學部紀要』.48－12, 1996.

김난옥, 「고려시대 상인의 신분」, 『한국중세사연구』.5, 1998.

박평식, 「고려말기의 상업문제와 구폐논의」, 『역사교육』.68, 1998.

박평식, 「고려시기의 개경시전」, 『한국사의 구조와 전개 － 하현강교수정년기념논총』, 혜안, 2000.

서성호, 「고려시기 개경의 시장과 주거」, 『역사와 현실』.38, 2000.

박평식, 「고려후기의 개경상업」, 『국사관논총』.98, 2002.

김창석, 「고려전기 '허시虛市'의 성립과 그 성격」, 『역사와 현실』.53, 2004.

이강한, 「고려 충숙왕의 전민변정 및 상인등용」, 『역사와 현실』.72, 2009.

김병인·김도영, 「고려전기 금속화폐와 점포」, 『한국사학보』.39, 2010.

한기문, 「고려시대 사원의 정기 행사와 교역장」, 『대구사학』.100, 2010.

이진한, 『고려시대 송상왕래 연구』, 경인문화사, 2011.

4 철전, 동전, 그리고 은병
화폐의 주조와 사용

고려는 철전과 동전을 주조하고 은병을 제작해 사용했다. 민간에서의 소규모 거래는 쌀과 포가 일반적 등가물로 사용되었다. 국가가 주조한 화폐가 널리 사용되지 못하고 실물인 쌀과 포가 등가물로 널리 사용된 것이 특징이다. 원 간섭기에는 원의 화폐가 전해져 부분적으로 사용되기도 했다.

건원중보를 만들다

법정 화폐제는 성종 때 시행되었다. 고려 성종은 백성들의 경제 문제를 해결하고 송처럼 경제 통일을 이루려고 화권재상貨權在上을 원했다. 성종 15년(996)에 철전鐵錢을 주조했다. [자료1] 성종은 점진적이고 단계적인 방식으로 법정 화폐를 주조하고 유통시켰다. 시장에 유통되기에 충분한 철전을 여러 차례에 걸쳐 주조하고 길일吉日을 택해 축하연을 열었다. 이는 백성들에게 법정 화폐에 대해 믿음을 주려는 상징적인 조치였다. 또한 상평창에 법정 화폐와 태환할 미곡을 마련하여 철전에 대한 실질적인 신뢰 장치를 마련했다.

이것은 법정 화폐를 유통시켜 경제를 통합하고 국가 재정을 보강하려는 의도였다. 화폐 발행은 주관자인 국가에 막대한 이익이 돌아가는 것이었으며, 또한 재정 지출을 화폐 형태로 하면 귀금속이나 쌀·포 등 실질 가치를 지닌 재화를 비축할 수 있었다. 그러나 철전을 본격적으로 유통한 지 1년 만인 성종 16년 10월에 성종이 세상을 떠나면서 고려 초기 법정 화폐 정책은 동력을 잃고 위기를 맞이하였다.

성종을 이은 목종은 초기에 성종의 화폐 정책을 계승하고 이를 적극 확대했으며 아울러 추포[麤布, 발이 굵고 거칠게 짠 품질이 좋지 않은 베] 사용을 금지했다. 이는 상인층의 저항과 백성들의 불신을 불러왔다. 국경이 불안정하고 자연 재해가 잇따랐으며 후사 문제로 조정이 분열된 상황에서 목종은 신하들의 지지가 필요했다. 목종 5년(1002)에 화폐 교서를 내려 전면적인 추포 사용 금지에서 한발 물러섰다. 술을 파는 가게와 음식점 등에서는 종전대로 화폐를 사용하게 하되, 그 밖의 상품 교환에서는 관행에 따르도록 후퇴하는 조치를 취한 것이다. [자료2] 국영 점포에서는 이처럼 법정 화폐를 계속 사용하도록 하여 화폐 정책을 이어갔다. 그러나 목종 12년(1009) 강조의 정변으로 목종이 폐위되면서 고려 초기 법정 화폐 정책은 막을 내렸다.

숙종의 화폐 주조

법정 화폐제는 숙종 때 다시 시행되었다. 여기에는 의천義天의 건의가 중요한 계기가 되었다. 의천은 화폐 유통에 따른 이점으로 권귀權貴들이 유통 과정에서 민을 수탈하여 사적인 부를 축적하는 것을 방지할 수 있는 점, 조세를 화폐로 수납함으로써 조운의 부담을 덜 수 있는 점, 녹봉도 일부 화폐로 지급함으로써 녹봉에 의지해야 하던 관료들이 유통 경제상의 혜택을 입을 수 있다는 점 등을 들었다.

숙종 때는 주전관鑄錢官을 설치하고 동전銅錢을 주조해 유통시켰다. 숙종 때 사용한 동전에는 해동원보海東元寶, 해동통보海東通寶, 해동중보海東重寶, 삼한통보三韓通寶, 삼한중보三韓重寶 등이 있었다. 또한 활구闊口라고 부른 은병銀瓶도 유통시켰다. [자료3·4] 당시 왕권 강화를 적극 모색하고 있던 숙종은 화폐를 유통시킴으로써 늘어나는 재정 수요를 보충하고자 했으며 상업을 진흥시켜 그것을 기반으로 상세商稅를 징수하고자 했다. 숙종의 화폐 유통 정책은 뒤를 이은 예종 때 신하들의 반발로 약화되었다.

은화의 유통

철전과 동전은 크게 유통되지 못했지만 은화는 상당히 폭넓고 다양하게 유통되었다. 은은 금속 화폐로 공인되기 전부터 실물 화폐의 역할을 할 정도로 가치가 있었으며, 이런 가치를 바탕으로 주조된 은병銀甁을 비롯한 은화는 충분한 신용을 가지고 꾸준히 유통되었다. 각종 매매, 뇌물, 보시, 물가의 표시 등에 중요한 수단으로 사용되었다. 고려가 원나라 간섭 아래 놓이면서 각종 공물의 명목으로 또 원 황실 및 친원 세력에 대한 선물비, 고려 왕족의 입원시入元時 비용 등으로 은이 다량 원으로 유출되었다. 은병으로부터 소은병小銀甁·은전銀錢 등으로 형태가 변화하면서도 고려 말까지 지속적으로 사용되었다.[자료5·6] 쇄은碎銀으로 표현되는 칭량稱量 은화도 화폐로 꾸준히 유통되었다. 은화는 부호층을 중심으로 한 상층의 거래에서 활발하게 유통되었고 지방과 일반민들 사이에서도 일정 규모 이상의 거래에서는 화폐로 사용되었다.

원 화폐의 유입

원 간섭기에는 원의 화폐인 보초寶鈔가 유입되었다. 원 보초가 원나라의 유일한 공인 통화로 본격 발행되기 시작한 것은 1260년대였다. 원은 국내 경제를 통합하고 장악하기 위한 목적과 함께 국내의 은 부족을 보충하기 위해 저폐인 보초를 발행했다. 처음에 발행된 보초는 중통초였다. 중통초는 원의 통화 운영 정책이 성공을 거둠에 따라 널리 쓰였다. 그러나 남송 멸망을 계기로 보초의 발행량이 크게 증가하여 가치가 하락하자 지원초를 발행했고, 이후에도 발행액의 급증으로 지원초마저 불안정해지자 중통초와 지원초를 함께 발행해 운용했다. 원 간섭기에 원의 지폐인 보초가 고려에 유입되어 사용되었다.[자료5]

보초는 원의 지배층이 고려의 지배층에 하사하거나 사원 중창, 불교 행사에의 기진, 군사적 필요에 의한 대가 지불 등을 계기로 유입되었다. 그리고 유입된 보초의 규모도 크지 않았다. 원에서는 보초만을 유일 화폐로 통용시켰던 것과 달리 고려에서는

고려 시대의 화폐. 성종 때 철전을 주조해 사용하도록 했으나 널리 보급되지 않았다. 숙종 때 해동통보·해동중보·삼한통보 등 많은 동전을 주조하여 사용토록 하였다. 은병은 가치가 커서 일반인들이 사용할 수 없었으며, 주로 지배층이 고액 거래에서 사용했다. 사진에 보이는 것은 고려 시대에 유통된 동전이다.

원의 보초만을 강제 통용시키지 않았다. 고려에서는 보초의 편리성에도 불구하고 은이나 포가 더 보편적으로 쓰였다.

고려에 유입된 보초는 1정당 은병 1.5개의 가치를 가졌으며 보초의 가치가 하락했을 때도 은병 0.4개 즉, 0.4근의 가치를 가졌다. 고액권의 보초는 지배층에서 주로 쓰였고, 민간에서는 가치가 낮은 포화가 사용되었다. 다만 당시 교환 경제를 장악하고 있던 지배층들은 대원 무역에 보초를 이용했을 것이다. 보초는 공민왕 초에 유입이 폭발적으로 증가했지만 반원 정책이 실시된 이후에는 완전히 사라졌다.

저폐는 가볍고 국가에서 발행하기 때문에 관리가 편했고 재정을 쉽게 장악할 수 있었다. 고려 말 방사량房士良은 당시 민간에서 널리 쓰던 추포의 유통을 금지하고 관 주도로 화폐를 주조할 것과 저화楮貨를 사용할 것을 건의했다. 이를 받아들여 공양왕 4년(1392) 최초의 지폐인 저화를 발행했다.[자료7] 고려에서 저화를 발행한 데에는 중국의 은·구리 수요에 따른 고려 은·구리의 유출이 하나의 배경이 되었을 것이지만, 농민층 사이의 교환이 발달하여 저가치의 화폐를 필요로 한 것도 하나의 배경이 되었을 것이다. 저화 발행은 곧이은 정치적 격변으로 널리 시행되지 못하고 조선 초에 다시 시도되었다.

동전이나 철전, 은병, 저화는 국가의 법정 화폐였으나 저화를 제외한 나머지, 특히 은병은 고가이므로 지배층 사이의 교역에서나 중요한 결제 수단이 될 수 있었을 뿐, 농민층 상호간에는 사용할 수 없었다. 대신 농민층에서는 쌀이나 포가 일반적 등가물로서 화폐 기능을 수행했다.[자료8·9] 특히 포의 사용이 활발하여, 옷감으로 쓸 수 없는 성긴 포를 화폐로 사용하는 일이 빈번했다.[자료6]

자료 1

처음으로 철전을 사용했다.

原文 始用鐵錢

_ 『고려사』권79, 지33, 식화2, 화폐, 성종 15년 4월

자료 2

왕이 교하여 말하기를, " … 근래에 시중侍中주1 한언공의 상소를 살펴보니, 말하기를, '사람을 편안하게 하고 물력物力을 이롭게 하고자 하면 반드시 옛 법에 따라 항상 일관성이 있게 해야 할 것입니다. 지금 선조先朝를 이어 전폐錢幣를 사용하게 하고 추포麤布주2 사용을 금지하여 습속을 놀라게 하니, 국가의 이익이 되지 못하고 부질없이 백성들의 원망만을 일으킵니다'라고 했다. 짐이 정성스럽게 충고하는 말을 알고 어찌 버려서 받아들이지 않겠는가? 곧 근본에 힘쓰는 마음을 가지고 전폐를 사용하는 정책을 중단하려 한다. 차茶 · 술 · 식食 · 미味 등의 점포들이 교역을 하는 데에는 전과 같이 전폐를 사용하게 하고, 그 외에 백성들이 사사로이 서로 교역하는 것은 토산물을 임의로 사용하도록 하라."고 했다.

原文 教曰 … 近覽侍中韓彦恭上疏言 欲安人而利物 須仍舊以有恒 今繼先朝而使錢 禁用麤布 以駭俗 未遂邦家之利益 徒興民庶之怨嗟 朕方知啓沃之精 詞詎可棄遺而不納 便存務本之心 用斷使錢之路 其茶酒食味等諸店 交易依前使錢外 百姓等私相交易 任用土宜

_ 『고려사』권79, 지33, 식화2, 화폐, 목종 5년 7월

자료 3

조詔하기를, "금은은 천지의 정기이며 국가의 보배이다. 근래에는 간특한 백성이 몰래 구리를 섞어 주조하니 이제부터는 유통하는 은병에 모두 표인하는 것을 영구한 격식으로 하고 어기는 자는 중한 죄로 처단하라."고 했다. 이때부터 은병을 화폐로 사용했는데 그 제도는 은 1근으로써 본국의 지형을 본떠서 만들었으며 속칭은 '활구'라고 했다.

原文 詔曰 金銀 天地之精 國家之寶也 近來 姦民 和銅盜鑄 自今 用銀瓶 皆標印 以爲永式 違者重論 時 始用銀瓶爲貨 其制以銀一斤 爲之 像本國地形 俗名闊口

_ 『고려사절요』권6, 숙종 6년 6월

주1 시중侍中 : 문하성의 장관으로 종1품 관직.

주2 추포麤布 : 성긴 포. 정포는 5승포五升布인데, 이하 2~3승포가 추포였다. 조선 전기 면포 1승의 올 수는 80가닥이었다.

주3 서북 두 나라 : 송나라와 요나라.

주4 재추宰樞 : 중서문하성과 상서성의 재신宰臣 및 추밀원의 추신樞臣.

주5 태묘太廟 : 역대 왕과 왕후들을 제사하기 위하여 지은 사당.

자료 4

제制하기를, "백성들을 부유하게 하고 나라에 이익을 가져 오게 하는 데 있어서 돈보다 중요한 것은 없다. 서북 두 나라주3에서는 돈을 사용한 지가 이미 오랜데 우리나라에서만 아직 실행하지 않고 있다. 그러므로 이제 비로소 금속을 녹여서 돈을 만드는 데 대한 법령을 제정하게 되었다. 부어서 만든 돈 15,000관貫을 재추宰樞주4와 문무 양반과 군인들에게 나눠주어 돈 통용의 시초로 되게 하고 돈에 새기는 글은 해동통보海東通寶라고 한다. 또 처음으로 돈을 통용한다는 것을 태묘太廟주5에 고하며 즉시 경성[개경]에 좌·우 주무酒務를 설치하고 또 거리의 양쪽에는 신분이 높고 낮음을 물론하고 각각 점포를 두어서 돈 사용의 이익을 크게 거두도록 할 것이다."라고 했다.

原文 制 富民利國 莫重錢貨 西北兩朝 行之已久 吾東方 獨未之行 今始制鼓鑄之法 其以所鑄錢一萬五千貫 分賜宰樞文武兩班軍人 以爲權輿 錢文 曰海東通寶 且以始用錢告于太廟 仍置京城左右酒務 又於街衢兩傍 勿論尊卑 各置店鋪 以興使錢之利

__ 『고려사』권79, 지33, 식화2, 화폐, 숙종 7년 12월

주6 지원보초至元寶鈔 : 원 세조 지원至元 20년(1283)에 처음 발행했으나 2관貫에서 5문文까지 11등급이 있었다.

주7 중통보초中統寶鈔 : 원대 동전銅錢 부족 상황을 극복하기 위해 세조 중통中統 원년(1260)에 처음 발행했다.

주8 도당都堂 : 고려 후기 최고의 정무 기관. 고려 전기 변경의 군사 문제를 논의하던 임시 회의 기관인 도병마사가 고종 말년에 구성과 기능이 확대됨에 따라 나타난 명칭이나 충렬왕 5년(1279) 도병마사가 도평의사사로 개편되면서 그 명칭의 사용이 본격화되었다.

주9 간관諫官 : 중서문하성의 낭사郎舍로 간쟁諫諍과 봉박封駁을 담당했으며, 서경署經의 권한을 가졌다.

자료 5

시장에서 은과 구리를 배합하여 부어서 돈을 만드는 것을 금지했다. 당시 부스러기 은을 화폐로 삼아 통용했는데 은과 구리를 배합하여 만드는 자가 있어서 이를 금지한 것이다. 이 달 원에서 사신을 보내어 황제의 조서로 지원보초至元寶鈔주6와 중통보초中統寶鈔주7를 통용케 했는데 지원보초 한 관을 중통보초 다섯 관으로 쳐서 자모子母로서 쓰게 했다.

原文 禁市中合鑄銀銅 時用碎銀爲貨 以銀銅合鑄 故禁之 是月 元遣使 詔頒 至元寶鈔與中統寶鈔通行 以至元鈔一貫 當中統鈔五貫 使爲子母用

__ 『고려사』권79, 지33, 식화2, 화폐, 충렬왕 13년 4월

자료 6

도당都堂주8에서 여러 관부에게 화폐에 대해 논의하도록 했더니 간관諫官주9들이 제의하기를, "우리나라에서는 근고近古에 은 부스러기를 은병의 무게만큼 저울에 달아서 화폐로 썼고 오승포를 보조 화폐로 썼는데 이 제도가 오래 실시되는 과정에서 폐단이 없을 수가 없습니다. 은병은 날이 갈수록 변하여 구리로 되었고, 삼베 올은 거칠어져

포를 이루지 못합니다. 어떤 사람들은 다시 은병을 쓰자고 하지만 저희들이 생각하건 대 은병 하나는 무게가 한 근이요 값은 포 100여 필이나 되는데 지금 민가들에서 포 한 필을 저축해둔 집이 오히려 적은데 만일 은병을 쓴다면 백성들은 무엇으로써 물품 매매를 하겠습니까? 또 어떤 사람은 '동전을 쓰는 것이 좋을 것이다'고 하지만 우리나라 풍속에 오랫동안 돈을 써오지 않았기에 갑자기 이것을 쓰게 한다면 백성들이 반드시 비방하게 될 것입니다. 또는 어떤 사람은 '은 부스러기를 쓰면 좋을 것이다'라고 하지만 민간에 내놓으면서 아무 표식 없게 한다면 화폐를 장악, 운용하는 권리가 국가에게 있지 않게 될 것이니 역시 편리하다 할 수 없습니다.

지금 은 한 냥 값이 포 여덟 필에 해당하니 해당 관청에 명령하여 은전을 만들게 하되 표식을 붙이게 하고 그 양수兩數와 경중에 따라서 교환될 천과 곡식의 많고 적음을 결정한다면 이는 은병에 비해서 만들기 쉽고 힘이 덜 들며, 동전에 비하면 운반하기에 가볍고 이익이 많이 날 것이니 관청에서나 민간에서, 군사들이나 여행자들이 모두 편리한 바가 있을 것입니다. 그러므로 은이 산출되는 곳이라면 그곳 주민들의 세납과 부역을 면제해 주고 은을 캐어 관청에 바치게 하며, 나라 사람들이 간직하고 있는 은 그릇들은 모두 관청에 바치도록 명령하여 은전을 만들어 돌려주고 이와 함께 5승포를 사용케 한다면 국가나 개인이 모두 편리할 것입니다. 또 포자布子도 정유년부터 관청에 가져다가 표인을 찍은 후에야 그것으로써 매매하는 것을 허락하고 그 표인標印을 주관하는 관청으로서는 서울에서는 경시서京市署주10에서 주관하고 어사대에서 검열하며, 지방에서는 지관知官주11 이상이 주관하고 존무사存撫使주12·안렴사가 때때로 규찰하게 하고 만일 표인 없는 포를 사용한 자가 있거나 또 표인을 주관하는 자가 보고도 본체만체하여 그대로 내버려 두는 자가 있을 경우 모두 법으로 다스린다면 수년 이내에 사기, 위조 행위가 없어지고 물가가 안정되는 것을 보게 될 것입니다."라고 했다.

原文 都堂令百司議幣 諫官獻議曰 本國 近古 以碎銀權銀瓶之重 爲幣 而以五升布 翼以行之 及其久也 不能無弊 銀瓶日變而至于銅 麻縷日麤而不成布 議者欲復用銀瓶 愚等以爲一銀瓶 其重一斤 其直布百餘匹 今民家蓄一匹布者 尙寡 若用銀瓶 則民何以貿易哉 或議曰 宜用銅錢 然國俗久不用錢 一朝遽令用之 民必興謗 或曰 宜用碎銀 然散出民閒而無標誌 則貨幣之權 不在於上 亦爲末便 今銀一兩 其直八匹 宜令官鑄銀錢 錢有標誌 隨其兩數輕重 以准帛穀多寡 比之銀瓶 鑄造易而用力少 比之銅錢 轉輸輕而取利多 官民軍旅 庶幾有便 凡産銀之所 復其居

民 令採納官 其國人所蓄銀器 悉令納官 鑄錢以與之 幷用五升布 則公私便矣 且其布子 自丁酉
爲始 納官標印然後 方許買賣 其掌印之官 內則京市署主之 御史臺考之 外則知官以上主之 存
撫按廉 以時糾察 如有用無印布 及掌印看循任縱者 並理以法 則數年之間 將見詐僞絶 而物價
平矣

_ 『고려사』권79, 지33, 식화2, 화폐, 공민왕5년9월

자료7

중랑장주13 방사량房士良이 시무 11가지를 올리기를, "… 우리나라에서 추포를 쓰는 법
은 동경東京주14 등 몇몇 주, 군들에서 나온 것입니다. 또 이 추포를 화폐로 쓰는 폐단은
10년도 견디지 못하며 조금만 연기나 습기를 맞으면 곧 타고 썩기 때문에 설사 그것을
관청 창고에 가득 채워 쌓아 둔다 하더라도 쥐가 쏠고 비가 새서 생기는 손실을 면할
수가 없습니다. 그러니 바라건대 관청을 신설하고 돈을 만들며 이와 함께 종이돈을
만들어서 화폐로 삼게 하고 추포를 통용하는 것을 일체 금지합시다. … "라고 했더니
왕이 그 제의를 깊이 받아들였다.

原文 中郞將房士良 上時務十一事 … 本朝麤布之法 出於東京等處若干州郡 且此布之弊 用
無十年之久 乍遭煙濕 便爲灾朽 縱盈公廩 未免鼠漏之傷 願立官鑄錢 兼造楮幣爲貨 一禁麤布
之行 … 王深納之

_ 『고려사절요』권35, 공양왕3년3월

자료8

주, 현들에 명령하여 미곡을 내서 주식점酒食店을 열게 해 백성들에게 사고팔고 할 것
을 허락하여 돈의 유리함을 알도록 했다. 당시 돈이 통용된 지 3년이나 되었지만 가난
하여 활발하게 통용시킬 수가 없었으므로 이런 명령을 내렸다.

原文 命州縣出米穀 開酒食店 許民貿易 使知錢利 時 泉貨之行已三歲矣 貧不能興用 故有
是命

_ 『고려사』권79, 지33, 식화2, 화폐, 숙종9년7월

자료9

대개 그 풍속이 거사居肆, 점포는 없고 오직 한낮에 시장을 벌여 남녀, 노소, 관리, 공
기工技 들이 각기 자기가 가진 것으로 교역하고, 천화泉貨를 사용하는 법은 없다. 오직

저포, 은병으로 가치를 표준하여 교역하고, 일용의 세미한 것으로 필疋이나 냥兩에 미치지 못하는 것은 쌀로 저울눈[錙銖]을 계산하여 값을 치른다. 그러나 백성들은 오래도록 그런 풍속에 익숙하여 편하게 여긴다. 중간에 조정에서 전보錢寶를 내려주었는데, 지금은 모두 부고에 저장해 두고 때로 내다 관속들에게 관람시킨다.

原文 蓋其俗無居肆 惟以日中爲虛 男女老幼官吏工技 各以其所有 用以交易 無泉貨之法 惟紵布銀鉼 以准其直 至日用微物 不及疋兩者 則以米計錙銖而償之 然民久安其俗 自以爲便也 中間朝廷賜予錢寶 今皆藏之府庫 時出以示 官屬傳玩焉

_ 「고려도경」권3, 성읍, 무역

출전

「고려도경」

「고려사」

「고려사절요」

찾아읽기

김동철, 「고려말의 유통구조와 상인」, 『부대사학釜大史學』9, 1985.

이경식, 「16세기 장시의 성립과 그 기반」, 『한국사연구』57, 1987.

채웅석, 「고려전기 화폐유통의 기반」, 『한국문화』9, 1988.

홍희유, 『조선상업사고대중세』, 과학백과사전종합출판사, 1989.

전병무, 「고려 공민왕대 은전주조론의 대두와 그 성격」, 『북악사론』6, 1999.

이경록, 「고려시대 은폐제도의 전개과정」, 『태동고전연구』17, 2000.

이경록, 「고려전기 은폐제도의 성립과 그 성격」, 『한국사의 구조와 전개 – 하현강교수정년기념논총』, 혜안, 2000.

김도연, 「고려시대 은화유통에 관한 일연구」, 『한국사학보』10, 2001.

위은숙, 「원간섭기 보초의 유통과 그 의미」, 『한국중세사회의 제문제』, 2001.

이강한, 「고려후기 원보초의 유입 및 유통실태」, 『한국사론』46, 서울대학교 국사학과, 2001.

전병무, 「고려전기 주전관청에 대한 시론」, 『북악사론』10, 2003.

김도연, 「원간섭기 화폐유통과 보초」, 『한국사학보』18, 2004.

원유한, 「고려시대의 화폐사 – 화폐유통시도기의 전반」, 『실학사상연구』30, 2006.

김병인 · 김도영, 「고려전기 금속화폐와 점포」, 『한국사학보』39, 2010.

5 각종 물품을 생산하다
수공업

고려 시대 관청수공업장에서는 고도의 기술을 보유한 장인이
소속되어 국가에서 필요로 하는 물품을 제조했으며 지방에는
소가 편제되어 중요한 물품을 생산해 중앙에 공급했다. 민간 수
공업자들은 자체 생산물 대부분을 공물로 수취당했으나, 수요자
들의 직접 주문이나 시장을 위해 생산하기도 했다.

관청수공업

관청수공업은 정부의 수요에 따른 생산을 담당했는데, 중앙 관청수공업과 지방 관
청수공업으로 구분할 수 있다. 중앙 관청수공업장은 개경의 중앙 관청에서 조직, 운
영하던 수공업장으로 창, 칼 등의 군수품 및 국가 행사에 필요한 물품, 왕실이나 귀족
들에게 필요한 사치품 등을 생산했다. 지방 관청수공업장은 금기방錦綺房, 잡직방雜織
房 등과 같이 중앙에 제공할 공물을 마련하는 것과 지방 관청 자체의 수요를 위한 것 등
두 종류의 물품을 생산했다.

고려 시대 관청수공업의 행정적인 관리 운영 체계 상에서 최고의 담당 기관은 공부
工部였다. 관청수공업은 행정 및 생산 관리 체계가 정연하게 세워져 있었다. 수공업 생
산을 전담하는 관청에는 고급 기술자가 소속해 있었다. [자료1] 무기를 제조하는 군기시

軍器寺의 경우 피갑장皮甲匠 · 모장牟匠 · 장도장長刀匠 · 각궁장角弓匠 · 전장箭匠 등이 속했다. 관청의 수공업에 전속된 관속공장官屬工匠은 300일 이상 출역出役하는 것을 조건으로 녹봉에 해당하는 별사別賜를 지급받았다.[자료2] 공장별사를 받으려면 1년에 300일 이상 근무해야 했기 때문에, 공장별사를 받는 수공업자들은 일부에 국한된 듯하다.

지방 관청수공업장은 중앙 관청의 수요를 충족시키기 위하여 설치되었기 때문에 그 관리 체계가 중앙과 비슷했다. 지방관청 자체의 수요를 위한 수공업장은 그 수나 규모 면에서 미미했다. 국가는 수공업자들을 장악하기 위하여 수공업자들의 명부인 공장안工匠案을 만들어 그들을 등록시키고, 또 그들이 양반층에 오르는 것을 막기 위한 법까지 만들었다.[자료3 · 4]

민간수공업

민간수공업의 중심은 역시 농민의 가내수공업이었지만, 이들의 가내수공업은 대체로 자가 수요를 위한 의료衣料나 관부에 납부하기 위한 포물류 생산에 그쳤을 뿐, 전업적인 것은 아니었다. 이들 공장工匠들은 종종 지방 관청의 수공업 생산에 동원되거나 공역군으로 징발되어 기술 노동을 제공하기도 했으며 평상시에는 나름의 분업 체계를 가지고 농촌 사회의 주문 생산을 담당했다.

관청수공업장에 징발되지 않는 수공업자들은 수공업 제품을 지방 관원에게 납부했다. 따라서 국가는 이들을 대상으로 징수할 각종 수공업 제품의 양을 규정했는데 그 부담이 매우 무거웠다.[자료5] 수공업자들은 자기들의 노동 생산물을 공물로 내야 했을 뿐만 아니라 수시로 징발되어 기술 노동을 국가에 무상으로 제공해야 했고 군대에 복무하는 의무도 져야 했다. 이러한 부담을 진 수공업자들의 형편은 매우 비참했다.

소수공업

소所는 향, 부곡과 같은 특수 행정 구역의 하나로 설정되었다. 소의 기본 특징의 하나는 현지성이 요구되는 특산물이나 수공업품의 생산지라는 점이다. 소는 유리한 생산 조건과 해로를 통해 개경에 쉽게 연결될 수 있는 교통의 이점 때문에 전라, 충청도 지역에 집중 분포되어 있었다.

소의 구성원은 소리所吏와 소민所民으로 이루어져 있는데 그중에서도 소민은 장인匠人과 역호役戶로 구성되었다. 소리所吏는 소민所民을 감독하며 소에서 생산된 공물을 모아 공납하는 의무를 지고 있었다.

소 제도는 특정 산물의 안정적 수취라는 국가 의지에 의해 설치, 운영되었지만 지방 특산물을 구조적으로 수탈하는 것이므로 피지배층의 유통 경제 발달에 장애가 되었다. 수공업 소들은 대체로 그 규모가 촌락 정도의 범위였을 것으로 짐작된다.[자료6] 소 운영의 구체적인 모습은 몇몇 사례를 통해 살필 수 있다.

금소金所는 사금 채취가 주였으므로 사금 생산이 용이한 강가에 위치하고 있었다. 은은 화폐로서만이 아니라 왕실과 귀족들의 장식품, 조공품과 대외 무역에서의 결재 수단 등 다방면으로 유통되고 있었다. 은은 광산을 통해 채굴했으므로 은소는 은광이 소재한 지역에 설치되었다.[자료7] 국가에서는 금소와 은소로 하여금 일정한 액수를 정해 놓고 이를 납부하도록 했다.

지소紙所에서는 장인과 소민이 고도의 기술이 필요한 부분과 그렇지 않은 부분으로 나누어 일을 했다. 소민의 노역도 힘들었지만 장인들의 노역도 견디기 힘들 정도였다. 지소는 닥나무가 많고 물이 풍부한 지점에 설치되었다.

동소銅所는 외국과의 무역, 동전 제조, 생활 식기, 불상, 동종 등 다양하게 이용되는 동의 생산을 위해 설치했다. 고려 초까지는 노지 채굴이었다가 중기부터 본격적으로 갱도를 파서 채굴하는 광산을 개발했다.

와소瓦所는 국가에서 필요로 하는 기와를 공급했다. 기와 생산은 가마를 만들고 기와를 빚으며 불을 때는 등 여러 단계의 공정을 거쳐 생산했다.

고려 시대의 소 수공업은 관청수공업 및 민간수공업과 함께 이 시대 수공업에서 중

요한 부분을 차지했으며, 민간수공업에 비해 한층 전업
적이었고 생산품의 질도 민간수공업품보다 우수했다.
각종 수공업 소들이 전국 각지에 분포되어 있었으며 중
앙에서 필요한 각종 물품들은 여러 소에서 공납받았다.

수공업의 변동

고려 후기 수공업 분야의 변화는 관청수공업의 쇠퇴
와 소 수공업의 해체, 그리고 민간수공업의 발달로 집
약된다. 특히 중앙 관청수공업의 쇠퇴는 시전의 발전과
공물 대납의 일반화 등이 중요 요인이었다. 후기에 접
어들어 소가 점차 소멸함에 따라 소 수공업도 자연히 해
체되어 갔다. 이에 소가 담당했던 특산물 생산은 일반
군현민이 대체할 수밖에 없었다. 이런 관청과 소 수공
업의 붕괴는 민간수공업을 크게 발전시키는 요인이 되
었다. 그곳의 많은 장인들이 독립 수공업자로 전환했기
때문이다. 그릇이나 농기구, 옷감류 수요가 늘어나고
또 공물 대납제貢物代納制가 시행된 결과 민간수공업은
한층 활발해졌다.

청동은입사포류수금문정병靑銅銀入絲蒲柳水禽文淨瓶 고려 시
대 대표적인 정병으로 국립중앙박물관에 소장되어 있으며, 높이
가 37.5센티미터로 국보 제92호다. 수양버들이 늘어서 있으며 오
리를 비롯한 물새들이 헤엄치거나 날아오르는 풍경이 그려져 있
다. 상감청자와 나전칠기 등 상감 기법이 발달하던 11세기 작품
으로 추정된다.

관청수공업장의 생산 활동은 시장 생산이 아니므로
작업 기간이 길수록 민간수공업의 발달을 저해했다. 공장工匠은 관청에만 속해 있지는
않았으므로 관청수공업에 동원되는 일정 기간을 제외하고 자기 영업을 할 수 있었다.
공역에 종사할 경우도 고려 후기로 올수록 대가가 지급되어 임노동의 성격을 띠었다.
관청수공업 관리 체계가 허술해짐에 따라 일부 관청수공업자는 지방에 흩어져 독립
적인 수공업자로 바뀌어 갔다. 이리하여 충렬왕 22년(1296)에는 지방에 나가 있는 개
경의 경공장들을 개경으로 돌아오게 할 것이 건의될 정도로 개경의 관영수공업에 부

역해야 할 경공장京工匠들이 지방에 많이 나가 있었다.

　소수공업장은 12세기로 들어서면서 생산 및 운영이 권문세족 및 대토지 소유자들에 의해 사적인 지배 형태로 변화되었다. 이런 변동은 특수한 일부 소에서만 국한된 것이 아닌 대부분의 소에서 일어난 일반적인 현상이었다. 국가의 과중한 수탈과 권세가의 탈점으로 소민所民의 유망을 초래하여 소 제도는 붕괴되고 있었다.[자료8] 이를 해결하기 위해 소민에게 잡역이나 기타 부역을 면제해 주는 조치를 취하기도 했지만 근본적인 대책이 되지 못했다.

　고려 후기 소의 해체에 따른 소수공업의 붕괴 현상은 수공업 체제에서 생긴 중요한 변화였다. 소수공업자가 점차 독립수공업자로 전환되어 간 것은 고려 후기 상품 생산과 유통의 발전을 촉진시키는 데 크게 이바지했다. 소는 고려 후기 이후 점차 해체, 몰락의 길을 걷다가 15세기 초에 완전히 해체되어 군현에 통합되고 소에 예속된 수공업자는 독립적이고 전업적인 수공업자로 바뀌었다.

　민간수공업은 관청수공업에 비해 질이 떨어지고 생산 체계의 전문성도 부족했지만 조공품과 생필품 생산을 중심으로 광범위하게 존재했다. 관청수공업, 소수공업의 붕괴는 민간수공업을 발달시키는 중요한 계기가 되었다. 부호나 지방 토착 세력 등 새로운 사치품 소비층의 출현, 그리고 공물 대납제 출현 등에 힘입어 민간수공업은 더욱 발전했다.

　지방 민간수공업자 중에는 전업적인 수공업자가 상당히 많았다. 이들은 지방 관청의 수공업품 생산에 동원되었으며 평소에는 민간에 필요한 물품을 생산했다.[자료9] 후기에 들어 지방의 민간수공업품 수요가 늘어나는 양상은 그릇의 수요에서 확인할 수 있다.[자료10]

　민간수공업은 다양한 분야에서 지역적으로 발달하고 있었으며 이런 지역적 분업의 성립은 지방 상업을 발전시키는 촉매 역할을 했다. 그러나 아직은 강제 교역에 의해 발전이 저지되고 있었으므로 조선 시대처럼 장시 발달을 동반한 발전 단계는 아니었다.

자료 1

고려는 장인의 기술이 지극히 정교하며 뛰어난 재주를 가진 이는 다 관아에 귀속되는
데, 이를테면 복두소幞頭所 · 장작감將作監주1이 그곳이다.

原文 高麗工技至巧 其絶藝悉歸于公 如幞頭所將作監 乃其所也

_ 『고려도경』권19, 민서民庶, 공기工技

주1 장작감將作監 : 고려 시대 토
목 공사와 궁실 및 관사의 영조營
造와 수리를 담당하던 관청.

자료 2

제아문공장별사. 모두 300일 이상 복무한 자들에게 주기로 한다.

原文 諸衙門工匠別賜 並以役三百日以上者 給之

_ 『고려사』권80, 지34, 식화3, 녹봉, 제아문공장별사

자료 3

판判하기를, "남반南班과 유외주2 관리[人吏], 장교 등의 아들로서 장인 명부에 등록되지
않은 사람은 아버지, 할아버지에게 결함이 있는 사람의 예에 의하여 벼슬을 시킨다."
고 했다.

原文 判 南班及流外人吏 將校等子 不付工匠案者 依父祖有痕咎人例 入仕

_ 『고려사』권75, 지29, 선거3, 한직, 정종靖宗 6년 4월

주2 유외流外 : 9품의 정식 관리
이외의 관직

자료 4

해당 관리가 아뢰기를, "법전[令典]을 살펴보건대 '장인과 상인은 기술을 취급하는 관
계상 그 직업을 전문할 것이요, 관원이 되어 선비의 유에 참여하지 못한다'라고 했습
니다."라고 하였다.

原文 有司奏 按令典 工商家 執技事上 專其業 不得入仕 與士齒

_ 『고려사』권75, 지29, 선거3, 한직, 문종 27년 정월

자료 5

삼사三司에서 아뢰기를, "여러 도道들에서 지방 관원들이 관할하는 주부州府의 세공稅
貢은 1년에 쌀 300섬, 벼 400휘[斛, 1휘는 10말], 금 10냥, 은 2근, 포 50필, 구리 50근, 철 200
근, 소금 300섬, 사면絲綿 40근, 유밀油蜜 1섬인데 이를 납부하지 않는 자는 현임 관직

에서 파면시키십시오."라고 했더니 왕이 이 제의를 따랐다.

原文 三司奏 諸道外官員僚 所管州府 稅貢一歲 米三百碩 租四百斛 黃金一十兩 白銀二斤 布
五十匹 白赤銅五十斤 鐵三百斤 鹽三百碩 絲綿四十斤 油蜜一碩 未納者 請罷見任 從之

_ 『고려사』권78, 지32, 식화1, 전제, 조세, 정종靖宗 7년 정월

주3 가림현嘉林縣 : 오늘날 충청
남도 임천.

주4 원성전元成殿 : 고려 충렬왕
의 비 원성공주元成公主의 전각殿
閣. 제국대장공주는 충렬왕 원년
정월에 원성공주로 책봉되었으며
원성전은 그에 따라 내려진 전호殿
號.

주5 정화원貞和院 : 고려 시기 궁
의 명칭. 경녕궁敬寧宮이 충렬왕 5
년(1279)에 정화원貞和院으로 개
칭되었다.

주6 장군방將軍房 : 고려 시대 정4
품 무반직인 장군의 회의기관.

주7 홀적忽赤 : 홀치. 고려 후기 왕
실의 숙위宿衛를 담당하던 군사.

주8 순군巡軍 : 충렬왕 3년(1277)
무렵에 포도捕盜 · 금난禁亂을 목
적으로 설치한 군대.

주9 응방鷹房 : 매의 사육과 사냥
을 맡은 관서. 응방 제도는 몽골
에서 들어온 것인데, 충렬왕 원년
(1275)에 처음 설치되었으며 충렬
왕 7년에 응방도감鷹坊都監으로
제도화되었다.

자료 6

여름에 왕과 공주가 원나라에 갔다. 가림현嘉林縣[주3] 사람들이 다루가치達魯花赤에게
말하기를, "현의 촌락들이 각각 원성전元成殿[주4]과 정화원貞和院,[주5] 장군방將軍房[주6] 홀
적忽赤,[주7] 순군巡軍[주8]에 분속되었으며 오직 금소 1개 촌만이 남아 있던 것을 이제 응방
鷹房[주9] 미라리가 또 빼앗으니 우리들이 어떻게 단독으로 부역을 제공할 수 있겠습니
까?"라고 하니, 다루가치가 말하기를, "비단 그 현만 그런 것이 아니라 이런 일이 많
을 것이다. 장차 각 도에 관원을 보내서 순찰하여 그 폐단을 제거하도록 하겠다."고
했다.

原文 夏 王及公主如元 嘉林縣人告達魯花赤曰 縣之村落 分屬元成殿 及貞和院 將軍房忽赤
巡軍 唯金所一村在 今鷹坊迷刺里 又奪而有之 我等何以獨供賦役 達魯花赤曰 非獨汝縣 若此
者多矣 將使巡審諸道 以蠲其弊

_ 『고려사』권89, 열전2, 후비2, 충렬왕 제국대장공주

자료 7

은이 산출되는 곳이라면 그곳 주민들의 세납과 부역을 면제해 주고 은을 캐어 관청에
바치게 하며, 나라 사람들이 간직하고 있는 은그릇들은 모두 관청에 바치도록 명령하
여 은전을 만들어 돌려주고 이와 함께 5승포를 사용케 한다면 국가나 개인이 모두 편
리할 것입니다.

原文 凡産銀之所 復其居民 令採納官 其國人所蓄銀器 悉令納官鑄錢 以與之 并用五升布
則公私便矣

_ 『고려사』권79, 지33, 식화2, 화폐, 공민왕 5년 9월

자료 8

판判하기를, "경기의 주현들에서는 상공常貢 이외의 요역이 많고 무거워서 백성들이
이를 고통으로 여기어 날이 갈수록 점점 도망해 가니 주관하는 관청에서는 계수관界

首官에게 하문下問해서 그 공물, 부역의 다소를 적당히 제정하여 시행하도록 하라. 동, 철, 자기, 종이, 먹 등 잡소雜所의 별공別貢 물품을 거둬감이 극도로 과중하므로 장인들이 고통을 견디지 못하여 도피하였으니 해당 관청에서는 매개의 소所들에서 바치는 별공, 상공 물품의 다소를 적당히 제정하여 나에게 보고하여 결재를 받도록 하라.”고 했다.

原文 判 京畿州縣常貢外 徭役煩重 百姓苦之 日漸逃流 主管所司 下問界首官 其貢役多少 酌定施行 銅鐵瓷器紙墨雜所別貢物色 徵求過極 匠人艱苦而逃避 仰所司以其各所別常貢物多少 酌定奏裁

_ 『고려사』권78, 지32, 식화1, 전제田制, 공부貢賦, 예종 3년 2월

자료9

중찬中贊[주10] 홍자번이 백성들을 편하게 할 조항을 다음과 같이 제기했다. “… 하나, 근래 놋쇠나 구리를 다루는 장인들 대부분이 시골에 가 있으므로 모든 주, 현의 관리와 사신으로 간 사람들이 저마다 놋쇠와 구리를 거두어 그릇을 만들므로 민간의 그릇이 날로 줄어드니 마땅히 장인들에게 지시하여 일정한 기한 내에 서울로 돌아오게 해야 합니다. …”

原文 中贊洪子藩上便民事 … 一近有鍮銅匠多居外方 凡州縣官吏 及使命人員 爭歛鍮銅 以爲器皿 故民戶之器 日以耗損 宜令工匠 立限還京 …

_ 『고려사』권84, 지38, 형법1, 공식公式, 직제職制, 충렬왕 22년 5월

주10 중찬中贊 : 고려 후기 첨의부僉議府 및 그 후신인 도첨의사사都僉議使司의 종1품 관직.

자료10

중랑장[주11] 방사량이 상소하기를, “ … 놋쇠와 구리는 우리나라 산물이 아니니 이제부터는 구리나 쇠로 만든 그릇의 사용을 금하고 오로지 자기와 목기만 사용하게 함으로써 습속을 개혁하십시오! … ”라고 했다.

原文 中郎將房士良上疏 … 鍮銅 本土不産之物也 願自今 禁銅鐵器 專用瓷木 以革習俗 …

_ 『고려사』권85, 지39, 형법2, 금령禁令, 공양왕 3년 3월

주11 중랑장 : 고려 시기 정5품 무관직.

출전

『고려도경』

『고려사』

찾아읽기

기타무라 히데토北村秀人,「고려시대의 '소'제도에 대하여高麗時代の'所'制度について」,『조선학보』50, 1969.

홍승기,「고려시대의 공장工匠」,『진단학보』40, 1975.

김현영,「고려시기의 소所에 대한 재검토」,『한국사론』15, 서울대학교 국사학과, 1986.

홍희유,『조선 중세 수공업사 연구』, 지양사, 1989.

서명희,「고려시대 철소鐵所에 대한 연구」,『한국사연구』69, 1990.

서성호,「고려전기 지배체제와 공장工匠」,『한국사론』27, 서울대학교 국사학과, 1992.

전병무,「고려시대 은유통과 은소銀所」,『한국사연구』78, 1992.

김기섭,「고려전기 소所의 입지와 기능에 관한 시론」,『한국중세사연구』7, 1999.

서성호,「고려 수공업 소所의 몇 가지 문제에 대한 검토」,『한국사론』41·42합집, 서울대학교 국사학과, 1999.

송성안,「고려시기 관청수공업의 존재양상과 사원수공업」,『경대사론慶大史論』11, 1999.

이홍두,「고려 부곡의 군현승격과 천인의 신분상승」,『실학사상연구』10·11합집, 1999.

최영호,「고려시대 사원수공업의 발전기반과 그 운영」,『국사관논총』95, 2001.

윤경진,「고려시기 소所의 존재양태에 대한 시론」,『한국중세사연구』13, 2002.

김기섭,「고려 무신집권기 철의 수취와 명학소민의 봉기」,『한국중세사연구』15, 2003.

김동철,「수공업」,『한국사9 – 고려 후기의 정치와 경제』, 국사편찬위원회, 2003.

서명희,「수공업」,『한국사14 – 고려 전기의 경제구조』, 국사편찬위원회, 2003.

이희관,「고려시대의 자기소와 그 전개」,『사학연구』77, 2005.

김현라,「고려후기 부곡제의 소멸과 사민 정책」,『지역과 역사』20, 2007.

김난옥,「고려시대 소의 편제방식과 소민의 사회적 지위」,『역사교육』120, 2011.

박종기,「고려시대 종이 생산과 소所 생산체제」,『한국학논총』35, 2011.

이정신,『고려시대의 특수행정구역 소所 연구』, 혜안, 2013.

이남규,「한국 중세 수공업 고고학의 조사연구 현황과 과제」,『한국중세사연구』36, 2013.

6 땅에서 세금을 거두다

결부제와 전조

고려의 중요한 재정 수입원은 토지로부터 나오는 전조田租였다. 전조를 합리적으로 거두려면 토지를 정확히 파악해야 했다. 합리적인 전조 수취와 그것의 개경으로의 안전한 수송은 국가 재정에 매우 중요했다.

양전과 결부제

　전조를 거두기 위해서는 토지를 파악하는 양전이 중요했다. 국초 지방관이 거의 파견되지 못한 상황에서는 전국적인 양전이 이루어지기 어려워 각 지방 호족이 파악한 토지대장을 근거로 전조를 징수하는 데 그쳤다. 토지의 정확한 파악이 요구되는 분규 지역이나 국가 기관·왕실과 관련된 토지가 소재한 곳에 한해 부분적으로 양전을 했을 것이다.

　양전量田 시에는 대개 중앙에서 산사算土를 대동한 양전사量田使가 파견되었다. 이 경우에도 지방관이 사전에 시행한 기초 조사를 재확인하는 데 그치기도 했고, 전면적으로 측량을 새로이 해서 토지를 정확하게 파악하기도 했다. 전국적인 양전의 시행 여부는 확인할 수 없지만, 필요한 때마다 수시로 양전을 행했다. 그리하여 고려 국기는 전국 군현에 대한 토지 규모를 어느 정도 정확하게 파악하고 있었다.

양전을 통해 우선 토지의 소유권자를 조사했고, 아울러 전품田品이나 결수結數, 양전의 방향이나 사표四標도 파악했다. 양전을 통해 파악한 내용은 토지대장인 양안量案에 기재했다.

양전을 통해 파악한 토지의 면적은 결부結負로 표시했다. 고려 전기에는 단일양전척單一量田尺을 사용했기에, 1결의 실적實積은 토지의 비옥도에 관계없이 동일했다. 반면 전품이 지역에 따라, 지역 내 토지에 따라 구분되어 있어 부담하는 전조의 양은 동일한 면적이라도 차이가 있었다.[자료1] 기본적으로 결부는 일정량의 소출을 기준으로 정한 것이기에, 농업 기술과 농법이 발달하고 농업 생산력이 발전하면 그에 따라 단위 면적당 소출이 늘게 되며 그 결과 결부의 실적이 축소되게 마련이었다. 그리하여 고려 후기 어느 시점에서는 양전이 토지의 비옥도에 따라 상이한 양전척을 사용해 이루어지게 되었다. 즉 수등이척隨等異尺에 의해 양전했고, 당연히 같은 1결이라도 실제 면적에서 많은 차이가 났다. 반면 수조액은 같은 1결의 경우 동일했다.

양전을 통해 파악한 모든 토지는 일정한 결수의 정丁으로 묶었다. 그리하여 족정足丁은 17결이었고, 반정半丁은 7~8결 정도였는데, 이 전정田丁을 단위로 전조를 징수했으며, 봉건 지배층에 대한 수조지 분급이 이루어졌다.[자료2] 하나의 족정이나 반정 안에는 적게는 수 인數人 내지 많게는 수십 인에 달하는 토지 소유자의 농지가 포함되어 있었으며, 이들 토지 소유자는 각자 자기 소유지의 결부 수에 따라 소속된 족정·반정 내에 배당된 총세액을 납부했다. 1족정, 1반정에는 조세 징수 책임자로서 양호養戶가 있어서 각 토지 소유자의 세곡을 징수·수합하고 포浦나 조창까지 수납하는 실무를 수행했다. 국가에서는 양안과 별도로 전정장적田丁帳籍을 작성해 전정의 변동 사항을 정리하고 전조를 수취했다.

고려 전기 양척동일제量尺同一制 하의 1결의 면적은 1,200평, 1,500평, 3,550평, 4,670평, 6,800평, 14,400평, 17,400평 등으로 의견이 나뉜다. 반면에 고려 후기 수등이척제隨等異尺制 하의 결의 면적에 대해서는 상등전은 약 2,000평, 중등전은 3,000평, 하등전은 4,500평으로 대체로 의견이 일치하고 있다.

전조(田租)의 징수

고려 시기의 수조율에 관해서는 1/10, 1/2, 1/4 등의 자료가 전한다. 각 조율에 대한 이견異見이 있지만 대체로 1/10조는 사유지[민전]에서 국가에 납부하는 세로, 고려 초부터 실시되었다고 보고 있고[자료2~4] 1/4조는 공해전公廨田·둔전屯田 등 국공유지를 빌려 경작하고 내는 지대로 보고 있으며, 1/2은 일반 사유지를 빌려서 경작했을 때 지주에게 납부하는 지대로 이해하고 있다.[자료5·6]

민전에서 1/10조로 거두어들이는 전조는 녹봉祿俸과 국용國用의 재원으로 사용되었다. 녹봉으로 쓰이는 전조는 주로 좌창[左倉, 광흥창廣興倉]에서 수납과 지출을 맡았으며, 문종 때를 기준으로 약 16만 석을 초과하는 수준이었다. 국용으로 쓰이는 전조는 우창[右倉, 풍저창豊儲倉]에서 관장했으며 제사·빈객 접대·기민 진재, 국가적인 대역사와 영선의 비용 등에 지출했다. 원칙상 이런 구분이 있었지만 필요에 따라 녹봉용 전조가 국용으로 전용되기도 했고 국왕이 사사로이 사용하기도 했다.

전조 징수는 지방관의 중요한 임무 가운데 하나였다. 고려 초 지방관이 파견되지 못했을 때에는 중앙에서 임시로 파견한 금유今有·조장租藏이 전조 수취를 관장했을 것이다. 실질적인 징수는 지방의 토호인 향리가 담당했고 그것을 지휘하는 일을 금유·조장이 맡았을 것이다. 수취한 전조를 개경으로 수송하는 일은 임시로 파견된 전운사轉運使가 담당했다.

군현제가 정비되고 지방관이 파견되면서 전조는 수령의 책임 아래 각 군현의 향리가 거두어들였다.[자료7~9] 민들로부터 전조를 징수하는 과정에서 가장 기초적인 일은 각 촌락의 촌전村典이 담당한 것으로 보인다.

부세 수취에서 주현과 속현의 관계에 대해서는 논란이 있다. 속현이 주현과 마찬가지로 독자적인 수취 단위로 운영되었다는 견해와, 주현이 수취의 기본 단위이며 속현은 주현을 통해 간접적으로 수취되었다는 견해가 있다. 전자는 속현에 할당된 세액이 중앙 정부에서 정한 것이고 지방관이 주현에 할당된 세액 중에서 배정한 것이 아니라고 보는 반면, 후자는 중앙과 직결된 수취의 기본 단위가 주현이고 주현을 단위로 부과된 부세 총액은 다시 속현이나 부곡 단위로 배정되었다는 것이다. 후자는 속현은 수취의 기본 단위가 아니고 다만 독자의 재정 운영의 단위였다고 보았다. 부세의 수취 책임이 주현의 수령에 있다는 것에 대해서는 두 입장이 일치한다.

수전에서는 벼로 거두지 않고 1차 도정을 한 쌀의 형태로 거두었다. 한전에서는 조·보리·콩 등의 잡곡을 거두었는데 황두가 대표적인 곡물이었다. 중앙으로의 운송이 불편한 경상도 산간 지역에서는 포로 대납할 수 있었다.

해마다 해당 토지의 작황을 관찰해 수확량을 사정했다. 추성기秋成期에 군현 내 각 촌락의 경지를 답사하는 답험손실踏驗損實이 실시되었다. 그리하여 손이 4분分에 이르면 전조가 전액 면제되었다.[자료10] 왕의 즉위, 왕과 사행의 행차, 전란으로 인한 피폐 등이 있을 때도 그때그때 감면이 있었다.

남도 지방에서는 이처럼 전조를 중앙으로 수송했지만 양계兩界의 경우는 그렇지 않았다. 양계는 군사의 요충지로 민전에서 수취하는 전조는 중앙으로 이송하지 않고 전액 그곳의 군수에 충당했다.

조창과 조운

각 군현에서 징수한 전조는 일정한 장소에 모아 보관했다가 개경으로 운송되었다. 고려 초에는 포浦를 중심으로 조운이 운영되었는데, 성종·현종 때 지방 행정 제도가 정비됨에 따라 조창이 설치 운영되었다. 성종 11년(992)에 조세의 수경가輸京價를 책정하고 60개의 포구 명칭을 정했다. 각 포구로부터의 운송 거리나 조난遭難 지대의 경유 여부 등 객관적인 수운 여건을 고려하여 각 포구에서의 수경가가 책정된 듯하다. 포구의 재지 세력에게 다소 비싼 운송 비용을 지불하고 그들의 선박과 승선 인원을 이용하여 세곡을 운반했다. 이처럼 60포제에서는 사선私船이 차지하는 비중이 높았다.

포구를 통한 조운은 현종 20년(1029) 조운 담당관인 전운사가 혁파되면서 끝나고 조창제漕倉制로 바뀌었다. 조창은 전국에 13개 설치되었는데, 경상도에 2개, 전라도에 6개, 충청도에 3개, 강원도에 1개, 서해도에 1개가 있었다. 위치별로 보면 연해안에 11개, 강변에 2개가 분포했다. 각 조창에는 조선漕船, 관선官船이 배속되어 수송을 맡았지만 조운제의 원활한 운영을 위해 민간 소유의 배도 동원되었다. 공적인 조운 제도가 갖추어짐에 따라 부가세 성격을 띤 모미耗米를 13개 조창에서 똑같이 거두었다. [자료11]

조창에는 수세 구역 내 각 군현의 조세가 집합되었다. 각 군현에서 조창으로의 운송 활동은 주로 역 도驛道를 바탕으로 하는 육로를 통해 이루어졌다. 조창에는 감독 관리인 판관判官이 주재해 세곡을 수납하고 그것을 운송하는 임무를 맡았다. 13개 조창은 각기 부근 고을에서 징수한 세곡을 보관했다가 이듬해 2월부터 수송하기 시작해 가까운 조창은 4월까지, 먼 곳의 조창은 5월까지 개경의 동東·서창西倉으로 조운을 마쳐야 했다. 조운제의 운영에 필요한 노동력은 조창민의 신역身役으로 충당되었다.

몽골의 침입으로 조운제는 운영이 어려워졌다. 일차적으로 전조가 제대로 징수될 수 없었고 그에

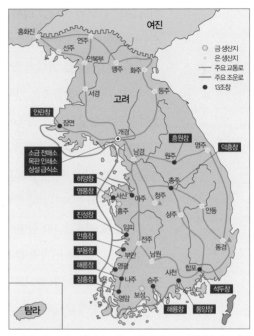

고려의 조운로. 각 지방에서 조세로 징수한 현물은 해상 운송하여 개경으로 운반했다. 조운을 통해 수송하기 위해 우선 해변이나 강변에 곡물을 모으는 조창을 두었다.

따라 조운의 기능이 약화될 수밖에 없었다. 원 간섭기에 조운 업무를 개별 군현에 전가하여 조운 활동의 공백을 메우고자 했다. 조운 업무를 담당한 군현은 부족한 조운 기반을 대신하여 사선私船 집단의 선인船人과 조선漕船을 활용했고, 그 대가를 지불하기 위해 소속 군현민의 요역을 물납의 형태로 징수하기도 했다. 군현별 조운 방식을 통해 수습되어 가던 조운 활동은 공민왕 이후 왜구가 창궐하면서 큰 어려움에 봉착했다. 조운선이 왜구에 의해 약탈당하는 일이 빈번해졌는데, 이는 조운제에 치명적 타격을 주었고 국가 재정을 곤궁하게 만들었다. 이에 육운陸運의 조치가 취해졌다. 각 지역에 따라 개별적으로 이루어지던 조운 활동은 공양왕 때 조전성漕轉城을 수축하면서 예전의 집약적인 조운 방식으로 전환했다. 이것은 조선에서의 관선官船 조운 체제 정비의 출발점이 되었다.

자료1 9등 전품과 소출

지목	전품田品	소출		
		A지역	B지역	C지역
수전 水田	상등	315두(21석)	270두(18석)	225두(15석)
	중등	255두(17석)	210두(14석)	165두(11석)
	하등	195두(13석)	150두(10석)	105두(7석)
한전 旱田	상등	157.5두(10.5석)	135두(9석)	112.5 두(7.5석)
	중등	127.5두(8.5석)	105두(7석)	82.5두(5.5석)
	하등	97.5두(6.5석)	75두(5석)	52.5두(3.5석)

김용섭, 『한국중세농업사연구』, 지식산업사, 2000, 128쪽.

자료2

밀직제학密直提學주1 백문보白文寶주2가 차자箚子를 올리기를, "나라의 토지 제도는 중국 한나라의 한전법限田法주3에서 법을 취하여 세가 1/10뿐입니다. 경상도의 토지는 세가 다른 도와 비록 같지만 운반 비용이 그 세의 곱절이 되기 때문에 전부田夫가 먹는 것이 10중 8입니다(또는 18분의 1입니다). 원래 정한 족정에는 7결을, 반정에는 3결을 더 지급하여 세가稅價에 충당토록 하십시오."라고 했다.

> **原文** 密直提學白文寶上箚子 國田之制 取法於漢之限田 十分稅一耳 慶尙之田 則稅與他道雖一 而漕輓之費 亦倍其稅 故田夫之所食 十八其一 元定足丁則七結 半丁則三結 加給 以充稅價
>
> __ 『고려사』 권78, 지32, 식화1, 전제, 조세, 공민왕 11년

자료3

유사有司에게 이르기를, "태봉주泰封主, 궁예가 백성을 마음대로 하여 오직 걷는 것을 일삼고 옛 제도를 따르지 않아 1경頃주4의 전田에 조세가 6석石이 되고 관역館驛의 호戶주5에 부사賦絲가 3속束이나 되어 마침내 백성이 밭 갈고 베 짜는 일을 그만두고 잇달아 유망하게 했다. 지금부터 조세와 정부는 마땅히 옛 법주6을 쓰도록 하라."고 했다.

> **原文** 謂有司曰 泰封主 以民從欲 惟事聚斂 不遵舊制 一頃之田 租稅六碩 管驛之戶 賦絲三束 遂使百姓輟耕廢織 流亡相繼 自今租稅征賦 宜用舊法
>
> __ 『고려사』 권78, 지32, 식화1, 전제, 조세, 태조 원년 7월

주1 밀직제학密直提學 : 추밀원 소속의 정3품 관직.

주2 백문보(白文寶, 1303~1374) : 본관은 직산이며 충숙왕 때 과거에 급제하여 춘추검렬春秋檢閱이 되었으며 충목왕 때에는 정치도감整治都監의 정치관整治官으로 활동했다. 공민왕 11년 홍건적의 난이 평정된 후 밀직제학으로 여러 조의 상서를 했는데, 이 자료도 그 가운데 하나다.

주3 한전법限田法 : 전한前漢 애제 즉위년(기원전 7)에 발포된 법령. 한 대의 대토지 소유의 발전이 제국과 그 기반인 소농민의 몰락을 촉진했기 때문에 그것을 방지하기 위하여 한전법을 발포했지만 결국 실시하지는 못했다.

주4 경頃 : 중국 전근대에 사용했던 토지의 면적을 재는 단위로서 전한前漢 이전 중국에서는 100무畝를 1경으로 했다. 고려 전기에 보이는 경은 대체로 결結과 같은 의미로 사용된 듯하다.

주5 관역管驛의 호戶 : 해석상으로는 역을 관리하는 호, 곧 역호驛戶를 의미하는 듯하다.

주6 옛 법 : 『고려사절요』의 같은 연월에는 '천하지통법天下之通法'으로 기록되어 있는데, 1/10조를 의미하는 것으로 보인다.

자료 4

대사헌 조준 등이 상서하기를, "… 태조가 즉위한 지 34일 만에 군신들을 맞이해 보고 탄식하여 말하기를, '근세에 가혹하게 징수함으로 인해 1경頃의 조가 6섬에 이르러 인민이 살 수가 없으니 나는 심히 이를 불쌍히 여긴다. 지금부터 마땅히 십일세법什一稅法을 써서 전田 1부負에 조租 3되를 내게 하라' …"고 했다.

　原文　大司憲趙浚等上書曰 … 太祖龍興卽位三十有四日 迎見群臣 慨然嘆曰 近世暴歛 一頃之租 收至六石 民不聊生 予甚憫之 自今宜用什一 以田一負 出租三升 …

_「고려사」권78, 지32, 식화1, 전제, 녹과전, 신우 14년 7월

자료 5

판判하기를, "진전陳田[주7]을 개간하여 경작하는 사람에게는 사전私田[주8]의 경우 첫해에는 수확을 모두 지급하고 다음해부터 전주田主[주9]와 반씩 나누도록 하며, 공전[주10]의 경우 3년까지는 수확을 모두 경작자에게 지급하고 4년부터 비로소 법에 따라 조租를 거두라."고 했다.

　原文　判 陳田墾耕人 私田 則初年所收全給 二年 始與田主 分半 公田 限三年全給 四年始依法收租

_「고려사」권78, 지32, 식화1, 전제, 조세, 광종 24년 12월

주7 진전陳田 : 개간되었던 땅이 어떤 이유에 의해서 현재 경작되고 있지 않은 토지.

주8 사전私田 : 여기서는 사유지를 뜻한다.

주9 전주田主 : 여기서는 토지 소유자를 뜻한다.

주10 공전公田 : 여기서는 공유지를 뜻한다.

자료 6

판判하기를, "3년 이상 진전을 개간하는 경우 2년 동안은 수확을 경작한 사람에게 모두 지급하고 3년째부터 전주와 반씩 나누게 하며, 2년의 진전을 개간하는 경우는 수확을 4분률分率로 하여 1분은 전주에 주고 3분은 전호가 차지하며, 1년의 진전을 개간하는 경우는 수확을 3분률로 하여 1분은 전주에 주고 2분은 전호가 갖는다."고 했다.

　原文　判 三年以上陳田 墾耕所收 兩年全給佃戶 第三年 則與田主分半 二年陳田 四分爲率 一分田主 三分佃戶 一年陳田 三分爲率 一分田主 二分佃戶

_「고려사」권78, 지32, 식화1, 전제, 조세, 예종 6년 8월

자료 7

조詔하기를, "지금은 농사철인데 오랫동안 비가 내리지 않고 있다. 주현의 관리가 내

뜻을 받들지 않고 덕음德音을 회피하여 면제된 조세의 혜택을 민이 입지 못할까 걱정스럽다. … "고 했다.

原文 詔曰 方今農時 天久不雨 恐州郡官吏 不體予意 逗撓德音 所免租稅 使民不被其澤 …

_『고려사』권11, 세가11, 숙종 6년 4월

자료 8

한강은 초명이 경璟이며 청주 사람이다. … 고종 때 등제登第하고 누천累遷하여 감찰어사監察御史주11가 되고 금주金州주12의 수령으로 나갔는데, 이보다 앞서 금주의 전부田賦가 항상 정액定額에 차지 않아 수령이 많이 파면되었다. 한강이 처음 부임하여 폐경廢耕된 둔전주13을 경작하여 미곡 2,000여 섬을 얻어 이민吏民이 편안했다.

原文 韓康 初名璟 淸州人 … 高宗時登第 累遷監察御史 出守金州 前此 田賦常不滿額 守多坐罷 康始至 理屯田之廢者 得穀二千餘石 吏戢民安

_『고려사』권107, 열전20, 한강韓康

자료 9

교를 내리기를, " … 순방사巡訪使주14가 정한 전세田稅는 매년 주현이 (정해진) 액수에 따라 거두고 있는데 권세가가 납부를 하지 않아 향리와 백성이 남에게 빌려서 그 수를 채워도 끝이 없어 실업 · 유망한다. 세를 납부하지 않는 사람은 권귀權貴라도 피하지 말고 규찰하여 아뢰도록 하라."고 했다.

原文 下敎 … 巡訪使所定田稅 每歲州郡據額收租 權勢之家 拒而不納 鄕吏百姓稱貸充數 無有紀極 失業流亡 其不納稅者 勿避權貴 糾察以聞

_『고려사』권78, 지32, 식화1, 전제, 조세, 충숙왕 5년 5월

자료 10

판하기를, "토지 1결의 수확을 10분分으로 비율을 정하여 손실이 10분의 4에 이르면 조租주15를 면제하고, 10분의 6이면 조포租布주16를 면제하며, 10분의 7이면 조포역租布役주17을 모두 면제하라."고 했다. 이 달에 판하기를, "무릇 주현에서 수한水旱과 충상蟲霜으로 화곡禾穀이 부실한 전주田疇는 촌전村典이 수령에게 보고하면, 수령이 직접 검사하여 (그 결과를) 호부戶部에 신고하고, 호부에서는 (다시) 삼사三司주18에 (문서를) 보낸다.

주11 감찰어사監察御史 : 어사대의 종6품 관직.

주12 금주金州 : 경상남도 김해의 옛 이름.

주13 둔전 : 군수의 재원이며 국가 소유지. 둔전은 군사 주둔지였던 양계 지역과 그에 준하는 지역에 집중적으로 설치되었다.

주14 순방사巡訪使 : 충숙왕 원년 2월 세액을 조정하기 위해 지방에 파견한 관리로서 오도순방계정사五道巡訪計定使의 약칭.

주15 조租 : 전조를 뜻한다.

주16 조포租布 : 전조와 공부를 의미하는 듯하다.

주17 조포역租布役 : 전조, 공부, 요역을 의미하는 듯하다.

주18 삼사三司 : 호부가 파악한 토지와 호구라는 국가 재정원을 바탕으로 하여 부세를 거두어 쓰는 일, 즉 재정 운영을 주관했던 부서.

삼사에서는 공문을 보내 그 허실을 조사한 후에 다시 그 지역의 안찰사[주19]로 하여금 별원別員을 보내어 검사하게 하여 과연 재해를 당하여 (곡식이) 상했으면 조세를 감면 한다."고 했다.

주19 안찰사 : 안렴사라고도 하며 5도의 장관을 가리킨다.

> **原文** 判 田一結 率十分爲定 損至四分 除租 六分 除租布 七分 租布役 俱免 是月判 凡州縣 水旱虫霜 禾穀不實田疇 村典告守令 守令親驗申戶部 戶部送三司 三司移牒撿覈虛實 後又令其 界按察使差別員 審檢 果災傷 租稅蠲減

_ 「고려사」권78, 지32, 식화1, 전제, 답험손실踏驗損實, 문종 4년 11월

자료 11

삼사가 아뢰기를, "옛 제도에는 조세를 바칠 때 쌀 1섬에 소모된 쌀[모미耗米] 1되를 징 수했습니다. 그런데 지금 12창의 쌀을 경창에 보내는데, 여러 차례 물과 뭍을 지나와 서 소모되어 없어지는 것이 실로 많아, 운반하는 자가 배상으로 인해 고통받습니다. 청컨대 1휘에 모미 7되로 늘려서 거두기로 합시다." 하니, 왕이 제制하여 좋다고 했다.

> **原文** 三司奏 舊制 稅米一碩 收耗米一升 今十二倉米輸納京倉 累經水陸 欠耗實多 輸者苦 被徵償 請一斛 增收耗米七升 制可

_ 「고려사」권78, 지32, 식화1 전제, 조세, 문종 7년 6월

출전

「고려사」

찾아읽기

하타다 다카시旗田巍, 「조선중세사회사의 연구朝鮮中世社會史の硏究」, 호세대학출판국, 1972.

강진철, 「고려토지제도사연구」, 고려대학교 출판부, 1980.

김재명, 「고려시대 십일조에 관한 일고찰」, 「청계사학淸溪史學」2, 1985.

이경식, 「조선전기토지제도연구」, 일조각, 1986.

하마나카 노보루濱中昇, 「조선고대의 경제와 사회朝鮮古代の經濟と社會」, 호세대학출판국, 1986.

강진철, 「한국중세토지소유연구」, 일조각, 1989.

로쿠탄다 유타카六反田豊, 「고려말기의 조운운영高麗末期の漕運運營」, 「구루메대학문학부개요久留米大學文學 部紀要」2, 1993.

이종봉, 「고려전기의 결부제」, 「부산사학」29, 1995.

박경안, 「고려후기 토지제도연구」, 혜안, 1996.

권두규, 「고려시대 족정과 반정의 규모」, 『한국중세사연구』5, 1998.

위은숙, 『고려후기 농업경제연구』, 혜안, 1998.

박종기, 「고려시대 부세수취와 속현」, 『역사와 현실』31, 1999.

박종진, 「고려시기 '수취단위'의 의미와 속현의 지위」, 『역사와 현실』32, 1999.

이종봉, 「고려후기 결부제의 변화와 성격」, 『한국중세사연구』6, 1999.

김용섭, 『한국중세농업사연구』, 지식산업사, 2000.

박종진, 『고려시기 재정운영과 조세 제도』, 서울대학교 출판부, 2000.

이정호, 「고려전기 수전과 한전 지목의 차이와 생산력」, 『한국사학보』8, 2000.

이정희, 『고려시대 세제의 연구 – 요역제를 중심으로』, 국학자료원, 2000.

신은제, 「고려시대 민전 용례의 재검토」, 『한국중세사연구』10, 2001.

이종봉, 『한국중세도량형제연구』, 혜안, 2001.

신은제, 「고려전기 전조수취율과 그 이해방향」, 『역사연구』11, 2002.

안병우, 『고려전기의 재정구조』, 서울대학교 출판부, 2002.

하마나카 노보루浜中昇, 「고려에서의 공·사와 공전·사전高麗における公·私と公田·私田」, 『조선학보』186, 2003.

박종진, 「고려시기 조세 제도 연구의 쟁점과 과제」, 『울산사학蔚山史學』11, 2004.

이인철, 「한국 고·중세 농업에서 토지생산성과 노동생산성」, 『한국사연구』124, 2004.

한정훈, 「고려시대 조운제와 마산 석두창石頭倉」, 『한국중세사연구』17, 2004

이종봉, 「고려시대의 농업기술과 수전농업」, 『부대사학』28·29합집, 2005.

김재명, 「고려의 조운제도와 사천 통양창通陽倉」, 『한국중세사연구』20, 2006.

이상국, 「고려시대 토지소유 관계 시론」, 『역사와 현실』62, 2006.

이경식, 『고려전기의 전시과』, 서울대학교 출판부, 2007.

한정훈, 「고려시대 13조창과 주변 교통로 연구」, 『한국중세사연구』23, 2007.

한정훈, 「고려초기 60포제의 실시와 그 의미」, 『지역과 역사』25, 2009.

이정호, 『고려시대의 농업생산과 권농 정책』, 경인문화사, 2009.

한정훈, 「고려후기 조운제의 운영과 변화」, 『동방학지』151, 2010.

윤한택, 『고려 양반과 양반전 연구』, 경인문화사, 2011.

이경식, 『한국 중세 토지 제도사 – 고려』, 서울대학교 출판문화원, 2011.

문경호, 「고려시대 조운 제도의 연구와 교재화」, 공주대학교 박사학위 논문, 2012.

이경식, 『고려시기 토지제도연구』, 지식산업사, 2012.

한정훈, 『고려시대 교통운수사 연구』, 혜안, 2013.

7 현물과 노동력을 걷다

공부와 요역

공부와 요역은 전조田租와 더불어 고려 시대 대표적인 세목稅
目으로, 이들을 바탕으로 국가의 재정이 운영되었다. 공부는 대
표적인 현물세로, 일반적으로 각 지역 토산물이나 수공업 제품
등의 공물을 의미한다. 요역은 국가가 민의 노동력을 징발하는
것이다.

공부의 수취

고려 시기 부세의 수취는 군현을 단위로 해서 이루어졌다. 부세의 수취 단위인 군
현에는 중앙에서 지방관이 파견된 주현뿐 아니라 지방관이 파견되지 않은 속현, 일반
군현보다 사회 경제적 위상이 낮았던 향·부곡도 포함되었다. 양전과 호구 조사 및 부
세의 징수와 감면 등 정부의 조세 정책이 주현과 마찬가지로 속현과 향·부곡에서도
시행된 사례들을 통해 이들이 독립된 수취 단위로 운영되었음을 알 수 있다.

고려 시기의 공부[貢賦, 공물貢物]는 각 군현의 민호가 부담한 다양한 직물류, 각 군현
민들의 역을 동원해 조달한 물품, 각 군현에 소속된 소所의 생산물 등으로 구성되었다.
직물류는 공부의 품목에서 가장 큰 비중을 차지했으며 대부분 민호가 포布로 납부했
다. 직물류 외 각종 농산물·임산물·해산물·광물·수공업품 등의 군현 공부는 공

물 조달을 위한 민호의 역, 즉 공역貢役을 통해 이루어졌다. [자료1] 소는 국가에 필요한 특정 물품을 전문적으로 생산하는 곳으로, 국가에 납부해야 하는 공물의 양은 소 단위로 정해졌지만 납부될 때는 군현의 공물에 포함되어 중앙의 각 기관에 보내졌다.

국가에서 군현 단위로 공부를 부과할 때는 각 군현의 토지와 호구라는 군현의 전반적인 경제력 및 그 지역의 특산물, 각 군현에 소속된 소의 분포와 생산량 등이 고려되었다. 이런 공부에는 국가가 매년 정기적으로 수취하는 상공常貢과 수요에 따라 그때그때 수취하는 별공別貢이 있었다. [자료2·3]

군현에서 징수된 공부는 중앙으로 운반되어 중앙의 각 관청에 납부되었다. 각 관청은 공부의 품목과 수량 등을 기록한 공안貢案을 토대로 군현으로부터 공부를 직접 거두어들였다. [자료4] 공부의 징수와 납부는 원칙적으로 수령 책임이었으나 실무는 향리가 맡았다. [자료5] 향리는 촌전층의 도움을 받아 군현에 할당된 공부를 징수했다. 징수된 물품은 주로 육로를 통해 중앙으로 수송되었다. 공부의 수송에는 역驛·관館·원院 등이 이용되었다. 중앙으로 운반된 공부는 역시 각 군현의 향리들에 의해 정해진 관청에 납부되었다. 군현으로부터 공부를 거두어들인 관청은 호부와 삼사에 수납 상황을 보고했고 호부와 삼사는 이를 바탕으로 국가의 재정 운영 전반을 주관했다.

중앙에서 각 군현에 할당하는 공부에는 일반 민호들이 부담하기 어렵거나 그 지역 산물이 아닌 것이 포함되기도 했으며 납부 수량과 기일을 잘 맞춰야 했으므로 수령과 향리들에게 큰 부담으로 작용했다. 또한 징수 과정에서 수납 업무를 담당한 각 관청의 관리들은 각종 부정을 저질러 민인의 고통을 증대시켰다.

위와 같이 공부를 조調로 이해하는 것이 보통이지만, 이와 달리 조調를 공부와 구분되는 세목稅目으로 직물류織物類를 거두는 것으로 보기도 한다. 조調와 공물貢物이 동일한 조선 시대와는 다르다는 주장이다.

요역의 징발

고려 시기 요역의 징발 대상은 호적에 등록되어 있는 16세에서 60세까지의 정丁이었다.[자료6] 이들 중 관직에 있는 사람을 비롯해 상층 군인·향리 등 국가에 일정한 역을 지고 있는 직역職役 담당층, 노비 등 천역층과 승려 등은 요역이 면제되었다. 요역은 일반 군현민뿐 아니라 '부곡제' 지역의 민도 수취 대상이었다. 개별 민호에 대한 요역 부과는 인정人丁 수의 많고 적음에 따라 이루어졌다.

요역은 현물세의 조달과 운반 및 각종 토목 공사 등에 징발되었다. 현물세의 조달과 운반에 관련된 공역貢役과 수역輸役은 거의 1년 내내 있었으며 비교적 정기적이고 규칙적이었다. 특히 부과된 공부의 품목이 다양했던 만큼 이의 조달을 위한 공역의 형태 역시 다양했다.[자료7·8] 그리고 공역의 수행에서는 분업이 이루어졌다. 반면 토목 공사역은 대체로 비정기적으로 이루어졌다.

요역은 징발의 주체와 범위에 따라 군현 차원의 요역과 국가 차원의 요역으로 나눌 수 있다. 군현 차원의 요역은 군현 단위로 부과된 현물세를 조달·운반하는 공역과 수역 및 군현 자체의 토목 공사역 등이었다. 군현 차원의 요역에서 인정의 징발과 운영은 향리층이 담당했으며[자료9] 수령의 책임 아래 향리들이 촌전의 도움을 받아 실무를 수행했는데 수령이 자의적으로 과도하게 징발하는 경우가 많았다. 이런 역은 농사를 방해했기 때문에 국가에서는 잡역雜役 또는 급하지 않은 역[不急之役]이라 하여 금했다.

국가 차원의 요역은 축성, 궁궐·중앙관청·사원의 건립과 수리 등 국가적 규모의 토목 공사와 왕·사신의 행차와 관련된 역 등이 해당되었다.[자료10] 이들 역은 주로 공사가 이루어지는 근처의 주변 군현에서 동원되었다. 국가 차원의 요역은 국가에서 임명된 관리가 인정의 징발에 책임을 지되 해당 군현의 수령과 향리층의 도움을 받았다. 국가 차원의 요역 가운데 각종 공사에는 군인이 동원되기도 하였다, 군인은 일반 민보다 훨씬 더 조직된 노동력이었기 때문에 민보다 우선적으로 동원되는 경우가 많았다.[자료11]

공부·요역제의 변화

고려 후기에 민이 동요하고 군현제가 변동하면서 부세제 전반에 커다란 변화가 있

평안북도 동창군 학성리에서 출토된 11세기 초의 고려 시대 화살촉.

었다. 기존의 부세제 운영에도 변화가 있었으며, 새로운 세목稅目이 출현하기도 했다. 공부의 경우 대납代納이 발생했다. 대납은 고려 중기부터 나타나기 시작해 원 간섭기에 성행했으며 나아가 방납防納의 형태로까지 발전했다. 요역은 노동력 대신 현물로 내는 역役의 물납物納이 보였으며, 고용 노동이 부분적으로 나타나기도 했다.

공부의 수요가 증가한 반면 소 장인의 유망이 늘어 일반 민호들의 공부 부담이 커져 갔다. 여기에 북방 민족, 특히 몽골과의 전쟁 여파로 국가 재정이 악화되고 민의 생활은 점점 더 어려워졌다.[자료12] 그리하여 새로운 세목이 출현했다. 상요常徭와 잡공雜貢을 비롯해 시탄공柴炭貢 · 염세포鹽稅布 · 직세職稅 · 선세船稅 · 어염세魚鹽稅 등의 잡세가 그것이었다. 기존의 재정 체계로 국가 재정 문제를 해결하기 어렵자 새로 추가된 것이다. 이 가운데 국가 재정에 실질적으로 크게 이바지한 것은 잡공과 염세포였다.

잡공은 다양하고 잡다한 물품을 납부하는 세목이었다. 기존의 공부 외에 부가된 것으로 피곡皮穀 · 포布 · 마초馬草 · 시탄柴炭 · 재목材木 · 유밀油蜜 · 후지厚紙 등이 확인된다. 잡공은 보통 기존의 공부에 포함되지 않았거나 소所의 소멸로 조달이 어려워진 품목이 포함되었을 것이다.

그에 비해 상요는 역[役, 용庸]의 명목으로 부가된 현물세로 이해된다. 상요와 잡공은 명분은 약하나 민에게는 큰 부담이 되었는데 기본 세목에 비해 자주 감면 대상이 되었다. 조선 초 부세제를 재정리될 때 상요와 잡공은 공물에 포함되었다.

자료1

도병마사都兵馬使주1가 아뢰기를, "안서도호부安西都護府주2 계내界內의 철공鐵工은 전에는 병기에만 충당했습니다. 근래에 흥왕사주3를 창건하면서 부세를 더 내도록 하니 백성들이 고통을 이기지 못합니다. 염주鹽州주4 · 해주海州 · 안주安州주5 등 3주의 군기공철軍器貢鐵을 2년간 감하고 오직 흥왕사의 쓰임에만 제공하게 하여 백성들의 노고를 줄이기 바랍니다." 하니, 이에 따랐다.

原文 兵馬使奏 安西都護府界內 鐵貢 舊充兵器 近創興王寺 又令加賦 民不堪苦 請減鹽海安三州 二年軍器貢鐵 專供興王之用 以紓勞弊 從之

_ 『고려사절요』권5, 문종 12년 2월

자료2

판判하기를, "여러 주, 현들에서 해마다 바치는 상공常貢의 일부인 소가죽, 힘줄, 뿔을 평포平布주6로 환산하여 대신 바치라."고 했다.

原文 判 諸州縣 每年常貢 牛皮筋角 以平布 折價代納

_ 『고려사』권78, 지32, 식화1, 전제, 공부貢賦, 문종 20년 6월

자료3

판判하기를, "경기의 주, 현들에서는 상공 이외의 요역이 많고 무거워서 백성들이 이를 고통으로 여기어 날이 갈수록 점점 도망해 가니 주관하는 관청에서는 계수관界首官주7에 하문下問하여 그 공물, 부역의 다소를 적당히 제정하여 시행하도록 하라. 동 · 철 · 자기 · 종이 · 먹 등 잡소雜所에서 별공別貢으로 받는 물품을 징구함이 지나치게 심하므로 장인들이 고통을 견디지 못하여 도피하게 되었으니 해당 관청에서는 각 소所들에서 바치는 별공 · 상공 물품의 다소를 적당히 제정하여 나에게 보고하여 결재를 받도록 하라."고 했다.

原文 判 京畿州縣 常貢外徭役煩重 百姓苦之 日漸逃流 主管所司 下問界首官 其貢役多少 酌定施行 銅鐵瓷器紙墨雜所 別貢物色 徵求過極 匠人艱苦而逃避 仰所司 以其各所 別常貢物多少酌定 奏裁

_ 『고려사』권78, 지32, 식화1, 전제, 공부, 예종 3년 2월

주1 도병마사都兵馬使 : 중서문하성의 재신과 중추원의 추밀이 재상으로서 대외적인 국방 군사 문제를 회의하는 공식 기구.

주2 안서도호부安西都護府 : 황해도 해주의 옛 이름.

주3 흥왕사 : 경기도 개풍현에 소재한 사원. 문종 때 창건했으며 2,800칸에 이르고 화엄종 소속이었다.

주4 염주鹽州 : 황해도 연백군 연안읍의 옛 이름.

주5 안주安州 : 황해도 재령군의 옛 이름.

주6 평포平布 : 공물 징수의 기준이 되었던 마포麻布.

주7 계수관界首官 : 경경 · 도호부都護府 · 목牧의 수령 내지 그들이 관할하는 행정 구역. 계수관은 상표上表하여 진하進賀하는 일과 향공鄕貢을 선상選上하는 일, 외옥수外獄囚를 추검推檢하는 일 등에 한하여 중간 기구로서 기능했다.

자료 4

삼사三司주8가 아뢰기를, "익령현翼嶺縣주9과 서북면西北面주10 성주의 수전장畓田場 지역에서 황금이 나니 공적貢籍에 올리십시오."라고 했다.

原文 三司奏 翼嶺縣 及西北面成州畓田場地 産黃金 請附貢籍

_ 『고려사』권8, 세가8, 문종 17년 정월

자료 5

왕태후王太后주11를 책봉했다 하여 여러 주군현들의 진봉장리進奉長吏주12와 하인 등이 각 전정田丁에 대하여 바쳐야 할 세포稅布를 전부 면제했다. 내장택內庄宅주13 및 궁원주14의 여러 보寶의 곡미를 아직 갚지 못한 것으로 을미년 이전에 미납한 것은 모두 면제하여 주었다. 동·서계의 주진州鎭 및 여러 주, 현, 향, 부곡 등에 있는 잡소雜所의 장리長吏들이 분실한 여러 물건을 배상하여 징수한 것과 요공徭貢을 받지 못한 부분은 을유년(숙종 10년, 1105) 이전의 것에 한하여, 그리고 은과 금은 계묘년 이전에 받지 못한 것에 한하여 모두 면제해 주었다.

原文 以封王太后 諸州郡縣進奉長吏從卒等 各田丁稅布全放 內莊宅 及宮院 諸寶穀米 請貸未還者 限乙未年 東西州鎭 及諸州縣鄕部曲等雜所長吏 漏失雜物色徵還 及徭貢未收者 限乙酉年 銀金限癸卯年 並皆放除

_ 『고려사』권80, 지34, 식화3, 진휼, 은면지제恩免之制, 예종 3년 2월

자료 6

나라의 제도에 민이 나이 열여섯이 되면 정丁으로 삼아 비로소 국역에 복무하게 되고 예순이 되면 늙었다고 해서 역을 면해준다. 주군州郡에서 해마다 호구를 헤아려 적籍을 만들어 호부에 바치면, 모든 병사를 징발하고 역을 조발調發하는 일은 호적에서 뽑아 정했다.

原文 國制 民年十六爲丁 始服國役 六十爲老 而免役 州郡每歲 計口籍民 貢于戶部 凡徵兵調役 以戶籍抄定.

_ 『고려사』권79, 지33, 식화2, 호구戶口 서序

자료7

제制를 내리기를, "여러 주부군현의 백성은 각각 공역이 있다. 요즘 지방관들이 부정하게 사령使令^{주15}을 시켜서 역가役價^{주16}를 거두고 그 공부는 그 해가 지나면 면제한다. 향리도 이 방식을 따르니 역이 균등하지 못하게 되었고 공호貢戶^{주17}의 민들은 이 때문에 도망한다. 각 도에 파견된 관리는 여러 곳을 돌아다니며 조사하여 이와 같은 관리가 있으면 그 죄를 보고하고, 그 나머지 향리들은 형에 따라 파직하여 공역을 균등하게 하라."고 했다.

> **原文** 下制 諸州府郡縣 百姓各有貢役 邇來守土員僚 斜屬使令 徵取役價 其貢賦 經年除免 椽吏之徒 並違此式 役之不均 貢戶之民 因此逃流 各道使者巡行按問 如此官以罪奏聞 其餘椽吏 依刑黜職 令均貢役

_ 『고려사』 권78, 지32, 식화1, 전제, 공부, 명종 18년 3월

자료8

내가 맹성孟城^{주18}의 수령으로 나갔을 때 도독부都督府^{주19}의 명령을 받들어 어묵御墨^{주20} 5,000개를 만들어 봄에 먼저 납부해야 했으므로 역마를 타고 공암촌孔巖村에 가서 백성을 부려 송연松煙^{주21} 100곡斛을 채취하게 하고 양공良工을 모아 직접 역을 독려하여 두 달 만에 끝냈다.

> **原文** 及僕出守孟城 承都督府符 造供御墨五千挺 趁春月首納之 乘遽到孔巖村 驅民採松烟 百斛 聚良工 躬自督役 彌兩月云畢

_ 『파한집상』

자료9

정광正匡^{주22} 최승로崔承老^{주23}가 글을 올리기를, "… 일반 풍속에 좋은 일을 한다는 명목으로 각자의 소원에 따라 불당佛堂을 짓는데 그 수가 대단히 많으며 게다가 서울과 지방의 중들이 저마다 건축을 일삼아 주, 군에 널리 장려하고 군의 장리長吏들은 백성을 징발하여 일을 시키기를 나라의 역사보다도 더 급하게 하므로 백성들이 몹시 고통스러워합니다. 바라옵건대 이것을 엄금하여 멀리로는 안남安南,^{주24} 안동安東,^{주25} 가깝게는 어사도성御事都省^{주26}에서 이를 조사하여 장리들에게 죄를 주어 백성의 노역을 없게 하십시오. …"라고 했다.

주15 사령使令 : 각 관아에서 심부름하는 사람.

주16 역가役價 : 역 대신 받은 값

주17 공호貢戶 : 국가에 대해 공부의 의무를 부담한 일반민.

주18 맹성孟城 : 평안남도 맹산군을 가리키는 듯하다.

주19 도독부都督府 : 국초에 군사적인 필요에서 일정한 요지에 도호부都護府 · 도독부都督府가 설치된 것에서 미루어 볼 때, 여기의 도독부는 도호부일 듯하다.

주20 어묵御墨 : 국왕이 사용하는 먹이라는 뜻이다.

주21 송연松煙 : 소나무를 태운 그을음으로 먹을 만들 때 원료로 쓴다.

주22 정광正匡 : 고려 초의 관계로 2품에 해당하며 등급은 4번째.

주23 최승로崔承老 : 경애왕 4년(927)에 신라의 경주에서 태어났으며, 경순왕이 고려에 항복하자 아버지와 함께 경순왕을 따라 고려로 왔다. 12세 때(태조 21년, 938)에 태조 앞에서 『논어』를 읽고 칭찬을 받았다. 태조는 그를 원봉성 학생으로 속하게 했으며, 이때부터 문한文翰에 대한 임무를 주로 맡았다. 성종이 즉위하면서 인사를 담당하는 선관의 장관인 어사御事가 되었다. 성종 7년(988)에 문하시중에 임명되었으며, 성종 8년에 세상을 떠났다.

주24 안남安南 : 안남도호부. 태조 때 설치되어 현종 9년(1018)에 이르기까지 위치가 여러 번 바뀌었다. 광종 2년에 전주에서 고부군古阜郡으로, 다시 성종 14년에 영암군靈巖郡으로 바뀌었으며, 현종 9년에 전주에 다시 설치되었다.

주25 안동安東 : 안동도호부. 신라 지역에 대한 견제를 위해 설치했는데, 위치가 여러 번 변경되었다. 태조 23년에 경주에 설치되었다가 상주로 옮겨졌고, 성종 14년에 김해로 바뀌었으며 현종 3년에 다시 상주에 설치되었다가 현종 5년에 또 경주에 설치되었다.

주26 어사도성御事都省 : 국초의 광평성廣評省을 고쳐 부른 이름이며, 성종 14년(995)에 상서도성으로 변경했다.

주27 나성羅城 : 안팎의 이중으로 된 성곽의 바깥 성벽으로 나곽羅廓이라고도 한다.

주28 중광사重光寺 : 현종 3년(1012)에 창건된 화엄종 계통 사원.

주29 근장近仗 : 중앙군인 2군과 6위 가운데 2군軍인 응양군과 용호군을 가리킨다.

주30 위 : 여기서는 중앙군인 2군과 6위 가운데 6위를 가리킨다.

주31 호군護軍 : 2군 6위의 정4품 관직인 장군.

주32 중랑장 : 2군 6위에 소속한 정5품의 무반직.

주33 낭장 : 2군 6위에 소속한 정6품의 무반직.

주34 별장 : 정7품의 무반직으로 1령에 5명씩 있었다.

原文 正匡崔承老上書曰 … 世俗 以種善爲名 各隨所願 營造佛宇 其數甚多 又有中外僧徒 競行營造 普勸州郡 長吏徵民役使 急於公役 民甚苦之 願嚴加禁斷令 遠而安南安東 近而御事 都省 撿劾 罪其長吏 以除百姓勞役 …"

_ 『고려사』권85, 지39, 형법2, 금령, 성종 원년 6월

자료 10

나성羅城주27을 축조하고 중광사重光寺주28를 영조하는 데 역役을 진 사람은 올해의 조포調布를 감해주었다.

原文 築羅城 營重光寺 赴役者 減今年調布

_ 『고려사』권80, 지34, 식화3, 진휼, 은면지제, 현종 21년 6월

자료 11

방榜을 걸어 이르기를, "국가 규정에는 근장近仗주29과 각 위衛주30에 영領마다 호군護軍주31 1명, 중랑장주32 2명, 낭장주33 5명, 별장주34 5명, 산원散員주35 5명, 오위伍尉주36 20명, 대정隊正주37 40명, 정군방정인正軍訪丁人주38 1천 명, 망군정인望軍丁人주39 600명을 두어 왕의 행차에 따라가며 안팎 부역을 모두 하게 했다. 근래에 전란을 겪으면서 정인丁人주40들이 많이 빠져나갔으므로 정인들이 하던 천한 일을 녹관祿官주41 육십六十이 대신하고 있는데 이로 말미암아 영역領役이 매우 힘들기 때문에 서로 회피하여 오위伍尉와 대정隊正들도 이를 능히 감당하지 못하게 되었다. 만약 나라에 부역이 있다면 추수하는 군대와 품종品從주42 및 5부五部 방리坊里주43 각 호에서 노력을 뽑아내어 소란을 일으킨다."라고 했다.

原文 揭榜云 國家之制 近仗及諸衛 每領設護軍一 中郞將二 郞將五 別將五 散員五 伍尉 二十 隊正四十 正軍訪丁人一千 望軍丁人六百 凡扈駕內外力役 無不爲之 比經禍亂 丁人多闕 丁人所爲賤役 使祿官六十 代之 因此領役艱苦 爭相求避 伍尉隊正等 未能當之 若有國家力役 乃以秋役軍品從 五部坊里 各戶刷出 以致搔擾

_ 『고려사』권81, 지35, 병지1, 병제兵制, 정종靖宗 11년 5월

자료 12

충선왕이 전민계정사田民計定使주44들을 훈계하여 말하기를, "선대 왕들은 주, 현들을 설치하고 공부의 액을 제정하여 적당한 시기에 백성들에게 거두어 들여 국가 비용으

로 충당했던 것인데 전쟁이 일어난 이후부터 호구는 적어지고 토지는 황폐화되어 공부의 수입이 옛날 같지 않다. 기사己巳년에 적당하게 액수를 제정한 이후에 제찰사, 수령들이 그 액수를 고집하여 징수하여 그치지 않으므로 백성들을 고통스럽게 하는 바가 실로 많다. 현재의 토지와 인구[田口]를 가지고 공부의 액수를 고쳐 정하도록 한다. 백성들이 떠나가고 논밭이 황폐된 것은 일정한 연한을 기한으로 하여 공부를 면제하도록 하는 것이 좋을 것이며, 그 밖의 잡공雜貢도 역시 상세히 제정하되 감소시킬지언정 증가시키지는 말아야 할 것이며, 무릇 백성들이 고통을 받는 일이라면 편의에 따라 없애거나 바로잡도록 할 것이다."라고 했다.

原文 忠宣王諭田民計定使曰 先王置州縣 定貢賦 歛民以時 以充國用 兵興以來 戶寡田荒 貢賦之入 不古 若自己巳 量宜定額之後 提察守令 固執其額 徵斂不止 病民實多 宜以見在田口 更定貢賦 民流野荒者 限年蠲免 其餘雜貢 亦宜詳定 有減無加 凡諸民弊 隨宜革正

_ 「고려사」권78, 지32, 식화1, 전제, 공부, 충숙왕 원년 정월

출전

「고려사」

「고려사절요」

「파한집破閑集」: 이인로(李仁老, 1152~1220)의 문집. 상·중·하 세 권이며, 내용은 제영題詠·시화詩話·문담文談·기사記事 등이다. 상권에 약 22종, 중권에 23종, 하권에 31종이 실려 있다. 신라의 옛 풍습이나 서경·개경의 풍물 등을 기술하여 사료적 가치가 크다. 「파한집」은 아들 세황世黃이 원종 원년(1266)에 펴냈는데, 편집은 생존시에 마무리한 듯하다. 이때 찍은 초간본은 전하지 않는다. 조선 성종 24년(1493) 이극돈이 찍어 펴냈다는 판본도 남아 있지 않으며, 효종 10년(1659)에 찍어낸 목판본만이 오늘날 전한다.

찾아읽기

이혜옥, 「고려시대 공부제의 일연구」, 「한국사연구」31, 1980.

박도식, 「고려시대 공납제의 추이」, 「경희사학」18, 1993.

이혜옥, 「고려후기 수취체제의 변화」, 「14세기 고려의 정치와 사회」, 민음사, 1994.

김재명, 「고려시대 역役의 수취와 호등제」, 「청계사학」12, 1996.

김재명, 「고려시대 조調의 수취와 그 성격」, 「경기사학」2, 1998.

안병우, 「고려후기 임시세 징수의 배경과 유형」, 「한신논문집」15, 1998.

박종기, 「고려시대 부세수취와 속현」, 「역사와 현실」31, 1999.

박종진, 「고려시기 '수취단위'의 의미와 속현의 지위」, 「역사와 현실」31, 1999.

주35 산원散員 : 낭장 별장의 보좌관으로 정8품 무반직.

주36 오위伍尉 : 50명으로 구성된 오伍라는 단위 부대의 장.

주37 대정隊正 : 25명으로 구성된 대隊라는 단위 부대의 장으로 오위의 바로 아래에 있다.

주38 정군방정인正軍方訪人 : 정군正軍으로 채방採訪된 정인丁人으로 추측된다

주39 망군정인望軍丁人 : 육위六衛 군인이 될 것으로 예정되거나 또는 되기를 희망하는 정인丁人일 것이다.

주40 정인丁人 : 군인軍人을 군정軍丁이라고도 했으며, 정인丁人이라고도 했다.

주41 녹관祿官 : 나라에서 녹봉을 받은 관인.

주42 품종品從 : 관원의 품계에 따라 부역을 내는 것.

주43 5부五部 방리坊里 : 개경의 5부. 동·서·남·북·중 5부에 35방 344리가 속해 있었다.

주44 전민계정사田民計定使 : 충숙왕 원년 부세 제도를 개편할 때 실무를 담당했던 관리. 충선왕의 유지宥旨에 따라 5도를 순방하면서 토지와 호구를 파악하고, 그것을 토대로 하여 군현 단위의 세액을 재조정했다.

박종진, 『고려시기 재정운영과 조세 제도』, 서울대학교 출판부, 2000.

오일순, 『고려시대 역제와 신분제 변동』, 혜안, 2000.

이정희, 『고려시대 세제의 연구』, 국학자료원, 2000.

안병우, 『고려전기의 재정구조』, 서울대학교 출판부, 2002.

박종진, 「고려시기 조세 제도 연구의 쟁점과 과제」, 『울산사학』, 11, 2004.

전영준, 「고려후기 공역승供役僧과 사원의 조영조직造營組織」, 『한국사학보』, 20, 2005.

김기섭, 『한국 고대·중세 호등제戶等制 연구』, 혜안, 2007.

홍영의, 「고려시대 어량천택魚梁川澤의 존재와 수취구조」, 『한국학논총』, 34, 2010.

박종기, 「고려시대 종이 생산과 소所 생산체제」, 『한국학논총』, 35, 2011.

이경식, 『한국 중세 토지 제도사 - 고려』, 서울대학교 출판문화원, 2011.

8 농장, 사전에서 발달하다
농장의 발달

고려 후기 토지 제도의 큰 특징은 농장의 발달이다. 농장은 농토와 장사莊舍의 합칭으로, 중세 시기 어느 때나 있을 수 있는 토지 지배 방식이라 할 수 있다. 고려 후기 농장은 사전私田을 중심으로 발달한다는 점에서 다른 시기와 구별된다.

수조지의 가산화와 농장

고려 후기에 발달한 농장農莊은 그 계열을 나누어 보면, 수조권收租權을 기반으로 한 것과 소유권을 기반으로 한 것이 있다. 이 시기의 특징은 수조권을 기초로 한 농장이 지배적 형태라는 점이다. 전시과 제도에 따라 분급된 수조지는 국가가 그것을 관리하는 체계가 무너지면서 운영이 흔들렸다. 전시과는 본래 직역봉공 및 직무봉행에 대한 물적 대우로 수조지를 절급하는 것이었는데, 정치 변란을 거치면서 직역 부담과 토지 점유의 괴리가 본격화했다. 그리고 몽골과의 전쟁을 겪으면서 농지가 황폐해지고 인구가 감소했으며 이에 따라 각종 토지 관련 문적이 훼손 소실되었다. 수조지의 수수·전수 등 점유가 사사로이 이루어지고 관아는 이를 기정사실로 받아들이고 묵인함으로써 분급 토지는 조업전화하여 갔다. 이른바 사전의 가산화家産化였다.[자료1] 이에 따라 현재 직역을 담당하고 있는 자가 수조지를 점유하지 못하는 사태가 발생했으며, 이에 반해 수조지를 받을 수 없는 무자격자가 수조지를 대대로 점유 지배하는 일이 허다했다.

그리고 사전의 가산화는 토지의 겸병을 수반했다. 그 과정을 통해 대토지 경영이 발달했다. 수조지 탈점奪占의 경우 이를 합법화하기 위해 문계文契 조작이나 사패賜牌 모수冒受를 활용했다. 이렇게 하여 수조지가 집중되어 가는 한편, 수조지를 상실하는 이도 속출했다. 그리하여 지배층 내에서 수조지를 빼앗아 차지하는 자와 빼앗기는 자, 수조지를 보유한 사람과 보유하지 못한 사람, 대전주大田主와 소전주小田主 사이에 갈등이 커져 갔다.

수조지의 가산화와 수반하여 수조권이 강화되었다. 법정 조율은 10분의 1이었는데 이것을 넘어선 전조의 남수濫收가 행해졌다. 답험 과정에서 결부結負를 늘리거나 도량형인 두斗·곡斛의 크기를 조작했고, 전조 이외에 다른 물건을 징수하기도 했다.[자료11] 아울러 세가의 민호 점닉占匿도 행해졌다. 전조의 남수와 민인의 사민화私民化는 농민층의 불만과 저항을 불러일으켰다.

사패전 · 농지 개간과 농장

농지 개간을 장려하는 사패전과 연결되어서도 농장은 발달했다. 30년 가까운 몽골과의 전쟁은 막대한 인구의 손실과 혹심한 농토의 황폐를 가져왔다. 정부 재정도 극도로 악화되었다. 이에 유민을 정착시키고 황폐된 농지를 경작지로 환원시키는 작업이 급선무였다. 국가는 농지 개간을 장려하기 위해 개간지에 대해 일정 연한 동안 세금을 면제하고 개간자를 토지 소유권자로 공인해 주었으며 경우에 따라서는 경종耕種에 필요한 종자를 지원하기도 했다. 정부가 개간장려책과 관련하여 마련한 제도는 사패전의 분급이었다. 사패전은 황무지나 진황지陳荒地를 지배층 또는 기구에게 분급해주는 제도였는데, 당시 지배층에게 충성에 대한 대가로 수조지를 분급해주기 어려웠기에 이들에게 사패전을 지급했다. 사패는 일종의 개간 허가증인 동시에 소유권 증명서였다. 현실적으로 사패전을 받은 자는 모든 관료가 아니라 왕권과 직결되어 있는 제왕諸王·재추宰樞·호종신료扈從臣僚·궁원宮院·사사寺社·공주公主 및 겁령구怯怜口·내료內僚 등이었다.[자료2] 충렬왕·충숙왕·충혜왕과 공민왕 때 사패전을 지급받은 이들 가운데에는 왕이 원나라에 억류되어 있을 때 보필한 신하들이 많았다.

사패전은 개간을 전제로 한 것이었기에 소유권을 확보했고, 또한 국가가 지급한 것으로 전조를 면제받았다. 결국 사패전은 개간과 관련해서는 소유권이, 수득자의 신분과 연관해서는 수조권이 확보되는 토지였다. 그리고 사패전은 소유 면적에 특별한 제한이 따르지 않았다. 전시과 계통의 일반 수조지가 가산화하여 가던 추세에서 사패전의 가산화 역시 자연스럽게 이루어졌다. 특히 토지를 겸병할 때에는 사패전을

염제신 초상. 전남 나주시 삼영동 충경서원에 소장되어 있으며, 보물 제1097호다. 비단에 채색하였고 작자는 미상이나 공민왕이 그렸다는 견해가 유력하다. 전체적으로 필치가 섬세하고 작품의 품격이 뛰어나 고려 시대 초상화의 높은 수준을 보여준다. 그림의 주인공인 염제신은 충혜왕·충목왕·충정왕·공민왕·우왕 등 고려의 다섯 왕을 섬긴 권세가다.

빙자하는 경우가 흔했다. 사패전을 빙자한 토지 겸병은 수조지에서도 소유지에서도 일어났다.[자료3~5] 사패전을 매개로 형성된 농장은 수조지와 소유지가 중첩되어 있어 농민에 대한 지배권이 한층 강했고 국가 권력을 배제할 수 있었다.

사전·사패전과 다른 계통으로도 농장이 발달했다. 개간을 통해 형성된 농장이 있었다. 도랑과 수로를 만들어 저습지나 연해의 평평한 토지가 새로 개간되었다. 은퇴한 관인이나 상층의 향리, 동정직자와 같은 일부 재지 세력가는 개간을 통해 농지를 확대하고 농장을 만들었다. 고려 말에 안목安牧은 개간을 통해 파주에 농장을 만들었다. 안목의 농장은 하천부지의 저지대에서 시작해 점차 주변 구릉지로 넓게 확장되었는데, 약간의 논이 있었지만 주로 삼麻을 위시한 밭작물을 재배하는 밭으로 구성되어 있었다. 개간은 물론 이런 세력가 이외에도 다수의 민인에 의해서도 이루어졌다. 개간의 대상 지역은 도서 지방이나 연해안, 저습지, 산곡간 등으로 크게 확대되었다. 새로운 농지의 개간으로 기존 촌락과 떨어진 지점에 다수의 새로운 촌락이 형성되었다. 소농민이 개간한 농지는 물론 농장은 아니었다.

개간 이외에 매득을 통해서도 농지를 확대하여 농장으로 경영하기도 했다. 농민이

부세 부담으로 몰락하는 수가 허다했는데 이들의 토지를 매득함으로써 농지를 확대할 수 있었다. 개간이나 매득을 통해 형성된 농장에서는 전호 농민에게서 소출의 2분의 1을 지대地代로 징수하는 것이 원칙이었다.^[자료6] 농장주가 농장의 인근에 생활하고 있는 경우에는 부분적으로 농장주가 농사의 전체 단계를 계획하고 노비를 이용하는 가작家作의 형식으로 경영하는 수도 있었다. 이런 농장은 법적으로 문제되지 않았기 때문에 고려 말 전제 개혁으로 혁파되지 않았다.

고려 후기 농장의 발달과 함께 별서別墅가 널리 분포했다. 별서는 본래 본제本第와는 구분되는 일정한 장소에 마련된 건물을 의미하는데, 통상 농경지가 부속되어 있었다. 별장의 기능을 하고 있는 별서·별업別業은 휴양 또는 빈객의 장소였으며, 지인간의 교류 장소, 선영先塋 조성 장소로 이용되었으며 지배층의 일시적 퇴거처 또는 거주지로도 활용되었다.

농장 문제와 정부 대책

여러 계통의 농장 가운데 당시 지배적이고 기본적인 것은 사전·사패전을 매개로 한 농장이었다. 당시 농장은 규모가 큰 것은 산천을 경계로 하여 주군州郡에 걸쳐 있었다.^[자료1·3] 농장주가 농장으로부터 얻는 수익은 막대했다. 농장 수입의 일부는 조운을 이용해 개경으로 운반되어 소비되었으며, 일부는 고리대나 상업 활동의 기본곡이 되어 더 큰 부를 획득하는 기반이 되었다. 때로는 농장주가 상품을 강제로 매각하거나 사들여서[억매억매抑賣抑買] 농민의 잉여를 수취했다.^[자료1] 농장은 대개 가신이나 사노들이 관리했다.^[자료7·8]

농장이 확대되면서 토지 점유자 사이의 마찰과 갈등이 커져 갔으며 지배층 상호 간의 갈등·분쟁도 증대해갔다. 그리고 농민의 불만과 저항을 불러일으켰다. 전객 농민이 부담하는 전조는 법제상 수확의 10분의 1이었으나 이 원칙이 지켜지지 않고 과다한 경우가 흔했다. 전주가 풍흉을 자의적으로 결정하거나 수조할 때 사용하는 말[斗]·휘[斛]의 크기를 조작했고, 또 각종 명목의 잡렴雜斂도 부과했다. 국가로서는 국가 수조지인 공전의 감소를 가져와 재정 부족을 심화시켰다. 압량위천壓良爲賤으로 양인 농민이 농장주에게 부세까지 포탈당하는 사민私民이 됨으로써 부세 부담자인 양인이 줄어들었다. [자료9~12] 결국 농장의 발달은 지배 체제의 불안까지 높이는 결과를 가져왔다.

정부는 이에 대해 두 방향에서 수습책을 구상했는데, 새로운 방식 하의 수조지 분급제를 마련하여 실시하는 녹과전제祿科田制가 하나였고[자료5] 수조지 점유 분쟁을 법률적으로 처리하여 나가는 전민변정田民辨正 사업이 다른 하나였다. [자료13] 녹과전은 절급 대상이 현직 양반 관료이고 설치 지역이 경기 8현이었다. 따라서 양반 관료층의 물적 기반으로서는 양적으로나 질적으로 미약한 것이었으며 국가의 기간이 되는 급전給田 제도는 아니었다. 토지 분쟁에 대한 정부의 자세는 현존 사전私田은 문제로 삼지 않고, 다만 그 운영에 따른 부분적인 문제를 수습하는 것이었다. 사전의 경우 일전일주一田一主만 되면 문제가 없고, 일전주一田主에 의한 남수濫收는 문제가 되지 않는다는 입장이었다. 이는 분급 사전의 가산화를 용인하면서 다만 전민의 점탈로 인한 겸병과 쟁송을 처결하는 것이었다.

위화도 회군 이후 창왕이 즉위하면서 사전구폐私田捄弊의 방안이 중앙 정계에서 공개적으로 논란이 되기 시작했다. 현존 사전을 그대로 두고 단지 거기서 비롯되는 폐단만 제거하자는 안[사전개선론]과 현재의 사전을 일거에 폐지하여 버리자는 안[사전개혁론]이 제기되었다. 전자는 가산화한 사전을 그대로 인정하고 이 범위 안에서 사태를 수습해 결국 1전1주의 원칙을 지키자는 것이었으며 후자는 현존하는 사전의 폐기와 재배분을 구폐책으로 내세운 것이었다. 공양왕 3년(1391)의 과전법은 후자가 승리하여 제정된 것이다. 과전법의 제정으로 사전을 기반으로 운영되던 농장은 혁파되었다. 그러나 사적인 소유권을 기초로 한 농장은 유지되었다.

자료 1

대사헌 조준 등이 상서하기를, " … 근년에 이르러 겸병이 더욱 심해져 간사하고 흉악한 무리들의 토지가 주州에 걸치고 군郡을 포괄하며, 산천으로 표식을 삼아 모두 조업전祖業田이라 지칭하며 서로 빼앗으니 일무一畝의 주인이 5, 6명을 넘고 일년에 조세를 8, 9차례나 거두게 되었습니다. 위로는 어분전으로부터 종실전, 공신전, 문무관료전과 외역전주1, 진津 · 역驛 · 원院 · 관전館田주2은 물론, 무릇 대대로 심은 뽕나무와 지은 집까지 모두 빼앗아 가졌습니다. (그리하여) 불쌍하게도 우리 무고한 민들은 사방으로 유리하여 구렁텅이에 빠지고 말았습니다. 나라에서 토지를 나누어준 것은 신민을 넉넉하게 하고자 함이었는데 오히려 신민을 해치고 있습니다. 이러므로 사전이 혼란의 으뜸이라고 하는 것입니다.

겸병한 집의 조를 거두는 무리들이 병마사兵馬使주3 · 부사副使주4 · 판관判官주5을 칭탁하고 또는 별좌別座를 칭하면서 종자 수십 명이 말 수십 필을 타고 수령을 업신여기고 안렴사의 권위를 무시하며, 음식을 물 쓰듯 하고 음식점과 역원에서 많은 비용을 낭비하고, 가을부터 다음해 여름까지 떼를 지어 횡행하는데 횡포하고 약탈함이 도적보다 배나 심하니 외방이 이로 말미암아 피폐해졌습니다.

그들이 전호의 집에 들어가서는 사람은 술과 음식을 물리도록 먹고 말은 곡식을 물리도록 먹으며 햅쌀을 먼저 받습니다. 운송비로 면마綿麻를 받으며 작은 밤과 보통 밤, 대추, 말린 고기 등을 거두는데 억매抑賣하는 데까지 이르면 거두어들인 것이 조세의 10배나 되니, 조세를 미처 다 바치기도 전에 재산은 없어지고 맙니다. 토지를 답험할 때는 토지 결수의 많고 적음을 마음대로 매겨서 1결의 토지를 3, 4결이라고 하고, 대두大斗로써 수조하여 1석을 거둘 것을 2석으로 하여 그 수량을 채웁니다.

역대에 백성들로부터 거두어들이는 것은 10분의 1에 그칠 뿐이었는데 지금 사가私家가 백성들에게 거두어들이는 것이 십, 천에 이릅니다. 그러니 하늘에 계신 조종의 영령을 어떻게 대하겠으며, 어찌 국가가 어진 정치를 편다고 하겠습니까? 토지는 민을 양육하는 것인데 도리어 민을 해치는 것이 되니 어찌 슬프지 않겠습니까? … "라고 하였다.

原文 大司憲趙浚等上書曰 … 至於近年 兼幷尤甚 奸兇之黨 跨州包郡 山川爲標 皆指爲祖業之田 相攘相奪 一畝之主 過於五六 一年之租 收至八九 上自御分 至于宗室功臣侍朝文武之

주1 외역전 : 지방 향리들의 직역 부담에 대한 대가로 지급한 토지

주2 진津 · 역驛 · 원院 · 관전館田 : 진津 · 역驛 · 원院 · 관館 등에 지급된 공해전

주3 병마사兵馬使 : 동계와 북계의 양계에 장관으로 파견된 관원.

주4 부사副使 : 도호부都護府 및 목牧에 파견된 외관으로 4품 관직.

주5 판관判官 : 유수관留守官 · 도호都護 · 목牧 · 방어진防禦鎭 · 부府 · 주州 · 군郡 등에 파견된 외관직. 유수관 · 도호 · 목의 판관은 6품 관직이며, 방어진 · 주 · 부 · 군의 판관은 7품 관직.

田 以及外役津驛院館之田 凡人累世所植之桑 所築之室 皆奪而有之 哀我無辜 流離四散 塡于
溝壑 祖宗分田 所以厚臣民者 適足以害臣民也 此以私田爲亂之首也 兼幷之家 收租之徒 稱兵
馬使副使判官 或稱別坐 從者數十人 騎馬數十匹 陵轢守令 推折廉使 飮食若流 破費廚傳 自秋
至夏 成群橫行 縱暴侵掠 倍於盜賊 外方由此凋弊 及其入佃戶 則人厭酒食 馬厭穀粟 新米先納
緜麻脚錢 榛栗棗脩 至於抑賣之斂 十倍其租 租未納而産已空矣 及其履畝之際 則負結高下 隨
其意出 以一結之田爲三四結 以大斗而收租 一石之收 以二石而充其數 祖宗之取民 止於什一
而已 今私家之取民 至於十千 其如祖宗在天之靈何 其如國家仁政何 田以養民 反以害民 豈不
悲哉 …

_ 『고려사』권78, 지2, 식화1, 녹과전祿科田, 신우 14년 7월

자료 2

지旨를 내리기를, "제왕諸王^{주6}·재추宰樞^{주7}·호종신료扈從臣僚·궁원宮院^{주8}·사사寺社
^{주9}들이 한전閑田^{주10}을 차지하기를 바라고, 국가에서도 농사에 힘쓰고 곡식을 중히 여
기는 뜻에서 패를 주었다. 그런데 사패를 빙자하여 비록 주인이 있으며 전적田籍에 올
라 있는 토지조차 모두 빼앗으니 그 폐해가 적지 않다. 사람을 가려 보내 사실을 철저
히 조사하고 무릇 사패로 기록되어 있는 토지라도 기전起田^{주11}과 진전陳田^{주12}을 가리지
말고 원래 주인이 있던 것은 돌려주도록 하라. 또한 한전이라도 백성이 이미 개간한
것은 빼앗지 못하게 하라."고 했다.

原文 下旨 諸王宰樞 及扈從臣僚 諸宮院寺社 望占閑田 國家 亦以務農重穀之意 賜牌 然憑
藉賜牌 雖有主付籍之田 並皆奪之 其弊不貲 擇人差遣 窮推辨覈 凡賜牌付田 起陳勿論 苟有本
主 皆令還給 且本雖閑田 百姓已曾開墾 則並禁奪占

_ 『고려사』권78, 지32, 식화1 경리經理, 충렬왕 11년 3월

자료 3

첨의부僉議府^{주13}에서 말하기를, "공주의 겁령구怯怜口^{주14}와 내료內僚^{주15}가 좋은 땅을 넓
게 차지하여 산천으로 표를 하고는 다수가 사패를 받아 조세를 납부치 않고 있으니
청컨대 사패를 반환케 하소서." 했으나 들어주지 않았다.

原文 僉議府言 公主怯怜口 及內僚 廣占良田 標以山川 多受賜牌 不納租稅 請還賜牌 不聽
_ 『고려사』권28, 세가28, 충렬왕 3년 2월, 충렬왕 3년 2월

주6 제왕諸王 : 봉작제封爵制 하
의 작爵을 총칭總稱한다. 제왕諸
王은 봉작된 자들인 공公·후侯·
백伯과 단지 관직으로 수여한 그들
공·후·백의 자子인 사도司徒·
사공司空으로 구성된다.

주7 재추宰樞 : 중서문하성의 재신
宰臣과 중추원의 추신樞臣.

주8 궁원宮院 : 왕의 비妃·빈嬪
이나 왕족이 거주하는 곳.

주9 사사寺社 : 일반적으로 통칭하
여 불교 사찰을 가리킨다. 사寺는
사찰을 의미하며 사社는 결사·모
임 등을 가리키는 말이다.

주10 한전閑田 : 주인이 없는 토지.
또는 경작하지 않는 토지.

주11 기전起田 : 경작 중인 토지.

주12 진전陳田 : 토지대장에는 등
록되어 있지만 실제로는 경작하지
않고 묵히고 있는 토지.

주13 첨의부僉議府 : 원 간섭기에
종전의 상서도성과 중서문하성을
합해 설치한 기관.

주14 겁령구怯怜口 : 사속인私屬
人.

주15 내료內僚 : 국왕 주변에 근시
하면서 왕명 출납 등을 맡았던 부
류. 내료는 7품에서 한품限品되는
등 환관과 마찬가지로 규제를 받았
지만, 이런 규제는 원종 때에 흔들
리기 시작하여 충렬왕 때에 이르러
완전히 없어졌다.

주16 신흥창 : 구휼 목적으로 설치한 창고로, 원래 운흥창雲興倉이던 것이 선종宣宗 때 이후에 신흥창으로 바뀐 것 같다.

주17 도평의사사 : 도병마사가 충렬왕 5년(1279)에 개편된 것이다. 도병마사는 고려 전기에 대외적인 국방, 군사 문제를 다루는 임시적인 회의 기관.

주18 오위伍尉 : 교위校尉, 위尉라고도 하며, 오伍라고 하는 단위 부대의 장.

주19 대정 : 25명으로 구성된 대隊라는 단위 부대의 장으로 교위 바로 아래에 위치한 무관직.

주20 양반조업전兩班祖業田 : 양반의 조업전. 조업전은 조상 대대로 내려온 민전으로 상속·처분·경영이 자유로운, 즉 사적 토지 소유권에 입각한 토지이다. 고려 후기에는 분급 수조지가 조업전으로 인식되기에 이르렀다.

주21 반정半丁 : 여러 필지의 토지를 하나의 인위적인 수세 단위로 묶는 것이 족정足丁인데, 반정半丁은 족정이 되지 못한 것을 말한다.

주22 어분전御分田 : 왕실 직속의 독자적인 토지 지목일 것이다.

주23 궁사전宮司田 : 왕실 재정 주관 기관인 궁사宮司에 속한 토지.

주24 잡구분위전雜口分位田 : 직역을 담당하는 향리鄕吏·진척津尺·역자驛子에게 지급된 구분전.

자료 4

(충렬왕 5년 강윤소는) 대장군 김자정과 함께 사패를 사칭하고 민전을 많이 점유했는데, 일이 발각되어 그 전토를 신흥창주16에 몰수했다.

原文 大將軍金子廷 詐稱賜牌 多占民田 事覺 沒其田于新興倉

── 『고려사』권123, 열전36, 강윤소康允紹

자료 5

도평의사사주17에서 말하기를, "선왕이 관직을 설치하고 녹봉을 제정하여 1, 2품은 360여 석으로 하고 품계에 따라 차등을 두되 오위伍尉,주18 대정주19에 이르기까지 관에 정해진 액수에 따라 지급하지 않음이 없었으므로 의식이 풍족하여 모두 국가에 봉사했습니다. 그 후 전쟁이 다시 일어나 전야가 황폐해져서 공부가 결핍되고 창고가 텅 비니 재상의 녹이 30석에 불과하게 되었습니다. 이에 기현畿縣의 양반조업전兩班祖業田주20을 제외한 반정半丁주21을 혁파하고 녹과전祿科田을 설치하여 과에 따라 나누어 지급했습니다. (그런데) 근래에 여러 공신과 권세가들이 함부로 사패를 받아 스스로 본전本田이라 칭하고, 산천을 경계 표지로 삼아 앞을 다투어 차지하니 옛 제도에 어긋납니다. 선왕께서 제정한 경기 8현의 제도에 의거하여 토지를 다시 경리하여 어분전御分田,주22 궁사전宮司田주23과 향리鄕吏·진척津尺·역자驛子의 잡구분위전雜口分位田주24은 원래의 토지대장을 확인하여 지급하고, 양반·군인·한인의 구분전은 원종 12년 이전의 공문을 확인하여 지급하며, 그 나머지 사급전은 모두 거두어들여 직전으로 균등하게 지급하십시오. 또 그 밖의 토지에서는 국가가 조세를 거두어 국용에 충당하십시오."라고 하니, 제制하여 그리하라 했다.

原文 都評議使司言 先王設官制祿 一二品三百六十餘石 隨品差等 以至伍尉隊正 莫不准科數 以給 故衣食足給 一切奉公 其後再因兵亂 田野荒廢 貢賦欠乏 倉庫虛竭 宰相之祿 不過三十石 於是 罷畿縣兩班祖業田外半丁 置祿科田 隨科折給 近來 諸功臣權勢之家 冒受賜牌 自稱本田 山川爲標 爭先據執 有違古制 乞依先王制定京畿八縣 土田更行經理 御分宮司田 鄕吏津尺驛子雜口分位田 考覈元籍 量給 兩班軍閑人口分田 元宗十二年以上公文 考覈折給 其餘諸賜給田 並皆收奪 均給職田 餘田公收租稅 以充國用 制可

── 『고려사』권78, 지32, 식화1, 녹과전 충목왕 원년8월

토지 제도가 무너지면서 호강자가 남의 토지를 겸병하여 부자의 토지는 서로 연이어 있고, 가난한 자는 송곳 꽂을 땅도 없어 부자의 토지를 차경借耕하여 일년 내내 부지런하고 고생하여도 식량은 오히려 부족했고 부자는 편안히 앉아서 손수 농사를 짓지 않고 용작인을 부려서 그 소출의 태반을 먹었다. … 전조[前朝, 고려]의 토지 제도에는 … 백성이 경작하는 경우에는 스스로 개간하여 점유하는 것을 허락하여 관에서 간섭하지 않았다. 그러므로 노동력이 많은 사람은 개간하는 땅이 넓고 세력이 강한 사람은 점유하는 땅이 많았다. 그러나 힘이 약한 사람은 또 세력이 강하고 힘이 센 사람을 따라가서 그의 토지를 빌어 경작하여 그 소출의 반을 나누었으니 이것은 경작하는 자는 하나고 먹는 자는 둘이다. 부자는 더욱 부자가 되고 가난한 자는 더욱 가난해진다. …

原文 自田制之壞 豪強得以兼幷 而富者田連阡陌 貧者無立錐之地 借耕富人之田 終歲勤苦 而食反不足 富者安坐不耕 役使傭佃之人 而食其太半之入 … 前朝田制 … 而民之所耕 則聽其 自墾自占 而官不之治 力多者墾之廣 勢強者占之多 而無力之弱者 又從強有力者 借之耕 分其 所出之半 是耕之者一而食之者二 富者益富而貧者益貧 …

— 『삼봉집』권13, 『조선경국전』상, 경리經理

(김준은) 농장을 여러 곳에 설치하고, 가신 문성주로 전라도를 관리하게 하고, 지준으로 충청도를 관할하게 했다. 두 사람이 다투어 취렴聚斂하기를 일삼아 백성에게 벼 종자 한 말을 주고 으레 쌀 한 섬을 거두니 여러 아들이 이것을 본받아 무뢰배를 서로 모아 권세를 믿고 횡포를 자행하며 남의 전토田土를 빼앗으니 원성이 매우 높았다.

原文 列置農莊 以家臣文成柱管全羅 池濬管忠清 二人爭事聚斂 給民稻種一斗 例收米一碩 諸子効之 競聚無賴 怙勢恣橫 侵奪人田 怨讟甚多

— 『고려사』권130, 열전43, 김준金俊

이때에 이인임·임견미·염흥방이 못된 종을 풀어놓아 좋은 토지를 가진 사람이 있으면 모두 물푸레나무로 때리고 이를 빼앗게 했다. 땅주인은 비록 관가의 문권을 가

지고 있더라도 감히 항변하지 못했다. 이때 사람들이 이것을 물푸레[수정목] 공문이라
했다.

原文 時 李仁任 林堅味 廉興邦 縱其惡奴 人有良田 率以水精木 杖而奪之 其主 雖有公家文
券 莫敢與辨 時人謂之 水精木公文

_ 『고려사절요』권32, 신우 11년 11월

자료9

이때 권문세가에서 민전民田을 침범해 빼앗으니 간사한 백성 중에서는 권세가에 붙
어서 부역을 면하는 자가 많았다. 그리하여 징발을 당하고 재물을 빼앗겨서 백성들이
고통스러워했다.

原文 時 權貴 侵奪民田 姦氓附勢 多免賦役 凡諸徵斂 平民苦之

_ 『고려사절요』권20, 충렬왕 11년 정월

자료10

왕이 서해도에서 사냥을 했다. 이때 환관과 권귀들이 모두 사전賜田을 받았다. 많은
것은 2,000~3,000천 결에 이르렀으며, 각기 양민을 차지하여 모두 부역을 면제받게
했다. 왕이 사냥하러 나가면 안렴사^{주25}와 권농사^{주26}가 잔치를 베풀어 대접했는데 혹
시 대접하지 않는 자가 있으면 그를 매질하기도 하므로 앞을 다투어 백성을 침해하니
백성의 피해가 극심했다.

주25 안렴사 : 안찰사按察使 · 제
찰사提察使 등으로도 불리었는데,
도제道制의 성립이 중기 이후이므
로 안렴사가 도의 장관으로 임무를
수행한 것도 중기 이후인 듯하다.

주26 권농사 : 권농사의 직임은 권
농勸農 · 구휼救恤 · 수취收取 등
인데, 권농사는 외관이 겸대兼帶하
는 경우와 봉명사신奉命使臣으로
파견되는 경우가 있다.

原文 王獵于西海道 時 宦官權貴 皆受賜田 多至二三千結 各占良民 皆蠲賦役 凡王出獵 按
廉勸農 設宴供之 其有不爲者 或鞭之 爭先侵害 民之被毒爲甚

_ 『고려사절요』권21, 충렬왕 15년 9월

자료11

세자가 왕을 나가서 뵈려는데, 선비와 서민들이 길을 막고 말을 붙잡으며 글을 올려
억울함을 호소하므로 말이 앞으로 가지 못했다. 세자가 모두 받아들였는데, 대개 세
력이 있는 집들이 남의 토지와 인민을 강탈했는데도 당국에서 능히 해결하여 주지 못
했기 때문이다.

原文 世子朝于王 士庶人 遮道擁馬 上書訟冤 馬不得前 世子皆受之 蓋豪勢之家 奪人田民

有司不能聽斷故也

_ 「고려사절요」권21, 충렬왕 21년 11월

자료 12

신돈이 전민변정도감을 둘 것을 청하고서 스스로 판사가 되어 중외에 방유하기를, "요사이에 기강이 크게 무너져 탐묵함이 풍속을 이루어서 종묘, 학교, 창고, 사사, 녹전祿轉,[주27] 군수전[주28] 및 나라 사람들의 세업 전민을 세도가가 거의 모두 탈점하고는, 혹 이미 (돌려주도록) 판결난 것도 그대로 가지고 있으며 혹 민을 노비로 삼으니, 주·현·역의 향리, 관노, 백성 가운데 역을 피해 도망한 자들이 모두 빠져나가 숨어서 크게 농장이 설치되었으므로, 백성들이 병들고 나라가 여위게 되어 그에 대한 감응이 홍수와 가뭄을 부르고 질병도 그치지 않게 하고 있다. …"고 했다.

原文 旽請置田民辨整都監 自爲判事 榜諭中外曰 比來紀綱大壞 貪墨成風 宗廟學校倉庫寺社祿轉軍須田 及國人世業田民 豪强之家 奪占幾盡 或已決仍執 或認民爲隷 州縣驛吏官奴 百姓之逃役者 悉皆漏隱 大置農莊 病民瘠國 感召水旱 癘疫不息 …

_ 「고려사」권132, 열전45, 신돈辛旽

자료 13

5월 … 제폐사목소除弊事目所를 설치했다. 6월, … 제폐사목소를 고쳐 찰리변위도감察理辨違都監으로 하고, 권세 있는 사람들이 강점한 토지와 노비를 모조리 찾아내어 주인에게 돌려주니 중앙과 지방에서 매우 기뻐했다. 그런데 권세 있는 사람들이 근심하여 상왕[충선왕]에게 호소해서 찰리변위도감을 폐지하게 했다. 7월, … 왕이 연경궁에 거둥하는데 300명의 사람들이 수레 앞에서 변위도감을 다시 둘 것을 호소했다. 그 청대로 따랐다가 얼마 안 가서 다시 폐지했다.

原文 五月 … 置除弊事目所 六月 … 改除弊事目所 爲察理辨違都監 大索豪勢所占田民 還其主 中外大悅 獨豪勢患之 訴上王罷之 秋七月 … 幸延慶宮 有三百人 訴于駕前 請復辨違都監 從之 尋復罷之

_ 「고려사절요」권24, 충숙왕 5년

주27 녹전 : 군현의 조세田租 가운데 중앙으로 운반하여 관리의 녹봉 곡으로 충당하는 세목을 의미했다. 이런 것이 단순하게 지방에서 거둔 조세 중 중앙으로 옮길 것이라는 뜻으로 전용되어 전미轉米·전미세轉米稅 등으로도 사용되었다.

주28 군수전 : 군수 확보를 위해서 설정된 지목으로 그 소출이 군수에 충당되는 토지.

출전

『고려사』

『고려사절요』

『삼봉집』

찾아읽기

이경식, 『조선전기 토지제도연구』, 일조각, 1986.

강진철, 『한국중세토지소유연구』, 일조각, 1989.

안병우, 「고려후기 농업생산력의 발달과 농장」, 『14세기 고려의 정치와 사회』, 민음사, 1994.

박종진, 「고려 무인집권기의 토지지배와 경제시책」, 『역사와 현실』17, 1995.

이인재, 「고려 중·후기 농장의 전민확보와 경영」, 『국사관논총』71, 1996.

박경안, 『고려후기 토지제도연구』, 혜안, 1997.

배상현, 『고려후기 사원전연구』, 국학자료원, 1998.

위은숙, 『고려후기 농업경제연구』, 혜안, 1998.

김당택, 「고려말의 사전개혁」, 『한국사연구』104, 1999.

이상국, 「고려후기 농장의 경영형태 연구」, 『역사와 현실』36, 2000.

홍영의, 「고려말 전제개혁론의 기본방향과 그 성격」, 『국사관논총』95, 2001.

김형수, 「14세기말 사전혁파론자의 전제관田制觀」, 『경북사학』25, 2002.

이정호, 「고려후기의 농법」, 『국사관논총』98, 2002.

이병희, 「고려후기 농지개간과 신생촌」, 『호서사학』34, 2003.

이형우, 「이성계의 경제적 기반에 대한 연구」, 『한국사학보』16, 2004.

이종봉, 「고려시대의 농업기술과 수전농업」, 『부대사학』28·29합집, 2005.

이숙경, 『고려말 조선초 사패전 연구』, 일조각, 2007.

이정호, 「고려후기 별서의 조성과 기능」, 『한국사학보』27, 2007.

이병희, 『고려후기 사원경제 연구』, 경인문화사, 2008.

이정호, 「여말선초 경제京第·별서別墅·향제鄕第의 조성과 생활공간의 변화」, 『한국중세사연구』25, 2008.

이정호, 『고려시대의 농업생산과 권농 정책』, 경인문화사, 2009.

신은제, 『고려시대 전장田莊의 구조와 경영』, 경인문화사, 2010.

윤한택, 『고려 양반과 양반전 연구』, 경인문화사, 2011.

이경식, 『한국 중세 토지 제도사 - 고려』, 서울대학교 출판문화원, 2011.

박경안, 『여말선초의 농장 형성과 농학 연구』, 혜안, 2012.

이경식, 『고려시기 토지제도연구』, 지식산업사, 2012.

9 사원도 경제 활동의 주체
사원 경제

고려 시기 사원은 종교 영역만이 아니라 재화의 생산, 분배, 소비에서도 중요한 주체의 하나였다. 사원은 활발한 경제 활동을 통해 얻은 재화를 건물의 수선비, 승려의 생활비, 법회 비용, 사회구제 활동비 등으로 지출했다. 불교와 관련한 예술 작품의 조영도 경제력이 뒷받침되어서 가능했다.

토지 경영

고려 시기 사원은 대토지를 지배했다. 사원은 식리殖利 활동이나 상업 활동을 통해서도 많은 수입을 확보했지만 토지에서 얻는 수입이 가장 안정적이었다. 사원은 농지를 경영하면서 상당한 재정 수입을 얻을 수 있었고 이를 통해 축적한 부는 상업, 식리 활동의 바탕이 되었다.

사원의 토지는 여러 계기를 통해 마련했지만 가장 중요한 것은 국가로부터 분급받는 것이었다. 국가는 태조 때 개경에 조영한 여러 사원이라든지 이후에 조영된 현화사 · 흥왕사 등 중요 사원에 토지를 지급했다.[자료1~4] 이렇게 받은 토지는 경작자로부터 소출의 10분의 1을 거두어들이는 수조지였다.

사원은 개간이나 매입, 신자의 시납 등으로 토지를 확보하기도 했다.[자료5 · 6] 그러나 사적인 노력으로 확보한 토지는 원칙상 국가에 조세를 부담해야 했다. 고려 후기에는 사원이 탈점과 겸병을 통해 토지를 확대하는 것이 보이며, 몽골과의 전란 후 주인 없는 토지를 사패전으로 받아 개간하는 일이 많았다.[자료7·8] 사패전의 경우는 사원이 소유권과 수조권을 동시에 가질 수 있었다.

사원이 지배하는 토지의 규모는 상당했다. 성종 때 금강산의 장안사는 1,050결의 토지를 보유했으며[자료9] 현종 때 현화사의 경우 1,240결의 토지를, 공민왕 때 운암사는 2,240결의 토지를 받았다. 고종 때 수선사는 240여 결을 지배했다.[자료10] 규모가 큰 사원의 경우 500~1,000결 정도의 토지를 보유했던 것 같다. 이 토지에서의 수입은 고려 말의 과전법 규정을 적용한다면 1,000~2,000석 정도 되었을 것이다. 고려 말에 사원이 지배하고 있던 토지는 대략 10만 결 정도로 추산되며, 이는 전국 토지의 8분의 1에 이르는 엄청난 것이었다.

토지로부터 수입을 확보하기 위해 사원은 관리인으로 지장知莊을 파견했다. 사원은 또한 농우와 종자를 소유하고 이것을 농민에게 대여해 영농의 편의를 도모해 주기도 했다. 사원의 토지는 주로 일반 농민이 경작했으며 부분적으로 노비가 경작하기도 했지만 승려가 경작하는 일은 드물었다.

사원이 지배하고 있는 토지는 먼 곳에 위치했으며 한 곳에 집중되어 있지 않고 여러 곳에 분산되어 있었다. 그것은 사원이 독립 세력으로 성장하는 것을 막는다는 의미를 가졌다. 그러므로 장생표가 세워진 사원은 특수한 경우였다. 장생표가 세워지면 경내의 토지와 민인을 배타적이고 독점적으로 지배할 수 있었으므로 분산된 경우와는 크게 달랐다. 이렇게 장생표가 세워진 고려의 사원은 매우 드물었다.

사원은 또한 주변의 산림을 지배하는 수가 많았다. 산림에서는 땔나무를 확보할 수 있었고 재목·잣·도토리와 과일·버섯·산나물·칡을 얻을 수 있었다. 산림은 원래 주변의 모든 민인이 함께 사용할 수 있는 것이기에 사원이 배타적으로 이용할 수 없었지만 사원이 산곡 간에 세워진 경우 인접한 산림을 거의 독점적으로 활용했으리라는 것은 쉽게 추측할 수 있다.

사원은 또한 다수의 노비를 보유하고 있었다.[자료4·11] 이런 노비는 사원에서 땔나무를 하거나 청소하는 일을 주로 담당했다. 부분적으로 사원의 토지를 경작하기도 했지만 일반적이지는 않았다. 사령使令과 지사指使가 사원노비의 핵심적인 임무로 언급되었다. 사원노비가 진 부담은 다른 공사노비의 그것보다 가벼운 것으로 언급되어 다른 노비보다 사원노비의 처지가 나았음을 알 수 있다.

식리 활동의 전개

고려 시기 사원은 활발한 식리 활동을 전개했다. 식리 활동을 통한 수입은 사원 재정 수입의 중요한 항목이었다. 식리 활동을 위해 쓰이는 자산은 여러 방식으로 마련되었다. 국가로부터 사여되는 곡물이나 포布는 식리 활동의 중요한 원천이었다. 국가와 국왕은 중요 기능을 수행하는 사원에 대해 일정한 재물을 사여함으로써 식리 활동을 뒷받침했다. 국초 정종定宗 때 7만 석이나 되는 상당한 곡물을 사원에 지급하여 식리 활동을 가능케 했다.

통도사국장생석표. 선종 2년(1085) 호부의 승인을 받아 세웠으며, 가로 60센티미터, 세로 166센티미터이다. 보물 74호이다. 고려 시대 사원에는 종종 국가의 승인을 받아 세운 장생표가 있는데, 사원의 권역을 표시하였다. 장생표가 세워진 영역 내의 민과 토지에 대해서 사원은 배타적·독점적 지배를 할 수 있었다. 통도사에는 여러 개의 장생표가 세워졌으나 현재는 2기만이 남아 있다.

명종 때에는 용문사에 700석, 용암사에 2,000석, 용수사에 1,000석이 사여되어 식리 활동을 하도록 했다. 고종 때 최우의 아들 만종과 만전은 경상도에서 축적한 쌀 50여 만 석을 사용해 식리 활동을 전개하여 물의를 일으켰다.[자료12] 신자들이 시납한 곡식이나 포, 기타 재물을 기반으로 식리 활동을 전개하는 일이 허다했으며, 사원이 직접 토지 경영이나 상업 활동을 통해 확보한 재원도 식리 활동의 기초가 되었다.

식리 활동을 통해 사원이 확보하는 수입은 상당했다. 수선사의 경우 식리곡이 1만 석을 웃돌았는데 이것을 모두 식리 활동에 동원하고 법정 이자율인 3분의 1을 적용하면 3,000석 이상을 수입으로 확보할 수 있었다. 봄에 빌려주고 가을에 이자와 함께 본전을 받는 것이기 때문에 이자율은 매우 높은 편이었다.

대개의 식리 활동은 '보寶'라는 명목으로 일컬어졌다.[자료13] 경보經寶나 종보鍾寶, 기일보忌日寶, 팔관보八關寶, 광학보廣學寶 등 불사와 관련한 지출을 목적으로 운영했다.

이자를 납부하는 이는 불사佛事에 동참한다고 생각했을 것이다. 이런 이유 때문에 세속인의 식리 활동보다 사원의 이자 회수율이 크게 높았을 듯하다. 당시 승려는 이런 식리 활동에 대해 부정적으로 보거나 죄악시하지 않고 적극 참여했다.

이자를 납부한다는 것은 상당한 재화가 사원에 들어간다는 뜻이지만 다른 한편으로 백성으로서는 식리 활동의 도움을 받아 춘궁기에 굶주림을 면할 수 있었다. 백성은 사원으로부터 식량이나 종자를 차용함으로써 재생산에 도움을 받을 수 있었다.

상업 활동 참여

고려 시기 사원은 활발한 상업 활동을 전개했다. 불교 교설은 상업 활동에 대해 매우 우호적이었다. 고려 시기 사원과 상인이 밀착 관계를 맺은 것도 사원이 상업에 활발하게 참여한 하나의 배경이 되었다.

사원은 다량의 물품 구매자인 동시에 판매자였다. 사원 건축 시의 자재, 불구佛具 제작을 위한 재료, 불교 행사에 필요한 물품, 승려들의 용품 등을 구매를 통해 조달했다. 그리고 사원이 소유한 잉여 물품과 가공품을 판매했다. 나아가 적극적으로 이윤을 추구하기 위해 상품 판매에 참여했다. 사원이 교역하는 물품으로 미곡·차·마늘·파 등의 농산물, 직물이나 기와 등의 수공업 생산물, 봉밀이나 소금·술 등이 확인된다.[자료14] 특히 술의 생산·판매·소비에 있어서 사원은 중요한 위치를 차지하였다. 음주 문화에 대해서 불교계는 비교적 관대한 입장을 보였다.

외방에 있는 사원이 개경에서 물품을 처분하거나 구매하는 경우도 적지 않았던 것으로 보인다. 그것은 금강산 장안사의 시사市肆가 개경에 있었다는 사실에서 유추할 수 있다.[자료9] 장안사는 개경에 소재한 상점에서 필요한 물품을 구매했으며, 잉여 물품을 처분했을 것으로 보인다.

고려 시기 사원은 국제 교역에도 적극 참여했다. 사원에서 소요되는 물품 가운데는 국내에서 조달하기 어려운 것이 있었다. 단청의 원료나 불교 경전은 하나의 예였다. 선원사의 경우 비로전 단청을 위해 원에서 원료를 사들였으며, 보법사는 대장경을 중국의 강절江浙에서 구입했다.

사원은 상업 활동의 중심 장소로 기능하기도 했다. 고려 시기 사원에서 불교 행사가 활발하게 설행되었으므로 사원은 다수의 사람들이 모이는 장소였다. 국청사에서 불교 행사가 진행되는 사흘 동안 개경의 귀한 사람, 천한 사람 할 것 없이 서로 다투어 왕래하며 법을 듣고 인연을 맺고자 하는 이가 담장과 같았다. 회암사의 공사가 종료한 뒤 문수회를 베풀어 낙성했을 때 다수가 참석해 포, 비단과 떡을 시주했다.[자료15] 이렇게 몰려든 민인 상호간에 교역이 이루어지는 것은 당연하다. 사원이 활발하게 상업 활동에 참여하고 있었음을 전제로 해서 의천은 화폐를 주조해 사용하자는 이른바 주전론鑄錢論을 펼칠 수 있었다.

사회 구제 활동

사원은 농지 경영이나 식리 활동·상업 활동을 통해 재정 수입을 꾀하는 반면에, 사회에 대해서 상당한 책임감을 가지고 각종 구제 활동을 적극적으로 전개했다. 불교계의 세속 사회를 위한 베풂은 일차적으로 빈민에 대한 구제 활동으로 나타났다.

현화사 각관승통은 널리 중생을 구제하는 것을 자신의 임무로 삼았으며 이런 베풂으로 인해 많은 사람들이 존숭했다. 원응국사 학일은 보시에 힘써 일체의 물건을 아끼지 않고 베풀었다. 혜소국사는 광제사 문 앞에 솥을 걸어두고 먹거리를 만들어 굶주린 사람에게 제공했다.[자료16] 백련결사를 조직한 원묘국사 요세도 빈민을 위한 보시 활동을 활발하게 전개했다.

사원에서는 또한 불교 행사를 계기로 빈민을 구제하기도 했다. 공민왕 때 연복사에서 노국공주의 기일을 맞아 법회를 베풀었는데 그때 기근이 들었던 수원 지방 유망민들이 소식을 듣고 연복사로 몰려들었으며 신돈辛旽이 여유분의 포를 굶주린 민에게 나누어주었다. 불교 행사는 이처럼 빈민 구제의 의미를 지니기도 했다.

여행자에게 편의를 제공하는 일도 사원의 중요한 기능이었다. 교통로에 설치되어 여행자에게 편의를 제공하는 사원은 매우 많았다. 개국사, 천수사, 혜음사, 도산사 등

송광사 노비 문서. 충렬왕 7년(1281)에 좌승지 조인규가 수선사 사주社主 내로乃老 원오국사 천영에게 발급한 문서다. 내로가 생부 양택춘에게 받은 노奴 건삼巾三과 그 소생을 수선사의 단본대장보丹本大藏寶에 예속시키고자 한다는 소지를 올린 것에 대해 조인규가 왕의 허락 명령을 받들어 인증해준 것이다.

은 그런 기능을 수행한 대표적인 사원이었다. 혜음사의 경우 남경과 개경 사이의 혜음령에 세운 사원이었다. 호랑이와 도적으로 해마다 수백 명씩 사망하는 지점에 조성된 혜음사에서는 죽을 마련해 행인에게 베풀었으며 여행의 안전성을 높여주었다.

일반 사원도 이런 숙박 시설 기능을 했지만 '원院'이라 불리는 사원은 거의 전적으로 이런 기능을 수행했다. 봉선홍경사 서쪽에 부설된 광연통화원은 80칸이었는데, 이 원에서는 곡식을 쌓아놓고 가축의 꼴을 마련해 행인에게 제공했다. 오산원에서는 겨울철 석 달 동안 오가는 행려와 승속의 남녀·노소·유약자 모두에게 먹거리를 베풀었으며 타고 다니는 가축에게도 그 혜택이 미치게 했다. 사원은 이처럼 이동의 편리성과 안전성을 확보하는 데에 아주 중요한 역할을 했다. 사원에서는 행인뿐만 아니라 떠도는 민인들을 위해서도 먹거리를 제공했다.

그리고 승려는 환자의 치료에도 앞장섰다. 승려 가운데는 의술에서 탁월한 능력을 발휘한 이가 아주 많았다. 원응국사 학일은 귀천을 가리지 않고 아픈 사람을 모두 치료해주었다. 그 밖에 의승醫僧인 복산과 묘원妙圓이 질병 치료에서 남다른 실력을 발휘했다.

불교계의 이런 보시 활동에 영향을 받아 속인 가운데에도 보시행을 적극 실천하는 이들이 많았다. 불교를 깊이 공부하거나 불교적인 가치를 추구하며 거사居士적인 삶을 살았던 사람 가운데 이런 보시의 실천에 앞장선 이들이 다수 찾아진다.

그러나 고려 후기 성리학을 수용한 유학자들은 사원의 경제 문제를 통렬하게 비판했다.[자료17] 불교 비판론자들은 승려에 대해 농사를 짓지 않으면서 배불리 먹고 옷감을 짜지 않으면서도 따뜻하고 가벼운 고급 옷을 입는다고 비판했다. 농경과 직조에 종사하지 않는 승려들을 통렬하게 비판한 것인데, 이것은 물화의 교류와 분배보다 생산을 강조하는 이념이 이 시기에 크게 확산되는 현상과 짝하는 것이다.

자료1

왕이 안서도[安西道, 해주]의 둔전 1,240결을 현화사에 시납했다. 이에 대하여 양성[상서성과 중서성]에서 재삼 반대했으나 왕이 듣지 않았다.

原文 王以安西道屯田一千二百四十結 施納于玄化寺 兩省再三論駁 不納

— 『고려사』 권4, 세가4, 현종 11년 8월

자료2

중서문하성에서 아뢰기를, "내리신 명령에는 경창원景昌院주1 소속의 전시田柴를 흥왕사에 이속시키고 경창원에서 관리하던 어량魚梁, 선박, 노비는 전부 국가에 바치게 하라고 했습니다. 원래 궁원에 대하여 선대 임금들이 토지와 인원을 넉넉히 주는 것은 이를 자손만대에 전함으로써 군색한 일이 없도록 하자는 것입니다. 지금 왕실의 종손과 지손이 번창하여 그 궁원들에게 일일이 전시를 주기에도 오히려 부족할 염려가 있거든 하물며 한 궁원의 전시를 회수하여 불교 사원에 주어서야 되겠습니까. 삼보三寶를 중히 여기는 것은 좋으나 국가의 근본을 잊어서는 안 되오니 전민田民, 어량, 선박들을 종전대로 돌려주기 바랍니다."라고 했다. 이에 대하여 왕이 제하기를, "이미 삼보를 위하여 주어 버린 전시를 도로 찾기는 어려우니 공전公田에서 원 숫자에 해당하는 것을 경창원에 주고 다른 것은 제의한 대로 하라!"고 했다.

주1 경창원景昌院 : 고려 시대 왕족과 국왕의 비빈들이 거주하던 궁원宮院의 하나.

原文 中書門下省奏 伏准制旨 以景昌院所屬田柴 移屬興王寺 其魚梁舟楫奴婢 悉令還官 夫宮院 先王所以優賜田民 貽厥子孫 傳於萬世 無有匱乏者也 今宗枝彌繁 若欲各賜宮院 猶恐不足 況收一宮田柴 屬于佛寺 歸重三寶 雖云美矣 有國有家之本 不可忘也 請田民魚梁舟楫 仍舊還賜 制曰 田柴已納三寶 難可追還 宜以公田依元數 給之 餘從所奏

— 『고려사』 권8, 세가8, 문종 12년 7월

자료3

제制하기를, "대운사는 선왕이 이를 창건하여 국가의 복을 빌도록 한 것이었다. 전에 주었던 공전은 토질이 척박하고 세가 적어서 공양 물자가 부족하니 양전良田 100경을 더 주라."고 했다.

原文 制 大雲寺 先王始創 以福邦家 其所給公田 地瘠稅少 齋供不周 加賜良田一百頃

— 『고려사』 권8, 세가8, 문종 18년 4월

자료4

(공민왕 19년) 능을 지키는 호를 두고 토지와 노비를 운암사에 바쳤다. 왕은 여러 신하들과 다음과 같이 맹세했다. "… 운암사에 전 2,240결과 노비 46명을 바치어 돌아간 이의 명복을 빌게 한다. 능을 지키는 114호를 두고 폐지하지 않게 한다. …"

　原文　置守陵戶 納土田臧獲于雲岩寺 王與群臣同盟曰 … 雲岩寺納田二千二百四十結奴婢四十六口 以資冥福 置陵戶百有十四 期至不替 …

_ 『고려사』권89, 열전2, 후비2, 노국대장공주

자료5

평양군 김영순이 감격해 발원하고서 노비 100구, 전토 100경을 보광사에 귀속시켰다.

　原文　平陽君永純 感激發願 家僮百口 田百頃 歸于寺

_ 『신증동국여지승람』권17, 임천군 보광사

자료6

주2 수안현守安縣 : 경기도 김포시 일대. 본래 고구려 때 수이홀首爾忽이던 것을 통일신라 때 술성戍城으로 고쳐 장제군(長堤郡, 부평富平)의 영현領縣이 되었고, 고려 초에 수안현으로 고쳤으며 고려 말에 통진군(通津郡, 김포군 월관면月串面)에 폐합되었다.

주3 동성현童城縣 : 오늘날 경기도 김포시 월곶면月串面 군하리郡下里 일대.

(윤환은 이 사원에) 포 1,000필을 보시하면서 본전은 그대로 두고 이자만 받아 쓰게 했다. 또 전토도 보시했는데, 부평부富平府와 김포현金浦縣과 수안현守安縣[주2]과 동성현童城縣[주3]에 있는 것은 공이 선조로부터 물려받은 것이었으며, 김포현과 동성현의 전토가 또 있었으니 이것은 부인이 선조로부터 물려받은 것이었다. 해마다 그 소출을 쓰게 함으로써 단월[檀越, 불교 신도]의 집에 구걸하는 일이 없게 했으니, 공이 계책을 제대로 세워주었다 할 만하다. 세상에는 땀을 뻘뻘 흘리면서 남의 문간에 기대어 서 있는 자들이 많은데 어찌 부끄러움을 느끼지 않을 수 있겠는가.

　原文　施布一千疋 存本取息 又施田 在富平府金浦縣守安縣童城縣者 公之祖業也 又有田在金浦童城者 夫人之祖業也 歲用其出 未嘗求丐檀越家 公之計 可謂得矣 世之流汗傍門者 多矣 能不愧恥乎

_ 『목은문고』권6, 보법사기報法寺記

자료7

주4 한전閑田 : 개간을 하지 않아 농사를 짓지 않는 땅.

왕이 지늘를 내리기를, "제왕諸王, 재추 및 호종신료와 여러 궁원宮院, 사사寺社들이 한전閑田[주4]을 차지할 것을 희망했고 국가에서도 역시 농사일을 힘쓰고 곡식을 중시하는 뜻으로 그들에게 패를 주었다. 그러나 사패를 빙자하여 주인이 있고 전적에 기록되어 있는 땅까지도 모두 **빼앗**아가니 그 폐해가 적지 않다. 그러므로 사람을 골라 보내 철저하게 진상을 조사하며 무릇 사패로 기록된 토지라도 경작하는 것이거나 묵고 있는 것을 가리지 말고 본래 주인이 있는 땅이라면 모두 돌려주도록 할 것이다. 그리고 본래 한전이었다 하더라도 백성들이 이미 개간한 땅이라면 이것 역시 빼앗는 것을 금한다."고 했다.

原文 下旨 諸王宰樞 及扈從臣僚 諸宮院寺社 望占閑田 國家 亦以務農重穀之意 賜牌 然憑藉賜牌 雖有主付籍之田 並皆奪之 其弊不貲 擇人差遣 窮推辨覈 凡賜牌付田 起陳勿論 苟有本主 皆令還給 且本雖閑田 百姓已曾開墾 則並禁奪占

_ 『고려사』권78, 지32, 식화1, 전제田制, 경리經理, 금령禁令, 충렬왕 11년 3월

자료8

이 해 정월에 충선왕이 즉위하여 하교하기를, " … 사원이나 재초를 지내는 여러 곳에서 양반의 토지를 점유하여 사패전을 함부로 받아 가지고 농장을 만드는데 앞으로는 해당 기관에서 이를 철저히 조사하여 본 주인에게 각각 돌려주어야 한다."고 했다.

原文 是年正月 忠宣王卽位下敎曰 … 寺院及齋醮諸處所 據執兩班田地 冒受賜牌 以爲農場 今後有司窮治 各還其主

_ 『고려사』권84, 지38, 형법1, 공식, 직제, 충렬왕 24년

자료9

예전부터 소유한 전지를 국가의 법도에 의거하여 결수로 계산하면 1,050결에 이른다. 그중에 함열현咸悅縣과 인의현仁義縣[주5]에 각각 200결이 있고 부령扶寧[주6]과 행주와 백주에 각각 150결이 있고, 평주와 안산에 각각 100결이 있는데, 이것은 바로 성왕成王이 희사한 것이다. 통주通州 임도현林道縣에 염분鹽盆이 한 곳 있고, 개성부에 경저京邸가 1구區 있고, 시전市廛에 가게를 만들어 남에게 대여한 것이 30칸이 있다.

原文 至若舊有之田 依國法以結計之 千有五十 其在成悅仁義縣者 各二百 扶寧幸州白州 各百五十 平州安山 各一百 卽成王所捨也 鹽盆在通州林道縣者一所 京邸在開城府者一區 其在市廛 爲肆傛人者三十間

_ 『가정집稼亭集』권6, 금강산장안사중흥비金剛山長安寺重興碑

주5 인의현仁義縣 : 전라북도 태인현. 고려 시대 인의현으로 있다가 조선 태종 9년(1409) 태산군과 합쳐 태인현으로 바뀌었다.

주6 부령현扶寧縣 : 오늘날 전라북도 부안군. 조선 초 부령현과 보안현의 통폐합되어 부안군이 만들어졌다.

자료 10 수선사 시납 토지와 소재 지역

인명	시납명목	시납 지역 및 전답 결수
최이崔怡	축성유향보 祝聖油香寶	승평군昇平郡 위장이촌葦長伊村 철곡촌鐵谷村 신곡촌新谷村 합 10결 50복
	국대부인송씨기일보 國大夫人 宋氏忌日寶	승평군 임내任內 가음부곡加音部曲 40결 30복
		진례부곡進禮部曲 1결
		적량부곡赤良部曲 2결
		부유현지富有縣地 전답田畓 합2결 49복
	동생매씨기일보 同生妹氏忌日寶	승평군지昇平郡地 전답 합 80결 30복
노인수盧仁綏	축성 祝聖	광주光州 전답 합 15결
		능성군綾城郡 전답 합 28결 50복
		화순현和順縣 전답 합7결 10복
		철야현鐵冶縣 전전 1결 30복
김중구金仲龜	부모기일보 父母忌日寶	부유현富有縣 전답 합 17결
서돈경徐敦敬	부모기일보 父母忌日寶	(송서宋緖의 토지와 교환하여 시납) 장흥부長興府 임내任內 불음부곡拂音部曲 전답 합 5결 두원현荳原縣 전답 합 30결 63복
계		241결 12복

이병희, 「고려 후기 사원경제 연구」, 경인문화사, 2008, 390쪽.

자료 11

(충렬왕 2년) 어떤 여승이 흰 모시를 바쳤는데 세밀하기가 매미의 날개 같으며 꽃무늬도 놓여 있었다. 공주가 저자의 상인에게 보이니 이전에 보지 못하던 물품이라고 모두들 말했다. 그래서 여승에게 출처를 물어본즉, "제가 데리고 있는 여종 하나가 이것을 짤 줄 압니다."라고 대답했더니 공주가, "여종을 자기에게 주는 것이 어떠냐."고 했다. 여승은 깜짝 놀랐으나 하는 수 없이 여종을 공주에게 바쳤다.

原文 有一尼 獻白苧布 細如蟬翼 雜以花紋 公主以示市商 皆云 前所未覩也 問尼何從得此 對曰 吾有一婢 能織之 公主曰 以婢遺我 如何 尼愕然 不得已納焉

_ 「고려사」권89, 열전2, 후비2, 제국대장공주

자료 12

최이의 아들인 중 만종萬宗과 만전萬全[주7]이 쌀 50여 만 석을 축적하고 이것으로 백성들에게 돈놀이하면서 부하 중들을 각처로 보내 혹독하게 독촉 징수하여 백성들은 가진 것을 다 털어주고 조세를 여러 차례 바치지 못했다. 그래서 왕해가 명하기를, "백성들이 세납을 바치기 전에 개인 빚을 먼저 독촉하는 자는 죄주겠다."고 했다. 이로부터 두 중의 무리들이 함부로 하지 못하고 따라서 조세도 제때 바칠 수 있었다.

原文 崔怡子僧萬宗萬全 蓄米五十餘萬石 取息於民 分遣門徒 催徵甚酷 民盡輸所有 租稅屢闕 諧令曰 民未納稅 先督私債者 罪之 於是 二僧之徒 不敢肆 租稅得以時輸
_ 「고려사」권121, 열전34, 양리良吏, 왕해王諧

자료 13

(최승로 시무 28조 가운데) 불보佛寶의 돈과 곡식에 대하여 여러 사원의 승려가 각각 주, 군에 사람을 보내 그것을 관리하게 하고서 매년 이자를 받아가므로 백성들을 괴롭히고 소요스럽게 하니 모두 다 금지하기 바랍니다. 그리고 그 돈과 곡식은 사원의 전장에 가져다두게 하십시오. 만약 주전主典이 전정田丁을 가지고 있으면 그것을 취해 사원장소莊所에 속하게 한다면 백성들의 피해가 줄어들 것입니다.

原文 凡佛寶錢穀 諸寺僧人 各於州郡 差人勾當 逐年息利 勞擾百姓 請皆禁之 以其錢穀 移置寺院田莊 若其主典 有田丁者 幷取之 以屬于寺院莊所 則民弊稍減矣
_ 「고려사」권93, 열전6, 최승로

자료 14

양주에서 아뢰기를, "장의庄義, 삼천三川, 청연靑淵 등 사원의 중들이 나라의 금령을 위반하고 쌀을 360여 석이나 소비하여 술을 빚었으니 법률에 의하여 죄를 결단하기 바랍니다."라고 하니 왕이 따랐다.

原文 楊州奏 莊義三川靑淵等寺僧 犯禁釀酒 共米三百六十餘石 請依律斷罪 從之
_ 「고려사」권5, 세가5, 현종 18년 6월

자료 15

나옹懶翁[주8]이 양주 회암사에서 문수회를 베풀었는데 경향간의 남녀들이 귀인 천민 할 것 없이 모두 포백布帛과 과일·떡 등을 가지고 와서 앞을 다투어가면서 바쳤으므로 절의 문이 메어질 지경이었다. 그래서 사헌부에서는 관리를 보내 부녀들을 오지 못하게 금제했으며 도당都堂에서도 영을 내려 절 문을 닫게 했으나 오히려 오는 사람들을 금제할 수 없었기 때문에 결국은 나옹을 경상도 밀성군密城郡주9에 추방하기로 했다. 그는 여흥 신륵사에 이르러 죽었다.

주9 밀성군密城郡 : 오늘날 경상남도 밀양.

原文 懶翁設文殊會于楊州檜巖寺 中外士女 無貴賤 齎布帛果餌 施與 恐不及 寺門嗔咽 憲府遣吏 禁斥婦女 都堂又令閉關 尙不能禁 放于慶尙道密城郡 行至驪興神勒寺死

_ 『고려사』권133, 열전46, 신우辛禑 2년 4월

자료 16

중희重熙 갑신세甲申歲에 광제사 절 문 앞에 솥을 걸어놓고 밥을 짓고 국을 끓여 굶주린 사람을 대접했으므로 천균千囷에 쌓였던 곡식이 탕진했고, 백곡百斛을 나누어 주되 조금도 인색함이 없었다.

原文 重熙甲申歲 於廣濟寺門前 列鼎爨飪 以待餓人 指千囷而可竭 施百斛而無恡有一

_ 『한국금석전문韓國金石全文』중세中世 상上, 칠장사혜소국사비七長寺慧炤國師碑

자료 17

신창이 왕위에 오르자 조인옥이 동렬로 더불어 상소하기를, "불교는 깨끗한 것을 위주하고 욕심을 적게 할 것과 세상을 떠나고 세속과 인연을 끊는 것으로써 종지를 삼으니 천하 국가를 다스리는 도리가 아닙니다. 근세 이래로 승도들이 욕심을 적게 하라는 스승의 가르침을 돌보지 않고 토지의 조세와 노비의 용傭을 부처·승려에게 공양하지 않고 스스로 자기 몸을 부유하게 하고 과부의 집에 드나들어 풍속을 더럽히며 권세 있는 집에 뇌물을 주고 큰 사원을 구하니 그 욕심을 적게 하고 세속과 인연을 끊으라는 교훈과 무슨 관련이 있는 것인가? 지금부터는 불교도 중에서 도행이 있는 자를 선발하여 사원의 주지로 삼고 사원의 토지 조세와 노비의 용은 그 소속 관청에서 거두어 장부에 올리고 승도의 수를 계산하여 그것을 주고 주지가 훔쳐 쓰는 것을 금하게 하십시오. 대체로 중이 민가에서 유숙한 자는 간음한 것으로 논죄하여 군대에 충당하고 주인집도 역시 논죄하십시오. 신분의 귀천을 불문하고 부녀들은 비록 부모의 상사라도 절에 가지 못하게 하며, 그것을 위반한 자는 절조를 잃은 것으로 논죄하십시오. 감히 부인의 머리를 깎은 자에게는 중죄를 주며 그 여승이 된 자도 역시 절조를 잃은 것으로 논죄하고 주현의 아전, 역리 및 공사 노비는 승니가 되는 것을 허가하지 마십시오."라고 했는데 신창이 그 말을 따랐다.

原文 辛昌立 仁沃與同列上疏曰 佛氏之敎 以淸淨寡欲 離世絶俗 爲宗 非所以治天下國家之道也 近世以來 僧徒不顧其師寡欲之敎 土田之租 奴婢之傭 不以供佛僧 而自富其身 出入寡婦之家 汚染風俗 賄賂權勢之門 希求巨刹 其於淸淨絶俗之敎何 願自今 選有道行者 住諸寺院 其田租 奴婢之傭 令所在官收之 載諸公案 計僧徒之數 而給之 禁住持竊用 凡僧留宿人家者 以姦論充軍籍 其主家 亦論罪 貴賤婦女 雖父母喪 毋得詣寺 違者 以失節論 敢祝婦人髮者 加以重罪 其爲尼者 亦論以失節 州縣吏驛吏 及公私奴婢 勿許爲僧尼 從之

—「고려사」권111, 열전24, 조돈부趙暾附 인옥仁沃

출전

「고려사」

「목은문고」

「신증동국여지승람」

「가정집」: 고려 후기의 학자 이곡李穀의 시문집. 권1은 잡저, 권2～5는 기, 권6은 기·비, 권7은 설·제題 ·발·명·찬讚, 권8은 서書·계啓·서序, 권9는 서序, 권10은 서序·표表·전箋·소어疏語·청사靑詞, 권11은 제문·묘지명, 권12는 묘지명·행장, 권13은 정문呈文, 권14는 고시, 권15～20에는 율시律詩가 실려 있는데, 그 중 권15에는 영사詠史, 권18에는 연경기행, 권20 속에는 사詞가 들어 있다. 권1에 수록된「죽부인전」은 대나무를 의인화하여 절개 있는 부인에 비유하여 쓴 가전체 작품으로, 임춘의「국순전麴醇傳」등과 함께 우리나라 소설 문학의 형성 및 발달 과정을 살피는 데 귀중한 작품이다.

「한국금석전문韓國金石全文」: 허흥식이 당시까지 소개되거나 새로 발굴한 고대에서 고려까지의 금석문 자료를 모두 모아 연대순으로 실은 책으로 1984년 아세아문화사에서 펴냈다. 「조선금석총람朝鮮金石總覽」「한국금석문추보韓國金石文追補」「한국금석유분韓國金石遺文」「해동금석원海東金石苑」에 실린 한국 금석문을 모두 담았고, 이들 책에 빠졌던 것과 그 뒤 새로 발견한 금석문 등도 수록하였다.

찾아읽기

하타다 다카시旗田巍, 「고려조에 있어서 사원경제高麗朝における寺院經濟」, 「사학잡지史學雜誌」43-5, 1932.

김상기, 「대각국사 의천에 대하여」, 「국사상의 제문제」3, 1959.

최길성, 「1328년 통도사의 농장경영형태」, 「역사과학」1961-4, 1961.

민병하, 「고려시대 불교계의 지위와 그 경제」, 「성대사림」1, 1965.

다기다 유키오武田幸男, 「고려시대에서의 통도사의 사령지배高麗時代における通度寺の寺領支配」, 「동양사연구

『東洋史研究』25-1, 1966.

안일환, 「고려시대 통도사의 사령지배에 대한 일고」, 『부산대학교양과정부논문집』4, 1974.

최삼섭, 「고려시대 사원재정의 연구」, 『백산학보』23, 1977.

김세윤, 「고려 사원노비의 성격」, 『부산여대사학』1, 1983.

이상선, 「고려시대의 수원승도에 대한 일고찰」, 『숭실사학』2, 1984.

한기문, 「고려시대 사원보의 설치와 운영」, 『역사교육논집』13·14합집, 1990.

유정수, 「고려 사원전 연구」, 『중앙사론』7, 1991.

이인재, 「〈통도사지〉 '사지사방산천비보편'의 분석」, 『역사와 현실』8, 1992.

임영정, 「고려시대의 사역·공장승에 대하여」, 『가산이지관스님화갑기념논총 한국불교문화사상사』상上, 1992.

이재창, 『한국불교사원경제연구』, 불교시대사, 1993.

김형수, 「고려전기 사원전 경영과 수원승도」, 『한국중세사연구』2, 1995.

김윤곤·송성안, 「고려시대 사원수공업에 관한 일검토」, 『경대사론』10, 경남대, 1997.

하일식, 「해인사전권과 묘길상탑기」, 『역사와 현실』24, 1997.

배상현, 『고려후기 사원전연구』, 국학자료원, 1998.

이상선, 『고려시대 사원의 사회경제 연구』, 성신여자대학교 출판부, 1998.

한기문, 『고려사원의 구조와 기능』, 민족사, 1998.

김병인, 「고려시대 사원의 교통기능」, 『전남사학』13, 1999.

김윤곤, 『한국 중세 영남불교의 이해』, 영남대학교 출판부, 2001.

송성안, 「고려후기 사원수공업의 공장과 수공업장」, 『한국중세사회의 제문제 – 김윤곤교수정년기념논총』, 2001.

정동락, 「고려시기 낙산사의 사원경제에 대한 검토」, 『한국중세사회의 제문제 – 김윤곤교수정년기념논총』, 2001.

최영호, 「고려시대 사원수공업의 발전기반과 그 운영」, 『국사관논총』95, 2001.

구산우, 「고려시기의 촌락과 사원 – 재가화상·수원승도의 실체와 관련하여」, 『한국중세사연구』13, 2002.

송성안, 「고려후기 사원수공업의 성격」, 『경대사론』12·13합집, 2002.

임영정, 「수원승도재고」, 『동국사학』37, 2002.

이경복, 「신라말 고려 초 대안사의 전장과 그 경영」, 『이화사학연구』30, 2003.

이병희, 「대각국사 의천의 주전론」, 『천태학연구』4, 2003.

배상현, 「송광사 소장 고문서에 나타난 고려 사원의 모습 – '수선사 형지기'를 중심으로」, 『한국중세사연구』17, 2004.

윤기엽, 「원간섭기 원황실의 보시를 통해 중흥된 고려사원」, 『보조사상』22, 2004.

전영준, 「고려시기 사원불사와 조력자」, 『역사민속학』20, 2005.

정용범, 「고려시대 사원의 상업 활동」, 『부대사학』30, 2006.

한기문, 「고려시대 비보사사裨補寺社의 성립과 운용」, 『한국중세사연구』21, 2006.

이병희, 『고려후기 사원경제 연구』, 경인문화사, 2008.

이병희, 『고려시기 사원경제 연구』, 경인문화사, 2009.

이병희, 「고려시기 사원의 술 생산과 소비」, 『역사와 세계』44, 2013.

III.

사회 영역

1 고려 특유의 행정 구역

향 · 부곡 · 소

향 · 부곡 · 소는 고려 시기에 전형적으로 발달한 지방 행정의 특이한 단위로, 개별성과 독자성을 가졌으며 지방관이 파견된 주현의 임내任內로 존재했다. 그곳에 거주하는 이들의 신분에 대해서 종전에는 천인으로 보았지만 지금은 양인으로 보는 견해가 유력하다.

향 · 부곡 · 소의 발생과 분포

향 · 부곡은 고려 이전 시기에 발생하여 고려 초 태조 때에 군현에 대한 개편이 이루어지면서 크게 재편되었는데[자료1] 태조 왕건에 저항함으로써 군현이 강등되어 부곡이 된 경우도 있었다. 이에 반해 소는 고려 때 비로소 출현했다. 향 · 부곡과 소는 발생 시점이 다르듯이 성격도 일정한 차이가 있었다. 그러나 고려 시기에 가장 전형적으로 발전하여 조선 시기에 소멸해간 점에서는 모두 일치한다.

향 · 부곡은 군이나 현으로 삼아 운영하기에는 토지와 인구가 적은 곳에 설정되었다.[자료2] 규모가 작기는 했지만 독자성을 인정해 군현의 하부 촌락으로 편제하지 않았다. 이에 비해 소는 특정한 물품을 생산할 필요에서 설정한 것이었다. 소에서는 금 · 은 · 동 · 철의 광산물이나 사絲 · 주紬 등의 직물, 종이 · 도자기 · 숯 · 먹 등의 수공업

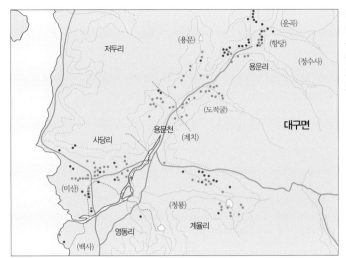

강진 청자 도요지. 전남 강진군 대구면의 용운리·계율리·사당리·수동리 일대에 청자를 생산하던 가마터가 널리 분포했다. 청자는 좋은 흙, 풍부한 땔나무, 그리고 개경으로 수송할 수 있는 교통로가 확보된 지점에서 생산했다. 대구면에는 고려 전체 시기에 걸친 요지가 분포하였다.

품, 생강·콩 등의 농산물, 소금과 물고기 등의 어염물을 생산했다.[자료2] 소는 대체로 조선 초의 '리里'·'촌村' 정도의 규모였지만 2개 이상의 리를 포함한 곳도 있었다.

향·부곡·소의 오늘날 위치를 찾아보면 향·부곡은 배산임수背山臨水를 지리적 조건으로 하고 있었다. 이런 위치이기 때문에 방어와 피난에 유리했으며 땔감과 식수를 조달하기에도 편리했다. 아울러 비교적 넓은 농지를 확보하고 있었으며 농업 용수를 쉽게 확보할 수 있어 농경에 매우 유리하였다. 수공업 소는 주변에 농경지를 가지고 있고, 주민의 생활 및 농경과 관련한 용수 공급원으로서의 하천과도 가까이 위치했다. 이런 입지에서 볼 때, 그 주민들도 대체로 농사에 종사한 농민들로 볼 수 있다.

향·부곡·소를 조선 초기 여러 지리지 자료를 근거로 정리해보면 이들은 하삼도 지역, 즉 경상·전라·충청도에 집중 분포되어 있었다. 『신증동국여지승람』을 기초로 도별 분포를 보면 경상도가 37%, 전라도가 29%, 충청도가 20%였다. 이들 세 지역을 합하면 전체의 86%를 차지했다. 그리고 군현 수가 540여 개인 데 비해 향·부곡·소의 수는 760개 정도가 되어 군현보다 향·부곡·소가 더 많았다.[자료3] 따라서 향·부곡·소의 인구가 적다하더라도 하나의 행정 구획으로 인정할 수 있는 정도는 되기 때문에 전체 주민 수는 상당하다고 볼 수 있다. 이런 측면에서 볼 때 이곳 주민이 천인이라면 당시 인구의 상당수가 천인이었다는 결론이 나오므로 그렇게 보기는 힘들다.

향·부곡·소의 민과 이吏

향·부곡이나 소는 토지와 인구의 규모에서 군현보다는 작았지만 하나의 행정 구획이었으므로 향리가 있었고 공해전시公廨田柴가 딸려 있었다. 그렇지만 대체로 향리의 수나, 공해전시의 규모에서 일반 군현보다 크게 열악했다.[자료4] 이곳에는 토착 세력인 향리가 있어 각기 향사鄕司·부곡사部曲司·소사所司에 모여 지방의 행정 사무를 처리했다.[자료5] 한편, 소는 별도의 행정 단위인 향·부곡과 달리 군현 내 촌락에 설정되었으며, 읍사와 장리가 존재하지 않았다고 보는 견해도 있다.

향·부곡·소에 거주하는 주민은 국학國學에 입학하거나 과거에 응시할 수 없었고 승려가 될 수도 없었다. 혼인에 따른 신분 귀속에서도 천인과 같은 대우를 받는 측면이 있었다.[자료6~8] 일반 군현은 부곡으로 강등되는 것을 막고자 뇌물을 쓰기까지 했다. 이런 사항을 주목하여 이곳에 거처하는 이들을 천인으로 이해해 왔고 지금도 그러한 입장을 견지하는 연구자도 있지만, 현재는 양인으로 이해하고 다만 일반 양인에 비해 낮은 지위이기 때문에 양인 하층 또는 천역 양인賤役良人으로 보아야 한다는 견해가 지지를 받고 있다. 그곳에 거처하는 민들은 대부분 농경에 종사하면서[자료9·10] 특정한 역을 졌다. 향·부곡민은 국가 공유지를 경작하는 역을, 그리고 소의 민인들은 특수한 물품을 생산 제조하는 역을 지고 있었다.

동·철·금·은이나 자기·기와, 종이와 먹, 실과 옷감 등 수공업소 제품 생산은 매우 전문적인 기술을 요구한다. 고급 기술을 가진 장인, 노역을 제공하는 일반민도 있었다. 아마도 소에서 국가가 요구하는 물량을 제때 공급하기란 매우 고단한 일이었을 것이다. 대구소와 같은 자기소의 경우 품질이 낮은 청자를 중심으로 민간 수용에 부응하기 위한 사적 생산이 이루어졌을 수도 있지만 대부분의 소는 납부해야 하는 물량을 생산하기 버거웠을 가능성이 높아 보인다.

망이·망소이가 난을 일으킨 명학소의 성격에 대해서는 논란이 있다. 숯을 생산하는 탄소로 보는가 하면 철을 생산하는 철소로 보기도 한다. 국가에서 필요로 하는 고급 차는 다소茶所를 두어 생산하게 했다. 다소는 지리산 자락에 주로 설정되었을 것이다. 차는 소민들이 집단 동원되어 생산했을 것이다. 어량소는 신선도가 중시되는 물고

기나 조개 등의 해산물을 생산하는 곳인데, 생산을 위해 대나무와 기타 재료를 이용하여 만든 발을 설치했다. 어량소는 대체로 개경에 가까우면서도 어량이 풍부한 일부 지역에 설치했다.

향·부곡·소에 거주하는 주민의 사회적 처지가 모두 동일하지는 않았다. 향리들은 토호적 위치에 있었고, 일반 민들은 향리의 통제를 받는 처지에 있었다. 이곳의 향리들도 토성土姓을 분정받아 토성을 가지고 있었다. 그런데 토성의 수가 일반 군현보다 적어, 향리 집단의 수가 군현보다 적었음을 알 수 있다. 향·부곡·소를 관할하는 토착 향리들은 지방관이 파견된 주현으로부터 여러 가지 간섭과 통제를 받았으며 경제적 침탈도 받았던 것으로 판단된다.

그런데 향·부곡·소는 고정된 채로 있는 것이 아니었다. 군현으로 승격되는 예가 적지 않았다. 군현으로 승격되는 경우는 통상 국가에 공이 있는 자가 출현하거나 고위 관인을 배출하는 경우로 극히 한정되었다.[자료11·12] 향·부곡·소는 군현으로의 승격을 바랐지만 실제로 승격된 예는 많지 않았다. 반대로 군현이 향·부곡·소로 강격降格되는 예도 종종 있었다. 승격과는 반대로 국가에 해를 끼치거나 반역한 인물이 나왔을 때였다.[자료13] 이렇게 강격되는 경우, 주민들은 군현으로 복귀시켜줄 것을 강력히 희망했다.

향·부곡·소의 해체와 소멸

향·부곡·소는 고려 중기 이후 심각하게 동요했다.[자료14·15] 그곳에 살던 많은 민인들이 조세·역역·공부 등의 과중한 수탈과 열악한 사회적 처지로 인해 떠나갔다. 그들은 살고 있던 향·부곡·소를 떠나 권세가에 몸을 의탁하기도 했고 임자 없는 땅으로 옮겨가 경지를 개간하면서 신생촌新生村을 이루기도 했다. 그리하여 조선 초에 조사된 지리지에 따르면 이곳에서는 군현보다 훨씬 많은 망성亡姓이 나타난다. 특히 소는 정해진 물량을 납부하는 것이 매우 힘들었으므로 소의 주민은 그곳에서 이탈하고자 했다. 수탈을 견디지 못하여 유망함으로써 소가 해체되었던 것이다. 국가 주도의 지방 제도 개편도 향·부곡·소의 소멸을 초래하는 요인이었다. 국가는 일관되게 재지 세력의 영향을 축소시키기 위해 군현에 지방관을 파견했으며 이런 조치의 연장선에서 이들이 소멸해 갔다.

이런 동요를 계기로 여말선초에 향·부곡·소는 대대적으로 정리되었다. 정리 과정은 주현 또는 속현으로 승격되는 경우, 이속移屬되는 경우, 혁파되어 직촌화直村化하는 경우로 나눌 수 있다. 군현에 승격되는 경우는 1개의 향·부곡·소가 단독으로 되는 예는 드물었고, 몇 개의 향·부곡·소가 합해져 승격되는 예가 많았다. 그리고 조선 초 군현이 통폐합되고 속현이 사라지면서 향·부곡·소는 소속되었던 주읍主邑이 바뀌어 다른 군현에 소속되는 경우도 많았다. 그러나 대다수는 그대로 존속되면서 군현의 직촌이 되었다. 이런 과정을 통해 향·부곡·소는 소멸되었다.

향·부곡·소의 소멸 해체는 지방 행정 단위가 모두 군현으로 편제되는 결과를 가져왔다. 이에 따라 고려 시기에 주현—속현—향·부곡·소의 중층적인 지배, 단계적인 지배가 사라지고 제일적齊一的 지배가 실현되기에 이르렀다. 이런 변화는 물론 향·부곡·소민의 성장 저항의 결과였다. 소의 경우는 생산력이 지역적으로 고루 발전했다는 사실을 전제로 해체되었을 것이다. 주거 공간의 변화도 한몫했다. 고려 시기까지 사람이 머물러 살기에 유리한 곳에 거촌巨村이 발달해 있고, 이 거촌을 중심으로 군현을 설정하고 향·부곡·소를 두었다. 중간중간에 사람이 살기 불편한 곳은 주민이 없는 상태였다. 이 빈 공간을 개발하여 많은 촌락이 생기면서 그동안 거촌을 중심으로 편제된 것이 없어지고, 공간을 구획으로 나누는 일률적인 군현제를 편성할 수 있었다. 곧 사람이 살지 않던 지역에 새로운 촌락이 다수 생겨나자 고을마다의 개별성과 독자성을 인정하면서 편제했던 지방 행정 구획을 새로 정해야 했다. 그리하여 군현 아래에 방위 개념이 강한 면面이 자리 잡았다.

자료1

공성현功城縣. 본래 신라 대병부곡大幷部曲인데, 고려 초에 지금의 이름으로 고쳤으며 현종 9년(1018)에 (상주목에) 내속來屬했다.

原文 功城縣 本新羅大幷部曲 高麗初 改今名 顯宗九年 來屬

＿ 『고려사』권57, 지11, 지리2, 공성현

자료2

신라가 주군을 설치할 때 그 전정과 호구가 현을 이룰 규모가 아니면 향이나 부곡을 설치하여 소재읍에 소속하게 했다. 고려 때는 '소所'라는 것이 있는데, 금소 · 은소 · 동소 · 철소 · 사소[실] · 주소[비단] · 지소[종이] · 와소[기와] · 탄소[숯] · 염소[소금] · 묵소 · 곽소[미역] · 자기소 · 어량소[물고기] · 강소[생강] 등의 구별이 있어서 각기 그 생산물을 바쳤다. 또 '처處' · '장莊'이라는 것이 있어 각 궁전 · 사원 · 내장택에 예속되어 세금을 내도록 했다. 위와 같은 곳에도 모두 토성의 아전과 백성이 있었다. 김부식이 편찬한 『삼국사』주1 지리지는 모두 싣지 못했고, 정인지가 편찬한 『고려사』도 마찬가지다. 이제 이미 저명한 성씨는 그 본관을 싣지 않을 수 없으므로 『주관육익』주2에 의거하여 증거대었는데, 지금 상고할 수 있는 것은 겨우 열에 한둘이고 모두 각 고을의 고적조에 들어가 있다.

주1 『삼국사』: 고려 인종 때 김부식이 중심이 되어 편찬한 『삼국사기』.

주2 『주관육익』: 공민왕 대 김지金祉가 찬한 것인데, 지리에 관한 내용이 풍부하게 수록되어 있다.

原文 新羅建置州郡時 其田丁戶口 未爲縣者 或置鄕 置部曲 屬于所在之邑 高麗時 又有稱所者 有金所 銀所 銅所 鐵所 絲所 紬所 紙所 瓦所 炭所 鹽所 墨所 藿所 瓷器所 魚梁所 薑所之別 而各供其物 又有稱處 又有稱莊者 分隷又各宮殿寺院 及內莊宅 以輸其稅 右諸所 有土姓吏民焉 金富軾撰三國史地理志 不復具錄 而鄭麟趾撰高麗史 亦因之 今旣著姓氏 則其姓氏所本之地 不可不載 故據周官六翼而質之 當今有所可攷者 纔十之一二 並附入于逐邑古蹟之下云

＿ 『신증동국여지승람』권7, 여주목驪州牧, 고적古跡, 등신장登神莊

	경기	충청	경상	전라	강원	황해	평안	함경	합계
주읍 수	37	54	66	59	26	24	42	22	330
속군 수	5	7	44	2	12	0	0	2	72
폐현廢縣 수	18	13	19	65	8	5	2	11	141
향 수	11	21	32	50	3	7	6	0	130
부곡 수	18	69	209	78	10	0	3	0	387
소 수	7	61	42	90	33	10	0	0	243
처處 수	14	9	2	3	3	4	0	0	35
장莊 수	4	2	1	0	1	1	0	0	9
역驛 수	54	71	158	60	82	31	39	54	549

이수건, 『조선시대 지방행정사』, 민음사, 1989, 113쪽.

자료4

주州·부府·군郡·현縣·관館·역驛의 전田을 정했다. 1,000정丁 이상 주현은 공수전公須田[주3] 300결, 500정 이상은 공수전 150결, 지전紙田[주4] 15결, 장전長田[주5] 5결, 200정 이상은 결락, 100정 이상은 공수전 70결, 지전 10결, 100정 이하는 공수전 60결, 장전 4결, 60정 이상은 공수전 40결, 30정 이상은 공수전 20결, 20정 이하는 공수전 10결, 지전 7결, 장전 3결이다.

향·부곡은 1,000정 이상은 공수전 20결, 100정 이상은 공수전 15결, 50정 이하는 공수전 10결 지전 3결 장전 2결이다.

原文 定州府郡縣舘驛田 千丁以上州縣 公須田三百結 五百丁以上 公須田一百五十結 紙田十五結 長田五結 二百丁以上 缺 一百丁以上 公須田七十結 紙田十結 一百丁以下 公須田六十結 長田四結 六十丁以上 公須田四十結 三十丁以上 公須田二十結 二十丁以下 公須田十結 紙田七結 長田三結 鄕部曲 千丁以上 公須田二十結 一百丁以上 公須田十五結 五十丁以下 公須田十結 紙田三結 長田二結

— 『고려사』권78, 지32, 식화食貨1, 공해전시公廨田柴, 성종 2년 6월

주3 공수전公須田 : 공해전의 한 종목으로 관청의 일반적인 운영 경비와 외관 녹봉의 재원을 마련하는 토지.

주4 지전紙田 : 관아에 예속된 공장工匠이나 공지호供紙戶에게 종이를 납부한 대가로 지급한 위전.

주5 장전長田 : 호장층이 읍사邑司에서 업무를 논의하거나 집행할 때 필요한 비용을 조달하는 토지인 듯하다. 호장에게 지급한 토지로 보기도 한다.

자료5

(최사위가 아뢰기를) "여러 주현州縣의 장리의 칭호가 혼잡하니 지금부터 여러 군현

이상의 이吏는 호장戶長이라 하고, 향·부곡·진津·정亭·역驛의 이吏는 다만 장長이라 칭하십시오."라고 하니, 이를 따랐다.

原文 諸州縣長吏 稱號混雜 自今 郡縣以上吏稱戶長 鄕部曲津亭驛吏 只稱長 從之

_ 『고려사』권94, 열전7, 최사위崔士威

자료 6

주6 오역五逆 : 불가佛家의 말로, 지옥에 갈 원인이 되는 다섯 가지 악행惡行. 곧 아버지를 죽이는 것, 어머니를 죽이는 것, 아라한阿羅漢을 죽이는 것, 중의 화합을 깨뜨리는 것, 불신佛身을 상하게 하는 것 등이다.

주7 잡류雜類 : 각 관아의 말단 이속吏屬.

주8 잡척雜尺 : 고려 시기의 천인인 수척水尺, 화척禾尺, 양수척楊水尺 등을 일컫는다.

판하기를, "오역五逆주6·오천五賤·불충不忠·불효不孝·향鄕·부곡部曲·악공樂工·잡류雜類주7의 자손은 과거에 응시하는 것을 허락하지 않는다."라고 했다.

原文 判 五逆五賤不忠不孝鄕部曲樂工雜類子孫 勿許赴擧

_ 『고려사』권73, 지27, 선거1, 과목1, 정종靖宗 11년 4월

자료 7

군현인과 진·역·부곡인이 혼인하여 낳은 자식은 모두 진·역·부곡에 속하게 한다. 진·역·부곡인과 잡척雜尺주8인이 혼인하여 낳은 자식은 반씩 나누어 속하게 하고 넘치는 수는 어미를 따른다.

原文 郡縣人 與津驛部曲人 交嫁所生 皆屬津驛部曲 津驛部曲 與雜尺人 交嫁所産 中分之 剩數從母

_ 『고려사』권84, 지38, 형법1, 호혼戶婚

자료 8

주9 삼사三司 : 재정을 담당하는 관청. 호부가 파악한 토지와 호구라는 국가 재정원을 바탕으로 하여 부세를 거두어 쓰는 일, 즉 재정 운영을 주관했다.

주10 밀성密城 : 오늘날 경상남도 밀양.

주11 전화田禾 : 사전적인 의미는 오곡五穀, 화곡禾穀, 벼를 뜻하지만, 여기서는 밭작물과 벼를 가리키는 듯하다.

향·부곡·진津·역驛·양계 주진州鎭에 편호된 사람은 승려가 되는 것을 금한다.

原文 禁鄕部曲津驛兩界州鎭編戶人 爲僧

_ 『고려사』권85, 지39, 형법2, 금령禁令

자료 9

삼사주9에서 말하기를, "지난해 밀성密城주10 관내의 뇌산부곡牢山部曲 등 세 곳은 홍수가 범람하여 전화田禾주11를 손상시켰으므로 청컨대 1년의 조세를 면제하십시오."라고 하니, 이를 따랐다.

原文 三司言 去年 密城管內牢山部曲等三所 大水 漂損田禾 請放一年租稅 從之

_ 『고려사』권80, 지34, 식화3, 진휼賑恤 재면지제災免之制, 정종靖宗 2년 6월

자료 10

삼사三司가 아뢰기를, "동경東京[주12] 관내의 주·군·향·부곡 19곳은 작년의 오랜 가뭄으로 인해 민이 많이 굶주리고 있습니다. 청컨대 영문令文에 의거해서 사분四分 이상의 손실에 대해서는 조租[주13]를 면제하고, 육분六分 이상의 손실에는 조租와 조調[주14]를 면제하고, 칠분七分 이상의 손실에는 과역課役을 모두 면제하되, 이미 바친 자는 내년의 조세를 감해주십시오."라고 하니 왕이 제制하여 좋다고 했다.

原文　三司奏 東京管內州郡鄕部曲十九所 因去年久旱 民多飢困 乞依令文 損四分以上免租 六分以上 免租調 七分以上 課役俱免 已輸者 聽折減來年租稅 制可

_「고려사」권80, 지34, 식화3, 진휼, 재면지제, 숙종 7년 3월

주12 동경東京 : 신라의 도읍으로 오늘날 경상북도 경주.

주13 조租 : 조세租稅, 전조田租를 가리킨다.

주14 조調 : 포布 또는 조포調布를 가리킨다. 조調와 공물의 관계에 대해서는 조와 공물을 동일한 세목으로 보는 견해, 조와 공물을 별개의 세목으로 보는 견해, 조가 공물에 포함된다고 보는 견해가 있다.

자료 11

익안폐현翼安廢縣 … 충주의 다인철소多仁鐵所인데, 고려 고종 42년에 토착인이 몽골병을 막는 데 공이 있어 현으로 승격시켰다.

原文　翼安廢縣 … 本多仁鐵所 高麗高宗四十二年甲寅 以土人禦蒙古兵 有功 陞爲縣

_「신증동국여지승람」권14, 충주목, 고적古跡

자료 12

유청신柳淸臣은 초명初名이 비庇이며, 장흥부 고이부곡高伊部曲 사람이다. 그 조상은 모두 부곡의 이吏가 되었다. 나라의 제도에 부곡리部曲吏는 비록 공이 있더라도 5품을 넘을 수 없다고 했다. … 몽골어를 익혀 여러 차례 원에 사신으로 가서 잘 응대했다. 이로 말미암아 충렬왕의 총애를 받아 낭장郎將[주15]에 임명되었다. 교教하기를, "유청신은 조인규趙仁規[주16]를 따라 힘을 다해 공을 세웠으므로 비록 그의 가세가 마땅히 5품에 한정해야 하나 그 본인에게는 3품까지 허용하며, 또한 고이부곡을 고흥현高興縣으로 승격하라."고 했다.

原文　柳淸臣 初名庇 長興府高伊部曲人 其先皆爲部曲吏 國制 部曲吏 雖有功 不得過五品 … 習蒙語 屢奉使于元 善應對 由是 爲忠烈寵任 補郎將 敎曰 淸臣隨趙仁規 盡力立功 雖其家世 當限五品 且於其身 許通三品 又陞高伊部曲爲高興縣

_「고려사」권125, 열전38, 유청신

주15 낭장郎將 : 정6품의 무관으로 2군 6위에 소속된 장교.

주16 조인규趙仁規 : 원 간섭 시기에 몽골어를 익힌 통역인으로 출세하여 세력을 떨친 대표적인 인물.

주17 대성臺省 : 중서문하성의 낭사와 어사대를 일컫는 것으로 대간臺諫이라고도 했다. 시정의 득실을 논하고 관료의 불법 탐학을 논죄하며 서경권을 갖고 있었다.

주18 적적賊 : 여기서는 삼별초를 가리킨다. 1270년에 왕실이 개경으로 환도하자 삼별초는 대몽 항쟁의 기치를 내걸고 봉기하여 곧바로 전라도 진도로 옮겨갔다. 당시 경상도 밀양에서 진도에 근거하고 있던 삼별초에 호응하여 수령을 살해한 사건이 일어났다.

주19 상공常貢 : 군현 단위로 부과된 공물 중 매년 일정하게 규정된 것.

주20 계수관界首官 : 경京 · 도호부都護府 · 목牧의 수령 내지 그들이 관할하는 행정 구역.

주21 별공別貢 : 공물 가운데 중앙의 필요에 따라 수시로 부과되는 공물.

자료 13

귀화부곡소복별감歸化部曲蘇復別監을 두었다. 일찍이 대성臺省주17이 밀성密城 사람인 조천趙阡이 수령을 죽이고 적賊주18에 호응한 죄를 논하여 귀화부곡으로 강등시켰다. 밀성군 사람 박의朴義가 매를 길러 국왕의 총애를 받고 좌우에 뇌물을 바쳐 왕에게 이르기를, "밀성은 대읍으로 공부貢賦가 심히 많은데 부곡으로 강등시켜 진무할 자가 없으니, 그곳의 민이 이리저리 흩어지는 것을 막지 못할까 두렵습니다."라고 하니, 이런 명령이 있었다.

> **原文** 置歸化部曲蘇復別監 先是 臺省 論密城人趙阡 殺守應賊之罪 降爲歸化部曲 郡人朴義 以養鷹嬖於王 賂左右 白王曰 密城大邑 貢賦甚多 降爲部曲 而無鎭撫者 恐其民流散 莫能禦也 故有是命

_ 『고려사절요』권19, 충렬왕 2년 4월

자료 14

판判하기를, "경기의 주현들에서는 상공常貢주19 외에도 요역이 많고 무거워 백성들이 고통을 받아 나날이 점점 더 도망하여 떠돌아다니고 있으니, 주관하는 관청에서는 계수관界首官주20에 물어보고, 그들의 공물과 역의 많고 적음을 참작하여 결정하고 시행하라. 구리 · 철 · 자기 · 종이 · 먹 등 여러 소所에서 별공別貢주21으로 바치는 물건들을 지나치게 함부로 징수해 장인들이 살기가 어려워 도망하고 있다. 해당 기관은 각 소에서 별공과 상공으로 내는 물건의 많고 적음을 참작하여 결정한 다음, 왕에게 아뢰어 재가를 받도록 하라."고 했다.

> **原文** 判 京畿州縣 常貢外 徭役煩重 百姓苦之 日漸逃流 主管所司 下問界首官 其貢役多少 酌定施行 銅鐵瓷器紙墨雜所 別貢物色 徵求過極 匠人艱苦而逃避 仰所司 以其各所別常貢物 多少 酌定奏裁

_ 『고려사』권78, 지32, 식화1, 공부貢賦, 예종 3년 2월

자료 15

(중찬 홍자번이 올린 글 가운데) 여러 주현 및 향소부곡의 인리人吏 가운데 1호도 없는 경우가 많으니, 외방의 향리로서 권세에 의탁하여 피역하는 자는 모두 귀향시키도록 하십시오. 정리丁吏 역시 수를 줄여 귀환하게 하십시오.

原文 諸州縣及鄕所部曲人吏 無一戶者 多矣 外吏 依勢避役者 悉令歸鄕 丁吏亦令減數 歸還

— 『고려사』권84, 지38, 형법1, 직제, 충렬왕 22년 5월

출전

『고려사』

『고려사절요』

『신증동국여지승람』

찾아읽기

기타무라 히데토北村秀人, 「고려시대의 '소'제도에 대하여高麗時代の'所'制度について」, 『조선학보』50, 1969.

하타다 다카시旗田巍, 『조선중세사회사의 연구朝鮮中世社會史の硏究』, 호세대학출판국, 1972.

기무라 마코토木村誠, 「신라시대의 향 ─ 부곡제성립사의 재검토新羅時代の鄕 ─ 部曲制成立史の再檢討」, 『역사평론歷史評論』403, 1983.

김용덕, 『한국제도사연구』, 일조각, 1983.

이수건, 『한국중세사회사연구』, 일조각, 1984.

오일순, 「고려전기 부곡민에 관한 일시론」, 『학림學林』7, 1985.

김현영, 「고려시기의 소所에 대한 재검토」, 『한국사론』15, 서울대학교 국사학과, 1986.

박종기, 『고려시대 부곡제연구』, 서울대학교 출판부, 1990.

서명희, 「고려시대 철소鐵所에 대한 연구」, 『한국사연구』69, 1990.

김덕자, 「경기도내 향 부곡 소 촌락의 역사지리적 연구」, 『지리교육논집』26, 1991.

윤승남, 「고려후반기 향 · 소 · 부곡제의 쇠퇴와 그 철폐에 대하여」, 『역사과학』1991-4, 1991.

이우성, 『한국중세사회연구』, 일조각, 1991.

전병무, 「고려시대 은 유통과 은소」, 『한국사연구』78, 1992.

이병희, 「고려시대 전남지방의 향 · 부곡」, 『지방사와 지방문화』1, 1998.

김기섭, 「고려전기 소의 입지와 기능에 관한 시론」, 『한국중세사연구』7, 1999.

서성호, 「고려 수공업 소의 몇 가지 문제에 대한 검토」, 『한국사론』41 · 42합집, 서울대학교 국사학과, 1999.

이정신, 「고려시대 다茶생산과 다소茶所」, 『한국중세사연구』6, 1999.

이홍두, 「고려 부곡의 군현승격과 천인의 신분상승」, 『실학사상연구』10 · 11합집, 1999.

김난옥, 「고려시대 천사賤事 · 천역양인 연구」, 신서원, 2000.

김의환, 「부곡제의 연구현황에 대한 검토」, 『충북향토문화』11, 2000.

오일순, 「고려시대 역제役制와 신분제 변동」, 혜안, 2000.

윤경진, 「고려시기 소의 존재양태에 대한 시론」, 『한국중세사연구』13, 2002.

김기섭, 「고려 무신집권기 철의 수취와 명학소민의 봉기」, 『한국중세사연구』15, 2003.

이정기, 「고려전기의 부곡과 부곡인의 성격」, 『숙명한국사론』 3, 2003.

이희관, 「고려시대의 자기소와 그 전개」, 『사학연구』 77, 2005.

이홍두, 『한국 중세 부곡 연구』, 혜안, 2006.

김현라, 「고려후기 부곡제의 소멸과 사민 정책」, 『지역과 역사』 20, 2007.

이정신, 「고려시대 금은 채굴과 금소·은소」, 『역사와 담론』 57, 2010.

홍영의, 「고려시대 어량천택魚梁川澤의 존재와 수취구조」, 『한국학논총』 34, 2010.

김난옥, 「고려시대 소의 편제방식과 소민의 사회적 지위」, 『역사교육』 120, 2011.

박종기, 「고려시대 종이 생산과 소 생산체제」, 『한국학논총』 35, 2011.

전영섭, 「당·일본·고려의 부곡·가인家人·가노家奴 비교 연구 - 그 기원과 특징을 중심으로」, 『지역과 역사』 30, 2012.

이정신, 『고려시대의 특수행정구역 소所 연구』, 혜안, 2013.

2 향리, 향촌 사회를 이끌어가다

향리와 향촌 사회

고려 시기 향리층은 향촌 사회의 실질적 지배자였으며 향촌 사회를 이끌어가는 존재였다. 또한 지방관 예하隷下의 실무 행정 책임자로서 세습적인 지위를 보장받으며 일정한 직역職役을 담당했다. 이들은 흔히 중간 계층이라 불렸으며, 중앙의 관인을 공급하는 원천이기도 했다.

향리제의 성립

나말여초의 호족들은 중앙의 통제가 미치지 못했던 향촌 사회에서 자치권을 가지고 민중을 지배했다. 각 지방의 지배층을 이루고 있었던 호족층은 중앙 관제와 비슷한 관반官班 체제를 형성하고 독자적이고 주체적으로 지방을 통치했다. 고려 초 이래 이들 할거적인 지방 호족 세력을 중앙 통제 아래에 편제하는 것은 중요한 과제였다.

고려 초 지방관이 파견되기 이전에는 지방 행정은 향리에 일임되어 있었다.[자료1] 성종 2년에 향리직제가 새로이 개편되어 호장戶長, 부호장副戶長, 호정戶正, 부호정副戶正, 사史, 사병司兵, 병정兵正, 부병정副兵正, 병사兵史, 사창司倉, 창정倉正 등의 직제가 마련되었다.[자료2] 지방마다 차이가 있던 향리직제가 전국적으로 통일되기에 이르렀던 것이다. 그러나 아직 지방관을 12목에 파견하는 데 그치고 있을 뿐 대부분의 군현에는

사천매향비. 경남 사천시 곤양면 흥사리에 있는 고려 말기의 매향비로 1977년에 발견되었으며, 보물 제614호다. 우왕 13년(1387)에 매향한 곳에 세운 비석으로 4,100인이 결계結契하여 국태민안國泰民安과 미륵보살의 하생下生을 염원하는 총 204자의 축원문이 큰 바위 밑면(길이 1.6미터, 너비 1.2미터)에 새겨져 있다.

지방관이 파견되지 않아 향촌 사회를 지배하고 운영하는 실질적인 권한은 향리에게 있었다.

현종 때 지방 행정 제도가 정비되고 향리 제도도 개혁되었다. 우선 군현의 크기에 따라 향리 수가 정해졌다. 과다한 향리 수를 조정함으로써 그들에 대한 통제를 강화하려는 것으로 이해된다. 그리고 향리의 공복公服도 규격화해서 그들에 대한 체계적인 파악을 시도했다. 현종 때는 무엇보다도 지방관을 다수 파견하여 직접 향리에 대한 통제를 강화한 점이 주목된다.

문종 때는 향리에 대한 9단계 승진 규정을 제정했다.[자료3] 이에 따라 향리직의 질서 체계가 정연해졌고 이들에 대한 통제도 더욱 쉬워졌다. 이런 과정을 거치면서 향리의 정치적 · 사회적 지위가 한정되었지만, 그럼에도 불구하고 향촌 사회에서 갖는 그들의 권한과 지위는 상당했다. 지방관이 파견되는 주읍[主邑, 주현主縣]에서도 권한이 컸으며 지방관이 파견되지 않은 속읍[屬邑, 속현屬縣]에서는 더욱 강력했다.

향리의 위상

향리는 고려 초에 토성土姓을 분정받았으며 근거지를 본관으로 인정받았다. 각 고을의 유력층에게 분정된 것으로 보이는 토성은, 향리가 분정의 중심 대상이었다.

향리는 지방 사회의 실질적인 통치자로서 읍사邑司를 구성해 운영했다. 읍사에는 외관外官의 인신印信과 구별되는 별도의 인신이 있었다. 향리 가운데 중핵적 위치에 있던 것은 호장戶長이었다. 한 읍은 1인의 호장이 아니라 적어도 3~4명 내지 7~8명 이상의 호장이 읍사를 공동으로 관장하고 있었다. 향리 내부에는 몇몇 계층이 존재했으며 최고의 상층만이 호장직에 오를 수 있었다. 국가로부터 토성土姓을 분정받은 지방의 토호는 호장층이 중심이었다. 호장에게는 직전을 지급했던 듯하다.

향리의 최상층인 호장은 장인掌印의 기능을 담당하고 있었으며, 병가病暇가 백일이 되면 경관京官의 예에 의해 파직수전罷職收田되었다. 그리고 호장은 외관의 거망을 통해 상서성에서 직첩을 발급하도록 했는데 이는 부호장 이하의 향리가 사심관의 조언을 받아 외관이 임명하도록 한 것과 차이를 보인다. 호장은 이처럼 중앙 정부가 직접 관리하던 대상이었으며 이들에게 이하의 향리들이 맡겨진 상태였다.

호장 가운데 수호장[首戶長, 상호장上戶長]은 호장층의 대표로서 실제 장인掌印하는 존재였으며, 속현의 경우 실질적인 군현 운영의 대표자였다. 하지만 수호장은 여타 호장과 구분되는 존재가 아니었으며 여러 번 선임되기도 하는 등 보직 형태로 운영되었다. 안일호장安逸戶長은 일흔이 넘은 호장에게 부여한 직으로서 직전職田의 절반을 주도록 했는데, 이는 중앙 관료의 치사致仕에 준하는 것으로서 호장의 관직적인 성격을 반영하는 것이었다.

향리들은 지방 사회에서 문文 · 이吏를 겸비한 유일한 지식층이었으며 군현 행정을 세습적으로 맡았다. 향리는 지방 행정의 담당자로서 조세租稅를 거두어들이는 것은 물론이고, 이를 감면해주는 직임職任도 갖고 있었던 것 같다. 아울러 각 지방의 토산물을 중앙에 바치는 공부 징수의 책임도 지고 있었다. 때문에 징수가 여의치 않을 때에는 심한 고통을 받았을 것이다. 그리고 역역力役을 동원하고 전란戰亂을 겪을 때는 장교의 직무를 수행하여 군공軍功을 세우기도 했다.[자료4 · 5] 당시 전쟁은 수성전과 유격전에 의존한 지역 방어가 기본이었기 때문에 전쟁에서 향리가 수행하는 역할이 매우 컸다.

또한 향리들은 권농의 임무를 수행하기도 했고 지역민을 교화하기도 했으며 구휼에도 참여했다. 계층간의 결속을 위해 노력하기도 했으며 지역민을 동원해 불사佛事를 완수하는 일도 있었다. 탑이나 불상을 조성하거나 사원을 건립할 때 향리들이 주도하는 일은 흔했다. 향도香徒 조직이 불상, 종, 석탑, 사원의 조성이나 법회 등에 필요한 노동력과 경제력을 제공하는 경우에도 향리가 활동을 이끄는 경우가 많았다.

향촌 사회를 주도하는 위치에 있었기에, 국가는 향리의 동향에 깊은 관심을 가지고 대처하지 않을 수 없었다. 기인제其人制 · 사심관제事審官制는 기본적으로 이런 위상을 갖는 향리를 견제하기 위해 마련한 제도였다.

향리의 중앙 진출

토성을 분정받은 향촌 사회의 향리들은 고려 일대를 통해 중앙에 관인官人을 공급했다.[자료8] 향리층의 중앙 진출에는 여러 계기가 있었다. 상경유학上京留學 · 향공鄕貢 · 선군응모選軍應募 · 군공軍功 · 기인其人 등을 통해 문文 · 무武 · 이吏의 3계열로 진출해 역대 지배 세력을 공급했다.[자료7 · 8]

중앙으로의 진출은 고을의 격에 따라 상당한 차이가 있었다. 대읍大邑의 향리는 고려 초부터 귀족과 관인을 다수 배출했으나 중소 군현의 향리는 부진했다. 그리고 향 · 부곡 · 소의 경우는 무인 집권 이전까지는 거의 관인을 배출하지 못하다가 고려 후기에 극소수 진출했다.[자료9] 시기적으로 보면 호족 세력을 재정비한 10세기 후반, 무신란을 전후한 12세기, 원 간섭기, 고려 말에 향리의 중앙 진출이 가장 활발했다.

향리층의 위상 변화

무인 집권 이후 향촌 사회의 동요 속에서 향리의 위치가 크게 변했다. 무신란 이후 문신들이 대거 제거되었지만 행정 실무를 위해 새로운 관인들이 필요했으므로 실무형 관인을 등용했다. 이때 지방의 향리 상층부 인물들이 대거 중앙에 진출했다. 무인 정권기에 능문능리能文能吏로 표현되는 신진 관료가 많이 진출했는데 대부분 지방의 향리 출신이었다.

향리층의 활발한 진출은 원 간섭기에도 지속되었다. 이들은 중앙 정부에 새로운 분위기를 조성하고 개혁 정치에 적극 참여했다. 성리학을 적극 수용한 것도 이들이었다.

과거를 통한 진출 이외에도 고려 말에는 전쟁 수행을 통해서도 지위를 높여갈 수 있었다. 홍건적과 왜구의 침략으로 인해 지방 세력의 물적 · 인적 협조가 필요해지자 군공에 따라 허직인 첨설직添設職을 수여하였는데 이로 인해 향리의 사족화士族化가 진행되었다.

향리의 상층부는 이렇게 지위를 상승시켜 나간 반면, 향촌에 토착하고 있는 향리들

정도사 5층석탑 조성 형지기形止記. 1905년 폐사지의 5층석탑을 해체하여 서울 경복궁으로 옮길 때 탑 속의 유합鍮合 안에서 종이에 묵서墨書한 형태로 발견된 문서다. 이 형지기는 54행 2,000여 자에 이르는데, 현종 10년(1019)에서 현종 22년에 이르기까지 경산부京山府의 임내였던 약목군(오늘날 경상북도 칠곡군 약목면)의 향리와 백성들이 자기 지역 내의 정두사에 5층석탑을 건립하는 과정을 기록하였다.

은 처지가 크게 열악해졌다. 무인 정권의 등장, 몽골의 침입으로 민인이 유망하고 향촌 사회 질서가 동요하면서 향리가 수행하는 역은 고역화苦役化되었다.[자료10·11] 향리 역의 고역화는 향리의 유망을 가져왔다. 다수의 망성亡姓이 발생한 것은 이를 잘 나타낸다. 경상도와 전라도는 망성이 덜 발생했지만 두 도를 제외한 다른 지역은 망성율이 평균 40% 내외에 이르렀다.

그리고 향촌 사회에서의 주도적인 지위에도 변화가 있게 되었다. 전함품관前銜品官·한량품관閑良品官·유향품관留鄕品官·재지한산在地閑散 등으로 불리는 새로운 신분층인 품관이 향촌 사회에 대거 퇴거하면서 향리의 상위에 자리하게 되었다. 그에 따라 향리가 갖던 향촌 사회의 주도권도 눈에 띄게 약해졌다.

자료1

주1 토인土人 : 본토박이.

신라 말 각 읍의 토인土人주1에 능히 그 읍을 다스리고 호령하는 자가 있었는데 고려조 통합 이후에 직호를 사여하고 그들로 하여금 그 지방의 일과 백성들을 다스리게 했으니 이를 일러 호장이라 했다.

原文 羅末諸邑土人 能號令治邑者 麗朝統合後 仍賜職號 俾治其事治民者 稱戶長

_ 『연조귀감椽曹龜鑑』 안동김씨보安東金氏譜

자료2

주부군현의 이직吏職을 개정하여 병부兵部를 사병司兵으로 하고, 창부倉部를 사창司倉으로 하고, 당대등堂大等을 호장戶長으로 하고, 대등大等을 부호장副戶長으로 하고, 낭중郎中을 호정戶正으로 하고, 원외랑員外郎을 부호정副戶正으로 하고, 집시執事를 사史로 하고, 병부경兵部卿을 병정兵正으로 하고, 연상筵上을 부병정副兵正으로 하고, 유내維乃를 병사兵史로 하고, 창부경倉部卿을 창정倉正으로 했다.

原文 改州府郡縣吏職 以兵部爲司兵 倉部爲司倉 堂大等爲戶長 大等爲副戶長 郎中爲戶正 員外郎爲副戶正 執事爲史 兵部卿爲兵正 筵上爲副兵正 維乃爲兵史 倉部卿爲倉正

_ 『고려사』권75, 지29, 선거3, 향직鄕職, 성종 2년

자료3

판하기를, "모든 주현의 아전들의 첫 벼슬은 후단사後壇史이며, 두 번째 오르면 병사兵史 · 창사倉史가 되고, 세 번째 오르면 주부군현의 사史가 되며, 네 번째 오르면 부병정副兵正 · 부창정副倉正이 되며, 다섯 번째 오르면 부호정副戶正이 되고, 여섯 번째 오르면 호정戶正이 되며, 일곱 번째 오르면 병정兵正 · 창정倉正이 되며, 여덟 번째 오르면 부호장副戶長이 되고, 아홉 번째 오르면 호장戶長이 된다."고 했다.

原文 判 諸州縣吏 初職後壇史 二轉 兵倉史 三轉 州府郡縣史 四轉 副兵倉正 五轉 副戶正 六轉 戶正 七轉 兵倉正 八轉 副戶長 九轉 戶長

_ 『고려사』권75, 지29, 선거3, 향직, 문종 5년 10월

주2 통주通州 : 평안북도 선천군의 옛 이름.

주3 진위부위振威副尉 : 종6품이며, 무산계 제17위 등급.

주4 별장別將 : 정7품의 무반직.

자료4

통주通州주2의 진위부위振威副尉주3 호장 김거와 별장別將주4 수견은 경술년(현종 원년,

1010), 거란병의 내침을 당하여 굳건히 지켰고 또 그 대부마수大夫馬首를 사로잡았으므로 김거에게는 낭장郎將^{주5}을 가加하고 수견에게는 낭장郎將을 증贈했다.

주5 낭장郎將 : 정6품의 무반직.

> 原文 以通州振威副尉戶長金巨 別將守堅 當庚戌丹兵之來 堅壁固守 又禽其大夫馬首 加金巨郎將 守堅贈郎將
>
> _ 『고려사』권5, 세가5, 덕종 원년 2월

자료 5

판하기를, "모든 주에서 1품 별장別將은 부호장 이상으로, 교위校尉^{주6}는 병정兵正·창정倉正·호정戶正·창록정倉祿正·공수정公須正으로, 대정隊正^{주7}은 부병정副兵正·부창정副倉正·부호정副戶正·여러 단정壇正으로, 궁술과 시험을 쳐서 뽑아 보충하라."고 결정했다.

주6 교위校尉 : 50명을 조직된 오五伍라는 단위 부대의 장이며, 정9품의 무반직.

주7 대정隊正 : 25명으로 구성된 대라는 단위 부대의 장으로 교위 바로 아래에 위치한 무반직.

> 原文 判 諸州一品別將 則以副戶長以上 校尉 則以兵倉正戶正食祿正公須正 隊正 則以副兵倉正副戶正諸壇正 試選弓科 而差充
>
> _ 『고려사』권81, 지35, 병兵1, 병제兵制, 문종 23년 3월

자료 6

이영李永의 자字는 대년大年이니 안성군 사람이다. 그의 아버지 이중선李仲宣은 그 군의 호장으로 있었는데 경군으로 선발되었다. … 숙종 때 을과乙科에 급제하고 직사관直史館^{주8}으로 임명되었다.

주8 직사관直史館 : 시정時政의 기록을 관장하는 춘추관의 관원.

주9 숭선嵩善 : 경북 선산군의 옛 이름.

> 原文 李永 字大年 安城郡人 父仲宣 以本郡戶長 選爲京軍 … 肅宗朝 擢乙科 直史館
>
> _ 『고려사』권97, 열전10, 이영

자료 7

태조가 후백제를 칠 때 숭선嵩善^{주9}에 이르러 종군할 사람을 모집했는데, 선궁이 이吏로서 응모했으므로 태조가 기뻐서 자기가 쓰던 활을 내려주면서 선궁이라는 이름도 함께 하사했다. 뒤에 공으로써 대광大匡^{주10} 문하시중門下侍中^{주11}이 되었고 … 맏아들 문봉文奉은 삼사우윤三司右尹^{주12}으로 고향에 돌아와 이吏가 되었으며, 둘째 아들 봉술奉術은 계승해서 시중이 되었다. 부府의 사족士族과 이족吏族이 모두 선궁의 후손들이다.

주10 대광大匡 : 9품 향직의 둘째 등급. 삼중대광, 중대광의 다음이며, 대승, 좌승의 위이다.

주11 문하시중門下侍中 : 중서문하성의 장관으로 종1품이며, 고려의 수상.

주12 삼사우윤三司右尹 : 삼사의 종3품 관직. 삼사는 돈, 곡식 등 나라의 재물을 관리하고 출납과 회계를 맡아보는 관청.

> 原文 太祖征百濟 至嵩善 募從軍者 宣弓 以吏應募 太祖喜賜所御弓 因賜名焉 後以功爲大

匡門下侍中 … 長子文奉 以三司右尹還鄕 爲吏 次子奉術 繼爲侍中 府之士族及吏族 皆宣弓之後

_ 『신증동국여지승람』권29, 선산도호부善山都護府, 인물

자료8

주13 제술과 : 고려 시기 과거를 대표하는데, 제술업감시製述業監試에서는 부부賦와 육운시六韻詩·십운사十韻詞로 간단히 시험을 치르고 이어서 예부시제술업부禮部試製述業에서 시詩·부賦·송訟·시무책時務策 및 논론·경학經學 등의 과목을 초장初場·중장中場·종장終場으로 구분하여 세 차례에 걸쳐 시험했다.

주14 명경과 : 『주역周易』·『상서尙書』·『모시毛詩』·『예기禮記』·『춘추春秋』 등 유교의 경전을 중심으로 시험보았다.

주15 상서성 : 나라 안의 온갖 정무를 나누어 맡은 상서6부를 관할하는 관청.

주16 국자감 : 개경에 설치되어 귀족의 자제들을 교육하는 기관.

주17 유청신 : 고흥 유씨이며. 원 간섭기에 통역관으로 많은 활약을 했다. 그가 원나라에 갔다가 올 때 호두 묘목과 열매를 가지고 와 우리나라에서 비로소 호두가 재배되기 시작되었다.

주18 장흥부 : 전라남도 장흥군.

주19 고이부곡 : 오늘날 전라남도 고흥군.

판위判하기를, "각 주현의 부호장 이상의 손자와 부호정 이상의 아들로서 제술과주13와 명경과주14 시험을 보려 하는 사람은 그곳 수령이 시험 쳐보고 서울에 천거하면 상서성주15과 국자감주16에서 심사하되 지은 시부詩賦가 격에 어긋나거나 명경에서 한두 궤机도 읽지 못할 경우에는 그를 시험 쳐 천거한 시험관에게 죄를 줄 것이다."라고 했다.

原文 判 各州縣副戶長以上孫 副戶正以上子 欲赴製述明經業者 所在官試 貢京師 尙書省國子監 審考所製詩賦 違格者 及明經不讀一二机者 其試貢員 科罪

_ 『고려사』권73, 지27, 선거, 과목1, 문종 2년 10월

자료9

유청신주17의 첫 이름은 비庀이며 장흥부주18 고이부곡주19 사람이고 그의 선대도 모두 부곡리部曲吏였다. 우리나라 제도로는 부곡리는 비록 공로가 있어도 5품을 넘지 못했다. … 교敎하기를, "유청신은 조인규를 따라서 힘을 다해 공을 세웠다. 비록 그 가세家世로 보아서는 5품으로 제한하여야 할 것이나 본인에게는 3품까지 허가한다."고 했으며 또 고이부곡을 고흥현으로 승격시켰다.

原文 柳淸臣 初名庀 長興府高伊部曲人 其先 皆爲部曲吏 國制 部曲吏 雖有功 不得過五品 … 敎曰 淸臣 隨趙仁規 盡力立功 雖其家世 當限五品 且於其身 許通三品 又陞高伊部曲 爲高興縣

_ 『고려사』권125, 열전38, 유청신

자료10

(중찬 홍자번이 올린 글 가운데) 하나. 주·현 및 향·소·부곡의 인리人吏로 1호戶도 없는 경우가 많습니다. 외리外吏가 세가勢家에 의지하여 역役을 피하는 자는 모두 귀향시키고 정리丁吏도 또한 수를 감하여 귀환케 하소서.

原文 一諸州縣 及鄕所部曲人吏 無一戶者 多矣 外吏依勢避役者 悉令歸鄕 丁吏 亦令減數歸還

_ 『고려사』권84, 지38, 형법1, 직제, 충렬왕 22년

자료 11

각 도에서 지난해 공부의 남은 부분을 추가 징수했더니 여미현리餘美縣吏[주20]가 고통을 견디지 못하여 스스로 목을 찔러 죽었다.

原文 追徵各道往年貢賦 餘美縣吏 不堪其苦 遂自刎.

― 「고려사」권78, 지32, 식화1, 전제田制, 공부貢賦, 충혜왕 후4년 7월

주20 여미현리餘美縣吏 : 여미현의 향리. 여미현은 오늘날 충청남도 서산군 운산면 일대.

출전

「고려사」

「신증동국여지승람」

「연조귀감」

찾아읽기

이순근, 「고려초 향리제의 성립과 실시」, 「김철준박사화갑기념사학논총」, 1983.

이훈상, 「고려중기 향리제도의 변화에 대한 일고찰」, 「동아연구」6, 1985.

박은경, 「고려후기 향리층의 변동」, 「진단학보」64, 1987.

나각순, 「고려향리의 신분변화」, 「국사관논총」13, 1989.

이수건, 「고려시대 '읍사邑司' 연구」, 「국사관논총」3, 1989.

홍승기, 「고려후기 사심관제도의 운용과 향리의 중앙진출」, 「동아연구」17, 1989.

나각순, 「고려 향리의 신분적 특성과 그 변화」, 「사학연구」45, 1992.

최종택, 「여말선초 지방품관의 성장과정」, 「학림」15, 1993.

이수건, 「고려시대 지배세력과 향리」, 「계명사학」8, 1997.

김갑동, 「고려시대의 호장」, 「한국사학보」5, 1998.

윤경진, 「고려전기 향리제의 구조와 호장의 직제」, 「한국문화」20, 1998.

윤경진, 「고려전기 호장의 기능과 외관外官의 성격」, 「국사관논총」87, 1999.

강은경, 「고려 호장제의 성립과 호장층의 형성」, 「한국사의 구조와 전개 - 하현강교수정년기념논총」, 혜안, 2000.

김수태, 「고려초기의 본관제도」, 「한국중세사연구」8, 2000.

홍승기, 「고려전기의 사심과 향리」, 「역사학보」166, 2000.

류창규, 「고려말·조선초 재지품관在地品官의 유형과 그 지위」, 「전남사학」17, 2001.

박경자, 「고려시대 향리연구」, 국학자료원, 2001.

연세대학교 국학연구원 「고려~조선전기 중인연구」, 신서원, 2001.

황희경, 「고려 장리의 직제와 그 변천」, 「전북사학」24, 2001.

강은경, 「고려시대 호장층연구」, 혜안, 2002.

김선옥, 「고려시기 향리의 무사적 성격」, 『청람사학』6, 2002.

박종기, 『지배와 자율의 공간 – 고려의 지방사회』, 푸른역사, 2002.

윤경진, 「고려초기 재지관반의 정치적 위상과 지방사회 운영」, 『한국사연구』116, 2002.

채웅석, 「여말선초 향촌사회의 변화와 매향활동」, 『역사학보』173, 2002.

구산우, 『고려전기 향촌지배체제연구』, 혜안, 2003.

류창규, 「고려후기 지방세력의 역학구조 – 재지품관층在地品官層과 향리층을 중심으로」, 『국사관논총』101, 2003.

노명호 외, 『한국고대중세 지방제도의 제문제』, 집문당, 2004.

노명호, 「고려시대 향리집단 속의 호장 이유」, 『한국사시민강좌』39, 2006.

김기섭, 『한국 고대 · 중세 호등제 연구』, 혜안, 2007.

하일식, 「신라말, 고려 초의 지방사회와 지방세력」, 『한국중세사연구』29, 2010.

3 관료 조직의 하층 구성원

남반과 서리

중앙의 관직 체계에서 문반과 무반이 핵심적인 관인층을 구성하였지만, 이들과는 구별되면서 하위에 편제되어 있는 층이 남반과 서리였다. 이들은 중간 계층으로 불리었다. 서리는 조선 시대와 달리 문반·무반으로 승진할 수 있었다.

남반의 직제와 위치

남반南班은 전중殿中의 당직이나 국왕의 호종 및 간단한 왕명 전달 등을 맡아 보는 궁중의 내료직이었다. 수는 많지 않았으나 문반·무반과 구별되어 하나의 반열을 이루고 있었으며, 직위도 대부분 품관品官으로 되어 있었다. 남반은 처음에는 4품까지 오를 수 있어서 무반과 차이가 별로 없었지만, 문종 때 이후 7품 이하에 한정됨으로써 양반과는 현격한 차이가 있게 되었다.[자료1~3]

남반의 소속 기구는 남북선휘원南北宣徽院과 각문閣門이었다. 두 기구는 성종 때 설치되었으며 목종 때는 두 기구가 비슷한 위상을 가진 기구로 병렬되어 있었다. 백관지百官志에 따르면 문종 때 남반 수는 36인이었다. 내전숭반內殿崇班이 정7품(4인), 동·서두공봉관東·西頭供奉官이 종7품(각 4인, 8인), 좌·우시금左·右侍禁이 정8품(각 4인,

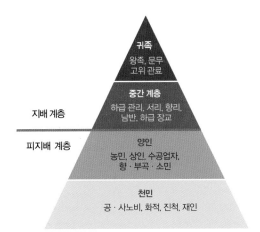

고려의 신분 구조. 고려의 신분은 크게 보아 지배 계층과 피지배 계층으로 나눌 수 있다. 지배 계층은 다시 왕족·문무 고위 관료 등의 귀족과, 하급 관리·서리·향리·남반·하급 장교 등 중간 계층으로 분류할 수 있다. 피지배 계층은 농민·상인·수공업자 등 양인과, 노비·화척·진척·재인 등 천민으로 나눌 수 있다. 향·부곡·소민을 전에는 천민으로 보았으나 근래에는 양인으로 본다.

8인), 좌·우반전직左·右班殿直이 종8품(각 4인, 합8인), 전전승지殿前承旨가 정9품(8인)이었다. 또한 전전부승지殿前副承旨, 상승내승지尚乘內承旨, 부내승지副內承旨가 있었는데, 이들은 남반의 초입사로初入仕路였다. [자료3]

문종 때 이후 동반직에 대한 수요가 급증하는 반면 근시 제도의 간소화와 단일화가 추진된 결과 선휘원을 폐지하고 각문 역시 남반직 관료가 아닌 동반직 관료로 대치함으로써 남반의 직제는 크게 위축되었다. 그리고 남반의 소속 기구도 액정국掖庭局으로 이첩되고 7품직인 내전숭반으로 낮춤으로써 남반의 위상은 상대적으로 낮아졌다.

남반은 이처럼 직능상이나 신분상에서 문무 양반에 견줄 만한 처지는 아니었다. 그렇지만 국왕의 측근에서 왕명을 출납하고 시위와 의례에 참석하는 중요한 기능을 가짐으로써 무반 다음으로 중시되었다. 남반은 태조의 후예로 한미寒微한 자, 양반의 수양자收養子 중 양천이 불분명한 자, 승려의 자손 등이 나아가는 사로였으며, 소수의 환자宦者 출신도 여기에 속했다. 이 가운데 하자 있는 문무 양반 가문의 자손이 남반에 서용되는 경우가 가장 흔했다. 이들은 관직 체계상의 지위는 낮았지만 국왕의 측근에서 활동했으므로 국왕의 신임을 배경으로 실력을 행사한 예도 없지 않았다.

내시內侍는 남반과 구분되는 부류이다. 조선 시대에는 환자가 내시직을 맡고 있었지만 고려에서는 과거에 급제하고 능문능재能文能才한 인재 가운데서 발탁된 경우가 대부분이었다. 이들은 궁중의 잡사雜事보다는 봉명사신奉命使臣·주사奏事·사행事行 및 집례執禮와 같이 비중 있는 업무에 종사했을 뿐 아니라 개별 내시마다 직함職銜에 따른 고유한 직무까지 수행했다. 내시는 넓은 식견을 가지고 왕의 시정에 참여하여 보필하는 정치 고문 역할도 했으며 외국 사신도 접대했다. 이들은 고속 승진의 특전을 갖는 선호 대상이 됨으로써 임기나 한품 서용과는 무관했다.

서리의 구성과 임무

서리胥吏는 중앙 각 관서에서 품관의 아래 자리에서 행정 실무에 종사하는 부류였다. 서리는 단순히 이吏 또는 이직吏職·연속掾屬 등으로 부르기도 하고, 또 보통 기록이나 문부文簿를 관장하는 도필刀筆의 임무를 띠고 있어 도필리刀筆吏라 부르기도 했다. 행정 운영의 측면에서 서리는 공문서를 생산, 정리, 보존하는 데 필수적인 관리였다. 서리는 문서를 작성하여 품관직 관원에게 결재를 받아 처리하는 단순 실무자에 그치지 않고, 사안에 따라서는 독립적인 책임도 갖고 있었다. 당시 공문서에는 문서 작성에 관여한 서리를 명시했는데, 이는 그 문서에 대한 책임의 표명이었다.

서리는 중앙의 각 관서에 다수 속해 있었다. 가장 중요한 관부였던 중서문하성에는 주사主事 6인, 영사令史 6인, 서령사書令史 6인, 주보注寶 3인, 대조待詔 2인, 서예書藝 2인, 시서예試書藝 2인, 기관記官 20인, 서수書手 26인, 직성直省 8인, 전리電吏 180인, 문복門僕 10인 등 도합 12직 271원이 배치되어 있었으며, 중추원에는 별가別駕 10인, 주사 10인, 시별가試別駕 2인, 영사 2인, 기관 8인, 통인通引 4인으로 도합 6직 36원이 설치되어 있었고, 상서호부에는 주사 6인, 영사 6인, 서령사 10인, 계사計史 1인, 기관 25인, 산사算士 1인으로 도합 6직 49원이 설치되어 있었다. 이밖에도 중앙의 거의 모든 관서에는 업무수행에 필요한 각종 명칭의 이속을 두고 있었다. 문종 때 중앙 관청 서리직의 종류는 43개, 전체 서리직 수는 1,483명에 이르렀다.

서리는 여러 종류가 있었으며, 각각 독자적인 직무를 분담했을 것이다. 주사나 영사·서령사는 문부文簿를 관장하는 직위였던 것 같고, 감작監作은 공작工作 관계의 일을 감독하는 직이었으며 주보는 국인國印 같은 어보御寶를 담당하는 직이었고, 기관은 기록을 맡았으며, 계사·산사는 회계를 담당한 것으로 보인다. 그리고 전리는 여러 관청과의 연락 관계상 신속히 일을 처리하는 사령직使令職이었던 것 같고, 문복은 성문의 수위를 주 임무로 하는 직이었으며, 그 밖에 상식국尚食局에 설치된 주선注膳은 주식主食 담당이었고, 상사국尚舍局 등에 설치된 막사幕士는 장설張設을 맡은 것으로 추측된다.

이처럼 서리는 다양한 일을 맡았는데, 그 기능에 따라 크게 일반직 서리와 기술직 서리, 특수직 서리로 나눌 수 있다. 일반직 서리는 각 관청의 문서를 작성하고 관리하는 부류로서 주사 · 녹사 · 영사 · 서사 · 서령사 · 사 등이 여기에 속했다. 반면 기술직 서리는 회계 및 계산이 주 임무인 중감 · 계사 · 시계사 · 산사, 필경이 주 임무인 서예 · 시서예 · 서수 · 전서서자 · 서자, 공작에 관여하는 감사 · 감작, 의약을 담당하는 의침사 · 주약 · 약동 · 주금사 · 주금공 등으로 분류할 수 있다. 특수직 서리는 별가 · 시별가 · 승지 · 승사랑 · 주보 · 대조 · 직성 · 지반 · 통인 · 공목 · 도아 · 청두 · 급사 등으로 각 관청의 특성에 따라 특별히 설치된 부류였다.

서리직은 주사 · 녹사 · 영사 · 사史 · 기관 등의 입사직入仕職과 장고掌固 등의 미입사직으로 구분되어 있었다.[자료4] 입사직은 반로班路를 따라 승진하여 품관으로 진출할 수 있었다. 서리는 또 과거를 통해 양반으로 진출할 수 있었다. 귀족 양반 자제들은 음서제를 이용해 일단 이직을 받았다가 다시 품관으로 승진하는 과정을 밟았다.[자료5~7] 고려 전기에 서리직에서 출발하여 지방관을 거쳐 중앙 관료가 되는 것은 어렵기는 하지만 가능한 일이었다. 일부이기는 하지만 서리에서 출발해 고위 관료까지 승진한 경우도 있었다. 그러나 고려 말 이후에는 서리직이 중앙 관료로 진출하는 일은 물론 지방관 진출도 거의 막히게 되었다. 입사직의 서리층은 이직을 맡고 있었으나 양반 신분층과 맞닿아 있었다는 면에서 조선조의 서리와는 확연히 구분된다.

일반직 서리는 대체로 입사직으로서 동정직 체계에 편입되어 관직 체계의 하부에 연결되어 있었다. 기술직 서리의 경우 서예 · 시서예 · 중감 · 계사 · 감사 · 감작 · 의침사 등은 입사직이었지만 서수 · 서자 · 산사 등은 미입사직이었다. 특수직 서리 가운데 별가 · 시별가 · 승지 등은 입사직이었던 반면 직성 · 지반 · 청두 · 통인 · 공목 · 도아 · 급사 등은 미입사직으로 잡직으로 불리었다. 서리직의 인사는 이부에서 담당했는데, 이부의 속관인 고공사에서는 매년 서리의 공과를 조사 기록하여 인사 이동의 자료를 제공하였다. 서리직은 현재 확인되는 자료를 보면 대부분 음서를 통해 임명되었다. 기술직 서리의 경우에는 그 직을 자손에게 계승하는 경우가 많았을 것으로 보인다. 서리는 세습에 의해 그 직이 모두 독점된 것은 아니었으며 고위 관료의 자제들을 비롯하여 향리 · 군인 등의 자제들도 서리로 진출했다.

미입사직 가운데 문복門僕 · 주선注膳 · 막사幕士 · 장수杖首 · 전리電吏와 같은 잡류雜類는 일정 기간 입역한 후 입사직으로 진출할 수 있었지만 품관과는 단절되어 있었다.

刑曹
掌法律詞訟詳讞之政太祖仍泰封之
制置義刑臺後改刑官有御事侍郎郎中貟
外郎成宗十四年改尚書刑部文宗定判事知部事
一人他官兼之侍郎二人正四品郎中二人
正五品貟外郎二人正六品又別置律學博
士一人從八品助教二人從九品忠烈王元
年改典法司仍改尚書判書撫郎為尚書
郎改中郎為判書佐郎二十四年忠宣王
宣改刑曹增三人其一以他官兼之一皆正
郎為貟外郎增三人其一以他官兼之正
為侍郎三十四年忠宣改獻部仍以監傳色
兼之中佐郎為

戸曹
讓王元年改版圖司仍復稱判書撫
郎正郎佐郎恭讓王元年改戸曹
令史六人書令史十人計史一人記官二十
人筭士一人守宮一人

高麗卷七十六 十七

『고려사』「백관지」에는 중앙과 지방의 행정 부서에 대한 설명이 실려 있다. 각 부서의 소속 관원을 기재한 뒤, 끝부분에 서리의 종류와 인원이 상세히 기록되어 있다. 자료의 형조 바로 앞에 호조 소속의 서리가 기재되어 있다.

이들 잡류의 자손은 처음에는 과거에 응시할 수 없었지만, 인종 때부터는 제한을 두지 않았다. 다만 잡류가 제술업과 명경업에 합격해도 5품 이상 진급하지는 못했다. 그리고 잡업을 통하여 과거에 급제하면 7품에 한정시켜 진급을 허용했다. 과거에 합격한 사람이 진급하는 데 한직의 제약을 받지 않던 향리와 비교하면 상당한 차별을 받은 것이 된다.

이상에서 살펴본 남반과 서리는 향리와 더불어 고려 시기 중간 계층의 대표적 존재이다. 이들은 지배층의 말단에 위치하고 있으면서 일반 양인들 위에 군림하는 위치에 있었다. 남반은 국왕이나 궁중의 일을 맡아 보았고 서리는 중앙 부서의 실무에 종사했다. 이들은 지위가 고정되어 있지 않고 여러 통로로 승진하여 문무 양반으로 편입되는 일이 많았다. 이 점은 조선 시기의 중인층이 양반으로 신분 상승하는 길이 차단되어 있었던 것과 대조된다.

자료1

주1 환자宦者 : 환관을 말하는데, 이들은 내전의 잡무에만 종사하도록 되어 있었다. 그 사로仕路는 남반에 한정되어 남반 7품에서 한품 되었고, 그 수도 10명 이내로 제한되었다.

주2 참직參職 : 3품 이하로부터 6품 이상의 참상직參上職

환자宦者^{주1} 김인선이 사직을 지킨 공이 있는데 그 관직이 남반 7품에 국한되어 있으므로 김인준이 참직參職^{주2}을 제수할 것을 청하자 왕 또한 제수하고자 했으나 후대 사람들이 제수하는 것을 전례로 삼을까 염려하여 마침내 허락하지 않았다.

原文　宦者金仁宣 有衛社之功 然其官極于南班七品 金仁俊請除叅職 王亦欲授之 恐後人援 以爲例 終不許

＿『고려사』권75, 지29, 선거3 고종 45년 7월

자료2

첨의부에서 상언上言하기를, "… 국제國制에 내료內僚의 직은 남반 7품에 한정되었으므로 이를 상식常式 7품이라고 하여 만약 큰 공로와 특이한 재주가 있으면 다만 상사賞賜를 더하고 5~6품에 올린 자는 없었다. 그런데 원종 때에 처음으로 그 길을 열어주었으나 장군과 낭장郞將에 임명한 것이 1~2명에 불과했다. 충렬왕이 즉위한 뒤에는 환자로서 공로도 없는 자들이 훌륭한 벼슬과 높은 직위를 차지하여 허리에 황색 가죽 띠를 두르게 되었으며 자손 대에 와서는 대성臺省과 정조政曹에 임명된 사람이 상당히 많았고 별장別將과 산원散員 같은 것은 그 수를 셀 수 없이 되었다."라고 하였다.

原文　僉議俯 上言 … 內僚之職 限南班七品 謂之常式七品 如有大功異能 只加賞賜 未有至 五六品者 元宗朝始通其路 然拜將軍郞將者不過一二 及忠烈卽位 內人無功者 拜豐官高爵 腰鞓 帶黃 至子孫 許通臺省政曹者 甚多 若別將散員 不可勝數

＿『고려사』권75, 지29, 선거3, 전주銓注, 한직限職, 충렬왕 2년 윤3월

자료3

남반의 직은 본래 7품으로 한정하고 직사원職事員은 모두 36인인데 내전숭반內殿崇班은 4인으로 하되 정7품으로 하고, 동서두공봉관東西頭供奉官은 각 4인으로 하되 종7품으로 하고, 좌우시금左右侍禁은 각 4명으로 하되 정8품으로 하고, 좌우반전직左右班殿直은 각 4인으로 하되 종8품으로 하고, 전전승지殿前承旨는 8인으로 하되 정9품으로 했다. 또 전전부승지殿前副承旨, 상승내승지尙乘內承旨, 부내승지副內承旨가 있어 남반의 초입사로初入仕路로 했다.

原文　南班之職 本限七品 職事員 凡三十六人 內殿崇班四人 正七品 東西頭供奉官 各四人

從七品 左右侍禁 各四人 正八品 左右班殿直 各四人 從八品 殿前承旨八人 正九品 又有殿前副
承旨 尙乘內承旨 副內承旨 爲南班初入仕路

_ 『고려사』권77, 지31, 백관2, 액정국掖庭局, 문종

자료4 서리직 구분표

분류	입사직入仕職 − 인리人吏					미입사직 未入仕職 − 하전下典 · 잡류雜類
서열	1	2	3	4	5	6
문반	주사主事 녹사錄事 별가別駕 대조待詔	영사令史 서사書史 감사監史 서예書藝 의침사醫針史 공목孔目	사史 서령사書令史 계사計史	기사記事	기관 記官	장고掌固, 주선注膳, 서자書者, 막사幕士, 서수書手, 소유所由, 산사算士, 문복門僕, 급사給使, 전리電吏, 정리丁吏, 장수杖首, 의사醫士, 대장大丈

자료5

양경兩京[주3]의 문무 양반 및 남반南班 · 정정[주4] · 잡로雜路로서 직을 지니고 있는 사람에게 각기 동정직同正職[주5]을 가하라.

原文 兩京 文武兩班 及南班正雜路 凡有職者 各加同正職

_ 『고려사』권12, 예종 3년 2월

자료6

문文 · 무武 · 정正 · 잡雜으로서 직을 가진 이에게 다음 차례의 동정同正[주6]을 가하라.

原文 文武正雜 凡有職者 加次第同正

_ 『고려사』권29, 세가29, 충렬왕 8년 5월

자료7

이직吏職[주7]의 복색은 서관庶官[주8]의 그것과 다름이 없었는데 다만 녹색 옷에 때로 짙고 옅은 차이가 있었다. … 성부省府[주9]에 이리를 임명하는 것은 유품流品[주10]에 한정시키지 않고 귀가貴家의 자제도 때로는 그것에 임명했다. 이제 이 청복靑服을 입은 사람은 바로 이리를 세습한 자일 따름이다.

原文 吏職之服 與庶官服色不異 但綠衣時有深淺 … 然省府補吏 不限流品 貴家之子弟 時

주3 양경兩京 : 개경과 서경을 가리키는 듯하다.

주4 정정 : 문무와 구분되는 정로正路는 서리의 사로仕路를 말한다.

주5 동정직同正職 : 문반 6품 · 무반 5품 이하에 해당하는 관직에 설정된 산직散職. 산직은 직사職事가 없는 허직虛職이다.

주6 동정同正 : 동정직.

주7 이직吏職 : 여기서는 서리직을 가리킨다.

주8 서관庶官 : 문무의 일반 관리.

주9 성부省府 : 여기서는 중서문하성을 가리키는 듯하다.

주10 유품流品 : 관리의 품계. 정1품에서 종9품까지 18품계를 통틀어 이르는 말이다.

亦爲之 今此靑服 當是吏之世襲者耳

__ 『고려도경』권21, 조예皂隸, 이직吏職

출전

『고려도경』

『고려사』

『고려사절요』

찾아읽기

이병도, 「고려 남반고」, 『서울대학교논문집』12, 1966.

김광수, 「고려시대의 서리직」, 『한국사연구』4, 1969.

홍승기, 「고려시대의 잡류」, 『역사학보』57, 1973.

김광수, 「중간계층」, 『한국사』5, 국사편찬위원회, 1975.

최운식, 「고려전기 내시와 왕권과의 관계」, 『동의사학』4, 1988.

오일순, 「고려후기 잡류층의 변화와 잡류직의 신역화」, 『실학사상연구』5, 1999.

최규성, 「고려 남반직의 성격변화에 대한 연구」, 『사학연구』58 · 59합집, 1999.

오일순, 「고려후기 잡류의 범위와 잡류층의 성격」, 『한국사의 구조와 전개 — 하현강교수정년기념논총』, 2000.

연세대학교 국학연구원, 『고려~조선전기 중인연구』, 신서원, 2001.

강은경, 「고려시기 공문서 관리체계에서 서리의 지위」, 『역사교육』89, 2002.

김재명, 「고려시대의 내시 — 그 별칭과 구성을 중심으로」, 『역사교육』81, 2002.

야기 다케시矢木毅, 「고려시대의 내시와 내료高麗時代の内侍と内僚」, 『조선학보朝鮮學報』184, 2002.

장희흥, 「고려후기 환관제의 정착과정과 지위변동」, 『사학연구』83, 2006.

이정훈, 「고려전기 내시와 국정운영」, 『한국사연구』139, 2007.

김난옥, 「고려 · 조선전기 잡류의 구성과 계층적 이질성」, 『한국사학보』40, 2010.

김보광, 「고려시대 내시의 운영과 문반관직」, 『역사와 현실』75, 2010.

4 기술관도 양반으로 승진하다
의관, 역관, 일관 및 기타 기술관

고려 시대의 기술관은 의관, 역관, 일관, 산관, 율관, 서관 등을 말하며 대개 해당 기술 관서의 실무를 맡았다. 이들은 각기 전문적인 소임을 담당하면서 당시의 과학과 기술 발전에 크게 이바지했다. 조선 시기에는 중인 신분을 구성하여 양반의 신분이 뚜렷하게 구분되었지만 고려 시기에는 이들이 문무 양반으로 승진할 수 있었다.

임무와 소속

고려 시기 기술관은 특수 분야의 전문 능력을 바탕으로 행정 실무를 맡아보던 관원이었다. 의관醫官은 왕실 및 백성의 질병을 치료하는 것이 주 임무였다. 관리들의 건강 검진, 약품의 제조나 토산 약재의 채취 및 품질 관리, 왕실에서 사용되는 음식물의 감독을 담당했으며, 다방茶房에서 왕실의 식용 차와 외국 사신 및 백관 등에 대한 향연이나 의식에 소용되는 차를 관리하는 일이나 전쟁 시 부상자의 치료 등도 맡았다. 지방에서 전염병이 발생하면 해당 지역에 파견되어 병자들을 치료하는 일도 그들의 임무였다.[자료1] 그리고 의학을 연구하여 의서를 편찬 간행하기도 했다.

의관은 중앙의 의료 기구인 상약국尙藥局과 태의감太醫監에 속했고 그 밖에도 동궁東宮, 한림원翰林院, 상식국尙食局, 다방에 소속되었으며, 각 군부대에서는 군의軍醫로, 사복사司僕司에서는 수의獸醫로 활동했다. 또한 국립 구료 기관인 동서대비원, 제위보, 혜민국과 서경의 분사태의감에도 소속되어 활동했다.[자료2]

역관譯官의 가장 중요한 임무는 외국에 가는 사신과 동행하며 통역하는 일이다. 고려는 국초부터 주변 국가들과 긴밀히 교류했으므로 통역은 매우 중요했다. 타국에서 오는 사신들을 접대하는 일도 중요한 소임이었다.[자료3] 또한 의사 전달자로서 사신으로 파견되거나, 그가 파견되었던 국가의 의사를 고려에 전하는 임무도 역관이 맡았다. 이런 임무 이외에 타국의 사정을 정탐하는 역할도 수행했다.

역관은 고려 전기에는 대외 관계의 업무를 직접 담당하는 기구의 하나인 예빈성禮賓省과 조회·의례에 관한 사무를 담당하고 있었던 각문閣門에 소속되어 있었다. 원 간섭기 이후에는 몽골어 역관이 많이 필요해지면서 역어도감譯語都監과 통문관通文館 그리고 한어도감漢語都監과 사역원司譯院 같은 역관 양성 기관이 설치되기도 했다.[자료4]

일관日官은 일日·월月·성星의 천체 변화를 상시 관측했으며 역서曆書를 편찬했다. 천재지변에 따른 변화나 기후의 변이도 관찰했고 국가 정책 또는 행사에 대한 길흉을 점치고 택일을 하기도 했다. 시간을 측정하고 알리는 일도 그들의 소관 사항이었다. 일관은 천재지변이 발생했을 때 재이災異를 물리친다는 구실 아래 왕의 수덕과 선정善政을 강조함으로써 민심을 수습하고 사회를 안정시키는 일도 했다.[자료5] 일관은 전기에는 사천대와 태사국에, 후기에는 서운관에 소속되어 활동했다.

율관律官·서관書官·산관算官은 국가 교육 기관인 국자감에서 교육을 받고 과거를 통해 등용되는 것이 원칙이었다. 이들이 전속된 독립된 관서는 보이지 않고, 이들을 필요로 하는 관서에 소속되어 활동했다. 율관은 율을 집행하고 영令을 시행하며 형벌의 심리 및 소송 등을 담당했다. 관리들에게 율령에 대해 자문을 하거나 검시 역할을 하는 것도 그들의 소임이었다. 지방관의 속관인 법조法曹에 율학박사나 율학조교를 역임한 율관이 파견되어 옥송을 처리하거나 외관의 법률적인 자문을 담당했다. 고려 초부터 형부에 율학박사와 조교를 두었으며 국자감에도 율학박사를 두어 율생들에게 율학 교육을 시켰다.

서관은 국가 행정상 필요한 여러 서사書寫의 사무를 맡았으며, 서적의 간행도 그들의 중요한 임무였다. 특히 왕실 및 왕실과 관련이 있는 비석의 글씨를 쓰거나 유교의 경전과 사서의 편찬, 불교 경전의 간행, 도참서·역서·의서의 편찬 시 서사의 업무도 담당했을 것이다. 이들은 서학박사書學博士, 전서박사篆書博士, 그리고 이속직으로 활동한 사실이 확인된다. 서학은 주로 중앙 교육 기관인 국자감에서 교육을 실시했다.

산관은 계산 능력을 소지한 기술관으로 국가 재정의 회계 및 계산을 담당하는 전문 인력이었다. 이들은 중앙관서 32개와 서경의 8개 관서에 배치되었는데, 이 가운데 전곡의 출납과 회계를 총괄하는 삼사에 가장 많은 수가 배속되었다. 또한 산관은 정밀한 계산을 해야 하는 역술에 관한 사무도 보았을 것으로 추측된다.

잡과 시취試取와 승진

고려 시대 기술관은 국가에서 실시하는 과거를 거쳐 관직에 등용되는 것이 원칙이었다. 그리고 이렇게 선발된 기술관은 여러 기관에 배치되어 관직을 받고 직위에 따른 임무를 수행했다.

고려 시대의 잡과는 『고려사』 선거지 서문에 "의醫, 복卜, 지리地理, 율律, 서書, 산算, 삼례三禮, 삼전三傳, 하론업何論業 등의 잡업이 있는데 각기 그 업으로 시험했다."고 하여 9종류만 들고 있으나 그밖에도 주금업呪噤業과 정요업政要業이 더 있어 모두 11종류였다. [자료6] 잡과에는 의관·일관·율관·서관·산관과 관련한 사항은 확인되지만 역과譯科는 보이지 않는다. 이는 역관이 양인 이상의 신분을 가진 사람을 대상으로 시취하여 등용하는 것이 원칙이었기 때문이다.

잡과는 제술 및 명경과와 마찬가지로 향공시[계수관시], 서경시[유수관시], 개경시를 거쳐 잡업감시를 거친 다음 동당잡업을 통과하도록 되어 있었다. 잡과 시취는 처음에는 여러 과업을 동시에 시행했으나 문종 33년(1079)에는 잡업 중에서도 삼례三禮, 하론何論, 정요업政要業 감시監試는 다른 잡업 감시 시기와 달리했다. [자료7]

잡업 응시 자격은 양인 이상의 자제로 특별한 결격 사항이 없는 자는 누구나 응시가 가능했던 것 같다. 잡과는 잡학을 공부한 양인 이상의 사람이 관원으로 진출할 수 있는 통로가 되었으며 이들의 사회적 지위를 상승시키는 촉매제가 되었다.

기술관 가운데 생명을 다루는 의관은 일관이나 역관보다는 원활하게 승진했던 것 같다. 의과를 거쳐서 의직醫職을 제수받은 의관은 의술에 정통할 경우 인정받고 승진했다. 의관은 적어도 10년 이상 의직을 두루 거쳐 최고직에 도달하면 문관의 고위직으로 임명받았을 것이다. 고려 후기에는 문관의 고위직인 재상에 오른 의관도 전기보다 늘어났다.

역관들은 고려 전기에 오랜 시일이 지났어도 품계가 오르지 않았는데 이는 당시 역관이 남반으로 등용되어 정7품까지 한품서용되기 때문이었다. 그러나 무신이 집권한 이후 점차 전주銓注가 문란해져 역관도 공로가 있으면 참직參職에도 임명되었다. [자료8]

원 간섭기에는 원과의 관계 때문에 역관의 활동이 중시되었으므로 이들이 무반직으로 등용되는 일이 많아졌다. [자료9·10] 무반직을 받고 무반직에서 최고위직까지 오른 뒤에 문반직을 제수받았고 심지어 재상까지 오른 자도 있었다. 정자전, 조인규, 유청신, 정지연 등은 역관으로 재상까지 오른 인물이다. [자료9·11] 특히 원 간섭기에 활동했던 역관들 가운데 원과 긴밀한 관계를 맺으면서 부원 세력으로 성장하고 나아가 정치에 관여하면서 입성 책동을 하거나 왕을 모함하여 고려 왕실을 약화시키는 등 고려 말기 정치에 막대한 영향을 끼친 인물이 적지 않았다.

고려 전기의 일관은 잡과인 복업과 지리업에 급제하여 등용되는 것이 원칙이었으나 반드시 과거를 통해 관직에 등용되지는 않았다. 일관은 관직에 임용이 되면 다른 관직으로 옮기지 않고 장기적으로 근무했는데, 이는 일관이 고도의 전문 지식을 요하는 기술관직이었기 때문이다.

고려 전기에 대부분의 일관들은 고위직으로 승진하기가 매우 어려웠고 일반 문반 고위직으로 진출하더라도 사천대의 판사, 태사국의 판사, 지국사를 겸하여 여전히 일관으로 인식되고 있었으며 종2품 이상의 재상급에는 거의 오르지 못한 것 같다.

사료에 나타나는 율관은 대부분 산직과 율학조교 및 율학박사를 거쳐 법조에 임명된 이들이었다. 여기에서 알 수 있듯이 명법업에 급제한 율관은 산직을 받거나 율학박사나 율학조교에 임명되었다가 외직인 법조에 임명되었던 듯하다.

명서업에 등제한 서관은 서업書業과 관련 있는 서학박사, 전서박사, 문사나 문학의 직을 맡았으며, 중앙 여러 부서의 이속吏屬인 서예書藝, 서수書手, 서사書史 등으로 진출하기도 했다. 서관이 혹 서업과 관련 없는 관서의 관원을 역임했다 하더라도 실제로는 서업 관련 사무를 보았을 것으로 생각된다.[자료12]

산관은 과거에 급제한 후 초직으로는 산학박사(종9품)에 임명되는 경우가 많았을 것이며, 타 관직에도 진출했을 것이다. 그러나 타 관직에 임명되더라도 산관과 관련된 업무에 종사했을 것으로 생각된다.

고려 전기에는 직제가 정비된 의관이 가장 원활하게 승진했으며 일관은 거의 오랜 기간 일관직 계통에서 근무했다. 그러나 후기에는 의관과 역관들 중에 문관으로 진출한 자들도 있고, 또 그중 일부는 재상까지 승진한 사람들도 여러 명 있었다. 고려 시기 기술관은 조선 시기의 경우보다 사회적 지위가 비교적 높은 편이었으며 고위직으로의 승진도 비교적 열려 있었다.

경제적 대우

기술관은 대부분 관직을 제수받았으므로 전시과 규정에 따른 토지를 분급받았으며 녹봉도 받았다. 그들은 관직상의 지위나 실질적으로 담당한 업무에 따라 국가로부터 전시와 녹봉을 차등 있게 지급받았다.

의관이 받은 전시는 문종 때를 기준으로 보면 같은 품계의 문관과는 큰 차별이 없었지만 무관보다 낮은 대우를 받았으며, 녹봉은 무관보다도 우대를 받았다. 원 간섭기 이후 이들이 무관직을 받았으며 나아가 권문세족으로 성장한 것으로 보아 경제적 지위가 상승했다고 하겠다.

일관은 천문과 음양에 관한 기술직에 복무한 대가로 국가로부터 품질에 따라 일정한 액수의 전시와 녹봉을 지급받았다. 일관은 목종 때는 같은 품계의 문반이나 무반에 비해 비교적 낮은 전시를 지급받고 있었다. 또한 문종 때는 같은 품계의 문반과 거의 차이는 없지만 같은 무반에 비해 전시와 녹봉을 적게 지급받았다.

율·서·산관의 경제적 지위를 정확히 파악하기 힘들지만 국가에 복무하는 대가로 전시나 녹봉을 받았다. 이들 중에서는 율관이 비교적 우대를 받았으며 다음은 서

개성 첨성대. 고려 시대에는 천문 관측을 위한 기관으로 서운관이 있었으며 천문 관측도 활발했다. 『고려사』 「천문지」에는 일식과 혜성의 출현이나 주요 행성들의 여러 가지 이상 현상이 상세히 기록되어 있다. 고려 시대 기술관이었던 일관日官은 해와 달, 별의 움직임을 세밀히 관측했으며 역서曆書를 편찬했다. 사진은 고려의 옛 궁성터인 만월대 서문 밖에 있는 고려 시대 천문 관측 건축물로, 첨성대였을 가능성이 매우 높다.

관, 산관 순이었다.

　기술관은 근무하는 대가로 전시나 녹봉을 지급받음으로써 관인으로서의 경제적 지위를 어느 정도 보장받았다. 그러나 대체로 잡과 출신으로 하급 관리에 그쳤기 때문에 문·무관에 비하여 전시와 녹봉을 적게 지급받았다. 그리고 사회 활동이나 정치 활동도 문무 양반보다 활발할 수는 없었다.

자료1

교敎하기를, "내 들으니 조정이나 민간의 양반, 평민들로서 병에 걸린 자들이 의원을 보지 못하고 약도 없어서 병을 고치지 못하는 자가 많다고 한다. 짐은 이들에게 의약醫藥을 일일이 주려고 한다. 그러나 종래에도 모든 사람들에게 모조리 은혜를 베풀었다는 사실은 없었다. 이제부터 중앙과 지방의 문관 5품, 무관 4품 이상 관리들의 질병에 대하여는 모두 해당 부서에서 자세히 적어서 보고하면 시어의侍御醫주1와 상약국尙藥局주2의 직장直長,주3 태의太醫주4 의정醫正주5 등 의료 관원들에게 약을 가지고 가서 치료하라고 할 것이다."라고 했다.

原文 敎曰 聞朝野士庶之病者 未能見醫 亦無藥物 不得瘳者 多矣 朕深欲遍賜醫藥 然往古亦無博施之文 自今 內外文官五品 武官四品以上 疾病 並令本司具錄以聞 遣侍御醫尙藥直長太醫醫正等 齎藥往治之

___ 『고려사』 권3, 세가3, 성종 8년 2월

자료2

동서 대비원東西大悲院. 문종 때에 사使는 각각 1명을 두며, 부사도 각각 1명을 두고, 녹사는 각각 1명을 두되 병과 권무주6로 할 것을 정했다. 이속吏屬으로서는 기사記事는 2명을 두되 의리醫吏를 파견하고, 서자書者는 2명을 두기로 했다. 충숙왕 12년에 왕이 교서를 내려 이르기를, "혜민국惠民局, 제위보濟危寶, 동서 대비원은 본래 사람들을 구제하기 위한 것인데 지금 다 무너졌으니 마땅히 이전대로 수리하여 질병을 고쳐 주도록 하라."고 했다.

제위보濟危寶. 광종 14년에 처음으로 설치했다. 문종 때에 부사副使는 1명을 두되 7품 이상의 관원을 임명하고 녹사는 1명을 두며 병과 권무로 할 것을 정했다. 공양왕 3년에 폐지했다.

혜민국惠民局. 예종 7년에 판관 4명을 두되 본업[本業, 의업]과 산직散職을 서로 교체하여 임명하며 을과 권무로 할 것을 정했다. 충선왕 때에 사의서司醫署주7의 관할 하에 두었다. 공양왕 3년에 혜민전약국惠民典藥局으로 고쳤다.

原文 東西大悲院 文宗定 使各一人 副使各一人 錄事各一人丙科權務 吏屬 記事二人 以醫吏差之 書者二人 忠肅王十二年 敎曰 惠民局濟危寶東西大悲院 本爲濟人 今皆廢圮 宜復修營醫治疾病

주1 시어의侍御醫 : 왕을 측근에서 모시는 전담 의원.

주2 상약국尙藥局 : 궁중의 어약을 관장하는 부서. 문종 때 규정에 따르면 봉어(奉御, 정6품, 1인), 시의(侍醫, 종6품, 2인), 직장(直長, 정7품, 2인), 의좌(醫佐, 정9품, 2인) 등의 관원이 속했다.

주3 직장直長 : 품계와 정원은 소속 관부에 따라 차이가 있었으나 대개 정7품이나 종7품으로서 1~2인씩 두었다. 여기서는 상약국 소속의 직장을 가리킨다.

주4 태의太醫 : 궁중에서 의약醫藥을 담당하는 관리.

주5 의정醫正 : 태의감太醫監의 종9품 관직.

주6 권무權務 : 고려 시기 정직正職의 소관 이외에 수시로 발생하는 사무를 처리하기 위해 설치한 임시 관직. 권무직에는 품관권무品官權務, 갑과권무甲科權務, 을과권무乙科權務, 병과권무丙科權務, 잡권무雜權務의 구분이 있다. 권무관은 주로 임시 관서의 성격을 띠는 여러 사司나 도감都監의 실무직에 종사했다.

주7 사의서司醫署 : 고려 시기에 의약과 치료를 맡아보던 관청. 목종 때 세운 태의감을 충렬왕 때 사의서로 고쳤고 나중에 다시 전의시로 이름을 바꿨다. 정3품 겸관인 제점提點 2명, 정3품 영令과 종3품 정正, 종4품 부정副正, 종5품 승丞, 종6품 낭郞, 종7품 직장直長을 각 1명씩 두었다. 그 밖에 종8품인 박사와 검약檢藥, 종9품인 조교助敎가 각 2명씩 있었다.

濟危寶 光宗十四年 始置 文宗定 副使一人七品以上 錄事一人丙科權務 恭讓王三年 罷

惠民局 睿宗七年 置 判官四人 以本業及散職 互差 乙科權務 忠宣王 爲司醫署所轄 恭讓王三年 改惠民典藥局

_『고려사』권77, 지31, 백관2

자료 3

(유석庚碩의) 임기가 만기되어 돌아가게 되었을 때에 3년만 유임해 주기를 청원했다. 그 후 소환되어 예빈경禮賓卿[주8]에 임명되어 몽골사관반蒙古使館伴[주9]을 했는데 통역원이 최이에게 유석은 예의를 지키지 못한다고 했으므로 연화도[주10]로 귀양 보냈다.

原文 秩滿當還 請借三年 召拜禮賓卿 爲蒙古使館伴 譯者 以失禮告怡 乃配蓮花島.

_『고려사』권121, 열전34, 양리良吏 유석庚碩

주8 예빈경禮賓卿 : 고려 시대 예빈시禮賓寺에 속한 종3품 관직.

주9 관반館伴 : 외국 사신의 영접·접대 임무를 관장하는 영접도감迎接都監의 주무관인 임시 관직.

주10 연화도蓮花島 : 경남 통영시 욕지면에 소재한 섬.

자료 4

십학十學. 공양왕 원년에 십학 교수관敎授官을 두고, 예학은 성균관에, 악학은 전의시典儀寺에, 병학은 군후소軍候所에, 율학은 전법시典法寺에, 자학字學은 전교시典校寺에, 의학은 전의시典醫寺에, 풍수음양학은 서운관書雲觀에, 이학吏學[주11]은 사역원司譯院에 각각 나누어 속하게 했다.

原文 十學 恭讓王元年 置十學敎授官 分隸禮學于成均館 樂學于典儀寺 兵學于軍候所 律學于典法 字學于典校寺 醫學于典醫寺 風水陰陽等學于書雲觀 吏學于司譯院

_『고려사』권77, 지31, 백관2, 제사도감각색諸司都監各色, 십학

주11 이학吏學 : 서리 등의 하급 관원이 각종 사무를 보는데 필요한 지식을 습득케 하는 과목. 여기서는 외교 사대 업무와 관련한 학인 듯하다.

자료 5

주12 승지承旨 : 밀직사의 정3품 관직으로 좌승지·우승지·좌부승지와 우부승지가 있었다.

주13 사의司議 : 사의대부司議大夫를 가리키는 듯하다. 사의대부는 중서문하성의 정4품 관직으로 고려 전기의 간의대부諫議大夫를 바꾼 이름이다.

주14 총랑摠郎 : 전리사典理司·군부사軍簿司·판도사版圖司·전법사典法司의 정4품 관직.

화성이 달을 가렸다. 문창유와 오윤부가 울면서 왕께 아뢰기를, "화성이 달을 가리는 것은 실로 예사 재변이 아니니, 승려에게 밥을 먹이고 부처를 섬기는 일만으로 물리칠 수 없습니다. 바라건대, 시행하는 일을 모두 삼가서 재변을 사라지게 하소서." 라고 하니, 왕이 승지[주12] 김주정, 사의司議[주13] 정가신과 함께 의논하고, 재추와 대성臺省에게 명하여 정치의 잘잘못을 의논해서 봉함을 올리게 하고, 이날 (궁궐을) 조성하는 인부들을 풀어 보냈다. 오윤부가 전법총랑典法摠郞[주14] 박인주에게 말하기를, "전법사에서 소송을 처결하는 것은 어찌 그렇게 지체하는 일이 많은가." 라고 하자 박인주

가 대답하기를, "내교內教와 판지判旨^{주15}가 빗발치듯 하니 어찌 지체되지 않을 수 있겠는가."라고 하니, 오윤부가 그 말을 왕께 고했다. 왕이 사람을 시켜 박인주에게 이르기를, "내가 어느 한쪽 말을 듣고 반드시 그 사람을 두둔하려는 것이 아니라, 누구나 고하는 자가 있으면 맡은 사람으로 하여금 이를 빨리 처결하여 주려고 명한 것인데, 어찌 사사로움을 위한 것이겠느냐."라고 하니, 박인주가 대답하기를, "만일 판지나 내교가 없는데도 신이 사정私情을 두고 송사를 처결했다면, 죄가 죽어 마땅하겠습니다."라고 했다.

原文 火星 食月 文昌裕 伍允孚 泣白于王曰 火星 食月 實非常之變 非飯僧事佛所能禳也 願愼厥施爲 以消灾變 王 與承旨金周鼎 司議鄭可臣議 命宰樞 臺省 論時政得失 實封以聞 是日 放造成役徒 允孚 語典法摠郞朴仁澍曰 典法決訟 何多留滯耶 仁澍曰 內教判旨如雨 安得不滯 允孚以告王 王 使語仁澍曰 我非以偏聽 必右其人 凡有告者 欲令有司 早爲剖決 故命之耳 豈爲私耶 仁澍對曰 若無判旨內教 而臣挾私決訟 則罪當死矣

_ 『고려사절요』권20, 충렬왕 5년 11월

주15 판지判旨 : 임금의 명령. 곧 교지教旨.

자료 6

학교로는 국자國子, 태학太學, 사문학四門學이 있었고 또 9재학당九齋學堂이 있었다. 율학, 서학, 산학은 모두 국자에 속했다. 과거에는 제술製述과 명경明經 두 과가 있었고, 의복[醫卜, 의학과 복학], 지리, 율학, 서학, 산학, 삼례三禮,^{주16} 삼전三傳,^{주17} 하론何論^{주18} 등 잡과가 있었는데 각기 그 전문 과목에 대하여 시험을 치고 출신出身을 주었다.

原文 其學校 有國子大學四門 又有九齋學堂 而律書筭學 皆肄國子 其科舉 有製述明經二業 而醫卜地理律書筭三禮三傳何論等雜業 各以其業 試之 而賜出身

_ 『고려사』권73, 지27, 선거1

주16 삼례三禮 : 삼례업을 가리키며, 잡과의 한 종류. 경서의 일부를 보이지 않게 하고 그 대문을 알아맞히게 하는 첩경貼經과 독경讀經으로 시험을 치렀는데 『예기禮記』를 대경大經으로, 『주례周禮』와 『의례儀禮』를 소경小經으로 삼았다.

주17 삼전三傳 : 삼전업을 가리키며, 잡과의 한 종류. 시험 과목은 춘추삼전春秋三傳이 출제되었으며 『좌전左傳』을 대경大經으로, 『공양전公羊傳』과 『곡량전穀梁傳』을 소경으로 삼았다.

자료 7

판判하기를, "삼례, 하론, 정요政要과^{주19}들의 감시는 모든 과의 시험을 다 끝낸 뒤에 국자감이 해당 과의 시험관과 함께 집행하라."고 하였다.

原文 判 三禮何論政要業監試 於諸業畢試後 國子監與本業員 試取

_ 『고려사』권73, 지27, 선거1, 과목1 문종 33년 6월

주18 하론何論 : 하론업을 가리키며, 잡과의 한 종류. 1일은 진서주장眞書奏狀, 2일은 끽산喫算으로 첩경하고, 3일 이후는 『하론何論』 (하안주논어何晏注論語의 준말)·『효경孝經』·『곡례曲禮』를 읽고 글과 의리의 이해 정도를 평가했다.

주19 정요과政要科 : 잡업雜業의 하나로 『정관정요貞觀政要』를 시험했으나 가장 부진했다.

318 뿌리 깊은 한국사 샘이 깊은 이야기

주20 내전숭반內殿崇班 : 액정국掖庭局에 소속되어 있던 남반직의 우두머리 관직으로, 정원 4인이며 품계는 정7품.

주21 성랑省郎 : 고려 시대 문하성 · 첨의부 · 도첨의사사 · 도첨의부 · 문하부의 낭사에 딸린 관원.

자료 8

역어내전숭반譯語內殿崇班주20 우광유를 권지각문지후權知閣門祗候로 삼으니, 성랑省郎주21 이 의논하기를, "우광유가 남반南班으로서 참직參職에 임명됨은 그릇된 일이다."라고 하면서, 드디어 고신告身에 서명하지 않으니 최충헌이 성랑에게 말하기를, "우광유가 지난번에 북조[北朝, 금나라]의 책사를 홀로 상대한 재능이 있어서 특별히 참직을 임명하는 것인데 어찌 상제常制를 고집하느냐." 하니, 성랑이 곧 서명했다.

原文 以譯語內殿崇班于光儒 權知閣門祗候 省郎議 光儒 以南班拜參職 非也 遂不署告身 忠獻 謂省郎曰 光儒 頃者 與北朝冊使 有專對之能 特授參職 何堅執常制耶 省郎 卽署之

— 『고려사절요』권14, 희종 2년 7월

자료 9

조인규는 … 나면서부터 영특했고 차차 자라나서 공부하여 문의를 대략 알게 되었다. 그때 나라에서는 나이 어린 자제들로 똑똑한 자들을 골라서 몽골어를 배우게 했는데 조인규도 여기에 선발되었다. 그러나 자기 동배들보다 특출하지 못했기 때문에 문을 닫아걸고 3년 동안 밤낮으로 게으름 피우지 않고 공부해 명성을 얻게 되어 제교[諸校, 교위급의 관직들]로 임명받을 수 있었다. 그 후 여러 번 옮겨 장군으로 승진했다. …

그가 사신으로 원나라에 간 것이 30회나 되었는데 자못 현저히 근면하고 노력했다. 그는 미천한 신분에서 몸을 일으켜 짧은 시일 내에 국가의 중요한 관직을 얻었고 사람됨이 겉으로는 단정, 장중하고 화색이 있어 보이기 때문에 왕의 총애를 받아 항상 왕의 침소에까지 출입했으며 많은 전민田民들을 긁어모아 부자가 되었다. 게다가 왕의 장인이 되어 권세가 한때 가장 유력했으며 아들들, 사위들이 모두 장군과 재상의 지위에 올라 있어 누구도 감히 비길 만한 자가 없었다. …

原文 趙仁規 … 生而穎悟 稍長就學 略通文義 國家選子弟通敏者 習蒙古語 仁規 與是選 以未能出儕輩 閉戶三年 晝夜不懈 遂知名 得補諸校 累遷將軍 … 凡奉使者 三十 頗著勤勞 然起於微賤 驟秉鈞軸 爲人 外似端莊恬正 以故得幸 常出入王臥內 多聚田民 致富 加以國舅 權傾一時 子壻皆列將相 人無敢比者

— 『고려사』권105, 열전18, 조인규

자료 10

일본 사신이 원나라로부터 돌아왔다. 장탁이 그들과 함께 와서 황제의 명령을 전달했는데 그 글에 이르기를, "통역원인 별장 서칭, 교위 김저는 일본에 사신으로 가서 공을 세웠으니 마땅히 큰 관직을 주도록 하라."고 했다. 이에 서칭을 장군으로, 김저를 낭장으로 임명했다.

> **原文** 日本使還自元 張鐸伴來 宣帝命曰 譯語別將徐偁 校尉金貯 使日本有功 宜加大職 於是 拜偁爲將軍 貯爲郎將

_『고려사』권27, 세가27, 원종 13년 4월

자료 11

정자전도 통역원인데 영광군 압해押海[주22] 사람이었다. 처음에는 중이 되었다가 속인으로 돌아와서 역어도감녹사譯語都監錄事로 채용되었으며, 이로 인해 몽골말을 습득하여 여러 번 원나라를 오갔으며 그 공로로 벼슬이 올라 지첨의부사知僉議府事[주23]까지 지냈다.

> **原文** 鄭子璵 亦譯者也 本靈光郡押海人 初爲僧 歸俗 補譯語都監錄事 因習蒙古語 累入元 以勞轉官 至知僉議府事

_『고려사』권123, 열전36, 폐행嬖幸1, 강윤소康允紹부 정자전

주22 압해押海 : 신안군 압해면에 있는 압해도.

주23 지첨의부사知僉議府事 : 첨의부의 종2품 관직으로 충렬왕 원년(1275)에 설치되어 충선왕 때 폐지되었다.

자료 12

공양왕 2년에 경력사經歷司[주24]를 더 설치하여 여기서 6방을 통솔하게 했다. 여기에 경력經歷 1명을 두며 그 품계를 3품 내지 4품으로 했고, 도사都事 1명은 5품 내지 6품으로 하고 모두 문신으로써 임명했다. 또 각년[各年, 여러 식년式年]의 공거와 잡업으로 벼슬살이를 하지 않는 자들을 여기에 소속시켜 전리典吏로 하고 그 품계는 7품 내지 8품으로 하여 서사書寫를 맡아 보게 했다.

> **原文** 恭讓王二年 加置經歷司 以統六房 經歷一人 三四品 都事一人 五六品 皆以文臣爲之 又以各年貢擧雜業不仕者 屬爲典吏 階七八品 以任書寫

_『고려사』권77, 지31, 백관2, 제사도감각색, 도평의사사都評議使司

주24 경력사經歷司 : 고려 말 전곡의 출납을 감독하기 위해 중앙의 도평의사사와 지방의 각 도에 설치되었던 관서.

■ 출전

「고려사」

「고려사절요」

■ 찾아읽기

김광수, 「고려시대의 서리직」, 『한국사연구』4, 1969.

손홍열, 『한국중세의 의료제도연구』, 수서원, 1988.

박용운, 『고려시대 음서제와 과거제연구』, 일지사, 1990.

김창현, 「고려시대 일관에 관한 일고찰」, 『사학연구』45, 1992.

이희덕, 「고려의 천문관제」, 『동방학지』96, 1997.

송춘영, 『고려시대 잡학교육연구』, 형설출판사, 1998.

이정훈, 「고려시대 도감의 구조와 기능」, 『한국사의 구조와 전개 — 하현강교수정년기념논총』, 2000.

이희덕, 『고려시대 천문사상과 오행설 연구』, 일조각, 2000.

백옥경, 「조선전기 역관양성책과 제도의 정비」, 『외대사학』12, 2000.

박찬수, 『고려시대 교육제도사 연구』, 경인문화사, 2001.

이경록 · 신동환, 「고려시대의 의료 제도와 그 성격」, 『의사학』10–2, 2001.

이미숙, 「고려 의관 임무와 사회적 지위」, 『호서사학』31, 호서사학회, 2001.

이미숙, 「고려 중앙의관의 직제」, 『백산학보』63, 2002.

이미숙, 「고려시대 율서산관」, 『상명사학』8 · 9합집, 2003.

박용운, 「고려시기의 통문관(사역원)에 대한 검토」, 『한국학보』120, 2005.

허흥식, 『고려의 과거 제도』, 일조각, 2005.

이미숙, 「원간섭기 역관의 활동」, 『상명사학』10 · 11 · 12합집, 2006.

이현숙, 「고려시대 관료제하의 의료와 민간의료」, 『동방학지』139, 2007.

이미숙, 「고려시대의 역관 연구」, 『한국사상과 문화』46, 한국사상문화학회, 2009.

이경록, 『고려시대 의료의 형성과 발전』, 혜안, 2010.

이미숙, 「고려시대 기술관의 사회적 지위」, 『한국사상과 문화』51, 2010.

이미숙, 「고려시대 기술관의 역할」, 『한국사상과 문화』52, 2010.

5 가장 낮은 사회 계층
노비와 양수척

노비는 남에게 소유되어 매매·증여·상속의 대상이 되는 천인이었다. 그들은 교육을 받지 못했으며 과거에 응시할 수도 없었고 관직에 나아가는 것도 금지되었다. 양수척은 국가의 공조公租·공과公課를 부담하지 않는 특수한 처지에 있는 존재였으며 사회적으로 천시받는 일에 종사했다.

사노비

노비는 소유주에 따라 사노비·공노비·사원노비로 나눌 수 있다.[자료1] 사노비私奴婢는 특정 개인의 사유 재산으로서 물건과 같은 취급을 받는 존재였다. 주인의 호적에 부적되어 종파 및 그 소생의 이름과 나이, 전래의 변별, 그리고 노처奴妻·비부婢夫의 양천이 파악되었다.[자료2] 노비는 이름만 있었을 뿐 성姓은 없었으며 국가에 대한 공역公役의 의무도 없었다.

양인이 경제적인 이유로 인해 몸을 팔아 사노비가 되는 경우가 많았다.[자료3] 그리고 불법이기는 하지만 압량壓良에 의해 사노비가 되는 경우도 적지 않았다. 노비가 되면 신분은 원칙적으로 세습되었다.[자료4] 신분 귀속과 관련해 통상 적용되는 원칙은 '일천즉천一賤則賤'이었다. 즉 부모 가운데 한쪽이라도 노비이면 그 소생은 노비가 되었다.

노비에 대한 소유권은 천자수모법賤者隨母法에 따라 어미의 소유주에 귀속했는데[자료5] 어미가 양인이면 아비의 소유주에 귀속되었을 것이다.

노비에 대해 주인이 가하는 매질 따위의 가해 행위는 불법이 아니었다. 그러나 죄의 유무를 불문하고 노비를 살해하는 것은 불법이었다. 소유주라 해도 생사여탈권까지는 갖고 있지 않았다.

반면 사노비의 주인에 대한 복종은 절대적이었다. 도망가거나 소량訴良, 노비가 자기 신분이 양인이라고 소송하는 일하는 일, 또는 주인을 경멸ㆍ모함ㆍ무고하는 일은 용납되지 않았다. 주인의 범죄도 고발할 수 없었다. 다만 예외적으로 반역과 같은 중대한 범죄의 경우는 고발하지 않으면 안 되었다.

사노비는 솔거率居노비와 외거노비로 분류되었다. 솔거노비는 주인과 같은 집에 살면서 주인의 사역使役에 대비하는 존재였으며 외거노비는 주인과 떨어져 살면서 주로 주인의 토지를 경작했다.

솔거노비는 주로 초목樵木ㆍ취사炊事, 기타 잡역을 맡아 수행했다. 주인에 의해 최소한의 의식주가 해결되었으며 독자적인 경리를 갖지 못했다. 주인으로부터 무제한으로 노동력을 수탈당하는 처지였다. 가정을 제대로 이룰 수도 없었고 결혼조차 못하기도 했다. 결혼을 하더라도 매매ㆍ상속ㆍ증여 등에 의해 부모ㆍ형제ㆍ처자가 각기 흩어지는 경우가 많았다. 법적으로는 재산에 대한 주체적인 권리가 인정되었지만 실제로 자신의 재산을 소유할 기회는 거의 없었다. 이 노비는 전체 노비 가운데 사회 경제적으로 가장 낮은 지위에 있었다고 할 수 있다.

반면 외거노비는 주인과 떨어져 살면서 주인의 간섭이나 사역을 받을 기회가 적었다. 대부분 농경에 참여했는데 대개 주인 소유의 토지를 경작했으며 이 토지 소출의 2분의 1을 지대地代로 납부하고 나머지는 자신의 몫으로 할 수 있어 자신의 노동력을 이용해 재화를 축적할 수 있는 기회를 어느 정도 확보할 수 있었다. 가족원에 대한 처분권이 주인에게 있었지만 솔거노비보다는 유리해서 현실적으로 가정을 다소나마 유지할 수 있었다. 재산 축적에서도 솔거노비보다 유리해 법적으로 재산에 대한 주체적인 권리가 인정되었고 실제로도 재산을 소유할 수 있었다. 그리하여 노비 가운데 처지가 가장 높아, 일반 양인 전호에 견줄 수 있는 위치였다고 할 수 있다.

공노비

공노비公奴婢는 국가 기관에 속한 노비였다. 공노비는 전쟁 포로에서 연원한 경우도 있지만 대다수는 반역·적진 투항·이적利敵과 같은 중대한 범죄를 저질러 당사자나 그 가족이 관몰官沒됨으로써 발생했다. 귀족층 가운데 이런 이유로 공노비가 되는 수도 있었다.

공노비는 값이 정해지지도 않았고 매매 대상도 되지 않았다. 간혹 사급의 대상이 되기는 했지만 전쟁 포로나 관몰된 사노비 출신의 공노비에 한정되었다. 결혼을 하고 가정을 꾸리는 것은 국가의 배려로 어느 정도 가능했다. 공노비는 독자적인 경리를 가지고 가계를 꾸려갈 수 있었다. 재산을 소유하여 임의로 처분할 수 있는 권리도 인정되었다. 이런 점에서 공노비는 사노비에 비해 높은 신분이었다고 할 수 있다.

공노비는 공역노비供役奴婢와 외거노비로 나눌 수 있는데, 공역노비는 관아에서 주로 사령使令을 맡았다. 10여 세부터 노동력을 제공하기 시작해 59세까지 계속되었으며 60세가 되면 실질적인 부담에서 벗어날 수 있었다.[자료6] 대가로 일정한 급료를 받았으며 그것으로 독자적인 가계를 꾸려갈 수 있었다. 외거노비는 토지를 경작했고 지대를 납부했다. 국가 기관에 대해서는 노비공奴婢貢을 납부한 듯하다. 공노비 전체에서 공역노비보다는 외거노비[농경노비農耕奴婢]가 다소 높은 비중을 차지한 것으로 보인다.

사원노비

사원노비는 다양한 계기에 의해 형성되었다. 국가가 공노비를 지급하는 경우도 있었으며 개인이 소유한 사노비를 시납하는 수도 있었다. 때로는 사원이 국가의 양민을 노비로 만들어버리는 일도 있었다.[자료7] 사원노비는 공노비도 아니고 사노비도 아닌 것으로 분류되었다. 사원노비가 사원에 대해 지는 부담은 다른 노비보다 헐하여 공노비나 사노비보다 처지가 나은 것으로 보인다.

사원노비에는 사사노비寺社奴婢, 법손노비法孫奴婢, 사환노비使喚奴婢의 3종류가 있었

지정至正 14년(1354) 노비 문서. 고려 공민왕 때의 노비 문서로 「소지所志」 4장, 「입안立案」 2장 모두 6장으로 되어 있으며 보물 제483호다. 공민왕 때 직장동정直長同正으로 있던 윤광전尹光珎이 소윤少尹의 관직을 가진 자신의 적장자嫡長子 단학丹鶴에게 노비를 상속해주는 증서다.

다. 사사노비는 소유의 주체가 개인이 아니라 사원이었고, 법손노비는 승려 개인인 법손이 소유 주체였고, 사환노비의 소유 주체도 개인 승려였다.

사원노비의 주 임무는 사원의 토지를 경작하는 것이 아니었다. 수조지를 받는 경우는 소유자가 경작자였기 때문에 당연히 사원노비가 경작할 수 없었다. 사원이 소유한 토지의 경작에도 노비가 부분적으로 참여했겠지만 중심적인 역할을 하지는 않았다. 사원노비의 핵심적인 기능은 사령使令과 지사指使였다. 그리고 주로 신찬新饌의 마련이나 잡역에 동원되었다.

고려 후기 탈법적인 방식으로 양인을 노비로 삼는 일이 빈번하게 발생했다. 이에 노비의 탈점을 바로잡기 위한 여러 가지 조치가 취해졌다. 그 가운데 주목되는 것은 14세기 전반에 실시한 사건노비四件奴婢 몰수 사건이다. 사건노비란 아랫사람들로부터 선물받은 노비[寄上], 투탁해온 노비[投屬], 선왕이 하사한 노비, 매매를 통해 사들인 노비의 4종류를 말한다. 사건노비는 당시 심각한 노비 문제를 잘 나타내는 것이었다. 이 노비에 대한 몰수는 충선왕 때에 전왕의 측근 세력을 약화시키고 아울러 노비 탈점의 폐해를 극복하고자 실시했다. 충혜왕 후4년에도 사건노비 몰수 조치가 있었다. 이런 조치는 국왕이나 왕실 자체가 노비 탈점의 수혜자인 상황에서 큰 성과를 거둘 수 없었다. 국왕의 이런 조치 이외에도 찰리변위도감이나 전민변정도감이라는 기구를 설치해 노비 문제를 수습하고자 했으나 고려 말까지 노비 문제는 오히려 심각해져갔다.

양수척

고려 시기에는 유기柳器를 만들어 팔고 도살업에 종사하며 광대[창우娼優] 노릇을 하는 특수한 층으로 양수척楊水尺이 있었다. 양수척이 후백제의 후손이라고 설명하는 자료도 있지만 사실과 다르다. 이들은 여진족이나 거란족의 후손으로 보이며 고려 초부터 존재했다.[자료8]

양수척은 정처 없이 떠돌았으며 관적貫籍도 없었다. 따라서 부역이 부과되지 않았다. 이는 고려 국가에서 이들을 국민 이외의 존재로 인식했다는 뜻이다. 그러나 남에게 소유되어 팔리는 존재는 아니었으며 이 점에서 노비와 뚜렷이 구별되었다.

사회적으로 천대받았던 이들은 외침 시 적의 향도 구실을 하는 예도 있었고, 왜구의 침입이 있을 때 왜구로 가장해 피해를 입힌 경우도 있었다. 이들은 뒷날의 백정[白丁, 도살업재]의 선구를 이룬다고 할 수 있다.

노비와 양수척은 사회적 위치에 가장 낮았다. 국가에서는 이들의 신분을 엄격하게 통제했다. 그러나 무인 정권기에 들어와 통제가 이완되기 시작해 노비의 소생이 집정의 지위에 오르기도 했고[자료9] 실력자로 등장하기도 했다.[자료10] 노비 신분으로 관계官界에 진출해 활약하는 예는 원 간섭기에 더욱 많이 나타났다. 반대로 양인 농민이 노비로 전락한 사례도 많았다.[자료11] 압량위천壓良爲賤으로 표현되는 것이 그 예였다. 이렇게 고려 말에 양천이 뒤섞이는 사태가 빈번했으며 조선은 되도록 양인층을 확대하는 방향으로 신분제를 정리했다. 사원노비는 조선의 태종과 세종 대에 혁파되어 공노비로 편입했다.

자료1

옛날 기자가 조선에 봉해져 8개 조항의 금령禁令을 설정하면서, "남의 물건을 훔친 자는 그 집 노비로 만든다."고 했다. 우리나라의 노비 제도가 아마 이때부터 시작되었던 것 같다. 사족士族의 집에서 대대로 전해오면서 부리는 것을 사노비라 하고 관아와 주군州郡에서 부리는 것을 공노비라고 한다. 연대가 오래됨에 따라 노비 수가 점점 더 많아졌다. 이에 서로 쟁탈하기를 일삼고 몰아서 가지는 폐단이 날로 심하여짐을 우려하여 관청을 두어 이것을 처리하게 했는데 그 금령이 심히 엄격했다.

原文 昔 箕子封朝鮮 設禁八條 相盜者 沒入爲其家奴婢 東國奴婢 盖始於此 士族之家 世傳而使者 曰私奴婢 官衙州郡所使者 曰公奴婢 年代愈遠 漸至蕃盛 於是 慮其爭奪之相尙 兼併之日滋 設官以理之 其禁防甚嚴

___「고려사」권85, 지39, 형법2, 노비

자료2

도당에서 계啓하기를, "옛 제도에는 양반 호구戶口를 3년에 한 번씩 성적成籍했습니다. 1건은 관官에 올리고 1건은 집에 소장하되, 호적 내에 호주戶主의 세계, 동거하는 자식·형제, 조카의 족파族派, 노비의 전래한 종파宗派 및 소생의 이름과 나이, 노처奴妻와 비부婢夫의 양천良賤도 모두 갖추어 기록해 살피기 쉽도록 했습니다. 근년 이래로 호적의 법이 무너져 양반의 세계를 살피기 어려울 뿐만 아니라 양인을 강제로 천인으로 삼기도 하고, 천인이 양인이 되기도 했습니다. 마침내 송사가 뜰에 넘치고 살피는 서류가 어지럽습니다. 원컨대 지금부터는 옛 제도에 따라 시행하십시오. 호적이 없는 자는 고신을 내줘 조정에 벼슬하지 못하도록 하고, 또 호적에 기록되지 않은 노비는 모두 속공시키십시오."라고 하니 왕이 받아들였다.

原文 都堂啓 舊制 兩班戶口 必於三年一成籍 一件納於官 一件藏於家 各於戶籍內 戶主世系 及同居子息兄弟姪壻之族派 至於奴婢所傳宗派 所生名歲 奴妻婢夫之良賤 一皆備錄 易以考閱 近年以來 戶籍法廢 不唯兩班世系之難尋 或壓良爲賤 或以賤從良 逐致訟獄盈庭 案牘紛紜 願自今 倣舊制施行 其無戶籍者 不許出告身立朝 且戶籍不付奴婢 一皆屬公 王納之

___「고려사」권79, 지33, 식화2, 호구戶口, 공양왕 2년 7월

(최승로의 시무 28조 가운데) 본조本朝의 양천良賤의 법은 유래가 오래되었습니다. 우리 성조聖祖께서 창업한 초기에 군신들이 본래 노비를 가졌던 사람을 제외하고 나머지 본래 없던 자들은 또는 종군하여 포로를 얻거나 돈으로 사서 노비로 삼았던 것입니다. 성조께서는 일찍이 포로를 석방하여 양인으로 삼고자 했으나 공신들의 뜻을 동요시킬까 염려하여 편의에 따르도록 허용했는데 60여 년에 이르도록 공소控訴하는 자가 없었습니다. 광종에 이르러 비로소 노비를 안험按驗하여 시비를 분별하니 이에 공신 등이 원망하지 않는 자가 없었는데도 간諫하는 자가 없었습니다. … 천예賤隸들이 뜻을 얻어 존귀한 이를 능멸하여 깔아뭉개고 거짓을 다투어 얽어서 본 주인을 모함하는 자를 이루 다 기록할 수 없었습니다. … 원컨대 성상께서는 … 천한 자로서 귀한 이를 업신여기지 말게 하십시오. … 대개 관직이 높은 자는 이치를 알아서 비법非法 행위가 적으며, 관직이 낮은 자는 지혜가 비행을 분식할 수 없으니 어찌 능히 양良을 천賤으로 만들겠습니까.

原文 本朝良賤之法 其來尙矣 我聖祖創業之初 其群臣除本有奴婢者外 其他本無者 或從軍得俘 或貨買奴之 聖祖嘗欲放俘爲良 而慮動功臣之意 許從便宜 至于六十餘年 無有控訴者 逮至光宗 始令按驗奴婢 辨其是非 於是 功臣等莫不嗟怨 而無諫者 … 賤隸得志 凌轢奪貴 競構虛僞 謀陷本主者 不可勝紀 … 願聖上 … 勿使以賤凌貴 … 大抵官貴者 識理 鮮有非法 官卑者 苟非智足以飾非 安能以良作賤乎 …

_ 「고려사」권93, 열전16, 최승로

옛날 우리 시조께서 후사後嗣 자손에게 훈계를 내려 이르기를, "무릇 이 천류賤類들은 종자가 따로 있는 것이니 삼가 이 부류로 하여금 양인이 되지 못하도록 하라. 만약 양인이 되는 것을 허락하면 후에 반드시 벼슬을 하게 되고 점차 요직을 구하여 국가를 모란謀亂할 것이다. 만일 이 경계를 어기면 사직이 위태로워질 것이다."고 했다.

原文 昔 我始祖垂誡于後嗣子孫云 凡此賤類 其種有別 愼勿使斯類從良 若許從良 後必通仕 漸求要職 謀亂國家 若違此誡 社稷危矣

_ 「고려사」권85, 지39, 형법2, 노비, 충렬왕 26년 10월

자료 5

천인이 자기 어미를 따르는 법을 채택했다.

原文　立賤者隨母之法

_ 『고려사』권85, 지39, 형법2, 노비, 정종靖宗 5년

자료 6

공노비[公賤]의 나이가 60세에 달하면 부역을 면제한다.

原文　公賤年滿六十放役

_ 『고려사』권85, 지39, 형법2, 노비

자료 7

주1 정화궁주貞和宮主 : 충렬왕의 비妃.

처음에 정화궁주貞和宮主주1의 형兄인 승려가 동화사 주지를 지내면서 양인을 함부로 노비로 삼았는데 번성하여 천수백 호千數百戶에 이르렀다. (이에) 왕후王珛가 대대로 사역했다.

原文　初 貞和宮主兄僧 住桐華寺 冒良人爲隸 蕃至千數百戶 珛等世役之

_ 『고려사』권91, 열전4, 강양공江陽公滋

자료 8

주2 흥화도興化道 : 감창사監倉使를 파견할 때 북계를 흥화도와 운중도로 나누었다.

처음에 이지영이 삭주분도장군朔州分道將軍이 되었는데 양수척이 흥화도興化道주2·운중도雲中道에 많이 살았다. 이지영이 말하기를, "너희들은 본래 부역이 없으니 가히 나의 기생 자운선에게 소속시키겠다."고 했다. 드디어 그 이름을 편적編籍하고 공물을 징수하기를 그치지 않았다. 이지영이 죽으니 최충헌이 또 자운선을 첩으로 삼고 인구人口를 계산하여 공물을 징수함이 더욱 심하므로 양수척 등이 크게 원망했다. 거란병이 침구해오자 맞아 항복하고 향도했기 때문에 산천의 요해와 도로의 원근을 모두 알게 되었다. 양수척은 태조가 백제를 칠 때에 제어하기 어려웠던 유종遺種으로 본래 관적貫籍과 부역이 없었다. 즐겨 수초水草를 따라 옮겨 사는 것이 무상無常하여 오직 사냥을 일삼고 유기柳器를 엮어 파는 일을 업으로 삼았다. 대개 기妓의 종족種族은 본래 유기장柳器匠의 집에서 나왔다.

原文　初 李至榮爲朔州分道將軍 楊水尺多居興化雲中道 至榮謂曰 汝等 本無賦役 可屬吾妓

紫雲仙 逐籍其名 徵貢不已 至榮死 忠獻 又以紫雲仙爲妾 計口徵貢 滋甚 楊水尺等 大怨 及契丹
兵至 迎降鄕導 故悉知山川要害道路遠近 楊水尺 太祖攻百濟時 所難制者遺種也 素無貫籍賦
役 好逐水草 遷徙無常 唯事畋獵 編柳器販鬻爲業 凡妓種本出於柳器匠家

— 『고려사』권129, 열전42, 반역3, 최충헌

자료 9

이의민은 경주 사람인데, 그의 아비 이선은 소금과 채를 파는 것이 직업이었고, 어미
는 연일현延日縣[주3] 옥령사玉靈寺의 노비였다. 이의민이 어렸을 때 이선의 꿈에 이의민이
푸른 옷을 입고 황룡사9층탑에 올라갔으므로 그는 아이가 반드시 큰 귀인이 되리라고
생각했다. 성인이 되어서는 신장이 8척이요 힘이 뛰어났으며 형 2명과 함께 그 고을을
횡행하여 사람들의 우환거리가 되었으므로 안렴사按廉使[주4] 김자양이 잡아다가 심한
고문을 해서 두 형은 옥중에서 죽었으나 이의민은 죽지 않았다. 김자양이 이의민의 사
람됨을 장하게 여겨 경군京軍[주5]으로 뽑아 넣었다. …이의민이 수박手搏[주6]을 잘했으므
로 의종이 그를 사랑했으며 대정隊正[주7]에서 별장別將[주8]으로 승진했다. 정중부의 난 때
이의민이 살해한 사람의 수가 많았다. 이의민은 중랑장中郎將[주9]이 되었다가 즉시 장군
將軍[주10]으로 승진했다.

原文 李義旼 慶州人 父善 以販鹽鬻篩爲業 母延日縣玉靈寺婢也 義旼少時 善夢見義旼衣靑
衣 登黃龍寺九層塔 以爲此兒 必大貴 及壯身長八尺 膂力絶人 與兄二人 橫於鄕曲 爲人患 按廉
使金子陽 收掠拷問 二兄瘦死獄中 獨義旼不死 子陽壯其爲人 選補京軍 … 義旼 善手搏 毅宗愛
之 以隊正遷別將 鄭仲夫之亂 義旼所殺 居多 拜中郎將 俄遷將軍

— 『고려사』권128, 열전41, 이의민

자료 10

최의가 가노인 이공주를 낭장[주11]으로 삼았다. 옛 법제에 노비는 비록 큰 공이 있다 해
도 전백錢帛으로 상을 주었을 뿐 관작을 제수하지는 않게 되어 있었다. (그런데) 최항
이 집정해서는 인심을 얻고자 처음으로 그 가의 전전殿前인 이공주와 최양백·김인
준을 별장으로 삼고, 섭장수聶長壽를 교위校尉[주12]로 삼았으며, 김승준을 대정隊正으로
삼았는데, 이때에 이르러 노奴 등이 말하기를, "이공주는 그 자신 3세를 섬겨 나이가
많고 공도 있으니 청컨대 참직參職[주13]을 주십시오."라고 했다. 노예에게 참직을 내리

주3 연일현延日縣 : 오늘날 경상
북도 영일군 연일읍.

주4 안렴사按廉使 : 5도의 장관.

주5 경군京軍 : 고려의 중앙군으로
2군 6위로 편성되어 있었다.

주6 수박手搏 : 권법拳法의 일종
인 수박회.

주7 대정隊正 : 25명으로 구성된
대隊라는 단위 부대의 장.

주8 별장別將 : 정7품의 무반직.

주9 중랑장中郎將 : 정5품의 무반
직.

주10 장군將軍 : 2군 6위에 소속된
정4품의 서반직.

주11 낭장郎將 : 정6품의 무반직.

주12 교위校尉 : 50명으로 조직된
오伍라는 단위 부대의 장으로 정9
품.

주13 참직參職 : 참상, 곧 3품 이하
6품 이상의 품관.

는 것은 여기에서 비롯되었다.

原文 崔竩 以家奴李公柱爲郎將 舊制 奴婢雖有大功 賞以錢帛 不授官爵 崔沆 秉政 欲收人心 始除其家殿前公柱崔良伯金仁俊 爲別將 聶長壽爲校尉 金承俊爲隊正 至是 奴等曰 公柱身事三世 年老有功 請加䟽職 奴隷拜䟽始此

__ 『고려사』권75, 지29, 선거3, 범한직凡限職, 고종 45년 2월

자료 11

교敎하기를, " … 양반노비는 주인의 역役이 각기 다르므로 예로부터 공역公役·잡렴雜斂을 지지 않았다. 이제 양민이 모두 세력 있는 집안으로 들어가 관역을 지지 않게 되니 반대로 양반노비로 하여금 대신하여 양민의 역을 지게 하고 있으니 이후 모두 금하도록 하라."고 하였다.

原文 教曰 … 兩班奴婢 以其主役各別 自古 未有公役雜斂 今良民盡入勢家 不供官役 反以兩班奴婢 代爲良民之役 今後一禁

__ 『고려사』권85, 지39, 형법2, 노비, 충렬왕 24년 정월

출전

『고려사』

찾아읽기

홍승기, 『고려귀족사회와 노비』, 일조각, 1986.

이재범, 「고려노비의 법제적 성격」, 『국사관논총』17, 1990.

성봉현, 「고려시대 노비법제 재검토」, 『호서사학』19·20합집, 1992.

김현라, 「고려후기 노비제의 변화양상」, 『부대사학』17, 1993.

김형수, 「13세기 후반 고려의 노비변정과 성격」, 『경북사학』19, 1996.

박진훈, 「고려말 개혁파사대부의 노비변정책」, 『학림』19, 1998.

강재광, 「최씨가 가노 출신 정치인의 역할과 무오정변의 성격」, 『한국사연구』127, 2004.

오일순, 「사회집단간의 차별의식과 신분관념」, 『동방학지』124, 2004.

김난옥, 「고려말 사건노비의 유형화와 노비 정책」, 『한국사연구』145, 2009.

6 재혼은 자유, 재산 분배는 평등

가족 제도

가족은 사회를 이루는 기초 단위다. 가족은 공동의 생활을 영위하며 혼인과 혈연에 의해 결합된다. 고려 시기에는 조선 시기와는 결혼이나 가족 구성, 상속, 여성의 사회적 지위 등에서 커다란 차이가 있었다. 특히 여성은 남성과 동등하게 재산을 상속받을 수 있었으며 불교 행사에 참여하는 등 사회 활동이 활발했다.

가족 형태

고려 시기의 가족은 단혼單婚 부부와 미혼의 자녀들로 이루어진 부부 가족이 기본 단위가 되었으며, 때때로 부처夫妻의 노부모나 생활 능력이 없는 가까운 미성년 친척 등을 부양 가족으로 했다. 그리고 일부 소수의 경우에 확대 가족도 있었던 듯하다. 현존하는 호적들을 보면 1200년대의 것은 모두 소가족 단위로 구성되어 있지만, 1300년대 이후의 것은 약 4분의 3 정도가 2개 이상의 부부 가족 단위를 이룬다.[자료1] 이는 호적 자료의 기록 상태에 따른 듯한데, 실제 대가족임을 반영하기도 했지만 대다수는 소가족 단위로 분가한 별도의 호들을 하나의 호로 파악해 놓은 듯하다. 결국 고려에서는 형제자매가 분가하는 소가족이 기본적인 가족 형태였으며 결혼한 형제 자매가 한 집에서 같이 사는 대가족 사례는 극히 드물었다.

소가족 단위의 이주 빈도가 비교적 높았으며 부모와의 동거는 혼인 초부터, 또는 분가 후 중간에, 때로는 부모가 아주 노령에 이르렀을 때 하는 등 상황에 따라 달랐다. 동거는 자식의 이동에 따라서만이 아니라 부모의 이동에 따라서도 이루어졌다. 때로는 처부모와 동거하기도 했다.

양자 제도도 있었지만 실질적으로 중요한 구실을 하지는 못했다. 양녀도 있었는데, 이는 딸이나 사위가 노부모 봉양이나 가족 생활의 여러 면에서 역할을 대신할 수 있었던 사정과 관계가 깊다.

혼인

결혼한 동기간은 일반적으로 분가해서 살았다. 방계傍系 친속과의 동거·봉양은 대개 생활 능력이 없는 가까운 친속을 부양하기 위한 경우였다. 처음부터 동거를 하기도 하고, 일단 분가한 후 사정이 생기면 부양을 위해 동거하기도 했다. 특히 부모가 없는 어린 아이는 매부나 외삼촌 집, 고모부나 이모부의 집에서 부양되기도 했다. 친속 간의 부양 동거 관계는 부가장적 가족 범위의 확대와 긴밀하게 연계되어 있다.

근친혼 내지 동성혼이 완전히 금기시되지는 않았다. 고려 전기에 근친혼을 금기시하는 법제가 성립했지만 실제로는 3촌 정도의 좁은 범위에서 혼인을 금했다. 12세기 중반 부계만 6촌으로 확장되었으며, 고려 후기에 이성 6촌 간의 혼인을 금하자는 주장이 제기되었지만 실제 정서는 혈연 계통을 구분하지 않고 다만 6촌을 경계로 하는 것을 타당하게 여겼다. 계통을 차별하지 않는 혈연 의식 때문에 금혼 범위가 대칭 구조가 된 것이며, 또 6촌 이내의 친족 의식으로 말미암아 금혼 범위를 6촌으로 설정하게 한 것이다.

이 시기에는 솔서[率壻, 데릴사위]·남귀여가男歸女家의 전통이 강했다. [자료2·3] 남귀여가 풍속으로 사위가 처가에 기대어 사는 경우가 많았다. 혼인 후 처가에서의 생활이 얼마간 지난 후에 처가에서 처의 노부모를 봉양하며 계속 사는 경우도 있고, 부가로 옮겨와 남편의 노부모를 봉양하며 사는 경우도 있었다. 솔서혼 풍습은 당시 지배층과

고려 말 호적. 사진은 1391~
1392년 무렵에 작성된 화령부
和寧府 호적의 일부로 추정되
는 문서다. 닥나무 종이에 쓰
여 있으며 원본은 세로 56센
티미터, 가로 50센티미터 내
외인데, 모두 8폭을 이어 전체
386센티미터이다. 첫째 폭은
사심 이성계가 소유하고 있는
노비의 명단이 기록되어 있으
며, 둘째 폭은 호구 성적을 위
한 세부 규정, 셋째 폭에서 여
덟째 폭은 실제 시행된 호적의
내용을 담고 있다.

하층을 막론하고 행해졌다.

일부일처의 혼인이 법제화되어 있었다. 이 원칙 속에서 부유한 지배층을 중심으로
사회 일각에서 축첩蓄妾이 종종 행해지고 있었다. 국왕의 경우는 여러 명의 후비后妃를
두어 다처제 양상을 보이고 있었으며, 지배층의 경우 다처제는 고려 후기에 여럿 확인
된다.[자료4] 그리고 남녀 모두 재혼에 아무런 제약이 없었다.

혼인은 사회신분적인 측면에서 신분계급내혼身分階級內婚 경향이 강했다. 노비는 노
비끼리 혼인하는 것이 원칙이었으며 양천끼리 교혼할 경우 자식도 노비 신분이 되는
일천즉천一賤則賤 규정을 감수해야 했다. 호장이나 부호장을 배출하는 고위 향리층은
지방에서 상층의 계급내혼 단위를 이루었다. 또한 대대로 중앙 고관을 배출하던 문벌
층도 왕실을 포함하여 하나의 계급내혼 단위를 형성하여 하위 계층과 혼인하기를 꺼
렸다.

묘지명 자료를 분석한 연구에 따르면, 고려 시기 귀족 남성의 초혼 연령은 20.7세이
며 여성은 16.3세로 나타난다. 부부의 나이를 확인할 수 있는 사례 75건을 통계해 보면
나이차는 4.1세였다. 1인당 출산한 자녀의 수는 5.1명이었다. 이 가운데 아들이 2.8명,
딸이 2.3명이며 아들 중 출가해 승려가 된 이는 10.1%였다. 남성과 여성의 평균 수명은
64.5세로 동일했다. 승려의 평균 사망 나이는 70.2세로 속인의 그것보다 많았다. 그러

나 이런 통계는 지배층을 대상으로 한 것이기 때문에 일반 민인들의 수치는 이보다 훨씬 나빴을 것이다.

고려 시기에는 부계와 비부계를 구분하는 의식이 약했기 때문에 당시 사용된 '족族'은 부계 집단을 표시하거나 부계 혈연을 범주화하는 용어가 아니라 혈연으로 이어지는 모든 관계의 총칭이었다. 처의 혈연인 '처족'과 대비할 때는 '본족'이라고 표현했다. 본족은 다시 아버지 쪽의 '내족'과 어머니 쪽의 '외족'으로 구성되었다. 내족은 아버지와 혈연 관계를 갖는 모든 혈족을, 외족은 어머니와 혈연 관계를 갖는 모든 혈족을 포괄했다. 그리하여 법제에서는 일정한 혈연 거리 내에서 동등한 의무와 권리를 규정하고 있다. 그러나 실제의 삶 속에서의 친족 관계는 우연과 개인의 선택에 의해 크게 좌우되었으며, 그 결과 개인의 친족 관계와 친밀도는 매우 다양하게 나타났다. 고려의 친족 관계를 모계나 부계 등 특정한 출계율이 작용하지 않는 가운데 개인을 기준으로 조직된 친족 관계를 뜻하는 '양측적兩側的 친속親屬'이란 개념으로 설명하는 연구자도 있다. 양측적 친속 주장자가 부계 출계율이나 부계 집단의 존재를 부정하고 있는 것에 대해서는 반론을 제기하는 이가 있지만, 부계와 배치되는 관습과 제도가 보편적이었고 부계 이외의 다른 계보들이 크게 존중되었다는 사실에 대해서는 이론異論이 없다.

재산 상속

가계 유지의 중요한 계기의 하나는 상속이다. 상속의 대상은 노비와 전토田土가 중심이다. 노비의 경우는 자녀간 균분 상속이었다.[자료5] 남녀 균분 상속이라는 점은 중국보다 고려 사회가 훨씬 비부계적이었음을 알려준다.

사적 토지 소유의 원리상 민전의 상속은 상속자와 피상속자간에 사사로이 결정되고 문계文契로 작성되었다. 그리고 자녀간의 균분이 관례였다.[자료6·7] 다만 균분의 원칙에 의해 분할하더라도 여러 가지로 차이가 발생할 수 있어서, 그에 따른 분쟁의 해결로서 균분되지 않는 부분은 중자녀·서자녀에 대한 적자녀 우선과 유幼에 대한 장長의 우선 원칙에 따라 배분하도록 했다.[자료8] 이것은 사유지 상속에 대한 보조적 기능을

거창 둔마리 고분 벽화의 주악천녀상. 적외선 사진을 통해 남쪽에 3명, 북쪽에 2명 등 주악무도천녀奏樂舞蹈天女들이 그려져 있음이 밝혀졌다. 사진 왼쪽의 천녀는 빗어 올려 얹은 머리에 둥근 관을 썼고 얼굴은 타원형이며 입에는 피리를 물고 왼쪽 손은 위로 올려 과일 같은 것이 담긴 접시를 들고 있다. 사진 오른쪽의 또 다른 천녀도 마찬가지로 머리에 보관을 썼으며 입에는 피리를 물고 있다. 천녀들의 상의는 어깨에 스카프 같은 것을 걸쳐서 앞으로 늘어뜨려 불교 계통의 옷이라는 느낌을 준다. 고려 시기 여인상을 엿볼 수 있다.

갖는 법제였다.

다만 국가가 분급한 수조지는 원칙적으로 직역職役 봉사에 대한 대가였으므로 민전 상속과는 근본적으로 달랐다. 이 토지는 연립할 자손이 있으면 원칙적으로 대를 거듭하여 배타적인 상속을 할 수 있는 권리가 보장되어 있어 흔히 영업전永業田이라 불렀다. 연립의 우선 순위는 적자 – 적손 – 동모제同母弟 – 서손庶孫 – 여손女孫의 순서로 규정하고 있다.[자료9] 따라서 수조지는 적장자 단독 전수였다고 이해할 수 있다.

여성의 지위

고려 시기에는 부계친 못지 않게 모계나 처계친과도 가까웠고, 사위도 아들 못지않은 존재일 수 있었다. 딸에 대해서도 출가외인이라는 생각이 적었으며 아들과 딸을 크게 차별하지 않았다. 여성의 지위도 중국이나 조선보다 상대적으로 높았다. 여성의 수절이 강조되지 않았으며 재혼에 대해 어떤 제재도 없었다. 재혼할 때도 자식을 데리고 가는 경우도 적지 않았고 심지어 유복자를 데리고 재혼하는 경우도 있었다. 그러나 자식 등 현실적인 문제가 작용하여 여성의 재혼은 실질적으로 쉽지 않았다. 이혼 규정이

차별적이어서 실제 발생한 이혼은 대부분 남자에 의한 기처棄妻가 많아 여성이 불리했다.[자료10]

여성의 가정 내 역할을 보면, 여성은 혼인 전에는 부모에게, 혼인 뒤에는 시부모에게 효도했다. 그러나 남귀여가의 혼속으로 혼인 뒤에도 친정 부모를 모시고 효도를 다한 사례들이 보인다. 남편에게 순종하고 공경하는 등 내조를 다했으며[자료11] 자녀 양육과 교육에도 힘을 기울였다.[자료12] 가계를 운영하고 집안의 노비와 토지를 관리하는 것도 여성의 몫이었다. 가족과 친족 구조에 보이는 비부계적非父系的 성격이나 불교 이념은 여성들의 지위에 유리하게 작용했다.

성 문제에서도 비교적 개방적이었다. 여성들이 사원을 찾거나 불교 행사에 참여하는 것이 자유로웠다. 불교 행사를 계기로 다른 이들을 만나거나 이성을 접촉할 기회가 널리 보장되어 있었다. 또한 사원에서 숙박하는 일이 흔해서 남녀 사이에 추문이 잦았다. 이처럼 불교를 매개로 한 사회 활동이 활발하여 남녀 사이의 만남이나 접촉이 많았으며 이는 곧 성에 대한 개방으로 연결될 소지가 매우 컸다.

고려 말 성리학적 가족 윤리가 수용되면서 혼인제에서 가부장적 성격이 강화되었다. 동성불혼이나 재가 금지, 적서분변 강화 등이 대표적인 예였다. 그리고 부녀자의 사원 숙박도 상사上寺 금지라는 명목 하에 제한 조치가 취해졌다.

자료1

호주	학생		김다식(70살)
	처		사가이(60살)
	1남		김해(20살)
	2남		현기(14살)
	김해의 동모이부형		이단(30살)
		처	녹장(30살)

_ 국보 131호 호적 5폭 6호

자료2

이 달에 탈타아脫朶兒가 며느릿감을 구하는데 반드시 재상 가문 출신이라야 된다 하니 무릇 딸이 있는 자들은 두려워하면서 다투어 먼저 사위를 들었다. 국가에서 재상 두세 집을 기록하여 탈타아에게 택하게 하니, 자색姿色이 있는 김련金鍊의 딸을 며느리로 삼으려 했다. 김련의 집에는 이미 예서預壻가 있었는데, 그가 두려워하여 (처가에서) 나갔다. 당시 김련은 원에 가 있었기 때문에 그 집에서는 돌아오기를 기다려 혼례를 올릴 것을 청했으나 (탈타아는) 듣지 않았다. 나라의 풍속이 나이가 어린 자를 (사위로) 들여서 집에서 양육하여 성년이 되기를 기다리니 그것을 예서라 한다.

原文 是月 脫朶兒 爲子求婦 必於相門 凡有女者 懼競先納壻 國家記宰相兩三家 使自擇焉 脫朶兒 選姿色 欲聘金鍊女 其家 已納預壻 其壻 懼而出 鍊時入朝未還 其家請待以成禮 不聽 國俗納年幼者 養于家 待年 謂之預壻

_ 『고려사』권27, 세가27, 원종 12년 2월

자료3

전조前朝의 옛 풍습에 혼인의 예법은 남자가 여자 집에 가는 것인데[男歸女家] 자손을 낳으면 외가에서 자라므로 외친의 은혜가 무거워서 외조부모와 처부모의 복服은 모두 30일 휴가를 주었다.

原文 前朝舊俗 婚姻之禮 男歸女家 生子及孫 長於外家 故以外親爲恩重 而外祖父母 妻父母之服 俱給暇三十日

_ 『태종실록』권29, 태종 15년 정월 갑인甲寅

주1 대부경大府卿 : 궁궐 안의 일을 맡아보는 대부시大府寺의 관원으로 종3품 관직.

자료 4

박유는 충렬왕 때 대부경大府卿[주1]에 임명되었다. … 왕에게 상소하기를, "우리나라는 본래 남자가 적고 여자가 많습니다. 그런데 신분의 높고 낮음을 막론하고 처는 하나입니다. 아들이 없어도 감히 첩을 두지 않습니다. 외국인들이 와서 인원에 제한 없이 처를 두니 인물이 모두 북쪽으로 흘러갈까 걱정됩니다. 신하들에게 여러 처를 두는 것을 허락하되, 관품에 따라 그 수를 줄여 일반인은 일처일첩一妻一妾을 두게 하소서. 여러 처의 자식도 모두 적자와 같이 벼슬을 할 수 있게 한다면, 짝이 없어 원망하는 사람도 없을 것이고 줄어드는 인구도 점점 늘어날 것입니다."고 했다. 부녀자들이 이를 듣고 원망하고 두려워하지 않는 자가 없었다. 때마침 등석燈夕 행사에 박유가 왕의 행차를 호위하고 따라가는데, 어떤 노파가 손가락질하면서 "여러 처를 두자고 청한 자가 바로 저 빌어먹을 놈이다."고 하자 듣는 사람들이 서로 손가락질하여 거리와 골목에서 붉은 손가락이 무더기 묶음이 되었다. 당시 재상들 가운데는 자기 처를 무서워하는 자가 있어서 그 논의를 못하게 했고 결국 시행되지 못했다.

> **原文** 朴褕 忠烈朝 拜大府卿 … 上疏曰 我國本男少女多 今奪卑 皆止一妻 無子者 亦不敢畜妾 異國人之來者 則娶無定限 恐人物 皆將北流 請許大小臣僚 娶庶妻 隨品降殺 以至庶人 得娶一妻一妾 其庶妻所生子 亦得比適子從仕 如是 則怨曠以消 戶口以增矣 婦女聞之 莫不怨懼 會燈夕 褕扈駕行 有一嫗指之曰 請畜庶妻者 彼老乞兒也 聞者 傳相指之 巷陌之閒 紅指如束 時 宰相有畏其室者 寢其議 不行
>
> _ 『고려사』권106, 열전19, 박유

자료 5

어머니가 일찍이 재산을 나누어줄 때 나익희에게는 따로 노비 40구를 남겨 주었다. 나익희는 "제가 1남으로 5녀 사이에 있다고 해서 어찌 사소한 것을 더 차지하여 여러 자녀들로 하여금 화목하게 살게 하려 한 어머니의 거룩한 뜻을 더럽히겠습니까?"고 사양하자, 어머니가 옳게 여기고 그 말을 따랐다.

> **原文** 母嘗分財 別遺臧獲四十口 辭曰 以一男居五女閒 烏忍苟得 以累鳲鳩之仁 母義而從之
>
> _ 『고려사』권104, 열전17, 나유부羅裕附 익희益禧

어떤 남매가 서로 송사를 했는데 남동생의 주장은 "둘 다 같은 부모 태생인데 왜 부모의 유산을 누이가 독차지하고 동생인 나에게는 나누어주지 않느냐?"는 것이었고, 이에 대해 누이는 "아버지가 돌아가실 때 재산 전부를 나에게 주었으며 너에게 준 것은 검정 옷 한 벌, 검정 갓 하나, 미투리 한 켤레, 종이 한 권뿐이다. 증거 서류가 구비되어 있으니 어떻게 어길 수 있느냐?"고 반박했다. 송사한 지 몇 해가 지났으나 미결로 남아 있었다. 부임해간 손변이 둘을 불러다가 앞에 세우고 "아버지가 돌아가실 때 어머니는 어디에 있었는가?"고 묻자 "어머니는 먼저 돌아가셨습니다."고 대답했다. 계속해서 "그때 너희들의 나이는 각각 몇 살이었느냐?"고 물으니 "누이는 먼저 결혼을 했고 동생은 아직 미성년이었습니다."고 대답했다. 손변이 남매에게 깨우쳐 이르기를, "부모의 마음은 어느 자식에게나 같은 법이다. 어찌 장성해서 출가한 딸에게만 후하고 어미도 없는 미성년 아이에게는 박하게 했겠는가? 생각해보니 너희 아버지는 아들의 의지할 곳은 누이밖에 없는데 재산을 누이와 더불어 동등하게 준다면 혹시 누이의 사랑과 양육이 부족할까 염려했던 것 같다. 아이가 장성해서 분쟁이 생기면 이 종이에 소를 쓰고 검정 옷과 검정 갓, 미투리를 착용한 채 관에 고소하면 이를 잘 분간해 줄 관원이 있을 것으로 생각해서 이 네 가지 물건만을 남겨준 것이니 그 의도가 대개 이러하였을 것이다."라고 하였다. 누이와 동생이 그 말을 듣고 비로소 깨달아 서로 대하고 울었다. 손변이 재산을 남매에게 반분해서 주었다.

原文 人有弟與姊 相訟者 弟曰 旣爲同産 何姊獨得父母之財 弟無其分耶 姊曰 父臨絶 擧家産 付我 汝所得者 緇衣一 緇冠一 繩鞋一兩 紙一卷而已 文契具存 胡可違也 訟之積年 未決 抃召二人 至前 問曰 若父沒時 母安在 曰 先亡 若等於時 年各幾何 曰 姊已有家 弟方齓齔 抃因諭之曰 父母之心 於子均也 豈厚於長年有家之女 而薄於無母齓齔之兒耶 顧兒之所賴者 姊也 若遺財與姊等 恐其愛之或不至 養之或不專耳 兒旣長 則用此紙作狀 服緇衣冠穿繩鞋 以告於官 將有能辨之者 其獨遺四物 意蓋如此 弟與姊 聞而感悟 相對而泣 抃遂中分家産 與之

_ 「고려사」권102, 열전15, 손변

충혜왕 후4년에 윤선좌는 가벼운 병에 걸리자 자녀를 불러 앞에 나오게 하고 이르기를, "요즈음 형제들이 서로 사이가 좋지 못한 경우가 많은 것은 다툴 거리가 있기 때문이다."라 하고 아들 윤찬에게 명하여 문계文契를 작성하고 재산을 균분했다. 또 훈계하여 이르기를, "화和하여 다투지 않는 것으로써 너희의 자손을 가르치라."고 했다.

> **原文** 忠惠後四年 得微疾 呼子女而前曰 今之兄弟 多不相能者 由有爭也 命子粲書文契 均分家業 且戒之曰 和而無爭 以訓汝子孫

_ 『고려사』권109, 열전22, 윤선좌

자료 8

주2 적장嫡長 : 적계嫡系의 맏이 즉, 적장자나 적장손.

판判하기를, "무릇 부조전父祖田으로서 문계가 없는 것은 적장嫡長[주2]을 우선으로 결급決給하라."고 했다.

> **原文** 判 凡父祖田 無文契者 適長爲先 決給

_ 『고려사』권85, 지39, 형법2, 소송, 예종 17년

자료 9

주3 제전정諸田丁의 연립 : 전정은 토지를 수결 또는 수십 결 등 일정 결수로 묶어 파악한 것을 가리키는데, 전정연립이란 개인에게 분급된 전정이 직역職役과 상관해서 세전世傳되고 체수遞受되는 것을 말한다.

주4 적자嫡子 : 적계嫡系의 아들.

주5 적손嫡孫 : 적계인 손자, 곧 적자의 아들.

주6 동모제同母弟 : 어머니가 같은 동생, 곧 이복동생이 아닌 경우를 가리킨다.

주7 서손庶孫 : 적손이 아닌 다른 손자.

판判하기를, "제전정諸田丁의 연립[주3]은 적자嫡子[주4]가 없으면 적손嫡孫[주5]으로, 적손이 없으면 동모제同母弟[주6]로, 동모제가 없으면, 서손庶孫[주7]으로, 남손男孫이 없으면 여손女孫으로 한다."고 했다.

> **原文** 判 諸田丁連立 無嫡子 則嫡孫 無嫡孫 則同母弟 無同母弟 則庶孫 無男孫 則女孫

_ 『고려사』권84, 지38, 형법1, 호혼, 정종靖宗 12년

자료 10

양원준의 자는 용장이며 충주 사람이다. 서리에서 시작하여 광주 감무가 되었다. 아내가 시어머니를 잘 섬기지 않자 그를 버렸다. 처와 아들이 울면서 애걸했으나 끝내 허락하지 않고 처를 혼자 돌아가게 하니, 사람들 중에는 그가 인자하지 못하다고 비난하는 자도 있었다.

> **原文** 梁元俊 字用章 忠州人 起自胥吏 監光州務 妻事姑不謹 黜之 妻與子 號哭乞哀 終不許 至使其妻獨還 人或譏其不仁

_ 『고려사』권99, 열전12, 양원준

자료 11

평일에 일찍이 나에게 말하기를, "그대는 독서하는 분이니 다른 일에 힘쓰는 것이 귀중하지 않습니다. 저는 집안의 의복과 식량을 주관하는 것이 맡은 일인데, 비록 반복하여 구하더라도 뜻과 같지 않은 경우가 때때로 있습니다. 설사 불행하게도 뒷날 내가 천한 목숨을 거두게 되고, 그대는 후한 녹봉을 받고 모든 일이 뜻대로 되더라도, 제가 재주 없었다고 하지 마시고 가난을 막던 일은 잊지 마세요."라고 했는데, 말을 마치고 크게 탄식을 했다.

原文 平日 嘗與我言曰 子以讀書 不事事爲尙 吾以主家衣糧爲職 雖復僶俛求之不如意者 時或有之 設或不幸 他日我殞賤命 而子饗厚祿 動輒稱意 無以我爲不才 而忘其禦窮也 言訖大息

— 『고려묘지명집성高麗墓誌銘集成』 최루백崔婁伯 처妻 염경애廉瓊愛 묘지명

자료 12

현릉[공민왕] 정유년(공민왕 6년, 1357) 5월에 공이 병들어 위독하게 되자 부인과 자녀들이 곁에서 소리 내어 슬피 울었다. 공이 부인을 가리키며 자녀들에게 일러 말하기를, "이제 어머니가 족히 너희들을 보호하고 길러줄 것이니 뒷일에 대해 나는 걱정이 없다."라고 했는데 말을 마치자 돌아가셨다. 부인이 홀로 된 지 20여 년 동안 어머니의 도리를 지키며 자녀들을 기르고 결혼시키기를 마쳤으나 재산은 줄어들지 않았다.

原文 玄陵丁酉五月 公病篤 夫人與子女 在側號哭 公指夫人 謂諸子曰 乃母足以保養汝輩 後事吾無憾焉 言終而卒 夫人孀居二十餘年 執母道 字諸孤 婚媾既畢 而錢貨不耗

— 『고려묘지명집성』 허옹許邕 처妻 이씨 묘지명

출전

『고려묘지명집성』

『고려사』

『국보호적國寶戶籍』: 이성계에게 내려준 20구의 노비안奴婢案과 호구 성적成籍에 대한 사유를 기록한 것과, 이성계와 관련 여부가 확인되지 않은 30여 호의 장적帳籍이나 그 등록謄錄에 해당하는 자료이다. 양반은 물론 군인·향리·서인庶人·백정·노비까지 당시 존재한 신분 전모를 망라하였다.

『태종실록太宗實錄』: 세종 6년(1424)에 편찬하기 시작하여 세종 8년에 완성되었는데, 모두 36권으로 이루어졌다.

■■ 찾아읽기

최재석, 「고려조에 있어서의 토지의 자녀균분상속」, 『한국사연구』35, 1981.

허흥식, 『고려사회사연구』, 아세아문화사, 1981.

이희권, 「고려의 재산상속형태에 관한 일고찰」, 『한국사연구』41, 1983.

노명호, 「고려시대 향촌사회의 친족 관계망과 가족」, 『한국사론』19, 서울대학교 국사학과, 1988.

정용숙, 『고려왕실 족내혼 연구』, 새문사, 1988.

노명호, 「고려시대의 토지상속」, 『중앙사론』6, 중앙대, 1989.

장병인, 「고려시대 혼인제에 대한 재검토」, 『한국사연구』71, 1990.

허흥식, 「고려 여성의 지위와 역할」, 『한국사시민강좌』15, 1994.

노명호, 「가족 제도」, 『한국사』15, 국사편찬위원회, 1995.

오영선, 「고려후기 호구자료의 기재내용과 형식에 대한 일고찰」, 『국사관논총』87, 1999.

노명호, 「고려시대의 분가규정과 단정호單丁戶」, 『역사학보』172, 2001.

문숙자, 「고려시대의 상속제도」, 『국사관논총』97, 2001.

최숙, 「고려 혼인법의 개정과 그 의미─근친혼 금제를 중심으로」, 『한국사론』33, 국사편찬위원회, 2002.

박은경, 「고려시대 사적賜籍·사관賜貫연구」, 『한국중세사연구』15, 2003.

이명미, 「고려 원 왕실통혼의 정치적 의미」, 『한국사론』49, 서울대학교 국사학과, 2003.

이정란, 「고려시대의 혼인형태에 대한 재검토」, 『사총』57, 2003.

이종서, 「11세기 이후 금혼 범위의 변동과 그 의미」, 『사회와 역사』64, 2003.

이종서, 「고려·조선전기 친족 관계─족을 중심으로」, 『역사비평』64, 2003.

김용선, 『고려 금석문 연구』, 일조각, 2004.

박은경, 「고려 대 이적移籍연구」, 『한국중세사연구』17, 2004.

김난옥, 「여말선초 묘지명의 가계기록 방식」, 『한국사학보』21, 2005.

이혜옥, 「고려시대 가家와 가의식家意識」, 『동방학지』129, 2005.

권순형, 『고려의 혼인제와 여성의 삶』, 혜안, 2006.

권순형, 「고려시대 여성의 여가 생활과 명절 풍속」, 『이화사학연구』34, 2007.

김영미, 「고려 여성들의 불교 신앙과 수행」, 『사학연구』86, 2007.

김창현, 『고려의 여성과 문화』, 신서원, 2007.

이종서, 「고려시대 가족·친족 연구의 역사와 반성」, 『역사와 현실』66, 2007.

김난옥, 「여말선초 선조의식과 족보편찬의 신분적 배경」, 『한국중세사연구』25, 2008.

박진훈, 「고려시대 출생자의 파악과 호적」, 『역사와 현실』69, 2008.

이정란, 「족보의 자녀 수록방식을 통해본 여말선초 족보의 편찬배경」, 『한국중세사연구』25, 2008.

이종서, 「고려 팔조호구식의 성립 시기와 성립 원인」, 『한국중세사연구』25, 2008.

김난옥, 「고려후기 여성의 법적 지위─범죄와 형벌을 중심으로」, 『한국고전여성문학연구』19, 2009.

김병인·이현정, 「묘지명을 통해 본 고려시대 여인」, 『역사학연구』38, 2010.

김현라, 「고려시기 여성의 지위」, 『지역과 역사』28, 2011.

7 절, 수행과 교화의 공간

사원과 촌락

고려 시기 지역 사회의 민인들은 불교 신앙을 위해 사원을 자주 찾았으며 사원은 민인들의 종교적인 욕구를 해소해 주었다. 경제 활동, 사회 운영의 측면에서도 사원과 지역 사회는 밀접한 관계를 유지했다. 그러나 사원이 교구제로 운영되는 것이 아니기에, 지역 사회와 관계를 맺는 방식이 독점적, 배타적이지 않았다.

사원과 촌락의 공간 배치

불교는 기본적으로 출가자를 중시하고 있기 때문에 사원은 수행을 위한 바람직한 지점에 조성되는 것이 원칙이었다. 민인이 모여 사는 여염閭閻 가운데 사원이 있다고 하면 교화를 위해서는 편리하겠지만 종교적 수행을 위해서는 바람직하지 않은 것이다. 신라 말 경주의 경우 민가와 사원이 뒤섞여 있다고 비판받으면서 그런 일을 막기 위해 고려에서는 사가위사捨家爲寺를 금했다. 그리하여 민가와 사원이 뒤섞여 있는 것은 흔치 않았을 것이다.

개경의 경우 국초에 대규모 사원이 건립되었지만 공간상으로 민가와 일정하게 떨어진 지점에 자리하고 있었다. 민가와 떨어진 골짜기나 큰 도로 옆에 사원이 세워졌다.[자료1] 현재 개경의 사원으로서 이름을 확인할 수 있는 것이 100개가 넘는다. 개경에

수덕사 대웅전. 충청남도 예산군 덕산면 수덕사에 있는 건물이며, 국보 제49호로 단층 맞배지붕 주심포柱心包 집이다. 외관은 각 부재部材가 크고 굵기 때문에 안정감이 있으며 측면이 특히 아름답다. 건물의 건립 연대(1308)를 정확히 알 수 있는 가장 오래된 목조 건물로, 다른 건물의 건립 연대를 추정하는 기준을 제공한다.

위치한 사원은 국가 차원의 불교 행사를 주관했을 뿐만 아니라 궁궐과 관청 기능을 대행하기도 했으며, 정치 공간으로 이용되기도 했다.

사원이 민가와 구별되어 세워진 것은 각 지방의 고을에서도 유사했다고 사료된다. 읍치邑治가 있는 대규모 촌락 가운데에 민가와 뒤섞여 사원이 자리하는 일은 흔치 않았을 것이다. 그 밖에 일반 촌락의 경우에도 사원과 민가가 혼재하는 일은 거의 없었다. 고려 시기 전국 사원의 수는 시기에 따라 일정하지 않겠지만 대략 3,000곳 내외였을 것으로 추정된다.

사원은 통상 민가와 일정하게 떨어진 지점에 자리하고 있었다. 심산유곡에 자리한 경우가 많았는데 이러한 사원은 승려의 수행을 중시했을 것이다. 물론 중요 교통로에 위치하는 수도 많았다. 사람이 많이 오가지만 촌락과 떨어져 있어서 도둑이나 호랑이 따위 맹수가 출몰하는 지점에 지어져 여행자의 편의를 제공하기도 했다.[자료2·3] 하천 가나 늪 근처, 산을 넘는 지점에 위치한 사원은 이처럼 이동의 안전을 확보해주는 것이 중요한 기능이었다.

사원의 조성과 촌락

사원의 조성에는 엄청난 재력과 인력이 소요되었다. 그러한 재력·인력을 사원 스스로 마련하는 수도 없지 않았지만 대부분 세속 사회로부터 제공받았다.

사원을 조성하는 데는 국가와 왕실의 지원이 중요했다. 국가에서는 정책 차원에서 필요한 경우에 사원의 조성을 주관해서 재정을 지원했으며 인력도 동원했다. 고려 초 개경 주변의 사원은 국가가 주도해서 세운 대표적인 사례였다.[자료1] 각 지방의 사원 조성 시에도 국가에서 지원하기도 했다.

국왕이나 왕실도 사원을 조성하는 중요한 주체의 하나였다. 정치적인 의도에서 사원을 건립하는 수가 많았으니 현화사나 흥왕사의 창건은 그러한 예였다. 그리고 왕실의 원찰로서 세우는 수도 있었다. 이런 경우 조성에 필요한 재력이나 인력은 국고와 왕실 재정에서 지원되었다.

국가나 왕실에서 사원을 조성할 때 필요한 인력은 사원의 인근에 거주하는 민인으로부터 제공받는 수가 많았다. 대개의 경우 지방관의 책임 하에 군현민郡縣民을 동원하는 방식이었다. 한두 촌락이 조성에 소요되는 노동력을 전담하는 형태는 아니었을 것이다.

이와는 달리 지방관이 주도해 사원을 조성하는 수도 있었고, 향리鄕吏가 나서서 사원을 건립하는 수도 있었다. 지방관이 주도하는 경우는 자기 관할 하에 있는 민인을 동원했을 것은 당연하다. 향리가 주도하는 경우도 소속 군현의 민인이 동원되는 방식이었을 것이다.[자료4]

특정 개인이 사원을 조성하는 수도 없지 않았다. 이 경우는 그 개인이 재력을 지원했으며 노동력을 제공하는 민인에게는 품삯을 주었다. 이때도 특정 촌락과 사원이 밀착된 관계를 맺지는 않았을 것이다.

관촉사석조미륵보살입상. 충청남도 논산시 은진면 관촉사에 있는 고려 시대의 석불로, 보물 제218호다. 높이 18.12미터나 되는 커다란 불상이며 관을 쓰고 있는 것이 특징이다. 얼굴은 이마가 좁고 턱이 넓으며 옆으로 길게 째진 눈, 넓은 코, 한 일一 자로 꼭 다문 큰 입이 토속적인 느낌을 준다. 목은 굵고 삼도三道가 있으며 귀는 어깨까지 내려와 매달린 느낌이다. 이 불상은 광종 19년(968)에 만들었다는 기록이 있다.

같은 종파의 사원이 상호 지원해서 사원을 조성하는 수도 있었다. 이 경우는 재력·인력 모두 사원에서 나오는 것인데, 고려 후기에 사례를 찾을 수 있다.[자료1]

사원의 조성에는 상당한 재력이나 인력 필요하기에 특정 촌락이 전담하기는 쉽지 않았다. 그러나 사원 내의 일부 건물을 중건·보수하거나 범종·불상·탑·탱화 등을 조성할 때는 비용이 상대적으로 적어 대부분의 부담을 특정 촌락이 지기도 했다.[자료5] 이런 경우도 중앙이나 사람이 많이 사는 곳에 가서 연화를 함으로써 해결하는 수도 있어 그런 사례가 많지는 않다.

사원을 조성할 때 승려 장인匠人과 향도香徒가 두드러진 활약을 했다. 기술을 가진 승려 장인은 사원의 조성에서 고급 기술력을 발휘하는 수가 많았다. 또한 공동의 신앙 목적을 달성하기 위해 조직된 향도는 불상·종·석탑 등의 조영을 경제적으로 지원하는 수가 많았다.

신앙 행위와 촌락

사원에서는 각종 불교 행사가 열렸다. 경찬회·전장법회도 있었고 연등회와 낙성식도 있었다. 고승을 모셔와 설법을 하기도 했다. 이런 행사에는 많은 사람이 몰려들기 마련이었다. 사원 가까이에 사는 민인들의 참여가 두드러졌을 것이다. 그러나 소식을 듣고 멀리서 찾아오는 인사들도 많았다.[자료6] 그리하여 특정 촌락과 밀착되기는 했겠지만, 그 촌락에 한정되었다고 보기는 힘들다.

사원에서 정기적으로 종교 의식이 개최되어 민인들이 정기적·규칙적으로 사원을 찾지는 않은 것으로 보인다. 민인이 사원을 찾는 빈도는 높은 편이 아니었으며 또한 정기적이지도 않았을 것이다. 결국 사원이 민인들의 신앙 생활을 제도화·정례화 했다고 보기는 어렵다.

향도가 자발적으로 결성되어 공동의 신앙 행위를 하는 것을 확인할 수 있다. 군현민이 참여하기도 하고 특정 촌락민이 중심이 되는 수도 없지 않았다. 그러나 특정 촌락민 모두가 참여하는 형식은 아니었다.

고려 시기에는 상례喪禮를 사원에서 주관하는 수가 많았다. 임종한 뒤 사원에 빈소를 설치하고 사원 근처에서 화장한 뒤 유골을 수습해 사원에 봉안했다가 땅에 묻었다. 이 장례 과정에서 사원과 개인은 매우 깊은 관계를 맺었다. 또 망자를 위한 기일재忌日齋를 사원에서 지냄으로써 특정 속인과 사원이 밀착되었다. 상·제례와 관련해서도 개인 차원에서 사원과 연결된 것이지, 촌락과 사원이 관계를 맺은 것은 아니었다.

불교계 네트워크의 작동

승려와 사원은 고급 정보를 바탕으로 사회에 커다란 영향력을 발휘할 수 있었다. 불교계는 개경을 비롯한 각 지방의 문물 정보를 전국 곳곳에 전파시킴으로써 문화적 동질감의 형성에 크게 이바지했다. 또한 승려는 불교 교설을 확산시킴으로써 당시 사람들의 의식 형성이나 신앙심 고취에도 중요한 역할을 했다.

불교계의 이런 영향력 행사 배경에는 네트워크가 있었다. 사원은 전국적으로 분포했으며 승려들은 경향京鄉 각지를 이동했다. 전국 곳곳에 위치한 사원은 서로 깊이 연결되어 있었으며 승려는 전국의 여러 승려와 교류했다. 당시 민인의 이동이 활발하지 않은 실정에서 전국적으로 연결되어 있는 불교계 네트워크는 불교계 및 세속 사회의 활발한 교류를 가능케 했다.

불교계 네트워크는 승려로 편입되는 데서 형성되기 시작한다. 머리를 깎고 구족계를 받고 가르침을 받으며 승과에 합격하는 과정을 통해서 많은 승려와 연결되었고 주지를 지냄으로써 다수의 승려를 만날 수 있었으며, 고승으로 저명해질 경우에도 다수의 승려를 연결할 수 있었다. 각종 불교 행사에 참여하는 것도 여러 승려와 접촉하는 계기였다. 사원이라는 공간을 매개로 해서도, 또 결사를 함께 함으로써도 네트워크를 형성했다. 특히 원院으로 표현되는 사원은 네트워크의 형성과 작동에서 매우 중요한 위치를 차지했다.

불교계가 관장하는 네트워크는 무엇보다도 불교 교학의 확산에 이바지했다. 스승과 제자로 연결되는 네트워크에 의해 스승의 가르침이 전국으로 확산될 수 있었다. 불

부석사 무량수전. 경상북도 영주시 부석면 부석사에 있는 고려 중기의 건물로 국보 제18호다. 정면 5칸, 측면 3칸, 단층 팔작지붕 주심포계 건물이다. 이 불전佛殿은 1916년의 해체, 수리 때 발견된 묵서명墨書銘에 의하면 고려 우왕 2년(1376) 중창한 것으로 기록되어 있으나, 구조 수법이나 세부 양식이 묵서명 연대의 건물로는 볼 수 없고, 적어도 13세기 초까지 올려볼 수 있다.

교 행사 소식을 듣고 다수가 일시에 참여할 수 있었던 것도 네트워크 덕분이었다. 반무신란이나 외침에 맞서 항쟁하는 등 불교계가 집단 행동을 하는 경우에도 네트워크가 활용되었다.[자료7] 민란이나 흉년 등 각종 재난이 있을 경우 그것을 미연에 방지하거나 수습하는 데에도 불교계 네트워크가 중요했다. 불교계 네트워크는 불교계 차원을 넘어 세속 사회의 정보 이동에도 크게 이바지했다. 개경의 소식을 전국에 알리고 각 지방의 사정을 개경에 전하는 데에도 중요한 역할을 했다.

불교계 네트워크는 고려 사회에서 전국의 불교 문화 수준을 유지하고, 전체 사회에서 정보가 활발하게 이동하는 데 큰 도움을 주었다. 촌락이 격절성을 띠고 발달하던 당시에 불교계 네트워크는 상호 소통 · 교류하는 데 크게 이바지했다. 고려 시기 불교계는 이런 네트워크를 관장함으로써 세속 사회에 영향력을 행사할 수 있었으며 지배층의 지위를 누릴 수 있었다. 조선 초 전면적인 억불 정책은 불교계 네트워크의 현저한 축소를 가져왔다.

자료1

우리 태조께서 이미 삼한을 통일하고 백성과 나라에 이익되는 것이라면 하지 않은 것이 없었다. … 도성 동남쪽 모퉁이의 문을 보정保定이라 이름하는데, 그 길은 양광 · 전라 · 경상 · 강릉 4도에서 도성으로 들어오는 사람과 도성에서 4도로 나가는 사람들이 떠들썩하게 밤낮으로 끊이지 않는다. … 청태淸泰 18년(951?)에 태조께서 술수가術數家의 말을 들어, 절을 그 사이에 짓고, 가사 입고 불교 계율을 배우는 이들을 거처하게 하며 이름을 개국사開國寺주1라 했다. 이때 정벌하는 일이 겨우 평정되고 온갖 것이 초창기라 군사들 중에 지원하는 이들을 모아 일꾼으로 하고, 창과 방패를 부수어 결구結構에 보충하여서, 싸움을 그만두고 백성을 쉬게 하는 의사를 보였던 것인데 … 우리 남산종사南山宗師 목헌구공木軒丘公은 … 하루는 여러 사람을 모아 놓고 말하기를, "우리들이 왕토王土에 살면서, 누에치기와 농사일을 하지 않고서도 옷은 추위와 더위를 막으며, 식사는 아침저녁 지내기에 넉넉하니, 우리 임금님의 은혜와 우리 정승이 베푸는 것이 역시 지극한 것이다. 지금 국가가 전일과는 다르니 반드시 전의 준례에 따라 우리들의 집을 중수하려면 어려울 것이다. 또 생각하면, 울타리가 터졌는데 그 보수를 이웃 사람에게 요구한다면 의리가 아니며, 밭에 잡초가 났는데 다른 사람에게 김매주기를 바란다면 지혜로운 일이 아니다." 했다. 여러 사람들이 그 뜻을 깨달아 알고 팔을 걷고 따라나서서 종파 문중의 여러 절에 통첩을 보내어 일하는 사람들을 불러들여서 땅의 높고 낮은 것을 평평히 하고, 풀뿌리 나뭇가지를 잘라내며, 재목을 마르고, 간수를 정하여 기둥을 세워 둘러짓고 흙을 바르고 단청했다. … 생각건대, 근세에 이르러 승려들이 무슨 일을 할 때면 반드시 세력을 권문호가權門豪家에서 빌려서 백성에게 폐를 끼치며 나라에 해가 되게 하면서 빨리 만들려고만 하고, 복을 닦는 것이 원망을 사는 것임을 모르는데, 목헌대사는 그렇지 않아 말이 지성에서 나오니, 많은 사람이 시키는 대로 하기를 즐거이 하여 나라의 털끝만한 재물도 허비하지 않으며 백성들에게서 잠깐의 노력을 빌리지 않고서도 이루어놓은 것이 이와 같으니, 이것이야말로 적어둘 만한 일이다.

> **原文** 恭惟我太祖旣一三韓 有利家邦 事無不擧 … 都城東南隅 其門曰保定 其路自楊廣 全羅慶尙江陵四道 而來都城者 與夫都城之四道者 憧憧然 罔晝夜不息也 … 淸泰十八年 太祖用術家之言 作寺其間 以處方袍之學律乘者 名之曰開國寺 時征役甫定 萬事草創 募卒伍爲工徒

주1 개국사開國寺 : 태조 때 창건했으며 남산종(율종)의 사원이었다. 현종 때 사리탑을 중수한 뒤 금강계단을 만들어서 3,200인의 승려를 득도시켰다. 선종 때 의천이 송나라에서 송판대장경을 가지고 귀국하자 이를 이 절에 봉안하고 도량을 연 적이 있다. 몽골의 침략으로 소실되었으나 14세기 전반기에 중창했으며, 이후 조선 중기까지 존속했던 것으로 보인다.

破戈楯充結構 所以示偃兵息民之意也 … 我南山宗師木軒丘公 … 一日 集衆而告曰 吾儕寓跡
王土 不桑不稼 衣足以禦寒暑 食足以度朝暮 吾君之賜 吾相之施 亦已至矣 今國家非曩日之比
必欲使例舊修吾廬 難矣 且夫藩缺而責補於隣 非義也 田萊而望耘於人 非智也 衆聞而喩其意
扼腕從與 牒宗門諸刹 科徵役徒 夷窊崇剔菑翳 繩墨曲直 筵乃寬狹 棟而桷之 堊而雘之 … 余惟
近世浮圖之流 有所經爲 必假勢於權豪之家 毒民病國 徒務亟成 而不知種福爲斂怨也 木軒大
師 則不然 言發于誠 衆樂爲用 不糜國秋毫之財 不藉民食頃之力 其所樹立如是 是可書也

— 『익재난고』 권6, 중수개국율사기重修開國律寺記

자료2

고려 현종이, 이곳이 갈림길의 요충인 데다가 사람 사는 곳이 멀리 떨어져 있고, 무성
한 갈대숲이 들판에 가득해서 행인이 자주 강도를 만나므로, 중 형긍迴兢에게 명하여
절을 세우게 하고 병부상서주2 강민첨姜民瞻주3 등이 일을 감독해서 병진년(1016)부터 신
유년(1021)에 걸쳐 집 200여 칸을 세우고, 봉선홍경사奉先弘慶寺라고 사명賜名했다. 또한
사찰 서쪽에 객관客館주4 도합 80칸을 세우고 광연통화원廣緣通化院이라 이름하고, 양식
을 쌓고 꼴을 저장해서 행인들에게 제공했다. 이에 비석을 세우고 한림학사주5 최충주6
에게 명하여 비문을 짓도록 했는데, 지금 사찰은 없어지고 원院과 비석만 남아 있으므
로 드디어 사찰의 이름을 따서 홍경원이라고 불렀다.

原文 高麗顯宗 以此地歧路之衝 而人烟隔絶 崔蒲滿野 行者屢遭劫盜 乃命僧迴兢 創寺 兵
部尙書姜民瞻等 監督之 自丙辰 迄于辛酉 爲屋 共二百餘間 賜名奉先弘慶寺 又於寺西 建客館
計八十間 號曰廣緣通化院 積粮糧 貯蒭秣 以供行旅 遂立碑 命翰林學士崔冲 製其文 今則寺廢
而院與碑獨存 遂以寺名 稱之

— 『신증동국여지승람』 권16, 직산현稷山縣

자료3

서해도와 평안도 경계선에 크고 높은 산이 있어 길손들이 심히 고통스러워 한다. 이
때문에 자비령이라 했다. 이 고개의 북쪽은 평양에 속하고, 그 남쪽은 서해도에 속하
는데, 나한당은 자비령 북쪽에 있으며 동선참洞仙站을 굽어보고 있다.… 내 젊었을 때
역마驛馬를 몰아 연도[燕都, 북경]에 갔다가 다시 이 나한당 앞을 지나게 되어 한 번 문
안에 들어가 예를 드린 적이 있다. 당에는 깃발이 대단히 많이 달려 있었는데, 모두가
여행자의 기원하는 말이 쓰여 있었고, 주방廚房과 마구의 시설을 보게 되면 여행자를

주2 병부상서 : 병부에 속한 정3품
관직. 병부는 군사 관계, 무반武班,
우역에 관한 일을 맡았다.

주3 강민첨(姜民瞻, 963~1021) :
본관은 진주. 목종 때 과거에 급제
했으며 현종 9년(1018) 거란이 침
입했을 때 부원수副元帥로서 강감
찬과 함께 출전하여 흥화진에서 적
을 대파했다. 현종 11년 병부상서
가 되었다.

주4 객관客館 : 손이 묵는 건물. 사
원에서 길을 가는 나그네가 쉬거나
잠을 잘 수 있는 공간인 객관을 설
치하여 운영하는 경우가 많았다.

주5 한림학사 : 한림원 소속의 정
4품 관직. 한림원은 국왕의 지시문
을 작성하는 일을 맡았다.

주6 최충(崔冲, 984~1068) : 본관
은 해주. 과거에 급제한 뒤 현종 4
년(1023)에 국사수찬관이 되어 태
조에서 목종에 이르는 국왕의 실록
을 편찬했으며 정종 3년(1037)에는
현종실록의 편찬에 참여했다. 문종
원년(1047)에 문하시중이 되었다.
관직에서 물러나 사립학교를 세워
후진을 양성했는데, 그의 제자를
문헌공도라 했다.

대접하기 위함이 대단히 잘 갖추어졌음을 알 수 있었다. 마음에 흐뭇함을 느꼈으나 자세한 것을 물을 겨를이 없었다.

原文 西海 平壤交界 有山大而峻 行者甚苦之 故曰慈悲嶺 嶺之北屬之平壤 其南屬之西海 羅漢堂實據嶺北 俯洞仙站 … 予少也 馳駈赴燕都 再過堂下 嘗一入門而致禮焉 幢幡甚盛 類皆 行役者之願詞也 見其廚房槽櫪之設 又知其待行旅者甚備 心喜之 未暇問其詳也

_ 「목은문고牧隱文藁」권3, 자비령나한당기慈悲嶺羅漢堂記

자료 4

(최승로 '시무 28조' 가운데 제16조) 세속에서는 선善을 심는다는 명목으로써 각기 소원을 따라 절을 지으니 그 수가 매우 많고, 또 내외內外의 승도들이 사사로이 살 곳을 삼고자 하여 다투어 절을 지어, 널리 주군州郡의 향리鄕吏를 권하여 백성을 역사에 징발함이 공역公役보다 급하므로 백성이 매우 괴로워합니다. 바라건대, 엄하게 금단하여 백성의 수고를 덜게 하소서.

原文 世俗 以種善爲名 各隨所願 營造佛宇 其數甚多 又有中外僧徒 欲爲私住之所 競行營造 普勸州郡長吏 徵民役使 急於公役 民甚苦之 願嚴加禁斷 以除百姓勞役

_ 「고려사」권93, 열전16, 최승로

자료 5

사찰이 (남원) 부중과는 동북 30리 거리로서 옛 이름은 금강사金剛寺였는데, 언제 창건되었는지 알 수 없다. 이름이 중긍中亘이라고 하는 홍혜국사弘慧國師가 내원당으로부터 늙어서 물러나와 살았는데 집이 낮고 누추하여 일찍이 더 넓히려고 했으나 하지 못했다. 그가 이미 죽고 나서 대선사[주7] 졸암拙菴이라 하는 이가 이름은 연온衍昷인데 조계의 장로였다. 홍혜의 문도들에게 추앙을 받고, 문계를 세워 졸암으로 하여금 주장하게 하니, 졸암이 곧 공사를 살피고 재물을 맡았으며, 그 중생衆生의 시주를 모은 것은 종한宗閑이라는 이가 있어 주관했다. 그 현판은 '승련사勝蓮寺'라 고치고, 을축년(1325)에 시작해서 신축년(1361) 봄에 일을 마쳤다. 불전佛殿[주8] · 승무僧廡[주9] · 선당膳堂 · 선실禪室[주10] · 객실 · 곳간 · 부엌 등 칸 수를 계산하면 모두 111칸이며, 범패의 도구와 일상 쓰는 물건이 하나도 완비되지 않음이 없으니, 이는 다 졸암의 바랑에 모은 재물과 종한의 애쓴 힘으로 인하여 이룩된 것이다. 무량수불의 상을 전 중앙에 두었

주7 대선사 : 선종 승려에게 수여되는 최고의 승계. 대덕 → 대사 → 중대사 → 삼중대사 → 선사 → 대선사의 순서로 승계가 오른다.

주8 불전佛殿 : 불상을 모신 건물로, 여기서는 아미타불을 봉안한 건물인 듯하다.

주9 승무僧廡 : 승려들이 거주하는 요사.

주10 선실禪室 : 참선을 하는 건물 공간.

는데, 이는 졸암이 전적으로 맡아 한 것이요, 대장경을 박아서 전의 좌우에 쌓아 놓은 것은, 고을 사람이 같이 시주로 한 것이다. 노비 몇 명을 희사했으니 곧 졸암이 부모에게 받은 것이다. 무술년(1358) 가을, 그가 죽게 될 적에 친족으로는 조카가 되고 불법으로는 후계자가 되는 각운선사에게 절 일을 부탁했다. 바깥담이 아직 없어서 각운이 쌓으니 계묘년(1363) 여름에 산문의 일이 이때 끝났다.

> **原文** 寺距府理東北一舍 舊名金剛 不知創於何代 弘慧國師諱中亘者 自內願堂退老居之 屋宇卑陋 嘗欲增廣而不能也 旣沒 大禪師拙菴諱衍昷者 爲曹溪之老 弘慧之徒所推讓 合辭立卷契 俾拙菴主之 拙菴卽審工度財 其募合衆緣 則有宗閑者實幹之 改其額曰勝蓮 經始於乙丑之歲 訖功於辛丑之春 佛殿僧廡膳堂禪室賓客之次 庫廚之所 以間計之 合一百一十一 至於梵唄之具 日用之需 無一不完 此皆由拙菴囊鉢之儲 宗閑奔走之力以成者也 像無量壽 居之殿中央 拙菴之所獨辦 而印大藏經 厝之殿左右 郡人之所同施也 捨奴婢若干口 卽拙菴所得於父母者 戊戌之秋 其將示寂也 以雲師於族爲甥 於法爲嗣 付以寺事 外垣尚缺 雲師築之 癸卯之夏 山門之事 於是畢矣

_ 「목은문고」권1, 승련사기勝蓮寺記

자료 6

중 나옹懶翁을 밀성군[密城郡, 밀양]으로 내쳤다. 이때에 나옹이 양주 회암사에서 문수회를 베풀었는데, 중앙과 지방의 남녀들이 귀한 사람, 천한 사람 할 것 없이 다투어 포백布帛·과실·떡을 싸가서 보시하기 위하여 서로 먼저 이르려고 절의 문이 메워질 지경이자 추방한 것이었는데, 가다가 여흥 신륵사에 이르러 죽었다.

> **原文** 放僧懶翁于密城郡 時懶翁於楊州檜巖寺 設文殊會 中外士女無貴賤 爭賚布帛果餠施與 猶恐不及 寺門塡咽 故放之 行至驪興神勒寺 死

_ 「고려사절요」권30, 신우辛禑2년 4월

주11 김윤후 : 백현원白峴院의 승려로 고종 19년(1232) 몽골이 침입했을 때 처인성에서 몽골 장군 살리타이를 쏘아죽여 물리쳤으며 이 공으로 상장군에 임명되었으나 사양했다. 몽골이 재차 침입하자 충주성에서 민인을 독려해 70여 일 전투 끝에 격퇴했다. 후에 동북면병마사, 추밀원부사를 역임했다.

자료 7

(1253년) 몽골병이 충주성을 포위하기를 무릇 70여 일에 성 안의 식량이 거의 다하게 되었다. 김윤후[주11]는 사졸들을 독려하여 이르기를, "만일 능히 힘을 다한다면 귀천을 가리지 않고 모두 관작을 내리겠으니 그대들은 이를 믿으라." 하고 드디어 관노의 부적簿籍을 가져다가 불태워버리고 또 노획한 소와 말을 나누어주니 사람들이 모두 죽음을 무릅쓰고 대적했다.

原文 蒙古兵來圍州城 凡七十餘日 糧儲幾盡 允侯諭屬士卒曰 若能效力 無貴賤 悉除官爵

爾無不信 遂取官奴簿籍 焚之 又分與所獲牛馬 人皆效死赴敵

— 『고려사』권103, 열전16, 김윤후

출전

『고려사』

『고려사절요』

『목은문고』

『신증동국여지승람』

『익재난고』

찾아읽기

허흥식, 「고려불교사연구」, 일조각, 1986.

채웅석, 「고려시대 향도의 사회적 성격과 변화」, 『국사관논총』2, 1989.

김형수, 「고려전기 사원전의 경영과 수원승도」, 『한국중세사연구』2, 1995.

박윤진, 「고려시대 개경 일대 사원의 군사적 · 정치적 성격」, 『한국사학보』3 · 4합집, 1998.

배상현, 「고려 후기 사원전연구」, 국학자료원, 1998.

이상선, 「고려시대 사원의 사회경제연구」, 성신여자대학교 출판부, 1998.

정동락, 「고려시대 대민통치의 측면에서 본 사원의 역할」, 『민족문화논총』18 · 19합집, 영남대학교, 1998.

한기문, 「고려사원의 구조와 기능」, 민족사, 1998.

배상현, 「고려시대 사원 촌락 연구」, 『국사관논총』87, 1999.

박종진, 「고려시기 개경 절의 위치와 기능」, 『역사와 현실』38, 2000.

구산우, 「고려전기 향도의 불사 조성과 구성원 규모」, 『한국중세사연구』11, 2001.

김형수, 「고려전기 비보사원과 지방지배」, 『경북사학』17, 2001.

배상현, 「고려시기 사원전과 국가, 촌락, 그리고 농민」, 『한국중세사회의 제문제』, 2001.

구산우, 「고려시기의 촌락과 사원」, 『한국중세사연구』13, 2002.

임영정, 「고려수원승도재고」, 『동국사학』37, 2002.

정제규, 「고려후기 재가불교신자의 역할과 사회적 의미」, 『문화사학』17, 2002.

배상현, 「명학소민의 봉기를 통해 본 불교사원과 지방사회」, 『한국중세사연구』15, 2003.

한기문, 「고려시기 정기 불교 의례의 성립과 성격」, 『민족문화논총』27, 영남대, 2003.

전영준, 「고려 예종대의 사찰 창건과 승도 동원」, 『진단학보』97, 2004.

강현자, 「고려 현종대 봉선홍경사의 창건배경」, 『중앙사학』21, 2005

전영준, 「고려시기 사원불사와 조력자」, 『역사민속학』20, 2005

전영준, 「여말선초 공역승의 사원 조영 활동」, 『전남사학』24, 2005

전영준, 「고려후기 공역승과 사원의 조영조직」, 『한국사학보』20, 2005.

강현자, 「고려 현종대 봉선홍경사의 기능」, 『사학연구』84, 2006

이병희, 「고려시기 국가의 사원조영 재정지출」, 『역사학연구』37, 2009.

이병희, 「고려시대 불교계의 네트워크」, 『사회적 네트워크와 공간 - 이태진교수정년논총』, 태학사, 2009.

이병희, 「고려시기 사원경제연구」, 경인문화사, 2009.

한기문, 「고려시대 사원의 정기 행사와 교역장」, 『대구사학』100, 2010.

안지원, 「고려의 국가불교 의례와 문화 - 연등·팔관회와 제석도량을 중심으로」, 서울대학교 출판문화원, 2011.

안지원, 「고려후기 금석문을 통해 본 불교의례의 새로운 동향」, 『역사와 현실』80, 2011.

이병희, 「고려시기 사원에서의 교학활동」, 『한국사연구』155, 2011.

한기문, 「고려시대 자복사資福寺의 성립과 존재 양상」, 『민족문화논총』49, 2011.

황인규, 「고려시대 불교계와 불교문화」, 국학자료원, 2011.

8 농민과 노비, 들고 일어나다
농민 · 노비의 난

이자겸의 난, 묘청의 난, 무신란이 발생하던 시기에 농민의 유망 · 동요도 심각한 상황에 있었다. 특히 무신란 이후에는 기층민들이 대거 체제에 대한 항쟁을 전개하여 우리 역사상 신라 말, 조선 말과 더불어 가장 많은 민란이 발생했다.

무신란 이전 기층민의 항쟁

기층민들이 난을 일으켜 체제에 대항하는 일은 무신란 이전에도 있었다. 12세기 초 이래 다수의 유민이 발생하여 정부에서도 대책을 강구한 적이 있지만 농민 문제가 수습되지는 않았다. 더구나 이자겸의 난이나 묘청의 난을 겪으면서 국가 체제는 심각하게 동요했으며 향촌 사회는 피폐해갔다. 피역避役 · 유망流亡 · 도적盜賊의 형태로 저항하던 농민들은 점차 무력 항쟁을 시작했다. 의종 6년(1152) 무렵 홍성에서 유망 농민층이 중심이 되어 봉기했으며 의종 9년을 전후해서는 전주 경내에서, 의종 16년에는 황해도와 강원도 여러 지역에서 봉기가 있었으며, 그리고 의종 17~18년에는 경상도를 비롯한 남부 지방에서 산골짜기로 몰려든 유망 농민을 중심으로 농민 항쟁이 일어났다. 이런 항쟁은 수령이 지방군을 동원하여 진압함으로써 크게 확산되지는 않았다.

무인 집권 초기의 민란

무인 정권이 성립한 후, 사회 경제 개혁은 소홀한 채 부세 수탈을 가혹하게 해 세정이 문란해졌으며 다른 한편으로 신분 의식이 와해되면서 기층민의 항쟁이 폭발적으로 일어났다. 이런 항쟁은 특히 정중부·경대승·이의민이 최고 집권자로 있던 무인 집권 초기에 빈번했다. 대표적인 것으로 서북의 창주昌州·성주成州·철주鐵州의 3주 민州民의 항쟁(1172),[자료1] 공주 명학소鳴鶴所의 망이亡伊·망소이亡所伊의 항쟁(1176), 전주 군인과 관노의 항쟁(1182)을 들 수 있다. 정부는 이에 대해 무마책을 펴면서 대응하고 그것이 여의치 않을 때 무력 진압을 했다.

서북 지역의 민란은 수령의 탐학과 주구에 반발하여 일어났는데, 그 영향이 전국으로 퍼져갔다. 그리고 명종 6년 6월 공주의 명학소민인 망이·망소이 등은 무리를 불러 모아 스스로 산행병마사山行兵馬使라 일컫고 공주를 공격하여 함락시켰다. 명학소는 지금의 대전 탄방동 일대로 비정되며, 철소로 보기도 하고 탄소로 보기도 한다. 국가에 제공하는 공물의 부담이 가중된 것이 난의 원인인 듯하다. 명학소민의 봉기에 대해 정부에서는 지후祗候 채원부蔡元富와 낭장郎將 박강수朴剛壽 등을 보내어 달랬으나 망이 등이 따르지 않았다. 이에 망이의 고향인 명학소를 승격하여 충순현忠順縣으로 삼고, 내원승內園丞 양수탁梁守鐸을 영령令, 내시內侍 김윤실金允實을 위위尉로 삼아 진무하게 했다. 다음해에 망이 등이 다시 반란을 일으켜 가야사伽耶寺를 공격했으며, 홍경원弘慶院을 불지르고 그곳의 승려 10여 명을 죽이고는 주지승을 협박하여 끝까지 투쟁하겠다는 결의를 담은 자신들의 편지를 가지고 서울로 가게 했다. 결국 정부군의 토벌 작전으로 망이 등이 잡히면서 항쟁은 끝나고 말았다.[자료2] 명학소민의 봉기는 소민이 주도해서 토지로부터 이탈한 유망농민층을 끌어들였으며 주변의 여러 군현을 연결하면서 충청도 일대에 큰 영향력을 행사했지만 결국 정부군에 의해 진압되고 말았다.

전주에서는 농민 출신인 주현군州縣軍의 보승保勝·정용精勇과 관노官奴·승려가 합세하여 항쟁을 일으켰다. 새로 사록司錄으로 부임한 지방관이 형벌을 혹독하게 시행했으며, 상호장上戶長과 사록이 관선官船을 만드는 일을 가혹하게 감독한 것이 원인이 되어 폭발했다. 하급 장교들의 지휘 아래 사록을 내쫓고 향리들의 집을 불태웠으며, 판관判官을 위협해 향리를 바꿔 임명하게 했다. 마침 도내를 순행하던 안찰사가 전주에 도착하자 이들은 시위를 벌여 사록을 개경으로 압송케 했다. 안찰사가 훈계를 했으나 계속 항쟁하자 안찰사는 도내의 지방군을 동원, 진압하려 했지만 성공하지 못했다. 고위 관직자를 보내 민란 원인을 조사케 하면서 반란군을 분열시켜 농민군 지휘관을 죽이고 전주성을 함락함으로써 전주 민란은 종지부를 찍었다.^[자료3]

명종 20년 정월에 동경[東京, 경주]에서 일어난 농민 항쟁은 명종 23년에 김사미에 인도되어 운문산으로 들어가 웅거했다. 이들은 효심이 이끄는 초전의 항쟁군과 연합하여 공동 전선을 구축하면서 경주 부근의 여러 고을을 공격했다. 이들의 반란은 결국 정부군에 의해 평정되고 말았지만, 밀양 싸움에서 반란군 7,000명이 죽었다는 것으로 보아 그 규모가 엄청났음을 알 수 있다.^[자료4]

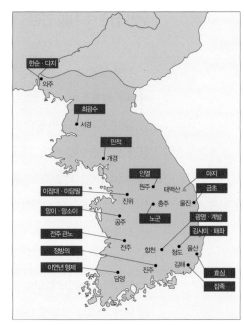

12세기 농민과 천민 항쟁. 규모가 컸던 민란으로는 공주 명소에서 일어난 망이·망소이의 난(1176), 전주에서 군인과 관노가 일으킨 난, 그리고 경상도 일대에서 일어난 김사미의 민란(1193) 등이 있었다. 그 밖에도 최충헌의 사노인 만적의 난이 있었다(1198). 민란 가운데는 신라·백제·고구려 부흥을 표방해 고려 정부를 부정한 예도 있었다.

최씨 정권 하 기층민의 항쟁

최충헌이 이의민을 제거하고 집권한 이후에도 기층민들의 항쟁은 계속되었다. 대표적인 항쟁은 최충헌의 사노私奴인 만적萬積의 봉기, 신종 5년(1202) 동경에서의 민란을 들 수 있다. 최충헌은 회유나 무마책을 취하지 않고 강압적인 토벌 방침을 택했다.

만적의 난은 신종 원년에 일어났다. 만적 등 6인은 개경 북산에서 나무하다가 공·사노비들을 불러 모의했다. "무신란 이후 고관이 천민과 노비에서 많이 나왔다. 장수와 재상이 어찌 씨가 따로 있으랴. 때가 오면 누구나 할 수 있다. 우리가 왜 근육과 뼈를 괴롭게 하며 채찍 밑에서 곤욕을 치러야 하는가?" 하면서 노비를 선동하여 거사 날짜와 장소를 정했다. 그러나 정해진 날짜와 장소에 소수밖에 모이지 않자 연기하게 되었는데, 이 사실이 결국 알려져 만적 등 100여 명을 수장시키고 나머지는 수가 많아 죄를 묻지 않았다. 이렇게 하여 사노들의 거사 계획은 실패로 돌아갔다.[자료5]

동경에서는 이전에 진압된 바 있었으나 또 다시 민란이 일어났다. "고려의 왕업이 거의 다 되었으니 신라가 반드시 부흥할 것이다."라는 격문을 돌리며 운문·울진·초전 등 경상도 일대의 민란 세력의 호응을 받아 그 세력을 자못 떨치었다. 항쟁군은 계속적인 강경 토벌에 의해 희종 즉위년(1204) 5월 결국 진압당하고 말았다.[자료6] 경주의 신라 부흥 운동은 경주민의 고려 정부에 대한 소외감에서 폭발한 것이지만 근본적으로는 수탈 체제에 대한 항거였다. 경주 지역민의 반란 규모가 크고 민심의 동요가 심각하여 고려 왕조를 무너뜨릴 수 있다는 우려가 작용해 정부에서는 이 기간에 여러 신들에게 무려 33차례의 제사를 지내고 있다. 신종 연간에는 진주에서의 민란도 있었다. 노비의 난에서 시작했는데 이를 진압한 후 향리 정방의가 다시 난을 일으켜 많은 이들을 살상했다.[자료7]

최충헌 정권의 강경 진압으로 한동안 농민 항쟁은 움츠러들었지만 대외적인 모순이 중첩되면서 또다시 표출되기 시작했다. 고종 4년(1217) 5월에 있었던 서경 지역에서의 고구려 부흥 운동이 주목된다. 그보다 앞선 4년 1월 진위현인振威縣人 항쟁은 거란의 침입을 틈타 동정직의 소유자들이 군대로 징발된 장정들과, 부세 수탈과 가혹한 역역 동원에 의해 어려움을 겪고 있었던 굶주린 촌락민을 끌어모아 일으킨 것이다. 이들은 정국병마사靖國兵馬使를 자칭하고 그 군사를 의병義兵이라 불렀다.[자료8]

대몽 항쟁 기간에는 농민 항쟁이 수그러들었지만 사라진 것은 아니었다. 그 가운데 주목할 만한 것은 고종 24년에 이연년李延年 형제가 이끈 백제 부흥 운동이었다. 담양의 원율에서 이연년 형제가 토착민을 이끌고 거사하여 인근의 여러 군현을 영향력 하에 두고서 백제의 부흥을 주창했다. 중앙에서 보낸 관군에 비해 수적으로 큰 우세를 보였지만 나주에서의 싸움에서 패배하고 말았다.[자료9]

이후에도 간헐적인 항쟁이 있었지만, 몽골의 엄청난 침입 하에 위축되지 않을 수 없었다. 농민들은 본거지를 떠나 떠도는 일이 많았으며 때로는 투몽投蒙의 형태로 왜곡된 항쟁 모습을 보여주기도 했다.

운문사 전경. 경북 청도군 운
문면 호거산에 있는 사원으
로 진흥왕 21년(560)에 창건
된 것을 608년 원광국사圓光
國師가, 신라 말기에는 보양국
사寶壤國師가 중건하였다. 숙
종 10년(1105) 원응국사圓應
國師가 중창하였다. 무인 집권
시 민란이 일어났을 때 이곳이
근거지가 되었다.

기층민 항쟁의 주도 세력

각 지역에서 전개된 기층민의 항쟁은 주도 세력이 상당히 다양하다. 주체는 소민所
民, 관노, 사노, 일반 농민, 승려 등 커다란 차이를 보이고 있다. 그리고 그들이 대항하
는 직접적인 상대도 지방 향리, 지방 관원, 승려·사원 등 역시 다양했다. 그들의 일부
에서는 신라·고구려·백제의 부흥을 주장하면서 지역민의 결집을 꾀하려는 시도도
행해졌다. 정국병마사靖國兵馬使·의병義兵을 자처하는 모습을 보이기도 했다. 이런 다
양성으로 인해 각 항쟁의 주체들이 연합 전선을 형성하기가 쉽지 않았다. 부분적으로
연합 전선을 형성하여 여러 군현에 세력을 떨치는 수도 없지 않았지만, 대부분은 일부
지역에 제한되었으며 인접한 지역민과 충돌하는 경우가 많았다.

기층민들의 항쟁은 체제의 동요를 가져왔다. 무인 정권은 이들의 저항으로 정당성
이 도전받았으며 나아가 지배 체제 전반이 흔들리는 모습을 보였다. 기층민들의 저항
에 대해 초기에는 무력 진압보다는 무마책·회유책을 우선했지만 최씨 집권 하에서
는 강경 토벌을 택했다. 농민이나 노비 등 기층민의 항쟁은 몽골의 침략 하에서 체제
의 개혁을 가져오지는 못했다. 그러나 원 간섭기에 사회 경제 개혁이 추진되는 데에
중요한 원동력이 되었음은 부인할 수 없다.

자료1

주1 창주昌州 : 평안북도 창성.

주2 성주成州 : 평안남도 성천.

주3 삼등현三登縣 : 평안남도 강동.

주4 철주鐵州 : 평안북도 철산.

주5 명학소 : 오늘날 대전광역시 유성구 탄방동에 있었다.

주6 지후祗候 : 각문閣門 소속의 정7품 관직.

주7 낭장郎將 : 정6품 무관으로 2군 6위에 소속된 장교.

주8 내원승內園丞 : 내원서 소속의 종8품 관직.

주9 영令 : 여기서는 현령을 가리킨다.

주10 내시內侍 : 궁궐 안을 지키며 왕을 시중드는 일을 맡은 관원.

주11 위尉 : 여기서는 현위를 가리킨다. 현위는 현의 장관인 현령의 하위직으로 현의 제2인자이다. 주로 도적을 막고 치안을 유지하는 임무를 맡았다.

주12 양온령동정良醞令同正 : 양온령은 양온서良醞署 소속의 정8품 관직. 양온령동정은 양온령의 동정직.

주13 주사동정主事同正 : 주사는 중서문하성·상서도성·삼사·상서육부·상서고공·상서도관·비서성·중추원·전중성 소속의 이속吏屬의 하나. 주사동정은 주사의 동정직.

서북면병마사 대장군大將軍 송유인이 해임하기를 원하므로, 금오위 대장군金吾衛大將軍 우학유로 그를 대신하게 했다. 경인庚寅, 정중부의 난이 있은 해 이후로 북도 사람들이 횡포 방자하여, 창주昌州주1 사람은 그 고을 수령의 애기愛妓를 죽여서 아문衙門에 버려두었고, 성주成州주2 사람은 삼등현三登縣주3을 멸망시킬 것을 의논할 때에 따르지 않는 자가 있으면 죽였는데 죽음을 당한 자가 수십 명에 이르렀으며, 철주鐵州주4 사람은 그의 관장官長을 죽이려고 모의하여 격투하다가 죽었다. 송유인이 이를 제지하지 못하고, 자기에게 해가 미칠 것을 두려워하여 병을 칭탁하고 교체해주기를 원한 것이다. 우학유 역시 제지하지 못했다.

原文 西北面兵馬使大將軍宋有仁 乞解 以金吾衛大將軍于學儒 代之 自庚寅之後 北人橫恣 昌州人 殺其守愛妓 置之衙門 成州人 議滅三登縣 有不從者 殺至數十人 鐵州人 議殺其長 格鬪 而死 有仁不能制 懼害及己 稱疾乞代 學儒亦不能制

_ 『고려사절요』권12, 명종 2년 6월

자료2

명학소민의 항쟁

• 공주 명학소주5 사람 망이·망소이 등이 무리를 불러 모아 산행병마사라 스스로 일컫고 공주를 공격하여 함락시켰다. 갑술에 … 정부는 지후祗候주6 채원부와 낭장郎將주7 박강수 등을 보내어 남적을 달래었으나 적이 따르지 않았다.

原文 公州鳴鶴所民 亡伊亡所伊等 嘯聚黨與 自稱山行兵馬使 攻陷公州 甲戌 … 遣祗候蔡 元富 郞將朴剛壽等 宣諭南賊 猶不從

_ 『고려사』권19, 세가19, 명종 6년 정월

• 망이의 고향인 명학소를 승격하여 충순현忠順縣으로 삼고, 내원승內園丞주8 양수탁을 영令주9으로, 내시內侍주10 김윤실을 위尉주11로 삼아 진무하게 했다.

原文 陞亡伊鄕鳴鶴所 爲忠順縣 以內園丞梁守鐸 爲令 內侍金允實 爲尉 以撫之

_ 『고려사』권19, 세가19, 명종 6년 6월

• 양온령동정良醞令同正주12 노약순과 주사동정主事同正주13 한수도가 평장사平章事주14 이공승, 상서우승尙書右丞주15 함유일, 내시장작소감內侍將作少監주16 독고효 등을 사칭하고 편지를 써서 망이에게 보내어 함께 난을 일으키려 했다. 망이가 그 사자使者를 붙

잡아 안무별감安撫別監 노약충에게 보냈다.

原文　良醞令同正盧若純 主事同正韓受圖 詐爲平章事李公升 尙書右丞咸有一 內侍將作少監獨孤孝等 書投亡伊 欲引與爲亂 亡伊執其使 送于安撫別監盧若冲

___ 『고려사절요』권12, 명종 6년 9월

• 망이 등이 다시 반란을 일으켜 가야사를 침략했다.

原文　亡伊等 復叛 寇伽耶寺

___ 『고려사』권19, 명종 7년 2월

• 망이 등이 홍경원을 불지르고 그곳에 살고 있는 중 10여 명을 죽이고는, 주지승을 협박하여 그들의 편지를 가지고 서울로 가게 했다. 그 개략적인 내용을 보면, "이미 우리의 고향을 현縣으로 승격시키고 또 수령을 두어 안무케 하더니, 되돌려 다시 병사를 보내 토벌하고 우리의 어머니와 아내를 잡아가두니 그 뜻하는 바가 어디에 있느냐. 차라리 창·칼 아래에서 죽을지언정 끝까지 항복한 포로는 되지 않을 것이며 반드시 서울에 이르고야 말겠다."고 했다.

原文　亡伊等 焚弘慶院 殺居僧十餘人 逼令住持僧賫書赴京 略云 旣升我鄕爲縣 又置守以安撫 旋復發兵來討 收繫我母妻 其意安在 寧死於鋒刃下 終不爲降虜 必至王京然後已

___ 『고려사』권19, 명종 7년 3월

• 남적처치병마사 정세유 등이 적의 우두머리 망이·망소이 등을 사로잡아 청주옥에 가두고 사람을 보내 승리를 보고했다.

原文　南賊處置兵馬使鄭世猷等 捕賊首亡伊亡所伊等 囚淸州獄 遣人告捷

___ 『고려사』권19, 세가19, 명종 7년 7월

자료3

(3월) 처음에 전주의 사록司錄 진대유가 자신의 청렴함만을 믿고 형벌을 혹독하게 하니, 백성들이 심히 괴로워했다. 국가에서 정용군精勇軍[주17]과 보승군保勝軍[주18]을 보내어 관선官船을 만들게 함에 진대유는 상호장上戶長[주19] 이택민 등과 함께 독촉을 매우 가혹하게 하자, 기두旗頭인 죽동竹同 등 6명이 난을 일으키고 관노와 여러 불평자들을 불러모아 진대유를 산중의 사찰로 쫓고 이택민 등 10여 인의 집을 불태우니 이吏[주20]들이 모두 도망했다. 이어 판관判官[주21] 고효승에게 겁을 주어 주州의 향리를 바꾸니 고효승은 다만 도장만 찍어줄 따름이었다. 안찰사[주22] 박유보가 전주에 들어오자 적이 군

주14 평장사平章事 : 문하부의 정2품 관직. 내사시랑평장사와 문하시랑평장사가 있다.

주15 상서우승尙書右丞: 상서도성의 종3품 관직.

주16 장작소감將作少監 : 장각감에 속한 관원으로 종4품 관직.

주17 정용군精勇軍 : 정용군은 경군인 6위에 속한 부류와 지방의 주현군에 속한 부류가 있다. 6위에 소속된 정용군은 마군馬軍으로 추정된다. 주현군을 구성한 정용군은 방수나 군사적 훈련도 하고 농경에도 종사한 듯하다.

주18 보승군保勝軍 : 보승군은 경군인 6위에 속한 부류와 지방의 주현군에 속한 부류가 있다. 6위에 소속된 보승군은 보군步軍으로 추정된다. 주현군을 구성한 보승군은 방수나 군사적 훈련도 하고 농경에도 종사한 듯하다.

주19 상호장上戶長 : 지방 향리 가운데 최고 상층이 호장인데, 상호장은 호장의 우두머리.

주20 이吏 : 여기서는 향리들을 가리킨다.

주21 판관判官 : 경·목·부·방어군·지주군에 설치된 외관 속관屬官으로 해당 관품은 6품 이상.

주22 안찰사 : 『고려사』의 기록은 현종 때부터 5도·양계 제도가 성립되어 안찰사가 파견되었다고 하지만, 실제로 그 기능을 수행한 것은 중기 이후인 듯하다. 안찰사는 순행하면서 지방관의 출척을 행하는 기능을 담당했다.

대를 크게 정렬하는 한편 진대유의 불법한 일을 호소하여 열거했다. 안찰사도 어쩔 수 없이 진대유를 차꼬를 채워 서울로 보내고 화복禍福으로 적을 설득하려 했으나 따르지 않았다. 이에 도내道內의 군졸을 모두 동원하여 토벌하니 적은 성문을 닫고 굳게 지켰다. 일이 조정에 알려지자 4월 무신에 합문지후閤門祗候 배공숙, 낭장郎將 유영 등을 보내어 죽동 등이 반역한 이유를 묻게 했다. … 안찰사가 보낸 군사가 성을 공격하여 탈환하지 못한 채 이미 40여 일이나 되었다. 일품군一品軍^{주23} 대정隊正^{주24}이 승도僧徒와 함께 죽동 등 10여 인을 살해하여 겨우 난이 평정되었다.

初 全州司錄陳大有 頗負淸介 用刑極酷 民多苦之 及國家遣精勇保勝軍 造官船 大有 與上戶長李澤民等 督役甚苛 旗頭竹同等 六人作亂 嘯聚官奴 與群不逞者 逐大有于山寺 燒澤民等十餘家 吏皆逃竄 乃劫判官高孝升 易置州吏 孝升但授印而已 及按察使朴惟甫入州 賊盛陳兵伍 訴列大有不法狀 按察不獲已 械大有送京師 因諭賊以禍福 不從 於是 悉發道內兵討之 賊 閉城固守 事聞 夏四月戊申 遣閤門祗候裴公淑 郎將劉永等 往問竹同等 叛逆之由 … 按察所遣兵 攻城不下 已四十餘日 一品軍隊正 與僧徒 殺竹同等十餘人 賊平

_ 『고려사』권20, 세가20, 명종 12년

자료4

(명종 23년 7월) 이때에 남적南賊이 봉기했다. 큰 도적인 김사미는 운문雲門^{주25}에 웅거하고, 효심孝心은 초전草田^{주26}에 웅거하여 망명한 무리를 불러모아 주현州縣을 노략질했다. 왕이 소식을 듣고 근심하여 병자일에 대장군大將軍^{주27} 전존걸을 보내 장군將軍^{주28} 이지순·이공정·김척후·김경부·노식 등을 거느리고 남적을 치게 했다. … 8월 신축일에 이공정·김경부 등이 적을 공격했으나 패퇴했다. … (24년) 2월 계사일에 남적의 괴수 김사미가 스스로 행영行營^{주29}에 와서 투항하기를 청하자 참했다.

時 南賊蜂起 其劇者金沙彌據雲門 孝心據草田 嘯聚亡命 摽掠州縣 王聞而患之 丙子 遣大將軍全存傑 率將軍李至純李公靖金陟侯金慶夫盧植等 討之 … 八月 辛丑 李公靖金慶夫 等擊賊敗績 … 二月癸巳 南賊魁金沙彌 自投行營 請降 斬之

_ 『고려사』권20, 세가20, 명종 23년, 24년

자료5

(신종) 원년(1198) 사노私奴 만적 등 6인이 북산에서 나무하다가 공사公私 노비들을 불러 모의했다. "국가에서 경인·계사의 난_{정중부의 난과 김보당의 난} 이래로 고관高官이

주23 일품군一品軍 : 고려의 비정규군으로서 토목 사업 등의 노무를 담당했다.

주24 대정隊正 : 25명으로 구성된 대隊라는 단위부대의 장.

주25 운문雲門 : 오늘날 청도.

주26 초전草田 : 오늘날 울산.

주27 대장군大將軍 : 경군京軍인 2군 6위의 부지휘관으로 종3품.

주28 장군將軍 : 2군 6위에 소속된 정4품 서반직.

주29 행영行營 : 진을 친 곳.

천예賤隷에서 많이 나왔다. 장수와 재상이 어찌 씨가 따로 있으랴, 때가 오면 누구나 할 수 있다. 우리가 왜 근육과 뼈를 괴롭게 하며 채찍 밑에서 곤욕을 치러야 하는가?" 여러 노비가 모두 그렇게 여겼다.

누런 종이 수천 장을 잘라 모두 정丁 자를 새겨 표지를 삼고 다음과 같이 약속했다. "우리들은 흥국사興國寺 복도로부터 격구터에 이르러 한꺼번에 모여들어 북치며 소리지르자. 그러면 대궐 안에 있는 환관들이 반드시 내응할 것이며 관노들은 대궐 안에서 죽일 것이다. 우리가 성 안에서 봉기하여 먼저 최충헌 등을 죽인다. 이어서 각각 그 주인을 쳐서 죽이고 천적賤籍을 불살라서 우리나라에 천인이 없게 하자. 그러면 공경장상을 우리가 모두 할 수 있다."

약속한 날이 되어 모두 모였으나 무리가 수백 명에도 이르지 못했다. 일이 이루어지지 못할까 두려워하여 다시 보제사普濟寺에 모이기로 약속하고 명령하기를, "일을 비밀히 하지 않으면 성공하지 못한다. 조심하여 누설치 말라."고 했다.

율학박사律學博士[주30] 한충유韓忠愈의 가노家奴인 순정順貞이 한충유에게 변란을 알리니 한충유가 최충헌에게 알렸다. 드디어 만적 등 100여 명을 잡아 강에 던지고 한충유에게는 각문지후閣門祗候를 제수하고 순정에게는 은 80냥을 하사하여 양민으로 삼았다. 만적의 나머지 무리는 모두 벨 수 없으므로 조서로써 죄를 묻지 않도록 했다.

주30 율학박사律學博士 : 상서형부 소속의 종8품 관직

原文 元年 私僮萬積等六人 樵北山 招集公私奴隷 謀曰 國家 自庚癸以來 朱紫多起於賤隷 將相寧有種乎 時來 則可爲也 吾輩安能勞筋骨困於捶楚之下 諸奴 皆然之 剪黃紙數千 皆鈒丁字 爲識 約曰 吾輩 自興國寺步廊 至毬庭 一時群集 鼓噪 則在內宦者 必應之 官奴等 誅鋤於內 吾徒蜂起城中 先殺崔忠獻等 仍各格殺其主 焚賤籍 使三韓無賤人 則公卿將相吾輩 皆得爲之矣 及期皆集 以衆不滿數百 恐不濟事 更約 會普濟寺 令曰 事不密 則不成 愼勿泄 律學博士韓忠愈 家奴順貞 告變於忠愈 忠愈告忠獻 遂捕萬積等百餘人 投之江 授忠愈閣門祗候 賜順貞白金八十兩 免爲良 以餘黨 不可悉誅 詔不問

_「고려사」권129, 열전42, 최충헌

자료6

경주 사람이 반역을 도모하여 비밀히 낭장동정郎將同正 배원우를 전장군 석성주石成柱가 귀양간 곳인 고부군古阜郡으로 보내어 달래기를, "고려의 왕업은 거의 다 되었으니, 신라가 반드시 다시 일어날 것입니다. 공公을 왕으로 삼아 사평도沙平渡[주31]로써 경

주31 사평도沙平渡 : 한강을 가리킨다.

계를 삼으려 하는데 어떻겠습니까?" 하니, 석성주가 거짓으로 기뻐하면서 배원우를 집에 머물게 하고, 몰래 군수 유정惟貞에게 가서 이 사실을 알렸으므로 유정이 (배원우를 잡아) 안찰사에게 보내고 위에 아뢰어서 (배원우를) 목 베었다.

原文 慶州人謀叛 密遣郎將同正裴元祐 往前將軍石成柱配所古阜郡 說曰 高麗王業幾盡 新羅必復興 以公爲主 沙平渡爲界 如何 成柱佯喜 留元祐于家 潛詣郡守惟貞告之 惟貞捕送于按察使 以聞 誅之

__『고려사절요』권14, 신종 5년 11월

자료7

주32 사록司錄 : 고려 시기 지방에 수령과 함께 파견된 속관.

정방의鄭方義는 진주晉州의 이吏이다. 신종 3년에 진주의 공사 노예들이 무리를 이루어서 난을 일으켰는데 고을 아전의 집 50여 채를 파괴하고 불사르자 정방의의 집까지 불에 탔다. 주리州吏가 목관牧官에 고하고 이를 추격해 잡았다. 정방의가 궁시를 가지고 사록司錄주32 전수룡을 입알入謁했더니 전수룡이 힐난하기를, "어찌하여 궁시를 가지고 절하느냐." 하거늘, 정방의가 말하기를, "적의 괴수를 잡고자 했는데 타인이 이미 잡았으므로 감히 들어와 축하할 뿐입니다." 하므로 전수룡이 말하기를, "그렇지 않을 것이다. 네가 궁시를 가짐은 또한 반드시 난을 일으킬 것이다." 하고 곧 고문했으나 정방의에게 달리 의심할 것이 없으므로 놓아주었다. 태수太守 이순중이 이 말을 듣고 말하기를, "정방의가 정히 난을 일으키고자 하는데 사록이 놓아줌은 잘못이다." 하고, 드디어 정방의를 칼을 씌워 옥에 내리고 다음날 다시 심문하고자 했다. 정방의의 동생 정창대가 뜰에 돌진해 들어와 (정방의의) 칼을 제거하고 부축하여 나와서 많은 불량배를 불러모아 주리州里에 달려들어 평소에 원수 맺은 자를 죽이니 연루되어 피살된 이가 6,400명에 이르렀다. 이에 이순중 등이 두려워하여 각문을 닫고 나가지 않으므로 정방의가 위협하여 일을 보게 하고 읍내의 은병을 많이 거두어 조정 가운데의 권귀에게 뇌물하여 스스로 면하고자 했다. 안찰부사按察副使 손공례가 부내를 순행하다가 진주에 이르러 이를 안문按問하니 이민吏民이 정방의를 두려워하여 모두가 말하기를 죄가 없다 하므로 이순중만 필경 연좌하여 초도에 유배되었다. 왕이

주33 소부감 : 고려 시대 장인의 기술과 보물의 저장을 맡아보던 소부사小府寺의 관원으로 정4품.

소부감주33 조통趙通, 중랑장 당적唐積을 보내어 진주를 안무케 했는데 정방의가 군사를 훈련하고 생살生殺을 마음대로 하여 잔학함이 매우 성하므로 조통 등이 이르렀으

나 다만 팔짱끼고 있을 뿐이었다.

때에 합주陜州[주34]의 적 광명光明ㆍ계발計㪍이 또한 횡포하여 일방의 큰 해가 되었는데 진주의 정방의와 더불어 틈이 있는 자 20여 인이 합주 적당賊黨의 노올부곡奴兀部曲에 있는 자에게 가서 투항하고 군사를 청하여 정방의를 치고자 하매 적이 이를 따랐다. 정방의가 나가 쳐서 이를 달아나게 하고 이긴 틈을 타서 노올부곡에 이르러 그 당을 다 죽였다. 이듬해에 진주인이 정방의를 쳐서 죽이니 정창대가 200여 명을 거느리고 성에 올라오거늘 고을 사람이 이를 치매 정창대는 도망하고 그 당도 또한 흩어지므로 진주가 평정되었다.

原文 鄭方義 晉州吏也 神宗三年 晉州公私奴隷 群聚作亂 屠燒州吏家五十餘 延爇方義家 州吏告牧官 追捕之 方義手弓矢 入謁司錄全守龍 守龍詰曰 何爲持弓矢拜乎 方義曰 欲捕賊魁 他人已擒 敢入賀耳 守龍曰 不然 汝持弓矢 亦必作亂也 卽栲問方義 款無他 釋之 太守李淳中聞 之曰 方義 正欲作亂 司錄放之 非也 遂枷鎖方義下獄 翌日欲更鞫 方義弟昌大 突入庭 脫去枷鎖 扶出 因嘯聚群不逞 隳突州里 殺素所仇怨者 牽連被殺 至六千四百人 於是 淳中等 懼閉閣 不出 方義脅令視事 多歛邑內銀甁 欲賂朝中權貴 以自免 按察副使孫公禮 行部至晉 按問之 吏民皆 方義 皆曰 無罪 淳中竟坐 流草島 王遣少府監趙通 中郞將唐績 安撫晉州 方義鍊兵 擅生殺 虐焰 甚熾 通等至 但拱手而已 時 陜州賊光明計㪍 亦豪橫爲一方巨害 晉之與方義 有隙者 二十餘人 往投陜州賊黨之居奴兀部曲者 請兵欲擊方義 賊從之 方義出擊 走之 乘勝 至奴兀部曲 盡殺其 黨 明年 晉人討方義殺之 昌大率二百餘人 登城 州人攻之 昌大遁去 其黨亦散 晉州平
— 『고려사』권128, 열전41, 반역2, 정방의

자료8

진위현振威縣[주35] 사람 영동정令同正[주36] 이장태와 직장동정直長同正[주37] 이당필이 국가의 사단이 있는 틈을 타서, 같은 현 사람 별장동정別將同正[주38] 김예 등과 더불어 반란을 꾀하여, 도중徒衆을 모아 현령縣令[주39]의 병부兵簿와 인印을 겁탈하고, 창고를 열어 곡식으로 진휼해주니 촌락의 주린 백성이 많이 붙좇았다. 그리하여 이웃 고을에 통지하되 자칭 정국병마사靖國兵馬使라 하고, 그 군사를 의병義兵이라 이름했다. 행군하여 종덕宗德[주40]ㆍ하양河陽[주41] 두 창倉에 이르러 곡식을 풀어 군사를 먹이고, 제멋대로 탈취하고 장차 광주廣州를 침범하려 했다. 왕이 낭장郞將 권득재와 산원散員[주42] 김광계 등을 보내어, 안찰사 최박과 함께 광주ㆍ수주水州[주43] 두 고을의 군사를 동원해 쳤으나 이기지 못하고 다시 충청도ㆍ양주도楊州道의 군사를 징발하여 쳐서 이당필과 김예를 잡으

주34 합주陜州 : 오늘날 경상남도 합천군.

주35 진위현振威縣 : 오늘날 경기도 평택시 진위면.

주36 영동정令同正 : 영令의 동정직.

주37 직장동정直長同正 : 직장의 동정직.

주38 별장동정別將同正 : 별장의 동정직.

주39 현령縣令 : 현의 장관으로 문종 때 관제에 따르면 7품 이상.

주40 종덕창宗德倉 : 경기 화성군에 소재했다.

주41 하양창河陽倉 : 충남 아산 사섭포에 있던 고려 12조창 가운데 하나.

주42 산원散員 : 낭장郞將, 별장別將의 보좌관으로 정8품 관직.

주43 수주水州 : 오늘날 경기도 수원.

니, 도적의 무리가 흩어져 달아나고 이장태는 상주로 달아났는데, 안찰사가 그를 사로잡아 차꼬를 채워 서울로 보내 모두 죽였다.

原文 振威縣人 令同正李將太 直長同正李唐必 乘國家有事 乃與同縣人 別將同正金禮 謀不軌 嘯聚徒衆 劫奪縣令符印 發倉賑貸 村落飢民多附 移牒旁郡 自稱靖國兵馬使 號義兵 行至宗德 河陽二倉 發粟啗士 恣其所取 將寇廣州 王遣郎將權得材 散員金光啓等 與按察使崔博 發廣水二州軍 討之 不勝 更徵忠淸楊州道兵 攻之 獲唐必及禮 賊徒潰散 將太奔尙州 按察使擒之 械送于京 皆伏誅

_ 『고려사절요』 권15, 고종 4년 정월

자료9

봄에 전라도지휘사 김경손이 초적 이연년을 쳐서 평정했다. 이때에 이연년 형제가 원율[주44] · 담양 등 여러 고을의 무뢰배들을 불러 모아 해양海陽[주45] 등의 주현州縣을 공격하여 함락시켰다. 적이 김경손이 나주로 들어왔다는 말을 듣고 주성州城을 포위하는데 적이 수풀처럼 빽빽이 모였다. 김경손이 말하기를, "적이 비록 많으나 모두 짚신을 신은 촌 백성뿐이다."라 하고, 곧 별초[주46]가 될 만한 자 30여 명을 모집하여 부로父老들을 모아놓고 울면서 말하기를, "너희 고을은 어향[주47]인데 다른 고을에 따라 적에게 항복하여서는 안 될 것이다." 하니, 부로가 땅에 엎드려 울었다. 김경손이 출전하기를 재촉하니 좌우에서 말하기를, "오늘의 일은 우리 군사는 적고 적은 많으니, 청하건대 다른 주군州郡의 군사를 기다려 싸우게 하소서." 했다. 김경손이 노하여 꾸짖었다. 이보다 먼저 이연년이 그 무리들에게 경계하여 말하기를, "지휘사는 귀주에서 공을 이룬 대장이라 인망이 매우 중하니 내가 마땅히 산 채로 잡아서 도통都統을 삼을 것이니 활로 쏘지 말라." 했다. 이날도 적이 또 김경손이 흐르는 화살에 맞게 될까 두려워하여 모두 궁시弓矢를 갖지 않고 짧은 칼로 싸웠다. 전투가 시작되자 이연년이 곧장 앞으로 나와 김경손의 말고삐를 잡고 나가려고 했다. 김경손이 칼을 빼어 싸움을 독려하니, 별초들이 죽기로써 싸워 이연년을 베고 이긴 기세를 타 쫓으니 적의 무리가 크게 무너졌다.

原文 春 全羅道指揮使金慶孫 討草賊李延年 平之 時延年兄弟 嘯聚原栗潭陽諸郡無賴之徒 擊下海陽等州縣 賊聞 慶孫入羅州 圍州城 賊徒如林 慶孫曰 賊雖衆 皆芒屬村民耳 卽募可爲別抄者 三十餘人 集父老 泣且謂曰 爾州御鄕 不可隨他郡降賊 父老 皆伏地泣 慶孫督出戰 左右曰 今日之事 兵少賊多 請待州郡兵 乃戰 慶孫 怒叱之 初 延年 戒其徒曰 指揮使 乃龜州成功大將也

주44 원율 : 오늘날 담양군 금성면.

주45 해양海陽 : 오늘날 광주광역시.

주46 별초 : 특별히 가려뽑은 군대. 곧 특선병대特選兵隊라는 뜻으로 전투에서 흔히 선봉에 서는 용감한 군인들을 가리키는 말이다.

주47 어향 : 국왕이 태어난 곳이라는 뜻인데, 여기서는 혜종이 나주에서 태어났기 때문에 이르는 것이다.

人望甚重 吾當生擒 以爲都統 勿射 是日 又恐爲流矢所中 皆不持弓矢 以短兵戰 兵始交 延年 直
前 將執慶孫馬轡以出 慶孫拔劍督戰 別抄 皆殊死戰 斬延年 乘勝逐之 賊徒大潰

_ 「고려사절요」 권16, 고종 24년

■ 출전

『고려사』

『고려사절요』

■ 찾아읽기

윤용혁, 「고려 대몽항쟁기의 민란에 대하여」, 『사총』 30, 1986.

유경아, 「고려 고종·원종시대의 민란의 성격」, 『이대사원』 22·23합집, 1988.

김광식, 「운문사와 김사미난」, 『한국학보』 54, 1989.

채웅석, 「12,13세기 향촌사회의 변동과 '민'의 대응」, 『역사와 현실』 3, 1990.

박종기, 「무인정권하의 농민항쟁」, 『한국사시민강좌』 8, 1991.

이정신, 『고려 무신정권기 농민 천민항쟁연구』, 고려대학교 민족문화연구소, 1991.

김호동, 「고려 무신정권시대 재지세력과 농민항쟁」, 『한국중세사연구』 1, 1994.

홍승기, 「고려 무인집권시대의 유교와 민란」, 『진단학보』 81, 1996.

김당택, 「이의민의 경주세력과 신라부흥운동」, 『경주사학』 16, 1997.

신안식, 「고려 무인집권기 재지세력의 동향」, 『국사관논총』 82, 1998.

황병성, 『고려 무인정권기 연구』, 신서원, 1998.

하태규, 「고려 무신집권기 전라도 지방의 사족과 민의 동향」, 『전북사학』 24, 2001.

신안식, 『고려 무인정권과 지방사회』, 경인문화사, 2002.

김기섭, 「고려 무신집권기 철의 수취와 명학소민의 봉기」, 『한국중세사연구』 15, 2003.

김호동, 「명학소민의 봉기의 결과와 역사적 의미」, 『한국중세사연구』 15, 2003.

배상현, 「명학소민의 봉기를 통해 본 불교사원과 지방사회」, 『한국중세사연구』 15, 2003.

이정신, 「고려시대 경주민의 항쟁과 제사」, 『신라문화』 32, 2008.

김호동, 「고려 명종 23년의 '신라부흥운동' 사료 검토」, 『신라사연구』 26, 2012.

9 고려 왕조 400년 도읍지
개경

개경은 고종 때 강화 천도 기간 30여 년을 제외한 400여 년 동안 고려 왕조의 서울이었다. 이곳은 고려 시기 정치 활동의 중심 무대였으며 국가 경제 운용의 주요 공간이었다. 그리고 개경은 불교 도시의 면모를 띠고 있었으며 개방적인 상업 도시로서 많은 외국 상인이 왕래했다.

개경의 지리 조건 및 정도定都

개경은 남쪽으로 임진강, 서북쪽으로 예성강이 가까운 거리에 있었으므로 전국의 물화가 선박을 통해 쉽게 도달할 수 있었으며 외국과의 교통도 편리했다. 사방이 산으로 둘러싸여 외적으로부터 방어하기도 매우 유리했다. 풍수지리적으로 보면 성거산은 조산祖山이고, 오관산은 종산宗山이며, 송악산은 진산이었다. 동쪽으로 청룡인 부흥산이, 서남쪽으로 백호인 오공산이 위치했으며, 남쪽으로 안산인 용수산이 자리하여 명당의 조건을 구비했다.

예성강 주변을 기반으로 성장해 온 왕건의 아버지 왕륭이 후고구려의 궁예에게 귀부하면서 개경은 후고구려가 주목하는 지역이 되었다. 왕건의 선대는 오관산·송악산·예성강을 무대로 세력을 키웠는데, 그 중심은 송악산 기슭이었다. 896년 궁예는 왕건에게 송악산에 발어참성勃禦塹城을 쌓게 하고 2년 후 이곳을 수도로 삼았다. 그 후 7년간 궁예는 이곳을 수도로 삼다가 905년 철원으로 천도했다. 918년 궁예를 몰아내고 고려를 건국한 왕건은 이듬해 송악으로 재천도했다.

왕건은 919년 천도와 동시에 궁궐과 시전을 조영했고, 방리와 5부를 분별했으며 송악군松岳郡을 개주開州로 승격시켰다.[자료1] 기존의 송악군 외에 개성군 등 주변 지역까지 포함한 개주는 수도인 까닭에 개경으로 불렸다.

개경이 고려의 수도였지만 중기 이후 천도론이 끊임없이 제기되었다. 중기 이후에 빈번하게 논의되는 지리도참설은 기본적으로 고려의 수도인 개경의 지기가 쇠했다는 주장을 전제로 했다. 문종 때부터 지기쇠왕론地氣衰旺論에 근거한 천도론이 계속해서 제기되었다.[자료2] 묘청의 서경천도 운동은 그 대표적인 예였다. 공민왕 때에도 천도 논의가 제기되었으며, 우왕 때와 공양왕 때에도 남경으로의 천도가 논란되었다. 그렇지만 고려 시기 대부분의 기간 동안 개경은 수도의 위상을 유지했다.

개경의 인구는 번성하였을 때 10만 호, 50만 명으로 추정하고 있다. 이 규모는 개경 성내의 면적으로 다 수용하기는 어려우며, 성내뿐 아니라 서교西郊와 동교東郊를 비롯한 성외의 호구까지 포함한 것으로 추측된다.

부 · 방 · 리의 행정 편제

개경만을 관할하는 부서로 개성부가 설치된 적이 있기는 하지만 대부분 그렇지 않고 개경의 하위 기관인 부部와 방坊이 행정 기구로서 중요한 구실을 하였다. 개성부는 개경 부근을 지역을 통치하기 위해 중국 당나라 제도를 모델로 성종 14년(995)에 설치한 관서로, 태조 이래 왕도의 특별 구역이었던 개주開州를 승격시킨 것이다. 이 개성부 관하에 적현赤縣 6과 기현畿縣 7을 두었는데 적·기 13현은 개경이 위치한 송악현松嶽縣을 중심으로 하여 그 주변에 자리 잡은 개성開城·정주貞州·덕수德水·강음江陰·장단長湍·송림松林·임진臨津·토산兎山·임강臨江·적성積城·파평坡平·마전麻田이었다. 개성부는 이처럼 개경뿐 아니라 12현까지 관할하는 중앙 관서였으며 종3품~정4품 정

고려 궁궐 모형도. 축대를 쌓고 그 위 경사면에 건물들을 계단식으로 배치함으로써 여러 건물들이 하나의 건축군으로 묶이고 건물의 지붕이 층층으로 나타나고 있다. 만월대의 중심 축대 위에는 회경전·장화전·원덕전과 그 밖의 건물들이 정연하게 배치되어 있다.

도의 지위에 있던 부윤府尹을 비롯한 소윤·판관判官·장서기掌書記·법조法曹·참군參軍 등이 배치되었다

이 같은 개성부의 신설은 개경의 입지를 크게 강화하는 것이었지만 23년이 지난 현종 9년(1018)에 그것이 폐지되고 말았다. 개성부의 혁파로 인해 그 관하의 적현 13현 가운데 3현은 개성현령에게, 7현은 장단현령에게 예속되어 경기京畿를 형성하면서 상서도성尙書都省에 직접 속하게 되며, 송악현의 현 자체는 소멸하고 대신 개경 5부라는 독립 단위로 존재하면서 중앙의 직할을 받게 되었다. 개성부의 혁파로 인해 중앙인 개경 5부와 지방인 경기 12현이 분리된 것이었다. 그 뒤 문종 16년(1062)에 다시 개성부開城府가 설치되지만 그것은 개경과는 관계없이 경기의 여러 고을만을 관할하는 지방 부서의 하나였다. 치소도 개경이 아닌 도성 밖의 개성현에 있었으며, 책임자도 지방관 가운데 하나인 지부사知府事였다. 문종 이후 개성부는 개경과 관계없었으며, 개경 자체는 부와 방 중심으로 운영되었다.

개경을 관할하는 기구로서의 개성부는 그 후 충렬왕 34년(1308)에 충선왕에 의해 다시 설치되었다.[자료1] 이 개성부는 도성인 개경과 함께 간접적이긴 하지만 경기 8현도 예하에 두고 있었던 듯하다. 이때 복설된 개성부에는 재상급인 판개성부사判開城府事와 개성부윤開城府尹 이하 소윤·판관·기실記室·참군 등이 설치됨으로써 그 위상이 크게 높아졌다

그런데 공양왕 2년(1390)에 경기가 크게 확장되면서 좌도左道와 우도右道로 나뉘고 거기에 각각 도관찰출척사都觀察黜陟使가 설치되어 개성부로부터 분리됨에 따라 개성부는 순수하게 개경 5부만을 관장하는 기구가 되었다. 이처럼 개성부가 개경만을 관할한 것은 고려 말기의 2년 정도에 불과했다.

개경의 5부방리는 태조 2년에 수도의 이름이 개주로 칭해지면서 처음 설치되었고,

내외 관제의 정비와 호구 조사를 배경으로 성종 6년에 5부방리제의 기본이 정해졌으며, 현종 15년에는 개경 지역의 확대와 나성의 축조에 따라 개편되었다. 현종 15년의 개편을 통해 5부 35방 344리라는 형태를 갖춘 듯하다.

5부는 대체로 나성의 남북문인 회빈문會賓門과 북성문北城門을 잇는 선을 기준으로 동·서부로 나누고, 다시 동서의 숭인문崇仁門과 선의문宣義門을 잇는 선을 기준으로 하여 남·북부로 나누었다. 중부는 이들 구획선이 교차하는 십자가 주변 지역이었다. 이 같은 5부 체제는 고려 말까지 거의 그대로 유지되었다.

이 5부에는 처음에 종5품 대우를 받는 사使와 종7품 대우를 받는 부사副使 및 갑과권무인 녹사錄事가 각각 설치되어 일을 보았다. 그러나 말기에는 사의 후신인 영令과 부사의 후신인 부령副令 가운데 하나가 종6품 대우를 받으면서 녹사와 함께 직무를 처리하는 체제로 바뀌었다. 대체로 방에는 별감別監, 리里에는 이정里正 내지 이전里典이 있어 행정을 맡아보았던 것 같다. [자료3]

개성부와 5부방리의 행정상 관계와 역할을 보면, 5부 위에 개성부가 더 설치되었을 때에는 두 기구가 상하 관계에 있어서 방리 → 부 → 개성부로 보고가 이루어지는 체계였다. 개성부가 혁파되고 5부방리가 독립 단위로 기능했을 때는 각 부가 소속 방리의 업무를 관장하면서 이부吏部 등 중앙 관서에 직접 보고하는 계통을 밟았다.

부방리는 호적戶籍 사무, 도성都城의 수축과 같은 토목·영선營繕, 치안 유지, 개경 거주 응시자에 관계된 과거의 보조 업무, 질병 등의 재이災異를 물리치기 위한 각종 행사의 시행, 병사兵事 업무 등을 맡아보았다.

궁궐·성곽·사찰의 시설

개경에는 만월대 궁궐, 연경궁, 장경궁, 수창궁 등 많은 궁궐이 있었다. 이 가운데 궁을 대표하는 법궁 역할을 했던 궁궐은 송악산 아래 구릉지에 자리 잡은 만월대 궁궐로, 태조 왕건의 아버지 대에 터를 잡은 곳이다. 이 대궐에는 정전인 회경전을 비롯하여 선정전·중광전·건덕전 등이 배치되었다. 대궐이 불탔을 때에는 수창궁이나 연경궁이 그 기능을 대신했지만 대궐이 복구되면 원래대로 돌아왔다.

강도에서 개경으로 환도하면서 강안전을 중심으로 본궐이 복구되지만 이후 의례 장소로 사용될 뿐 왕의 거주지로서의 기능을 잃었다. 본궐은 우왕 대를 거치면서 다시 황폐해졌다. 연경궁은 공민왕 전기까지 정궁의 역할을 수행하지만 홍건적의 2차 침략으로 파괴당한 후 복구되지 못했다. 몽골 침략기에 파괴당한 수창궁은 공민왕 말기에 복구되기 시작해 우왕 10년(1384)에 완성되어 조선 초 한양으로 천도할 때까지 정궁으로 기능했다.

개경의 성곽은 자연 지세에 따라 포곡형으로 조성되었다.[자료4] 개경의 궁성은 정궁인 본궐 및 기타 국왕과 관련된 시설들을 둘러싸고 있다. 성문으로는 승평문[昇平門, 남]·동화문[東華門, 동]·서화문[西華門, 서]·현무문[玄武門, 북]이 있었다. 이 궁성을 둘러싼 것이 황성인데, 황성은 칭제건원을 한 광종 때 축조되었다고 여겨진다. 궁성과 황성은 북서쪽에 치우친 송악산의 남쪽 기슭에 건설되었다.

나성은 현종 즉위년(1009)에 축성 논의가 있은 이후 현종 11년 강감찬의 건의에 따라 축성이 추진되다가 현종 20년에 완성되었다.[자료5] 나성은 개경의 방어를 튼튼하게 했을 뿐만 아니라 도성 내외를 확연히 구분시켜 도시 계획이 완성되도록 했다.

나성 축조 사업에 참여한 연인원은 정부丁夫 30여 만 명이었으며, 둘레는 23킬로미터로 한양성의 18킬로미터보다 길었다. 나성은 송악산·오공산·용수산·덕암봉·부흥산 등 산악의 능선을 그대로 이용하여 축조되었고, 행정적 군사적인 용도를 고려하여 25개의 성문이 설치되었다. 성문에는 교통과 군사 관계를 고려하여 위숙군衛宿軍이 배치되었다.

개경에는 태조 때부터 많은 사원이 세워졌다. 『신증동국여지승람』에 따르면 당시까지 개경에는 17곳의 사원이 건재했고 19곳의 사원터가 확인되었다. 오늘날 사원 이름을 확인할 수 있는 것만 100개가 넘는다.

태조 때 창건된 사원은 대부분 개경 중심부인 궁궐 주변과 송악산 기슭에 위치했다. 궁궐 주변에 창건되던 사원은 개경의 도시 구조가 완성되어 가면서 점차 송악산 위쪽과 외곽 지대에 자리하기 시작했다. 나성이 완성된 이후 세워진 사원들은 대부분 나성 외곽에 위치하여 국방과 교통의 요지로 기능했다.[자료6] 개경에 소재한 사원인 법왕사·광명사·보제사·귀법사·현화사·흥왕사·안화사·국청사·묘련사 등은 고려 불교를 대표했다.

개경의 사원에서는 왕실의 상례나 제례를 비롯하여 팔관회·연등회 등 국가 차원의 행사가 베풀어졌으며, 왕이나 공신 등 지배층을 위한 행사뿐 아니라 광범위한 사회 계층을 위한 의식도 거행되었다.[자료7] 왕과 왕비의 소상塑像이나 초상화를 모셔두고 그들을 제사하며 명복을 빌기 위해 사원을 건립했으니, 원찰 또는 진전사원이라 불리는 것이 그것이었다.

원종 11년 5월 개경으로 환도한 뒤 오랜 전쟁으로 황폐해진 개경을 대대적으로 정비하면서 사원도 수리했다. 묘련사나 민천사旻天寺처럼 새로 사원을 창건하는 경우도 있었으나 기존에 있던 사원 중에서 중요한 것부터 중수하는 것이 일반적이었다.

개경 소재 사원은 정치적 변란이 있을 경우 적극 참여하는 수가 많았다. 이자겸의 난이 일어났을 때 이자겸의 아들 의장은 현화사에서 300여 명의 승려를 이끌고 가담했으며 무인 정권이 성립하자 개경의 불교계가 이에 반발해 2,000여 명의 승려들이 무력을 행사했다. 최충헌 집권 때도 승려와 무인 정권이 충돌하여 800여 명의 승려들이 사망했다.

각종 관아 시설도 성 안에 있었는데, 궁성 안에는 청연각·한림원이 있었고 황성 안에는 중서성·추밀원·상서성·예빈성·팔관사八關司·어사대·한림원·군기감 등이 자리 잡았다. 황성 밖에는 동문인 광화문으로부터 개경의 중심 도로인 십자가를 잇는 길에 상서6부 등 여러 관아가 있었다.

개경 최고의 번화가는 남대가南大街와 십자가 일대였다.[자료8] 황성의 정문인 광화문廣化門에서 나와 동쪽으로 난 관청 거리를 지나면 남쪽으로 난 큰길이 있는데, 이 길이 남대가였다. 남대가는 나성의 서문인 선의문[오정문]과 동문인 숭인문으로 이어진 동서 간선도로와 만날 때까지 이어지는데 이곳이 바로 개경의 중심지 십자가였다. 십자가에서 서쪽으로 향하면 사직이 있었고 계속해서 이 길은 개경 나성의 선의문으로 이어지며, 선의문에서 서쪽으로 계속 가면 예성강 하구의 벽란도를 만날 수 있었다.

자료1

주1 적현赤縣 : 당나라에서 온 제도로 보이는데, 당에서는 경도京都 소치所治의 현縣을 가리키며 경현京縣이라고도 한다.

주2 기현畿縣 : 당에서 온 제도로 보이는데, 당에서는 경도京都 방읍旁邑의 현縣을 가리킨다.

주3 상서도성尙書都省 : 상서성의 상층관서. 관원으로는 상서령(尙書令, 종1품) 1인, 좌우복야(左右僕射, 정2품) 각 1인, 지성사(知省事, 종2품) 1인, 좌우승(左右丞, 종3품) 각 1인, 좌우사낭중(左右司郎中, 정5품) 각 1인, 좌우사원외랑(左右司員外郎, 정6품) 각 1인, 도사(都事, 종7품) 2인이 있었다. 그리고 주사主事 4인, 영사令史 6인, 서령사書令史 6인, 기관記官 20인, 산사算士 1인, 직성直省 2인 등 이속吏屬이 있었다. 상서도성은 상서6부를 직접 관할하지 못했으며, 그 기능은 상서6부와 지방 주현 사이의 공첩公牒을 중계하거나 의형議刑·영조迎詔·재계齋戒·기우祈雨·과거 등 국가 행사를 주관하는 사무 기관에 그쳤다.

주4 도관찰출척사都觀察黜陟使 : 고려 말과 조선 초 각 도의 외관직. 고려 후기로 내려오면서 도道의 행정적 기능이 강화되어, 우왕 14년 종전의 안찰사의 품질품秩을 높이고 도관찰출척사로 이름을 고쳤다. 대소의 군민관을 상벌하고 수령·장수들도 처벌할 수 있어 권한이 크게 강화되었다.

주5 수령관首領官 : 각 도의 도관찰출척사 아래에 둔 경력經歷과 도사都事를 가리킨다.

왕경 개성부는 원래 고구려의 부소갑인데 신라 때에는 송악군松嶽郡으로 고쳤으며 태조 2년에 수도를 송악산 남쪽에 정하면서 개주開州라 하고 여기다 궁궐을 새로 세웠다. … 시전布廛을 세우고 방리坊里를 구분하여 5개 부部로 나누었다. 광종 11년에 개경을 황도皇都라고 고쳤고, 성종 6년에 5개 부部의 방리를 개편했으며, 14년에는 개성부開城府가 되어 적현赤縣주1 6개와 기현畿縣주2 7개를 관할했다.

현종 9년에 부府를 없애고 현령縣令을 두어 정주貞州, 덕수德水, 강음江陰 등 3개 현을 관할하고 또한 장단長湍 현령이 송림松林, 임진臨津, 토산兎山, 임강臨江, 적성積城, 파평坡平, 마전麻田 등 7개 현을 관할케 하면서 모두 상서도성尙書都省주3에 직속시키고 이것을 경기京畿라고 했다. 현종 15년에는 다시 서울 5개 부部의 방리를 개편했다. [동부東部는 방坊이 7개, 리里가 70개이며, … 남부南部는 방이 5개, 리가 71개이며, … 서부西部는 방이 5개, 리가 81개이며, … 북부北部는 방이 10개, 리가 47개이며, … 중부中部는 방이 8개, 리가 75개이며, …] 현종 20년에 서울의 나성羅城이 준공되었다. [왕이 즉위하자 즉시 장정 30만 4,400명을 징발하여 이 성을 축조했는데 이때에 와서 공사가 끝났다. …]

문종 16년에 지개성부사知開城府事를 복구하여 상서도성 관하 11개 현이 모두 이에 소속되었다. 또한 서해도 평주平州 임내任內에 있던 우봉군牛峯郡을 떼어내 여기에 소속시켰다.

충렬왕 34년에 부윤府尹 이하의 관리를 두어 서울 성 안을 맡아 보게 하고 따로 개성현을 설치하여 성밖을 맡게 했다. 공민왕 7년에 송도 외성外城을 수축했으며, 공양왕 2년(1390)에는 경기를 좌左, 우右 도로 나누고 … 두 도에 도관찰출척사都觀察黜陟使주4를 두고 수령관首領官주5으로 그를 보좌하게 했다.

왕도王都의 진산鎭山은 송악松嶽이며, … 또 용수산, 진봉산이 있다.

原文 王京開城府 本高句麗扶蘇岬 新羅改松嶽郡 太祖二年 定都于松嶽之陽 爲開州 創宮闕 … 立市廛 辨坊里 分五部 光宗十一年 改開京爲皇都 成宗六年 更定五部坊里 十四年 爲開城府 管赤縣六畿縣七 顯宗九年 罷府 置縣令 管貞州德水江陰三縣 又長湍縣令 管松林臨津兎山臨江積城坡平麻田七縣 俱直隸尙書都省 謂之京畿 十五年 又定京城五部坊里 [東部 坊七里七十 … 南部 坊五里七十一 … 西部 坊五里八十一 … 北部 坊十里四十七 … 中部 坊八里七十五 …] 二十年 京都羅城成 [王初卽位 徵丁夫三十萬四千四百人 築之 至是 功畢 …] 文宗十六年 復知

開城府事 都省所掌十一縣 皆屬焉 又割西海道平州任內牛峯郡 以隷之 忠烈王三十四年 設府尹
以下官 掌都城內 別置開城縣 掌城外 恭愍王七年 修松都外城 恭讓王二年 分京畿爲左右道 …
各置都觀察黜陟使 以首領官佐之 王都鎭山松嶽 … 又有龍岫山進鳳山

— 『고려사』권56, 지10, 지리1, 왕경개성부王京開城府

자료2

평장사平章事[주6] 최홍사 등이 아뢰기를, "태사太史[주7]가 말하는데, 송악을 국도國都로 삼
은 지 지금 200여 년이니, 국운을 연장하려면 마땅히 서경 용언龍堰의 옛 터에 따로 새
궁궐을 짓고 옮겨 거처하여 조회를 받아야 합니다."라고 하니, 지추밀원사知樞密院事[주8]
오연총이 다시 아뢰기를, "최홍사 등이 아뢴바 용언龍堰에 궁궐을 짓는 것은 세 가지의
불가함이 있습니다. 현명하신 문종께서도 오히려 술수에 혹하여 서경에 좌우궁을 지
었다가 얼마 후에 후회하여 효험이 없다고 여기어 마침내 순행하지 않아 재물과 인력
만 허비했으니 그 불가함의 하나입니다. 근자에 남경을 개창한 지 7, 8년에 이르러도
길한 징조가 없으니 그 불가함의 둘입니다. 서경의 옛 궁은 지금 경영하는 용언과 거
리가 멀지 않아 지세의 길흉이 반드시 다른 것이 아닌데, 하물며 징험할 만한 명확한
비결이 없는데도 조종祖宗의 옛 궁을 버리고 따로 새로운 대궐을 세우려고 살림집을
철거하고 백성들을 소동함이 그 불가함의 셋입니다. 바라건대 영명하신 판단으로 의
심하지 마시고 노신老臣이 아뢴 바대로 옛 궁에 순행하시고 근거 없는 말을 좇으셔서
함부로 공역을 일으켜 백성의 원한을 부르지 마소서." 했으나 왕이 마침내 홍사 등의
말한 바를 좇으니 당시의 의논이 애석히 여겼다.

原文 平章事崔弘嗣等奏 太史言 自御松岳都城 今二百餘年 欲延基業 宜卜西京龍堰舊墟 別
創新闕 移御受朝 知樞密院事吳延寵復奏曰 弘嗣等所奏 龍堰作宮 有三不可 以文宗明睿 猶惑
術數 作西京左右宮 旣而悔悟 以爲無應 終不巡御 虛費財力 其不可一也 近者 開創南京 迨七八
年 而無吉應 其不可二也 西京舊宮 與今所求龍堰 相去不遠 地勢吉凶 未必有異 況無明訣可徵
而棄祖宗舊宮 別構新闕 毁撤屋廬 騷動人民 其不可三也 伏望英斷勿疑 一依老臣所奏 巡御舊
宮 無從臆說 妄興工役 以致人怨 王卒從弘嗣等所言 時議惜之

— 『고려사절요』권7, 예종 2년 9월

자료3

판하기를, " … 서울과 지방에서 강도, 절도를 발견했거나 체포했을 때에는 관직이 있

는 자는 한 등급씩 올리고 관직이 없는 자는 첫 벼슬을 주며 관직을 받을 수 없는 자는 물품을 주며 그가 승려인 경우에는 사직寺職을 주며 천인은 양인으로 되게 한다. 도적을 검찰하지 못했을 때에는 서울에서는 5부원리五部員吏[주9]와 별감, 이정里正에게, 지방에서는 색원色員[주10]과 장리長吏, 장교, 아전에게 죄를 가한다. 도적을 숨겨준 사람은 옥에 가두고 죄를 준다."고 했다.

原文 判 … 內外强竊盜 知認捕捉者 有職次第職 無職許初職 不應受職人 賜物 僧人則寺職 賤人放良 不監撿者 內則五部員吏別監里正 外則色員長吏將校衙前 決罪 許接人 囚禁罪之

_ 『고려사』권85, 지39, 형법2, 도적, 숙종 7년

자료 4

(왕) 성은 주위가 60리고 산이 빙 둘러 있으며 모래와 자갈이 섞인 땅인데, 그 지형에 따라 성을 쌓았다. 밖에 호참濠塹[주11]과 여장女墻[주12]을 만들지 않았으며, 줄지어 잇닿은 집은 행랑채와 같은 형상인데 자못 적루敵樓와 비슷하다. 비록 병장兵仗을 설치하여 뜻밖의 변을 대비하고 있으나, 산의 형세대로 따랐기 때문에 전체가 견고하거나 높게 되지 않았고, 그중 낮은 곳에 있어서는 적을 막아낼 수 없었으니, 만일 위급한 일이 있을 때는 지켜내지 못할 것을 알 수 있다. 열두 외문外門에 각각 표시한 이름이 있었는데, 옛 기록에는 겨우 그중 7곳을 말했으나 지금 다 알 수 있다. … 서남 모퉁이에는 왕부王府, 궁실宮室이 있고, 그 동북 모퉁이에 있는 것이 곧 순천관順天館인데 매우 완전하게 수리되어 있으며 서문西門도 또한 웅장하고 화려하니 대개 중국에서 사신 오는 사람을 위해서 설치한 것이다. 경시사京市司에서 흥국사 다리까지와, 광화문에서 봉선고奉先庫까지에 긴 행랑 수백 칸을 만들었는데, 이것은 백성들의 주거가 좁고 누추하며 들쭉날쭉 가지런하지 못하기 때문에, 그것으로 가려서 사람들에게 그 누추함을 훤하게 들여다보이지 않게 하기 위한 것이다. 동남쪽의 문은, 대개 시냇물이 동남쪽[巳方]으로 흐르니 모든 물이 모이게 되는 곳이요, 나머지 모든 문과 관부官府·궁사宮祠·도관道觀·승사僧寺·별궁別宮·객관客館도 모두 지형에 따라 여러 곳에 별처럼 널려 있다. 백성들의 주거는 열두어 집씩 모여 하나의 마을을 이루었고 바둑판 같은 시가지는 취할 만한 것이 없었다.

原文 其城周圍六十里 山形繚繞 雜以沙礫 隨其地形而築之 外無濠塹 不施女墻 列延屋 如廊廡狀 頗類敵樓 雖施兵仗 以備不虞 而因山之勢 非盡堅高 至其低處 則不能受敵 萬一有警 信

주9 5부원리五部員吏 : 개경의 5부에 배치된 관리.

주10 색원色員 : 일정한 일을 맡았거나 책임을 진 관원을 뜻하는데, 여기에서는 지방에 파견한 외관外官과 그에 소속된 속관屬官을 가리킨다.

주11 호참濠塹 : 성 둘레에 만든 구덩이로, 참호라고도 한다.

주12 여장女墻 : 성 위에 낮게 쌓은 담으로 성가퀴라고도 한다.

知其不足守也 外門十二 各有標名 舊誌纔知其七 今盡得之 … 西南隅 王府宮室居之 其東北隅 卽順天館 極加完葺 西門亦壯麗 蓋爲中朝人使設也 自京市司至興國寺橋 由廣化門 以迄奉先庫 爲長廊數百間 以其民居隘陋 參差不齊 用以遮蔽 不欲使人洞見其醜 東南之門 蓋溪流至巳方 衆水所會之地 其餘諸門 官府宮祠宮道觀僧寺別宮客館 皆因地勢 星布諸處 民居十數家 共一聚 落 井邑街市 無足取者

— 『고려도경』권3, 성읍, 국성國城

자료 5

(현종) 20년에 좌복야 이응보, 어사대부 황보유의, 상서좌승 황주량 등과 더불어 개경의 나성을 쌓았다. 왕가도가 사람을 시켜 일산을 들고 빙 둘러서게 하고는 높은 곳에 올라서 앞으로 나오게 하거나 뒤로 물러나게 하여 그 넓고 좁음을 고르게 하고 성의 터를 정했다. 그 공로로 검교태위 행이부상서 겸태자소사 참지정사 상주국 개성현 개국백 식읍 7,000호에 오르고, 그리고 수충창궐공신호를 더하고 왕씨 성을 내리고 개성현의 장전庄田을 주었으며, 그의 처 김씨는 개성군 부인에 봉했다.

原文 二十年 與左僕射異膺甫 御史大夫皇甫兪義 尙書左丞黃周亮等 築開京羅城 可道令人 持傘環立 登高而進退之 均其闊狹 以定城基 以功進檢校太尉行吏部尙書兼太子少師叅知政事 上柱國開城縣開國伯食邑七千戶 加輸忠創闕功臣號 賜姓王 給開城縣莊田 封其妻金氏 開城郡 夫人

— 『고려사』권94, 열전7, 왕가도王可道

자료 6

흥왕사는 국성國城 동남쪽 한구석에 있다. 장패문長覇門을 나가 2리쯤 가면 앞으로 시냇물에 닿는데 그 규모가 극히 크다. 그 가운데에 원풍[元豊, 1078~1085] 연간에 내린 협저불상夾紵佛像[주13]과 원부[元符, 1098~1100] 연간에 내린 대장경이 있고 양쪽 벽에는 그림이 있는데, 왕옹[王顒, 고려 숙종]이 숭녕[崇寧, 1102~1106] 때의 사자使者 유규劉逵 등에게, "이것은 문왕[文王, 고려 문종]께서 사신을 보내어 신종 황제神宗皇帝께 고해 상국사相國寺를 모방해 만든 것으로, 본국인들이 우러러볼 수 있게 되었습니다. 우러러 황은에 감사하기 때문에 지금까지도 소중히 여기고 아끼는 것입니다."라고 말한 적이 있었다.

조금 서쪽으로 가면 곧 홍원사洪圓寺이고, 장패문으로 들어가 시내의 북쪽은 숭화사

주13 협저불상夾紵佛像 : 협저는 모시나 삼베를 심으로 하여 칠을 입히는 것을 뜻한다. 협저불상은 건칠乾漆불상이라고도 한다.

崇化寺이며 남쪽은 용화사龍華寺이다. 뒤로 작은 산 하나를 사이에 두고 미타彌陀 · 자씨慈氏 두 사찰이 있다. 그러나 그리 완전하게 수리되어 있지는 않았다. 숭교원崇敎院은 회빈문會賓門 안에 있고, 보제普濟 · 도일道日 · 금선金善 세 사찰은 태안문太安門 안에 있는데 솥발처럼 솟아 있다. 관도官道의 북쪽 유암산由嵒山을 사이에 두고, 또 봉선奉先과 미륵彌勒 두 사찰이 나란히 늘어서 있고, 조금 서쪽으로 가면 곧 대불사大佛寺이다. 왕부王府의 동북쪽으로 가면 춘궁春宮주14과 거리가 멀지 않은 곳에 두 사찰이 있는데 하나는 법왕사고 다음은 인경사다. 대화북문大和北門으로 해서 들어가면 구산龜山과 옥륜玉輪 두 사찰이 있는데, 그것은 안화사安和寺로 가는 길에 있는 사찰이다. 광진사廣眞寺는 장작감將作監 동쪽에 있고, 보운사普雲寺는 장경궁長慶宮 남쪽에 있다.

숭인문崇仁門에서 동쪽으로 나가면 곧 홍호사洪護寺이고, 또 동북쪽으로 안정문安定門을 나가면 귀법歸法 · 영통靈通 두 사찰이 있다. 순천관順天館 북쪽에 작은 집 수십 칸이 있는데 순천사順天寺라는 방이 붙어 있다. 사절이 관사에 와서부터 한 달 동안 승도들이 계속 범패를 불렀으며, 방에는 '이기국신사부일행평선以祈國信使副一行平善'이라 했다. 대체로 충심에서 우러난 진실이지 일시적인 거짓이 아니다.

原文 興王寺 在國城之東南維 出長霸門二里許 前臨溪流 規模極大 其中 有元豐間所賜夾紵佛像 元符中所賜藏經 兩壁有畫 王顗嘗語 崇寧使者劉逵等云 此文王 謂徽也 遣使告神宗皇帝 模肖相國寺 本國人得以瞻仰 上感皇恩 故至今寶惜也 稍西 卽洪圓寺 入長霸門 溪北爲崇化寺 南爲龍華寺 後隔一小山 有彌陁慈氏二寺 然亦不甚完葺 崇敎院 在會賓門內 普濟道日金善三寺 在太安門內 鼎足而峙 隔官道之北由嵒山 又有奉先彌勒二寺 並列 稍西 卽大佛寺也 王府之東北 與春宮 相距不遠 有二寺 一曰法王 次曰印經 由大和北門入 則有龜山玉輪二寺 乃適安和寺 所由之途也 廣眞寺 在將作監之東 普雲寺 在長慶宮之南 自崇仁門出 正東卽洪護寺 又東北出安定門 則有歸法靈通二寺 唯順天館之北 有小屋數十間 榜曰順天寺 自人使至館一月 僧徒晝夜歌唄不絶 榜云以祈國信使副一行平善 蓋由衷之信 非一時矯僞也

— 『고려도경』권17, 사우祠宇, 왕성내외제사王城內外諸寺

자료7

우리나라에서 불교를 숭상한 지는 오래되었다. 신라의 옛 서울에서는 사찰이 민가보다 많았는데, 또 송도도 그러해서 왕궁과 큰 집들이 모두 사찰과 서로 연결돼 있었다. 왕이 후궁과 더불어 사찰에 가서 향을 피우지 않은 달이 없었으며, 팔관회와 연등회 같은 대례를 베풀되 모두 불교에 의거해서 했다. 왕의 맏아들은 태자가 되며 둘째 아들은 머리를 깎고 승려가 되었으니, 비록 유림儒林의 명사라 할지라도 모두 이를 본받았다. 사원에는 모두 노비가 있어서 많게는 천백에 이르고, 주지가 된 자는 더러 비첩婢妾을 두기도 하니, 그 호사스러움이 공경公卿보다도 나았다. 십이종十二宗주15을 두어 불교를 관장했으며 승려로서 봉군封君의 관직을 받은 사람이 많았다.

原文 我國崇奉佛敎久矣 新羅故都招提多於閭閻 松都亦然 王宮甲第 皆與佛宇相連 王與後宮 詣寺燒香無虛月 設八關燃燈大禮 皆依於佛 王之第一子爲太子 第二子則削髮爲僧 雖儒林名士 亦皆效之 寺刹皆有藏獲 多者或至千百 爲住持者 或擁婢妾 其豪富勝於公卿 置十二宗 以掌釋敎 僧多有封君辟除者

_ 『용재총화慵齋叢話』권8

주15 십이종十二宗 : 고려 말 군소 종파가 부활되거나 새롭게 등장하면서 여러 종파가 난립해 12개의 종파로 일컬어졌다. 12종은 소승종小乘宗·계율종戒律宗·자은종慈恩宗·유가종瑜伽宗·신인종神印宗·지념종持念宗·분황종芬皇宗·화엄종華嚴宗·천태종天台宗·소자종疏字宗·법사종法事宗·조계종曹溪宗을 가리킨다.

자료8

그날 밤 삼경에 최충헌은 1,000여 명의 병정을 거느리고 고달고개[高達坂]를 경유하여 광화문에 도착하여 문지기에게 고하기를, "내일 아침에 최충수가 반란을 일으키려 하므로 내가 사직社稷을 보위코자 하니 속히 왕 앞에 전달하라!"고 했다. 문지기가 보고하니 왕은 크게 놀라 즉시 문을 열어 맞아들여 구정毬庭에 주둔케 했으며 또 무기고의 병장기를 금군禁軍주16에게 주어 대비하게 했다. 각 위衛 장군들도 군사를 영솔하고 앞을 다투어서 달려왔다. 최충수가 이 소식을 듣고 공포를 느끼며 그의 도당들에게 말하기를, "아우로서 형을 공격하는 것은 도덕에 어긋나는 일이다. 내가 모친을 모시고 구정으로 들어가서 형 앞에서 사죄하겠으니 너희들은 각각 도망쳐 떠나는 것이 좋겠다!"라고 했더니 장군 오숙비, 준존심, 박정부 등이 말하기를, "우리들이 평소에 당신의 문하에서 논 것은 당신이 세상을 덮을 기개를 가지고 있기 때문인데 지금에 와서는 도리어 이처럼 비겁하니 이렇게 되면 우리들을 멸족당하게 하는 것입니다. 청컨대 한 번 싸워 보고 승부를 다투게 해주시오."라고 했다. 최충수도 승낙하고 동틀 무렵에 병사 1,000여 명을 영솔하고 십자가十字街에 주둔하고 약속하기를, "있는 힘을 다하여 전투하라! 저편 사람을 죽인 사람에게는 죽음당한 자의 관직을 주겠다!"라고 했다. 그런데 최충수의 군사들은 여러 장수들이 모두 최충헌의 편으로 갔다는 말을 듣고 도울 자가 적음을 알고 슬금슬금 도망갔다.

최충헌은 광화문廣化門을 나와서 저자 거리를 향해서 내려오고 최충수는 광화문을 향해 올라가다 홍국사 남쪽에서 마주쳐서 교전했는데 박진재, 김약진, 노석숭은 각각

주16 금군禁軍 : 국왕의 친위병.

주17 어고御庫 : 대궐 안에 있는 국왕의 사고私庫.

주18 대각노大角弩 : 여러 개의 화살이나 돌 따위를 동시에 쏠 수 있게 만든 고성능의 큰 쇠뇌.

그 도당을 인솔하고 하나는 진고개[泥峴]를 넘고 하나는 모래재[沙峴]를 넘고 또 하나는 고달고개를 넘어서 앞뒤로 서로 호응하면서 전후로 협공했으며 최충헌은 어고御庫[주17]의 대각노大角弩[주18]를 가지고 마구 쏘아 화살이 비오듯 내렸다. 그래서 최충수 일당은 보랑步廊의 문짝을 뜯어서 방패로 삼았으나 견디지 못하고 드디어 크게 무너지니 최충수가 말하기를, "오늘의 패배는 천명이다. 형은 임진강 이북에서 살고 나는 임진강 이남에서 살겠다."라고 하면서 즉시 오숙비·준존심 등과 함께 말을 달려 보정문으로 가서 수문 군사를 죽이고 성문을 나와 장단長湍을 건너 파평현坡平縣 금강사金剛寺에 도착했는데 추격한 사람이 머리를 잘라 죽이고 그의 머리를 서울로 전송했다.

原文 夜三鼓 忠獻率兵千餘 由高達坂 至廣化門 告門者曰 忠粹 明朝欲作亂 吾將衛社稷 亟以此達王所 門者以聞 王大驚 卽命開門 納之 使屯於毬庭 又發武庫兵仗 授禁軍以備 諸衛將軍 亦率兵爭赴 忠粹聞之 懼謂其衆曰 以弟攻兄 是謂悖德 吾欲奉母 入毬庭 見兄乞罪 汝等宜各遁去 將軍吳淑庇俊存深朴挺夫等曰 僕等所以遊公之門者 以公有盖世之氣 今反怯懦如此 是族僕等也 請一戰 以決雌雄 忠粹許之 黎明率兵千餘人 屯十字街 約曰 戮力以戰 苟殺彼黨者 當授所殺者職 忠粹軍聞 諸將皆歸忠獻 自知寡助 稍稍遁去 忠獻出廣化門 向市街而下 忠粹向廣化門而上 遇於興國寺南 交戰 晉材躍珍碩崇 各率徒衆 一踰泥峴 一踰沙峴一 踰高達坂 首尾相應 腹背攻之 忠獻以御庫大角弩縱射 矢下如雨 忠粹之徒 取步廊扉板爲楯 禦之不克 遂大潰 忠粹曰 今日之敗 天也 兄居臨津以北 我居臨津以南 卽與淑庇存深等 馳至保定門 斬關而出 渡長湍 至坡平縣金剛寺 追者斬之 傳首于京

_ 『고려사』 권129, 열전42, 반역3, 최충헌

■출전

『고려도경』

『고려사』

『고려사절요』

『용재총화慵齋叢話』: 성종(1469~1494) 때 예조판서로 『악학궤범樂學軌範』 편찬을 주도한 성현이 당시 음악·문화·시·회화·인물평·사화史話 등의 글을 모은 수필집. 권에는 당시 음악계의 여러 인물에 대한 이야기가 전하므로 많이 인용되고 있다.

■찾아읽기

마에다 교사쿠前間恭作, 「개경궁전부開京宮殿簿」, 『조선학보』 26, 1963.

고유섭, 「송도의 고적」, 열화당, 1977.

전룡철, 「고려의 수도 개성성에 대한 연구」1·2, 『역사과학』2·3, 1980.

서성호, 「한국중세의 도시와 사회 – 고려시대 개경의 경우」, 『동양 도시사 속의 서울』, 서울시정개발연구원, 1994.

박용운, 「고려시대 개경 연구」, 일지사, 1996.

박윤진, 「고려시대 개경 일대 사원의 군사적·정치적 성격」, 『한국사학보』3·4합집, 1998.

홍영의, 「고려 수도 개경의 위상」, 『역사비평』45, 1998.

박종진, 「고려시기 개경사 연구동향」, 『역사와 현실』34, 1999.

박종진, 「고려시기 개경 사찰의 위치와 기능」, 『역사와 현실』38, 2000.

서성호, 「고려시기 개경의 시장과 주거」, 『역사와 현실』38, 2000.

신안식, 「고려시대 개경의 나성」, 『명지사론』11·12합집, 2000.

신안식, 「고려전기의 축성과 개경의 황성」, 『역사와 현실』38, 2000.

장지연, 「개경과 한양의 도성 구성 비교」, 『서울학연구』15, 2000.

장지연, 「총론 : 고려시기 개경의 구조와 기능」, 『역사와 현실』38, 2000.

장호수, 「개성지역 고려왕릉」, 『한국사의 구조와 전개 – 하현강교수정년기념논총』, 혜안, 2000.

홍영의, 「고려전기 개경의 오부방리 구획과 영역」, 『역사와 현실』38, 2000.

김기덕, 「고려시대 개경의 풍수지리적 고찰」, 『한국사상사학』17, 2001.

김창현, 「고려 개경의 구조와 그 이념」, 신서원, 2002.

한국역사연구회, 『고려의 황도 개경』, 창작과비평사, 2002.

김기덕, 「고려시대 개경과 서경의 풍수지리와 천도론」, 『한국사연구』127, 2004.

장지연, 「고려후기 개경 궁궐 건설 및 운용방식」, 『역사와 현실』60, 2006.

정학수, 「고려 개경의 범위와 공간구조」, 『역사와 현실』59, 2006.

한국역사연구회, 『개경의 생활사』, 휴머니스트, 2007.

정은정, 「12·13세기 개경의 영역 확대와 교외 편제」, 『역사와 경계』67, 2008.

한기문, 「고려시대 개경 봉은사의 창건과 태조진전」, 『한국사학보』33, 2008.

신안식, 「고려시기 개경 도성의 범위와 이용」, 『한국중세사연구』28, 2010.

정학수, 「고려시기 개경 행정구획과 '리里'의 양상」, 『한국중세사연구』28, 2010.

홍영의, 「고려시기 개경의 궁궐 조영과 운영」, 『한국중세사연구』28, 2010.

김창현, 「고려 개경의 편제와 궁궐」, 경인문화사, 2011.

김창현, 「고려의 불교와 상도 개경」, 신서원, 2011.

박종진, 「개경(개성) 연구의 새로운 모색 – 인적 네트워크와 경관」, 『역사와 현실』79, 2011.

강호선, 「13세기 강도江都 및 개경의 사찰 운영」, 『대구사학』110, 2013.

10 대몽 항전기 39년 도읍지
강도

강화는 39년간(1232~1270) 고려의 임시 수도였다. 몽골의 침입을 맞아 고려 정부는 수도를 이곳으로 옮겨 항쟁의 거점으로 삼았다. 강도에는 궁궐이나 관부 시설을 갖추었으며 다수의 민인이 거처했다. 해로를 통해 필요한 물자를 공급받을 수 있어 전쟁의 어려운 상황에서도 수도로 기능할 수 있었다.

천도 이전의 강화

강도는 대몽 항쟁기의 도읍지다. 고종 19년(1232) 강화에의 이도移都는 몽골의 침략이라는 비상 상황 하의 사건이었지만 공식적으로는 일시적 피난이 아니라 개경에서 강도로 천도였고, 이 때문에 강도는 개경과 같이 황도로 불리기도 했다. "오랑캐를 피해 천도한 후 … 중성을 쌓아 황도를 둘렀다."고 한 것은 대몽 항전기 집권층의 강도에 대한 인식을 함축적으로 표현한 것이었다. 강도는 도성으로서의 기간이 길지는 않았지만 몽골 침입이라는 어려운 시점에 대몽 항전의 중심 기지가 되었다.

강화도는 흔히 '강화'로 대표되는데 실제로는 '강화' 한 개 군현으로 이루어지지 않았다. 강화도에는 강화현 밑에 하음현河陰縣, 교동현喬桐縣, 진강현鎭江縣 등 3개의 현이 속해 있었다. 그중 교동현은 교동도라는 섬에 위치했기 때문에 제외하면, 강화도 자체는 강화현과 하음현, 진강현의 3개의 현으로 행정 구역이 나뉘어 있었다.[자료1] '혈구' 또는 '해구'로 불리던 강화현의 이름이 오늘날과 같은 '강화'가 된 것은 고려 초이고, 이곳에 현령관이 파견된 것은 현종 9년(1018)이었다. 삼국 이래 3개의 현으로 나뉘어 있던 강화도는 고려 때도 형식상 3개로 유지되었지만, 실제로는 강화현을 주현으로 하고 하음현과 진강현을 속현으로 편제하여 운영되었다.

강화 천도

강화 천도의 직접 배경이 된 사건은 고종 18년(1231) 8월부터 시작된 몽골의 침략이었다. 몽골의 1차 침략군은 그해 11월 말 개경 근교까지 이르렀고, 고려 정부와 화의하고 고종 19년 정월에 철수했다. 천도 문제는 몽골군 철수 직후인 고종 19년(1232) 2월에 처음 공식적으로 제기되었다. 강화 천도는 결정부터 시행까지 매우 빠르게 진행되었다. 2월 공식 논의 이후 6월 16일에 강화 천도 방침이 확정되고 7월 7일 고종이 강화도에 도착했다.[자료2] 천도 논의로부터 확정, 시행까지 반년밖에 걸리지 않았다. 이것은 몽골 침략이라는 배경도 있었지만 최우가 실권을 장악한 무인 정권 하였기에 가능했다.

천도를 논의하는 과정에서 천도의 적합성 여부가 주로 논의되었으며 천도의 대상지에 대한 논의는 별로 없었다. 이것은 당시 상황에서 천도지로서 강화도만한 곳이 없다는 것이 상식이었기 때문이었다. 몽골군의 침입으로 개경이 급박한 상황에 처했을 무렵, 일부 관원들은 가족들을 강화도로 피란시킨 경우가 있었다. 천도를 논의할 때 개경 인근의 승천부 부사 윤린尹繗과 녹사 박문의朴文檥는 비상시 피란처로서 강화도의 유용성을 최우에게 제언했고 궁지에 처해 있던 최우는 이곳에 비상한 관심을 갖게 되었던 것 같다.[자료3]

몽골과 전면전을 치르기보다는 개경과 가까우면서 지형적 조건이 매우 유리한 강화도가 장기 항전에 유리하다고 최우는 판단했다. 천도를 결정한 후 국왕은 개경에서 경천사 가는 남쪽 길로 해서, 승천부로 와서 바로 강을 건너 강화에 도착했다.

강화도의 중심인 강화현 치소가 거의 그대로 신도新都의 공간이 되었던 것 같다. 강화에 당도한 고종은 임시로 강화 객관에 기거했다.[자료4] 고종이 강화 객관을 임시 처소로 쓴 것으로 보아 신도 건설이 강화현의 치소 지역에서 이루어졌던 것으로 보인다. 신도의 공간이 된 강화현은 오늘날의 강화읍으로, 강화도 북쪽에 위치했으며 해로를 통해 개경 또는 타 지역과의 교통이 편리하고 주변이 산으로 둘러싸여 있어 방어 시설을 구축하는 데도 좋은 지리적 조건을 갖추었다. 강화 천도 이후 강화현은 군으로 승격되면서 강도江都로 불렸다.[자료1]

강도의 건설

고종 19년 6월 천도 방침을 확정하자마자 최우는 2령의 군을 차출하여 신도의 궁궐 건설에 착수하도록 했다. 궁궐 및 관아의 조영에는 군대뿐만 아니라 지방 각처에서 징발한 민정民丁의 노동력이 투입되었다. 이에 대해 고종 21년 정월의 기록에는 "여러 도의 민정을 징발, 궁궐과 관청을 지었다."고 했다.[자료5] 다시 다음달 2월에 "궁궐을 짓기 때문에 대장군 송서宋緖의 집으로 왕의 거처를 옮겼다."고 했다. 또한 같은 달 기록에 궁전과 사원 이름을 모두 송도를 모방했다는 기사가 있는 것으로 보아[자료6] 궁궐과 관아 등이 어느 정도 완성되었음을 알 수 있다.

궁궐은 '고려궁지' 일대를 중심으로 그 주변에 넓게 조영되었을 것이다. 이와는 달리 오늘날 고려궁지는 조선 시대에 행궁이 위치했던 지역일 뿐 고려 궁궐의 중심 구역이 아니라고 보기도 한다. 중서문하성, 추밀원, 상서성, 어사대, 6부와 여러 관청은 본 궐의 남쪽 또는 동쪽에 위치했다. 그리고 최우는 진양부를 통해 대궐의 국왕을 견제하고 여러 관부의 신료들을 장악했는데 그것은 견자산정자산에 자리했다. 이 산은 송악산의 남동쪽에 위치했으며 대궐 및 여러 관부와 가까운 거리에 있었다.

민거民居의 경우도 천도 직후부터 대대적인 조영이 시작되었을 것이다. 고종 21년 정월 궁궐 남쪽 마을에서 화재를 발생했을 때 "수천의 집이 불탔다."고 한 것을 보면 1년 여 사이에 이미 큰 도시가 형성되었음을 알 수 있다.

강화군 강화읍 관청리 고려궁지에 위치한 유수부 이방청. 고려가 몽골의 침략에 대항하기 위해 고종 19년(1232)에 강화로 수도를 옮기고 고종 21년에 세운 궁궐과 관아 건물이 있던 곳. 정궁 이외에도 많은 궁궐이 있었다. 조선 인조 9년에 이곳에 행궁을 지었으며, 병자호란 때 청군에게 함락되었다. 그 후 다시 강화 유수부 건물을 지었으나 병인양요 때 프랑스군에 의해 거의 불타 없어져 지금은 동헌과 이방청만 남아 있다.

강도의 인구는 '강산 안팎에 1만 집이 들어찼네'라는 이규보의 시구나[자료7] '복숭아 꽃 향기는 기천幾千 가家를 감싸들고'라는 최항의 시구[자료8] 등에서 추정할 수 있듯이 10만 명 미만이었을 것으로 보인다.[자료9] 도시 형성 범위는 현재의 도심 지역 이외에 송악산, 견자산 등을 포괄하는 광범한 것이었고, 동쪽으로는 갑곶진 가까운 장령長嶺 일대까지 이어졌다.

방어를 위한 성곽도 지어졌다. 강도의 성곽 구축 작업은 천도 초기부터 줄곧 진행되었는데 성곽 시설은 내성, 중성, 외성의 3중으로 이루어졌다. 내성은 궁성의 성격을, 중성은 도시를 둘러싼 도성의 성격을, 그리고 외성은 해안 방어성의 성격을 띤다.

외성은 고종 20년 또는 24년에 축조한 것으로 되어 있다. 이 같은 연대 차이는 외성의 시공과 완공 시기를 뜻하는 것으로 해석된다. 중성은 고종 37년에 이루어진 것으로 기록되어 있다.[자료11] 내성 축조에 관해서는 기록이 없지만 천도 직후인 고종 19년부터 시작되어 이듬해 일단 완성한 듯하다. 이렇게 보면 강도 정부는 천도와 함께 내성을 쌓고 곧이어 외성을 축성했으며, 그로부터 13년이 지난 최항 시대에 중성을 쌓아 강도의 방어 설비를 보강한 듯하다.

강도 시절의 사원은 대부분 개경의 것이 이전 건립되었다. 강화 천도 이후 가장 먼저 건립한 사원은 봉은사奉恩寺였으며 법왕사도 초기에 조영한 사원인 듯하다. 사원의 이름을 개경의 사원과 동일하게 붙였고 팔관회와 연등회뿐 아니라 봄과 가을에 국왕이 여러 사원에 나아가 분향하는 일과 각종 불교 의식 도량을 여는 일 등도 개경에서 하던 방식대로 했다. 국왕이 정기적으로 행차한 사원은 현성사賢聖寺, 묘통사妙通寺, 왕륜사王輪寺, 복령사福靈寺, 건성사乾聖寺, 외원外院, 보제사普濟寺였다. 개경 사원과 관련 없이 강화에 새로 창건된 대표적인 사원은 선원사와 혈구사였다. 선원사는 최우의 원찰로 세워졌으며 수선사의 제2사원이라 할 수 있었다. 혈구사는 국가의 기업을 연장할 수 있다는 도참 사상에 의해 원종 5년(1264)에 세워졌다. 대장경 조판은 전국에서 이루어졌지만 강도에서 전체 사업을 기획하고 주관했다.

강도의 재정 운영

개경 중심의 교통로는 강화 천도 후에도 크게 변하지 않았다. 강화도는 섬이지만 개경과 가까운 거리였기 때문에 천도 후에도 고려 정부는 기존의 교통망을 이용하여 지방을 지배할 수 있었다. 따라서 강화 천도 후 가장 중요한 교통로는 강화도와 개경 남쪽 정주貞州의 승천포昇天浦를 잇는 뱃길이었다. 이 뱃길은 몽골 사신과 고려의 관리가 드나들던 길이었고 전국의 세금과 많은 물자들도 개경을 거쳐 이 길을 통해 강화로 들어왔다.

육로인 역도와 수로인 조운로는 강화 천도 시기에도 특정 시기를 제외하면 대체로 유지되었다. 육로의 경우 개경 중심의 역도를 통하여 지방 관리를 파견하고 수취물을 운반했다. 다만 몽골과의 전쟁 막바지인 고종 말기에는 동북 국경 지역의 성들이 함락되어 이곳의 역도가 붕괴되었을 것으로 생각된다.

강화 천도 후 조운로는 중요성이 더욱 커질 수밖에 없었는데, 조운로 역시 천도 전의 교통망이 유지되었다고 생각한다. 조운로를 통해 중부 이남의 조세곡을 강도로 운반할 수 있었다. 이 때문에 이 시기 국가 재정이 어느 정도 유지될 수 있었다. [자료10]

강도 시기에 농토는 상당히 부족했다. 강화도 면적이 다른 섬에 비해 넓은 편임을 감안하더라도 10만 명이나 되는 인구를 먹여살릴 양식을 생산하기는 힘들었다. 특히 고종 40년 대 이후 몽골이 해안 지방을 침략하고 본토에서의 약탈이 심해지자 조운에 어려움이 생기기 시작했다. 재정 부족이 심각해지자 식량난을 타개하려는 정책이 간척과 둔전 개발로 나타났다. 해도와 입보 정책이 실시된 이후 고립된 장소에서 식량을 자급하기 위해, 연해 지역 간척과 병사들의 둔전 개발이 활발하게 이루어졌다.[자료11] 강도에서도 이런 간척이 실시되어 여러 지역의 만彎이 간척지가 되어 수전으로 바뀌었을 것이다.[자료12]

강도는 1270년 무인 정권 붕괴와 운명을 함께했다. 고려 정부가 5월 개경으로 환도하고 삼별초 부대가 사람들을 몰아 남으로 내려가자 강도는 껍데기만 남은 형국이 되었다. 곧이어 고려에 온 몽골군은 오랜 기간 대몽 항쟁의 근거지가 되었던 강화도에 난입하여 백성들의 집을 불태워버렸다. 이때 미곡과 재화가 불탄 것이 이루 말할 수 없었다.[자료13] 강도를 일거에 불태운 것은 고려 정부가 다시는 강화도로 들어가지 못하게 하기 위해서였다. 강화에 세워졌던 사원도 개경 환도 이후 대부분 폐허가 되었는데, 혹 파괴되지 않았다 하더라도 제 기능을 수행하기는 힘들었을 것이다.

자료 1

강화현江華縣은 원래 고구려의 혈구군穴口郡으로서 바다 가운데 있는데 즉, 정주貞州의 서남쪽, 통진현通津縣의 서쪽에 있다. 신라 경덕왕은 해구군海口郡으로 고쳤다. 고려 초에 지금 명칭으로 고쳤으며 현종 9년(1018)에 현령縣令을 두었다. 고종 19년(1232)에 왕이 몽골 침략군을 피하여 이곳으로 수도를 옮기자 군으로 승격시키고 강도江都라고 불렀으며, 고종 37년에 주위 길이가 2,960여 칸이 되는 중성中城을 쌓았고 원종 원년(1260)에 다시 송도松都를 수도로 했다. 충렬왕 때에 인주仁州에 병합되었다가 얼마 후에 복구되었으며 신우 3년(1377)에 부府로 승격시켰다. 마리산摩利山, 전등산傳燈山과 구음도仇音島, 파음도巴音島, 금음북도今音北島, 매잉도買仍島 등이 있으며 속현이 3개 있다.

진강현鎭江縣은 원래 고구려의 수지현首知縣으로서 강화도 안에 있는데 신라 경덕왕이 수진首鎭으로 고쳐서 해구군海口郡의 영현領縣으로 만들었다. 고려 때 지금 명칭으로 고치고 그대로 본 강화현江華縣에 소속시켰다. 안도鞍島, 장봉도長峯島 등이 있다.

하음현河陰縣은 원래 고구려의 동음내현冬音柰縣으로 강화도 안에 있는데 신라 경덕왕이 호음沍陰으로 고쳐서 해구군의 영현으로 만들었다. 고려 때 지금 명칭으로 고치고 그대로 본 현에 소속시켰으며 후에 개성현에 소속시켰다. 주을질도主乙叱島가 있다.

교동현喬桐縣은 원래 고구려의 고목근현高木根縣으로서 바다 가운데 있는데, 즉 강화현의 서북쪽, 염주鹽州의 남쪽에 있다. 신라 경덕왕이 지금 명칭으로 고쳐서 해구군의 영현으로 만들었다. 고려에 와서도 그대로 본 현에 소속시켰고 명종 2년에 감무를 두었다. 송가도松家島가 있다.

原文 江華縣 本高句麗穴口郡 在海中 直貞州之西南 通津縣之西 新羅景德王 改爲海口郡 高麗初 更今名 顯宗九年 置縣令 高宗十九年 避蒙古兵 入都 陞爲郡 號江都 三十七年 築中城 周回二千九百六十餘間 元宗元年 復還松都 忠烈王時 倂于仁州 尋復舊 辛禑三年 陞爲府 有摩利山 傳燈山 有仇音島巴音島今音北島買仍島 屬縣三 鎭江縣 本高句麗首知縣 在江華島內 新羅景德王 改名首鎭 爲海口郡領縣 高麗更今名 仍屬 有鞍島長峯島 河陰縣 本高句麗冬音柰縣 在江華島內 新羅景德王 改名沍陰 爲海口郡領縣 高麗更今名 仍屬 後屬開城縣 有主乙叱島 喬桐縣 本高句麗高木根縣 在海中 直江華縣之西北 鹽州之南 新羅景德王 改今名 爲海口郡領縣 高麗仍屬之 明宗二年 置監務 有松家島

_ 『고려사』권56, 지10, 지리1, 강화현

주1 전목사典牧司 : 고려 시대 목장을 관장하고 전마戰馬 · 역마驛馬 · 역우役牛 등을 조달하던 관청.

2월 20일辛未 재추가 전목사典牧司주1에 모여 이도移都할 것을 의논했다.

5월 재추가 선경전宣慶殿에서 모여 대몽 방어책을 논의했다.

5월 23일癸卯 4품 이상의 관원들이 또 회의를 했다. 모두 성을 지켜 적과 대항할 것을 말했으나 재추 정무鄭畝와 대집성大集成 등만은 도읍을 옮겨 난을 피하자고 했다.

6월 16일辛酉 최우가 재추들을 그 집으로 모아 천도할 일을 의논했다. 이때에 국가가 태평한 지 이미 오래 되어 경도의 호수戶數가 10만에 이르고 단청한 좋은 집들이 즐비했으며 사람들도 자신의 거처를 편안하게 여기고 천도를 곤란하게 생각했으나 최우를 두려워하여 감히 한 말도 하는 자가 없었다. 유승단이 말하기를, "작은 나라가 큰 나라를 섬김은 이치에 당연한 일이다. 예로써 섬기고 믿음으로써 사귀면, 저들 역시 무슨 명분으로 매양 우리를 괴롭히겠는가. 성곽을 버리고 종묘사직을 돌보지 않은 채 섬으로 도망하여 구차스럽게 세월만 끌며 변방의 장정들은 칼날에 다 죽고 노약자들은 끌려가 종이나 포로가 되게 하는 것이 국가의 장구한 계책이 아니다."고 했다. 야별초지유夜別抄指諭 김세충이 문을 밀치고 들어가 최우에게 힐문하기를, "송경松京은 태조 때부터 역대로 지켜온 것이 무려 200여 년이 되었다. 성이 견고하고 군사와 양식이 족하니, 힘을 다해 지켜서 사직을 호위해야 마땅한데 이를 버리고 가면 장차 도읍할 땅이 어디냐."고 했다. 최우가 성을 지킬 계책을 물으니 김세충이 대답하지 못했다. 어사대부 대집성이 최우에게 말하기를, "김세충이 아녀자의 말을 본받아 감히 대의를 저지하려고 하니 그를 참형하여 중외에 보이십시오." 했으며, 응양군鷹揚軍 상호군[上護軍, 상장군] 김현보가 대집성의 뜻에 맞추어 또한 그렇게 말하니 드디어 김세충을 끌어내어 참했다. 이날 최우가 왕에게 속히 전殿에서 내려 서쪽 강화도로 향하여 행차할 것을 주청하니 왕이 망설이고 결정하지 못했다. 최우가 녹전거祿轉車 100여 량을 빼앗아 집안의 재물을 강화도로 옮기니 서울이 흉흉했다. 유사有司에게 영을 내려서 날짜를 한정하여 오부五部 백성을 보내게 하고 성중에 방을 붙여 이르기를, "시간을 지체하여 출발할 기일에 길에 오르지 못한 자는 군법으로 논論한다." 하고, 또 사자를 여러 도道로 보내어 백성을 산성山城이나 섬으로 옮기었다.

7월 6일乙酉 왕이 개경을 출발하여 승천부에 이르고, 7일丙戌 강화의 객관에 들었다.

原文 二月 辛未 宰樞會典牧司 議移都 五月 宰樞會宣慶殿 議禦蒙古 癸卯 四品以上 又會議

皆曰 城守拒敵 唯宰樞鄭畝太集成等曰 宜徙都避亂 六月 辛酉 崔瑀 會宰樞於其第 議遷都 時國家昇平旣久 京都戶 至十萬 金碧相望 人情安土 重遷 然畏瑀 無敢發一言者 兪升旦曰 以小事大 理也 事之以禮 交之以信 彼亦何名 而每困我哉 棄城郭 捐宗社 竄伏海島 苟延歲月 使邊陲之氓 丁壯盡於鋒鏑 老弱係爲奴虜 非爲國之長計也 夜別抄指諭金世冲 排門而入 詰瑀曰 松京 自太祖以來 歷代持守 凡二百餘年 城堅而兵食足 固當戮力而守 以衛社稷 棄此而去 將安所都乎 瑀問守城策 世冲不能對 御史大夫大集成謂瑀曰 世冲 效兒女之言 敢沮大議 請斬之 以示中外 鷹揚軍上護軍金鉉寶 希集成意亦言之 遂引世冲斬之 是日 瑀奏請 王速下殿 西幸江華 王猶豫未決 瑀奪祿轉車百餘兩 輸家財于江華 京師洶洶 令有司 刻日發送五部人戶 仍榜示城中曰 遷延不及期登道者 以軍法論 又分遣使于諸道 徙民山城海島 七月 乙酉 王發開京 次于昇天府 丙戌 入御江華客館

_ 『고려사』권23, 세가23, 고종 19년

자료 3

승천부사 윤린, 녹사 박문의가 몰래 가족을 강화에 두고 최우에게 말하길, "강화는 가히 난을 피할 만하다."고 했다. 우가 그 말을 믿고 두 사람을 시켜 먼저 가서 살펴보게 했는데, 도중에 몽골군에게 붙잡히고 말았다.

原文 昇天府副使尹繗 錄事朴文檥 潛置家屬于江華 乃說崔瑀曰 江華 可以避亂 瑀信之 使二人 先往審之 中道 爲蒙兵所拘

_ 『고려사절요』권16, 고종 18년 12월

자료 4

을유乙酉에 왕이 개경을 출발하여 승천부에 이르고 병술丙戌에 강화의 객관에 들었다. 이때 장맛비가 열흘이나 계속되어 진흙길이 발목까지 빠져서 인마人馬가 쓰러졌다. 고관이나 양가의 부녀들로서 맨발로 업고 이고 하는 자까지 있었다. 환과고독鰥寡孤獨으로서 갈 바를 잃고 소리 내어 슬피 우는 자가 이루 헤아릴 수 없었다.

原文 乙酉 王發開京 次于昇天府 丙戌 入御江華客館 時霖雨彌旬 泥濘沒脛 人馬僵 達官及良家婦女 至有跣足負戴者 鰥寡孤獨 失所號哭者 不可勝計

_ 『고려사절요』권16, 고종 19년 7월

자료 5

여러 도道의 장정들을 징발하여 궁궐과 각 관청을 지었다.

原文 徵諸道民丁 營宮闕及百司

_『고려사』권23, 세가21, 고종 21년 1월

자료 6

연등회를 열고 왕이 봉은사에 갔다. 이때에 고故 참정參政^{주2} 차주車偶의 집을 봉은사로 만들었으며 백성들의 가옥을 헐고 왕이 다니는 길을 넓혔다. 당시는 비록 도읍을 옮긴 초창기였으나 구장毬場, 궁전, 사원 등 일체 시설을 송도松都에 있던 이름과 같이 했고 팔관회, 연등회, 행향, 도량 등을 다 종전의 방식대로 했다.

주2 참정參政 : 참지정사를 가리키며, 중서문하성의 종2품 관직.

原文 燃燈王如奉恩寺 以故叅政車偶家爲奉恩寺 撤民家以廣輦路 時雖遷都草創 然凡毬庭宮殿寺社號 皆擬松都 八關燃燈行香道場 一依舊式

_『고려사』권23, 세가23, 고종 21년 2월

자료 7

천도란 예부터 하늘 오르기만큼 어려운 건데 / 공 굴리듯 하루아침에 옮겨왔네
청하의 계획 그토록 서둘지 않았더라면 / 삼한은 벌써 오랑캐 땅 되었으리
백치 금성에 한 줄기 강이 둘렀으니 / 공력을 비교하면 어느 것이 나은가
천만의 호기가 새처럼 난다 해도 / 지척의 푸른 물결 건너지는 못하리
강산 안팎에 1만 집이 들어찼네 / 옛 서울 좋은 경치 이에 어찌 더할쏜가
강물이 금성보다 나은 줄 안다면 / 덕이 강물보다 나은 줄도 알아야 하리

原文 遷都自古上天難 / 一旦移來似轉丸 / 不是淸河謀大早 / 三韓曾已化胡蠻 / 百雉金城一帶河 / 較量功力孰爲多 / 萬千胡騎如飛鳥 / 咫尺蒼波略未過 / 表裏江山坐萬家 / 舊京形勝復何加 / 已知河勝金城固 / 且更諳他德勝河

_『동국이상국집전집』권18, 망해인추경천도望海因追慶遷都

자료 8

(고종) 44년에 최항의 병이 위독했으므로 왕이 옥에 가둔 죄수를 석방했다. 최항은 병든 몸을 일으켜 후원의 작은 정자에 올라, "복숭아꽃 향기는 기천幾千 가家를 감싸들고, 비단 장막은 십 리 벌판에 구름인 양 나부끼는데, 난데없는 모진 광풍 이 속에 불어 들어, 붉은 꽃잎 휘몰아다가 장강을 건너가네!"라는 시 한 수를 읊고 침실로 돌아

가서 갑자기 죽었다.

> **原文** 四十四年 沈病篤 王爲放獄囚 沈扶病 登後園小亭 賦詩云 桃花香裏幾千家 錦幄氤氳
> 十里斜 無賴狂風吹好事 亂驅紅雨過長河 吟畢 還寢暴死
>
> _ 『고려사』권129, 열전42, 반역3, 최충헌부崔忠獻附 항沆

자료9

송악산 옛 자취 허황한 꿈이거니 / 황폐한 그 땅을 다시는 생각 마오

그대여 바라보라 저 신읍의 화산을 / 그 중간 궁전 열어 천자를 받드노라

일천 집 여기저기 푸른 기와 즐비하고 / 일만 부엌 아침저녁 푸른 연기 일어나네

옹위한 만조백관 별이 북신에 공읍하듯 / 달려오는 나라 백성 물이 바다에 조회하듯

봉루에 베푼 잔치 전일에 손색 없어 / 뜰 가득 기생들은 고운 자태 보이누나

옛 서울의 모든 일을 하나 같이 갖췄건만 / 공부하는 생도들은 뜻대로 아니됐네

늙은 내가 하염없이 머리를 긁었다면 / 젊은 그대 유생들 눈물 안 흘렸으랴

> **原文** 松麓遺蹤一夢空 / 不須更憶荒虛地 / 君看新邑是花山 / 中闢彤闈奉天子 / 遠近千家
> 碧瓦差 / 朝昏萬竈靑煙起 / 百官擁似拱辰星 / 四域奔如朝海水 / 鳳樓御宴不減前 / 萬妓盈庭
> 獻娟媚 / 舊京百事一無虧 / 唯有生徒未得意 / 如予白髮長搔頭 / 其奈靑衿得忍淚
>
> _ 『동국이상국집전집』권7, 차운이시랑견화次韻李侍郞見和 이수二首

자료10

주3 용산별감龍山別監 : 용산은 충주시에 소재한 산이며, 용산별감은 이곳에 특별한 임무를 띠고 파견된 관원.

주4 승선承宣 : 왕명의 출납을 관장하던 정3품 관직으로, 중추원에 속해 있었다.

김준이 제 마음대로 용산별감龍山別監[주3] 이석李碩이 바치는 어선御膳 2척을 빼앗았다. 과거에 김준의 아들 승선承宣[주4] 김애의 집 종이 일이 있어 충주에 갔다가 이석과 감정이 있었다. 돌아와서 이석의 배가 대궐에 바치는 음식물을 싣고 강에 대었다는 말을 듣고 이석을 김애에게 고자질했다. 김애가 아비에게 고하니, 야별초를 보내어 그 어선을 빼앗아 더러는 제집으로 들여보내고 더러는 야별초에게 나눠주었다. 얼마 안 되어 김준이 왕을 뵈니, 왕이 이석이 올린 선물 목록을 김준에게 보여주었다. 김준이 얼굴빛이 변하여 물러가서 다시 거두어 바치니, 왕이 물리치며 이르기를, "이미 빼앗아 가고 다시 바치는 것이 의리에 옳은가. 이제 이석이 바친 물건은 모두 과인이 제사에 쓰려는 것이었다. 이석이 명을 받은 지가 이미 오래되었는데 빨리 바치지 않아서 빼앗겼으니, 이것은 이석의 죄다." 하고 섬에 귀양 보내고, 드디어 내시 권인기로 대신

했다가 얼마 안 되어 이석을 소환했다. 이 일로 말미암아 왕이 더욱 김준을 미워했다.

原文 金俊 擅奪龍山別監李碩 所獻內膳船 二艘 初 俊子承宣鎧家奴 因事往忠州 與碩有憾 及還 聞碩船 載內膳 來泊于江 訴碩於鎧 鎧告其父 遣夜別抄 奪其膳 或入己家 或分與夜別抄 未幾 俊見王 王以碩所上膳狀 示俊 俊變色而退 還收以獻 王却之曰 旣奪而復獻 於義可乎 今所進之物 皆寡人將供祭醮之用 碩承命已久 曾不速進 而見奪 是碩之罪也 流于島 遂以內侍權仁紀 代之 未幾 召碩還 由是 王盆惡俊

_ 『고려사절요』권18, 원종 9년 11월

자료 11

제制하기를, "여러 도에서 병란을 겪고 쪼들리게 되어 조세와 부세가 줄어들었으니 주, 현들의 기인其人으로 하여금 한지閑地를 경작케 하여 그 조세를 받아 경비를 보충하도록 하라."고 했으며, 또 문무 3품 이하, 권무 이상의 관직을 가진 자로 하여금 부역군을 차등 있게 내게 하여 제포梯浦 · 와포瓦浦에 방축을 쌓아서 이를 좌둔전左屯田으로 하고, 이포狸浦 · 초포草浦를 우둔전右屯田으로 했다.

原文 制 諸道被兵凋殘 租賦耗少 其令州縣其人耕閑地 收租補經費 又令文武三品以下 權務以上 出丁夫 有差 防築梯浦瓦浦 爲左屯田 狸浦草浦 爲右屯田

_ 『고려사』권79, 지33, 식화2, 농상農桑, 고종 43년 2월

자료 12

최우가 재추와 함께 의논하여 주 · 현의 일품군一品軍주5을 징발하여 강화 연강沿江의 제방을 추가로 쌓았다.

原文 崔瑀 與宰樞 議徵州縣一品軍 加築江華沿江堤岸

_ 『고려사절요』권16, 고종 22년 12월

주5 일품군一品軍 : 주현군에 속했던 군인으로 외방역군外方役軍 · 추역군秋役軍 · 공역군工役軍 등으로도 불리는 노동 부대. 이들은 토착적 성격이 짙었으며 사원 · 궁궐 · 축성 등 각종 공역에 동원되었다.

자료 13

두련가頭輦哥가 사람을 시켜 강화 성 안에 있는 백성들의 집을 불사르게 했다. 불에 탄 미곡과 재물이 이루 다 헤아릴 수 없었다.

原文 頭輦哥 使人焚江華城內民家 凡米穀財貨 被燒者 不可勝數

_ 『고려사』권26, 세가26, 원종 11년 8월

■ 출전

『고려사』

『고려사절요』

『동국이상국집』

■ 찾아읽기

김윤곤, 「강화천도의 배경에 관해서」, 『대구사학』15 · 16합집, 1978.

윤용혁, 「고려의 대몽항쟁과 강도」, 『고려사의 제문제』, 삼영사, 1986.

윤용혁, 「고려 대몽항쟁기의 불교의례」, 『역사교육논총』13 · 14합집, 1990.

홍제현, 『강도江都의 발자취』, 강화문화원, 1990.

윤용혁, 『고려대몽항쟁사연구』, 일지사, 1991.

김기덕, 「고려시대 강화도읍사(江都史) 연구의 쟁점」, 『사학연구』61, 2000.

박종진, 「강화천도 시기 고려국가의 지방지배」, 『한국중세사연구』13, 2001.

강화군 군사편찬위원회, 『신편 강화사』, 2003.

윤용혁, 「고려시대 강도의 개발과 도시 정비」, 『역사와 역사교육』7, 2003.

김창현, 「고려 개경과 강도의 도성 비교 고찰」, 『한국사연구』127, 2004.

한성욱, 「강화의 강도시기 도자문화」, 『인천문화연구』2, 인천광역시립박물관, 2004.

김창현, 「고려시대 강화의 궁궐과 관부」, 『국사관논총』106, 2005.

김창현, 「고려 강도의 신앙과 종교의례」, 『인천학연구』4, 인천대학교 인천학연구원, 2005.

김형우, 「고려시대 강화의 사원 연구」, 『국사관논총』106, 2005.

윤용혁, 「고려 강화도성의 성곽 연구」, 『국사관논총』106, 2005.

김병곤, 「사적 제259호 강화 선원사와 신니동 가궐의 위치 비정」, 『불교학보』48, 2008.

채상식, 「강화 선원사의 위치에 대한 재검토」, 『한국민족문화』34, 부산대학교 한국민족문화연구소, 2009.

윤용혁, 『여몽전쟁과 강화도성 연구』, 혜안, 2011.

강호선, 「13세기 강도 및 개경의 사찰 운영」, 『대구사학』110, 2013.

11 개경에 버금가는 제2의 도시
서경의 위상

고려에는 왕경으로서의 개경 외에도 동경(경주), 남경, 서경(평양)이 있었지만 개경 이외에 가장 중시한 곳은 서경이었다. 고구려 계승을 표방한 고려는 고구려의 도읍이었던 서경을 분사 제도를 통해 운영했으며 사당을 세워 동명왕을 기렸다. 역대 국왕은 서경에 자주 행차했으며, 서경 출신 인물은 중앙 정계에서 두드러진 활약을 했다.

태조 왕건의 서경 경영

태조 왕건은 서경 경영을 통해 고려 왕실의 독자적인 세력 기반을 육성하고자 했다. 원래 평양은 고조선의 도읍지였을 뿐만 아니라 후에 고구려의 수도가 되어 역사적 유서가 깊은 곳이었지만 고려 건국 때 거의 폐허로 방치되어 있었다.[자료1] 따라서 호족을 견제할 수 있는 확고한 기반을 찾고자 하던 태조는 세력 기반을 구축하는 근거지로 서경이 적합하다고 판단했다.

태조 원년(918)부터 서경 경영이 시작되었다. 태조 왕건은 그해 9월에 평양 고도古都가 황폐한 지 오래라며 황주·봉주·해주·백주·염주의 인호人戶를 평양으로 이주시키고 대도호로 삼아 사촌 왕식렴王式廉을 파견해 지키게 했다. 다음해 수도를 철원에서 개경으로 옮겼으며 그 무렵 평양을 서경으로 승격시켰다. 태조 2년 10월에는 평양에 성을 쌓았으며 5년에 재성[在城, 내성]을 쌓았고[자료2] 21년에는 나성을 축조함으로써 방어 체제를 강화했다. 태조 5년부터 17년까지 행정 조직 개편을 통해 거의 중앙과 비슷한 행정 기구를 갖게 되었다.[자료3] 그리고 통일을 달성하기까지 거의 해마다 서경에 행차했다.

역대 국왕의 서경 중시

왕규王規는 태조의 제15, 제16비妃의 아버지로, 평소부터 제16비가 낳은 광주원군廣州院君을 왕위에 앉히려고 책동했는데 혜종이 즉위 2년 만에 돌아가고 정종定宗이 왕위에 오르자 마침내 반란을 일으켰다. 왕규의 계획을 알고 있던 정종은 왕식렴에게 알려 평양으로부터 군대를 이끌고 개성에 들어와 왕규의 난을 진압하도록 했다.[자료4] 이로써 정종 때는 왕식렴 등을 위주로 하는 서경 세력이 왕실과 밀착되어 권력의 주도권을 장악했다.

왕권을 크게 강화한 광종은 11년에 스스로 칭제稱帝 건원建元하고 개경을 황도皇都로 함과 동시에 서경을 서도西都라고 칭했다.[자료5] 이는 서경의 지위를 격하시키는 조처라 할 수 있다. 또 광종은 11년 이후 대대적인 숙청을 단행했는데, 그 대상은 이전 왕대의 유력한 호족들이었을 것이다. 아마 정종과 밀접한 연관이 있었던 왕식렴 계열의 서경 세력도 대상에 포함된 듯하다. 광종 때 숙청 시대를 거치면서 서경 세력의 중심은 황주황보씨黃州皇甫氏로 바뀌었다.

경종 다음의 성종은 서경 세력을 배척하지는 않았지만 즉위 후 서경 세력에 거의 관심을 보이지 않는 것으로 판단된다. 성종이 서경에 관심을 표명한 것은 성종 9년의 일인 반면[자료6] 경주 지역에는 그보다 일찍 관심을 보였다. 성종은 후에 서경 거둥이 이루어지는 등 서경에 대한 관심을 표명했지만 전대의 왕들에 비하면 소극적이었으며 그 행차도 의례적인 순행과 군사적 목적이 우선이었다. 이는 거란의 고려 침입 시 서경할지론西京割地論에 동조한 성종의 태도를 통해 확인할 수 있다.[자료7] 또한 당시 활약이 두드러진 인물을 살펴보았을 때 황주황보씨 계열은 한 사람도 찾아볼 수 없으며 서경 세력과는 성격상 크게 대조적인 경주계 유신儒臣들의 진출이 두드러진다. 곧 성종 때는 서경 세력이 정치적으로 크게 후퇴했음을 알 수 있다.

목종 때는 황주황보씨 일파의 서경 세력이 다시 우세해졌다. 목종은 재위 기간 천추태후千秋太后가 된 모후 황주황보씨의 영향을 크게 받았는데 모후는 서경 경영에도 영향을 미쳤다. 왕의 즉위 원년에 서경을 호경鎬京이라 고치고[자료8] 이후 그곳으로 자주 행차한 것도 그와 관련이 깊은 것으로 보인다. 특히 천추태후는 동주[서흥] 출신으로 자기의 외족인 김치양을 중용하여 그를 중심으로 서경 세력이라 일컬어지는 정치 세력을 형성했다.

서경의 관제와 학교

서경의 행정 조직을 살펴보면, 태조 원년에 대도호부를 설치하고 왕식렴과 광평시랑 열평列評을 보내 지키게 하면서 참좌參佐 4~5명을 두어 보좌하게 한 것이 최초의 서경 관부이다. 태조 5년에는 시중, 시랑, 낭중 등으로 구성된 낭관㖾官을 설치했고 그 밖에 아관衙官으로 병부兵部, 납화부納貨府, 진각성珍閣省, 내천부內泉部를 두었다. 낭관은 중앙의 광평성에 해당되는 관부로서 서경의 행정을 총괄했고 아관 이하의 관부가 소관 사무를 분장했다. 또한 서경성 일대를 5부로 나누어 개경과 동일한 지배 체제를 갖추었다.

성종 14년(995) 유수관이 파견됨으로써 지서경유수사知西京留守事와 부유수副留守, 판관 등으로 구성된 유수부가 낭관을 대신해 서경을 통치했다. 성종 때 분사사헌대分司司憲臺가 설치된 것을 기점으로 분사 체제를 갖추어가기 시작했다. 문종 16년(1062)에는 서경 인근 지역에 4도를 둠으로써 서경은 독립된 정부의 형태를 띠게 되었다. 그리고 예종 11년(1116) 제학사원諸學士院을 분사국자감分司國子監으로 개편하는 등 분사제가 확대되었다. 그러나 서경은 인종 때 묘청의 난 이후 위상이 크게 떨어졌다.

서경은 보통의 지방 군현이 자신의 영역 내에서 재원財源을 조달했던 것과는 달리, 인근 지역에서까지 조세를 수납받아 사용했다. 서경의 재정 기구는 시기에 따라 차이가 있기는 하지만 지방 군현과는 현저하게 달랐으며 오히려 중앙 정부와 유사했다. 서경의 재원은 공해전과 관내에서 거둔 조세, 그리고 인근 지방에서 이납移納한 조세로 이루어졌다.

공해전은 개경의 관청과 마찬가지로 기관별로 지급했으며 대략 700여 결 규모였다. 서경의 관내는 서경과 경기 4도 지역을 가리키는데, 문종 16년(1062)에 설치된 4도는 서경의 영역을 확장케 하여 재원을 증대시켰다. 인종 14년(1136) 4도가 폐지되고 6현이 설치되었지만 6현이 독립한 이후에도 서경 영역은 대단히 넓었으며 인구와 토지도 독립한 6현 전체보다 많았을 것이다. 또한 6현 가운데 서경에 인접한 4개 현은 속현으로 남아 재원으로서 기능했다. 결국 4도 폐지 이후에도 서경의 재원은 큰 타격을 받지 않고 유지되었으나 명종 8년(1178)의 재정 구조 개편으로 이 지역에 대한 수세권을 개경에 양도했다.[자료9] 서경의 행정 기구가 독립적인 경제적 기반을 지니고 독자적으로 운영된 것은 묘청의 난 이전까지였으며, 그 이후에는 서경 행정 기구의 개편이 단행되어 개경 정부에 예속되는 지위로 하락했다.

서경에는 국초부터 국가 차원에서 학교를 설립해 운영했다. 고려 개창 후 얼마 되지 않는 태조 13년에 벌써 학원學院이라는 명칭의 학교가 설치되었다.[자료10] 그리고 이학교는 뒤에 분사 제도의 시행과 더불어 분사국자감으로 승격되어 더욱 발전했다. 하지만 묘청의 난을 거치면서 서경의 행정 기구가 독립성을 잃고 축소됨에 따라 다시 학원으로 바뀌었고, 원 간섭기 때 원나라가 서경에 동녕부를 설치하면서 학원마저 사라졌다. 충렬왕 때 서경을 돌려받으면서 학원 역시 회복된 것으로 보인다.

서경에는 궁궐을 조성했는데 궁성으로 둘러싸인 정궁의 이름은 장락궁이었으며, 그 안에 정전인 장락전, 편전인 상안전, 내전, 관풍전이 자리 잡았다. 서경의 궁궐은 몽골과의 전쟁을 겪으면서 파괴된 후 복구되지 못했다.

고려에서는 서경에 고구려 이래의 사원을 수리하거나 필요에 따라 새로 창건했다. 서경에 소재한 사원으로는 영명사(법상종)·흥국사(화엄종)·금강사(신인종)·중흥사(법상종)·인왕사·홍복사(화엄종)·장경사(선종) 등이 보인다. 역대 국왕은 상원 연등회와 10월 팔관회 때 서경에 직접 행차하거나 사절을 보내 재齋를 지냈다.

대화궁 토성터. 묘청이 서경 천도를 요청하자 인종 6년(1128) 8월에 왕은 서경으로 가서 임원역지에 궁궐을 신축할 명당을 잡게 하고, 11월 공사에 착수하였다. 인종 7년 2월 공사가 끝나자 이를 대화궁이라 하였으며, 인종 9년에는 임원궁성을 쌓고 팔성당八聖堂을 건조하였다. 토성은 대화궁을 둘러싼 성이다.

정치 변란과 서경 위상의 하락

서경은 태조의 '훈요십조' 제5조에서 확인할 수 있듯이 풍수지리 사상에 입각하여 선정된 지역이었다.[자료11] 풍수지리 사상에 도참圖讖) 사상이 결합된 것이 지리도참설인데, 묘청의 난은 고려 시대에 유행한 지리도참설과 관련된 사건이다. 묘청과 정지상 등이 지리도참설에 따라 서경이 음양가들이 말하는 대화세大華勢의 땅이라는 상소를 올려 인종의 마음을 움직였고[자료12] 그곳에 대화궁을 지었으며 자주 순어巡御하기도 했다. 서경 천도 운동에 대해 개경의 보수 귀족들이 맹렬히 반대하자 뜻을 이룰 수 없게 된 묘청 등은 결국 반란을 일으켰다가 정부군에 의해 진압되었다.

이 사건 뒤에 서경은 독립성을 상실하고 관제는 독자적인 행정 기구로서의 성격을 크게 잃었다. 인종 14년(1136) 유수관과 감군監軍, 분사어사대를 제외한 모든 관부를 혁파하고 경기 4도를 6현으로 개편했다.[자료13] 2년 뒤에 일부 관부를 다시 두었지만 이전의 위상을 회복하지 못했다.

무신 정권 초 서경유수 조위총이 정중부·이의방에 반기를 들고 거병했는데[자료14] 이것이 실패로 돌아간 뒤 명종 8년(1178) 관제를 개편하고 관원의 수를 줄임으로써 서경의 지위는 다시 격하되었다. 그리고 서경에 비축하는 곡식을 크게 줄이고 대부분 중앙으로 수송케 함으로써 재정 기반을 크게 약화시켰다.

고종 20년(1233) 서경 출신의 낭장인 필현보畢賢甫가 서경에서 반란을 일으켰다가 최씨 정권의 실력자인 최우의 가병과 북계병마사 민희閔曦에 의해 진압당했다.[자료15] 그 뒤 서경은 고종 39년까지 황폐한 채로 방치되어 있었다.[자료16]

원종 10년(1169)에 임연이 왕을 폐하고 그 동생 안경공 창을 세우자 최탄, 한신과 이연령 등이 임연을 처단한다는 명분으로 반란을 일으켜 서경과 여러 성을 가지고 몽골에 투항했다. 이에 몽골은 동녕부東寧府를 설치해 관리를 배치하고 자비령을 남쪽 경계로 삼아 직접 지배했다. 그러다가 충렬왕 16년(1290)에 고려의 요청으로 반환했다. 다시 서경유수관으로 삼았다가 공민왕 18년(1369)에 만호부를 두었으며, 뒤에 평양부로 고쳤다.[자료13]

자료1

왕이 뭇 신하들에게 이르기를, "옛 도읍인 평양이 황폐한 지 이미 오래되어 가시나무가 우거지고 번인[蕃人, 여진족]들이 그 사이에서 사냥하고 침략하니 마땅히 백성을 평양에 옮겨 살게 하여서 번병藩屛을 튼튼하게 하도록 하라."고 했다. 드디어 황주黃州·봉주[鳳州, 황해 봉산]·해주海州·백주[白州, 황해 배천]·염주[鹽州, 황해 연안] 여러 고을의 인호人戶를 나누어 평양에 살게 하여 대도호大都護로 만들고, 사촌동생 왕식렴과 광평시랑 열평列評을 보내어 지키게 하고, 참좌 4,5명을 두게 했다.

原文 王 謂群臣曰 平壤古都 荒廢已久 荊棘滋茂 蕃人 遊獵於其間 因而侵掠 宜徙民實之 以固藩屛 遂分黃鳳海白鹽諸州人戶 居之 爲大都護 遣堂弟式廉 廣評侍郎列評 守之 仍置參佐四五人

— 『고려사절요』권1, 태조 원년 9월

자료2

(태조 5년) 이 해에 대승大丞[주1] 질영質榮, 행파行波 등의 부형父兄 자제들과 여러 군현의 양가良家 자제들을 이사시켜 서경[평양]을 충실하게 했다. 왕이 서경으로 가서 관청의 관리들을 새로 배치하고 처음으로 재성在城을 쌓았다.

原文 是歲 徙大丞質榮行波等 父兄子弟 及諸郡縣良家子弟 以實西京 幸西京 新置官府員吏 始築在城

— 『고려사』권1, 세가1, 태조 5년

주1 대승大丞 : 고려 초 문·무관에게 수여된 관계로 16등급 중 5위에 해당된다.

자료3

태조 5년에 낭관郞官으로 시중侍中 1명, 시랑侍郎 2명, 낭중郎中 2명, 상사上舍 1명, 사史 10명을 두었으며, 아관衙官으로는 구단具壇 1명, 경卿 2명, 감監 1명, 찬粲 1명, 이결理決 1명, 평찰評察 1명, 사史 1명을 두었다. 병부兵部에는 영구단令具壇 1명, 경卿 1명, 대사大舍 1명, 사史 2명을 두었으며, 납화부納貨府에는 경 1명, 대사 1명, 사 2명을 두었다. 진각성珍閣省에는 경 1명, 대사 2명, 사 2명을 두었고, 내천부內泉府에는 영구단令具壇 1명, 경 2명, 대사 2명, 사 2명을 두었다. (태조) 6년에 내천부를 진각성에 통합했고 9년에는 국천부國泉部를 더 설치하고 영구단 1명, 경 2명, 대사 2명, 사 4명을 두었다. 17년에는 관택사官宅司를 더 설치하고 손님 대접하는 일을 맡게 했는데 경 2명, 대사 2명,

사 2명을 두었으며, 도항사都航司를 설치하고 경 1명, 대사 1명, 사 1명을 두었다. 대어부大馭府를 설치하고 경 1명, 대사 1명, 사 1명을 두었다.

_{原文} 太祖五年 置廊官 侍中一人 侍郎二人 郎中二人 上舍一人 史十人 衙官 具壇一人 卿二人 監一人 粲一人 理決一人 評察一人 史一人 兵部 令具壇一人 卿一人 大舍一人 史二人 納貨府 卿一人 大舍一人 史二人 珍閤省 卿一人 大舍二人 史二人 內泉府 令具壇一人 卿二人 大舍二人 史二人 六年 倂內泉府于珍閤省 九年 增置國泉部 令具壇一人 卿二人 大舍二人 史四人 十七年 增置官宅司 掌供賓客之事 卿二人 大舍二人 史二人 都航司 卿一人 大舍一人 史一人 大馭府 卿一人 大舍一人 史一人

_ 『고려사』권77, 지31,백관2, 외직外職, 서경유수관西京留守官

자료4

주2 삼중대광三重大匡 : 고려 초 관계에서 전체 16등급 중 제1위.

주3 좌승佐丞 : 고려 초 전체 16등급 중 제6위.

왕식렴은 삼중대광三重大匡^{주2} 왕평달의 아들이며 태조의 사촌동생이다. 위인이 충직 용감하고 근면 경근했다. 처음에 군부서사軍部書史로 있다가 후에 많은 관직을 역임했다. 태조는 평양이 황폐되었다 하여 백성들을 이주시켜 채우면서 왕식렴을 보내 진수할 것을 명령했다. 또 안수진·흥덕진 등 진鎭에 축성하는 데서도 공을 세웠으므로 누차 승진하여 좌승佐丞^{주3}이 되었다. 왕식렴은 장기간 평양을 진수했으며 항상 사직을 보위하고 국토를 개척하는 것을 자기의 임무로 삼았다. 혜종이 병들었을 때에 왕규가 반란을 음모하므로 정종定宗이 왕식렴과 더불어 변고에 대처할 계책을 비밀히 토의했으며 급기야 왕규가 반란을 일으키자 왕식렴이 평양에서 군대를 거느리고 와서 왕을 보위하니 왕규가 감히 움직이지 못했다. 이리하여 왕규 등 300여 명을 처단했으며 그에게 대한 왕의 신뢰가 더욱 깊어졌다.

_{原文} 王式廉 三重大匡 平達之子 太祖之從弟 爲人 忠勇勤恪 初爲軍部書史 多所遷歷 太祖 以平壤荒廢 徙民實之 命式廉往鎭之 又城安水興德等鎭 有功 累轉佐丞 式廉 久鎭平壤 常以衛 社稷拓封疆 爲己任 惠宗寢疾 王規有異志 定宗密與式廉 謀應變 及規作亂 式廉 自平壤 引兵入 衛 規不敢動 於是 誅規等 三百餘人 王倚賴益重

_ 『고려사』권92, 열전5, 왕식렴

자료5

개경을 황도皇都로, 서경을 서도西都로 고쳤다.

_{原文} 改開京爲皇都 西京爲西都

_ 『고려사』권2, 세가2, 광종 11년

자료6

교敎하기를, "우리 태조께서는 적당한 때에 탄생하여 어진 덕으로 사람들을 대하며 모든 고을들이 그에게 복종했고 삼한 지역이 편안하게 되었다. 높이 임금의 지위에 올라 서경을 창건하고 왕족의 친근한 사람을 보내 요충 지대를 지키게 했으며 여러 부서를 설치하여 각각 긴요한 직무를 맡게 했다. 매년 춘추에 친히 제사를 지내고 오랑캐들을 막아 국가의 울타리를 공고히 하려고 했으며 평양의 웅대한 도시에 의거하여 우리 조상들의 왕업을 튼튼히 하려고 했다. 그 후 슬기로운 임금들이 서로 계승하여 국가가 편안했으니 이들은 또는 옛 규례에 따라 친히 평양으로 가기도 했고 또는 근신들을 파견하기도 했는데 그것은 때를 따라 결정한 것이요 역대의 풍습이 다르기 때문이다. … 10월을 가려 요성遼城으로 가서 조상들의 옛 규례를 실행하고 국가의 새 법령을 반포하려고 한다. 다만 산천 관방關防 형세만을 보려는 것이 아니라 겸하여 백성들의 형편을 알며 고을 관원들의 수를 증감增減하고 명산대천의 제사 제도를 결정하려고 한다. 이번 행차의 의장과 시종 관료들과 식사 및 음악 관계 인원들은 다 적당히 감원하라. 서도西都 유수관과 연로 주현의 수령들과 모든 진鎭의 장수들은 각기 임지를 떠나지 말고 나의 검소한 교훈을 따르며 사치한 풍습을 경계하라."고 했다.

原文 教曰 我太祖 應期降世 敷德臨人 百郡來庭 三韓安堵 奪居南面 創置西京 差宗室之親 守咽喉之地 分司職務 各掌權機 每當春秋 親修齋祭 欲防戎虜 以固藩籬 憑玆平壤之雄都 固我祖宗之霸業 厥後 聖神相繼 社稷以寧 或依前跡 以遵行 或命近臣而發遣 臨時制斷 歷代風殊 … 欲取十月 言邁遼城 行祖禰之舊規 布邦家之新令 非但視關河之夷險 將兼知黎庶之安危 減增尹牧之員 刪定山川之祀 其行次儀仗 侍從官僚 御膳樂官 皆當減損 西都留守官 幷沿路州縣守令 諸鎭戎帥 不得輒離任所 禀予儉素之訓 戒爾繁華之風

_ 「고려사」권3, 세가3, 성종 9년 9월

자료7

"서경 이북 땅을 적에게 넘겨주고 황주黃州로부터 절령岊嶺주4에 이르는 계선을 국경으로 정하자."는 의견도 제기되었는데, 성종은 땅을 떼어주자는 의견을 따르려고 해 서경 창고에 두었던 쌀을 열어 주민들에게 마음대로 가져가라 했으나 그리고도 많은 쌀이 창고에 남았으므로 성종은 이 쌀이 적들의 군용이 될 것을 염려하여 대동강에 버리라고 명령했다.

주4 절령岊嶺 : 일명 자비령. 개성에서 평양을 잇는 중요한 고개로 높이 489미터였다. 고개의 남쪽 사면은 재령강의 지류인 서흥강의 상류 계곡으로 통하고, 북쪽 사면은 대동강의 지류인 황주천黃州川의 상류 계곡으로 연결된다.

原文 割西京以北 與之 自黃州 至岊嶺 畫爲封疆 成宗將從割地之議 開西京倉米 任百姓所
取 餘者尙多 成宗恐爲敵所資 令投大同江

_ 『고려사』권94, 열전7, 서희徐熙

자료 8

주5 호경鎬京 : 중국의 주나라(서
주西周) 수도로 종주宗周 또는 서
도西都라고 하며, 섬서성 서안西
安 서남쪽에 있었다. 뒷날 주나라
가 도읍을 동쪽의 낙읍(낙양洛陽,
동도東都)으로 옮긴 이후 쇠망하여
춘추 시대가 시작되었다.

서경을 호경鎬京주5으로 개칭했다.
原文 改西京爲鎬京

_ 『고려사』권3, 세가3, 목종 원년 7월

자료 9

서경관록西京官祿 ⋯ 명종 8년 4월에 시경관 녹을 개정했다. 식록미食祿米로서 1년에
납부되는 13,136석을 모두 서울 창고에 옮겨 실어다 바친다. 전미세조轉米稅租 합계
13,136석 13두 3승 가운데 6조六曹, 영속, 승죠 및 별장別將, 교위校尉, 대정隊正에게 해마
다 녹으로 지급하는 620석, 연등燃燈, 팔관八關, 재제齋祭, 객사客使 접대에 쓸 1년간의

주6 별재제別齋祭 : 특별히 올리
는 재와 제사들

비용 도합 4,321석 2두 및 연간의 별재제주6 등 예측하지 않았던 일에 쓸 1,500석을 제외
하고 나머지는 [6,695석 11두 3승] 모두 서울의 창고에 옮겨 실어다 바치게 했다. (서경)
유수원留守員 및 법조法曹 1원員에 대하여는 해마다 서경창록西京倉祿에서 지급하는 것
이 도합 320석 9승인데 모두 용강龍岡 · 함종咸從 · 성주[成州, 성천]의 녹위여전祿位餘田
에서 해마다 들어오는 355석 3두 1승에서 주도록 했다.

原文 西京官祿 ⋯ 明宗八年 四月 更定 食祿米一年 納一萬三千一百三十六石 幷移納上
京倉 轉米稅租 幷一萬三千一百三十六石十三斗三升 除六曹令丞 及別將校尉隊正歲給祿
六百二十石 燃燈八關齋祭客使等 年內用度 都計四千三百二十一石二斗 及年內別齋祭等 不虞
之備 一千五百石外 幷移納上京倉 留守員及法曹一員 歲給西京倉祿 都計三百二十石九升 幷以
龍岡咸從成州祿位餘田歲入三百五十石三斗一升 支給

_ 『고려사』권80, 지34, 식화食貨3, 녹봉祿俸, 서경관록西京官祿

자료 10

왕이 서경에 가서 학교를 창설하고 수재秀才 정악廷鶚을 서학박사書學博士로 임명했으
며 따로 학원을 창설하고 6부六部의 생도를 모아 교수했는데 후에 태조가 그 학업이
진흥된다는 말을 듣고 비단을 주어 이를 장려했으며 여기에 의학과 복학卜의 두 과

목을 병설하고 또 창고의 곡식 100석을 주어 학보學寶^{주7}로 삼았다.

原文 幸西京 創置學校 命秀才廷鶚 爲書學博士 別創學院 聚六部生徒 教授 後太祖聞 其興

學 賜綵帛 勸之 兼置醫卜二業 又賜倉穀百石 爲學寶

___ 『고려사』권74, 지28, 선거2, 학교, 태조 13년

주7 학보學寶 : 기금을 마련해 그 이자로 학교 운영의 경비로 사용토록 하였다.

자료 11

('훈요십조' 가운데 제5조) 서경은 수덕水德이 순조로워 우리나라 지맥의 근본으로 되어 있으니 만대 왕업의 기지이다. 마땅히 춘하추동 사계절의 중간 달에 국왕은 거기에 가서 100일 이상 체류함으로써 왕실의 안녕을 도모하라.

原文 西京水德調順 爲我國地脉之根本 大業萬代之地 宜當四仲巡駐 留過百日 以致安寧

___ 『고려사』권2, 세가2, 태조 26년 4월

자료 12

묘청 등이 왕에게 건의하기를, "우리들이 보건대 서경 임원역林原驛의 땅은 음양가들이 말하는 대화세大華勢인데 만약 이곳에 궁궐을 세우고 옮겨간다면 천하를 병탄할 수 있으며 금나라가 방물을 바치고 스스로 항복할 것이며 36개 나라들이 모두 신첩臣妾이 될 것입니다."라고 했다.

原文 妙淸等上言 臣等觀 西京林原驛地 是陰陽家所謂大華勢 若立宮闕 御之 則可幷天下 金國執贄 自降 三十六國 皆爲臣妾

___ 『고려사』권127, 열전, 묘청

자료 13

서경유수관 평양부西京留守官平壤府. … 고려 태조 원년에 평양이 황폐했으므로 염주, 백주, 황주, 해주, 봉주 등지의 백성들을 이주시켜 채우고 대도호부로 만들었다가 얼마 후 서경西京으로 했고 광종 11년에 서도西都라고 불렀으며 성종 14년에 서경유수西京留守라고 불렀다. 목종 원년에는 또 호경鎬京으로 고쳤다.

문종 16년에 다시 서경유수관이라 하고 경기 4도京畿4道를 설치했으며 숙종 7년에 문반文班, 무반武班 및 5부五部를 설치했다.

인종 13년에 서경의 중 묘청과 유감 및 분사시랑分司侍郎 조광 등이 반란을 일으켜 병

사를 보내 절령岊嶺 길을 차단했으므로 원수 김부식 등에게 명해 3군을 거느리고 가서 이를 진압하고 유수, 감군監軍, 분사어사分司御史 외의 관리를 전부 없앴으며 얼마 후에 그 직할 하에 있던 경기 4개 도를 없애고 그곳에 6개의 현을 설치했다.

원종 10년에 서북면병마사영西北面兵馬使營 기관記官 최탄과 삼화교위三和校尉 이연령 등이 반란을 일으켜 유수를 죽이고 서경과 여러 성들을 가지고 몽골에 투항하는 반역 행위를 저질렀으며 몽골은 서경을 동녕부로 만들어 관리를 배치하고 자비령을 경계로 삼았다.

충렬왕 16년에 원나라가 서경과 여러 성을 돌려주었으므로 다시 서경유수관으로 회복시켰으며 공민왕 18년에 만호부를 두었고 후에 평양부로 고쳤다.

> **原文** 西京留守官平壤府 … 太祖元年 以平壤荒廢 量徙鹽白黃海鳳諸州民 以實之 爲大都護府 尋爲西京 光宗十一年 改稱西都 成宗十四年 稱西京留守 穆宗元年 又改鎬京 文宗十六年 復稱西京留守官 置京畿四道 肅宗七年 設文武班及五部 仁宗十三年 西京僧妙淸及柳▨分司侍郎趙匡等叛 遣兵斷岊嶺道 於是 命元帥金富軾等將三軍 討平之 除留守監軍分司御史外 悉汰官班 尋削京畿四道 置六縣 元宗十年 西北面兵馬使營記官崔坦 三和校尉李延齡等 作亂 殺留守 以西京及諸城叛附于蒙古 蒙古以西京爲東寧府 置官吏 畫慈悲嶺爲界 忠烈王十六年 元歸我西京及諸城 遂復爲西京留守官 恭愍王十八年 設萬戶府 後改爲平壤府
>
> ― 「고려사」권58, 지12, 지리3, 서경유수관西京留守官

자료 14

명종 4년에 조위총이 서경에서 반란을 일으키니 절령 이북이 모두 그에 호응했다. 현덕수가 그의 부친인 도령都領[주8] 현담윤玄覃胤과 더불어 자기 고을 군관들에게 말하기를, "옛날 거란의 소손녕이 우리나라를 침범할 때에 각 고을이 모두 항복했으나 우리 고을만은 엄연히 고수하여 그 공적이 왕실에 기록되어 있다. 이제 조위총이 악심을 품고 왕의 명령을 거역하니 그의 죄는 천지간에 용납할 수 없다. 만일 충의를 품은 사람이라면 어찌 차마 그에게 복종할 수 있겠는가?"라고 드디어 군관들과 함께 대궐을 향하여 요배하고 연거푸 만세를 부르며 성문을 닫고 굳게 지켰다.

> **原文** 明宗四年 趙位寵起兵西京 岊嶺以北 皆應之 德秀與其父都領覃胤 謂州將曰 昔契丹蕭遜寧 侵我 列城並降 而我州獨屹然 固守 功載王府 今位寵包藏禍心 旅拒王命 天地所不容 苟懷忠義者 可忍從耶 遂與州將 望闕拜 連呼萬歲 閉城固守
>
> ― 「고려사」권99, 열전12, 현덕수玄德秀

주8 도령都領 : 양계 각 주진의 전투 부대 최고지휘관. 인원은 각 주진에 1인이 원칙이나 실제로는 2인 이상도 있었다. 도령은 지방 토호적 성격을 강하게 띠었으며 그가 지휘한 지방군은 사병적 존재였다.

(5월) 서경 사람 필현보와 홍복원 등이 선유사宣諭使 대장군 정의와 박녹전을 죽이고
성을 들어 반역했다. 겨울 12월에 최우가 가병 3,000명을 보내어 북계병마사 민희와
더불어 토벌하고, 필현보를 사로잡아 서울로 보내어 거리에서 허리를 베어 죽였다.
홍복원은 도망쳐서 몽골로 들어갔으므로 그 아비 홍대순과 동생 홍백수와 아들딸들
을 사로잡고 나머지 백성들은 섬으로 귀양 보내니 서경이 드디어 폐허가 되었다.

原文 西京人畢賢甫 洪福源等 殺宣諭使大將軍鄭毅朴祿全 擧城叛 冬十二月 崔瑀 遣家兵
三千 與北界兵馬使閔曦 討之 獲賢甫 送京 腰斬于市 福源逃入蒙古 擒其父大純弟百壽 及其女
子 悉徙餘民于海島 西京遂爲丘墟

_『고려사절요』권16, 고종 20년

서경유수관을 다시 설치했다. 필현보의 난으로부터 서경이 황폐하여 빈 터만 남았었
는데, 이때에 와서야 설치했다.

原文 復置西京留守官 自畢賢甫之亂 西京廢爲丘墟 至是始置

_『고려사절요』권16, 고종 39년 10월

출전

『고려사』

『고려사절요』

찾아읽기

하현강, 「고려서경고」, 『역사학보』35·36합집, 1967.

하현강, 「고려서경의 행정구조」, 『한국사연구』5, 1970.

이태진, 「김치양난의 성격」, 『한국사연구』17, 1977.

이혜옥, 「고려초기 서경세력에 대한 일고찰」, 『한국학보』26, 1982.

송춘영, 「고려시대의 서경학교」, 『대구사학』28, 1985.

이근화, 「고려 성종대의 서경경영과 통치조직」, 『한국사연구』58, 1987.

강옥엽, 「고려중기 서경세력의 정치적 성격」, 『백산학보』36, 1989.

진석우, 「고려 인종대 서경천도론의 정치적 성격」, 『호남대학교 학술논문집』17, 1996.

강옥엽, 「고려전기 서경세력의 연구」, 이화여대 박사학위 논문, 1998.

강옥엽, 「인종대 서경천도론의 대두와 서경세력의 역할」, 『사학연구』55・56합집, 1998.

강옥엽, 「고려 인종대 서경민의 항쟁과 서경세력의 분화」, 『사학연구』58・59합집, 1999.

강옥엽, 「고려시대의 서경제도」, 『국사관논총』92, 2000.

김창현, 「고려 서경의 성곽과 궁궐」, 『역사와 현실』41, 2001.

안병우, 「고려시기 서경의 재정구조」, 『전농사론』7, 서울시립대학교, 2001.

김기덕, 「고려시대 개경과 서경의 풍수지리와 천도론」, 『한국사연구』127, 2004.

김기덕, 「고려시대 서경의 풍수지리적 고찰」, 『사학연구』73, 2004.

김창현, 「고려 서경의 사원과 불교신앙」, 『한국사학보』20, 2005.

김창현, 「고려시대 평양의 동명 숭배와 민간신앙」, 『역사학보』188, 2005.

김창현, 「고려초기 정국과 서경」, 『사학연구』80, 2005.

김창현, 「고려시대 국왕순어巡御와 도읍경영」, 『한국중세사연구』21, 2006.

김창현, 「고려 서경의 행정체계와 도시구조」, 『한국사연구』137, 2007.

김철웅, 「고려시대 서경의 성용전聖容殿」, 『문화사학』31, 2009.

윤경진, 「고려시대 서경기西京畿의 형성과 재편」, 『동방학지』148, 2009.

김갑동, 「천추태후의 실체와 서경 세력」, 『역사학연구』38, 2010.

12 바다 실크로드의 종착지
해양 도시 벽란도

벽란도는 신라 말부터 부상하기 시작해 고려 일대를 거쳐 국제 교역항으로서의 위상을 가졌다. 벽란도는 국도國都인 개성 상업의 발달을 뒷받침했으며, 벽란도 자체도 하나의 '해양 도시'로서의 면모를 띠고 있었다.

벽란도의 부상과 교통 기능

벽란도가 항구로 부상한 것은 지리적 조건과 깊은 관련이 있었다. 해로를 경유해 국도인 개경에 도착하려면 예성강을 이용하는 것이 편리했다. 예성강에는 여러 포구가 있었지만 벽란도가 예성강 입구에 있어 쉽게 개경에 갈 수 있었다. [자료1·2]

예성강 입구의 바다는 조수 간만의 차이가 7~8미터에 이르므로 밀물을 이용하면 벽란도에 쉽게 접근할 수 있었다. 반면 썰물 때에 출항하면 짧은 시간 안에 먼 바다에 이를 수 있는 이점이 있었다. 그렇지만 조수 간만의 흐름을 잘 모르면 접근하기 어려우며 대형 선박은 뻘에 좌초될 위험이 컸다. 밀물과 썰물의 흐름을 이용해 예성강에 출입하는 모습은 여러 시에서 언급되었다. [자료3]

벽란도는 또한 육상 교통에서 개성에서 백천白川으로 가는 중요한 길목이었다. 배천군[백천군]에서 벽란도까지 33리고 벽란도에서 개경까지 36리이므로 배천군에서 개성까지는 69리가 된다. 나루터로서의 벽란도는 국도에 가까우므로 건너다니는 사람이 많지만, 산이 가깝기 때문에 흐름이 빠르고 바다와 인접했기 때문에 이곳을 건너는 것이 쉽지 않았다.

예성강은 고려 초기부터 크게 부상했다. 태조 11년(928) 신라의 승려 홍경洪慶이 후당後唐의 민부閩府에서 대장경大藏經을 배에 싣고 예성강에 도착한 것은 예성강이 중요해졌음을 상징하는 일이었다. 태조 15년 후백제에서 일길찬一吉飡 상귀相貴를 보내어 수군을 거느리고 예성강에 들어와서 선박을 불사른 일이 있다.[자료4] 또 태조 18년 후백제의 나주를 공략하는 유검필의 부대가 예성강에서 출발했으며, 그가 나주를 경략하고 돌아오자 왕이 예성강까지 행차해 맞아 위로했다. 이처럼 예성강은 태조 때부터 크게 부상했으며 벽란도가 가장 중요한 항구로 자리 잡게 되었다.

고려가 후삼국을 통일하자 개경의 인후咽喉에 해당하는 벽란도는 영산강의 회진會津이나 남양만의 당은포唐恩浦, 당진의 대진大津, 금강 하구의 진포鎭浦보다 중요한 항구로 자리 잡아 갔으며 선박의 기항지·출항지로서 역할했다.

고려 때 벽란도는 외국 사신이나 상인이 빈번하게 도착·출발하는 항구였다.[자료5·6] 내국인이 바다를 통해 외국에 나가는 경우에도 이곳을 이용했으며, 개경인이 해로를 통해 다른 곳으로 이동하는 경우에도 벽란도를 출발지로 삼는 수가 많았다.[자료7] 국가의 조세나 재경在京 지주地主의 지대도 이곳에 도착해 개경으로 운반되었다. 원 간섭기에도 많은 물자와 군사가 오갈 때 예성강을 이용했다.

교역과 예능 활동의 장소

벽란도는 외국의 사절과 상인이 빈번하게 왕래함으로써 외국 문물이 유입되는 창구였다. 대각국사가 송에 갔다가 선종 3년(1086) 예성강에 도착하자 왕이 태후를 모시고 봉은사에 나가서 기다렸는데, 의천이 이때 송에서 가져온 불전佛典 및 경서 1,000권을 바쳤다. 예성강, 곧 벽란도는 중국으로부터 불교 경전이나 유교 경서가 전래되는 창구였다. 부분적으로 이런 불교 문화는 벽란도에 소개되었을 것이다.

고려가 거란과의 관계 때문에 송과 외교 접촉이 여유롭지 않은 시점에서도 중국의 상선이 끊임없이 왕래함으로써 진귀한 보물들이 고려에 전래되었다. 이런 진귀한 보물은 모두 벽란도를 통해 유입되어 고려에 확산되었다. 그리고 이런 문물의 상당 부분은 벽란도도 공유할 수 있었다.

외국인이 다수 내왕하고 있었으므로 벽란도는 고급정보를 얻을 수 있는 장소였다. 외국인 가운데에는 특별한 능력을 소지한 인물도 다수 있었다. 벽란도에서 중요한 정보를 얻은 예로 최무선의 경우가 있다. 고려

배 모양이 새겨진 동경. 개성시 용산동에서 나왔으며 지름이 17.2센티미터. 거울의 뒷면 한가운데에 망망대해를 항해하는 돛단배를 대범한 솜씨로 돋을새김을 했는데 이것은 고려 사람들의 활발한 해상 활동을 잘 반영하고 있다.

말에 중국 상인 이원李元이 배를 타고 예성강에 도착하여, 군기감軍器監 최무선 노비의 집에 머물고 있었는데, 최무선이 그 노비를 시켜서 후히 접대하게 했더니 이원이 최무선에게 염초焰焇 굽는 법을 가르쳐 주었다.[자료8] 최무선의 화약 제조는 이렇게 해 가능했다.

「예성강곡」이라는 속악의 유래는 당시 중국 상인과 벽란도인의 접촉이 빈번했음을 잘 나타낸다. 중국의 상인이 벽란도에 와서 고려인과 자주 접촉하고 있었으며, 중국 상인과 고려인 사이에 바둑을 두는 일도 흔했던 것으로 보인다.[자료9]

예성강 주변에 사는 이들은 상업 활동을 통해 상당한 재력을 소지할 수 있었다. 그러한 재력을 바탕으로 이곳을 현縣으로 승격시키고자 했다. 예성강 사람은 또한 은 300여 근을 모아서 기이하고 괴상한 기교를 연기할 준비를 했다. 300여 근을 동원할 수 있는 경제력을 예성강 사람들이 가지고 있었던 것이다. 예성강 사람들의 이런 경제력은 주로 상업 활동을 통해 확보한 것으로 생각된다. 벽란도 출신의 상인으로서 관직에 진출하는 수도 종종 있었던 것으로 보인다. 충숙왕 15년(1328) 8월 국왕이 미행微行해 예성강에 행차했을 때, 상인의 아들 이노개李奴介를 밀직부사로 임명하는 데서 그러한 추측이 가능하다.[자료11] 이노개의 아버지는 벽란도 상인으로 보는 것이 타당할 듯하다.

벽란도에는 주점도 있었고 전당포도 기능했다. 고려 말 정추(鄭樞, 1333~1382)는 시에서 강서사江西寺 산승山僧이 술을 사 가지고 제공한다고 언급했다. 강서사 인근에 술파는 곳이 있음을 뜻한다. 아마도 광정도匡正渡 인근에 주점이 있었을 것이다. 그러므로 광정도보다 더욱 번성한 벽란도에도 주점이 있었을 것으로 쉽게 추측할 수 있다. 예성강을 소재로 한 시에서 이숭인李崇仁은 "이로부터 강두江頭에 나가 날마다 갖옷을 저당 잡히네."라고 읊었다.[자료12] 강두에 나가면 갖옷을 저당 잡힐 곳이 있다는 것이다. 벽란도에 전당포가 운영되고 있음을 알 수 있다.

벽란도는 외국인이 끊임없이 드나들었기에, 그들을 대상으로 한 공연도 꽤 활기를 띤 것으로 보인다. 그것은 벽란도인의 수희水戱 공연 능력에서 추측할 수 있다. 의종 때 예성강에 도착한 국왕이 수희를 관람하고자 내시 박회준朴懷俊 등에게 명하여 50여 척의 배에 채범綵帆을 걸고, 악공과 기예인, 채붕綵棚, 어렵漁獵의 도구를 싣고 유희를 펼치도록 했다. 한 사람이 귀신놀이를 하면서 불을 머금었다 내뿜다가 잘못해 배 한 척을 불태웠다.[자료10·13] 수희에 동원된 다수의 사람들은 예성강의 주민이었을 것이다. 평소 외국인을 상대로 자주 공연했기에 이런 능력을 갖고 있던 것으로 보인다.

벽란도와 예성강을 제목으로 삼거나 소재로 해서 문인이 시를 읊은 예도 다수 보인다.[자료14~16] 이곳이 문학적 상상력을 제공하는 공간으로서 큰 의미를 갖고 있음을 알려주는 것이다.

선박과 관원의 배치

벽란도는 군사 도시로서의 성격도 띠고 있었다. 방어를 위한 선박이 다수 배치되어 있었으며, 조운과 관련해서도 다수의 선박이 오고갔다. 개경의 인후로서 고려 해상 군사력이 집중된 곳이었으므로 군사 작전이 이곳에서 시작하고 이곳을 둘러싼 전투가 치열했다.

태조 15년(932) 후백제의 수군이 예성강에 침입해 들어와 염주, 백주, 정주의 배 100척을 불살랐으며, 저산도猪山島의 목마牧馬 300필을 빼앗아 돌아갔다. 태조 때부터 예성강은 군사 도시로서의 의미를 크게 띠고 있어 이곳에 다수의 선박이 배치되어 있었다.

이후에도 예성강 일대에 다수의 선박이 정박하고 있으면서 국가적 필요가 있을 때 활용되었다. 정종靖宗 10년(1044) 예성강의 병선兵船 180척으로 군자곡을 수송하여 서북계西北界 주진州鎭의 곳집을 채우게 했다.[자료17] 또 문종 18년(1064) 예성강의 배 107척으로 1년에 6차에 걸쳐 용문창의 쌀을 인주麟州·용주龍州·

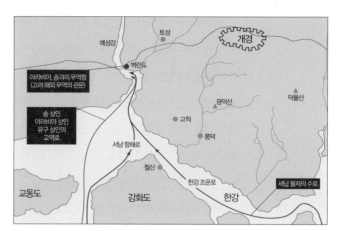

예성강 하류에 위치한 벽란도는 고려 시대 해상 요충지로서 개경에서 약 14킬로미터 거리에 있었다. 물살이 빨라 위험했으나, 수심이 깊어 선박의 운행이 자유로웠기 때문에 국제항으로 성장할 수 있는 자연적인 조건을 갖추고 있었다. 송나라 상인, 아라비아 상인 등 외국 상인은 벽란도에 도착한 뒤 육로로 개경에 갔다.

철주鐵州·의주宣州·곽주郭州 및 위원진威遠鎭에 운반해 군량에 충당케 했다.[자료18] 곡식은 개경의 창고에 있던 것을 육로로 예성강까지 운반한 다음 배로 실어 북계 지역으로 운송했을 것이다.

벽란도를 중심으로 한 예성강 일대에는 100척 이상의 선박이 정박해 있으면서 외침에 대비하거나 물화를 수송하는 일을 맡았다. 이런 선박을 제작하거나 수리하는 일도 이곳에서 주로 담당했을 것으로 보여, 벽란도가 조선업에서도 매우 중요한 위치에 있었음을 짐작할 수 있다.

벽란도는 국제항으로서 번성했기에 관원을 배치해 관리했다. 외국의 선박을 보호하고 관리하는 일, 외국의 상인을 점검하고 거래 물품을 조사하는 일은 매우 중요했다. 그리고 다수의 주민이 거처하고 있었으며, 여러 시설을 갖추고 있었다.

예성강에 배치된 선두船頭 행수교위行首校尉는 선박에 대한 통제를 관장하고 있었던 것으로 보인다. 행수교위는 중앙에서 파견했으며, 잡별사雜別賜로서 미 7석을 지급받았다. 이 행수교위는 주로 외국 선박의 관리 및 보호를 담당했을 것이다. 외국 상인을 관할하는 관리로 감검어사監檢御史가 파견되었다. 희종 원년(1205) 8월 송나라 상선이 예성강을 출발할 때에 감검어사 안완安琓이 돌아다니면서 실어내는 물품들을 조사하다가 금지령을 어긴 송의 상인 몇 명을 발견하여 혹독하게 매를 쳤다. 최충헌이 이 말을 듣고 안완을 파면시키는 동시에 감검어사를 옳게 선택하지 못한 것을 논죄하여 시어侍御 박득문朴得文을 파면시켰다.[자료19] 이를 통해 감검어사가 외국 상인을 확인하고 반입·반출하는 물품을 점검하는 일을 맡았음을 알 수 있다.

벽란도 및 그 주변에는 다수의 민인들이 거주하고 있었다. 외국의 사신이나 상인이 자주 내왕하고 국내인이 활발하게 경유하는 곳이기에 다수의 사람이 거처하는 것은 당연한 일이었다. 벽란도에 있는 동서 벽란정 인근에 10여 호의 주민이 살고 있다고 송나라 사신 서긍徐兢이 언급했다. 그러나 서긍이 도착했을 때, 1만 명의 고려인이 해안가에 늘어서서 맞이하고 있고 또 구경꾼이 담장같이 둘러서 있다고 했다.

예성강에는 100척 남짓한 배가 늘 정박해 있던 것으로 보여 관련 수군이 주둔하고 있었다고 생각된다. 1척 당 30명이 탑승한다면 3,000명의 군인이 예성강 부근에 기거하고 있었던 것이다. 엄청난 수의 군인이 벽란도를 중심으로 한 예성강 주변에 머물고 있음을 알 수 있다.

몽골군이 고려에 침략했을 때 벽란도 인근이 큰 피해를 입었다. 몽골의 1차 침입이 있던 고종 18년(1231) 11월 몽골 군사가 선의문宣義門 밖에 와서 진을 쳐 개경을 위협하고서 선봉이 예성강에 이르러 집을 불지르고 인민을 죽이고 노략질한 것이 이루 셀 수 없었다.[자료20] 아마도 다수의 주민이 거주하고, 상당한 물화가 집중된 곳이기에 이곳을 우선적으로 노략질했을 것으로 보인다.

강화 천도 시기에 벽란도는 제 기능을 할 수 없었다. 개경으로 환도한 후 개경이 복구되고 원과의 관계가 활기를 띠게 됨에 따라 벽란도도 회복되어 갔다. 원과의 교류는 육로를 통해서도 많이 이루어졌지만 다량의 물화는 해로를 이용했으므로 벽란도를 활용하는 수가 많았다.[자료21]

고려 문화가 개방성과 국제성을 갖도록 하는 데 해양 도시 벽란도가 수행한 역할은 매우 컸다. 벽란도에 도착한 문화·물화는 개경으로 전래되었지만 벽란도 자체도 이를 바탕으로 상당한 번성을 구가했다. 벽란도는 국제 교역항으로서 상업은 물론 예술 활동이 활발했고 고급 정보가 넘치는 곳이었다. 그러나 국제 교역항으로서의 벽란도는 조선 건국 이후 상당히 위축되었다.

자료1

동쪽으로 장단부長湍府 경계까지 11리, 남쪽으로 풍덕군豊德郡 경계까지 19리, 서쪽으로 벽란도碧瀾渡, 황해도 배천군白川郡 경계까지 36리, 같은 도의 강음현江陰縣 경계까지 35리, 북쪽으로 같은 도의 우봉현牛峯縣 경계까지 57리이며, 서울과의 거리는 166리이다.

原文 東至長湍府界十一里 南至豊德郡界十九里 西至碧瀾渡黃海道白川郡界三十六里 至同道江陰縣界三十五里 北至同道牛峯縣界五十七里 距京都一百六十六里

_ 「신증동국여지승람新增東國輿地勝覽」권4, 개성부 상上

자료2

예성강. 부 서쪽 30리에 있다. 황해도 강음현江陰縣 조읍포助邑浦의 하류가 부의 서쪽에 이르러 이포梨浦가 되고, 또 전포錢浦가 되며, 또 벽란도가 되고, 또 동쪽으로 예성강이 되어 남쪽으로 바다에 들어간다. 고려에서 송나라에 조회할 때에 모두 여기서 배를 띄우기 때문에 예성禮成이라 했다.

原文 禮成江 在府西三十里 黃海道江陰縣 助邑浦之下流 至府西爲梨浦 又爲錢浦 又爲碧瀾渡 又東爲禮成江 南入于海 高麗朝宋 皆於此 發船 故謂之禮成

_ 「신증동국여지승람」권4, 개성부 상, 산천

자료3 예성강 누 위에 걸려 있는 판상板上의 제공諸公의 시를 차운함

백사장 머리 빽빽이 모인 배 / 썰물에 모두 떠나는구나 / 바다에 뜬 나그네는 풍랑을 시름겨워하지만 / 바라보기엔 한가히 노는 듯하니 어찌하랴 / 어부가 노를 멈추고 자주 돌아보는구나 / 묻노니 그대는 무슨 일로 머무는가 / 배에서는 누의 낙을 부러워하지만

原文 禮成江樓上 次板上諸公韻

才看畫鷁簇沙頭 / 趁得廻潮摠不留 / 海客自愁風浪苦 / 望中無奈似閑遊 / 漁叟停橈屢轉頭 / 問渠何事故成留 / 舟中應羨樓中樂

_ 「동국이상국집전집東國李相國集全集」권16, 고율시古律詩

자료4

후백제에서 일길찬一吉飡 상귀相貴를 보내어 수군을 거느리고 예성강에 들어와서 염

주[鹽州, 연안延安]·백주[白州, 백천白川]·정주[貞州, 풍덕豊德] 세 고을의 배 100척을 불사르고, 저산도猪山島의 목마牧馬 300필을 빼앗아 돌아갔다.

原文 百濟 遺一吉粲相貴 以舟師 入侵禮成江 焚鹽白貞三州 船一百艘 取猪山島牧馬三百匹 而歸

— 「고려사절요」,권1, 태조 15년 9월

자료5

벽란정은 예성강 언덕에 있는데, 왕성王城에서 30리 떨어져 있다. 신주[神舟, 조서를 실은 사신의 배]가 강 언덕에 닿으면 수위병이 징과 북으로 환영하고 조서를 인도하여 벽란정으로 들어간다. 벽란정은 두 자리가 있으니 서쪽은 우벽란정右碧瀾亭이며 조서를 봉안하고, 동쪽은 좌벽란정左碧瀾亭이며 정사와 부사를 접대한다. 양편에 방이 있어 두 사절을 거처케 하는데, 갈 때와 올 때에 각각 하루씩 묵고 간다. 똑바로 동서로 도로가 있는데, 왕성으로 통하는 길이다. 그 좌우에 10여 호의 주민이 살고 있다. 사절이 성으로 들어가 버리면 뭇 배들은 다 항내에 정박하므로 뱃사공이 순번을 정해 이곳에서 감시한다.

原文 碧瀾亭 在禮成港岸次 距王城三十里 神舟旣抵岸 兵衛金鼓 迎導詔書 入于亭 亭有二位 西日右碧瀾亭 以奉詔書 東日左碧瀾亭 以待使副 兩序有室 以處二節人 往來各一宿而去 直東西有道 通王城之路 左右居民十數家 蓋使節旣入城 衆舟皆泊于港中 舟人 分番以守 視於此耳

— 「고려도경」,권27, 관사館舍, 벽란정

자료6

12일(계사) 아침에 비가 멎자 조수를 따라 예성항으로 들어가고, 정사와 부사는 신주神舟로 돌아 들어왔다. 오각에 정사와 부사가 도할관과 제할관을 거느리고 채색배에서 조서詔書를 받들고 갔다. 만으로 헤아리는 고려인들이 무기·갑마甲馬·기치·의장물[儀物]을 가지고 해안가에 늘어서 있고 구경꾼이 담장같이 둘러서 있었다. 채색배가 해안에 닿자 도할관·제할관이 조서를 받들고 채색 가마로 들어가고, 하절下節이 앞에서 인도하며 정사와 부사는 뒤에서 따라가고 상上·중절中節이 차례로 따라가서 벽란정으로 들어갔다. 조서를 봉안하는 일을 끝내고는 위차位次를 나누어 잠시 휴식을 취했다. 다음날 육로를 따라 왕성王城으로 들어갔다.

原文 十二日癸巳 早雨止 隨潮至禮成港 使副遷入神舟 午刻 使副率都轄提轄官 奉詔書于采舟 麗人 以兵仗甲馬旅幟儀物 共萬計 列於岸次 觀者如堵墻 采舟及岸 都轄提轄 奉詔書入于采輿 下節前導 使副後從 上中節 以次隨之 入于碧瀾亭 奉安詔書訖 分位少愒 次日 遂陸入于王城
_ 『고려도경』권39, 해도海道6, 예성항

자료7

천력天曆 기사년(1329, 충숙왕 16년) 유월에 예성강에서 배를 타고 출발하여 남쪽으로 한산에 가려다가 강어귀에서 바람에 막히다 …

놀란 바람이 땅을 울리며 동남쪽이 새까맣더니 / 사방 산이 배 꼬리에서 오르락내리락하네 / 창망한 일엽편주 물결 속에서 / 생명은 밧줄에 의지했을 뿐 / 빗소리 쏴 하면서 선창 밑바닥을 적시는데 / 사흘째 구름이 모두 북으로만 가네 …

原文 天曆己巳六月 舟發禮成江 南往韓山 江口阻風 …

驚風動地東南黑 / 四山低昂船尾側 / 蒼茫一葉浪花中 / 性命只憑管蒯力 / 雨聲颼颼濕篷底 / 三日一雲猶向北 …
_ 『가정집』권14, 천력기사6월주발예성강남왕한산…天曆己巳六月舟發禮成江南往韓山…

자료8

우리나라에는 본래 화약이 없었다. 고려 말엽에 중국 상인 이원李元의 배가 개성 예성 강에 닿아 군기감軍器監 최무선의 종 집에서 묵었는데, 최무선이 그 종으로 하여금 후대하도록 하여 이원이 염초를 굽는 법을 가르쳐주었다. 우리나라에 화약이 있게 된 일은 최무선으로부터 시작된 것이다.

原文 我國本無火藥 前朝末 有唐商李元船到開城禮成江 寄寓於軍器監崔茂宣奴家 茂宣令其奴厚遇之 李元教以煮焰硝法 我國之有火藥 自茂宣始
_ 『서애집西厓集』권16, 잡저雜著, 기화포지사記火砲之始

자료9

옛날에 중국 상인唐商 하두강賀頭綱, 하씨 성을 가진 두목이 있었는데 바둑을 잘 두었다. 일찍이 예성강에 이르러 한 아름다운 부인을 만났다. 그래서 바둑으로 도박을 걸고자 그 부인의 남편과 돈내기 바둑을 시작했다. 그런데 거짓으로 바둑을 지고 곱 주기를 하니 그 남편이 입맛을 붙이고 자기 처를 걸었다. 이때 두강이 단번에 바둑을 이기고 그의 처를 배에 싣고 갔다. 그래서 그 남편이 후회하고 한탄하면서 이 노래를 지었다 한다.

세상에 전하기를 그 부인이 갈 때 옷매무새를 심히 견고하게 했으므로 하두강이 그 부인의 몸을 다치려다가 목적을 달성하지 못하고 바다로 들어섰을 무렵에 뱃머리가 돌고 가지 않았다. 그래서 점을 치니, "정절 있는 부녀가 신명을 감동시킨 탓이다. 그 부인을 돌려보내지 않으면 반드시 파선되리라."고 점사占辭가 나왔으므로 뱃사람들이 두려워서 하두강에게 권고하여 돌려보냈다. 그래서 그 부인이 역시 노래를 지었는데 후편이 바로 그것이다.

原文 昔有唐商賀頭綱善棋 嘗至禮成江 見一美婦人 欲以棋賭之 與其夫棋 伴不勝 輸物倍其夫利之以妻注 頭綱一擧 賭之 載舟而去 其夫 悔恨 作是歌 世傳 婦人去時 粧束甚固 頭綱欲亂之 不得 舟至海中 旋回不行 卜之曰 節婦所感 不還其婦 舟必敗 舟人懼 勸頭綱還之 婦人 亦作歌 後篇是也.

— 『고려사』권71, 지志25, 악樂2, 속악俗樂 예성강

자료10

또 예성강 사람이 일찍이 백선연·왕숙공·영의에게 뇌물을 바치고, 예성을 현縣으로 승격해 줄 것을 청했다. 백선연 등이 왕에게 예성강에 놀러 가기를 권하니, 강 사람들이 백은白銀 300여 근을 백성에게서 거두어 비상한 기교를 써서 많은 준비를 했고, 왕도 또한 물놀이를 보고자 하여, 내시 박회준 등에게 명해서 배 50여 척에다 모두 채색 비단으로 만든 돛대를 달고 풍악과 채붕綵棚주1 및 어구를 싣고는 앞에서 놀이를 벌였다. 한 사람이 귀신놀이를 하던 중에 불을 삼켰다가 뱉은 것이 잘못되어 배 한 척을 불태우니 왕이 크게 웃었다.

原文 又禮成江人 嘗賂白善淵 王肅恭 榮儀 請以禮成爲縣 善淵等 勸王 遊幸於江 江人 斂民白銀三百餘斤 多爲奇技淫巧 王亦欲觀水戲 命內侍朴懷俊等 以五十餘舟 皆掛綵帆 載樂伎綵棚 及漁獵之具 張戲於前 有一人作鬼戲 含火吐之 誤焚一船 王大噱

— 『고려사절요』권11, 의종 19년 4월

주1 채붕綵棚 : 국왕이 행차하는 곳의 성문이나 다리 등에 내걸어 장식하는 색실·색종이·색 헝겊을 말한다.

자료 11

왕이 미행으로 예성강에 거둥했다. 이노개를 밀직부사로, 김취기를 군부판서 응양군 상호군으로 임명했다. 이노개는 상인의 아들이고, 김취기는 내수內竪의 사위였다.

原文 王 微行 幸禮成江 以李奴介 爲密直副使 金就起 爲軍簿判書 鷹揚軍上護軍 奴介商人 之子 就起內竪之婿

__ 「고려사절요」권24, 충숙왕 15년 8월

자료 12

맑은 피리 소리 긴 노래 이것이 바로 멋진 풍류 / 기심이 모두 없어져야 물새와 벗하고 말고 / 오지항아리 집집마다 막걸리 담겼으리니 / 이로부터 강두에 나아가 날마다 갖옷을 저당잡히네

原文 淸嘯長歌卽勝遊 / 機心消盡狎沙鷗 / 瓦盆濁酒家家有 / 從此江頭日典裘

__ 「도은집陶隱集」권3, 서강즉사西江卽事

자료 13

왕이 판적요지板積窯池에 배를 띄우고 환관 백선연 · 왕광취 및 내시 박회준 · 유장 등과 더불어 술자리를 베풀고 풍악을 벌였다. 드디어 수루에 올라 최유칭 · 서공 등을 불러서 같이 마시고, 또 예성강의 사공과 어부들을 불러 물놀이[水戱]를 시키고 관람한 후 차등 있게 물품을 내렸다. 밤 2경에 관북궁으로 돌아왔는데, 호종관들이 길을 잃어 쓰러지는 자가 서로 잇따랐다.

原文 王 泛舟板積窯池 與宦者白善淵 王光就 內侍朴懷俊 劉莊等 置酒張樂 遂登水樓 召崔 褒偁 徐恭等 同飮 又召禮成江蒿工漁者 陳水戱以觀 賜物有差 夜二鼓 還館北宮 扈從官 迷路 僵 相續

__ 「고려사절요」권11, 의종 19년 4월

자료 14

강호의 기약을 오랫동안 저버린 채 / 풍진에 어느덧 이십 년일세 / 백구도 조롱하려는 듯 / 짐짓 다락 앞으로 가까이 오네

原文 久負江湖約 / 風塵二十年 / 白鷗如欲笑 / 故故近樓前

__ 「동문선」권19, 벽란도(유숙柳淑)

주4 용문창龍門倉 : 개경에 설치
되었던 창고의 하나. 개경에는 용
문창을 비롯하여 좌창左倉 · 우창
右倉 · 대의창大義倉 등이 있었는
데, 좌창의 곡식은 주로 관리들의
녹봉으로 지급된 데 비하여 용문창
의 곡식은 부용창富用倉 · 우창과
같이 주로 전란이나 수한水旱 등
비상시에 대비했던 것으로 보인다.

자료 15

급수문 앞에 도서島嶼가 푸르고 / 벽란정 아래에 들 연기 비꼈네 / 송나라 사신들 드나
들기 익숙한데 / 명주明州주2에 내왕하기 며칠 길이나 되는지

原文 急水門邊島嶼靑 / 碧瀾亭下野煙橫 / 不知宋使經遊慣 / 來往明州幾日程

__ 『신증동국여지승람』권4, 개성부 상, 산천, 벽란도, 기순祁順의 시

자료 16

바람 고요한 긴 강 기름을 뿌린 듯 푸른데 / 가는 돛 하나하나 조수 머리에 모여 드네
사공이 불을 놓고 타고鼉鼓주3를 울리니 / 동남쪽에서 온 장삿배임을 알겠네

原文 風靜長江綠潑油 / 征帆——集潮頭 / 篙師放火鳴鼉鼓 / 知是東南賈客舟

__ 『신증동국여지승람』권4, 개성부 상, 산천, 예성강, 정포鄭誧의 시

자료 17

예성강의 병선 180척으로 군수 물자를 운반하여 서북계 주 · 진의 창고를 채웠다.

原文 以禮成江兵船 一百八十艘 漕轉軍資 以實西北界州鎭倉廩

__ 『고려사절요』권4, 정종靖宗 10년 2월

자료 18

예성강의 배 107척으로 1년에 6번 용문창龍門倉주4 쌀을 인주麟州주5 · 용주龍州주6 · 철주
鐵州주7 · 선주宣州주8 · 곽주郭州주9 등의 고을 및 위원진威遠鎭주10에 배로 실어 날라서 군
량에 충당케 했다.

原文 以禮成江船 一百七艘 一年六次 漕轉龍門倉米于麟龍鐵宣郭等州 及威遠鎭 以充軍粮

__ 『고려사절요』권5, 문종 18년 2월

자료 19

송나라 상선이 예성강을 떠나려고 할 때에 감검어사監檢御史 안완이 법금을 어긴 송나
라 상인 몇 명을 잡아 매질했다. 최충헌이 이 소식을 듣고 안완을 파면하고 또 어사를
가려 보내지 않았다 하여 시어사 박득문을 파면시켰다.

原文 宋商船 將發禮成江 監檢御史安琓 得犯禁宋商數人 笞之 忠獻聞之 罷琓 又以不擇遣

御史 罷侍御朴得文

— 「고려사절요」권14, 희종 원년 8월

자료20

몽골 군사가 선의문宣義門주11 밖에 와서 진을 쳤는데, 포도원수浦桃元帥는 금교金郊에 진을 치고, 적거원수迪巨元帥는 오산吾山에 진을 치고, 당고원수唐古元帥는 포리蒲里에 진을 쳤다. 전봉前鋒이 예성강에 이르러 집을 불지르고 인민을 죽이고 노략질한 것이 이루 셀 수 없었다. 경성이 흉흉했으나 최우는 사위인 대장군 김약선과 더불어 가병으로 스스로 호위하고, 성을 지키는 자는 노약한 남녀뿐이었다. 최우가 어사 민희와 내시낭중 송국첨을 보내어 몽골 군사에게 음식을 베풀어 주고 위로했다.

주11 선의문宣義門 : 개경의 서쪽에 있는 문이며, 외국 사신을 영접하거나 배웅하는 곳이었다.

原文 蒙兵 來屯宣義門外 蒲桃元帥 屯金郊 迪巨元帥 屯吾山 唐古元帥 屯蒲里 前鋒到禮成江 焚燒廬舍 殺掠人民 不可勝計 京城洶洶 崔瑀 與壻大將軍金若先 以家兵自衛 其守城者 皆老弱男女耳 瑀遣御史閔曦 內侍郎中宋國瞻 犒慰蒙兵

— 「고려사절요」권16, 고종 18년 11월

자료21

우군천호右軍千戶 김섬과 좌군천호 정기가 배 50척을 거느리고 예성강을 출발해 원나라에 갔다.

原文 右軍千戶金暹 左軍千戶鄭琦 押船五十艘 發禮成江如元

— 「고려사절요」권23, 충선왕 원년 4월

출전

「가정집」

「고려도경」

「고려사」

「고려사절요」

「동국이상국집전집」

「신증동국여지승람」

「도은집陶隱集」: 고려 후기의 학자 이숭인의 시문집. 권1에는 시辭 1편과 오언·칠언고시 30제題로 모두 31제가 있고, 권2에는 오언·칠언율시로 154제, 권3에는 절구 152제로 시만 모두 336제이고 사가 1편이다. 권4·5는 문으로 기 7편, 지誌 1편, 서序 12편, 전傳 2편, 제후題後 3편, 의議 1편, 행장 1편, 찬贊 1편, 설·전箋 각 1편, 표表 17편, 전牋 4편등 모두 51편이 실려 있다.

『동문선東文選』 : 삼국 시대 후반부터 통일신라 · 고려 · 조선 전기까지 시문 · 문사들의 우수한 작품들을 편집한 것으로 정正 · 속續 두 편으로 나뉜다. 조선 성종 9년(1478) 서거정 · 양성지 등이 찬집했으며 133권이다. 속편은 중종 13년(1518) 신용개 등이 『동문선』을 처음 만든 뒤 40여 년 동안 저술한 시문을 추가해 편집했는데, 모두 23권이다.

『서애집西厓集』 : 조선 선조 때의 문신 · 학자 유성룡(柳成龍, 1542〜1607)의 시문집으로 20권 11책으로 이루어졌다. 인조 11년(1633)에 아들 진袗이 합천군수로 있을 때 간행했다.

찾아읽기

김상기, 「여 · 송 무역 소고」, 『동방문화교류사논고』, 을유문화사, 1948.

박한설, 「왕건세계의 무역활동에 대하여」, 『사총』, 10, 1965.

김상기, 「고려전기의 해상활동과 문물의 교류」, 『동방사논총』, 서울대학교 출판부, 1974.

여중동, 『고려 시대의 가요연구』, 새문사, 1982.

안영근, 「정중부정권과 송유인」, 『건대사학』, 7, 1989.

황관중, 「송 · 여무역여與문물교류」, 『진단학보』, 71 · 72합집, 1991.

최완기, 「조운과 조창」, 『한국사』, 14, 국사편찬위원회, 1993.

나종우, 「5대 및 송과의 관계」, 『한국사』, 15, 국사편찬위원회, 1995.

박옥걸, 「고려 내항 송상인과 여송의 무역정책」, 『대동문화연구』, 32, 1997.

신채식, 「10〜13세기 동아시아의 문화교류」, 『중국과 동아시아세계』, 국학자료원, 1997.

전해종, 「고려와 송과의 관계」, 『동양학』, 7, 1997.

치칭푸祁慶富, 「10〜11세기 한중 해상교통로」, 『한중문화교류와 남방해로』, 국학자료원, 1997.

이기동, 「후삼국 · 고려 초기 한 · 중 해상교역 개황」, 『장보고와 21세기』, 혜안, 1999.

김성규, 「고려전기의 여송 관계」, 『국사관논총』, 92, 2000.

양승윤 · 최영수외, 『바다의 실크로드』, 청아출판사, 2003.

김위현, 『고려시대 대외 관계사연구』, 경인문화사, 2004.

김철웅, 「고려와 송의 해상교역로와 교역항」, 『중국사연구』, 28, 2004.

한국역사연구회, 『개경의 생활사』, 휴머니스트, 2007.

국립해양문화재연구소, 『고려 뱃길로 세금을 걷다』, 예맥, 2009.

김영제, 「여송무역의 항로와 선박」, 『역사학보』, 204, 2009.

김영제, 「송 · 고려 교역과 송상 − 송상의 경영형태와 그들의 고려거주공간을 중심으로」, 『사림』, 32, 2009.

정진술, 『한국해양사(고대편)』, 경인문화사, 2009.

공창석, 『대상인의 시대』, 박영북스, 2010.

이진한, 『고려시대 송상왕래 연구』, 경인문화사, 2011.

이병희, 「고려시기 벽란도의 '해양도시'적 성격」, 『도서문화』, 39, 2012.

IV.

사상 문화 영역

1 유교를 다스림의 원리로 삼다

시무28조와 유교 정치 이념

고려 시기 유교는 과거로 진출한 문신들의 실용적 교양이며 사상의 일부를 이루고 있었다. 또한 정치 이념을 제공했으며 제도 및 의례, 사회 윤리 측면에서 중요한 기능을 담당했다. 유교적인 정치 이념은 고려 초부터 표방하고 있었지만, 그것이 집약되어 표현된 것은 성종 때 최승로의 시무28조였다.

태조 왕건의 유교 정치 이념

태조 왕건은 즉위 초부터 유교 정치 이념을 강조했다. 즉위 다음날 내린 조서에서 궁예가 백성을 위한 정치를 하지 않고 폭정으로 멸망했기 때문에 자신은 백성을 위한 정치를 하겠다는 의지를 표방하고, 근검절약에 힘써 백성들의 경제 생활을 윤택하도록 하겠다고 천명하였는데, 여기에는 유교 정치 이념이 짙게 담겨 있다.

태조 왕건은 새로운 체제의 정비를 위해 유교적 정치 이념을 중시했다. 그는 유교뿐만 아니라 불교 · 토착 신앙 · 도참설 등도 포용하고 있었지만, 국가를 다스리고 민들을 교화하는 데 유교가 가장 중요함을 인식하고 있었다.[자료1] 태조가 취민유도取民有度를 내세우고 백성의 구휼을 권장하며, 신하로서의 예절을 강조하고 어진 이를 등용함이 급선무임을 표명한 것은, 그가 유교적 정치 이념을 중시했음을 알려준다. 유학의 진흥을 위해 서경에 학교를 세웠으며, 후대 왕들에게 남긴 '훈요십조'에서는 간언을 좇을 것과 경사經史를 널리 읽어 옛날을 참고하여 현재를 경계할 것을 당부했다.[자료2] 태조가 유교 정치 이념을 중시하고 현실 정치에 적극 활용하는 데에는 유학자들의 도움이 컸다. 최응, 최언위, 최지몽 등이 대표적인 인물이었다.

태조에 이어 즉위한 혜종·정종定宗 때는 왕위 계승 분쟁의 소용돌이 속에 있어서 유교 정치 이념이 크게 부각될 수 있는 분위기가 아니었다. 이후 광종 9년(958)에 과거제가 시행됨으로써 유교는 크게 발전할 수 있게 되었다. 과거 제도는 유교 경전을 중요 시험 과목으로 했기 때문에, 유학에 대한 학문적 소양을 지닌 사람이 중앙 관료가 될 수 있었다. 과거 출신의 관료들은 유교적 정치 체제가 확립되고 발전하는 데 크게 이바지했다.

최승로의 시무책 상서

성종이 즉위한 후 유학자들을 중용했는데, 대표적인 인물이 최승로崔承老였다. 최승로는 본래 경주 출신으로 신라가 고려에 항복할 때 아버지와 함께 경순왕을 따라 고려에 들어왔다. 12세 때(938) 태조 앞에서 『논어』를 읽고 칭찬을 받았으며, 그때 태조는 그에게 원봉성元鳳省 학생에 속하게 했다. 광종 때의 정치적 격동기에도 여전히 국가의 문한을 맡고 있어서 중국에 보내는 외교 문서를 짓기도 했다. 성종이 즉위하자 인사를 담당하는 선관選官의 장관인 어사御事가 되었다.

최승로는 성종 원년에 경관京官 5품 이상은 각기 시정의 득실을 논하는 글을 올리라는 왕명에 응하여 28조에 달하는 소문疏文을 올렸는데, 이것이 유명한 시무책時務策이다. 최승로의 상서문은 5조정적평五朝政績評과 시무28조의 두 부분으로 나뉘어 있다. 5조정적평은 태조에서 혜종·정종·광종·경종에 이르는 5조의 정치에 대하여 잘잘못을 본뜰 것과 경계할 것을 성종에게 권하기 위해 작성되었다. 5조에 대한 평가에 이어 구체적인 시무책을 제시했는데, 내용은 모두 28조였으나 현재는 22조만 전한다.

최승로 시무책의 내용

최승로는 성종에게 이상적인 군주의 자질을 갖출 것을 권했는데, 그는 고려 역대 군주 중 태조에게서 이상적인 군주상을 찾았다.[자료3] 군주는 신하들을 예로써 대우하며 공경하고, 참언을 멀리하며 사악한 자를 주저 없이 제거할 수 있는 넓은 포섭력과 깊은 통찰력을 가지고 있으며, 동시에 유교적 정치 이념이 투철해야 한다고 보았다.[자료4] 그러면서도 왕권이 지나치게 강대해져도 안 된다고 생각했다. 광종과 같은 전제주의 군주에 극력 반대했으며, 권신에 의해 정권이 독점되는 것도 맹렬히 비판했다.

정치 형태로서는 중앙의 정치력이 전국의 통치권을 장악한 국가가 바람직하다고 보았다. 그와 같은 생각은 지방에 상주하는 외관을 파견할 것[자료5]과 지방의 세력가를 억제해야 한다는 건의에 잘 나타나 있다.

유교와 불교에 관해서는, 각각 기능이 구별된다고 보았으며, 현실 정치는 유교에 토대를 두어야 한다는 견해를 갖고 있었다. 불교는 수신의 근본이며, 내생來生을 위한 것이라고 보면서[자료6] 불교의 폐단을 통렬하게 지적했다. 불보佛寶 전곡錢穀 운영에 따른 폐단,[자료7] 연등회와 팔관회에서 과도한 노역,[자료8] 사원의 과도한 영조營造에 따르는 문제, 그리고 경전과 불상에 금은을 사용하는 데서 비롯되는 폐단 등을 비판했다. 그러나 최승로의 불교 비판은 종교로서의 불교 교리 자체가 아니라 불교에서 파생되는 폐단을 지적한 것이며, 이 점에서 고려 말기의 배불론자排佛論者와는 근본적으로 달랐다.

그리고 최승로는 엄격한 신분관을 견지하여 귀족 관료들의 권위와 특권을 강하게 옹호했다. 존비에 따른 가사家舍 제도를 정하여 지키도록 건의한 것이나[자료9] 노비 문제에 관련하여 궁원宮院·공경公卿의 입장을 비호하는 것이 대표적인 예다.

전하지 않는 6개조에는 아마도 외교 정책, 중앙 관제, 교육 기관 및 교육 정책, 소목 제도, 외척 세력 관계와 비빈妃嬪 문제, 상평창이나 토지 제도, 조세 제도 등이 포함되었을 가능성이 크다. 최승로가 이런 정치 사상을 제기할 수 있었던 것은 강력했던 호족 세력이 광종에 의해 숙청되고 쌍기의 건의로 과거제가 시행되어 유교적인 문풍이 크게 일어났기 때문이었다.

부문	조목	내용
불교 폐단	1	북계의 확정과 방어책
	2	공덕재功德齋의 폐지
	4	왕이 행려자에게 음식을 나눠주는 행사의 폐지
	6	사원의 재부를 가지고 고리대하는 것을 시정
	8	승려의 궁중 출입 금지
	10	승려의 역관 유숙 금지
	16	함부로 사원을 짓는 것 금지
	18	불상에 금은 사용 금지
	20	왕의 지나친 불교 숭배 억제
사회 문제	7	지방관의 파견
	9	복식 제도의 정비
	12	섬 사람들의 공역貢役 경감
	15	왕실 내속 노비의 감소
	17	신분에 따른 가옥의 크기 규정
	19	삼한 공신 자손의 복권
	22	노비의 신분 규제 철폐
왕실 관계	3	왕실 시위 군졸의 축소
	14	신하에 대한 예우
중국 관계	5	중국과의 사私무역 금지
	11	중국 문물의 수용 태도
토착신앙 관계	13	연등회·팔관회 행사의 축소와 우인偶人 사용 금지
	21	음사淫祀의 제한

최승로의 시무책. 최승로가 올린 시무28조 가운데 현재 전하는 것은 22조뿐이다. 내용은 국방 관계, 불교 폐단, 사회 문제, 왕실 관계, 중국 관계, 토착신앙 관계 등으로 나눌 수 있다. 불교의 폐단을 지적하고 개선할 것을 주장한 내용이 많으며, 지방관의 파견, 복식 제도의 정비 등 사회 문제와 관련한 것도 많다.

최승로가 시무책에서 건의한 내용의 대부분은 성종 때 국가 정책에 반영되었다. 성종은 불교적인 행사를 억제했으며 팔관회를 폐지하고 집을 사원으로 삼는 것을 금지했다. 국자감을 중수하고 12목에는 경학박사를 파견하는 등 유학 교육을 크게 일으켰으며 전국적으로 효자·순손順孫을 찾아 표창하여 효 사상을 권장하기도 했다.[자료10] 유교적 예제를 보급하기 위해 원구圓丘에서 곡식에 대한 제사를 지내고 적전籍田에서 몸소 밭갈이했다. 그리고 지방 통제를 위해 주요 지역인 12목에 상주하는 외관을 파견했다.

현종 때 국정 운영은 기본적으로 유교 이념에 근거하고 있었다. 불교를 적극 배려하고 있었지만 유교를 기본으로 하고 있었다. 사직이나 태묘를 중시하고 적전을 직접 경작하는 것 등은 유교 이념에 입각해 국정을 운영하고 있음을 나타내는 것이다. 국왕이 내린 교에서 『논어』와 『예기』를 언급한 것, 재이가 발생할 때 국왕의 수신을 강조한 것, 월령의 준수를 지적한 것, 권농 정책을 적극 주장한 것 모두 유교 이념이 표현된 것으로 보인다. 현종의 이런 국정 운영은 대체로 이후의 왕들이 계승했다.

당시에는 천재지변을 군주나 지배층의 부덕의 소치로 보고 그것을 천견天譴으로 받아들였다. 천견론에 따른 천인합일天人合一 사상은 유학자들로 하여금 군주와 지배층을 비판할 수 있게 했다. 소재消災를 위해 군주의 수덕을 강조하고[자료11] 나아가 수덕을 위한 경학이 중시됨으로써 유교 정치 사상이 중요하게 작용했다.

고려 중기에 송과의 교류를 통해 신유학의 사조를 받아들였으며 존경적尊經的 학풍이 발전하는 가운데 심성화의 경향이 두드러졌다. 최충이 설치한 9재학당에서 솔성率性·성명性命의 명칭을 사용한 것이나 또 교과 과목에서 9경을 중시한 사실에서 이를 엿볼 수 있다. 경전의 중시는 종전의 사장詞章을 중시하던 학풍과 구분되는 점이었다. 그리고 김인존金仁存의「청연각기淸讌閣記」에서, "삼강오륜의 가르침과 성명性命 도덕道德의 이理가 사방에 가득했다."고 한 말에서도 송대 유학의 성격이 나타나고 있다.

이밖에도 유교 학문 경향의 새로운 변화를 보이는 사례는 쉽게 확인할 수 있다. 예종·인종 때 국왕의 주재로 경학經學에 대한 강론회가 자주 열렸는데, 이때『예기』가 중시되었으며 그중에 심성과 성명性命을 깊이 있게 다룬『중용』이 주목받았다. 그리고 관학官學에서도 종전 사장의 학풍에서 경전을 중시하는 학풍이 두드러지는 모습을 보였다. 이에 따라 경전에 대한 이해가 심화되어 경학에 대한 독자적인 해석을 하는 경지에 이르렀으니, 김인존의『논어신의論語新義』, 이인실의『춘추강의』등이 그것이다. 고려에서 경학을 독자적으로 해석하고 또 유학 사상 자체에서 심성·성명 등 성리학적 경향을 보이게 된 데에는 송의 새로운 학문의 영향이 중요한 역할을 했다.

무인 집권기 과거를 통해 신진 관료가 활발하게 진출하여 세대 교체를 도모했지만 무인 세력에 반대하는 정치 활동을 전개할 수 없는 사정에서 유교 사상은 위축을 면치 못했다. 유교는 경세적 기능이나 이념성을 잃고 관인의 직무 수행을 위한 도구 학문으로 존속했다. 이후 고려는 수십 년간 몽골과 처절하게 전쟁했기 때문에 유교 사상의 발달을 기대할 수 없었다.

王業盖百世而已哉臣雖愚昧忝職樞機
旣承陳之有心又迴避之無路謹錄鄙懷不
衆奏　　隨狀別封以進我國
出時務計二十有八條
未免繁費者以西北隣於戎狄而防戍又
家統三以來四十七年士卒未得安枕糧餉
乞將此兩處斷於宸衷擇要害以定疆域太
祖之志也鴨江逃岸城爲界也
多也願聖上以此念夫以馬歇灘爲朝之所
定也
土人能射御者充其防戍又選其中二三偏選

최승로(崔承老, 927~989)는 경주 출신의 유학자다. 그가 성종에게 올린 시무 28조는 대부분 채택되어 고려의 정치 제도와 사회 운영의 기본틀을 마련하는 데 기여했다. 현전하는 내용은 28조 가운데 22조다.

자료 1

지금은 전쟁이 그치지 않아 안위를 알 수 없어 아침 저녁으로 황망하여 어찌할 바를 모르고들 있다. 그러므로 이는 다만 불신佛神의 음조陰助와 산수의 영응靈應을 입어 혹 효험을 볼까 하는 고식책일 뿐이다. 어찌 그것으로써 이국理國 · 득민得民의 대경大經을 삼겠는가. 난이 평정되고 삶이 안정되기를 기다려 풍속을 바꾸고 교화를 아름답게 할 것이다.

原文 方今兵革未息 安危未決 旦夕栖惶 不知所措 唯思佛神陰助 山川靈應 儻有效於姑息耳 豈以此爲理國得民之大經也 待定亂居安正 可以移風俗美敎化也

_『보한집補閑集』권상, 손지추변최상0樞抃

자료 2

일곱 번째 이르기를, "인군이 신하와 백성의 마음을 얻음이 심히 어려운 일이다. 그 마음을 얻으려면 요컨대 간언諫言을 따르고 참언讒言을 멀리할 뿐이로다. … 백성을 부리는 데 때를 가려야 하고 요역을 가볍게 하고 부세를 덜어주며 농사일의 어려움을 안다면 저절로 민심을 얻고 나라는 부강하며 백성은 편안하게 될 것이다."고 했다. … 열 번째 이르기를, "국가를 맡은 자는 항상 근심이 없는 때를 경계해야 하고 널리 경사經史를 읽어 옛일을 거울 삼아 지금을 경계해야 한다."고 했다.

原文 其七曰 人君得臣民之心 爲甚難 欲得其心 要在從諫 遠讒而已 … 使民以時 輕徭薄賦 知稼穡之艱難 則自得民心 國富民安 … 其十曰 有國有家 儆戒無虞 博觀經史 鑑古戒今

_『고려사』권2, 세가12, 태조 26년 4월 '훈요십조'

자료 3

통일을 이룬 이래로 정사에 부지런한 지 8년 동안에 사대를 예로써 하고 교린을 도로서 하며, 편안히 거처하면서도 방일放逸함이 없고, 아랫사람을 접함에 공손함을 생각하고, 도덕을 귀하게 여기고, 절검節儉을 숭상하며, 궁실宮室을 낮게 하여 겨우 비바람 가리기를 기하고, 의복을 검소하게 하여 다만 추위와 더위 막기를 취하고, 어짊을 좋아하고 착함을 즐겨하며, 자기를 버리고 남을 따르니, 공검하고 예양禮讓하는 마음은 천성에서 나왔습니다.

原文 自成一統以來 勤政八年 事大以禮 交隣以道 居安無逸 接下思恭 貴道德 崇節儉 卑宮室

而期於粗庇風雨 惡衣服 而取其但禦寒暑 好賢樂善 捨己從人 恭儉禮讓之心 發於天性

_ 「고려사절요」 권2, 성종 원년 6월 최승로의 '태조평太祖評'

주1 성인聖人이 사람의 마음을 감동시키면 천하가 화평하다 : 『주역周易』 64괘卦 중에서 31번째 괘의 단사彖辭에 나오는 말.

주2 남면南面 : 남쪽을 향해 앉는다는 뜻으로 임금의 자리 또는 임금을 가리킨다.

자료 4

(14조) 『역경易經』에 "성인聖人이 사람의 마음을 감동시키면 천하가 화평하다."주1고 했으며 『논어』에는 "일부러 일을 만듦이 없이 세상을 다스린 사람은 순舜 임금이다. 대체 무엇을 했는가. 자기 몸을 공경히 하여 바르게 남면南面주2했을 뿐이다."라고 했습니다. 성인이 하늘과 사람을 감동시킨 것은 한결같은 덕과 사심이 없는 마음이 있기 때문입니다. … 원컨대 성상聖上께서는 날마다 더욱 삼가 스스로 교만하지 말고 아랫사람을 대할 적에 공손히 할 것을 생각하고 혹시 죄가 있는 자가 있으면 법의 경중을 모두 법대로 논한다면 태평의 업을 곧 기다릴 수 있을 것입니다.

原文 易日 聖人感人心 而天下和平 語日 無爲而治者 其舜也 夫何爲哉 恭己正南面而已 聖人所以感動天人者 以其有純一之德 無私之心也 … 願聖上 日愼一日 不自驕滿 接下思恭 儻或有罪者 輕重並論如法 則大平之業 可立待也

_ 「고려사절요」 권2, 성종 원년 6월 '시무28조'

자료 5

(7조) 국왕이 백성을 다스림은 집집마다 가서 날마다 이를 보는 것이 아닙니다. 그런 까닭으로 수령을 나누어 보내어 백성의 이익되는 일과 손해되는 일을 살피게 하는 것입니다. 우리 태조께서 나라를 통일한 후에 군현에 수령을 두고자 했으나 초창기인 탓에 일이 번거로워 시행할 겨를이 없었습니다. … 청컨대 외관外官주3을 두소서. 비록 한꺼번에 다 보낼 수는 없더라도 먼저 10여 곳의 주현에 한 명의 외관을 두고, 그 관원에 각각 두세 관원을 두어서 백성 다스리는 일을 맡기소서.

原文 王者之理民 非家至而日見之 故分遣守令 往察百姓利害 我聖祖統合之後 欲置外官 蓋因草創 事煩未遑 … 請置外官 雖不得一時盡遣 先於十數州縣 并置一官 官各設兩三員 以委撫字

_ 「고려사절요」 권2, 성종 원년 6월 '시무28조'

주3 외관外官 : 지방의 통치를 담당하는 지방관. 성종 2년(982) 12목이 설치되기 이전에는 상주하는 지방관이 파견되지 않았고, 비상주 관원으로 전운사轉運使와 금유今有 · 조장租藏이 있었다.

자료 6

(20조) 삼교[三敎, 유儒 · 불佛 · 선仙]는 제각기 일삼는 바가 달리 있으므로 그것을 행하는

사람이 혼동하여 하나로 해서는 안 되는 것입니다. 불교를 행하는 것은 몸을 닦는 근본이요, 유교를 행함은 나라를 다스리는 근원입니다. 몸을 닦는 것은 곧 내생來生을 위한 도움이요, 나라를 다스리는 것은 바로 금일의 힘쓸 바입니다. 금일은 지극히 가깝고 내생은 지극히 머니 가까운 것을 버리고 먼 것을 구하는 것은 또한 잘못이 아니겠습니까.

> **原文** 三敎 各有所業 而行之者 不可混而一之也 行釋敎者 修身之本 行儒敎者 理國之源 修身 是來生之資 理國 乃今日之務 今日至近 來生至遠 舍近求遠 不亦謬乎
>
> _ 「고려사절요」권2, 성종 원년 6월 '시무28조'

자료7

(6조) 불보佛寶[주4]의 돈과 곡식은 여러 절의 중이 각기 주군州郡에서 사람을 차출하여 관장해서 해마다 이자를 늘려 백성을 괴롭게 합니다. 이를 모두 금지하고, 그 전곡錢穀을 사원의 전장田莊[주5]에 옮겨두십시오. 만약 그 주전主典[주6]이 전정田丁[주7]을 가지고 있다면 아울러 이를 취하여 사원장소寺院莊所[주8]에 소속시킨다면 민폐가 조금 덜어질 것입니다.

> **原文** 佛寶錢穀 諸寺僧人 各於州郡 差人勾當 逐年長利 勞擾百姓 請皆禁之 以其錢穀 移置寺院田莊 若其主典 有田丁者 幷取之 以屬于寺院莊所 則民弊稍減矣
>
> _ 「고려사절요」권2, 성종 원년 6월 '시무28조'

자료8

(13조) 우리나라에서는 봄에는 연등燃燈[주9]을 설치하고 겨울에는 팔관八關[주10]을 베풀어 사람을 많이 동원하고 노역이 심히 번다하오니 원컨대 이를 줄여서 민력民力을 펴게 하소서.

> **原文** 我國春設燃燈 冬開八關 廣徵人衆 勞役甚煩 願加減省 以紓民力
>
> _ 「고려사절요」권2, 성종 원년 6월 '시무28조'

자료9

(17조) 예에 이르길, 천자는 집 높이를 9자로, 제후는 7자로 함은 정해진 제도입니다. 그런데 요즘 사람들이 신분을 가리지 않고 재력만 있으면 모두 집을 짓는 것을 우선

주4 불보佛寶 : 불교 계통의 보寶. 보는 일반적으로 돈과 곡식을 밑천으로 얻어진 이자를 특정 용도에 지출하는 것이다. 고려 시기 불보의 종류에는 불법을 배우는 사람들을 위해 설치한 광학보廣學寶, 금종金鐘의 유지 비용을 위한 금종보, 불교 경전을 간행하는 기금을 마련하기 위한 경보經寶, 팔관회를 위한 팔관보八關寶, 빈민 구제를 위한 제위보濟危寶 등이 있다.

주5 사원의 전장田莊 : 사원의 대토지 소유 형태를 말한다. 전장은 대토지와 그것을 관리하는 장사莊舍가 함께 있을 때 일컬어지는 것이다.

주6 주전主典 : 주지로 보는 것이 타당할 듯하다.

주7 전정田丁 : 전정의 해석에 관해서는 의견이 분분한데, 여기서는 주전(主典, 주지住持)이 국가에서 분급받은, 일정한 면적 단위로 파악된 수조지로 이해된다.

주8 사원장소寺院莊所 : 사원에 소속되어 있는 장소莊所를 가리키는데, 장소가 장莊과 소所를 가리키는지, 장이 있는 곳을 가리키는지는 분명하지 않다. 그러나 후자로 이해하는 것이 타당할 듯하다.

주9 연등燃燈회會 : 연등회는 신라 때부터 행해졌으며, 고려 때도 태조가 '훈요십조'에서 연등회를 받들어 행하라고 한 이래로 연례로 열렸다.

주10 팔관八關회會 : 고려 시기 팔관회는 재래 신앙과 결합된 의식으로서의 성격도 띠고 있었는데, 매년 11월에 왕궁과 사원에서 항례적으로 개설되었다. 팔관회 행사에는 외국의 상인도 참여하여 물건을 교역하기도 했다.

으로 여깁니다. 이로 말미암아 여러 주군현 및 정亭 · 역驛 · 진津 · 도渡의 세력가들이
다투어 큰 집을 지어 제도를 어기니 한 집의 재력을 모두 탕진할 뿐만 아니라 백성을
괴롭히게 되니 폐단이 아주 큽니다. 엎드려 바라오니 예관에게 명하여 신분에 따라
지을 수 있는 집 크기를 정해 안팎으로 지키게 하십시오. 이미 만든 집 가운데 제도에
넘치는 것은 헐어버리도록 명하여 뒷날 경계로 삼으십시오.

> 原文 禮云 天子堂九尺 諸侯堂七尺 自有定制 近來 人無尊卑 苟有財力 則皆以營室爲先 由
> 是 諸州郡縣 及亭驛津渡豪右 競構大屋 踰越制度 非但盡一家之力 實勞百姓 其弊甚多 伏望命
> 禮官 酌定尊卑 家舍制度 令中外遵守 其已營造踰制者 亦令毁撤 以戒後來

__「고려사절요」권2, 성종 원년 6월 '시무28조'

자료 10

왕이 동경으로 가서 여러 신하들에게 잔치를 베풀고 시종한 신하들과 군사들에게는
물품을 차등 있게 주었으며 중앙과 지방 관원들에게 각각 훈과 품계를 높여 주고 의
부[의로운 남편], 절부[절개 있는 아내], 효자, 순손[온순한 손자]들에게 정문을 세워주고 물품
을 주었다. 드디어 대사령을 내렸다.

> 原文 幸東京 宴群臣 扈從臣僚軍士 賜物有差 中外官 各加勳階 義夫節婦孝子順孫 旌門 賜
> 物 遂頒赦

__「고려사」권3, 세가3, 성종 16년 8월

자료 11

신[임완林完]이 일찍이 동중서董仲舒[주11]의 책문을 보니 말하기를, "나라에 장차 도를 잃
어버릴 패란이 있으려면 하늘이 먼저 재이를 내어 견책하여 알리고, 스스로 반성할
줄 모르면 또 괴이한 변이를 내어 경계하고, 그렇게 하여도 오히려 고칠 줄 모르면 곧
상패傷敗가 이르게 되니, 이것은 천심이 군주를 사랑하여 그 난을 그치게 하려고 함을
보이는 것입니다. 스스로 크게 도가 없는 세상이 아니면, 하늘은 다 붙들어 안전케 하
려고 합니다. 군주가 위로 하늘의 꾸지람에 보답하는 방법은 힘써 충실로써 부응하지
않으면 안 됩니다." 했습니다. 전傳에는 말하기를, "하늘에 응함에 실實로써 하고, 문
文으로 하지 않는다."고 했으니, 이른바 실이라고 하는 것은 덕이요, 이른바 문이라고
하는 것은 지금의 도량道場, 재초齋醮 따위와 같은 것이 이것입니다. 군주가 덕을 닦아

주11 동중서董仲舒 : 중국 전한 때
의 유학자이다. 한 무제의 문교 정
책에 참여해, 유가가 국가 문교의
중심으로 자리 집도록 하는 데 크
게 이바지했다.

서 하늘에 응하면 복을 기다리지 않아도 복이 스스로 이르는 것이요, 만약 덕을 닦지 않고 한갓 허문에만 종사하면 다만 무익할 뿐 아니라 더 나아가 하늘을 모독할 따름입니다.

原文 臣嘗觀董仲舒策有曰 國家將有失道之敗 天乃先出災異 以譴告之 不知自省 又出怪異 以警懼之 尙不知變 而傷敗乃至 此見天心之仁愛人君 而欲止其亂也 自非大無道之世 天盡欲 扶持而安全之 人君所以上答天譴者 非勉强以實應之 則不可也 傳曰 應天以實 不以文 所謂實 者 德也 所謂文者 若今之道場齋醮之類是也 人君修德 以應天 不與福期而福自至焉 若不修德 而徒事虛文 則非徒無益 適足以瀆天而已

_ 『고려사』 권98, 열전11, 임완

출전

『고려사』

『고려사절요』

『보한집補閑集』 : 최자(崔滋, 1188~1260)의 문집. 최자는 최충의 후손이며, 이규보에게 뽑혀 벼슬길에 올랐다. 고종 때 정언正言이 되고 이어 상주목尙州牧이 되었는데, 치적을 높이 평가받았다. 『보한집』은 최우의 부탁으로 이인로의 『파한집』에 계속하여 저술한 일종의 수필집이다. 내용은 시에 대한 평론이 주이며 사실史實, 부도浮屠, 이항里巷의 쇄언瑣言 등이 실려 있어 당시 사회 상황을 이해하는 데 도움을 준다. 『보한집』 초간은 고종 41년(1254)인 듯하나 남아 있는 실물이 없으며 조선 성종 때도 펴낸 듯하나 역시 전하지 않는다. 효종 10년(1659)에 경주에서 찍어낸 각본이 오늘날까지 전한다.

찾아읽기

이기백, 「집권적 귀족정치의 이념」, 『한국사』 4, 국사편찬위원회, 1974.

김철준, 「최승로의 시무28조」, 『한국고대사회연구』, 지식산업사, 1975.

하현강, 「고려초기 최승로의 정치사상 연구」, 『이대사원』 12, 1975.

김충렬, 『고려유학사』, 고려대학교 출판부, 1984.

이희덕, 『고려유교정치사상의 연구』, 일조각, 1984.

김용곤, 「고려시기 유교관인층의 사상동향 – 문종~충숙왕기를 중심으로」, 『국사관논총』 6, 1989.

이기백·노용필 등, 『최승로상소문연구』, 일조각, 1993.

권오영, 「최충의 9재와 유학사상」, 『사학지』 31, 1998.

문경현, 「고려 태조와 훈요십조」, 『인문과학』 12, 경북대학교, 1998.

이범직, 「유교사상의 전래와 정립에 관한 연구」, 『한국사론』 28, 국사편찬위원회, 1998.

김석근, 「'훈요십조'와 '시무28조' – 고려전기 정치사상에 관한 소묘」, 『아세아연구』 42, 1999.

이범직, 「고려시기의 경학」, 『국사관논총』5, 1999.

이재운, 「고려 태조의 정치사상」, 『백산학보』52, 1999.

이희덕, 『고려시대 천문사상과 오행설 연구』, 일조각, 2000.

김아네스, 「고려 성종대 유교정치사상의 채택과 12주목州牧」, 『진단학보』93, 2002.

이정신, 「고려 태조의 건국이념의 형성과 국내외 정세」, 『한국사연구』118, 2002.

한정수, 「고려시대 적전의례의 도입과 운영」, 『역사교육』83, 2002.

한정수, 「고려전기 천변재이와 유교정치사상」, 『한국사상사학』21, 2003.

이현숙, 「나말여초 최치원과 최언위」, 『퇴계학과 한국문화』35, 2004.

김인호, 「무인집권기 유학과 문장론의 전개」, 『한국중세사연구』18, 2005.

마종락, 「고려시대 유교사의 추이와 개성」, 『한국중세사연구』18, 2005.

문철영, 『고려 유학사상의 새로운 모색』, 경세원, 2005.

변동명, 「고려시기의 유교와 불교」, 『한국중세사연구』18, 2005.

한정수, 「고려후기 천재지변과 왕권」, 『역사교육』99, 2006.

김호동, 『한국 고·중세 불교와 유교의 역할』, 경인문화사, 2007.

장일규, 「나말여초 지식인의 정치 이념과 훈요 10조 - 최언위의 정치 이념을 중심으로」, 『진단학보』104, 2007.

한정수, 「고려시대 유학 연구와 방법론 모색」, 『역사와 현실』66, 2007.

마종락, 「고려시대의 유교 - 연구동향과 쟁점」, 『석당논총』44, 2009.

이병희, 「고려 현종대 사상과 문화 정책」, 『한국중세사연구』29, 2010.

장일규, 「고려 광종대 유교적 정치 이념과 최행귀崔行歸」, 『한국학논총』34, 2010.

한정수, 「고려시대 월령과 국가운영」, 『쌀·삶·문명연구』4, 2010.

2 고려의 공교육과 사교육

국자감과 12공도

고려는 교육을 통해 국가가 필요로 하는 인재를 양성했다. 대표적인 교육 기관은 국립으로 중앙에 국자감을 비롯해 동서학당과 10학이 있었으며, 지방에는 서경학교와 향교가 있었다. 사립으로는 개성에 12공도가 있었다.^[자료1]

국자감의 설치와 운영

고려 시기 관인은 고급 지식을 가지고 있으면서 국가의 운영에 참여했으며, 또한 문장을 짓고 공문서를 처리하여야 했다. 공부가 전제되지 않고서는 관인으로서 임무를 수행할 수 없었다. 공부의 수준이 높을수록, 학문의 경지가 빼어날수록 그 관인은 높이 평가되었고, 다른 관원이 부러워하는 문한직이나 청요직에서 활약할 수 있었다.

고려 최고의 교육 기관인 국자감國子監이 창설된 기록은 성종 11년(993)으로 되어 있다.^[자료2] 이것은 제도적인 재편성으로 보이고 실제는 이보다 앞서 운영했을 것으로 생각된다. 국초부터 국가를 경영하는 데 많은 관리가 필요했고, 다수의 관원이 여러 행정 부서를 맡아서 운영하고 있었다. 이런 관인을 육성하는 기구로서 원봉성, 한림원翰林院, 광문원光文院 등 특정 관부가 일정한 기능을 했지만, 이와 별도로 학교가 운영되었을 가능성이 높다. 아마 국초에 신라의 제도를 이어받아 국립대학이 설치되어 있었을 것이다. 국립대학이 설치 운영되어 왔음은 성종 8년에 대학조교大學助敎·국자박사國子博士 등의 직제가 있었던 데서 확인된다.[자료3]

국자감은 충렬왕 원년(1275)에 원의 간섭으로 관제를 고치는 가운데 국학國學으로 개칭되었고, 충렬왕 24년에 성균감成均監으로 고쳤다. 그 후 충렬왕 34년에 충선왕이 즉위하여 관제를 개혁하면서 성균관成均館이라 불렀다. 성균관은 공민왕 5년(1356)에 원의 간섭으로 개편되었던 관제를 문종 때의 것으로 복구시키는 가운데 다시 국자감으로 고쳤으나 공민왕 11년에 성균관이라 개칭했으며 그 후로는 명칭이 고정되었다.

국자감은 처음 설치했을 때는 활기를 띠었으나 점차 쇠퇴해갔다. 최충이 사학을 설립한 지 얼마 되지 않은 문종 17년(1063)에 국자감은 거의 폐업하는 지경에 이르렀다.[자료4] 숙종 7년(1102)에는 당시의 재상 소태보邵台輔가 국자감을 폐지하자는 주장을 하기에 이르렀다. 예종·인종 때에 이르러 위축된 국자감의 기능을 크게 강화했다. 이것은 교육을 국가의 관리 아래 두고자 하는 의지의 표현이었다.

예종 4년(1109)에 교과 과정의 운영을 체계화하기 위하여 7개의 전문 강좌인 7재를 설치했다. 7재에서는 시부詩賦 교육보다는 경의經義에 통달할 수 있는 교육을 중시했다. 7재 가운데 6개가 유학재이고 1개가 무학재였다. 7재의 이름은 여택재(『주역』), 대빙재(『상서』), 경덕재(『모시』), 구인재(『주례』), 복응제(『대례』), 양정제(『춘추』), 강예재(무학)였다.[자료5] 유학 계통의 6재 학생 가운데 행예시[行藝試, 행은 재사齋舍에서의 생활 평가, 예는 학업 성적 평가]에서 우수한 성적을 거둔 학생은 상사생上舍生이 되었는데 이들 상사생에게는 과거의 초장과 중장을 면제하고 종장만 치르게 했다. 이와 달리 상사생이 7재에 속한 학생 전체이며, 이들과 구분되는 별도의 일반 학생이 있어 결국 국자감 학생은 7재생과 일반 학생의 2단계로 구성되었다는 견해도 있다. 7재는 명실상부한 최고 학부로서 권위를 갖게 되었는데 종전 국학을 기피하던 귀족 문벌 가문의 자제들이 이곳에 모여들었다. 무학 교육은 문신들의 반대로 인종 때 폐지되고 말았다.[자료6]

그리고 예종 5년에 과거 제도를 개편하면서 제술·명경 등에 응시하기 위해서는 의무적으로 3년 동안 국자감에서 공부해야 한다고 규정했다. 그때까지는 사학에서 공부하여도 과거에 응시할 수 있었고 다수가 합격했지만, 이제는 사학에서만 수학해서는 과거 응시가 불가능해졌다. 예종 14년(1119)에는 국자감의 재용을 원활히 하기 위하여 양현고를 설치했으며 국자감 건물도 중건했다. 그리고 유명한 유학자를 선발하여 학관·박사로 삼아 경의를 강론하며 가르치고 지도하게 했다. 예종의 적극적인 국자감 진흥책으로 국자감의 위상은 크게 높아졌다.

예종에 뒤이어 인종도 교육 진흥에 힘을 기울였다. 초기에 일종의 학칙인 학식學式을 제정하여 국자감 운영을 크게 변경했고, 그동안 형부에서 담당한 율학을 국자감으로 옮겨 경사6학[국자학·태학·사문학·율학·서학·산학]을 정비했다.[자료7] 이런 조치로 국자감의 위상이 크게 높아졌다.[자료8]

무인 집권기의 학교 교육은 다소 위축되긴 했지만 제도 면에서 큰 변화는 없었다. 무인이 정권을 장악했지만 유교적 소양을 갖춘 관원은 여전히 필요했다. 강화 천도 시기에 국자감은 강화도로 옮겨 교육을 계속했다. 고종 30년(1243)에는 양현고의 관원 4인을 더 늘려 기능을 강화하는 한편, 최우는 쌀 330섬을 양현고에 보내어 선비를 양성하는 데 쓰도록 했으며 고종 38년에는 여러 가지 어려운 여건 아래에서도 강화 화산동花山洞에 국자감을 새로 짓고 공자의 초상화를 봉안하는 등 국자감의 면모를 새롭게 했다. 전쟁 중의 피난처에서도 국가는 국자감에 각별한 배려를 하고 있었던 것이다.

충렬왕 말기 안향이 찬성사贊成事가 되어 관원들에게 은과 포를 차등 있게 거둬 섬학전贍學錢을 마련하여 국자감 재원으로 삼았으며, 남는 돈으로 국학의 비품과 도서를 확충했다. 안향이 국학 부흥에 온 힘을 쏟자 수강자가 수백 명에 이르는 등 국학이 면모를 일신하게 되었다. 그러나 안향의 사후 이런 분위기는 계속되지 못했다.

공민왕 16년 불타버린 성균관을 재건했으며 사서오경재四書五經齋를 설치하고 판개성부사判開城府事 이색에게 대사성大司成을 겸임케 하여 성균관 운영의 책임을 맡기고 경학에 능한 김구용·정몽주·박상충·박의중·이숭인 등 당대 일류의 소장학자들을 뽑아 학관學官을 겸하게 했다. 이런 조치로 성균관 교육이 활기를 띠게 되었다.[자료9] 그러나 우왕 초 과거제에서 시부詩賦가 중시되고 학교 재정이 궁핍해져 교육이 위축되었다. 공민왕 때 국학 진흥에 앞장섰던 이색이 "성균관 뜰에는 이끼만 푸르고, 글 읽는 소리 끊어졌네."라고 탄식할 정도로 침체되었다.

국자감은 성종 때에 창건하였으며 충렬왕 때 성균관으로 고쳤다. 공민왕 16년(1367) 규모를 확대하여 당대의 유학자 이색과 정몽주를 교관으로 삼아 학생들을 가르치게 하였다. 1592년 임진왜란으로 불탄 것을 김육이 중건했다.

국자감 학생의 수학 연한 및 입학 자격

　국자감에 재학 중인 학생의 수업 연한은 『논어論語』·『효경孝經』 도합 1년, 『상서尚書』·『공양전公羊傳』·『곡량전穀梁傳』 각각 2년 반, 『주역周易』·『모시毛詩』·『주례周禮』·『의례儀禮』 각각 2년, 『예기禮記』·『좌전左傳』 각각 3년이었다.[자료7] 대개의 경우 재학 기간은 3~9년 정도였던 것 같다. 국자감에 재학 중인 학생은 3년만 재학하면 과거에 응시할 수 있었다. 국자학·태학·사문학에 재학하는 학생의 정원은 각각 300명이라 했지만[자료7] 실제로는 모두 합해 300명이었다고 보는 것이 타당할 것이다.

　국자감에 입학할 수 있는 계층은 매우 한정되어 있었다. 처음에는 지방의 계수관시에 합격한 향공들이 입학하는 것이 가능했을 것이며, 점차 국자감시 합격이 자격 요건으로 작용했을 것으로 보인다. 품관 이상의 자제들의 입학도 허용되었을 것으로 보인다. 품관은 대개 개경에 거처하는 수가 많아 그 자제들도 개경에서 생활하기 때문에 교육을 받고자 한다면 국자감에 들어가 교육을 받을 수 있었다. 인종 때 제정한 학식에 따르면, 국자학의 경우 문무관 3품 이상의 자나 손, 훈관 2품으로 현공縣公 이상을 띤 사람과 경관 4품으로 3품 이상 훈봉자勳封者의 자로 한정되었으며, 태학은 문무관 5품 이상의 자·손, 정·종3품의 증손 및 훈관 3품 이상 유봉자의 자로 한정되었고, 사문학은 훈관 3품 이상 무봉, 4품 유봉 및 문무관 7품 이상의 자로 한정되었다.[자료7] 이런 입학 자격 규정은 철저히 귀족주의적인 모습을 보이고 있다. 그러나 인종 이후 이

학식에 의하여 국자감이 운영되었는지는 의문이다. 고려 학식의 대명사처럼 인식되는 부조父祖의 작질爵秩에 따라 입학을 달리했다는 국자학·태학·사문학의 구분은 고려 전 시기를 통해 존재하지도, 운영되지도 않았다. 학식에 명시된 것처럼 신분에 따라 학부가 구분되지 않았고, 국학(생) 또는 태학(생) 등으로 불렸다.

동서학당과 10학

중등 교육 기관에 해당하는 동서학당은 고려 전기에 있었다가, 원종 2년(1261)에 다시 설치한 것으로 보인다. 이때는 몽골과의 관계가 크게 호전되어 그동안 전쟁으로 위축되었던 모든 분야의 재정비를 준비할 때였으므로, 폐지되었던 동서학당을 다시 설치한 듯하다. 이 동서학당은 고려 말 공양왕 때 5부학당으로 확대 개편되었고 그 전통은 조선 시대의 4학學으로 이어졌다.

중앙의 교육 기관으로 또한 10학이 있었는데, 이 10학은 고려 말에 전문 교육 기관으로 설치되었다. 공양왕 원년(1389) 설치된 10학은 예학·악학·병학·율학·자학[字學, 서학書學]·의학·풍수음양학·이학吏學[자료10]과 그 밖에 역학[譯學, 사역원司譯院]과 산학[算學, 판도사版圖司]이 더 있었던 듯하다. 이 10학의 설치로 성균관[국자감] 교육에서 기술 교육은 분리되고, 성균관은 유학만을 전담하는 교육 기관이 되었다.

지방의 교육 기관

현종·문종 때에 이르면 지방 행정 제도가 확립되고 향리에 대한 통제도 강화되어 갔다. 이에 따라 지방 교육에 대한 국가의 통제와 지원이 확대되었다. 그것은 12목이라든지 지방관이 파견되는 주읍에 한정되었을 것으로 보인다. 현종 9년(1018) 4도호부, 8목, 56군, 28진, 20현이 설치되었던 전국의 주요 지역에는 상당수의 학관이 파견되었으며 문종 때에 이르러서는 학관의 파견이 더욱 확대되었을 것이다. 중앙에서 학관을 늘려 파견함에 따라 지방의 학생들은 교육을 받을 기회를 많이 가질 수 있었다. 이로 인하여 향공의 수가 늘어났으며 향공의 질적 저하도 있었다.

지방에 설치한 학교는 향교鄕校, 향학鄕學 또는 주현학州縣學이라고 불렸다. 향교는 지방의 국립 학교로서 유학을 교육하며 공자의 사당인 문묘文廟를 갖춘 중등 교육 기관이었다. 처음 설치된 시점은 명확하지 않으며, 모든 군현에 설치되었는지도 분명치 않다. 예종과 인종 때 향교는 크게 확대되어갔다. 이것은 중앙에서의 국자감 강화와 짝하는 현상이었다. 인종 때 조서를 내려 모든 주현에 학교를 세워 교육의 길을 넓히라고 한 것이나, 학식學式을 반포하여 주현학州縣學, 향교鄕校의 입학 자격을 규정한 것 [자료7] 등을 보면 향교가 널리 보급된 듯하다. 인종 20년 이전에 진주·부평·강화 등지에 향교가 설치된 사실이 확인된다. 이것은 다른 지역에서도 여러 향교가 이미 설치되어 운영되고 있었음을 시사해준다. 지방 향교의 학생은 기본적으로 향리의 자제가 중심이었다. 군현의 일반 백성에게도 기회가 없지는 않았겠지만 당시의 과거제를 생각해보면 향리의 자제가 중심일 수밖에 없었다.

무인 집권기에 지방 향교는 타격을 받았다. 국가에서 지방 교육에 관심을 둘 여유가 없었으며 교육 시설마저 황폐해가는 침체를 보았다. 몽골과의 전쟁으로 지방 교육은 크게 약화되어갔다. 중앙의 국자감이 제 기능을 수행하지 못하는 실정에서 지방의 향교가 역할을 다하기를 기대하기는 힘든 일이다. 공민왕 때 적극적인 흥학책이 이어지면서 지방 향교 교육도 다시 활기를 띠어갔을 것이다.

서경의 경우는 학교 교육이 중시되어 태조 13년(930)에 태조가 서경에 가서 학교를 창설했으며 별도로 학원學院을 설치했다.[자료11] 수재 정악廷鶚을 명하여 서학박사로 삼아 생도를 모아 교수하게 했는데, 뒤에 그가 학문을 일으켰다는 말을 듣고 태조는 비단을 하사하여 권장하고, 겸하여 의업과 복업을 두게 했으며, 또 창고 곡식 100석을 하사하여 학보學寶로 삼게 했다. 서경 학교의 교육 성과는 매우 컸던 것으로 보인다.

서경의 학교는 뒤에 제학사원諸學士院으로 개편되었으며 예종 11년(1116) 서경에 분사 제도分司制度를 실시할 때 제학사원을 분사국자감分司國子監으로 높여 개편했다. 동시에 판사判事·제주祭酒·사업司業을 각각 1인씩 두되 모두 겸관으로 하고 박사와 조교도 각각 1인씩을 두어 중앙의 국자감을 방불케 했다.[자료12] 인종 때 묘청의 난을 계기로 분사국자감은 폐지되고 제학원諸學院으로 다시 낮추어 개편되었다.

서경 학교의 교육 과정은 유학 교육이 중심을 이루었으나 율·서·산학과 같은 기술 교육 과정도 설치되었던 것 같다. 분사국자감의 수업 연한은 국자감과 같았을 것이며 제학원의 수업 연한은 향교와 같았을 것이다.

사학의 발달

고려 초부터 관인들이 사숙私塾을 세워 교육하는 일이 있었지만 대부분은 일시적으로 운영되다가 중단되었다. 성종 때는 문관들 사이에 가숙家塾을 열어 교육하는 것이 상당히 보편화한 듯하다. 국자감 창설 이후에도 중앙 귀족 자제들은 사숙에서 공부하는 일이 흔했던 것 같다.

문종 때 최충은 다수를 교육하는 도徒로 발전시켰으며, 국자감을 능가하게 되었다. 최충의 사숙이 처음 만들어지자 선비와 평민의 자제가 그의 집과 마을에 차고 넘쳤다고 할 정도로 많은 학생들이 몰려들었다. 최충의 9재 학당이 크게 환영받자 이후 사학이 계속 설립되었는데, 개경에만도 11개에 이르렀다. 최충의 문헌공도와 합하여 이들을 12도라 불렀다. 사학12도는 대개 문종 때 성립되어 예종 때까지 크게 번창했으나 예종 이후 국자감 교육을 강화하자 쇠퇴의 길을 밟았다. 다른 사학과 달리 문헌공도는 많은 인재를 교육하면서 공양왕 3년(1391)까지 지속했다. [자료13]

처음으로 사학을 일으킨 최충은 송악산 아래 자하동에 학당을 마련하여 낙성樂聖·대중大中·성명誠明·경업敬業·조도造道·솔성率性·진덕進德·대화大和·대빙待聘 등의 9재로 나누고 각각 전문 강좌를 개설토록 했다. [자료14] 나머지 사학도 모두 고관 출신이자 당대의 대학자들이 설립했다. [자료15] 이들은 국자감의 학관보다 우수한 능력으로 학생을 지도할 수 있었으며 지공거로서 과거를 관장해 인재를 선발하기도 했다. 이 12도는 9경經과 3사史를 교과 내용으로 했는데, 때로는 교육 성과가 국자감을 능가할 정도였다. 과거에 응시하려는 이들은 시험에 도움이 되는 내용을 사학에서 배울 수 있었기에 다투어 사학에 들어가려 했다. 국자감은 아무래도 과거에 합격하는 데 있어서

사학에 뒤떨어질 수밖에 없었다. 그리고 급제자와 설립자가 학은學恩으로 결속하여 동일한 정치적 성향을 소유할 수 있었던 점도 사학으로 학생이 몰리는 연유였다.

　사학과 국자감은 초기에는 대체로 동급의 교육 기관으로서 경쟁 관계에 있었다고 생각된다. 예종 때 과거에 응시하려면 3년 동안 국자감에서 수학하는 것을 의무화하자 사학이 불리해졌다. 예종 때의 개혁으로 사학은 국자감의 하위 교육 기관으로 강등되지 않을 수 없었다. 그러나 그 이후 사학은 다시 동급의 기관으로 자리한 것으로 보인다. 시기에 따라 다소 달랐겠지만 사학 12도는 교육 과정상 국립대학인 국자감과 대체적으로 비등한 위치에 있었다. 사학은 공양왕 3년(1391)에 혁파되었다.

　그 밖에 경향京鄕 각지에 후세의 서당과 맥락을 같이하는 서재가 산재해 있어 보통 교육을 담당했다. 이 서재 교육은 일찍부터 보급되었는데, 특히 고려 후기에는 학자들이 관계를 은퇴하면 서재를 세워 후학을 교육시키는 일이 많았다. 서재는 개인 차원의 교육 시설이기에 오래 지속되지 않았다. 조선의 서당처럼 집안이나 마을에서 공동으로 선생을 초빙하여 운영하는 형태도 아니었다.

　『고려도경』에서는 "아래로는 여염집 거리에도 경관經館과 서사書社가 두세 개씩 늘어서 있어 백성의 미혼 자제들이 무리지어 살면서 스승으로부터 경서를 배웠다."고 했다. [자료16] 이곳은 어린 아이들이 배우는 곳이었으며, 백성의 자제로 표현되듯이 학생의 신분이 낮았다고 볼 수 있다.

　서재가 활발하게 교육 활동을 전개한 것은 무인 집권기부터로 보인다. 무인 정권 이후 산림이나 산사에 은둔한 문유文儒나 낙향한 현관들이 연고가 있는 곳에 서재를 지어 학문을 닦으면서 후진 양성을 위한 교육 활동을 전개했다.

자료1

(이색이 복중服中에 상소한 내용) 국가는 안으로 성균관, 12도, 동서학당을 세우고 밖으로는 주군州郡에 이르기까지 각기 학교가 있어서 규모가 굉장히 크고 절목節目주1도 치밀했습니다. 조종祖宗의 뜻을 살펴보건대 유도儒道를 숭상한 까닭은 깊고 또한 간절한 바입니다. … 하물며 벼슬길에 오르는 자가 반드시 과거에 급제할 필요가 없으며, 급제자라도 반드시 국학을 거칠 필요가 없으니 누가 지름길을 버리고 기로岐路를 가려 하겠습니까. 학생들이 흩어져 재사齋舍가 기우는 것은 실로 이 때문인가 합니다.

> 주1 절목節目 : 세목細目, 조목條目.

原文 國家內立成均十二徒 東西學堂 外薄州郡 亦各有學 規模宏遠 節目緻密 觀祖宗之意 所以崇重儒道者 深且切矣 … 又況登仕者 不必及第 及第者 不必由國學 孰肯棄捷徑 而趨岐途哉 朋徒解散 齋舍傾頹 良以此夫

_『고려사』권115, 열전28, 이색

자료 2

교敎하기를, "유사有司는 승지勝地를 가려서 널리 서재書齋와 학사學舍를 세우고 전장田庄을 주어 학량學糧에 충당할 것이며, 또 국자감을 창건하라."고 하였다.

原文 敎 有司相得勝地 廣營書齋學舍 量給田莊 以充學粮 又創國子監

_『고려사』권74, 지28, 선거2, 학교, 성종 11년 12월

자료3

대학조교大學助敎 송승연과 남해도 나주목의 경학박사經學博士 전보인이 사람을 가르침에 게을리하지 아니하므로 마땅히 권장해 뽑아 씀이 옳을 것이니, 송승연은 가히 9등을 뛰어 국자박사國子博士를 제수하고 아울러 비색 공복 한 벌을 내려주라.

原文 大學助敎宋承演 南海道羅州牧經學博士全輔仁 誨人不倦 宜加獎擢 承演可超九等 授國子博士 仍賜緋公服一襲

_『고려사』권74, 지28, 선거2, 학교, 성종 8년 4월

자료4

국자감 학생들이 근래에 와서 대부분 폐업하니 이는 학관學官에게 책임이 있는 것이다. 지금부터 학관들은 성실하게 면려를 더 하도록 하여 연말에 성적을 평가하여 떠

나고 머무름을 정하도록 하라. 또 유생儒生으로서 국자감에 있은 지 9년이 되고, 율생律生^{주2}으로서 6년이 되어도 허황되고 우매하여 성취함이 없는 자는 물리쳐 버리도록 하라.

주2 율생律生 : 율학律學을 공부하는 학생.

原文 國子監諸生 近多廢業 責在學官 自今 精加勉勵 至年終 較臧否 定去留 儒生在監九年 律生六年 荒昧無成者 並令屏黜

__ 『고려사』권74, 지28, 선거2, 학교, 문종 17년 8월

자료 5

국학에 7재七齋를 두었는데, 『주역』을 공부하는 곳을 여택麗澤이라 하고, 『상서』를 공부하는 곳을 대빙待聘이라 하고, 『모시』를 공부하는 곳을 경덕經德이라 하고, 『주례』를 공부하는 곳을 구인求仁이라 하고, 『대례』를 공부하는 곳을 복응服膺이라 하고, 『춘추』를 공부하는 곳을 양정養正이라 하고, 무학을 공부하는 곳을 강예講藝라 했다. 대학의 최민용 등 70인과 무학武學의 한자순 등 8인을 시험쳐서 뽑아 나누어 여기서 공부하도록 했다.

原文 國學 置七齋 周易曰麗擇 尙書曰待聘 毛詩曰經德 周禮曰求人 戴禮曰服膺 春秋曰養正 武學曰講藝 試取大學崔敏庸等七十人 武學韓自純等八人 分處之

__ 『고려사』권74, 지28, 선거2, 학교 예종 4년 7월

자료 6

무학재武學齋의 생도는 과거 응시자가 적기 때문에 비록 책론策論에 합격하지 못하여도 점수에 따라 뽑으니 급제하기 매우 쉬우므로 모든 학생이 다투어 무학에 들어가고 있다. 이것은 근본을 버리고 말단을 따르는 것으로서, 선비들의 풍조가 다만 요행만 바랄 뿐 아니라 모두 재주와 기량이 노둔하고 졸렬하여 혹 병사兵事를 맡기더라도 유명무실하다. 또 무학이 점차 성하여져 장차 문학인文學人과 대립하여 불화하게 되면 매우 불편하게 될 것이다. 지금부터는 이미 과거에 급제한 자는 문사와 같이 등용하고, 무학으로 인재를 선발하는 제도와 무학재의 칭호는 모두 폐지하라.

原文 武學齋生 赴擧者少 故策論 雖不合格 隨分選取 得第甚易 諸學生 爭屬武學 棄本逐末 非徒士風僥倖 率皆才器駑下 或委兵事 有名無實 且武學漸盛 將與文學人 角立不和 深爲未便 自今 已登第者 與文士一體敍用 武學取士 及齋號 並停罷

__ 『고려사』권74, 지28, 선거2, 인종 11년 정월

주3 식목도감式目都監 : 중서문하성의 재신과 중추원의 추밀이 재상으로서 국가의 중대사를 의논하여 처리하는 공식 기구의 하나.

주4 훈관勳官 : 훈공을 상賞하는 관칭官稱으로 일정한 직사職事가 없는 벼슬.

주5 훈봉勳封 : 관리들에게 공신의 칭호를 주거나 관원의 처에게 외명부의 직첩을 주는 것.

주6 봉작 : 왕의 자식들 또는 공신들에게 군의 칭호를 주거나 궁녀들에게 내명부의 벼슬을 주며, 관원들의 처들에게 남편의 등급에 따라 외명부의 벼슬을 주는 일.

인종 때 식목도감式目都監주3이 학식學式을 제정했다.

국자감 학생은 문무관 3품 이상의 자손 및 훈관勳官주4 2품으로서 현공縣公 이상의 직위를 가진 자와 경관 4품으로서 3품 이상의 훈봉勳封주5을 받은 자의 아들로 한다.

태학생은 문무관 5품 이상의 아들·손자와 또는 정·종 3품관의 증손 및 훈관 3품 이상의 봉작주6이 있는 자의 아들로 한다.

사문학 학생은 훈관 3품 이상 봉작이 없는 자와 4품으로서 봉작이 있는 자 및 문무관 7품 이상의 아들로 한다.

3개 학교의 학생 수는 각각 300명으로 하며 연령순으로 재학시킨다.

잡로雜路주7 및 장인·상인·악공 등 천한 일을 하는 자, 대공친大功親주8·소공친小功親주9 간에 혼인한 자, 가정 도덕이 바르지 아니한 자, 극악무도하여 귀향주10간 자, 천한 향·부곡인 등의 자손, 본인이 사죄私罪를 범한 자는 입학을 허락하지 않는다.

율학·서학·산학은 다 국자감에 속하되 율학·서학·산학의 학생 및 주·현의 학생은 모두 8품관 이상의 아들 및 일반 서인을 받는다. 그러나 7품 이상의 아들도 자신이 원한다면 이를 허락한다.

국자감·태학·사문학에는 다 박사와 조교를 두되 반드시 경서의 지식이 풍부하고 덕행이 높아서 능히 스승이 될 만한 자를 택하고 경서를 나누어 학생을 가르치되 한 경서를 가르칠 때마다 강을 마치도록 한다. 강을 마치지 못하면 다른 과목으로 바꿀 수 없다. 연말에 강의한 분량을 계산하여 박사와 조교의 성적과 등급 차례를 정한다.

율학·서학·산학에는 다만 박사만 두는데 율학박사는 율령을 맡아 교수하고 서학박사는 8서를 맡아 가르치며 산학박사는 산술을 맡아 가르친다.

경서로는 『주역』·『상서』·『주례』·『예기』·『모시』·『춘추좌씨전』·『공양전』·『곡량전』을 각각 한 가지 경서로 하고 그 밖에 『효경』·『논어』를 반드시 겸하여 잘 알아야 한다. 학생들의 수업 연한에서 『효경』·『논어』는 아울러 1년, 『상서』·『공양전』·『곡량전』은 각각 2년 반, 『주역』·『모시』·『주례』·『의례』는 각각 2년, 『예기』·『좌전』은 각각 3년으로 한다. 모두 먼저 『효경』과 『논어』를 읽은 다음에 여러 경서와 함께 산산을 읽고 시무책을 익힌다. 여가가 있으면 꼭 겸하여 글씨를 하루에 한 장씩 쓰며 아울러 『국어國語』주11·『설문說文』주12·『자림字林』주13·『삼창三倉』주14·『이아爾雅』주15를 읽는다.

주7 잡로雜路 : 각 관아의 말단 이속이 승진하는 사로仕路.

주8 대공친大功親 : 사촌 형제, 시집간 고모, 시집간 누이 등의 친척. 원래 대공이란 아홉 달 입는 상복을 가리킨다.

주9 소공친小功親 : 증조부모, 6촌 형제, 5촌 숙질 등의 친척. 원래 소공이란 다섯 달 입는 상복을 가리킨다.

주10 귀향 : 본관으로 돌려보내는 것으로 고려 때는 하나의 형벌.

주11 『국어國語』 : 중국 고전의 하나로, 『좌씨전』에 빠진 춘추 시대의 역사를 적은 책인데 21권으로 되어 있다.

주12 『설문說文』 : 설문해자. 후한의 허신이 엮었는데 한자 9,000여 자를 실어 540부로 나누고 글자학의 원리인 육서에 따라 글자꼴을 분석하고 풀이했다.

주13 『자림字林』 : 남조南朝 말에 여침呂忱이 찬술한 책으로 7권으로 되어 있으며, 문자의 훈고訓詁를 기록하고 있다.

주14 『삼창三倉』 : 자서字書의 총칭. 한漢 대에는 창힐편倉頡篇·원력편爰曆篇·박학편博學篇을 이르고, 위진 이후에는 창힐편倉頡篇·훈찬편訓纂篇·방희편滂喜篇을 일컫는다.

주15 『이아爾雅』 : 13경의 하나로 가장 오래된 자서字書이며 19권으로 되어 있다. 천문·지리·음악·기재器財·초목·조수鳥獸 등에 관한 고금의 문자를 설명했다.

原文 仁宗朝 式目都監詳定學式 國子學生 以文武官三品以上子孫 及勳官二品帶縣公以上 幷京官四品帶三品以上勳封者之子 爲之 大學生 以文武官五品以上子孫 若正從三品曾孫 及勳 官三品以上有封者之子 爲之 四門學生 以勳官三品以上無封 四品有封 及文武官七品以上之子 爲之 三學生 各三百人 在學 以齒序 凡係雜路 及工商樂名等賤事者 大小功親犯嫁者 家道不正 者 犯惡逆歸鄕者 賤鄕部曲人等 子孫 及身犯私罪者 不許入學 其律學書學筭學 皆肄國子學 律 書筭及州縣學生 並以八品以上子 及庶人 爲之 七品以上子 情願者聽 國子大學四門 皆置博士 助敎 必擇經學優長 景行修謹 堪爲師範者 分經敎授諸生 每授一經 必令終講 未終講者 不得改 業 年終計講授多少 以爲博士助敎考課等第 律書筭學 只置博士 律學博士掌敎律令 書學掌敎八 書 筭學掌敎筭術 凡經周易尙書周禮禮記毛詩春秋左氏傳公羊傳穀梁傳 各爲一經 孝經論語 必 令兼通 諸學生課業 孝經論語 共限一年 尙書公羊穀梁傳 各限二年半 周易毛詩周禮儀禮 各二 年 禮記左傳 各三年 皆先讀孝經論語 次讀諸經幷筭 習時務策 有暇 兼須習書 日一紙 幷讀國語 說文字林三倉爾雅

_ 「고려사」권74, 지28, 선거2, 학교

자료8

국자감은 이전에 남쪽 회빈문會賓門 안에 있었다. 앞에는 대문이 있는데 방榜을 국자 감이라 했다. (그 구조는) 중앙에 선성전宣聖殿을 두고 그 양쪽 행랑에 재사齋舍를 설치 하여 제생諸生을 거처하게 했다. 이전의 제도는 극히 좁았는데 지금은 예현방禮賢坊으 로 옮겼다. 이로써 학생들이 많이 불어나고 그 제도가 사치스럽게 되었다.

原文 國子監 舊在南會賓門內 前有大門 榜曰國子監 中建宣聖殿 兩廡闢齋舍 以處諸生 舊 制極隘 今移在禮賢坊 以學徒滋多 所以侈其制耳

_ 「고려도경」권16, 국자감

자료9

(공민왕 16년) 성균관을 중수하고 이색을 판개성부사判開城府事 겸 성균대사성으로 임 명했으며 생원生員을 증원하고 경학經學 학자들인 김구용, 정몽주, 박상충, 박의중, 이숭인 등을 선발해 다른 관직을 가진 채 교관敎官을 겸임시켰다. 이전에는 관생館生 이 수십 명에 불과했다. 이색은 교수 방법을 바꿔 매일 명륜당에 앉아 경서를 분담해 교수를 집행하고 강의를 마친 후에는 서로 토론했는데 피로를 잊었으며 배우는 자들 이 많이 모여들어 서로 보고 감동하게 되었다. 정주程朱, 정호·정이 형제와 주자의 성리 학이 비로소 흥기했다.

原文　重營成均館 以穡判開城府事 兼成均大司成 增置生員 擇經術之士 金九容鄭夢周朴尙衷朴宜中李崇仁 皆以他官兼教官 先是 館生不過數十 穡更定學式 每日坐明倫堂 分經授業 講畢相與 論難忘倦 於是 學者坌集 相與觀感 程朱性理之學 始興

_『고려사』권115, 열전28, 이색

자료 10

(공양왕 원년) 10학에 교수관을 두었는데 예학은 성균관, 악학은 전의시典儀寺,^{주16} 병학은 군후소軍候所, 율학은 전법典法,^{주17} 자학字學은 전교시典校寺,^{주18} 의학은 전의시典醫寺,^{주19} 풍수음양학은 서운관書雲觀,^{주20} 이학吏學은 사역원司譯院^{주21}에 나눠 예속시켰다.

原文　置十學教授官 分隷禮學于成均館 樂學于典儀寺 兵學于軍候所 律學于典法 字學于典校寺 醫學于典醫寺 風水陰陽等學于書雲觀 吏學于司譯院

_『고려사』권77, 지31, 백관2, 제사도감각색諸司都監各色, 십학十學

자료 11

서경에 행차하여 학교를 창설했다. 이에 앞서 서경에 학교가 없었는데 왕이 수재인 정악廷鶚을 서학박사로 삼아 머물도록 했다. (정악은) 학원學院을 따로 창설하고 6부의 생도를 모아 가르쳤다. 후에 태조는 흥학興學의 소식을 듣고 비단을 하사하여 이를 권장하고 의醫·복卜2업을 겸해 두었다. 또 곡식 100석을 내려 학보學寶^{주22}로 했다.

原文　幸西京 創置學校 先是 西京未有學 王命秀才廷鶚 留爲書學博士 別創學院 聚六部生徒 教授 後王聞其興學 賜繪帛勸之 兼置醫卜二業 又賜穀百碩 爲學寶

_『고려사절요』권1, 태조 13년 12월

자료 12

(예종 11년) 제학사원諸學士院을 고쳐 분사국자감分司國子監이라 했다. 판사判事 1인을 두어 3품관으로 겸하게 했고, 제주祭酒 1인을 두며 소감少監^{주23} 이상이 이를 겸하게 했으며, 또 사업司業 1인을 두고 원외랑員外郎^{주24} 이상이 이를 겸하도록 했다. 박사는 1명을 두고 8품으로 하고 조교助教 1인을 두고 9품으로 했다.

原文　改諸學士院 爲分司國子監 判事一人 三品 兼之 祭酒一人 少監以上 兼之 司業一人 員外郎以上 兼之 博士一人 八品 助教一人 九品

_『고려사』권77, 지31, 백관2, 외직, 서경유수관西京留守官

주16 전의시典儀寺 : 국가에서 행하는 제사와 관원들의 시호에 관한 일을 맡은 관청.

주17 전법典法 : 전법사典法司. 전법사는 형부刑部가 명칭이 변한 것이다.

주18 전교시典校寺 : 도서의 보관 및 인쇄에 관한 일을 맡은 관청.

주19 전의시典醫寺 : 궁궐 안에서 쓰는 각종 의약품과 치료 사업을 맡은 관청.

주20 서운관書雲觀 : 충렬왕 34년(1308)에 사천감, 태사국을 합해 설치한 관청으로, 천문을 관측하고 절기와 날씨를 살피며 물시계를 관리하는 일을 맡았다.

주21 사역원司譯院 : 외국말을 번역하며 통역원을 양성하는 일을 맡은 관청.

주22 학보學寶 : 학교의 학생들이 공부하는 데 필요한 경비를 조달하는 보. 보는 본전은 두고 이자를 특정한 용도에 사용하는 것이다.

주23 소감少監 : 군기감·비서성·사재감·사천대·소부감·장작감·전중성·태의감에 소속된 관원으로 4품에서 5품의 품계를 갖는다.

주24 원외랑 : 상서도성의 정6품 관원.

자료 13

(이규보는) 신축년 대정 21년(1181) 14세에 비로소 문헌공도가 되어 성명재誠明齋에 들어가 학업을 익혔다. 해마다 하과夏課 때면 선배[先達]들이 제생諸生을 모아 놓고 초에 선을 그어 시간을 정해 운韻을 내어 시詩를 짓도록 했는데 이 명칭을 급작急作이라 했다. 공이 계속 일등으로 뽑히므로 모든 선비가 비로소 공을 뛰어나게 여겼다. … 계묘년 대정 23년 16세에 … 사마시司馬試[주25]에 응시했으나 합격하지 못했다.

주25 사마시司馬試 : 국자감시를 달리 부르는 말.

原文 辛丑大定二十一年 公年十四 是年 始籍文憲公徒誠明齋 肄業 每夏課 先達輩會諸生 刻燭占韻賦詩 名曰急作 公連中榜頭 諸儒始奇之 …癸卯大定二十三年公年十六 …公留赴司馬試 不捷

— 『동국이상국집』 연보年譜

자료 14

사학私學. 문종 때 대사大師 중서령中書令 최충이 후진을 모아 교육하기를 게을리하지 아니하니 선비와 평민의 자제가 그의 집과 마을에 가득했다. 마침내 9재齋로 나누어 (그 명칭을) 낙성樂聖 · 대중大中 · 성명誠明 · 경업敬業 · 조도造道 · 솔성率性 · 진덕進德 · 대화大和 · 대빙待聘이라 했다. 이를 일컬어 시중최공도侍中崔公徒라 했으며 의관衣冠의 자제들로서 무릇 과거에 응시하려는 자는 반드시 먼저 도중徒中에 속하여 공부했다. 매년 여름철에는 승방을 빌려 하과夏課를 했으며, 도중에서 급제하여 학문이 우수하고 재능이 많으나 아직 관직에 나아가지 않은 자를 택하여 교도敎導로 삼았는데 배우는 것은 9경[주26]과 3사[주27]였다. 간혹 선배가 찾아오면 촛불에 금을 그어 한정된 시간에 시를 짓게 하고, 그 차례대로 방榜을 내어 이름을 불러 들어오도록 하여 술자리를 베풀었다. 동자童子[주28]와 관자冠子[주29]가 좌우로 벌려 있으며 술상을 받드는데 진퇴에 예의가 있고 장유의 질서가 있었다. 이와 같이 하면서 해가 지도록 시를 읊어 주고 받으니 보는 사람마다 아름답게 여기고 감탄하지 않는 이가 없었다. 그 후부터는 무릇 과거에 나아가려는 이는 9재에 이름을 올리게 되니 이름하여 문헌공도라 했다. 또 유신儒臣으로서 도를 세운 이가 11인이 있다.

주26 9경 : 『주역』·『상서』·『모시』·『예기』·『주례』·『의례』·『춘추좌씨전』·『공양전』·『곡량전』을 가리키는데 『의례』 대신에 『효경』을 넣기도 한다.

주27 3사 : 『사기史記』·『한서漢書』·『후한서後漢書』.

주28 동자童子 : 아직 관례를 행하지 않은 어린 사내아이.

주29 관자冠子 : 관례를 행한 사람.

原文 凡私學 文宗朝 大師中書令崔冲 收召後進 敎誨不倦 靑衿白布 塡溢門巷 遂分九齋 曰 樂聖大中誠明敬業造道率性進德大和待聘 謂之侍中崔公徒 衣冠子弟 凡應擧者必先肄徒中 而 學焉 每歲暑月 借僧房 結夏課 擇徒中及第 學優才贍 而未官者 爲敎導 其學 則九經三史也 間或

先進來過 乃刻燭賦詩 榜其次第 呼名而入 仍設酌 童冠列左右奉樽俎 進退有儀 長幼有序 竟日
酬唱 觀者莫不嘉嘆 自後 凡赴擧者 亦皆隸名九齋籍中 謂之文憲公徒 又有儒臣立徒者十一

_ 『고려사』권74, 지28, 선거2, 학교, 사학

자료 15 사학 12공도와 설립자

도명	설립자	관직	급제 관계	고시관 경력
1. 문헌공도	최충	문하시중	목종 8년 장원	현종 17년, 정종 원년 지공거
2. 홍문공도 (웅천도)	정배걸	문하시중	현종 8년 장원	문종 원년, 지공거
3. 광헌공도	노단	참지정사		문종 34년, 선종 2년 지공거
4. 남산도	김상빈	국자제주		문종 3년, 국자감시 시관
5. 서원도	김무체	복야	정종 원년 장원	
6. 문충공도	은정	시랑		
7. 양신공도	김의진 (박영보)	평장사 (낭중)		문종 19년, 지공거
8. 정경공도	황영	평장사		숙종 2년, 지공거
9. 충평공도	유감			
10. 정헌공도	문정	문하시중		문종 32년, 지공거
11. 서시랑도	서석	시랑		
12. 구산도				

자료 16

민간 마을에 경관經館과 서사書社가 두세 개씩 늘어서 있다. 그리하여 그 백성들의 자제로서 아직 결혼하기 전인 자들이 무리지어 살면서 스승으로부터 경서를 배우며, 성장하면 벗을 택해 무리지어 사관寺觀에서 강습한다. 아래로 병졸과 아동에 이르기까지 향선생鄕先生에게 글을 배운다.

原文 閭閻陋巷間 經館書社 三兩相望 其民之子弟未昏者 則群居而從師授經 旣稍長 則擇友 各以其類 講習于寺觀 下逮卒伍童稚 亦從鄕先生學

_ 『고려도경』권40, 유학

■ 출전

『고려도경』

『고려사』

『고려사절요』

『동국이상국집』

■ 찾아읽기

신천식, 『고려교육제도사연구』, 형설출판사, 1983.

민병하, 『한국중세교육제도사연구』, 성균관대학교 출판부, 1992.

송춘영, 「지방의 교육기관」, 『한국사』17, 1994.

신천식, 『고려교육사연구』, 경인문화사, 1995.

김병인, 「고려 예종대 국학진흥의 추진세력과 배경」, 『전남사학』12, 1998.

송춘영, 『고려시대 잡학교육연구』, 형설출판사, 1998.

이중효, 「고려 숙종대 국학의 진흥」, 『전남사학』13, 1999.

김호동, 「여말선초 향교교육의 강화와 그 경제적 기반의 확보과정」, 『대구사학』61, 2000.

이중효, 「고려 인종대 국자감 운영을 둘러싼 정치세력들의 입장」, 『진단학보』92, 2001.

박찬수, 『고려시대 교육제도사 연구』, 경인문화사, 2001.

이중효, 「고려 문종대 사학의 설립과 국자감 운영」, 『전남사학』19, 2002.

이병희 외, 『배움과 가르침의 끝없는 열정 - 한국문화사2』, 국사편찬위원회, 2005.

허흥식, 「고려의 과거제도」, 일조각, 2005.

이중효, 「고려 예종～의종대 국학의 칠재생」, 『역사학보』194, 2007.

이중효, 「고려시대 국자감의 기능 강화와 사학 침체」, 『역사학연구』36, 2009.

3 고려를 밝힌 부처의 불빛

팔관회와 연등회

고려 시기에 불교는 왕실과 귀족에서 일반 서민까지 전 사회 계층이 신봉했다. 국가나 개인의 행복과 번영을 기원하는 각종 불교 행사가 실시되었다. 이 중에서 국가가 주재한 것 가운데 가장 성대하게 열린 것은 팔관회와 연등회였다.

팔관회

팔관회는 태조의 '훈요십조'에서 천령天靈 및 오악五嶽 · 명산名山 · 대천大川 · 용신龍神을 섬기는 대회라 하였다.[자료1] 원래 팔관회는 불교 의식 가운데 하나다. 살생하지 말고, 도둑질하지 말며, 간음하지 말며, 헛된 말을 하지 말며, 음주하지 말라는 불교의 오대계五大戒에, 사치하지 말고, 높은 곳에 앉지 말며, 오후에는 금식해야 한다는 3가지를 덧붙인 계율을 지키는 의식이다. 이 8가지 계율을 하루 낮 하루 밤에 한하여 엄격히 지키게 하는 것으로써 불교 입문의 상징으로 삼았다. 이 8계를 수여하는 의식을 팔관회 또는 팔재회八齋會라고 했다.

고려 때 팔관회는 건국 초부터 멸망할 때까지 국가 행사로 성대하게 베풀어졌다. 다만 성종 6년(987)부터 중지되었다가 현종 원년(1010)에 부활하는 사이에만 실시되지 않았다.[자료2·3] 팔관회는 연중 행사로서 토속신에 대한 제례의 요소를 띠고 있는데 매년 11월 15일에 행해져 이를 중동팔관회仲冬八關會라 했다. 서경에서는 이보다 한 달 전인 10월 15일에 베풀었다.[자료2]

개경의 팔관회는 궁궐과 사원에서 시행되었다. 사원은 예외없이 법왕사法王寺였다. 법왕사는 태조 왕건이 즉위한 다음해 국가의 안녕을 도모하기 위하여 세운 10찰 가운데 으뜸가는 사원이었다.

팔관회 의식이 이루어지는 곳에는 사방에 향등香燈을 달고 2개의 채붕綵棚을 세워 장엄하게 장식하고 불교와 민속적 요소가 합치된 백희가무百戲歌舞가 행해졌다. 왕은 의봉루儀鳳樓에 나와 앉아 군신의 축하 인사와 헌수獻壽 그리고 지방관의 축하 표문을 받았다. 팔관회 때 베풀어진 가악歌樂은 군왕 만세와 천하태평을 기원하는 의미를 지녔다. 문종 27년(1073) 팔관회의 경우, 신봉루神鳳樓에서 교방제자敎坊弟子 초영楚英이 포구악抛毬樂·구장권별기九

고려 불화 「수월관음도」의 공양자상으로 일본 대덕사에 소장되어 있다. 불화에 보이는 여인은 치마 위에 저고리를 착용하고 있으며, 치마에는 꽃무늬로 추정되는 문양이 화려하게 새겨져 있다. 또 뒷머리를 크게 올려 붉은 끈을 매고 있다.

張權別伎를 연주했고, 문종 31년 2월에는 왕모대가무王母隊歌舞를 연주하여 55인이 군왕 만세와 천하태평 글자를 춤추며 만들기도 했다. 의종 22년(1168)에는 신라 이래의 고풍이 날로 사라져 가는 것을 염려했던 왕의 유시에 따라 국가 전속 성가대聖歌隊 내지 성극단聖劇團으로서 4명을 한 조로 하는 사선악부四仙樂部를 편성하여 이후 매년 팔관회 때마다 신라의 고풍대로 격식에 맞추어 노래를 부르고 춤을 추게 했다.

이처럼 팔관회 때는 대회가 열리는 밤에 궁중의 넓은 광장 한가운데에 하나의 커다란 등을 설치하고 사방에 다시 수많은 등을 찬란하게 밝히고, 술과 다과를 베풀어 음악과 춤이 진행되는 가운데 왕과 신하들이 함께 즐기고 부처와 천지신명을 즐겁게 하여 나라와 왕실의 평안과 태평을 빌었다. 또한 가을의 추수를 천신에게 감사하는 뜻도 포함했다. 팔관회는 종합적인 종교 행사였으며 문화제文化祭였다. 팔관회 때는 송나라 상인이나 여진 및 탐라의 사절이 축하 선물을 바치고 무역을 행하여 국제적 행사가 되었다.[자료4]

연등회

연등은 등을 달고 밝게 불을 켜 번뇌와 무지로 가득한 어두운 세계를 밝게 비춰줌으로써 부처의 공덕을 기리는 의식이다. 이 연등은 고대 인도에서부터 있었던 불교 의식 가운데 하나였는데, 중국에 전래되면서 연중행사로 바뀌었다. 우리나라에서는 삼국 시대 불교의 수용과 더불어 시작된 것으로 보이는데, 고려 초에 연중행사로 자리 잡았다.[자료1] 성종 때 유교 이념이 강조되면서 일시 폐지되었다가[자료3·5] 23년 뒤인 현종 원년(1010)에 다시 열렸다.[자료6] 개최일은 국초에는 정월 15일, 현종 때에는 2월 15일이었고, 그 이후 고려 말까지 대개 2월에 열렸다. 형편에 따라 간혹 1월 15일에 열리기도 했다.[자료6]

정종 4년(1038) 2월 연등회 때 왕이 봉은사에 가서 예불하고 그곳에 모셔 있는 태조의 사당에 참배했는데, 이후 이것이 중요한 행사 가운데 하나가 되었다.[자료7]

연등회 행사는 14일 소회 행사와 15일 대회 행사로 이루어져 이틀 동안 진행되었다. 소회일에는 강안전 편전 의식便殿儀式과 봉은사 행향 의식이 중요 행사였다. 편전 의식은 강안전 안마당에서 공연되는 백희를 관람하는 것이었다. 이것이 끝나면 국왕은 봉은사로 가서 태조 진전에 향을 올리고 제사를 지냈다. 보름날 아침이 밝으면 대회일 행사가 시작되었다. 국왕의 측근인 태자와 종실, 추밀들과 신하 등이 함께 자리하여 술과 음식을 나누면서 즐겼다. 연등회는 부처 공양이라는 본래 의미와 함께 태조에 대한 숭상이라는 거국적이며 정치적인 의의를 아울러 가졌다.

연등회 행사날 밤에는 축제의 장이 펼쳐졌다. 대궐 안에 수많은 등을 밝히고 술과 다과를 베풀며, 음악과 춤과 연극이 어우러지는 가운데 왕과 신하들은 부처와 천지신명을 아울러 즐겁게 하고, 국가의 태평과 왕실의 안녕을 기원했다. 야간 통행금지도 해제되어 길거리는 밤새도록 혼잡했다. 백희를 구경하고 음악을 즐기면서 등불로 장식된 거리와 사원을 구경하고 돌아다니면서 소원을 빌었다. 연등회는 부처의 공덕을 기리고 칭송하기 위해 많은 등을 밝히는 의식에서 출발했지만 고려에서는 이처럼 종합적인 문화제 양상을 띠고 있었다.[자료8]

그 밖에도 수시로 대소 규모의 연등 행사가 열렸다. 문종 21년(1067) 1월 흥왕사의 낙성을 기념하기 위해 연등회가 열렸는데 대궐 뜰에서 홍왕사 문에 이르는 먼 길에 등을 닷새 동안이나 즐비하게 달아놓고 밤마다 불을 밝혀 장관을 이루었다.[자료 9] 그 밖에 불사佛寺의 낙성落成과 사탑寺塔의 건립 등을 경축하는 연등 행사도 수시로 열렸다.

고려 시대 연등회 모습이 세밀하게 묘사되어 있는 고려 시대 불화 「관경변상도」.

각종 불교 행사의 성행

연등회와 팔관회는 불교와 관련된 행사이자 재래의 민속에 흡수되면서 이루어진 종합적인 문화 행사였다. 이밖에도 현실 사회에서 재난과 외침이 있을 경우에 이를 불력佛力에 의지해 극복하려는 염원 하에 갖가지 불교 행사가 열렸다.

국가적인 차원에서 행해진 불교 행사로는 인왕백고좌회仁王百高座會 · 소재도량消災道場 · 문두루도량文豆婁道場을 들 수 있다. 인왕백고좌회[인왕도량]는 국가의 재난을 없애고 외적의 침입을 막기 위해 『인왕반야경仁王般若經』에 의거하여 행하는 법회로, 왕의 권위를 높이고 왕권을 강화하는 데에도 일조했다. 소재도량은 『소재일체섬전장난수구여의다라니경消災一切閃電障難隨求如意陀羅尼經』이나 『대위덕금윤불정치성광여래소제일체大威德金輪佛頂熾盛光如來消除一切』를 외면서 질병과 천재지변을 없애고 복을 비는 의식이었고, 문두루도량은 『불설관정복마봉인대신주경佛說灌頂伏魔封印大神呪經』의 가르침에 따라 오방신五方神을 모시고 주문을 외면서 각종 재액, 특히 외적의 침입을 막고 국가의 안녕과 태평을 비는 법회였다. 국왕 탄신날에는 만수무강을 비는 법회로서 축수도량이 며칠동안 성대하게 열렸다. 이때는 중앙의 관원은 물론 전국 각지에서 올라온 지방 관원들도 하례를 했다.

이 밖에 무차대회無遮大會가 열려 승려나 속인, 남과 여, 귀인과 천인의 차별 없이 대중을 대상으로 하여 잔치를 베풀며 물품을 나누어 주었다. 또한 불경을 모신 가마를 앞세우고 그 뒤에는 승려들이 『인왕반야경』 등을 외며 따르고, 다시 그 뒤에 관원들이 행렬을 지어 시가를 돌면서 국리민복國利民福을 비는 경행經行이 있었다.[자료10]

고려 후기에 선종이 부상하면서 선종 관련 법회인 선회禪會가 자주 설행되었다. 강화 천도 후에는 몽골군 격퇴를 위한 호국 담선법회가 개최되었다. 또한 참법이 중요시되고 예참에 관련한 수행과 염불이 유행했다. 원 간섭기에는 원 황실과 관련된 축수도량이나 대규모 반승飯僧 의식 같은 것이 새롭게 등장했다.

고려 시기에는 연등회와 팔관회를 비롯한 크고 작은 불교 행사를 통해 즐거움을 누리고 어려움을 해소하고자 했다. 군신과 백성이 함께 행사를 거행함으로써 고려 사회를 하나로 통합시키는 효과도 적지 않았다. 또한 재래의 전통 신앙과 융합되어 다양성 속에서 종합성을 갖추는 경향을 보였다.

자료1

여섯 번째 이르기를, "나의 지극한 관심은 연등과 팔관에 있다. 연등은 부처를 섬기는 것이요, 팔관은 천령天靈[주1] 및 오악五嶽·명산名山·대천大川·용신龍神을 섬기는 것이다. 후세의 간신들이 건의하여 증감하려는 것을 일체 금지하라. 나 역시 당초에 맹세하기를 이 행사 날을 국가 기일忌日과 상치되지 않게 하고 군신이 함께 즐기기로 했으니 마땅히 공경해 이대로 시행할 것이다."라고 했다.

> **原文** 其六曰 朕所至願 在於燃燈八關 燃燈所以事佛 八關所以事天靈 及五嶽名山大川龍神也 後世姦臣 建白加減者 切宜禁止 吾亦當初誓心 會日不犯國忌 君臣同樂 宜當敬依行之
> ＿ 『고려사』권2, 세가2, 태조 26년 4월 '훈요십조'

주1 천령天靈 : 하늘의 신령.

자료2

태조 원년 11월 유사가 말하기를, "전주前主는 매년 11월 크게 팔관회를 설해 복을 기원했으니 그 제도를 따르소서." 하니 왕이 허락하여 드디어 구정毬庭[주2]에 윤등輪燈[주3] 일좌一座를 두고 향등香燈을 사방에 나열했으며 두 개의 채붕綵棚[주4]을 묶었는데 각각 높이가 오장여五丈餘[주5]였고, 앞에서 여러 가지 노래와 춤을 추었다. 사선악부四仙樂部와 용·봉황·코끼리·말·수레·배는 모두 신라에서 행했던 것이었다. 백관들은 관복을 입고 예를 행하고 구경하는 사람들이 도성을 메웠다. 왕이 위봉루에 행차해 보았는데 해마다 이를 상례로 했다. 성종 6년 10월에는 유사에게 명해 개경과 서경의 팔관회를 정지하게 했다. 현종 원년 11월에 회복했다. 덕종 3년 10월에 가까운 신하를 보내어 서경 팔관회에서 이틀 동안 술과 음식을 내렸다. 서경은 관례로 맹동孟冬[주6]에 이 팔관회를 설하고 (개경은) 11월에 팔관회를 설하여 왕이 신봉루에 거동하여 백관에게 술과 음식을 내리고, 이어 대회大會에 다시 술과 음식을 내리고 악樂을 베풀었다. … 충렬왕 원년 11월 경진에 본궐에 행차하여 팔관회를 설하고 금오산 편액의 '성수만세聖壽萬歲' 4자를 '경력천추慶曆千秋'라 고치고, 그중 한 사람의 경사가 나면 8방의 표문이 궐정闕廷에 이르고, 천하태평이란 글자도 모두 고쳤으며, 만세라 부르던 것을 천세千歲라 부르게 하고 연로輦路[주7]에 황토를 펴지 못하게 했다. 공민왕 6년 11월 갑인에 팔관 대회를 열었다. 팔관 대회는 11월 15일에 했는데 이제 14일에 대회한 것은 사천대司天臺[주8]에서 말하기를 "자묘일子卯日은 좋지 않다."고 하기 때문이었다. 7년 11월 기유리

주2 구정毬庭 : 격구를 하는 운동장.

주3 윤등輪燈 : 불전佛前에 매달고 불을 켜는 것인데, 그 모양이 수레바퀴와 같다.

주4 채붕綵棚 : 비단으로 만든 잔교.

주5 오장여五丈餘 : 장은 10척, 따라서 5장은 50척이 된다. 오장여는 50척이 다소 넘는 것을 말한다.

주6 맹동 : 초겨울. 음력 10월.

주7 연로輦路 : 임금이 탄 수레가 가는 길.

주8 사천대司天臺 : 천문에 관한 일을 맡은 관청.

酉에 팔관소회八關小會를 열고 경술庚戌에 대회했는데 13일이 동지冬至였기 때문이다.

原文 太祖元年十一月 有司言 前主 每歲仲冬 大設八關會 以祈福 乞遵其制 王從之 遂於毬庭 置輪燈一座 列香燈於四旁 又結二綵棚 各高五丈餘 呈百戲歌舞於前 其四仙樂部龍鳳象馬車船 皆新羅故事 百官袍笏行禮 觀者傾都 王御威鳳樓 觀之 歲以爲常 成宗六年十月 命有司 停兩京八關會 顯宗元年十一月 復八關會 德宗三年十月 遣輔臣 賜西京八關會 酺二日 西京例 以孟冬設此會 十一月 設八關會 御神鳳樓 賜百官酺 翌日大會 又賜酺 觀樂 … 忠烈王元年十一月庚辰 幸本闕 設八關會 改金鼇山額聖壽萬年四字 爲慶曆千秋 其一人有慶八表來庭 天下太平等字 皆改之 呼萬歲 爲呼千歲 輦路禁鋪黃土 恭愍王六年十一月甲寅 八關大會 凡八關大會 以十一月十五日 爲之 今以十四日爲大會者 以司天臺言子卯不樂故也 七年十一月己酉 八關小會庚戌 大會 以十三日冬至故也

         _ 『고려사』권69, 지23, 예11, 중동팔관회의仲冬八關會儀

자료3

전민관어사前民官御事[주9] 이지백李知白[주10]이 아뢰기를, "태조가 나라를 창건한 후 대를 이어 오늘에 이르렀는데 충신이 한 사람도 없어서 갑자기 국토를 떼어 경솔하게 적에게 주자고 하니 어찌 통분한 일이 아니겠습니까? … 청컨대 금은보기를 소손녕蘇遜寧[주11]에게 주고 속마음을 타진하여 보십시오. 또한 국토를 경솔히 적국에 할양하기보다는 차라리 선대로부터 전하여 오던 연등·팔관·선랑仙郎[주12] 등 행사를 다시금 거행하고 타국의 색다른 풍습을 본받지 말며 그리하여 국가를 보전하고 태평을 이루는 것이 좋지 않겠습니까?"라고 했다. … 당시 성종은 중국 풍습을 즐겨 모방하려 했으며 나라 사람들이 이를 달가워하지 않았던 까닭에 이지백이 이 문제를 언급한 것이다.

原文 前民官御事李知白奏曰 聖祖創業垂統 洎于今日 無一忠臣 遽欲以土地 輕與敵國 可不痛哉 … 請以金銀寶器 賂遜寧 以觀其意 且與其輕割土地 棄之敵國 曷若復行先王燃燈八關仙郎等事 不爲他方異法 以保國家 致太平乎 … 時 成宗樂慕華風 國人不喜 故知白及之

         _ 『고려사』권94, 열전17, 서희

자료4

팔관회를 열고 왕이 신봉루에 나가 관리들을 위해 술과 음식을 내렸으며 저녁에는 법왕사法王寺[주13]로 갔으며, 다음날 대회에서도 술과 음식을 내리고 음악을 감상했다. 이때에 동서 2경東西二京[주14]과 동북양로병마사東北兩路兵馬使[주15] 및 4도호四都護[주16] 8목八牧[주17]이 각각 표문을 올려 축하했으며, 송상들과 동서번東西蕃[18]과 탐라국[19]이 방물을 바쳤다. 이들에게 좌석을 주어 의식을 관람케 했다. 그 후 이것이 상례가 되었다.

原文 設八關會 御神鳳樓 賜百官酺 夕幸法王寺 翼日大會 又賜酺觀樂 東西二京東北兩路兵馬使四都護八牧 各上表陳賀 宋商客東西蕃耽羅國 亦獻方物 賜坐觀禮 後以爲常

_ 「고려사」권6, 세기6, 정종靖宗 즉위년 11월

주18 동서번東西蕃 : 동여진과 서여진을 가리키는 것으로 보인다.

주19 탐라국 : 오늘날 제주도.

자료 5

(13조) 우리나라에서는 봄에는 연등을 설치하고 겨울에는 팔관을 베풀어 사람을 많이 동원하고 노역이 심히 번다하니 원컨대 이를 줄여서 민력을 펴게 하소서.

原文 我國 春設燃燈 冬開八關 廣徵人衆 勞役甚煩 願加減省 以紓民力

_ 「고려사」권93, 열전16, 최승로 '시무 28조'

자료 6

현종 원년(1010) 윤2월에 연등회를 회복했다. 나라의 풍속에 왕궁과 국도國都로부터 향읍鄕邑에 미치기까지 정월 보름으로부터 두 밤을 연등했는데, 성종이 이를 번잡하고 소란하며 온당치 못하다 하여 없앴던 것을, 이때에 회복한 것이었다. 2년 2월에 연등회를 청주淸州 행궁行宮[20]에서 베풀었는데 이 뒤로부터는 2월 15일에 행함을 관례로 했다. 문종 2년 2월 갑신甲申에 연등했는데 15일 계미일이 한식이므로 이날에 행했다. 공민왕 23년 정월 임오에 연등했다. 처음에 태조는 정월에 연등했고, 현종이 2월에 행했는데 이때에 유사有司가 공주公主의 제삿날이므로 다시 정월에 행할 것을 청했던 것이다.

주20 행궁行宮 : 국왕이 거둥길에 임시로 머무는 별궁.

原文 顯宗元年閏二月 復燃燈會 國俗 自王宮國都 以及鄕邑 以正月望 燃燈二夜 成宗 以煩擾不經 罷之 至是 復之 二年二月 設燃燈會于淸州行宮 是後 例以二月望 行之 文宗二年二月甲申 燃燈 以望日癸未寒食 至是日 行之 恭愍王二十三年正月壬午 燃燈 初太祖 以正月燃燈 顯宗以二月爲之 至是 有司以公主忌日 請復用正月

_ 「고려사」권69, 지23, 예禮11, 상원연등회의上元燃燈會儀

자료 7

연등회를 열었다. 이날 왕이 봉은사에 가서 태조의 초상을 참배했다. 연등회날 저녁에 반드시 진전에서 친히 분향을 했는데 이것을 상례로 삼았다.

原文 燃燈 王如奉恩寺 謁太祖眞 燈夕 必親行香眞殿 以爲常

_「고려사」 권6 세가6 정종靖宗 4년 2월

자료 8

해마다 2월 보름 연등회 등석 전날 임금은 봉은사로 행차하여 태조의 거룩한 진영에 분향하고 절하는데 이를 봉은 행향이라 했다. 옛 서울인 개성에는 9개의 거리가 넓고 평탄하며 흰 모래가 평평하게 깔려 있고 큰 내가 도도히 흘러 양편의 집과 집 사이를 흘러나온다. 이날 저녁이 되면 관청들은 각각 비단으로 아름답게 만든 언덕 모양의 장식대를 거리 이곳저곳에 설치하고 군대들도 길을 따라 화려한 비단을 길게 연결하여 놓는다. 그림이 그려져 있는 휘장과 글씨가 씌어 있는 병풍이 좌우로 펼쳐져 있고 기생의 음악이 다투어 울려나오고 수많은 등불들이 하늘에 이어져 대낮같이 밝다. 봉은 행향으로부터 왕의 행차가 돌아올 때 양부의 기녀들이 무지갯빛 치마를 입고 화관을 쓰고 음악을 연주하면서 승평문 밖에 나와 맞이한다. 왕이 환궁하심을 알리는 풍악이 연주되고 흥례문과 이빈문 사이를 들어서면 궁전은 밤이 깊어 고요하고 별은 높이 떠 총총하니 요란한 풍악 소리는 마치 공중에서 나는 듯하다.

原文 每歲二月望爲燈夕前一日 駕幸奉恩寺 禮祖聖眞 號爲奉恩行香 在舊都九街廣坦 白沙平鋪 大川溶溶 流出兩廊間 至此夕 百寮隨大小各結繪山 諸軍府亦以繪綵結絡 聯亘街陌 以畫幛書屛張左右 競作伎樂 萬枝燈火連天如白晝 上行幸還 兩部伎女 着霓裳戴花冠 執樂迎踔于昇平門外 奏還宮樂 入興禮利賓門間 宮殿沈沈高撤星斗 樂聲轟轟如在半天

_「보한집補閑集」 상, 매세이월망위등석每歲二月望爲燈夕

자료 9

흥왕사[주21]가 낙성되었는데, 2,800칸이며 12년 만에 준공되었다. 왕이 재를 베풀어서 낙성하니 각처에서 중들이 모여들었다. 계행戒行이 있는 자 1,000명을 택하여 법회에 참석하게 하고, 여기에 항상 머물게 했으며, 특히 닷새 동안 밤낮으로 연등 대회를 열었는데 왕의 명령으로 중앙의 모든 관청과 안서도호부,[주22] 개성부와 광주廣州·수주水州[주23]·양주楊州[주24]·동주東州[주25]·수주樹州[주26] 등 다섯 고을과 강화[주27]·장단[주28] 두 현을 시켜서 궁궐의 뜰에서 절 문에 이르기까지 채붕을 꾸미게 했는데 빗살을 나란히 비늘처럼 차례로 이어지게 했으며, 왕의 가마가 지나가는 길 좌우에는 또 등산燈山과

주21 흥왕사 : 문종 때 창건한 화엄종 소속의 사원. 규모가 2,800칸에 달했으며 거처하는 승려가 1,000명이었다.

주22 안서도호부 : 황해도 해주.

주23 수주水州 : 오늘날 수원.

주24 양주楊州 : 오늘날 서울.

주25 동주東州 : 황해도 서흥군의 옛 이름.

주26 수주樹州 : 경기도 부평. 곧 지금의 인천광역시 북구 부평동 일대.

주27 강화 : 지금의 강화도.

주28 장단 : 경기도 북부에 위치했으며 임진현과 인접했다.

화수火樹를 꾸며서 대낮같이 환하게 했다. 이날 왕이 행차 의례를 갖추고 백관을 거느리고 분향하고 재물을 보시했는데, 그 불교 행사의 성대함은 이전에는 예가 없었다.

原文 興王寺成 凡二千八百間 十二年而功畢 王欲設齋 以落之 諸方緇流坌集 命擇有戒行者 一千赴會 仍令常住 特設燃燈大會 五晝夜 勅令百司 及安西都護開城府廣水楊東樹五州 江華 長湍二縣 自闕庭 至寺門 結綵棚 櫛比鱗次 連亘相屬 輦路左右 又作燈山火樹 光照如晝 是日 王 備鹵簿 率百官 行香 施納財襯 佛事之盛 曠古未有

_ 「고려사절요」권5, 문종 21년 정월

자료 10

왕이 시중주29 최제안崔齊安주30에게 명하여 구정毬庭에 가서 분향하고 가구경행街衢經行을 배송拜送케 했다. 서울 거리를 세 길로 나누어 각각 채색 들것에 반야경을 담아서 메고 앞서 나가면 중들은 법복을 차려 입고 따라가면서 불경을 외우며 감압관監押官도 공복을 입고 보행으로 그 뒤를 따라 시가를 순회했다. 이것은 백성들을 위하여 복을 축원하는 행사로서 경행이라고 했다. 이로부터 이것이 매해 상례가 되었다.

原文 命侍中崔齊顔 詣毬庭 行香 拜送街衢經行 分京城街衢 爲三道 各以彩樓子 擔般若經 前行 僧徒具法服 步行讀誦 監押官 亦以公服步從 巡行街衢 爲民祈福 名曰經行 自是 歲以爲常

_ 「고려사」권6, 세가6, 정종靖宗 12년 3월

주29 시중 : 문하성의 장관으로 종1품직

주30 최제안崔齊安 : 최승로의 손자이자 최숙의 아들로 문종 즉위년(1046)에 세상을 떠났다. 호부상서, 이부상서, 상서좌복야, 중추사, 태사문하시중을 역임했다.

출전

「고려사」

「고려사절요」

「보한집」

찾아읽기

안계현, 「팔관회고」, 「동국사학」4, 1956.

안계현, 「연등회고」, 「백성욱송수기념 불교학논문집」, 동국문화사, 1959.

홍순창, 「연등고─특히 상원연등의 유래에 대하여」, 「김재원회갑기념논총」, 을유문화사, 1969.

안계현, 「불교행사의 성행」, 「한국사」6, 국사편찬위원회, 1975.

김영태, 「고려 역대왕의 신불과 국난타개의 불사」, 「불교학보」14, 1977.

홍윤식, 「〈고려사〉 세가편 불교기사의 역사적 의미」, 「한국사연구」60, 1988.

이은봉, 「연등회와 토착신앙의 관계」, 「한국철학종교사상사」, 1991.

김형우, 「고려시대 연등회 연구」, 『국사관논총』55, 1994.

홍윤식, 「불교행사의 성행」, 『한국사』16, 국사편찬위원회, 1994.

김영미, 「고려전기의 아미타신앙과 천태종 예참법」, 『사학연구』55 · 56합집, 1998.

박윤진, 「고려시대 개경 일대 사원의 군사적 · 정치적 성격」, 『한국사학보』3 · 4합집, 1998.

이상선, 「고려시대 사원의 사회경제연구」, 성신여자대학교 출판부, 1998.

한기문, 「고려사원의 구조와 기능」, 민족사, 1998.

김종명, 「고려 연등회와 그 유산」, 『불교연구』16, 한국불교연구원, 1999.

박용진, 「고려후기 인왕도량의 설행과 그 의의」, 『북악사론』6, 1999.

안지원, 「고려 연등회의 기원과 성립」, 『진단학보』88, 1999.

김형우, 「고려후기 국가설행 불교행사의 전개양상」, 『한국문화의 전통과 불교 – 홍윤식교수정년퇴임기념논총』, 2000.

김종명, 「한국중세의 불교의례 – 사상적 배경과 역사적 의미」, 문학과지성사, 2001.

박용진, 「고려중기 인왕경신앙과 그 의의」, 『한국중세사연구』14, 2003.

변동명, 「충선왕과 만승회」, 『민족문화논총』27, 영남대학교, 2003.

한기문, 「고려시기 정기 불교 의례의 성립과 성격」, 『민족문화논총』27, 영남대학교, 2003.

김창현, 「고려말 불교의 경향과 문수신앙의 대두」, 『한국사상사학』23, 2004.

야스다 준야安田純也, 「고려시대의 내도량高麗時代の內道場」, 『조선학보』94, 2005.

김창현, 「고려 강도의 문수신앙과 관음신앙」, 『한국중세사연구』23, 2007.

박용진, 「고려중기 의천의 불교의례와 그 인식」, 『한국중세사연구』22, 2007.

조경시, 「고려 현종의 불교신앙과 정책」, 『한국사상사학』29, 2007.

김수연, 「고려전기 금석문 소재 불교의례와 그 특징」, 『역사와 현실』71, 2009.

김수연, 「고려시대 불정도량 연구」, 『이화사학연구』38, 2009.

이병희, 「고려시기 사원경제 연구」, 경인문화사, 2009.

김창현, 「고려 서북면의 사원과 불교신앙 – 묘향산 일대를 중심으로」, 『한국사연구』149, 2010.

변동명, 「고려 팔관회에서의 외국인조하와 국제교류」, 『해양문화연구』5, 2010.

야스다 준야安田純也, 「고려경행고高麗經行考」, 『조선학보』215, 2010.

한기문, 「고려시대 사원의 정기 행사와 교역장」, 『대구사학』100, 2010.

안지원, 「고려후기 금석문을 통해 본 불교의례의 새로운 동향」, 『역사와 현실』80, 2011.

안지원, 「고려의 국가불교 의례와 문화 – 연등 · 팔관회와 제석도량을 중심으로」, 서울대학교 출판문화원, 2011.

야스다 준야安田純也, 「고려시대의 장경도량에 대하여高麗時代の藏經道場について」, 『연보조선학年報朝鮮學』14, 규슈대학 조선학연구회九州大學朝鮮學研究會, 2011.

황인규, 「고려시대 불교계와 불교문화」, 국학자료원, 2011.

야스다 준야安田純也, 「고려 문종대의 항례불사체계의 성립高麗 · 文宗朝における恒例仏事体系の成立」, 『방일학술연구자 논문집訪日學術研究者論文集』12, 일한문화교류기금日韓文化交流基金, 2012.

4 불교 사상의 통합을 꿈꾸다

천태종과 수선사

고려 시기 불교계에서 화엄종, 유가종(법상종), 조계종(선종)의 3 종파가 주류적인 위치에 있었다. 각 종파가 개별적으로 발전하는 양상을 보이는 중국과는 달리, 고려 불교계에서는 종파를 통합하려는 노력이 전개되어 간 점이 주목된다. 이 노력은 여러 계통의 승려에 의해 시도되었는데, 대표적인 승려는 의천과 지눌이었다.

천태종의 개창과 영향

고려 초 이래 불교계는 여러 종파로 나뉘어 발전했다. 광종 때 집권화 정책을 적극 추진할 때, 선종은 법안종法眼宗을 수용하여 통일하고, 교종은 화엄종의 균여均如를 동원하여 정비하려는 시도가 있었다. 그러나 광종의 사후 그런 노력은 수포로 돌아가고 말았다.

의천(1055~1101)은 문종의 넷째 왕자로 태어났는데, 어머니는 불교를 독신하는 인예태후였다. 그는 11세에 출가하여 불일사佛日寺의 계단에서 계를 받았으며, 15세 때인 문종 23년(1069)에 승통僧統의 법계와 우세祐世라는 호를 제수받았다. 선종이 즉위한 1084년에는 흥왕사 주지가 되었으며, 다음해에 송나라에 건너가 14개월간 송의 고승을 방문하고 선종 3년(1086)에 1,000권의 장서를 가지고 귀국했다. [자료1]

그는 요·송·일본 등 동아시아 각지에서 25년 동안 수집한 1,010부 4,759권의 저술을 가지고 선종 8년(1091) 『신편제종교장총록新編諸宗敎藏總錄』을 편찬했다. 이 저서는 불교 서적 목록으로서, 11세기 무렵 동아시아 불교 관계 저술의 경향을 보여주며, 의천이 추구했던 사상적 향방도 알려준다. 여기에는 신라 고승들의 저술뿐만 아니라 거란인의 희귀한 저술이 수록되어 있다. 그리고 화엄·유식·법화·천태 관계 저술은 포함되어 있지만, 선종의 어록이나 연구서들은 제외되어 있다. 화엄종 계통의 승려였던 균여의 저술은 의도적으로 제외되어 균여의 사상에 대해서는 비판적이었음을 보여준다.

의천이 송에 갔을 때, 당시 중국에서는 천태종이 부흥한 후였다. 그는 천태종 승려인 종간從諫에게서 천태교관天台敎觀에 대하여 배우고 귀국했다.[자료2] 의천은 천태종의 정통에게서 교·관을 전수한 것이다.

의천은 국내외에서 구입한 장·소를 편찬하여 간행하는 한편 천태종 개창에 전력을 기울였다. 선종 6년 2월에 『천태사교의天台四敎儀』를 해인사에서 간행하고 10월에서는 국청사國淸寺를 개창하기 시작했다. 숙종 2년(1097) 2월 국청사가 완공되자 의천은 초대 주지를 역임하고 천태교학을 강의했다.[자료1] 천태종을 개창할 때 선종 승려 1,000명을 기반으로 삼았는데, 선종 총림의 승려 6~7할이 천태종으로 옮겨갔다고 할 정도였다. 의천은 숙종 6년에 이들 중에서 우수한 사람 100명을 추려 그들에게 중요 경론으로 시험을 쳐서 40명을 선발했다.[자료3] 이것은 천태종이 최초로 승과를 치르고 교단으로 공인받은 것을 의미한다. 이리하여 천태종은 명실상부하게 교단을 형성했던 것이다. 선봉사대각국사비㒨鳳寺大覺國師碑 음기陰記에는 의천의 천태법맥을 이은 문도가 명시되어 있다. 이 비는 의천이 입적한 지 35년이 지난 인종 14년(1136) 법손들에 의해 건립되었는데, 문도의 이름이 100여 명 이상 나열되어 있다.

의천은 실천實踐 면에서 교관겸수敎觀兼修를 주장하여 관행觀行이 결여된 기존의 화엄종을 비판했으며, 또한 경전을 무시하는 선종도 비판했다.[자료4] 결국 선종이나 화엄종 등 불교철학 유파들이 가지고 있던 부족한 점을 비판하면서, 불교 철학에는 여러 사조들이 있으나 천태종이 가장 발전된 불교 철학이라고 주장했다.[자료5·6]

의천이 활약하던 시기는 불교 종파가 크게 화엄종·유가종·조계종으로 구분되었는데, 각 종파는 문벌 귀족 세력과 연결되면서 보수성을 강하게 띠고 있었다. 이에 의천은 국왕 중심의 집권 체제를 옹호하는 입장에서, 불교계의 통합을 위해 노력했다.

의천의 불교 통합 노력은 일시적으로 왕권을 배경으로 광범위하게 전개되기도 했지만, 그의 사후 문벌 체제가 강화되는 추세에 따라 각 종파의 분립과 대립이 가속화되었다. 천태종 자체는 예종이 재위한 수 년 동안 인주 이씨 세력의 득세로 현화사 중심의 법상종에 압도되었다가 인종이 즉위하고 이자겸이 사망한 후에 교세가 부흥했다. 천태종 개창 이후 천태교관을 진작시키면서 교단을 통솔한 이는 교웅敎雄선사 (1076~1142)와 덕소德素왕사(1108~1174)였다. 의천의 천태종 개창은 선종 계통의 와해를 가져왔으며 법상종을 약화시켰다.

수선사의 개창과 발전

의종 24년(1170) 무신란이 일어나고 무인 정권이 수립되자 기존의 문벌 귀족과 밀접한 관련을 갖고 있던 불교계는 격렬하게 저항했다. 무신 정권에 대하여 항쟁한 사원 세력은 교종이 중심을 이루었다. 무신 세력과 항쟁하는 과정에서 화엄종과 법상종 교단의 세력은 크게 약화되었다. 교종 세력의 공격을 받자 무인 정권은 선종에 관심을 갖게 되었다. 정중부는 개경의 선종 사원인 보제사普濟寺를 새로이 고치고 낙성회落成會를 열었으며, 최충헌은 대선사大禪師 지겸志謙을 각별히 존숭하여 왕사王師로 삼고 아들을 그 문하門下에 출가시켜 선승禪僧으로 삼았다.

최충헌은 지눌이 결성한 선종결사禪宗結社인 수선사修禪社를 지원했으며, 최우도 이를 적극 후원했다. 지눌은 명종 20년(1190) 거조사居祖寺에서 「정혜결사문定慧結社文」을 반포하고 정혜쌍수定慧雙修의 이론적 기초 위에서 정혜결사定慧結社를 결성했고[자료7] 신종 3년(1200) 송광산松廣山 길상사吉祥寺로 근거지를 옮겼다.[자료8] 신종 7년 길상사는 고려 왕실과 최충헌의 지원을 받아 수선사로 사액賜額되었다. 지눌은 사굴산파의 종휘선사宗暉禪師에게 득도했다고 하지만 사굴산파와는 직접적인 관계가 없었다. 또한 승과에 합격했지만 국가로부터 승계나 승직을 일체 받은 적이 없었다.

영통사대각국사비. 개성직할시 용흥동 영통사 터에 있다. 몸체는 높이 3.06미터, 너비 1.61미터, 두께 24센티미터며, 전체 높이는 4.32미터다. 귀부龜趺·비신·옥개석玉蓋石으로 구성되어 있으며, 귀부는 화강석, 옥개석과 몸체는 대리석이다. 비의 글은 당대의 학자이며 명문장가인 김부식이 지었고, 글씨는 오언후가 고려 전기에 유행한 구양순체 해서로 써서 새겼다. 비문에는 어려서 불가에 들어가 송나라에서 천태종과 화엄종을 배우고 돌아와 천태종을 개창하기까지 대각국사의 행적이 기록되어 있다. 인종 3년(1125)에 세웠다.

지눌의 불교 사상은 정혜쌍수定慧雙修와 돈오점수頓悟漸修로 일관된 선법에 있었다.[자료9] 이런 선법을 이루기 위해서는 성적등지문惺寂等持門·원돈신해문圓頓信解門·간화경절문看話徑截門 등 3문에 차례로 입각해야 했다.[자료8] 성적등지문은 3문 중 가장 기본적인 실천 수행법인데, 인간의 본성을 돈오한 다음 정혜[惺寂=체용體用]를 등지等持해야 한다는 것이다. 이것은 지눌이 20대 전반에 혜능慧能의 『단경壇經』을 보다가 깨달은 뒤 주창한 것이다. 원돈신해문은 화엄 사상을 도입하여 화엄과 선이 근본에 있어서 둘이 아니라는 것을 밝힌 것인데, 선교 대립을 지양하려는 태도를 보인 것이다. 간화경절문은 화두를 참구할 것을 강조한 것이다. 이런 3문으로 이루어진 지눌의 선 실천 체계는 대단히 독창적이며, 특히 선문에서 싫어하는 지혜의 원용을 주장한 것이 주목된다. 결국 불교에서의 선교를 통합하려는 사상적 경향을 보이는 것이라 하겠다. 동아시아 불교 사상 전체의 흐름에서 보면 7세기 이후 지눌의 시대까지 나타났던 조사선, 초기 선사상, 화엄교학, 간화선 등을 새롭게 해석하고 재구성한 것으로 볼 수 있다.

수선사는 대다수 민중의 신앙이 정토 신앙임을 인식하고 이를 수용하는 불교관을 표방했는데, 이 때문에 참담한 현실 속에 피폐되어 있던 지방 사회 일반민들의 광범위한 지지를 얻게 되었다. 최근에 발견된 『염불인유경念佛因由經』은 지눌의 저서는 아닐지라도 지눌 계통의 정토 사상을 반영한 것으로 이해된다.

지눌은 지방의 향리독서층 출신이었는데, 뒤를 이은 수선사의 사주社主들도 대부분 이전의 문벌 귀족과는 구별되었다. 후원 세력도 초기에는 중앙의 무인 세력과는 직접 관련이 없었으며, 수선사 인근의 지방민들, 특히 향리층의 적극적인 지원이 있었다.[자료10]

수선사는 점차 최씨 집권 세력과 연결되면서 보수적인 모습을 보였다. 제2세 혜심慧諶 때에 와서 강종康宗을 비롯한 왕실, 최우를 비롯한 무인 세력, 최홍윤崔洪胤을 비롯한 유학자 관료 등이 새로 입사入社하면서 중앙의 정치 세력과 연결되었다. 그에 따라 수선사 교단은 크게 발전했다. 최우는 또한 아들 만종萬宗과 만전萬全을 출가시켜 혜심에게서 득도하게 했으며, 제도를 초월하여 승과도 치르지 않은 그에게 대선사직大禪師職을 제수하기도 했다.[자료11] 그리고 혜심은 최우에게 보낸 서장書狀 중에서 꿈을 가탁하여 최충헌을 상근인上根人이라는 불교적 용어를 써가면서 비상한 인물로 추앙하고 그의 시정施政을 적극 칭송했으며 최우를 위해 축수도량祝壽道場도 베풀었다.

혜심은 이처럼 최우 정권과 밀착하고는 있었지만 도성都城으로의 초청은 끝까지 거절했다. 중앙 정치 세력과 밀착되는 것을 자제한 것이다. 그러나 3세 몽여夢如, 4세 혼원混元, 5세 천영天英을 거치면서 무인 정권과의 관계는 더욱 긴밀해져갔다. 고종 21년(1234) 최우의 원찰願刹로서 강도江都에 선원사禪源社를 창건하자 혼원·천영 등 수선사의 사주社主가 될 인물들이 법주法主를 담당했으며, 6세 충지冲止에 이르면서 후원 세력이 크게 바뀌어 국왕의 측근이나 재추宰樞와 주로 교류했다. 이처럼 수선사는 제2세 이후 급속하게 중앙의 정권과 유착하는 모습을 보였다. 특히 원 간섭기에 수선사가 원 세조를 위해 축수재祝壽齋와 절일재節日齋를 시행했으며, 수선사계 사원인 강화의 선원사 역시 원의 역대 황제의 원찰이 되었다.

보조국사 지눌 영정. 보조국사는 송광사의 제1세 사주社主로서 이 진영은 다른 작품에 비해 독특한 점이 있다. 주장자를 짚었고 의자도 다른 것에 비하여 웅대하며 장식적인 미가 돋보인다. 또한 옆면에 조각된 화초도는 매우 사실적이다. 안면의 묘사도 대단히 개성이 강하게 표현되어 고승다운 풍모가 잘 나타나 있다.

당시 수선사를 주도한 인물들의 불교 철학은 최고의 수준을 보여 주었다. 단적으로 13세기 전반에 수선사가 간행한 선적禪籍을 보면 단순히 중국의 저술을 다시 간행한 것이 아니라 종합 정리한 것이 상당히 많다. 지눌 이후 불교의 여러 사상을 통일하려는 수준 높은 작업은 이루어지지 못했다. 이것은 새로운 사상 모색의 위축을 의미하는 것이며, 불교계의 동요가 전제된 것이기도 하다.

원 간섭기 불교계 동향

개경으로 환도한 후 불교계는 대체로 원의 간섭·지배라는 현실을 수용하고 당시 사회 질서에 타협하는 모습을 보였다. 원 간섭기 초기에는 선종의 가지산문, 천태종의 묘련사 계통, 원에 사경승寫經僧을 파견함으로써 대두한 법상종이 두드러진 모습을 보였다. 다수의 사원이 원 황실의 원찰이 되는 굴절을 겪었다.

원 간섭기에 선종의 경우, 원에서 『몽산법어蒙山法語』와 『선요禪要』 등 새로운 선적을 수용하고 그 선법을 적극 받아들이게 되었다. 원의 임제간화선풍이 고려 불교계에서 크게 유행하게 되면서 화두참구에서 무자화두無字話頭가 강조되고 오후인가悟後認可가 요구되는 변화가 일어났다. 원에 들어가 인가받은 승려는 귀국한 뒤 고려 사회에서 널리 존숭받는 승려가 되었다. 공민왕 때부터 크게 활약하는 태고 보우나 나옹 혜근은 입원승入元僧의 대표적인 존재였다. 선종에서의 이런 흐름은 지눌의 수선사로 대표되는 고려선의 전통과는 일정 부분 단절된 것이었다. 한편 충렬왕 때 국왕과 왕비의 원찰로서 묘련사가 천태종 사원으로 조영되자 백련사 출신의 경의와 무외·원혜·정오가 묘련사에 참여했는데, 이는 백련사 계통의 승려들이 중앙의 정치 권력과 밀착했음을 뜻한다. 백련사 계통의 승려로서 이와는 달리 초기의 서민 불교의 모습을 견지하려는 운묵무기雲黙無寄가 있었지만, 주류적인 위치에 있지는 못했다.

고려 말기 불교계는 공덕신앙, 영험·신이를 강조하는 성향을 보이고 있을 뿐, 교학 체계에 대한 이론적 탐구는 거의 보이지 않는다. 그리고 승정僧政은 파행적으로 운영되고 사원을 둘러싼 분쟁은 빈번했다. 이런 모습을 보이던 불교계는 조선 건국의 주체 세력에 의해 공격을 받는 처지에 놓였다. 그러나 자초·신조·조구 등 일부 승려는 이성계의 조선 건국을 적극 지지하기도 했다.

의천과 지눌은 각각 중심으로 삼는 사상은 달랐지만 불교 사상을 통합하려는 점에서는 일치했다. 불교 사상을 통일시켜 이해하고 자신이 속한 종파가 가장 우수하다고 주장하는 것은 고려 불교계가 종파별로 치열하게 경쟁하는 사실을 전제로 한 것이겠다. 수준 높은 차원에서의 불교 사상의 통합 노력은 조선 이후 불교계가 위축되면서 찾아볼 수 없게 되었다.

자료1

우리 대각국사의 이름은 석후^{釋煦}이고 자字는 의천^{義天}이다. 송나라 임금 이름을 피해서 자字를 많이 쓴다. 문종 인효성왕^{仁孝聖王}의 네째 아들이다. 어머니는 인예태후이며 꿈에 황룡을 보고 잉태했다. 을미년(1055) 9월 28일에 탄생했다. 비상한 상相을 갖고 있었으며 나이 11세가 넘자 아버지 문종이 그 뛰어남을 기이하게 생각하여 영통사靈通寺^{주1}의 고경덕국사^{故景德國師}를 불러 친히 가르치게 하고 출가하게 했다. 불일사佛日寺^{주2} 계단戒壇에서 구족계具足戒^{주3}를 받고 일찍 경馨을 익혔다. 일대의 으뜸가는 교리를 스스로 깨우치지 못함이 없었다. 경덕국사가 돌아가심에 이르러 스승을 이어 법문法門을 맡으셨다. 당시 불교에는 계율종·법상종·열반종·법성종·원융종·선적종이 있었는데 이 육종六宗의 스승이 되어 아울러 연구함이 지극했다. 밖으로 육경六經^{주4}과 칠략七略^{주5}의 서書에도 능통했다. 그러므로 문종은 광지개종홍진우세승통廣智開宗弘眞祐世僧統으로 삼았다. 순종, 선종은 은혜로이 예禮를 더하여 거듭 법호法號를 더했다. 대요천우황제大遼天佑皇帝는 두 번이나 경적經籍을 보내었고 다향茶香과 금백金帛으로 믿음의 인연을 맺었다. 원풍을축년[元豊乙丑, 1085]에 국사는 몰래 바다를 건너 송나라를 두루 다녔다. … 선종께서 문종이 창건한 흥왕사興王寺^{주6}를 종래 맡아볼 분이 없어 국사께 명하여 주지로 삼았다. 선교禪敎의 오묘함을 펴기를 몇 년간 했다. … 전에 (인예)태후가 우리나라에 본디 천태종이 없었다고 하여 원을 세워 국청사國淸寺^{주7}를 개창하여 장차 그 법을 흥행시키고자 하여 터를 닦기 시작했다. 지금 임금이 완성하자 정축년(숙종 2년, 1097) 5월에 임금이 의천에게 조詔로서 국사로 겸하여 주지케 했다. … 금년 10월 3일 국사로 책봉했고 이달 5일에 국사께서 돌아갔다.

原文 我大覺國師 法諱釋煦 字義天 爲避西宋國諱 多用字爾 文宗仁孝聖王之第四子 妣仁睿大后 夢感黃龍 以娠焉 乙未歲九月二十八日 誕生 而有非常之相 年跨十一 文考異其穎悟 召靈通寺故景德國師 爲親敎而出家 就佛日寺戒壇 受具 則夙習警矣 一代宗乘 無不自解 洎景德歸寂 師繼法門 而當世之學佛者 有戒律宗法相宗涅槃宗法性宗圓融宗禪寂宗 師於六宗 並究至極 外及六經七略之書 各發醇趣 故文考褒爲廣智開宗弘眞祐世僧統 順宗宣宗 恩禮甚厚 累加法號 大遼天佑皇帝 再寓經籍 茶香金帛 以結信緣 忽元豊乙丑歲 師以微行越海 巡遊宋境 … 宣宗 以文考創成興王寺 從來無主掌 詔國師爲住持 而演講橫亘禪◯精密者 有年矣 … 昔者 大后以盛域 本無天台性宗 啓願創立國淸寺 將欲興行其法 始拓基址 而今上告成 丁丑歲五月 詔國師兼持 … 今年十月三日冊爲國師 是月五日 國師恒化

_ 「고려묘지명집성」 왕후王煦 묘지명

주1 영통사靈通寺 : 개성에 소재한 사원으로, 현종 때 창건되었으며 소속 종파는 화엄종.

주2 불일사佛日寺 : 개성 부근에 소재한 사원으로, 광종 때 창건되었으며 소속 종파는 화엄종.

주3 구족계具足戒 : 정식 승려가 되기 위해 받아야 하는 계인데 비구는 250계, 비구니는 348계를 받았다.

주4 육경六經 : 6가지 경서, 곧 『역경』·『서경』·『시경』·『춘추』·『예기』·『악기樂記』.

주5 칠략七略 : 전한 사람 유향劉向이 아들 유흠劉歆과 같이 작성한 서적의 목록 7가지, 곧 『집략輯略』·『육예략六藝略』·『제자략諸子略』·『시부략詩賦略』·『병서략兵書略』·『술수략術數略』·『방기략方伎略』.

주6 흥왕사興王寺 : 개성 부근에 소재한 사원으로 문종 때 10년이 넘는 역사를 통해 완성되었고 총 2,800칸에 달했으며 화엄종 소속.

주7 국청사國淸寺 : 개성에 소재한 사원으로 의천이 청원하여 인예태후가 창건했는데, 선종 6년(1089)에 착공하여 헌종 1년(1095)에 낙성한 천태종의 종찰.

주8 지자대사智者大師 : 중국 수
나라 승려로 천태종의 개조開祖.
진왕陳王에게서 지자대사의 호를
받았다.

주9 5시8교五時八教 : 천태종의
교판教判. 5시는 석가가 50년간 행
한 설교를 시간적으로 판단한 것.
곧 화엄시 · 아함시 · 방등시 · 반야
시 · 법화열반시. 8교는 화의化儀
의 4교 곧 교화하는 형식에서 불교
를 분류한 돈교頓敎 · 점교漸敎 ·
비밀교秘密敎 · 부정교不定敎의 4
교와, 화법化法의 4교 곧 교리의
내용에서 분류한 장교藏敎 · 통교
通敎 · 별교別敎 · 원교圓敎의 4교.

주10 현수 : 중국 당나라 승려로 화
엄종의 제3조. 이름은 법장法藏이
며 저서로는 『화엄경탐현기華嚴經
探玄記』, 『화엄오교장華嚴五敎章』
등이 있다.

주11 5교 : 석가의 일대 교설을 분
류하여 5종으로 하는 것인데, 현수
법장은 소승교(小乘敎 : 아함경) ·
대승교(大乘敎 : 해심밀경) · 종교
(終敎 : 능가경 · 승만경) · 돈교(頓
敎 : 유마경) · 원교(圓敎 : 화엄경)
로 나누었다.

자료2

저는 머리를 조아려 귀명하며 천태교주天台敎主 지자대사智者大師[주8]께 아룁니다. "일
찍이 듣건대 대사께서는 '5시8교五時八敎[주9]로써 동쪽에 전해진 부처님 1대의 성스러운
가르침을 분류하여 해석했는데 이에 포함되지 않은 것은 없다'고 하셨습니다. 그리하
여 후세에 불법을 배우는 이들이 이에 의거하지 않는 이가 없습니다. 그러므로 우리
조사 화엄소주께서도 '현수[주10] 5교[주11]와 천태교의는 크게 같다'고 말씀하셨습니다. 조
용히 생각하옵건대, 우리나라에도 옛적 제관諦觀법사가 대사의 교관敎觀을 강연하며
해외까지 유통시켰으나 그것을 익혀 전하는 일이 끊어져 지금은 없습니다. 제가 분발
하여 몸을 돌보지 않고 스승을 찾아 도를 묻던 바, 이제 전당錢塘의 자변대사 강석에
서 교관을 이어 받고, 그 대략이나마 알게 되었습니다. 이에 후일 고국에 돌아가면 목
숨 바쳐 선양하여 대사께서 (중생을) 위하여 가르침을 펴신 노고의 덕에 보답할 것을
이에 서원합니다."

原文 右某 稽首歸命 白于天台教主智者大師曰 嘗聞大師 以五時八教 判釋東流 一代聖
言 罄無不盡 而後世學佛者 何莫由斯也 故吾祖花嚴疏主云 賢首五教 大同天台 竊念本國 昔
有人師 厥名諦觀 講演大師教觀 流通海外 傳習或墜 今也卽無 某發憤忘身 尋師問道 今已錢
塘慈辯大師講下 承稟教觀 粗知大略 他日還鄉 盡命弘揚 以報大師 爲物設教 劬勞之德 此其
誓也

_『대각국사문집大覺國師文集』권14, 대송천태탑하친참발원소大宋天台塔下親參發願疏

자료3

거돈居頓 · 신○神○ · 영암靈巖 · 고달高達 · 지곡智谷 등 5산문山門에 소속한 고승과 학
도들이 왕명을 받들어 모였으며 그 밖에 직접 대각국사의 문하에 들어온 여러 산문의
고승과 학도들이 300여 명이었다. 앞의 5문학도五門學徒와 함께 1,000명이었다. 신사
년(숙종 6년, 1101)에 대각국사에 의하여 제정된 규칙에 따라 우수한 자 100인을 뽑아
봉은사에서 종경론宗經論 120권으로써 뛰어난 자 40인을 선발했다. 이로써 천태종은
국초에 크게 번영한 조계曹溪 · 화엄華嚴 · 유가瑜伽와 더불어 궤범을 나란히 했으며,
세상에서 이르기를 4대업大業이라 한다.

原文 … 居頓神○靈巖高達智谷 五法眷名公學徒 因命會合 其外直投大覺門下 諸山名公學
徒三百餘人 與前五門學徒 無慮一千人 乾統元年辛巳 大覺始擧宏綱抄學優者一百人 坐奉恩寺

以宗經論一百二十卷 試取賢良四十餘人 而與先國初大行曺溪華嚴瑜伽 軌範齊等 世謂之四大業也

— 『한국금석전문韓國金石全文』중세 상上, 선봉사 대각국사비

자료 4

선가禪家에서 이른바 전제筌蹄를 의지하지 아니하고, 마음으로써 마음에 전하는 이는 상상근지자上上根智者라고 한다. 그러나 만약 하사下士일 경우에는 구이口耳의 학으로써 일법만 터득하면 스스로 만족히 여기고 있다. 그리하여 선종에서는 삼장三藏 십이분교十二分敎를 추구蒭狗 또는 조박糟粕이라고 천칭賤稱하고 있다. 이런 것을 족하다고 관찰하는 자가 또한 어찌 오견誤見이 아니겠는가.

原文 禪家所謂 不籍筌蹄 以心傳心 則上上根智者也 脫或下士 以口耳之學 認得一法 自次爲足 指三藏十二分敎 蒭狗也 糟粕也 又烏足觀者 不亦誤乎

— 『한국금석전문』(중세 상), 영통사 비문

자료 5

해동에 불법이 전래된 지 700여 년 동안 여러 종파가 다투어 연설하고 모든 가르침이 퍼졌지만 천태의 한 종파만이 그 밝음이 가려졌다. 옛적에 앞에서는 원효 보살이 훌륭함을 칭찬했고 뒤에서는 제관諦觀[주12] 법사가 전해 드날렸다.

原文 緬惟海東佛法七百餘載 雖諸宗競演 衆教互陳 而天台一枝 明夷于代 昔者 元曉菩薩稱美於前 諦觀法師 傳揚於後

— 『대각국사문집』권3, 신창국청사계강사新創國淸寺啓講辭

자료 6

나는 일찍이 학생들에게 교관敎觀의 본말을 가르쳐 보이기 위하여 "상相[주13]에 이르러 상을 얻고 이를 부연하면 10현玄[주14]이 되고 이를 고치면 5교敎가 된다."고 말했는데 그 말은 잘못된 것이 아니다. 어떤 배움에 뜻을 둔 군자가 있어 일승一乘[주15]에 뜻을 같이 두고 만 가지 행실을 같이 행하며, 큰 마음은 변하지 않고 큰 바람을 몸에 두어 보현普賢[주16]의 도를 붙잡고 행하여 노사나盧舍那의 경지에 들어가 마음껏 누리고자 했다고 하자. 그러한 이는 먼저 삼관三觀[주17] 오교五敎로써 법의 뜻을 깊이 연구하여 도에 들어

주12 제관諦觀 : 광종 때의 승려로, 중국에서 고려에 천태교의 서적을 구하자 광종 11년(960)에 천태교의 논소를 가지고 송나라에 건너가서 그곳에서 10년 동안 있다가 돌아오지 못하고 죽었다.

주13 상相 : 외계에 나타나 마음의 상상想像이 되는 사물의 모양, 곧 모양 · 꼴 · 겉매 등이라 한다.

주14 10현玄 : 화엄종에서 온갖 법이 낱낱이 고립된 존재가 아니고, 낱낱이 고립된 하나를 취하면 어느 것이든지 모두 전일全一의 관계가 있는 것을 열 가지 부문으로 관찰하여 말하는 것을 10현문이라 한다.

주15 일승一乘 : 석가의 교법을 가리킨다. 일체 중생이 모두 성불한다는 견지에서 그 구제하는 교법이 하나뿐이고, 또 절대 진실한 것이라고 주장하는 것이 일승이다.

주16 보현普賢 : 보현보살은 석가의 오른쪽에 있는 협시보살이며, 이덕理德 · 정덕定德 · 행덕行德을 맡았다.

주17 삼관三觀 : 관법觀法의 내용을 3종으로 나누는 것인데, 천태종에서는 공관 · 가관 · 중관을 세운다.

가는 안목으로 삼아야 할 것이다. 진실로 이 보법[普法, 화엄]을 떠나 성불할 다른 길이
없으니 일시적인 가르침이 극도에 달하면 과연 실제적인 것이 없게 된다. 그러므로
우리 스승이 일찍이 말하기를, "돌이켜 보건대 올바른 법의 시대에도 밝은 빛이 숨어
들어 있었는데 다행히 상법像法의 시대주18에 이런 현묘한 교화를 받는다."고 했다. 이
어서 "지금 탑사塔寺 시대의 말기에 살아 장차 투쟁의 시기가 다가오는데 이해하기 힘
든 경전을 그대로 들으니 몸을 부수어도 그 경사스러움을 갚을 수 없다. 마치 큰 바다
에 빠졌을 때 방주方舟를 만나고 높은 하늘에서 떨어졌을 때 신령스런 학을 탄 것 같구
나. 기뻐 뛰며 춤을 추게 되니 어찌 감격하고 고마운 마음을 이길 수 있겠는가. 오직
성현이라야 나의 마음을 아실 것이다."고 했다. …

세상에서 말하는 균여均如주19 · 범운梵雲 · 진파眞派 · 영윤靈潤 등 여러 스님의 책은 잘
못된 것이다. 그 말은 글을 이루지 못하고 뜻은 변통이 없어 스승의 도를 어지럽게 하
므로 후생을 미혹시킴이 이보다 심한 것이 없다. 내 비록 못났으나 글을 써서 그것을
배척할 뜻이 실로 있었거늘 하물며 내가 어려서 대경[大經, 화엄경]을 배울 적에도 선재
동자가 법을 구하는 뜻을 두루 알고서야. …

나는 매번 이 글을 읽을 때마다 책을 덮고 크게 한탄한다. 가만히 생각하면 성인이 가
르침을 베푸심은 이를 실천하게 하는 데 있으므로 다만 입으로만 말할 것이 아니라
실은 몸으로 행동하려는 것이다. 어찌 한쪽에 매달려 있는 박처럼 뜻함에 쓰임이 없
어 되겠는가. (나는) 몸을 잊고 도를 묻는 데 뜻을 두어 다행히 과거의 인연으로 선 지
식을 두루 참배하다가 진수晉水 대법사 밑에서 교관敎觀주20을 대강 배웠다. 강술하는

여가에 법사는 일찍이 제자들을 훈시하여, "관을 배우지 않고 경經만 배우면 비록 오
주五周의 인과因果주21를 들었더라도 삼중三重의 성덕性德에는 통하지 못하며, 경을 배
우지 않고 관만 배우면 비록 삼중의 성덕을 깨쳤으나 오주의 인과를 분별하지 못한
다. 그런즉 관도 배우지 않을 수 없고 경도 배우지 않을 수 없다."고 했다. 내가 교관에
마음을 쓰는 까닭은 이 말에 깊이 감복했기 때문이다.

그러므로 청량淸凉주22이 "방촌方寸의 마음이라도 거울삼지 않으면 성품의 신령함을
헛되이 저버리게 된다."고 한 말도 또한 이와 같은 뜻이다. 이에 화엄을 전수받으면
서 관문觀門을 공부하지 않은 이는 비록 강의하는 사람이라 하더라도 내가 믿지 않을
것임을 안다. 지금까지 두루 다니며 옛뜻을 펴고 앉아서 뭇 경전을 탐구하는 것이 정

히 이 시대를 위하는 데 있다. 내가 보건대 세상의 의학義學을 배우는 무리가 종일 공부하면서 배우는 까닭을 모르는 이가 많았다. 또는 치우치고 사악함에 떨어지기도 하고, 또는 명성과 이익에 빠지기도 하고, 또는 교만하고, 또는 게을러서 배우려는 마음이 있기도 하고 없기도 하여 그 몸을 마칠 때까지 도에 들어가지 못한다.

原文 予嘗謂學徒示教觀本末云 至相得之 演之爲十玄 變之爲五教 其言不誣也 其有義學君子 同志一乘 同修萬行 大心不變 弘誓在躬 掌握普賢之乘 優遊盧舍之境者 莫若先以三觀五教 研窮法義 用爲入道之眼目也 良由離此普法 更無異路 得成佛 故權教極 果無實事 故吾祖嘗有言曰 顧惟正法之代 尙匿淸光 幸哉像季之時 遇斯玄化 乃至云 今居塔寺之末 將隣鬪諍之時 飜聞難思之經 碎身莫酬其慶 猶溺巨海而遇方舟 墜長空而乘靈鶴 慶躍之 至手舞 何階感之慶之 唯聖賢之知我也 … 世所謂均如梵雲派派靈潤諸師謬書 語不成文 義無通變 荒蕪祖道 熒惑後生者 莫甚於斯矣 予雖末陋 辭而闢之 實有志焉 況吾幼學大經 備見善財求法之志 … 每至斯文掩卷長嘆 竊謂聖人設教 貴在起行 非但宣之於口 實欲行之於身 豈可以匏繫一方 無用於義 亡軀問道 立志於斯 幸以宿因 歷參知識 而於晉水大法師講下 粗承敎觀 講訓之暇 嘗示誨曰 不學觀 唯授經 雖聞五周因果 而不達三重性德 不授經 唯學觀 雖悟三重性德 則不變五周因果 夫然則觀不得不學 經不得不授 吾之所以盡心於教觀者 佩服斯言故也 故清凉云 不鏡方寸 虛負性靈者 亦斯意也 是知傳大經而不學觀門者 雖日講主 吾不信也 今者行詣百城 已酬曩志 坐探群藉 正在此時 吾觀世之義學之流 終日學 而不知所以學者 多矣 或失於偏邪 或失於聲利 或慢或怠 若存若亡 故終其身而不能入其道

— 『대각국사문집』권16, 시신참학도치수示新參學徒緇秀

자료7

삼가 들으니, "땅으로 인하여 넘어진 사람은 땅으로 인하여 일어난다."고 했으므로, 땅을 떠나 일어나는 것은 될 수 없는 일이다. 한마음에 미혹되어 끝없는 번뇌를 일으키는 이는 중생이요, 한마음을 깨달아 끝없는 묘한 작용을 일으키는 이는 부처이다. 미혹함과 깨달음이 비록 다르다 하더라도 한마음으로 말미암은 즉 마음을 떠나 부처를 구하는 것은 될 수 없는 일이다.

지눌이 젊어서부터 스승의 경지에 몸을 던져 선문을 널리 살피면서 부처가 중생을 위하여 자비를 베푸신 법문을 자세히 살펴보았다. 그것은 우리들에게 인연을 끊어 쉽게 하고 마음을 비워 가만히 합하여 밖에서 구하지 말게 했다. 곧 경전에서, "사람이 부처의 경지를 알려 하거든 마땅히 그 뜻을 허공처럼 맑게 하라."는 말과 같은 것이다.

무릇 보고 듣고 외우고 익히려는 사람은 만나기 어렵다는 마음가짐으로 스스로 지혜로 이를 바라보아 설명한 바 대로 수행해야 한다. 그러면 스스로 불심을 닦고, 불도를 이루어 친히 부처의 은혜에 보답하게 된다. 그러나 우리들이 아침저녁으로 행한 행적을 돌이켜보니 불법을 핑계로 하여 자신과 남을 구별하여 이익을 도모하기에 구구하고 세속의 일에 골몰하여 도덕을 닦지 않고 의식만을 허비했다. 비록 다시 출가했다고 하나 무슨 덕이 있으리오.

아아 무릇 삼계주23를 떠나려 하면서도 속세를 벗어나 수행이 되지 못하면 한갓 남자의 몸이 되었을 뿐이요, 장부의 뜻을 세운 것은 아니다. 이것은 위로는 도를 넓히는 데 어긋나고, 아래로는 중생에게 이롭지 못하며, 중간으로는 4가지 은혜를 저버렸으니 진실로 부끄럽다. 지눌은 이를 크게 탄식해 온 것이 오래되었다.

마침 임인년(1182) 정월에 서울 보제사주24 담선 법회에 참석했다. 하루는 동문 10여 인과 더불어 다음과 같이 약속했다. 이 모임을 파한 연후에 명예와 이익을 버리고 산림에 은둔하여 결사를 결성한다. 항상 선정을 익혀 지혜를 고루하기에 힘쓰며, 예불하고 경읽기를 하며 나아가서는 노동하기에 힘쓴다. 각기 소임에 따라 경영하고 인연에 따라 심성을 수양하며 한 평생을 자유롭게 호쾌하게 지낸다. 그리하여 멀리로는 달사와 진인의 높은 수행을 따르면 어찌 즐겁지 않겠는가. 때는 명창 원년 경술(1190) 늦봄에 공산에 은거한 목우자 지눌이 삼가 쓴다.

승안 5년 경신(1200)에 이르러 공산주25에서 결사를 강남의 조계산에 옮겼다. 그런데 이곳의 이웃에 정혜사주26가 있어 명칭이 서로 혼동되기 때문에 국가의 명령을 받들어 정혜사를 수선사로 고쳤다. 그러나 권수문은 이미 유포되었기 때문에 이미 옛 이름대로 조판하여 인쇄하여 널리 반포한다.

주23 삼계 : 생사유전이 쉴 새 없는 미계迷界를 셋으로 분류한 것. 곧 욕계 · 색계 · 무색계.

주24 보제사 : 개성 소재의 사원으로 소속 종파는 선종.

주25 공산 : 대구광역시에 소재한 팔공산.

주26 정혜사 : 오늘날 전남 순천시 서면 청소리에 소재한 사원.

原文 恭聞 人因地而倒者 因地而起 離地求起 無有是處也 迷一心而起無邊煩惱者 衆生也 悟一心而起無邊妙用者 諸佛也 迷悟雖殊 而要由一心 則離心求佛者 亦無有是處也 自妙年 投身祖域 遍參禪肆 詳其佛祖垂慈爲物之門 要令我輩 休息諸緣 虛心冥契 不外馳求 如經所謂 若人欲識佛境界 當淨其意如虛空等之謂也 凡見聞誦習者 當起難遇之心 自用智慧觀照 如所說而修 則可謂自修佛心 自成佛道 而親報佛恩矣 然返觀我輩 朝暮所行之迹 則憑依佛法 裝飾我人 區區於利養之途 汨沒於風塵之際 道德未修 衣食斯費 雖復出家 何德之有 噫夫欲離三界 而未有絶塵之行 徒爲男子之身 而無丈夫之志 上乖弘道 下闕利生 中負四恩 誠以爲恥 以是長歎 其來久矣 歲在壬寅正月 赴上都普濟寺談禪法會 一日 與同學十餘人 約曰 罷會後 當捨名利 隱遁山林 結爲同社 常以習定均慧 爲務 禮佛轉經 以至於執勞運力 各隨所任而經營之 隨緣養性 放曠平生 遠追達士眞人之高行 則豈不快哉 時明昌元年庚戌季春 公山隱居牧牛子 謹誌 至承安午

年庚申 自公山 移社於江南曹溪山 以隣有定慧寺 名稱混同 故受朝旨 改定慧社 爲修禪社 然勸

修文 旣流布 故仍其舊名 彫板印施耳

__ 『한국불교전서韓國佛教全書』4, 권수정혜결사문勸修定慧結社文

자료8

… 국사의 이름은 지눌이니 경서京西의 동주洞州[주27] 사람이다. 일찍이 스스로 목우자牧
牛子라 호했다. 속성은 정鄭씨이니, 그 선친 광우光遇는 국학國學[주28]의 학정學正[주29]이었
고, 선비先妣 조씨趙氏는 개흥군부인開興郡夫人이었다. 국사는 나면서부터 병이 많아
약을 써도 효험이 없었으므로 그 선고先考가 부처에게 기도하며 중을 만들기로 맹세
하자 병이 이내 나았다. 8세에 조계曹溪의 운손雲孫인 종휘선사宗暉禪師에게 몸을 던져
머리를 깎고 구족계를 받았다. 배움에는 일정한 스승이 없었고, 오직 도만을 따랐으
며, 지조는 뛰어나 헌칠했다.

25세 때, 대정大定 22년 임인년(1182)에 승선僧選에 합격하고, 얼마 안 되어 남방에 놀
아 창평昌平 청량사淸源寺에 이르러 거기서 머물렀다. 하루는 우연히 학료學寮에서 『육
조단경六祖壇經』을 펼쳐보다 '진여의 제 성품이 생각을 일으키므로, 비록 육근六根[주30]
이 보고 듣고 깨닫더라도, 진여의 성품은 아무것도 물들지 않고 항상 자재하다'는 대
목에 이르러, 이에 놀라고 기뻐하며, 일찍 겪지 못했던 것을 체험했다. 그리하여 곧
일어나 불전佛殿을 돌고 외고 생각하면서 스스로 그 뜻을 얻었다. 그때부터는 마음으
로 명예와 이익을 싫어하고 항상 숲속에 숨어 힘쓰면서도 편안히 도를 구하고자 했
다. 그리하여 잠깐 동안도 그것을 버리지 않았다.

그 뒤 대정大定 25년 을사년(1185)에 하가산下柯山에 놀 때, 보문사普門寺[주31]에 몸을 붙여
대장경을 읽다가 이통현李通玄[주32] 장자의 『화엄론』을 얻어 더욱 신심을 내었다. … 마
침 일찍부터 알던 노장 선객禪客 득재得才라는 이가 공산公山 거조사居祖寺[주33]에 있으면
서, 와서 머물기를 간절히 청했다. 그리하여 거기 가서 있으면서, 명예와 이익을 버린
여러 종파의 높은 선비들을 널리 맞이하여, 정성껏 권하고 청하여 밤낮으로 게으르지
않고, 선정을 익히며 지혜를 고루면서 여러 해를 지냈다.

승안承安 2년 무오년(1198) 봄에 선객 벗 몇 사람과 함께, 바리때 하나로 승지를 찾아
지리산에 올라 상무주암上無住庵[주34]에 숨어 살 때에, 경계는 그윽하고 고요하여 천하

주27 동주洞州 : 황해도 서흥군의
옛 이름.

주28 국학國學 : 국자감.

주29 학정學正 : 국자감의 정9품
관직.

주30 육근六根 : 6식의 소의所依
가 되어 6식을 일으키어, 대경對
境을 인식케 하는 근원, 곧 안근眼
根·이근耳根·비근鼻根·설근舌
根·신근身根·의근意根.

주31 보문사普門寺 : 경북 예천군
에 소재한 사원.

주32 이통현李通玄 : 중국 당나라
의 화엄종 승려.

주33 거조사居祖寺 : 경북 영천시
에 소재한 사원.

주34 상무주암上無住庵 : 경남 함
양군 지리산에 소재한 사원.

주35 길상사 : 전남 순천시 송광면에 소재한 사원으로, 원래는 화엄종 계통이었는데, 사원명이 수선사로 바뀌었다.

에 제일이어서 참으로 편안히 참선하는 이의 머무를 곳이었다. …

승안承安 5년 경신년(1200)에 송광산 길상사주35로 옮겨가 대중을 거느리고 작법作法하면서 11년을 지낼 때, 도를 이야기하기도 하고 또는 선정을 닦으며, 안거와 두타에 있어서 한결같이 부처의 계율에 의했다. 사방의 승려와 속인들은 그 풍성風聲을 듣고 모여 들었는데, 심지어 명예도 벼슬도 처자까지도 버리고는, 의복을 찢어버리고 머리를 깎고 친구를 권하여 함께 오는 이도 있었으며, 왕공王公과 사서士庶들로서 수선사에 들어와 이름을 적은 이도 수백 인이 되었다. …

주36 대혜 : 중국 송나라 승려로 임제종 계통이며, 자는 대혜大慧. 생몰년은 1088~1163년.

주37 『어록』: 고승이 평생에 하던 법문과 말씀을 그 문인이나 시자들이 필기하여 편찬한 책.

사람에게 읽기를 권할 때에는 언제나 『금강경』으로 법을 세우고, 이치를 연설할 때에는 반드시 『육조단경』을 썼으며, 이통현의 『화엄론』과 대혜주36의 『어록』주37으로 우익羽翼을 삼았다. 또 세 가지 문을 열었으니 첫째는 성적등지문惺寂等持門이요, 둘째는 원돈신해문圓頓信解門이며, 세째는 경절문徑截門으로서, 그것에 의해 수행하여 믿어 들어가는 이가 많았으니 선학의 성함은 근고에 비할 데 없었다.

原文 … 師諱知訥 京西洞州人也 嘗自號 爲牧牛子 俗姓鄭氏 考光遇國學學正 妣趙氏 開興郡夫人 生而多病 醫治不效 考乃禱佛 誓以出家 疾尋愈 年甫八歲 投曹溪雲孫宗暉禪師 祝髮受具戒 學無常師 惟道之從 志操超邁 軒軒如也 二十五 以大定二十二年壬寅 擧僧選中之 未幾 南遊抵昌平淸源寺 住錫焉 偶一日於學寮 閱六祖壇經 至曰眞如自性起念 六根 雖見聞覺知 不染萬境 眞性而常自在 乃驚喜 得未曾有 起繞佛殿 頌而思之 意自得也 自是 心厭名利 每欲栖遁林壑 艱恬以求其道 造次必於是 越二十五年乙巳 遊下柯山 寓普門寺 因讀大藏 得李長者華嚴論 重發信心 … 適有舊識禪老得才者 住公山居祖寺 邀請懇至 遂往居焉 廣延諸宗拋名高士輩 刻意勸發 習定均慧 夙夜毋斁者 累稔矣 至承安二年戊午春 與禪侶數子 一鉢尋勝 登智異山 隱居上無佳庵 境致幽寂甲天下 眞安禪之佳所也 … 五年庚申 移居松廣山吉祥寺 領徒作法十有一年 或談道或修禪 安居頭陁 一依佛律 四方緇湊 聞風輻湊 蔚爲盛集 至有捨名爵捐妻子 毀服壞形命侶而來偕者 王公士庶 投名入社 亦數百人 … 然其勸人頌持 常以金剛經立法 演義 則意必祖壇經 申以華嚴李論 大慧語錄相羽翼 開門有三種 曰惺寂等持門 曰圓頓信解門 曰徑截門 依而信入者 多焉 禪學之盛 近古莫比

— 『동문선』권117, 보조국사 비명(김군수金君綏)

자료9

돈오頓悟라는 것은 범부가 미혹했을 때, 사대四大를 몸으로 삼고 망상을 마음이라 하여 자기의 성품이 참 법신法身임을 알지 못하고, 자기의 신령한 지혜가 참 부처인 줄을 알지 못해서 마음 밖에서 부처를 찾아 물결치듯이 흘러다니다가 갑자기 선지식의 가르침으로 바른 길로 들어가 한 생각에 심광心光을 돌이켜서 자기의 본성을 보면, 이 성품에는 본래 번뇌가 없고, 번뇌가 없는 지혜의 성품이 본래 스스로 갖추어져 있어서 모든 부처와 더불어 털끝만큼도 다르지 않기 때문에 돈오라 하는 것이다.

점수漸修라는 것은 비록 본래의 성품이 부처와 다르지 않음을 깨달았으나 오랜 세월의 습기習氣는 갑자기 제거하기 어려우므로 그 깨달음에 의지해 닦고 점점 익혀서 공을 이루고, 또 오랫동안 성인의 자질을 길러나가야 오랜 세월 뒤에 성인이 되는 것이므로 점수라 하는 것이다.

原文 答頓悟者 凡夫迷時 四大爲身 妄想爲心 不知自性 是眞法身 不知自己靈知 是眞佛 心外覓佛 波波浪走 忽被善知識指示 入路 一念廻光 見自本性 而此性地 元無煩惱 無漏智性 本自具足 卽與諸佛 分毫不殊 故云頓悟也 漸修者 雖悟本性 與佛無殊 無始習氣 難卒頓除 故依悟而修 漸熏功成 長養聖胎 久久成聖 故云漸修也

___ 「한국불교전서」4, 목우자수심결牧牛子修心訣(지눌知訥)

자료 10

장성현 백암사[주38]승 성부性富는 평생 재장[梓匠, 목수]으로 업을 삼았는데, 불법을 듣고 신심을 내어 염불에 종사했으며, 수선사는 모두 그의 손에 의해 이루어진 것이었다. 금성錦城[주39]의 안일호장安逸戶長[주40] 진직승陳直升은 처와 함께 지극한 마음을 내어 술을 금할 뿐만 아니라 냄새나는 채소를 끊고 『반야심경』을 수지受持했으며, 이런 연유로 백금 10근을 시주해 (절을) 조성하는 비용으로 삼았다. 이에 남방의 주부에까지 이르러 부자는 재물을 베풀고 가난한 이는 힘을 다함으로써 절을 완성했다.

原文 長城縣白巖寺僧 曰性富者 平生以梓匠爲業 聞法發心 以念佛爲事 至於此寺 皆其手所成 錦城安逸戶長陳直升與妻 此亦發至心 禁酒斷葷 受持般若心經 因施白金一十斤 以爲營造之費 以至於南方州府 富者施財 貧者盡力 以成梵宇

___ 「조계산송광사사고曹溪山松廣寺史庫」 수선사중창기修禪社重創記(최선崔詵)

주38 백암사 : 현재 장성군에 소재한 백양사의 옛 이름.

주39 금성錦城 : 오늘날 나주.

주40 안일호장安逸戶長 : 나이 일흔 이상의 호장에게 준 칭호.

자료 11

… 국사의 휘는 혜심惠諶, 자는 영을永乙이고, 자호를 무의자無衣子라 했으며 속성은 최씨, 이름은 식寔으로 나주 화순현和順縣 사람이다. 부친은 휘가 완琬인데 향공진사鄕貢進士[주41]를 지냈다. 모친 배씨가 천문天門이 활짝 열려 보이는 꿈을 꾸고 또 세 번이나

주41 향공진사鄕貢進士 : 지방의 계수관시에 합격하여 서울로 선상된 자.

벼락을 맞는 꿈을 꾸고서 임신하여 열두 달 만에 낳았는데, 그 태의胎衣가 거듭 감겨서 마치 가사를 메고 있는 형상과 같았다. … 부친이 일찍 죽자 모친에게 출가하기를 빌었더니, 모친이 허락하지 않고 유업儒業을 힘쓰게 했으나 항상 경을 외고 주문을 읽더니 오랜 후에 득력했다. 음란한 무당과 요사스러운 신사神祠를 배척하고 헐어버리기를 좋아했고, 이따금 사람의 병을 치료하여 효험이 있었다.

승안承安 6년 신유년(1201) 사마시司馬試^{주42}에 응시하여 합격하고, 이 해에 태학에 들어갔다가 모친의 병보를 듣고 고향에 돌아와 족형族兄 배광한裵光漢의 집에서 모친을 간호했다. … 이듬해에 모친이 작고했다. 이때 보조국사가 조계산에 있어 수선사를 새로 개설하여 도화가 한창 왕성했는데, 국사는 급히 가서 참례하고 재를 올려 모친의 명복을 빌기를 청하고 나서 머리를 깎고 중이 되기를 청하니, 보조국사는 이를 허락했다. …

대안大安 경오년(1210) 보조국사가 입적하자, 그 문인들이 국왕에게 알려서 칙명을 받들어 그를 계승하게 하매, 국사는 부득이 사원에 들어가 법당을 여니, 이에 사방의 학자 및 도인道人·속인俗人 중의 높은 사람과 은일의 노숙한 사람들이 마치 구름이 달리듯, 그림자가 따르듯 마구 모여들었다. 그래서 수선사가 매우 좁아졌는데, 강종이 이 소식을 듣고 유사에게 명하여 증축하게 하고, 자주 중사中使를 보내어 공사를 독려, 드디어 넓힌 다음, 또 사자를 보내어 만수가사滿繡袈裟^{주43}와 마납磨衲^{주44} 각 한 벌과 차茶·향香·보병寶甁 등을 내리고 따라서 법요法要^{주45}를 구하매, 조사는 『심요心要』를 찬하여 바쳤으니, 그 책이 지금 세상에 행한다. 이때부터 공경公卿·귀척貴戚과 사방의 방백方伯들이 소문을 듣고 그 도를 사모하여 또는 멀리서 예를 갖추어 스승으로 섬기고, 또는 친히 그 문하에 나아간 자도 있었으니, 그를 다 기록할 수가 없다. …

지금의 문하시중^{주46} 진양 최공崔公^{주47}이 국사의 풍운風韻을 듣고 성의를 기울여 마지않아, 여러 번 서울로 맞이하려고 했으나, 국사는 끝내 이르지 않았다. 그러나 천리의 거리에서 서로 마음의 합함이 마치 대면한 것이나 마찬가지였다. 최공은 다시 두 아들^{주48}을 보내어 국사를 모시게 했고, 무릇 국사의 생활 도구를 힘을 다해서 마련해주었으며, 심지어 차茶·향香·약이藥餌^{주49}·진수珍羞^{주50}·명과名菓와 도구나 법복까지를 항상 제때에 공급하는 일을 계속했다.

지금 임금이 즉위하여 선사禪師를 제수하고 또 대선사大禪師를 더 내렸으니, 승과를 거치지 않고 승관僧官에 오른 일은 국사에서부터 비롯되었다. …

原文 … 國師諱惠謹 字永乙 自號無衣子 俗姓崔氏 名寔 羅州和順縣人也 考諱琬 鄕貢進士 母裴氏 夢天門豁開 又夢被震者三 因而有娠 凡十有二月 乃生焉 其胞重纏 又如荷袈裟狀 … 父早薨 從母乞出家 母不許 勉令業儒 然常念經持呪 久乃得力 喜毁斥淫巫祇祠 或往往救人病有效 承安六年辛酉 擧司馬試中之 是年入大學 聞母病 遂還鄕 侍疾於族兄裴光漢家 … 明年 母卽世 時普照國師在曹溪山 新開修禪社 道化方盛 師徑造參禮 請營齋薦母 因乞剃度 國師許之 … 大安庚午 國師入寂 門徒聞于上 承勅繼住 師不獲已入院開堂 於是 四方學者及道俗高人逸老 雲奔影鶩 無不臻赴 社頗隘 康廟聞之 命有司增構 屢遣中使督役 遂闢而廣之 又遣使就賜滿繡袈裟磨衲各一領 幷茶香寶瓶 因求法要 師撰心要以進 今行于世 自是 公卿貴戚四岳邦伯 聞風慕道 或遙禮爲師 或親趨下風者 不可勝紀 … 今門下侍中晉陽崔公聆師風韻 傾渴不已 屢欲邀致京輦 師竟不至焉 然千里相契 宛如對面 復遣二子參侍 凡師之常住資具 莫不盡力營辦 至於茶香藥餌珍羞名菓 及道具法服 常以時餉遺 連亘不絶 今上卽位 制授禪師 又加大禪師 其不經選席 直登緇秩 自師始也 …

_ 『동국이상국집전집』권35, 진각국사 비명

出典

『동국이상국집』

『동문선』

『한국금석전문』

『대각국사문집大覺國師文集』: 고려 문종의 아들 대각국사 의천의 시문집으로, 원집原集 20권, 외집外集 13권으로 이루어져 있다.

『조계산송광사사고曹溪山松廣寺史庫』: 1932년에 만들어진 송광사의 사지이다. 건물에 대한 사적과 인물에 대한 자료를 수록했으며, 기타 문헌을 망라해 만들어서 송광사의 역사를 이해하는 데 매우 중요한 자료가 된다.

『한국불교전서韓國佛敎全書』: 신라에서 조선 말에 이르는 기간에 한국인에 의해 찬술된 현존 불교 전적을 집성한 책. 동국대학교에서 출판했다.

찾아읽기

최병헌, 「천태종의 성립」, 『한국사』6, 국사편찬위원회, 1975.

허흥식, 「고려전기 불교계와 천태종의 형성과정」, 『한국학보』11, 1978.

진성규, 「고려후기 수선사의 결사운동」, 『한국학보』16, 1984.

최병헌, 「수선결사의 사상사적 의의」, 『보조사상』1, 1987.

채상식, 『고려후기불교사연구』, 일조각, 1991.

이영자, 「대각국사 의천의 불교개혁운동과 천태종의 창립」, 『한국사』16, 1994.

허흥식, 「의천의 사상과 시련」, 『정신문화연구』17-1, 1994.

박영제, 「수선사의 성립과 전개」, 『한국사』21, 1996.

박노자(티호노프 블라디미르), 「의천의 한국불교사 의식」, 『보조사상』11, 1998.

이병욱, 「의천의 천태사상 수용의 두 단계」, 『보조사상』11, 1998.

장계환, 「의천의 화엄사상」, 『보조사상』11, 1998.

채상식, 「고려·조선시기 불교사 연구현황과 과제」, 『한국사론』28, 국사편찬위원회, 1998.

채상식, 「고려후기 불교사 연구현황과 과제」, 『인문과학』12, 경북대학교, 1998.

박노자, 「의천의 〈신편제종교장총록〉 편찬, 〈교장〉 간행의 문화사적 의미」, 『사학연구』58·59합집, 1999.

변동명, 「고려 충렬왕의 묘련사 창건과 법화신앙」, 『한국사연구』104, 1999.

채상식, 「무외국사 정오의 활동상과 사상적 경향」, 『부대사학』23, 1999.

황인규, 『무학대사 연구』, 혜안, 1999.

인경印鏡, 『몽산덕이와 고려후기 선사상 연구』, 불일출판사, 2000.

강호선, 「충렬 충선왕대 임제종 수용과 고려불교의 변화」, 『한국사론』46, 서울대학교 국사학과, 2001.

김두진, 「일연의 심존선관心存禪觀 사상과 그 불교사적 위치」, 『한국학논총』25, 2002.

변동명, 「고려후기의 법상종」, 『한국중세사연구』12, 2002.

남동신, 「중세 한국 사회와 불교」, 『인문과학연구』8, 덕성여자대학교, 2003.

김영미, 「고려 진각국사 혜심의 여성성불론」, 『이화사학연구』30, 2003.

진성규, 「선문염송의 편찬과 그 의의」, 『백산학보』66, 2003.

진성규, 「원감국사 충지의 불교관」, 『인문학연구』36, 중앙대학교, 2003.

황인규, 『고려후기·조선초 불교사 연구』, 혜안, 2003.

윤기엽, 「고려중기 현화사·흥왕사·국청사의 동향과 불교계」, 『불교사연구』4·5합집, 중앙승가대, 2004.

정성본, 「진각국사 혜심의 간화선 연구」, 『보조사상』23, 2005.

조명제, 『고려후기 간화선 연구』, 혜안, 2004.

조명제, 「고려말 원대 간화선의 수용과 그 사상적 영향 – 몽산, 고봉을 중심으로」, 『보조사상』23, 2005.

황인규, 『고려말·조선전기 불교계와 고승연구』, 혜안, 2005.

김두진, 『고려전기 교종과 선종의 교섭사상사연구』, 일조각, 2006.

박윤진, 『고려시대 왕사·국사 연구』, 경인문화사, 2006.

김호동, 『한국 고·중세 불교와 유교의 역할』, 경인문화사, 2007.

남동신, 「여말선초기 나옹懶翁 현창 운동」, 『한국사연구』139, 2007.

심재관, 「교학과 신앙의 관계를 통한 고려사회 법상종의 재고찰 – 특히 미륵신앙과의 착종에 관하여」, 『운곡학회연
　　　구논총』2, 2007.

황인규, 「고려후기 교종승의 중국유력과 불교계의 동향」, 『불교연구』27, 2007.

박용진, 「11~12세기 원종문류의 유통과 동아시아 불교교류」, 『한국중세사연구』25, 2008.

신규탁, 「나옹혜근에 대한 기존의 평가와 재고찰」, 『한국사상과 문화』43, 2008.

최연식, 「지눌 선사상의 사상사적 검토」, 『동방학지』144, 2008.

남동신, 「고려전기 금석문과 법상종」, 『불교연구』30, 2009.

박광연, 「고려전기 유가업의 〈법화경〉 전통 계승과 그 의미」, 『역사와 현실』71, 2009.

이병욱, 「의천의 균여화엄사상 비판의 정당성 검토」, 『한국사상사학』33, 2009.

정천구, 「〈선문염송〉의 편찬에 대한 사상사적 연구」, 『정신문화연구』116, 2009.

박용진, 「의천의 송 천태학 교류와 천태교관」, 『한국학논총』34, 2010.

박윤진, 「고려 천태종의 종파 문제 – 조선초 천태종의 선종 귀속의 역사적 배경」, 『한국사학보』40, 2010.

조명제, 「〈선문염송집〉의 편찬과 〈종문통요집〉」, 『보조사상』34, 2010.

남동신, 「고려중기 왕실과 화엄종 – 왕실 출신 화엄종 5국사를 중심으로」, 『역사와 현실』79, 2011.

박건주, 「보조선에 대한 진각혜심의 간화선 위조僞造」, 『진단학보』113, 2011.

박용진, 『의천, 그의 생애와 사상』, 혜안, 2011.

강호선, 「고려말 선승의 입원유력과 원 청규淸規의 수용」, 『한국사상사학』40, 2012.

윤기엽, 『고려후기의 불교』, 일조각, 2012.

5 고려 이전의 역사를 정리하다

『삼국사기』와 『삼국유사』

『삼국사기』와 『삼국유사』는 우리나라 고대 사회를 연구하는 데에 가장 중요하며 서로 보완하는 내용을 담고 있다. 그러나 두 사서는 저술의 과정이 크게 다르고, 내용에서도 상당한 차이가 있으며, 역사 의식 면이나 역사 서술의 형식에서 매우 상이하다.

편찬자와 시대 상황

　『삼국사기』三國史記는 인종 때 편찬되었는데, 이보다 앞서 고려 이전 시기의 역사를 정리하려는 노력은 고려 초부터 있었다. 『구삼국사』舊三國史는 그러한 노력의 산물이었다. 편찬 시기에 관해서는 광종 때 또는 거란의 2차 침입(1010) 이전의 어느 시점이라는 주장이 있었지만, 근래에는 거란의 2차 침입을 막아내고 난 이후 현종 4년(1013)이라는 견해가 제기되고 있다. 『구삼국사』는 현전하지 않아 자세한 내용을 알 수 없으나 고려 초의 시대 분위기 속에서 고구려 계승 의식을 강하게 표현했을 것으로 추측된다. 또한 고대적 사유를 담은 기록들을 탈락시키지 않고 널리 수록했을 것으로 보인다. 그리하여 「단군본기」나 「동명왕본기」 등이 담겨 있었을 것이다. 고려가 후삼국을 통일하는 과정에서는 발해와 발해 유민에 대한 통합 의식을 강하게 내비치고 있었으므로 『구삼국사』는 고구려 · 발해 계승 의식을 담고 있었다고 여겨진다.

현전하는『삼국사기』는 『구삼국사』와는 여러 가지 점에서 크게 다르다.『삼국사기』는 묘청난을 토벌한 후 그 토벌의 지휘관이었던 김부식이 중심이 되어 편찬했다. 인종 때 국외에서는 거란이 쇠퇴하고 여진족의 금나라가 새로이 등장하여 고려에 압력을 가해와 국내 정치에 커다란 파동이 일어났다. 국내적으로는 문벌 귀족 가운데 독주하던 이자겸이 난을 일으켜 문벌 귀족 중심 체제의 문제점을 드러냈다. 이런 시대 분위기 속에서 서경인이 중심이 되어 개경의 문벌 귀족 중심의 체제에 도전하면서 서경으로 천도하고, 대외적으로 고려에 사대를 요구하던 여진을 정벌할 것을 주창했다. 이런 운동이 좌절로 돌아가자 묘청은 서경에서 반란을 일으켰다. 묘청은 북진 정책을 주창했고 사상적으로는 풍수도참 사상을 기반으로 했다. 묘청난을 진압한 직후『삼국사기』편찬이 시작되는데, 그것은 묘청난으로 분열된 민심을 재수습하여 국왕 중심의 중앙 집권 체제를 강화하려는 목적을 갖는다.

왕명에 따라 김부식이 책임 편찬관이 되어 최산보 · 이온문 · 허홍재 등 8명의 참고와 정습명 · 김중효 등 2명의 관구 등 11명의 편사관과 함께『삼국사기』를 편찬하였다. 김부식(1075~1151)은 당시 고령이었으므로 나머지 10명의 편사관들이 편찬의 주역이 되었을 것이다. 그렇지만 김부식은 사료의 선택, 각 권의 계획, 각 항목의 서문, 인물 평가 및 논찬에는 직접 관여하거나 서술했을 것이다. 따라서『삼국사기』는 김부식의 영향력 하에서 그의 주도로 편찬되었다고 볼 수 있다. 인종 23년(1145)에『삼국사기』가 완성되는데, 이 책은 우리나라에서 현존하는 가장 오래된 사서다.

『삼국유사』=國遺事를 저술할 때의 시대 상황은 인종 때와는 크게 다르다.『삼국유사』를 저술한 일연(1206~1289)은 경주의 속현인 장산군章山郡에서 태어나 9세에 출가했으며, 14세에 설악산 진전사陳田寺의 대웅大雄 장로에게서 구족계를 받았다. 22세에 선종 승과에 합격했으며, 26세 되던 고종 18년(1231)에 몽골의 침공이 시작되어 이후 30여 년 동안 대몽 항쟁이 계속되었다. 원종 2년(1261) 그는 왕명으로 강화에 초청되어 선월사禪月社에서 활동했으며, 이후 경상도의 여러 사원에서 주석했다. 72세 때인 충렬왕 3년(1277)에는 왕명에 의해 운문사에 주석하다가 충렬왕 9년 국존에 책봉되었으며, 다음해에 인각사를 하산소下山所로 삼아 주석했다.

일연은 몽골과의 전쟁을 직접 체험했고 전쟁으로 불타 버린 황룡사의 황량한 모습을 목격하기도 하면서 민족의 현실에 가슴 아파했다. 당시 불교계의 타락상을 목격하기도 하고, 13세기 후반에는 충렬왕의 명령에 따라 청도 운문사를 중심으로 불교 개혁에도 앞장섰다. 이런 상황 속에서 일연은 당시 고려인들에게 민족적 자주 의식을 심어줄 필요성을 느끼고, 이에 따라 『삼국유사』를 저술한 것이다.

『삼국사기』와 『삼국유사』의 구성

『삼국사기』는 유교 사서의 관례에 따라 중국 정사의 기전체紀傳體 형식을 도입했다. 『삼국사기』(50권)는 본기 28권, 연표 3권, 지 9권, 열전 10권으로 되어 있다. 본기의 분량을 전체의 절반 이상으로 한 것은 열전 위주의 중국 사서와 크게 다른 점이다. 여기에는 정치, 천재지변, 전쟁, 외교 관계 등에 관한 내용이 담겨 있어서 당시 삼국의 정치·사회상을 잘 보여주고 있다. 지는 제사祭祀·악樂·색복色服·거기車騎·기용器用·옥사屋舍·지리地理·직관職官 등 8항목으로 나누었으며, 열전에는 69명의 개인 전기가 실려 있다. 열전은 김유신 이하 신라인에 치우쳐 있으며 백제·고구려인에 대한 배려가 적었다. 『삼국사기』는 체계적인 서술 방식을 택해 많은 역사적 사실을 정리함으로써 삼국 시대의 우리 역사를 재구성할 수 있게 했다는 점에서 편찬의 역사적 의미가 크다고 할 수 있다.

『삼국유사』는 『삼국사기』처럼 일정한 역사 서술 체계에 구애됨이 없이 자유로운 형식으로 저술했다. 『삼국유사』는 책의 이름에서 알 수 있듯이 『삼국사기』 등 기존 사서의 부족한 점을 보족補足하려는 의도에서 찬술한 것이다. 일연은 고기·사지·금석문·고문서·사서·승전·문집 등을 광범위하게 수집했고 중국쪽 자료를 널리 모았다. 자신이 직접 보고 듣고 발굴해낸 민간 전승의 수많은 설화와 전설들도 주요 자료로 제시했다.

『삼국유사』는 5권 9편으로 구성되어 있다. 제1권은 왕력편王曆篇과 기이편紀異篇이고 제2권은 기이편의 계속이다. 제3권은 흥법편興法篇과 탑상편塔像篇이고, 제4권은 의해

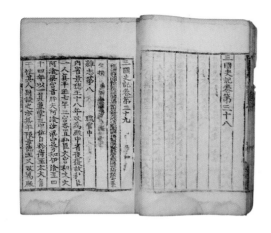

『삼국사기』는 명종 4년(1174) 사신을 통해 송나라에 보냈다는 기록으로 보아 그 이전에 초판을 간행했음을 알 수 있다. 그 뒤 13세기 후반에 성암본誠庵本이 만들어졌는데, 현재는 일부만 일본 궁내청에 소장되어 있다. 다음으로 조선 태조 3년(1394)에 3차 간행, 조선 중종 7년(1512)에 4차 간행이 있었다.

편의해篇義解篇이다. 그리고 제5권은 신주神呪·감통感通·피은避隱·효선편孝善篇이다. 당송의 고승전 체제에 유의하여 편목을 구성하기는 했지만, 전체 분량의 절반을 배당한 왕력편과 기이편의 구성은 다른 고승전 체제에서는 찾아볼 수 없다. 왕력편은 후고(구)려와 후백제까지 기술하고 있으며, 가락국의 왕력이 포함되어 있어, 『삼국사기』와는 다른 모습을 보여준다. 기이편은 국가의 흥망에 신이한 힘이 크게 작용한다는 인식에서 '신이한 것을 기록한다'는 이름을 붙인 것인데, 고조선 이래 후백제에 이르기까지 광범한 내용을 59항목으로 다루고 있다. [자료1] 기이편의 마지막에 고려 중기에 찬술된 '가락국기駕洛國記'를 넣었다. 흥법편은 삼국의 불교 전래를 서술했고, 탑상편은 불상·불탑·불전·범종·사리·불경 등 조형물에 대한 이야기를 조성 연기를 중심으로 서술했다. 의해편은 교리의 이해와 홍포에서 중요한 역할을 한 고승의 전기를 서술했고, 신주편은 밀교의 영험을, 감통편은 신앙의 영험을, 피은편은 은일·고사들의 신앙을, 효선편은 불교적 효 윤리를 서술했다.

　『삼국유사』는 서술 체계가 『삼국사기』만큼 체계화되지 않았지만 『삼국사기』에 기술되지 않은 단군 신화, 민간설화, 불교에 관한 내용들을 수록함으로써 우리의 역사 전통과 사회 문화 전반에 관한 소중하고 풍부한 자료를 전해주고 있다. 특히 다른 책에서는 전하지 않는 신라의 향가가 11수나 실려 있어 국문학 연구에도 귀중한 자료를 제공해준다.

『삼국사기』와 『삼국유사』의 역사 의식

『삼국사기』는 묘청난으로 표현되는 사상계의 동향과는 상이한 입장에서 편찬한 것이기에, 북진 정책을 강조하는 고구려 계승 의식보다는 신라를 계승했다는 점이 강조되고 있다.[자료2] 구체적으로 살펴보면, 신라가 사대하는 나라로서 독자적인 연호를 제정하여 사용함이 옳지 않다고 논했고, 고구려의 멸망이 중국에 대한 불손한 태도 때문이라 하고[자료3] 백제도 선린 우호를 하지 않고 전쟁을 일삼아 대국에 거짓말하는 죄를 지었다고 했다. 그리고 삼국이 각각 독자적인 연호가 있음에도 불구하고 중국이 있는 이상 독자적인 연호를 사용할 수 없다는 이유로 이를 묵살하려고도 했다. 삼국에 관해 편중되게 서술하지 않았다고 하더라도, 신라에게 유리한 해석을 많이 하였고, 통일 신라에 관한 내용을 상당 부분 기술하면서도 고구려를 계승했다고 자처했던 발해에 대해서는 한 마디 언급도 없다.

또한 『삼국사기』는 풍수지리나 전통적 사유 체계에 대해서 비판하고 유교적 합리주의를 표방했다.[자료4] 정치의 교훈을 위한다는 유가적 입장을 견지하여, 그에 합당한 사실을 선택하고 윤문을 가함으로써 고대적 사유를 표현한 신이에 대한 기록들과 불교적 세계관에 입각한 생활상 등에 대한 기록은 모두 배제했다. 신화에 대한 비판 정신이 결과적으로 단군조선을 삭제하게 만들었고, 무징불신無徵不信이라는 증거주의 정신이 삼한의 역사를 매몰시키는 결과를 가져왔다. 그리하여 연표에서 기자조선과 위만조선의 실재를 가볍게 언급했으며, 박혁거세의 신라 건국을 국사의 시발점으로 적극 인정하게 되었다. 그리고 고조선을 소홀하게 다루어 고조선 내부에서 성장한 고주몽 이전의 고구려의 존재를 몰각하게 되었다. 결국 그는 유교적 문명 국가 단계로부터의 역사만을 기술하고자 한 것이고, 그 이전 한민족의 고유한 문명은 서술 대상에서 제외했다.

『삼국사기』는 서술 체제나 서술 내용의 체계에 있어서 진일보한 면을 갖는 것이었으나, 역사 의식의 측면에서는 신라 계승을 강조하고 있고, 전통 사상이나 고대 관념에 대해서는 제대로 평가하지 못한 한계를 갖는다.

반면 일연이 『삼국유사』에서 신이한 내용을 수록한 것은 유교적 합리주의 사관에 대한 비판의 의미를 갖는다. 일연은 원나라의 간섭을 받으면서 문화적 위기의식을 느꼈고, 그러한 의식을 전제로 단군의 고조선으로부터 시작하는 한국 고대사의 체계를 세워 우리 역사에 대한 자주성을 강조했다.

일연은 우리나라의 역사 전통을 불교 신앙을 중심으로 파악하고 있다. 신이적인 설화와 불교의 영험 설화를 많이 수록하고 있는 것이 『삼국유사』의 두드러진 특징이다. 또한 불교적 세계에 포섭된 기층 문화에 대해 기록했다. 단군·기자·위만 그리고 삼한의 역사를 재구성하여 상고사의 시야를 넓혀주고 상고제왕의 위업을 과시하려 한 것은, 일연의 작사 태도가 불교적 세계관에만 머물지 않았음을 보여준다.[자료5]

『삼국사기』와는 다른 역사 의식을 소지하고 있었기에 고대사의 체계가 다르게 제시되었으며, 모아진 자료도 지배층 중심, 유교적 가치를 강조하는 것이 아니라 불교 내지 민간 신앙, 기층 문화에 대한 것이 다수이다.

『삼국사기』나 『삼국유사』는 고려 이전 시기의 역사를 다루고 있지만, 역사의식에 큰 차이가 있기 때문에 서술 내용에도 상당한 차이가 있다. 그렇지만 두 사서는 신라를 중심으로 서술하고 있고, 발해사를 거의 기술하지 않은 점에서 일치한다.

『동명왕편』과 『제왕운기』

『삼국사기』와 다른 역사의식에서 만든 사서로 『동명왕편』과 『제왕운기』가 있다. 『동명왕편』은 명종 23년(1193)에 이규보가, 고구려 건국 설화를 재인식하여 민족적 자부심을 일깨우고 강력한 정치 윤리를 강조하고자 읊은 서사시이다. 민간에 떠도는 동명왕의 건국 설화를 5언시체로 재구성한 것으로, 형식은 유교 사서의 체제와 거리가 멀다.[자료6] 이것은 『구삼국사』를 대본으로 하여 민중 사회에 구전되고 있는 설화를 정리함으로써 고구려를 계승한 고려의 기원을 신성한 것으로 인식하고자 했던 자존적 문화의식이 근저에 자리 잡고 있다.

『제왕운기』는 『삼국유사』와 거의 같은 시기인 충렬왕 13년(1287)에 이승휴가 저술했는데, 민족시조 단군에 대한 강조와 발해의 서술이 돋보이며, 우리 역사를 중국과

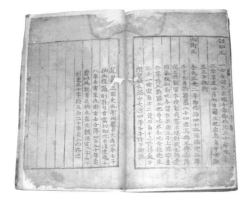

대등하게 파악한 자주성이 주목된다. 『제왕운기』도 『구삼국사』의 영향을 받아 쓰였다. 상권에서 5언시 형식으로 중국 역사를 서술하고, 하권에서는 7언시로 전조선·후조선·위만조선·사군 및 삼한·삼국·후고구려·후백제·발해의 역사를 서술했으며, 5언시로 고려 건국에서 충렬왕까지의 고려사를 기술했다.[자료7] 시의 형식으로 된 문학서인 까닭에 전거 인용이 미흡하지만, 가능한 한 문헌에 의거함으로써 역사 서술의 객관성을 높이려고 하였다. 고대 국가 창업주의 위업을 찬미하고, 유교·불교 문화 전통에 대해서도 균형을 가지고 소개하고 있다. 처음으로 우리 역사를 하나의 통사 체계 속에 기술했다는 점에서 큰 의의를 부여할 수 있다. 또 고려 시기 역사서 가운데 중국사에 대한 가장 많은 정보를 제공하는 책이라는 점도 주목할 사항이다.

고려 시기에는 『삼국사기』와 『삼국유사』가 대표적인 역사서이지만, 그 밖에도 다수의 역사 저술이 만들어졌다. 그러나 역사 서술 형식 면에서 다양성을 보이며, 역사 의식 측면에서도 상당한 차이가 있었다. 우리의 역사 전통에 대한 이해, 삼국에 대한 계승 의식의 측면에서 큰 차이를 보였다.

자료1

서敍를 말한다. 대저 옛 성인들은 예악으로 나라를 흥륭하고 인의仁義로 가르쳤으며, 괴상한 힘이나 난잡한 귀신을 말하지 아니했다. 그러나 제왕들이 일어날 때는 부명符命을 안고 도록圖錄을 받아서 반드시 보통 사람보다 다른 것이 있은 뒤에 큰 변란 있는 기회를 타서 대기大器를 잡고 대업을 이루는 것이다. 그러므로 하도河圖주1가 나오고 낙서洛書주2가 나오매 성인이 나왔다. 무지개가 신모神母를 에워싸서 복희씨伏羲氏주3가 탄생했고, 용龍이 여등女登에게 감응하여 염제炎帝주4를 낳았으며 황아皇娥는 궁상이란 들에서 놀다가 백제白帝의 아들이라 칭하는 한 신동神童과 사귀다가 정을 통하고서 소호少昊주5를 낳았다. 간적簡狄주6은 제비알을 먹고 설契주7를 낳았으며, 강원姜嫄주8은 거인의 발자국을 밟아서 기棄를 낳았다. 요堯는 잉태한 지 14개월 만에 태어났고 패공沛公주9은 그 어머니가 용과 큰 못에서 교합하여 태어났다. 이로부터 뒤로 (이같은 일을) 어찌 다 기록할 수 있겠는가. 그러니 삼국의 시조들이 모두 신이한 데서 나왔다고 해서 어찌 괴이하겠는가. 이것이 신이神異로써 다른 편보다 먼저 놓는 까닭이며, 그 의도도 바로 여기에 있다.

原文 叙曰 大抵 古之聖人 方其禮樂興邦 仁義設敎 則怪力亂神 在所不語 然而帝王之將興 也 膺符命 受圖籙 必有以異於人者 然後能乘大變 握大器 成大業也 故河出圖 洛出書 而聖人作 以至虹繞神母而誕羲 龍感女登而生炎 皇娥遊窮桑之野 有神童 自稱白帝子 交通而生小昊 簡 狄吞卵而生契 姜嫄履跡而生棄 胎孕十四月而生堯 龍交大澤而生沛公 自此而降 豈可殫記 然則 三國之始祖 皆發乎神異 何足怪哉 此神異之所以漸諸篇也 意在斯焉

_ 『삼국유사』권1, 기이紀異1, 서序

자료2

논하여 말한다. 신라의 박씨朴氏 · 석씨昔氏는 모두 알에서 나왔고, 김씨金氏는 황금 궤 속에 들어 하늘로부터 내려왔다고 하며, 또는 황금 수레를 타고 왔다고 하니, 이는 너무 기괴하여 믿을 수 없으나, 세속이 서로 전하여 사실이라고 한다. 정화政和 연간주10에 우리 조정에서는 상서尚書주11 이자량李資諒을 송나라에 보내어 조공했을 때, 신臣 김부식富軾은 문필의 임무를 띠고 같이 가서 우신관佑神館에 나아가 어떤 집에 여선상女仙像을 모셔 둔 것을 보았다. 사신을 접대하던 학사 왕보王黼는 말하기를, "이것은 귀국의 신神인데 공들은 이를 아십니까." 하고는 드디어 말했다. "옛날 어떤 제왕의 집

주1 하도河圖 : 복희씨 때 황하에게 길이가 8척이 넘는 용마龍馬가 등에 지고 나왔다는 그림으로, 『주역』 8괘의 근원이 되었다.

주2 낙서洛書 : 하우씨夏禹氏의 구년치수九年治水 때 낙수洛水에서 나온 신구神龜의 등에 있었다는 글로서 『서경書經』 가운데 '홍범구주洪範九疇'의 기원이 되었다.

주3 복희씨伏羲氏 : 중국 상고 시대의 제왕帝王, 삼황三皇 중의 한 사람으로서 백성에게 어렵 · 농경 · 목축을 가르쳤으며 처음으로 팔괘八卦를 만들었다고 한다.

주4 염제炎帝 : 중국 상고 시대의 천자天子 신농씨의 이름.

주5 소호少昊 : 중국 상고 시대의 제왕으로 황제의 아들이며, 이름은 효孝이고 호는 김천씨金天氏.

주6 간적簡狄 : 중국 상고 때 유아씨有娥氏의 장녀長女이며, 제곡帝嚳의 비妃.

주7 설契 : 은殷 왕조의 시조

주8 강원姜嫄 : 제곡帝嚳의 비妃이며, 후직后稷의 어머니.

주9 패공沛公 : 한漢 고조가 제위에 오르기 전의 칭호. 패沛에서 군사를 일으켰으므로 이렇게 이른다.

주10 정화政和 연간 : 정화는 송의 연호인데, 정화 연간은 서기 1111년~1117년.

주11 상서尚書 : 6부의 장으로 정3품 관직.

딸이 있었는데, 남편이 없는데도 아이를 배어 남에게 의심을 받게 되자, 이에 바다를 건너 진한辰韓에 이르러 아들을 낳으니, 해동의 첫 임금이 되었으며, 제왕의 딸은 지상의 신선이 되어 길이 선도산仙桃山에 있는데, 이것은 그 선인의 상입니다." 신臣은 또 송나라의 사신 왕양王襄이 지은 「동신성모東神聖母에게 제사드리는 글」에, "현인을 낳아 나라를 처음으로 세웠다."는 구절이 있는 것을 보고 그때야 동신東神이 곧 선도산의 신성神聖임을 알았다. 그러나 그 아들이 어느 때 임금이 된 것인지는 알 수 없다.

이제 다만 그 시초를 살펴보면, 위에 있던 이는 자신을 위해서는 검소했고 남에게는 너그러웠으며, 관직의 설치는 간략했고 행사는 간소했다. 성심껏 중국을 섬겨 육로·해로로 조빙하는 사신이 끊어지지 않았다. 늘 자제들을 보내 중국에 가서 숙위하게 했고 국학國學에 들여보내 강습시켰다. 이로써 성현의 풍습과 교화를 입어 미개한 풍속을 변혁시켜 예의의 나라로 만들었다. 또 당나라의 군사의 위엄을 빌어 백제와 고구려를 평정하고, 그 땅을 얻어 군과 현을 삼았으니 웅성한 시대라 이를 만했다.

그러나 불법佛法을 숭상하여 그 폐해를 알지 못하고서 마을마다 탑과 절이 빽빽했고 평민들은 중이 되어서 병졸과 농민이 점점 줄어들어 국가가 날로 쇠퇴했으니, 어찌 문란해지지 않으며 멸망하지 않겠는가. 이때에 경애왕은 더구나 함부로 음란한 짓을 하고 놀기에만 바빠, 궁녀들과 가까운 신하들을 더불어 포석정에 나가 놀며 술자리를 베풀고 즐기다가 견훤이 오는 것도 알지 못했으니, 문밖에 쳐들어온 한금호韓擒虎[주12]를 모르고 다락 위에서 장려화張麗華[주13]를 데리고 놀던 것과 다름이 없었던 것이다.

경순왕이 태조에게 귀순함은 비록 마지못해 한 일이기는 했지만 또한 칭찬할 만한 일이었다. 그때 만약 힘껏 싸워 사수死守하여 고려 군사에게 항거했다가 힘이 꺾이고 기세가 궁함에 이르렀다면 반드시 그 종족을 멸망시키게 되고 무죄한 백성에게까지 화가 미치게 되었을 것인데, 영令을 기다리지 않고 부고府庫를 봉하고 군·현을 기록하여 태조에게 귀순했으니, 그가 조정에 대하여 공로가 있고 백성에게 덕이 있음이 매우 컸던 것이다. 옛날 전씨錢氏가 오월吳越의 땅을 송나라에 바친 일을 소자첨[蘇子瞻, 소식蘇軾]이 그를 충신이라 일렀는데, 이제 신라의 공덕은 그보다 나은 점이 있다. 우리 태조에게는 비妃·빈嬪이 많았고 그 자손들도 또한 번성했는데, 현종은 신라의 외손으로서 왕위에 올랐으며, 그 후에 왕통을 계승한 이는 모두 그의 자손이었으니 어찌 그 음덕의 보답이 아니겠는가.

論曰 新羅朴氏昔氏 皆自卵生 金氏從天入金樻而降 或云乘金車 此尤詭怪 不可信 然 世俗相傳 爲之實事 政和中 我朝遣尙書李資諒 入宋朝貢 臣富軾 以文翰之任輔行 詣佑神館 見 一堂設女仙像 館伴學士王黼曰 此貴國之神 公等知之乎 遂言曰 古有帝室之女 不夫而孕 爲人 所疑 乃泛海抵辰韓生子 爲海東始主 帝女爲地仙 長在仙桃山 此其像也 臣又見大宋國信使王 襄祭東神聖母文 有娠賢肇邦之句 乃知東神 則仙桃山神聖者也 然而不知其子 王於何時 今但 原厥初 在上者 其爲己也儉 其爲人也寬 其設官也略 其行事也簡 以至誠事中國 梯航朝聘之使 相續不絶 常遣子弟 造朝而宿衛 入學而講習 于以襲聖賢之風化 革鴻荒之俗 爲禮義之邦 又憑 王師之威靈 平百濟高句麗 取其地郡縣之 可謂盛矣 而奉浮屠之法 不知其弊 至使閭里比其塔廟 齊民逃於緇褐 兵農侵小 而國家日衰 則幾何其不亂且亡也哉 於是時也 景哀加之以荒樂 與宮人 左右 出遊鮑石亭 置酒燕衍 不知甄萱之至 與夫門外韓擒虎 樓頭張麗華 無以異矣 若敬順之歸 命太祖 雖非獲己 亦可嘉矣 向若力戰守死 以抗王師 至於力屈勢窮 則必覆其宗族 害及于無辜 之民 而乃不待告命 封府庫 籍郡縣以歸之 其有功於朝廷 有德於生民 甚大 昔錢氏以吳越入宋 蘇子瞻謂之忠臣 今新羅功德 過於彼遠矣 我太祖妃嬪衆多 其子孫亦繁衍 而顯宗自新羅外孫 卽寶位 此後繼統者 皆其子孫 豈非陰德之報者歟

__ 「삼국사기」권12, 신라본기[新羅本紀]12, 끝부분

자료 3

고구려는 진·한 이후로 중국 동북방의 한 쪽에 끼어 있었다. 북쪽 인근 지역들은 모두 천자가 관리를 보내 통치하고 있었다. 그러나 혼란한 시기에는 영웅들이 나타나 참람되게도 황제의 이름과 지위를 차지하려 했다. 그러므로 고구려는 실로 두려움이 많은 지역에 있었다고 말할 수 있다. 그러나 고구려는 겸양하려는 생각 없이, 천자의 영역을 침노하여 원수를 맺었으며, 천자의 군현에 들어가 살기도 했다. 이 때문에 전쟁이 계속되고 화근이 맺어졌으므로 평안한 해가 거의 없었다. 평양으로 도읍을 옮긴 때는 수·당이 중국의 통일을 이루었던 시기에 해당한다. 이때 고구려는 오히려 불손하게도 중국의 조서와 명령을 거역했으며 천자의 사신을 토방에 가두기도 했다. 고구려는 이와 같이 고집스럽고 겁이 없었기 때문에, 여러 번이나 죄를 묻는 정벌의 군사를 부르게 되었다. 그리하여 비록 어떤 시기에는 기묘한 계책으로 대군에게 승리를 거두었던 적도 있었으나, 결국은 왕이 항복하고 나라가 멸망한 후에 그쳤다. 고구려 전체의 역사를 살펴보면, 임금과 신하가 화평하고 백성들이 서로 화목했을 때는, 비록 대국이라 할지라도 고구려를 빼앗지 못했지만, 나라에 정의가 사라지고, 군주가 백성들을 사랑하지 않아 많은 사람의 원성이 일어난 뒤에는, 나라가 붕괴되어 스스

로 떨치지 못했다. 그러므로 맹자는 "시기의 이로움과 지형의 이로움이 인심의 화목함만 못하다."라고 말했으며, 좌씨는 "국가는 복으로 흥하고 화로 망한다. 나라가 흥하려면, 군주가 자기 몸에 난 상처를 보듯이 백성을 보살펴야 하나니, 이것이 복이다. 나라가 망하려면 백성을 흙이나 풀과 같이 여기나니 이것이 화이다."라고 했다. 이 말은 의미가 있다. 그렇다면 무릇 나라를 맡은 군주들이 횡포한 관리들을 풀어놓아 백성을 구박하게 하며, 권문세가들로 하여금 가혹한 수탈을 일삼게 하여 인심을 잃게 되면, 비록 정치를 잘하여 혼란을 제거하고, 나라를 유지하여 망하지 않게 하려고 노력할지라도, 이것이 또한 억지로 술을 권하면서도 취하는 것을 싫어하는 것과 무엇이 다르겠는가?

原文 高句麗 自秦漢之後 介在中國東北隅 其北隣 皆天子有司 亂世則英雄特起 僭竊名位者也 可謂居多懼之地 而無謙巽之意 侵其封場以讐之 入其郡縣以居之 是故 兵連禍結 略無寧歲 及其東遷 値隋唐之一統 而猶拒詔命以不順 囚王人於土室 其頑然不畏如此 故屢致問罪之師 雖或有時設奇以陷大軍 而終於王降 國滅而後止 然觀始末 當其上下和 衆庶睦 雖大國 不能以取之 及其不義於國 不仁於民 以興衆怨 則崩潰而不自振 故孟子曰 天時地利 不如人和 左氏曰 國之興也 以福 其亡也 以禍 國之興也 視民如傷 是其福也 其亡也 以民爲土芥 是其禍也 有味哉斯言也 夫然則凡有國家者 縱暴吏之驅迫 强宗之聚斂 以失人心 雖欲理而不亂 存而不亡 又何異强酒而惡醉者乎

— 『삼국사기 권22, 고구려본기高句麗本紀10, 보장왕寶藏王 27년 끝부분

자료 4

주14 열국列國 : 이웃나라. 여기서는 중국.

주15 노신老臣 : 김부식이 자신을 일컫는 말. 당시 그는 71세였다.

주16 오경五經 : 5가지 경서. 곧 『역경』·『서경』·『시경』·『춘추』·『예기』.

신 아무개가 말합니다. 옛날 열국列國주14에서도 역시 각각 사관을 두고 그 시대의 일을 적었습니다. … 우리나라 삼국도 역년歷年이 장구하여 마땅히 그 사실을 책으로 지을 방책이 있어야 했으므로, 노신老臣주15에게 이를 편찬하도록 명이 내려졌습니다. … (성상전하聖上殿下께서) 전고前古의 사서史書를 박람博覽하시고, "지금의 학사學士 대부大夫들은 모두 오경五經주16과 제자諸子의 책과 진한秦漢 역대의 사서에는 혹 널리 통하여 상세히 말하는 이는 있으나, 도리어 우리나라의 사실에 대하여는 망연茫然하고 그 시말始末을 알지 못하니 심히 통탄할 일이다. 하물며 신라·고구려·백제가 나라를 세우고 정립하여 능히 예의로써 중국과 교통한 까닭으로 범엽范曄의 『한서漢書』나 송기宋祁의 『당서唐書』에는 모두 열전列傳이 있으나 국내는 상세하고 국외는 소략하게 써서 자세히 실리지 않았다. 또한 고기古記에는 문자가 거칠고 잘못되고 사적이 빠져 없

다. 이 때문에 군후君后의 선악이나 신자臣子의 충사忠邪나 국가의 안위나 인민의 이란理亂 등을 모두 잘 드러내어 뒷사람들에게 경계를 전할 수 없게 되었으니 마땅히 삼장三長[주17]의 인재를 얻어 한 나라의 역사를 이룩하고 이를 만세에 만세에 물려주어 일성日星과 같이 밝히고 싶다."고 하셨습니다.

주17 삼장三長 : 역사가에게 필요한 세 가지 장점. 곧 재지才智·학문學問·식견識見.

原文 臣某言 古之列國 亦各置史官 以記事 … 惟此海東三國歷年長久 宜其事實 著在方策 乃命老臣 俾之編集 … 博覽前古 以謂今之學士大夫 其於五經諸子之書 秦漢歷代之史 或有淹通而詳說之者 至於吾邦之事 却茫然不知其始末 甚可歎也 況惟新羅氏高句麗氏百濟氏 開基鼎峙 能以禮通於中國 故范曄漢書 宋祁唐書 皆有列傳 而詳內略外 不以具載 又其古記文字蕪拙 事迹闕亡 是以君后之善惡 臣子之忠邪 邦業之安危 人民之理亂 皆不得發露 以垂勸戒 宜得三長之才 克成一家之史 胎之萬世 炳若日星

_ 『동문선』권44, 진삼국사표進三國史表(김부식)

자료5

『위서魏書』[주18]에 이르되, "지금으로부터 2,000년 전에 단군왕검이 있어, 도읍을 아사달에 정하고 나라를 개창하여 조선이라 일컬으니 고[高, 요堯]와 같은 때다."라 했다.

『고기古記』에 이르되, "옛날에 환인의 서자 환웅이 있어, 항상 천하에 뜻을 두고 인세人世를 탐내거늘 아버지가 아들의 뜻을 알고 삼위태백三危太白[주19]을 내려다보니 인간을 널리 이롭게 할 만했다. 이에 천부인天符印 3개[주20]를 주어 가서 세상 사람을 다스리게 했다. 환웅이 무리 3,000을 이끌고 태백산 꼭대기 신단수 밑에 내려와 여기를 신시神市라 이르니 이분을 환웅천왕桓雄天王으로 불렀다. (그는) 풍백風伯·우사雨師·운사雲師를 거느리고 곡穀·명命·병病·형刑·선善·악惡 등 무릇 인간의 360여 사事를 맡아서 인세人世에 있어 다스리고 교화했다. 그때 곰 한 마리와 호랑이 한 마리가 같은 굴에서 살며 항상 신웅[환웅]에게 빌되 원컨대 화化하여 사람이 되고 싶다 하거늘, 한번은 환웅이 신령스러운 쑥 한 자루와 마늘 20개를 주고 이르기를, '너희들이 이것을 먹고 백일동안 햇빛을 보지 아니하면 곧 사람이 되리라' 했다. 곰과 범이 이것을 받아서 먹고 금기한 지 21일 만에 곰은 여자의 몸이 되고 범은 능히 금기하지 못하여 사람이 되지 못했다. 웅녀는 그와 혼인해주는 이가 없으므로 항상 단수 아래서 축원하기를 아이를 배고 싶다 했다. 환웅이 이에 잠깐 변하여 결혼하여 아들을 낳으니 이름을 단군왕검檀君王儉이라 했다. (왕검이) 당고[唐高, 요堯]의 즉위한 지 50년인 경인庚寅에

주18 위서魏書 : 중국 사서로 보기도 하고, 고조선의 사서로 보기도 한다.

주19 삼위태백三危太白 : 삼위三危는 삼고산三高山의 뜻인데, 태백은 그중의 하나.

주20 천부인天符印 3개 : 아래의 풍백風伯·우사雨師·운사雲師의 삼신三神을 거느린다는 의미의 3개 인수印綬를 가리키는 듯하다.

주21 호왕虎王 : 주周의 무왕武王. 고려 혜종의 휘諱 무자武字를 피避함이다.

주22 통전通典 : 중국 당나라 때 두우杜佑가 찬한 책으로 200권으로 이루어져 있다. 고대로부터 당 현종까지의 제도를 식화食貨·선거選擧·직관職官·예례禮·악樂·병형兵刑·주군州郡·변방邊方의 8문門으로 나누어 기록했다.

평양성에 도읍하고 비로소 조선이라 일컫고 또 도읍을 백악산아사달白岳山阿斯達에 옮겼는데, 그곳을 또 궁홀산弓忽山 또는 금미달今彌達이라고도 하니 치국治國하기 1,500년이었다. 주周의 호왕虎王[주21] 즉위 기묘己卯에 기자箕子를 조선에 봉하니 단군은 장당경藏唐京으로 옮겼다가 후에 아사달에 돌아와 숨어서 산신이 되니 수壽가 1,908세였다.”라고 한다.

『구당서舊唐書』의 배구전裴矩傳에는 “고려[高麗, 고구려]는 본시 죽고국孤竹國인데 주周가 기자를 봉하여 조선이라 했고, 한漢은 삼군三郡을 분치分置하여 현도玄菟·낙랑樂浪·대방帶方이라 이른다.”고 했다.

『통전通典』[주22]에도 이 설명과 같다.

> **原文** 魏書云 乃往二千載 有壇君王儉 立都阿斯達 開國號朝鮮 與高同時 古記云 昔有桓因 庶子桓雄 數意天下 貪求人世 父知子意 下視三危太伯 可以弘益人間 乃授天符印三箇 遣往理之 雄率徒三千 降於太伯山頂 神壇樹下 謂之神市 是謂 桓雄天王也 將風伯雨師雲師 而主穀主命主病主刑主善惡 凡主人間三百六十餘事 在世理化 時有一熊一虎 同穴而居 常祈于神雄 願化爲人 時神遺靈艾一炷 蒜二十枚 曰 爾輩食之 不見日光百日 便得人形 熊虎得而食之 忌三七日 熊得女身 虎不能忌 而不得人身 熊女者無與爲婚 故每於壇樹下 呪願有孕 雄乃假化而婚之 孕生子 號曰 壇君王儉 以唐高卽位五十年庚寅 都平壤城 始稱朝鮮 又移都於白岳山阿斯達 又名 弓忽山 又今彌達 御國一千五百年 周虎王卽位己卯 封箕子於朝鮮 壇君乃移於藏唐京 後還隱於阿斯達 爲山神 壽一千九百八歲 唐裴矩傳云 高麗本孤竹國 周以封箕子爲朝鮮 漢分置三郡 謂玄菟 樂浪 帶方 通典亦同此說
>
> — 『삼국유사』1, 기이11, 고조선

자료6

세상에서 동명왕의 신이神異한 사적을 많이 이야기하는데, 배운 것 없는 미천한 남녀들도 제법 그에 관한 일들을 얘기할 수 있을 정도이다. 내가 일찍이 이 이야기를 듣고 웃으며, “선사先師 공자는 괴력난신怪力亂神을 말씀하지 아니했는데, 이 동명왕 설화는 실로 황당하고 기괴하니 우리들의 논의할 바가 아니다.”라고 한 일이 있었다.

그 후 『위서魏書』·『통전通典』을 읽어보니 그 사실이 기록되어 있었다. 그러나 간략하고 상세치 않았으니, 이는 자국내自國內의 일은 소상케 하고, 외국의 것은 줄인 뜻이 아니겠는가. 계축년(1193) 4월에 이르러 『구삼국사』를 얻어서 「동명왕본기」를 보니, 그 신이한 사적이 세상에서 이야기되고 있던 바보다 더 했다. 그러나 역시 처음에는 그를 믿지 못했으니, 귀환鬼幻스럽다고 생각했기 때문이다. 세 차례 거듭 탐독耽讀 · 미독味讀하며 차차로 그 근원을 찾아가니, 이는 환幻이 아니요 성聖이며, 귀鬼가 아니고 신神이었다. 하물며 국사는 직필直筆하는 책이니 어찌 그 사실을 망령되이 전하리오. 김공金公 부식富軾이 국사를 다시 편찬할 때 동명왕의 사적을 매우 간략하게 다루었다. 공은 국사란 세상을 바로잡는 책이니, 크게 신이한 일로써 후세에 보여줌은 옳지 않다고 생각하여 그를 간략하게 했을 것이 아니겠는가.

당唐「현종본기玄宗本紀」와「양귀비전楊貴妃傳」을 살펴보면, 한 곳에도 방사方士가 하늘에 오르고 땅에 들어간 사적이 없는데, 오직 시인 백낙천이 그들의 사적이 없어져 버릴까 걱정하여 노래로 지어 그 일들을 기록했다. 그것은 실로 황음하고 기탄스런 일인데도 오히려 노래로 읊어 후세에 보였는데, 하물며 동명왕의 사적은 변화신이變化神異하여 여러 사람들의 눈을 현혹시킬 일이 아니고, 실로 창국創國하신 신이한 자취인 것이다. 이러하니, 이 일을 기술하지 않으면 후세에 무엇을 볼 수 있으리요.

이런 까닭에, 시詩를 지어 이를 기록하고 무릇 천하로 하여금 우리나라가 본래 성인의 나라임을 알게 하려 할 따름인 것이다.

原文 世多說東明王神異之事 雖愚夫駿婦 亦頗能說其事 僕嘗聞之 笑曰 先師仲尼 不語怪力亂神 此實荒唐奇詭之事 非吾曹所說 及讀魏書通典 亦載其事 然略而未詳 豈詳內略外之意耶 越癸丑四月 得舊三國史 見東明王本紀 其神異之迹 踰世之所說者 然亦初不能信之 意以爲鬼幻 及三復耽味 漸涉其源 非幻也 乃聖也 非鬼也 乃神也 況國史直筆之書 豈妄傳之哉 金公富軾 重撰國史 頗略其事 意者 公以爲國史矯世之書 不可以大異之事爲示於後世 而略之耶 按唐玄宗本紀 楊貴妃傳 並無方士升天入地之事 唯詩人白樂天恐其事淪沒 作歌以志之 彼實荒淫奇誕之事 猶且詠之 以示于後 矧東明之事 非以變化神異 眩惑衆目 乃實創國之神迹 則此而不述 後將何觀 是用作詩以記之 欲使夫天下知我國本聖人之都耳

　　　　　　　　　　　　　　　　　　　　　　　_「동국이상국집전집」권3,「동명왕편」서序

자료7

(상권) 옛부터 제왕帝王들이 서로 잇고 주고받으며 흥하고 망하던 사실들은, 세상을 다스리는 군자들이 몰라서는 안 되는 일이다. 그러나 고금의 전적典籍들은 많고 많으며 앞뒤가 서로 얽혀 복잡하다. 그러니 참으로 요긴한 것을 추려 능히 시로 읊조릴 수만 있다면 보기에 편리하지 않겠는가.

이런 까닭에 옛 책에 의거하고 삼가 여러 자子 · 사史에서 뽑아 확충하였다. 만약 지금까지 책에 수록되지 않은 것은 우선 분명하게 익히 듣고 본 바를 근거로 삼아 풍영諷詠으로 만들어 선하여 법이 될 만하고 악하여 경계가 될 만한 것을 그 일마다 『춘추』의 필법에 따라 짓고 『제왕운기』라 이름하였다. 약 2,370언인데 대개 충신·효자가 임금과 아비를 모시는 뜻이 들어 있다.

주23 수이전 : 문종 때 박인량이 지은 것으로 설화 문학의 시초

(하권) 삼가 국사에 의거하고 한편 각 본기本紀와 『수이전』[주23]에 실린 것을 채록하고, 요堯·순舜 이래 경經·전傳·자子·사史를 참고하여, 허튼 말을 버리고 이치에 맞는 것은 취하여, 그 사적을 펴서 읊음으로써 흥망한 연대를 밝히니 대체로 1,460언이다.

原文 自古 帝王相承授受興亡之事 經世君子 所不可不明也 然古今典籍 浩汗無涯 而前後相紛如也 苟能撮要以詩之 不亦便於覽乎 謹據纂古圖 採諸子史而廣焉 若夫今之未著方策者 姑以彰彰耳目所熟爲據 播于諷詠 其善可爲法 惡可爲誡者 輒隨其事而春秋焉 名之曰帝王韻紀 凡二千三百七十言 蓋忠臣孝子 衛於君父之義也

謹據國史 旁採各本紀 與夫殊異傳所載 參諸堯舜已來經傳子史 去浮辭取正理 張其事而詠之 以明興亡年代 凡一千四百六十言

—「제왕운기」서序

출전

『삼국사기』

『삼국유사』

『동명왕편東明王篇』: 명종 23년(1193)에 이규보가 고구려 동명왕의 건국 설화를 5언시체로 재구성한 서사시.

『제왕운기帝王韻紀』: 충렬왕 13년(1287)에 이승휴가 저술했는데, 상권은 5언시의 형식으로 중국 역사를 서술했고, 하권에서는 7언시로 전조선·후조선·위만조선·사군·삼한·삼국·후고구려·후백제·발해를 서술했으며, 5언시로 고려 건국에서 충렬왕까지의 고려사를 기술했다.

찾아읽기

강만길·이우성 엮음, 『한국의 역사인식』상, 창작과비평사, 1975.

김상현, 「〈삼국유사〉에 나타난 일연의 불교사관」, 『한국사연구』20, 1978.

신형식, 『삼국사기 연구』 일조각, 1981.

한국사연구회, 『한국사학사의 연구』 을유문화사, 1985.

유경아, 「이승휴의 생애와 역사인식 – 제왕운기를 중심으로」, 『고려사의 제문제』, 삼영사, 1986.

정구복, 「삼국유사의 사학사적 고찰」, 『삼국유사의 종합적 검토』 1987.

차장섭, 「제왕운기에 나타난 이승휴의 역사인식」, 『삼척공업전문대논문집』20, 1987.

변동명, 「이승휴의 제왕운기 찬술과 그 사서로서의 성격」, 『진단학보』70, 1990.

에드워드 J. 슐츠Edward J. Shultz, 「김부식과 삼국사기」, 『한국사연구』73, 1991.

조동걸 · 한영우 · 박찬승 엮음, 『한국의 역사가와 역사학』상, 창작과비평사, 1994.

이강래, 『삼국사기 전거론典據論』, 민족사, 1996.

노명호, 「동명왕편과 이규보의 다원적 천하관」, 『진단학보』83, 1997.

노명호, 「고려 지배층의 발해유민에 대한 인식과 정책」, 『산운사학汕耘史學』8, 1998.

이상영, 「일연의 저술과 불교사상」, 『불교사연구』2, 1998.

정구복, 『한국중세사학사』Ⅰ, 집문당, 1999.

박명호, 「이규보 〈동명왕편〉의 창작동기」, 『사총』52, 2000.

김두진, 「〈삼국유사〉의 체제와 내용」, 『한국학논총』23, 2001.

이강래, 「〈삼국사기〉의 성격」, 『정신문화연구』82, 2001.

홍승기, 「최승로의 유교주의사학론」, 『진단학보』92, 2001.

김두진, 「일연의 생애와 저술」, 『전남사학』19, 2002.

김성환, 『고려시대의 단군 전승과 인식』, 경인문화사, 2002.

윤석효, 「일연과 역사학」, 『민족문화』12, 2002.

이익주, 「고려후기 단군신화 기록의 시대적 배경」, 『문명연지』4-2, 한국문명학회, 2003.

허흥식, 「〈삼국유사〉를 저술한 시기와 사관」, 『인하사학』10, 2003.

박한설, 「고려의 고구려 계승의식」, 『고구려연구』18, 고구려연구회, 2004.

최규성, 「중국의 동북공정의 실체와 고려의 고구려 계승의식」, 『백산학보』70, 2004.

허흥식, 『고려의 문화전통과 사회사상』, 집문당, 2004.

김남일, 「이승휴의 역사관과 역서서술」, 『한국사학사학보』11, 2005.

김인호, 「이승휴의 역사인식과 사학사적 위상」, 『진단학보』99, 2005.

박용운, 「고려시기 사람들의 고구려 계승의식」, 『북방사논총』2, 2005.

김성환, 「고려시대 단군관의 역사적 정립」, 『백산학보』75, 2006.

이정훈, 「〈구삼국사〉의 편찬시기와 편찬배경」, 『역사와 실학』30, 2006.

박종기, 「이색의 당대사當代史 인식과 인간관―묘지명을 중심으로」, 『역사와 현실』66, 2007.

조성을, 「고려시기의 중국사 인식」, 『한국사학사학보』16, 2007.

김용섭, 『동아시아 역사 속의 한국문명의 전환』, 지식산업사, 2008.

장을병, 『이승휴의 삶과 정치활동』, 경인문화사, 2008.

박인호, 「〈제왕운기〉에 나타난 이승휴의 역사지리인식」, 『조선사연구』18, 2009.

채미하, 「고려시대 동명에 대한 인식―국가제사를 중심으로」, 『동북아역사논총』24, 2009.

정구복, 「이승휴의 역사관」, 『한국사학사학보』21, 2010.

박인호, 「이승휴의 〈제왕운기〉에 대한 연구 현황과 쟁점」, 『국학연구』18, 한국국학진흥원, 2011.

6 위대한 유산

금속활자와 청자

금속활자와 청자는 세계 문화사에 자랑할 만한 유산이다. 인쇄 문화의 발달을 보여주는 금속활자는 고려에서 세계 최초로 만들어 사용했다. 청자는 세계 도자기 가운데 빛깔이 신비하고 모양이 아름다운 것으로 유명하다.

목판 인쇄와 금속활자 인쇄

목판은 동일한 인쇄물을 많이 찍어내는 데 편리하여 일찍부터 만들어 사용되었다. 석가탑에서 발견된 다라니경은 현존하는 목판 인쇄물로서 세계에서 가장 오래된 것이다. 그러나 여러 가지 종류의 책을 적은 부수로 찍어내는 데는 목판 인쇄는 적절하지 않다.

소수의 사람들에게 다양한 책을 제공하는 데에는 활자 인쇄가 편리하다. 활자에는 목활자 · 토활자 등도 있지만, 금속활자가 널리 쓰였다. 활자 인쇄는 한번 활자를 만들어 놓으면 잘 간수하여 필요할 때 수시로 판을 짜서 값싸게 책을 찍어낼 수 있었다. 활자 인쇄를 최초로 생각해낸 이는 북송의 필승畢昇이며, 찰흙으로 활자를 만들어 책 인쇄를 시도했다. 흙에 아교를 섞어 굳혀서 만든 교니활자가 그것이었다. 그러나 흙으로 만든 교니 활자는 내구성이 약해 자주 일그러졌고 또한 활자를 판에 고착시키는 물질의 접착력이 약하여 자주 떨어졌기 때문에 실용화에 실패하고 말았다.

우리나라는 중국과 달리 영토가 좁고 인구가 적으며, 독서와 학문하는 이들이 한정되어 있기 때문에 책을 찍어내는 부수는 적으면서 여러 학문 분야의 필요한 책을 수시로 고루 찍어내야 했으니, 금속활자의 인쇄는 우리에게 적합한 인쇄법이었다.

금속활자의 사용과 의의

고려에서 금속활자가 만들어진 것은 12~13세기다. 금속활자에 의한 인쇄술이 가능하려면 몇 가지 기술적 전제가 필요했다. 우선 질기고 깨끗한 얇은 종이가 있어야 했다. 고려에서는 품질이 우수한 종이를 생산하여 중국에 수출했는데, 중국에서도 품질을 높이 평가했다. 이처럼 고려는 양질의 종이를 생산할 수 있는 기술 수준에 도달해 있었다. 그리고 인쇄에 적당한 먹을 갖추고 있어야 했다. 고려의 숯먹은 유성먹으로 품질을 인정받고 있었다. 또한 활자를 주조할 수 있는 기술이 필요했다. 고려에서는 청동이 다량 생산되었으며, 그것을 가공하는 금속 세공 기술과 청동 주조 기술이 축적되어 있었다. 또한 활자를 판에 고착시키는 점착성 물질의 개발도 중요했다. 이런 여러 가지 기술적 조건이 갖추어져 있기에 금속활자에 의한 인쇄가 가능했던 것이다. 또한 다양한 서적을 필요로 하는 독서 계층이 있었던 것도 인쇄 기술을 발달시키는 배경이 되었다.

고려에서 금속활자로 책을 인쇄한 구체적인 사례는 13세기 전반에 보인다. 「남명천화상송증도가南明泉和尙訟證道歌」 중조본重彫本의 권말에 있는 최이崔怡의 글에 의하면, 이 책은 선문禪門에 있어서 가장 긴요한 책인데, 전하는 것이 많지 않아 얻어보기 어려워 주자본鑄字本에 의거하여 고종 26년(1239) 다시 새겨 널리 전했다는 것이다.[자료1] 1239년 이전에 금속활자가 이미 만들어져 사용되었음을 알려준다.

인쇄 시점이 명확한 가장 앞선 금속활자 인쇄물은 『상정고금례詳定古今禮』 28부이다. 신인상정예문발미新印詳定禮文跋尾에, 인종 때 최윤의 등이 엮은 상정예문 50권이 세월

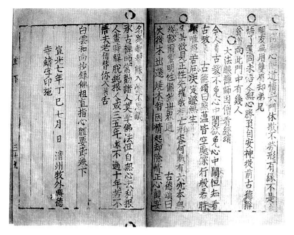

『직지심체요절』. 정식 서명은 『백운화상초록불조직지심체요절』이다. 우왕 3년 (1377) 7월 청주목의 교외에 있던 흥덕사에서 금속활자인 주자로 찍어낸 것이 전한다. 상하 2권 중 지금까지 전하는 것은 하권 1책(첫 장은 결락)뿐이며, 현재 프랑스 국립도서관에 소장되어 있다. 세계에서 가장 오래된 금속활자 인쇄본이다.

이 지나 책장이 떨어지고 글자가 결실되어 최충헌이 다시 2부를 써서 예관禮官과 자기 집에 각각 1부씩 간직해 두었는데, 강화로 천도할 때 1부만 남게 되어, 주자鑄字로 28부를 인쇄해 여러 관서에 나누어 간직하게 했다는 내용이 전하고 있다.[자료2] 인쇄한 해가 고종 21년(1234)이므로 이 해가 금속활자로 인쇄한 분명한 시점이라고 할 수 있다.

금속활자로 인쇄한 현전 실물은 우왕 3년(1377) 7월의 간기刊記가 있는 『백운화상초록불조직지심체요절白雲和尚抄錄佛祖直指心體要節』이다.[자료3] 이 책은 청주목 흥덕사興德寺에서 주자鑄字로 찍었다고 기록되어 있다. 『직지심체요절』은 현재 프랑스 국립도서관에 소장되어 있다. 백운이 중국의 석옥청공(石屋淸珙, 1272~1352)으로부터 역대 조사들의 어록을 수록한 『불조직지심체요절』 1권을 충정왕 3년(1351)에 얻어와 그 내용 가운데 중요한 대목을 초록하고 증보한 후, 손으로 직접 써서 상하 2권으로 재편집하여 만든 것인데, 이것을 금속활자로 인쇄한 것이 현전하는 『직지심체요절』이다.

『직지심체요절』의 인쇄 활자와 판짜기 방법

흥덕사에서 찍어낸 『직지심체요절』을 살펴보면, 지방의 사원이 전통적인 주조 방법으로 만든 활자로 찍어낸 것이기 때문에 미숙한 점이 보인다.

활자를 중간 자와 작은 자의 두 종을 만들어 찍어냈는데, 활자 크기와 글자 모양이 가지런하지 않고 같은 글자에 동일한 모양의 활자가 나타나지 않는다. 활자는 계획 초기에는 전문가가 대부분 주조한 후, 부족분은 비전문가가 수시로 보충했다.

본문의 각 줄이 가지런하지 않고 좌우로 들어갔다 나왔다 하여 삐뚤어졌으며 옆으로 비스듬하거나 몹시 기울어진 글자도 있다. 그런가 하면 어떤 글자는 아예 거꾸로 식자된 것도 있다. 식자한 활자의 높낮이가 고르지 않아 찍힌 글자의 먹색이 검거나 희미하며, 인출 때 흔들려 이중으로 찍힌 부분도 나타난다. 또 부분적으로 찍히지 않은 것도 나타나고 있다.

활자 인본 전체를 조사해 보면, 인판은 네 둘레를 고착시킨 단변單邊에 계선界線까지 붙인 틀을 두 대 마련, 번갈아 사용하고 있음을 알 수 있다. 매 쪽에 활자를 배열한 글줄 수는 11줄이지만, 각 글줄에 배자된 글자 수는 18자에서 20자로 1~2자의 출입이 있다. 따라서 옆줄 글자가 수평을 이루지 못하고 위 아래로 들쭉날쭉하다. 그리고 어떤 글자는 윗글자의 아래 획과 아래글자의 위 획이 서로 닿거나 물린 것도 나타나고 있다. 이것은 활자의 판짜기 기법이 미숙함을 보여주는 것으로, 중앙 정부가 아닌 지방 사원에서 주조해 인쇄한 데서 오는 한계라고 할 수 있다.

고려 말기에 서적원을 두어 활자를 주조한 일이 있으며[자료4] 조선 초에도 활자를 개선하는 데 노력을 기울였다. 조선 건국 후 유생들에게 학문을 권장하기 위한 책의 보급이 시급하여 태종 3년(1403) 2월에 주자소鑄字所를 설치하고 큰 자와 작은 자를 가려 수십만 자를 주조했다. 이것이 계미자이다. 이후에도 활자를 개선하려는 노력은 지속되었다.

청자의 제작과 양식

청자는 철분이 약간 섞인 백토로 형태를 만들고 잘 말려 섭씨 700~800도에서 한 번 구운 다음, 그 위에 철분이 1~3퍼센트 정도 들어 있는 석회질 유약을 입혀 섭씨 1,250~1,300도 정도의 높은 온도에서 환원염으로 구워내어 자화磁化한 자기의 일종이다. 이때 유약의 색은 초록이 섞인 푸른 색으로 보석인 비취처럼 투명하다.

우리나라에서 청자가 생산되기 시작한 것은 신라 말부터다. 9세기 초부터 만당晚唐의 도자기와 그 기술이 해로를 통해 서해안과 일부 남해안에 유입되어, 9세기 후반 무

청자상감운학문매병. 높이 42.1센티미터, 입지름 6.2센티미터, 밑지름 17센티미터 크기로 간송미술관 소장이며 국보 제68호다. 구연부의 아랫부분에는 꽃무늬를 둘렀고, 굽 위로는 연꽃 무늬를 둘렀다. 몸통 전체에는 구름과 학을 새겨 넣었다. 세련미의 극치를 보여주는 작품이다.

렵에는 햇무리[日暈]굽계 청자를 만들기에 이르렀다. 햇무리굽계 청자요지는 서남해안에 많이 분포했는데, 전남 강진군 대구면과 칠량면, 고흥군 두원면, 평남 강서군 잉차면, 황해도 봉천군, 경기도 고양·양주·시흥·용인, 충남의 서산·보령, 전북의 진안·고창 등이 대표적이다. 이와 달리 근래에는 청자가 10세기 2/4분기에 생산되기 시작했으며, 처음 생산지는 개성 주변의 중서부 지역이었다가 점차 남서부 지역으로 확산되었다는 주장이 호응을 얻고 있다.

청자는 구름과 학·모란·국화·연꽃 등의 무늬를 넣어 병·항아리·연적 등을 우아한 형태로 제작했다. 청자 가운데 주류는 순청자와 상감청자였다. 순청자는 10세기 후반인 광종·성종 연간에 제작되기 시작하여 11세기에는 숙련을 거듭해 12세기 전반에는 비색 청자로 완성되어 발전해 갔다.[자료5·6] 상감청자는 12세기 후반인 의종 연간에 제작되기 시작하여 13세기에 전성을 보여 순청자를 대신하여 고려 청자의 주류를 이루었다.

중국 청자가 색이 진하고 유약이 불투명하여 예리하면서 장중한 데 비하여, 고려 청자는 은은하면서 맑고 명랑한 비색, 유려한 선의 흐름과 탄력이 있고 생동감 있는 형태, 조각도의 힘찬 선, 기물과 일체가 된 회화적이고 시적인 운치가 있는 상감 문양 등이 특색이다.

청자 생산의 쇠퇴

청자는 고려 초부터 생산되기 시작하여, 12세기에서 13세기 전반의 전성기를 지나고 1250년 이후 쇠퇴하여 갔다. 12~13세기 고려 청자는 자기소瓷器所를 중심으로 만들어졌으며 생산된 도자기들은 공납했다. 강진 사당리와 부안 유천리에 대표적인 자기소가 설치되었는데, 이곳 소민所民을 중심으로 청자를 제작했고 바닷길을 통해 개경으로 가져와 고려 왕실과 관청 · 귀족 수요에 충당했다. 청자를 생산하던 소의 장인들은 높은 수준의 숙련된 기능을 가진 연로자를 중심으로 하여 '사발대정', '굽대정', '불대정', '상감장' 등 몇 개의 전문직으로 분화, 작업을 분담했다. 일정한 권리와 의무를 국가에서 부여받은 소리所吏를 중심으로 하여 소민 전체가 소 경영의 주체가 되어 여러 물자를 조달했으며, 그들은 높은 기술 수준으로 분화된 각 작업 과정에서 서로 협동해 자기를 생산했다.

14세기 고려 말 정치 · 경제 · 사회 · 국방 · 외교가 혼란해지자 강진, 부안을 중심으로 한 도자 공예는 정형을 잃어갔다. 특히 공민왕 때부터 왜구 침입이 잦아지면서 도자기 제작에 종사하던 많은 장인들이 내륙으로 피신했다. 14세기 무렵에 강진에서 만들어진 상감 청자들이 조금씩 양식상의 퇴화 과정을 걸으면서 경기 · 충청 · 경상 · 전라 등 도처로 퍼져 나간 것은 이런 사정에서 비롯된 것으로 생각된다. 도자기의 품질은 하락했지만 실용성 있는 음식기명이 대량 제작되었으며 전체 생산량이 급격히 증가하는 양상을 띠었다. 이는 자기 소비의 확산과 짝하는 현상이었다.

자료1

주1 남명천南明泉 : 중국 송나라
신종神宗 때의 승려.

주2 증도가證道歌 : 중국 당나라
승려 영가대사永嘉大師가 불도를
깨달은 것을 적은 글.

주3 승당升堂 : 참선의 더 높은 경
지에 들어가는 것을 뜻한다.

주4 중서령中書令 : 중서문하성의
최고 관직으로 종1품직.

남명천南明泉주1의 증도가證道歌주2는 선문禪門의 중추가 되는 것이다. 그러므로 후학 가운데 참선하는 자는 이것에 의하지 않고서는 승당升堂주3하여 그윽한 경지를 볼 수가 없다. 그렇다면 이 책이 숨어버리고 없어져서 전해지지 않아서야 되겠는가? 이에 공인工人을 모아 금속활자로 찍은 책을 다시 새겨서 그 전하는 수명을 길게 하고자 하는 바이다. 때는 기해년(고종 26년, 1239) 9월 상순, 중서령中書令주4 진양공晋陽公 최이崔怡가 삼가 적는다.

> **原文** 夫南明證道歌者 實禪門之樞要也 故後學參學之流 莫不由斯而入升堂覩奧矣 然則其可閉塞而不傳通乎 於是 募工重彫鑄字本 以壽其傳焉 時己亥九月上旬 中書令晉陽公崔怡謹誌

— 「남명천화상송증도가 발문南明泉和尙公證道歌跋文」

자료2

주5 평장사平章事 : 문하부의 정2
품직.

주6 나의 선공先公 : 최우의 아버
지인 최충헌.

… 본조는 건국한 이래로 예제禮制를 손익함이 여러 대를 내려오면서 한 번뿐이 아니었으므로 이를 병되게 여긴 지 오래되었더니, 인종 때에 와서 비로소 평장사平章事주5 최윤의 등 17명의 신하에게 명하여 고금의 서로 다른 예문을 모아 참작하고 절충하여 50권의 책을 만들고 그것을 상정예문詳定禮文이라고 명명했다. 그것이 세상에 행해진 뒤에는 예가 제자리에 귀착되어 사람이 의혹되지 않았다.

이 책이 여러 해를 지났으므로 책장이 없어지고 글자가 결락되어 상고하기가 어려웠는데 나의 선공先公주6이 이를 보집補緝하여 두 본을 만들어 한 본은 예관에게 보내고 한 본은 집에 간수했으니, 그 뜻이 원대했다. 과연 천도할 때 예관이 창황하여 미처 그것을 가지고 오지 못했으니, 그 책이 거의 없어지게 되었는데, 가장본 한 책이 보존되어 있었다. 이때에 와서야 나는 선공의 뜻을 더욱 알게 되었고, 또 그 책이 없어지지 않은 것을 다행으로 여긴다.

마침내 주자鑄字를 사용 28본을 인출하여 제사諸司에 나누어 보내 간수하게 하니, 모든 유사有司들은 일실되지 않게 삼가 전하여 나의 통절한 뜻을 저버리지 말지어다.

> **原文** … 本朝自有國來 其禮制之損益 隨代靡一 病之久矣 至仁廟朝 始勅平章事崔允儀等十七臣 集古今同異 商酌折中 成書五十卷 命之曰詳定禮文 流行於世 然後禮有所歸 而人知不惑矣 是書跨歷年祀 簡脫字缺 難於攷審 予先公迺令補緝 遂成二本 一付禮官 一藏于家 其志遠

也 果於遷都之際 禮官遑遽 未得齎來 則幾若已廢 而有家藏一本得存焉 予然後益諳先志 且幸
其不失 遂用鑄字 印成二十八本 分付諸司藏之 凡有司者 謹傳之勿替 毋負予用志之痛勤也

_ 『동국이상국후집東國李相國集後集』권11, 신서상정예문발미新序詳定禮文跋尾(대진양공행대晉陽公行)

자료 3

선광 7년 정사(1377) 7월 일, 청주목의 흥덕사에서 금속활자로 펴내다.

연화문인 석찬, 달잠

시주 비구니 묘덕

原文 宣光七年丁巳七月 日 淸州牧外興德寺鑄字印施

緣化門人 釋璨 達湛

施主 比丘尼 妙德

_ 흥덕사 금속활자본 '직지直指' 간행 기록

자료 4

문종이 녹사錄事 2인을 두었으며 병과권무丙科權務로 했다. 이속吏屬으로 기사記事 2인,
기관記官 2인, 서자書者 2인을 두었다. 충선왕이 이를 한림원翰林院[주7]에 병합했다가 뒤
에 다시 두었다. 공양왕 3년에 서적점을 파하고, 4년에 서적원書籍院을 두어 주자鑄字
와 서적 인쇄의 일을 관장시키고, 영令과 승丞을 두었다.

原文 文宗定 錄事二人 丙科權務 吏屬 記事二人 記官二人 書者二人 忠宣 併於翰林院 後復
置 恭讓王三年 罷 四年 置書籍院 掌鑄字印書籍 有令丞

_ 『고려사』권77, 지31, 백관2, 제사도감각색諸司都監各色, 서적점書籍店

주7 한림원翰林院 : 국왕의 의례
문서, 명령서 작성을 담당하는 관
서.

자료 5

도존陶尊. 도자기의 빛깔이 푸른 것을 고려 사람들은 비색翡色[주8]이라고 말하는데, 근
년 이래로 만드는 솜씨가 더욱 정교해지고 색깔과 윤택이 더욱 아름다워졌다. 술그릇
의 모양은 오이 같은데, 위에 작은 뚜껑이 있는 것이 연꽃에 엎드린 오리 모양을 하고
있다. 또 주발·접시·술잔·사발·꽃병·국그릇을 만들 수 있는데, 모두 중국의 제
도와 닮은 것들이기 때문에 이를 생략해 모양을 그리지 않고 술그릇만은 다른 그릇들
과 다르기 때문에 특별히 기록한다.

原文 陶尊 陶器色之靑者 麗人謂之翡色 近年以來 制作工巧 色澤尤佳 酒尊之狀如瓜 上有

주8 비색翡色 : 고려 청자에서 볼
수 있는 푸른 빛깔.

小蓋 面爲荷花伏鴨之形 復能作盌楪梔甌花瓶湯琖 皆竊放定器制度 故略而不圖 以酒尊異於他
器 特著之

__ 『고려도경』 권32, 기명器皿3

자료 6

사자 모양에 향을 뿜어내는데, 역시 비색翡色이다. 위에는 쭈그리고 앉은 짐승의 모양
이 있고, 아래에는 앙련화仰蓮花[주9]가 있어서 그것을 떠받치고 있다. 여러 가지 기물들
가운데 이 물건만이 가장 정교하고 뛰어나다. 나머지 기물들은 중국 월주越州[주10]의 고
비색古秘色[주11]이나 여주汝州[주12]의 신요기新窯器[주13]와 대체로 닮았다.

原文 猊猊出香 亦翡色也 上爲蹲獸 下有仰蓮 以承之 諸器 惟此物 最精絶 其餘 則越州古祕
色 汝州新窯器 大槩相類

__ 『고려도경』 권32, 기명3, 도로陶爐

출전

『고려도경』

『고려사』

『동국이상국집』

찾아읽기

손보기, 『한국인쇄기술사』, 고려대학교 민족문화연구소, 1968.

김두종, 『한국고인쇄기술사』, 탐구당, 1974.

권병탁, 『전통도자기의 생산과 수요』, 영남대학교출판부, 1979.

요시오카 간스케吉岡完祐, 「고려청자의 출현高麗靑磁の出現」, 『조선학보』 119·120 합집, 1986.

강경숙, 『한국도자사』, 일지사, 1989.

윤용이, 『한국도자사연구』, 문예출판사, 1993.

이종민, 「14세기 후반 고려상감청자의 신경향-음식기명을 중심으로」, 『미술사학연구』 201, 1994.

송성안, 「고려 전기 자기수공업-자기소를 중심으로」, 『경대사론』 8, 1995.

정양모, 『고려청자』, 대원사, 1998.

천혜봉, 「금속활자」, 『한국사시민강좌』 23, 1998.

천혜봉, 「고려사주활자본자 불조직지심체요절」, 『호서문화논총』 13, 1999.

이희관·최건, 「고려초기 청자생산체제의 변동과 그 배경」, 『미술사학연구』 232, 2001.

주9 앙련화仰蓮花 : 연꽃이 위로
바라보고 있는 모양.

주10 월주越州 : 오늘날 중국 절강
성 소흥현.

주11 고비색古秘色 : 옛날부터 전
해 내려오는 자기의 신비한 색깔.

주12 여주汝州 : 오늘날 중국 호남
성 임문현.

주13 신요기新窯器 : 새로 만든 요
지窯地에서 구워낸 도자기.

한성욱, 「고려후기 청자의 기형 변천」, 『미술사학연구』 232, 2001.

김종명, 「〈직지〉의 선禪사상과 그 의의」, 『역사학보』 177, 2002.

남권희, 『고려시대 기록문화 연구』, 청주고인쇄박물관, 2002.

청주고인쇄박물관 엮음, 『직지와 금속활자의 발자취』, 2002.

이희관, 「한국 초기청자에 있어서 해무리굽완碗 문제의 재검토」, 『미술사학연구』 237, 2003.

이희관, 「한국 청자제작의 개시시기 문제에 대한 제설의 검토」, 『백산학보』 70, 2004.

이희관, 「고려시대의 자기소와 그 전개」, 『사학연구』 77, 2005.

황정하, 「고려시대 금속활자의 발명과 〈직지〉 활자 주조방법」, 『서지학연구』 32, 2005.

남권희 · 김성수 외, 「프랑스국립도서관 소장 〈직지〉 원본 조사 연구」, 『서지학연구』 35, 2006.

장남원, 『고려중기 청자 연구』, 혜안, 2006.

이승철, 「〈직지〉에 사용된 활자와 조판에 대한 분석 연구」, 『서지학연구』 38, 2007.

조형진, 「〈직지〉의 자적字跡에 나타난 직지활자의 특징 연구」, 『서지학연구』 38, 2007.

황선주, 「〈직지〉 인쇄의 이모저모」, 『호서문화논총』 20, 2007.

장남원, 「조운과 도자생산, 그리고 유통」, 『미술사연구』 22, 2008.

조형진, 「직지활자의 주조 · 조판 방법 연구」, 『서지학연구』 39, 2008.

이희관, 「고려초기 청자와 월요越窯의 관계에 대한 몇 가지 문제」, 『사학연구』 96, 2009.

남권희, 「증도가자의 발견과 남명천화상송증도가의 연구」, 『서지학보』 36, 2010.

남권희 · 이승철, 「고려 금속활자 '증도가자' 발견의 의의와 경과」, 『충북학』 12, 2010.

한성욱, 「강진 청자의 생산과 유통」, 『문화사학』 34, 2010.

국립중앙박물관 엮음, 『자연의 노래, 유천리 고려 청자』, 국립중앙박물관, 2011.

이종민, 「고려초 청자생산 중심지의 이동과정 연구」, 『역사와 담론』 58, 2011.

이종민, 「태안 마도 해저출토품으로 본 고려 중기 청자의 편년문제」, 『이화사학연구』 42, 2011.

이희관, 「고려초기 청자 연구의 현황과 문제점」, 『지방사와 지방문화』 14-2, 2011.

남권희, 「구결본 〈남명천화상송증도가〉의 서지적 고찰」, 『구결학회』 28, 2012.

남권희, 「한국 금속활자 연구의 제문제 – 형태와 주조법을 중심으로」, 『서지학연구』 51, 2012.

남권희, 「흥덕사자興德寺字로 간행된 〈자비도량참법집해慈悲道場懺法集解〉」, 『한국멀티디어어학회지』 16-2, 2012.

이종민, 「고려후기 대원對元 도자교류의 유형과 성격」, 『진단학보』 114, 2012.

천혜봉, 『한국금속활자 인쇄사』, 범우, 2012.

7 다양한 사상이 유행하다

도교와 풍수지리설

유교와 불교 이외에도 도교 · 풍수지리설이 크게 성행했으며, 사회에 끼친 영향도 상당했다. 도교의 경우 도관道觀이 설치되었고 도사道士가 있었으며, 각종 초재醮齋를 거행했다. 풍수지리설은 천도 운동과 연결되면서 사회적 영향력이 대단히 컸다..

도교 사원의 창건과 재초의 설행

도교는 상고上古 이래의 민간 신앙과 신선설神仙說을 바탕으로 하고, 그 위에 도가道家나 음양陰陽 오행五行 이론 등이 가미되어 성립한 종교였다. 도교에서는 원시천존元始天尊을 최고신으로 받들고, 신격화神格化한 여러 성수星宿와 성황신城隍神 · 토지신土地神 등 많은 신들을 모시면서 양재기복禳災祈福하는 의례를 행했다.

고려 초 도교의 존재를 알려주는 것은 구요당九曜堂이다. 구요당은 태조 7년(924)에 세워졌는데, 이것이 확인할 수 있는 고려의 첫 도교 사우祠宇이다. 국초부터 빈번하게 재초를 설행設行한 것으로 보아 구요당 외에도 도교 사우가 더 있었을 것으로 보인다. 국왕이 구요당에 친행한 예가 보여 나라에서 이곳을 중시하고 있었음을 알 수 있다.

구요당의 창건은 고종 때도 보이는데, 이것은 당시 피난처인 강화에 조성된 것이다.[자료1] 이곳에서는 사직의 수호를 기원하는 재초가 빈번히 설행되었으며, 고종은 10여 회 친행할 정도로 이곳을 중시했다. 이 구요당에는 당호로 보아 일월화수목금토日月火水木金土의 7정政과 나후羅睺·계도計都를 합한 구요九曜의 상이 봉안되었으리라 여겨진다.

고려 중기에 북송에서 도교를 수용하여 과의도교科儀道敎를 확립시킨 것은 도교 역사에서 중요한 의미를 갖는다. 예종은 도교 신앙에 독실하여 복원궁福源宮을 건립했는데, 이때 이 일을 가능토록 한 이가 이중약李仲若이었다.[자료2·3] 이중약은 경주 이씨 출신으로 어렸을 때부터 도교 경전을 읽고 도교를 숭봉했다. 그는 예종 3년(1108) 7월 송에 갔다가 다음해 6월 귀국했는데, 송나라의 휘종이 도교를 흥행케 하던 것을 보고, 교의 사상

도갑사도선국사비. 도갑사를 창건한 도선국사와 중창한 수미선사의 행적을 기록한 비로 전남 영암군 군서면 도갑사 경내에 있다. 귀부龜趺와 비신碑身, 이수를 모두 갖춘 전형적인 석비로, 전남유형문화재 제38호로 지정되어 있다. 도선국사는 통일신라 말에서 고려 초에 걸쳐 활동한 승려로, 그의 풍수지리 사상은 고려·조선 시대를 통하여 큰 영향을 끼쳤다.

과 수련 체계 내지 교단 조직을 널리 전수해온 것으로 보인다. 이중약은 한안인韓安仁의 사위였으며, 인종 즉위년(1122) 한안인과 함께 이자겸 일파에 의해 제거되어 유배지로 가다가 살해된 인물이다.

새로운 도관道觀인 복원궁의 설립에는 당시 왕권의 강화에 부심하던 예종의 정치적 의도도 개재되었을 것이다. 예종은 이중약과 곽여·은원충 등을 측근으로 두고 도교를 정책적으로 지원했다. 복원궁을 건립한 후 이곳에서 도의 터득이 높은 도사 10여 인을 득도시키는데, 이것은 복원궁이 고려 도관의 총림격의 위치에 있었음을 알려준다. 도사의 배출은 도교 계단의 설치를 전제조건으로 하므로 복원궁에는 관단官壇이 마련되었다고 짐작된다. 복원궁의 설립을 계기로 수계 의식授戒儀式이 갖추어졌으며, 재초를 중심한 왕실의 도교 의례 작법도 정비되었다. 예종이 도교를 부흥시킨 것은 국교적인 위치에 있던 불교를 견제하려는 의도가 있었던 것 같다.

예종 때 북송의 도교를 수용한 후 빈번하게 도교 의식이 설행되었으며, 의식 거행 때 드리는 기원문인 청사靑詞가 작성되었고 도교 기관이 증가했다. 7~8종에 불과했던 초명醮名이 훨씬 많아지고 재초 행사도 빈번해졌다. 그리고 도교 의례·재초가 행해

진 장소도 구요당 · 복원궁 이외에 궁궐 내의 강안전康安殿 · 내원당內願堂 등 다양해졌
다.[자료4] 도교 행사는 대개 왕이 설행의 주체가 되었고 도사들이 의식을 거행했으며 이
때에 조정 중신들이 청사를 작성했다.

정례적인 초는 삼계대초가 주종을 이루고, 왕의 수명 등을 기원하는 경우는 본명성
수초本命星宿醮, 기우에는 태일초太一醮가 주로 행해졌다. 이중 삼계대초는 국태민안國泰
民安과 사직社稷 수호를 기원하는 것으로 나타나기 때문에, 왕실의 설초 목적을 집약했
다고 할 수 있다. 설초 기간은 보통 정해진 당일의 한 차례에 한했지만, 경우에 따라서
는 1주야를 행하기도 하고 기우를 목적으로 하는 초는 3일간 계속되기도 했다.

복원궁 설립 이후 도관인 신격전神格殿이 설립되고, 기은색祈恩色과 대초색大醮色 ·
기은도감祈恩都監 등 여러 도교 기관이 마련되어 도교 교양이 심화되었으며 도교적 분
위기가 확산되었다. 그러나 도교 기관의 도사들이 승려들처럼 종교 집단을 형성하거
나 조야에 널리 도교 신앙을 전하지는 않았다. 그들은 주로 재초를 설행함으로써 왕실
의 기복 신앙 행위에 충실했다.

도교 기관이 늘어나고 도교 사상이 전개됨에 따라 신앙 행위도 병행하여 나타났다.
그 좋은 예가 수경신신앙守庚申信仰이다.[자료5] 이것은 사람들이 60일마다 돌아오는 경
신일에 잠을 자지 않고 새우는 신앙 행위였다. 도교에서는 사람의 정해진 수명은 120
세인데, 평소에 각자가 저지른 악행에 비례하여 목숨이 짧아진다고 한다. 그런데 사람
의 몸속에 삼시충三尸蟲이 있어서 그 악행을 일일이 살펴두었다가 경신일의 잠든 사이
에 상제上帝에게 올라가 정기적으로 죄상을 보고하도록 되어 있다. 이 삼시충이 체내
에서 빠져나가 죄상을 보고하지 못하도록 경신일 밤을 새우는 것이다.

풍수지리 사상의 성행

풍수지리설은 우리나라의 지형 특성상 상당히 이른 시기부터 발달했다. 산이 많고
하천이 곡류하여 흐르며, 곳곳에 분지가 발달한 자연 지리의 특성상, 택지와 관련한
풍수지리 사상이 관심을 끌게 되는 것은 당연한 일이다. 원래 풍수지리란, 땅에 만물

을 화생하는 생활력이 있으므로 땅의 활력 여하에 따라 국가나 국토나 인생에 중대한 영향을 준다고 생각하는 사상이다.

풍수지리 사상은 오래 전부터 있어 왔는데, 그것을 집약해 정리한 이는 신라 말의 도선道詵이었다. 도선은 전라도 영암 출신의 선종 승려로 풍수지리설을 체계화했으며, 기록에 의하면 왕건이 왕위에 오를 것을 예언했고[자료6] 왕건의 국가 운영에 상당한 영향을 주었다고 한다. 그는 한반도 전역을 답사한 경험을 통하여 국토에 관한 각종 비기秘記와 답산가踏山歌를 남겼다. 그는 단순한 이론의 습득이 아닌 국토 공간에 대한 경험적 풍수 이론을 제시했으며 한반도 산천의 형세를 유기적으로 파악했다.

도선에 의해 체계화된 풍수지리 사상은 개경을 국도로 삼는 데 영향을 주었으며, 태조 왕건이 국가를 경영하는 데 이를 크게 참고했다.[자료7·8] 왕건의 풍수도참설에 대한 믿음은 '훈요십조'의 여러 조항에서 확인된다. 삼한 산천의 도움에 힘입어 통일의 대업을 이룩했다는 것, 사원의 창건은 도선의 견해에 따라 지세를 살펴 세웠다는 것, 서경에 대한 풍수지리적 설명과 그 중요성을 강조한 것 등이 그것이었다. 이후 고려의 중요한 시책을 결정하는 데 미친 영향력은 실로 대단했다. 사원을 건립하는 데나 천도 문제를 논의하는 데, 또 마을의 입지를 선택하거나 주택을 짓는 데에 상당한 영향을 주었다. 이 시기의 풍수지리는 이처럼 인간이 현세에서 살기 좋은 곳을 택하는 것을 중시하여 양택풍수陽宅風水라 할 수 있다. 죽은 이의 묘지를 주로 거론하는 후대의 음택풍수陰宅風水와는 성격이 다르다.

풍수지리설을 집약해 놓은 지리서들도 많이 간행되었다. 『삼한회토기三韓會土記』·『송악명당기松岳明堂記』·『도선답산가道詵踏山歌』·『삼각산명당기三角山明堂記』·『신지비사神誌秘詞』·『도선밀기道詵密記』·『옥룡기玉龍記』 등이 확인된다. 예종 때에는 풍수지리에 대한 책으로 추정되는 『해동비록海東秘錄』이 왕의 주도로 편찬되기도 했다.

과거 시험에도 비록 잡업雜業에 속하기는 했지만 지리업地理業이라는 풍수지리 관련 과목이 있었으며, 문종 30년(1076) 전시과에도 별사과別賜科라 하여 풍수지리가에게 국가에서 공식적으로 토지를 주었다. 인종 14년(1135)의 지리 분야 과거 격식을 보면, 먼저 첫날에는 『신집지리경新集地理經』 10조를 시험하고, 그 다음날에는 『유씨서劉氏書』 10조를 시험하여 이틀에 모두 6조 이상 통과해야 하고, 『지리결경地理決經』 8권과 『경

선암사도선국사진영. 도선은 신라 하대에 성행했던 선종 계통의 승려인데 고려 시대 이후에는 선승보다도 풍수지리설의 대가로 더욱 유명해졌다. 진영은 선암사와 도갑사에 전해오고 있다. 선암사에 있는 진영은 1805년에 화사畵師 도일道日에 의해 조성되었다. 오른손은 자연목의 주장자를 곧게 세워 잡고 왼손은 설법 자세를 취하고 있으며, 그림 왼쪽에는 높은 탁자 위에 함이 놓여 있다.

위령經緯令』2권을 합한 10권 중 글자 해석과 뜻 6권을 알아야 하며, 해석은 4권을 알아야 했다.『지리경』4권과『구시결口示決』4권,『태장경胎藏經』1권,『가결歌決』1권 등 도합 10권 중 해석과 뜻 6궤机를 통해야 하고 해석 4궤를 알아야 하며, 또한『소씨서蘇氏書』10권을 읽고 그 안에서 1궤를 해석할 줄 알아야 했다.

풍수지리 사상에 기초하여 여러 차례 천도 논의가 있었다. 거기에는 지덕쇠왕설地德衰旺說이 전제되어 있었다. 땅의 지기는 일정 기간이 지나면 기운이 쇠하고 또 일정 기간이 지나면 쇠했던 기운이 되살아난다는 주장이다. 수도인 개성의 지기가 쇠약해졌으니 수도를 옮겨야 한다는 주장이 나오게 되는 것이다. 천도의 대상지로 거론된 곳은 서경이었으며, 남경도 중시되었다.

국초 정종定宗은 왕규의 난을 진압하고 즉위했는데, 서경으로 천도하려 했다. 왕업이 쇠퇴하기 쉬운 개경을 떠나 수덕이 순조롭고 지맥이 왕성한 서경으로 도읍을 옮기려 한 것인데, 그 이면에는 개경을 중심으로 세력을 뻗고 있는 개국공신들의 포위망에서 탈출하여 약한 왕권을 강화하려는 정치적 의도가 깔려 있었다. 국초부터 중시된 서경은 이때 수도가 되지는 않았지만 이후에도 역대 국왕이 늘 중시했다.

문종 때를 전후한 시기부터 한양이 좋은 땅이라는 '한양명당설'이 널리 퍼졌다. 한강 연안의 중부 지방이 정치·경제적으로 성장하면서 한양 천도설이 나오게 된 것으로 보인다. 이런 주장에 따라 문종 때 지금의 서울을 남경으로 승격시켰다. 숙종 초에 당시의 음양관陰陽官인 김위제金謂磾는 남경을 세워 국왕이 순행하고 머무르면 국가 사직이 크게 융성할 것이라는 주장을 폈다. [자료9] 이 주장에 따라 숙종 6년 남경개창도감南京開創都監이 설치되어 남경의 후보지를 물색했다.

풍수지리설과 연계되어 일어난 가장 큰 사건은 묘청이 주창한 서경 천도 운동이었다. 풍수상 개성은 주위가 산으로 조밀하게 둘러싸인 장풍藏風의 국면인데 대하여 평양은 대동강이라는 큰 강에 면한 득수得水의 국면이라 할 수 있다. 당시 이자겸의 난으로 개경 궁궐이 전소되고 잦은 천재지변이 일어났으며 또 대외적으로 금이 요와 송을 토벌하고 고려를 위협하고 있었다. 이를 구실로 삼아 묘청은 서경 천도를 주장했다. 서경의 임원역林原驛 땅은 대화세大華勢의 지점이니 이곳에 궁궐을 세우고 천도하면 천하를 병합할 수 있고 금나라도 항복해올 것이라고 주장했다. [자료10] 묘청의 천도론에 인종도 동조했으나 문벌 귀족의 반발로 좌절되자 묘청은 서경에서 반란을 일으켰다.

풍수지리설은 때때로 도참 사상과 결합하여 엄청난 반향을 일으켰다. 도참 사상은 그림이나 도식을 보고 앞날을 예언하거나 소문, 유언을 퍼뜨려 미래를 예견하는 것이다. 도참 사상이 인간 생활의 길흉화복, 흥망성쇠에 대한 예언 또는 징조를 이르는 것이기에, 이 도참 사상은 정치 사회 혼란이 극심한 때에 주로 나타났다. 묘청의 서경 천도 운동은 풍수지리설과 도참설이 결합되어 전개된 대표적인 사건이었다.

이후 풍수도참 사상은 여전히 영향력을 발휘하고 있어서 무인 집권기에 왕실에서 연기궁궐로서 삼소궁三蘇宮을 경영하기도 했다. 고려 말에도 지기쇠왕설과 관련해 여러 차례 천도가 논의되었다.

고려 시기 일대에 상당한 영향을 끼쳤던 풍수지리설은 고려 말에 거센 비판을 받기에 이르렀다. 지리地利보다는 인화人和가 중요하다는 논리로 풍수지리의 폐단을 비판한 것이다. 이것은 다른 한편으로 풍수지리설이 근거하고 있던 지리관의 변화를 전제로 하는 것이다. 지리 지식이 향상되고 국토의 가용 공간이 확대되면서 활용하는 공간 지역에 대한 인식이 크게 변해간 사실이 도선 풍수지리설의 영향력을 약화시킨 요인이었다.

자료1

최항이 구요당을 대궐 서쪽에 창건했다. 완성되자 왕이 친히 행차하여 보았다.

原文 崔沆 創九曜堂于闕西 及成 王親幸 觀之

_ 『고려사절요』권17, 고종 40년 6월

자료2

대관大觀 경인년(예종 5년, 1110)에 천자는 저 먼 고장에서 묘도妙道 듣기를 원함을 알고, 인하여 신사信使를 고려에 파견하고 우류羽流, 도사 2인을 종행從行케 했다. 이들을 맞이한 고려 조정은 교법에 통달한 자를 골라 훈도케 했다. 왕은 신앙에 독실篤實하여 정화政和 연간(1111~1118)에 비로소 복원관福源觀을 세우고 도의 터득이 높고 참된 도사道士 10여 인을 받들었다.

原文 大觀庚寅 天子眷彼遐方 願聞妙道 因遣信使 以羽流二人從行 選擇通達敎法者 以訓導之 王俁篤於信仰 政和中 始立福源觀 以奉高眞道士十餘人

_ 『고려도경』권18, 도교

자료3

(이중약이) 후에 바다를 건너 송에 들어가 법사 황대충黃大忠 · 주여령周與齡을 좇아, 친히 도교요체道敎要諦의 현관비약玄關秘鑰을 전수하여 환히 풀지 못함이 없었다. 본국에 들어와서는 상소하여 도관을 설치해 국가를 위한 재초齋醮의 복지福地가 되게 했으니, 지금의 복원궁이 이것이다. 곧 강석講席을 베풀고 큰 종을 울려 널리 현묘한 가르침을 듣게 하니, 도를 묻는 인사들로 문전성시를 이루었다.

原文 後航海入宋 從法師黃大忠周與齡 親傳道要 玄關祕鑰 罔不洞釋 及還本國 上疏置玄館 以爲國家齋醮之福地 今福源宮 是也 乃撞鴻鍾於講席 廣開衆妙之門 而問道之士 塡門成市

_ 『서하집西河集』권5, 일재기逸齋記

자료4

예조에서 아뢰기를, "도가의 성수초星宿醮는 간결하고도 엄숙하여 정성과 공경을 다하여 번다하지 않는 것이 가장 귀한 것이어늘, 전조에서는 초소醮所를 너무 많이 두어 번다하고 전일專一치 못했습니다. 앞으로는 다만 소격전昭格殿 한 곳만 두어 청결을 위주로 하고 정성과 공경을 다하여 받들되, 복원궁 · 신격전 · 구요당 · 소전색 · 대청관 · 청계배성소 등 여러 곳은 모두 혁파하소서."라고 했다. 왕이 이 말에 따랐다.

原文 禮曹啓 道家星宿之醮 貴於簡嚴 盡誠敬而不瀆 前朝多置醮所 瀆而不專 乞只置昭格殿一所 務要淸潔 以專誠敬 其福源宮 神格殿 九曜堂 燒錢色 太淸觀 淸溪拜星所 等處 一皆革去上從之

_ 『태조실록』권2, 태조 원년 11월 무인戊寅

자료5

경신일에 태자가 안경공安慶公[주1]을 맞이해 연회를 열고 음악을 연주하면서 새벽까지 밤을 새웠는데 그때 나라의 풍속에 도가의 말에 의하여 매년 이날이 되면 반드시 모여서 밤새껏 술을 마시며 잠을 자지 않았다. 이것이 이른바 경신을 지킨다는 것이다. 태자 역시 당시 풍속을 따라 그렇게 한 것인데 당시 여론이 이를 비난했다.

原文 太子邀宴安慶公 奏樂達曙 國俗 以道家說 每至是日 必會飮 徹夜不寐 謂之守庚申 太子亦徇時俗 時議非之

_ 『고려사』권26, 세가26, 원종 6년 4월

주1 안경공安慶公 : 고종의 둘째 아들로 원종元宗의 아우이며, 어머니는 안혜태후 유씨.

자료6

영암군 사람들이 전하기를, "고려 때 최씨의 뜰 가운데 오이 하나가 열렸는데, 길이가 한 자나 넘었으므로, 온 집안 사람들이 자못 이상하게 여겼다. 최씨 딸이 몰래 이것을 따먹었더니, 저절로 태기가 있어 달이 차서 아들을 낳았다. 부모가 아비 없는 자식을 낳았다고 꾸짖고 대나무숲에다 버렸다. 7일 만에 딸이 그곳에 가보니 비둘기가 와서 날개로 이를 덮고 있었다. 부모에게 여쭈니 부모가 이상하게 여기고 데려다가 길렀다. 아이가 장성하여 머리를 깎고 중이 되었는데, 이름을 도선道詵이라 했다."고 한다. 『주관육익周官六翼』[주2]에 이르기를, "도선이 당나라에 들어가서 일행선사—行禪師에게 풍수지리설을 배워 가지고 우리나라로 돌아왔다. 도선이 우리나라의 산을 답사했다. 백두산에서 시작하여 곡령鵠嶺에 이르러, 세조世祖의 집 앞을 지나다가, 그 새로 집 짓는 곳을 보고 말하기를 '피稷를 심을 땅에 어찌 삼麻을 심는고?' 하고 [우리말에 피와 왕은 음이 다르나 뜻이 같은 까닭이다] 말을 마치자 떠나가서, 부인이 이 말을 듣고서 들어가 세조에게 고했다. 세조가 황급하여 신을 거꾸로 신고 뒤쫓아가서 만나보니, 예부터 서

주2 『주관육익周官六翼』 : 공민왕 때 김지金祉가 찬한 것으로, 지리에 관한 내용이 풍부하게 수록되어 있다.

로 아는 사이인 듯하여 같이 산천을 유람하기를 청했다. 그들이 함께 구령鳩嶺에 올라가서 산수의 맥을 살펴보았다. 도선이 위로 천문을 보고 아래로 시운時運을 짚어보고 말하기를, '이 땅의 맥이 임방壬方의 백두산으로부터 수水와 목木이 줄기가 되어 내려와서 마두명당馬頭明堂이 되었으니, 마땅히 수의 큰 숫자를 따라서 집을 육육六六의 36칸으로 지으면 하늘과 땅의 큰 수에 응할 수 있을 것입니다. 만일 이 비결대로 하면 반드시 성자聖子가 태어날 것이니, 마땅히 그 이름을 왕건王建이라고 하소서.' 하고, 인하여 편지 한 통을 몰래 봉해주었는데, 겉봉에 '도선은 삼가 글월을 받들어 백 번 절하고, 미래 우리 삼한을 통합할 임금 대원군자大原君子님께 드립니다'고 했다. 세조가 즉시 이 비결에 따라서 집을 짓고 살았는데, 이듬해에 과연 태조 왕건을 낳았다." 한다.

原文 郡人諺傳 高麗時人崔氏園中 有一瓜 長尺餘 一家頗異之 崔氏女潛摘食之 歆然有娠 彌月生子 父母責以無人道而生兒 置之于竹林 居數七日 女往視之 有鳩來覆翼之 告于父母 往見異之 撫養 及長 祝髮爲僧 名道詵 周官六翼云 道詵入唐 傳得一行禪師地理之法 而還 踏山 自白頭山至鵠嶺 因過世祖宅 見其新搆處 乃曰 種穄之地【鄕言 穄與王 音異意同故云】何種麻耶 言訖而去 夫人聞而入告 世祖倒屣追之 及見 如舊相識 請與同遊 共登鳩嶺 究觀山水之脈 詵上觀天文 下察時數 曰 此地脈 自壬方白頭山水母木幹來 落馬頭明堂 宜從水之大數 作宇六六爲三十六區 則符應天地之大數 若依此訣 必生聖子 宜名曰王建 因作實封一道 外封云 謹奉書百拜 獻于未來統合三韓之主大原君子足下 世祖卽從密訣 造屋居之 明年 果誕太祖

_ 『세종실록』권51, 지리지, 전라도 영암군

자료7

모든 사원은 다 도선이 산수의 순順하고 역逆한 것을 점쳐서 창건한 것이다. 도선이 말하기를, "내가 점쳐서 정한 이외에 함부로 절을 더 창건하면 지덕地德을 손상하게 하여 왕업이 길지 못할 것이다."라고 했으니, 짐은 후세의 국왕·공후·후비·조신들이 각각 원당願堂이라 일컫고, 혹 더 창건한다면 크게 우환이 될 것이라 생각한다. 신라 말엽에 절과 탑을 다투어 지어, 지덕을 손상하게 하여 망함에 이르렀으니 경계하지 아니할 수가 있겠느냐?

原文 諸寺院 皆道詵推占山水順逆而開創 道詵云 吾所占定外 妄加創造 則損薄地德 祚業不永 朕念 後世國王公候后妃朝臣 各稱願堂 或增創造 則大可憂也 新羅之末 競造浮屠 衰損地德 以底於亡 可不戒哉

_ 『고려사』권2, 세가2, 태조 26년 4월 '훈요십조' 제2조

자료8

나는 우리나라 산천의 신비력에 의해 통일의 대업을 이룩했다. 서경[평양]의 수덕水德은 순조로워 우리나라의 지맥 근본을 이루고 있어 길이 대업을 누릴 만한 곳이니, 사중[자子, 오午, 묘卯, 유酉가 있는 해]마다 순수巡狩하여 100일을 머물러 태평을 이루게 하라.

原文 朕賴三韓山川陰佑 以成大業 西京水德調順 爲我國地脉之根本 大業萬代之地 宜當四仲巡駐 留過百日 以致安寧

— 『고려사』권2, 세가2, 태조 26년 4월 '훈요십조' 제5조

자료9

김위제는 숙종 원년(1096) 위위승동정衛尉丞同正[주3]이 되었다. 신라 말기에 도선이란 중이 있어 당에 들어가 일행—行[주4]의 지리법을 배우고 돌아와 비기秘記를 지어서 전했는데 김위제가 그 방법을 배우고, 상소하여 남경으로 수도를 옮길 것을 청하여 다음과 같이 말했다. "『도선기』에 이르길, '고려의 땅에 삼경三京이 있으나 송악은 중경中京이 되고, 목멱양木覓壤[주5]은 남경이 되고, 평양은 서경이 되니, 11월부터 4개월은 중경에 머무르고 3월부터 4개월은 남경에 머무르며, 7월부터 4개월은 서경에 머무르면 36국이 조공을 바칠 것이다'라고 했습니다. 또 '개국 후 160여년 목멱양에 도읍한다'고 했으니 신은 지금이 새 서울로 옮겨야 할 때라고 생각합니다.

신이 도선의 『답산가』를 보니, '송악이 떨어진 뒤에 어느 곳으로 향할 것인가. 삼동에는 해뜨는 평양이 있도다. 후대의 현명한 사람이 큰 우물[大井]을 만드니 한강의 고기와 용이 사해에 통하도다'라고 했습니다. 삼동에 해뜬다는 것은 중동절에 해가 동남쪽에 뜬다는 것인데, 목멱산은 송경의 동남쪽에 있기 때문에 그렇게 말한 것입니다. … 엎드려 바라건대 삼각산 남쪽, 목멱산 북쪽의 편편한 땅에 도성을 건립하여 수시로 옮겨 거처하소서. 이는 실로 사직의 흥망성쇠와 관련되는 것이므로 신은 감히 거리낌 없이 삼가 적어서 올립니다."

原文 金謂磾 肅宗元年 爲衛尉丞同正 新羅末 有僧道詵入唐 學一行地理之法而還 作秘記以傳 謂磾學其術 上書請遷都南京曰 道詵記云 高麗之地 有三京 松嶽爲中京 木覓壤爲南京 平壤爲西京 十一十二正二月 住中京 三四五六月 住南京 七八九十月 住西京 則三十六國朝天 又云 開國後 百六十餘年 都木覓壤 臣謂今時 正是巡駐新京之期 臣又竊觀道詵踏山歌曰 松城落後向何處 三冬日 出有平壤 後代賢士開大井 漢江魚龍四海通 三冬日出者 仲冬節日出巽方 木

주3 위위승동정衛尉丞同正 : 동정직 위위승. 위위시衛尉寺은 국가 의식 때 쓰는 각종 무기와 기구들을 맡아보는 관청인데, 위위승은 그 관서의 종6품 관직.

주4 일행—行 : 당나라 승려로, 금강지金剛智 삼장에게 밀교를 배우고 선무외善無畏와 함께 대일경을 번역했다. 풍수지리에 상당한 조예가 있었다.

주5 목멱양木覓壤 : 오늘날 서울.

覓在松京東南 故云然也 … 伏望於三角山南 木覓北平 建立都城 以時巡駐 此實關社稷興衰 臣
干冒忌諱 謹錄申奏

__ 『고려사』권122, 열전35, 김위제金謂磾

자료 10

정지상도 서경 사람인데 그 말을 깊이 믿고 수도[송도]의 업운이 이미 쇠진했으며 궁궐
이 다 타 없어졌고 서경[평양]은 왕기王氣가 있으므로 왕이 옮겨 가서 이곳을 수도로 하
여야 한다고 생각했다. …

묘청 등이 왕에게 건의하기를, "우리들이 보건대 서경 임원역林原驛의 땅은 음양가들
이 말하는 대화세大華勢[주6]인데 이곳에 궁궐을 건축하고 옮겨 가면 천하를 병탄할 수
있으며 금나라가 방물을 바치고 스스로 항복할 것이며 36개 나라들이 모두 신첩臣妾
이 될 것입니다."라고 했다.

주6 대화세大華勢 : 보통의 명당
보다 훌륭하고 뛰어난 대명당大明
堂 대길지大吉地.

原文 鄭知常 亦西京人 深信其說 以爲上京基業已衰 宮闕燒盡無餘 西京有王氣 宜移御爲上
京 … 妙淸等上言 臣等 觀西京林原驛地 是陰陽家 所謂大華勢 若立宮闕 御之 則可幷天下 金國
執贄自降 三十六國 皆爲臣妾

__ 『고려사』권127, 열전40, 묘청

출전

『고려도경』

『고려사』

『서하집西河集』: 임춘의 문집. 임춘은 이인로와 동시대 인물로 무신란 때 피난하여 화를 면했으나 요절했다.

『세종실록지리지世宗實錄地理志』: 『세종실록』에 부록되어 있는데, 세종 14년(1432)에 편찬된 전국지리지인 『신찬팔
도지리지新撰八道地理志』를 저본으로 만들었다. 지방별로 연혁과 성씨, 호구, 토지결수, 생산물 등이 수록되어 있
어 지방사 연구에 중요한 사서다.

『태조실록太祖實錄』: 태종 9년(1409)에서 태종 14년에 걸쳐 편찬했으며, 모두 15권으로 구성되어 있다.

찾아읽기

이용범, 「풍수지리설」, 『한국사』6, 국사편찬위원회, 1975.

최병헌, 「도선의 생애와 나말여초의 풍수지리설」, 『한국사연구』11, 1975.

이병도, 『고려시대의 연구』, 아세아문화사, 1980.

양은용, 「고려도교사상의 연구」, 『원광대논문집』19, 1985.

양은용, 「복원궁 건립의 역사적 의의」, 『도교와 한국문화』, 아세아문화사, 1988.

이종은 · 양은용 · 김낙필, 「고려중기 도교의 종합적 연구」, 『한국학논집』15, 1989.

양은용, 「도교사상」, 『한국사』16, 1994.

최창조, 「풍수지리 · 도참사상」, 『한국사』16, 1994.

김철웅, 「고려중기 도교의 성행과 그 성격」, 『사학지』28, 1995.

김기덕, 「고려시대 개경의 풍수지리적 고찰」, 『한국사상사학』17, 2001.

이화, 「고려시대 풍수신앙연구」, 『역사민속학』13, 2001

김병인, 「고려 예종대 도교 진흥의 배경과 추진세력」, 『전남사학』20, 2003.

이형우, 「고려 우왕대의 천도론과 정치세력」, 『한국학보』113, 2003.

김기덕, 「고려시대 개경과 서경의 풍수지리와 천도론」, 『한국사연구』127, 2004.

김기덕, 「고려중 · 후기 천도논의와 풍수 · 도참설」, 『역사민속학』20, 2005.

김기덕, 「한국 중세사회에 있어 풍수 · 도참사상의 전개과정 − 고려초기에서 조선초기까지 천도논의를 중심으로」,
    『한국중세사연구』21, 2006.

김창현, 「고려시대 국왕순어巡御와 도읍경영」, 『한국중세사연구』21, 2006.

김호동, 「성리학의 보급에 따른 풍수도참사상의 변용」, 『한국중세사연구』21, 2006.

마종락, 「고려시대 풍수도참과 유교의 교섭」, 『한국중세사연구』21, 2006.

박종기, 「고려중기 남경 건설의 배경과 경영」, 『향토서울』68, 2006.

한기문, 「고려시대 비보사사裨補寺社의 성립과 운용」, 『한국중세사연구』21, 2006.

송용덕, 「고려∼조선전기의 백두산 인식」, 『역사와 현실』64, 2007.

채웅석, 「고려 예종대 도가사상 · 도교 흥기의 정치적 성격」, 『한국사연구』142, 2008.

김철웅, 「고려중기 이중약의 생애와 도교사상」, 『한국인물사연구』14, 2010.

이형우, 「고려 공양왕대의 천도론」, 『역사와 담론』57, 2010.

김철웅, 「고려 예종대 곽여의 활동과 도교」, 『한국인물사연구』16, 2011.

김호동, 「고려시대 풍수지리설의 특성과 그 원인」, 『대구사학』109, 2012.

8 부처의 힘으로 나라를 구하자

팔만대장경

대장경大藏經이란 경經 · 율律 · 논論 등 삼장三藏의 불교 경전을 총칭하는 말이다. 대장경 경판의 조성은 돈독한 불교 신앙심을 전제로 하는 것이며, 상당한 경비 부담을 요한다. 또한 경판의 규모 및 내용의 정확성은 당시 불교 문화와 인쇄 기술의 수준을 잘 나타낸다.

초조대장경과 속장경 조성

팔만대장경은 주지하듯이 몽골의 침략이 있던 고종 때에 조성되었는데, 이보다 앞선 고려 초에도 대장경의 조조雕造가 있었다. 현종 2년(1011) 거란의 성종이 침입하여 개경을 함락시키자 현종은 남방으로 피난했다. 이때 고려 조정에서는 불력을 빌어 외침을 물리치고자 대장경판의 각성刻成을 시작하였다. 청주 행궁에서 발원했으며, 날짜는 그해 2월 15일이었다. 현종 때 상당한 분량이 조조되었을 것으로 보이며, 그 이후 덕종 · 정종靖宗 때도 진행되었고 문종 때 더욱 활발하게 새겨졌다. 대장경 판각 사업은 선종 4년(1087)에 일단락되었다. [자료1~3] 삼국 이래의 초기 경전 필사본과 권자본卷子本, 단본單本 등이 국내에 산재해 있던 것을 수집했으며, 송에서 전래된 개보칙판開寶勅版 대장경을 크게 참조하여 판각함으로써 송의 대장경에 버금가는 국제적 수준으로 만들었다. 작업이 진행되던 문종 17년(1063)에 거란대장경이 전래되어, 이전의 성종 대에 전래된 송의 개보칙판대장경과 상호 대조하면서 판각했을 것으로 보인다.

그런데 이 초조대장경에 새겨진 변상도는 개보칙판대장경의 그것을 단순하게 복각하지 않고 창조성을 발휘해 새롭게 판각함으로써 고려의 독창성과 예술성을 보이고 있다. 초조대장경의 인쇄본은 현재 일본의 남선사南禪寺에 가장 많이 남아 있으며 국내의 박물관과 도서관에서도 일부 확인할 수 있다.

초조대장경初雕大藏經이라 부르는 이 대장경은 6,000권에 달했으며, 개국사·흥왕사·귀법사에 나누어 봉안한 듯하다.[자료1~3] 그 후 초조대장경은 대구 부근의 부인사符仁寺에 옮겨 보관했다가 고종 19년(1232) 몽골의 병화兵禍로 모두 불타버렸다.

초조대장경이 완간된 얼마 뒤에 대각국사 의천이 중심이 되어 속장경續藏經을 조성했다. 속장경은 경·율·논의 3장이 아니라 그 주석서인 장소章疏를 모아 간행한 것이다. 의천은 국내는 물론 송宋 및 요遼와 일본에서까지 널리 불서佛書를 모았다. 그것을 간행하기에 앞선 선종 7년에 그 목록인 『신편제종교장총록新編諸宗教藏總錄』을 만들었다.[자료4] 이 목록에는 모두 1,010부에 4,700여 권의 저술이 실려 있는데 당·송·요뿐 아니라 원효 등 신라 고승들의 저술도 181부가 수록되어 있다.

의천은 흥왕사에 교장도감敎藏都監을 설치하고 이 목록에 따라 선종 8년(1091) 무렵부터 하나하나 간행했다.[자료5] 숙종 6년 세상을 떠날 때까지 10여 년 동안 계속되었다. 이렇게 조성된 속장경은 고종 19년(1232) 몽골 침입으로 강화도로 천도할 때 흥왕사가 불타면서 4,000 권이 넘는 판본도 함께 소실되었다.

팔만대장경의 조성

팔만대장경은 부인사에 보관되어 있던 초조대장경이 몽골군에 의해 소실된 후에 부처의 힘으로 몽골의 침입을 물리치겠다는 소망 하에 조성되었다. 대몽 항쟁의 와중에 대장경 조판에 착수한 것은 고종 23년(1236)의 일이었다. 대장경의 조판을 알리는 '대장각판군신기고문大藏刻板君臣祈告文'에 의하면, 몽골의 잔인과 암매暗昧를 불천佛天에

해인사 대장경. 부처의 힘으로 몽골 군대를 물리치기 위하여 강화에 대장도감 본사를 두고 진주 등지에 분사分司를 설치, 고종 23년(1236)에 시작하여 고종 38년에 이르기까지 무려 16년 만에 완성하였다. 이 대장경은 1,500여 종, 6,800여 권으로 경판 수는 81,000여 매에 이른다. 처음 강화도 선원사에 소장되었다가 조선 태조 7년(1398) 서울의 지천사를 거쳐 현재의 해인사로 이관되었다. 국보 제32호이며 세계 문화 유산으로 지정되었다.

호소하면서 그로 인해 불타 없어진 부인사 대장경에 가름하여 다시 각성刻成할 터이니 신통력을 발휘하여 몽골병의 침입을 물리치고 국가를 평안하게 해줄 것을 군신의 소망으로써 간구하고 있다.[자료6]

대장경 조판 작업이 시작되면서 즉시 강화도에 대장도감大藏都監을 설치하고 이어서 진주의 남해南海와 경주에도 분사대장도감分司大藏都監을 두어 일을 추진해 나갔다. 실제적인 판각은 계수관 지역의 관서공방官署工房과 단속사·해인사·하거사·수선사·동천사 등의 주요 사원에서 이루어졌다. 이들이 유기적인 운영 체계로 일사불란하게 진행함으로써 판각을 완성할 수 있었다. 대장도감은 완성된 경판의 최종 교정을 거쳐 오류 경판을 수정·보완하여 다시 판각하기도 했다. 고려의 구본舊本을 위시해서 북송본北宋本·거란본 등 여러 장경藏經을 수집하여 수기守其의 주도 아래 편집·교정했다. 불경의 목록을 작성하고 교정하는 일은 주로 승려들이 맡았다.

고종 25년부터 경판經板이 조출雕出되기 시작했고, 고종 34년에 각판刻板 작업이 일단락되었다. 그 후 경판들은 강화도에 모아 정리를 마친 다음 고종 38년(1251) 9월에 왕과 백관이 대장경 판당板堂에서 행향行香하기에 이르렀다.[자료7] 이렇게 완성된 팔만대장경은 모두 1,500여 종류의 경전을 담고 있으며 총 경판 수는 81,000여 매枚에 이른다. 모든 경전의 권말에 해당되는 경판에는 거의 대부분 간기刊記 및 경판을 새긴 각수刻手의 이름이 새겨져 있다. 대장도감은 조성 사업이 일단락된 뒤에도 조선 태조 원년까지 존속하면서 대장경의 보존·관리 및 훼손 경판의 보수·보충, 경판의 인출을 수행했다. 그리고 대장경을 해인사로 옮겨 봉안하는 모든 업무도 수행한 듯하다.[자료8]

그런데 『대장목록大藏目錄』에 입장된 경전류 이외에 보판補板으로 일컬어지는 종경록宗鏡錄 등 15종이 있다. 이들 가운데 일부는 각판과 같은 시기에 분사대장도감에서 만든 것이지만, 조선 시대 이후에 만들어진 것도 일부 포함되어 있다.

대장경의 조판은 강화도로 천도한 고려 조정이 거국적 사업으로 추진한 것이지만, 실제로는 당시의 집권자인 최이崔怡의 주도 아래 착수 진행되고, 그 아들인 최항崔沆에 의해 완성되었다. 최우와 최항은 사재私財를 시납함으로써 이 사업을 지원했다.[자료9] 대장경의 조성이 최씨 무인 집권자의 정권 안보 차원에서 추진되었다는 이런 견해에 대해, 최근 연구는 최씨 정권의 역할보다는 왕의 역할을 높이 평가하고 국가적 차원에서 조성했으며 당시 모든 계층의 적극적 참여에 힘입어 진행되었음을 주장하고 있다.

대장경 경판에 각인刻印된 인명을 분석한 연구에 따르면, 경판의 조성 사업에는 왕족 · 귀족 · 관인층은 물론 지방 군현민, 승려층도 다수 참여하고 있음을 알 수 있다. 경판에 이름을 남긴 이들은, 대장경판의 조성을 위한 문필 활동과 경판 판각 행위의 몸 보시, 또는 경판 조성에 따른 경비 조달의 재보시를 포함한 일체의 '각성 활동刻成活動'을 두드러지게 한 자들로 보인다. 전직 관료를 위시한 품관층과 진사 · 동정직 소유자 그리고 향리층들의 '재향 세력在鄕勢力'들도 많이 참여했다. 그리고 화엄종, 유가종, 사굴산문, 가지산문 등의 승려들도 각수로 참여했다. 결국 대장경판 조성이 신분을 초월하여 전국민적 차원에서 이루어졌음을 의미하는 것이다.

대장경의 조판에는 불교계도 실로 엄청난 공력을 기울였다. 여러 불교 경전을 수집하고 이를 편집 교정하는 일은 결코 쉬운 일이 아니었다. 이때 교정의 총책임을 맡아 『고려국신조대장교정별록高麗國新雕大藏校正別錄』30권을 남긴 이는 수기인데, 그는 개태사開泰寺의 승려로서 학식이 뛰어난 인물이었으며, 뒤에는 오교도승통五教都僧統에 이르렀다. 이로 미루어 볼 때 대장경의 조판에는 화엄종을 주축으로 한 교종 측의 적극적인 관심과 역량이 크게 발휘되었던 것이라 하겠다. 세계 불교 문화 사상 유례가 없는 큰 보배인 대장경의 조판은 고려 불교가 지니는 수준과 저력을 잘 보여준다.

대장경에는 고려 불교계의 경전에 대한 높은 이해가 응축되어 있다. 오자誤字나 탈자脫字가 거의 없으며 수록된 경전이 풍부하고 글자체도 아름다움의 극치를 보이고 있다. 우리 불교 문화의 높은 수준을 상징적으로 보여주는 문화 유산이다.

자료1

왕이 개국사開國寺주1에 가서 대장경 완성을 축하했다.

原文 幸開國寺 慶成大藏經

_ 『고려사』권10, 세가10, 선종 4년 2월

자료2

왕이 흥왕사주2에 가서 대장경 완성을 축하했다.

原文 王如興王寺 慶成大藏殿

_ 『고려사』권10, 세가10, 선종 4년 3월

자료3

귀법사주3에 가서 대장경 완성을 축하했다.

原文 幸歸法寺 慶成大藏經

_ 『고려사』권10, 세가10, 선종 4년 4월

자료4

내가 일찍이 가만히 생각해 보니, 경론이 갖추어졌다 하더라도 장소章疏가 폐해지면 널리 펼 길이 없게 된다고 말할 수 있다. 그러므로 지승법사주4의 호법하는 뜻을 본받아 교장을 널리 찾아냄을 나의 책임으로 삼아 쉬지 않고 부지런히 살아온 지 20년이 되어 지금에 이르렀다. 새 것이든 옛 것이든 제찬製撰된 여러 종파의 의소를 얻게 되면, 감히 사사로이 비장秘藏하지 않고 간행했으며, 책을 낸 후에 새로 발견된 것이 있으면 그 뒤에 계속해서 수록하고자 했다. 혹 장래에 있어서 이렇게 편집한 권질[속장경]이 삼장의 정문과 더불어 무궁하게 전해진다면 내 소원은 다한 것이다.

原文 予嘗竊謂 經論雖備 而章疏或廢 則流衍無由矣 輒效昇公護法之志 搜訪敎迹 以爲己任 孜孜不捨 僅二十載于玆矣 今以所得新舊製撰諸宗義章 不敢私秘 敍而出之 後有所獲 亦欲隨而錄之 脫或將來編次函帙 與三藏正文 垂之無窮 則吾願畢矣

_ 『대각국사문집』1, 신편제종교장총록서新編諸宗敎藏總錄序

자료 5

왕이 상표上表하여 환국케 하기를 청하니 조서를 내려 동환東還함을 허했다. 후煦가 예성강에 이르니, 왕이 태후를 모시고 봉은사주5에 나가 기다리다 맞아들이는데 그 위의威儀가 심히 성했다. 후가 석전釋典 및 경서 1,000권을 바치고 또 흥왕사에 교장도감을 둘 것을 주奏하여 서적을 요遼와 송宋에서 사오게 하여 많기가 4,000권에 이르니 모두 간행했다. 비로소 천태종을 창시하여 국청사國淸寺주6에 두었다. 그 후에 남유南遊하여 명산을 편력하고 후에 해인사에 퇴거했다. 숙종이 즉위함에 미쳐 사신을 보내어 맞아 와서 흥왕사에 주지住持케 했다.

原文 王上表乞令還國 詔許東還 煦至禮成江 王奉太后 出奉恩寺 以待 其迎迓導儀 甚盛 煦獻釋典 及經書一千卷 又於興王寺 奏置教藏都監 購書於遼宋 多至四千卷 悉皆刊行 始創天台宗 置于國淸寺 已而南遊 徧歷名山 後退居海印寺 及肅宗卽位 遣使迎還 住持興王寺

_ 『고려사』권90, 열전3, 대각국사 후煦

자료 6

국왕 모某주7는 태자太子, 공公, 후侯, 백伯, 재추宰樞주8 문무 관료 등과 함께 목욕 재배하고 끝없는 허공계虛空界주9 시방十方주10의 한량없는 제불諸佛 보살과 천제석天帝釋주11을 머리로 하는 삼십삼천三十三天주12의 일체 제법영관諸法靈官에게 비옵니다.

심하도다, 몽골의 환란을 일으킴이여. 그 잔인하고 흉포한 성품이 이루 말로 다할 수 없고 지극히 어리석고 혼매하기는 금수보다 심하니, 어찌 천하에서 공경하는 바를 알겠으며 이른바 불법佛法이 있음을 알겠습니까.

이로 말미암아 그들이 지나가는 곳마다 불상과 불서를 모두 불태웠습니다. 이에 부인사符仁寺에 소장된 대장경 판본도 또한 남기지 않고 쓸어갔습니다. 아아, 여러 해를 걸려서 이룬 공적이 하루아침에 재가 되어 나라의 큰 보배가 상실되었습니다. 제불다천諸佛多天주13의 대자인大慈人에 대해서도 이런 짓을 하는데 무슨 짓을 못하겠습니까.

생각하건대 제자 등이 지혜가 어둡고 식견이 얕아서 일찍이 오랑캐를 방어할 계획을 못하고 힘이 능히 불승佛乘주14을 보호하지 못했기 때문에 이 큰 보물을 잃는 경지에까지 이르렀습니다. 실로 제자 등이 무상한 소치입니다. 후회만 할 뿐입니다.

그러나 부처님 말씀은 본래 성훼成毁가 없는 법입니다. 그것이 의지하여 있는 바가 그릇이라, 그릇이 이루어지고 헐어지는 것은 자연의 운수입니다. 헐어지면 고쳐 만드

주5 봉은사 : 광종이 태조의 원당으로 창건한 사원으로, 개성에 소재했다. 고려 시기 고승들이 국사나 왕사가 되어 이 사원에 주석하면서 경과 선을 논하는 법회를 여는 일이 많았다.

주6 국청사國淸寺 : 개성에 소재한 사원으로, 의천이 청원하여 인예태후가 창건했다. 천태종의 종찰.

주7 국왕 모某 : 왕의 이름이 나와야 하나, 관례상 생략하는 것이기 때문에 모라 했다.

주8 재추宰樞 : 중서문하성의 재신과 중추원의 추신.

주9 허공계虛空界 : 진여眞如를 말한다. 빛도 없고, 모양도 없으면서 일체 만류를 온통 휩싸고 있는 것이, 허공과 같으므로 이렇게도 이른다.

주10 시방十方 : 동·남·북·서·동북·동남·서남·서북·상·하의 열 세계를 가리킨다.

주11 천제석天帝釋 : 수미산 꼭대기의 도리천의 임금, 하늘 임금.

주12 삼십삼천三十三天 : 욕계 6천天의 제2도리천.

주13 제불다천諸佛多天 : 모든 부처와 33천.

주14 불승佛乘 : 부처가 말한 교법.

는 일은 또한 꼭 해야 할 것입니다. 하물며 나라가 불법을 존중해 받드는 처지이므로 진실로 우물쭈물 넘길 수는 없는 일이며 이런 큰 보물이 없어졌는데 어찌 감히 역사役事가 거대한 것을 염려하여 고쳐 만드는 일을 주저할 수 있겠습니까.

이제 재집宰執과 문무 관료 등과 함께 크게 서원誓願을 발하여 구관정사句管定司를 설치하고 대장경 일을 시작했습니다. 그 처음에 초창草創의 단서를 고구考究하여 보니, 옛 현종 2년에 거란주丹主가 병을 일으켜 침입하자 현종께서는 남행南行하여 난을 피했는데 거란 군사는 오히려 송악성에 주둔하고 물러가지 않았습니다. 현종은 이에 여러 신하들과 함께 무상대원無上大願을 발하여 대장경을 판각하기로 맹세하고 대장경 판본을 이룩했습니다. 그러한 후 거란 군사는 스스로 물러갔습니다.

그렇다면 대장경도 한 가지이고 전후 판각한 것도 한 가지이며 군신이 함께 서원한 것도 한 가지인데, 어찌 그때만 거란 군사가 스스로 물러가고 지금의 몽골은 그러하지 않겠습니까. 다만 제불다천諸佛多天이 보살펴 주시느냐에 달려 있을 뿐입니다.

진실로 지성으로 하는 바가 전조前朝에 부끄러울 것이 없으니, 원하옵건대 제불성현 삼십삼천諸佛聖賢三十三天은 간곡히 비는 것을 양찰하시어 신통한 힘을 빌어주어 완악한 오랑캐가 발자취를 거두고 멀리 도망하여 다시는 우리 국토를 밟는 일이 없게 하여, 전쟁이 그치고 내외가 편안하며 모후母后와 저군儲君이 무강한 수를 누리고 나라의 국운이 만세토록 유지되게 해주신다면 제자 등은 마땅히 노력하여 더욱 법문法門을 보호하고 부처의 은혜를 만분의 일이라도 갚으려 합니다.

原文 國王諱 謹與太子公侯伯宰樞文虎百寮等 熏沐齋戒 祈告于盡虛空界十方無量諸佛菩薩 及天帝釋爲首三十三天 一切護法靈官 甚矣 達旦之爲患也 其殘忍凶暴之性 已不可勝言矣 至於癡暗昏昧也 又甚於禽獸 則夫豈知天下之所敬 有所謂佛法者哉 由是凡所經由 無佛像梵書 悉焚滅之 於是 符仁寺之所藏大藏經板本 亦掃之無遺矣 嗚呼 積年之功 一旦成灰 國之大寶喪矣 雖在諸佛多天大慈之心 是可忍而孰不可忍耶 因竊自念 弟子等智昏識淺 不早自爲防戎之計 力不能完護佛乘 故致此大寶喪失之災 實弟子等無狀所然 悔可追哉 然金口玉說 本無成毀 其所寓者 器耳 器之成毀 自然之數也 毀則改作 亦其所也 況有國家 崇奉佛法 固不可因循姑息 無此大寶 則豈敢以役鉅事殷爲慮 而憚其改作耶 今與宰執文虎百僚等 同發洪願 已署置句當官司 俾之經始 因考厥初草創之端 則昔顯宗二年 契丹主大擧兵來征 顯祖南行避難 丹兵猶屯松岳城 不退 於是 乃與群臣 發無上大願 誓刻成大藏經板本 然後丹兵自退 然則大藏 一也 先後雕鏤 一也 君臣同願 亦一也 何獨於彼時丹兵自退 而今達旦不爾耶 但在諸佛多天鑑之之何如耳 苟至誠所發 無愧前朝 則伏願諸佛聖賢三十三天 諒懇迫之祈 借神通之力 使頑戎醜俗 斂蹤遠遁 無復

蹈我封疆 干戈載戢 中外晏如 母后儲君 享壽無疆 三韓國祚 永永萬世 則弟子等當更努力 盆護
法門 粗報佛恩之萬一耳

— 「동국이상국집전집」권25, 대장각판군신기고문大藏刻板君臣祈告文

자료 7

(왕이) 성의 서문 밖 대장경판당大藏經板堂에 행차하여 백관을 거느리고 행향行香했다.
현종 대의 판본이 임진의 몽병蒙兵에 의해 불탔으므로 왕과 군신이 다시 발원하여 도
감都監을 세우고, 16년이 되어 마친 것이다.

原文 幸城西門外大藏經板堂 率百官行香 顯宗時板本 燬於壬辰蒙兵 王與群臣 更願立都監
十六年而功畢

— 「고려사」권24, 세기24, 고종 38년 9월

자료 8

해인사. 신라 애장왕이 창건했다. 계행戒行이 높은 중 순응順應[주15]·이정利貞[주16]·희랑
希朗[주17]의 화상畵像이 있다. 고려 때 판각한 대장경과 역대 실록을 모두 이 절에다가 간
직했다. 고기古記에, "가야산 형승形勝이 천하에 뛰어나고 지덕이 해동海東에서 모아
진 곳이니 참으로 수도修道할 곳이다."라고 했다.

原文 海印寺 新羅哀莊王所創 有高僧順應利貞希朗遺像 高麗時 鋟大藏經 歷代實錄 幷藏於
此寺 古記云 伽倻山 形絶於天下 地德集於海東 眞精修之地

— 「신증동국여지승람」권30, 합천군

주15 순응順應 : 신라 애장왕 때
승려인데 애장왕후의 등창을 치료
하고 그 공으로 해인사를 창건했
다. 그 뒤 해인사에서 후학들을 지
도하다가 갑자기 세상을 떠났다.

주16 이정利貞 : 순응順應과 함께
당나라로 유학갔다가 귀국하여 애
장왕 3년(802)에 순응과 함께 가야
산 해인사를 창건하고 많은 사람들
을 교화했다.

주17 희랑希朗 : 신라 헌강왕 때 해
인사에 있으면서 최치원과 시문으
로 사귀었고 뒤에 고려 태조 왕건
의 귀의를 받았다.

자료 9

진양공 최이는 나의 선친이 왕위에 있을 때에 그리고 내가 즉위한 이후 정성을 다하
여 사직을 호위하고 덕을 같이하며 다스림을 도왔다. 신묘년에 변방의 장수가 국토를
지키지 못해 몽골병이 침입했을 때에는 현명한 전략을 홀로 결정하고 뭇 사람의 시비
를 물리치면서 몸소 승여乘輿를 받들고 터를 잡아 천도했다. 그리고 몇 년 사이에 궁
궐과 관아를 모두 건설했으며 국법을 진흥시켜 우리나라를 다시금 만들었다. 또 역대
로 전해 내려온 진병대장경鎭兵大藏經 판각이 모두 적병狄兵에 의해 불타버리고 나라
에서는 사고가 많아서 다시 만들 겨를이 없었다. 그런데 최이는 도감을 따로 세워 자

주18 시중侍中 : 문하성의 장관으로 종1품 관직.

기 재산을 바쳐서 판각 조각을 거의 절반이나 완료하여 나라에 복을 주었으니 그 공업을 잊기 어렵도다.

그 아들 시중侍中[주18] 최항은 가업을 이어 왕을 돕고 국난을 제어했으며 대장경에 대하여는 재물을 내놓고 역사를 감독해서 완성을 알리는 경찬회를 여니 온 나라가 복을 받게 되었다. 또 수도 요해지의 병선을 배치했고 또 강 밖에 궁궐을 건설했으며, 강화도읍의 중성中城을 축성함으로써 견고한 요새를 더욱 견고히 했으니 만대에 길이 그 힘을 입게 될 것이다.

原文 晉陽公崔怡 當聖考登極之日 寡人卽祚以來 推誠衛社同德佐理 越辛卯 邊將失守 蒙兵闌入 神謀獨決 截斷群議 躬奉乘輿 卜地遷都 不數年間 宮闕官廨 悉皆營構 憲章復振 再造三韓 且歷代所傳 鎭兵大藏經板 盡爲狄兵所焚 國家多故 未暇重新 別立都監 傾納私財 彫板幾半 福利邦家 功業難忘 嗣子侍中沆 遹追家業 匡君制難 大藏經板 施財督役 告成慶讚 中外受福 水路要害 備設兵船 又於江外 營建宮闕 且築江都中城 金湯盆固 萬世永賴

— 『고려사』, 권129, 열전42, 최충헌부崔忠獻附 항沆

출전

『고려사』
『대각국사문집』
『동국이상국집』
『신증동국여지승람』

찾아읽기

서수생, 「대장경의 이중판과 보유판 연구」, 『동양문화연구』4, 1977.

민현구, 「고려의 대몽항쟁과 대장경」, 『한국학논총』1, 1978.

천혜봉, 『나려인쇄술의 연구』, 경인문화사, 1980.

박상국, 「해인사 대장경판에 대한 재고찰」, 『한국학보』33, 1983.

정필모, 「고려초조대장목록의 복원」, 『서지학연구』2, 1987.

문경현, 「고려대장경 조조의 사적 고찰」, 『불교와 역사 – 이기영박사고희기념논총』, 1991.

강순애, 「구대장목록의 초조대장경 구성체계에 관한 연구 – 개원석교록과의 비교를 중심으로」, 『서지학연구』11, 1995.

박상국, 「대장도감과 고려대장경판」, 『한국사』21, 국사편찬위원회, 1996.

민현구, 「고려대장경 – 재조장경의 역사성을 중심으로」, 『한국사시민강좌』23, 1998.

박노자, 「의천의 〈신편제종교장총록〉 편찬, 〈교장〉 간행의 문화사적 의미」, 『사학연구』58 · 59합집, 1999.

김윤곤, 『고려대장경의 새로운 이해』, 불교시대사, 2002.

남권희, 『고려시대 기록문화 연구』, 청주고인쇄박물관, 2002.

김윤곤, 「고려 '국본' 대장경의 혁신과 그 배경」, 『민족문화논총』27, 영남대학교, 2003.

배상현, 「고려 시기 진주목 지역의 사원과 불전의 조성 – 분사 남해대장도감과의 관련성을 중심으로」, 『대구사학』72, 2003.

오용섭, 「강도 시기에 완성한 고려대장경의 의미와 제문제」, 『인천문화연구』2, 인천시립박물관, 2004.

오용섭, 「팔만대장경의 조성과 강화」, 『인천학연구』1, 2004.

김성수, 「고려 초조대장경의 연구 과제」, 『서지학연구』32, 2005.

유부현, 「고려 재조대장경과 대장목록의 구성」, 『서지학연구』33, 2006.

최연주, 『고려대장경 연구』, 경인문화사, 2006.

유부현, 「'고려재조대장경'과 '개보칙판대장경'의 비교연구」, 『불교학연구』17, 2007.

김윤곤, 「대구 부인사장 고려대장경판과 그 특징 – 특히 '불명경佛名經'을 중심으로」, 『민족문화논총』39, 2008.

최영호, 「강화경판 '고려대장경'의 판각사업연구』, 경인문화사, 2008.

서수생, 『세계기록유산 해인사 팔만대장경과 사간판 연구』, 청주고인쇄박물관, 2009.

최영호, 「강화경판 '고려대장경'의 조성기구와 판각공간』, 세종출판사, 2009.

최영호, 「강화경판 고려대장경의 조성사업에 대한 근대 100년의 연구와 쟁점」, 『석당논총』44, 2009.

김성수, 「고려대장경 조조의 동기 및 배경에 관한 연구」, 『불교연구』32, 2010.

남권희, 「남선사 초조대장경의 서지적 분석」, 『한국중세사연구』28, 2010.

정병삼, 「고려 재조대장경 외장의 사상사적 의의」, 『불교학연구』27, 2010.

최연주, 「부인사장 '고려대장경'의 호칭과 조성」, 『한국중세사연구』28, 2010.

한기문, 「고려전기 부인사의 위상과 초조대장경판 소장 배경」, 『한국중세사연구』28, 2010.

김성수, 「고려 초조대장경 각판의 발원 장소 및 일자에 관한 연구」, 『한국문헌정보학회지』45-2, 2011.

박상국, 「고려대장경의 진실」, 『고전적古典籍』7, 한국고전적보존협의회, 2011.

송일기, 「고려재조대장경의 조성과정 연구」, 『서지학연구』49, 2011.

오윤희, 『대장경, 천년의 지혜를 담은 그릇』, 불광출판사, 2011.

최영호, 「고려국대장도감의 조직체계와 역할」, 『한국중세사연구』31, 2011.

김성수, 「고려 초조대장경 조조의 가치와 의미에 관한 연구」, 『한국문헌정보학회지』46-1, 2012.

유부현, 「고려대장경 경판의 분사대장도감 간기에 대한 연구」, 『서지학연구』51, 2012.

천혜봉, 『고려대장경과 교장의 연구』, 범우, 2012.

9 새로운 유학을 받아들이다
성리학의 수용

성리학이란 종전의 유교에 철학적인 세계관을 명료하게 하고, 심성 수양을 체계화시킨 새로운 사상 체계다. 도교와 불교, 특히 불교 사상을 깊이 수용했다. 우주론, 본체론이나 인간 심성의 문제를 학문 체계로 다루고 있는 것이 성리학의 중요한 특징이다.

송대 성리학의 성립과 특징

유학은 송대에 와서 주돈이周敦頤 · 소옹邵雍 · 장재張載 · 정호程顥 · 정이程頤 등에 의해 사상 체계와 학문 방법에 큰 진전을 보였고, 남송대 주자(朱子, 1130~1200)에 와서 집대성되었다. 주자는 유교의 여러 경전 가운데 사서四書를 중시했고 이理와 기氣, 성性, 거경居敬과 궁리窮理 등의 문제를 깊이 천착했다.

주자는 학자인 동시에 지방관을 역임하면서 현실 문제를 처리한 관료이기도 했다. 그리하여 그의 사상에는 인간 사회 질서에 대한 견해가 있었고, 독특한 농업론도 자리하고 있었다. 그는 인간 사회 질서를 우주론적으로 확대하여 합리화했다. 즉 윤리 도덕인 삼강오상三綱五常을 천리天理라 하여 만고불변의 절대 진리로 선언했다. 그러므로 상하 관계로 질서화된 현실 사회의 원리를 자연법칙으로 보증하고 정당화했다.

원대의 성리학

주자가 집대성한 성리학은 남송이 멸망함으로써 충분히 계승 발전되지 못한 채, 원에 전래되었다. 성리학이 원에 전래되는 것은, 요수姚燧가 남송을 정벌하러 간 태종에 종군했을 때 조복趙復을 발탁하여 연경으로 데려와 태극서원에서 강학講學하게 함으로 써였다.

그리고 이어서 허형(許衡, 1209~1281)에 의해 관학화되었다. 허형은 조복의 학문에 큰 영향을 받았으며, 원 세조의 우대를 받아 집현전태학사 겸 국자제주를 역임했다. 따라서 원나라의 학문과 교육은 그가 주관했고 성리학 전파에 누구보다 큰 영향력을 행사했다.[자료1] 원 초기 수십 년 동안의 대학자와 고관들은 거의 모두가 그의 문하에서 배출되었다. 원 인종 때에 이르러 과거 시험 과목에 주자성리서가 들어감으로써 성리학은 확대 보급되었다.

허형에 의해 관학화한 원대의 성리학은 성리학의 여러 계열 가운데 주자학을 중심으로 했으며, 궁리보다는 거경을 통한 수기修己를 앞세워 실천적 윤리적 측면이 매우 강했다. 이에 반해 사변적·형이상학적 측면은 약했다.

원대에 북방에서는 허형 등이 중심이 되어 관학화한 주자성리학 계열이 중심적 지위를 차지했지만, 남방에서는 육구연의 상산학象山學이 큰 비중을 차지했고, 주자학 자체도 만만치 않았다. 그리고 원 세조 사후 14세기 초에는 남방의 학문이 북방에도 많은 영향을 미쳤다.

성리학의 전래

우리나라에 송에서 발전한 성리학이 처음 전래된 것은 인종 전후(11~12세기)부터다. 당시 고려에서는 송의 서적을 수집해 들여왔는데 이 서적 가운데 성리학 관련 저술도 있었을 것이다. 최충崔冲이 세운 9재학당九齋學堂의 재명齋名이 대부분 솔성率性·성명誠明·대중大中 등 성리학자들이 특별히 중시한 『중용中庸』 용어로 되어 있는 사실,

안향 초상화. 안향의 영정은 경북 영주시 소수서원에 소장되어 있으며 국보 제111호다. 비단에 채색하였으며, 충숙왕 5년(1318)에 제작되었다. 충숙왕이 안향의 공적을 기리기 위하여 궁중에서 일하던 원나라 화가에게 그리게 한 것으로 반신상半身身像이다. 머리에 수건을 두르고 왼쪽을 바라보는 모습을 그렸으며 붉은 선으로 얼굴의 윤곽을 나타내었다. 시선의 방향과 어깨선에서 강직함을 엿볼 수 있다.

또 예종 때 왕의 임석 하에 행해진 중신들의 경전 강론의 분위기를 가리켜, "삼강오상三綱五常의 가르침과 성명도덕性命道德의 도리가 만당에 가득 찬 것"이었다고 지적한 사실 등에서 전래를 엿볼 수 있다. 그러나 이때 수용된 성리학이 그 뒤에 발전하는 모습은 찾아볼 수 없다. 역시 우리나라에 성리학이 본격적으로 들어온 것은 원元을 통해서였다. 고려는 주로 원을 통해서 북방 지역의 성리학을 수용했다. 그 성리학은 송대의 성리학이 아니라 원대에 상당히 변용된 것이었다.

안향安珦은 충렬왕 16년(1290)에 성리학을 처음으로 고려에 소개했으며, 주자에 대한 존모의 뜻을 표하는 의미에서 자신의 호를 회헌[晦軒, 주자는 회암晦庵]이라 했다. [자료2] 그리고 백이정白頤正과 권부權溥에 의해 성리학이 확산되었다. [자료3~5] 원나라 제과 응시를 목표로 하는 고려인들, 그리고 사신 왕래의 일환으로 왕복하는 학자 관료들에 의해 성리학은 광범위한 계층에게 알려질 수 있었다.

성리학 수용과 관련하여 중요한 의미를 갖는 것은 만권당萬卷堂 설치(1314)와 그곳에서의 이제현李齊賢 활약이다. [자료6] 충선왕이 원도에 만권당을 설치하여 조맹부趙孟頫 · 요수姚燧 · 우집虞集 · 염복閭復 · 홍혁洪革 · 원명선元明善 · 장양호張養浩 등 원나라 문사들과 이제현이 학문을 교류할 수 있도록 했다. 만권당에서 교유한 문사들에는 허형 계열도 있었지만, 강남의 주륙화회[朱陸和會, 주자학과 육구연의 학을 조화시키려는 입장]를 주장한 오징吳澄 계열도 있었다. 이제현은 이들과 교류하면서 성리학에 대한 이해를 심화시켰다. 이제현은 두 차례에 걸쳐 지공거를 지내면서 이곡, 최용갑, 윤택, 안보, 백문보, 이색, 박상충, 정추 등의 급제자를 배출했다.

성리학은 이색에 이르러 성균관에서 본격적으로 강학되면서 제도의 뒷받침을 받아 확대되었다. [자료7] 공민왕 16년(1367)에 성균관을 중수하고 이색을 대사성大司成으로 삼아 국학 중흥의 위업을 맡겼으며, 당대의 최고 학자인 김구용 · 정몽주 · 박상충 · 박의중 · 이숭인 · 정도전 등을 학관에 임명했다. 이보다 앞서 충목왕 4년(1344)에 사서四書가 과거 과목으로 채택된 것도 성리학 보급의 중요한 계기가 되었다. 당시

『사서집주』를 통해 성리학을 이해하고 있었으므로 과거 과목으로 사서를 택한 것은 성리학이 뿌리내리는 데 일조했다.

고려의 성리학은 원의 수도를 통해 전래되었지만, 당시인들은 이에 머물지 않고 성리학의 원류인 남송 성리학에도 관심을 가졌다. 충숙왕 원년(1314)에 신서적 1만 권을 중국 강남 지방에서 구입한 것이나, 충숙왕 6년에 충선왕이 이제현·권한공과 함께 강남을 여행한 것, 정동행성의 유학제거사 관원 가운데 남송 출신이 많은 비중을 차지하고 있었다는 사실 등에서 남방의 신유학에 대한 관심을 읽을 수 있고 남방의 신유학이 꽤 알려져 있었음을 알 수 있다.

이제현 초상. 화폭 상단에 적힌 제문題文에 따르면 충숙왕 6년(1319) 이제현 나이 33세 때 충선왕을 시종하여 중국을 유람한 일이 있었는데, 충선왕은 진감여陳鑑如라는 원나라 화가를 시켜 이 그림을 그리게 했다고 한다. 또한 당대의 석학인 탕병용湯炳龍이 찬贊을 지었다. 심의深衣를 입고 공수拱手 자세를 취하고 있으며, 인물을 중심으로 위쪽에는 제문과 찬문을 여유 있게 배치했다.

성리학 수용과 개혁 정치

성리학을 교양으로 한 신진사류들은 중앙에 진출하면서 불교의 폐단을 지적하거나 불교의 개혁 내지 혁파를 주장했다.[자료8] 그들은 경세론을 가지고 정부가 추진하고 있던 개혁에 참여했다.[자료9] 충선왕은 개혁 정치를 시도했으며, 충목왕 때는 정치도감을 설치하고, 공민왕 때는 전민변정도감을 세워 개혁을 도모했다. 이렇게 정부에서 개혁을 추진할 무렵 성리학을 수용한 사류士類들은 여러 가지 방안을 구상했고, 때때로 정책을 건의하기도 했으며, 직접 개혁 정치에 참여하기도 했다. 이들은 성리학의 천리인욕설, 공사론을 가치기준으로 설정하고 공권력의 강화와 공적인 정치 운영을 지향했다. 특권 귀족층의 사권력 행사나 사적인 정치 운영을 배제하고 공적이고 합리적인 정치 운영을 모색했다. 도덕적 교화를 강조하는가 하면 제도의 개혁을 중시하기도 했다.

고려말 신흥 유신의 견해 및 주장은 정치 갈등과 관련해 두 계통으로 나뉜다. 특히 당시 가장 문제가 되고 있던 사전私田의 해결을 둘러싸고 견해차가 컸다. 혹자는 현존하는 사전을 그대로 두고 거기에서 생기는 폐단만 제거하자고 주장했는데, 이는 곧 사전 점유상의 분쟁이나 농민 수취의 과중을 개선하자는 것이었다. 또 그것보다 더 나아가 현재의 사전을 일거에 폐지하여 버리고 사전을 재분배하자는 주장도 있었다. 전자는 사전개선론, 후자는 사전개혁론이라 할 수 있으며, 이는 고려 왕조의 타도, 신 왕조의 건국과 연결되는 문제였다.

불교에 대해서도 양자는 견해차를 보였다. 전자는 불교의 사회 경제적 폐단은 인정하되, 부처의 성인으로서의 위치와 불교의 사회적 기능을 긍정했다. 반면에 후자는 불교의 사회 경제적 폐단뿐만 아니라 불교를 정치·사상적으로도 아무 쓸모없고 오히려 해가 되는 오랑캐의 종교로 규정하여 척불론斥佛論을 주장했다. 전자는 왕조를 유지하고 구법舊法·고법古法을 수호하려는 구법파 유신[온건파 관인]으로, 후자는 체제 변혁 나아가 역성 혁명까지 도모하는 신법파 유신[혁신파 관인]으로 분류할 수 있다. 전자의 대표적인 인물은 이색이고 후자의 대표적인 인물은 정도전이었다.

이들은 우왕·창왕의 폐위와 공양왕의 옹립 등 일련의 사건 속에서 입장을 달리하면서 충돌했다. 결국 이색·이숭인·정몽주와 같은 구법파 인물은 고려 왕실을 유지하려다가 조선 건국 세력에 의해 제거되었다.

자료1

송나라 때에 … 공맹孔孟의 학學을 강명講明하고 노장老莊과 불교를 배척하여 만세를 깨우치는 데 이른 것은 주염계·정명도·정이천의 공功이요. 송이 이미 망함으로 그 설이 북쪽으로 흘러 들어가 노재魯齊 허선생許先生, 허형許衡]이 그 학을 사용하여 원 세조를 도와 중통中統주1 지원至元주2의 정치가 모두 여기서 나왔다.

原文 宋之世 …至於講明鄒魯之學 黜二氏詔萬世 周程之功也 宋社旣屋 其說北流 魯齊許先生 用其學 相世祖 中統至元之治 胥此焉出

__「목은집牧隱集」권9, 선수집서選粹集序

자료2

안향(安珦, 1218~1306)의 처음 이름은 유裕요 흥주興州주3 사람이다. 아버지 부孚는 그 고을의 향리로 의업으로 벼슬길에 올라 관직이 밀직부사密直副使주4에 이르러 그만두었다. 향은 어릴 때부터 학문을 좋아하여 원종 초에 과거에 급제하여 교서랑校書郎주5에 올랐다. … (충렬왕 26년) … 학교가 날로 쇠함을 근심하여 양부兩府주6에 의논하기를, "재상의 직무는 인재를 교육하는 것보다 먼저 함이 없거늘 지금 양현고가 고갈되어 선비를 기를 것이 없으니 청컨대 6품 이상은 각각 은銀 한 근을 내게 하고 7품 이하는 포를 차등 있게 내도록 하여 이를 양현고에 돌려 본전은 두고 이식만 취하여 섬학전膽學錢을 삼읍시다."라고 하니, 양부가 이를 좇아 아뢰니 왕이 내고內庫주7의 전곡錢穀으로 도왔다. … 안향이 또 나머지 재원을 박사 김문정金文鼎 등에게 주어 중국에 보내어 공자孔子 및 70제자의 상像을 그려오고 아울러 제기祭器·악기樂器·육경六經주8·제자諸子주9·사史주10를 구해오게 하고 또 밀직부사로 그만둔 이산李㦃, 전법판서典法判書주11 이진李瑱을 천거하여 경사교수도감사經史敎授都監使주12로 삼았다. 이에 금내학관禁內學館주13·내시內侍주14·삼도감三都監·오고五庫의 배우려는 선비 및 7관七管주15·12도徒주16의 생도들이 경經을 끼고 공부하는 자가 수백을 헤아리게 되었다. … 32년에 첨의중찬僉議中贊주17으로 치사致仕주18하고 죽으니 나이 64세이고, 문성文成이라고 시호했다. 장례함에 미쳐서 7관 12도가 흰 옷을 입고 길에서 제사지냈다. … 만년에는 항상 회암선생晦庵先生주19의 초상을 걸고 경모했으며 드디어 호를 회헌晦軒이라 했다. … 충숙왕 6년(1319) 문묘文廟에 종사從祀할 것을 의논함에 어떤 자가 "향이 비록 건의하여

주1 중통中統 : 1260년에서 1263년까지의 원대元代 연호.

주2 지원至元 : 1264년에서 1294년까지의 원대元代 연호.

주3 흥주興州 : 오늘날 경상북도 영주시 순흥면.

주4 밀직부사密直副使 : 밀직사 소속의 정3품 관직.

주5 교서랑校書郎 : 비서성 소속의 정9품 관직.

주6 양부兩府 : 재부宰府와 추부樞府. 즉 중서문하성과 중추원(추밀원, 밀직사).

주7 내고內庫 : 왕실 소속의 창고.

주8 육경六經 : 6가지 경서, 곧 「역경」·「서경」·「시경」·「춘추」·「예기」·「악기」.

주9 제자諸子 : 제자백가의 책.

주10 사史 : 「사기」·「한서」·「후한서」 등 중국 역대의 여러 사서.

주11 전법판서典法判書 : 법률·사송詞訟·상얼詳讞과 관련된 업무를 관장하는 전법사(형부가 바뀐 이름)의 장관으로 정3품.

주12 경사교수도감사經史敎授都監使 : 충렬왕 6년(1280)에 7품 이하의 관원들에게 유교 경전을 가르치는 일을 맡은 관청이 경사교수도감인데, 경사교수도감사는 그 소속 관원으로 보인다.

주13 금내학관禁內學館 : 궁궐 내에 설치된 학문 기관인 비서성秘書省·사관史館·한림원翰林院·보문각寶文閣·어서원御書院·동문원同文院에 소속된 학관.

주14 내시內侍 : 궁궐 안을 지키며 왕을 시중드는 일을 맡은 관원.

주15 7관七管 : 국자감에 설치된 7재七齋.

주16 12도徒 : 최충의 문헌공도를 비롯한 사학12도.

주17 첨의중찬僉議中贊 : 충렬왕 원년(1275) 관제 개편 시 중서문하성이 첨의부로 개편되면서 그 장관인 문하시중이 첨의중찬으로 개칭되었다.

주18 치사致仕 : 벼슬을 그만둠.

주19 회암선생晦庵先生 : 송의 주자朱子.

섬학전을 두었으나 어찌 가히 이로써 문묘에 모셔 제사할 수 있습니까." 했으나, 그의 문생 신천辛蕆이 힘써 청하므로 마침내 종사했다.

原文 安珦 初名裕 興州人 父孚 本州吏 業醫出身 官至密直副使 致仕 珦少好學 元宗初登第 補校書郞 … (忠烈王) 二十六年 … 珦憂學校日衰 議兩府曰 宰相之職 莫先敎育人材 今養賢庫 殫竭 無以養士 請令六品以上 各出銀一斤 七品以下 出布有差 歸之庫 存本取息 爲贍學錢 兩府 從之 以聞 王出內庫錢穀 助之 … 珦又以餘貲 付博士金文鼎等 送中原 畫七聖及七十子像 幷求 祭器樂器六經諸子史 以來 且薦密直副使致仕李愼 典法判書李瑱 爲經史敎授都監使 於是 禁 內學館內侍三都監五庫 願學之士 及七管十二徒諸生 橫經受業者 動以數百計 … 三十二年 復 以僉議中贊致仕 卒年六十四 諡文成 及葬 七管十二徒 素服祭於路 … 晚年 常掛晦庵先生眞 以 致景慕 遂號晦軒 … 忠肅六年 議以從祀文廟 有謂 珦雖建議置贍學錢 豈可以此從祀 其門生辛 蕆 力請 竟從祀

_ 『고려사』권105, 열전18, 안향

자료3

그때에 정주학이 처음으로 중국에서 행해졌으나 동국東國에는 미치지 못했었는데 백 이정이 원元에 머물면서 그것을 배워 가지고 돌아오니 이제현, 박충좌가 제일 먼저 사수師受했다.

原文 時程朱之學 始行中國 未及東方 頤正在元 得而學之 東還 李齊賢朴忠佐 首先師受

_ 『고려사』권106, 열전19, 백문절부白文節附 이정頤正

자료4

주20 정승 : 문하부의 시중.

주21 『사서집주四書集註』 : 19권으로 송대 주자가 『대학』·『중용』·『논어』·『맹자』의 사서에 해석을 시도한 것이다.

(안향) 뒤에 백이정이 충선왕을 따라 원도元都에 10년 간 머물면서 많은 정주程朱 성리학 서적을 구해 돌아왔으며, 나이제현의 장인인 정승주20 권부權溥는 『사서집주四書集註』주21를 얻어 간행하여 널리 전파했으므로 배우는 자들이 또한 도학이 있음을 알게 되었다.

原文 其後白彛齋(頤正) 從德陵留都下十年 多求程朱性理之書 以歸 我外舅政丞菊齋權公 得四西集註 鏤板以廣其傳 學者 又知有道學矣

_ 『역옹패설』전집前集2

자료5

온 천하의 글이 같아지고 집집마다 정주程朱의 책이 있어, 사람들은 성리지학性理之學

과 가르치는 도를 알게 되었으니 흐뭇한 일이다.

　原文　天下同文 家有程朱之書 人知性理之學 敎之之道 亦庶幾矣

_ 『익제난고』권9 하下, 책문

자료6

(이제현이) 도당都堂에 상서해 아뢰기를, " … 경신敬愼하는 실체는 덕을 닦는 것만 같지 못하고 덕을 닦는 요체는 향학嚮學하는 것만 못하다. … 『효경』『논어』『맹자』『대학』『중용』을 강講하게 하여 격물치지格物致知와 성의정심의 도를 익히도록 하여야 한다. … 이리하여 사서四書에 능숙하면 육경六經으로 넘어가게 하며 교만하고 음란한 것, 그리고 음악과 여자, 오락용 개와 말 같은 것은 듣고 보지 않게 하여 습관이 성품을 이루게 되면 덕이 알지 못하는 사이에 이루어질 것이니 이것이 당면한 급무일 것이다. …"고 했다.

　原文　上書都堂曰 … 敬愼之實 莫如修德 修德之要 莫如嚮學 … 講孝經語孟大學中庸 以習格物致知 誠意正心之道 … 四書旣熟 六經以次講明 驕奢淫佚 聲色狗馬 不使接于耳目 習與性成 德造罔覺 此當務之莫急者也 …

_ 『고려사』권110, 열전23, 이제현

자료7

(공민왕) 16년에 성균관을 다시 짓고 이색을 판개성부사주22 겸 성균대사성주23으로 삼았다. 학생을 증치하고, 경술經術의 선비인 김구용 · 정몽주 · 박상충 · 박의중 · 이숭인을 택하여 타관으로 교관을 겸임시켰다. 이전에는 성균관 학생이 수십 명에 불과하더니 이색이 다시 학칙을 정하고 매일 명륜당에 앉아 경서를 나누어 수업하고 강의를 마치면 서로 더불어 토론하여 권태를 잊으니, 이에 학자가 많이 모여 함께 눈으로 보고 마음으로 느끼는 가운데 정주성리程朱性理의 학이 비로소 흥기하였다.

　原文　十六年 重營成均館 以穡判開城府事 兼成均大司成 增置生員 擇經術之士 金九容鄭夢周朴尙衷朴宜中李崇仁 皆以他官兼敎官 先是 館生不過數十 穡更定學式 每日坐明倫堂 分經授業 講畢 相與論難 忘倦 於是 學者坌集 相與觀感 程朱性理之學 始興

_ 『고려사』권115, 열전28, 이색

주22 판개성부사 : 도성을 관장하는 개성부의 우두머리인 종2품 관직.

주23 성균대사성 : 성균관의 정3품 관직.

자료8

주24 지주사知奏事 : 중추원의 정 3품 관직.

정몽주의 자字는 달가達可이며 지주사知奏事^{주24} 습명襲明의 후손이다. 어머니 이씨李氏 가 임신하여 꿈에 난초 화분을 안았다가 갑자기 떨어뜨리고 놀라 깨어 낳으므로 인 하여 이름을 몽란夢蘭이라 했다. 나면서 뛰어나 남달랐으며 어깨 위에 검은 점이 일 곱 개 있는 것이 북두칠성과 같았다. 나이 아홉 살에 이르러 어머니가 낮에 꿈을 꾸는 데 흑룡黑龍이 뜰 가운데 있는 배나무에 올라가므로 놀라 깨어 나가 보니 바로 몽란夢 蘭이었다. 이로 인하여 몽룡夢龍이라고 고쳤으며 관례冠禮^{주25}를 하고 나서 지금 이름

주25 관례冠禮 : 사내아이가 20살 이 되었을 때, 처음으로 갓을 쓰고 어른이 되는 예식.

으로 고쳤다. 공민왕 9년에 과거에 응시하여 연달아 세 번 수석했고 드디어 제1인으 로 뽑혔다. … 16년에 예조정랑禮曹正郎^{주26}으로 성균박사成均博士^{주27}를 겸했다. 그때에

주26 예조정랑禮曹正郎 : 예조 소 속의 정5품 관직.

경서가 동방에 온 것이 오직 『주자집주朱子集註』뿐이었는데 정몽주가 강설함이 발월 發越해 사람들의 생각보다 뛰어나므로 듣는 자가 자못 의심했는데 그 후에 호병문胡炳 文의 『사서통四書通』을 얻음에 미쳐 정몽주의 말과 부합하지 않음이 없으므로 여러 선

주27 성균박사成均博士 : 성균관 의 정7품 관직. 종전의 국자박사를 바꾼 관직.

비들이 더욱 탄복했다. 이색이 자주 정몽주의 논리는 횡설수설하여도 이치에 합당하 지 않음이 없다고 추천하여 동방이학東方理學의 원조라 했다. … 왕이 경연經筵에 거동 하니 정몽주가 진언하기를, "유자儒者의 도는 모두 일용의 평상사平常事이다. 음식과 남녀는 사람이 같이 하는 바이며 거기에 지극한 이치가 있으니, 요순堯舜의 도가 또한 딴 것이 아닙니다. 움직이고 조용한 것과 말하고 가만히 있는 것이 올바름을 얻으면 곧 이것이 요순의 도道입니다. 시초가 심히 높고 행하기가 어려운 것이 아닙니다. 저 불씨佛氏의 교教는 그렇지 않아서 친척과 절연하며 남녀를 끊고 홀로 암혈에 앉아 풀 로 짠 옷을 입고 나무 열매를 먹으며 관공적멸觀空寂滅을 종지로 삼으니 어찌 이것이 정상적인 도道이겠습니까." 했다.

原文 鄭夢周 字達可 知奏事襲明之後 母李氏有娠 夢抱蘭盆 忽墮驚寤而生 因名夢蘭 生而 秀異 肩上有黑子七列 如北斗 年至九歲 母晝夢 黑龍升園中梨樹 驚覺出視 乃夢蘭也 因改夢龍 旣冠改今名 恭愍九年 應擧連魁三場 遂擢第一人 … 十六年 以禮曹正郎 兼成均博士 時經書至 東方者 唯朱子集註耳 夢周講說發越 超出人意 聞者頗疑 及得胡炳文四書通 無不脗合 諸儒尤 加嘆服 李穡亟稱之曰 夢周論理 橫說竪說 無非當理 推爲東方理學之祖 王御經筵 夢周進言 曰 儒者之道 皆日用平常之事 飲食男女人所同也 至理存焉 堯舜之道 亦不外此 動靜語默之得 其正 卽是堯舜之道 初非甚高難行 彼佛氏之教 則不然 辭親戚 絶男女 獨坐巖穴 草衣木食 觀空 寂滅 爲宗 豈是平常之道

_『고려사』권117, 열전30, 정몽주

공민왕 원년에 상중에 있는 신하 이색이 아뢰기를, " … 신이 듣건대, 토지의 경계를 바르게 하고 정지井地를 고르게 함은 다스리는 자가 먼저 힘써야 할 일이라 합니다. 널리 생각건대, 우리 조정이 만든 제도와 지킨 규모가 일마다 이르지 않은 곳이 없었으나, 400년 말류의 폐해가 어찌 다 없을 수 있겠습니까. 그러나 그중에도 토지 제도가 더욱 심하여 경계가 바르지 않아서 호강한 자들이 토지를 겸병하니 까치가 지은 집에 비둘기가 사는 것이 모두 이것입니다. 해당관사가 비록 공문주필로 토지를 지닌 시기를 전후를 가리어 그 주인으로 정하나, 갑이 만약 유력하면 을은 문득 무리하게 처리하며 하물며 공문주서 또한 진짜와 가짜가 섞인 것이 많습니다. 그러나 이 토지를 받는 집들은 모두 왕의 신하이며, 국가에 복무한 끝에 보수로 받는 것입니다. 저 집이 그것을 상실하여도 이 집이 그것을 취득하여, 마치 이것은 초나라 사람이 잃은 활을 초나라 사람이 줍는다는 격으로 그것도 괜찮습니다. 그러나 백성이 하늘로 여기는 식량은 토지 밖에서 나올 데가 없고 몇 무畝의 땅에서 한 해 내내 부지런히 일해도 부모와 처자를 부양하기에도 넉넉하지 못합니다. 그런데 조세를 거두는 자가 오면 그 토지의 주인이 한 집이면 다행이지만, 혹 서너 집이 되거나 일곱, 여덟 집이 되는 경우도 있습니다. 그런데 그들은 권력과 세도가 비슷하여 누구도 양보하려 하지 않습니다. 그러므로 백성은 조租를 내다가 부족하면 남에게 꾸어 보태니 무엇으로 그 부모를 공양하며 무엇으로 그 처자를 양육하겠습니까. 백성의 곤궁함은 이로 말미암은 것입니다. … "

原文 恭愍元年 穡服中上書曰 … 臣聞 經界之正 井地之均 治人之先務也 洪惟我祖宗創垂之制 持守之規 無所不至 四百餘年 末流之弊 豈盡無有 而田制尤甚 經界不正 豪强兼幷 鵲之巢而鳩之居者 皆是也 有司 雖以公文朱筆 先後定其實主 甲若有力 乙便無理 而況公文朱筆 又多魚目混珍者乎 然此受田之家 皆王之臣 陳力之餘 所以代耕 彼雖失之 此乃得之 是猶楚人失弓 楚人得弓 猶之可也 至於民之所天者 唯在於田 數畝之田 終歲勤動 父母妻子之養 猶且未贍 而收租者 已至 若其田之主一 則幸矣 或有三四家者 或有七八家者 苟力焉而相牟 勢焉而相敵 孰肯讓哉 以是 供其租而不足 則又稱貸而益之 於何而養其父母 於何而育其妻子 民之窮困 職此之由 …

— 『고려사』권115, 열전28, 이색

출전

『고려사』

『역옹패설』

『목은집牧隱集』: 목은 이색(李穡, 1328~1396)의 문집인데 모두 55권으로 이루어졌다. 시詩 35권, 문文 20권인데, 특히 문 20권에는 기記 · 서序 · 표表 및 비명碑銘 · 전傳 등 당대 인물의 전기傳記 자료와 당대 정치 사회에 관한 많은 자료가 수록되어 있다.

『익재난고益齋亂藁』: 공민왕 12년(1363) 익재 이제현의 작고 4년 전에 그의 자손에 의하여 간행되었다. 10권 4책으로 된 시문집이다.

찾아읽기

정옥자, 「여말 주자성리학의 도입에 대한 시고」, 『진단학보』51, 1981.

김충렬, 『고려유학사』, 고려대학교 출판부, 1987.

이태진, 『조선유교사회론』, 지식산업사, 1989.

변동명, 『고려후기성리학수용연구』, 일조각, 1995.

이원명, 『고려시대 성리학수용연구』, 국학자료원, 1997.

이남복, 「고려후기 성리학 수용과 권부의 사상」, 『민족문화논총』18 · 19합집, 영남대학교, 1998.

정성희, 「고려후기 성리학 수용자들의 사상적 성격에 관한 연구」, 『동방학』4, 한서대학교, 1998.

한영우, 「가정 이곡의 생애와 사상」, 『한국사론』40, 서울대학교 국사학과, 1998.

김인호, 『고려후기 사대부의 경세론 연구』, 혜안, 1999.

도현철, 『고려말 사대부의 정치사상 연구』, 일조각, 1999.

마종락, 「원간섭기 등과유신登科儒臣과 유학사상의 동향」, 『한국사론』41 · 42합집, 서울대학교 국사학과, 1999.

마종락, 「고려후기 성리학의 수용과 사대부의 정치적 성장」, 『사회과학논평』20, 2000.

마종락, 「원간섭기 익재 이제현의 유학사상」, 『한국중세사연구』8, 2000.

이원명, 「여말선초 성리학 이해과정 연구 – 학풍의 변화와 과거 책문을 중심으로」, 『국사관논총』92, 2000.

최연식, 「정도전의 정치현실주의와 성리학 – 창업의 정치학」, 『정치사상연구』3, 2000.

고혜령, 『고려후기 사대부와 성리학 수용』, 일조각, 2001.

김인호, 「이제현의 정치활동과 역사인식」, 『역사와 실학』19 · 20합집, 2001.

마종락, 「여말 등과유신의 사상적 동향 – 목은 이색을 중심으로」, 『한국중세사회의 제문제』, 2001.

이익주, 「14세기 전반 성리학 수용과 이제현의 정치활동」, 『전농사론典農史論』7, 2001.

고혜령, 「최해의 생애와 학문 · 사상」, 『고려명현 최해 연구』, 국학자료원, 2002.

이익주, 「행촌 이암의 생애와 정치활동」, 『행촌 이암의 생애와 사상』, 일지사, 2002.

도현철, 「고려말에 있어서의 성리학의 특징」, 『조선학보』186, 2003.

도현철, 「원간섭기 사서집주 이해와 성리학 수용」, 『역사와 현실』49, 2003.

도현철, 「정도전의 사공학 수용과 정치사상」, 『한국사상사학』21, 2003.

박종기, 「원간섭기 사회현실과 개혁론의 전개」, 『역사와 현실』49, 2003.

이원명, 「여말선초 정도전의 성리학 이해 연구」, 『서울문화』7, 서울문화사학회, 2003.

이익주, 「14세기 유학자의 현실인식과 성리학 수용과정의 연구 – 민지의 사례를 중심으로」, 『역사와 현실』49, 2003.

채웅석, 「원간섭기 성리학자들의 화이관과 국가관」, 『역사와 현실』49, 2003.

마종락, 「고려후기 성리학 수용의 역사적 의의」, 『한국중세사연구』17, 2004.

신천식, 「여말선초 성리학의 수용과 학맥」, 경인문화사, 2004.

고혜령, 「원간섭기 성리학 수용이 일 단면 – 최문도를 중심으로」, 『한국중세사연구』18, 2005.

김남일, 「고려말 조선초기의 세계관과 역사의식 연구」, 경인문화사, 2005.

김인호, 「정도전의 역사인식과 군주론의 기반 –〈경제문감〉의 분석을 중심으로」, 『한국사연구』131, 2005.

도현철, 「여말선초 유학계의 동향과 성리학의 전개」, 『한국유학사상대계 II : 철학사상편』, 예문서원, 2005.

마종락, 「고려시대 유교사의 추이와 개성」, 『한국중세사연구』18, 2005.

문철영, 「고려 유학사상의 새로운 모색」, 경세원, 2005.

이남복, 「고려후기 신흥사족과 주자서」, 『동의논집』41, 2005.

도현철, 「이색의 경학관과 그 지향」, 『진단학보』102, 2006.

도현철, 「이색의 서연 강의」, 『역사와 현실』62, 2006.

마종락, 「목은 이색의 생애와 역사인식」, 『진단학보』102, 2006.

정호훈, 「정도전의 학문과 공업功業 지향의 정치론」, 『한국사연구』135, 2006.

김보정, 「포은 정몽주의 사상 – 성리학 이해를 중심으로」, 『한국사상과 문화』39, 2007.

김호동, 「한국 고·중세 불교와 유교의 역할」, 경인문화사, 2007.

박홍규, 「정도전의 경제사상」, 『아세아연구』50–3, 2007.

이봉규, 「권근의 경전 이해와 후대의 방향」, 『한국실학연구』13, 2007.

정재훈, 「정도전 연구의 회고와 새로운 사상사적 모색」, 『한국사상사학』28, 2007.

한정수, 「고려시대 유학 연구와 방법론 모색」, 『역사와 현실』66, 2007.

홍원식, 「권근의 성리설과 그 철학사적 위치」, 『한국사상사학』28, 2007.

강문식, 「권근의 경학사상 연구」, 일지사, 2008.

도현철, 「고려말 염흥방의 정치활동과 사상의 변화」, 『동방학지』141, 2008.

정재철, 「이색의 경학사상」, 『태동고전연구』24, 2008.

도현철, 「대책문을 통해 본 정몽주의 국방 대책과 문무겸용론」, 『한국중세사연구』26, 2009.

마종락, 「고려시대의 유교 – 연구동향과 쟁점」, 『석당논총』44, 2009.

도현철, 「목은 이색의 정치사상 연구」, 혜안, 2011.

장동익, 「이제현, 권한공 그리고 주덕윤 – 고려 후기 성리학 수용기의 인물에 대한 새로운 이해」, 『퇴계학과 유교문화』49, 2011.

고혜령, 「도은 이숭인의 생애와 역사적 위상」, 『민족문화논총』50, 2012.

도현철, 「권근의 유교정치 이념과 정도전과의 관계」, 『역사와 현실』84, 2012.

10 불교를 배척하다
배불론

고려 시기에 불교와 유교는 서로 갈등하는 경우가 있었지만 대체로 상호 조화를 이루면서 공존했다. 그러나 고려 후기 불교계의 폐단이 크게 문제되고 원에서 성리학을 받아들이면서 불교를 비판하는 주장이 강하게 대두했다.

유교와 불교의 조화

유학은 고려 초에 태조 왕건의 장려와 광종의 흥학興學 노력 및 과거 제도의 실시로 국가 운영에서 차지하는 비중이 이전 시대보다 더욱 높아졌다. 이 시기의 유학은 한당풍漢唐風의 유학으로서 중앙집권적인 왕조 정치에 부응하는 성격을 강하게 띠고 있었다. 또한 상층 사회의 인문 교양으로서 문화적 기능이 컸고, 사회와 민인의 일상 생활에 도리의 기준을 제시했다. 불교는 이런 유학의 현실성을 지지하면서 내세 종교성을 통해 지배층에서 서민 대중에 이르기까지 그들의 정신 세계와 사회 생활에 폭넓게 관여할 수 있었다. 이런 사정 하에서 불교와 유학은 큰 마찰 없이 병존했다. 유교 관료 최승로가 불교는 수신지본修身之本이고 유교는 이국지원理國之源이라 하고, 또 각각 내세지자來世之資 · 금일지무今日之務라고 이해한 것이 단적인 예다.[자료1]

유교와 불교는 서로 교섭하는 양상을 띠었다. 과거에 급제한 관인이 사원을 창건하는가 하면, 관인 집안에서 승려를 배출하는 일이 흔했다. 또한 과거에 급제해 관인 생활을 하다가 승려가 되기 위해 출가하는 예도 있었다. 현직 관인으로 있으면서 승려와 비슷한 생활을 하는 거사도 없지 않았다. 승려 가운데 높은 수준의 유학 지식을 갖춘 예도 상당히 많았다.

무신란 이후에는 문인들이 난을 피해 산중에 들어가 승려가 되는 예가 많았으며, 그러한 양상은 무인 집권기에 지속되었다. 불교계의 새로운 신앙 결사 운동에서는 유학자 출신의 승려들이 중요한 몫을 담당했다. 수선사의 제2세 주법인 혜심(慧諶, 1178~1234)은 사마시司馬試에 합격했지만 출가한 후 지눌을 계승하여 간화선법看話禪法을 크게 진작시켰으며, 최씨 정권의 두터운 후원 아래 수선사의 지위를 확고하게 다져 놓았다. 혜심은 사마시의 좌주座主였던 참정 최홍윤崔洪胤에게 보내는 글에서, "그 이름만 생각하면 불교와 유교가 아주 다르지만 실지를 알면 유교와 불교는 서로 다름이 없다."고 하여 유불 일치와 융합을 강조했다. [자료2]

요세의 백련사白蓮社를 계승한 천인(天因, 1205~1248)과 다음의 천책(天頙, 1206~?)도 모두 유학자 출신의 승려였다. 천인은 일찍이 국자감시에 합격하고 성균관에 입학하였으며, 천책 또한 예부시까지 합격했던 인물인데, 이들은 백련사를 발전시키는 데 결정적으로 공헌했다.

불교 폐단의 비판

유교와 불교의 공존, 유교와 불교의 교류는 고려 후기 성리학이 전래되면서 전혀 다른 양상으로 전개되었다. 불교계 자체가 사회 경제적인 병폐를 크게 일으키고 사상적으로 새로운 모색을 보이지 못하고 있던 현실이 문제가 되었다. 불교계의 문제를 성리학자들이 여러 방면에서 비판하면서 배불론이 전개되었다. 그러나 배불론의 내용은 사람에 따라 상당한 편차가 있었다.

성리학은 불교의 영향을 크게 받았지만 불교에 대해서 비판적이었다. 중국에서 배

이색 영정. 이색(李穡, 1328~1396)은 본관이 한산韓山이고 호가 목은牧隱이며, 시호가 문정文靖이다. 이제현의 문하생이며, 삼은三隱의 한 사람이다. 공민왕 16년(1367) 대사성이 되자 성균관의 학칙을 새로 제정하고 많은 제자를 길러내 성리학 발전에 공헌했다. 위화도 회군 이후 실권을 잡은 이성계를 반대해 유배당하기도 했다.

불론이 본격적으로 대두한 것은 당 중엽부터인데, 송대에 들어서면 그것은 더욱 격화되었다. 송대 신유학 형성에 주축이 되었던 유학자 대부분이 불교 사상 전반에 걸쳐 통렬하게 비판하였다.

충렬왕 때 원을 통해 성리학이 전래되면서 종래의 유불 관계의 변화는 필연적인 것이었다. 새로 전래된 성리학은 주자학 중에서도 우주론적 이기론理氣論보다 거경居敬을 위주로 하는 실천적 학풍이었음을 감안할 때, 불교의 실천 윤리 및 현실 폐해를 비판하는 것은 당연했다. 성리학 전래 초기부터 불교에 대한 비판이 제기되고 그것이 점차 고조되면서 강경한 불교 배척 운동으로 옮아갔다.

최초로 성리학을 받아들인 안향은 주자가 소학에서 강조한 충忠·효孝·예禮·신信·성誠 등의 실천 덕목에 비추어 불교는 부모를 버리고 집을 나가서 윤리를 파괴한다고 비판했다.[자료3] 최해崔瀣는 세상에서 불교를 지나치게 받들어 배와 수레가 닿는 곳마다 불탑과 사원이 마주 보이고, 그 무리들은 모두 권세에 의지하고 금력을 휘둘러 백성에게 해독을 끼치게 되었다고 주장했다. 그는 이처럼 타락한 불교 교단에 대해서는 준엄한 비판을 했지만 이것이 불교 교리 자체의 문제에서 비롯된 것이라고는 생각하지 않았다. 이제현도 불교가 권문·호족의 세력에 의지하여 백성들과 나라에 해를 끼친다는 비판적인 입장을 취하면서도 부처의 가르침은 자비慈悲와 희사喜捨를 근본으로 여기니 자비는 인仁의 일이요, 희사는 의義의 일이라고 해석했다.

불교의 현실적 폐해를 구체적으로 지적하기 시작한 것은 공민왕 때부터였다. 성리학을 수용한 신진 관료들은 불교의 폐해와 그에 대한 대책을 공식적으로 거론하기 시작했다. 이색은 그 선구적 역할을 담당했다. 그는 공민왕 원년(1352) 왕에게 올린 상소를 통해, 오교양종五敎兩宗의 무수한 사원과 승도가 이익을 추구하는 비루한 집단이 되어 있음을 지적하고 그러한 폐해의 교정을 위해 도첩제度牒制의 확립과 창사刱寺의 억제 등을 건의했다.[자료4] 이색이 비록 불교의 폐해와 그에 대한 대책을 말하고 있지만, 그 논조는 매우 온건한 편이었고, 불교의 사회 경제 문제를 지적할 뿐 불교 자체를 부정하지는 않았다. 이색은 대장경을 찍어내거나 남신사南神寺에 백련회白蓮會를 베푸는 등 신불자信佛者로서의 면모를 보였다. 그는 젊어서는 불교 교단의 폐단에 매우 비판적이었지만 불교 승려와 문장을 매개로 교유하면서 차차 선禪 사상에 매료되었다. 우왕 후반에는 선에 더욱 심취한 데 반해 당시 불교 교단이 보여준 경제적 부패와 도덕적 타락에 대하여는 대체로 침묵으로 일관했다. [자료5]

척불론의 전개

성리학에 대한 이해가 심화되고 이를 수용한 신진 사류가 정치 세력화함에 따라 불교에 대한 비판과 배격의 양상은 크게 바뀌었다.

백문보(1303~1374)는 불교에 대한 이론적 비판과 함께 경제적 폐단에 대한 시정책도 건의했다. 즉 삼정일자三丁—子에 한하는 도첩제를 시행하여 직역職役을 확보하고 이를 통해 국가 재정의 확충과 지배 질서의 안정을 꾀했다. 그의 배불론은 유불 절충적인 경향에서 벗어나 배불론의 입장을 적극 표방한 것이었다. 정몽주 역시 '일용평상日用平常의 도'라는 관점에서 유학과 불교의 차이점을 강조하면서, 불교 배척은 유학자의 당연한 임무라고 주장했다. [자료6]

권근은 성리학의 세계관에 기초하여 불교의 세계관과 인간론을 비판했다. 성리학의 이理는 자연과 인간을 관통하는 보편적 원리를 전제하여 현실의 객관적인 세계를 인정하는 데 반해 불교는 객관 세계와 그 원리를 부정한다고 지적했다. 불교에서는 사물에 나아가서 이치를 궁구하지 않은 채 마음만 갈고 닦으며 그 작용을 마음에만 맡김으로써 이치와 무관하게 된다고 비판했다. 또 불교는 인간의 윤리를 끊어 없애, 천지에서 태어나 스스로 천지의 의리를 어기고 부모에게서 태어나 스스로 그 부모에 대한 제사를 끊어버린다고 혹평했다. 그러나 그는 불교의 자비 정신·복전 사상福田思想에 긍정적인 반응을 보였고, 승려들이 세속적 명리名利에 초탈한 모습을 동경하기도 하는 등 불교에 대해 긍정론과 부정론을 모두 갖고 있었다.

공양왕 3년(1391) 5월 김자수의 상소를 필두로 김초·허응·정도전·정총 등의 척

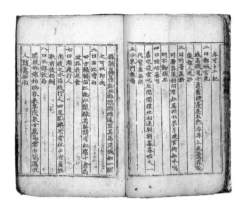

『삼봉집』. 고려 말 조선 초의 문신·성리학자인 정도전(鄭道傳, 1337~1398)의 시문집이다. 14권 7책이며 권근이 서문을 썼다. 『삼봉집』 권9에는 『불씨잡변』이 실려 있는데, 불씨윤회설, 인과설, 심성변心性辨, 불씨의 자비, 지옥설, 화복설, 걸식 등에 대해 비판했다. 불법이 중국에 들어온 후 불佛을 섬기다가 화를 입은 실례를 들었으며, 끝으로 불교는 이단이므로 배척해야 한다는 결론을 내리고 배불排佛의 정당성을 역설하였다. 국립중앙박물관이 소장하고 있다.

불斥佛 상소가 이어지면서 불교를 통렬히 비판했으며 공양왕의 숭불崇佛을 비판했다. 이때 박초는 불교 자체를 완전히 배격하는 한편 현실적으로도 철저한 척불을 주장해 승려를 환속시켜 군적을 늘릴 것, 사원의 토지와 노비를 몰수할 것을 제기했다.[자료7] 특히 정도전은 조선 태조 7년(1398) 『불씨잡변佛氏雜辨』에서 불교의 주장을 조목별로 통렬하게 비판하여 철학적인 차원에서 불교의 교리를 부정했다.[자료8·9·10]

신흥 유신의 격렬한 불교 비판에 대해, 불교 측에서의 대응은 거의 없었다. 다만 혼수混修가 우왕 5년(1379) 충주 청룡사에서 유불조화론을 표방한 북송대 장상영張商英의 저술 『호법론護法論』을 간행했으며, 세종 때 활동한 기화己和가 『현정론顯正論』을 저술하여 호교론護敎論의 관점에서 불교계의 입장을 대변했을 뿐이다. 기화는 유학의 경전을 인용하여 불교와 유학의 가르침에 근본적인 차이가 없으며, 불교도 유학과 마찬가지로 세속적 효용이 있음을 입증하고자 했다. 결국 그의 주장은 불교를 유교에 견주어 짜맞추려는 보유론補儒論에 불과했다.[자료11]

고려 말기에는 불교 존재 자체를 말살해야 한다는 주장까지 제기되었다. 조선 건국 이후 성리학이 정치·사회의 기본 이념으로 정착되면서 불교계는 이제 국가의 제도적 뒷받침이 없는 상황에서 자력으로 유지해가야 했다. 승려를 배출하는 속인 가문의 위치는 크게 하락했고 승려들의 사회적 처지도 낮아졌으며, 그들은 사상적으로 수준 높은 교설을 제시하지 못했다.

자료1

(20조) … 삼교[三敎, 유불선儒·佛·仙]는 제각기 일삼는 바가 달리 있으므로 그것을 행하는 사람이 혼동하여 하나로 해서는 안 되는 것입니다. 석교釋敎를 행하는 것은 몸을 닦는 근본이요, 유교를 행함은 나라를 다스리는 근원입니다. 몸을 닦는 것은 곧 내생來生을 위한 도움이요, 나라를 다스리는 것은 바로 금일의 힘쓸 바입니다. 금일은 지극히 가깝고 내생은 지극히 머니 가까운 것을 버리고 먼 것을 구하는 것은 또한 잘못이 아니겠습니까.

原文 三敎 各有所業而行之者 不可混而一之也 行釋敎者 修身之本 行儒敎者 理國之源 修身 是來生之資 理國 乃今日之務 今日至近 來生至遠 舍近求遠 不亦謬乎

— 『고려사절요』권2, 성종 원년 6월 최승로의 '시무28조'

자료2

나는 옛날 공의 문하에 있었고, 공은 지금 우리 사중社中에 들어왔으니, 공은 불교의 유생이요 나는 유교의 불자입니다. 서로 손과 주인이 되고 스승과 상좌가 되는 것은 예로부터 그러했고, 현재에서 비롯된 것은 아닙니다. 그 이름만 생각한다면 불교와 유교가 아주 다르지만 그 실지를 알면 유교와 불교가 다르지 않습니다. 보지 않았습니까? 공자님이 "뜻이 없게 하라. 내가 없게 하라. 단단함이 없게 하라. 반드시 함이 없게 하라."고 했을 때, 무진거사*는 그것을 해설하여, "뜻이 없으면 반드시 참뜻이 존재할 것이요, 내가 없으면 반드시 참 내가 있어서 주장할 것이며, 단단함이 없으면 반드시 참 단단함이 있을 것이요, 반드시 함이 없으면 참 반드시 함이 있어서 이를 지킬 것이다. 참뜻은 만 가지로 수작하여도 어지럽지 않고, 참나는 온갖 중생을 맡아 다스려도 흔들리지 않으며, 참 단단함은 생사에 드나들어도 변하지 않고, 참 반드시 함은 여러 사람의 뜻을 이루어 주어도 미혹하지 않을 것이다. 성현은 이에 살고 죽으며, 이로 인해 부귀하고 빈천하다. 그것은 하얀 옥을 돌로 만들려 한다고 될 수 있겠으며, 그것은 순금인데 납으로 만들려 한다고 될 수 있겠으며, 그것은 성현인데 바보로 만들려 한다고 될 수 있겠는가?"라고 했습니다.

이 무진거사의 말은 실로 내 마음에 맞습니다. 이른바 참뜻, 참나, 참단단함, 참반드시 함이란, 그 작용을 따라 말한 것이기 때문에 네 가지 이름이 있는 것입니다. 그러나

주1 무진거사 : 중국 송나라 사람. 19세에 과거에 급제하고 감찰어사監察御使 · 상서우복야尙書右僕射 · 하남부지사河南府知事 등을 역임하고 1122년 71세로 세상을 떠났다. 불교를 독실하게 믿었으며 『호법론護法論』 1권을 지었다.

주2 마하가섭 : 석가의 10대 제자 중의 하나. 석가가 입멸한 뒤 5백 아라한을 데리고 제1차 결집을 하면서 그 우두머리가 되었다.

그 실제에 따져 말하면 다른 본체가 없습니다. 사람 사람의 생각이 없는 마음의 본체는, 인연을 빌려 생기는 것도 아니요, 경계로 인해 일어나는 것도 아닙니다. 이에 비면서 신령하고 고요하면서 비추어, 만법을 관통하고 모든 방향을 꿰뚫으며 고금을 돌아 끊어지거나 멸하지 않는다는 것이 바로 그것입니다. 부처님이 말씀하시기를, "마하가섭주2은 오랫동안 뜻을 멸했지만 사물을 환히 아는 것은 마음의 생각에 의한 것이 아니다."고 했으니, 이것이 어찌 무진거사의 이른바 '참뜻'이 아니겠습니까? 나를 잊으면 큰 나를 이룬다 했으니, 이것이 어찌 '참나'가 아니겠습니까? "비록 내 몸이 사라지고 목숨이 떠난다 하더라도, 이 성품이야 어떻게 없어지겠는가."라고 했으니 이것이 어찌 '참 단단함'이 아니겠습니까? 그리고 "성인의 지혜는 뚜렷이 밝아 결단한다."고 했으니, 이것이 '참 반드시 함'이 아니겠습니까?

原文 我昔居公門下 公今入我社中 公是佛之儒 我是儒之佛 互爲賓主 換作師資 自古而然 非爲始爾 認其名則佛儒逈異 知其實則儒佛無殊 不見孔子曰 毋意毋我毋固毋必 無盡居士釋之曰 夫毋意 則必有眞意者存焉 毋我 則必有眞我者司焉 毋固 則必有眞固者在焉 毋必 則必有眞必者守焉 眞意 酬酢萬變而不亂 眞我 宰制群動而不流 眞固 出入生死而不易 眞必 裁成衆志而不惑 聖賢 以是生 以是死 以是富貴 以是貧賤 謂之曰 玉矣 欲其爲石 可得乎 謂之精金矣 欲其爲鉛 可得乎 謂之賢聖矣 欲其爲下鬼 可得乎 無盡之說 實獲我心 所謂眞意眞我眞固眞必者 盖隨用而說 故有四名 究實而論 的無別體 但人人無念心體 不借緣生 不因境起 虛而靈 寂而照 貫通萬法 透徹十方 亘古亘今 無斷無滅者是也 佛言 摩訶迦葉 久滅意根 圓明了知 不因心念 豈非無盡所謂眞義乎 忘我能成大我 豈非眞我乎 縱汝形銷命謝 此性云何銷滅 豈非眞固乎 聖智圓明決斷 豈非眞必乎

_ 『한국불교전서韓國佛敎全書』6, 답최참정홍윤答崔參政共胤(혜심慧諶)

자료3

성인의 도는 일용日用의 윤리에 불과하다. 자식된 자는 효도하고, 신하된 자는 충성하고, 예의로 집안을 다스리고, 신의로 벗을 사귀고, 자기 자신은 경으로 닦고, 일을 함에 반드시 정성으로 할 따름이다. 저 불교도는 부모를 버리고 집을 나서서 윤리를 파괴하고 의를 무너뜨리니 이는 오랑캐 무리인 것이다. 근래 전쟁에 시달린 나머지 학교가 퇴락해 무너지고 선비는 학문을 모르니 배워서 즐겨 읽는다는 것이 고작 불교책이고, 그 허무공적한 뜻을 믿으니, 심히 가슴 아파하는 바다. 내 일찍이 중국에서 주자의 저술을 보니 성인의 도를 밝히고 불교의 배움을 배척한 공이 공자와 견줄 만했다. 그러므로 공자의 도를 배우고자 하려면 주자를 배우는 것보다 우선할 것이 없다.

原文 聖人之道 不過日用倫理 爲子當孝 爲臣當忠 禮以制家 信以交朋 修己必敬 立事必誠
而已 彼佛者 棄親出家 蔑倫悖義 卽一夷狄之類 近因兵戈之餘 學校頹壞 士不知學 學者喜讀佛
書 崇信其杳冥空寂之旨 吾甚痛之 吾嘗於中國 得見朱晦菴著述 發明聖人之道 攘斥禪佛之學
功足以配仲尼 欲學仲尼之道 莫如先學晦菴

_ 「회헌실기晦軒實記」 유국자제생문論國子諸生文

자료4

(공민왕 원년 이색이 복중에 상소한 내용) 불교가 중국에 전해 오자 왕실·귀족·관
료·서민을 물론하고 모두 이를 숭배했습니다. 그리하여 한漢 나라 시대로부터 지금
에 이르기까지 해마다 달마다 융성했습니다. 마침내 우리 태조가 왕업을 창시했을 때
는 절과 민가가 구별 없이 삼삼오오 뒤섞여 있었으며 중세 이후 그 무리들은 더욱 번
성하여 오교주3와 양종주4이 모리의 소굴로 화하고 강기슭과 산모퉁이마다 절 없는 곳
이 없었습니다. 그 결과 다만 승려들이 타락했을 뿐만 아니라 일반 백성들 역시 놀고
먹는 자가 허다하게 되어 식자는 누구나 가슴 아파했습니다. 석가는 대성인으로서 좋
고 나쁜 것을 반드시 남과 같이 했을 것이나 죽은 혼령인들 그 교도들의 이런 타락을
어찌 부끄러워하지 않겠습니까. 제가 바라는 바는 엄격한 법령을 발포하여 이미 중이
된 자에게는 도첩度牒을 발부하고 도첩이 없는 자는 곧 군대로 편입할 것이며 새로 창
설된 절은 일체 철거시키고 철거하지 않는 자가 있으면 곧 그 고을 수령을 처벌하여
양민이 모두 중이 되지 않도록 할 것입니다.

주3 오교五敎 : 교종 계통의 5개
종파를 가리키는데, 그 구체적인
내용을 계율종·법상종·법성종·
원융종·천태종으로 보는 견해와,
화엄종·법상종·법성종·계율
종·열반종으로 보는 견해가 있다.

주4 양종兩宗 : 선종 계통의 2개
종파를 가리키는데, 그 내용을 선
적종과 조계종으로 보는가 하면 조
계종과 천태종으로 보기도 한다.

原文 佛氏入中國 王公士庶靡而事之 自漢迄今 日新月盛 肆我太祖化家爲國 佛刹民居 參伍
錯綜 中世以降 其徒盆繁 五敎兩宗 爲利之窟 川傍山曲 無處非寺 不惟浮屠之徒 浸以卑陋 亦是
國家之民 多於遊食 識者每痛心焉 佛大聖人也 好惡必與人同 安知已逝之靈 不恥其徒之如此也
哉 臣伏乞 明降條禁 已爲僧者 亦與度牒 而無度牒者 卽充軍伍 新創之寺 並令撤去 而不撤者 卽
罪守令 庶使良民 不盡髡緇

_ 「고려사」권115, 열전28, 이색

자료5

효도는 대개 이치의 근본이다. 아랫사람을 인으로 어루만지고 윗사람은 충으로 섬기
는 것이 모두 이 효도에서 나오는 것이다. 그래서 절을 만들어 선조의 뜻을 계승하고

임금의 은혜를 갚는 것은 그 도리가 진실로 당연하다 하겠다.

原文 孝蓋理本 撫下仁 事上忠 皆於是乎出 則爲是寺以繼先志 以報上恩 其道固當然矣 …

_「목은문고牧隱文藁」권1, 진종사기眞宗寺記

자료 6

공양왕이 경연에 나가니 정몽주가 진언하기를, "유자儒者의 도는 모두 날마다의 평상의 일입니다. 음식과 남녀 관계는 사람이 같이 하는 바이며 거기에 지극한 이치가 있으니, 요순堯舜의 도 역시 이에서 벗어나지 않는 것입니다. 동작하고 정지하며 말하는 것과 침묵하는 것을 정당하게 하는 것은 그것이 바로 요순의 도입니다. 시초가 지극히 고상하여 실행하기 어려운 일이 아닙니다. 불교는 이와 같지 않으니 친척을 하직하고 남녀 사이를 끊고 바위 구멍 안에 홀로 앉아 초의목식草衣木食하면서 관공적멸觀空寂滅하는 것을 신조를 삼으니 이것을 어찌 평상한 도라고 말할 수 있겠습니까."라고했다. 이때에 왕이 승려 찬영粲英[주5]을 맞아 스승으로 삼으려 했기 때문에 정몽주가 이렇게까지 말한 것이다. 그러나 왕은 바야흐로 불교에 미혹되었으므로 정몽주의 의견을 받아들이지 않았다.

原文 王御經筵 夢周進言曰 儒者之道 皆日用平常之事 飲食男女 人所同也 至理存焉 堯舜之道 亦不外此 動靜語默之得其正 卽是堯舜之道 初非甚高難行 彼佛氏之教則不然 辭親戚 絶男女 獨坐巖穴 草衣木食 觀空寂滅爲宗 豈是平常之道 時王欲迎僧粲英爲師 故夢周 講及此 然王方惑佛 不納

_「고려사」권117, 열전30, 정몽주

자료 7

성균생원成均生員 박초 등이 상소하기를, " … 저희들이 듣건대, '천지가 있는 다음에 만물이 있고, 만물이 있는 다음에 남녀가 있으며, 남녀가 있어야 부부가 생기는 것이다. 그리고 부부가 있어야 부자가 있으며, 부자가 있어야 군신이 있고, 군신이 있어야 상하가 있으며, 상하가 있어야 예의가 시행될 수 있다.'고 했으니 이것은 천하의 달통한 도이고, 고금의 떳떳한 법이므로 잠시도 떠날 수 없는 것입니다. …

부처는 본래 오랑캐이며, 중국과도 언어가 같지 않고 의복이 다르며, 입으로는 선왕의 법을 말하지 않고 몸에는 선왕의 옷을 입지 않으며, 부부·부자·군신의 윤리를

주6 삼도 : 화도火塗 · 도도刀塗 · 혈도血塗. 즉 지옥 · 아귀 · 축생.

주7 육도 : 중생이 업인業因에 따라 윤회하는 길을 6으로 나눈 것. 곧 지옥도 · 아귀도 · 축생도 · 아수라도 · 인간도 · 천상도.

알지 못합니다. 또 그들은 거짓으로 삼도주6를 계시하고 잘못된 육도주7를 주장하여 우매한 자에게 망령되게 공덕을 구하여 나라의 금지된 법을 꺼리지 않고, 헌장을 경솔히 범하도록 합니다. 또한 사람의 생사와 수명의 길고 짧음은 자연에 의한 것입니다. 그리고 위엄을 내리고 은혜를 베푸는 것과 상벌은 임금에게 달려 있으며, 빈부와 귀천은 노력 여하에 의한 것입니다. 그런데 어리석은 승려들은 거짓말로 꾸며 모두 부처에 말미암는 것이라고 하여, 임금의 권한을 훔치고 조화의 힘을 함부로 천단하고 백성의 이목을 흐리게 합니다. 그리하여 세상을 더러운 곳에 빠뜨려 넣어 취해 살게 하고 꿈 속에서 죽게 하여 이를 깨닫지 못하게 합니다. …

삼가 생각해보니 전하는 요순 삼대가 융성함을 본받고 제 · 진 · 양 · 소가 망한 원인을 거울삼아 위로는 태조가 물려준 뜻을 계승하고 아래로 우리 유교의 기대에 맞도록 하여 저들 승려에게 각자의 고향으로 돌아가게 하며, 그들을 속인으로 만들어 군역에 충당시키고, 그들의 거처를 민가로 만들어 호구를 증가시키며 불교의 책들을 불살라 영원히 근본을 끊으십시오. 그들에게 나누어준 토지는 군자시에서 주관하게 하여 군량을 충당하고, 소속된 노비는 도관에서 맡아 각 관청에 나누어주고, 불상과 동으로 된 물건 등은 군기시에 주어 갑옷과 무기를 수리하고, 쓰던 그릇 등은 예빈시에 넘겨 각 관청에서 나누게 합시다. 그런 다음에 예의와 도덕으로 백성을 교양하면 수 년이 되지 않아서 그들의 뜻이 안정되어 교화가 행하며 창고가 충만하여 나라의 용도가 원활하게 될 것입니다. …

저 아첨하는 김전은 불초한 자질과 보잘것없는 식견을 가지고 임금의 비위만 맞추면서 시비를 어지럽히며, 애비도 없고 임금도 없는 불교를 일으켜 세워 고금 성현의 도道를 막으려 합니다. 그는 태조의 건국이 부처의 힘을 입은 것이라 하고, 불교를 배척한 자를 가리켜 태조에 대한 죄인이라고 합니다. … "라고 했다.

原文 成均生員朴礎等 亦上疏曰 … 臣等竊聞 有天地 然後有萬物 有萬物 然後有男女 有男女 然後有夫婦 有夫婦 然後有父子 有父子 然後有君臣 有君臣 然後有上下 有上下 然後禮義有所措 此天下之達道 古今之常經 不可須臾離也 … 夫佛本夷狄之人 與中國言語不類 衣服殊制 口不言先王之法言 身不服先王之法服 不知夫婦父子君臣之倫 僞啓三途 謬張六道 逐使愚迷妄求功德 不憚科禁 輕犯憲章 且生死壽夭 由於自然 威福刑德 關之人主 貧富貴賤 功業所招 而愚僧矯詐 皆云由佛 竊人主之權 擅造化之力 塗生民之耳目 溺天下於汚濁 醉生夢死 不自覺也 … 伏惟殿下法堯舜三代之所以興 鑑齊陳梁蕭之所以亡 上繼聖祖之遺意 下副吾儒之素望 使彼

佛者 勒還其鄕 人其人 以充兵賦 廬其居 以增戶口 焚其書 以永絶其根本 所給之田 使軍資主之 以贍軍餉 所屬奴婢 使都官掌之 以分各司各官 其銅像銅器 屬於軍器寺 以修甲兵 其所用器皿 屬於禮賓寺 以分各司各官 然後敎之以禮義 養之以道德 不數年間 民志定 而敎化行 倉廩實 而 國用周 … 且今佞臣金稇 以不肖之資 無知之見 阿意順旨 變亂是非 欲興無父無君之敎 以廢古 今聖賢之道 以爲太祖開國皆蒙佛力 指闢佛者爲太祖之罪人 …

_ 『고려사』권120, 열전33, 김자수金子粹

자료8

부처의 말에, "사람은 죽어도 정신은 멸멸滅하지 않으므로 태어남에 따라 다시 형체를 받는다." 했으니, 이에 윤회설주8이 생겼다. … 하늘과 땅 사이는 홍로烘爐주9와 같아, 비록 생물이라 할지라도 모두 다 녹아 없어진다. 어찌 이미 흩어진 것이 다시 합해지며, 이미 간 것이 다시 올 수 있으랴.

주8 윤회설 : 현실 세계의 실재實 在는 가상假象에 지나지 않으며 초현실적인 영혼만이 영생불멸하 여 이 영혼은 내세에서 다른 형태 로 윤회전생한다고 하는 설.

주9 홍로烘爐 : 붉게 타는 화로.

原文 佛之言曰 人死精神不滅 隨復受形 於是 輪廻之說興焉 … 天地間如烘爐 雖生物 皆銷 鑠已盡 安有已散者復合 而已往者復來乎

_ 『삼봉집三峯集』권5, 『불씨잡변』, 불씨윤회지변佛氏輪回之辨

자료9

윤회설이 변명辨明되면 인과설因果說주10은 변명하지 않아도 자명해진다. … 과연 불씨의 설과 같다면 사람의 화복과 질병이 음양오행주11과는 관계 없이 모두 인과의 보응에서 나오는 것이 되는데, 어찌하여 우리 유가의 음양오행을 버리고 불씨의 인과보응설을 가지고서 사람의 화복을 정하고 사람의 질병을 진료하는 사람이 한 사람도 없느냐. 불씨의 설이 황당하고 오류에 가득 차 족히 믿을 수 없음이 이와 같다.

주10 인과설因果說 : 사람이 짓는 선악의 인업因業에 응하여 과보果 報가 있다는 설.

주11 음양오행陰陽五行 : 음양은 천지 사이에 있어서 만물을 만들어 내는 이기理氣 오행은 천지 사이 에 순환 유행流行하여 만물이 생기 게 하는 다섯 물질(水火木金土).

原文 輪廻之說辨 則因果之說 不辨而自明矣 … 信如佛氏之說 則人之禍福疾病 無與於陰陽 五行 而皆出於因果之報應 何無一人捨吾儒所謂陰陽五行 而以佛氏所說因果報應 定人禍福 診 人疾病歟 其說荒唐謬誤 無足取信 如此

_ 『삼봉집』권5, 『불씨잡변』, 불씨인과지변佛氏因果之辨

자료10

불씨佛氏는 마음을 가지고 성性주12이라 하고서 그 설說을 구하다가 되지 않으니까 이윽고 말하기를, "혼미하면 마음이요, 깨달으면 성性이다." 하고 또 말하기를, "마음과

주12 성性 : 인간의 본바탕. 맹자는 인의예지仁義禮智를 지칭했다.

성의 이름이 다른 것은 안眼과 목目의 명칭이 다른 것과 같다.” 했다. … 유가儒家의 설說에 말하기를, “마음을 다하면 성性을 안다.” 했으니, 이것은 마음을 근본으로 하여 이치를 궁구하는 것이다.

原文 彼佛氏以心爲性 求其說而不得 乃曰 迷之則心 悟之則性 又曰 心性之異名 猶眼目之殊稱 … 吾儒之說曰 盡心知性 此本心以窮理也

_ 『삼봉집』권5, 『불씨잡변』 불씨심성지변佛氏心性之辨

자료 11

삼교三敎의 도道는 모두 마음을 근본으로 하는데, 유자는 그 적迹, 곧 발자취를 파들어 가고, 불자는 그 진眞에 일치해 가고, 그 둘 사이에 접하며 이들 둘을 결부시키는 것이 노씨지도이다.

原文 三敎之道 皆本乎心 而儒者攻乎迹 佛者契乎眞 接於其兩間而爲之膠粘者 老氏之道也

_ 『한국불교전서』7, 유석질의론儒釋質疑論(기화己和)

출전

『고려사』

『고려사절요』

『삼봉집』

『한국불교전서』

『회헌실기晦軒實記』: 조선 후기에 찬집된 안향의 유문집遺文集

찾아읽기

안계현, 「이색의 불교관」, 『조명기박사화갑기념불교사학논총』, 1965.

이종익, 「정도전의 벽불론 비판」, 『불교학보』 8, 1971.

한종만, 「여말선초의 배불 호불사상」, 『숭산박길진박사화갑기념 한국불교사상사』, 1975.

허흥식, 『고려불교사연구』, 일조각, 1986.

김충렬, 『고려유학사』, 고려대학교 출판부, 1987.

이봉춘, 「고려후기 불교계와 배불론의 전말」, 『불교학보』 27, 1990.

이남수, 「백문보의 성리학 수용과 배불론」, 『한국사연구』 74, 1991.

김대용, 「정도전의 정치이념과 배불론」, 『호서문화연구』 10, 1992.

변동명, 『고려후기 성리학수용연구』, 일조각, 1995.

이원명, 『고려시대 성리학 수용연구』, 국학자료원, 1997.

도현철, 『고려말 사대부의 정치사상 연구』, 일조각, 1999.

박홍식, 「여말선초의 척불논쟁」, 『유교사상문화연구』11, 1999.

한형조, 「주희와 정도전의 배불론」, 『철학』61, 1999.

김인호, 「이규보와 최해의 불교인식과 비판론」, 『한국사의 구조와 전개 – 하현강교수정년기념논총』, 혜안, 2000.

송창한, 「목은 이색의 척불론에 대하여 – 공민왕 원년 4월의 상소문을 중심으로」, 『대구사학』59, 2000.

조명제, 「여말선초 선승들의 현실인식과 성리학에 대한 대응」, 『한국중세사연구』9, 2000.

도현철, 「원천석의 안회적顔回的 군자관과 유불도 삼교일리론」, 『동방학지』111, 2001.

이정주, 「조선 건국을 둘러싼 정통과 이단의 격돌 – 고려 공양왕 3년 척불논쟁 참가자 분석」, 『한국사학보』10, 2001.

조명제, 「고려말 사대부의 불교관」, 『한국중세사회의 제문제』, 2001.

이정주, 「공양왕대의 정국동향과 척불운동의 성격」, 『한국사연구』120, 2003.

조명제, 「고려말 사대부의 유불일치론과 그 의의」, 『민족문화논총』27, 영남대학교, 2003.

박해당, 「고려시대의 유불교섭」, 『강원문화연구』23, 강원대학교, 2004.

변동명, 「고려시기의 유교와 불교」, 『한국중세사연구』18, 2005.

진성규, 「이승휴의 불교관」, 『진단학보』99, 2005.

최연식, 「성과 속의 대립 – 조선 초기의 유불논쟁」, 『정치사상연구』11–1, 2005.

최재복, 「여말선초 사상계의 변화와 불교비판」, 『중세사회의 변화와 조선 건국』, 연세대학교 국학연구원, 2005.

황인규, 「고려말·조선전기 불교계와 고승연구」, 혜안, 2005.

고혜령, 「〈목은집〉을 통해 본 이색의 불교와의 관계」, 『진단학보』102, 2006.

남동신, 「목은 이색과 불교 승려의 시문詩文 교유」, 『역사와 현실』62, 2006.

오경후, 「여말선초 기화己和의 유·불회통론」, 『한국중세사연구』20, 2006.

김호동, 「한국 고·중세 불교와 유교의 역할」, 경인문화사, 2007.

남동신, 「여말선초기 나옹懶翁 현창 운동」, 『한국사연구』139, 2007.

이정주, 「성리학 수용기 불교 비판과 정치·사상적 변용 – 정도전과 권근을 중심으로」, 고려대학교 민족문화연구원, 2007.

도현철, 『목은 이색의 정치사상 연구』, 혜안, 2011.

11 소리 없는 혁명

목면과 화약

목면을 재배하고 화약을 제조하기 시작한 것은 14세기 중엽 이후이다. 목면 재배는 의생활에 엄청난 변화를 가져왔으며, 화약은 왜구의 침입을 격퇴하는 데 크게 이바지했다. 이 두 가지는 우리나라 사람들의 삶과 전쟁 수행에 커다란 영향을 주었다.

목화의 재배

목화는 원래 인도에서 기원하여 중앙아시아 · 페르시아 · 동남아시아 등으로 전파되었다. 중국에서 면화를 재배해 면업이 성립된 시기는 원나라 원정元貞 연간(1295~1296)이며, 지역은 강남 지방의 송강부松江府를 중심으로 했다. 그 이전에도 부분적으로 면화를 재배한 일이 있었지만, 13세기 말에 그것이 본격적으로 확산되었다.

우리나라에서는 공민왕 때부터 목화를 재배하기 시작했는데, 목화씨를 원에서 가져온 이는 문익점이었다. 그는 공민왕 12년(1363) 공민왕의 폐립을 막기 위해 사신의 일원으로 원에 파견되었으나 당시 원의 공민왕 폐립 의사는 견고하여 재원在元 고려인들의 대세는 덕흥군의 즉위를 기정사실로 받아들이는 분위기였다. 문익점도 덕흥군 측에 당부黨附했으나 덕흥군 측이 고려를 공격하다가 고려 측의 반격을 받아 패배했다. 이후 문익점이 귀국했는데 덕흥군 측에 가담한 혐의로 말미암아 더 이상의 벼슬길은 막히게 되었다. 문익점은 원에서 귀국할 때 목화씨를 얻어 붓통에 넣어 가지고 와 그의 장인 정천익鄭天益과 함께 재배했다. 정천익은 3년의 시험 끝에 재배에 성공했다.[자료1·2] 면화를 재배하기 시작한 곳은 지금의 경남 산청군 단성면 사월리였다.

경남 지방에서 재배되기 시작한 목화는 다른 지역에서도 빠른 속도로 재배되었다. 조선 초 태종 18년(1418) 무렵 목화 재배가 크게 확산되어 경상도·전라도·충청도 등 삼남 지방 대부분에서 재배되었다. 이어 세종 때는 하삼도 전역에서 목화가 재배되었고 점차 서북도까지 확대되어갔다.

의생활의 변화

정천익에 의해 목화 재배가 성공한 후, 그의 아들 문래文來는 제사법製絲法을 발명했으며, 손자 문영文英은 면포 짜는 법을 고안했다. 다른 설로는 정천익이 호승元僧 홍원弘願을 만나 조직繰織의 기술을 배웠다 한다.[자료2] 그렇게 보면 정천익이 발명했다고 하는 씨아와 물레도 실은 이 호승에게서 그 제조 방법을 습득한 것이라고 보아야 할 것이다. 무명의 길쌈이 성공적으로 이루어져 의료의 하나로서 확고한 기반을 갖추게 된 것은 대략 태종 원년(1401) 무렵으로 추정된다.

목화가 전래되기 전의 의료는 견직물과 마포가 중심이었다. 그 외에 모직물도 약간 생산되었지만 양은 그리 많지 않았다. 견직물은 대부분 상류층이 사용했으며 서민들과는 거리가 먼 것이었다. 서민들은 추운 겨울에도 마麻·저[苧, 모시]·갈葛로 짠 옷을 입었다. 그러므로 서민에게 따뜻한 솜과 면포를 제공하는 목화의 도입은 의생활의 일대 혁명이었다.[자료3]

태종 때 국가에서도 면포의 중요성을 절감하여 면업을 장려하면서 목화 종자의 도입자인 문익점의 공덕을 높이 평가하여 파격적으로 우대했으며 그의 아들에게 정3품의 사헌감찰직을 수여했다.[자료4]

그러나 아직 면포의 생산은 충분하지 못했다. 태종 때 목면이 서민 의료에 사용되기 시작했고, 세종·세조 때는 아래로 천민에 이르기까지 목면으로 짠 옷을 입게 되었다. 세종 이후가 되면 면포의 제작은 빠른 속도로 성장하여 대표적인 수출 품목으로 자리를 굳혔다. 16세기에는 면포가 대량으로 생산되면서 화폐의 기능까지 담당했으며, 대역가代役價나 노비奴婢 신공身貢 등이 모두 면포로 납부되었다.

면업은 견직업과는 달리 농촌의 민간 수공업에 의해 이루어졌으며 조선 시대에 들어와서는 가장 대표적인 의료 산업이 되었다. 조선 시대에 무명을 길쌈하는 과정은 대개 재배와 수확의 단계를 거쳐 씨앗기와 솜타기, 고치말기와 실잣기, 무명날기와 무명매기, 무명짜기 등의 순이었다

① 재배와 수확 : 목화는 일년생초로 음력 3월 하순 무렵에 밭을 간 뒤 한 줄로 씨를 뿌려주었다. 얼마 뒤 싹이 나면 잎이 서로 닿지 않을 정도의 간격으로 솎아 주었다. 목화는 가을에 거둘 때까지 3~4회 정도의 거름을 주었고, 7~8회 정도 김을 매주었다. 목화 송이는 처음 딴 것일수록 좋고 나중에 딴 것은 질이 좋지 않았다.

② 씨앗 빼기와 솜타기 : 말려진 목화 송이는 씨아에 넣어 씨를 빼내었는데, 이것을 씨앗기라고 한다. 씨를 뺀 솜은 활로 타 주었는데 이것을 솜타기라고 했다. 솜을 탈 때는 씨앗기한 솜을 이른 새벽에 이슬을 맞혀가며 땅에 깔고 막대로 두들겨 알맞게 녹여 주었다. 이어 오른손에 활을 잡고 활끈 주위에 솜이 닿도록 하여 작은 활끈으로 활줄을 걸어당겨 진동을 주었다.

③ 고치말기와 실잣기 : 활로 탄 솜은 말판에다 솜을 놓고 말대로 비벼말아 면통綿筒을 만들었는데 이것을 고치말기라고 했다. 이때 말대는 수수대의 끝줄기를 잘라 쪼개서 껍질을 벗겨 만든 것으로 굵기는 1센티미터 정도였고 길이는 30~40센티미터 정도였다. 한편 말판은 솜을 쉽게 말 수 있도록 표면이 매끄럽고 반반하면 되었으므로 보통 집에서 쓰는 됫박을 엎어놓고 쓰는 경우가 많았다. 고치말기를 통해 만들어진 면통은 자루에 담아두었다가 물레에 자아서 실을 만들었다. 이 과정을 실잣기라고 했으며 조선 시대 여성들은 이것을 대개 농사가 끝난 겨울철에 했다. 실을 자을 때는 왼손으로 잡아당기는 힘과 손가락 끝의 섬세한 작용으로 실의 굵기가 결정되었으므로, 손끝의 예민한 감각과 동작이 아주 중요했다.

④ 무명날기와 무명매기 : 실잣기를 통해 얻어진 무명올 뭉치는 몇 새朮 무명으로

문익점의 목화 시배지. 고려 말 문익점이 목화 재배를 시작한 곳으로 경남 산청군 단성면 사월리에 있으며, 사적 제108호로 지정되었다. 공민왕 12년(1363) 문익점이 원나라에 사신으로 갔다가 귀국할 때 가져온 목화씨를 장인인 정천익에게 부탁하여 이곳에서 재배하도록 했다. 처음 재배한 이곳은 배양培養마을로 불린다.

짤 것인가를 정하여, 직물의 길이와 같은 길이로 정리하여 날실을 준비하는 무명날기 과정이 이어졌다. 새에 따라 날아 준 무명 올은 새에 맞추어 무명 올을 바디에 꿰어 도투마리에 고정시킨 다음 풀칠을 하는 무명매기 과정이 이어졌다. 무명매기 과정이 끝나면 무명 올이 감긴 도투마리를 베틀로 옮겨 무명을 짰다. 짜인 무명은 하얀 빛이 나고 윤이 나도록 마전을 해주었다. 마전을 할 때는 나무나 콩깍지 등을 태워 만든 잿물에 하룻밤 정도 재운 뒤 맑은 물에 헹구어 말려 주었는데, 이것을 여러 번 반복할수록 하얗고 윤기가 났다.

화약의 제조와 화포의 제작

화약의 전래는 14세기 전반 공민왕 이전으로 추정되므로 목면보다 다소 앞선다. 공민왕 5년(1356)에 총통銃筒을 사용하여 전箭을 발사한 기록이 있어[자료5] 이때에는 이미 유통식有筒式 화기火器를 사용할 줄 알았던 것으로 보인다.

고려에서는 화약 병기의 위력에 놀라기는 했지만, 아직 화기의 제조와 화약의 조제법은 알지 못한 상태였다. 당시인은 그것을 알아내려고 무척 노력했다. 화약 무기는 당시 기승을 부리던 왜구를 섬멸하는 데 필요했으므로 그 제조가 매우 절실했다.

고려에서는 명나라에 사신을 보내 화약을 나누어 달라고 요청했으나, 명에서는 주저하던 끝에 공민왕 23년(1374) 염초焰硝 50근, 유황硫黃 10만 근, 그 밖에 필요한 약품들을 고려에 지급했다. 그러나 화약 제조 기술은 제대로 알려주지 않은 것으로 보인다.

당시 최무선은 오랫동안 화약 제조법을 알아내려고 애쓰고 있었는데, 그 과정에서 공민왕 18년에서 22년 사이 30대 후반 40대 초반기에 원에 가서 화약 제조법을 배우려고 시도했으나 결실을 맺지 못했다. 우왕 때 중국인 이원李元으로부터 염초자취술焰硝煮取術을 배워 화약을 만드는 법을 완전히 터득하게 되었다.[자료6·7] 중국 상인 이원이 배를 타고 예성강에 도착하여, 최무선 노비의 집에 머물고 있었는데, 최무선이 그 노비를 시켜서 후히 접대하게 했더니 이원이 최무선에게 염초焰硝 굽는 법을 가르쳐 주었다. 고려에서는 최무선의 기술에 따른 화약 제조를 위해 우왕 3년(1377)에 국가 기관으로서의 화통도감火㷛都監을 설치하였다.[자료8]

화통도감의 발족과 함께 화약과 각종 화기의 제조는 급속도로 발전하여 대량 생산의 단계에 들어섰다. 얼마 후 20종에 가까운 화기가 제조되었으며, 우왕 4년에는 화기 발사 전문 부대로 화통방사군火㷛放射軍이 편성되었다.[자료9]

화포를 전선戰船에 설치함으로써 왜구 격퇴에 유감없이 위력을 발휘했다. 우왕 6년(1380) 전라도 진포 싸움에서는 왜선 500척을 섬멸하는 데 화포가 커다란 구실을 했다.[자료10] 그 밖에 여러 전투에서 화포는 왜구를 물리치는 데 크게 이바지했다.

그런데 고려 말에 제조된 초기의 화포는 탄환 종류를 쏘아 적을 살상하거나 목표물을 파괴하는 것을 주목적으로 하지 않고, 주로 시전矢箭을 발사하여 목표물을 불태우는 소위 화공火攻에 사용되었다. 발사물에는 주로 화전火箭이 쓰였고 그 다음으로 철탄자鐵彈子가 사용되었는데, 초기에 철탄자 즉 탄환이 별로 사용되지 않은 이유는 발사력이 약했기 때문이다.

당시의 자료에 보이는 무기로는, 총銃·통筒 등 소형화기, 통㷛 등 중형화기, 포砲 또는 포炮 등 중화기重火器, 대장군大將軍·이장군二將軍·삼장군三將軍 등 대전大箭을 사용하는 중화기들이 있었다.

자료 1

주1 정언正言 : 문하부의 종6품 관직.

주2 덕흥군德興君 : 충선왕의 제3 자인데, 공민왕 11년(1362) 원에서 그를 왕으로 세우고 공민왕을 폐위시키려는 음모가 있었다.

주3 취자거取子車 : 목화 송이에서 씨앗을 제거하는 기계 장치.

주4 조사거繰絲車 : 실을 만드는 물레.

문익점은 진주 강성현인이다. 공민왕 때 과거에 급제했으며, 여러 번 벼슬을 옮겨 정언주1이 되었다. 사신으로 원나라에 들어갔는데, 머물면서 덕흥군주2에 붙었으나, 덕흥군이 패배하자 이에 돌아왔다. 목면 종자를 얻어 돌아와 장인 정천익에게 주어 심게 했다. 처음에는 재배법을 몰라 대부분 말라 죽고 겨우 하나만 싹이 나왔다. 3년이 되어 비로소 크게 번성했다. 취자거주3 · 소사거주4는 모두 정천익이 만든 것이다.

原文 文益漸 晉州 江城縣人 恭愍朝 登第 累遷正言 奉使如元 因留附德興君 及德興敗 乃還 得木緜種歸 屬其舅鄭天益 種之 初不曉培養之術 幾槁 止一莖在 比三年 遂大蕃衍 其取子車繰 絲車 皆天益創之

___ 「고려사」권111, 열전24, 문익점

자료 2

주5 좌시중左侍中 : 문하부 소속의 종1품 관직.

주6 서장관書狀官 : 외국에 사신을 보낼 때 문서 기록을 맡은 관원. 정사正使, 부사副使와 함께 삼사三使의 하나.

(문익점은) 계품사計稟使인 좌시중左侍中주5 이공수의 서장관書狀官주6이 되어 원나라 조정에 갔다가 돌아오려고 할 때에 길가의 목면 나무를 보고 그 씨 10여 개를 따서 주머니에 넣어 가지고 왔다. 갑진년(1364, 공민왕 13)에 진주에 도착하여 그 씨의 반을 전객령典客令으로 치사致仕한 그곳 사람 정천익에게 주어 심어서 기르게 했더니, 한 개만이 살아남았다. 정천익이 가을이 되어 씨를 따니 100여 개나 되었다. 해마다 더 심어서 정미년(1367, 공민왕 16) 봄에는 그 종자를 동리 사람에게 나누어 주어서 심어 기르도록 권장했다. 문익점 자신이 심은 것은 모두 꽃이 피지 아니했다.

중국의 중 홍원弘願이 정천익의 집에 이르러 목면을 보고는 너무 기뻐하면서 울기를, "오늘 다시 중국 본토의 물건을 볼 줄 생각하지 못했다."고 하므로, 정천익이 그를 머물게 하고 며칠 동안 대접한 뒤에 실을 뽑고 베를 짜는 기술을 물으니, 홍원이 상세히 말해주고 또 기구까지 만들어주었다. 정천익이 자기 집 계집종에게 가르쳐서 베를 짜서 무명 한 필을 만들었다. 이웃 마을에 전하여 서로 배워 알아서 온 고을에 보급되고 10년이 못 되어서 또 온 나라에 보급되었다.

原文 爲計稟使左侍中李公遂書狀官 赴元朝 將還 見路傍木緜樹 取其實十許枚 盛囊以來 甲 辰 至晉州 以其半與鄕人典客令致仕鄭天益 種而培養 唯一枚得生 天益至秋取實 至百許枚 年 年加種 至丁未春 分其種以給鄕里 勸令種養 益漸自種 皆不榮 胡僧弘願到天益家 見木緜 感泣 曰 不圖今日 復見本土之物 天益留飯數日 因問繰織之術 弘願備說其詳 且作具與之 天益教其

家婢 織成一匹 隣里傳相學得 以遍一鄉 不十年 又遍一國

_ 『태조실록』 권14, 태조 7년 6월 정사丁巳

자료 3

사간원에서 시무 8가지 일을 조목조목 진술하니, 의정부에 내려 의논하여 아뢰게 하였다. … 여섯 번째 이르기를, " … 우리 동방東方이 처음에는 뽕나무[桑]와 삼[麻]만 알고 목면이 무슨 물건인지 알지 못했는데, 간의대부諫議大夫 문익점이 중원中原에 사신으로 갔다가 그 씨를 얻어 가지고 돌아와서 우리 백성에게 혜택을 주어, 위로 경사卿士에서 아래로 서인庶人에게 이르기까지 상의上衣 · 하상下裳을 모두 이것으로 만드니, 백성에게 공功이 있음이 크다 하겠습니다. … "라고 하였다.

原文 司諫院條陳時務八事 下議政府擬議以聞 … 其六曰 … 吾東方始知桑麻 而不知木綿之爲何物也 諫議大夫文益漸奉使中原 得種而還 以惠吾民 上自卿士 下至庶人 上衣下裳 皆以此爲之 其有功於民 可謂大矣 …

_ 『태종실록』 권19, 태종 10년 4월 갑진甲辰

자료 4

문중용을 뽑아서 사헌감찰司憲監察을 삼고, 최해산으로 군기주부軍器注簿를 삼았다. 참찬參贊 권근이 상서하기를, "고故 간의대부 문익점이 처음 강남江南에 들어가서 목면 종자 두어 개를 얻어와서 진양晋陽 촌 집에 보내어, 비로소 목면을 짜서 진상했으니, 이 때문에 목면의 일어남이 진양에서 시작되었습니다. 이로 말미암아 온 나라에 널리 퍼지게 되어, 모든 백성들이 상하上下가 모두 이를 입게 되었으니, 이것은 모두 문익점이 준 것입니다. 백성에게 크게 공덕이 있는데도 응보를 받지 못하고 일찍 죽었고, 아들 문중용이 아비 상을 당하여 3년을 시묘하고, 이어 어미 상을 당하여 또 3년을 시묘하고, 상을 마친 뒤에 그대로 진양에 숨었으니 근근勤謹하고 효렴孝嗛하여 쓸 만한 선비입니다. 고故 지문하부사知門下府事 최무선은 처음으로 화약을 제조하여 능히 해구海寇를 제어했으니, 실로 국가에 공이 있습니다. 그 아들 최해산도 또한 마땅히 서용敍用하여야 합니다."라고 했으므로, 그대로 따른 것이었다.

原文 擢文中庸 爲司憲監察 崔海山軍器注簿 參贊權近上書曰 故諫議大夫文益漸 初入江南 覓木縣種子數枚齎來 送於晋陽村舍 始織木縣進上 是故 木縣之興 始於晋陽 由此 廣布一國 凡

民上下 皆得以衣之 是皆益漸之所賜也 大有功德於民 而不食其報 早逝 其子中庸 遭父喪 廬墓
三年 仍遭母喪 又廬於墓三年終制 仍隱於晋陽 勤謹孝廉 可用之士也 故知門下府事崔茂宣 始
劑火藥 能制海寇 實有功於國家 其子海山 亦宜敍用 從之

_ 『태종실록』권1, 태종 1년 윤3월 경인庚寅

자료5

주7 재추宰樞 : 중서문하성의 재신
宰臣과 중추원의 추신樞臣.

재추宰樞[주7]들이 숭문관에 모여 서북면 방어의 무기를 검열하고 남쪽 언덕에서 총통을
발사하니 화살이 순천사 남쪽까지 가서 땅에 떨어졌는데 화살 끝에 붙인 깃털까지 박
혔다.

原文 宰樞會崇文館 閱西北面防禦兵仗 放銃筒于南岡 箭及順天寺南 墜地沒羽.

_ 『고려사』권81, 지35, 병兵1, 공민왕 5년 9월

자료6

우리나라에는 본래 화약이 없었다. 고려 말엽에 중국 상인 이원李元의 배가 개성 예성
강에 닿아 군기감軍器監 최무선의 종 집에서 묵었는데, 최무선이 종에게 후대하도록
하니 이원이 염초焰硝를 굽는 법을 가르쳐 주었다. 우리나라에 화약이 있게 된 일은
최무선으로부터 시작된 것이다.

原文 我國本無火藥 前朝末 有唐商李元船 到開城禮成江 寄寓於軍器監崔茂宣奴家 茂宣令
其奴厚遇之 李元教以煮焰硝法 我國之有火藥 自茂宣始

_ 『서애집西厓集』권16, 기화포지시記火砲之始

자료7

(최무선이) 일찍이 말하기를, "왜구를 막는 데에는 화약 만한 것이 없다."고 했으나,
국내에서는 아는 사람이 없었다. 최무선은 항상 중국의 강남에서 오는 상인이 있으면
곧 만나보고 화약 만드는 법을 물었다. 어떤 상인 한 사람이 대략 안다고 했으므로 자
기 집에 데려다가 의복과 음식을 주고 수십 일 동안 물어서 대강 그 요령을 얻은 뒤에,
도당都堂[주8]에 말하여 시험해보고자 했으나 모두 믿지 않고 최무선을 남을 속이는 자
라고 험담까지 했다.

주8 도당都堂 : 최고 의결 기관인
도평의사사가 변한 이름.

긴 세월 동안 거듭 건의하니, 마침내 그 성의에 감동되어 화약국火藥局을 설치하고 최

무선을 제조관提調官[주9]으로 임명하여 마침내 화약을 만들어내게 되었다. 그 화포火砲
는 대장군포大將軍砲 · 이장군포二將軍砲 · 삼장군포三將軍砲 · 육화석포六花石砲 · 화포
火砲 · 신포信砲 · 화통火㷁 · 화전火箭 · 철령전鐵翎箭 · 피령전皮翎箭 · 질려포蒺藜砲 ·
철탄자鐵彈子 · 천산오룡전穿山五龍箭 · 유화流火 · 주화走火 · 촉천화觸天火 등의 명칭
이 있었다. 그 기계들이 이루어지니 보는 사람들이 놀라고 감탄하지 않는 자가 없었
다. 또 전함戰艦의 제도를 연구하고, 도당에 말하여 감독해 만들어냈다.

原文　嘗曰 制倭寇 莫若火藥 國人未有知者 茂宣每見商客自江南來者 便問火藥之法 有一商
以粗知對 請置其家 給養衣食 累旬諮問 頗得要領 言於都堂欲試之 皆不信 至有欺詆 茂宣積以
歲月 獻計不已 卒以誠意感之 乃許立局 以茂宣爲提調官 乃得修鍊火藥 其具有大將軍 二將軍
三將軍 六花石砲 火砲 信砲 火㷁 火箭 鐵翎箭 皮翎箭 蒺藜砲 鐵彈子 穿山五龍箭 流火 走火 觸
天火等名 旣成 觀者莫不驚嘆 又訪求戰艦之制 言於都堂 監督備造

_ 『태조실록』권7, 태조 4년 4월 임오壬午

자료8

비로소 화통도감을 설치했다. 판사 최무선의 말을 따른 것이다. 이때에 원나라 염초
공장焰焇工匠 이원李元이 최무선과 같은 동네 사람으로 무선이 몰래 그 방법을 물어서
하인 두어 사람을 시켜 사적으로 배워서 시험하여 보고 조정에 건의했다.

原文　始置火㷁都監 從判事崔茂宣之言也 時元焰焇匠李元 與茂宣同里閈 茂宣竊問其術 使
家僮數人 私習試之 建白于朝

_ 『고려사절요』권30, 신우辛禑1, 신우辛禑 3년 10월

자료9

서울 밖의 각 사원에 화통방사군火㷁放射軍을 배치하되 큰 사원에서는 3명, 중 사원에
는 2명, 작은 사원에는 1명으로 정했다.

原文　定火桶放射軍於京外各寺 大寺三名 中寺二 小寺一

_ 『고려사』권81, 지35, 병兵1, 신우 4년 4월

자료10

왜구 선박 500척이 진포鎭浦[주10] 어귀에 들어와 큰 밧줄로 서로 묶은 뒤에 군사를 나누
어 지키게 하고 드디어 연안에 올라와 주현州縣에 흩어져 들어가서 분약焚掠을 자행

하니 시체가 산과 들을 덮었고, 곡식을 그들 배로 나르면서 떨어뜨린 쌀이 한 자 두께나 되었다. 나세羅世 · 심덕부沈德符 · 최무선 등이 진포에 이르러 처음으로 최무선이 만든 화포를 사용하여 그들 배를 불사르니 연기와 화염이 하늘을 뒤엎었고 적은 거의 모두 불타 죽었으며, 바다에 빠져 죽은 자도 많았다.

原文 倭賊五百艘 入鎭浦口 以巨絚相維 分兵守之 遂登岸散入州郡 恣行焚掠 屍蔽山野 轉穀于其舶 米棄地厚尺 羅世沈德符崔茂宣等 至鎭浦 始用茂宣所製火砲 焚其船 煙焰漲天 賊燒死殆盡 赴海死者亦衆

— 「고려사절요」권31, 신우 6년 8월

출전

「고려사」

「고려사절요」

「태조실록」

「서애집西厓集」: 조선 선조 때의 문신이자 학자인 유성룡(柳成龍, 1542~1607)의 시문집.

찾아읽기

전상운, 「한국과학기술사」, 정음사, 1975.

박성식, 「여말선초의 목면업에 대하여」, 「대구사학」17, 1979.

채연석, 「한국초기화기연구」, 일지사, 1981.

허선도, 「조선초기 화약병기의 발달과 그 금비책」, 「동양학」14, 1984.

최영호, 「고려말 경상도지방의 목면 보급과 그 주도세력」, 「고고역사학지」5 · 6합집, 1990.

김성준, 「문익점과 목면전래의 역사적 배경」, 「동방학지」77 · 78 · 79합집, 1993.

허선도, 「조선시대 화약병기사연구」, 일조각, 1994.

남미혜, 「고려전기 면업정책과 면포의 생산」, 「국사관논총」80, 1998.

김대중, 「고려말 · 조선초 화약병기의 현황과 과제」, 「학예지」9, 육사박물관, 2002.

김해영 외, 「문익점과 목면업의 역사적 조명」, 아세아문화사, 2003.

김형수, 「공민왕의 폐립과 문익점의 사행」, 「한국중세사연구」19, 2005.

김기섭, 「고려후기 최무선의 생애와 화약제조」, 「한국중세사연구」26, 2009.

이재범, 「고려후기 왜구와 해양방어대책」, 「이순신연구논총」13, 2010.

V.

대외 관계 영역

1 거란을 세 번 물리치다
강동6주와 귀주대첩

고려는 성립 초부터 고구려 계승을 표방했으며 북진 정책을 추진했다. 이에 따라 서경을 중시하고 청천강 이북으로 영토의 확대를 꾀했다. 그리하여 만주 일대에서 세력을 뻗치던 거란과의 갈등은 불가피했다. 거란과 3차례에 걸친 전쟁 후 고려와 거란·송은 세력 균형을 이루어 평화 관계가 유지되었다.

고려 초 거란과의 관계

거란족은 여러 부족으로 나뉘어 있었는데, 당나라 말의 혼란기에 야율아보기耶律阿保機가 부족을 통일하면서 거대한 세력을 형성했다. 장차 중국 대륙으로 진출하기 위해, 자신의 배후에 있던 발해를 쳐서 926년 멸망시켰으며, 947년에는 나라 이름을 요遼라고 했다. 960년 송이 중국을 통일하자 거란과 송은 첨예하게 대립했다.

고려는 처음부터 발해를 멸망시킨 거란을 적대시했고 그에 대비했다. 태조 25년(942)에 거란에서 사신과 낙타를 보내오자 사신은 먼 섬으로 유배보냈고 낙타는 개성의 만부교 아래에서 굶겨 죽였다.[자료1] 태조는 또 '훈요10조'에서 거란을 금수의 나라로 규정하고 계속 경계토록 후대 왕에게 훈계했다. 정종定宗이 광군光軍 30만을 조직한 것도 거란에 대비하려는 조치였다. 또한 정종과 광종 때 청천강을 넘어 압록강 사이에 여러 성진城鎭을 쌓아 거란에 대비했다.

거란은 송과 전쟁하기 이전에 배후에 있는 고려를 제압하여 자신의 편으로 만들 필요가 있었다. 우선 거란은 압록강 유역으로 진출하여 여진족을 제압하고, 이어 발해 유민이 세운 정안국을 공격해 멸망시켰다. 고려와 거란의 일전이 다가오고 있었다.

거란의 1차 침입과 서희의 외교 담판

거란은 송과의 전쟁에 앞서 성종 12년(993) 소손녕을 장수로 삼아 고려에 침입했다. 거란군의 주력군은 기병이었으므로 속전속결의 단기전을 선호했다. 거란의 기병은 개활지에서의 기동력은 우수했지만 산악 지형에서의 보병전과 공성전에는 매우 취약했다. 압록강을 건너온 거란군은 안융진安戎鎭 전투에서 고려군의 강력한 반격을 받자 전략을 바꾸어 싸우지 아니하고 항복시키는 방법을 택했다. 항복 요구에 대한 고려의 답변을 기다리던 거란군이 재차 안융진을 공격했으나 중낭장 대도수大道秀의 요격으로 실패하여 남진을 멈추었다. 이후 적극적인 군사 행동은 취하지 않고 항복하라는 위협만을 되풀이했다.

거란이 항복을 요구하는 것에 대해 고려 조정에서는 화친론자和親論者와 주전론자主戰論者로 나뉘었다. 화친론자는 서경 이북의 땅을 떼어주고 항복하자는 주장을 했다. 이때 서희가 나서서 일단 거란을 만나 그들의 의도를 알고나서 싸우거나 항복하자 하고는, 소손녕과 담판에 나섰다.

서희가 국서를 가지고 소손녕을 찾아가자 그는 뜰에서 절을 하라고 요구했는데, 서희는 양국 대신들이 대면하는 자리에서 그럴 수 없다고 거절했다. 결국 동서로 서로 마주보며 담판을 시작했다. 소손녕은 고려는 신라 땅에서 일어났는데 고구려 땅을 침식하고 있으며, 또한 인접한 거란이 아니라 바다 건너 송을 섬기고 있다고 지적하고 땅을 떼어서 바치고 국교를 연다면 무사할 것이라고 협박했다. 이에 대해 서희는 우리는 고구려를 계승한 나라이며, 거란의 동경도 우리 영역 안에 있는 셈이니 침식했다고 할 수 없으며, 압록강 연안을 여진족이 막고 있어 거란과 왕래할 수 없다고 주장했다.

마침내 고려와 거란은 국교를 맺고 강동 6주를 고려 영토에 편입시키기로 화친이 성립하여 거란군은 철수했다. 이로써 고려는 상당한 실리를 얻게 되었다.[자료2]

성종은 곧바로 서희에게 강동 6주를 경략하도록 하여 영토 확장을 꾀했다. 거란은 고려와의 화약을 바탕으로 1004년 송을 굴복시켰다. 목종 재위 12년간(998~1009) 고려는 거란과 활발히 교류하지는 않았지만, 대체로 평화적인 관계를 유지했다.

거란의 2차 침입과 양규 · 김숙흥의 분전

고려가 거란과 화친한 이후에도 비밀리에 송과 교류하자, 거란은 불안감과 의구심을 느끼게 되었다. 또 고려에 넘겨준 강동 6주가 갖는 전략상의 중요성을 절감하게 되었다. 이에 거란은 강동 6주를 돌려받기 위해, 마침 고려 국내에서 있었던 강조康兆의 정변을 구실로 침공을 기도했다. 강조의 정변이란 목종의 모후母后인 천추태후千秋太后와 김치양金致陽이 불륜 관계를 맺고 왕위를 엿보자 서북면도순검사 강조가 군사를 일으켜 김치양 일파를 제거하고 목종을 폐위시키고 현종을 즉위시킨 사건을 말한다.

거란의 성종은 강조의 죄를 묻는다는 구실로 현종 원년(1010) 친히 보병과 기병 도합 40만을 이끌고 다시 쳐들어왔다. 거란군은 압록강을 건너 흥화진을 공격했으나, 양규 등이 이끄는 병사의 저항으로 함락하지 못했다. 거란의 성종은 흥화진을 그대로 둔채 통주로 진격하여 강조가 지휘하던 고려의 주력 부대와 격전을 벌였다. 강조는 처음에 미리 준비한 검차劍車, 수레 체에 예리한 칼날을 꽂고 방패를 설치한 특수 무기를 동원하여 거란군을 무력화시켰으나 그 후 자만에 빠져 적을 업신여기고 대비를 소홀히 하다가 패하여 적의 포로가 되었다. 이후 거란군은 곽주를 점령하고 남하하여 청천강 유역을 유린하고 안북도호부를 빼앗은 다음 서경을 공격했으나 고려군의 저항으로 뜻을 이루지 못했다. 고려군이 거란군의 후방 도처에서 활발하게 공격하고 서경도 쉽게 함락되지 않자 거란 성종은 개성을 공격해 불리한 전국을 수습하려고 했다.

이때 현종은 나주로 몽진하고, 하공진과 고영기를 거란 진영에 보내 협상토록 했다. 거란은 현종의 친조[親朝], 상대국 국왕이 직접 자기의 나라에 와서 인사를 올리는 것를 조건으로

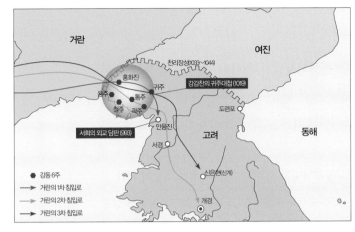

거란의 침입. 거란이 1차 침입하였을 때(993) 서희가 외교 담판으로 물리치고 강동 6주를 얻었다. 2차 침입(1010) 때는 개경까지 점령하였으나 현종이 나주로 피난하고, 각지에서 적극적인 저항에 부딪히자 거란은 현종의 입조를 조건으로 물러갔다. 3차침입(1018) 때에는 개경 부근까지 왔으나 고려군의 협공을 받아 후퇴하다가 강감찬 등이 귀주에서 크게 무찔러 거의 전멸시켰다.

철군하기로 결정해, 개성을 점령한 지 10일 만에 철수하기 시작했다. 거란이 서둘러 철군을 결정한 것은 고려군에 의해 퇴로가 차단될 위험이 있었기 때문이었다.

교란 작전을 계속했던 양규·김숙흥 등은 퇴각하던 거란군에게 치명적 타격을 가했다. 귀주별감 김숙흥은 거란군을 공격해 1만여 명을 죽였고, 양규는 무로대無老代에서 기습하여 적군 2,000여 명을 죽이고 잡혀가던 고려인 3,000여 명을 되찾았다. 이렇게 양규와 김숙흥 등은 한 달 동안 여러 번 전투를 벌여 무수한 적군을 죽이고 포로로 잡힌 백성 수만 명을 구했으며 낙타·말·기계 등을 무수히 노획했다. 그러나 거란 성종이 인솔한 대부대를 맞자 전세는 역전되어 양규·김숙흥은 전사하고 말았다.[자료3]

이후에도 거란군은 고려군의 계속된 공격으로 다수가 전사했다. 때마침 내린 폭우로 거란군은 군마가 피폐하게 되어 무기를 유실한 채 압록강을 건너서 퇴각했다. 강을 건너가던 거란군은 장군 정성鄭成의 추격을 받아서 많은 익사자를 남기고 황망히 쫓겨 갔다.

거란의 2차 침입은 양측 모두에게 큰 피해만 입히고 아무런 결말을 내지 못한 채 끝났다. 고려로서는 이때 개경의 궁궐을 비롯한 많은 건물이 불탔다. 거란은 많은 병마만을 잃고 창황히 돌아갔을 뿐이었다. 화친의 조건이었던 고려 국왕의 친조는 고려측의 거부로 이루어지지 않았다.

거란의 3차 침입과 귀주대첩

고려왕의 친조가 고려측의 거부로 실현되지 않자, 거란의 성종은 강동 6주의 반환을 강력히 요구하며 재침 준비를 했다. 고려에서는 사신을 여러 차례 파견하여 평화 유지에 힘쓰는 한편, 거란의 침입에 대비해 개성의 성을 보수하고 서경의 성을 새로이 쌓았다.

거란은 수 차례에 걸쳐 소규모로 공격하다가 현종 9년(1018)에 소배압이 10만 군을 거느리고 대대적으로 침입했다. 고려에서는 거란군의 침입에 대비해 평장사 강감찬을 상원수로, 대장군 강민첨을 부원수로 삼아 군사 20만 8,000명을 동원해 영주寧州에 나가 방어하게 했다. 강감찬 등은 흥화진으로 나가 하천을 건너던 거란군을 공격해 크게 격파했다. 강감찬은 흥화진의 삼교천 상류 물을 저장해 두고, 강 건너쪽에 기병 12,000명을 매복시킨 다음, 거란군이 삼교천을 건너려고 할 때 둑을 터뜨려 크게 승리했다. 소배압은 이 전투에서 많은 사상자를 내고서 사잇길로 군사를 이끌고 개경으로 진격하려 했다. 강민첨이 이를 추격해 자주慈州의 내구산來口山에서 크게 격파했다. 시랑 조원趙元이 이끄는 고려군은 남하해온 거란군을 또 다시 대동강가 마탄에서 공격해 적군 1만여 명을 살해했다.

패배를 겪으면서도 거란군은 진격을 계속해 개경에서 가까운 신은현新恩까지 이르렀다. 고려군은 청야전술을 써서 성 밖의 민호를 전부 성 안으로 들어오도록 하고, 들판의 작물과 가옥을 전부 철거시켜 방비를 엄히 했다. 소배압은 더 이상 남하해 공격할 자신이 없어 개경 진격을 단념하고 철군을 시작했다.

퇴각하던 거란군은 연주漣州 · 위주渭州에 이르러 강감찬 등의 습격을 받고 500명이 죽었다. 거란군이 귀주를 지날 때 강감찬 등이 이들에 맞서 싸우게 되었다. 승패를 내지 못하고 대치하던 참에 고려의 지원군이 가세함으로써 전세가 고려에게 유리해졌다. 때마침 비바람이 갑자기 남쪽에서 휘몰아와 깃발이 모두 북쪽으로 향하자 고려군이 기세를 타고 맹렬히 공격했다. 거란군은 크게 패하여 북으로 달아나기에 바빴다. 고려군은 퇴주하는 적을 계속 추적해 공격했다. 죽은 시체가 들판을 덮었고 포로로 잡힌 병사와 말 · 갑옷과 투구 · 무기 등이 무수했으며, 살아서 돌아간 자는 수천 명뿐이

강감찬이 태어난 낙성대. 서울 관악구 봉천동에 있는 강감찬의 출생지로 서울유형문화재 제4호다. 하늘에서 큰 별이 떨어진 날 장군이 태어났다고 하여 낙성대라는 이름을 얻었다. 1974년 6월 10일 완공한 사당 안국사安國祠 안에 강감찬 장군의 영정이 있다.

었다.[자료4] 거란군이 참담한 패배를 당하고 물러간 것이다.

거란은 이처럼 몇 번의 침입을 시도했지만 참패를 당했으며, 목적했던 강동 6주의 반환도 실패했다. 이어 현종 10년(1019)에는 거란과 고려 사이에 화약이 체결되어 이후 큰 무력 충돌 없이 평화 관계가 유지되어갔다. 이후 고려가 요로부터 책봉을 받는 관계로 바뀌게 됨에 따라 국초에 가졌던 금수론적禽獸論的 거란관은 사라지게 되었다.

덕종과 정종 때도 고려와 거란 사이에 압록강 이동의 거란 점거지인 보주保州를 둘러싸고 갈등했다. 고려는 거란 국내의 혼란을 틈타 외교 교섭을 통해 압록강 성보城堡를 환부받고자 했으나 거란에서는 이를 거부했다. 거란이 압록강 이동에 성보를 가축加築했지만 고려에서는 거란에 대한 강경책을 포기하고 온건한 대응을 했다. 그리하여 고려에서는 압록강 이동 지역에 대한 환부를 요구하지 않으면서 거란의 점유권을 인정해주고 거란에서는 고려에 군사적 압박을 가하지 않는 선에서 양국의 외교적 타협이 이루어졌다. 고려는 이 지역을 예종 12년(1117)에 수복할 수 있었으며 국제 사회에서 영유권을 인정받은 것은 인종 4년(1126)부터였다.

자료1

거란에서 사신을 보내 낙타 50필을 가져왔다. 그러나 왕은 "거란이 예전부터 발해와 화목하게 지내오다가 문득 다른 생각을 내어 옛날의 맹약을 돌아보지 않고 하루아침에 멸망시켰으니 무도함이 심하다. 그러니 멀리 화친을 맺어 이웃으로 삼을 만하지 못하다." 하고 교빙을 끊었으며, 그 사자 30명을 바다에 있는 섬으로 귀양보내고 낙타는 만부교 밑에 매어 놓아 모두 굶어 죽게 했다.

原文 契丹遺使來 歸橐駝五十匹 王以契丹 嘗與渤海連和 忽生疑貳 不顧舊盟 一朝殄滅 此爲無道之甚 不足遠結爲隣 絶其交聘 流其使三十人于海島 繫橐駝萬夫橋下 皆餓死

_ 『고려사절요』권1, 태조 25년 10월

자료2

서희는 … 내의령內議令[주1] 서필의 아들이다. 성품이 엄격했다. … (성종) 12년에 거란契丹이 내침하자 서희가 중군사中軍使가 되어 시중侍中[주2] 박양유 · 문하시랑門下侍郞[주3] 최량과 더불어 북계에 군대를 주둔하여 이를 방비하였다. 성종이 스스로 거느리고 막고자 하여 서경에 행차하여 안북부安北府[주4]에 나아갔다가 거란의 동경유수東京留守 소손녕이 봉산군을 함락하고 우리 선봉의 군사軍使 급사중給事中[주5] 윤서안 등을 사로잡았다. 성종이 이를 듣고 나아가지 못하고 이에 돌아왔다. 서희가 군사를 끌고 봉산을 구원코자 하니 소손녕이 큰소리치기를, "대조[大朝, 요遼]가 이미 고구려의 옛 땅을 차지했는데 이제 너희 나라가 영토를 침탈했기 때문에 와서 토벌한다." 하고, 또 글을 보내 말하기를, "대조가 사방을 통일했으매 아직 귀부歸付하지 아니한 자는 기어이 소탕코자 하니 항복 문서를 바치는 것을 지체하지 말라."고 했다. 서희가 글을 보고 돌아와서 아뢰기를, "가히 화친할 만한 정상情狀이 있습니다."라고 했다.

성종이 감찰사헌監察司憲[주6] 차예빈소경借禮賓少卿[주7] 이몽전을 거란 군영에 보내어 화평을 청하매 소손녕이 또 글을 보내기를, "80만 병兵이 이르렀다. 만일 강을 나와 항복하지 아니하면 마땅히 죽일 것이다. 군신은 마땅히 속히 군영에 와 항복하라."고 하거늘 이몽전이 군영에 이르러 내침하게 된 까닭을 물으니 소손녕이 말하기를, "너희 나라가 백성을 구휼하지 아니하므로 그로 인하여 천벌을 받들어 행하는 것이다. 만약 화해를 구하고자 하거든 마땅히 속히 와서 항복하라."고 했다.

주1 내의령內議令 : 내의성의 최고 관직이며, 종1품.

주2 시중侍中 : 문하부의 최고 관직으로 종1품.

주3 문하시랑門下侍郞 : 내사문하성의 정2품 관직.

주4 안북부安北府 : 평안남도 안주군의 옛 이름.

주5 급사중給事中 : 중서문하성의 종4품 관직.

주6 감찰사헌監察司憲 : 사헌대에 둔 관직의 하나로 현종 때 있었다.

주7 차예빈소경借禮賓少卿 : 예빈소경의 차직이다. 차직借職은 고려 전 시기에 걸쳐 문반 · 무반 모두에 설치되었다. 자신의 직위보다 높은 관직을 차직으로 받았으며, 3품 이하로 한정되었다. 그러나 차직은 정규적인 관직 체계의 일부를 구성하지는 않은 듯하다.

주8 절령岵嶺 : 자비령의 다른 이름.

주9 가주嘉州 : 평안북도 박천군 가산면의 옛 이름.

주10 민관어사民官御事 : 민관의 어사. 민관은 나라의 호구와 온갖 조세, 부역 및 나라의 재정 등의 일을 맡은 관청으로 성종 2년(983)에 설치했다가 성종 14년(995)에 상서 호부로 고쳤다.

주11 연등燃燈 : 연등회는 부처를 섬기는 행사인데, 중국과 마찬가지로 연중 행사가 되면서 신에 대한 제사를 지내는 등 성격이 다소 변했다.

주12 팔관八關 : 우리 민족의 고유 신앙 의식과 불교가 결부되어 고려 때 국가 행사로 성행했던 의식.

주13 선랑仙郎 : 신라의 유풍으로 화랑에서 유래했다.

주14 중랑장中郎將 : 정5품 무관으로 2군 6위에 소속된 장교.

주15 낭장郎將 : 정6품 무관으로 2군 6위에 소속된 장교.

주16 각문사인閣門舍人 : 각문은 조회 때의 각종 행사 절차와 예식을 맡아보는 관청. 사인은 정7품 관직으로 보인다.

이몽전이 돌아오매 성종이 군신을 모아 의논하니 어떤 이는 말하기를, "국왕이 개경에 돌아가서 중신重臣으로 하여금 군사를 거느리고 항복을 청할 것이라."고 하고, 또 어떤 이는 말하기를, "서경 이북의 땅을 베어 주어서 황주黃州로부터 절령岾嶺주8에 이르기까지를 구획하여 영토로 삼을 것이라." 했다. 성종이 장차 할지割地의 의논을 따르려 하여 서경창西京倉의 미곡을 열어 백성들이 마음대로 가져가게 했으나 그래도 많이 남았다. 성종이 적의 군량이 될까 두려워하여 대동강에 던지게 하거늘 서희가 아뢰기를, "식량이 족하면 성도 가히 지킬 것이오, 싸움도 가히 이길 것입니다. 싸움의 승부는 강약에 있는 것이 아니라 다만 능히 틈을 보아서 움직일 것이어늘 어찌 가히 갑자기 (식량을) 버리게 합니까. … "하니 성종이 그렇다 하고 이를 중지했다. 서희가 또 아뢰기를, "거란의 동경으로부터 우리 안북부安北府에 이르기까지의 수백 리 땅은 다 생여진生女眞이 거처하는 곳입니다. 광종이 그것을 빼앗아 가주嘉州주9 송성松城 등의 성을 쌓았는데 이제 거란이 온 것은 이 두 성을 취하고자 함에 불과한 것인데 고구려 옛 땅을 취하겠다고 큰소리치는 것은 실은 우리를 두려워하는 것입니다. … 하물며 땅을 베어 적에게 주는 것은 만세의 치욕이오니, 원컨대 국왕은 도성都城에 돌아가시고 신 등이 한 번 더불어 싸운 뒤에 의논하는 것도 늦지 않겠습니다."라고 했다. 전민관어사前民官御事주10 이지백이 아뢰기를, "성조聖祖가 창업하여 대통大統을 드리워 오늘에 이르렀는데 한 사람의 충신도 없이 문득 토지를 경솔하게 적국에 주고자 하니 가히 통탄하지 않겠습니까. … 청컨대 금은보기金銀寶器로 소손녕에게 뇌물주고서 그 뜻을 볼 것이오, 또 경솔히 토지를 베어서 적국에게 버리는 것보다는 다시 선왕의 연등燃燈주11 · 팔관八關주12 · 선랑仙郎주13 등의 일을 행하되 다른 나라의 상이한 법도를 행하지 말아서 국가를 보전하여 태평을 이룩함이 좋지 않겠습니까. 만약 그렇다고 생각하면 마땅히 먼저 신명神明에 고한 연후에 싸움하고 화해하는 것은 오직 상上이 재단裁斷하십시오." 하니 성종이 그렇게 여겼다. 때에 성종이 중국의 제도를 즐겨 따르니 국인國人은 기뻐하지 아니했으므로 이지백이 언급한 것이었다. 소손녕은 이몽전이 이미 돌아갔는데도 오래 회보回報가 없음으로 드디어 안융진安戎鎭을 치거늘 중랑장中郎將주14 대도수와 낭장郎將주15 유방이 더불어 싸워 이기니 소손녕이 감히 다시 진군하지 못하고 사람을 보내어 항복을 재촉했다.

성종이 화통사和通使 각문사인閣門舍人주16 장영을 거란 군영에 보내니 소손녕이 말하기를, "마땅히 다시 대신을 군영에 보내어 면대케 하라."고 했다. 장영이 돌아오니 성종이 신하들을 모아 묻기를, "누가 거란의 진영에 가서 대화로써 군사를 물리쳐 만세萬世의 공을 세우겠느냐." 하니 여러 신하 가운데 응하는 자가 없는데 서희가 홀로 아뢰기를, "신이 비록 불민하오나 감히 명령대로 하지 않을 수 있겠습니까."라고 했다. 왕이 강두江頭에 나와 전송하고 손을 잡고 위로하여 보내었다.

서희가 국서國書를 받들고 소손녕의 진영에 가서 통역자로 하여금 상견相見하는 예禮를 물으니 소손녕이 말하기를, "나는 대조大朝의 귀인貴人이다. 마땅히 뜰에서 배례拜禮하여야 한다."하거늘 서희가 말하기를, "신하가 군주에게는 아래에서 절하는 것이 예禮이지만 양국 대신이 서로 보는데 어찌 이와 같이 하리오."라 하고 왕복往復하기를 재삼再三하여도 소손녕이 허락하지 않자 서희가 노하여 돌아와서 관소館所에 누워 일어나지 않으니 소손녕이 마음으로 이상히 여겨 이에 당堂에 올라 행례行禮하기를 허락했다. 이에 서희가 영문營門에 이르러 말에서 내려 들어가 소손녕과 더불어 뜰에서 마주서서 읍揖하고 승당升堂하여 행례行禮하고는 동서東西로 대좌對坐하니 소손녕이 서희에게 말하기를, "그대 나라가 신라 땅에서 일어났고 고구려 땅은 우리의 소유인데 그대가 침식했고 또 우리와 국경을 접했는데도 바다를 넘어 송나라를 섬기기 때문에 오늘의 출병이 있게 된 것이니, 만일 땅을 베어서 바치고 조빙朝聘을 닦으면 가히 무사할 것이다."라고 하거늘 서희가 말하기를, "아니다. 우리나라가 곧 고구려의 옛 땅이다. 그러므로 국호를 고려라 하고 평양에 도읍했으니 만일 땅의 경계로 논한다면 상국의 동경東京은 다 우리 경내境內에 있거늘 어찌 침식이라 하리오. 그리고 압록강의 안팎도 또한 우리의 경내境內인데 지금 여진이 그 사이에 훔쳐 거처하여 완강하고 사악한 짓을 해 길이 막혔으므로 바다를 건너는 것보다 더 어렵다. 조빙朝聘이 통하지 않음은 여진 때문이다. 만일 여진을 쫓고 우리 옛 땅을 돌려주어 성보城堡를 쌓고 도로를 통하게 하면 감히 수빙修聘하지 아니하리오. 장군이 만일 신의 말로써 천총天聰에 달하게 하면 어찌 불쌍히 여겨 받아들이지 아니하리오." 하니 말투가 강개했다. 소손녕이 가히 누르지 못할 줄 알고 드디어 갖추어 아뢰니 거란의 황제가 말하기를, "고려가 이미 화해를 청하니, 마땅히 병兵을 파할 것이다." 했다. …

(성종) 13년에 군사를 거느리고 여진을 쫓고 장흥·귀화 두 진鎭과 곽주郭州·구주龜州 두 주州에 성을 쌓았다. 이듬해에 또 군사를 거느리고 안의·흥화 두 진鎭에 성을 쌓

고 또 이듬해에 선주·맹주 두 주州에 성을 쌓았다.

原文 徐熙 … 內議令弼子也 性嚴恪 … 十二年 契丹來侵 熙爲中軍使 與侍中朴良柔 門下侍郎崔亮 軍于北界 備之 成宗 欲自將禦之 幸西京 進次安北府 契丹東京留守蕭遜寧 攻破蓬山郡 獲我先鋒軍使給事中尹庶顔等 成宗聞之 不得進 乃還 熙引兵 欲救蓬山 遜寧聲言 大朝旣已 奄有高勾麗舊地 今爾國侵奪彊界 是以來討 又移書云 大朝統一四方 其未歸附 期於掃蕩 速致降款 毋涉淹留 熙見書 還奏 有可和之狀 成宗遣監察司憲借禮賓少卿李蒙戩 如契丹營 請和 遜寧 又移書云 八十萬兵至矣 若不出江而降 當須殄滅 君臣宜速降軍前 蒙戩至營 問所以來侵之意 遜寧曰 汝國不恤民事 是用恭行天罰 若欲求和 宜速來降 蒙戩還 成宗會群臣議之 或言 車駕還京 令重臣率軍乞降 或言 割西京以北 與之 自黃州 至岊嶺 畫爲封疆 成宗將從割地之議 開西京倉米 任百姓所取 餘者尙多 成宗恐爲敵所資 令投大同江 熙奏曰 食足 則城可守 戰可勝也 兵之勝負 不在强弱 但能觀釁而動耳 何可遽令棄之乎 … 成宗然而止之 熙又奏曰 自契丹東京 至我安北府 數百里之地 皆爲生女眞所據 光宗取之 築嘉州松城等城 今契丹之來 其志不過取北二城 其聲言取高勾麗舊地者 實恐我也 … 況割地與敵 萬世之恥也 願駕還都城 使臣等一與之戰 然後議之 未晩也 前民官御事李知白奏曰 聖祖創業垂統 洎于今日 無一忠臣 遽欲以土地輕與敵國 可不痛哉 … 請以金銀寶器 賂遜寧 以觀其意 且與其輕割土地 棄之敵國 曷若復行先王燃燈八關仙郞等事 不爲他方異法 以保國家 致大平乎 若以爲然 則當先告神明 然後戰之與和 惟上裁之 成宗然 時成宗樂慕華風 國人不喜 故知白及之 遜寧以蒙戩旣還 久無回報 遂攻安戎鎭 中郞將大道秀 郞將庚方 與戰克之 遜寧不敢復進 遣人促降 成宗遣和通使閤門舍人張瑩 往契丹營 遜寧曰 宜更以大臣送軍前面對 瑩還 成宗會群臣 問曰 誰能往契丹營 以口舌却兵 立萬世之功乎 群臣無有應者 熙獨奏曰 臣雖不敏 敢不惟命 王出餞江頭 執手慰籍而送之 熙奉國書 如遜寧營 使譯者 問相見禮 遜寧曰 我大朝貴人 宜拜於庭 熙曰 臣之於君 拜下禮也 兩國大臣相見 何得如是 往復再三 遜寧不許 熙怒還臥所館 不起 遜寧心異之 乃許升堂行禮 於是 熙至營門下馬而入 與遜寧分庭 揖升行禮 東西對坐 遜寧語熙曰 汝國興新羅地 高勾麗之地 我所有也 而汝侵蝕之 又與我連壤 而越海事宋 故有今日之師 若割地以獻 而修朝聘 可無事矣 熙曰 非也 我國卽高勾麗之舊也 故號高麗 都平壤 若論地界 上國之東京 皆在我境 何得謂之侵蝕乎 且鴨綠江內外 亦我境內 今女眞 盜據其閒 頑黠變詐 道途梗澁 甚於涉海 朝聘之不通 女眞之故也 若令逐女眞 還其舊地 築城堡 通道路則敢不修聘 將軍如以臣言達之天聰 豈不哀納 辭氣慷慨 遜寧知不可强 遂具以聞 契丹帝曰 高麗旣請和 宜罷兵 … 十三年 率兵逐女眞 城長興歸化二鎭 郭龜二州 明年 又率兵 城安義興化二鎭 又明年 城宣孟二州

_『고려사』권94, 열전7, 서희

자료3

양규는 목종을 섬겨 여러 번 벼슬을 하여 형부낭중刑部郎中[주17]이 되었다. 현종 원년에 거란주가 스스로 군사를 거느리고 와서 강조를 쳐서 흥화진을 포위했다. 양규가 도순검사가 되어 진사鎭使 호부낭중戶部郎中 정성과 부사副使 장작주부將作注簿[주18] 이수화 · 판관늠희령判官廩犧令 장호와 더불어 성문을 닫고 굳게 지키니 거란주가 통주성通州城 밖에서 곡식을 거두는 남녀를 사로잡아 각각 금의錦衣를 주고 지봉紙封한 화살 한 개를 주어 군사 300여 인으로 흥화진에 호송하여 항복을 권유했다. 거기에 쓰기를, "전 왕前王 목종이 조정을 섬겨 온 지 오래인데 이제 역신 강조가 임금을 죽이고 어린 군주를 세운 연고로 짐이 친히 정병을 거느리고 이미 국경에 임했으니 너희들이 강조를 잡아서 우리 군영에 보내면 곧 군사를 돌리지만 그렇지 아니하면 바로 개경에 들어가서 너희 처자를 죽일 것이다." 했다. …

거란주가 표表를 보고 항복하지 않을 것을 알고 이에 포위를 풀고 … 20만 병으로 인주麟州[주19] 남쪽 무로대無老代에 주둔하고, 20만 병으로 나아가 통주通州[주20]에 이르게 했다. 거란주가 군사를 동산하銅山下에 옮기니 강조가 군사를 이끌고 통주성 남쪽에 나와 싸우다가 대패하여 사로잡혔다. … 거란병이 이긴 것을 타서 수십 리를 쫓아서 3만여 명의 머리를 베니 버린 곡식과 무기가 가히 다 헤아릴 수 없었다. 이에 거란병이 길게 늘어서 전진하는데 좌우기군장군左右奇軍將軍인 김훈 · 김계부 · 이원 · 신영한이 완항령緩項嶺에 복병했다가 단병短兵을 잡고 돌출하여 이를 패퇴시키니 거란병이 조금 물러났다. 거란이 거짓으로 강조의 글월을 만들어 흥화진에 보내어 항복을 권유하거늘 양규가 말하기를, "나는 왕명을 받아 왔으니 강조의 명은 받지 않겠다." 하고 항복하지 아니했다. 거란이 또 노전 및 그의 합문사閣門使[주21] 마수로 하여금 그 격문을 가지고 통주에 와서 항복을 권유하자 성중城中이 다 두려워하는데 중랑장中郞將 최질과 홍숙이 소매를 떨치고 일어나서 노전과 마수를 잡고 이에 방어사防禦使[주22] 이원구 · 부사副使 최탁 · 대장군大將軍[주23] 채온겸 · 판관判官[주24] 시거운과 더불어 성문을 닫고 고수하매 무리의 마음이 통일되었다. 거란병이 곽주郭州에 들어갔다. … 성이 드디어 함락되었다. 거란이 군병 6,000여 인을 머물러 지키거늘 양규가 흥화진에서 군사 700여 명을 거느리고 통주에 이르러 병사 1,000명을 거두어 밤에 곽주에 들어가 거란의 유둔병留屯兵을 쳐서 다 참수하고 성중城中의 남녀 7,000여 명을 통주로 옮겼다.

이듬해에 거란주가 경성에 들어와 궁궐을 불사르고 물러가거늘 귀주龜州 별장別將[주25] 김숙흥이 중랑장中郞將 보량과 더불어 거란병을 쳐서 1만여 급級을 베고 양규는 거란병을 무로대無老代에서 공격하여 2,000여 급級을 베고 포로로 잡힌 남녀 3,000여 인을

주18 장작주부將作注簿 : 장작감 소속의 종7품 관직이며, 2명 배속되어 있다.

주19 인주麟州 : 평안북도 의주 지역의 옛 이름.

주20 통주通州 : 평안북도 통천군의 옛 이름.

주21 합문사閣門使 : 통례문通禮門의 전신인 합문 소속의 정5품 관직. 통례문은 조회의 의례를 관장하는 부서로서 목종 때 합문사 · 합문부사 · 합문지후를 두었다. 합문은 각문閣門이라고도 한다.

주22 방어사防禦使 : 방어진防禦鎭의 장관. 방어진을 『고려사』 지리지에는 방어군防禦郡이라고도 했고, 문종 때 정식으로 관제가 정해졌다. 방어사는 정원 1명으로 5품 이상 관직.

주23 대장군大將軍 : 경군인 2군 6위의 부지휘관으로 종3품 관직.

주24 판관判官 : 각 군현에 둔 종5품으로부터 7품까지의 관직.

주25 별장別將 : 정7품 무반직. 경군인 2군 6위의 경우 1령領에 5명씩 있었다.

탈환했다. 또 이수梨樹에서 싸워 추격하여 석령石嶺에 이르러 2,500여 급을 베고 포로 1,000여 인을 탈환했다. 그 후 3일에 또 여리참余里站에서 싸워 1,000여 급을 베고 포로 1,000여 인을 빼앗았으며 이날에 세 번 싸워 다 이기고 다시 그 전봉前鋒을 애전艾田에 서 맞아 쳐서 1,000여 급을 베었다. 조금 있다가 거란주의 대군이 갑자기 이르매 양규 가 김숙흥과 더불어 종일토록 싸우다가 군사가 다하고 화살이 떨어져서 함께 진중陣 中에서 전사했다. 거란 병사는 여러 장수의 공격을 받고 또 큰비로 인하여 말과 낙타 가 지치고 갑옷과 무기를 유실하여 압록강을 건너 퇴거하거늘 정성鄭成이 추격했다. (거란 병사가) 중간을 건너자 (정성이) 뒤에서 공격하니 거란병이 익사한 자가 심히 많았다. 여러 항복했던 성城이 다 회복되었다. 양규가 고군孤軍으로 순월간旬月間에 무 릇 7번 싸워 참급斬級함이 심히 많고 포로 3만여 구口를 탈환했으며 낙타와 말과 기계 器械를 포획한 것은 가히 다 헤아릴 수 없었다. 공으로써 공부상서工部尙書^{주26}를 내리 고 양규의 처妻 은율군군殷栗郡君 홍씨에게는 속粟을 내려주고 아들 양대춘에게는 교 서랑校書郞^{주27}을 제수했다. … 10년에 양규 · 김숙흥에게 공신 녹권功臣錄券을 하사하 였으며, 15년에 또 두 사람에게 삼한후벽상공신三韓後壁上功臣의 호를 사여하였다.

原文 楊規 事穆宗 累官刑部郞中 顯宗元年 契丹主 自將來討康兆 圍興化鎭 規爲都巡檢使 與鎭使戶部郞中鄭成 副使將作注簿李守和 判官廩犧令張顥 嬰城固守 契丹主獲通州城外收禾 男婦 各賜錦衣 授紙封一箭 以兵三百餘人 送興化鎭諭降 其箭封有書曰 朕以前王誦服事朝廷 其來久矣 今逆臣康兆 弑君立幼 故親率精兵 已臨國境 汝等擒執康兆 送駕前 便卽回兵 不然 直 入開京 殺汝妻孥 … 契丹主表表 知其不降 乃解圍 … 以二十萬兵 屯于麟州南無老代 以二十萬 兵 進至通州 契丹主移軍銅山下 兆引兵出通州城南 戰敗就擒 … 契丹兵乘勝 追奔數十里 斬首 三萬餘級 所棄糧餉鎧仗 不可勝計 於是 契丹兵 長驅而前 左右奇軍將軍金訓金繼夫李元申寧 漢 伏兵于緩項嶺 皆執短兵 突出敗之 契丹兵小却 契丹詐爲兆書 送興化鎭 諭降 規曰 我受王命 而來 非受兆命 不降 契丹又使盧戩及其閤門使馬壽 持檄至通州 諭降 城中皆懼 中郞將崔質洪 淑投袂而起 執戩及壽 乃與防禦使李元龜 副使崔卓 大將軍蔡溫謙 判官柴巨雲 閉門固守 衆心 乃一 契丹兵入郭州 … 城遂陷 契丹留兵六千餘人 守之 規自興化鎭 率兵七百餘人 至通州 收兵 一千 夜入郭州 擊契丹所留兵 悉斬之 徙城中男女七千餘人于通州 明年 契丹主入京 焚宮闕而 退 龜州別將金叔興 與中郞將保良 擊契丹兵 斬萬餘級 規掩擊契丹兵於無老代 斬二千餘級 奪 被虜男女三千餘人 又戰於梨樹 追至石嶺 斬二千五百餘級 奪俘虜千餘人 後三日 又戰於余里 站 斬千餘級 奪俘虜千餘人 是日 三戰皆捷 復邀其前鋒於艾田 擊之 斬千餘級 俄而契丹主大軍 奄至 規與叔興 終日力戰 兵盡矢窮 俱死於陣 契丹兵爲諸將鈔擊 又因大雨 馬駝疲乏 甲仗皆失 渡鴨綠江 引去 鄭成追之 及其半渡 尾擊之 契丹兵溺死者 甚衆 諸降城 皆復之 規以孤軍旬月閒

주26 공부상서工部尙書 : 공부 소속의 정3품 관직.

주27 교서랑校書郞 : 비서성 소속의 정9품 관직.

凡七戰 斬級甚衆 奪被虜人三萬餘口 獲駝馬器械 不可勝數 以功贈工部尙書 給規妻殷栗郡君
洪氏粟 授子帶春校書郞 … 十年 賜規叔興功臣錄券 十五年 又俱賜三韓後壁上功臣號

_ 「고려사」권94, 열전7, 양규

자료 4

강감찬의 구명舊名은 은천殷川이며 금주衿州^{주28} 사람이다. … 현종 원년에 거란주가 스스로 군사를 거느려 서경을 치자 아군의 패보가 이르니 군신이 항복하기를 의논하거늘 강감찬이 홀로 말하기를, "오늘의 일은 죄가 강조에게 있으니 걱정할 바 아닙니다. 다만 중과부적이니 마땅히 그 봉鋒을 피했다가 천천히 흥복興復을 도모할 것입니다."라 하고 드디어 왕을 권하여 남행케 했다. …

거란의 소손녕[소배압蕭排押의 오기]이 내침來侵할 적에 군사를 10만이라 했다. 때에 강감찬이 서북면행영도통사西北面行營都統使가 되었는데 왕이 명하여 상원수上元帥^{주29}를 삼고 대장군大將軍 강민첨姜民瞻으로 부副를 삼고 내사사인內史舍人^{주30} 박종검과 병부낭중兵部郎中^{주31} 유참으로 판관判官을 삼아 군사 20만 8,300명을 거느려 영주寧州에 주둔케 하니 흥화진에 이르러 기병 12,000명을 뽑아 산골짜기 안에 복병伏兵하고 큰 줄로 소가죽을 꿰어 성동城東 대천大川을 막아서 기다리다가 적이 이르자 막았던 깃을 트고 복병을 발發하여 크게 패배시켰다. 소손녕이 군사를 이끌고 바로 경성으로 나아가거늘 강민첨이 자주慈州 내구산來口山에 쫓아가서 또 대패시켰고, 시랑侍郎^{주32} 조원趙元이 또 마탄馬灘에서 쳐서 10,000여 급級을 참수했다.

이듬해 정월 강감찬은 거란병이 경성을 핍박逼迫하므로 병마판관兵馬判官^{주33} 김종현을 보내어 병사 1만 명을 거느리고 길을 두 배로 빨리 걸어서 입위入衛케 하고 동북면병마사東北面兵馬使^{주34}도 군사 3,300명을 보내어 응원했다. 이에 거란이 군사를 돌려 연주漣州^{주35} · 위주渭州^{주36}에 이르거늘 강감찬 등이 공격하여 500여 급을 베었다. 2월에 거란의 병사가 귀주龜州를 지나매 강감찬 등이 동교東郊에서 맞아 싸우는데 양군이 서로 견지堅持하여 승패가 결정되지 못했는데, 김종현이 군사를 끌고 달려오고 풍우風雨가 문득 남으로부터 와서 깃발이 북으로 향하매 아군이 세를 타서 분격奮擊하여 용기가 스스로 배가倍加되니 거란병이 패배해 달아나자 아군이 추격하여 석천石川을 건너 반령盤嶺에 이르니 시체가 들을 덮고 사로잡은 인구人口 · 말과 낙타 · 갑주甲

주28 금주衿州 : 오늘날 경기도 시흥 일대.

주29 상원수上元帥 : 전쟁에 동원된 군사를 거느리는 최고 장수, 또는 한 지방의 군사를 거느리는 우두머리 장수.

주30 내사사인內史舍人 : 성종 때 관직명. 태조 13년(930)에 내의사신을 두고, 성종 때에 내사사인으로 고쳤으며, 문종 때에 중서사인이라 하여 종4품의 관직으로 했다.

주31 병부낭중兵部郎中 : 병부 소속의 정5품 관직.

주32 시랑侍郎 : 상서 6부의 정4품 관직.

주33 병마판관兵馬判官 : 동서북면의 병마사 기구에 속한 관직으로 5~6품의 품질이었으며, 3명을 배치했다. 병마사와 같이 6삭제朔制로 교체했다.

주34 동북면병마사東北面兵馬使 : 동북면은 동계, 병마사는 양계에 장관으로 파견된 관원. 양계는 남도南道와는 달리, 군사 조직으로 통치했기 때문에 오도안찰사와 다른 양계병마사를 설치했다.

주35 연주漣州 : 평안북도 영변군 연산면 일대로 추정된다.

주36 위주渭州 : 평안북도 영변군 고성면 일대.

冑・병장兵仗은 가히 다 헤아릴 수 없고 살아서 돌아간 자는 겨우 수천 인이니 거란의 패함이 아직 이와 같이 심함은 없었다. …

原文 姜邯贊 舊名殷川 衿州人 … 顯宗元年 契丹主自將 攻西京 我軍敗報至 群臣議降 邯贊 獨曰 今日之事 罪在康兆 非所恤也 但衆寡不敵 當避其鋒 徐圖興復耳 遂勸王南幸 … 契丹蕭遜 寧來侵 兵號十萬 時邯贊爲西北面行營都統使 王仍命爲上元帥 大將軍姜民瞻 副之 內史舍人朴 從儉 兵部郎中柳參 爲判官 帥兵二十萬八千三百 屯寧州 至興化鎭 選騎兵 萬二千 伏山谷中 以 大繩貫牛皮 塞城東大川 以待之 賊至 決塞發伏 大敗之 遜寧引兵 直趨京城 民瞻追及於慈州來 口山 又大敗之 侍郎趙元 又擊於馬灘 斬首萬餘級 明年正月 邯贊以契丹兵逼京 遣兵馬判官金 宗鉉 領兵一萬倍道入衛 東北面兵馬使 亦遣兵三千三百 入援 於是 契丹回兵 至漣渭州 邯贊等 掩擊 斬五百餘級 二月契丹兵 過龜州 邯贊等 邀戰於東郊 兩軍相持 勝敗未決 宗鉉引兵 赴之 忽 風雨南來 旌旗北指 我軍乘勢奮擊 勇氣自倍 契丹兵奔北 我軍追擊之 涉石川 至于盤嶺 僵尸蔽 野 俘獲人口馬駝甲冑兵仗 不可勝數 生還者 僅數千人 契丹之敗 未有如此之甚

_ 「고려사」권94, 열전7, 강감찬

출전

「고려사」

「고려사절요」

찾아읽기

서병국, 「고려・송・요의 삼각무역고」, 『백산학보』15, 1973.

박현서, 「북방민족과의 항쟁」, 『한국사』4, 국사편찬위원회, 1974.

이용범, 「고려와 거란契丹과의 관계」, 『동양학』7, 1977.

방동인, 「고려전기 북진정책의 추이」, 『영토문제연구』2, 1985.

김재만, 「거란・고려국 교전사」, 『인문과학』15, 성균관대학교, 1986.

박종기, 「11세기 고려의 대외 관계와 정국운영론의 추이」, 『역사와 현실』30, 1998.

김재만, 「거란・고려 관계사연구」, 국학자료원, 1999.

서성호, 「고려 태조대 대거란 정책의 추이와 성격」, 『역사와 현실』34, 1999.

이재범, 「여요전쟁과 고려의 방어체계」, 『한국군사사연구』, 1999.

이재범, 「여요전쟁시 고려와 요의 군사력 비교」, 『서희와 고려의 고구려계승의식』, 1999.

김소영, 「고려 태조대 대거란 정책의 전개와 그 성격」, 『백산학보』58, 2001.

김영미, 「11세기후반~12세기초 고려・요 외교 관계와 불경교류」, 『역사와 현실』43, 2002.

나종우, 「10세기 동아시아의 국제정세 속에서 고려와 거란 관계」, 『군사軍史』46, 2002.

안주섭, 「고려초기 대거란對契丹 관계의 전개와 성격」, 『명지사론』13, 2002.

추명엽, 「고려전기 '번'인식과 '동·서번'의 형성」, 『역사와 현실』43, 2002.

안주섭, 『고려 거란전쟁』, 경인문화사, 2003.

이미지, 「고려 선종대 각장榷場 문제와 대요 관계」, 『한국사학보』14, 2003.

이정신, 「강동6주와 윤관의 9성을 통해 본 고려의 대외 정책」, 『군사』48, 2003.

김위현, 『고려시대 대외 관계사 연구』, 경인문화사, 2004.

신안식, 「고려전기의 북방정책과 성곽체제」, 『역사교육』89, 2004.

임용한, 『전쟁과 역사 ― 거란·여진과의 전쟁』, 혜안, 2004.

장학근, 『고려의 북진정책사』, 국방부 군사편찬연구소, 2004.

이홍두, 「고려 거란전쟁과 기병전술」, 『사학연구』80, 2005.

김순자, 「10~11세기 고려와 요의 영토정책 ― 압록강선 확보 문제 중심으로」, 『북방사논총』11, 2006.

이효형, 「고려전기의 북방인식 ― 발해·거란·여진 인식 비교」, 『지역과 역사』61, 2006.

김당택, 「고려 현종·덕종대 대거란요 관계를 둘러싼 관리들간의 갈등」, 『역사학연구』29, 2007.

김대연, 「고려 현종의 즉위와 거란의 침략원인」, 『한국중세사연구』22, 2007.

이미지, 「고려 성종대 지계확정의 성립과 그 외교적 의미」, 『한국중세사연구』24, 2008.

이천시 서희선생선양사업추진위원회, 『명분과 실리 서희 외교론』, 국학자료원, 2008.

허인욱, 「고려 성종대 거란의 1차 침입과 경계 설정」, 『전북사학』33, 2008.

김당택, 「고려와 요·금·원 관계사의 특징」, 『동북아 관계사의 성격』, 동북아역사재단, 2009.

김순자, 「고려전기의 거란, 여진金에 대한 인식」, 『한국중세사연구』26, 2009.

김영미, 「고려와 요의 불교교류 ― 〈석마하연론〉을 중심으로」, 『한국사상사학』33, 2009.

김우택, 「11세기 대거란 영역 분쟁과 고려의 대응책」, 『한국사론』55, 2009.

구산우, 「고려 현종대의 대거란전쟁과 그 정치·외교적 성격」, 『역사와 경계』74, 2010.

김당택, 『고려 양반국가의 성립과 전개』, 전남대학교 출판부, 2010.

이정훈, 「고려 현종대 거란과의 전쟁과 지배체제 개편」, 『한국중세사연구』29, 2010.

허인욱, 「고려 덕종·정종대 거란과의 압록강 성교城橋·성보城堡 문제」, 『역사학연구』38, 2010.

차오쥥핑曹中屏, 「고려와 요왕조의 영토쟁단과 30년 전쟁高麗與遼王朝的領土爭端與三十年戰爭」, 『한국연구韓
　　　國研究』10, 국제문화출판공사國際文化出版公司, 2010.

육정임, 「고려·거란 '30년 전쟁'과 동아시아 국제질서」, 『동북아역사논총』34, 동북아역사재단, 2011.

윤경진, 「고려 성종~현종초 북방 개척과 주진州鎭 설치」, 『역사문화연구』38, 한국외국어대학교, 2011.

윤경진, 「고려 현종말~문종초 북계 주진 설치와 장성 축조」, 『군사』79, 2011.

이미지, 「고려시기 대거란 외교의 전개와 특징」, 고려대학교 박사학위 논문, 2012.

이미지, 「고려시기 대거란 2차 전쟁 유공자와 그들에 대한 추가 포상」, 『한국사연구』157, 2012.

2 동북 땅을 둘러싼 긴장과 갈등

여진 정벌과 동북9성

고려는 국초 이래 고구려 계승을 표방하면서 북진 정책을 추진했지만 서북 지방으로의 진출은 거란과 전쟁을 치르고 난 뒤에는 사실상 불가능했다. 그리하여 고려가 적극적으로 영토의 확대를 꾀할 수 있는 곳은 동북 지방이었다. 그곳에는 여진족이 살고 있었지만 통일된 정치 집단이 형성되어 있지 않아 진출하기 쉬웠다.

초기 여진과의 관계

고려는 3차례에 걸친 거란과의 전쟁을 치른 후 북진 정책을 주로 동북 방향에서 전개했다. 동북 방면에는 여진족이 거주하고 있었는데, 이들은 동번東藩으로 지칭되고 있던 부족들로서 생여진 계통이었다. 이들 생여진은 함경도는 물론 두만강 유역이나 그 이북 흑룡강·송화강 유역에도 거처하고 있었다. 대다수 여진족은 유목 생활을 하고 있었는데 농업에 종사하던 부족들이 살던 지역은 대체로 함경도 해안 지역과 두만강 유역 일대였다. 이들 종족은 통일된 정치 집단을 형성하지 않고 여러 갈래로 나뉘어 있었다.

고려는 태조 때부터 동북 지방 여진족에 대한 본격적인 기미羈縻 정책을 추진했다. 이 정책은 태조 즉위 원년(918) 8월 안변 북쪽 지역으로 추정되는 골암성鶻巖城의 우두머리 윤선尹瑄이 고려로 귀부해 오는 사건을 계기로 시작했다. 발해의 멸망을 계기로 여진족이 고려로 집단 내부來附하면서 고려 초기부터 동북 지방으로 크게 북상했다. 여진인은 토산물인 말과 궁시弓矢 등을 바쳤으며[자료1] 고려에서는 그들에게 장군將軍·대장군大將軍 등의 관작을 주었으며, 식량과 철제 농기구를 사여했다. 대여진 정책은 문종 때 성과를 나타내 고려 백성이 되고자 하는 여진인이 많이 출현하게 되었다.

천리장성 밖의 원근 지역에 거주하는 여진 촌락들이 자진하여 고려에 신하라고 칭하고 고려의 행정 구역으로 편입해줄 것을 요청하는 사례도 빈번했다.[자료2] 이에 고려 정부는 지속적으로 성을 쌓음과 동시에 귀부해 오는 여진에 대해 기미주羈縻州라는 자치주를 만들도록 했다. 기미주란 고려에 귀순한 여진 촌락을 구분하여 각기 주州라는 이름을 내려주고 여진 추장을 도령都領으로 임명하여 맡아 다스리게 하는 귀순 여진인의 자치주라 할 수 있다. 문종 이후 여러 기미주의 추장을 도령 체제로 편제하여, 국경 수비를 위한 방어선으로 삼았다.

여진족의 통합과 무력 충돌

문종 때의 적극적인 조치는 비록 여진인의 자원에 의한 것이었지만, 동여진 내 부족간의 갈등과 투쟁을 일으키게 되었다. 30년 뒤에 아성[阿城, 백성白城]에서 완안부完顔部의 세력이 강성해지자, 동여진의 내분은 완안부 오아속烏雅束의 세력을 끌어들이는 결과를 가져왔다.

두만강 유역에서 고려 장성의 동북 지역 부근까지 광범위한 지역에 걸쳐 형성되어 있었던 가란전[曷懶甸, 마천령 이남 정평 이북]의 여진들은 본래 고려에 내부하여 고려 조정의 지시를 받고 있었는데, 완안부가 강성해지면서 가란전 지역으로 세력을 뻗쳐오자 그들 중에 점차 완안부와 내통하여 그에 붙고자 하는 자들이 나타나게 되었다. 고려에서는 그것을 알고 완안부와 내통하는 여진족을 막으려 했다.

문종 34년(1080) 동번이 난을 일으켜 고려에서 보병과 기병 3만 명을 파병하여 공격한 적이 있었다. 이때에는 동번과 완안부의 관련성이 확인되지 않는다. 고려의 공격으

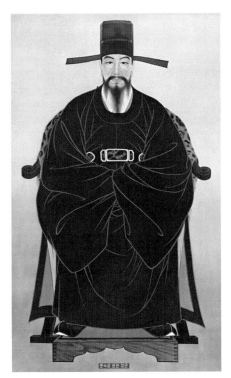

윤관(?~1111) 영정. 1910년 무렵 후손들에 의하여 제작되었으며, 1987년 충청북도 유형문화재 제160호로 지정되었다. 고려 문종 때 문과에 급제한 이후 예종 때에 이르기까지 여러 관직을 거치면서 여진과의 싸움에서 많은 공을 세운 명신이며 명장이다.

로 동번은 상당한 타격을 입고 우호 관계를 유지하는 방향으로 선회한 것으로 보인다. 그러나 점차 완안부의 군대가 동번의 여러 기미주를 차지하고 정주관 밖에까지 진출하자, 고려는 완안부 세력을 축출하기 위해 그때까지 취해오던 온건 정책을 버리고 무력에 의한 강경 정책을 취하게 되었다. 고려와 완안부가 정면으로 충돌한 것은 오아속이 석적환石適歡에게 고려를 침입토록 한 숙종 9년(1104) 정월부터였다.

석적환의 군대가 가란전 일대를 휩쓸며 고려에 복속했던 여진 촌락을 완전히 점령하고 정평의 장성 부근까지 출몰하게 되었다. 고려는 임간林幹 등을 보내 대비케 했는데, 임간 등이 서둘러 성을 나가 석적환의 군사를 쳤으나 오히려 패배하여 죽은 자가 태반이나 되었다.[자료3] 숙종은 다시 윤관尹瓘을 동북면행영병마도통東北面行營兵馬都統으로 삼아 출동시켰으나 대패를 당하고 겨우 화약을 맺고 돌아왔다. 임간과 윤관의 패전으로 정평·장성 밖의 여진 촌락은 모두 완안부의 치하에 들어가게 되었다.

별무반의 편성과 9성의 개척

숙종은 윤관의 건의를 받아들여 정규군 이외에 별무반別武班을 편성하여 임전 태세를 갖추게 되었다.[자료4] 그 조직은 기병과 보병으로 나누어 문무산관과 이서吏胥로부터 상인과 노복에 이르기까지 모든 백성을 징발 대상으로 했다. 이들 가운데 말을 가진 자는 기병인 신기군으로, 말이 없는 자는 보병으로 편제했다. 그 밖에 승려들로 구성된 항마군이 있었다. 별무반의 편제에서 기병 양성에 중점을 둔 것이 주목된다.

숙종이 여진 정벌의 뜻을 이루지 못하고 죽고 예종이 왕위에 오르자 부왕의 뜻에

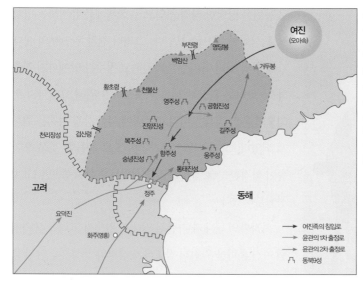

고려의 9성. 예종 2년(1107) 고려는 윤관을 도원수로, 오연총을 부원수로 하여 17만 대군을 거느리고 여진족을 소탕하고서 웅주·영주·복주·길주·함주·공험진·통태진·진양진·숭녕진에 9성을 쌓았다. 9성의 위치에 대해서는 공험진의 위치를 두만강의 북쪽으로 잡아 그 이남부터 정평까지의 함경도 일대에 걸쳐 있다는 설, 길주 내지 마운령 이남부터 정평까지 주로 함남 일대로 보는 설, 함관령 이남 정평 이북의 함흥평야 일대로 보는 설이 있다.

따라 여진 정벌군을 출동시켰다. 예종 2년(1107) 윤10월 윤관을 원수로, 오연총吳延寵을 부원수로 하여 17만 대군을 이끌고 나아가 동여진을 치게 했다.[자료5] 정주定州 관문關門을 넘어 전쟁을 개시한 것은 12월이었다. 고려군은 연전연승하여 135개의 촌락을 무너뜨리고 5,000명 가까운 적군을 죽이고, 포로만도 5,000명이 넘는 대승을 거두었다. 정벌한 땅은 동쪽으로 대곶령大串嶺에 이르고 북쪽으로 궁한이령弓漢伊嶺에 이르렀으며, 서쪽으로 몽라골령蒙羅骨嶺에 이르렀다. 윤관은 점령한 지역의 여러 험준한 곳에 함주咸州를 비롯하여 영주英州·웅주雄州·길주吉州·복주福州·공험진公嶮鎭·통태진通泰鎭·숭녕진崇寧鎭·진양진眞陽鎭 등 9개의 성을 쌓은 다음, 남방의 민호를 9성에 옮겨 살게 했다.[자료4] 특히 길주성 내에는 호국인왕사護國仁王寺와 진국보제사鎭國普濟寺라는 두 개의 사원을 건립한 후 이듬해 4월에 개경으로 개선했다.

고려에서는 9성 지역에 무려 69,000천여 호의 사민徙民을 실시했다. 이는 동북 지방으로의 팽창이, 국내의 농토 부족을 해소하기 위한 목적이 있었음을 알려 주는 것이다. 9성의 현 위치에 대해서는 의견이 분분하여 두만강 이북에서 함경도 일대에 걸친다는 견해, 함경남도 일대로 보는 견해, 더 남쪽의 함흥평야 일대로 보는 견해 등이 있다.[자료6·7] 9성 가운데 최북단에 있던 공험진의 위치를 조선 초기에는 두만강 이북으로 보았으나 조선 후기에는 견해가 나뉘어 한백겸 · 안정복 · 신경준 · 정약용 등은 한반도로 추정했으며, 이종휘 · 홍경모 · 이익 등은 두만강 이북으로 추정했다. 현재에도 공험진의 위치에 대해서는 많은 논란이 있는데 두만강 북쪽 700리 지점으로 주장하는 연구자가 많다.

9성의 환부와 이후의 관계

고려는 개척한 9성을 오래 유지하지 못했다. 농경지를 빼앗긴 토착 여진의 끈질긴 저항 때문이었다. 고려와 여진의 공방은 일진일퇴를 거듭했는데, 전세는 점차 고려에 불리해져갔다. 오아속은 반격전을 전개하는 한편 외교적인 방법으로 9성 환부를 애걸했다. 고려에서는 막대한 물자가 소요되고 인명 피해가 속출하자 화친쪽으로 국론이 기울었다. 마침내 예종 4년 7월에 개척한 지 1년여 만에 9성의 환부를 결정하고 주둔했던 군사와 백성들을 철수시켰다.[자료8] 고려는 모든 기미주를 잃게 되었고, 국가의 위신이 실추되었다. 건국 이래 적극적으로 추진해 온 고구려 고토 회복이라는 북진 정책은 중단되고 말았다.

완안부 여진은 광역의 가란전 지역을 확보하게 되었고, 전 여진족을 단합시켜 고려의 위협으로부터 벗어나게 되었다. 예종 8년(1113) 아골타가 여진족을 이끌면서 그들의 세력은 더욱 팽창하여 만주 지역 대부분을 점령하고 2년 후 금金을 건국했다.[자료9] 한편 여진으로부터 압박을 받은 거란은 여진의 진출을 막기 위해 고려에 원병을 요청했으나 고려는 이를 거부하면서 양자의 싸움에 끼어들지 않았다.

거란의 퇴조에 따라 고려는 거란이 종래 보유했던 보주保州와 내원성來遠城 일대를 점령하게 되는데, 여진이 이를 인정해주는 대신 고려에 대해 형제의 맹약을 맺을 것을 요구해와 예종 12년에 양국이 외교적으로 긴장 상태에 들어서게 되었다.[자료10] 이후 인종 3년(1125) 여진은 거란을 멸망시키고 이어서 송의 수도를 함락시켜 명실상부한 중원의 패자로 군림함에 따라 고려에 대하여 군신 관계를 요구해왔다. 고려 측에서는 여진의 요구에 대해 지배층 사이에 찬반 격론을 벌이다가 무력 저항을 포기한 채 현실을 인정하는 태도를 취하여 마침내 사대事大의 예를 채택하고 말았다. 고려가 이런 정책을 취한 것은 현실적으로 금의 세력이 강대해진 데다가 권신 이자겸이 자신의 정권 유지를 위해 대외적인 평화 관계의 수립이 필요하다고 판단했기 때문이다.

이로써 금과의 군사적인 충돌은 모면했지만 고려 초의 강렬한 문화 의식을 기반으로 한 북진 정책이 결정적 타격을 받게 되었다. 일부 지배층의 반발은 뒷날 묘청·정지상 등이 금국정벌론金國征伐論을 제기하는 배경이 되었다. 고려와 금 사이에 조공·책봉 관계를 맺게 됨에 따라 여진을 금수로 보았던 관념도 점차 사라져갔다.

한편 고려와 금 사이에 영토 분쟁이 의종 19년(1165) 발생했다. 국경 지대인 압록강 안의 섬 지역에 고려인들이 먼저 진출하여 경작하기 시작하고 이어서 금인들도 진출함으로써 영토 분쟁이 발생한 것이다. 이때 고려의 지방관이 군대를 동원하여 금인들을 공격했다. 이 분쟁은 고려가 방수군을 철수시키고 금 포로들을 반환함으로써 종결되었다. 이후 금은 압록강을 경계로 고려의 영토를 침범하지 않는 정책을 취했다.

자료1

동여진의 대광 소무개 등이 와서 말 700필과 토산물을 바쳤다.

原文 東女眞大匡蘇無盖等 來獻 馬七百匹 及方物

_ 『고려사』권2, 세가2, 정종定宗 3년

자료2

주1 한림원韓林院 : 국왕의 의례문서, 명령서 작성을 담당하는 관서.

한림원韓林院주1에서 아뢰기를, "동여진東女眞의 대란大蘭 등 11촌의 귀화인들이 그들의 거주지를 빈濱·이利·복福·항恒·서舒·습濕·민閩·대戴·경敬·부付·완宛의 11주로 만들어 줄 것을 청하니 각각 주기朱記를 내려주고 인하여 귀순주에 예속시키소서."라고 하니 이를 청종聽從했다.

原文 翰林院奏 東女眞大蘭等十一村內附者 請爲濱利福恒舒濕閩戴敬付宛十一州 各賜朱記 仍隸歸順州 從之

_ 『고려사』권9, 세가9, 문종 27년 9월

자료3

신사辛巳에 동여진의 추장 오아속烏雅束이 별부의 부내로夫乃老와 사이가 좋지 못하여 공형지조公兄之助를 시켜 부내로를 치면서 그 기병을 정주 관문 밖에 주둔시켰다. … 임자일에 임간林幹이 정주성 밖에서 여진군과 싸우다가 패했다. … 정축일에 윤관이 여진군과 싸워서 30여 명의 머리를 베었다. 우리 군사로서 살상 함몰된 자가 반이 넘었다.

原文 辛巳 … 東女眞酋長烏雅束 與別部夫乃老 有隙 遣公兄之助 發兵攻之 騎兵來屯定州關外 … 壬子 林幹與女眞 戰于定州城外 敗績 … 丁丑 尹瓘與女眞戰 斬三十餘級 我軍死傷陷沒者 過半

_ 『고려사』권12, 세가12, 숙종 9년 정월

주2 참지정사 : 중서문하성의 종2품 관직.

주3 판상서형부사 : 형부의 장관으로 재상이 겸임했다.

주4 태자빈객 : 태자 교육을 담당하던 동궁관인 첨사부 소속의 정3품 관직.

자료4

윤관이 참지정사주2 판상서형부사주3 겸 태자빈객주4으로 임명되었을 때 왕에게 아뢰기를, "제가 보기에는 적의 세력이 완강하여 무슨 변을 일으킬지 예측하기 어려우니 마땅히 병졸과 군관을 휴식시키고 양성해서 후일에 대비해야 하겠습니다. 또한 제가 전일에 패전당한 원인은 적들은 말을 탔고 우리는 보행으로 전투한 까닭에 대적할 수가 없었던 것입니다."라고 했다. 이에 건의해서 비로소 별무반別武班을 만들었다. 문무의 산관·서리들로부터 상인·복예僕隷에 이르기까지 모든 사람들과 주, 부, 군, 현의 사람들로서 말이 있는 사람들 전부를 신기군神騎軍에 편입하고 말이 없는 자는 신보군神步軍, 조탕[跳蕩, 돌격대]·갱궁[梗弓, 활 쏘는 병종]·정노精弩·발화[發火, 화공 부대] 등의 병종을 편대했는데, 20세 이상의 남자로서 과거 글공부하지 않은 청년은 모두 신보군에 배속시키고 무관과 각 진, 부에 속한 군인들은 사철 계속하여 군사 훈련을 시켰으며 또 중을 선발하여 항마군降魔軍을 편성했다. … 윤관이 임금에게 포로 346명과 말 96필, 소 300여 두를 바쳤다. 그리고 의주, 통태진通泰鎭, 평융진平戎鎭에 성을 쌓았다. 이미 축성한 함주, 영주, 웅주, 길주, 복주 및 공험진을 합하면 이것이 북계의 아홉 성이다. 이곳에는 모두 남녘 지방의 백성들을 이민하여 채웠다.

原文 瓘遷叅知政事 判尙書刑部事 兼太子賓客 奏曰 臣觀賊勢 倔强難測 宜休徒養士 以待後日 且臣之所以敗者 賊騎我步 不可敵也 於是 建議 始立別武班 自文武散官吏胥 至于商賈僕隷 及州府郡縣 凡有馬者 爲神騎 無馬者 爲神步 跳蕩梗弓精弩發火等軍 年二十以上男子 非擧子 皆屬神步 西班與諸鎭府軍人 四時訓鍊 又選僧徒 爲降魔軍… 瓘獻俘三百四十六口 馬九十六匹 牛三百餘頭 城宜州通泰平戎二鎭 與咸英雄吉福州公嶮鎭 爲北界九城 皆徙南界民以實之

　　　　　　　　　　　　　　　　　　　　　　　　　　　　_『고려사』권96, 열전9, 윤관

자료5

왕이 위봉루에 거동하여 윤관·오연총에게 부월을 하사하여 보냈다. 을유일에 윤관·오연총이 동계에 이르러 장춘역에 둔병하고 군사의 수가 대강 17만인데 20만이라 과장했다. 병마판관주5 최홍정·황군상을 정주·장주 2주에 나눠 들여보내고 여진 추장에게 속여 말하기를, "국가에서 허정許貞과 나불羅弗 등을 보내려고 하니 너희들은 와서 명을 들으라." 했다. 추장이 이를 믿고 고라 등 400여 명이 이르니 술로 취하게 하고 복병을 발동시켜 섬멸했다. … 윤관은 또 여러 장수를 보내어 땅의 경계를 정했으며 또 일관 최자호崔資顥를 보내 몽라골령蒙羅骨嶺 아래에 터를 보고 성을 950칸을 쌓아 영주英州라 부르고, 화곶산火串山 아래에 992칸을 쌓아 웅주라 하고, 오림금촌吳林金村에 774칸을 쌓아 복주라 하고, 궁한이촌弓漢伊村에 670칸을 쌓아 길주라 불렀다.

주5 병마판관 : 동서북면의 병마사 기구에 속한 관직으로 5~6품의 품질이었으며, 3명을 배치했다.

자료 6

공험진은 예종 3년에 성을 쌓았다. 여기에 진을 두어 방어사로 했으며 6년에는 산성을 쌓았다. [공주孔州, 광주匡州라고도 하며, 선춘령先春嶺 동남쪽, 백두산 동북쪽 또는 소하강蘇下江 강변에 있다고도 한다.]

자료 7

우리 해동은 삼면이 바다로 막혀 있고 한 모퉁이가 육지에 연접하여 넓이가 거의 1만 리나 된다. 고려 태조가 고구려 땅에서 일어나 신라를 항복받고 후백제를 멸하여 개경에 도읍하고 삼한 땅을 통일하게 되었다. … 서북쪽은 당 이래의 압록강을 한계로 삼고, 동북쪽은 선춘령으로 경계를 삼으니 대저 서북의 끝은 고구려에 미치지 못했으나 동북의 끝은 이에서 지났다.

주6 재상 : 재추. 재추는 중서문하성의 재신과 중추원의 추신.

주7 대성臺省 : 중서문하성의 낭사(郞舍, 간관諫官)와 어사대(대관臺官)를 일컫는 것으로 대간臺諫이라고도 했다.

주8 지제고知制誥 : 국왕이 하달하는 지시문인 조서 또는 교서를 작성하는 일을 맡은 관원인데, 한림원·보문각 관원이 겸했다.

주9 도병마판관 : 도병마사에 소속했는데, 소경 이하의 관원으로 구성되었으며 6명이었다.

자료 8

을사일에 재상주6들과 대성臺省주7·제사諸司·지제고知制誥,주8 시신侍臣·도병마판관주9 이상, 문무 3품관 이상을 선정전에 모으고 9개 성을 돌려주는 데 대한 가부를 국왕이 물으니 모두 "가하다."고 아뢰었다. 병오일에 왕이 선정전 남문에 나가서 요불裹弗 등을 접견하고 9개 성을 돌려주겠다고 하니 요불이 감격하여 눈물을 흘리면서 사례했다. 왕이 그들에게 물품을 주어 돌려보내는데 내시 김향을 시켜 국경까지 호송하게 하는 동시에 원수들에게 조서를 내려 9개 성을 돌려준 내용으로써 타일렀다. …

신유일에 행영 병마별감주10 승선주11 최홍정과 병마사주12 이부상서주13 문관이 여진의 추장 거위이居熨伊 등에게 이르기를, "너희들이 만일 아홉 개 성을 돌려주기를 청한다면, 마땅히 전의 약속대로 하늘에 맹세하라." … 최홍정 등이 그제야 길주로부터 9성의 전투 기재와 식량을 차례로 거두어서 내지에 들여왔다. 여진인들은 기뻐하여 자기들의 마소로써 우리들이 남겨두고 온 노약남녀를 태워서 돌려보내고 한 사람도 살상하지 않았다.

原文 乙巳 會宰樞及臺省諸司知制誥侍臣都兵馬判官以上 文武三品以上 于宣政殿 宣問還九城 可否 皆奏曰可 丙午 御宣政殿南門 引見裏弗等 許還九城 裏弗感泣拜謝 王賜物 遣還 命內侍金珦護送境上 仍詔 元帥等 諭以還九城之意 … 辛酉 行營兵馬別監承宣崔弘正 兵馬使吏部尚書文冠 諭女眞酋長居熨伊等曰 汝若請還九城 宜如前約 誓告于天 … 弘正等 始自吉州 以次收入九城戰具資粮 于內地 狄人喜以其牛馬載還吾民遺棄老幼男女 一無殺傷

_ 「고려사」권13, 세가13, 예종 4년 7월

주10 병마별감 : 군장軍將의 독찰督察과 같은 직임을 수행한 임시 관원으로 보인다.

주11 승선 : 중추원의 추밀樞密 아래에 있는 관원인데, 승지承旨 · 대언代言이라고도 일컬었다.

주12 병마사 : 동계와 북계에 장관으로 파견된 관원.

주13 이부상서 : 이부 소속의 정3품 관직.

자료 9

이달에 생여진의 완안아골타가 황제로 칭하고 이름을 민旻으로 고쳤으며 국호를 금金이라 했다.

原文 是月 生女眞完顔阿骨打 稱皇帝 更名旻 國號金

_ 「고려사」권14, 세가14, 예종 10년 정월

자료 10

금나라 왕 아골타가 아지阿只 등 5명을 시켜 편지를 보내어 말하기를, "형뻘 되는 대여진 금국 황제는 아우 고려국 왕에게 이 편지를 보낸다. 우리 할아버지 때부터 한쪽 지방에 끼여 있으면서 거란을 대국이라 하고 고려를 부모의 나라라 하여 조심스럽게 섬겨 왔는데 거란이 오만하게도 우리의 영토를 유린하고 우리 인민을 노예로 생각했으며 번번이 까닭 없는 군사 행동을 감행했다. 우리가 하는 수 없이 그에 항거하여 나섰더니 다행히 하늘의 도움을 받아 그들을 섬멸하게 되었다. 왕은 우리에게 화친을 허락하고 형제의 의를 맺어 영세무궁한 우호 관계를 가지기 바란다."라고 하면서 좋은 말 한 필을 보냈다.

原文 金主阿骨打 遣阿只等五人 寄書曰 兄大女眞金國皇帝 致書于弟高麗國王 自我祖考 介在一方 謂契丹 爲大國 高麗爲父母之邦 小心事之 契丹無道 陵轢我疆域 奴隷我人民 屢加無名之師 我不得已拒之 蒙天之祐 獲殄滅之 惟王許我和親 結爲兄弟 以成世世無窮之好 仍遺良馬一匹

_『고려사』권14, 세가14, 예종 12년 3월

출전

『고려사』

『고려사절요』

찾아읽기

김상기, 「고려와 금·송과의 관계」, 『국사상의 제문제』5, 1959.

김구진, 「공험진과 선춘령비」, 『백산학보』21, 1976.

방동인, 「윤관구성재고」, 『백산학보』21, 1976.

김광수, 「고려전기 대여진교섭과 북방개척문제」, 『동양학』7, 1977.

최규성, 「고려초기의 여진 관계와 북방정책」, 『동국사학』15·16합집, 1981.

나만수, 「고려전기의 대여진정책과 윤관의 북정」, 『군사』7, 1983.

김봉두, 「고려전기 대여진정책의 성격」, 『전통문화연구』1, 조선대, 1990.

박종기, 「고려시대의 대외 관계」, 『한국사』6, 한길사, 1994.

김남규, 「고려전기의 여진관」, 『가라문화』12, 경남대, 1995.

노명호, 「고려시대의 다원적 천하관과 해동천자」, 『한국사연구』105, 1999.

김당택, 「고려 숙종·예종대의 여진정벌」, 『동아시아 역사의 환류』, 지식산업사, 2000.

추명엽, 「11세기후반~12세기초 여진정벌 문제와 정국동향」, 『한국사론』45, 서울대학교 국사학과, 2001.

허인욱, 「고려중기 동북계에 대한 고찰」, 『백산학보』59, 2001.

강은정, 「12세기초 고려의 여진정벌과 대외 관계의 변화」, 『북악사론』9, 2002.

최규성, 「선춘령과 공험진비에 대한 신고찰」, 『한국사론』34, 국사편찬위원회, 2002.

추명엽, 「고려전기 '번' 인식과 '동·서번'의 형성」, 『역사와 현실』43, 2002.

이정신, 「강동6주와 윤관의 9성을 통해 본 고려의 대외 정책」, 『군사』48, 2003.

김위현, 「고려시대 대외 관계사 연구」, 경인문화사, 2004.

임용한, 「전쟁과 역사 – 거란·여진과의 전쟁」, 혜안, 2004.

최규성, 「고려초기의 북방영토와 구성의 위치비정」, 『백산학보』76, 2006.

한정수, 「고려·금 간 사절 왕래에 나타난 주기성과 의미」, 『사학연구』91, 2008.

김당택, 「고려와 요·금·원 관계사의 특징」, 『동북아 관계사의 성격』, 동북아역사재단, 2009.

김순자, 「고려전기의 거란遼, 여진金에 대한 인식」, 『한국중세사연구』26, 2009.

송용덕, 「1107~1109년 고려의 갈라전曷懶甸 지역 축성과 '윤관 9성' 인식」, 『한국사학보』43, 2011.

조복현, 「12세기 초 국제 정세와 여금麗金 간의 전쟁과 외교」, 『동북아역사논총』34, 동북아역사재단, 2011.

김순자, 「고려중기 국제질서의 변화와 고려-여진 전쟁」, 『한국중세사연구』32, 2012.

김순자, 「12세기 고려와 여진·금의 영토 분쟁과 대응」, 『역사와 현실』83, 2012.

윤여덕, 「윤관 9성 연구의 종합적 정리」, 『백산학보』92, 2012.

이정신, 「고려·조선시대 윤관 9성 인식의 변화」, 『한국중세사연구』32, 2012.

권영국, 「고려전기 동북면과 동해안의 방어체제」, 『숭실사학』30, 2013.

3 세계 속의 '코리아'
국제 교역의 발달

고려 시기에 국제 교역은 매우 활발했다. 고려 정부도 국제 교역을 금지하지 않았고, 송나라도 적극적인 통상책을 취했기 때문이다. 송을 비롯한 외국과 활발히 교류하여 고려라는 이름이 국제적으로 알려져 '코레아Corea'라는 칭호를 얻기에 이르렀다.

송과의 교역

고려 전기 고려와 가장 빈번하게 교역한 나라는 송이었다. 송에 이르는 길은 고려 국초에서 문종 28년(1074)까지는 산둥山東의 등주登州 방면에서 거의 직선 코스를 택하여 대동강 어구의 초도椒島 · 옹진구甕津口 · 예성항禮成港에 이르는 길이 중심이었다. 그 이후는 거란의 위협을 느껴 남쪽으로 바뀌는데, 그 길은 예성강에서 출항하여 자연도紫燕島 · 마도馬島 · 군산도群山島를 거쳐 서남으로 나아가 명주에 도달하는 길이었다. 이 항로는 명주 · 정해에서 순풍을 만나면 사흘 만에 바다 가운데로 들어갈 수 있고, 또 닷새면 흑산도에 도달하여 고려 국경에 들어올 수 있는 빠른 항로였다.[자료1] 첨저선尖底船은 해저海底가 얕은 황해를 항해하는 데 적합하지 않아 주로 동중국해 사단斜斷 항로를 이용했으며, 반면 연안용沿岸用 평저선平底船은 황해를 횡단하는 데 활용되었다.

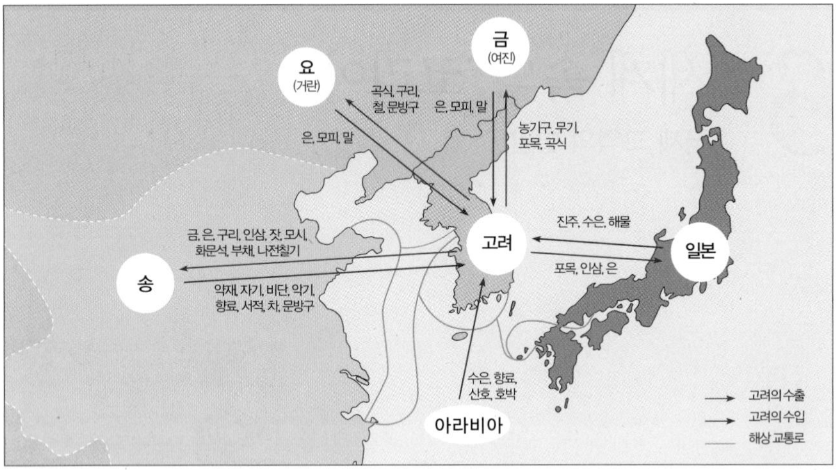

금
(여진)
요
(거란)
곡식, 구리,
철, 문방구
은, 모피, 말
은, 모피, 말
농기구, 무기,
포목, 곡식
진주, 수은, 해물
고려
일본
포목, 인삼, 은
금, 은, 구리, 인삼, 잣, 모시,
화문석, 부채, 나전칠기
송
약재, 자기, 비단, 악기,
향료, 서적, 차, 문방구
수은, 향료,
산호, 호박
아라비아
고려의 수출
고려의 수입
해상 교통로

고려는 대외 교역을 활발하게 전개하여 송은 물론 북방의 거란 · 여진과 무역하였으며, 일본이나 아라비아 상인과도 교역하였다. 교역 물품은 주로 지배층이 사용하는 사치품이었다. 육로를 통한 교역도 있었지만 해로를 통한 무역이 활발하여 벽란도는 국제항으로 발전했다.

고려와 송의 교역이 활발했던 것은 송의 상업 정책과 관련이 있다. 송은 늘어나는 재정 지출을 극복하기 위해 상인들의 상업 활동을 보호 · 장려하는 대가로 세금을 지워 세입 부족을 보충하고자 송 태조 때부터 상세商稅의 규례規例를 정했다. 송대 중국의 해외 무역은 획기적으로 발전했으며, 그에 따라 해상 활동이 더욱 활발했고 교역 범위도 인도양 방면까지 확대되었다. 그리고 송과 고려 · 일본을 연결하는 해상 교역로가 형성되었다. 동아시아 교역권에서 해상 활동이 가장 활발했던 것은 송상宋商이었다.

고려와 송의 무역은 크게 조공 무역과 민간 무역으로 나누어볼 수 있다. 조공 무역은 조공품과 회사품廻賜品의 형식으로 교역이 이루어졌다. 양국간에 교역되었던 국신물國信物은 품목이 30가지를 넘고, 물량 면에서도 막대하여 국교를 상징하는 단순한 것이 아니라 공무역의 품목이었음을 알 수 있다.[자료2] 실제로 송의 조정에서는 고려의 공물을 상품과 같이 취급한 예도 있었다. 고려 광종 13년(962)부터 명종 3년(1173) 사이에 고려의 사신이 송에 간 것이 약 60회이며 송의 사신이 고려에 온 것이 약 30회였다.

민간 무역은 공적인 조공 무역보다 훨씬 활발했다. 송상인의 내항 횟수는 고려 현종 3년(1012)부터 충렬왕 4년(1278)까지 약 120여 회에 이르렀고, 내항한 송 상인의 총 인원은 약 5,000명에 달했다. 송상이 왕래했다는 명확한 표현이 없을지라도 송상 왕래를 추정할 수 있는 예가 허다하다. 송의 사신이 왕래하거나 송인이 내투하는 경우, 표류한 고려민을 송환할 때, 또 고려의 사신이 송에 가는 경우 모두 송상이 함께했을 것이다. 양국의 정치·군사적인 상황의 변화에 거의 영향을 받지 않고 상시적으로 왕래했으며 왕래한 송의 상인도 자료상 확인되는 5,000명을 크게 웃돌았을 것이다. 송과의 민간 무역은 현종 때부터 빈번했는데, 특히 문종 때 가장 활발했다. 고려에서 송에 수출한 것은 금金·금은기구金銀器具·화문릉花文綾·세저細苧·생포生布·인삼·호랑이와 표범 가죽·백지白紙·향유·잣·화문석·나전螺鈿·장도長刀·종이·붓·먹·부채 등이 있었다. 반면 송에서 수입한 것은 도자기·비단·금은 세공품·약재·의대衣帶·안욕鞍褥·채단彩緞·칠갑漆匣·옥玉·금은기金銀器·금상金箔·차茶·향료·약재·서적·악기·화폐·상아·공작孔雀 등이었다. 그중 고려의 종이는 송의 수도나 항구는 물론 양쯔강 유역 안쪽까지 널리 유통되면서 중국인들의 탄상의 대상이 되었다. 수입품 가운데는 송산宋産이 아닌 서남아시아의 물산도 있어, 송상이 중계 무역을 행했음을 알게 한다. 고려와 송의 교역 물품은 사치품·고가품이 중심이 되어 그것을 사용할 수 있는 계층이 왕실과 귀족뿐이었으므로, 그 교역은 특수 계층의 욕구를 충족시키기 위한 것이었음을 짐작할 수 있다. 활발하던 양국의 민간 무역은 남송대 점차 쇠퇴하여 명종 재위 27년 동안에 양국의 무역은 3회에 불과했으며, 신종 7년간에는 전혀 보이지 않고, 희종 7년간에는 1회, 고종 46년간에는 2회가 보일 뿐이었다.

고려와 송의 교역에 참여한 상인은 송상이 중심이었다. 고려 성종 이후 고려 상인들의 대송 무역은 국가의 통제로 크게 침체되었으나 문종 이후에 송상 위주에서 벗어나 고려 상인의 참여도 활발해졌다. 특히 인종과 의종 때는 고려 상인이 활발하게 대송 교역에 참여했다. 고려의 상인도 이처럼 참여한 사례가 있지만 크게 보면 적극적인 것으로 보이지 않는다.

요·금과의 교역

거란과의 교역은 송에 비해 활발하지 못했다. 거란과의 국교는 성종·현종 때 전쟁을 한 이후에 정상화되었는데 사신을 교환하며 국신물을 주고받는 공무역이 주로 이루어졌다. 송과 지속적인 교류를 유지하고 있었기 때문에 대거란 조공 무역의 의존도는 그리 높지 않았다. 거란은 무역장[權場] 설치를 요구하는 등 적극적인 태도를 취했으나 고려의 반대로 각장무역이 폐지되었기 때문에, 고려와 거란의 무역에서는 조공 무역의 비중이 컸다. [자료3·4] 고려에서는 거란 사신의 객관으로 앙은관仰恩館·인은관仁恩館·선은관宣恩館 등을 설치하여 그들의 숙소 겸 시장 역할을 하게 했다.

조공 무역을 통해 고려가 거란에 수출한 품목은 교환 가치가 있는 금·은·동과 포면류·화문석 등의 공예품, 문방용품 및 인삼·차 등이며, 거란으로부터 수입한 물품은 말·양·능라 등이었다. 그리고 거란판 대장경이 입수된 사실이 주목된다.

고려와 여진족의 교류는 금이 성립하기 전부터 있었다. 10세기 초반에서 11세기 초반까지 여진의 추장이 무역을 위해 고려에 온 것이 230여 회나 될 정도로 자주 왕래했다. [자료5] 고려로서는 경제적으로 부담이 되었으나, 안보적인 측면을 고려하여 여진과 교역했다. 금金이 건국된 후에는 국신물을 교환하는 공무역이 중심이 되었으며, 일부에서는 사무역도 행해졌다. 은폐·의대·포·채백·금견 등을 금에 수출했으며, 말·화살·철갑옷 같은 무구류, 담비 가죽·청서 가죽·족제비털 등을 수입했다. 금나라에 파견되는 사행使行은 많은 물품을 가져가 교역해서 큰 이익을 얻었으므로, 파견되기를 희망했다. [자료6]

고려와 금 사이에는 사행 무역 이외에, 국경선 부근에 각장權場을 설치하여 활발한 교역을 전개했다. 압록강 방면에는 의주와 정주에서, 동쪽으로는 정평과 청주에서 각장 무역을 했다. [자료7] 각장 무역이 주는 경제적 이익은 국가 재정으로나 상인 개인들에게 대단히 큰 것이었다. 고려 왕실조차도 이 각장을 이용해 교역하기도 했다. 각장 무역에서는 고려의 쌀과 저포가 금측金側의 견사나 비단·은 등과 교환되었으며, 북방 국가의 정권 교체로 변방이 혼란스러울 때에는 고려측의 미곡이 높은 가격으로 거래되었다. 각장 무역은 12세기 초 요·금 교체기나, 13세기 초 금·원 교체기와 같이 북쪽 변방에서 변화가 생길 경우에는 국가의 안전을 위하여 폐쇄하기도 했다.

대식국 · 일본과의 교역

아라비아는 당시 대식大食이라 불리었는데, 이 대식국인은 당대唐代 이래로 남중국의 광주廣州를 중심으로 무역을 했으며, 송대에 이르러 송의 해외 무역 장려책에 힘입어 더욱 활기를 띠었다. 그들은 당시 남중국 연안에 출입하면서 송상의 고려 무역에 자극되어 고려에까지 진출했다. 아라비아 상인들은 1020년대에서 1040년대에 걸쳐 3차례 내왕한 것이 확인되며 그 이후에도 계속된 것으로 보이는데 상인 숫자가 100여 명에 이르는 대규모였다. 그들이 다루는 물품은 수은, 향료, 상아, 몰약沒藥 등 고려에서 귀한 것이었다.[자료8] 대식국 상인의 도래는 이미 송상인들이 중개를 하고 있던 것에서 직교역을 한다는 데에 의미가 있었을 것이다.

1034년 왕위에 오른 정종靖宗이 민심을 안정시키기 위해 팔관회를 성대하게 열었는데 서경에서 10월에 이틀 동안 주연을 베풀고, 11월 개경 행사에서는 여러 나라 사신들의 축하와 토산물을 받았다. 정종은 다른 나라 상인들의 참석을 환영한다고 밝혔으며, 이때 아라비아 상인들이 행사에 참여해 교역했을 것이다. 원래 팔관회에는 외국인의 참여를 허락하지 않는데 정종의 이런 조치로 그 이후 한동안 아라비아 상인들이 고려와의 무역에 참여한 것으로 보인다. 그러나 아라비아 상인은 송의 시박사市舶司의 통제를 받았기 때문에 고려와 활발하게 교류하기는 어려웠으며 주로 송을 매개로 간접 교류하는 데 그쳤다.

일본과의 교역은 외교 관계가 성립하기 이전부터 민간 차원에서 행해졌으나 문종 10년(1056) 일본 사신이 고려에 온 것을 계기로 활발해졌다. 일본 상인들은 빈번히 고려에 와서 토산물을 바치는 사헌 무역을 했다.[자료9] 일본의 장원 귀족들이 무역을 통한 부의 축적에 적극 나섬으로써 고려에 내항하는 상인이 증가하자, 고려는 진봉선을 1년에 1회 2척으로 제한하는 등 규제를 가했다. 11세기 후반 이후 일본과의 무역은 주로 진봉선에 의해 금주金海 객관에서 이루어졌다. 무인 정권 시기에는 규슈 지역의 지방 세력들이 적극적으로 교역에 참가했으며 고려의 상인들도 왜와의 사무역에 종사했다. 그러나 고려말 왜구의 침입 이후로는 교역이 거의 단절되었다. 일본에는 인삼 · 쌀 · 콩 · 마포 · 서적과 중국산 비단을 수출하고, 수은 · 유황 · 진주 · 소라 · 해조 ·

거울 상자 · 벼루 상자 · 책상 · 향로 · 부채 등과 칼 · 활 · 화살 · 갑옷 같은 무구류, 그리고 후추 · 단목 · 침향 · 물소뿔 같은 남방산 물품을 수입했다.

원과의 교역

고려 후기 원의 간섭 하에선 주로 원과 교역했다. 고려는 원과 단일한 경제권에 속했을 뿐만 아니라 원을 통해 세계 시장과 연결되었으므로, 고려 후기의 대외 교역은 어느 때보다 활발했다. 처음에는 원이 남송이나 일본 정복 전쟁에 필요한 말과 군량을 확보하고자 과중한 공물을 요구하고 강제 교역을 시행하여 엄청난 부담을 주었다.

원과의 공무역은 왕의 원 방문 또는 사신의 교환을 통해 이루어졌다. 고려에서 원에 보내는 예물은 금 · 은 세공품과 자기 · 직물류 · 가죽이었으며, 원에서 답례로 주는 물품은 금 · 은 · 비단 · 목면 등이었다. 빈번한 왕실간의 교류로 왕실이 무역 주체로 등장하기도 했다. [자료10 · 11]

공무역도 성행했지만 사무역도 활발했다. 사무역의 한 형태는 왕이나 사신의 수행원에 의한 것이었다. 대규모 수행원은 사적인 교역을 했으며 상인들도 이들과 결탁하여 사무역을 했다. 상인들은 말 · 모시 · 베 · 인삼 등을 가지고 가서 팔고, 다시 명주비단 · 능라비단 등을 가지고 귀국하여 판매함으로써 막대한 이익을 챙겼다. 원의 상인들도 고려에 와서 활발히 무역했다. 원과의 교역에 편승하여 우마 · 금 · 은 등이 유출되었는데, 은의 유출은 고려 경제에 심각한 타격을 주었다.

코리아Corea의 유래

우리나라의 영어명 코리아Korea는 고려 시대 무역항이었던 벽란도에 다녀간 아라비아 상인들에 의해서 고려가 서양 세계에 알려진 데서 유래했다. 우리나라의 존재는 고려 이전에 서양 세계에 부분적으로 알려졌다. 신라 시대에 승려들이 인도로 불교를

스페인의 안토니오 에레라가 제작한 서인도제국 지도가 들어 있는 책의 초판본 표지(1601). 에레라는 지도 동쪽에 한국과 일본을 그려넣었으며, 한국을 섬으로 표현하고 'Cory'라는 명칭을 붙였다.

공부하러 간 사례가 많아 그들을 통해 간접적으로나마 우리나라에 대한 정보가 전해졌을 것으로 보인다. 그러나 역시 고려 시대에 와서 널리 알려지게 되어 코레아Corea라는 호칭을 갖게 되었다.

우리나라의 국제적인 호칭이 '코리아'로 된 것을 서양의 옛 지도를 통해서 추적해 볼 수 있다. 프톨레마이오스Ptolemaios가 150년 무렵에 제작한 세계 지도에는 동양에 대한 부분이 매우 부정확하며 극동에 대해서는 중국의 이름만 '비단국Serica'과 '중국Sina'이라고 표기되어 있다. 우리나라의 존재는 전혀 서양에 알려져 있지 않다. 다음 프톨레마이오스 이후 가장 훌륭한 지도학자라는 메르카토르Mercator가 1550년에 제작한 지도에도 우리나라는 빠져 있다.

서양 지도에 우리나라의 존재가 분명하게 나타나는 것은 16세기부터다. 1554년 로포 호멤Lopo Homem의 지도에 한국이 표시되었고, 1570년대에 제작된 두라도Dourado의 지도에서 처음으로 'Comray'로 표기했으며, 1601년 아랍인의 해도를 바탕으로 한 스페인의 안토니오 에레라Antonio Herrera가 만든 '서인도제국지도'에 'Cory'라는 표기가 보인다. 그 이후 스페인, 포르투갈은 고려를 'Corea'로, 프랑스는 'Coree'로, 일부에서는 'Caoli'라는 중국식 이명으로 표기하고 있다. 또 고구려를 나타내는 'Cacoli', 또는 조선의 중국식 발음인 'Tiauxen'이라는 이름도 병기하고 있는 경우도 있다. 그러다가 혼돈을 피하기 위하여 'Corea', 'Coree'로 통일한 것으로 보이며, 영어 계통에서 C가 K로 바뀐 것은 19세기 후반부터로 보인다.

고려와 외국의 활발한 경제 교류는, 고려의 국내 경제에 심대한 영향을 주었다. 거래된 물품은 비단, 서적, 기타 귀중품, 무구류가 중심이 되어, 서민들과는 관계없는 물품이었다. 따라서 국제 교역은 귀족층을 대상으로 한 교역의 성격을 띤다고 할 수 있다. 서민들은 귀족이 외국에 매각할 물품을 생산하거나 헐값에 탈취당했으며, 귀족들의 소요품所要品 구입을 위한 재원 마련을 위해 큰 고통을 겪었다.[자료11]

자료1 서긍의 『고려도경』에 나타난 송에서 고려에 이르는 일정표

선화 5년(1123년, 양력 이하 같음)

3월 14일(4월 12일)	배를 풀어 변경汴京을 출발했다.
5월 3일(5월 29일)	배가 사명四明에 머물렀다.
5월 16일(6월 11일)	신주神舟가 명주明州를 떠났다.
5월 19일(6월 14일)	정해현定海縣에 도착했다.
5월 24일(6월 19일)	초보산招寶山에 올라 어향御香을 피우고 망해진에 절했다. 크고 작은 두 개의 사산謝山을 바라보며 송백만松柏灣을 지나 노포蘆浦에 도달하여 닻을 내렸다.
5월 25일(6월 20일)	심가문沈家門에 이르러 닻을 내렸다
5월 26일(6월 21일)	작은 배로 상륙하여 매잠梅岑으로 들어가, 27일까지 바람을 기다렸다
5월 28일(6월 23일)	해로초海驢焦를 지나 멀리 봉래산蓬萊山을 바라보며 반양초半洋焦를 지났다
5월 29일(6월 24일)	백수양白水洋, 황수양黃水洋을 거쳐 흑수양黑水洋으로 들어갔다
6월 2일(6월 26일)	협계산夾界山을 지났다
6월 3일(6월 27일)	오서五嶼를 지났다. 3일 오후부터 밤 사이에 백산白山, 흑산黑山, 월서月嶼, 난산도闌山島, 백의도白衣島, 궤점跪苫, 춘초점春草苫을 지났다. 배가 흑산도를 지날 때가 오후 신시申時였다.
6월 4일(6월 28일)	빈랑초檳榔焦, 보살점菩薩苫을 지나 배가 죽도[蝟島]에 이르러 정박했다.
6월 5일(6월 29일)	고점점苫苫에 정박했다.
6월 6일(6월 30일)	군산도群山島에 이르러 정박했다.
6월 7일(7월 1일)	횡서橫嶼에서 숙박을 했다.
6월 8일(7월 2일)	횡서를 출발하니 남쪽으로 산 하나가 보이는데 자운점紫雲苫이라 한다. 부용산芙蓉山을 지났고 오후에 홍주산洪州山, 아자점鴉子苫을 지나 마도馬島에 정박했다.
6월 9일(7월 3일)	구두산九頭山, 당인도唐人島, 쌍여초雙女焦, 대청서[大靑嶼, 대부도大阜島], 화상도和尙島, 우심서牛心嶼, 섭공서聶公嶼, 소청서小靑嶼를 지나 배가 자연도[紫燕島, 영종도]에 이르렀다.
6월 10일(7월 4일)	밀물을 따라 들어가 급수문急水門을 지나서 합굴蛤窟에 도달하여 정박했다.
6월 11일(7월 5일)	용골龍骨에 이르러 정박했다.
6월 12일(7월 6일)	조수를 따라 예성강 벽란정에 들어갔다.
6월 13일(7월 7일)	육로를 통해 개성에 들어갔다.

자료2

갑인일에 송나라의 국신사國信使 좌간의대부인 안도와 기거사인 진목 등이 예성강에

주1 병부상서 : 병부의 상서. 상서는 정3품 관직으로 재추가 겸했다.

주2 중추원사 : 중추원 소속 종2품 관직.

주3 형부상서 : 형부의 상서. 상서는 정3품 관원으로 재추가 겸했다.

주4 지중추원사 : 중추원 소속의 종2품 관직.

주5 호부상서 : 호부의 상서. 상서는 정3품 관원으로 재추가 겸했다.

주6 예부시랑 : 예부 소속의 정4품 관직.

도착했다. 병부상서주1 노단으로 하여금 연반筵伴이 되어 서교정西郊亭까지 동행하여 오게 하고, 또 중추원사주2 형부상서주3 김제를 연반으로 삼아 순천관順天館까지 영접하게 했으며, 지중추원사주4 호부상서주5 김양감과 예부시랑주6 이양신을 관반館伴으로 임명했다. 정묘일에 태자를 순천관에 보내어 송나라 사신을 인도하여 오게 했다. 송나라 사절들이 창합문閶闔門에 이르러 말에서 내려 회경전 뜰로 들어왔다. … (보내온 물품은 다음과 같다.) 국왕의 옷 2벌 … 장화 1켤레 … 허리띠 2개 … 말 4필 … 채찍 2개 … 금으로 꽃을 놓은 은그릇 … 여러 가지 빛깔로 된 천금川錦이 100필 …

原文 甲寅 宋國信使左諫議大夫安燾 起居舍人陳睦等 到禮成江 命兵部尙書盧旦 爲筵伴 至西郊亭 又遣中樞院使刑部尙書金悌 爲筵伴 入順天館 以知中樞院事戶部尙書金良鑑 禮部侍郎李梁臣 爲館伴 丁卯 命太子詣順天館 導宋使 至閶闔門 下馬 入會慶殿庭 … 國王衣二對 … 靴一緉 … 腰帶二條 … 馬四匹 … 全鞭二條 … 金花銀器 … 雜色川錦一百匹 …

_ 『고려사』권9, 세가9, 문종 32년 6월

자료3

김선석이 요에서 돌아왔다. 답하는 조詔에 이르기를, "각장 설치를 정지하라는 항의 서한을 여러 번 받았으나 진실로 사소한 일이거늘 어찌 여러 번 말을 할 나위가 있는가. 가까운 시일에 적당하게 설치하려고 한다. 하물며 설치할 기일도 정하지 않았으니 힘써 마음을 편히 하여 성심을 지극히 할 것이요, 깊이 의심을 풀고 나의 지극한 뜻을 이해하기 바란다."고 했다.

原文 金先錫還自遼 回詔曰 屢抗封章 請停榷易 諒惟細 故詎假繁辭 邇然議於便宜 况未期於創置 務從安帖 以盡傾輸 釋乃深疑 體予至意

_ 『고려사』권10, 세가10, 선종 5년 11월

자료4

여진이 요를 침략하여 동쪽 변방의 모든 성城이 항복했으나 오직 내원來遠 · 포주抱州 두 성이 굳게 지켜 항복하지 않았다. (그러나 이들은) 양식이 떨어지자 재물財物로써 우리에게 값을 감하여 곡식의 무역을 청했으나, 변리邊吏가 백성의 호시互市를 금지하니 김황원黃元이 상소하여, "남의 재앙을 다행으로 여김은 인仁이 아니요, 이웃을 성내게 함은 의義가 아니니 청컨대 두 성에 곡식을 팔고 겸하여 무역하기로 허락하십시오." 했으나 (국왕이) 회보하지 않았다.

原文 女眞侵遼 盡下東邊諸城 惟來遠抱州二城 固守不下 食盡 以財減價貿穀於我 邊吏禁民 互市 黃元上疏曰 幸災不仁 怒隣不義 請羅二城 兼許貿易 不報

_ 「고려사」권97, 열전10, 김황원

자료 5

유사有司가 왕에게 아뢰기를, "동북면병마사주7의 보고에 의하면, 지즐촌支櫛村·나발 촌那發村·뇨와촌裊臥村·대신촌大信村·서호촌西好村·무주기촌無主其村 등 부락 번 장蕃長이 토산물과 명마를 바치겠다고 합니다."라고 하니 왕이 제制하여 이를 따랐다.

原文 有司言 東北面兵馬使所奏 支櫛村那發村裊臥立村大信村西好村無主其村等 部落蕃 長 請貢方物名馬 制從之

_ 「고려사」권9, 세가9, 문종 27년 7월

주7 동북면병마사 : 동북면은 공험 진 이남에서 삼척 이북까지의 지 역으로 동계라고도 했다. 병마사는 양계 지방에 파견된 장관.

자료 6

이달에 양부兩府주8의 재추宰樞주9가 아뢰기를, "매년 사명을 띠고 금나라에 가는 자들 이 물품 교역에서 이익을 보기 위하여 토산물을 많이 가지고 다니므로 물품 운반하는 폐단에 대하여 역리驛吏들이 괴롭게 여깁니다. 사사로 가지고 다니는 물품 궤짝은 한 도를 정하고 이를 위반하는 자는 관직을 삭탈하여야 되겠습니다."라고 하니 왕이 조 詔를 내려 가可하다고 했다. 그 후 얼마 지나지 않아서 장군주10 이문중·한정수 등이 금나라에 사신으로 가게 되면서 많은 이득을 남기지 못할까 두려워 종래의 관례와 같 이 제한을 없애자고 하니, 왕이 또 이를 허락했다.

原文 兩府宰樞奏 每歲 奉使如金者 利於懋遷 多齎土物 轉輸之弊 驛吏苦之 夾帶私櫝 宜有 定額 違者奪職 詔可 居無何 將軍李文中韓正修等 使金 恐失厚利 請復舊例 王又許之

_ 「고려사」권20, 세가20, 명종 13년 8월

주8 양부兩府 : 중서문하성과 중추 원.

주9 재추宰樞 : 중서문하성의 재신 과 중추원의 추신.

주10 장군 : 2군 6위 소속의 정4품 무관.

자료 7

이에 앞서 금이 재첩하여 미곡 팔기를 빌거늘 국가는 변방 관리로 하여금 거절하고 받아들이지 말라 했다. 지난해부터 금인金人은 병란과 물자 고갈로 인하여 다투어 진 보珍寶를 가지고 의주, 정주의 관외에 납관納款주11하여 미곡을 매매했는데 은 1정錠에

주11 납관納款 : 온 마음을 다 비처 좇는다는 뜻.

쌀 4~5석을 바꾸게 되니, 상인들은 다투어 그 후리厚利를 노려 국가에서 비록 엄형嚴
刑을 가하고 물화를 몰수하여도 오히려 탐욕과 부정을 꺼리지 않고 몰래 숨어서 매매
하는 것이 끊이지 않았다.

> **原文** 先是 金再牒乞糴 國家令邊官 拒而不納 自去年 金人 因兵亂資竭 爭賣珍寶 款義靜州
> 關外 互市米穀 至以銀一錠 換米四五石 故商賈爭射厚利 國家雖嚴刑籍貨 然猶貪瀆無厭 潛隱
> 互市 不絶
>
> _『고려사』권22, 세가22, 고종 3년 윤7월

자료8

대식국 객상客商 보나합保那盍 등이 와서 수은 · 용치龍齒 · 점성향占城香 · 몰약沒藥 ·
대소목大蘇木 등의 물건을 바치니 유사[有司, 담당관]에게 명하여 대우를 후하게 하고,
돌아갈 때는 금백金帛도 후하게 내렸다.

> **原文** 大食國客商保那盍等 來獻水銀龍齒占城香沒藥大蘇木等物 命有司 館待優厚 及還 厚
> 賜金帛
>
> _『고려사』권6, 세가6, 정종靖宗 6년 11월

자료9

주12 도부서都部署 :고려 전기 해
안의 방어를 위한 수군 전담 관서
로서 동북 양계의 도부서都部署와
동남해 도부서가 있었다.

동남해도부서東南海都部署주12에서 아뢰기를, "일본국 사람들인 왕칙王則 · 정송貞松 ·
영년永年 등 42명이 와서 나전螺鈿 · 안교鞍橋 · 도경刀鏡 · 갑연匣硯 · 상즐箱櫛 · 서안書
案 · 화병畵屛 · 향로 · 궁전弓箭 · 수은 · 나갑螺甲 등 물품을 바치려 하고, 일기도壹岐島
구당관勾當官이 등정안국藤井安國 등 33명을 파견하여 역시 동국과 여러 대신들에게 토
산물을 바치려고 청합니다."라고 하니, 제制하기를 "그들에게 해로를 통하여 서울로
오게 하라."고 했다.

> **原文** 東南海都部署奏 日本國人 王則貞松永年等 四十二人來 請進螺鈿鞍橋刀鏡匣硯箱櫛
> 書案畫屛香爐弓箭水銀螺甲等物 壹歧島勾當官 遣藤井安國等三十三人 亦請獻方物 東宮及諸
> 令公府 制 許由海道至京
>
> _『고려사』권9, 세가9, 문종 27년 7월

자료10

(제국대장) 공주는 일찍이 잣과 인삼을 중국 강남으로 수출하여 많은 이익을 얻었다.

그 후로는 내시들을 각처에 보내서 그 물건을 구했고 그것이 생산되지 않는 지방에서 까지 받아들였으므로 백성들이 심히 괴로움을 받았다.

原文 公主 嘗以松子人參 送江南 獲厚利 後分遣宦官 求之 雖不産之地 無不徵納 民甚苦之

_ 『고려사』 권89, 열전2, 제국대장공주

자료 11

대장군大將軍[주13] 유복화와 지후祗候[주14] 김지겸 등을 보내어 세자에게 전폐錢幣를 보냈다. 이때에 세자가 청혼하니 그 비용이 적지 않았으므로, 안으로는 7품 이상에게 백금을 과렴했으며, 밖으로는 경상도의 갑오년 조세를 감하여 군현에 나누어주고 백금 1근마 다 미 30석으로 절가折價하여 징구徵求하는데, (이것이) 성화보다 급하니 민이 심히 고 통스러워했다. 또한 중랑장中郎將[주15] 송영 등을 보내어 바다를 건너 익도부益都府[주16]에 가게 해서 마포 14,000필로 저폐楮幣를 샀다. 왕이 친히 가서 세자를 위하여 빙례聘禮를 행하고자 이에 전라·충청 두 도에서 집집마다 마포를 추렴하고 군량으로 강제로 사 들이니 원망과 비난이 더욱 일어났다.

原文 遣大將軍劉福和 祗候金之兼等 送錢幣于世子 時世子 請婚 其費不貲 內則七品以上 科斂白金 外則減慶尙道甲午年租稅 分給郡縣 每白金一斤 折米三十石 徵求急於星火 民甚苦之 又遣中郎將宋瑛等 航海往益都府 以麻布一萬四千匹 市楮幣 王欲親往 爲世子行聘禮 乃於全 羅忠淸兩道 家抽麻布 以軍粮抑買 怨讟益興

_ 『고려사』 권79, 지33, 식화2, 과렴科斂, 충렬왕 21년 4월

주13 대장군大將軍 : 2군 6위의 부 지휘관으로 종3품 무관.

주14 지후祗候 : 각문閣門 소속의 정7품 관직. 공민왕 5년(1356)에 종6품으로 올렸다.

주15 중랑장中郎將 : 정5품 무관. 1,000명으로 조직된 영領을 지휘 하던 장군에 2명씩 딸려 있던 보좌 관으로, 응양군鷹揚軍에 2명, 용호 군龍虎軍에 4명, 좌우위左右衛에 26명, 신호위神虎衛에 14명, 흥위 위興威衛에 24명, 금오위金吾衛에 14명, 천우위千牛衛에 4명, 감문위 監門衛에 2명, 도외부都外府에 1 명, 충용위忠勇衛에 12명 등 103 명의 중랑장이 있었다.

주16 익도부益都府 : 원나라 때 산 동에 있던 지명.

출전

『고려도경』

『고려사』

찾아읽기

김상기, 「여송무역소고」, 『진단학보』, 7, 1937.

전해종, 『한중 관계사연구』, 일조각, 1970.

전해종, 「여·원무역의 성격」, 『동양사학연구』, 12·13합집, 1978.

나종우, 「고려전기의 여일무역」, 『원광사학』, 1, 1981.

전해종, 「고려와 송과의 교류」, 『국사관논총』, 8, 1989.

고병익, 「여대 동아시아의 해상통교」, 『진단학보』71 · 72합집, 1991.

장동익, 「여 · 원의 경제적 관계」, 『고려후기 외교사연구』, 일조각, 1994.

박옥걸, 「고려내항 송상인과 여 · 송의 무역정책」, 『대동문화연구』32, 1997.

양웨이승楊渭生, 『송 · 여관계사연구宋麗關係史硏究』, 항저우대학출판사杭州大學出版社, 1997.

이정희, 「고려전기 대요무역」, 『지역과 역사』4, 1997.

안병우, 「고려와 송의 상호인식과 교섭 – 11세기후반～12세기 전반」, 『역사와 현실』43, 2002.

김위현, 『고려시대 대외 관계사 연구』, 경인문화사, 2004.

박진석, 「송과 고려의 무역에 관한 몇 개 문제」, 『백산학보』68, 2004.

김철웅, 「고려와 대식의 교역과 교류」, 『문화사학』25, 2006.

백승호, 「고려 상인들의 대송무역활동」, 『역사학연구』27, 2006.

위은숙, 「13 · 14세기 고려와 요동의 경제적 교류」, 『민족문화논총』34, 영남대학교, 2006.

하라 미와코原美和子, 「송대 해상의 활동에 관한 한 시론宋代海商活動に關する一試論」, 『중세의 대외교류中世の
　　　　對外交流』, 고시쇼인高志書院, 2006.

백승호, 「고려의 대송 민간무역」, 『중국과 중국학』6, 2007.

신채식, 『송대대외 관계사연구』, 한국학술정보주, 2008.

김영제, 「송 · 고려 교역과 송상」, 『사림』32, 2009.

김영제, 「여송교역의 항로와 선박」, 『역사학보』204, 2009.

전영섭, 「10～13세기 동아시아 교역시스템의 추이와 해상 정책 – 송 · 고려 · 일본의 해상 관리규정 비교」, 『역사와 세
　　　　계』36, 2009.

이진한, 「고려 시대의 무역」, 『한국무역의 역사』, 청아출판사, 2010.

백승호, 「고려의 민간무역 – 대송무역을 중심으로高麗的民間貿易 – 對宋的貿易爲中心」, 『한국연구』11, 국제문화출판
　　　　공사, 2010.

전영섭, 「10～13세기 동아시아 교역권의 성립과 해상활동」, 『해양도시문화교섭학』3, 2010.

김영제, 「북송 신종조의 대외교역 정책과 고려」, 『동양사학연구』115, 2011.

이진한, 『고려시대 송상왕래 연구』, 경인문화사, 2011.

김영제, 「교역에 대한 송조의 태도와 고려해상의 활동 – 고려 문종의 대송 입공 배경과도 관련하여」, 『역사학보』213,
　　　　2012.

이강한, 『고려와 원 제국의 교역의 역사』, 창비, 2013.

4 거대한 적, 몽골과 싸우다

대몽 항쟁과 삼별초

고려는 고종 18년(1231)부터 근 30년 가까이 몽골의 침략을 받아 엄청난 피해를 입었다. 몽골의 침략에 대해 당시 최씨 정권은 강화도로 수도를 옮겨서 저항했으며, 각 지역에서는 민인들이 몽골의 침략에 대항해 싸웠다. 1270년 개경으로 환도하게 되자 삼별초三別抄가 대몽 항쟁의 기치를 들고 저항했다.

몽골의 침입과 최씨 정권의 대응

고려와 몽골이 처음 접촉한 것은 고종 6년(1219) 고려가 강동성江東城에 있는 거란 적을 평정하면서 몽골의 후원을 얻어 공동 작전을 취했을 때이다. 이후 몽골이 고려에 압력을 가하고 무거운 공물을 요구하자 고려에서는 불쾌하게 생각하여 불화가 싹텄다. 그런 가운데 몽골의 사신 저고여著古與가 고려에 왔다가 본국으로 돌아가는 길에 압록 강변에서 살해당하는 일이 발생했다(1225). 이에 몽골에서는 고려의 소행이라고 생각하여 고종 18년(1231)부터 침입하기 시작했다. 그 이후 고종 46년 강화 때까지 전후 6차례에 걸쳐 침입했다. 전투는 처음 북계 지역에서 시작하여 내륙의 여러 곳에서 전개되었고, 말기에는 압해도(전남 신안), 설악산, 금강산 등 연안의 섬이나 험준한 산골짝으로 확산되었다.

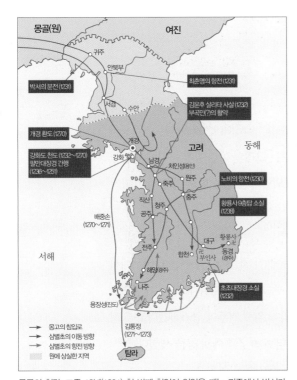

몽골(원)　여진

귀주

안북부

박서의 분전(1231)

최춘명의 항전(1231)

서경　수안

김윤후 실리타 사살(1232) 부곡인(?)의 활약

개경 환도(1270)

강화도 천도(1232~1270) 팔만대장경 간행(1236~1251)

강화　개경

고려

동해

남경　처인성(용인)

원주

죽주

충주

노비의 항전(1230)

직산　청주

공주

황룡사9층탑 소실(1238)

배중손 (1270~1271)

전주

대구　황룡사 (군)　동경 부인사　(경주)

합천

서해

나주

초조대장경 소실(1232)

해양(광주)

용장성(진도)

김통정 (1271~1273)

→ 몽고의 침입로
→ 삼별초의 이동 방향
→ 삼별초의 항전 방향
▨ 원에 상실한 지역

탐라

몽골의 침략. 고종 18년(1231) 첫 번째 침입이 있었을 때는 귀주에서 박서가, 안북부에서 최춘명이 맞서 싸웠으며, 2차 침입 시에는 처인성에서 살례탑을 사살하였다. 당시 집권자는 강화도로 수도를 옮겨 본토에서의 전쟁은 대부분 중앙 정부의 지원 없이 지방 향리와 민인, 승려들이 수행하였다. 몽골의 침입으로 고려는 엄청난 인적 물적 피해를 입었다. 그리고 대구 부인사에 소장된 초조대장경이 불탔으며(1232), 경주의 황룡사탑이 불탔다(1238). 원종 11년(1270) 개경 환도가 이루어지자 삼별초가 대몽 항쟁을 표방하고 진도로 옮겨 저항하였으며, 이어서 제주도로 쫓겨가 저항을 계속했다.

1차 침입에 직면한 최우 정권은 개경을 지키면서 항전한다는 것이 불가능하다고 생각하고 강화도로 천도를 단행했다.[자료1] 주거 시설과 방어 시설을 갖춘 강화도는[자료2] 원종 11년(1270) 무인 정권이 붕괴될 때까지 약 40년 동안 고려의 전시戰時 수도가 되었으며, 몽골의 침입으로부터 안전했던 거의 유일한 지역이었다.

당시 최씨 정권은 몽골의 침입에 대응하여 일차적으로 강화를 지키는 데 힘을 기울였으며, 각 지방에는 방호별감을 파견하여 침입 예상 지역에 대한 방어를 강화했다. 또한 민인으로 하여금 산성이나 섬으로 들어가 몽골군의 공격에 맞서게 했다. 이런 전술은 산성이나 섬에서의 생활 대책을 마련해주지 않은 상태에서 강행되었다. 따라서 식량을 생산할 수 있는 농지의 확보가 어려웠으며 안정적인 식수의 마련이 쉽지 않았다.[자료3] 섬의 경우에는 해안선에 방어 시설을 갖추는 데 상당한 어려움이 있었다.

몽골의 침입에 대해 고려는 대규모 부대 동원에 의한 전면전은 피했고 필요에 따른 소규모 유격전을 전개하는 데 불과했으며, 몽골군의 철수를 외교적 노력으로 달성하고자 했다. 최씨 정권의 이런 소극적인 대책으로 인해 전투의 대부분은 관인의 지원 없이 비정규軍인 민의 자력으로 수행되었다. 몽골의 기병騎兵을 맞아 민인이 물리친다는 것은 사실상 어려운 일이었고, 민인이 입은 피해도 엄청났다. 그러나 전국 곳곳에서 몽골군의 침략을 물리친 전투가 수없이 전개되었다.

귀주성 전투와 초적의 활약

몽골의 1차 침입이 있었을 때 평안북도 귀주성龜州城에서 격전이 있었다. 주위의 민들이 모두 성 안에 집결했으며 몽골군은 무차별 공격을 감행했다. 성을 파괴하기 위한 여러 시도나 성안을 혼란시키기 위한 몽골의 시도를, 박서朴犀가 지휘하는 귀주성의 민인들이 잘 대응하면서 막아냈다.[자료4] 몽골 장수는 고려의 이런 항전 능력에 탄복했다. 고려인의 이런 전투 능력이 잘 조직되고 규합되었다면 대몽 항쟁은 좀 더 효과적으로 수행되어 성과를 거두었을 것이다.

그리고 1차 침입 시에 초적草賊들이 활약하고 있는 점이 주목된다. 초적은 국내 통치 계급의 학정에 반대하여 궐기한 농민군인데, 몽골이 쳐들어오자 이들이 선두에서 싸울 것을 정부에 제의해 왔다. 마산[馬山, 평북 구주 부근]의 초적 지휘자 2명이 개경으로 최우를 찾아와 정병 5,000을 거느리고 침략군을 막기 위해 전투에 참가하겠다고 요청해오자 이를 듣고 최우가 기뻐했다. 이들은 동산역洞山驛 전투에서 공을 세웠다.[자료5] 그리고 광주廣州 관악산의 초적도 관군과 함께 대몽 항전에 참여했다.

처인성 전투와 입암산성 전투

처인부곡민處仁部曲民이 몽골군을 맞아 싸운 전투는(1232) 대몽 항쟁에서 상당한 중요성을 갖는다. 성내에는 다수의 민과 더불어 근처에 있는 백현원白峴院의 승려 김윤후金允侯도 입보入保하였다. 김윤후가 쏜 화살에 몽골 장수 살례탑撒禮塔이 사살되자[자료6] 장수를 잃은 몽골군은 서둘러 철수했다. 승려 김윤후의 전투 능력에서 보이듯이 당시 승려들은 민을 동원하고 지휘할 능력이 있었으며, 탁월한 전투 능력을 소지하고 있었다. 그렇기 때문에 대몽 항쟁에서 승려들이 혁혁한 공을 세울 수 있었던 것이다. 충주에서는 관원은 도망가고 노군奴軍과 잡류雜類가 남아서 몽골군을 물리치는 전공을 세웠다.[자료7]

몽골의 3차 침입 시 고종 23년에 충남의 온수군[溫水郡, 온양], 대흥군[大興郡, 예산]에서 격전이 벌어졌다. 당시 몽골병이 온수군을 포위하자 군리郡吏인 현려戶呂 등이 문을 열고 나가 싸워서 크게 이겼다. 참수한 것이 2급級이요, 시석矢石에 맞아 죽은 자가 200여 명이었으며, 노획한 병장兵仗도 심히 많았다.[자료8] 대흥군에서는 몽골병이 성을 며칠 동안 공격하자 문을 열고 나가 싸워 크게 이기고 병장을 다수 노획하는 성과를 거두었다.[자료9]

입암산성 전투는 고종 43년(1256) 정월 전남 장성의 입암산성에서 벌어졌는데, 다른 지역 전투와 달리 관군이 주도했다. 몽골병이 여러 섬을 공격하려고 모의한다는 말을 듣고 장군 이광李廣과 송군비宋君斐를 보내어 선사船師 300명을 거느리고 남하하여 이를 막게 했다. 영광에 도착한 이들은 길을 나누어 몽골군을 협공할 것을 약속했지만 사전에 누설되어 시도하지 못하고 이광은 다시 섬으로 들어가고 송군비는 입암산성에 입보入保하게 되었다. 입암산성은 분지형 산성으로, 성내에 수원水源이 풍부하고 상당한 경작지도 있어 장기적인 입보가 가능한 지역이었다. 당시 입암산성 내에는 장정들은 모두 적에게 투항하고 노인과 어린이만 남아 있을 뿐이었다. 하루는 송군비가 짐짓 약한 자 몇 사람을 성 밖으로 내보내니 몽골병이 성 안의 식량이 다된 것으로 생각하고 군사를 거느리고 성 아래에 이르렀다. 이에 송군비가 정예병을 거느리고 들이쳐 이를 격파하니, 살상이 심히 많았고 4명의 관인을 사로잡는 전과를 올렸다.

입암산성 전투가 있고 나서 얼마 후에 차라대군과 압해도인의 전투가 벌어졌다. 차라대가 수군 70척을 거느리고 압해를 치는데, 압해 사람이 대포 2개를 큰 배에 장치하고 기다렸다. 양편 군사가 서로 버티고 싸우지 못하고 있었다. 차라대가 언덕에 임하여 바라보고 말하기를, "우리 배가 대포를 맞으면 반드시 가루가 될 것이니 당할 수 없다." 하고 다시 배를 옮겨 치게 했으나, 압해인들이 곳곳에 대포를 배치했기 때문에 몽골인들이 드디어 수공水攻의 장비를 파기했다고 한다.[자료10]

피해 양상과 개경 환도

몽골의 침입에 맞서 혁혁한 전과를 거둔 일도 있었지만, 고려가 입은 피해는 말로 표현할 수 없을 정도였다. 몽골군은 이르는 곳마다 닥치는 대로 살육을 자행했으므로 고려의 일반민들은 막대한 희생을 당했고, 산성이나 섬에서 식량을 구하지 못하여 굶어 죽는 일이 허다했다.[자료11] 고종 41년(1254)의 경우, 몽골군에게 사로잡힌 사람이 무려 20만 6,800명이고, 살육된 사람은 이루 다 헤아릴 수 없었으며, 몽골군이 지나간 주현은 모두 잿더미가 되었다고 할 정도의 엄청난 피해를 입었다. 주거 지역이 크게 파괴되었고[자료12] 농지는 황폐화되었다. 그리고 국가의 소중한 문화재인 부인사 소장의 대장경과 경주 황룡사 9층목탑이 불탔으며 그 밖에도 중요 문화재가 다수 소실燒失되었다.

엄청난 희생을 치르면서도 최씨 정권은 특별한 대응책이 없었다. 그들의 대책 없는 주전책에 대해 비난 여론이 제기되기 시작하고 왕정 회복에 대한 요구가 점차 확산되었다.[자료13] 몽골의 침입이 있을 때마다 최씨 정권은 몽골의 요구를 완화시키고 몽골군을 철수시키기 위해 외교전에 힘을 기울였다. 최우 때까지는 항전론이 정국을 주도했기 때문에 강화론이 현실 정책으로 제기되기 힘들었다. 그러나 최항·최의 단계에서는 최씨 정권이 약화됨에 따라 강화론자의 입지가 확대되었다. 고종 46년(1258) 항전을 고집하던 최씨 정권이 무너지고 마침내 몽골과 강화가 성립되었다. 몽골과 강화가 맺어지자 이를 주장한 국왕과 문신 관료들의 정치적 입지가 강화되었다. 이후에도 무인들이 권력을 장악하고 몽골과 재대결해야 한다는 강경론이 대두하여 원종을 폐위하려는 시도가 있었지만 결국 왕실의 외교 활동과 몽골의 압력으로 실패했고, 원종은 몽골군의 지원 아래 개경 환도를 단행했다(1270).

삼별초의 항쟁

개경 환도로 몽골과의 전쟁은 종식되었지만 이번에는 무인과 연결되어 있던 삼별초가 대몽 항쟁의 기치를 들고 봉기했다. 삼별초는 좌별초·우별초와 신의군[몽골군에 잡혔다가 탈출해온 이들로 편제]으로 구성되어 있는데, 시초는 밤에 도둑을 단속하는 데 있었지만 차츰 임무가 확대되어 경찰 임무인 포도捕盗·금폭禁暴·형옥刑獄·국수鞫囚 이

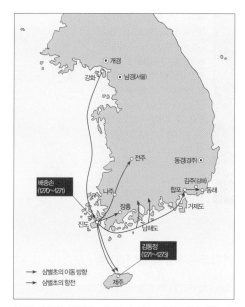

삼별초의 항쟁. 삼별초는 배중손의 지휘 아래 왕족인 승화후承化侯 온溫을 추대하여 왕으로 삼고 1,000여 척의 배에 재물과 사람들을 싣고 전라도 진도에 들어가 그곳을 대몽 항쟁의 근거지로 삼았다. 삼별초는 남해 일대의 제해권을 장악하였으나 고려 정부와 몽골 연합군의 공격으로 쫓겨 지금의 제주도에 들어가 대몽 항전을 계속하다 원종 14년(1273)에 고려 · 몽골 연합군의 공격을 받아 진압당했다.

외에 군사 임무인 도성의 수비를 비롯해 친위대 · 특공대 · 정찰대 구실도 했다.[자료14] 대몽 항쟁에서도 삼별초는 두드러진 활약을 했다.

원종 11년(1270) 정부가 개경으로 환도를 단행하자 장군 배중손과 야별초 지유指諭 노영희盧永禧 등이 강화에서 삼별초를 거느리고 반기를 들었으며, 승화후承化侯 온溫을 추대하여 왕으로 삼았다. 삼별초는 곧바로 진도로 옮겨와 용장성에 궁궐을 짓고 장기적인 대몽 항쟁을 계획했으며 일본과의 제휴도 모색했다.

진도는 조운로의 길목에 있었기 때문에, 이곳을 막으면 개경 정부에 심대한 타격을 줄 수 있었다. 진도는 일본이나 중국과 교류하는 데 요충지였으며, 진도 자체가 비옥한 농지를 가지고 있어 어느 정도 자급자족이 가능했다. 그리고 배후에 무인 세력의 기반인 호남지방을 두고 있었다.

삼별초가 진도에 근거를 두고 대몽 항쟁을 적극적으로 표방하자 대부도大部島 주민과 경상도의 밀성인[密城人, 밀양인]까지도 호응했다.[자료15] 삼별초군은 남해안 일대와 전라도 일대를 영향력 아래 두게 되었다. 남해 지역에서 활동한 삼별초의 지휘관은 유존혁이었다. 여러 군현에서 삼별초를 맞아들여 항복하거나 진도에 가서 삼별초의 장수를 알현하기도 했다. 또 삼별초가 주현에 격문을 보내 민으로 하여금 모두 진도에 들어오도록 권유하였다. 당시 전라도 토적사討賊使인 참지정사參知政事 신사전申思佺은 삼별초가 온다는 소문을 듣고 나주에서 개경으로 달아나 버렸다. 삼별초가 진도에 근거를 두자, 전라 · 경상도의 조세 운송이 커다란 차질을 빚게 되었다. 한편 삼별초가 나주를 공략했지만 나주 지역민의 저항으로 실패하였는데 이는 삼별초의 세력 확대를 저지시키는 결과를 가져왔다.

진도에 근거하고 있던 삼별초군은 여몽 연합군의 대대적인 공격을 몇 차례 물리쳤지만, 결국 원종 12년(1271) 5월 진도에서 쫓겨 제주도로 건너갔다. 진도에서 삼별초

제주도 항파두리성. 제주도 북제주군 애월읍 고성리에 있다. 해발 190~215미터 지점에 있는 항파두리 토성은 삼별초가 원종 12년(1271) 9월에 제주도로 들어와 군사력을 재정비하는 시기에 축성한 것이다. 본래 토성으로 총길이 6킬로미터에 이르는 외성을 쌓고, 안쪽에 다시 석성으로 800미터의 내성을 쌓은 이중 성곽이었으며, 각종 방어 시설뿐 아니라 궁궐과 관아까지 갖춘 요새였다.

가 패배했을 때 포로로 잡힌 사람이 1만여 명에 달했으며 연합군의 수중에 들어간 쌀이 4,000석에 이르렀다. 제주도에 입거한 뒤에도 삼별초는 전라도 서남해안 일대에 세력을 뻗치면서 조운로를 막아 원종 13년 3월에서 5월까지 조운선 20척, 곡미穀米 3,000여 석을 약탈했다. 또 원종 13년 8월에는 전라도의 공미貢米 800석을 약탈했다. 원종 14년 4월 제주도에 있던 삼별초는 흔도·홍다구 등 여몽 연합군의 공격을 받고 완전히 무너졌다.[자료16·17] 삼별초의 항쟁에 대해 왕조 시대에는 반역으로 보았으나, 현재에는 항몽 정신의 총화로 보는 입장과 반민중적 정치 군인의 반란으로 보는 극단적인 두 가지 평가가 있으며 양자의 견해를 절충하는 입장도 있다.

이후 여몽 연합군은 일본을 정벌하기 위한 전쟁을 1274년과 1281년 두 차례 벌였다. 전쟁 준비로 인한 고려의 부담은 엄청났으며 실제 전투 요원으로 참여하여 많은 이들이 희생되었다. 충렬왕 즉위년(1274) 1차 원정군은 몽골인과 한인으로 구성된 군인이 25,000명, 고려군이 8,000명이었으며 초공梢工, 뱃사공과 수수水手, 뱃사람가 6,700명이었고 전함은 900여 척이었다. 2차 원정 때에는 몽골, 고려, 한의 연합군이 4만 명이었고, 중국 강남에서 출진하는 만군蠻軍이 10만 명이어서 모두 14만 명에 이르는 규모였다. 두 차례 원정은 실패로 돌아갔는데, 이는 엄청난 희생을 치른 전쟁이었다. 이후에도 일본을 정벌하기 위한 준비를 실행했으나 충렬왕 20년에 원의 세조가 죽음으로써 원정 계획은 실현되지 않았다.

자료1

6월 신유일에 최우가 그의 집에 재추 대신들을 모아 천도할 일을 의논했다. 그때 국가의 평화가 오래 계속되어 서울의 호수가 10만에 이르고 단청 칠한 좋은 집들이 즐비했으며 정이 들어 사람들이 옮기기를 싫어했다. 그러나 최우를 두려워하여 감히 한 마디도 하는 자가 없었다. 유승단이 "작은 나라가 큰 나라를 섬기는 것은 이치이다. 예의로 섬기고 믿음으로 사귀면 저들 역시 무슨 명분으로 늘 우리를 괴롭히겠는가? 성곽을 버리고 종사를 돌보지 않으며 섬에 죽치고 엎드려 구차스럽게 세월만 보내면서, 변방의 백성 중에서 장정들은 칼날에 다 맞아 죽게 하고 노약자들은 끌려가 종이나 되게 하는 것은 국가를 위하는 좋은 계책이 아니다."라고 말했다.

주1 지유指諭 : 단위 부대 지휘관의 칭호. 여기서는 야별초의 지휘관.

야별초지유주1 김세충이 문을 박차고 들어가 최우에게 따지길, "서울인 개경은 태조 때부터 대대로 지켜와서 무려 200여 년이 되었습니다. 성은 견고하고 군사와 양식은 풍족합니다. 진실로 마땅히 힘을 합하여 지키면 사직을 지킬 수 있는데 이곳을 버리고 가면 장차 도읍할 땅이 어디입니까?"라고 하였다. 최우가 성을 지킬 계책을 물어보니 그가 능히 대답하지 못했다. 어사대부주2 대집성이 최우에게 "김세충이 아녀자의 말을 본받아 큰 의논을 막으려 했으니 그의 목을 베어 나라 안팎에 보이십시오."라고 말했다. 응양군주3 상호군주4 김현보도 대집성의 말에 찬성했다. 드디어 김세충을 끌어내어 목을 베었다.

주2 어사대부 : 어사대의 정3품 관직.

주3 응양군 : 경군인 2군의 하나로 국왕 친위대의 성격을 띠고 있으며, 소속된 영領은 1개이다.

주4 상호군 : 상장군을 고쳐 부른 이름으로 정3품 관직.

이 날 최우가 왕에게 속히 강화도로 행차할 것을 청하니 왕이 망설이고 결정하지 못했다. 최우가 녹봉을 옮기는 수레 100여 량을 빼앗아 가재도구를 강화로 옮기므로 서울의 인심이 흉흉했다. 담당 관리에게 명령을 내려 날짜를 정해서 서울의 5부 백성을 보내게 하고, 성 안에 방을 붙이기를, "머뭇거리고 기일에 길에 오르지 못한 자는 군법으로 처리하라."고 했다. 또 사신을 여러 도에 보내어 백성을 산성과 해도로 옮기도록 했다. …

주5 승천부 : 경기도 개풍군 풍덕면.

7월 을유일에 왕이 개경을 출발하여 승천부주5에 머무르고 병술일에 강화도의 객관에 들어갔다. 이때 장마비가 열흘이나 계속되어 진흙길이 발목까지 빠져 사람과 말이 쓰러져 죽었다. 고관이나 양가의 부녀자들 중에도 맨발로 업고 이고 하는 자들이 있었다. 과부나 홀아비, 고아나 혼자 사는 사람으로 갈 곳을 잃고 통곡하는 자가 이루 헤아릴 수 없었다.

六月 辛酉 崔瑀 會宰樞於其第 議遷都 時國家昇平旣久 京都戶至十萬 金碧相望 人情
安土 重遷 然畏瑀 無敢發一言者 兪升旦曰 以小事大理也 事之以禮 交之以信 彼亦何名而 每困
我哉 棄城郭 捐宗社 竄伏海島 苟延歲月 使邊陲之氓 丁壯盡於鋒鏑 老弱係爲奴虜 非爲國之長
計也 夜別抄指諭金世冲 排門而入 詰瑀曰 松京 自太祖以來 歷代持守 凡二百餘年 城堅而兵食
足 固當戮力而守 以衛社稷 棄此而去 將安所都乎 瑀問守城策 世冲不能對 御史大夫大集成謂
瑀曰 世冲 效兒女之言 敢沮大議 請斬之 以示中外 鷹揚軍上護軍金鉉寶 希集成意 亦言之 遂引
世冲斬之 是日 瑀奏請 王速下殿 西幸江華 王猶豫未決 瑀奪祿轉車百餘兩 輸家財于江華 京師
洶洶 令有司 刻日發送 五部人戶 仍榜示城中曰 遷延 不及期登道者 以軍法論 又分遣使于諸道
徙民山城海島 … 秋七月 乙酉 王發開京 次于昇天府 丙戌 入御江華客館 時霖雨彌旬 泥濘沒脛
人馬僵 達官及良家婦女 至有跣足負戴者 鰥寡孤獨 失所號哭者 不可勝計

_ 「고려사절요」 권16, 고종 19년

자료 2

(고종 21년) 왕이 최이의 천도공遷都功을 논정하고 후侯로 봉하며 부府를 설립해주려
했으므로 백관들이 모두 최이의 집으로 가서 축하했으나 최이는 조서를 영접할 예물
이 준비되지 못했다는 이유로 사퇴했다. 이에 각 지방의 주, 군들에서 앞을 다투어 선
물을 보냈으며 드디어 책봉의 예를 거행하고 진양후晉陽侯가 되었다. 그리고 자택을
신축하면서 도방과 4령領의 군사를 사역하여 옛 서울에서 재목을 수송했고 또 소나무
와 잣나무를 많이 가져다 정원에 심었다. 이런 물자를 모두 배로 수송해 들여오느라
고 물에 빠져 죽은 사람이 많았다. 그 원림園林은 너비가 수십 리나 되었다. 최이는 서
산西山에다 백성을 동원하여 사사로이 얼음을 저장했으므로 백성들은 심히 괴로워했
으며 또 싫어했다. 또 안양산安養山은 강화로부터 2~3일 길이나 떨어져 있는데 최이
는 자기 문객인 장군 박승분 등을 시켜서 그 산에서 잣나무를 캐다가 후원에 심었다.
때는 엄동설한이라서 역군 중 얼어죽는 사람이 생겼으며 길가에 있는 고을들이 집을
버리고 산으로 도피했다. 어떤 사람이 승평문에 방을 써 붙였는데 그 글에 이르기를,
"사람과 잣나무 중에서 어느 것이 더 중한가!"라고 했다. 또 최종준의 집을 지어주면
서 2일 간에 완성했는데 길 가는 사람의 우마牛馬를 탈취해서 재목과 기와를 날랐다.
그때 최이를 칭탁하고 자기 재산을 수송하는 자들도 이렇게 했으므로 길 가는 사람들
의 원망이 자자했다.

王論怡遷都功 欲封侯 立府 百官皆賀于第 怡辭以迎詔禮物不備 於是 州郡爭致饋遺

遂封爲晉陽侯 怡營私第 役都房 及四領軍 輸舊京材木 又多取松栢 植園中 悉以船輸 人多溺死
者 其園林 延袤數十里 怡於西山 發民私藏氷 民甚厭苦 又安養山去江華數日程 怡使門客將軍
朴承賁等 取其栢樹 植之 時方沍寒 役徒有凍死者 沿路郡縣 棄家登山 以避之 有人牓昇平門云
人與栢孰重 又爲崔宗俊構第 二日而成 奪路人馬 輸材瓦 時托怡而輸私物者 亦如之 行路嗟怨

_『고려사』권129, 열전42, 최이崔怡

자료 3

북계병마사 노연에게 명하여 북계 여러 성의 백성을 모두 옮기어 섬으로 들어가게 했
다. 위도葦島가 있는데, 10여 리나 펀펀하여 농사를 지을 만하나 조수潮水 때문에 개간
하지 못더니, 병마판관 김방경이 명령하여 둑을 쌓게 하여 씨를 뿌렸다. 백성들이
처음에는 고통스러워했으나 가을이 되니 크게 풍년이 들어 사람들이 그 덕으로 살아
났다. 섬에 우물이 없어서 물길러 갔다가 때때로 사로잡혀 가므로 김방경이 빗물을
저축하는 못을 만들어 걱정이 없어지게 되니 사람들이 슬기에 탄복했다.

原文 命北界兵馬使盧演 盡徙北界諸城民 入保海島 有葦島 平衍十餘里 可耕 患海潮不得墾
兵馬判官金方慶 令築堰播種 民始苦之 及秋大稔 人賴以活 島無井 汲者往往被虜 方慶 貯雨爲
池 其患遂絶 人服其智

_『고려사절요』권16, 고종 35년 3월

자료 4

(고종 18년) 몽골병이 위주부사淸州副使[주6] 박문창을 사로잡아 성에 들어가 항복을 권
유케 하므로 박서가 이를 목베었다. 몽골이 정기精騎 300명을 뽑아 북문을 공격하므로
박서가 이를 물리쳤다. 몽골이 누거樓車[주7]와 대상臺床을 만들어 소가죽으로 덮어씌우
고 그 안에 군사를 감추어 성 밑으로 육박, 터널을 뚫자 박서가 성에 구멍을 내어 철액
鐵液을 부어 누거를 불태웠다. 여기에 땅까지 꺼져 몽골군 압사자가 30여 명이나 되었
으며 썩은 이엉을 불질러 목상木床을 태우니 몽골인이 놀라 흩어졌다. 몽골이 또 대포
차 15대로 성 남쪽을 급히 공격하므로 박서가 성 위에 대를 쌓고 포차로 돌을 날려 물
리쳤다. 몽골이 사람의 기름으로 섶을 적셔 두텁게 쌓아놓고 불을 질러 성을 공격하
므로 박서가 물을 뿌리니 불길이 거세졌다. 이에 진흙을 가져오라 하여 물을 섞어 던
져 불을 껐다. 몽골이 또 차에 풀을 싣고 이를 태우면서 초루譙樓[주8]를 공격하므로 박

서는 미리 누상樓上에 저수했다가 물을 쏟으니 불이 꺼졌다. 몽골이 성을 포위하기를 30일, 백계百計를 써서 공격했으나 박서가 임기응변하여 굳게 지켰으므로 몽골이 이기지 못하고 물러났다.

原文 蒙古兵 擒渭州副使朴文昌 令入城 諭降 犀斬之 蒙古選精騎三百 攻北門 犀擊却之 蒙古創樓車及大床 裹以牛革 中藏兵 薄城底 以穿地道 犀穴城 注鐵液 以燒樓車 地且陷 蒙古兵壓死者 三十餘人 又爇朽茨 以焚木床 蒙古人 錯愕而散 蒙古 又以大砲車十五 攻城南 甚急 犀亦築臺城上 發砲車 飛石却之 蒙古 以人膏漬薪 厚積縱火 攻城 犀灌以水 火愈熾 令取泥土 和水投之 乃滅 蒙古 又車載草 爇之 攻譙樓 犀預貯水樓上 灌之 火焰尋熄 蒙古圍城三旬 百計攻之 犀輒乘機應變 以固守 蒙古不克而退

_ 『고려사』권103, 열전16, 박서朴犀

자료5

(고종 18년) 몽골 원수 살례탑이 병사를 이끌고 침입해왔다. 왕이 장수로 하여금 삼군 三軍을 거느리고 방어하게 하고 동산역에 진을 쳤다. 날이 저물자 첩자가 적의 변화가 없다고 보고하자 삼군이 안장을 풀고 쉬었다. 어떤 사람이 산에 올라 소리치기를, "몽골병이 왔다." 하자 군중이 크게 놀라 무너졌다. 몽골병 8,000여 인이 돌진했다. 이자성과 장군 이승자 · 노탄 등 대여섯 명이 죽음을 무릅쓰고 항전했다. 이자성은 유시에 맞았으며 노탄은 창에 맞아 말에서 떨어졌으나 병사가 구해주어 겨우 살았다. 3군이 비로소 집결하여 더불어 싸우니 몽골병이 잠시 물러났다가 다시 와 우리 우군右軍을 치거늘 산원散員[9] 이지무 · 이인식 등 네댓 명이 이를 맞아 싸우는데 마산 초적草賊으로 종군한 자 2인이 몽골병을 쏘니 시위줄을 따라 엎어졌고 관군이 이긴 기세를 타 쳐서 패주시켰다.

原文 蒙古元帥撒禮塔 擧兵入侵 王命將帥三軍 禦之 屯洞仙驛 會日暮 諜者報無賊變 三軍解鞍而息 有人登山呼曰 蒙古兵至矣 軍中大警皆潰 蒙古兵八千餘人 突至 子晟及將軍李承子盧坦等五六人 殊死拒戰 子晟中流矢 坦中槊墜馬 有兵救之僅免 三軍始集而與戰 蒙古兵稍却 復來擊我右軍 有散員李之茂李仁式等四五人拒之 馬山草賊之從軍者二人 射蒙古兵 應弦而仆 官軍乘勝 擊走之

_ 『고려사』권103, 열전16, 이자성李子晟

주9 산원散員 : 낭장郎將, 별장別將의 보좌관으로 정8품 관직.

자료6

김윤후는 고종 때 사람으로 일찍이 중이 되어 백현원白峴院에 있었다. 몽골병이 이르자, 김윤후가 난을 처인성주10에 피했는데, 몽골의 원수 살례탑이 와서 성을 치자 김윤후가 사살했다. 왕은 그 공을 가상히 여겨 상장군주11 벼슬을 주었다.

原文 金允侯 高宗時人 嘗爲僧 住白峴院 蒙古兵至 允侯避亂于處仁城 蒙古元帥撒禮塔來攻城 允侯射殺之 王嘉其功 授上將軍

_ 『고려사』권103, 열전16, 김윤후

자료7

이보다 앞서 충주부사 우종주가 매양 문서의 처리에 있어 유홍익과 틈이 있더니 몽골군이 곧 이를 것이라는 소문을 듣고 성을 지킬 것을 의논하는데 의견이 같지 않았다. 우종주는 양반별초를, 유홍익은 노군奴軍·잡류별초雜類別抄를 거느리고 상호 시기하더니 몽골군이 들이닥치자 우종주·유홍익과 양반 등은 성을 버리고 달아나 오직 노군과 잡류만이 협력하여 물리치니 몽골병이 물러갔다. 우종주 등이 충주에 돌아와 관사官私의 은그릇을 살펴보았다. 노군은 몽골병이 약탈해 갔다고 말했다. 호장 광립 등 5, 6인이 몰래 모의해 노군의 괴수를 죽이고자 했는데, 노비들이 알고서 서로 더불어 모의해 말하기를, "몽골병이 이르자 달아나 숨고 지키지 않더니 어찌 몽골인이 약탈해간 것을 가지고 도리어 우리들에게 죄를 돌리며 죽이려고 한단 말인가. 어찌 먼저 도모하지 않으리오."라고 했다. 모여 장례 지낸다고 거짓으로 말하고서 소라를 불어 무리를 모아 먼저 모의를 주도한 이의 집에 가서 집을 불태웠다. 무릇 호강豪强으로서 평소에 원한이 있는 자는 찾아 죽여 남기지 않았다. 또한 경내에 영令을 내리기를, "감히 은닉하는 자가 있다면 마땅히 그 집을 멸할 것이다." 했다. 이에 부인과 어린 자식이 모두 해를 입었다.

原文 先是 州副使于宗柱 每於薄書間 與洪翼有隙 聞蒙兵將至 議城守 有異同 宗柱 帥兩班別抄 洪翼 率奴軍雜類別抄 互相猜忌 及蒙兵至 宗柱洪翼 與兩班等 皆棄城走 唯奴軍雜類 合力擊逐之 蒙兵退 宗柱等 還州 檢考官私銀器 奴軍 以蒙兵掠去爲辭 戶長光立等五六人 密謀殺奴軍之魁者 奴輩知之 相與謀曰 蒙兵到 則皆走匿不守 乃何以蒙人所掠 反以歸罪吾輩 而欲殺之乎 盍先圖之 乃詐爲會葬者 吹螺 集其徒 先至首謀者家 火之 凡豪强 素有怨者 搜殺無遺 且令境內曰 敢有隱匿者 當滅其家 於是 婦人小子 皆遇害

_ 『고려사절요』권16, 고종 19년 정월

자료 8

몽골병이 온수군^{주12}을 포위하므로 군리郡吏인 현려玄呂 등이 문을 열고 나가 싸워서 크게 이겼는데, 참수한 것이 2급級이요, 시석矢石에 맞아 죽은 자가 200여 명이었으며, 노획한 무기도 심히 많았다. 왕은 그 군의 성황신城隍神에 은밀히 도운 공이 있다 하여 신호神號를 가봉加封하고 현려를 군의 호장으로 삼았다.

原文 蒙兵圍溫水郡 郡吏玄呂等 開門出戰 大敗之 斬首二級 中矢石死者 二百餘人 所獲兵 仗 甚多 王以其郡城隍神有密祐之功 加封神號 以呂爲郡戶長

_ 『고려사』권23, 세가23, 고종 23년 9월

주12 온수군 : 충청남도 온양.

자료 9

대흥^{주13}의 수령이 보고하기를, "몽골병이 와서 성을 수 일 동안 공격하므로 문을 열고 나가 싸워 크게 이기고 병장兵仗을 다수 노획했습니다." 했다.

原文 大興官報 蒙兵來 攻城數日 開門出戰 大敗之 多獲兵仗

_ 『고려사』권23, 세가23, 고종 23년 12월

주13 대흥 : 충청남도 예산군 대흥면.

자료 10

차라대가 일찍이 수군 70척에 깃발을 늘어세우고 압해도^{주14}를 치려 하여 나[윤춘尹椿]와 한 관인을 시켜 별도의 배를 타고 독전督戰케 했다. 압해 사람들이 대포 2개를 큰 배에 장치하고 기다리니, 양편 군사가 서로 버티고 싸우지 않았다. 차라대가 언덕에 임하여 바라보고 우리들[윤춘 등]을 불러 말하기를, "우리 배가 대포를 맞으면 반드시 가루가 될 것이니 당할 수 없다." 하고, 다시 배를 옮기어 치게 했으나 압해인들이 곳곳에 대포를 배치했기 때문에 몽골인들이 드디어 수공의 장비를 모두 파기하고 말았다.

原文 車羅大嘗將舟師七十艘 盛陳旗幟 欲攻押海 使吾與一官人 乘別船 督戰 押海人置二砲 於大艦 待之 兩軍相持 未戰 車羅大臨岸望之 召吾等曰 我船受砲 必糜碎 不可當也 更令移船 攻 之 押海人隨處備砲 故蒙古人 遂罷水攻之具

_ 『고려사』권130, 열전43, 한홍보韓洪甫

주14 압해도 : 전라남도 신안군 압해면의 섬.

자료 11

장군 송길유를 보내어 청주의 백성을 섬으로 옮기게 했다. 송길유는 백성들이 재물을 아껴 옮기기를 싫어할까 염려하여 공사公私의 재물을 모두 불태워 버렸다. 이 일보다 먼저 최항이 사신을 여러 도에 보내어 주민들을 모두 몰아서 섬 안으로 들어가는데, 명령을 따르지 않는 자는 집과 전곡을 불태우니 굶어 죽은 자가 열에 여덟·아홉은 되었다.

> **原文** 遣將軍宋吉儒 徙淸州民于海島 吉儒慮民愛財重遷 悉焚公私財物 先是 崔沆遣使諸道 盡驅居民入島內 不從者 火其廬舍錢穀 餓死者十八九

_ 『고려사절요』권17, 고종 43년 8월

자료 12

기유년(1249) 중춘仲春, 일 때문에 고경[古京, 개경]에 갔는데 모두 빈터로 되었고 외롭게 오동나무 하나가 대관전 옛 터에 자라 어느덧 한아름이 되었다. 해가 저물자 두견새가 서쪽 기슭에서 우는데 흘러내리는 눈물을 참을 수가 없었다.

> **原文** 己酉仲春 因事到古京 皆丘墟 有孤桐生大觀殿古址 已拱矣 及日暮 子規啼西麓 不忍潸然

_ 『보한집』하下, 기유중춘己酉仲春

자료 13

몽골병이 대거 침략하자 3품 이상의 고관들로 하여금 항복·수비의 방책을 진술케 하니 의견이 분분했다. 평장사平章事주15 최자, 추밀원사樞密院事주16 김보정이 말하기를, "강화도는 땅이 넓고, 사람은 적어서 지키기에 난점이 많으니, 육지로 나가서 항복하는 편이 좋겠다." 했다.

> **原文** 以蒙兵大至 令三品以上 各陳降守之策 衆論紛紜 平章事崔滋 樞密院使金寶鼎曰 江都地廣人稀 難以固守 出降便

_ 『고려사절요』권17, 고종 46년 정월

자료 14

처음 최우가 나라 안에 도적이 많은 것을 염려하여 용사를 모아 매일 밤 순행하여 포악한 짓을 막게 했다. 그 까닭으로 야별초夜別抄라 불렀다. 도적이 여러 도에서 일어나자 별초를 나누어 파견하여 잡게 했다. 그 군대의 수가 많아져 드디어 좌별초左別抄·

우별초右別抄로 나누었다. 또 몽골에 갔다가 도망해온 고려인으로 한 부대를 만들어 신의군神義軍이라 불러, 좌우별초와 더불어 삼별초가 되었다. 권신權臣이 정권을 잡자 이들 삼별초를 앞잡이로 삼았는데, 권신은 녹봉을 후히 주고 또 사사로운 혜택을 베풀었다.

原文 初 崔瑀憂國中多盜 聚勇士 每夜巡行 禁暴 因名夜別抄 及盜起諸道 分遣別抄 以捕之 其軍甚衆 遂分爲左右 又以國人自蒙古逃還者 爲一部 號神義 是爲三別抄 權臣執柄 以爲爪牙 厚其俸祿 或施私惠

_『고려사』 권81, 지35, 병兵1

자료 15

밀성군 사람密城郡 방보·계년·박평·박공·박경순·경기 등이 군인郡人을 불러 모아 장차 진도珍島[주17]에 응하려고 부사副使 이이를 살해하고 공국병마사攻國兵馬使를 칭하고서 군현에 이첩移牒했다. 그 무리를 보내 청도감무淸道監務 임종을 살해했다. 청도군 사람淸道郡이 거짓 항복하고 술을 마시게 해 취하자 이들을 죽였다. 당시 밀성사람 조천이 일선현령一善縣令이었는데, 적이 조천을 불러 더불어 반역하기를 약속하자 조천이 따랐다.

原文 密城郡人方甫桂年朴平朴公朴慶純慶祺等 嘯聚郡人 將應珍島 乃殺副使李頤 遂稱攻國兵馬使 移牒郡縣 遣其黨 殺淸道監務林宗 淸道郡人詐降 飮以酒 醉而殲之 時密城人趙阡 爲一善縣令 賊召阡 約與同叛 阡從之

_『고려사』 권27, 세기27, 원종 12년 정월

자료 16

(원종 11년(1270) 구경舊京으로 환도하면서 방榜을 붙여 일정한 기일 안에 모두 돌아가라고 독촉했는데 삼별초는 딴 마음이 있어 따르지 아니했다. 왕이 장군[주18] 김지저를 강화에 보내어 삼별초를 해산시키고 그 명부를 거두어오게 하니, 삼별초는 명부가 몽골에 전해질까 두려워하여 더욱 반심을 품게 되었다. 그리하여 배중손과 야별초 지유 노영희 등은 난을 일으켜 사람을 시켜 국중에 외치기를, "몽골병이 대거 쳐들어와서 사람들을 마구 죽이고 있으니, 무릇 국가를 지키려는 자는 모두 격구장에 모이라."고 했다. 잠시 뒤에 많은 사람들이 모여들었다. 그러나 한편으로는 또는 분주히 사방으

주17 진도珍島 : 원래 전남 진도군의 섬. 여기서는 진도에 근거하고 있는 삼별초를 가리킨다.

주18 장군 : 2군 6위 소속의 영領의 지휘관으로·정4품 무반직.

로 흩어져 배를 타고 강을 건너려고 서로 다투다가 빠져 죽은 자가 많았다. 삼별초는 사람들의 이동을 막으면서 강을 따라 큰 소리로 외쳤다. "무릇 양반으로 배를 타고 있으면서 내리지 않는 자는 모두 죽여버리겠다."고 했다. 이를 들은 자가 모두 두려워해서 배에서 내렸다. 혹 배를 출발해 개경으로 향하고자 하면 적이 작은 배를 타고 추격해 (활을) 쏘았으므로 모두 감히 움직이지 못했다. …

삼별초가 강화도를 지킬 수 없음을 헤아리고 배를 모두 모아 공사의 재물과 자녀를 싣고 남하하니, 구포로부터 공파강에 이르기까지 배의 고물과 이물이 서로 접하여 1,000여 척이나 되었다. 이때에 백관이 모두 나와 왕을 맞이했는데, 그 처자가 다 삼별초에게 노략질당하여 통곡하는 소리가 천지에 진동했다. …

삼별초가 진도에 들어가 웅거하고 지방을 노략질하므로 왕이 김방경에게 토벌하게 했다. 이듬해에 김방경이 몽골 원수 흔도 등과 함께 3군을 거느리고 이를 격파했다. 적이 모두 처자를 버리고 도망했고, 적장 김통정은 남은 무리를 거느리고 탐라에 들어가 숨었다. 처음에 수사공[주19]으로 벼슬에서 물러난 이보, 판태사국사[주20] 안방열, 상장군 지계방, 대장군[주21] 강위보, 장군 김지숙, 대장군에서 물러난 송숙, 소경[주22] 임공이 다 적 속에 빠져 들어갔으나, 적이 패함에 따라 이보와 지계방은 피살되고 강위보·김지숙·송숙·임공 등은 모두 면해 조정에 돌아왔다. 이신손은 적을 따라 탐라로 향하려다가 중도에서 돌아왔다.

안방열은 환도할 때에 봉은사[주23]의 태조 영정 앞에서 점을 치니, "반은 살고 반은 죽는다."란 점괘를 얻고 "죽을 자는 육지로 나간 자요, 살아남을 자는 삼별초를 따라 바다로 들어간 자"라고 말하고 적을 따라 남하했다. 적에게 "용의 손자는 12대에서 끝나고 남으로 향해 가서 황제가 사는 서울을 만든다는 예언을 이에서 증명하리라."라고 하며 마침내 그들의 참모가 되었다. 적이 패하자 몸을 피해 장차 김방경을 보려 했는데, 병사가 쳐죽였다. 유존혁은 남해현[주24]에 머물면서 연해를 노략질하다가 적이 도망하여 탐라로 들어갔다는 것을 듣고, 배 80여 척으로 또한 따라갔다.

적이 이미 탐라에 들어가 안팎에 성을 쌓고, 때때로 나와 노략질하며 지방에 횡행하고, 고을 수령을 죽이니 해안 지방이 고요해졌다. 왕이 김통정의 조카인 김찬과 오인절 등 6명을 보내어 그를 회유했다. 김통정이 김찬은 머무르게 하고 나머지는 다 죽였다. 원종 14년(1273)에 또 김방경에게 명령하여 이를 토벌하게 하니, 김방경이 흔도 등

주19 수사공守司空 : 삼공의 하나인 사공(정1품)에 수守를 넣어 계階를 낮춘 것.

주20 판태사국사 : 천문 기상 역서에 관한 사무를 맡은 관청인 태사국太史局 소속의 관원으로 정3품 관직.

주21 대장군 : 경군京軍인 2군 6위의 부지휘관으로 종3품 관직.

주22 소경 : 태상시·전중성·위위시·태복시·예빈시·대부시 등에 소속한 종4품의 관직.

주23 봉은사 : 봉은사는 광종 때에 개경에 창건되었으며, 태조의 진전이 있어 역대 고려 왕들이 자주 행차했다. 강화로 천도한 뒤에는 강화에 동일한 이름을 가진 사원을 두어 운영했다.

주24 남해현 : 경상남도 소속의 남해도 일대.

과 함께 삼별초를 공격했다. 삼별초가 크게 무너지고 김통정은 70여 명을 거느리고 산 속으로 도망해 들어갔다가 목을 매어 죽었다. 마침내 탐라는 평정되었다.

原文 復都開京 榜示 晝日趣令 悉還 三別抄有異心 不從 王遣將軍金之氐 入江華 罷三別抄 取其名籍還 三別抄恐以名籍聞于蒙古 盆懷反心 仲孫與夜別抄指諭廬永禧等 作亂 使人呼於國 中曰 蒙古兵大至 殺戮人民 凡欲輔國者 皆會毬庭 須臾國人大會 或奔走四散 爭舟渡江 多溺死 者 三別抄禁人出入 巡江大呼曰 凡兩班在舟 不下者 悉斬之 聞者 皆懼而下 其或發船 欲向開京 者 賊乘小艇 追射之 皆不敢動 … 賊度不能守 乃聚船艦 悉載公私財貨 及子女 南下 自仇浦 至 缸破江 舳艫相接 無慮千餘艘 時百官咸出迎王 其妻孥 皆爲賊所掠 痛哭聲 振天地 … 賊入據珍 島 剽掠州郡 王命金方慶 往討之 明年 方慶與蒙古元帥忻都等 率三軍 擊破之 賊皆棄妻子 遁 賊 將金通精 率餘衆 竄入耽羅 初守司空致仕李甫 判太史局事安邦悅 上將軍池桂芳 大將軍姜渭 輔 將軍金之淑 大將軍致仕宋肅 少卿任宏 皆陷賊中 及賊敗 甫桂芳被殺 渭輔之淑肅宏 得免歸 朝 信孫隨賊 欲向耽羅 中路而還 邦悅當還都時 卜于奉恩寺太祖眞 得半存半亡之兆 以謂亡者 出陸者也 存者 隨三別抄入海者也 乃隨賊南下 說賊曰 龍孫十二盡 向南 作帝京之讖 於此驗矣 遂爲謀主 及賊敗 抽身將謁方慶 兵士擊殺之 存奕據南海縣 剽掠沿海 聞賊遁入耽羅 亦以八十 餘艘從之 賊旣入耽羅 築內外城 時出剽竊 橫行州郡 殺守宰 濱海蕭然 王遣通精姪金贊 及吳仁 節等六人 招諭之 通精留贊 餘皆殺之 十四年 又命方慶討之 方慶與忻都等 進攻之 賊大潰 通精 率七十餘人 遁入山中 縊死 耽羅遂平

— 『고려사』권130, 열전43, 배중손

자료17

적[삼별초]이 이미 제주에 들어가서 내성과 외성을 쌓고 그 성이 험준하고 견고한 것을 믿고 날로 더욱 창궐하여 수시로 나와 노략질하니 해안 지방이 고요해졌다.

原文 賊旣入濟州 築內外城 恃其險固 日盆猖蹶 常出擄掠 濱海蕭然

— 『고려사』권27, 세기27, 원종 13년 6월

出典

『고려사』

『고려사절요』

『보한집』

찾아읽기

김상기, 「동방문화교류사논고」, 을유문화사, 1948.

김윤곤, 「삼별초의 대몽항전과 지방군현민」, 「동양문화」21·22합집, 영남대학교, 1981.

나종우, 「고려 무인정권의 몰락과 삼별초의 천도항몽」, 「원광사학」4, 1986.

유재성, 「대몽항쟁사」, 국방부전사편찬위원회, 1988.

윤용혁, 「고려대몽항쟁사연구」, 일지사, 1991.

신안식, 「최씨 무인정권의 대몽강화교섭에 대한 일고찰」, 「국사관논총」45, 1993.

이익주, 「고려 대몽항쟁기 강화론의 연구」, 「역사학보」151, 1994.

이익주, 「고려후기 몽골침입과 민중항쟁의 성격」, 「역사평론」24, 1994.

주채혁, 「사르타이(撒禮塔, Sartai)와 몽골—고려전쟁 — 처인부곡 대첩의 의미」, 「고려 시대의 용인」, 학연문화사, 1998.

윤용혁, 「고려 삼별초의 대몽항쟁」, 일지사, 2000.

신안식, 「고려 원종 11년(1270) 삼별초 항쟁의 배경」, 「명지사론」13, 2002.

이홍종, 「대몽강화와 문신의 역할」, 「홍경만교수정년기념한국사학논총」, 2002.

강옥엽, 「고려의 강화천도와 그 배경」, 「인천문화연구」2, 인천시립박물관, 2004.

김위현, 「고려시대 대외 관계사 연구」, 경인문화사, 2004.

김윤곤, 「삼별초정부의 대몽항전과 국내외 정세 변화」, 「한국중세사연구」17, 2004.

이재범, 「대몽항전의 성격에 대하여 — 계층별 항전을 중심으로」, 「백산학보」70, 2004.

배상현, 「삼별초의 남해 항쟁」, 「역사와 경계」57, 2005.

이정란, 「강화의 삼별초 남행 시발지에 대한 고찰」, 「인천학연구」4, 2005.

강재광, 「1250~1270년대 신의군의 대몽항전과 정치활동」, 「한국중세사연구」23, 2007.

배영동 외, 「충렬공 김방경 — 고려를 지키고 안동에 돌아오다」, 민속원, 2007.

강재광, 「대몽항쟁기 최씨정권의 해도입보책과 전략해도戰略海島」, 「군사」66, 2008.

윤용혁, 「여원 연합군의 일본 침입과 고려 군선」, 「군사」69, 2008.

최종석, 「대몽항쟁 원간섭기 산성해도입보책의 시행과 치소성의 위상 변화」, 「진단학보」105, 2008.

강재광, 「몽고의 제1차 침공과 피험被陷 북계 14대성의 항전」, 「한국사연구」146, 2009.

이미지, 「1231·1232년 대몽 표문表文을 통해 본 고려의 몽골에 대한 외교적 대응」, 「한국사학보」36, 2009.

윤경진, 「고려후기 북계 주진의 해도 입보와 출륙 교우僑寓」, 「진단학보」109, 2010.

윤용혁, 「몽골침입과 부인사 대장경의 소실」, 「한국중세사연구」28, 2010.

강봉룡, 「몽골의 침략과 고려 무인정권 및 삼별초의 '도서해양전략'」, 「동양사학연구」115, 2011.

강재광, 「고려 대몽항쟁기 도환인逃還人의 유형과 강도조정江都朝廷의 도환인 활용」, 「역사와 현실」83, 2011.

강재광, 「몽고침입에 대한 최씨정권의 외교적 대응」, 경인문화사, 2011.

동북아역사재단 엮음, 「13~14세기 고려—몽골 관계 탐구」, 동북아역사재단, 2011.

윤용혁, 「고려 삼별초의 항전과 진도」, 「도서문화」37, 2011.

윤용혁, 「여몽전쟁과 강화도성 연구」, 혜안, 2011.

강재광, 「대몽전쟁기 서·남해안 주현민의 해도입보항전과 해상교통로」, 「지역과 역사」30, 2012.

5 원나라에 빼앗긴 영토를 되찾다

동녕부와 쌍성총관부

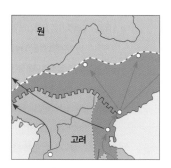

원나라는 서북면 일대에 동녕부를 두고, 동북면 일대에 쌍성총
관부雙城總管府를 설치해서 직할 영역으로 두고서 직접 지배
했다. 고려에서는 이 지역을 회복하기 위해 끊임없이 원에 요구
했고, 직접 군사를 이끌고 쳐들어가기도 했다.

동녕부의 설치와 환부

동녕부東寧府는 원종 11년(1270)에 설치되었다. 원종 10년 실권을 잡고 있던 임연林
衍 일파가 원종을 폐위하고 왕의 동생 안경공安慶公 창淐을 세우자 이에 반발하여 귀주
도령 최탄崔坦 등 서북면 토호가 반란을 일으켰다. 최탄, 삼화현인三和縣人 이연령李延
齡, 연주인延州人 현효철玄孝哲 등은 임연 일당을 제거한다는 명분으로 서경 일대를 근
거로 해서 중앙에 대항했다. 최탄 등은 함종현령咸從縣令 최원崔元, 서경유수 최년崔年,
용주龍州 · 영주靈州 · 철주鐵州 · 선주宣州 · 자주慈州 등 5고을의 수령을 살해했다. 이로
써 서북면의 여러 성이 모두 최탄의 세력 아래에 들어가게 되었다. 최탄 등은 이어서
몽골군의 지원을 받아 임연을 치려고 했다.

원의 세조는 사신을 보내 임연 일당이 왕을 폐위한 죄를 꾸짖는 한편 군대를 파견

해 고려를 응징하려고 했다. 이에 임연은 원종을 복위시키지 않을 수 없었다. 복위한 원종은 원에게 최탄의 행위에 항의했으며, 이에 원 세조는 최탄이 임연 일당을 공격하는 일을 중지토록 명령했다. 그리고 원 세조는 최탄 등을 포상하고, 자비령 이북 지역을 동녕부東寧府로 칭했다. 원의 영토로 편입된 동녕부에는 자비령 이북의 서해도 6성, 북계 54성 등 60성城이 속했다.

그리고 원은 최탄을 동녕부총관으로 삼아 이 지역의 민호를 관할하게 했다. 그리고 그 지역의 토호들을 만호萬戶 · 천호千戶 · 백호百戶 등의 관직에 임명했다. 그리고 별도로 원인元人 다루가치達魯花赤를 파견하여 민호의 숫자를 파악하고 대장을 만들어 조세와 공물을 부과했다. 원의 직속지가 된 동녕부는 최탄 등 북계의 토호들이 고려의 국력이 약화된 틈을 타서 몽골의 힘을 빌어 서북면 지역을 고려 정부의 간섭 없이 자치적으로 통치하려는 의도에서 설치된 것이었다. 다른 한편으로 몽골이 그렇게 유도한 측면이 있음은 부인하기 어렵다.

충렬왕 원년(1275) 원에서 동녕부를 승격시켜 동녕로총관부東寧路總管府로 개칭하고 원의 요양행성에 소속시켰으며, 최탄에게 항복하지 않은 북방의 정주靜州 · 의주義州 · 인주麟州 · 위원진威遠鎭을 떼어내어 요동의 파사부婆娑府에 소속시켰다.

고려에서 이후 원에 동녕부의 반환을 계속 요구하자 충렬왕 16년(1290) 마침내 동녕부를 폐지하고 서북면의 여러 성을 고려에 되돌려 주었다.[자료1] 동녕부는 결국 약 20년간 존속된 것이다. 고려는 돌려받은 지역의 토호를 회유하기 위해 대장군 · 장군 등의 관직을 수여했지만 일부만 고려에 복속하고 최탄 등 대다수 토호들은 관하 민호를 거느리고 요양遼陽 · 심양瀋陽 지역으로 옮겨갔다. 뒷날 공민왕 19년(1370) 이성계 · 지용수 등이 요양 · 심양을 공격해 그 지역의 고려 민인들을 대거 본국으로 귀환시켰다.

쌍성총관부 설치와 탈환

쌍성총관부는 고려의 동북면에 동녕부보다 앞선 고종 45년(1258)에 설치되었다. 동녕부는 곧 고려에 반환되었지만 쌍성총관부는 약 100년 동안 원이 직접 지배했다.

원래 고려의 동북면 지역은 여진인이 다수 거처하고 있어 사정이 복잡한 곳이었다. 동북면의 가란전 지역에 13세기 초에 포선만노蒲鮮萬奴가 여진족을 이끌고 들어와 동진국東眞國을 세웠다. 칭기즈칸은 고종 5년(1218) 동진국을 정벌해 포선만노의 항복을 받았다. 그리고나서 원은 두만강 내외 지역에 살던 여진족을 동진국으로 하여금 다스리게 했다. 고종 18년부터 시작되는 몽골의 본격적인 침입에 앞서 동진국의 여진족과 고려는 동북면에서 자주 충돌했다. 원이 고려를 침략할 때 동진국의 여진족을 동원해 침략의 앞잡이로 이용했다.

개경 정부가 강화도로 천도한 뒤에, 동북면의 여러 성도 몽골과 여진이 수전水戰에 약한 것을 알고 근거지를 섬으로 옮겨 항전했다. 동북면의 여러 성은 함흥에서 동쪽으로 3리 떨어진 무인도 송도松島를 비롯한 동해안의 저도猪島·죽도竹島로 근거지로 옮겨 대항했다. 전쟁이 장기화되자 식량이 부족하고 민심이 이반하여 토호들 가운데 고려를 배반하고 몽골에 투항하는 자들이 나타났다.

몽골의 산길대왕散吉大王 등이 군사를 거느리고 옛 화주 땅에 와서 주둔하고 토호들을 달래자, 용진현인 조휘趙輝와 정주인 탁청卓靑 등이 여러 성에서 온 토호들과 모의해 몽골병을 몰래 끌어들여 동북면병마사 신집평愼執平, 등주부사 박인기朴仁起, 화주부사 김선보金宣甫 등을 살해하고 몽골에 투항했다. 화주 이북의 여러 고을이 항복하자 몽골은 화주에 쌍성총관부를 설치했는데, 고종 45년의 일이었다. 몽골이 쌍성총관부를 설치한 것은 고려를 견제하기 위한 수단의 의미를 가졌다. 원은 철령을 경계로 삼아 등주 이북, 정주 이남 지역을 관할했다. 조휘를 쌍성총관부의 총관摠管으로, 탁청을 천호千戶로 임명하고 따로 다루가치를 파견해 이 지역을 직접 지배했다.[자료2] 이곳은 오늘날의 함흥평야 일대로서 비옥한 농경지가 널리 분포하고 있다.

쌍성총관부는 토호 세력인 조씨, 탁씨 그리고 이씨 세력들이 각각 총관과 천호의 지위를 세습하면서 그곳의 민호를 지배했다. 토호와 관하의 민호는 사적으로 주종 관계를 맺어 군사적·경제적 부담을 지고 있었다. 각호에서 정군正軍 1인을 차출하여 토호들의 사병 노릇을 했고, 나머지 민들은 전지를 경작하거나 우마를 방목하여 그 일부를 조세의 형태로 공납했다. 쌍성총관부에는 고려의 범법자들이 다수 도망해 들어감에 따라 민호가 점차 늘어났다. 여기에서 원에 조공을 바치고 여몽 연합군이 일본을

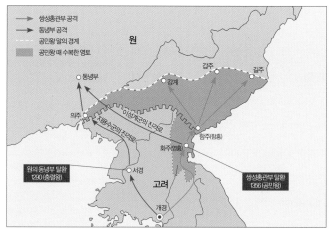

동녕부와 쌍성총관부. 원종 11년(1270) 자비령으로 경계를 삼아 그 이북의 지역을 원나라 영토로 만들어 동녕부로 하였으나, 고려의 끈질긴 요구를 받아들여 충렬왕 16년(1290)에 이 지역을 고려에 돌려주고, 동녕부를 요동으로 옮겼다. 요동으로 옮겨간 동녕부는 공민왕 때 이성계와 지용수가 쳐서 정벌하였다. 고종 45년(1258) 동북 지방에 설치한 쌍성총관부는 이후 약 100년 동안 존속하였는데, 공민왕 5년(1356) 추밀원부사 유인우를 동북면병마사에 임명, 이 지역을 공략하여 천호 이자춘의 협력으로 탈환하였다.

정벌할 때에 군사도 파견했다.

충렬왕 13년(1287) 원에서 내안乃顔의 반란이 있었을 때 고려에서는 지원군을 보냈으며, 다음해 내안의 남은 무리인 합단적哈丹賊이 쌍성총관부를 침입하고 나아가 고려의 경내까지 쳐들어온 것을 원과 힘을 합쳐 물리쳤다. 이런 사건을 계기로 고려와 원의 관계가 우호적으로 발전했으며, 이에 충렬왕은 쌍성총관부를 고려에 되돌려줄 것을 요청했다. 그리하여 충렬왕 24년에 화주 이남의 등주登州·고주高州 등 일부 지역을 되돌려받았다. 그러나 쌍성총관부의 대부분 지역은 공민왕 초까지 원의 직접 지배 아래 있었다. 공민왕 5년(1356) 반원 개혁 정치를 추진하면서 유인우柳仁雨를 보내어 동북면의 등주에서 쌍성으로 진격하게 했다. 쌍성총관 조소생趙小生과 천호 탁도경卓都卿 등이 강하게 저항했으나, 이자춘[이성계의 아버지]·조돈趙暾 등의 내응을 얻어 함락할 수 있었다.[자료3] 그리하여 고려는 99년 만에 동북면 지역을 완전히 수복했다. 쌍성총관부를 점령한 고려의 군사들은 정주 이남 지역에 머물지 않고 마천령을 넘어 두만강 하류까지 개척하여 고려 영토로 만들었다.

몽골과의 전쟁 이후 고려의 영토는 상당한 손실을 입었으나 끊임없는 노력으로 공민왕 때에 이르러서는 종전의 영토를 대부분 회복했으며 나아가 오히려 영토를 확대했다. 조선 건국 후 4군과 6진이 개척됨으로써 오늘날의 국경선을 확보하게 되었다.

자료 1

최탄은 서북면병마사西北面兵馬使주1의 영리營吏주2이다. 원종 10년에 임연이 왕을 폐하고 안경공安慶公 왕창을 세우매 최탄이 영리營吏 한신, 삼화현인三和縣人 교위校尉주3 이연령, 정원도호낭장定遠都護郎將주4 계문비, 연주延州주5 사람 현효철 등과 함께 임연을 벨 것을 명목으로 하여 용강龍岡주6·함종咸從주7·삼화三和주8 사람들을 불러모아 함종현령咸從縣令 최원을 죽이고 밤에 가도영椵島營에 들어가 분사어사分司御史주9 심원준, 감창監倉주10 박수혁과 경별초京別抄주11 등을 죽였다. …

때에 각문지후閣門祗候주12 한경윤이 중지현中知縣에 늙어 물러나 있었는데 그 아들과 아우 한단韓旦을 시켜 최탄 등의 반역反逆하는 모습을 글로써 자세히 조정에 달려가 고하니 국자제주國子祭酒주13 장일로 병마사를 삼아 군사를 거느리고 보내었으며 안무사安撫使주14 이군백은 적賊을 두려워하여 들어가지 못하고 돌아왔으므로 그 직職을 깎고 다시 전시어사前侍御史주15 박휴를 보내어 이를 대신하게 하니 박휴가 청하여 위의威儀를 갖추어 떠날 것을 청했다. 박휴가 대동강에 이르러 일산을 펴고 호상胡床에 걸터앉아 적賊이 나와 맞이하기를 기다리니 적賊이 문득 북을 치면서 나와 강가에 기병을 정렬하고 몇 명으로 하여금 배를 나포하여 와서 말하기를, "지금 임금이 없는데 선유사宣諭使주16는 누가 보낸 것이냐. 명命을 맞이할 의義가 없다."하고 오직 종자從者 1인만 싣고 가서 임연의 죄를 책했다.

최탄은 서경유수西京留守주17 최년, 판관判官주18 유찬, 사록司錄주19 조영불, 용주수龍州守주20 유희량, 영주수靈州守주21 목덕창, 철주수鐵州守주22 김정화, 선주수宣州守주23 김의, 자주수慈州守주24 김윤을 죽이니 나머지 여러 성의 관리도 다 적에게 함몰되고 성주成州주25 수령 최군은 그 부하에게 죽음을 당했다. …

때에 몽골의 사신 탈타아脫朵兒가 이 성城에 와 있다가 그 연고를 물으매 최탄 등이 속여 말하기를, "고려는 땅을 몰아 장차 깊이 해도海島에 들어가려 하고 북계北界주26의 모든 성중城中 사람을 다 죽이려 하기 때문에 우리들이 모든 성수城守를 죽이고 상국上國에 들어가 고하고자 한다."하니 탈타아가 말하기를, "근처에 여러 성城의 관리가 많이 있거늘 어찌 죽이지 않느냐."하므로 최탄이 말하기를, "공公에게 아뢰고 이를 죽이고자 한다."하니 탈타아가 말하기를, "가히 의義·인麟·정靜 세 성수城守를 잡아오고 나머지는 다 이를 죽이라."하므로 이때에 김효거 및 인주수麟州守주27 정신보와 정주수

주1 서북면병마사西北面兵馬使 : 서북면은 북계. 병마사는 양계에 장관으로 파견된 관원.

주2 영리營吏 : 병마사영에 소속한 향리로 보인다.

주3 교위校尉 : 50명으로 조직된 오伍라는 단위 부대의 장으로 정9품의 무관직.

주4 정원도호낭장定遠都護郎將 : 정원도호부의 낭장. 정원도호부는 평안북도 정주군의 옛 이름.

주5 연주延州 : 평안북도 영변군 연산면 일대.

주6 용강龍岡 : 평안남도 남서부에 위치하고 있다. 일부는 남포직할시 용강군, 일부는 온천군이 되었다.

주7 함종咸從 : 평안남도 강서군 함종면 일대.

주8 삼화三和 : 평안남도 용강군 삼화면 일대.

주9 분사어사分司御史 : 서경에는 개경과 유사한 분사 제도分司制度가 있었는데, 서경에 소속한 어사대를 말하는 것으로 보인다.

주10 감창監倉 : 감창사. 감창사는 양계 지역에 파견되어 조세租稅·군자軍資를 전담하고 권농사勸農使 역할을 했던 관원.

주11 별초別抄 : 정규군 외에 특수하게 조직된 군대.

주12 각문지후閣門祗候 : 각문 소속의 정7품 관직.

주13 국자제주國子祭酒 : 국자감 소속의 종3품 관직.

주14 안무사安撫使 : 지방에 어떤 일이 일어나거나 재난이 발생했을 때 실상을 알아보며 그곳 주민들을 안착시킬 목적으로 파견하는 임시 관원.

주15 전시어사前侍御史 : 전직 시어사. 시어사는 감찰사의 종5품 관직.

주16 선유사宣諭使 : 전쟁이나 그 밖의 난리가 일어났을 때 민인들을 회유하여 안정시킬 목적으로 나라에서 파견하던 임시 관원.

주17 서경유수西京留守 : 서경의 장관으로 3품 이상의 관품.

주18 판관判官 : 경·목·부·방어군·지주군에 설치된 외관 속관屬官으로, 해당 관품은 6품 이상.

주19 사록司錄 : 경·목·부 단위의 군현에 설치된 외관 속관屬官. 7품 이상.

주20 용주수龍州守 : 용주의 수령. 용주는 평안북도 용천군 서쪽 20리 지점에 있었다.

주21 영주수靈州守 : 영주의 수령. 영주는 평안북도 신의주시 토성동 지점.

주22 철주수鐵州守 : 철주의 수령. 철주는 평안북도 철산군의 옛 이름.

주23 선주수宣州守 : 선주의 수령. 선주는 평안북도 선천군의 옛 이름.

주24 자주수慈州守 : 자주의 수령. 자주는 평안남도 순천군 자산면의 옛 이름.

주25 성주成州: 평안남도 성천군의 옛 이름.

靜州守[주28] 한분 등이 이르니 탈타아가 말하기를, "내가 부른 것이 아니라 실은 최탄이니 가서 보도록 하라."했다. … 김효거가 술을 올리고 조용히 말하기를, "이제 세 성수城守가 대관大官을 뵈오니 비록 죽더라도 한恨이 없으며 저 모든 성수城守가 죄 없이 죽음을 당하니 참으로 불쌍합니다. 바라건대 사자를 보내어 이를 그치게 하소서." 하니 탈타아가 곧 휘하麾下 2인을 보내어 이를 그치게 하여 면免함을 얻은 자가 자못 많았다. 이에 김효거 등 22인은 잡혀 몽골에 돌아갔다.

이듬해에 최탄이 몽골 황제에게 아뢰기를, "경병京兵이 우리 무리를 침노코자 하오니 바라건대 천병天兵 3,000명을 보내어 서경西京[주29]을 진압하소서." 하니 황제皇帝가 최탄 및 이연령에게는 금패金牌를, 현효철과 한신에게는 은패銀牌를 하사하고 조詔하여 내속內屬케 하고 동녕부라 이름하여 자비령으로 경계를 삼고 최탄 등을 총관摠管으로 삼았다.

충렬왕 4년에 왕이 공주公主와 더불어 원元에 갈 때 서경에 이르러 공주가 이연령, 한신을 불러 그 모반한 시말을 물으니 다 땅에 엎드려 등에 땀이 나서 감히 고개 들고 대답하지 못했다. 11년에 최탄·한신·현효철 등이 계문비의 관하管下 사람을 잡아 속여 말하기를, "이 무리가 재상宰相[주30] 염승익과 함께 우리 무리를 죽이기를 꾀한다." 하고 사람을 보내어 요동선위사遼東宣慰使에게 동녕부를 안찰하라고 고하니 선위사宣慰使[주31]가 동경안무총관東京安撫摠管을 보내와서 이를 국문했다. 이듬해에 왕이 염승익 및 김주정·조인규·유비 등을 보내어 (몽골에서 보내온) 사신과 함께 동녕부에 가서 이를 변명케 하니 최탄 등이 그 속임을 자복했다. 16년에 황제가 동녕부를 파하고 서북의 여러 성을 모두 돌려보내거늘 왕이 한신과 계문비로 대장군大將軍[주32]을 삼고, 현원열로 대복윤을, 나공언·이한으로 장군將軍[주33]을 삼았다.

原文 崔坦 西北面兵馬使營吏也 元宗十年 林衍廢王 立安慶公淐 坦與營吏韓愼 三和縣人校尉李延齡 定遠都護郎將桂文庇 延州人玄孝哲等 以誅衍爲名 嘯聚龍岡咸從三和人 殺咸從縣令崔元 夜入椵島營 殺分司御史沈元濬 監倉朴守奕 京別抄等 … 時 閣門祗候韓景胤 退老中和縣 使其子及弟旦 具坦等反狀 奔告于朝 以國子祭酒張鎰 爲兵馬使 率兵遣之 以安撫使李君伯 畏賊不得入而還 削其職 復遣前侍御史朴烋 代之 烋請備儀而去 烋至大同江 張蓋踞胡床 俟賊出迎 賊忽擊鼓而出 列騎江邊 使數人 拏舟來言曰 當今無主 宣諭使 誰所遣乎 義無迎命 惟載從者一人而去 數林衍之罪 坦殺西京留守崔年 判官柳粲 司錄曹英紱 龍州守庾希亮 靈州守睦德昌 鐵州守金鼎和 宣州守金義 慈州守金潤 其餘諸城員吏 皆沒於賊 成州守崔群 爲其下所殺 … 時 蒙古使脫朶兒 來在此城 問其故 坦等詭言曰 高麗卷土 將深入海島 盡殺北界諸城人 故吾等殺

諸城守 欲入告上國 脫朶兒曰 近處諸城官吏 多在 何不殺之 坦曰 欲稟於公 殺之 脫朶兒曰 可執 義麟靜三城守 以來 餘皆殺之 於是 孝巨及麟州守鄭臣保 靜州守韓奮等至 脫朶兒曰 非我召之 實坦也 可往見之 … 孝巨因進酒 從容言曰 今三城守獲封大官 雖死無恨 彼諸城守 無辜見殺 誠 可憐憫 請遣使止之 脫朶兒 乃遣麾下二人 止之 獲免者 頗多 於是 孝巨等二十二人被執 歸于蒙 古 明年 坦馳奏蒙古帝云 京兵欲侵我等 請遣天兵三千 來鎭西京 帝賜坦及延齡金牌 孝吉愼銀 牌 詔令內屬 改號東寧府 畫慈悲嶺 爲界 以坦等爲摠管 忠烈四年 王與公主 如元 至西京 公主召 延齡愼 問其謀反始末 皆伏地背汗 不敢仰對 十一年 坦愼孝哲等 執文庇管下人 誣以此罪 與宰 相廉承益 謀殺我等 遣人告遼東宣慰使 按察府 宣慰使遣東京安撫摠管 來鞫之 明年 王遣承益 及金周鼎 趙仁規 柳庇等 偕來 使往東寧府 辨之 坦等服其誣 十六年 帝罷東寧府 悉歸西北諸城 王拜愼文庇爲大將軍 玄元烈爲大僕尹 羅公彦李翰爲將軍

_ 「고려사」권130, 열전143, 최탄

자료 2

조휘趙暉는 본래 한양부인漢陽府人인데 뒤에 용진현龍津縣[주34]에 옮겨 거주했다. 고종 45 년에 몽골병이 크게 닥치므로 고高 · 화和 · 정定 · 장長 · 의宜 · 문文 등 15주州 백성들 이 저도猪島에 들어갔는데 동북면병마사東北面兵馬使[주35] 신집평이 저도는 성城은 크나 사람이 적어 지키기가 매우 곤란하므로 15주 백성들을 죽도로 옮기게 했다. 섬이 좁 고 우물이 없으므로 사람들이 모두 가고자 하지 않았다. 신집평이 강제로 몰아들이니 사람이 많이 도망하여 흩어지고 들어간 자는 10명 가운데 두어 명이었는데, 양식이 적으므로 신집평이 별초別抄를 나누어 보내 곡식을 조정에 청했으며 타도他道에서 재 촉하여 운반하게 했다. 수비가 점차 해이해지자 조휘가 정주定州[주36] 사람 탁청卓青 및 등주登州[주37] · 문주文州[주38]의 여러 성의 사람과 함께 같이 꾀하고 몽골병을 인도하여 허점을 타서 신집평 및 등주부사登州副使 박인기, 화주和州[주39] 부사州副使 김선보와 경별 초京別抄 등을 죽이고 드디어 고성高城[주40]을 공격해 집을 불살랐으며 인민을 죽이고 화 주 이북을 몽골에 부쳤다. 몽골이 이에 쌍성총관부를 화주에 두고 조휘로 총관을 삼 고 탁청으로 천호千戶[주41]를 삼았다. 이듬해에 조휘의 당黨이 관인官人이라 자청하고 몽 골병을 이끌고 와서 한계성寒溪城을 치거늘 방호별감防護別監[주42] 안홍민安洪敏이 야별 초夜別抄[주43]를 거느리고 나가 쳐서 섬멸했다. 왕이 낭장郎將[주44] 김기성, 별장別將[주45] 곽 정유로 하여금 국신國贐을 싸가지고 몽골의 둔친 곳에 가서 위로할 때 김기성 등이 문 주에 이르니 조휘의 무리가 보룡역寶龍驛에 있다가 몽골병 30여 인과 함께 김기성 등

주26 북계北界 : 현재 평안도 일 대. 서경과 안북도호부 아래 방어 군防禦郡 25, 진鎭 12, 현령관縣令 관 6개의 군현이 각각 소속했다.

주27 인주수麟州守 : 인주는 평안 북도 신의주시 동린동 일대이며, 인주수는 인주의 수령.

주28 정주수靜州守 : 정주는 평안 북도 신의주시 선상리 일대이며, 정주수는 정주의 수령.

주29 서경西京 : 오늘날 평양.

주30 재상宰相 : 중서문하성과 상 서성의 재신 및 추밀원의 추신

주31 선위사宣慰使 : 난리나 자연 재해가 있을 때 민인들을 위문하기 위해 임시로 파견하던 관원.

주32 대장군大將軍 : 경군인 2군 6위의 부지휘관으로 종3품 관직

주33 장군將軍 : 2군 6위에 속한 정4품 무관.

주34 용진현龍津縣 : 함경남도 문 천군 북성면 용진리 일대.

주35 동북면병마사東北面兵馬使 : 동북면은 북계. 병마사는 양계에 장관으로 파견된 관원.

주36 정주定州 : 함경남도 정평군 의 옛 이름.

주37 등주登州 : 함경남도 안변군 의 옛 이름.

주38 문주文州 : 함경남도 문천군 의 옛 이름.

주39 화주부사和州副使 : 화주의 속관인 부사. 화주는 함경남도 영 흥군의 옛 이름.

과 아울러 수종원 13인을 죽이고 국신을 노략하여 갔다.

> **原文** 趙暉 本漢陽府人 後徙居龍津縣 高宗四十五年 蒙古兵大至 高和定長宜文等十五州人 入保猪島 東北面兵馬使愼執平 以猪島城大人少 守之甚難 遂以十五州人 徙竹島 島 狹隘無井泉 人皆不欲 執平强驅納之 人多逃散 入者十二三 糧儲乏少 執平分遣別抄 請粟於朝 催運他道 守備稍懈 暉與定州人卓靑 及文州諸城人 合謀引蒙古兵 乘虛 殺執平 及登州副使朴仁起 和州副使金宣甫 京別抄等 遂攻高城 焚燒廬舍 殺掠人民 以和州迆北 附于蒙古 蒙古乃置雙城摠管府于和州 以暉爲摠管 靑爲千戶 明年 暉黨 自稱官人 引蒙古兵 來攻寒溪城 防護別監安洪敏 率夜別抄 出擊盡殲之 王使郎將金器成 別將郭貞有 齎國贐如蒙古屯所 慰之 器成等 至文州 暉黨在寶龍驛 與蒙古兵三十餘人 殺器成等幷傔從十三人 掠國贐而去
>
> __ 『고려사』권130, 열전43, 조휘趙暉

자료3

조돈의 초명初名은 우祐이니 쌍성총관 조휘의 손孫이다. 대대로 용진龍津에 거居했고 아직 약관弱冠이 못 되어 충숙왕을 섬겼는데 그때 이민吏民이 여진의 홍긍洪肯·삼철三撤·독로올禿魯兀·해양海陽 등지에 도망하여 들어갔다. 왕이 조돈을 보내어 해양에 가서 60여 호戶를 추쇄하여 돌아오자 감문위낭장監門衛郎將주46에 임명하고 뒤에 다시 해양에 가서 100여 호를 쇄환하여 오니 왕이 이를 가상히 여겨 구마廐馬와 비단을 하사했고 이어 좌우위호군左右衛護軍주47에 임명했다. 왕이 훙薨하매 조돈이 용진龍津으로 돌아갔다.

처음 조휘가 쌍성 등지로 반叛하여 원에 들어갔다. 공민왕 5년에 옛 땅을 수복코자 하여 밀직부사密直副使주48 유인우로 동북면병마사東北面兵馬使를 삼고 대호군大護軍주49 공천보·종부령宗簿令주50 김원봉으로 부사副使주51를 삼아 강릉도존무사江陵道存撫使주52 이인임과 더불어 가서 치게 했는데 유인우가 군사를 거느리고 철령을 지나 등주登州에 머물더니 쌍성과의 거리가 200여 리인데도 10여 일이나 머물고 전진하지 않았다.

쌍성총관雙城摠管 조소생은 조돈의 종자從子인데 변變을 듣고 천호千戶 탁도경과 더불어 조돈을 불렀다. 조돈이 이르자 조소생이 군사를 들어 항거하기를 계획하고 조돈을 위협하기를, "이제 일이 급합니다. 숙부가 고려에 벼슬하여 여러 대에 총애를 받았는데 금일今日 숙부께서 남으로 고려를 향하시면 쌍성 땅 12성城은 누가 즐겨 우리를 좇으리오."하고 이에 탁도경과 더불어 심복의 용감한 자 30인을 뽑아 조돈을 지키니 실은 구속한 것이다.

이인임이 유인우를 달래어 말하기를, "조돈은 비록 조소생의 숙부이나 마음은 조정에 있다. 반드시 조소생·탁도경과 더불어 같이 반叛하지는 않을 것이니 이제 왕명으로서 타이르면 반드시 올 것이다. 조돈이 쌍성에 와서 가히 격문만 전하여도 평정될 것이니 반역자 우두머리의 머리는 족히 벨 것 없다."하므로 유인우가 그렇게 여겨 드디어 문서를 조돈에게 보내니 조돈이 글을 보고 비밀히 하고 기회를 엿보았으나 얻지 못했다. 조돈이 어릴 때 쌍성雙城 사람 조도적의 영리하고 용감함을 보고 그와 더불어 교유하여 깊이 환심懽心을 맺었더니 이에 미쳐 조도적이 백호百戶로서 조소생의 모주謀主가 되었다. 조돈이 조도적을 타이르기를, " … "라고 하니 조도적이 눈물을 흘리며 손을 들어 하늘을 가리키면서 말하기를, "숙부가 나를 살렸습니다. 공公이 또한 먼저 하면 내가 따를 것입니다."하거늘 조돈이 기뻐하여 아우 조천주와 더불어 몸을 빼어 달려 나와 삼기강三岐江에 이르러 배를 타고 이미 중류에 갔는데 쫓는 기騎 100여餘가 강안江岸에 왔다가 돌아가거늘 조돈이 용진에 이르러 가인家人에게 말하기를, "부인夫人을 따라 바다에 떠서 나와 등주에서 만나자."하고 아들 조인벽·조인경·조인규·조인옥을 데리고 하룻밤에 200리를 달려 여명黎明에 유인우의 영營에 나아가 유인우에게 이르기를, "조소생·탁도경의 세가 궁하니 장차 북北으로 달아날 것이다. 쌍성 사람은 모두 산골짜기에 숨었으니 이제 대군大軍이 문득 오면 반드시 놀라서 내려오지 아니할 것이다. 들이 비어 먹을 것이 없으니 공公을 위爲하는 꾀는 먼저 내 자식 조인벽을 보내어 초유招諭하는 것만 같지 못하다." 하니 유인우가 그렇게 여겼다.

이에 조인벽과 및 지통주사知通州事[53] 장천핵으로 하여금 쌍성을 순행케 하니 쌍성 사람이 조인벽의 옴을 듣고 기뻐하여 서로 말하기를, "조별장趙別將이 왔으니 우리 무리는 갱생했다."하고 서로 거느려 와서 항복하고 관군에게 음식을 대접하여 맞으면서 말하기를, "고려왕은 참으로 우리 임금이다."라고 했다.

처음에 우리 환조桓祖[54]가 쌍성 등처의 천호千戶로서 내조來朝하니 왕이 맞아 이르기를, "완악한 민을 어루만져 다스리니 수고롭지 않은가." 하였다. 그때에 어떤 사람이 밀고하기를, "기철奇轍이 가만히 쌍성의 반민叛民과 내통하여 당원黨援을 삼아 모역을 한다."하매 왕이 환조에게 유시諭示하기를, "경은 마땅히 돌아가 우리 백성을 진정하고 만일 변이 있거든 마땅히 내 명령과 같이하라."했다. 이에 이르러 왕이 유인우의 머뭇거림을 듣고 환조를 소부윤小府尹[55]에 임명하고 병마판관兵馬判官[56] 정신계를

주57 의주宜州 : 함경남도 문천군
덕원면의 옛 이름.

주58 선덕宣德 : 함경남도 정평군
선덕리 일대.

주59 원흥元興 : 함경남도 정평군
장동리 일대.

주60 영인寧仁 : 함경남도 영흥군
호도면 일대.

주61 요덕耀德 : 함경남도 영흥군
요덕면 일대.

주62 정변靜邊 : 함경남도 영흥군
동 60리 지점.

주63 함주咸州 : 함경남도 함흥의
옛 이름.

주64 예빈경禮賓卿 : 예빈성 소속
의 종3품 관직.

주65 태복경太僕卿 : 여마구목輿
馬廐牧을 관장하는 사복시司僕寺
에 속한 관직. 문종 때 제도에 따르
면 종3품.

보내어 환조에게 내응內應하기를 유시諭示하거늘 환조가 명을 듣고 곧 소리없이 나아
가 유인우와 더불어 군사를 합쳐 쌍성총관부를 공격해 격파하니 조소생과 탁도경이
처자를 버리고 이판령북伊板嶺北 입석立石의 땅에 도망했다. 이에 지도地圖를 상고하
여 화和·등登·정定·장長·예預·고高·문文·의주宜州주57와 선덕宣德주58·원흥元興
주59·영인寧仁주60·요덕耀德주61·정변靜邊주62 등의 진鎭을 수복했다. 대개 함주咸州주63
이북의 합란哈蘭·홍헌洪獻·삼철三撒 지방은 본래 우리 강토였는데 조휘 등이 반叛하
여 원에 몰수된 지 무릇 99년 만에 모두 수복했다. 정신계가 군사를 거느리고 이판伊板
을 지나다가 여진과 더불어 싸워 대첩하고 그 괴수 첩목아帖木兒를 베어 머리를 경성
에 전했다. … 조돈이 돌아오매 왕이 크게 기뻐하여 예빈경禮賓卿주64을 초수超授하고
경성京城에 집을 하사했다. (공민왕) 6년에 태복경太僕卿주65에 천배遷拜했다.

原文 趙暾 初名祐 雙城摠管暉之孫也 世居龍津 未弱冠 事忠肅王 時史民逃入女眞洪肯三撒
禿魯兀海陽等地 王遣暾 至海陽 刷六十餘戶還 授監門衛郞將 後復至海陽 刷百餘戶來 王嘉之
賜廐馬綾段 尋除左右衛護軍 王薨 暾還龍津 初 暉以雙城等地 叛入元 恭愍五年 欲收復舊地 以
密直副使柳仁雨 爲東北面兵馬使 大護軍貢天甫 宗簿令金元鳳 爲副使 與江陵道存撫使李仁任
往擊之 仁雨率兵 過鐵嶺 次登州 去雙城二百餘里 留十餘日 不進 雙城摠管趙小生 暾從子也 聞
變 與千戶卓都卿 召暾 暾至 小生擧兵 爲拒守計 劫暾曰 今事急矣 叔父仕高麗 爲累朝所寵待 今
日 叔父南向高麗 則雙城之地十二城 誰肯從我 乃與都卿 選腹心驍健者三十人 衛暾 實拘之也
仁任說仁雨曰 暾雖小生叔父 心在朝廷 必不與逆豎同叛 今以王命諭之 必來 暾來雙城 可傳檄
而定 逆豎之首 不足血也 仁雨然之 遂以蠟書遺暾 暾見書 秘之 伺閒未得 暾 少時見雙城人趙都
赤英俠 與之交遊 深結懽心 及是 都赤以百戶爲小生謀主 暾諭都赤曰 … 都赤泫然泣下 擧手指
天曰 叔父活我矣 公且先 吾從之 暾喜與弟天柱 挺身馳出 至三歧江 乘舟已中流 追騎百餘及岸
而返 暾至龍津 謂家人曰 從夫人浮海 會我于登州 率子仁瓊仁珤仁珪仁沃 一夜馳二百里 黎明
詣仁雨營 謂仁雨曰 二豎勢窮 將北走 雙城人 皆竄山谷 今大軍遽至 必駭不下 淸野無食 爲公計
莫若先遣吾子仁璧 招諭之 仁雨然之 乃使仁璧 及知通州事張天翮 徇雙城 雙城人 聞仁璧至 喜
相告曰 趙別將來 吾屬更生矣 相率來降 犒迎官軍曰 高麗王眞我主也 初我桓祖 以雙城等處千
戶 來朝 王迎謂曰 撫綏頑民 不亦勞乎 時有人密告 奇轍潛通雙城叛民 爲黨援謀逆 王諭桓祖曰
卿宜歸鎭吾民 脫有變 當如吾命 至是 王聞仁雨逗遛 授桓祖小府尹 遣兵馬判官丁臣桂 諭桓祖
內應 桓祖聞命 卽衘枚就行 與仁雨合兵 攻破雙城摠管府 小生都卿 棄妻子 逃入伊板嶺北立石
之地 於是 按地圖 收復和登定長預高文宜州 及宣德元興寧仁耀德靜邊等鎭 盖咸州以北 哈蘭
洪獻三撒之地 本爲我疆 自暉等叛沒于元 凡九十九年 今皆復之 臣桂領兵 過伊板 與女眞戰 大
捷 斬其魁帖木兒 傳首于京 … 暾還 王大喜 超授禮賓卿 賜第于京 六年 遷太僕卿

_『고려사』권111, 열전24, 조돈

■ 출전

『고려사』

■ 찾아읽기

방동인, 「쌍성총관부고」, 『관동사학』1, 1982.

방동인, 「동녕부 치폐소고」, 『관동사학』2, 1984.

박돈, 「고려말 동녕부 정벌에 대하여」, 『중앙사론』4, 1985.

김구진, 「여·원의 영토분쟁과 그 귀속문제」, 『국사관논총』7, 1989.

방동인, 「여원 관계의 재검토 – 쌍성총관부와 동녕부를 중심으로」, 『국사관논총』17, 1990.

박옥걸, 「고려말 북방유민과 추쇄」, 『백산학보』60, 2001.

이정신, 「원간섭기 동녕부의 존재형태」, 『한국중세사회의 제문제』, 2001.

이정신, 「쌍성총관부의 설립과 그 성격」, 『한국사학보』18, 2004.

유재춘, 「중·근세 한·중간 국경완충지대의 형성과 경계인식 – 14세기~15세기를 중심으로」, 『한일 관계사연구』39, 2011.

6 남쪽의 침략, 북쪽의 침입

왜구와 홍건적

14세기에 고려는 원의 정치적 간섭과 경제적 수탈로 상당한 어려움에 봉착해 있었다. 공민왕 때 비로소 반원 정책과 내정 개혁이 성과를 거두기 시작했다. 그런데 이 무렵에 국내 문제를 한층 복잡하게 만들고 반원 정책의 추진을 곤란하게 한 것이 왜구와 홍건적의 침입이었다.

왜구의 침입

왜구가 창궐하기 시작한 것은 충정왕 2년(1350)부터였다.[자료1] 이후 공민왕과 우왕 때에 이르면서 왜구의 침략이 급증했다. 충정왕 2년부터 공양왕 4년(1392)까지 42년 동안 왜구의 침입은 500회를 웃돌아 연평균 12회 정도였다. 우왕 연간에는 침입이 가장 극심하여 연평균 27회에 달했다. 이와 달리 침략을 받은 곳이 592군데에 이르고 침략 횟수가 303회에 이른다는 수치를 제시한 연구 성과도 있다.

왜구가 창궐한 것은 당시 일본 국내 사정에서 비롯된다. 당시 일본은 혼란기로서 치안이 어지럽고 폭력배들의 횡포가 증대해 각지의 군웅이 할거하는 상태였다. 일본에서 남북조의 내란기에 세력 다툼을 하는 가운데 수세에 몰린 측이 병량미를 확보하기 위해 고려를 침공했다. 전투에서 패배한 뒤 일시적으로 도피하기 위해 고려를 침공해오는 수도 있었다. 지리적으로 가까운 쓰시마 섬·이키壹岐 섬이나 규슈뿐만이 아니라 더 멀리 떨어진 곳에 근거를 둔 무사도 침구하여 왔다. 왜구의 중심은 규슈의 난신亂臣과 서변西邊 해도海島의 완민頑民이었다.

왜구의 침입 시 많을 경우에는 400여 척, 적을 때는 20척의 배가 왔다. 그리고 1개 선박의 탑승 인원은 적은 경우 20명 정도이고 대부분은 이보다 수가 훨씬 많았다. 왜구는 해적의 오합지졸이 아니라 배후에서 유력한 토호가 직접 조종하는 집단이었다. 대표적인 조종자는 쓰시마 도주對馬島主와 이키 도주壹岐島主였다.

왜구들은 침입하여 약탈·방화·살인을 일삼았는데, 가장 중요한 약탈 대상은 미곡이었다. 미곡을 약탈하기 위해 왜구들은 조곡 운반선을 습격했으며, 양곡을 저장한 조창漕倉을 공격했다.[자료2·3] 지방 관청이나 사원도 집중적으로 약탈당했다.

우왕 때부터는 미곡 약탈만이 아니라 인민의 노략과 살상까지 자행하였다. 포로를 잡아가 노비로 삼으면 값싼 노동력을 공급받을 수 있었고, 노예로 팔 수도 있었다. 그리고 왜구의 공격 지역은 도서나 연안에 한정되지 않고 내륙으로 깊숙이 들어와 피해를 주는 일이 빈번해졌다. 기병騎兵도 나타나고 있었다.

왜구의 침입 지역은 충청·전라·경상도 지방에 집중되었다. 삼남뿐만 아니라 개경 앞까지 출몰했으며 황해도를 거쳐 평안도에도 이르렀고, 동해안쪽으로는 함경도까지 이르기도 했다.

왜구의 격퇴

왜구의 침입에 대해 처음에는 사신을 보내 중지해 줄 것을 요청하기도 했지만 별 효과가 없었다. 그리하여 고려에서는 적극적인 토벌책을 강구했다. 우왕 2년(1376) 7월 대규모의 왜구가 연산 개태사開泰寺에 침입하자 원수元帥 박인계朴仁桂가 맞아 싸우다가 전사했다. 이에 최영이 출정을 자청해 여러 장수와 함께 홍산鴻山에 이르렀으나 지세가 험하여 모두 나아가 싸우기를 꺼렸다. 이에 최영이 몸소 사졸보다 먼저 돌진하자 사기가 크게 올라 적을 무찌를 수 있었다[홍산대첩].

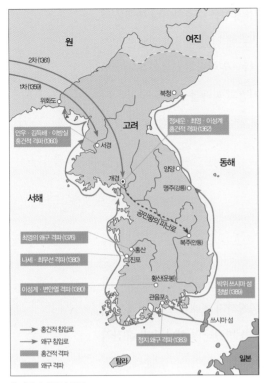

홍건적과 왜구의 침입.

우왕 6년 8월에는 왜구 500여 척이 진포鎭浦에 침입했다. 타고온 모든 배를 밧줄로 굳게 묶어두고 소수의 병사만이 남아 배를 지키고 나머지는 모두 상륙하여 부근의 김제·옥구·익산 등지로 흩어져 방화와 노략질을 자행했다. 이에 조정에서 나세羅世를 상원수로, 최무선을 부원수로, 심덕부沈德符를 도원수로 삼아 물리치도록 했다. 진포에 이르러 최무선이 만든 화포로 적선을 불태우니 적선이 묶여 있어 흩어지지 못하고 모두 불에 타버렸다[진포 싸움].[자료4] 진포 싸움에서 겨우 살아남은 360여 명의 적들은 옥주沃州로 달아나 먼저 상륙한 적들과 합류했다.

육지를 횡행하던 왜구가 남원 운봉현을 방화하고 인월역引月驛에 주둔하여 북상하겠다고 호언했다. 조정에서 이성계를 양광·전라·경상도 순찰사로 삼고 변안열을 체찰사, 그리고 우인열禹仁烈·이원계李元桂·박림종朴林宗·도길부都吉敷·홍인계洪仁桂·임성미林成味 등을 원수로 삼아 대토벌 작전을 실시했다. 이 전투에서 왜구를 섬멸했는데, 죽은 왜구의 피로 하천이 붉어져 6, 7일간이나 변하지 않았으며 포획한 말이 1,600여 필이었고 병기도 무수히 많았다. 왜구는 겨우 70여 명만이 살아 지리산으로 도망했다[황산대첩].[자료5]

바다에서는 정지鄭地가 커다란 활약을 했다. 우왕 3년(1377)에 순천·낙안에 침입한 왜구를 물리쳤으며, 1383년 봄에는 왜선 120여 척이 경상도 연해에 들어와 약탈하자 해군을 거느리고 가서 격퇴했다[남해대첩].

왜구에 대한 적극적인 대책은 이후에도 계속되어, 공양왕 원년(1389)에 박위로 하여금 쓰시마 섬을 정벌하게 했다. 이런 정부의 적극적인 노력으로, 우왕 말년부터 왜구의 침입이 현저히 줄어들게 되었다.

수륙의 요충지에 수군과 육군을 배치하고, 내륙 각지에 성을 수축하거나 목책을 세우는 등 관방 시설을 대폭 확충하여 대응했으나, 수십 년에 걸친 왜구의 침입은 고려에 엄청난 피해를 가져다주었다. 조세를 운반하는 조선漕船을 약탈하고 조창을 습격한 것은 국가 재정을 파탄으로 몰고 갔다. 그리고 도서 지방의 피폐를 가져와 그곳은 사람이 살지 않는 곳으로 변했다. 한편 왜구 소탕을 위해 화약·화포·화전火箭 등의 화기를 만드는 기술이 개발되었다.

홍건적의 1차 침입과 격퇴

홍건적紅巾賊은 왜구처럼 오랜 기간 전국에 걸쳐 침입하지는 않았다. 하지만 두 차례 대규모 침입으로 인해 피해는 엄청났으며 국왕의 몽진까지 초래했다. 홍건적은 원나라 말기에 중국 하북성河北省 일대에서 일어난 한족漢族 반란군의 하나였다. 홍건적은 공민왕 즉위년(1351) 한산동韓山童·유복통劉福通이 중심이 되어 일어났는데, 홍건적은 홍건紅巾으로써 표식을 하고 각지를 공격하고 다녔다.

고려에서는 북중국과 요동 일대에 크게 위세를 떨치던 홍건적의 침입에 대비하고 있었다. 그리하여 공민왕 6년에 김득배와 김원봉에게 서북면 지방의 방어를 맡겼다.

홍건적 일부가 만주 지역으로 북진했는데, 원의 반격으로 쫓기게 되자 고려를 침범하였다. 공민왕 8년 11월에 홍건적 3,000명이 압록강을 건너와 약탈한 뒤 돌아간 일이 있었다. 이어 다음 달에는 홍건적의 우두머리 모거경毛居敬이 자칭 4만 명의 병력을 거느리고 얼어붙은 압록강을 건너와 의주를 함락시키고, 부사副使 주영세朱永世와 의주 주민 1,000여 명을 살해했다. 이어 정주靜州를 함락시키고 도지휘사 김원봉을 죽이고 인주麟州를 함락시켰다. 적이 철주鐵州에 쳐들어 왔을 때에는 안우安祐와 이방실李芳實이 격퇴했다. 일시 퇴각한 적들이 다시 쳐들어와 서경을 함락시켰다. [자료6]

적에 의해 함락된 서경을 탈환하고자 여러 부대가 생양역生陽驛에 모였는데 그 수가 2만 명이었다. 마침내 고려군이 서경 탈환 작전을 감행하여 적군을 내몰아 용강龍岡과 함종咸從으로 물러가게 했다. [자료7] 이 싸움에서 고려군도 1,000여 명의 전사자가 나왔다. 안우가 이끄는 군대가 함종으로 진격했으나 적의 공격을 받고 많은 사상자를 내었다. 고려군은 곧 진용을 정비해 함종에서 적 2만여 명을 사살하고 적장 심자沈刺와 황지선黃志善을 사로잡았다. 이후 홍건적을 추격해 옛 선주에 이르러 또 적을 무찌르니, 적 300여 명만이 의주에서 압록강을 건너 도망갔다.

홍건적의 2차 침입과 격퇴

홍건적은 다시 공민왕 10년 10월에 반성潘誠·사유沙劉·관선생關先生·주원수朱元帥·파두반破頭潘 등이 10여 만의 대군을 이끌고 압록강을 건너 삭주朔州에 침입했다.[자료8] 삭주朔州에 이어 이성泥城·무주[撫州, 영변寧邊]·안주安州를 함락시키고 흥의역[興義驛, 우봉牛峰]에 이르러 개경을 위협했다. 공민왕은 남쪽으로 피난해 이천현利川縣을 거쳐 안동으로 몽진했다. 홍건적은 곧 수도 개경을 무너뜨렸으며, 개경을 함락시킨 후 수개월 동안 주둔하면서 갖은 만행을 저질렀다.[자료9]

공민왕 11년(1362) 정월 안우·이방실·이여경·김득배·황상黃裳·한방신韓方信·안우경安遇慶·이구수李龜壽·최영 등이 20만 병력을 거느리고 개경 동쪽의 천수사天壽寺 앞에 주둔했고 총병관 정세운은 여러 장병들을 독려해 개경을 포위하고 공격토록 했다. 눈비가 내리는 틈을 타 고려군이 사방에서 맹렬히 공격했다. 이때 이성계는 휘하의 군인 2,000여 명을 이끌고 먼저 성에 올라 적을 격파함으로써 나머지 군사의 사기가 고무되어 대승을 거둘 수 있었다. 이 싸움에서 홍건적은 대패하여 사유·관선생 등을 포함하여 10만에 달하는 자가 죽어 쓰러졌으며, 나머지 잔당은 압록강을 건너 도주했다.[자료10] 이로써 홍건적의 2차 침입도 물리칠 수 있었다.

왜구와 홍건적의 침입으로 당시 정부가 추구하던 반원 정책·내정 개혁은 주춤하지 않을 수 없었다. 홍건적 침입이 있자 공민왕은 반원 정책을 포기하고 정동행성을 다시 설치했으며 관제도 개혁 이전의 상태로 복구시켰다. 한편 외침을 격퇴하는 과정에서 새로운 무장 세력이 크게 대두했다. 그리고 전공戰功에 대한 보상으로 첨설직添設職을 대거 수여하여 유향품관층留鄕品官層이 크게 확대되었다.

자료1

왜인이 고성·죽림주1·거제·합포주2에 침략하므로 천호千戶주3 최선과 도령都領 양관 등이 싸워 쳐부수어 300여 급을 죽이거나 사로잡았다. 왜구의 침입이 여기에서 비롯되었다.

　原文　倭寇固城竹林巨濟合浦 千戶崔禪 都領梁琯等 戰破之 斬獲三百餘級 倭寇之侵 始此

_ 『고려사』 권37, 세가37, 충정왕 2년 2월

주1 죽림 : 경상남도 고성군 동쪽 40리에 위치했다.

주2 합포 : 오늘날 경상남도 마산시 합포구 현동.

주3 천호千戶 : 원대元代 군 지휘관으로 1,000인을 거느리는 사람을 가리킨다. 원 간섭기에 원의 영향을 받아 고려에 이 제도가 실시되었다.

자료2

왜적이 영주寧州주4·온수溫水주5·예산禮山·면주沔州주6의 양곡 운송선을 약탈했다. 이에 앞서 왜인들이 거제도에 거주하면서 영원히 화친 관계를 맺고자 하므로 조정에서 그것을 믿고 허락했었는데 이때에 와서 도적이 되어 침입한 것이다.

　原文　倭掠寧州溫水禮山沔州漕船 初 倭人願居巨濟 永結和親 國家信而許之 至是 入寇

_ 『고려사』 권41, 세가41, 공민왕 18년 11월

주4 영주寧州 : 충청남도 천안시의 옛 이름.

주5 온수溫水 : 충청남도 온양시의 옛 이름.

주6 면주沔州 : 충청남도 당진군 면천면의 옛 이름.

자료3

신축일 왜적이 동계 지방의 안변安邊 등을 침범하여 부녀자를 잡아가고 창고의 미곡 1만여 석을 약탈해갔다. 존무사주7 이자송을 파면하여 고향에 돌아가게 했다. 임인일에 왜적이 또 함주주8와 북청주를 침범했다. 만호주9 조인벽이 복병으로 그들을 크게 격파하고 70여 명을 베어 죽였으므로 그에게 봉익대부奉翊大夫주10의 위계를 주었다.

　原文　辛丑 倭寇東界安邊等處 虜婦女 掠倉米萬餘石 免存撫使李子松官 放歸田里 壬寅 倭又寇咸州北靑州 萬戶趙仁璧 伏兵大破之 斬首七十餘級 拜奉翊大夫

_ 『고려사』 권43, 세가43, 공민왕 21년 6월

주7 존무사 : 고려 후기에 각 도에 파견한 관리. 백성의 질고疾苦를 묻고 수령을 전최殿最하는 일을 맡았다.

주8 함주 : 함경남도 함흥시의 옛 이름.

주9 만호 : 원대元代 군 지휘관으로 1만 인을 거느리는 사람. 고려에서 원의 군사 제도를 본받아 시행하면서 나타난 관리다.

주10 봉익대부奉翊大夫 : 문관에게 주는 종2품의 두 번째 품계.

자료4

왜적의 배 500척이 진포鎭浦주11 어귀에 들어와 큰 밧줄로 서로 묶은 뒤에 군사를 나누어 지키게 하고는 드디어 연안에 올라와 주현州縣에 흩어져 들어가서 불지르고 약탈을 을 자행하니 시체가 산과 들을 덮었고, 곡식을 그들 배로 나르면서 떨어뜨린 쌀이 한 자 두께나 되었다. 나세·심덕부·최무선 등이 진포에 이르러 처음으로 최무선이 만든 화포를 사용하여 그들 배를 불사르매 연기와 화염이 하늘을 뒤엎었고 적은 거의

주11 진포鎭浦 : 충청남도 서천군 장항읍의 옛 이름.

모두 불타 죽었으며, 바다에 빠져 죽은 자도 많았다. 적은 사로잡은 자녀를 모조리 죽여서 시체가 산같이 쌓였고 지나가는 곳마다 피바다였는데 오직 330여 명만이 도망쳐 왔다.

原文 倭賊五百艘 入鎭浦口 以巨䋲相維 分兵守之 遂登岸 散入州郡 恣行焚掠 屍蔽山野 轉穀于其舶 米棄地厚尺 羅世沈德符崔茂宣等 至鎭浦 始用茂宣所製火砲 焚其船 煙焰漲天 賊燒死殆盡 赴海死者亦衆 賊盡殺所俘子女 山積 所過波血 唯三百三十餘人 自拔而來

_ 『고려사절요』권31, 신우 6년 8월

자료 5

8월에 왜적의 배 500척이 진포에 정박하고 하삼도에 들어와서 침구하여 바닷가에 있는 주군州郡을 도륙하고 불살라서 거의 없어지고 백성들을 죽이고 사로잡은 것도 이루 다 헤아릴 수가 없었다. 시체가 산과 들판을 덮고, 곡식을 그 배로 운반하느라고 쌀이 땅에 버려진 것이 두껍기가 한 자 정도이며, 포로로 한 자녀를 베어 죽인 것이 산더미처럼 많이 쌓여서 지나간 곳이 피바다를 이루었다. 왜적이 두어 살 난 계집아이를 사로잡아 머리를 깎고 배를 갈라서 깨끗이 씻어서 쌀과 술과 함께 하늘에 제사지내니 삼도三道의 바닷가 연안 지방이 텅 비게 되었다. …

왜적의 세력이 더욱 성하여 함양성을 무찌르고 남원으로 향하여 운봉현雲峰縣^{주12}을 불사르고 인월역引月驛^{주13}에 주둔했다. …

태조 이성계가 하늘의 해를 가리키면서 맹세하고 좌우에게 지휘하기를, "겁이 나는 사람은 물러가라. 나는 적과 싸우다가 죽겠다."고 하니, 장수와 군사들이 감동 격려되어 용기백배로 사람들마다 죽음을 각오하고 싸우자 적군이 나무처럼 뻣뻣이 서서 움직이지 못했다.

왜적의 장수 한 사람이 나이 겨우 15~16세밖에 안 되었는데, 골격과 용모가 단정하고 고우며 사납고 용맹스러움이 비할 데가 없었다. 흰 말을 타고 마음대로 휘두르면서 달려 부딪치니 그가 가는 곳마다 사람들이 쓰러지고 흔들려서 감히 대적하는 자가 없었다. 우리 군사들이 그를 아지바투阿基拔都^{주14}라고 부르면서 다투어 그를 피했다. 태조는 그가 용감하고 날랜 것을 아껴서 이두란李豆蘭^{주15}에게 명하여 산 채로 사로잡게 하니, 이두란이 말하기를, "만약 산 채로 사로잡으려고 한다면 반드시 사람을 상하게

주12 운봉현雲峰縣 : 오늘날 전라북도 남원군 운봉면.

주13 인월역引月驛 : 오늘날 전라북도 남원군 동면 인월리.

주14 아지바투阿基拔都 : 아지는 어린 아이란 뜻이고 바투는 용감한 사람이란 뜻이다.

주15 이두란李豆蘭 : 길주 출신의 여진족 추장. 원명은 퉁두란 타무르인데, 조선 건국에 공을 세워 성씨를 청해靑海 이씨李氏로 하사받아 이두란 또는 이지란李芝蘭이라 했다.

할 것입니다."고 했다. 아지바투는 갑옷을 입고 목과 얼굴을 감싼 투구를 썼으므로 활로 쏠 만한 틈이 없었다. 태조가 말하기를, "내가 투구의 정자頂子^{주16}를 쏘아 투구를 벗길 터이니 그대가 뒤이어 즉시 쏘라." 하고는 드디어 말을 채찍질하여 달리면서 투구를 쏘아 그 정자를 정통으로 맞추니, 투구의 끈이 끊어져서 기울어졌다. 그 사람이 급히 투구를 바로잡아 쓰므로 태조가 즉시 투구를 쏘아 또 그 정자를 맞히니, 투구가 마침내 땅에 떨어졌다. 이두란이 곧 그를 쏘아서 죽이니 이에 적의 기세가 꺾였다.

태조가 앞장을 서서 힘을 내어 치니, 적의 무리가 쓰러져 흔들리며 날랜 군사는 거의 다 죽었다. 적군이 통곡하니, 그 소리가 만 마리의 소 울음 소리와 같았다. 적군이 말을 버리고 산으로 올라가므로 관군이 이긴 기세를 타서 달려 산으로 올라가서, 기뻐서 고함을 지르고 북을 치며 함성을 질러 소리가 천지를 진동시켜 사면에서 적을 무너뜨리고 마침내 크게 쳐부수었다. 냇물이 모두 붉어져 6, 7일 동안이나 빛깔이 변하지 않으므로, 사람들이 물을 마실 수가 없어서 그릇에 담아 맑아지기를 기다려 한참만에야 물을 마실 수가 있었다. 말을 1,600여 필을 얻고 무기를 얻은 것은 헤아릴 수도 없었다. 처음에 적군이 우리 군사보다 10배가 많았는데, 다만 70여 명만이 지리산으로 도망했다.

原文 倭賊五百艘 維舶於鎭浦 入寇下三道 屠燒沿海州郡殆盡 殺虜人民 不可勝數 屍蔽山野 轉穀于其舶 米棄地厚尺 斫所俘子女山積 所過波血 掠得二三歲女兒 剃髮剖腹淨洗 兼奠米酒 祭天 三道沿海之地 蕭然一空 … 賊勢益熾 遂屠咸陽城 向南原 焚雲峯縣 屯引月驛 … 太祖誓指天曰 麾左右曰 怯者退 我且死賊 將士感厲 勇氣百倍 人人殊死戰 賊植立不動 有一賊將年纔十五六 骨貌端麗 驍勇無比 乘白馬 舞槊馳突 所向披靡 莫敢當 我軍稱阿其拔都 爭避之 太祖惜其勇銳 命豆蘭生擒之 豆蘭曰 若欲生擒 必傷人 阿其拔都著甲冑 護項面甲 無隙可射 太祖曰 我射兜鍪頂子令脫 汝便射之 遂躍馬射之 正中頂子 兜鍪纓絶而側 其人急整之 太祖卽射之 又中頂子 兜鍪遂落 豆蘭便射殺之 於是 賊挫氣 太祖挺身奮擊 賊衆披靡 銳鋒盡斃 賊痛哭 聲如萬牛 棄馬登山 官軍乘勝馳上山 歡呼敲謀 震天地 四面崩之 遂大破之 川流盡赤 六七日 色不變 人不得飮 皆盛器候澄 久乃得飮 獲馬一千六百餘匹 兵仗無算 初賊十倍於我 唯七十餘人 奔智異山

— 『태조실록』권1, 총서總敍

주16 정자頂子 : 투구 꼭대기에 뾰족하게 나온 부분.

자료 6

정묘일에 홍두적의 한 괴수인 가짜 평장平章 모거경毛居敬이 병중兵衆을 4만이라 일컫고 얼어붙은 압록강을 건너 의주를 함락시키고 부사副使^{주17} 주영세와 의주 주민 1,000

주17 부사副使 : 도호부 및 목에 파견된 외관으로 4품.

주18 정주靜州 : 오늘날 평안북도 의주군 고성면 정주동.

주19 인주麟州 : 평안북도 신의주시 동린동의 옛 이름.

주20 문하시중 : 문하부의 최고수반으로 종1품직.

주21 철주鐵州 : 평안북도 철산군의 옛 이름.

주22 청강淸江 : 오늘날 청천강을 가리키는 듯하다.

주23 정주定州 : 평안북도 구성군의 옛 이름.

여 명을 죽였다. 무진일에 적이 정주靜州^{주18}를 함락시키고 도지휘사 김원봉을 죽였으며 드디어 인주麟州^{주19}를 함락시켰다. 경오일에 수문하시중^{주20} 이암을 서북면 도원수로, 경천흥을 부원수로, 김득배를 도지휘사로, 이춘부를 서경윤으로, 이인임을 서경존무사로 임명했다. 적이 철주鐵州^{주21}에 들어왔으므로 안우와 이방실이 그를 격퇴했다. 적이 퇴각하여 인주와 정주 등에 주둔했다. … 을해일에 적이 다시 철주에 들어왔으며 부근 현들을 침범하여 약탈했다. 안우가 청강淸江^{주22}에서 적과 조우하여 격파했으나 다시 싸워서 패전하고 정주定州^{주23}에 후퇴하여 주둔했다. … 정해일에 적이 서경을 함락시켰다.

原文 丁卯 紅頭賊魁僞平章毛居敬 衆號四萬 冰渡鴨綠江 陷義州 殺副使朱永世 及州民千餘人 戊辰 賊陷靜州 殺都指揮使金元鳳 逐陷麟州 庚午 以守門下侍中李嵒 爲西北面都元帥 慶千興 爲副元帥 金得培 爲都指揮使 李春富 爲西京尹 李仁任 爲西京存撫使 賊入鐵州 安祐李芳實等 擊却之 賊退屯麟靜等州 … 乙亥 賊復入鐵州 寇掠旁縣 安祐遇于淸江 破之 復戰敗績 祐退屯定州 … 丁亥 賊陷西京

_ 『고려사』권39, 세가39, 공민왕 8년 12월

자료 7

기해일에 판사 김진이 의주로부터 돌아와서 왕에게 말하기를, "적이 서경으로 들어오자 제가 몰래 의주와 정주 등 각 주로 가서 인근 현들의 분산된 백성들을 소집하여 남겨둔 적의 보병 150명을 죽이고 쌓아둔 곡식을 빼앗았으며 사람을 불러모으고 단결시켜 의주를 지키게 했습니다." 했다. 왕이 그를 가상히 여겨 형부상서^{주24} 벼슬을 주었다. … 병오일에 여러 군대가 생양역生陽驛에 머물렀는데 총수가 2만 명이었다. 그때 일기가 추워서 병사들의 손발이 얼어 터지고 거꾸러지는 자가 대단히 많았다. 적이 곧 아군의 진공이 있을 것을 알고 드디어 의주와 정주, 그리고 서경에서 포로로 잡은 사람들을 죽였는데 그 수가 만으로 헤아렸으며 시체가 산같이 쌓였다. 정미일에 아군이 서경을 진공하여 보병이 먼저 돌입했는데 전사자가 1,000여 명에 달했으며 적군 역시 전사자가 무려 수천 명이었다. 적이 퇴각하여 용강龍岡^{주25}과 함종咸從^{주26}에 주둔했다.

原文 己亥 判事金縉 還自義州啓 賊入西京 臣潛往義靜等州 徵旁縣散民 殺賊所留徒兵百五十 奪其積穀 招集團結 使守義州 王嘉之 除刑部尙書 … 丙午 諸軍次生陽驛 摠二萬人 時天

寒 士卒手足凍皴 顚仆甚衆 賊知我軍將進攻 遂殺所擄義靜州 及西京人 以萬計 積屍如丘 丁未
我軍進攻西京 步兵先入 躪死者千餘人 賊兵死者 亦無慮數千人 賊退屯龍岡咸從

_ 「고려사」권39, 세가39, 공민왕 9년 정월

자료 8

정유일에 홍두적의 위평장僞平章 반성 · 사유 · 관선생 · 주원수 등 10여 만의 무리가
압록강을 건너 삭주朔州주27를 침범하니, 추밀원부사주28 이방실을 서북면 도지휘사로
삼고 동지추밀원사주29 이여경을 보내 절령岊嶺에 책책을 세웠다. … 임인에 홍두적이
이성泥城주30을 침범하니, 참지정사주31 안우를 상원수로, 정당문학주32 김득배를 도병마
사주33로, 동지추밀원사 정휘를 동북면 도지휘사로 삼았다. 모병하는 방에, "무릇 모
집에 응하는 자 중에, 사노비를 제외한 선비나 향리에게는 벼슬을 주고, 궁宮 · 사司의
노예는 양민으로 삼든지 또는 돈과 비단을 상주든지 그들의 소원에 따른다."고 했다.

原文 丁酉 紅頭賊 僞平章潘誠 沙劉 關先生 朱元帥等 十餘萬衆 渡鴨綠江 寇朔州 以樞密院
副使李芳實 爲西北面都指揮使 遣同知樞密院事李餘慶 柵岊嶺 … 壬寅 紅賊 寇泥城 以參知政
事安祐 爲上元帥 政堂文學金得培 爲都兵馬使 同知樞密院事鄭暉 爲東北面都指揮使 募兵榜
曰 凡應募者 除私賤外 士人鄕吏 官之 宮司奴隷 良之 或賞錢帛 隨其所願

_ 「고려사절요」권27, 공민왕 10년 10월

자료 9

계해일에 … 적이 1만여 명의 병력을 가지고 절령책을 공격하여 격파했으므로 아군
이 크게 붕괴되어 안우와 김득배 등이 홀몸으로 돌아왔다. 을축일에 적의 선봉이 흥
의역興義驛에 이르렀다. 신미일에 비와 눈이 내렸다. 왕이 이천현에 머물렀는데 왕의
옷이 젖고 얼어서 섶으로 불을 피워서 어한을 했다. 이날 적이 서울을 함락시키고 그
후 수개월 동안 주둔하였다. 마소를 잡아 그 가죽을 펴서 성城을 만들고 그 위에 물을
부어 결빙시킴으로써 사람이 기어오르지 못하게 했다. 또 남자와 여자를 죽여서 지져
먹고 아이 밴 부녀자의 젖가슴을 구워 먹는 등 갖은 잔악한 짓을 다했다.

原文 癸亥 … 賊以萬餘兵 攻岊嶺柵 破之 我軍大潰 安祐金得培等 單騎奔還 乙丑 賊先鋒 至
興義驛 辛未 雨雪 駕次利川縣 御衣濕凍 燎薪自溫 是日 賊陷京城 留屯數月 殺牛馬 張皮爲城
灌水成冰 人不得緣上 又屠炙男女 或燔孕婦乳爲食 以恣殘虐

_ 「고려사」권39, 세가39, 공민왕 10년 11월

주27 삭주朔州 : 평안북도 북서에
위치했다.

주28 추밀원부사 : 중추원 소속의
정3품직.

주29 동지추밀원사 : 중추원 소속
의 종2품직.

주30 이성泥城 : 오늘날 평안남도
순천군 사인면.

주31 참지정사 : 중서문하성의 종2
품직.

주32 정당문학 : 문하부 소속의 종
2품직.

주33 도병마사 : 중서문하성의 재
신과 중추원의 추밀이 국방 군사
문제를 회의하는 공식 기구. 고려
후기에 도평의사사로 바뀌었다.

자료 10

갑자일에 안우 · 이방실 · 황상 · 한방신 · 이여경 · 김득배 · 안우경 · 이귀수 · 최영 등은 20만 병력을 거느리고 동교東郊 천수사에 주둔했고 전 총병관 정세운이 진군토록 독려하니 여러 장수가 나아가서 서울을 포위하였다. … 을축일 새벽에 권희가 수십의 기병을 거느리고 돌진해 들어가 소리치면서 분격하니 적의 무리가 놀랐다. 태조는 휘하 친병 2,000명으로써 제일 먼저 성에 올라가서 적을 크게 격파했다. 해질 무렵에 홍두적의 괴수 사유와 관선생 등의 목을 베었는데 적의 무리는 서로 짓밟혀 쓰러진 시체가 성 안에 가득했다. 도합 10만여 명의 목을 베었으며 원나라 황제의 옥새 2개를 비롯하여 금보金寶 1개, 금 · 은 · 동인銅印과 병기 등 물품을 노획했다. … 파두반 등 잔당 10여만 명은 도주하여 압록강을 건너갔다. 이리하여 홍두적은 드디어 평정되었다.

原文 甲子 安祐 李芳實 黃裳 韓方信 李餘慶 金得培 安遇慶 李龜壽 崔瑩等 率兵二十萬 屯東郊天壽寺 前摠兵官鄭世雲 督令進軍 諸將 進圍京城 … 乙丑昧爽 僖率數十騎 突入 鼓譟奮擊 賊衆驚駭 我太祖 以麾下兵二千人 先登大破之 日晡時 斬賊魁沙劉關先生等 賊徒自相蹈籍 僵尸滿城 斬首凡一十餘萬 獲元帝玉璽 二顆 金寶 一顆 金銀銅印兵仗等物 … 破頭潘等 一十餘萬 奔還渡鴨綠江而走 賊遂平

— 「고려사절요」권27, 공민왕 11년 정월

출전

「고려사」

「고려사절요」

「태조실록」

찾아읽기

손홍렬, 「고려말기의 왜구」, 『사학지』9, 1975.

이현종, 「고려와 일본과의 관계」, 『동양학』7, 1977.

김호종, 「공민왕의 안동몽진에 관한 一연구」, 『안동문화』3, 1982.

다나카 다케오田中健夫, 「왜구와 동아시아 통교권倭寇と東アジア通交圈」, 『일본의 사회사日本の社會史』1, 이와나미쇼텐岩波書店, 1987.

이경희, 「고려말 왜구의 침입과 대왜정책의 일단면」, 『부산여대사학』10 · 11합집, 1993.

이경희, 「고려말 홍건적의 침입과 안동임시수도의 대응」, 『부산사학』24, 1993.

나종우, 『한국중세대일교섭사연구』, 원광대학교 출판국, 1996.

김기섭, 「14세기 왜구의 동향과 고려의 대응」, 『한국민족문화』9, 부산대학교, 1997.

김보한, 「소이동자와 왜구의 일고찰」, 『일본역사연구』13, 2001.

이재범, 「고려말 조선전기의 왜구와 사천」, 『군사』58, 2006.

구산우, 「일본 원정, 왜구 침략과 경상도 지역의 동향」, 『한국중세사연구』22, 2007.

이영, 『잊혀진 전쟁 왜구 - 그 역사의 현장을 찾아서』, 에피스테메, 2007.

박종기, 「고려 말 왜구와 지방사회」, 『한국중세사연구』24, 2008.

이영, 「고려말 왜구의 허상과 실상」, 『대구사학』91, 2008.

정영현, 「고려 우왕대 왜구의 동향과 성격 변화」, 『역사와 세계』33, 2008.

김보한, 「고려 후기 왜구와 송포당」, 『동아시아 속의 한일 관계사(하) - 반도와 열도의 불협화음』, 제이앤씨, 2010.

이재범, 「고려 후기 왜구와 해양방어대책」, 『이순신연구논총』13, 2010.

장동익, 「14세기의 고려와 일본의 접촉과 교류」, 『대구사학』100, 2010.

이영, 『왜구와 고려·일본 관계사』, 혜안, 2011.

이재준, 「고려 말 김성우 부대의 왜구토벌에 관한 군사학적인 검토」, 『군사』80, 2011.

김보한, 「중세 왜구의 경계침탈로 본 한·일 관계」, 『한일 관계사연구』42, 2012.

이영, 「여말~선초 왜구 발생의 메커니즘 - 왜구의 실체에 관한 용어 분석을 중심으로」, 『한국중세사연구』34, 2012.

이영, 「왜구의 단계별 침구양상과 고려의 대응」, 『동북아문화연구』31, 2012.

이영, 『팍스 몽골리카의 동요와 고려말 왜구』, 혜안, 2013.

7 국내적으로 황제국을 표방하다

외왕내제 의식

고려 시기 국제 관계는 크게 동요했다. 동아시아의 여러 나라가 각축을 벌이고 있었지만 어느 한 나라도 주도권을 장악하지 못했다. 고려가 송이나 요 또는 금으로부터 국왕이 책봉을 받기는 했지만 내부적으로는 황제 의식을 뚜렷하게 갖고 있었다.

동아시아 국제 질서

고려 시기 동아시아에서 절대 강자가 없는 상황에서 각국은 중국 문화를 주체적으로 이용하면서 황제 칭호를 채택했고 그 결과 황제가 병존하는 시대를 맞이했다. 오대와 송이 황제를 칭했던 것은 물론이고 한족이 아닌 거란과 여진·서하·안남·일본 등도 이 칭호를 채택했고, 고려도 황제를 칭했다.

복수의 황제가 병존할 수 있었던 현실적인 이유는 당의 멸망 이후 동아시아를 통할統轄할 절대 강자가 없었기 때문이었다. 중국은 거란이 황제를 표방하는 것을 막을 힘이 없었다. 요나 금 모두 세력이 상당히 강성했음은 분명하지만 중원을 완전히 지배할 능력이 없었다.

고려는 새 국왕이 즉위하면 송·요·금에 사신을 보내 형식상 승인을 요청했고 그들은 고려 국왕으로 책봉해주었다. 그것이 내정 간섭을 의미하지는 않았지만 당시 변동하는 국제 정세 속에서 국가 간의 상하 질서를 일정하게 표현하는 것이었다.

천자국이 주도하는 국제 질서에서 천자국과 주변의 제후국이 구성하는 세계는 천하로 지칭되었다. 이 시기에 동아시아는 하나의 중심을 갖는 유일한 천하가 아니라 각기 다른 중심을 갖는 몇 개의 천하로 나누어졌고, 이런 천하의 범위들은 겹치기도 했다. 고려는 송·요 등과의 관계에서 이들 나라를 천자국으로 하는 제후국諸侯國이고, 번방藩邦이 되는 국제 관계의 질서를 대체로 받아들였다. 그러면서도 고려가 주도하는 '해동천하' 내의 세력들과의 관계에서 스스로 천자국이 되어 그들을 번藩이라 했다.

고려는 이처럼 피책봉국이었지만 칭제를 하면서 독자적인 천하를 가지고 있었다.[자료1] 게다가 고려의 천하에 속한 나라들도 있어 철리국鐵利國·탐라국耽羅國·홍요국興遼國·우산국于山國 등이 그것이었으며, 동서번의 여진, 일본 상인 등도 고려의 천하에 포함되었다.

송·요·금은 고려의 칭제를 알고도 간섭하지 않았다. 고려의 군주를 천자로 위치지은 팔관회 의식에 많은 송상들이나 여진인이 참석했으므로 고려의 칭제 사실을 인지했지만 문제삼지 않았다. 그리고 요와 금은 고려와의 외교 관계에서 상당한 예우를 하여 고려 국왕의 생일에 사신을 파견했다. 또 요의 사신을 영접하는 의례에서 고려의 군주는 신례臣禮인 북면北面이 아니라 주인의 입장에서 서면西面을 했다. 요로서는 고려가 조서를 받는 과정에서 자국 사신의 남면南面을 인정하기만 하면 고려가 주인의 입장에서 서면하더라도 문제삼지 않았다.

다원적 천하관

고려 시기에는 국제 질서 및 문화 인식에 세 가지 관점과 태도가 존재했다. 그중 하나는 당과 송 등 한족의 국가를 유일한 천자국인 중화中華로 여기며, 고려를 이夷 또는 그중의 소小중화적 존재로 보는 화이華夷론적 천하관이었다. 화이론자들은 중화의 문화를 가능하면 전적으로 수용해야 할 절대적 선진 문화로 여겼다. 따라서 고려는 천자국의 제도를 채택해서는 안 되며, 반드시 제후국의 제도를 채택해야 한다고 보았다. 이들은 중국의 유교 문화를 선진 문화로 보는 정도를 넘어, 지고至高의 문화로 숭배하여 '화하華夏의 제도', '화풍華風'이라 높여 불렀다. 한편 전통적 토속적 문화는 비루鄙陋하므로 가능한 한 모두 폐지하고 화하의 제도로 바꾸어야 한다고 생각했다.

실제로 이런 관점의 대표인 최승로가 정치를 주도하던 10세기 말 성종 때나 김부식이 주도하던 12세기 중엽에는 고려 초 이래의 황제국 제도들이 많이 혁파되거나 억제되고 제후국의 제도들이 새로이 도입되었다. 물론 대외 관계의 정책도 그에 맞추어 추구되었다.

이와는 정반대의 천하관은 고대로부터의 전통을 중요시하는 자국 중심의 천하관이었다. 이들은 고려만이 진정한 천자국이며, 현실 세계의 강대국들을 포함한 모든 나라들도 언젠가는 고려국의 번방藩邦이 되어 조공을 바치게 될 운명이라고 보았다.[자료2] 고려 시기에 이런 관념에 입각한 여러 가지 도참서圖讖書들이 만들어졌고, 그러한 것을 신봉하는 이들이 고려 조정에도 있었다. 이들은 동아시아의 국제적인 동향이나 선진 문화에 대해서 개방적인 태도가 부족했다. 강대 세력들과의 관계에서도 이들은 고려의 자존성을 살리는 강경한 대처를 보이는 경향이 있었다.

12세기 중엽 인종 때 잠깐 정국을 주도한 묘청 일파는 이런 관점을 대표하는 세력으로 들 수 있다.[자료3] 자국 중심 천하관은 화이론적 천하관과 여러 가지 면에서 양 극단에 서게 되는 차이를 가지고 있었지만, 천하의 중심을 대륙의 강대 세력이나 자국인 고려 중 하나로만 인식하는 일원론적인 천하라는 점에서 공통의 사고 방식을 가졌다.

앞의 두 천하관이 일원론적인 천하관인 것과는 달리, 천하의 구성을 다원적인 것으로 보는 천하관이 이 시기에 발달했다. 다원적 천하관에서는 천하의 중심이 하나만 있는 것이 아니고, 각기 다른 특성과 중심을 갖는 몇 개의 소천하들이 병렬적으로 존재한다고 인식했다. 이들은 송이나 거란이 각기 천자국이듯이 고려도 나름의 소천하를 갖는 천자국이라고 생각했다. 이 천하 다원론자들은 국제적 선진 문화인 당·송의 문화에 대해서도 개방적이었고, 그에 대해 깊은 소양을 갖는 자들이 많았다. 그러나 그들은 이런 선진 문화, 소위 당풍唐風의 적극적인 수용을 추구하는 한편 고려의 전통적인 문화인 '국풍國風'에 대해서도 소홀히 하지 않고, 양자의 조화를 추구했다. 다원론자들은 외국의 선진 문화에 대해 개방적이었지만 동시에 전통 문화에 대해서도 강한 자부심을 가지고 있었다.

다원론자들은 대외 관계에서는 실제의 세력과 실리를 중시하여 강대국과의 형식적인 사대를 받아들이는 정책을 추구하되 국익을 지키는 양면兩面적인 정책을 구사했다. 형식적인 사대를 받아들여도 가급적 자국이 천자국이라는 관점을 견지했다. 중대한 국익을 위협받을 때는 일전一戰도 불사하는 자세를 견지하며 이들과의 관계를 자주적인 관점에서 해결하려 했다.

고려 태조 대 이후 무신 집권기에 이르는 대부분의 기간 동안 다원적 천하관이 주도했다.[자료4·5] 그만큼 다원적 천하관은 적어도 지배층에서 주류를 이룬 천하관이었다. 당시 유학을 주업으로 하는 문신들의 다수는 다원적 천하관 계열이었다. 반면 화이론적 천하관이나 자국 중심의 천하관은 소수였다.

황제국 표방의 사례

고려가 내부적으로 황제국을 표방했음을 보이는 사례들이 많다. 무엇보다 국왕을 황제라 부르는 수가 많았다.[자료6] 그리고 왕실 용어가 대부분 황제국 용어였다. 고려에서 천자국으로서의 제도를 사용한 것은 태조 대부터다. 그 예로 신라 경순왕이 귀부하여 올린 글에 고려 태조를 '천자'라 한 것이 보인다. 태조 때의 칭제는 뒤에 윤언이가 자신의 칭제건원 주장이 잘못된 것이 아님을 주장한 논거의 하나로 태조·광종 때 칭제건원의 사실을 든 것에서도 확인된다.

국왕의 명과 영令을 성지聖旨·조詔·칙勅·제制라 했고, 신민이 국왕에 대하여는 폐하陛下라 하고, 국왕이 신민에 대하여 자신을 짐朕이라 했다. 그리고 왕위 계승자를 태자라 하고 선왕의 생존한 부인을 태후라 했다. 또한 국왕 및 태자의 생일에도 대代마다 절일節日의 명호를 개칭했으며 기타 복식이나 의장에 있어서도 중국의 황제 체제 하의 그것을 많이 준용했다. 왕이 죽은 뒤 신위를 모시는 종묘의 각 현실에 붙이는 묘호에서 조祖와 종宗을 붙인 것도 황제국에 걸맞는 것이었다.

왕건 청동상. 왕건릉(현릉) 확대 공사 과정에서 1993년에 출토되었다. 높이는 발바닥에서 내관 뒷면 정중앙 상단까지 135.8센티미터다. 머리에 쓰고 있는 관은 황제가 쓰는 통천관通天冠이다. 고려 광종 때 조성되어 개경의 봉은사에 모셔져 있다가 조선 세종 때 왕건릉 옆에 묻은 것으로 추정된다.

왕실 용어들은 전부 황제국 용어로 하면서 최고 통치자와 그 부인은 왕과 왕후라는 제후국 용어를 그대로 사용한 것은 아마도 중국과의 외교적 관계 때문이었을 것이다. 즉 왕과 왕비는 대외적으로 중국의 책봉을 받기 때문에 황실 용어로 할 수 없었을 것이다. 그와 같은 이유로 고려에서는 원칙적으로 독자적인 연호를 사용하지 않고 중국 황제의 연호를 썼다. 고려에서 공식적으로 연호를 사용한 것은 태조 때 천수天授, 광종 때 광덕光德과 준풍峻豊 뿐이었다. 이것은 대외적으로 외왕外王 의식을 표방했음을 뜻하는 것이다.

중앙 정치 기구의 명칭에서도 황제국을 표방했음이 확인된다. 고려의 3성6부제는 중서성中書省 · 문하성門下省 · 상서성尚書省의 3성과 이부吏部 · 병부兵部 · 호부戶部 · 형부刑部 · 예부禮部 · 공부工部의 6부로 이루어져 있었다. 성省과 부部는 본디 천자국에서 사용하는 관청의 명칭으로서, 당나라의 것을 본뜬 것이었다. 또한 수도인 개경을 황성皇城 또는 황도皇都로 지칭했으며[자료7] 개경에 원구단圜丘壇을 만들어 하늘에 제사를 올리는 제천祭天 의식을 거행했다.[자료8] 하늘에 제의를 올리는 것은 본디 하늘의 아들이며 만물을 주재하는 천자만이 할 수 있는 것이었다.

황제국 체제를 지향했음을 보여주는 또 다른 예가 '제왕諸王'의 존재였다. 고려는 가까운 왕족이나 공훈이 있는 신하에게 공公 · 후侯 · 백伯 · 자子 · 남男의 다섯 작위를 수여했다. 왕족에게는 공작 · 후작 · 백작의 3단계를 수여했고, 공신에게는 공작에서 남작까지의 5단계가 모두 수여되었다. 작위는 상속되지 않았지만 왕족은 작위를 가진 자의 아들 또는 사위에게 사도司徒 또는 사공司空의 명예직을 수여했다. 이중 작위를 수여받은 왕족과 사도·사공을 수여받은 자를 총칭하여 '제왕諸王'이라 했다. 본래 제왕이란 중국에서 황제가 왕작王爵를 수여한 자들을 일컫는데, 고려는 왕작을 수여하지 않으면서도 제왕의 호칭을 사용했다. 이는 대외적으로는 중국을 의식하여 직접 왕작을 수여하지 않았지만, 내부적으로는 이들을 제왕으로 칭하고 그에 합당한 대우를 함으로써 국왕이 왕작을 수여한 황제와 같은 역할을 했기 때문이다. 식읍의 수여 및 '개부開府' 역시 황제국 체제 하에서 볼 수 있는 것이었다.

고려의 황제국 체제의 모습은 원의 간섭을 받으면서 변했다. 대륙 유일의 초강대세력인 원元의 강압에 의해 고려 중심의 해동천자 제도가 해체되어 제후국의 제도로 바뀌었다. 3성6부는 폐지되었고, 선지宣旨를 왕지王旨로, 짐朕을 고孤로, 사赦를 유宥로 하는 등 칭호를 개칭했다. 묘호 또한 조·종을 칭하지 않고 왕으로 강등되었다. 왕족이나 공훈 있는 신하에게 5등의 작위가 주어지던 봉작제 대신에 '군君'으로 봉해주는 봉군제封君制가 시행되었다. 작위에 따라 수여한 식읍 또한 없어졌다. 그 후 원나라 세력이 퇴조하는 14세기 후반으로 접어들 무렵 공민왕 때 초에 잠시 황제국 제도의 부활 움직임이 나타난 적이 있었다. 새로 등장한 조선의 경우 제반 국가 체제와 칭호 등은 원칙적으로 제후국 체제로 일관했다. [자료8]

주1 풍입송風入松 : 고려 때 지어진 작자 미상의 가요. 요堯 임금이나 탕왕湯王보다 큰 덕을 지니신 임금을 만나 나라가 태평성대임을 노래하고 아울러 임금의 성수만세聖壽萬歲를 축원한다는 내용이다. 이 노래는 군신간의 연회를 끝내고 불렀다.

주2 요堯 임금 : 중국 상고 시대의 군주. 처음에 도陶에서 살다가 나중에 당으로 옮겨 살아 도당씨陶唐氏로 불리며, 역사에서는 당요唐堯라 부른다.

주3 탕湯 임금 : 중국 고대 상商나라를 창건한 왕.

주4 이원제자梨園弟子 : 이원의 제자. 즉 배우·광대·악공樂工·여기女妓 등을 말한다. 이원은 당나라 현종이 악공이나 여기들을 모아 음악을 가르치던 곳이다.

주5 예상霓裳 : 무지개 빛깔로 수놓은 치마로 선인仙人 또는 선녀의 옷을 뜻한다. 여기서는 예상우의곡霓裳羽衣曲의 준말인데, 예상우의무에 쓰이던 악곡을 말한다.

자료1 풍입송風入松주1

해동천자인 지금의 황제에 이르러 / 부처와 하늘이 도우시니 교화敎化가 널리 펼쳐졌네 / 깊은 은혜로써 세상을 다스리니 / 원근遠近과 고금古今에 드물어라 / 외국이 직접 찾아와 모두 귀의함에 / 사경四境이 편안하고 깨끗하여 무기를 버리니 / 성덕盛德이 요堯 임금,주2 탕湯 임금주3으로 견주기 어려워라 / … / 사해四海가 승평昇平하고 유덕有德하여 / 모두 요 임금 때보다 낫도다 / 변정邊庭에 아무 일도 없어 / 장군의 보검은 휘두를 일 없네 / 남만南蠻과 북적北狄이 스스로 내조來朝하여 / 백 가지 보寶를 우리 천자 섬돌 아래 드리네 / 금계옥전金階玉殿에서 만세를 부르니 / 우리 주상 오래 보위에 계시라 / 이 태평 시절을 대하여 / 악기와 가요 소리 아름답도다 / 주상主上의 성스러움과 신臣들의 어지심이 만나 / 강물도 맑고 바다도 편안하네 / 이원제자梨園弟子주4가 예상霓裳주5을 백옥소白玉簫로 우리 황제 앞에 연주하니 / 선악仙樂이 궁정에 가득하여 모두를 음률에 젖네 / 태평연太平筵 석상에서 군신이 함께 취하고 / 황제의 마음 크게 기쁘시니 / 이날 은루각銀漏閣은 자주 전해 재촉치 말라.

原文 風入松

海東天子當今帝 / 佛補天助敷化來 / 理世恩深 / 逷邁古今稀 / 外國躬趍盡歸依 / 四境寧淸罷槍旗 / 盛德堯湯難比 / … / 四海昇平有德 / 咸勝堯時 / 邊庭無一事 / 將軍寶劍休更揮 / 南蠻北狄自來朝 / 百寶獻我天墀 / 金階玉殿呼萬歲 / 願我主長登寶位 / 對此大平時節 / 絃管歌謠聲美 / 主聖臣賢邂逅 / 河淸海宴 / 梨園弟子奏霓裳 / 白玉簫我皇前 / 仙樂盈庭皆應律 / 君臣共醉太平筵 / 帝意多懽是 / 此日 銀漏莫催頻傳 /

_ 「고려사」권71, 지25, 악樂

주6 치어致語 : 궁중에 경사가 있을 때 잔치 자리에서 악공이 임금에게 올리는 송축사.

주7 어리魚麗 : 물고기가 떼를 지어 나아가는 것처럼 둥글고 긴 대형이나 진법.

자료2 서경대화궁대연西京大花宮大宴 치어致語주6

"제帝가 진[震, 동방]에 나와 건乾을 탔다."는 말씀은 비록 때의 운수에 맞았다 하겠으나, 임금이 호경[鎬京, 서경西京]에 있어서 술을 마심은 진실로 대중과 더불어 즐겨함이 많습니다. 오직 저문 봄에 잔치하여 즐기니, 그윽히 생각하면, 예는 어리魚麗주7의 갖춤을 강해야 하고 시는 기취旣醉의 어짊을 노래하여야 하겠습니다. 생민生民 이래로 아직 오늘과 같이 융성함은 있지 아니했고 상제上帝의 돌아보는 바입니다. 또 만년의 상서로써 주니, 장관壯觀이 일신함에 환성에 사방에서 일어납니다. 삼가 생각하건대, 황상皇上께서, 오직 슬기로워, 성인聖人이 되어서 기미[幾]를 앎이 신과 같으니, 도道가

큼에 무어라 이름할 수 없어 비록 당고[唐高, 요임금]의 성한 덕을 가지고 계시더라도, 해가 기울도록 밥을 잡숫지 못하여 오히려 문왕文王주8의 소심小心을 지키십니다. 침체한 것을 일으키고 폐단을 없애니 모든 정사가 닦아지고, 충을 드러내고 어짊을 좇으니 임인壬人주9이 물러갔습니다. 까닭으로 땅은 보배를 아끼지 아니하여 상서로운 금이 동도東都에서 나오고, 하늘은 명을 이룸이 있어 신기로운 옥새가 서주西州에서 나왔으나, 오히려 겸양해 부족하게 여기시고, 매양 걱정하고 부지런함[憂勤]으로 자처합니다. 세상을 돕고 백성에 어른됨이 비록 덕 있는 이에게 맡김만 같지 못하다 하나, 나라를 세우고 도읍을 설치함에는 하늘의 뜻을 폐할 수 없는 것입니다.

드디어, 평양에 대화大花의 형세를 점쳐 얻으니, 위국魏國 산하의 보배뿐 아니라, 바로 낙양은 천하의 가운데를 얻으신 것입니다. 오직 그 응應은 있으되 그때가 없었던 까닭으로, 옛날에는 어두웠으나 오늘날에는 밝게 드러났습니다. 주역周易 성방省方주10 순수巡狩주11의 글을 상고해, 금수레 우레같이 움직여, 보좌[寶座, 임금의 자리]에 군림하니, 실가室家 서로 기뻐하여 우리 임금을 기다렸더니, 그가 오면 우리가 다시 살아날 것이라고 이르고 음악[管籥] 소리 처음 듣고, "우리 임금이 음악을 잘 치기 원한다." 합니다. 연회 음식을 많이 차려서 아래로 하정下情, 신하들의 정에 보답하니, 음식이 충신의 마음을 다하게 하매, 이미 주나라 사람의 아雅, 대아·소애에 맞고, 한 번 놀고 한 번 즐거워함이 제후의 법도가 되니, 하夏 나라의 속담과 부합합니다. 기쁨은 사람과 귀신을 움직이고, 경사는 천하[夷夏]에 고릅니다. 이미 순舜 임금주12의 덕을 펴시어 간무干舞주13와 우무羽舞주14를 동서 양 섬돌에서 춤추게 하고, 나아가 도산塗山주15의 모임에 옥백[玉帛, 예물]을 가지고 오는 자 만국임을 보겠습니다. 저희들은 외람히 법부法部에 있어, 사방에서 민요를 채집하여 임금께 받들어 올리고, 감히 구호口號를 드립니다.

옥련玉輦주16이 서쪽을 순찰함이 여섯째 봄에 했는데/ 주周 나라는 비록 오랬으나 명命은 오직 새롭도다 / 건원乾元의 구를 씀은 뭇 용이 합함이요 / 이离가 비쳐 하늘 가운데 당함은 사방의 나라가 조회 옴이옵니다 / 제소帝所에서 이미 광대한 음악을 듣고 놀랐사온데 / 녹명鹿鳴주17 연회 악장을 읊으시어 뭇 신하에게 연회를 베푸시네 / 태평함을 부로父老들이 다투어 하례하오니 / 오색 구름 가운데 북신北宸주18 임금을 바라보네

구합곡

즐겁고 또 품위 있사오니 이미 수운需雲주19의 모임을 여시고 / 음악이 조화롭게 계속

주8 문왕文王 : 중국 주나라의 기초를 닦은 명군으로 유가로부터 이상적 군주로 칭송받았다.

주9 임인壬人 : 간사하고 아첨 잘하는 소인.

주10 성방省方 : 천자가 사방을 순행하여 민정을 시찰함.

주11 순수巡狩 : 천자가 천하를 돌아다니며 천지산천에 제사하고 각지의 정치와 민심의 동향을 살피던 고대 중국의 풍습.

주12 순舜 임금 : 고대 중국의 전설상의 천자이며 요 임금의 뒤를 이어 천자가 되었다.

주13 간무干舞 : 방패를 들고 추는 춤.

주14 우무羽舞 : 새의 깃을 단 적翟을 들고 추는 춤.

주15 도산塗山 : 우禹 임금이 여러 제후들을 모이게 했던 곳.

주16 옥련玉輦 : 옥으로 꾸민 임금이 타는 수레. 또는 임금이 타는 수레인 연輦을 높여 부르는 말.

주17 녹명鹿鳴 : 『시경』 소아小雅의 편명이다. 원래 녹명鹿鳴은 임금이 여러 신하와 귀한 손님에게 잔치를 베풀고 사신을 송영하는 데 쓰인 악가였는데, 후에 연례燕禮와 향음주鄕飮酒에서 쓰였다.

주18 북신北宸 : 북신은 하늘의 북극성을 가리키며, 곧 임금이 있는 곳을 뜻한다.

주19 수운需雲 : 구름이 하늘로 오르는 것. 수需는 『주역』의 괘 이름인데, 군자는 이 괘에 따라 음식으로 잔치하고 즐긴다 했다.

하여 들리오니 순 임금의 음악 화함을 듣고자 합니다 / 위로 임금에게 받들어 올리려
고 공사악공 각사가 곡을 합주합니다

原文 西京大花宮大宴致語

帝出震以乘乾 雖曰應時之數 王在鎬而飮酒 固多與衆而歡 維暮之春 式燕以樂 竊以禮講魚麗之
備 詩歌旣醉之仁 生民以來 未有如今日之盛 上帝所眷 又畀以萬年之祥 壯觀一新 懽聲四起 恭
惟皇上 惟睿作聖 知幾其神 道大而無能名 雖有唐高之盛德 日吳而不暇食 尙守文王之小心 興
滯補弊而庶政修 顯忠遂良而壬人去 所以地不愛寶 而祥金出於東都 天有成命而神璽出於西州
猶謙讓以不居 每憂勤而自處 輔世長民 雖莫如任德 立邦設都 則不以廢天 遂於平壤之區 卜得
大花之勢 非獨魏國山河之寶 是爲洛邑天地之中 惟有其應而無其時 故昔也昧而今也顯 取周易
省方之義 稽虞書巡狩之文 雷動金輿 天臨寶座 室家相慶 謂徯我后 其來蘇 管籥初聞 曰願吾王
能鼓樂 肆陳燕豆 俛答下情 飮食盡忠臣心 旣協周人之雅 遊豫爲諸侯度 又符夏諺之稱 喜動人
神 慶均夷夏 已敷帝舜之德 舞干羽于兩階 行見塗山之朝 執玉帛者萬國 臣等叨居法部 傍採民
謠 上奉天顔 敢呈口號

玉輦西巡第六春 / 周邦雖舊命惟新 / 乾元用九群龍合 / 离照當中四國賓 / 帝所已驚聞廣樂 /
鹿鳴還賦宴群臣 / 大平父老爭相賀 / 五色雲中望北宸

勾合曲

樂且有儀 旣啓需雲之會 / 純而又繹 欲聞韶奏之和 / 上奉宸嚴 工師合曲

_ 「동문선」권104, 서경대화궁대연치어西京大花宮大宴致語(이지저李之氐)

자료3

묘청과 유감이 분사시랑 조광 등과 더불어 서경에서 반란을 일으켰다. 임금의 명령을
위조하여 유수와 관원을 잡아 가두고, 또 가짜 승선承宣 김신을 보내어 서북면 병마사
이중 등과 여러 성의 군사·장교와 서경에 있는 상경上京 사람은 귀천을 막론하고 또
한 모두 구류하고, 군사를 파견하여 절령 길을 끊었으며, 또 사람을 보내 위협하여 여
러 성의 군병을 징발하고 국호를 '대위大爲'라 하고 기원 연호를 '천개天開'라 했으며,
정부의 부서를 정하고 군대를 '천견충의天遣忠義'라 이름했다. 묘청이 조광 등과 더불
어 관풍전觀風殿에 모여 군마를 호령하여 두어 길로 나누어 곧장 상경上京으로 향하려
했다. 백수한의 아들 백청이 서경에서 상경으로 오는데, 백수한의 친구가 몰래 글을
보내어 백수한을 부르기를, "서경이 이미 반역했으니 몸을 빼어 오라." 하니 백수한
이 그 글을 왕에게 아뢰었다. 왕이 문공인文公仁을 불러 보이니, 문공인이 말하기를,
"이 일이 의심스러워 진위를 알기 어려우니 우선 비밀에 붙여 두십시오." 했다.

原文 戊申 妙淸柳旵 與分司侍郞趙匡等 以西京叛 矯制 囚留守員僚 又遣僞承宣金信 執西北面兵馬使李仲等 及諸城軍將 凡上京人在西都者 無貴賤 亦皆拘之 遣兵 斷臣嶺道 又遣人 劫發諸城兵 國號大爲 建元天開 署官屬 號其軍 曰天遣忠義 妙淸 與趙匡等 會觀風殿 號令軍馬 欲分數道 直趣上京 白壽翰之子淸 自西京來 壽翰親舊 書招曰 西京已反 可抽身以來 壽翰 奏其書于王 召示文公仁 公仁曰 是事可疑 難究眞僞 姑閟之

— 「고려사절요」권10, 인종 13년 1월

자료 4

금월 모일에 건덕전乾德殿에서 선비를 고선考選하던 차에 성자聖慈께서 신臣을 불러 전殿에 올라가 어연御宴에 모시게 분부하셨습니다. 문文으로 부르심을 받음은 본시 유자儒者의 지극한 영광이요, 지밀至密한 자리에서 즐거움을 모심은 실로 신하로서 귀한 바람인데, 어쩌면 이 노쇠하여 견디지 못할 몸이 고금에 있지 않던 은총을 받겠습니까. 눈 감고 그 연유를 생각함에 황공해 몸둘 바를 모르겠습니다. 중사中謝,[주20] 엎드려 생각하건대, 황상 폐하께서 하늘이 주신 독특한 지혜로 날마다 만기萬機를 친히 보고, 밖으로 무공武功을 거두어 사방이 모두 태평하고, 안으로 문덕文德을 닦아 삼대三代[주21]와 풍화를 같이합니다. 지난번 특히 영재英材를 뽑으려고 친히 광전廣殿에 나오니, 협찬하는 자는 모두 대각臺閣과 법도法度의 선비였고, 시종侍從하는 이는 모두 문장과 말에 능한 신하들이었기에, 그 밖의 사람들은 참으로 참예할 수 없었습니다. 하물며 신臣은 한 세상을 떠돌던 몸이요 외로운 여생이므로, 일찍이 풍상을 여러 번 겪어 간담이 이미 시들어 소모되었는데 두 번 천일天日을 보온 뒤로부터 생명이 이로 말미암아 겨우 보전되었습니다. 구求할 만한 것도 이루지 못할까 두려운데 하물며 제 차례가 아닌 것을 어찌 감히 바라겠습니까. 뜻밖에도 성상聖上의 권고眷顧가 훨씬 보통을 뛰어나니, 이는 대개 성상께서 신이 오래도록 승진하지 못하고 있음을 불쌍히 여기고, 신의 주변 없고 우직함에 자신自信하고 있음을 알고, 보잘것 없는 못난 얼굴을 용서하고 드높은 어좌御座를 가까이에서 모시게 한 것입니다. …

原文 今月某日乾德選士次 伏蒙聖慈召臣上殿侍宴者 以文被召 本儒者之極榮 密席陪歡 實臣哉之貴望 何衰朽不堪之質 致古今未有之恩 冥然揣其所由 凜不知其所措 中謝 伏惟皇上陛下 天縱獨智 日親萬幾 外戢武功 亘四方而虛候 內修文德 與三代以同風 迺者妙揀英材 親臨廣殿 對敭者 皆臺閣法度之士 侍從者盡文章言語之臣 其餘以還 固不可預 況臣流離當世 孤苦餘生 向累歷於風塗 肝膽弗然已耗 洎再瞻於天日 性命由是僅全 於可求者 猶恐不成 況非次者 詎

주20 중사中謝 : 신하가 임금께 올리는 상표문上表文에서 '성황성구돈수돈수(誠惶誠懼頓首頓首, 참으로 황송하고 두려우매 머리 조아리옵니다)'의 8자 대신에 쓰는 말.

주21 삼대三代 : 고대 중국의 세 왕조. 하夏, 은殷, 주周를 이른다.

堪爲願 夫何眷顧 蔓出尋常 此盖伏遇憐臣久困於淹回 知臣自信於拙直 恕愚容之疎薄 近法座之
顚昂 …

_ 『동문선』권34, 사시연표謝賜侍宴表박호朴浩)

자료 5

금등金燈이 토한 불꽃 홍사 초롱 밝혀주고 / 돋는 해 흩뿌린 광채 새벽놀 물들였네 /
온 천하가 일가 되니 천자의 성스러우심이라 / 서광이 비추니 온갖 꽃 피어나리

原文 金燈吐焰透紅紗 / 日散千暉暈曉霞 / 四海一家天子聖 / 瑞光看取百枝花

_ 『동국이상국전집』권13, 등롱시燈籠詩

자료 6

태평[太平, 송 태종의 연호] 2년(경종 2년, 977) 정축년 7월 29일에 옛 석불이 있던 것을 중
수하여 지금의 황제[경종景宗]가 만세토록 살기를 바랍니다.

原文 太平二年丁丑七月廿九日古石 / 佛在如賜乙重脩爲今上 / 皇帝萬歲願

_ 『한국금석전문韓國金石全文』중세 상上, 태평이년명마애약사불좌상太平二年銘磨崖藥師佛座像

자료 7

개경을 황도라 하고, 서경을 서도라 했다.

原文 以開京 爲皇都 西京 爲西都

_ 『고려사절요』권2, 광종 11년

자료 8

주22 태일太一 : 천계의 자미궁紫
微宮을 거소로 하는 북극성의 신명
神名. 중국에서는 한대漢代부터 태
일신에 대해 제사를 지냈다.

임금이 승정원에 이르기를, "우리나라에서 태일太一주22의 별 방위에 따라 제사 지내는
것은 실로 온당하지 못한 것이다. 고려 때에 해동천자라고 참칭한 까닭으로, 중국에
조림照臨한 별을 망령되게 금년에는 어느 방위로 옮겼다고 이르고 곳곳에서 제사 지
냈는데, 천하로서 본다면 우리나라는 하나의 나뭇잎과 같으니, 어찌 동 · 서 · 남 · 북
을 나누어서 제사 지낼 수 있겠는가. 중국에서 서방이라 하여 제사지내면 우리나라에
서도 서방이라 하여 황해도에서 제사 지내는 것이 옳겠는가. 너희들은 그것을 의논하
여 계문啓聞하라." 했다.

原文 　上謂承政院曰 我國太一之辰 隨方致祀 實爲未便 高麗之時 僭稱海東天子 故中國照臨

之星 妄謂今年某方移次 隨處致祀 自天下觀之 我國如一葉耳 豈可分東西南北而致祀乎 中國以

爲西方而祀之 我國亦以爲西方而祀之 於黃海道可乎 汝等其議以聞

— 『세종실록』권88, 세종 22년 2월 병신丙申

출전

『고려사』

『고려사절요』

『동국이상국전집』

『동문선』

『한국금석전문』

『세종실록世宗實錄』: 조선 세종의 재위 기간의 역사를 기록한 책. 문종 때 시작하여 단종 2년에 편찬을 완료했다.

찾아읽기

하현강, 「고려식읍고」, 『역사학보』6, 1965.

황운용, 「고려제왕고」, 『우헌정중환박사환력기념논총』, 1974.

오쿠무라 슈지奧村周司, 「고려의 팔관회적 질서와 국제환경高麗における八關會的秩序と國際環境」, 『조선사연구

　　　회논문집』16, 1979.

오쿠무라 슈지奧村周司, 「사절영접례에서 본 고려의 외교자세使節迎接禮から見る高麗の外交姿勢」, 『사관史觀』

　　　110. 와세다대학사학회, 1984.

진영일, 「고려전기 탐라국 연구」, 『탐라문화』16, 1996.

김기덕, 「고려의 제왕제와 황제국체제」, 『국사관논총』78, 1997.

노명호, 「〈동명왕편〉과 이규보의 다원적 천하관」, 『진단학보』83, 1997.

오쿠무라 슈지奧村周司, 「고려의 원구사천례와 세계관高麗の圜丘祀天禮と世界觀」, 『조선사회의 사적 전개와 동

　　　아시아朝鮮社會の史的展開と東アジア』, 야마카와출판사山川出版社, 1997.

노명호, 「고려시대의 다원적 천하관과 해동천자」, 『한국사연구』105, 1999.

심재석, 「고려국왕 책봉 연구」, 혜안, 2002.

박경안, 「고려 전기 다원적 국제 관계와 국가 · 문화 귀속감」, 『동방학지』129, 2005.

박재우, 「고려 군주의 국제적 위상」, 『한국사학보』20, 2005.

추명엽, 「고려시기 '해동' 인식과 해동천하」, 『한국사연구』129, 2005.

윤영인, 「10~13세기 동북아시아 다원적 국제질서에서의 책봉과 맹약」, 『동양사학연구』101, 2007.

노명호, 「고려국가와 집단의식」, 서울대학교 출판문화원, 2009.

노명호, 「고려 태조 왕건의 동상」, 지식산업사, 2011.

부록

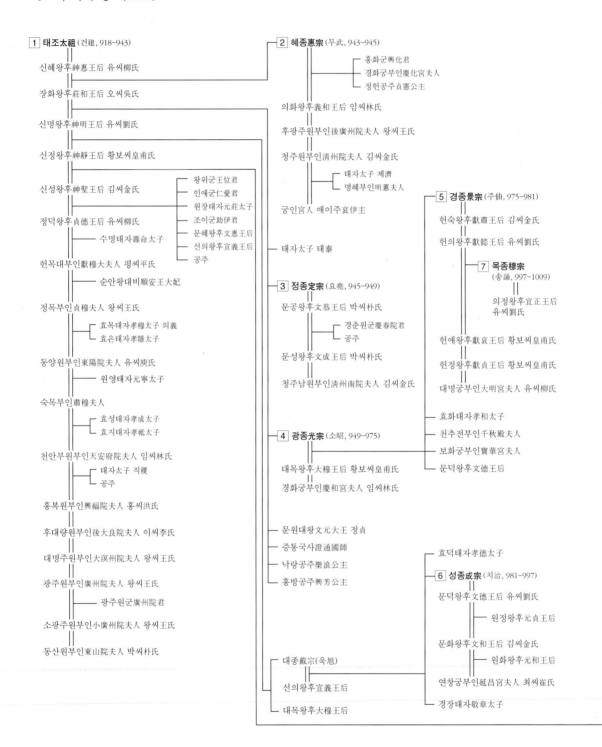

1 태조太祖 (건建, 918~943)

신혜왕후神惠王后 유씨柳氏

장화왕후莊和王后 오씨吳氏

신명왕후神明王后 유씨劉氏

신정왕후神靜王后 황보씨皇甫氏

신성왕후神聖王后 김씨金氏
— 왕위군王位君
— 인애군仁愛君
— 원장태자元莊太子
— 조이군助伊君
— 문혜왕후文惠王后
— 선의왕후宣義王后
— 공주

정덕왕후貞德王后 유씨柳氏
— 수명태자壽命太子

헌목대부인獻穆大夫人 평씨平氏
— 순안왕대비順安王大妃

정목부인貞穆夫人 왕씨王氏
— 효목태자孝穆太子 의義
— 효은태자孝隱太子

동양원부인東陽院夫人 유씨庾氏
— 원영태자元寧太子

숙목부인肅穆夫人
— 효성태자孝成太子
— 효지태자孝祗太子

천안부원인天安府院夫人 임씨林氏
— 태자太子 직稷
— 공주

홍복원부인興福院夫人 홍씨洪氏

후대량원부인後大良院夫人 이씨李氏

대명주원부인大溟州院夫人 왕씨王氏

광주원부인廣州院夫人 왕씨王氏
— 광주원군廣州院君

소광주원부인小廣州院夫人 왕씨王氏

동산원부인東山院夫人 박씨朴氏

---

2 혜종惠宗 (무武, 943~945)
— 홍화군興化君
— 경화궁부인慶化宮夫人
— 정헌공주貞憲公主

의화왕후義和王后 임씨林氏

후광주원부인後廣州院夫人 왕씨王氏

청주원부인淸州院夫人 김씨金氏
— 태자太子 제濟
— 명혜부인明惠夫人

궁인宮人 애이주哀伊主

· 태자太子 태泰

3 정종定宗 (요堯, 945~949)

문공왕후文恭王后 박씨朴氏
— 경춘원군慶春院君
— 공주

문성왕후文成王后 박씨朴氏

청주남원부인淸州南院夫人 김씨金氏

4 광종光宗 (소昭, 949~975)

대목왕후大穆王后 황보씨皇甫氏

경화궁부인慶和宮夫人 임씨林氏

· 문원대왕文元大王 정貞
· 증통국사證通國師
· 낙랑공주樂浪公主
· 흥방공주興芳公主

대종戴宗 (욱旭)
— 선의왕후宣義王后
· 대목왕후大穆王后

---

5 경종景宗 (주伷, 975~981)

헌숙왕후獻肅王后 김씨金氏

헌의왕후獻懿王后 유씨劉氏

7 목종穆宗
(송誦, 997~1009)
의정왕후宜正王后
유씨劉氏

헌애왕후獻哀王后 황보씨皇甫氏

헌정왕후獻貞王后 황보씨皇甫氏

대명궁부인大明宮夫人 유씨柳氏

· 효화태자孝和太子
· 천추전부인千秋殿夫人
· 보화궁부인寶華宮夫人
· 문덕왕후文德王后

· 효덕태자孝德太子

6 성종成宗 (치治, 981~997)

문덕왕후文德王后 유씨劉氏
— 원정왕후元貞王后

문화왕후文和王后 김씨金氏
— 원화왕후元和王后

연창궁부인延昌宮夫人 최씨崔氏

· 경장태자敬章太子

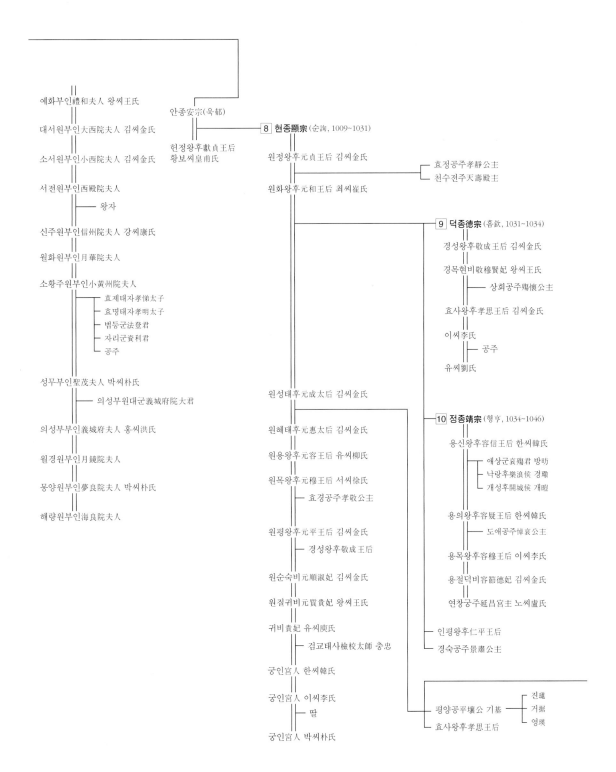

예화부인禮和夫人 왕씨王氏

대서원부인大西院夫人 김씨金氏

소서원부인小西院夫人 김씨金氏

서전원부인西殿院夫人

├── 왕자

신주원부인信州院夫人 강씨康氏

월화원부인月華院夫人

소황주원부인小黃州院夫人
├── 효제태자孝悌太子
├── 효명태자孝明太子
├── 법등군法登君
├── 자리군資利君
└── 공주

성무부인聖茂夫人 박씨朴氏
├── 의성부원대군義城府院大君

의성부인義城府夫人 홍씨洪氏

월경원부인月鏡院夫人

몽양원부인夢良院夫人 박씨朴氏

해량원부인海良院夫人

안종安宗(욱郁)
├── 헌정왕후獻貞王后
│   황보씨皇甫氏

8 현종顯宗 (순詢, 1009~1031)
├── 원정왕후元貞王后 김씨金氏
│   ├── 효정공주孝靜公主
│   └── 천수전주天壽殿主
├── 원화왕후元和王后 최씨崔氏

9 덕종德宗 (흠欽, 1031~1034)
├── 경성왕후敬成王后 김씨金氏
├── 경목현비敬穆賢妃 왕씨王氏
│   └── 상회공주殤懷公主
├── 효사왕후孝思王后 김씨金氏
├── 이씨李氏
│   └── 공주
└── 유씨劉氏

원성태후元成太后 김씨金氏

원혜태후元惠太后 김씨金氏

원용왕후元容王后 유씨柳氏

원목왕후元穆王后 서씨徐氏
├── 효경공주孝敬公主

원평왕후元平王后 김씨金氏
├── 경성왕후敬成王后

원순숙비元順淑妃 김씨金氏

원질귀비元質貴妃 왕씨王氏

귀비貴妃 유씨庾氏
├── 검교태사檢校太師 충충忠

궁인宮人 한씨韓氏

궁인宮人 이씨李氏
├── 딸

궁인宮人 박씨朴氏

10 정종靖宗 (형亨, 1034~1046)
├── 용신왕후容信王后 한씨韓氏
│   ├── 애상군哀殤君 방방昉昉
│   ├── 낙랑후樂浪侯 경璥
│   └── 개성후開城侯 개暟暟
├── 용의왕후容懿王后 한씨韓氏
│   └── 도애공주悼哀公主
├── 용목왕후容穆王后 이씨李氏
├── 용절덕비容節德妃 김씨金氏
└── 연창궁주延昌宮主 노씨盧氏

├── 인평왕후仁平王后
└── 경숙공주景肅公主

평양공平壤公 기基
├── 진璡
├── 거据
└── 영瑛

효사왕후孝思王后

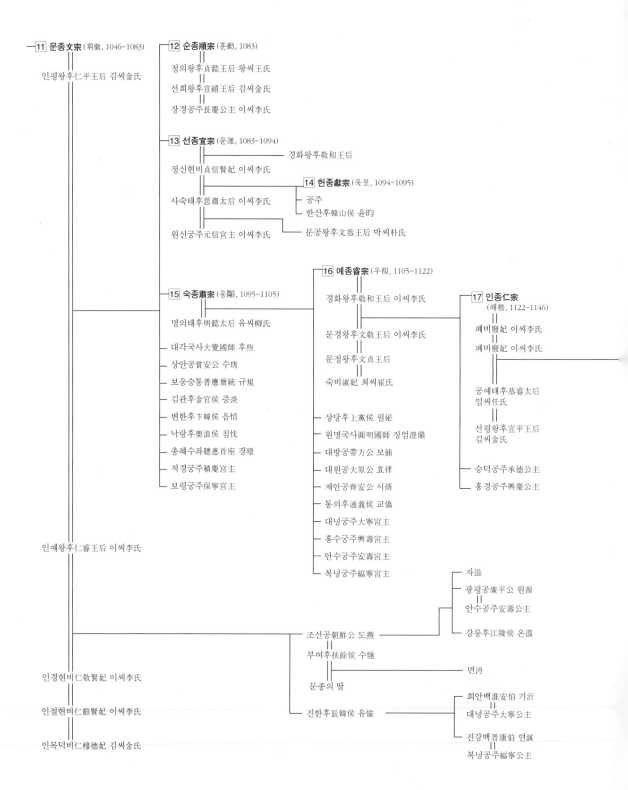

11 문종文宗 (휘徽, 1046~1083)

인평왕후仁平王后 김씨金氏

12 순종順宗 (훈動, 1083)

정의왕후貞懿王后 왕씨王氏
＝
선희왕후宣禧王后 김씨金氏
＝
장경공주長慶公主 이씨李氏

13 선종宣宗 (운運, 1083~1094)
＝
경화왕후敬和王后
＝
정신현비貞信賢妃 이씨李氏
＝
사숙태후思肅太后 이씨李氏

14 헌종獻宗 (욱昱, 1094~1095)
─ 공주
─ 한산후韓山侯 윤昀

원신궁주元信宮主 이씨李氏 ─ 문공왕후文恭王后 박씨朴氏

15 숙종肅宗 (옹顒, 1095~1105)
＝
명의태후明懿太后 유씨柳氏

─ 대각국사大覺國師 후煦
─ 상안공常安公 수琇
─ 보응승통普應僧統 규규
─ 김관후金官侯 증㮣
─ 변한후卞韓侯 음愔
─ 낙랑후樂浪侯 침忱
─ 총혜수좌聰惠首座 경暻
─ 적경궁주積慶宮主
─ 보령궁주保寧宮主

16 예종睿宗 (우俁, 1105~1122)
＝
경화왕후敬和王后 이씨李氏
＝
문경왕후文敬王后 이씨李氏
＝
문정왕후文貞王后
＝
숙비淑妃 최씨崔氏

─ 상당후上黨侯 필佖
─ 원명국사圓明國師 징엄澄儼
─ 대방공帶方公 보俌
─ 대원공大原公 효侾
─ 제안공齊安公 서偦
─ 통의후通義侯 교僑
─ 대녕궁주大寧宮主
─ 흥수궁주興壽宮主
─ 안수궁주安壽宮主
─ 복녕궁주福寧宮主

17 인종仁宗
(해楷, 1122~1146)
＝
폐비廢妃 이씨李氏
＝
폐비廢妃 이씨李氏
＝
공예태후恭睿太后
임씨任氏
＝
선평왕후宣平王后
김씨金氏

─ 승덕공주承德公主
─ 흥경공주興慶公主

인예왕후仁睿王后 이씨李氏

조선공朝鮮公 도燾
부여후扶餘侯 수�
문종의 딸

─ 자滋
─ 광평공廣平公 원源
＝
안수공安壽公主
─ 강릉후江陵侯 온溫

─ 면沔

진한후辰韓侯 유愉

─ 회안백淮安伯 기沂
＝
대녕공주大寧公主
─ 진강백晉康伯 연演
＝
복녕공주福寧公主

인경현비仁敬賢妃 이씨李氏

인절현비仁節賢妃 이씨李氏

인목덕비仁穆德妃 김씨金氏

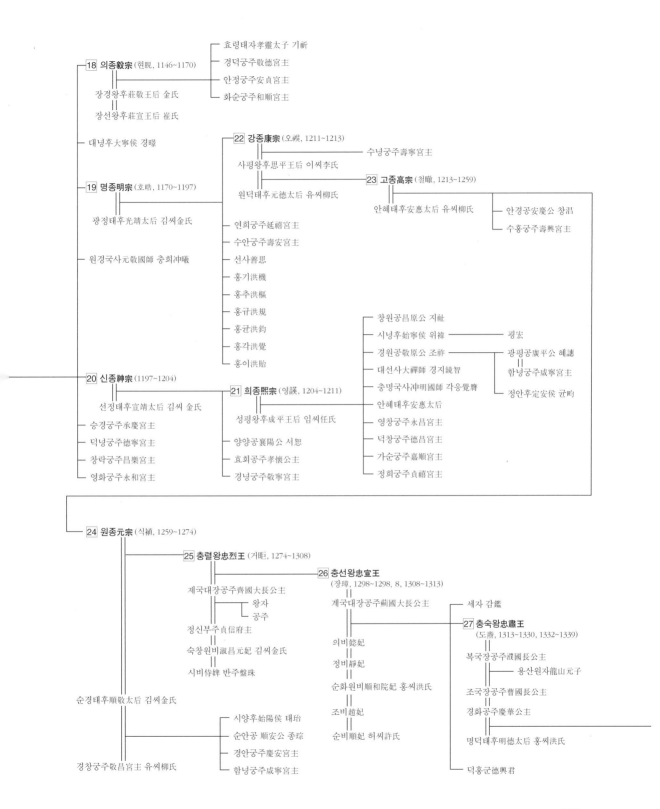

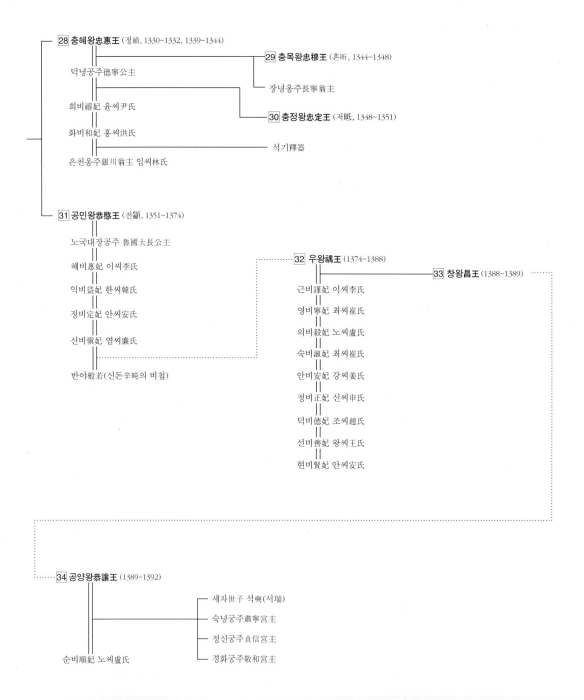

28 충혜왕忠惠王 (정禎, 1330~1332, 1339~1344)

29 충목왕忠穆王 (혼昕, 1344~1348)

덕녕공주德寧公主

장녕옹주長寧翁主

희비禧妃 윤씨尹氏

30 충정왕忠定王 (저眡, 1348~1351)

화비和妃 홍씨洪氏

석기釋器

은천옹주銀川翁主 임씨林氏

31 공민왕恭愍王 (전顓, 1351~1374)

노국대장공주 魯國大長公主

32 우왕禑王 (1374~1388)

혜비惠妃 이씨李氏

33 창왕昌王 (1388~1389)

익비益妃 한씨韓氏

근비謹妃 이씨李氏

정비定妃 안씨安氏

영비寧妃 최씨崔氏

신비愼妃 염씨廉氏

의비毅妃 노씨盧氏

숙비淑妃 최씨崔氏

안비安妃 강씨姜氏

반야般若(신돈辛旽의 비첩)

정비正妃 신씨申氏

덕비德妃 조씨趙氏

선비善妃 왕씨王氏

현비賢妃 안씨安氏

34 공양왕恭讓王 (1389~1392)

세자世子 석奭(서瑞)

숙녕궁주肅寧宮主

정신궁주貞信宮主

경화궁주敬和宮主

순비順妃 노씨盧氏

주요국 역사 변천				한국사	연표	세계사
서양	중국	일본	한국			

서양	중국	일본	한국	한국사	연표	세계사
고 대	은 주 춘 추 전 국 진 한	조몬토기시대 야요이토기시대	선사시대 초기국가 삼국시대	70만 년 전 구석기 문화 시작 기원전 7000~6000년경 신석기 문화 시작 기원전 2333 단군, 아사달에 도읍, 고조선 건국 (『삼국유사』) 기원전 1100년경 기자조선 성립(『삼국유사』) 기원전 400~300년경 한반도 지역 철기 생산 기원전 194 위만조선 성립 기원전 108 위만조선 멸망, 한군현 설치 기원전 57 신라 건국 기원전 37 고구려 건국 기원전 18 백제 건국 3 고구려, 국내성 천도 28 가락국 시조 수로왕 즉위 53 고구려, 태조대왕 즉위 56 고구려, 동옥저 통합 57 신라, 석탈해 즉위	기원전 1000 기원후	450~400만 년 전 인류 등장 기원전 3000년경 이집트·메소포타미아 문명 시작 기원전 2500년경 인더스·황하 문명 시작 기원전 1768년경 함무라비 왕, 메소포타미아 통일 기원전 1750년경 함무라비 법전 편찬 기원전 1600년경 은殷 건국 기원전 1120년경 주周 건국 기원전 1000년경 그리스, 폴리스 형성 기원전 770년경 주周 동천東遷, 춘추春秋 시대 시작 기원전 670년경 아시리아, 오리엔트 통일 기원전 600년경 석가모니 탄생 기원전 551년경 공자 탄생 기원전 525 페르시아, 오리엔트 통일 기원전 492 페르시아 전쟁 기원전 431 펠로폰네소스 전쟁 기원전 334 알렉산더 대왕, 동방 원정 기원전 264 포에니전쟁 기원전 221 진秦, 중국 통일 기원전 206 한漢 건국 기원전 44 카이사르 암살 기원전 27 로마, 제정 시작 기원전 4 예수 탄생 8 왕망, 신新 건국 25 후한後漢 성립 30 예수, 십자가에 처형됨 45년경 인도, 쿠샨 왕조 성립 64 네로, 크리스트교 박해 79 베수비오 화산 폭발, 폼페이 매몰 105 채륜, 제지법 발명 150년 무렵 쿠샨 왕조 불교 발흥, 간다라 미술 융성

주요국 역사 변천				한국사	연표	세계사
서양	중국	일본	한국			
고대	한	백여국시대	삼국	179 고구려, 고국천왕 즉위 194 고구려, 진대법 실시	100	166 로마 사절 중국에 옴 184 후한, 황건적의 난 발생
	삼국시대			242 고구려, 요동 서안평 공격 244 위 관구검, 환도성 습격 260 백제(고이왕), 16관등과 공복 제정 261 신라 13대 미추이사금 즉위(김씨 왕 시조)	200	220 후한 멸망, 삼국 시대(위·촉·오) 시작 226 사산조 페르시아, 파르티아 멸망시킴 235 로마, 군인 황제 시대 280 진晉. 중국 통일
	진晉	고분시대	국	313 고구려, 낙랑군을 멸망시킴. 한군현 완전 소멸	300	313 밀라노 칙령으로 크리스트교 공인 316 서진西晉 멸망. 5호 16국 시대 시작. 동진 東晉 성립 320 인도, 굽타 왕조 성립 325 니케아 종교 회의 개최, 아리우스파 추방 결정
		야마토정권	시대	331 고구려, 고국원왕 즉위 356 신라, 내물마립간 즉위 369 백제, 칠지도 제작 371 백제, 고구려 평양성 공격, 고국원왕 죽음 372 고구려, 전진의 승려 순도에 의해 불교 전래, 　　　태학 설립 　　　백제, 동진에 사절 보냄 373 고구려, 율령 반포 375 백제, 『서기』(고흥) 편찬 384 백제, 마라난타가 불교 전래 391 고구려, 광개토대왕 즉위 396 고구려, 광개토대왕 백제 공격, 대승 400 고구려, 백제-가야-왜 연합군 토벌하여 신라 구원 405 백제, 일본에 한학 전함	400	375년경 게르만족 대이동 시작 395 로마 제국, 동서로 나뉨 420 동진東晉 멸망, 송宋 건국
				427 고구려, 평양 천도 433 나제동맹 맺음 475 백제 문주왕 즉위, 웅진 천도		439 북위北魏, 화북 통일(북조 성립) 476 서로마 제국 멸망 479 송 멸망, 제齊 건국 486 프랑크 왕국 건국
	남북조시대			494 부여, 고구려에 완전 흡수 502 신라 지증왕, 순장 금지, 우경 실시 503 신라, 국호를 '신라'로 결정. '왕' 칭호 사용 505 신라 지증왕, 국내의 주군현을 직접 정함	500	502 제齊 멸망, 양梁 건국

주요국 역사 변천				한국사	연표	세계사
서양	중국	일본	한국			
중 세	남북조시대 수隋 당唐	야마토정권 다이카개신	삼국시대 통일신라/발해	520 신라, 율령 반포, 백관의 공복 제정 525 백제, 무령왕릉 축조 527 신라, 불교 공인 532 신라, 금관가야 통합 536 신라, 연호(건원) 처음 사용 538 백제, 사비(부여)로 천도 545 신라, 거칠부 등이 『국사』 편찬 552 백제, 일본에 불교 전함 　　우륵, 신라에 음악 전수 　　고구려 왕산악, 거문고 제작 553 신라, 한강 하류 장악, 나제동맹 끝남 554 백제 성왕, 관산성에서 전사, 신라에 대패 555 신라 진흥왕, 북한산순수비 건립 566 신라, 황룡사 준공 589 원광법사, 진陳에서 구법 590 고구려 온달, 아차성에서 죽음 610 고구려 담징, 일본 호류사 금당벽화 그림 612 고구려, 살수대첩에서 수나라 군대 물리침 618 고구려, 영류왕 즉위 624 고구려, 당에서 도교 전래 632 신라, 선덕여왕 즉위 645 고구려, 안시성싸움 승리. 당태종 고구려 원정 실패 647 신라, 첨성대 건립. 비담·염종의 반란 660 백제 멸망 668 고구려 멸망 676 신라, 삼국 통일 682 국학 설립, 감은사 창건 685 9주 5소경 설치 686 원효 죽음 687 신라, 문무관료전 지급 689 신라, 녹읍 폐지, 세조歲租 지급 698 대조영, 발해 건국	500 600	529 동로마(비잔틴) 제국, 유스티니아누스 법전 편찬 535 북위, 동서로 나뉨 557 서위 멸망, 북주 건국 569 양梁 멸망, 진陳 건국 579 마호메트 탄생 589 수隋, 중국 통일 593 일본, 성덕태자 섭정 610 이슬람교 창시 618 이연, 당唐 건국 622 마호메트, 메타에서 메디나로 이주(헤지라) 　　이슬람교 원년으로 정함 629 당 현장, 인도 여행 출발 634 이슬람, 전 아라비아 통일 645 일본, 다이카大化 개신 646 당 현장, 인도에서 귀국 『대당서역기』 지음 655 당 측천무후, 황후 등극 661 이슬람, 옴미아드 왕조 성립 671 당 의정, 불경 구하러 인도 여행 690 당, 측천무후 실권 장악. 국호를 '주周'로 고침

주요국 역사 변천				한국사	연표	세계사
서양	중국	일본	한국			
		다이카개신		702 의상 죽음 704 김대문, 『화랑세기』『고승전』 지음	700	
		나	통			710 일본, 나라 천도 712 당, 현종 즉위 716 제지술, 유럽 전파
			일	719 발해, 무왕 즉위 722 신라, 백성들에게 정전 지급		
				727 혜초, 『왕오천축국전』 지음 　　발해, 일본과 국교 737 발해, 문왕 즉위		726 로마 교회, 동로마의 성상 금지령으로 분쟁
			신	751 불국사와 석굴암 창건		750 이슬람, 아바스 왕조 성립 751 프랑크 왕국, 카롤링거 왕조 성립 755 당, 안녹산의 난 발생
중	당		라	756 발해, 상경용천부로 천도 757 신라, 녹읍 부활 765 충담사, 「안민가」 지음 771 성덕대왕신종 제작 774 신라, 대아찬 김융 모반 사건 780 신라, 이찬 김지정 반란 사건. 혜공왕 피살되고 　　선덕왕 즉위(신라 하대 시작) 788 원성왕, 독서삼품과 설치 794 발해, 성왕 즉위		771 카롤루스 대제, 프랑크 왕국 통일
세	唐	헤	/	822 김헌창의 난 발생 828 장보고, 완도에 청해진 설치	800	800 프랑크, 카롤루스 1세가 로마에서 대관식 거행. 　　서로마 제국 부활 800년대 이슬람 국력·문화 전성기 829 잉글랜드 왕국 성립
		이		834 백관의 복색 제도 공포 841 염장이 장보고 암살		843 프랑크, 베르됭 조약으로 왕국 삼분 862 러시아, 노브고로드 공국 성립 870 프랑크 왕국 분열
			발	874 최치원, 당唐 과거 급제		875 당, 황소의 난 발생
		안	해	879 최치원, 당에서 「토황소격문」 지음 886 최치원, 당에서 귀국. 　　『계원필경』 지음. 887 진성여왕 즉위 888 신라 위홍·대구화상, 『삼대목』 편찬 889 원종·애노, 사벌주(상주)에서 농민 반란 890 신라, 지방 각지 조세 거부. 납부 독촉에 　　각지에서 봉기 891 양길 휘하 궁예, 강원 남부 지역 차지 892 견훤, 전주에서 농민 봉기, 무진주(광주) 점령		

주요국 역사 변천				한국사	연표	세계사
서양	중국	일본	한국			
중세	당唐	헤이안	통일신라 / 발해	894 최치원, 10여 조의 시무책 올림 899 최치원, 해인사 은둔 900 견훤, 완산주(전주)에 후백제 건국 901 궁예, 후고구려 건국 905 궁예, 철원 천도	800 900	
	5 대 10 국		고	918 왕건, 고려 건국 919 고려, 철원에서 송악으로 천도 926 발해, 거란에 멸망 927 견훤, 경주 침략해 경애왕 죽임 935 경순왕, 고려에 항복 936 고려, 후삼국 통일. 　　　왕건, 『정계』, 『계백료서』 반포 943 혜종 즉위 945 왕규의 난. 정종 즉위		907 당唐 멸망. 5대 10국 시대 시작 916 야율아보기, 거란 건국 936 거란, 연운撚雲 16주 차지
				949 광종 즉위 956 노비안검법 실시 958 과거제 실시		946 거란, 국호를 요遼라 함 949 요, 하북河北 침략
		이		963 귀법사 창건, 제위보 설치 973 균여, 「보현십원가」 지음 976 전시과 실시		960 조광윤, 송宋 건국 962 오토 1세, 신성 로마 제국 건국, 황제 대관 964 동로마, 수도원 신설, 수도원의 토지 증여. 　　　금지령 포고
	북		려	982 최승로, 「시무28조」 올림 983 전국에 12목 설치 986 의창 설치		978 오월吳越, 송에 항복해 멸망
세	송	안		992 국자감 창립 993 거란 소손녕, 고려에 침입(제1차). 서희 강동 6주 　　　획득, 상평창 설치 996 건원중보 주조 997 목종 즉위 1007 월정사 8각 9층탑 세움 1009 강조의 정변		987 프랑스, 카페 왕조 시작 992 베네치아 상인 동로마 황제한테 무역상 특권 획득
	(요)			1010 거란 성종, 고려에 침입(제2차). 　　　현종 나주로 피난 1018 거란 소배압, 고려 침입(제3차) 1019 강감찬, 귀주대첩 1025 대식국大食國 사람 100명이 특산물 가지고 옴	1000	1013 송, 『책부원구』 완성 1037 셀주크투르크 제국 건국 1042 송宋, 요遼와 화친

주요국 역사 변천				한국사	연표	세계사
서양	중국	일본	한국			
중	북	헤	고	1044 천리장성 완성 1049 양반의 공음전시법 제정 1055 최충, 문헌공도 세움 1075 혁련정, '균여전' 지음 1076 전시과 개정, 관제 개혁 1086 흥왕사에 교장도감教藏都監 설치 1087 『초조대장경』 간행 1090 의천, 『속장경』 조판 시작 1097 주전도감 설치. 국청사 낙성 1102 해동통보 주조 1107 윤관, 여진 정벌 1112 혜민국 설치 1116 청연각 설치 1119 양현고 설치 1124 서긍, 『고려도경』 완성 1126 이자겸의 난	1000 1100	1054 기독교, 동서로 나뉨(로마 : 그리스) 1066 노르망디공 윌리엄, 잉글랜드 정복 1069 송宋, 왕안석의 개혁(신법新法) 1076 신성로마제국, 서임권 파동으로 교황과 황제 대립 1077 카노사의 굴욕 1086 송宋, 왕안석 죽고 사마광 집권, 신법 폐지 1095 클레르몽 종교 회의, 교황 십자군 운동 호소 1096 십자군 원정(~1270) 1115 여진, 금金 건국 1122 신성 로마 제국, 보름스협약(성직 임명권 문제 일단락) 1125 금金, 요遼를 멸함
세	송 (요) 남 송 (금)	이 안	려	1132 묘청·정지상 등 서경 천도 건의 1135 묘청의 서경 천도 운동 1145 김부식, 『삼국사기』 펴냄 1159 고려청자 등 도자기 성행 1170 무신정변 발생 1173 김보당의 난 1174 조위총의 난 1176 망이·망소이의 난 1179 경대승, 정중부 죽이고 집권. 도방 설치 1182 전주에서 민란 발생 1190 지눌, 「정혜결사문」 발표		1127 북송北宋 멸망, 남송南宋 건국 1128 독일, 기사단 창설 1147 제2차 십자군 원정 1163 프랑스, 노트르담 성당 건축 시작 1167 영국, 옥스퍼드대학 세움 1170 프랑스, 파리대학 세움 1177 남송 주희, 『사서집주』 완성 1189 제3차 십자군 원정 1192 일본, 가마쿠라鎌倉 바쿠후 성립

주요국 역사 변천				한국사	연표	세계사
서양	중국	일본	한국			
중	남	가	고	1193 김사미·효심의 민란 　　　이규보, 『동명왕편』 지음 1196 최충헌 집권 1198 만적의 난 1200 진주에서 공·사노비가 난을 일으킴 1202 경주에서 신라 부흥 운동 일어남	1100 1200	1194 셀주크투르크 분열, 멸망 1200 남송, 주희 죽음 1202 제4차 십자군 원정 1206 칭기즈칸, 몽골 통일 　　　인도, 노예 왕조 성립
	송	마		1215 각훈, 『해동고승전』 지음 1219 고려·몽골군이 함께 강동성의 거란군 물리침		1215 영국, 대헌장 제정 1228 제5차 십자군 원정
		쿠	려	1231 몽골 제1차 침입 1232 강화 천도 1234 금속활자로 『상정고금예문』 펴냄 1235 몽골, 제3차 침입 1236 『팔만대장경』 조판 시작 1241 이규보, 『동국이상국집』 펴냄 1247 몽골, 제4차 침입		1234 금金, 원元에 멸망 1235 몽골, 수도 카라코룸 건설 1241 신성 로마 제국, 한자동맹 맺음 1243 원 오고타이, 칭기즈칸 계승 1248 제6차 십자군 원정
	(금)	라		1253 몽골, 제5차 침입 1254 몽골, 제6차 침입. 몽골군에게 20만여 명 　　　잡혀감 1258 김준, 최의 죽이고 집권. 화주에 쌍성총관부 　　　설치 1260 이인로, 『파한집』 펴냄 1270 고려, 개경으로 환도 　　　서경에 동녕부 설치 　　　삼별초, 진도로 들어감		1254 신성로마제국, 대공위 시대 1258 몽골군 바그다드 점령, 아바스 왕조 붕괴 1270 제7차 십자군
세		바		1271 녹과전 지급 1273 삼별초군 탐라에서 진압됨 1274 여麗·원元의 제1차 일본 정벌 실패		1271 몽골, 원元 제국 성립
	원	쿠		1281 몽골, 고려군 동원 제2차 일본 정벌, 실패 　　　일연, 『삼국유사』 지음 1287 이승휴, 『제왕운기』 지음 1290 동녕부 폐지 1298 정방 폐지, 관제 복구		1279 남송南宋, 원에 멸망 1295 영국, 모범 의회 1299 마르코 폴로, 『동방견문록』 펴냄 　　　오스만 제국 건국
	元	후		1304 국학 대성전이 완성 1309 각염법(소금 전매제) 제정 1314 태조 이래 역대왕 실록 펴냄	1300	1302 프랑스, 삼부회 최초 소집 1309 교황, 아비뇽에 유폐 1321 단테, 『신곡』 완성

주요국 역사 변천				한국사	연표	세계사
서양	중국	일본	한국			
중 세 근 대	원 元 명 明	무 로 마 치 바 쿠 후 쿠 후	고 려 조 선	1342 이제현, 『역옹패설』 지음 1347 정치도감 설치 1350 왜구 침입 시작 1356 공민왕이 기철 등 제거 1359 홍건적 침입, 서경 함락 1363 문익점, 원에서 목화씨 가져옴 1365 전민변정도감 설치. 신돈을 판사로 삼음 1376 최영, 왜구 정벌(홍산전투) 1377 최무선 건의로 화통도감 설치 　　『직지심체요절』 인쇄(청주 흥덕사) 1380 최무선, 진포에서 화포로 왜구 물리침 1388 최영, 요동 정벌 　　이성계, 위화도회군으로 정권 장악 1389 박위, 쓰시마 섬 정벌 1390 토지 문서 소각 1391 과전법 제정 1392 고려 멸망, 조선 건국 1393 국호를 조선으로 결정 1394 한양 천도 　　정도전, 『조선경국전』 펴냄 1397 요동 정벌 계획 추진 　　정도전, 『경제육전』 펴냄 1398 양전 실시. 성균관 문묘, 명륜당 건립. 제1차 　　왕자의 난 1400 제2차 왕자의 난, 사병 혁파 1401 신문고 설치 1402 호패법 실시 1403 주자소 설치 1407 관료의 녹과 개정 1411 한양에 5부 학당 설치 1413 조선 8도의 지방 행정 조직 완성, 『태조실록』 　　펴냄 1418 세종 즉위	1300 1400	1337 일본, 무로마치 바쿠후 성립 1338 영국·프랑스 백년전쟁 1347 전 유럽에 페스트 퍼짐, 인구 대폭 감소 1351 원, 홍건적의 난 발생 1356 금인칙서(황금문서) 발표 1358 프랑스, 자크리 농민 반란 1367 신성로마제국, 한자Hansa 시의 쾰른동맹 1368 원 멸망, 주원장 명明 건국 1369 티무르 제국 성립 1378 교회 대분열(로마 : 아비뇽) 1380 명, 황제 독재권 강화 1388 독일, 쾰른대학 세움 1391 북원北元, 명에 항복하여 멸망 1392 독일, 한자동맹 맺음 1397 명, 대명률 반포 1401 무로마치 바쿠후, 최초로 명과 통교 1404 무로마치 바쿠후, 명과 감합勘合 무역 실시 1405 명明 정화, 남해 원정 1408 명, 『영락대전』 완성 1415 로마 교회, 후스 화형 1417 로마 교회, 교황 선거로 교회 대분열 끝냄

주요국 역사 변천				한국사	연표	세계사
서양	중국	일본	한국			
근 대	명 明	무 로 마 치 바 쿠 후	조 선	1419 이종무, 쓰시마 정벌 1420 집현전 설치 1433 4군 설치(1443년 완성) 1434 6진 설치(1449년 완성) 1441 측우기 제작 1443 훈민정음 창제 1446 훈민정음 반포 1453 수양대군, 김종서 죽이고 정권 장악(계유정난) 1456 사육신 처형 1458 『고려사』 완성 1460 신숙주, 여진 정벌 1466 직전법 실시 1475 인수대비, 『내훈』 펴냄 　　　『국조오례의』 완성 1478 서거정 등, 『동문선』 완성 1481 서거정 등, 『동국여지승람』 지어 올림 1482 폐비 윤씨에게 사약 1484 『경국대전』 완성(1485년 시행) 1491 여진족, 경흥에 쳐들어감 1493 성현 등, 『악학궤범』 완성 1498 무오사화 일어남 1500 과부 재혼 금지	1400 1500	1424 터키, 콘스탄티노플 제외한 전 동로마 영토 　　　차지 1431 영국, 잔 다르크 처형 1441 류큐流球, 시마즈島津에 복속 1445 포르투갈 바르톨로뮤 디아스, 희망봉 발견. 　　　이탈리아, 르네상스 번성 1450 독일 구텐베르크, 최초 인쇄본 『성경』 펴냄 1453 백년전쟁 끝남 　　　투르크, 콘스탄티노플 점령 　　　동로마제국 멸망 1455 영국, 장미전쟁 시작(~1485) 1460 터키, 그리스 전 영토 점령 1467 일본, 오닌의 난 일어나 센고쿠戰國 시대 시작 1470 이탈리아 보카치오, 『데카메론』 간행. 잉카제국, 　　　정복 활동 시작 1472 교황청, 면죄부 남발 1474 이탈리아 토스카넬리, 세계 지도 작성 1476 모스크바 공국 이반 3세, 노브고로드 정복. 　　　이탈리아, 메디치 가의 독재 확고해짐 1479 스페인 왕국 성립 1480 이반 3세, 킵차크한국 멸망시키고 몽골 속박 　　　벗어남 1487 포르투갈 바르톨로뮤 디아스, 희망봉 도착 1492 스페인, 이베리아 반도에서 이슬람 세력 쫓아냄 　　　콜럼버스, 아메리카 항로 발견 1494 이탈리아 메디치 가, 피렌체에서 쫓겨남 　　　중국 나관중, 『삼국지연의』 펴냄 1498 포르투갈 바스코 다 가마, 인도 항로 발견 1499 스위스, 독일과 바젤협약 맺고 스위스동맹 　　　맺음, 독립 1500 인도, 티무르 제국 멸망 1501 명, 타타르족 침략으로 수도 닝샤寧夏 함락

주요국 역사 변천				한국사	연표	세계사
서양	중국	일본	한국			
근	명	무	조		1500	1502 명, 『대명회전』 완성
						이란, 사파비 왕조 성립
				1503 승려의 도성 출입 엄금		1503 일본, 조선통신사 요청
				1504 갑자사화 일어남		알프스 이북에 르네상스 발흥
				경연 폐지		
				성현, 『용재총화』 펴냄		
		로		1506 중종반정		1506 이탈리아 레오나르도 다 빈치, 『모나리자』 완성
				1510 삼포왜란		네덜란드 에라스무스, 『우신예찬』 지음
				1512 임신약조		
						1516 영국 토마스 무어, 『유토피아』 지음
		마				아라비아, 『아라비안 나이트』 완성
						1517 루터의 종교 개혁
						투르크, 이집트 점령. 칼리프 칭호 사용
				1518 소격서 혁파		1518 스위스 츠빙글리, 종교 개혁 주장
				1519 향약 실시. 현량과 실시		1519 마젤란, 세계일주(~1522)
		치	조	기묘사화 일어남		1524 독일, 농민전쟁 일어남
						1526 인도, 무굴 제국 성립
						1532 스페인 피사로, 페루 정복
						1533 잉카 제국 멸망
						1534 영국, 수장령 발표. 로욜라, 예수회 창립
						1536 칼뱅의 종교 개혁
						1541 투르크, 헝가리와 알제리 정복
						1542 영국, 아일랜드 왕국 성립
				1543 주세붕, 백운동서원 세움		1543 코페르니쿠스, 지동설 발표
		바				1544 로마 교회, 트리엔트 공의회 개최
				1545 을사사화 일어남		
				1551 문정왕후, 양종선과 재설치, 도첩제 부활		
				1554 비변사 설치		
대				1555 을묘왜변 발생, 제승방략 반포		1555 아우구스부르크 종교 화의, 루터파 신교 공인
				1556 이황, 『주자서절요』 완성		
		쿠	선	1559 이황·기대승, 사단칠정 논쟁 시작		
				1560 이황, 도산서원 세움		1560 일본, 교토에 크리스트교 포교 허용
				1561 이지함, 『토정비결』 지음		
				1562 임꺽정 처형		1562 프랑스, 위그노전쟁 일어남(~1598)
	明			1565 보우, 제주도에서 처형		1565 일본, 교토의 선교사 추방. 포르투갈, 마카오
		후				건설
						1568 네덜란드, 스페인으로부터 독립 전쟁 일으킴
						1571 일본, 나가사키 개항
						스페인, 레판토해전에서 투르크에 승리
						1573 명明, 장거정의 개혁
				1575 동서 분당		
				1577 이이, 해주향약 실시		
		아		1583 이이, 십만양병설 건의		
		즈		1588 일본 사신, 통신사 요청		1588 영국, 에스파냐 무적 함대 물리침
		치		정철, 『사미인곡』, 『속미인곡』 지음		
		모		1589 정여립 모반 사건		1589 도요토미 히데요시, 일본 전국 통일
		모				
		야				
		마				

주요국 역사 변천				한국사	연표	세계사
서양	중국	일본	한국			
근대	명 明 청 淸	아즈치모모야마 에도 바쿠후	조선	1592 임진왜란 일어남, 한산대첩, 진주대첩 1593 평양 수복, 한성 수복 　　　행주대첩, 훈련도감 설치 1594 속오군 편성 1597 정유재란 1598 도요토미 히데요시 죽은 뒤 일본군 총퇴각 　　　시작 1600 공명첩 발급 1607 허균, 『홍길동전』 지음 1608 선혜청 설립, 경기도에 대동법 실시 1609 일본과 기유약조 맺음, 국교 회복 1610 허준, 『동의보감』 지음 　　　김굉필·정여창·조광조·이언적·이황 등 5현 문 　　　묘종사 1623 인조반정 1624 어영군 모집, 이괄의 난, 총융군 편성 1627 정묘호란 1628 벨테브레이, 제주도 표착 1631 정두원이 명에서 천리경·자명종·화포 등 수입 1636 병자호란 1637 인조, 삼전도의 굴욕 1645 소현 세자, 청에서 과학·가톨릭교 관련 서양 책 　　　가지고 귀국 1652 어영군 수를 늘림 1653 하멜, 제주도 표착, 시헌력 채택 1654 제1차 나선정벌 1658 제2차 나선정벌 1659 호서 지방에 대동법 실시, 제1차 예송논쟁 1662 제언사 설치 1678 상평통보 주조 1680 경신환국 1682 정초군과 훈국중부별대를 합하여 금위영 설치	1500 1600	1592 도요토미 히데요시, 조선 침공 1593 영국 세익스피어, 『로미오와 줄리엣』 지음 1596 무굴 제국, 인도 통일. 일본, 도요토미 히데요시 　　　죽음 1598 프랑스, 낭트칙령 발표 1599 일본, 세키가하라 전투 1600 영국, 동인도회사 세움 1601 마테오 리치, 『곤여만국전도』 지음 1603 일본, 에도 바쿠후 일어남 1605 스페인 세르반테스, 『돈키호테』 지음 1614 프랑스, 삼부회 소집 1616 후금 건국 1618 독일, 30년전쟁 일어남(~1648) 1619 명, 『서유기』, 『금병매』 등 소설 나옴 1620 영국, 메이플라워호 아메리카 상륙 1623 영국, 서인도에 식민 시작 1626 후금, 태종 즉위 1628 영국, 권리청원 제출, 승인 1631 명, 이자성의 반란 1636 후금, 국호를 청淸으로 함 1642 영국, 청교도혁명(~1649) 1644 명 멸망, 청淸 중국 통일 1648 유럽, 베스트팔렌조약 맺음 1649 영국, 찰스 1세 처형, 공화정 수립 1651 크롬웰, 항해 조례 발표 1653 인도, 아우랑제브 즉위 　　　청, 일조편법 실시 1673 청, 삼번의 난

주요국 역사 변천				한국사	연표	세계사
서양	중국	일본	한국			
근	청	에	조	1689 기사환국 1690 희빈 장씨, 왕비 책봉 1694 갑술환국 1696 안용복, 독도에서 일본인 쫓아냄	1600	1688 영국 명예혁명 1689 영국, 권리장전 발표 　　　청·러, 네르친스크 조약 맺음 1699 청, 영국의 광둥 무역 허가
				1701 숙종, 희빈 장씨 사사 1708 전국적으로 대동법 시행 1712 백두산정계비 건립 1725 영조, 탕평책 실시 1728 이인좌의 난	1700	1701 에스파냐, 왕위 계승 전쟁 1723 청, 크리스트교 포교 금지 1727 청·러, 캬흐타조약 맺음 1729 청, 아편 판매 금지 1736 프랑스, 몽테스키외·볼테르 등 계몽 사상가 　　　활약
		도		1740 영조, 도량형 통일 1742 영조, 탕평비 세움 1750 균역법 실시		1740 오스트리아, 왕위 계승 전쟁 1742 영국·프랑스, 식민지 쟁탈전 시작 1747 청, 외국 선교사 거주 금지 1756 프랑스·오스트리아, 베르사유 조약 맺음 　　　7년 전쟁
		바		1757 영조, 난장형 금지 1762 사도 세자, 뒤주 속에서 죽음 1763 통신사 조엄, 일본에서 고구마 들여옴 1764 장예원 혁파		1757 인도, 플라시 전투 1762 루소, 『사회계약론』 발표 1763 파리 조약, 7년 전쟁이 영국 승리로 끝남 1765 와트, 증기 기관 완성, 아메리카 식민지대표회의 　　　뉴욕에서 열림 1773 미국, 보스턴 차당 사건. 청, 『사고전서』 펴냄
대	淸	쿠	선	1776 정조 즉위. 규장각 설치 1784 이승훈, 천주교 전도 1785 『대전통편』 완성 1786 서학을 금함		1776 미국, 독립 선언 1789 프랑스 혁명, 인권선언
		후		1790 정약용, 해미읍으로 유배 1791 신해사옥 　　　금난전권 없앰(신해통공) 　　　천주교 관계 서적 수입을 금함 1794 수원성 축조 시작 1796 수원성 완성 1800 순조 즉위, 정순왕후 김씨 수렴청정 1801 신유사옥 　　　황사영 백서 사건 　　　정약용, 강진으로 귀양 1805 안동 김씨, 세도 정치 시작	1800	1796 청, 백련교도 봉기 1804 나폴레옹, 황제 즉위

주요국 역사 변천				한국사	연표	세계사
서양	중국	일본	한국			
근대	청 清	에도 바쿠후 메이지	조선	1811 홍경래의 난 1818 정약용, 정배에서 풀려남. 『목민심서』 지음 1831 천주교 조선 교구 설치 1834 헌종 즉위, 순원왕후 김씨 수렴청정 1839 기해사옥 1840 풍양 조씨, 세도 정치 시작 1846 김대건 신부 처형 1851 안동 김씨, 세도 정치 재개 1860 최제우, 동학 창시 1861 김정호, 「대동여지도」 제작 1862 임술 농민 봉기 1863 고종 즉위, 흥선대원군 집권 1864 동학 교조 최제우 처형 1865 경복궁 중건 1866 병인사옥 　　제너럴 서먼 호 사건, 병인양요 1868 오페르트 도굴 사건 1871 흥선대원군, 서원 정리 1873 최익현, 흥선대원군을 탄핵 　　고종 친정 선포 1875 운요 호 사건 1876 강화도 조약 맺음	1800	1806 나폴레옹, 대륙 봉쇄령 1814 프랑스, 연합군에 패배 　　유럽 빈회의 개최 1823 미국, 먼로주의 선언 1824 멕시코, 공화국 수립 1829 청, 외국과 통상 금지 1830 프랑스, 7월혁명 1832 영국, 선거법 개정 1833 독일, 관세동맹 맺음 1838 영국, 차티스트 운동 1839 오스만 제국, 탄지마트(은혜개혁) 1840 청, 아편전쟁(~1842) 1842 청, 영국에 의해 상하이·난징 무너짐. 난징 조약 맺음 1844 네덜란드, 일본에 개국 권고 1847 영국, 과잉 생산으로 공황 발생 1848 프랑스, 2월혁명 　　마르크스·엥겔스, 「공산당선언」 발표 1851 청, 태평천국운동 　　영국, 제1회 만국박람회 개최 1852 프랑스, 나폴레옹 3세 즉위 1857 인도, 세포이 항쟁 1858 인도, 무굴제국 멸망 1860 청, 베이징 조약 　　이탈리아 가리발디, 시칠리아 정복 1861 미국, 남북전쟁 1862 중국, 양무운동 시작 1863 링컨, 노예 해방 선언 1864 국제 적십자사 창립 1868 일본, 메이지 유신 1869 수에즈 운하 개통 1870 이탈리아, 통일 완성 1871 독일 통일 1875 영국, 수에즈 운하 매수 1876 발칸전쟁 일어남 1877 영국, 인도 제국 성립 선언

주요국 역사 변천				한국사	연표	세계사
서양	중국	일본	한국			
근	청	메	조	1879 지석영, 종두법 실시	1800	1878 베를린회의
		이	선	1880 김홍집, 고종에게 『조선책략』 바침		1879 청·러, 이리 조약 맺음
		지		리훙장, 조선에 서구 열강과 통상 권고		
				1881 신사유람단·영선사 파견		
				1882 미·영·독 등과 통상 조약 맺음		1882 독일·이탈리아·오스트리아, 삼국동맹 맺음
				임오군란		
				일본과 제물포 조약 맺음		
				1883 태극기 사용		1883 이집트, 영국 속령됨
				전환국 설치		
				원산학사 설립, 혜상공국 설치		
				「한성순보」 발간		
				1884 우정국 설치, 갑신정변		1884 청·프랑스 전쟁
				1885 영국, 거문도 점령		1885 청·일, 톈진 조약 맺음
				광혜원 설립, 배재학당 설립		프랑스, 대청전쟁 승리
				서울-인천 간 전신 개통		일본, 내각제 확립
				1886 노비 세습제 폐지		인도, 국민회의 조직
				이화학당·육영공원 설립		
대				1887 아펜젤러, 정동교회 설립		1887 프랑스령 인도차이나 성립
						포르투갈, 마카오 할양
						1888 청, 북양 해군 창설
				1889 함경도, 방곡령 선포		
				1894 동학 농민 전쟁, 갑오개혁		1894 쑨원, 흥중회 결성
						청일전쟁 일어남
				1895 삼국간섭		1895 청, 일본에 패배
				을미사변, 을미개혁		일본, 랴오둥 반도 할양 포기
				1896 아관파천, 독립협회 창립		1896 아테네, 제1회 올림픽 대회 개최
	淸		대	1897 대한제국 수립		
				1898 독립협회, 만민공동회 개최		1898 청, 변법자강운동 실시, 무술정변으로 실패
				보부상, 황국협회 결성		미국, 필리핀 획득
			한	만민공동회 해산		파쇼다 사건
						퀴리 부부, 라듐 발견
						제1회 만국평화회의
				1899 대한제국 국제 반포		1899 청, 의화단 운동
			제	경인선 개통		보어전쟁 개시
				1900 만국우편연합 가입	1900	1900 청, 서구 열강이 베이징 점령, 의화단의 난 진압
				1901 제주 민란		1901 청, 리훙장 사망
						뢴트겐, 제1회 노벨상 수상
현				1902 서울 인천 간 시외 전화 개통		1902 영일동맹 맺음
				1903 YMCA 발족		쿠바 공화국 성립
				1904 한일의정서 맺음		1904 러일전쟁 일어남
				1905 경부선 개통		1905 러시아, 피의 일요일 사건
대			국	을사늑약 맺음		미·일, 가쓰라·태프트 밀약 맺음
				동학, 천도교로 개칭		쑨원, 중국혁명동맹회 조직
				통감부 설치		일본, 러일전쟁 승리, 포츠머스 강화조약 맺음
						아인슈타인, 특수상대성이론 발표

주요국 역사 변천				한국사	연표	세계사
서양	중국	일본	한국			
현 대	청 淸	메 이 지	대 한 제 국	1906 경의선 개통 　　　최익현, 대마도에서 순절 1907 국채보상운동 　　　신민회 조직 　　　헤이그 특사 파견, 고종 퇴위 　　　군대 해산 1908 의병, 서울 진공 작전 1909 나철, 대종교 창시 　　　일본, 남한대토벌작전 　　　안중근, 이토 히로부미 사살	1900	1906 인도, 스와라지 운동 1907 제2회 헤이그 평화회의 개최 　　　영국·프랑스·러시아, 삼국협상 맺음 1908 오스만 제국, 청년투르크당의 혁명 운동 1909 일본, 청과 간도협약 체결, 간도와 안봉선 교환
		다 이 쇼	일 제 강 점	1910 한일합방조약 체결, 국권 피탈, 조선총독부 설치 　　　회사령 공포, 시행 1911 105인사건 일어남 　　　조선교육령 공포 1912 토지조사사업 시작 1913 안창호, 흥사단 조직 1914 대한광복단 조직 1916 박중빈, 원불교 창시 1919 3·1운동 　　　상해 대한민국 임시정부 수립 　　　대한애국부인회 조직 1920 김좌진, 청산리대첩 　　　「조선일보」, 「동아일보」 창간 1922 어린이날 제정	1910 1920	1910 포르투갈, 공화제 선언 1911 중국, 신해혁명 　　　노르웨이 아문센, 남극 도착 1912 청 멸망, 중화민국 성립 1914 제1차 세계 대전 일어남 　　　파나마 운하 개통 1917 러시아혁명 1918 미국 윌슨 대통령, 14개조 평화 원칙 발표 1919 파리강화회의 개최 　　　베르사유 조약 　　　중국, 5·4운동 　　　인도, 간디의 비폭력·무저항 운동 1920 국제연맹 성립 1921 중국공산당 결성 　　　워싱턴회의 1922 소비에트사회주의공화국 성립 　　　터키, 술탄제 폐지 1923 일본, 간토 대지진 일어남, 조선인 무차별 살해 　　　터키, 케말 파샤, 공화국 수립 1924 중국, 제1차 국공 합작 1925 쑨원 죽음 1926 장제스, 북벌 시작 1927 장제스, 난징에 국민정부 수립 1929 세계 경제 공황
대 한 민 국	중 화 민 국	쇼 와	점 기	1926 6·10만세운동 1927 신간회 조직 1929 광주학생항일운동 1932 이봉창·윤봉길 의거 1933 미곡 통제령 공포 　　　조선어학회, 한글 맞춤법 통일안 제정 1934 진단학회 조직 1935 총독부, 각 학교에 신사 참배 강요 1936 손기정, 베를린 올림픽 마라톤 우승 　　　안익태, 한국 환상곡 완성	1930	1931 일본, 만주사변 1933 미국, 뉴딜 정책 시행 　　　히틀러, 나치스 정권 수립 1934 마오쩌둥, 중국공산당 대장정 개시 1935 그리스, 왕정 부활 1936 일본, 런던군축회의 탈퇴 　　　스페인, 내란 일어남 1937 중일전쟁 일어남, 제2차 국공 합작

주요국 역사 변천				한국사	연표	세계사
서양	중국	일본	한국			
현대	중화민국	쇼와	일제강점기	1938 일제, 한글 교육 금지	1930	1938 일본, 중국 광둥 점령
						1939 제2차 세계 대전 일어남
				1940 창씨개명 등, 민족 말살 정책 강화	1940	1940 독일, 프랑스 파리 함락
				「조선일보」, 「동아일보」 강제 폐간		독일·이탈리아·일본, 3국 군사 동맹 맺음
				임시정부, 한국광복군 결성		
				1941 농산물 공출 제도 시행		1941 대서양헌장 발표
				임시정부, 대일 선전 포고		태평양전쟁 일어남
						드골, 런던에 망명 정부 조직
				1942 조선어학회 사건 일어남		
				1943 광복군, 미얀마 파견		1943 이탈리아 항복, 카이로 선언
				1944 이육사·한용운 죽음		1944 노르망디상륙작전
			대한민국	1945 8·15광복		1945 얄타회담 개최
				포츠담 선언, 한민족 독립 약속		독일, 연합군에 항복
				조선건국준비위원회 발족		국제연합UN 창설
				이승만, 미국에서 귀국		포츠담회담(미국·영국·소련)
				김구, 충칭에서 귀국		일본, 연합군에 항복, 2차대전 종결
						중국 국공 내전 시작
				1946 제1차 미소공동위원회 개최		1946 파리평화회의 개최
				대구, 10·1폭동사건		
				1947 유엔 한국위원단 구성		1947 미국, 마셜플랜 발표
				제2차 미소공동위원회 개최		코민포름 결성
				1948 5·10총선거, 대한민국 정부 수립		1948 세계인권선언
				북한, 공산 정권 수립		베를린 봉쇄
				여수·순천, 10·19사건		제1차 중동전쟁
				국가보안법 제정		인도, 간디 피살
		중화인민공화국		1949 김구, 안두희에게 피살		1949 중화인민공화국 수립
				농지개혁법 공포		나토(NATO) 성립
				빨치산 섬멸 작전 펼침		
				북한, 조선노동당 창당		
대		와	대한민국	1950 한국전쟁 일어남	1950	1950 유엔, 한국 파병
				9월 유엔군 참전		중국군, 한국전쟁 개입
				10월 중국군 개입		
				1951 1월 4일 서울 다시 빼앗기고 부산으로 후퇴		1951 1월 미국, 미군 5만 명 한국 증파 결의
				(1·4후퇴)		4월 맥아더 사령관 해임
				2월 거창 양민 학살 사건		6월 유엔 주재 소련 대표 휴전 제의
				3월 국회에서 국민 방위군 사건 폭로		유엔군 총사령관, 북한에 정전 회담 제의
				7월 개성에서 휴전 회담 개최		
				10월 25일 판문점에서 정전 회담 다시 시작		
				12월 부산·대구 제외한 남한 전 지역 계엄령		
				선포		
				1952 1월 이승만 대통령, 평화선 선언		1952 11월 미국, 수소 폭탄 실험 성공 발표
				5월 거제도 공산 포로 폭동 일어남		
				5월 부산 정치 파동		
				7월 4일 발췌 개헌안 통과		
				8월 정·부통령 선거 실시(대통령 이승만, 부통령 함태영)		

주요국 역사 변천				한국사	연표	세계사
서양	중국	일본	한국			
현 대	중 화 인 민 공 화 국	쇼 와	대 한 민 국	1953 4월 이승만 휴전 반대, 단독 북진 주장 　　　6월 포로교환협정 조인 　　　7월 27일 휴전협정 조인(북한─미국─중국) 　　　8월 8일 한미상호방위조약 가조인 　　　9월 김일성, 소련 방문 　　　10월 한일회담 3차 회의 1954 1월 독도에 영토 표지 설치 　　　5월 독도에 민간 수비대 파견 　　　5월 20일 3대 민의원 총선거, 자유당, 금권·폭 　　　　　력 선거로 승리 　　　5월 28일 서울에서 보신탕 판매 금지 　　　11월 29일 사사오입 개헌 공포 1955 민주당 창당 　　　북한, 박헌영 사형 1956 대통령 후보 신익희, 뇌일혈로 급사 1960 4·19혁명, 장면 내각 수립 1961 5·16군사 쿠데타 1962 제1차 경제개발계획 1963 박정희 정부 성립 1964 국군, 베트남 파병 1967 제2차 경제개발계획 1968 1·21사태, 향토 예비군 창설 　　　국민교육헌장 선포 1970 새마을운동 시작 1971 무령왕릉 발굴 1972 제3차 남북공동성명(7월 4일), 남북적십자 회담 　　　10월 유신, 제4공화국 수립 1973 6·23평화통일선언 　　　KBS 창립 　　　포항종합제철 준공 　　　경주 천마총, 금관·천마도 출토 1974 남북한불가침협정 제의, 평화통일 3대 기본원칙 　　　천명 　　　북한 땅굴 발견 1977 수출 100억 달러 달성, 제4차 경제개발계획 1978 자연보호헌장 선포 　　　원자력 발전 시작	1950 1960 1970	1953 3월 소련 스탈린 죽음 　　　9월 소련 공산당 서기장에 흐루시초프 취임 　　　10월 일본 대표 구보타, 일제 통치 유리했다는 　　　　　망언 1954 4월 26일 제네바 극동평화회의 개최 　　　6월 5일 남한·북한·일본 대표, 제네바회담에서 　　　　　6개항 통일 방안 제시 　　　9월 10일 북한, 중국군 철수 환송 대회 개최 　　　　　인도차이나, 휴전 협정 1955 반둥회의 개최(반둥 평화 10원칙 발표) 　　　바르샤바조약기구 성립 1956 헝가리·폴란드 반공 의거 　　　이집트, 수에즈 운하 국유화 선언 1957 제2차 중동전쟁 1960 파리군축회의 　　　소련, 인공위성 스푸트니크 호 발사 　　　아프리카의 해(16개국 유엔 가입) 1961 비동맹 국가 수뇌, 베오그라드에서 공동 선언 　　　발표 1962 케네디, 쿠바 봉쇄 　　　공용 연호 서기로 바꿈 　　　알제리 독립 　　　중국·인도, 국경 분쟁 1966 중국, 문화대혁명 시작 1967 제3차 중동전쟁 1968 체코슬로바키아, 민주화 선언 1969 미국, 아폴로 11호 달 착륙 1971 중국, 유엔 가입 　　　인도·파키스탄 전쟁 1972 미국 닉슨 대통령, 중국 방문 　　　중국 창사, 전한묘 발굴 1973 제4차 중동전쟁 　　　동·서독, 유엔 동시 가입 　　　베트남 정전 협상 맺음 　　　전 세계, 석유 파동 1974 중국, 진시황제 능에서 병마용 발견 1975 베트남전쟁 끝남, 인도차이나 3국 공산화 　　　아르헨티나, 페론 정권 붕괴, 헬싱키선언 1976 남아프리카공화국, 인종 차별 반대하는 흑인 　　　폭동 　　　중동평화조약 맺음

주요국 역사 변천				한국사	연표	세계사
서양	중국	일본	한국			
현대	중화인민공화국	쇼와	대한민국	1979 부·마 민주화 운동 　　　　10·26사태	1970	1979 소련, 아프가니스탄 쳐들어감 　　　중국·베트남 국경 분쟁 　　　이란, 회교 혁명
				1980 5·18광주민주화운동	1980	1980 이란·이라크 전쟁 일어남 　　　폴란드, 자유 노조 결성 　　　미국, 보이저 1호 토성 접근 탐사 성공 1981 미국, 우주 왕복선 콜롬비아호 비행 성공 　　　반핵 운동
				1981 전두환 정부 수립		
				1982 제5차 경제개발계획 시작 1983 KAL기 격추 사건 　　　미얀마, 아웅산 테러 사건		1982 이스라엘, 레바논 쳐들어감 1984 이란·이라크기, 연일 페르시아 만에서 유조선 　　　공격
				1985 이산가족 고향 방문단·예술 공연단 교환 방문		1985 소련, 고르바초프 서기장 취임 　　　미소 수뇌회담 개최
				1986 제10회 아시안 게임, 서울 개최		1986 필리핀, 아키노 정권 수립 　　　소련, 체르노빌 원전 사고
				1987 6월 민주 항쟁 　　　대통령 직선제 헌법 개정(6·29선언)		1987 사우디아라비아, 메카 참사 　　　미·소, 중거리미사일폐기협정 맺음
				1988 노태우 정권 출범 　　　제24회 하계 올림픽 서울 개최		1988 이란·이라크 전쟁 끝남 　　　소련, 아프가니스탄 주둔군 철수
				1989 헝가리·폴란드 등, 동구권 국가와 국교 수교		1989 베를린 장벽 무너짐
				1990 한소 수교 1991 남북한 동시 유엔 가입	1990	1990 독일 통일 1991 발트 3국 독립 　　　걸프전쟁 일어남 　　　소련 붕괴, 독립국가연합CIS 탄생
		헤이세이		1992 한중 수교 　　　우리별 1호 발사 성공 1993 김영삼 정부 수립 　　　대전 세계박람회EXPO 개최 　　　민족공동체 3단계 통일 방안 제의 　　　금융실명제 실시 　　　백제금동대향로 발굴		1992 마스트리히트조약 　　　리우 세계환경회담 개최 1993 이스라엘·PLO, 평화협정 맺음
				1994 북한, 김일성 죽음 　　　정부의 신외교 5대 기조 발표 　　　서울 정도 600년 기념 사업		1994 APEC 정상회담 개최 　　　우루과이라운드 타결 　　　유럽연합EU 출범 　　　남아프리카공화국, 만델라 대통령 당선
				1995 지방자치제 전면 실시 　　　한국, 유엔 안보리 비상임 이사국에 선출 　　　옛 조선 총독부 건물 해체 　　　무궁화 위성 발사		1995 GATT 해체, 세계무역기구(WTO) 발족 　　　우루과이라운드 발효
				1996 12·12와 5·18사건 재판 시작 　　　2002 월드컵 한·일 공동 개최 확정		1996 미·베트남 수교 　　　이스라엘, 라빈 총리 암살 　　　복제양 돌리를 성공시켜 유전학 새장 마련 　　　미국, 제42대 대통령에 빌 클린턴 재선

주요국 역사 변천				한국사	연표	세계사
서양	중국	일본	한국			
현 대	중 화 인 민 공 화 국	헤 이 세 이	대 한 민 국	1997 황장엽, 한국으로 망명 　　　KAL 여객기 괌에서 추락 　　　외환위기 발생, IMF 관리 체제 시작 　　　제15대 김대중 대통령 당선 1998 정주영 판문점 통해 방북 　　　북한, 김정일이 공식 집권 　　　일본 문화 상품에 대한 개방 선언 　　　금강산 관광 시작 1999 인공위성 아리랑 호 발사	1990	1997 중국, 덩샤오핑 죽음 　　　홍콩, 중국에 반환 1998 인도네시아, 수하르토 물러남 　　　영국, 북아일랜드 분쟁 끝남 1999 유로화 출범 　　　포르투갈, 마카오 반환 　　　미국, 파나마 운하 반환 　　　코소보 사태, 동티모르 독립 투쟁
				2000 분단 이후 첫 남북 정상 만남 　　　한·미, SOFA 개정 합의 　　　김대중 대통령, 노벨 평화상 수상 2001 여성부 공식 출범 　　　인천국제공항 개항 　　　일본 역사교과서 왜곡 파동 　　　국가인권위원회 출범 2002 한·일 월드컵 대회 개최 　　　미군 장갑차 여중생 치사 사건 2003 노무현 정부 출범 　　　대구지하철 참사 2004 노무현 대통령 탄핵 사건 　　　경부·호남 고속 철도 동시 개통 2005 호주제 폐지 　　　청계천 복원 2006 황우석 교수, 논문 조작 2007 샘물교회 교인 탈레반에게 집단 피랍 　　　태안 기름유출사고 　　　한미 FTA 타결 　　　대운하 논란 2008 국보 1호 숭례문 화재로 전소 　　　이명박 정부 출범 　　　소고기 광우병 파동으로 촛불 집회 2009 노무현 대통령 사망 　　　한국 최초의 위성 나로호 발사 2010 해군 초계함 천안함 침몰 　　　김연아, 밴쿠버 동계 올림픽 피겨 스케이트 여 　　　자 싱글 금메달 수상 　　　한-EU, FTA 조인, 한-미 FTA 협정 체결	2000 2010	2000 러시아, 푸틴 대통령 당선. 올브라이트 장관 　　　북한 방문 2001 9·11테러 　　　미국, 아프가니스탄 공격 2002 유로화 공식 통용 2003 미국, 이라크 침공 　　　브라질, 룰라 대통령 취임 　　　중국, 후진타오 국가 주석 취임(~2013) 2004 세계적으로 조류 인플루엔자 발생 　　　마크 주커버그, 페이스북 창립 2005 미국, 허리케인 카트리나 뉴올리언스 강타 2006 북한, 핵실험 강행 　　　사담 후세인 사형 집행 2007 미국, 서브 프라임 모기지 사태 　　　애플 사, 아이폰 출시 2008 미국, 버락 오바마 대통령 당선 2010 튀니지 재스민 혁명, 아랍 국가 민주화 촉발 　　　칠레, 광부 33명 매몰 66일 만에 생환 구조

주요국 역사 변천				한국사	연표	세계사
서양	중국	일본	한국			
현대	중화인민공화국	헤이세이	대한민국	2011 구제역 파동 　　　5·18 기록물 유네스코 세계 기록유산 등재 2012 한-미 FTA 발효 　　　여수 엑스포 개최 　　　제주해군기지 건설 반대 여론 격화 　　　가수 싸이, 〈강남 스타일〉 세계적 흥행 2013 박근혜 정부 출범 　　　숭례문 재개장 　　　국정원 불법 대선개입 논란 2014 세월호 침몰 사고 　　　통합진보당 해산 　　　대한항공 항공기 리턴 논란 　　　청와대 문건 유출 사건	2010	2011 일본, 동북부 대지진으로 후쿠시마 원전 참사 　　　북한, 김정일 사망 　　　이집트 무바라크 대통령 축출 시민혁명 성공. 　　　오사마 빈 라덴 사망 2012 북한, 김정은 국방위원장 취임 　　　러시아, 푸틴 대통령 재선 2013 중국, 시진핑 국가 주석 취임 　　　베네수엘라, 우고 차베스 대통령 사망 2014 스코틀랜드 독립 무산 　　　홍콩 민주화 시위 　　　우크라이나와 러시아의 영토 분쟁

찾아보기

각 장별 아이콘 설명

뿌리 깊은 한국사
샘이 깊은 이야기 ❸ 고려

초판 1쇄 펴낸 날 2014.2.12
초판 4쇄 펴낸 날 2024.9.27

지은이   이병희
발행인   홍정우
책임편집 김다니엘
편집진행 홍주미, 이은수, 박혜림
디자인   이예슬
마케팅   방경희
발행처   도서출판 가람기획
등 록   1999년 10월 22일(제1999-000148호)
주 소   (04035) 서울시 마포구 서교동 381-36 1층
전 화   (02)3275-2915~7
팩 스   (02)3275-2918
이메일   garam815@chol.com

© 이병희, 2014
ISBN 978-89-8435-328-2 (04900)
     978-89-8435-325-1 (세트)

이 도서의 국립중앙도서관 출판시도서목록(CIP)은 서지정보유통지원시스템 홈페이지(http://seoji.nl.go.
kr)와 국가자료공동목록시스템(http://www.nl.go.kr/kolisnet)에서 이용하실 수 있습니다.(CIP제어번호:
CIP2014014972)

* 이 연구는 서울과학기술대학교 교내 학술연구비 (일부) 지원으로 수행되었습니다.